Fehlzeiten-Report

Reihenherausgeber

Bernhard Badura, Fakultät für Gesundheitswissenschaften, Universität Bielefeld, Bielefeld, Deutschland

Antje Ducki, Berliner Hochschule für Technik (BHT), Berlin, Deutschland

Johanna Baumgardt, Wissenschaftliches Institut der AOK, Berlin, Deutschland

Markus Meyer, Wissenschaftliches Institut der AOK (WIdO), Berlin, Deutschland

Helmut Schröder, Wissenschaftliches Institut der AOK (WIdO), Berlin, Deutschland

Bernhard Badura · Antje Ducki · Johanna Baumgardt ·
Markus Meyer · Helmut Schröder
Hrsg.

Fehlzeiten-Report 2023

Zeitenwende – Arbeit gesund gestalten

Hrsg.
Prof. Dr. Bernhard Badura
Universität Bielefeld
Bielefeld, Deutschland

Markus Meyer
Wissenschaftliches Institut der AOK
Berlin, Deutschland

Prof. Dr. Antje Ducki
Berliner Hochschule für Technik (BHT)
Berlin, Deutschland

Helmut Schröder
Wissenschaftliches Institut der AOK
Berlin, Deutschland

Dr. Johanna Baumgardt
Wissenschaftliches Institut der AOK
Berlin, Deutschland

Fehlzeiten-Report
ISBN 978-3-662-67513-7   ISBN 978-3-662-67514-4 (eBook)
https://doi.org/10.1007/978-3-662-67514-4

Die Deutsche Nationalbibliothek verzeichnet diese Publikation in der Deutschen Nationalbibliografie; detaillierte bibliografische Daten sind im Internet über http://dnb.d-nb.de abrufbar.

© Der/die Herausgeber bzw. der/die Autor(en), exklusiv lizenziert an Springer-Verlag GmbH, DE, ein Teil von Springer Nature 2023

Das Werk einschließlich aller seiner Teile ist urheberrechtlich geschützt. Jede Verwertung, die nicht ausdrücklich vom Urheberrechtsgesetz zugelassen ist, bedarf der vorherigen Zustimmung des Verlags. Das gilt insbesondere für Vervielfältigungen, Bearbeitungen, Übersetzungen, Mikroverfilmungen und die Einspeicherung und Verarbeitung in elektronischen Systemen.
Die Wiedergabe von allgemein beschreibenden Bezeichnungen, Marken, Unternehmensnamen etc. in diesem Werk bedeutet nicht, dass diese frei durch jedermann benutzt werden dürfen. Die Berechtigung zur Benutzung unterliegt, auch ohne gesonderten Hinweis hierzu, den Regeln des Markenrechts. Die Rechte des jeweiligen Zeicheninhabers sind zu beachten.
Der Verlag, die Autoren und die Herausgeber gehen davon aus, dass die Angaben und Informationen in diesem Werk zum Zeitpunkt der Veröffentlichung vollständig und korrekt sind. Weder der Verlag noch die Autoren oder die Herausgeber übernehmen, ausdrücklich oder implizit, Gewähr für den Inhalt des Werkes, etwaige Fehler oder Äußerungen. Der Verlag bleibt im Hinblick auf geografische Zuordnungen und Gebietsbezeichnungen in veröffentlichten Karten und Institutionsadressen neutral.

Planung: Fritz Kraemer

Fotonachweis Umschlag: Hurca! / stock.adobe.com

Springer ist ein Imprint der eingetragenen Gesellschaft Springer-Verlag GmbH, DE und ist ein Teil von Springer Nature.
Die Anschrift der Gesellschaft ist: Heidelberger Platz 3, 14197 Berlin, Germany

Vorwort

Die Bundesrepublik Deutschland – wie auch die Welt – sind derzeit mit einer Vielzahl von Herausforderungen und Krisen konfrontiert, die das Empfinden der Menschen nicht unbeeinflusst lässt. Der Klimawandel, unterbrochene Lieferketten, knappe Rohstoffe, die Nachwehen der Covid-19-Pandemie, die kriegsbedingten Folgen an den Energiemärkten oder auch die generelle Angst vor einem wirtschaftlichen Abschwung lösen Gefühle der Unsicherheit aus und hinterlassen zunehmend Spuren in Wirtschaft und Gesellschaft. Die Welt (wie wir sie kannten) ist nicht mehr dieselbe und verändert sich weiter: Die von Bundeskanzler Olaf Scholz in seiner Rede am 27. Februar 2022 ausgerufene „Zeitenwende" ist inzwischen zu einem häufig verwendeten Begriff geworden, um die multiplen Krisen und die damit verbundenen Umbrüche zu beschreiben. Dieser Begriff impliziert, dass die Gesellschaft vor einschneidenden Veränderungen steht, die ein „Weiter so" ebenso ausschließen wie ein „Zurück zum Althergebrachten". Doch welche Folgen hat diese gesellschaftliche und wirtschaftliche Lage für die Unternehmen und Beschäftigten in Deutschland?

Wirtschaftliche Organisationen stehen vor diesem Hintergrund zunehmend unter Veränderungsdruck, da nur diejenigen erfolgreich am Markt bestehen können, die in der Lage sind, den neuen Herausforderungen schnell und adäquat zu begegnen. Diese Veränderungen haben vielfältige Auswirkungen und können beispielsweise bei Beschäftigten Sorgen, Unsicherheiten und Ängste auslösen. Dies kann zu unterschiedlichen gesundheitlichen Beeinträchtigungen und daraus resultierenden krankheitsbedingten Fehlzeiten führen. Unternehmen sind jedoch gerade in Zeiten des Wandels auf leistungsstarke und gesunde Beschäftigte angewiesen, da diese letztlich notwendige Veränderungsprozesse umsetzen und gestalten. Die Gesundheit der Beschäftigten im Rahmen eines Betrieblichen Gesundheitsmanagements im Fokus zu behalten, bleibt deshalb nicht nur ein wichtiger präventiver Baustein einer zukunftsorientierten Unternehmensstrategie, sondern kann auch als Basis, zukünftige Herausforderungen zu bewältigen, betrachtet werden.

Der Fehlzeiten-Report 2023 „Zeitenwende – Arbeit gesund gestalten" geht u. a. der Frage nach, welche Umbrüche für Deutschland bevorstehen und welche Konsequenzen sich aus diesen für die Gesundheit von Beschäftigten ergeben. In unterschiedlichen Beiträgen wird u. a. darauf eingegangen, was Unternehmen tun können, um Strukturen zu schaffen, in denen Beschäftigte Veränderungen als positive Herausforderungen annehmen können. Des Weiteren wird eruiert, welchen Nutzen und welches Potenzial Betriebliches Gesundheitsmanagement in sich birgt, um diesen Wandel positiv zu unterstützen. Wie in den Fehlzeiten-Reporten der zurückliegenden Jahre werden zudem Ergebnisse einer aktuellen repräsentativen Beschäftigtenbefragung des Wissenschaftlichen Instituts der AOK (WIdO) zum Schwerpunktthema dargestellt und analysiert.

Zusätzlich zum Schwerpunktthema gibt der vorliegende Fehlzeiten-Report wieder einen umfassenden Überblick über die krankheitsbedingten Fehlzeiten in der deutschen Wirtschaft mit aktuellen Daten und Analysen der 15,1 Mio. AOK-Mitglieder, die im Jahr 2022 in mehr als 1,6 Mio. Betrieben tätig waren. Die Entwicklungen in den einzelnen Wirtschaftszweigen werden dabei differenziert dargestellt, was einen schnellen und umfassenden Überblick über das branchenspezifische Krankheitsgeschehen ermöglicht. Der Fehlzeiten-Report berichtet zudem über die Krankenstandsentwicklung in der

Bundesverwaltung sowie aller gesetzlich krankenversicherten Arbeitnehmerinnen und Arbeitnehmern in Deutschland. Der Blick auf die Fehlzeiten im Zusammenhang mit der Covid-19-Pandemie ist seit 2020 zum festen Bestandteil der Berichterstattung zum Arbeitsunfähigkeitsgeschehen geworden.

Wir hoffen, dass es uns – wie bereits in den letzten 25 Jahren – auch in der vorliegenden Jubiläumsausgabe des Fehlzeiten-Reports gelungen ist, Denkanstöße für relevante Themen der Betriebe zu geben. Wir blicken auf eine lange, erfolgreiche Buchreihe zurück, die aufzeigen konnte, mit welchen besonderen Herausforderungen Unternehmen konfrontiert sind. Gleichzeitig werden aber auch immer Lösungen des Betrieblichen Gesundheitsmanagements vorgestellt, die die Resilienz der Unternehmen und Beschäftigten stärken. Wir danken in dieser Jubiläumsausgabe sowohl allen Autorinnen und Autoren für ihre Fachbeiträge wie auch allen beteiligten Herausgeberinnen und Herausgebern seit 1999. Neben den aktuellen Herausgebern danken wir Martin Litsch (1999 bis 2001), Christian Vetter (1999 bis 2008), Dr. Henner Schellschmidt (2002 bis 2006), Katrin Macco (2008 bis 2011) und Joachim Klose (2009 bis 2020).

Es ist uns gemeinsam gelungen, den Fehlzeiten-Report zu dem zu machen, was er heute ist, nämlich ein etabliertes Werk, das seinen festen Platz im Themenfeld der Betrieblichen Gesundheitsförderung gefunden hat und bis heute behauptet.

Der vorliegende Fehlzeiten-Report wäre auch in diesem Jahr nicht ohne die professionelle Zusammenarbeit mit zahlreichen Menschen entstanden. So gilt unser Dank allen Autorinnen und Autoren, die ihre fachliche Expertise in den vorliegenden Beiträgen in hervorragender Weise eingebracht haben.

Des Weiteren danken wir allen Kolleginnen und Kollegen im Wissenschaftlichen Institut der AOK (WIdO), die an der Erstellung des diesjährigen Fehlzeiten-Reports in vielfältiger Art und Weise beteiligt waren. Zu nennen sind hier vor allem Miriam-Maleika Höltgen und Moritz Meinicke, die uns durch ihre redaktionelle Arbeit, durch ihre Recherchen nach Expertinnen und Experten, durch ihre Ansprache von Autorinnen und Autoren sowie bei deren Betreuung exzellent unterstützt haben. Unser Dank gilt weiterhin insbesondere Susanne Sollmann für das wie immer ausgezeichnete Lektorat und darüber hinaus auch dem gesamten Team Betriebliche Gesundheitsförderung im WIdO. Danken möchten wir gleichermaßen Anja Füssel, Matthias Hell, Melanie Hoberg und Anja Michels im Backoffice des WIdO, ohne deren Unterstützung diese Buchpublikation nicht möglich gewesen wäre. Zudem bedanken wir uns sehr herzlich bei Frau Hiltrud Wilbertz vom Springer-Verlag, die uns seit langen Jahren hervorragend verlegerisch betreut hat, und wünschen ihr alles Gute für ihren neuen Lebensabschnitt! Doch auch die Übergabe hat im Springer-Verlag vorbildlich funktioniert und wir wurden in diesem Jahr – nunmehr von Frau Barbara Karg – weiterhin großartig verlegerisch betreut, wofür wir uns ebenfalls sehr herzlich bedanken.

Berlin und Bielefeld
im Juni 2023

Inhaltsverzeichnis

I Zeitenwende – Grundlagen

1 „Zeitenwende" aus historischer Perspektive 3
Ralph Rotte
1.1 Einführung: Eine Vielzahl von Zeitenwenden 5
1.2 Definitionsversuche 6
1.2.1 Konkrete Zeitpunkte und -räume als etablierte „Zeitenwenden" 6
1.2.2 „Zeitenwende" allgemein 7
1.3 Theoretische Perspektiven 8
1.3.1 Zeitkontingenz und die Rolle von Medien 8
1.3.2 Frage der Objektivität und soziale Konstruktion 9
1.3.3 Begrenzte Prognosefähigkeit und mythische Überhöhung 10
1.3.4 Potenziell problematische sozialepistemologische Wirkungen 11
1.3.5 Strukturelle Charakteristika der aktuellen internationalen Veränderungen 12
1.4 Kritische Aspekte 12
1.4.1 Ein inflationärer Begriffsgebrauch 12
1.4.2 Fehlende Konsistenz und Allgemeingültigkeit 13
1.4.3 Fehleinschätzungen und politische Apologetik 14
1.5 Umgang mit der Zeitenwende 15
1.5.1 Die krisenhafte Zeitenwende als Stunde der Exekutive 15
1.5.2 Zeitenwende und institutioneller Wandel 16
1.5.3 Zeitenwende und Mentalitätswandel 17
1.6 Fazit: Zeitenwende als Test demokratischer Resilienz 18
Literatur 19

**2 Befinden wir uns in einer „ökologischen Zeitenwende"?
Umweltveränderungen, Gesundheit und Transformationen** 23
Oskar Masztalerz
2.1 Die große Beschleunigung 25
2.2 Planetare Belastungsgrenzen 26
2.3 Die Integrität der Biosphäre 28
2.4 Kippelemente im Klimasystem 28
2.5 Gesundheit in planetarem Maßstab 30
2.6 Risiken für die menschliche Gesundheit 30
2.7 Die große Ungleichheit 32
2.8 Erdsystemgerechtigkeit 33
2.9 Gesellschaftliche Transformationen 34
2.10 Transformatives Handeln 36
2.11 Natur- und gesundheitspositive Unternehmen 37
2.12 Fazit 39
Literatur 39

3	**Deutsche Führungsetagen und die Zeitenwende: Ein Blick auf Geschlechtergleichstellung**	43
	Conny Steenblock, Janina Sundermeier und Franziska Schmitt	
3.1	Zeitenwende und Geschlechtergleichstellung in Führungspositionen	44
3.2	Erklärungsansätze für die Unterrepräsentation von Frauen in Führung	46
3.3	Problemfelder und Lösungsansätze: Innovation für diverse Führung	48
3.3.1	Frauenquote wird geduldet, aber nicht gelebt	48
3.3.2	Stereotypische Denkmuster bleiben bestehen	50
3.3.3	Geschlechtergleichstellung gilt als Frauenthema	52
3.4	Fazit und Handlungsempfehlungen	54
	Literatur	55
4	**Vom kranken Mann Europas zum neuen Wirtschaftswunder – und zurück?**	59
	Christoph M. Schmidt	
4.1	Aufbruch in das Jahrzehnt der „Zeitenwende" – mit ungewissem Ausgang	60
4.2	Herausforderungen im Jahrzehnt der „Zeitenwende" – drei Handlungsebenen	62
4.2.1	Demographischer Wandel und anämisches Produktivitätswachstum	63
4.2.2	Krisenresilienz und (Versorgungs-)Sicherheit	66
4.2.3	Das Ringen um globale Nachhaltigkeit	67
4.3	Fazit: Die marktwirtschaftliche Ordnung verteidigen	69
	Literatur	69

II Zeitenwende – Perspektiven, Meinungen, Kommentare

5	**Erleben wir aus politikwissenschaftlicher Sicht eine Wende?**	73
	Ute Scheub	
5.1	Demokratie ist ein Klangkörper und lebt von Resonanz	74
5.2	Dissonanz zwischen demokratischen Idealen und Wirklichkeit	75
5.3	Fatale Gleichsetzung von Wahlen und Demokratie	76
5.4	„Soziale" Medien fördern Rechtspopulismus	77
5.5	Das Gegenmittel: Resonanz und Vertrauen in Politik und Wirtschaft	79
5.6	Mehr Resonanz durch Beteiligung und Vielstimmigkeit	81
5.7	Fazit	83
	Literatur	83
6	**„Sicherheit in unsicheren Zeiten" – Zeitenwende in betrieblichen Organisationen: Herausforderungen und Lösungsansätze aus Sicht von Arbeitnehmerinnen und Arbeitnehmern**	85
	Johannes Roth und Knut Lambertin	
6.1	Einleitung	86
6.2	Auswirkungen von Krisen auf die Arbeitswelt: aktuelle Trends und damit verbundene Herausforderungen	87
6.3	Lösungsansätze und gewerkschaftliche Forderungen zur Beschäftigtengesundheit	92
6.4	Quo vadis Beschäftigtengesundheit – Fazit und Ausblick	96
	Literatur	97

7	**Zeitenwende in der Arbeitswelt: Ausgewählte „Wandelthemen" und Lösungsansätze aus Sicht von Arbeitgeberinnen und Arbeitgebern**	99
	Susanne Wagenmann, Elisa Clauß, Sebastian Riebe und Carina Becher	
7.1	Die Zeitenwende für Unternehmen ist schon längst Realität	101
7.2	Wandelthema #1: Psychische Belastung und Gesundheit bei der Arbeit: Ein Evergreen im Wandel?	102
7.2.1	So gelingt eine gute Gestaltung psychischer Belastung bei der Arbeit	103
7.2.2	Psychische Belastung und Gesundheit: Auch weiterhin wichtige Themen für Arbeitgeberinnen und Arbeitgeber	106
7.3	Wandelthema #2: Selbstgefährdendes Arbeitsverhalten als Herausforderung bei flexibler und selbstbestimmterer Arbeit	106
7.3.1	Wie lässt sich selbstgefährdendem Arbeitsverhalten auf betrieblicher Ebene begegnen?	107
7.3.2	Es kommt besonders auch auf die Mitarbeit der Beschäftigten an	108
7.4	Wandelthema #3: Eigenverantwortung zum gesunden Verhalten stärken und Kompetenzen entwickeln	108
7.4.1	Paradigmenwechsel kündigt sich an: Eigenverantwortung und Verhaltensprävention zukünftig stärker gefordert	108
7.4.2	Kompetenzentwicklung stärker in den Blick nehmen	110
7.5	Fazit	110
	Literatur	111

III Den Wandel auf organisationaler Ebene gesundheitsgerecht gestalten

8	**Zukunftsfähigkeit von Organisationen, Zukunftsangst und die Gesundheit von Mitarbeitenden**	115
	Andrea Waltersbacher, Miriam Meschede, Hannes Klawisch und Johanna Baumgardt	
8.1	Einleitung	116
8.2	Forschungsfragen und Methodik	119
8.3	Ergebnisse der Befragung	121
8.3.1	Organisationsbezogene Veränderungen in den vorangegangenen Jahren	121
8.3.2	Zukunftsangst	121
8.3.3	Dimensionen der Zukunftsfähigkeit von Organisationen	124
8.3.4	Vertrauen in die Zukunftsfähigkeit	131
8.3.5	Angst um die Zukunft der Organisation und die Gesundheit der Beschäftigten	133
8.3.6	Zukunftsfähigkeit und Gesundheit der Beschäftigten	136
8.4	Diskussion	140
8.5	Ausblick	143
	Literatur	144

9	**Wie geht es Angestellten in Deutschland? – Ergebnisse repräsentativer Beschäftigtenbefragungen im Rahmen des Fehlzeiten-Reports 2020 bis 2023**	147
	Johanna Baumgardt	
9.1	Einleitung	148
9.2	Methodik	149

9.3	Ergebnisse und Diskussion	153
9.4	Zusammenfassende Schlussbetrachtung	166
	Literatur	168

10 Vertrauen stärken – vor allem in disruptiven Zeiten! ... 171
Dominik Enste

10.1	Vertrauen und Trends in der Arbeitswelt	172
10.2	Resilienz durch Vertrauen nicht nur in Krisenzeiten	173
10.3	Effekte von Vertrauen im Arbeitskontext	174
10.3.1	„Wer nicht vertraut, dem vertraut man nicht"	174
10.3.2	Vertrauen, Innovation und Kreativität	175
10.4	Maßnahmen zur Förderung einer Vertrauenskultur	175
10.4.1	Heuristik zur organisationalen Vertrauenswürdigkeit	175
10.4.2	Verhaltensökonomische Maßnahmen für eine Vertrauenskultur	177
10.5	Vertrauen und wertschätzende Kontrolle	177
	Literatur	180

11 Innovative Organisationsformen – Mehr Demokratie in Unternehmen wagen ... 183
Lisa Herzog

11.1	Demokratie und Arbeitswelt	184
11.2	Demokratische Praktiken in der Arbeitswelt	185
11.2.1	Repräsentative Demokratie	185
11.2.2	Partizipative Demokratie	186
11.3	*What's in it for me?* – Der Nutzen demokratischer Praktiken in der Arbeitswelt	188
11.4	Schluss – Experimente der gelebten Demokratie	190
	Literatur	191

12 Organisationale Resilienz als Handlungsfeld eines erweiterten Betrieblichen Gesundheitsmanagements – den Unternehmenserfolg nachhaltig gestalten ... 193
Oliver Hasselmann und Birgit Schauerte

12.1	Zeitenwende in der Arbeitswelt	194
12.2	Organisationale Resilienz als Handlungsfeld eines erweiterten BGMs	195
12.3	Die Umsetzung in der BGM-Praxis	198
12.4	Ausprägung der OR in ausgewählten Unternehmen	201
12.4.1	Indikatoren zur Organisationalen Resilienz	201
12.4.2	Indikatoren zur Teamresilienz	202
12.5	Fazit und Schlussfolgerungen	203
	Literatur	204

13 Resilienz in Teams ... 207
Simone Kauffeld und Eva-Maria Schulte

13.1	Was ist Resilienz?	208
13.2	Bei welchen Teams ist eine hohe Resilienz besonders wichtig?	209
13.3	Welche Arten von Krisen können in Teams auftreten?	209
13.4	Wie kann die Resilienz im Team gefördert werden?	211
13.5	Bei auftretenden Widrigkeiten handeln: Resilienzprozesse im Team gestalten	211

13.6	Wie kann es aber in der Akutsituation gelingen, diese Prozesse schnell und zielführend zu gestalten?	212
13.7	Vorbereitet sein: Resilienzkapazität fördern	212
13.8	Fazit	215
	Literatur	216

14 Die Rolle der Fehlermanagementkultur in der Gestaltung neuer Arbeitsumgebungen ... 219
Alexander Klamar und Sebastian Fischer

14.1	Einleitung	220
14.2	Fehlerkulturen im Vergleich	220
14.2.1	Fehlervermeidung	221
14.2.2	Fehlermanagement	222
14.2.3	Stand der Fehlerforschung	223
14.3	Organisationskultur und Fehlerkultur	224
14.4	Förderung der Fehlermanagementkultur	225
14.5	Fehlermanagement und Gesundheit	228
14.5.1	Fehlermanagement und psychische Gesundheit	228
14.5.2	Fehlermanagement und physische Gesundheit	228
14.6	Fehlermanagement und New Work	229
14.7	Fazit	231
	Literatur	232

15 Bindungsorientierte Führung – Homeoffice und seine Folgen für Arbeit und Gesundheit ... 235
Bernhard Badura, Alina J. Wacker, Leon K. Hoffmann und Johanna S. Radtke

15.1	Ursprung der Misstrauenskultur	236
15.2	„New Normal" – Die Entwicklung der postpandemischen Arbeitswelt	238
15.3	Verbreitung von Homeoffice	239
15.4	Folgen des „New Normal" für Mitarbeitende, Führungskräfte und ihre Kooperation	241
15.5	Die Bedeutung „des Sozialen" für den wirtschaftlichen Erfolg	244
15.6	Von der kontroll- zur bindungsorientierten Führungslehre	245
15.7	Bindungsorientierte Organisationsgestaltung	247
15.8	Fazit	250
	Literatur	251

16 Mobiles Arbeiten: Chancen und Risiken ... 255
Anne M. Wöhrmann, Nils Backhaus und Antje Ducki

16.1	Einleitung	256
16.2	Formen mobilen Arbeitens	256
16.3	Verbreitung mobilen Arbeitens	257
16.3.1	Verbreitung von Homeoffice	258
16.3.2	Verbreitung von Pendeln	259
16.3.3	Verbreitung von Dienstreisen	260
16.4	Gesundheitliche Vor- und Nachteile mobilen Arbeitens	261
16.4.1	Homeoffice und Gesundheit	262
16.4.2	Pendeln und Gesundheit	263
16.4.3	Dienstreisen und Gesundheit	263

16.5	Gesunde Arbeitsorganisation bei mobilem Arbeiten	264
16.6	Besonderheiten mobilen Arbeitens in Zeiten der „doppelten" Transformation von Digitalisierung und Nachhaltigkeit	265
16.7	Ausblick	267
	Literatur	267

17	**Hybrides Führen: Führen in Zeiten von Homeoffice**	**271**
	Annika Krick, Jörg Felfe, Laura Klebe und Dorothee Tautz	
17.1	**Arbeiten im digitalen Kontext**	272
17.2	**Herausforderungen hybrider Führung**	273
17.3	**Gesundheitsorientierte Führung**	277
17.3.1	Ausprägung von SelfCare und StaffCare im Homeoffice	277
17.3.2	Wirksamkeit von SelfCare und StaffCare im Homeoffice	278
17.4	**Transformationale Führung**	279
17.4.1	Ausprägung von transformationaler Führung im Homeoffice	279
17.4.2	Wirksamkeit von transformationaler Führung im Homeoffice-Kontext	280
17.5	**Hybride Führung: Mehr Kommunikation und Nutzung von Online-Tools**	281
17.6	**Fazit**	283
	Literatur	284

IV   Den Wandel auf individueller Ebene gesundheitsgerecht gestalten

18	**Autonomie fördern – Risiken minimieren**	**289**
	Renate Rau, Vincent Mustapha und Florian Schweden	
18.1	**Einleitung**	290
18.2	**Autonomie als Bedürfnis und Autonomie als Tätigkeitsmerkmal: eine Einordnung**	292
18.2.1	Autonomie als Bedürfnis	292
18.2.2	Befriedigung des Autonomiebedürfnisses durch Gewähren von Handlungs- und Entscheidungsspielraum in der Arbeit	293
18.2.3	Autonomie als Tätigkeitsmerkmal und dessen Folgen für die Arbeitenden	293
18.3	**Bedingungen, die die Nutzung von Handlungsspielraum hemmen**	295
18.3.1	Handlungsspielraum und zusätzliche Anforderungen sowie Qualifikationserfordernisse	295
18.3.2	Handlungsspielraum und Zeitverfügbarkeit	296
18.3.3	Handlungsspielraum und Verantwortung	298
18.3.4	Handlungsspielraum und „Offenheit der Ergebnisse" im Arbeitsauftrag	299
18.4	**Fazit: Vermeidung negativer und Förderung positiver Folgen des Handlungsspielraums bei ergebnisorientierter Steuerung von Arbeit**	299
	Literatur	302

19	**Resiliente Mitarbeitende**	**307**
	Roman Soucek	
19.1	**Einleitung**	308
19.2	**Konzepte individueller Resilienz**	308
19.2.1	Resilienz als Ergebnis	309
19.2.2	Resilienz als Eigenschaft	309

19.2.3	Resilienz als Verhalten	310
19.3	**Ansatzpunkte zur Förderung individueller Resilienz**	311
19.3.1	Förderung personaler Eigenschaften	311
19.3.2	Förderung resilienten Verhaltens	312
19.4	**Implementierung in Unternehmen**	313
19.4.1	Exkurs Praxis	313
19.5	**Fazit**	314
	Literatur	314
20	**Gesundheitsförderliche Handlungsregulation in der neuen Arbeitswelt: Von interessierter Selbstgefährdung zu Selbstsorge und Teamresilienz**	317
	Andreas Krause, Sophie Baeriswyl, Marcel Baumgartner, Cosima Dorsemagen, Michaela Kaufmann und Maida Mustafić	
20.1	Adaptive und maladaptive Selbstregulation	319
20.2	Zunehmende Ergebnis- und Eigenverantwortung in der neuen Arbeitswelt	320
20.3	Maladaptive Handlungsregulation: Interessierte Selbstgefährdung	320
20.4	Adaptive Handlungsregulation: Arbeitsbezogene Selbstsorge und Teamresilienz	322
20.5	Betriebliche Frühwarnsysteme zur Förderung gesundheitsförderlicher Handlungsregulation	324
20.5.1	Präventives Gesundheits-Assessment	324
20.5.2	Gesundheitsbefragung beim Verzicht auf Arbeitszeiterfassung	325
20.5.3	Interessierte Selbstgefährdung in die Gefährdungsbeurteilung integrieren	326
20.5.4	Teamresilienz: Potenzial von New Work für Frühinterventionen	327
20.6	**Fazit**	327
	Literatur	329
21	**Minimal angstauslösende Arbeitsplätze – (wie) kann Führung Arbeitsängsten und Arbeitsunfähigkeit vorbeugen?**	333
	Beate Muschalla	
21.1	Einleitung	335
21.2	Angst am Arbeitsplatz – häufige Ursache für Langzeitarbeitsunfähigkeit	335
21.3	Macht Arbeit Angst?	336
21.4	Welche Arbeitsplatzängste kann man unterscheiden?	337
21.5	Fähigkeitsbeeinträchtigungen bei Arbeitsängsten	338
21.6	Sind Arbeitsängste behandelbar und Arbeitsunfähigkeit abwendbar?	341
21.7	Umgang mit Arbeitsängsten im Betrieb	342
21.8	Was kann man vorbeugend tun?	343
21.9	**Fazit**	345
	Literatur	345
22	**Gesunde Arbeit durch eine gesunde Gestaltung von Entgrenzung**	347
	Lea Katharina Kunz, Antje Ducki und Annekatrin Hoppe	
22.1	**Einführung**	348
22.2	**Entgrenzung im Überblick**	349
22.2.1	Dimensionen und Merkmale von Entgrenzung	349
22.2.2	Tätigkeitsmerkmale und ihre psychologische Bedeutung	350
22.2.3	Einbettung der Entgrenzung in betriebliche Strukturen und Erreichbarkeitskulturen	351
22.3	**Gesundheitliche Folgen der Entgrenzung**	352

22.3.1	Dauer und Häufigkeit von Entgrenzung	352
22.3.2	Segmentation und Integration	352
22.3.3	Aufgabentypen als verschiedene Formen von Entgrenzung	353
22.3.4	Betriebliche Strukturen und Erreichbarkeitskulturen	353
22.4	**Folgen der Entgrenzung für Engagement und Motivation**	354
22.5	**Handlungsempfehlungen zu gesunder Entgrenzung**	356
22.6	**Fazit**	356
	Literatur	356

23	**Berufsbedingter Erschöpfung generationendifferenziert vorbeugen**	359
	Andreas Hillert und Sophia Hillert	
23.1	Ein Thema, dem bereits viele Beiträge im „Fehlzeiten-Report" gewidmet wurden	360
23.2	Was ist Erschöpfung?	361
23.3	Erschöpfungserleben: Historische Hintergründe	363
23.4	Erschöpfungserleben in unterschiedlichen Berufsgruppen	364
23.5	Erschöpfungserleben und die Zugehörigkeit zu unterschiedlichen sozialen Milieus	366
23.6	Erschöpfungserleben im Generationenvergleich	367
23.7	Perspektiven	370
	Literatur	372

V Methoden und Erfahrungsberichte aus der Praxis

24	**Digitale Angebote zur Betrieblichen Gesundheitsförderung für kleine und mittlere Unternehmen: Erfahrungen aus dem Projekt IMPLEMENT**	377
	Grit Tanner und Maie Stein	
24.1	Verbreitung von Betrieblichem Gesundheitsmanagement in KMU	378
24.2	Chancen und Risiken von digitalen gesundheitsbezogenen Angeboten	379
24.3	Digitale BGF-Angebote für KMU – Projekt IMPLEMENT	380
24.3.1	Kernelemente der Gestaltung digitaler BGF-Plattformen	380
24.3.2	Strukturelle Voraussetzungen in KMU	381
24.3.3	Nutzung der Plattform IMPLEMENT durch KMU	384
24.4	**Fazit**	386
	Literatur	387

25	**Gesund im Homeoffice: Ein Online-Programm zur Implementierung von Homeoffice als flexibles Arbeitsmodell**	389
	Thomas Lennefer, Patricia Lück und Martin Krowicki	
25.1	Einleitung	390
25.2	Das Pilotunternehmen	391
25.3	Theoretischer Hintergrund	391
25.3.1	Digitale Gesundheitsinterventionen im Betrieblichen Gesundheitsmanagement	391
25.3.2	Wissenschaftliche Basis des Online-Programms *„Gesund im Homeoffice"*	392
25.4	Das Online-Programm „Gesund im Homeoffice"	394
25.5	Ergebnisse	396
25.6	**Fazit**	399
	Literatur	399

26	**Zeitenwende: Von der Selbstbestätigung zur Irritation durch Erkundungsaufstellungen**	403
	Georg Müller-Christ	
26.1	Warum wir erst einmal nicht lernen	405
26.1.1	Es braucht die Irritation	405
26.1.2	Aber nicht so!	406
26.2	Irritationen herbeiführen	406
26.3	Das Irritationspotenzial von Erkundungsaufstellungen	406
26.4	Was ist ein Problem?	408
26.4.1	Der Erkundungsmodus ist anspruchsvoll	409
26.4.2	Möglichkeitsräume als neue Denkform	409
26.4.3	Erkundungsaufstellungen als Mittel zur Irritation	410
26.5	Zeitenwende: das Innovative an der Aufstellungsmethode zulassen	410
26.6	Eine Erkundungsaufstellung zum Themen Zeitenwende in Unternehmen	411
26.7	Erkenntnisse aus der Erkundungsaufstellung	412
26.8	Erkundungsaufstellungen sind Teil der Zeitenwende	413
	Literatur	413
27	**Bei Unternehmen nachgefragt: RWE Power AG**	415
	Jens Hünten	
27.1	Das Unternehmen	416
27.2	Fragenkatalog	416
28	**Bei Unternehmen nachgefragt: Siemens AG**	423
	Klaus Pelster, Thorsten Breutmann und Jörg Pohl	
28.1	Das Unternehmen	424
28.2	Fragenkatalog	424
	Literatur	431

VI Daten und Analysen

29	**Krankheitsbedingte Fehlzeiten in der deutschen Wirtschaft im Jahr 2022**	435
	Markus Meyer, Moritz Meinicke und Antje Schenkel	
29.1	Überblick über die krankheitsbedingten Fehlzeiten im Jahr 2022	437
29.2	Datenbasis und Methodik	440
29.3	Allgemeine Krankenstandsentwicklung	443
29.4	Verteilung der Arbeitsunfähigkeit	446
29.5	Kurz- und Langzeiterkrankungen	447
29.6	Krankenstandsentwicklung in den einzelnen Branchen	448
29.7	Einfluss der Alters- und Geschlechtsstruktur	453
29.8	Fehlzeiten nach Bundesländern	456
29.9	Fehlzeiten nach Ausbildungsabschluss und Vertragsart	461
29.10	Fehlzeiten nach Berufsgruppen	464
29.11	Fehlzeiten nach Wochentagen	465
29.12	Arbeitsunfälle	467
29.13	Krankheitsarten im Überblick	472
29.14	Die häufigsten Einzeldiagnosen	478

29.15	Krankheitsarten nach Branchen und Berufen	480
29.16	Langzeitfälle nach Krankheitsarten	494
29.17	Krankheitsarten nach Diagnoseuntergruppen	495
29.18	Burnout-bedingte Fehlzeiten	498
29.19	Arbeitsunfähigkeiten nach Städten 2022	502
29.20	Inanspruchnahme von Krankengeld bei Erkrankung des Kindes	505
29.21	Fehlzeiten im Jahr 2022 im Zusammenhang mit Covid-19	509
	Literatur	519
30	**Krankheitsbedingte Fehlzeiten nach Branchen im Jahr 2022**	521
	Markus Meyer, Antje Schenkel und Moritz Meinicke	
30.1	Banken und Versicherungen	522
30.2	Baugewerbe	538
30.3	Dienstleistungen	556
30.4	Energie, Wasser, Entsorgung und Bergbau	575
30.5	Erziehung und Unterricht	593
30.6	Gesundheits- und Sozialwesen	610
30.7	Handel	629
30.8	Land- und Forstwirtschaft	647
30.9	Metallindustrie	663
30.10	Öffentliche Verwaltung	682
30.11	Verarbeitendes Gewerbe	699
30.12	Verkehr und Transport	721
31	**Entwicklung der Krankengeldfälle und -ausgaben bei AOK-Mitgliedern im Jahr 2022**	739
	David Herr und Reinhard Schwanke	
31.1	Einführung	740
31.2	Einordnung der Datenquellen	741
31.3	Entwicklung des Krankengeldes	741
31.3.1	Krankengeldfallzahlen	743
31.3.2	Krankengeldfalldauern	744
31.3.3	Krankengeldausgaben nach Diagnosen	746
31.3.4	Einfluss des Alters	747
31.4	Zusammenfassung	749
	Literatur	750
32	**Krankheitsbedingte Fehlzeiten in der Bundesverwaltung und Nachhaltigkeit des Faktors Gesundheit**	751
	Annette Schlipphak	
32.1	Gesundheitsmanagement in der Bundesverwaltung	753
32.2	Maßnahmenprogramm Nachhaltigkeit der Bundesverwaltung – Stärkung des Betrieblichen Gesundheitsmanagements	753
32.2.1	Gesundheit im Maßnahmenprogramm Nachhaltigkeit	754
32.2.2	Entwicklung des BGM in der Bundesverwaltung – Evaluation des aktuellen Sachstandes	754
32.2.3	Gefährdungsbeurteilung psychische Belastung	755
32.2.4	Weitere Aspekte zur Förderung der Gesundheit in Behörden	755

32.2.5	Ausblick	756
32.3	**Überblick über die krankheitsbedingten Abwesenheitszeiten im Jahr 2021**	**757**
32.3.1	Methodik der Datenerfassung	757
32.3.2	Allgemeine Entwicklung der Abwesenheitszeiten	757
32.3.3	Dauer der Erkrankung	757
32.3.4	Abwesenheitstage nach Laufbahngruppen	759
32.3.5	Abwesenheitstage nach Statusgruppen	759
32.3.6	Abwesenheitstage nach Behördengruppen	760
32.3.7	Abwesenheitstage nach Geschlecht	760
32.3.8	Abwesenheitstage nach Alter	760
32.3.9	Gegenüberstellung mit den Abwesenheitszeiten der AOK-Statistik	763
	Literatur	764

Serviceteil	**765**
Anhang 1: Internationale statistische Klassifikation der Krankheiten und verwandter Gesundheitsprobleme (10. Revision, Version 2022, German Modification)	766
Anhang 2: Branchen in der deutschen Wirtschaft basierend auf der Klassifikation der Wirtschaftszweige (Ausgabe 2008/NACE)	776
Die Autorinnen und Autoren	781
Stichwortverzeichnis	811

Zeitenwende – Grundlagen

Inhaltsverzeichnis

Kapitel 1 „Zeitenwende" aus historischer Perspektive – 3
Ralph Rotte

Kapitel 2 Befinden wir uns in einer „ökologischen Zeitenwende"? Umweltveränderungen, Gesundheit und Transformationen – 23
Oskar Masztalerz

Kapitel 3 Deutsche Führungsetagen und die Zeitenwende: Ein Blick auf Geschlechtergleichstellung – 43
Conny Steenblock, Janina Sundermeier und Franziska Schmitt

Kapitel 4 Vom kranken Mann Europas zum neuen Wirtschaftswunder – und zurück? – 59
Christoph M. Schmidt

„Zeitenwende" aus historischer Perspektive

Ralph Rotte

Inhaltsverzeichnis

1.1 Einführung: Eine Vielzahl von Zeitenwenden – 5

1.2 Definitionsversuche – 6
1.2.1 Konkrete Zeitpunkte und -räume als etablierte „Zeitenwenden" – 6
1.2.2 „Zeitenwende" allgemein – 7

1.3 Theoretische Perspektiven – 8
1.3.1 Zeitkontingenz und die Rolle von Medien – 8
1.3.2 Frage der Objektivität und soziale Konstruktion – 9
1.3.3 Begrenzte Prognosefähigkeit und mythische Überhöhung – 10
1.3.4 Potenziell problematische sozialepistemologische Wirkungen – 11
1.3.5 Strukturelle Charakteristika der aktuellen internationalen Veränderungen – 12

1.4 Kritische Aspekte – 12
1.4.1 Ein inflationärer Begriffsgebrauch – 12
1.4.2 Fehlende Konsistenz und Allgemeingültigkeit – 13
1.4.3 Fehleinschätzungen und politische Apologetik – 14

1.5 Umgang mit der Zeitenwende – 15
1.5.1 Die krisenhafte Zeitenwende als Stunde der Exekutive – 15
1.5.2 Zeitenwende und institutioneller Wandel – 16
1.5.3 Zeitenwende und Mentalitätswandel – 17

| 1.6 | Fazit: Zeitenwende als Test demokratischer Resilienz – 18 |

Literatur – 19

Zusammenfassung

Der vorliegende Aufsatz geht exemplarisch und selektiv auf einige Facetten des Begriffs und des Umgangs mit historischen „Zeitenwenden" ein. Dazu werden zunächst zentrale Aspekte einer Definition und theoretischen Einordnung betrachtet, zu denen u. a. die unvermeidliche Uneindeutigkeit des Begriffs aufgrund seiner Zeitkontingenz sowie seiner Abhängigkeit von medialer Konstruktion und gesellschaftlicher Perzeption gehören. Dies führt zu drei wesentlichen Kritikpunkten an der gegenwärtig so beliebten Ausrufung einer „Zeitenwende": dem inflationären Gebrauch des Begriffs, seiner mangelnden Konsistenz und seiner apologetischen Verwendung im politischen Prozess. Schließlich werden drei aus der Geschichte bekannte zentrale politische und gesellschaftliche Reaktionsmechanismen und deren Probleme skizziert, um eine „Zeitenwende" zu bewältigen. Dies betrifft die Rolle der Exekutive beim Krisenmanagement sowie die Notwendigkeit grundlegender Veränderungen von Institutionen und Mentalitäten. Im Ergebnis lässt sich die aktuelle „Zeitenwende" nicht zuletzt als Test für die Resilienz demokratischer Systeme interpretieren.

1.1 Einführung: Eine Vielzahl von Zeitenwenden

Die von Bundeskanzler Olaf Scholz in seiner Bundestagsrede am 27. Februar 2022 ausgerufene „Zeitenwende" nach dem russischen Angriff auf die Ukraine ist mittlerweile so oft zitiert und diskutiert worden, dass der Ausdruck bekanntlich von der Gesellschaft für deutsche Sprache zum „Wort des Jahres 2022" gekürt worden ist. Tatsächlich erfreut sich der Begriff in der historischen Literatur durchaus seit längerem einer gewissen Beliebtheit. So identifizierte Birkenhead (1930) beispielsweise über ein Dutzend „turning points in history", von der Abwehr der persischen Invasion Griechenlands im 5. Jh. v. Chr., der Bekehrung Paulus' zum Christentum und dem Fall Jerusalems (70 n. Chr.) in der Antike über den Fall Konstantinopels (1453), die Entdeckung Amerikas durch Kolumbus (1492) und die Reformation (frühes 16. Jh.) in der frühen Neuzeit bis hin zum Aufstieg Napoleons (Wende des 18. zum 19. Jh.), dem Amerikanischen Bürgerkrieg (1861–1865) und dem Ersten Weltkrieg mit der bolschewistischen Revolution in Russland (1917) und der Niederlage der Mittelmächte in neuer und neuester Zeit. Interessanterweise – und der traditionellen Geschichtsschreibung entsprechend – verbinden sich die meisten dieser „Wendepunkte" mit kriegerischen Ereignissen, etwa den Schlachten von Salamis (480 v. Chr.), Plataia (479 v. Chr.), Hastings (1066), Abukir (1798), Shermans „Marsch zum Meer" (1864) oder dem Scheitern der deutschen Frühjahrsoffensiven (1918).

Andere Autoren verbinden politische Zeitenwenden mit dem Erster Weltkrieg (z. B. Bruendel 2014), dem Prager Frühling 1968 (Kempe und von Meurs 2021) oder den Anschlägen auf das World Trade Center vom 11. September 2001 (z. B. Karmann et al. 2016). Krause (2017) postuliert verschiedene Perioden strukturellen Wandels im internationalen System in der neueren Geschichte, nämlich die Jahre nach der Französischen Revolution (1789–1795) und nach dem Ende der Napoleonischen Kriege (1814–1820), die Revolutionen von 1848 und ihre Auswirkungen, den Übergang der friedlichen eurozentrischen Welt „in einen Zustand der Anarchie und des Nationalismus" (Krause 2017, S. 3), den allmählichen Kollaps der Zwischenkriegsordnung (1925–1939), die Formierung des Ost-West-Konflikts (1945–1955), das Ende des Kalten Krieges (1989–1992) sowie die sich verändernde internationale Konstellation seit den 2010er Jahren. In der Altertumsforschung bezeichnen etwa Demandt et al. (2004) die Regierungszeit Kaiser Diokletians (284–305 n. Chr.) als zentralen Wendepunkt in der Geschichte des Römischen Reichs, basierend auf der Stabilisierung und Erneuerung des Imperiums nach der existenziellen Krise der Soldatenkaiser-Zeit u. a. durch die Einführung der Tetrarchie mit zwei Augusti und zwei Caesares. Kriechbaumer (2008) betitelt im Kontext österreichischer Nachkriegspolitik auch die Koalition von SPÖ und FPÖ in den Jahren 1983 bis 1987 als „Zeitenwende". Schließlich sei noch auf die „Zeitenwende" in Form eines in der empirischen Sozialforschung konstatierten Endes des seit dem Ende der 1960er Jahre beobachteten Wertewandels zuungunsten traditioneller Werte in den 1990er Jahren (Noelle-Neumann und Petersen 2002) verwiesen.

Aber auch jenseits der Politik- oder Gesellschaftsgeschichte findet der Begriff seit einigen Jahren zunehmend Anwendung. So ist die Rede von einer technisch-wirtschaftlichen „Zeitenwende" in der Automobilbranche durch die Bedeutungszunahme von Elektroantrieb und Automatisierung (Dudenhöffer 2016), ganz allgemein von einer „digitalen Zeitenwende" (Stratmann 2016) oder einer „Zeitenwende der Sozialen Marktwirtschaft" angesichts von Klimawandel, Corona-Pandemie und Ukraine-Krieg (ifo-Institut 2022). Ebenfalls 2016 stellten die *Zahnärztlichen Mitteilungen* die Frage, ob es in der Zahnmedizin eine Zeitenwende gebe (Kettler 2016); in der Musikwissenschaft ist die Rede von einer Zeitenwende in der Musik um 1600 durch die Ablösung der dominierenden frankoflämischen Vokalpolyphonie durch eine Vielzahl neuer musikalischer Gattungen und Formen (Schrammek 2011).

Schließlich gibt es etwa in der Paläontologie den ähnlichen Begriff einer erdgeschichtlichen „Wendezeit" mit dem Massensterben an der Wende von Perm zu Trias (Eldredge 1997). Eine solche Wendezeit proklamierte auch Capra (1984) angesichts seiner Meinung nach grundlegender wissenschaftlicher Veränderungen hin zu komplexerem, vernetztem und ganzheitlichem Denken. „Wendezeit" ist außerdem bekanntlich eine häufige Bezeichnung für die Periode des Untergangs der DDR und der unmittelbaren Folgezeit der deutschen Einheit sowie damit verbunden wiederum der Umwälzungen der internationalen Ordnung infolge des Endes des Kalten Krieges (Wolf 2019; Spohr 2021).

Vor diesem nur exemplarischen Hintergrund eines durchaus häufigen Vorkommens von „Zeitenwenden" oder damit verbundener ähnlicher Begriffe wie „Wendezeit", „Krise", „Strukturbruch" oder „Zäsur" in der geschichtswissenschaftlichen Literatur (und darüber hinaus) geht der vorliegende Aufsatz im Folgenden exemplarisch und selektiv auf einige Facetten des Begriffs und des Umgangs mit dem Phänomen „Zeitenwende" ein. Dazu werden zunächst zentrale Aspekte einer Definition und theoretischen Einordnung betrachtet und danach verschiedene kritische Perspektiven angesprochen, die zu Skepsis gegenüber dem Konzept und der Verwendung des Begriffs überhaupt führen. Schließlich wird ein knapper Überblick über aus der Sicht des Verfassers zentrale politische und gesellschaftliche Reaktionsmechanismen und ihre Probleme gegeben, um eine „Zeitenwende" zu bewältigen. In einem kurzen Fazit soll versucht werden, die skizzierten Aspekte hinsichtlich ihrer Umsetzungsaussichten zusammenzufassen.

1.2 Definitionsversuche

1.2.1 Konkrete Zeitpunkte und -räume als etablierte „Zeitenwenden"

Begrifflich wohletablierte Zeitenwenden gibt es im traditionellen geschichtswissenschaftlichen Kontext nur in sehr überschaubarer Zahl. Ursprünglich bezeichnete der Begriff vor allem die veränderte Zeitrechnung vor und nach Christi Geburt, was bereits verdeutlicht, dass Zeitenwenden geographisch und soziokulturell kontingent sein können. So ist der Beginn einer neuen Zeitrechnung etwa in der jüdischen oder muslimischen Tradition bekanntlich mit den (christlichen) Jahren 3.761 v. Chr. bzw. 622 n. Chr. verbunden.

Ein zweites übliches Zeitenwende-Verständnis bezieht sich auf fundamentale Umbrüche, die zeitlich definierte Unterdisziplinen der Geschichtswissenschaft begründen, etwa den viel diskutierten Übergang vom Mittelalter zur Neuzeit (Koselleck 1992, S. 300–348). In den europäischen Kulturwissenschaften wird mit dem Begriff der „early modern history" oder „Frühen Neuzeit" etwa die Periode zwischen dem Beginn des 16. und dem Ende des 18. Jahrhunderts bezeichnet, was eine Zeitenwende um 1500 impliziert – v. a. bestimmt durch Renaissance und Reformation. Im deutschsprachigen Raum hat sich zudem der von Reinhart Koselleck geprägte Begriff der „Sattelzeit" für die Zeit um ca. 1750 bis 1850 eingebürgert, in der die Wende von der Vormoderne zur Moderne zu verorten ist (Décultot und Fulda 2016; Fulda 2018).

Weitgehend unstrittig ist drittens auch die grundlegende langfristige Zäsur des Endes des Zweiten Weltkrieges 1945, die etwa mit der Etablierung der Vereinten Nationen, dem Beginn des Atomzeitalters, der endgültigen Beendigung der europäischen Dominanz der Welt und dem aufziehenden Kalten Krieg zweifellos eine historische Umwälzung globalen Ausmaßes bedeutete (Raphael 2018).

1.2.2 „Zeitenwende" allgemein

Versucht man eine übergreifende Definition einer „Zeitenwende", wie es die aktuelle Verwendung des Begriffs nahelegt, kann man zum einen erneut auf Kosellecks Verständnis des Übergangs von Mittelalter zu Neuzeit zurückgreifen. Für ihn ist dabei das Auseinanderfallen des Erfahrungsraums von Zeitgenossen eines fundamentalen Wandels in den gesellschaftlichen, politischen, ökonomischen oder technologischen Bedingungen menschlichen Handelns und Denkens und des Erwartungshorizonts, der im Wesentlichen aus einer Fortschreibung bestehender Erfahrungen resultiert (Koselleck 1992, S. 354–359). Damit ist es „die Spannung zwischen Erfahrung und Erwartung, die in jeweils verschiedener Weise neue Lösungen provoziert und insoweit geschichtliche Zeit aus sich hervortreibt" (Koselleck 1992, S. 358). Verwendet man analog den Begriff einer geschichtlichen „Zäsur", bedeutet dies „markante historische Einschnitte, die auffällig durchbrechen, was ansonsten als vergleichsweise stetiger Fluss der Geschichte erscheint" (Hellmann 2017, S. 331). Dabei ist zu unterscheiden zwischen einer „Deutungszäsur" und einer „Erfahrungszäsur", wobei erstere retrospektiv einen „Deutungsanspruch" formuliert, der sich den meisten Zeitgenossen (noch) nicht in ähnlicher Weise als offensichtlicher Einschnitt aufdrängt. Offensichtliche Zeitenwenden, die den Zeitgenossen bereits als solche erscheinen, werden demgegenüber als „Erfahrungszäsuren" bezeichnet. Beispiele dafür sind etwa der Mauerfall 1989 oder die Terroranschläge des 11. September 2001 (Hellmann 2017, S. 332).

Damit ist ein Aspekt eines allgemeinen Verständnisses einer Zeitenwende angesprochen, das gerade in der aktuellen Situation besonders relevant erscheint: Denn „‚Zeitenwende' ist ein Zwitter: Der Begriff steht sowohl für eine Zeitdiagnose als auch für ein Politikprogramm. Was die richtige Diagnose ist und was das richtige Politikprogramm, darüber wird politisch gestritten in der demokratischen Öffentlichkeit. Dieser Streit basiert auf Konzepten, mit denen wir die Welt ordnen und Politikrezepte entwickeln." (Benner 2023) Zeitenwenden sind „Momente der Neu- und Umorientierung" (Müller 2023) aufgrund einer „einschneidenden Gegenwart, die Vergangenes hinter sich lässt und in eine neue Zukunft in Aussicht stellt" (Becker 2022, S. II). Eine Zeitenwende ist also als „Schwellenerzählung eine Form der Zeitverortung (...), welche ein (behauptet) überraschendes und singuläres Ereignis zum Wendepunkt ‚macht', es ausspricht und darauf aufbauend eine Politik des Ursprungs gründet, welche weltanschaulich fundierend und politisch handlungsleitend wirken kann" (Atwood 2019, S. 72).

Exemplarisch und weniger normativ-pathetisch überhöht als in mancher gegenwärtigen Debatte lässt sich Kriechbaumers (2008, S. 8) Verständnis der Zeitenwende der Mitte der 1980er Jahre in Österreich als Illustration anführen: Danach war diese Periode „durch eine solche Vielzahl von [sozioökonomischen und politischen] Stressfaktoren, Tabubrüchen und Paradigmenwechseln gekennzeichnet", dass sie „als Transitorium eine Sonderstellung" in der Geschichte der Zweiten Republik einnimmt. Ein solches Übergangsverständnis kann als allgemeines Charakteristikum einer proklamierten „Zeitenwende" angenommen werden.

1.3 Theoretische Perspektiven

Es sollte bis dato klar geworden sein, dass eine theoretische Fundierung einer Zeitenwende untrennbar verbunden ist mit den konkreten Umständen einer tatsächlichen grundlegenden Veränderung politischer und sozioökonomischer Verhältnisse sowie insbesondere deren Wahrnehmung durch Entscheidungsträger, Öffentlichkeit und Wissenschaft. Gerade diese Interaktion von faktischen, scheinbar objektiven Wandlungsformen der Realität, worauf sie auch immer zurückzuführen sein mag, und ihrer Wahrnehmung und kognitiven und/oder (sozial-)psychologischen Verarbeitung führt zu verschiedenen nennenswerten, weil letztlich potenziell handlungsleitenden theoretischen, und interagierenden Einbettungen des (vermeintlichen) Phänomens einer „Zeitenwende".

1.3.1 Zeitkontingenz und die Rolle von Medien

Für zeitgenössische Beobachter und Beobachterinnen ist häufig schwer zu beurteilen, ob sie gerade mit einer echten Zeitenwende konfrontiert sind oder nur überraschende Phänomene auftreten, ohne dass es sich dabei um echte historische Strukturbrüche handelt. Umgekehrt werden tatsächliche große Zeitenwenden möglicherweise gar nicht oder nur teilweise in Echtzeit wahrgenommen. So entstand bei der Masse der (ländlichen) Bevölkerung während der Renaissance und der Reformation wohl kaum der Eindruck, in bahnbrechend umwälzenden Zeiten zu leben, weil sie über die Vorgänge in den Städten gar nicht informiert waren. Damit ist der zentrale Einfluss von Medien und der Partizipation in Wissen für die Wahrnehmung oder Interpretation einer Zeitenwende angesprochen (Bösch 2012, S. 12 f.). Dies bedeutet einerseits, dass echte Zeitenwenden wohl sicher nur ex post identifiziert werden können. Andererseits sind „Zäsurbehauptungen und Periodisierungen (...) immer zeitgebunden und haben oft eine geschichtspolitische Note" (Bösch 2012, S. 12).

Gleichwohl wird die Identifikation und Analyse von Schlüsselereignissen in der Geschichtswissenschaft nicht grundsätzlich abgelehnt: Denn sie sind erstens „kondensierte Deutungen der Zeitgenossen (...), die meist wirkungsmächtige Handlungen auslösten. Denn Ereignisse als solche gibt es nicht. Vielmehr basieren diese auf öffentlichen Zuschreibungen im Rahmen einer verdichteten Kommunikation, bei der die Medien eine Schlüsselrolle spielen." (Bösch 2012, S. 13) Zweitens verweisen sie auf Veränderungen langfristiger struktureller Konstellationen aufgrund des Zusammenhangs von Struktur und Ereignis und drittens „helfen Zäsurbildungen, Geschichte explizit zu perspektivieren. Denn gerade die Ausdifferenzierung der Geschichtswissenschaft lässt es sinnvoll erscheinen, Fluchtpunkte zu untersuchen, an denen sich unterschiedliche Möglichkeiten des Erzählens kreuzen" (ebd.).

Damit verbunden ist eine zur klaren Perspektivierung und vereinfachten medialen Verbreitung notwendige Kondensation historischer Kontexte und Ereignisse zu einem sinnstiftenden Narrativ. Entsprechend fokussieren proklamierte geschichtliche Strukturbrüche häufig auf Intentionen und Handlungen (oder Nichthandlungen) einzelner Personen, denen entsprechend auch die zentrale Verantwortung für die jeweilige „Zeitenwende" zugeschrieben wird. Damit verbunden ist auch wiederum der zeitliche Aspekt der Dauer einer Initialzündung oder eines Prozesses zu einer neuen Konstellation in der Welt. Während man aus einer systematischen wissenschaftlichen Betrachtung der Entwicklung von Staaten, Gesellschaften und Ideen grundsätzlich wohl davon ausgehen kann, dass in den wenigsten Fällen grundlegende Veränderungen im menschlichen Leben auf einzelne Entscheidungsträger in Ad-hoc-Entscheidungssituationen oder singuläre Ereignisse zurückzuführen sind, sind zur sinnstiftenden Simplifizierung komplexer Zusammenhänge Zuschreibungen tatsächlicher oder symbolischer Art gang und gäbe, um „Zeitenwenden" eingängig und überzeugend darzustellen.

Man denke nur an Stefan Zweigs (1927) meisterhaftes Bild der „Weltminute von Waterloo", in dem der endgültige Untergang Napoleons und damit der Lauf der Geschichte des 19. Jahrhunderts (und womöglich darüber hinaus) darauf zurückgeführt wird, dass sich einer der Marschälle des französischen Kaisers, Emmanuel de Grouchy, geradezu sklavisch an den formellen Befehl seines Vorgesetzten hält und ihm nicht in der Entscheidungsschlacht vom 18. Juni 1815 zur Hilfe eilt. Eine differenzierte Historiographie würde zweifellos auf die Eigenheiten des zentralisierten napoleonischen Militärsystems, die kriegsbedingten Verluste des französischen Offizierskorps Grouchys Entscheidung im Kontext seines mitverantwortlichen Stabes oder einfach die zahlenmäßigen Verhältnisse in Napoleons Feldzug von 1815 verweisen, die einen Erfolg wohl von vornherein praktisch unmöglich machten (Rotte und Schmidt 2003, S. 186 f.). Doch der Eindruck eines tragischen Individuums, „eines recht braven, recht banalen Menschen", dessen Mittelmäßigkeit „über das ganze neunzehnte Jahrhundert (...) – Unsterblichkeit –" (Zweig 1927, S. 16) entscheidet, ist offensichtlich ungleich einprägsamer als eine ausdifferenzierte wissenschaftliche Analyse.

Diese Personalisierung einer „Zeitenwende" im Sinne einer unerwarteten Krise oder eines kurzfristigen Schocks erinnert nicht zuletzt auch an die Berichterstattung und Diskussion über den russischen Angriffskrieg gegen die Ukraine. Üblicherweise wird dieser – natürlich nicht völlig zu Unrecht – mit der Person Vladimir Putins verbunden. Obwohl letzterer zweifellos als ideologisch-propagandistischer Vorbereiter der Invasion wie als verfassungsmäßiger Oberbefehlshaber der russischen Streitkräfte die zentrale Verantwortung für die „Zeitenwende" von 2022 trägt, ist er natürlich weniger einsamer Alleinvertreter als vielmehr Repräsentant und Katalysator einer ungleich komplexeren internationalen Konstellation und sicherheitspolitischen Wahrnehmung der russischen Eliten nach dem Kollaps der Sowjetunion. Zudem sei daran erinnert, dass auch ein Autokrat letztlich nur deshalb herrschen und entscheiden kann, weil ihn ein zumindest erklecklicher Teil der politischen und sozioökonomischen Eliten aktiv und ein Großteil der Bevölkerung passiv unterstützt, was nicht nur einfach nur durch Repression, sondern gleichzeitig durch materielle, v. a. wirtschaftliche Anreize und eine legitimierende Ideologie zu gewährleisten ist (Weede 1995; Gerschewski 2013; Tanneberg et al. 2013). So bleibt abzuwarten, wie sich die Rückschläge des Ukraine-Krieges auf die Haltung der während der Putin-Jahre weitgehend entpolitisierten und auf das ökonomisch dominierte Private fokussierten russischen Bevölkerung auswirkt: Es stellt sich die Frage, ob das Narrativ des vom Präsidenten ausgerufenen vermeintlichen Abwehrkampfes gegen den Westen überzeugt und seine Position absichert oder steigende persönliche Opfer der russischen Bürgerinnen und Bürger dazu führen, dass der Widerstand gegen sein autoritäres Regime entscheidend zunimmt. Wie weiter unten ausgeführt wird, kann man analog dazu auch etwa im deutschen Kontext diskutieren, wie allgemein akzeptiert und damit nachhaltig die von der Bundesregierung ausgerufene „Zeitenwende" tatsächlich ist.

1.3.2 Frage der Objektivität und soziale Konstruktion

Der notwendigerweise interpretative Charakter der Zuschreibung einer Zeitenwende verweist ebenfalls auf den ereignistheoretischen

Aspekt, dass historische Strukturbrüche kein Effekt „objektiver" exogener Tatsachen sind, sondern die prägenden Ereignisse durch ihre Interpretation bzw. Rezeption selbst erst geschaffen werden (Atwood 2019, S. 66–72). In der Tradition Jacques Derridas stellt sich entsprechend die Frage, „ob die Art, vom Ereignis zu sprechen, nicht eher ein Machen des Ereignisses ist, das sich als performatives Sprechen äußere" (Atwood 2019, S. 70).

Angesichts der aktuellen von der Bundesregierung ausgerufenen „Zeitenwende" infolge des russischen Angriffs auf die Ukraine im Februar 2022 lässt sich diese Perspektive gut anhand des Ansatzes der „Versicherheitlichung" (*securitization*) der Kopenhagener Schule der Internationalen Beziehungen illustrieren (Buzan et al. 1998). Dieser Ansatz geht davon aus, dass sicherheitspolitische Bedrohungen nur dann wahrgenommen werden und damit für politisches Handeln relevant werden, wenn ein öffentlicher Diskurs zwischen den politischen Eliten und der Bevölkerung zu einem weitgehenden gesellschaftlichen Konsens darüber führt, dass eine solche Bedrohung, auf die irgendwie reagiert werden muss, tatsächlich vorliegt. Es reicht also nicht aus, dass eine „objektive" (potenzielle) Bedrohung vorliegt, etwa in Form einer massiven Aufrüstung eines feindlich gesinnten Nachbarn; vielmehr muss diese Tatsache auch als solche anerkannt werden, sonst ist sie in handlungstheoretischer politischer Hinsicht praktisch nichtexistent.

Hayes (2009) hat dies anhand der unterschiedlichen US-amerikanischen Reaktion auf die nukleare Aufrüstung Indiens Ende der 1990er Jahre und die noch gar nicht abgeschlossene vermeintliche Nuklearrüstung des Iran verdeutlicht: Die noch gar nicht existierende nukleare Bedrohung durch den Iran wird in Öffentlichkeit und Politik der Vereinigten Staaten als ungleich gefährlicher für die nationale Sicherheit eingeschätzt als die bereits tatsächlich existierenden indischen Atomwaffen. Im Sinne der *securitization* liegt dies daran, dass die Wahrnehmung sicherheitspolitischer Bedrohungslagen in den USA durch eine weitverbreitete Vorstellung eines „De- mokratischen Friedens" geprägt ist, wonach Demokratien untereinander keine Kriege führen und Konflikte friedlich beilegen. Indien als weltgrößte Demokratie kann in den Augen des sicherheitspolitischen Establishments und der Öffentlichkeit der USA damit keine echte Bedrohung der Vereinigten Staaten darstellen, ganz anders als der theokratische Iran, der seit der Revolution von 1979 einer der ideologischen Hauptfeinde der USA ist. Entsprechend ist die außen- und sicherheitspolitische Reaktion auf das iranische Nuklearprogramm ungleich heftiger und aggressiver.

Es sei ergänzend darauf hingewiesen, dass diese theoretische Perspektive einer letztlichen Ablehnung vermeintlicher Objektivität im Widerspruch etwa zur marxistischen Geschichtsphilosophie des Dialektischen und Historischen Materialismus steht. Dort wird der Verlauf der Geschichte quasi als Naturgesetzlichkeit angesehen, die entsprechend unabhängig von der Geschichtsschreibung existiert und einer vorgegebenen Bewegungsrichtung folgt: „In der parteimarxistischen Geschichtswissenschaft der sozialistischen Hemisphäre markierten Zäsuren Beginn und Ende gesetzmäßiger Etappen der historischen Entwicklung vom Niederen zum Höheren und erlangten in anhaltenden Auseinandersetzungen um die richtige Periodisierung der nationalen wie internationalen Geschichte überragenden Stellenwert." (Sabrow 2013)

1.3.3 Begrenzte Prognosefähigkeit und mythische Überhöhung

Zeitkontingenz, Interpretationscharakter und mangelnde Objektivität von „Zeitenwenden" führen auch dazu, dass von ihnen keine verlässliche Prognosemöglichkeit der Zukunft ausgeht. Zwar zielt die Postulierung eines historischen Strukturbruchs implizit darauf ab, dass im „Erleben der Zäsur (…) die Epochenfolge in der Menschheitsgeschichte sichtbar und ein verstohlener Blick in die Zukunft möglich" (Sabrow 2013) wird. Allerdings kann dies aus den genannten Gründen nur begrenzt als „objektive" Vorausschau der Zukunft interpretiert werden; vielmehr kommt der Zukunftsaspekt erst tragend ins Spiel, wenn die „Zeitenwende" als handlungsleitende Interpretation einer als neu proklamierten Welt in ein gesellschaftlich-politisches Programm der Adaption an die neuen Umstände und deren Gestaltung bzw. Bewältigung mündet.

Damit kommt einer „Zeitenwende" letztlich auch eine richtungsweisende Funktion sozioökonomischer und politischer Neuerungsprozesse zu, indem sie der aus dem etablierten Erfahrungsraum herausgerissenen Gesellschaft eine – wie oben ausgeführt – einfache, prägnante Erklärung üblicherweise komplexer Veränderungen und Orientierung für den Umgang damit bietet. Atwood (2019, S. 63–65) nennt dies den mythologischen Aspekt einer Schwellenerzählung im Sinne von Assmann und Assmann (1998, S. 181): „Gemeint sind die großen Entwürfe der Welt-, Geschichts- und Naturdeutung, die durch ihr holistisches Pathos die Grenzen des auf Reduktion und schrittweises Vorgehen angelegten wissenschaftlichen Diskurses überschreiten (...)." Zeitenwenden sind damit zugleich deskriptiv-interpretative und präskriptive Narrative einer Gesellschaft im rapiden Wandel.

1.3.4 Potenziell problematische sozialepistemologische Wirkungen

Das Auseinanderfallen von Erfahrungsraum und Erwartungshorizont durch historische Strukturbrüche führt in gesamtgesellschaftlicher Hinsicht möglicherweise zu einer Verunsicherung oder gar zu einem grundsätzlichen Infragestellen etablierter Wahrheiten und der sie begründenden Prozesse und Institutionen. Geht man im Sinne der Sozialepistemologie (Goldman und O'Connor 2021) davon aus, dass Normen und Tatsachen erst dadurch zu akzeptierten Wahrheiten werden, dass sie von gesellschaftlichen Autoritäten als solche bestätigt werden, sei es zum Beispiel auf der Basis wissenschaftlicher Expertise (Leefmann 2020) oder religiöser Lehren, sei es durch demokratische Diskurse, dann können gesellschaftliche Krisenerscheinungen verbreitetes Misstrauen gegen diese Autoritäten und damit gegen etablierte Perspektiven und Normen nach sich ziehen.

Ein funktionierendes politisches Gemeinwesen benötigt aber ein Mindestmaß an Vertrauen in seine Institutionen und Werte (Fuchs et al. 2002). Sofern eine „Zeitenwende" von den Bürgern eher als Versagen politischer Entscheidungsträger und Institutionen interpretiert wird (weil sie nicht in der Lage oder willens waren, den Umbruch vorauszusehen und ihn abzuwenden oder die Gesellschaft rechtzeitig darauf vorzubereiten) denn als neue Vision einer besseren Zukunft (weil die Folgen und Probleme der Krise systematisch aktiv angegangen werden), könnte sie zur Delegitimierung der Politik und zur Destabilisierung des politischen Systems beitragen (Kumpf 2011).

Damit ist jedoch theoretisch die Gefahr gegeben, dass eine „Zeitenwende" auch zu einer politisch-gesellschaftlichen Systemkrise werden kann, insbesondere dann, wenn es ohnehin bereits maßgebliche Gruppen gibt, die dem politischen System skeptisch oder gar feindlich gegenüber eingestellt sind, sich durch Internet und soziale Medien ohnehin bereits vom medialen und gesellschaftlichen Mainstream entfernt und radikalisiert haben oder von externen Gegnern instrumentalisiert werden (Herschinger et al. 2018; Lichtenberg 2021). Übertragen auf den aktuellen deutschen Fall betrifft dies offenbar beispielsweise Links- wie Rechtsextreme und Corona-Leugner mit ihren medialen Desinformationsblasen, die zudem auch als Instrument einer hybriden Kriegführung durch Russland (Rotte 2022a, 2023; Lamberty und Frühwirth 2023) gefördert werden.

1.3.5 Strukturelle Charakteristika der aktuellen internationalen Veränderungen

Joachim Krause skizziert bereits im Jahre 2017 die wesentlichen Komponenten der Veränderung der Weltpolitik, die sich dann letztlich in der „Zeitenwende" von 2022 niederschlugen: Ausgehend vom Ende des Kalten Krieges, das charakterisiert war durch den Wegfall einer strategischen Konkurrenz für den von den USA geführten Westen und die wiederum von den Vereinigten Staaten geprägten Hegemonie der westlichen (Werte-) Gemeinschaft identifiziert er (aus der Sicht eben dieses Westens) verschiedene wesentliche strukturelle Faktoren neuer strategischer Konfliktlinien in den internationalen Beziehungen: die Konfrontation mit Russland (seit 2013/14), dem Iran und dem Djihadismus, die zunehmende Konkurrenz mit China, die wachsende Heterogenität der Europäischen Union, die Gefahr wachsender politischer und ökonomischer Divergenzen zwischen den USA und der EU, den allgemeinen technologisch-ökonomischen Bedeutungsverlust des Westens gegenüber dem Rest der Welt sowie die Schwächung der außenpolitischen Handlungsfähigkeit westlicher Demokratien durch zunehmende innere Polarisierung und problematische Genese von Führungspersonal (Krause 2017).

Analog dazu markiert laut Gunther Hellmann die „Zeitenwende", die er auf die Periode zwischen der russischen Annexion der Krim (März 2014) und dem NATO-Gipfel in Brüssel (Mai 2017) verortet, die „tiefgreifendste Zäsur in der deutschen Außenpolitik seit den 1950er Jahren" (Hellmann 2017, S. 329). Diese Zäsur wird am russischen Vorgehen gegen die Ukraine seit 2014, an der Beeinträchtigung des europäischen Integrationsprozesses durch den Brexit und die befürchteten Wahlerfolge des Front National in Frankreich 2016 sowie an der Wahl Donald Trumps zum US-Präsidenten (ab 2017) festgemacht. Das Zusammenspiel dieser Faktoren bildete danach deshalb eine Zeitenwende für die deutsche Außenpolitik, „weil sie die Grundpfeiler der ‚Westbindung' und der ‚Ostverbindungen' erschüttern, auf denen die Außenpolitik der Bundesrepublik Deutschland über Jahrzehnte hin aufbaute" (Hellmann 2017, S. 336).

1.4 Kritische Aspekte

1.4.1 Ein inflationärer Begriffsgebrauch

Die eingangs angeführten Beispiele zeigen, dass die Verwendung des Begriffs der „Zeitenwende" mittlerweile eine Häufigkeit erreicht hat, die ihn in gewisser Weise geradezu beliebig erscheinen lässt. Wohl auch unter dem Eindruck einer gewissen medialen Sensationslust werden heute vielerlei Veränderungen als fundamentale historische Zäsuren tituliert, die zumindest im Nachhinein oder aus dem Blickwinkel anderer Beobachter keineswegs so grundlegend oder gar katastrophal sind wie behauptet. Dies wird insbesondere dann deutlich, wenn der Aspekt der politischen Programmatik und Neuausrichtung staatlichen und gesellschaftlichen Handelns, der mit der Ausrufung einer „Zeitenwende" üblicherweise verbunden ist, in die Betrachtung miteinbezogen wird. Hier sind durchaus Zweifel an der Nachhaltigkeit des Umgangs mit behaupteten Strukturbrüchen angebracht, wenn man etwa die Auswirkungen der Finanz- und Schuldenkrise von 2008 betrachtet, die aus der Sicht mancher Kritiker trotz einer Vielzahl von Maßnahmen nicht zu einer wirklich krisenfesten Geld- und Finanzpolitik im Euro-Raum geführt haben (Fuest 2022; Herzog 2022).

Neben dem medialen Effekt, dass „allzu Offensichtliches in einer zu Superlativen neigenden politischen Rhetorik aufgewärmt und ‚hocheskaliert' wird" (Weber 2022), sieht Lenel (2022) auch in den narrativen Konventionen des akademischen Diskurses in der Geschichtswissenschaft – was sich problemlos auf andere Felder der Kultur- und Sozialwissenschaften übertragen ließe – eine Ursache dafür, dass mittlerweile die „Krise als Dauerzustand" wahrgenommen wird: „Warum aber scheinen die Zeitenwenden einander aktuell geradezu zu jagen? Von Frank-Walter Steinmeiers Aussage aus dem April 2020, die Welt danach werde eine andere sein (…), liest man 2022 nicht ohne gewisses Erstaunen: Hat Olaf Scholz die ‚Zeitenwende' nicht erst im Februar dieses Jahres ausgerufen? (…) Immer wieder hoben Zeitgenoss_innen zuletzt den neuartigen Charakter des Gefühls der Krise und der Zeitenwende hervor. (…) historische Darstellungen stellen ihre eigene Relevanz mit dem Hinweis heraus, die entscheidende Krise zu behandeln, die zugleich einen Schlüssel für die eigene Gegenwart biete" (Lenel 2022, S. 9–11). Eine Ursache hierfür ist dabei auch der umfangreiche „Zugang zur digitalen Überlieferung als eines ‚der größten Potenziale' der Zeitgeschichte" (Lenel 2022, S. 11), d. h. die (quantitative) Materialfülle entwickelt womöglich eine Eigendynamik in Richtung einer Überhöhung der Gegenwart und ihrer Wahrnehmung.

1.4.2 Fehlende Konsistenz und Allgemeingültigkeit

Ein problematisches Charakteristikum von „Zeitenwenden" ist deren fehlende Einheitlichkeit, unmittelbar ersichtlich in der ursprünglich exklusiv christlichen Zeitenwende und ihrer damit verbunden geographischen Differenzierung, die als „Gleichzeitigkeit des Ungleichzeitigen" in verschiedenen Räumen und Kulturkreisen ein zentrale „Grunderfahrung aller Geschichte" (Koselleck 1992, S. 325) ist. Umfrageergebnisse zur „Zeitenwende" von 2022 zeigen zum Beispiel, dass es sogar innerhalb Deutschlands eine deutliche sozialgeographische Aufspaltung gibt: Während sich durch die Invasion der Ukraine die grundsätzliche Wahrnehmung Russlands als Bedrohung generell erhöht hat, stellt die Russische Föderation in den neuen Bundesländern nur für knapp die Hälfte der Befragten eine Bedrohung dar; in den alten Bundesländern sind es über 80 %. Dies ist offensichtlich korreliert mit der jeweiligen Parteipräferenz, denn während bundesweit nur 45 und 23 % der (im Osten überdurchschnittlich vertretenen) Anhängerinnen und Anhänger der Linken und der AfD Misstrauen gegenüber Russland äußern, sind es bei SPD und CDU/CSU ca. 85 % und bei den Grünen sogar 95 % (Dienes und Katsioulis 2022, S. 4).

Neben dem Problem, dass sich vor diesem Hintergrund makro- oder mesohistoriographische Versuche, „gesamteuropäische Zäsuren zu installieren, (…) als im Wesentlichen geschichtspolitische Bemühungen, einen Blickwinkel mit hegemonialem Anspruch auszustatten" (Sabrow 2013) erweisen müssen, ist auf der Mikroebene zwischen orthodoxer und heterodoxer Zeitenwende zu unterscheiden. Dies bedeutet, dass die Veränderungen historischer Gegebenheiten auf das Individuum ganz anders wirken können als auf die Gesellschaft als Ganzes. Orthodoxe Zäsuren bestätigen laut Sabrow (2013) eher „die vorherrschende Weltsicht einer Gesellschaft und einer Zeit (…). Eine solche orthodoxe Zäsur bilden ungeachtet konkurrierender Deutungen zumindest im transatlantischen Verständnis die islamistischen Terroranschläge des 11. September 2001." Demgegenüber wird im heterodoxen Verständnis einer historischen Zäsur beispielsweise die Kontinuität des persönlichen Lebens gegenüber dem gesellschaftlich-politischen Wandel betont, was potenziell auch Konnotationen einer Ablehnung persönlicher Verantwortlichkeit für die Verhältnisse vor der „Zeitenwende" beinhaltet, etwa bei der Machtübernahme der Nationalsozialisten 1933, dem Zusammenbruch 1945 oder der Wende 1989/90.

Für die Einordnung der von der Bundesregierung proklamierten „Zeitenwende" ist auch der aktuelle internationale Kontext von essenzieller Bedeutung. Denn ganz offensichtlich wird der russische Angriff auf die Ukraine in großen Teilen des globalen Südens keineswegs als historische Zäsur betrachtet, sondern als Kontinuität typisch europäisch-westlicher, imperialistischer Machtpolitik (Schutte 2023).

Während sich die (west-)europäische und (nord-)amerikanische Öffentlichkeit und Politik gegen den fundamentalen Bruch internationaler Normen durch Russland wenden, verweisen Beobachter und Entscheidungsträger dort auf die desinteressierte Passivität der westlichen Gesellschaften gegenüber Konflikten und humanitären Katastrophen etwa in Ruanda (1994), im Kongo (mit Unterbrechungen 1996 bis 2009), in Syrien (seit 2011), im Yemen (seit 2004/2015) oder in Äthiopien (seit 2020). In der Konsequenz ist die Entrüstung gegenüber dem russischen Angriffskrieg alles andere als universal, was sich nicht zuletzt darin niederschlägt, dass sich wesentliche Akteure, wie etwa Indien oder teilweise die Türkei, bislang nicht in die antirussische, westlich-demokratische Allianz integrieren lassen und stattdessen ihre eigenen, insbesondere ökonomischen Interessen weiterverfolgen.

1.4.3 Fehleinschätzungen und politische Apologetik

Wenn letztlich nur durch zeit- und raumübergreifende Ex-post-Beurteilungen möglich ist, echte welthistorische Zäsuren und Zeitenwenden zu identifizieren, gibt es vor dem Hintergrund der angesprochenen zeitgenössischen Übertreibungen natürlich ausreichend Raum für fundamentale Fehleinschätzungen. Das vielleicht bekannteste Beispiel hierfür ist Francis Fukuyamas (1992) Hoffnung auf ein „Ende der Geschichte" nach dem vermeintlich endgültigen Sieg der westlich-freiheitlichen Demokratie gegenüber autoritären Alternativmodellen politisch-gesellschaftlicher Organisation.

Bedeutsamer als die Möglichkeit eines – wenngleich umfassend vermarkteten – wissenschaftlichen Irrtums erscheint jedoch demgegenüber die Instrumentalisierung der „Zeitenwende" als politisches Propagandatool zur Entschuldigung mangelnder Vorbereitung und Entscheidungsschwäche. Die aktuelle Version der „Zeitenwende" von 2022 basiert auf dem Narrativ, dass die russische Vollinvasion der Ukraine völlig überraschend gekommen sei. Tatsächlich ist in der außen- und sicherheitspolitischen Community und politischen Elite der Bundesrepublik spätestens seit der aggressiven Rede Wladimir Putins auf der Münchner Sicherheitskonferenz 2007 (!) und der russischen Aggression gegen die Ukraine 2014 klar gewesen, dass die bisherige kooperative – manche sagen beschwichtigende – Außenpolitik des Westens, insbesondere Westeuropas (inklusive Deutschlands), keineswegs so langfristig und strukturell friedensfördernd war wie offiziell proklamiert (Himmelreich 2008; Heinemann-Grüder 2014).

Wie erwähnt verwiesen etwa Hellmann (2017) und Krause (2017) bereits Jahre vor dem Ukraine-Krieg von 2022 auf die grundsätzliche sicherheitspolitische „Zeitenwende"; auch auf der Münchner Sicherheitskonferenz sprach man schon 2020 von „Zeitenwende" und „Wendezeiten" (Bunde et al. 2020). Entsprechend ist es durchaus verwunderlich, dass die offizielle Politik erst mit dem massiven russischen Militäreinsatz gegen die Ukraine im Februar 2022 aus ihrer bis dato – entgegen etwa deutlichen Warnungen der osteuropäischen EU- und NATO-Partner – herrschenden, durchaus von großen Teilen der vordringlich an wirtschaftlichem Gewinn interessierten Eliten und Bevölkerung unterstützten Lethargie gerissen wurde (Rotte 2022b). Die lautstarke Ausrufung einer Zeitenwende ist damit womöglich nicht zuletzt ein Ausdruck bisheriger bequemer Geschichtsvergessenheit.

Den apologetischen Aspekt des Begriffs der „Zeitenwende" im Kontext des Ukraine-Krieges hat Florian Peters (2022) Anfang März 2022 deutlich kritisiert: „Bundeskanzler Scholz, der vor wenigen Tagen noch Waffenlieferungen an die Ukraine ausschloss und sich aus Rücksichtnahme auf Putin sogar zierte, die Wörter ‚Sanktionen' und ‚Nord Stream 2' zusammen in den Mund zu nehmen, ist offenkundig daran gelegen, den historischen Einschnitt maximal zu dramatisieren, der zwischen diesen überholten Positionen und seiner jetzigen Politik liegt. Nicht anders verhält es sich mit seiner Außenministerin, die vorher offenbar lange geschlafen hat, wenn sie erst jetzt den Ernst der Lage erkennt. Beiden geht es mit ihrer Zäsur-Rhetorik darum, ihre politische 180-Grad-Wende plausibel erscheinen zu lassen und kritischen Nachfragen nach eigenen Versäumnissen auszuweichen." Tatsächlich macht bereits ein kursorischer Blick auf die historische Chronologie klar, dass „es seit 1990 tatsächlich nur maximal sechs Jahre am Stück gab, in denen es keinen Krieg in Europa gab. (…) Sieht man von innerstaatlichen Kriegen wie in Tschetschenien ab und berücksichtigt nur zwischenstaatliche Gewaltkonflikte und internationalisierte Bürgerkriege (wie etwa diejenigen infolge des Staatszerfalls Jugoslawiens), so erhöht sich diese Periode auf die neun Jahre zwischen dem Kosovo-Krieg 1999 und dem Georgien-Krieg. Offensichtlich war die europäische Geschichte nach 1990 *faktisch* keineswegs diejenige einer neuen dauerhaften Friedensordnung" (Rotte 2022b, S. 10).

1.5 Umgang mit der Zeitenwende

1.5.1 Die krisenhafte Zeitenwende als Stunde der Exekutive

Wie gehen Gesellschaften mit historischen Zäsuren um, vorausgesetzt, eine solche wird tatsächlich korrekt als solche wahrgenommen und von einem ausreichend großen Teil der Bevölkerung bzw. den Eliten akzeptiert? Wird die „Zeitenwende" insbesondere als Krise interpretiert, schlägt üblicherweise die Stunde der Exekutive: Die Regierung greift im Rahmen des Krisenmanagements und des damit verbundenen politischen Umsteuerns zur Bewältigung des historischen Strukturbruchs intensiv auf die Ressourcen des Staates und des Staatsapparates zurück; das Parlament unterstützt die Regierung durch parteiübergreifende Bewilligung von speziellen Kompetenzen und Maßnahmen sowie natürlich von Geldmitteln. Man denke etwa an die öffentlichen Kredite zur Finanzierung von Sonderlagen wie der deutschen Einheit, der Finanz-, Euro- und Corona-Krise oder aktuell des Sondervermögens für die Bundeswehr sowie der Sicherstellung der Energieversorgung. Historische Beispiele gerade im Kontext außen- und sicherheitspolitischer Zäsuren umfassen auch etwa die Genehmigung von Kriegskrediten im Rahmen des „Burgfriedens" in Deutschland oder analog dazu der „Union sacrée" in Frankreich während des Ersten Weltkrieges.

Ein Schritt weiter als die regierungsunterstützende Einbindung der Opposition im Parlament sind explizite Mehr- oder gar All-Parteien-Regierungen der nationalen Einheit, wie etwa die ungewöhnlichen Koalitionsregierungen im Vereinigten Königreich während der Weltkriege (1915 bis 1922 und 1940 bis 1945) oder die britische „National Government" infolge der Weltwirtschaftskrise (1931 bis 1940). Dass Regierungen mit entsprechenden parlamentarischen Mehrheiten in Krisenzeiten durchaus sehr durchsetzungsfähig sein können, insbesondere dann, wenn sie sich auf die nationale Opferbereitschaft eines großen Teils der Bevölkerung stützen können, zeigt sich exemplarisch in der französischen Koalitionsregierung nach dem Deutsch-Französischen Krieg von 1870/71 (1871 bis 1873). Dieser gelang es nicht nur, den Bürgerkrieg nach der Niederlage gegen die Deutschen zu beenden (Pariser Kommune), sondern auch die eklatante Entschädigungszahlung von fünf Milliarden Gold-Franc – dem Äquivalent von fast 23 % des zeitgenössischen französischen Bruttosozialprodukts (Brakman und van Marrewijk 1998, S. 17) – an das neue Deutsche Reich deutlich schneller (bis Herbst 1873 statt 1874) zu leisten als vorgesehen, um die deutsche Besatzung Ostfrankreichs möglichst schnell zu beenden (Kyte 1944).

Teilweise sind Sonderrechte der Exekutive in Krisenzeiten bereits vorsorglich in der Verfassung vorgesehen. Man denke beispielsweise an die Institution der maximal einjährigen Diktatur in der antiken Römischen Republik, den 1852 und 1912 (in Bayern) kodifizierten Belagerungs- oder Kriegszustand im Deutschen Kaiserreich mit dem

Übergang der gesamten Exekutivgewalt inklusive Einschränkung oder Aufhebung von Grundrechten auf die stellvertretenden Generalkommandos (Korpskommandeure) oder die seit 1968 bestehende Notstandsverfassung im Grundgesetz. Dass solche Krisenkompetenzen der verfassungsmäßigen Ordnung mit Grund- und Freiheitsrechten auch entgegenstehen können, weil ihr (formal legaler) Missbrauch ebendiese Ordnung aushebeln kann, zeigt sich in den Notstandsrechten des Reichspräsidenten nach Art. 48 der Weimarer Verfassung, die mit den daraus resultierenden Präsidialkabinetten bekanntlich der Machtübernahme der Nationalsozialisten und der Entwicklung des „Führerstaates" 1933/34 Vorschub leisteten (Bracher 1985).

Unabhängig von der (partei-)politischen Konstellation und der Rechtslage bestehen hinsichtlich der praktischen Bewältigung einer Zeitenwende bzw. Krise verschiedene Herausforderungen im Hinblick auf die konkrete Problembearbeitungsfähigkeit eines Staates. Es stellt sich natürlich die fundamentale Frage, wie die neue Situation einzuschätzen ist und welche Maßnahmen überhaupt eine angemessene Reaktion darauf darstellen. Angesichts des neuen, von Unsicherheiten geplagten „Erwartungshorizonts" ist dieser Aspekt alles andere als trivial und führt sowohl innerhalb der Exekutive als auch im weiteren politischen und gesellschaftlich-medialen Umfeld zu widerstreitenden Interpretationen und Lösungsansätzen. Darüber zu entscheiden erfordert nicht nur entsprechende Führungsqualitäten und Verantwortungsbereitschaft beim politischen (Spitzen-)Personal (Decker 2020; Vorländer 2023), sondern auch die – optimalerweise institutionell verankerte – Fähigkeit zu strategischem Denken und Planen, d. h. zu einer langfristig ausgerichteten, systematischen und auf eine effiziente Zweck-Ziel-Mittel-Relation (im Sinne von Clausewitz) ausgerichtete Problembearbeitung (Rotte 2019, S. 96–103). Gerade in einer von Medien und Interessengruppen geprägten pluralistischen Demokratie erscheint dies ungleich schwieriger als ein nicht zuletzt auf kurzfristige Öffentlichkeitswirksamkeit ausgerichteter Aktionismus. Im bundesdeutschen Kontext betrifft dies nicht zuletzt ein immer wieder kritisiertes Strategiedefizit insbesondere im sicherheitspolitischen Bereich inklusive der wissenschaftlichen Befassung mit dem Phänomen Krieg (Rotte 2019, S. 69–95). Hinzu kommen die typischen Hindernisse bürokratischer Politikumsetzung mit Genehmigungsverfahren, vielerlei Zuständigkeiten und Formalitäten, wie sie augenfällig etwa bei der Auszahlung von Corona-Hilfen an Betriebe oder aktuell an der Neuausrüstung der Bundeswehr zu beobachten sind.

1.5.2 Zeitenwende und institutioneller Wandel

Zur weiterreichenden Bewältigung fundamentaler Einschnitte in Politik und Gesellschaft ist häufig auch eine Anpassung der bestehenden Institutionen sinnvoll oder erforderlich. Dies kann sektoral erfolgen, etwa in Form von Militär- oder Verwaltungsreformen. Erwähnt seien die bereits angesprochenen Staatsreformen Diokletians zur Überwindung der Krise des Römischen Reichs im 3. Jahrhundert oder die Marius zugeschriebene Heeresreform an der Wende vom ersten zum zweiten Jahrhundert v. Chr. (Goldsworthy 1996, S. 12–38). Auch die grundlegende Neuordnung der byzantinischen Verwaltung im siebten Jahrhundert („Themenverfassung") war eine Antwort auf die massive Bedrohung des Oströmischen Reiches durch die Perser oder die Araber (Schreiner 2011, S. 62–71). Jenseits sicherheitspolitischer Probleme wären die Errichtung des Europäischen Stabilitätsmechanismus' und die Europäisierung von Schulden im Corona-Wiederaufbaufonds aktuelle Beispiele für institutionelle Antworten auf essentielle wirtschaftspolitische Zäsuren (Schulden- bzw. Corona-Krise).

Führt eine Krise zu einem grundlegenden Versagen einer bestehenden Ordnung und zu einem Legitimationsverlust der etablierten Institutionen und politischen und gesellschaftlichen Eliten, kann das Ergebnis auch ein völliger Umbruch des politischen Systems und der Übergang zu einem völlig neuen Verfassungsgefüge sein. Exemplarisch hierfür sind etwa die Einführung des Prinzipats im Römischen Reich nach den Bürgerkriegen des ersten Jahrhunderts v. Chr. oder der Übergang Frankreichs zur Republik und zum Empire nach der Französischen Revolution 1789. Beispiele aus dem zwanzigsten Jahrhundert wären etwa die Entstehung der Weimarer Republik nach der Zäsur des Ersten Weltkrieges oder der französischen Fünften Republik angesichts der Staatskrise im Kontext des Algerienkrieges 1958 (de Laubadère 1959).

1.5.3 Zeitenwende und Mentalitätswandel

Die Bewältigung einer Zeitenwende betrifft aber nicht nur den Staat oder politisch-administrative Strukturen, sondern die gesamte Gesellschaft und damit auch das Leben des Einzelnen. Die effektive Bearbeitung einer Krise oder historischen Zäsur erfordert auch ein Hinterfragen bestehender Gewohnheiten, Weltsichten und eventuell Wertvorstellungen, kurz: einen Mentalitätswandel (Benner 2023). Ein klassisches Beispiel hierfür sind der weitreichende sozioökonomische und geistig-kulturelle Wandel und die technologische Innovation infolge der Pest des 14. Jahrhunderts (Rahe 1984; Vögele 2020): „In längerfristiger Perspektive ermöglichten die massiven Bevölkerungsverluste, schlechte und unrentabel gewordene Ackerflächen aufzugeben, was dazu führte, dass ganze Dörfer verlassen und zu Wüstungen wurden. In den Städten stiegen die Löhne sowie der allgemeine Lebensstandard. Gleichzeitig führten die höheren Arbeitskosten zu Bemühungen, manuelle Arbeit zu mechanisieren, wobei in diesem Zusammenhang häufig die Erfindung des Buchdrucks genannt wird. (…) Auch auf Literatur und bildende Kunst wirkte die Katastrophe – man denke etwa an die Entstehung der Totentänze als stetige Mahnung, dass alle Menschen – ob jung oder alt, reich oder arm – vor dem Tod gleich seien. Manche Forscher sehen sogar eine direkte kausale Verbindung zwischen dem Schwarzen Tod, dem Ende der mittelalterlichen Gesellschaft und dem Beginn der Renaissance." (Vögele und Schuler 2021, S. 25)

Auch die aktuelle sicherheitspolitische „Zeitenwende" verlangt von der deutschen Gesellschaft einen Mentalitätswandel. Inwieweit ein solcher tatsächlich nachhaltig stattfindet, muss entgegen der vollmundigen Ankündigungen der Politik durchaus offengelassen werden. Denn zum einen erfordert wie oben gesehen ein grundsätzlicher außen- und sicherheitspolitischer Orientierungswechsel einen umfassenden gesellschaftlichen Diskurs, um einen größtmöglichen stabilen Konsens herzustellen. Dies schließt auch die Aufarbeitung bisheriger Irrtümer und fehlgeleiteter Weltsichten ein (Stengel 2023, S. 148 f.). Neben der durchaus schwierigen Aufgabe bequemer Ansätze wie denjenigen des jahrzehntelang gepflegten (exportfreundlichen) „Wandels durch Handel" wird diese Aufgabe dadurch zusätzlich erschwert, dass es aus sicherheitspolitischer Perspektive nicht nur um eine Wiederaufrüstung der Bundeswehr zur Abschreckung Russlands geht, sondern auch um eine umfassende Neuorientierung gegenüber autoritären Regimes insgesamt, insbesondere auch China. Angesichts der neuen Formen von Machtausübung und hybrider Kriegführung bzw. Konfliktaustragung mit allen Instrumenten, die einer modernen Gesellschaft zur Verfügung stehen (Rotte 2022a, S. 70–72), von militärischen und wirtschaftlich-finanziellen Mitteln über Cyberattacken, Desinformationskampagnen und Beeinflussung der öffentlichen Meinung bis hin zum Missbrauch rechtsstaatlicher Mechanismen („lawfare") und zur kulturellen Beeinflussung mittels „soft power", erfordert eine effektive Sicherheitspolitik zudem die Anerkenntnis eines grundsätzlich veränderten, hochkomplexen Kriegsbildes, das Mark Galeotti so treffend mit „weaponisation of everything" und „permanent, bloodless war" (Galeotti 2023, S. 207) umschrieben hat.

Zum anderen treten mit der Überwindung des ersten „Schocks" der russischen Invasion der Ukraine wieder Interessen- und Verteilungskonflikte zutage, die sich beispielsweise in Forderungen nach weiteren Sondervermögen für die Bildung oder für das Gesundheitswesen niederschlagen, ganz abgesehen vom nicht überwundenen Klein-Klein bürokratischer Umsetzungsprozesse. Entsprechend merkt Benner (2023) kritisch an, dass Deutschland in „den ersten Wochen nach Putins Überfall (...) von einer tiefen Angst ergriffen [war], dass Putin seinen Marsch nach Westen in Richtung NATO-Territorium fortsetzen würde und Deutschland dann blank dastünde. Diese Angst machte das 100-Milliarden-Sondervermögen für die Ertüchtigung der Bundeswehr erst möglich. Doch die Entlarvung der Schwächen des russischen Militärs sowie das kriegspolitische Rundum-sorglos-Paket der Biden-Regierung führten dazu, dass Deutschland die Angst (...) wieder weitgehend verlor. (...) ‚Das System', so [Carlo] Masala, ist ‚wieder in seine alte bürokratische Lethargie zurückgefallen.'" Wie Kurt Kister (2023) in der *Süddeutschen Zeitung* angemerkt hat, ist der verteidigungspolitische „Sinneswandel (...) mutmaßlich nicht sehr tiefgreifend (...). Die grundsätzliche Skepsis gegenüber dem Militär in großen Teilen jener sich selbst als ‚Zivilgesellschaft' verstehenden Bevölkerungsschicht bleibt bestehen." Trifft dies zu, was angesichts einer durchaus differenziert und nicht einfach als pazifistische Ablehnung alles Militärischen zu betrachtenden Haltung der Gesamtbevölkerung nicht eindeutig scheint (Stengel 2023), dann ist die gegenwärtige „Zeitenwende" womöglich gar keine.

1.6 Fazit: Zeitenwende als Test demokratischer Resilienz

Zusammenfassend lässt sich feststellen, dass die „Zeitenwende" aus historischer und historiographischer Perspektive alles andere als ein klar definierter Begriff für ein zeitgenössisch eindeutig zu identifizierendes Phänomen ist. Sie impliziert stets auch eine interpretative und normative Ebene, die sie von einem scheinbar objektivierbaren Ereignis absondert. Ob eine Zeitenwende tatsächlich stattfindet oder stattgefunden hat, lässt sich erst anhand des Ergebnisses eines gesellschaftlichen Diskurses bzw. ex post feststellen. Allzu leicht gerät sie zu einem politisch-rhetorisch überladenen Wort der Entschuldigung für vergangenes strategisches Versagen oder versandet in den Mühlen veränderungsresistenter Strukturen und Institutionen. „Echte" oder bewältigte Zeitenwenden betreffen Gesellschaft und Politik als Ganzes und führen im Zeitverlauf tendenziell zu teilweise fundamentalen Veränderungen im sozialen, politischen, ökonomischen, kulturellen und technologischen Bereich.

Letztlich verweist auch die aktuelle „Zeitenwende" auf die Grundfrage nach dem Geschichtsbewusstsein und der Resilienz politisch-gesellschaftlicher, v. a. demokratischer Systeme: Denn historische Zäsuren erfordern die Setzung neuer sozioökonomischer und politischer Prioritäten angesichts unzureichender etablierter Normen und Präferenzen, institutioneller Reformen sowie revidierter Weltsichten, was wiederum zu intensivierten Verteilungskämpfen und schwierigen Aushandlungsprozessen führen kann. Obwohl die Demokratie in den letzten Jahren global zunehmend auf dem Rückzug zu sein scheint (Münkler 2020; International IDEA 2022; Freedom House 2023), gibt es bei differenzierterer Betrachtung kaum haltbare Hinweise auf eine flächendeckende Krise oder gar ein Scheitern demokratischer Systeme im Wettstreit mit autoritären Staaten (Merkel 2020; Merkel und Lührmann 2021). Eine „gewisse mentale Beweglichkeit" (Löfflmann und Riesmann 2023, S. 204) vorausgesetzt, gibt es daher eine begründete Hoffnung, dass die „Zeitenwende" trotz aller genannten Friktionen genuin und erfolgreich sein kann.

Literatur

Assmann A, Assmann J (1998) Mythos. In: Cancik H, Gladigow B, Kohl K-H (Hrsg) Handbuch religionswissenschaftlicher Grundbegriffe, Bd 3. Kohlhammer, Stuttgart, S 179–200

Atwood D (2019) Schwellenzeiten. Mythopoetische Ursprünge von Religion und Zeitgeschichte. Ergon, Baden-Baden

Becker K (2022) Forschung und Krieg. Rede von DFG-Präsidentin Professorin Dr. Katja Becker anlässlich der Festveranstaltung im Rahmen der Jahresversammlung 2022 der DFG, Freiburg im Breisgau, 28. Juni 2022 (Forschung. Das Magazin der Deutschen Forschungsgemeinschaft 2:I–VIII)

Benner T (2023) Zeitverzug beim Mentalitätswandel. IPG online. https://www.ipg-journal.de/regionen/global/artikel/zeitverzug-beim-mentalitaetswandel-6542/ (Erstellt: 28. Febr. 2023). Zugegriffen: 18. Apr. 2023

Smith Earl of Birkenhead FE (1930) Turning points in history. Hutchinson & Co, London

Bösch F (2012) Umbrüche in die Gegenwart. Globale Ereignisse und Krisenreaktionen um 1979. Zeithistorische Forschungen/studies Contemp Hist 9(1):8–32

Bracher KD (1985) Politische Institutionen in Krisenzeiten. Vierteljahreshefte Zeitgesch 33(1):1–27

Brakman S, van Marrewijk C (1998) The economics of international transfers. Cambridge University Press, New York

Bruendel S (2014) Zeitenwende 1914: Künstler, Dichter und Denker im Ersten Weltkrieg. Herbig, München

Bunde T, Hartmann L, Stärk F et al (2020) Zeitenwende – Wendezeiten. Münchner Sicherheitskonferenz, München. Sonderausgabe des Munich Security Report

Buzan B, Waever O, de Wilde J (1998) Security: a new framework for analysis. Lynne Rienner, Boulder

Capra F (1984) Wendezeit. Bausteine für ein neues Weltbild. Scherz, Bern

Decker F (2020) Die Demokratie im Zeichen der Coronakrise. Chance oder Bedrohung? Z Polit 67(2):123–132

Décultot E, Fulda D (Hrsg) (2016) Sattelzeit. Historiographiegeschichtliche Revisionen. Oldenbourg, Berlin

Demandt A, Goltz A, Schlange-Schöningen H (Hrsg) (2004) Diokletian und die Tetrarchie. Aspekte einer Zeitenwende. De Gruyter, Berlin

Dienes A, Katsioulis C (2022) Zeitenwende – Russlands Krieg als Wendepunkt in der öffentlichen Meinung Deutschlands. Friedrich-Ebert-Stiftung, Regionalbüro für Frieden und Kooperation in Europa, Wien

Dudenhöffer F (2016) Wer kriegt die Kurve? Zeitenwende in der Autoindustrie. Campus, Frankfurt am Main

Eldredge N (1997) Wendezeiten des Lebens. Katastrophen in Erdgeschichte und Evolution. Insel, Berlin

Freedom House (2023) Freedom in the World 2023. Marking 50 Years in the Struggle for Democracy. Freedom House, Washington DC

Fuchs D, Gabriel O, Völkl K (2002) Vertrauen in politische Institutionen und politische Unterstützung. Österreichische Z Polit 31(4):427–450

Fuest C (2022) Reform der Schuldenaufsicht in der Eurozone: Ausgabenumschichtung einfordern statt Verschuldungsspielräume zu erweitern. Ifo Schnelld 75(6):3–5

Fukuyama F (1992) Das Ende der Geschichte. Wo stehen wir? Kindler, Hamburg

Fulda D (2018) Sattel(zeiten). Zäsuren am Anfang (und am Ende?) der Moderne. Indes Z Polit Ges 1:16–22

Galeotti M (2023) The Weaponisation of everything. A field guide to the new way of war. Yale University Press, New Haven London

Gerschewski J (2013) The three pillars of stability: legitimation, repression, and co-optation in autocratic regimes. Democratization 20(1):13–38

Goldman A, O'Connor C (2021) Social Epistemology. In: Zalta EN (ed) The Stanford Encyclopedia of Philosophy (Winter 2021 Edition). https://plato.stanford.edu/archives/win2021/entries/epistemology-social/. Zugegriffen: 2. Mai 2023

Goldsworthy AK (1996) The Roman Army at War, 100 BC–AD 200. Clarendon Press, Oxford

Hayes J (2009) Identity and securitization in the democratic peace: the United States and the divergence of response to India and Iran's nuclear programs. Int Stud Q 53:977–999

Heinemann-Grüder A (2014) Politik als Krieg: Die Radikalisierung des Putinismus. Osteuropa 64(9/10):79–95

Hellmann G (2017) Deutschland, die Europäer und ihr Schicksal. Herausforderungen deutscher Außenpolitik nach einer Zeitenwende. Z Staats- Eur 15(2–3):329–346

Herschinger E, Bozay K, Decker O et al (2018) Radikalisierung der Gesellschaft? Forschungsperspektiven und Handlungsoptionen (PRIF Report 8/2018). Hessische Stiftung Friedens- und Konfliktforschung, Frankfurt am Main

Herzog B (2022) Wie resilient ist die Geld- und Fiskalpolitik in der Währungsunion? Ifo Schnelld 75(6):20–22

Himmelreich J (2008) Großreich Putin. Russland fällt zurück ins zaristische System – und schadet sich damit selbst. Int Polit 10:82–85

ifo-Institut (2022) Im Blickpunkt: Klimawandel, Corona, Krieg – steht die Soziale Marktwirtschaft vor einer Zeitenwende? ifo-Schnelldienst 75(11):63–68

International IDEA (International Institute for Democracy and Electoral Assistance) (2022) The global state of democracy 2022. International IDEA, Stockholm

Karmann T, Wendt S, Endler T et al (Hrsg) (2016) Zeitenwende 9/11? Eine transatlantische Bilanz. Budrich, Leverkusen

Kempe I, von Meurs W (Hrsg) (2021) Europäische Zeitenwende: Prager Frühling. Zeitzeugenberichte, Analysen, Hintergrunddarstellungen. Ibidem, Stuttgart

Kettler N (2016) IDZ-Studie zum Berufsbild. Zeitenwende in der Zahnmedizin? Zahnärztl Mitt 106:2916–2917

Kister K (2023) Du musst jetzt ganz stark sein. Süddeutsche Zeitung 104, 6./7. Mai 2023:15

Koselleck R (1992) Vergangene Zukunft. Zur Semantik geschichtlicher Zeiten, 2. Aufl. Suhrkamp, Frankfurt am Main

Krause J (2017) Die neue Zeitenwende in den internationalen Beziehungen – Konsequenzen für deutsche und europäische Politik. Sirius 1(1):3–24

Kriechbaumer R (2008) Zeitenwende. Die SPÖ-FPÖ-Koalition 1983–1987 in der historischen Analyse, aus der Sicht der politischen Akteure und in Karikaturen von Ironimus. Böhlau, Wien

Kumpf U (2011) Vertrauen in der Politik – Herausforderungen der repräsentativen Demokratie. In: StiftungFriedrich Ebert Stiftung (Hrsg) Denkwerkstatt „Politik und Vertrauen". Report 01: Die Rolle von Vertrauen in Politik, Wirtschaft und sozialen Netzwerken. Friedrich Ebert Stiftung, Berlin, S 20–25

Kyte GW (1944) Louis Adolphe Thiers and the Liberation of French Territory, 1871–1873. Historian 6(2):128–139

Lamberty P, Frühwirth L (2023) Ein Jahr russischer Angriffskrieg: Die Rolle von Desinformation in Deutschland. CeMAS (Center für Monitoring, Analyse und Strategie), Berlin

de Laubadère A (1959) La Constitution française de 1958. Z Ausländisches Öffentliches Recht Völkerr 20(3–4):506–561

Leefmann J (2020) Vertrauen, epistemische Rechtfertigung und das Zeugnis wissenschaftlicher Experten. In: Jungert M, Frewer A, Mayr E (Hrsg) Wissenschaftsreflexion. Interdisziplinäre Perspektiven zwischen Philosophie und Praxis. Brill, Paderborn, S 70–103

Lenel L (2022) Krise als Dauerzustand. Die Corona-Pandemie in der Geschichte der Gegenwart. Neue Polit Lit 68:1–16

Lichtenberg J (2021) Lies, bullshit, false beliefs, ignorance, skepticism: some epistemic fallout of our political times. Polit Epistemology 1(1):21–33

Löfflmann G, Riesmann M (2023) Nationale Sicherheit in der Zeitenwende: Wind of Change oder heiße Luft? In: Riemann M, Löfflmann G (Hrsg) Deutschlands Verteidigungspolitik. Nationale Sicherheit nach der Zeitenwende. Kohlhammer, Stuttgart, S 193–205

Merkel W (2020) Herausforderungen oder Krise: Wie gefährdet sind die liberalen Demokratien? Deutschland & Europa. Z Gemeinschaftskd Gesch Wirtschaft 79:8–11

Merkel W, Lührmann A (2021) Resilience of Democracies: Responses to Illiberal and Authoritarian Challenges. Democratization 28(2):869–884

Müller T (2023) „Alte politische Gewissheiten sind überholt" (Interview). Universität Bielefeld, Menschen/News/Story, 22.02.2022. https://aktuell.uni-bielefeld.de/2023/02/22/alte-politische-gewissheiten-sind-ueberholt/. Zugegriffen: 11. Mai 2023

Münkler H (2020) Westliche Demokratien zwischen Partizipation und Wohlstand. Deutschland & Europa. Z Gemeinschaftskd Gesch Wirtschaft 79:16–21

Noelle-Neumann E, Petersen T (2002) Sozialforschung: Zeitenwende. Spektrum Wiss 10:94–96

Peters F (2022) Russlands Überfall auf die Ukraine – eine Zeitenwende? zeitgeschichte – online. https://zeitgeschichte-online.de/themen/russlands-ueberfall-auf-die-ukraine-eine-zeitenwende (Erstellt: 2. März 2022). Zugegriffen: 11. Mai 2023

Rahe T (1984) Demographische und geistig-soziale Auswirkungen der Pest von 1348–1350. Gesch Wiss Unterr 35(3):125–144

Raphael L (2018) 1945 als langfristige Zäsur der Zeitgeschichte. Nationale, europäische und globale Perspektiven im Vergleich. Indes Z Polit Ges 2:75–87

Rotte R (2019) Das Phänomen Krieg. Eine sozialwissenschaftliche Bestandsaufnahme. Springer VS, Wiesbaden

Rotte R (2022a) Gezielte Desinformation als Element hybrider Konflikte. In: Eleftheriadi-Zacharaki S, Hebing S, Manstetten G et al (Hrsg) Vom Umgang mit Fake News, Lüge und Verschwörung. Interdisziplinäre Perspektiven. Nomos, Baden-Baden, S 69–82

Rotte R (2022b) Welche Zeitenwende? Zur Kontinuität einer vermeintlich neuen Realität. Indes Z Polit Ges 1–2:9–16

Rotte R (2023) Information warfare – a brief orientation in the light of the Russia-Ukraine war. In: Kranefeld T (Hrsg) The Digitization of Disinformation Campaigns, 2. Aufl. LIT, Münster (in press)

Rotte R, Schmidt CM (2003) On the production of victory: empirical determinants of battlefield success in modern war. Def Peace Econ 14(3):175–192

Sabrow M (2013) Zäsuren in der Zeitgeschichte. In: Clio-online e V (Hrsg), Docupedia-Zeitgeschichte. http://docupedia.de/zg/sabrow_zaesuren_v1_de_2013 (Erstellt: 3. Juni 2013). Zugegriffen: 2. März 2023

Schrammek B (2011) Zeitenwende um 1600. Zeitenwende in der Musik. Goethe-Institut e V, Internet-Redaktion, August 2011. https://www.goethe.de/de/kul/mus/gen/alt/ruc/8054025.html. Zugegriffen: 11. Mai 2023

Schreiner P (2011) Byzanz 565–1453, 4. Aufl. Oldenbourg, München

Schutte GR (2023) Das Ende des Westens. IPG online. https://www.ipg-journal.de/regionen/global/artikel/das-ende-des-westens-1-6647/ (Erstellt: 18. Apr. 2023). Zugegriffen: 10. Mai 2023

Spohr K (2021) Wendezeit: Die Neuordnung der Welt nach 1989. Pantheon, München

Stengel FA (2023) Bundeswehr und deutsche Gesellschaft: Die Berliner Republik zwischen Militarisierung und Normalisierung. In: Riemann M, Löfflmann G (Hrsg) Deutschlands Verteidigungspolitik. Nationale Sicherheit nach der Zeitenwende. Kohlhammer, Stuttgart, S 139–153

Stratmann M (2016) Die digitale Zeitenwende. MaxPlanckForschung 18(2):10–15

Tanneberg D, Stefes C, Merkel W (2013) Hard times and regime failure: Autocratic responses to economic downturns. Contemp Polit 19(1):115–129

Vögele J (2020) Cholera, Pest und Innovation. Volkswirtschaft 93(6):22–25

Vögele J, Schuler K (2021) Epidemien und Pandemien – die historische Perspektive. G+g Wissenschaft 21(2):24–30

Vorländer H (2023) Demokratie in der Zeitenwende. Z Polit 33:61–70

Weber C (2022) Zeitenwende? Zeitenwende! VerfBlog. https://doi.org/10.17176/20220306-121013-0 (6. März 2022. https://verfassungsblog.de/zeitenwende-zeitenwende/.)

Weede E (1995) Economic policy and international security: rent-seeking, free trade and democratic peace. Eur J Int Relat 1(4):519–537

Wolf C (2019) Umbrüche und Wendezeiten: Anmerkungen zum Fall der Mauer. Suhrkamp, Frankfurt am Main

Zweig S (1927) Sternstunden der Menschheit. Fünf historische Miniaturen. Insel, Frankfurt am Main Leipzig

Befinden wir uns in einer „ökologischen Zeitenwende"? Umweltveränderungen, Gesundheit und Transformationen

Oskar Masztalerz

Inhaltsverzeichnis

2.1 Die große Beschleunigung – 25

2.2 Planetare Belastungsgrenzen – 26

2.3 Die Integrität der Biosphäre – 28

2.4 Kippelemente im Klimasystem – 28

2.5 Gesundheit in planetarem Maßstab – 30

2.6 Risiken für die menschliche Gesundheit – 30

2.7 Die große Ungleichheit – 32

2.8 Erdsystemgerechtigkeit – 33

2.9 Gesellschaftliche Transformationen – 34

© Der/die Autor(en), exklusiv lizenziert an Springer-Verlag GmbH, DE, ein Teil von Springer Nature 2023
B. Badura et al. (Hrsg.), *Fehlzeiten-Report 2023*, Fehlzeiten-Report,
https://doi.org/10.1007/978-3-662-67514-4_2

2.10	Transformatives Handeln – 36
2.11	Natur- und gesundheitspositive Unternehmen – 37
2.12	Fazit – 39
	Literatur – 39

Zusammenfassung

Ausgehend von der Leitfrage werden die Ausmaße der derzeitigen Biodiversitätskrise sowie die zugrunde liegenden Umweltveränderungen anhand des Modells der planetaren Grenzen beschrieben. Kippelemente im Klimasystem werden als besondere Gefahren erläutert und die Bedeutung eines stabilen Erdsystems für die Erhaltung natürlicher Lebensgrundlagen aufgezeigt. Im Anschluss werden gesellschaftliche Treiber von Umweltveränderungen und ihre Gesundheitsrisiken für Menschen dargestellt. Planetary Health, Erdsystemgerechtigkeit und Earth Stewardship werden als Ansätze beschrieben, die auf die gerechte Nutzung globaler Gemeingüter und die Förderung der Gesundheit von Menschen und Ökosystemen abzielen. Um diese zu realisieren sind gesellschaftliche Transformationen und eine Neuausrichtung der zu Umweltzerstörung führenden Werte, Verhaltensweisen, Institutionen, Wirtschaftsmodelle und Technologien nötig. Anhand von Städten, Ernährungs- und Wirtschaftssystemen werden beispielhaft einige Transformationsperspektiven aufgezeigt. Zudem werden Co-Benefits und Synergien zwischen Nachhaltigkeit und Resilienz, Umwelt- und Gesundheitsschutz dargestellt. Organisationen wie Unternehmen können dazu beitragen, die Teilhabe von Menschen zu stärken, die Rahmenbedingungen transformativen Handelns zu gestalten und ein holistisches und relationales Mensch-Natur-Verhältnis zu verankern. Es werden Beispiele dargestellt, wie Gesundheitsförderung und Nachhaltigkeit in Unternehmen miteinander verzahnt und gleichzeitig adressiert werden können, z. B. in den Handlungsfeldern der betrieblichen Gesundheitsförderung und im Rahmen eines betrieblichen Nachhaltigkeits- und Gesundheitsmanagements (Pfaff und Schubin 2022). So können natur- und gesundheits-positive Lebensweisen auch über Arbeitswelten hinaus gefördert werden.

2.1 Die große Beschleunigung

Die Beantwortung der Leitfrage hängt zunächst davon ab, wie der Begriff „Zeitenwende" definiert wird (siehe hierzu auch die anderen Beiträge in diesem Abschnitt des Reports). Er kann z. B. verstanden werden als „Ende einer Epoche oder Ära und Beginn einer neuen Zeit". Es sind zudem einige grundlegende Feststellungen in Bezug auf **Ökosysteme** hilfreich, bevor diese im Kontext von Umweltveränderungen, Gesundheit und Transformationen betrachtet werden: Grundsätzlich ist festzustellen, dass sich das Erdsystem (also die Gesamtheit aller Teilsysteme unseres Planeten, z. B. Klimasystem, Landsysteme, Biosphäre) seit seiner Entstehung in einem Zustand der stetigen Veränderung befindet. Organismen, die in Ökosystemen zusammenleben und in ihrer Gesamtheit die Biosphäre bilden, sind in der Regel stark an ihre physikalischen und chemischen Umgebungsbedingungen sowie das Zusammenleben mit anderen Individuen und Arten angepasst. Durch Wanderungsbewegungen, Verhaltensänderungen sowie kurz- und langfristige evolutionäre Prozesse besteht dabei ein Potenzial von Organismen und Ökosystemen, sich dynamisch an Veränderungen der Umgebungsbedingungen anzupassen (Dawson et al. 2011; Petersen et al. 2018; Oliver et al. 2015; Angeler et al. 2019). Mit der großen Vielfalt verschiedener Lebensräume und ökologischer Nischen auf der Erde geht eine große Artenvielfalt einher, die einen Teil der **Biodiversität** bildet (IPBES 2019). Biodiversität umfasst zudem die Vielfalt zwischen verschiedenen Individuen einer Art und die funktionale Diversität, also die Vielfältigkeit an ökologischen Funktionen und Prozessen, die in einem Ökosystem ablaufen (IPBES 2019; Oliver et al. 2015). Die Anpassung an Veränderungen ist ein kontinuierlicher Prozess: Einige Arten verändern sich, einige wandern in neue Lebensräume, manche verschwinden und neue

Arten entstehen. Wenn sich Veränderungen im Erdsystem und damit der Umgebungsbedingungen in Ökosystemen jedoch rapide vollziehen, kann ein massives Artensterben (Massenaussterben) die Folge sein. Dies geschah in der Vergangenheit bereits fünfmal – und das sechste Massenaussterben hat bereits begonnen (Cowie et al. 2022). In den letzten Jahrzehnten hat die Biodiversität auf der Erde dramatisch abgenommen, wobei deutliche regionale Unterschiede zu beobachten sind (Cowie et al. 2022). Die Rate des Aussterbens von Arten überschreitet das natürliche „Hintergrundaussterben" global gesehen heute um mindestens den Faktor 1.000; etwa eine Million Tier- und Pflanzenarten sind derzeit vom Aussterben bedroht (Pimm et al. 2014; IPBES 2019). Beim sechsten Massenaussterben in der Geschichte der Erde sind menschliche Aktivitäten die wesentlichen Treiber: Als Hauptursachen gelten der Verlust von Lebensräumen, Veränderungen in der Landnutzung, Jagd und Wilderei, der Klimawandel, Umweltgifte sowie die Einführung neuer Arten in Ökosysteme (IPBES 2019). Die gesellschaftlichen Wurzeln dieser Umweltveränderungen reichen über viele Jahrhunderte zurück, eine deutliche Zunahme ist jedoch vor allem seit Beginn der Industrialisierung zu beobachten. Seit den 1950er Jahren beschleunigen sich diese Trends so rasant, dass von der „Großen Beschleunigung" (Great Acceleration) gesprochen wird (Steffen et al. 2015a). Heute ist der Einfluss menschlicher Aktivitäten auf natürliche Systeme so groß, dass in der Wissenschaft von einem neuen Erdzeitalter gesprochen wird: das **Anthropozän** – Zeitalter der Menschen (Crutzen 2002). Dieser Begriff wird jedoch auch kritisch diskutiert, denn er weist z. B. nicht auf die deutlichen Unterschiede darin hin, wie stark verschiedene Menschen zu den Umweltveränderungen beitragen (vgl. Hamann et al. 2018) und enthält keine Hinweise auf ihre strukturellen Ursachen, die z. B. mit bestimmten Wirtschaftsmodellen einhergehen (Mathews 2020; Sharp 2020).

2.2 Planetare Belastungsgrenzen

Die zunehmenden globalen Umweltveränderungen werden durch das Modell der planetaren Grenzen (Planetary Boundaries) dargestellt (◘ Abb. 2.1): Diese umschreiben den „sicheren Operationsbereich der Menschheit auf der Erde", innerhalb dessen das Erdsystem als stabil und die natürlichen **Lebensgrundlagen** auf dem Planeten als langfristig gesichert gelten. Das Modell beschreibt Belastungsgrenzen des Erdsystems in neun Bereichen (Rockström et al. 2009a, 2009b; Steffen et al. 2015a, 2015b; Wang-Erlandsson et al. 2022; Persson et al. 2022); im Uhrzeigersinn: den Klimawandel (globale Erwärmung infolge des Ausstoßes von Treibhausgasen), Veränderungen im Bereich Süßwasser (z. B. infolge übermäßiger Entnahme aus natürlichen Kreisläufen), den Abbau der stratosphärischen Ozonschicht (z. B. infolge der Freisetzung von FCKW), die Aerosolbelastung der Atmosphäre (z. B. im Rahmen von Luftverschmutzung durch die Verbrennung fossiler Energieträger), Ozeanversauerung (infolge steigender CO_2-Konzentrationen in der Atmosphäre), Veränderungen biogeochemischer Ströme (durch den massiven Eintrag von Phosphat und Stickstoff, z. B. in Form künstlicher Düngemittel), neuartige Entitäten (also die Freisetzung von Stoffen, die ohne menschliche Aktivitäten nicht oder nur in deutlich geringeren Mengen in Ökosystemen existieren würden), Landsystemveränderungen (z. B. in Form von Entwaldung und nicht-nachhaltiger Landnutzung bei industrieller Landwirtschaft) sowie die Integrität der Biosphäre, die durch viele der anderen Umweltveränderungen beeinflusst wird. Für diese Bereiche gibt es jeweils messbare globale Indikatoren sowie teilweise auch regionale Parameter, die der großen Variabilität von Umweltveränderungen über den Raum Rechnung tragen. Im metaphorischen Sinne könnten die planetaren Grenzen auch als „**Vitalparameter**" für das Erdsystem begriffen werden, ähnlich wie Blutdruck, Herzfrequenz und Körpertemperatur in Bezug auf Tiere und Menschen. Überschrei-

Kapitel 2 · Befinden wir uns in einer „ökologischen Zeitenwende"?

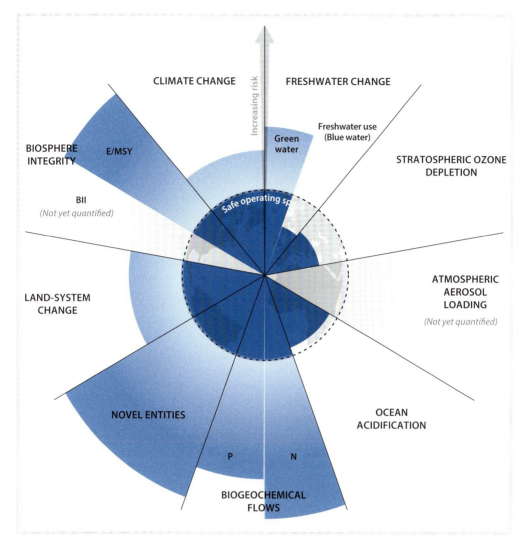

◘ **Abb. 2.1** Planetare Grenzen. (J. Lokrantz/Azote for Stockholm Resilience Centre, basierend auf Wang-Erlandsson et al. 2022; Persson et al. 2022; Steffen et al. 2015b; mit freundlicher Genehmigung des Urhebers. Originalabbildung unter CC BY-NC-ND 3.0 veröffentlicht, abrufbar unter: ▶ stockholmresilience.org)

ten die jeweiligen Indikatoren kritische Werte, ist mit einer Zunahme von Risiken und Unsicherheiten in Bezug auf die Funktion des Gesamtsystems zu rechnen (Rockström et al. 2009a, 2009b; Steffen et al. 2015b). Eine direkte Vergleichbarkeit zwischen den einzelnen Bereichen ist nur eingeschränkt möglich, die meisten der verschiedenen Belastungsgrenzen stehen jedoch in Wechselwirkung miteinander (Lade et al. 2020).

Wie aus ◘ Abb. 2.1 ersichtlich wird, sind derzeit viele der planetaren Grenzen bereits überschritten (vgl. aktuellste Evaluation aus diesem Jahr: Richardson et al. 2023), bei allen anderen geht es in diese Richtung und nur in einem Bereich ist eine langsame Erholung festzustellen: Der Verlust der stratosphärischen Ozonschicht konnte infolge des Protokolls von Montréal durch ambitionierte internationale Zusammenarbeit vor einigen

Jahrzehnten vorerst gestoppt werden (Egorova et al. 2022). Ihre Regeneration wird jedoch noch mehrere Jahrzehnte dauern – ihr Verlust wurde in einem viel kürzeren Zeitraum herbeigeführt (Steffen et al. 2015b). Umweltveränderungen sind oft nicht oder nur mit großem Aufwand und über lange Zeit hinweg umzukehren. Heute ausgestoßenes Kohlendioxid ist z. B. über viele Jahrzehnte in der Atmosphäre als Treibhausgas wirksam und verlorene natürliche Lebensräume können durch Renaturierungsmaßnahmen zwar teilweise kompensiert, aber kaum in ihrem ursprünglichen Zustand wiederhergestellt werden (Allen et al. 2022, Palmer und Stewart 2020).

2.3 Die Integrität der Biosphäre

Die zunehmende Überschreitung vieler Belastungsgrenzen reflektiert die oben genannten Treiber des Biodiversitätsverlustes (▶ Abschn. 2.1). Dieser stellt zudem selbst einen Indikator im Modell dar: Er bemisst die Integrität der Biosphäre (Mace et al. 2014). Dass diese zunehmend gefährdet ist, drückt sich im sechsten Massenaussterben aus. Der Verlust von Biodiversität spielt außerdem eine besondere Rolle, weil durch ihn der sichere Bereich bei anderen Belastungsgrenzen schrumpft: Ist weniger genetische und funktionale Vielfalt gegeben, bestehen tendenziell auch eine geringere **Widerstandsfähigkeit** und Anpassungskapazität von Ökosystemen in Bezug auf sich verändernde Umgebungsbedingungen, z. B. im Zuge des globalen Klimawandels (Oliver et al. 2015; Dawson et al. 2011; Petersen et al. 2018; Brooks und Adger 2005, Angeler et al. 2019). Entscheidend ist außerdem, dass der Klimawandel nicht die einzige Umweltveränderung ist, die Ökosysteme gefährdet. Eine wesentliche Rolle spielen auch Änderungen von Landsystemen, z. B. die Umwandlung natürlicher Habitate in Flächen für die Landwirtschaft und den Siedlungsbau sowie nicht-nachhaltige Methoden der Landnutzung, etwa durch konventionelle industrielle Landwirtschaft mit Monokulturen und ohne Berücksichtigung natürlicher Kreisläufe (IPBES 2019). Auch Verschmutzung durch Chemikalien wie z. B. Pestizide und PFAS (sog. Ewigkeitschemikalien, die kaum durch biologische Prozesse abgebaut werden können) stellt ein gesundheitliches Risiko für viele Lebewesen dar (Cousins et al. 2022; Mueller et al. 2023). Die Vielfalt, Produktion und Freisetzung von Chemikalien nehmen derzeit in Besorgnis erregender Geschwindigkeit zu, ohne dass die ökologische und gesundheitliche Unbedenklichkeit der meisten neuen Stoffe gesichert wäre (Persson et al. 2022). Um den **Biodiversitätsverlust** zu stoppen, müssen also neben ambitioniertem Klimaschutz dringlich auch Maßnahmen in den Bereichen Landsysteme und Verschmutzung ergriffen werden.

2.4 Kippelemente im Klimasystem

Eine besondere Gefahr stellt die Aktivierung sogenannter Kippelemente dar (Steffen et al. 2018). Eine vereinfachte Analogie: Wird ein volles Glas Wasser nur etwas angekippt, kehrt es danach in seinen ursprünglichen Zustand zurück. Wird es jedoch über einen bestimmten Punkt hinaus geneigt, fällt es um und das Wasser verteilt sich auf dem Tisch. Den ursprünglichen Zustand wiederherzustellen wäre nun gar nicht oder nur mit sehr großem Aufwand zu erreichen. Im Erdsystem gibt es eine Vielzahl derartiger Kippelemente, deren „Umkippen" weitreichende Konsequenzen für das Klimasystem und damit für die Biosphäre hätte (Lenton et al. 2019), z. B. den Amazonas-Regenwald, große Meeresströmungen und Eiskörper (Armstrong McKay et al. 2022). Sich selbst verstärkende Prozesse und Rückkopplungs-Mechanismen können zu einem kaskadenartigen **Dominoeffekt** führen und so die Gesamtstabilität des Klimasystems gefährden (Wunderling et al. 2021; Steffen et al. 2018). Ein Beispiel: Durch das Schmelzen von Permafrostböden infolge der globalen Erwärmung kann dort gespeicherter Kohlenstoff in Form von Methan und Kohlendioxid freiwerden, die selbst als Treibhausgase

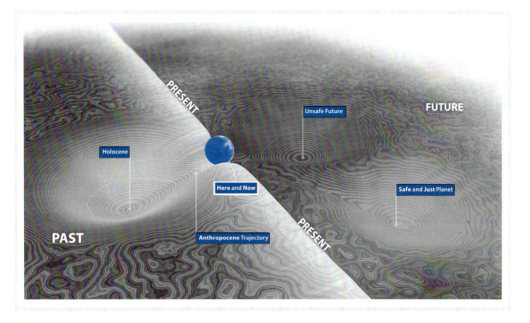

Abb. 2.2 Zukunftspfade des Erdsystems. (Rockström et al. 2021; CC BY-4.0, Originalabbildung in Farbe)

wirken und so die dem Schmelzprozess zugrunde liegende Erwärmung weiter beschleunigen (Armstrong McKay et al. 2022). Einige der Kippelemente sind durch komplexe Zusammenhänge über große Distanzen verbunden (teleconnections); so hat z. B. der Zustand des Amazonas-Regenwaldes einen starken Einfluss auf das Klima in der tibetischen Hochebene; beide spielen im globalen Wasserhaushalt und Klimasystem eine wichtige Rolle (Liu et al. 2023). Für die Kippelemente wurden Temperaturbereiche ermittelt, innerhalb derer ihre jeweiligen Schwellenwerte mit großer Wahrscheinlichkeit liegen (Armstrong McKay et al. 2022). Diese Temperaturbereiche beziehen sich auf das Ausmaß der globalen Erwärmung im Vergleich zur vorindustriellen Zeit, dargestellt durch die Zunahme der globalen Durchschnittstemperatur der Erdoberfläche. Selbst wenn die Ziele der Pariser Klimaübereinkunft, also eine Begrenzung der globalen Erwärmung auf +1,5 bis +2 °C, eingehalten würden, könnten z. B. bereits die borealen Permafrostböden abrupt schmelzen sowie der Grönländische Eisschild und die tropischen Korallenriffe irreversibel verloren gehen, letztere sogar sehr wahrscheinlich (Armstrong McKay et al. 2022). Unter den derzeitigen globalen Politiken und Maßnahmen zum Klimaschutz befindet sich die Erde sogar auf dem Weg zu einer globalen Erwärmung um +2,7 °C bis zum Jahr 2100 – weit jenseits der Ziele von Paris (Climate Action Tracker 2022). Erschwerend kommt hinzu, dass durch die Degradation von Böden und die Abholzung von Wäldern wichtige natürliche Kohlenstoffsenken und damit Puffersysteme für erhöhte CO_2-Konzentrationen verloren gehen (Hessen und Vandvik 2022). Aus Sicht der Erdsystemanalyse befindet sich der Planet heute an einem Scheideweg zwischen verschiedenen möglichen Trajektorien für die Zukunft: in Richtung eines instabilen und unsicheren Zustands in einer „**globalen Heißzeit**" oder hin zu einem langfristig stabilisierten Erdsystem (Steffen et al. 2018). Dies wird in ◘ Abb. 2.2 veranschaulicht (Rockström et al. 2021). Um ein stabiles Klima auf dem Planeten Erde zu erhalten, ist eine unverzügliche und umfängliche Reduktion der Treibhausgasemissionen nötig. Je später diese beginnt, desto drastischer muss sie verlaufen, um den sicheren Operationsbereich der Menschheit nicht zu verlassen (Friedlingstein et al. 2022). Dabei sollten ergriffene Maßnahmen für mehr Klimaschutz keine unintendierten Konsequenzen in anderer Hinsicht haben, die wiederum die Biosphäre gefährden könnten. Das große Ganze muss stets im Blick behalten werden.

2.5 Gesundheit in planetarem Maßstab

Die Biodiversität nimmt dramatisch ab und die langfristige Stabilität des Erdsystems steht in Frage. Doch dies ist nur die erste Hälfte der Geschichte, denn funktionierende und biodiverse Ökosysteme stellen wiederum die natürlichen Lebensgrundlagen von Menschen dar und ein stabiles Klima- und Erdsystem sind unverzichtbare Voraussetzungen für menschliche Gesundheit und florierende Gesellschaften (Steffen et al. 2018; Whitmee et al. 2015). Diese Einsichten liegen auch dem integrativen Gesundheitskonzept **„Planetary Health"** zugrunde (Whitmee et al. 2015), das darauf abzielt, Gesundheit in planetarem Maßstab zu denken, über Menschen als Spezies hinaus, unter Einbezug der Gesundheit von Ökosystemen (ecosystem health; Harwell et al. 2019) und der Funktionen des Erd- und seiner Teilsysteme (Myers et al. 2021). Inhaltlich wurden Herausforderungen in drei Bereichen definiert (Whitmee et al. 2015; Gabrysch 2018): erstens, *knowledge challenges* zum besseren Verständnis der Wechselwirkungen von Menschen, anderen Lebewesen und Ökosystemen; zweitens, *implementation challenges* zur Entwicklung und Umsetzung von Strategien und Maßnahmen zum Schutz der Gesundheit von Menschen *und* Ökosystemen; sowie drittens, *imagination challenges* zu den Fragen, wie Mensch-Natur-Verhältnisse die Treiber von Umweltveränderungen beeinflussen und wie sie für eine positive Wechselwirkung gestaltet werden könnten. Planetary Health ist gleichsam eine neue wissenschaftliche Disziplin, die diese Herausforderungen mittels eines transdisziplinären und transformativen Ansatzes betrachtet und zu bewältigen versucht. Hierbei werden klassische disziplinäre Grenzen überwunden sowie verschiedene gesellschaftliche Sektoren, Bevölkerungsgruppen (insb. marginalisierte Menschen) und Wissensformen (z. B. Indigenes Wissen) einbezogen (Myers et al. 2021). Aus Sicht des Autors ist Transdisziplinarität so wesentlich für Planetary Health, dass es auch als **„Trans-Disziplin"** bezeichnet werden könnte (als Erweiterung der Bezeichnung „Inter-Disziplin" in einem früheren Beitrag; Masztalerz und Kleineberg-Massuthe 2019). Planetary Health wurde in einem Artikel in der renommierten medizinischen Fachzeitschrift The Lancet im Jahr 2014 erstmals erwähnt (Horton et al. 2014), gefolgt von einem umfangreichen Report zum Thema (Whitmee et al. 2015). Sie bietet der neuen Disziplin seit 2017 mit dem Open-Access-Journal „The Lancet Planetary Health" auch eine Plattform zum fachlichen Austausch (alle Artikel sind frei verfügbar). Unter dem Dach der Planetary Health Alliance (PHA) haben sich über 350 Universitäten, Forschungsinstitute, NGOs und staatliche Institutionen weltweit zusammengeschlossen, um Lösungen für die Gesundheit von Menschen und Ökosystemen voranzutreiben (Planetary Health Alliance 2023). Die wichtigsten Eckpfeiler von Planetary Health wurden 2021 in der São Paulo Declaration zusammengefasst (Myers et al. 2021).

2.6 Risiken für die menschliche Gesundheit

Die in ▶ Abschn. 2.2 beschriebenen Umweltveränderungen werden im Folgenden mittels der analytischen Perspektive von Planetary Health in den Kontext menschlicher Gesundheit und gesellschaftlicher Systeme gesetzt (◘ Abb. 2.3; Myers 2017): Gesellschaftliche Treiber (z. B. technologische Entwicklungen, steigender Pro-Kopf-Konsum; Spalte 1) verursachen globale Umweltveränderungen (Spal-

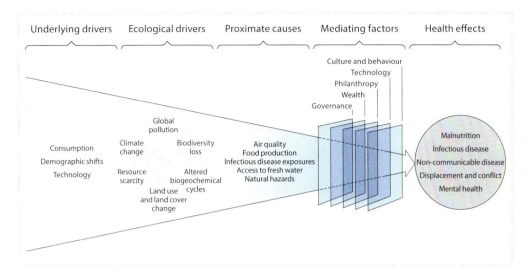

Abb. 2.3 Schema der analytischen Perspektive von Planetary Health. (Myers 2017)

te 2). Diese führen über verschiedene Mechanismen (z. B. eingeschränkte Luftqualität, Nahrungsmangel; Spalte 3) zu konkreten Risiken für menschliche Gesundheit (z. B. Herz-Kreislauf-Erkrankungen, Infektionskrankheiten, Mangelernährung; Spalte 5). In welchem Ausmaß diese Risiken die Gesundheit von einzelnen Menschen beeinträchtigen, hängt von ihrer Vulnerabilität und Resilienz ab, die durch individuelle und gesellschaftliche Faktoren bestimmt werden (z. B. ihre sozioökonomische Situation und ihren Zugang zu Gesundheitsversorgung; Spalte 4). Die Begriffe Vulnerabilität und Resilienz werden weiter unten erläutert; im Folgenden werden zunächst beispielhaft einige umweltbedingte Gesundheitsrisiken für Menschen erläutert.

Ähnlich wie andere Lebewesen sind auch menschliche Körper an ihre physikalischen und chemischen **Umgebungsbedingungen** angepasst, z. B. können sie nur in einem begrenzten Temperaturbereich problemlos funktionieren und sind auf ausreichende und angemessene Nahrung angewiesen. Diese beispielhaft genannten Voraussetzungen für Gesundheit werden u. a. durch den Klimawandel beeinträchtigt, etwa infolge zunehmender Hitzewellen (wodurch z. B. Atemwegserkrankungen verschlimmert werden können) und Ernteausfälle durch ausbleibende Niederschläge während häufiger auftretender Dürreperioden (Whitmee et al. 2015). Zugleich fehlen in menschlichen Körpern effiziente Reinigungs- und Entgiftungsmechanismen für neuartige Substanzen, z. B. werden ultrafeine Partikel (die etwa bei der Verbrennung fossiler Energieträger entstehen) nur unzureichend aus der Lunge abtransportiert und können ins Blut übergehen, und extrem stabile Chemikalien wie PFAS können kaum durch körpereigene Prozesse abgebaut werden. Ultrafeine Partikel können z. B. Herz-Kreislauf-Erkrankungen verursachen und durch PFAS werden z. B. Krebserkrankungen begünstigt (Fenton et al. 2021; Schraufnagel 2020; Xia et al. 2016). Eine intakte natürliche Umwelt und ausreichender Kontakt zu biodiverser Natur sind zudem wichtige Voraussetzungen für die psychische Gesundheit der meisten Menschen und zunehmende Evidenz zeigt, dass auch die physiologischen Körperfunktionen durch Naturkontakt positiv beeinflusst werden (Kabisch et al. 2021; Marselle et al. 2019). Der Verlust von natürlichen Habitaten und Biodiversität gefährdet diese wichtigen **Gesundheitsressourcen** zunehmend. Es zeigt sich, dass Umweltveränderungen infolge veränderter Umgebungsbedingungen zum einen direkt menschliche Gesundheit gefährden – zum anderen machen sie Menschen infolge der Destabilisierung von Ökosystemen auch indirekt krank (Whitmee et al. 2015). In allen medizinischen Fachbereichen spielen Umweltveränderungen heute eine zunehmende Rolle (Traidl-Hoffmann et al. 2021). Der Klimawandel stellt das größte globale Gesundheitsrisiko im 21. Jahrhundert dar (Costello et al. 2009). Auf Verschmutzung sind mindestens 9 Mio. Todesfälle pro Jahr zurückzuführen, also etwa jeder sechste Todesfall weltweit (Fuller et al. 2022). Gesundheitskrisen wie Hitzewellen, Hungersnöte und Epidemien (oder sogar Pandemien) zoonotischer Infektionskrankheiten werden häufiger (Nova et al. 2022; Baker et al. 2022; Nava et al. 2017; IPCC 2022).

Darüber hinaus sind (mindestens) drei weitere Feststellungen wesentlich: (1) Gesundheit wird durch zahlreiche weitere Determinanten beeinflusst, z. B. soziale und ökonomische Faktoren, die ebenfalls von Umweltveränderungen betroffen sein können, z. B. durch eine Gefährdung der politischen Stabilität (IPCC 2022); (2) es besteht eine hohe **Diversität** zwischen den Gesundheitsbedürfnissen verschiedener Menschen und Bevölkerungsgruppen, welche auch soziokulturell geprägt ist und unbedingt berücksichtigt werden muss und (3) verschiedene Menschen und Bevölkerungsgruppen sind sehr ungleich von den Gesundheitsrisiken durch Umweltveränderungen betroffen.

Vulnerabilität bedeutet „Verwundbarkeit" oder „Verletzbarkeit" und bezieht sich im Kontext von Umweltveränderungen auf Personen, die ein höheres Risiko aufweisen, von deren Gesundheitsrisiken betroffen zu sein. Dies lässt sich anhand von Luftverschmutzung veranschaulichen: Sozioökonomisch benachteiligte (z. B. von Armut und Diskriminierung betroffene) Personen wohnen tendenziell in Stadtvierteln, die höhere Verschmutzungswerte aufweisen (Bolte und Kohlhuber 2009). Zugleich sind sie häufiger von Vorerkrankungen betroffen, die durch Luftverschmutzung verschlimmert werden können (Schultz et al. 2018). In vielen Ländern haben sie darüber hinaus nur einen eingeschränkten Zugang zu Gesundheitsversorgung, weshalb sie schlechter medizinisch behandelt werden, wenn sie durch Luftverschmutzung erkranken (Lazar und Davenport 2018; Peters et al. 2008). **Resilienz** hingegen bezeichnet (vereinfacht) die „Widerstandsfähigkeit" von Personen, in unserem Kontext gegenüber umweltbedingten Gesundheitsrisiken. Starke gesundheitliche Ressourcen, wie ein guter körperlicher und psychischer Allgemeinzustand, ausgeprägte soziale und politische Teilhabe sowie ausreichende Mittel zur Finanzierung persönlicher Anpassungsmaßnahmen können vor Gesundheitsrisiken schützen (Llistosella et al. 2022; Nordström et al. 2023). Vulnerabilität und Resilienz werden auch maßgeblich durch die sozialen und gesellschaftlichen Systeme beeinflusst, in denen Menschen leben. Die Verringerung von strukturellen Ungleichheiten kann zur Verminderung von Vulnerabilität und Stärkung von Resilienz beitragen.

2.7 Die große Ungleichheit

Im globalen Maßstab sind Menschen in Ländern mit niedrigem und mittlerem Einkommen im Schnitt deutlich stärker durch Umweltveränderungen gefährdet, z. B. treten dort über 90 % der weltweiten Todesfälle durch Verschmutzung auf (Fuller et al. 2022). Die betroffenen Bevölkerungen sind zudem vulnerabler gegenüber Extremwetterereignissen, die im Zuge des Klimawandels häufiger, stärker und länger werden (IPCC 2022). Die Disparitäten lassen sich auch am Beispiel Ernährung verdeutlichen: Menschen, die von Subsistenz-Landwirtschaft leben, sind z. B. durch Dürreperioden viel unmittelbarer in ihrer Ernährungsgrundlage gefährdet als Menschen in Hocheinkommensländern, in denen Ernteausfälle einfacher durch Nahrungsmittelimporte kompensiert werden können (Shiferaw et al. 2014; Stanke et al. 2013). Industrieländer bzw. sozioökonomisch privilegierte Menschen tragen zugleich – heutzutage und historisch gesehen – deutlich stärker zum Klimawandel bei (Hickel 2020; Gupta et al. 2020). Die vielfältigen ökologischen und gesundheitlichen Folgekosten von Umweltveränderungen sind derzeit kaum eingepreist und diese **Externalitäten** werden oft von den Menschen getragen, die selbst am wenigsten zu den Umweltveränderungen beitragen (Gupta et al. 2020). Bezüglich der Disparitäten in der Verursachung und den Risiken von Umweltveränderungen müssen nicht nur Unterschiede zwischen Ländern und Bevölkerungsgruppen betrachtet werden, sondern auch wirtschaftliche Akteure wie transnationale Konzerne, z. B. im Energie-, Landwirtschafts- und Nahrungsmittelsektor (Heede 2014). Im aktuellen Bericht des „Lancet Countdown on health and climate change" wird darauf hingewiesen, dass menschliche Gesundheit durch die weltweite Abhängigkeit von fossilen Energieträgern, mit der große Gewinne von Öl- und Gasunternehmen einhergehen, aufs Spiel gesetzt wird (Romanello et al. 2022). Dass diese Unternehmen über Jahrzehnte hinweg gezielt öffentliche Desinformation bezüglich der Risiken des Klimawandels betrieben, wurde kürzlich durch eine Studie verdeutlicht (Supran et al. 2023). Das aktuell dominante globale **Wirtschaftsmodell**, das den ökologisch und gesundheitlich bedenklichen wirtschaftlichen Aktivitäten zugrunde liegt, destabilisiert den Planeten und gefährdet so das Wohlergehen von Menschen (Dixson-Declève et al. 2022). Gleichzeitig haben positive gesundheitliche Entwicklungen der letzten Jahrzehnte nicht alle Menschen gleichermaßen erreicht (Whitmee et al. 2015): So stieg z. B. die durchschnittliche Lebenserwartung bei Geburt global gesehen von 47 Jahren (1950) auf 71 Jahre (2021), variiert heute jedoch zwischen 52 Jahren in Chad und 86 Jahren in Monaco (Roser et al. 2021). Viele Disparitäten in Bezug auf Einkommen und Vermögen nehmen global weiterhin zu, und mit ihnen sind große Ungleichheiten in der Inanspruchnahme natürlicher Ressourcen verbunden (Rammelt et al. 2023). In allen benannten Dimensionen von Ungleichheiten haben Kategorien in Bezug auf *race* und *gender* einen wesentlichen Einfluss. Rassismus sowie sozial konstruierte Geschlechterkategorien und -rollen tragen zum einen erheblich zu Vulnerabilität bei und schränken zum anderen die Teilhabe betroffener Personen ein. In Anlehnung an den Begriff der großen Beschleunigung (▶ Abschn. 2.1) wurde für die andauernde „Periode zunehmender sozialer und materieller Divergenz" die Bezeichnung **„Große Ungleichheit"** vorgeschlagen – verbunden mit der Einsicht, dass vor allem eine kleine Gruppe sehr wohlhabender Menschen auf der Welt die „Große Beschleunigung" wesentlich vorantreibt und damit maßgeblich für die existenziellen Bedrohungen verantwortlich ist, denen benachteiligte Bevölkerungsgruppen heute am stärksten ausgesetzt sind (Gupta et al. 2020; Rammelt et al. 2023).

2.8 Erdsystemgerechtigkeit

Die Nutzung natürlicher Ressourcen (und sich hieraus ergebende gesundheitliche Vorteile) sowie die Verursachung von Umweltveränderungen (und ihre Gesundheitsrisiken) sind also sehr ungleich verteilt. Dabei können lebensnotwendige Komponenten des Erdsystems wie die Atmosphäre, Ozeane, Eiskörper, Regenwälder und Biodiversität auch als **„globale Gemeingüter"** (Global Commons) verstanden werden, deren Nutzung allen Menschen und Lebewesen zusteht (Nakicenovic et al. 2016). Kürzlich wurde die Konzeptionalisierung einer **„Erdsystemgerechtigkeit"** (Earth System Justice) vorgestellt (Gupta et al. 2023), die sich auf die gerechte Nutzung der globalen Gemeingüter bezieht und auf drei Säulen beruht: Gerechtigkeit zwischen Ländern, Gemeinschaften und Individuen (intragenerationelle Gerechtigkeit), Gerechtigkeit zwischen Generationen (intergenerationelle Gerechtigkeit) sowie Gerechtigkeit zwischen verschiedenen Arten (Interspezies-Gerechtigkeit). Erdsystemgerechtigkeit wird als Voraussetzung für ein langfristig gesundes Leben von Menschen und anderen Lebewesen innerhalb der planetaren Grenzen auf der Erde beschrieben (Gupta et al. 2023). Das Konzept der „Interspezies-Gerechtigkeit" beruht dabei auf der Annahme, dass die Gesundheit (und das Überleben) von anderen Lebewesen auch unabhängig von ihrer Bedeutung für Menschen einen Wert besitzt. Es kann argumentiert werden, dass sich aus der großen Gestaltungsmacht von Menschen über die natürliche Umwelt eine Verantwortung für den sorgsamen Umgang mit Ökosystemen und natürlichen Ressourcen ableitet. Dies kann dabei auch als Verantwortung von Menschen füreinander begriffen werden, denn die gesundheitlichen Fortschritte der letzten Jahrzehnte drohen durch die fortschreitenden Umweltveränderungen unterminiert und die bestehenden Ungleichheiten weiter verschärft zu werden (▶ Abschn. 2.6, 2.7). Ebenso wie das Recht von Menschen auf eine gesunde Umwelt werden auch die Rechte der Natur selbst immer stärker diskutiert und teilweise rechtlich verankert (Ip 2023; Chapron et al. 2019). Diese beiden Rechte stehen dabei nicht im Widerspruch, sondern verstärken sich und „konvergieren in derselben Verpflichtung der Menschheit zum Schutz der planetarischen Gemeinschaft" (Ip 2023). Dies könnte durch den Ansatz „**Earth Stewardship**" umgesetzt werden, der definiert wurde als „die proaktive Gestaltung der physikalischen, biologischen und sozialen Bedingungen, um kritische Prozesse im Erdsystem zu erhalten und nicht zu stören, um das Wohlergehen von Natur und Menschen von lokaler bis planetarer Ebene zu fördern" (Chapin et al. 2022). Die Earth Commission, eine transnationale Gruppe von natur- und sozialwissenschaftlichen Fachleuten, erarbeitet derzeit Leitplanken für einen „sicheren und gerechten Korridor für Menschen und den Planeten", innerhalb dessen die Belastungsgrenzen eines stabilen und resilienten Planeten gewahrt, die zur Verfügung stehenden globalen Gemeingüter in gerechter Weise genutzt und signifikante (gesundheitliche) Schäden vermieden würden (◘ Abb. 2.2; Rockström et al. 2021; in diesem Kontext wurde kürzlich das Modell der sicheren und gerechten Erdsystemgrenzen vorgestellt: Rockström et al. 2023).

Für die Biosphäre wurden, ausgehend von den oben genannten Dimensionen der Erdsystemgerechtigkeit, sechs Handlungskomplexe identifiziert, mit denen eine sichere und gerechte „**natur- und menschen-positive Zukunft**" erreicht werden kann: (1) die Treiber von Umweltveränderungen verringern und umkehren; (2) den Biodiversitätsverlust aufhalten und den Trend wenden; (3) die biologische Vielfalt zu einem sicheren Zustand wiederherstellen; (4) das Well-Being aller Menschen verbessern und jedem Menschen einen gerechten Anteil am globalen Gemeingut der Biodiversität ermöglichen; (5) den Überkonsum und die Exzesse, die aus Kapitalakkumulation resultieren, eliminieren und (6) die Rechte und die Selbstbestimmung aller gegenwärtigen und künftigen (insb. Indigenen) Gemeinschaften wahren und respektieren (Obura et al. 2023). Dass die Verringerung struktureller Ungleichheiten und die Bewahrung Indigenen Wissens bei der Bewältigung von Umweltveränderungen helfen können, lässt sich auch aus bioarchäologischen Untersuchungen ableiten (Robbins Schug et al. 2023).

2.9 Gesellschaftliche Transformationen

Um die soeben genannten Ziele zu realisieren, das Erdsystem langfristig zu stabilisieren und die Gesundheit von Menschen und Ökosystemen zu schützen, sind tiefgreifende **Transformationen** erforderlich, die auf einer grundlegenden Neuausrichtung der zu Umweltzerstörung führenden menschlichen Werte, Verhaltensweisen, Institutionen, Wirtschaftsmodellen und Technologien basieren (Steffen et al. 2018; Levin et al. 2020; Millward-Hopkins und Oswald 2023). Der Wissenschaftliche Beirat der Bundesregierung Globale Umweltveränderungen (WBGU) hat 2011 den Begriff „Große Transformation" geprägt, eine differenzierte Theorie des Wandels entwickelt und Ideen für einen neuen Gesellschaftsvertrag als Orientierungsrahmen für das nachhaltige Zusammenleben von Menschen und Natur entwickelt (WBGU 2011). Im aktuellen Hauptgutachten des WBGU „Gesund leben auf einer gesunden Erde" findet sich eine Vielzahl an Handlungsempfehlungen in verschiedenen Bereichen, wie Gesundheit von Menschen und Ökosystemen langfristig gesichert werden können (WBGU 2023). Zentrale Fragestellungen für die Debatte zum Thema wurden vorab in einem Impulspapier veröffentlicht und adressieren verschiedene gesellschaftliche Systeme, wie z. B. Städte, Wirtschaftssysteme, Ernährungssysteme und Gesundheitssysteme, die alle auch miteinander in Beziehung stehen (WBGU 2021). Die Maßgabe der Resilienz kann auf diese Systeme übertragen werden, hinzu kommt die dringliche Anforderung der umfassenden Nachhaltigkeit.

Praktisch gesehen können alle der in ◘ Abb. 2.3 (analytische Perspektive von Planetary Health; Myers 2017; ▸ Abschn. 2.6) schematisch dargestellten Schritte in der Kausalkette von Treibern zu Gesundheitsrisiken als Ansatzpunkte dienen, um die Gesundheit von Menschen und Ökosystemen zu schützen. Entscheidend ist: Resilienz und Nachhaltigkeit, Umwelt- und Gesundheitsschutz gehen oft Hand in Hand, denn gesunde Ökosysteme und gesunde Menschen fördern sich gegenseitig: Beispielsweise ist aktive Mobilität (z. B. mit dem Fahrrad) nicht nur für einzelne Menschen gesünder, sondern trägt auch aktiv zum Klimaschutz bei (Barban et al. 2022). Eine überwiegend pflanzliche Ernährung mit ökologisch angebauten Lebensmitteln schützt Böden, Insekten und das Klima und verringert das Risiko für verschiedene Erkrankungen (Willett et al. 2019; Micha et al. 2021; Wittwer et al. 2021; Vigar et al. 2019). Landwirtschaftssysteme, die auf Vielfalt beruhen, agrarökologische Praktiken einsetzen und sich in natürliche Kreisläufe einfügen, können zum einen Klima und Biodiversität schützen und sind zum anderen resilienter gegenüber umweltbedingten Ernteausfällen (WBGU 2020). Durch nachhaltige Transformationen von **Ernährungssystemen** kann eine gesunde Ernährung für 10,2 Mrd. Menschen innerhalb der planetaren Grenzen in Bezug auf Landsysteme, Stickstoff, Süßwasser und Biodiversität gewährleistet werden (Gerten et al. 2020). Durch die weltweite Umsetzung gesunder und nachhaltiger Ernährungsweisen können zudem mindestens 11 Mio. vorzeitige Todesfälle pro Jahr verhindert werden, wobei die gesundheitlichen Gewinne infolge vermiedener Umweltveränderungen sogar noch hinzukommen (Willett et al. 2019). Städte mit vielen biodiversen Grünräumen bieten Lebensräume für Pflanzen und Tiere und tragen zur Gesundheit der Bevölkerung bei, z. B. indem sie Naturkontakt ermöglichen und vor klimabedingten Gesundheitsrisiken wie Hitze und Überschwemmungen schützen (WBGU 2016; Marselle et al. 2019). Nachhaltige und resiliente Gesundheitssysteme sind auf umweltbedingte Krisen vorbereitet, haben einen kleinen ökologischen Fußabdruck und betreiben umweltsensible Gesundheitsförderung und Prävention (WBGU 2023). Wirtschaftssysteme, die grundsätzlich auf die Gesundheit und das Wohlergehen von Menschen und Natur ausgerichtet sind, können die Rahmenbedingungen für Transformationen in allen Sektoren und Lebensbereichen schaffen. Earth4All ist eine internationale Initiative, die 2020 vom Club of Rome, der Norwegian Business School, dem Stockholm Resilience Center und dem Potsdam-Institut für Klimafolgenforschung (PIK) ins Leben gerufen wurde. Sie entwickelt auf Grundlage komplexer systemdynamischer Computermodelle transformative Handlungsstrategien, mittels derer „Wohlergehen für alle innerhalb der planetaren Grenzen unseres Planeten in diesem Jahrhundert erreicht werden kann". Entsprechende **Wirtschaftssysteme** würden auf langfristigem und generationenübergreifendem Denken, neu gestalteten Märkten und einem verbesserten globalen Finanzsystem, Zirkularität und Regeneration sowie neuen Denkweisen in Bezug auf Eigentumsrechte beruhen, damit alle Menschen von den globalen Gemeingütern profitieren können (Dixson-Declève et al. 2022). Aktuelle Forschungen zeigen auf, wie begrenzte globale Gemeingüter in Kosten-Nutzen-Analysen einbezogen werden können (Sureth et al. 2023). Solche Wirtschaftssysteme würden Aspekte aus verschiedenen ökonomischen Ansätzen aufgreifen, wie *well-being economics*, *circular economy*, *ecological economics*, *feminist economics*, *doughnut economics* und *degrowth*, die Alternativen zum aktuell dominierenden linearen, neoliberalen und wachstumsfixierten Wirtschaftsmodell entwickeln und sich dabei gegenseitig ergänzen können (Brand-Correa et al. 2023).

2.10 Transformatives Handeln

Damit die erforderlichen Transformationen gelingen können, sind Einzelpersonen, wirtschaftliche und gesellschaftliche Akteure in allen Sektoren sowie die für politische Entscheidungen Verantwortlichen gefragt (Levin et al. 2020). Gleichwohl ein alle gesellschaftliche Ebenen übergreifender Handlungsansatz nötig ist, kann eine Verantwortungsübernahme durch individuelle und korporative kollektive Akteure erfolgen, wie im letzten Fehlzeiten-Report 2022 durch Pfaff und Schubin gezeigt wurde. Dort wurden auch ausführlich die im Zusammenhang mit riskanten kollektiven Phänomenen relevanten Sachverhalte der diffusen Individualverantwortung von Einzelpersonen und unorganisierten Unverantwortlichkeit nicht-korporativer Akteure diskutiert (Pfaff und Schubin 2022). Die Frage, wem Verantwortung für transformatives Handeln zugesprochen wird, muss dabei unbedingt im Kontext der immensen Unterschiede in der Verantwortlichkeit für Umweltveränderungen diskutiert werden (▶ Abschn. 2.7). Zudem ist für umweltbedingte Gesundheitsrisiken nicht immer allein die Summe der Emissionen sehr vieler Einzelpersonen relevant: So gibt es z. B. für Luftverschmutzung keine Evidenz für eine Schwellenkonzentration, unterhalb derer sie unschädlich für die Gesundheit wäre (Wolf et al. 2021; Marks 2022). Im Folgenden wird auf prinzipielle Möglichkeiten transformativen Handelns durch individuelle Akteure eingegangen, wobei angenommen wird, dass jeder Person ein gewisser Spielraum in ihrem Verhalten gegeben ist, innerhalb dessen sie Entscheidungen treffen kann, der jedoch durch eine Vielzahl von Determinanten eingeschränkt wird. In Anbetracht der „Großen Ungleichheit" soll dabei explizit keine pauschale individuelle Verantwortung abgeleitet, sondern Handlungsoptionen aufgezeigt werden, an denen sich Individuen orientieren können. Hierbei sind zwei Strategien entscheidend: die **Minimierung des Fußabdrucks** (d. h. die Verringerung negativer ökologischer, sozialer und gesundheitlicher Effekte, z. B. durch weniger Ressourcenverbrauch und Emissionen) und die **Maximierung des Handabdrucks** (d. h. die Steigerung positiver Effekte, z. B. durch politisches Engagement für mehr Gesundheit und Nachhaltigkeit). Wenn viele Menschen sowohl in ihrem privaten Leben als auch in ihrem beruflichen Wirken diese Strategien verfolgen, könnten strukturelle Hemmnisse und Hürden überwunden und Transformationen auf gesellschaftlicher und globaler Ebene angestoßen werden. Einzelne Menschen könnten dabei als **change agents** vorangehen (WBGU 2011) und dazu beitragen, positive soziale Kippdynamiken auszulösen (Otto et al. 2020; Stadelmann-Steffen et al. 2021; Juhola et al. 2022). Dabei muss zum einen beachtet werden, dass privilegierte Menschen oft unverhältnismäßig stark zu den Umweltveränderungen beitragen (▶ Abschn. 2.7), woraus sich einerseits eine besondere Verantwortlichkeit und andererseits besondere Handlungspotenziale ergeben. Zum anderen ist entscheidend, dass materielle und soziale Zwänge, Diskriminierung, strukturelle Benachteiligung und politische Unterdrückung (z. B. aufgrund von *gender* und *race*) die Möglichkeiten vieler Menschen einschränken, diese Strategien umzusetzen und eine natur- und gesundheits-positive Gestaltungsmacht zu realisieren. Damit sich alle Menschen frei und gerecht an der Gestaltung gesellschaftlicher Transformationsprozesse und der nachhaltigen Nutzung globaler Gemeingüter beteiligen können, sind Empowerment, die Stärkung materieller, sozialer und politischer Teilhabe sowie die drastische Verringerung von Ungleichheiten entscheidend; dabei ist eine **intersektionale Perspektive** essenziell, welche die Überlagerung verschiedener Diskriminierungsformen berücksichtigt. Hierfür sowie für die Gestaltung von Rahmenbedingungen, die Menschen gesunde und nachhaltige Entscheidungen ermöglichen und erleichtern, sind vor allem zivilgesellschaftliches Engagement sowie politische und korporative Akteure gefragt. In Bezug auf transformatives Handeln sind zudem *imagination challenges* (▶ Abschn. 2.5) relevant, denn Lebensweisen stellen auch eine Manifestation internalisierter Denk- und Handlungsmuster dar (Böhme et al. 2022). Das derzeit dominante mechanistische soziale Paradigma bildet ein Hemmnis für gesunde und nachhaltige Lebensweisen, denn es beruht auf den Annahmen, dass Menschen getrennt von der Natur sind und über ihr stehen, sie kontrollieren können und die Natur wie eine Maschine funktioniert, die verstanden und beeinflusst werden kann, indem sie auf ihre Einzelteile reduziert wird (Böhme et al. 2022; Gabrysch 2018). Eine Einbettung von (für Transformationen manchmal auch nützlichen) mechanistischen Ansätzen in ein übergreifendes relationales Paradigma könnte entscheidend zu nachhaltigen Transformationen beitragen (Böhme et al. 2022). Ein solches **relationales Paradigma** könnte auf sieben Mustern beruhen: „*from separation to interconnection*", „*from human agency to intra-action with the more-than-human*", „*from individuals to dividuals*", „*from control to emergence*", „*from mind–body dualism to embodiment*", „*from individual well-being to relational well-being*", und „*from meaninglessness to meaningfulness*" (Böhme et al. 2022). Eine solche holistische Denkweise, die Menschen, ihre Gesellschaften und ihr Handeln in natürliche Systeme einbettet, liegt auch Planetary Health und der Erdsystemanalyse zugrunde, wie oben gezeigt wurde. Auf die grundlegende Bedeutung des Mensch-Natur-Verhältnisses für nachhaltige Transformationen weist auch der Weltbiodiversitätsrat hin (IPBES 2022) und stellt fest: „Die Verwirklichung einer nachhaltigen und gerechten Zukunft erfordert Institutionen, die eine Anerkennung und Integration der vielfältigen Werte von Natur und der Beiträge von Natur für Menschen (Nature's Contributions to People, NCP; Díaz et al. 2018) ermöglichen" (IPBES 2022).

2.11 Natur- und gesundheitspositive Unternehmen

Korporativen Akteuren (also Organisationen wie Unternehmen, Verwaltungen und Vereinen) kann eine besondere Verantwortung zugesprochen werden, denn sie können zum einen natur- und gesundheitspositives Verhalten ihrer Mitglieder anstoßen und zum anderen selbst Handlungen ausführen, die Nachhaltigkeit und Gesundheit befördern, z. B. in Bezug auf ihre Strukturen, Prozesse und Outputs (Pfaff und Schubin 2022). Im vorhergehenden Abschnitt wurde zudem angedeutet, dass sie dazu beitragen können, durch Empowerment und die Stärkung von Teilhabe die Rahmenbedingungen für natur- und gesundheits-positive Lebensweisen zu stärken. Die allgemeine Bedeutung von Gerechtigkeit für gesunde Arbeit wurde im Fehlzeiten-Report 2020 aus verschiedenen Perspektiven beleuchtet (Badura et al. 2020). Handlungsstrategien zur Stärkung von Gerechtigkeit könnten dabei explizit auch die Ermöglichung natur- und gesundheits-positiven Verhaltens adressieren. Die allgemeine Anerkennung und Integration der vielfältigen Werte von Natur kann durch korporative Akteure befördert werden, indem sie diese selbst verkörpern und kommunizieren. Auch für Organisationen spielen die Verringerung des Fußabdrucks und die Vergrößerung des Handabdrucks als Strategien eine entscheidende Rolle: Sie sollten dabei auf Grundlage wissenschaftsbasierter Ziele handeln; diesbezügliche Strategien und Wissenslücken wurden durch Bai et al. (Bai et al. 2022) aufgezeigt. Leitfäden zur Integration von Planetary Health in Unternehmensstrategien liegen vor (z. B. Sajjad 2019; United Nations Global Compact 2019). Pfaff und Schubin haben im Fehlzeiten-Report 2022 die Schaffung eines **betrieblichen Nachhaltigkeits- und Gesundheitsmanagements** (BNGM) zur Verantwortungsübernahme durch Unternehmen vorgeschlagen und hierfür fünf Ansatzpunkte aufgezeigt (Pfaff und Schubin 2022). Vor dem Hintergrund der im vorliegenden Beitrag geschilderten existenziellen Dringlichkeit von Transformationen sowie der erläuterten Interdependenz der Gesundheit von Menschen und Ökosystemen wäre eine solche Herangehensweise, die Gesundheitsförderung und Nachhaltigkeit miteinander verzahnt, äußerst wünschenswert (vgl. WBGU 2023: umweltsensible Gesundheitsförderung). Entscheidend ist dabei, dass mit vielen Strategien und Maßnahmen beide Bereiche zugleich adressiert werden können, woraus sich wertvolle Synergien und wechselseitige „**Co-Benefits**" ergeben können. Dies gilt sowohl allgemein im Hinblick auf Strukturen, Prozesse und Outputs als auch konkret für die Gestaltung von Arbeitswelten, also in Bezug auf Arbeits- sowie Rahmenbedingungen für natur- und gesundheits-positives Verhalten. „Planetary Health in All Policies" könnte hierbei als Leitbild dienen. Der Schutz vor Gesundheitsrisiken durch Umweltveränderungen sowie die Beförderung natur- und gesundheitspositiven Verhaltens können zudem im Rahmen vieler **Handlungsfelder und Präventionsprinzipien der Betrieblichen Gesundheitsförderung** (GKV-Spitzenverband 2023) verankert und umgesetzt werden. Die Handlungsfelder „Beratung zur gesundheitsförderlichen Arbeitsgestaltung" und „Gesundheitsförderlicher Arbeits- und Lebensstil" können dabei jeweils um ökologische Nachhaltigkeit ergänzt und miteinander verschränkt werden. Zum Beispiel sollten bei der gesundheitsförderlichen Gestaltung der Arbeitsumgebung und -organisation umweltbedingte Stressoren, wie Hitze, Lärm und Verschmutzung, berücksichtigt sowie entsprechende Verhaltensanpassungen geschult werden. Die Vorbildfunktion des persönlichen Gesundheitsverhaltens von Führungskräften sollte um nachhaltiges Verhalten erweitert werden; ein solches bringt oft auch direkte gesundheitliche Vorteile mit sich (▶ Abschn. 2.9). Die Kompetenzschulung im Bereich Gesundheit könnte aufgrund der vielen Schnittmengen sinnvoll mit der Vermittlung von Wissen und Fähigkeiten im Bereich ökologischer Nachhaltigkeit verknüpft werden. Die Stressbewältigung und Ressourcenstärkung könnte die Interaktion mit bzw. den Aufenthalt in der Natur als wertvolle Gesundheitsressource beinhalten und dabei zugleich die individuelle Wertschätzung von Natur fördern. Für Arbeitspausen können Möglichkeiten der Bewegung und Entspannung in naturnah gestalteten Innen- und Außenräumen bereitgestellt werden; bewegungsförderliche Umgebungen können so zusätzliche gesundheitliche Vorteile erbringen und gleichsam zum Umweltschutz beitragen. Durch verschiedene Maßnahmen können die in einem Unternehmen tätigen Personen zu einem gesunden und nachhaltigen Mobilitätsverhalten angeregt werden, z. B. durch die Bereitstellung von Fahrrädern und Duschkabinen. Gesunde und nachhaltige Verpflegung in Betriebskantinen, z. B. mit einem hohen Anteil pflanzlicher sowie ökologisch, regional und saisonal hergestellter Nahrungsmittel, ist gut für die Gesundheit des Personals und verbessert die Ökobilanz von Unternehmen. Als Orientierung kann hierbei die „Planetary Health Diet" dienen (Willett et al. 2019). In diesem Rahmen können Mitarbeitende zudem aktiv über die zusätzlichen Gesundheitsvorteile nachhaltiger Ernährungsweisen informiert werden. Eine solche gesunde und nachhaltige Verpflegung könnte durch Unternehmen finanziell unterstützt werden, damit sie für alle Mitarbeitenden finanzierbar ist. Durch Maßnahmen der betrieblichen Gesundheits- (und Nachhaltigkeits-)Förderung sowie im Rahmen eines BNGM können so natur- und gesundheits-positive Lebensweisen auch über den betrieblichen Kontext hinaus gefördert werden. Eine weitere Handlungsmöglichkeit für Unternehmen besteht darin, gesellschaftlich und politisch für integrierten Umwelt- und Gesundheitsschutz einzutreten, z. B. durch die Unterstützung entsprechender Initiativen und Forderungen an die Politik. Zudem kann auch die Kundschaft über gesundes und nachhaltiges Verhalten informiert und motiviert werden, aktiv zu werden. Immer wenn es in Unternehmen um Gesundheit geht, kann und sollte ökologische Nachhaltigkeit mitgedacht werden, und vice versa, denn sie sind zwei Seiten der gleichen Medaille.

2.12 Fazit

Infolge der „Großen Beschleunigung" ist die Integrität der Biosphäre zunehmend gefährdet und der Biodiversitätsverlust ist heute so dramatisch, dass vom sechsten Massenaussterben gesprochen wird. Der Planet befindet sich an einem Scheideweg zwischen verschiedenen Zukunftspfaden. Es wurde gezeigt, dass ein stabiles Klima- und Erdsystem sowie gesunde Ökosysteme auch essenzielle Voraussetzungen für menschliche Gesundheit sind. Zur gleichen Zeit sind wir mit einer „Großen Ungleichheit" konfrontiert. Um angesichts all dessen langfristig ein gesundes Leben von Menschen und anderen Lebewesen innerhalb der planetaren Grenzen zu ermöglichen, sind gesellschaftliche Transformationen nötig, die auf einer Neuausrichtung der zu Umweltzerstörung führenden Werte, Verhaltensweisen, Institutionen, Wirtschaftsmodelle und Technologien beruhen. Planetary Health, Erdsystemgerechtigkeit und Earth Stewardship könnten dabei als Leitbilder dienen. Entsprechende Wirtschaftssysteme würden u. a. auf langfristigem Denken, Zirkularität und Regeneration sowie einer nachhaltigen und gerechten Nutzung der globalen Gemeingüter beruhen. Damit alle Menschen sich an der Gestaltung von Transformationsprozessen beteiligen können, sind Empowerment, die Stärkung von Teilhabe sowie die Verringerung von Ungleichheiten entscheidend. Hierzu können korporative Akteure wie Unternehmen beitragen. Werden Gesundheitsförderung und Nachhaltigkeit miteinander verzahnt, können sich gegenseitige Co-Benefits und wertvolle Synergien ergeben. Dabei ist entscheidend, dass mit vielen Strategien und Maßnahmen beide Bereiche zugleich adressiert werden können, was in einem integrierten BNGM (Pfaff und Schubin 2022) Anwendung finden kann. Im Rahmen der betrieblichen Gesundheitsförderung können natur- und gesundheitspositive Verhaltens- und Lebensweisen auch über Arbeitswelten hinaus gefördert werden; für die Integration von Nachhaltigkeit in die verschiedenen Handlungsfelder und Präventionsprinzipien wurden einige Ansatzpunkte vorgestellt. In Anbetracht der globalen Umweltveränderungen konvergieren die Themen Gerechtigkeit, Verantwortung, Nachhaltigkeit und Gesundheit zu einer dringenden Transformationsnotwendigkeit. Damit die nötigen Transformationen gelingen, ist eine holistische Denkweise nötig, die Menschen, ihre Gesellschaften und ihr Handeln in natürliche Systeme einbettet. Sowohl in Bezug auf den Schutz der Biosphäre als auch die Gesundheit von Menschen besteht dringender Handlungsbedarf, dabei sind beide Ziele miteinander verbunden und viele Maßnahmen können doppelte Gewinne erbringen. Diese Gelegenheit sollten wir nutzen.

Literatur

Allen MR, Peters GP, Shine KP et al (2022) Indicate separate contributions of long-lived and short-lived greenhouse gases in emission targets. Clim Atmospheric Sci 5(1):5

Angeler DG, Fried-Petersen H, Allen CR et al (2019) Adaptive capacity in ecosystems. Adv Ecol Res 60:1–24

McKay ADI, Staal A, Abrams JF et al (2022) Exceeding 1.5 C global warming could trigger multiple climate tipping points. Science 377(6611):eabn7950

Badura B, Ducki A, Schröder H et al (Hrsg) (2020) Fehlzeiten-Report 2020: Gerechtigkeit und Gesundheit. Springer, Berlin

Bai X, Bjørn A, Kılkış Ş et al (2022) How to stop cities and companies causing planetary harm. Nature 609(7927):463–466

Baker RE, Mahmud AS, Miller IF et al (2022) Infectious disease in an era of global change. Nat Rev Microbiol 20(4):193–205

Barban P, De Nazelle A, Chatelin S et al (2022) Assessing the health benefits of physical activity due to active commuting in a French energy transition scenario. Int J Public Health 12(67):1605012

Böhme J, Walsh Z, Wamsler C (2022) Sustainable lifestyles: towards a relational approach. Sustain Sci 17(5):2063–2076

Bolte G, Kohlhuber M (2009) Soziale Ungleichheit bei umweltbezogener Gesundheit: Erklärungsansätze aus umweltepidemiologischer Perspektive. In: Richter M, Hurrelmann K (Hrsg) Gesundheitliche Ungleichheit – Grundlagen, Probleme, Perspektiven. VS, Wiesbaden, S S99–116

Brand-Correa L, Brook A, Büchs M et al (2023) Economics for people and planet-moving beyond the neoclassical paradigm. Lancet Planet Health 6(4):e371–e379

Brooks N, Adger W (2005) Assessing and enhancing adaptive capacity. In: Adaptation policy frameworks for climate change: developing strategies, policies and measures. Cambridge University Press, Cambridge, S 165–181

Chapin FS, Weber EU, Bennett EM et al (2022) Earth stewardship: shaping a sustainable future through interacting policy and norm shifts. Ambio 51(9):1907–1920

Chapron G, Epstein Y, López-Bao JV (2019) A rights revolution for nature. Science 363(6434):1392–1393

Climate Action Tracker (2022) The CAT Thermometer. November 2022. https://climateactiontracker.org/global/cat-thermometer. Zugegriffen: 3. Apr. 2023

Costello A, Abbas M, Allen A et al (2009) Managing the health effects of climate change. Lancet 373(9676):1693–1733

Cousins IT, Johansson JH, Salter ME et al (2022) Outside the safe operating space of a new planetary boundary for per- and polyfluoroalkyl substances (PFAS). Environ Sci Technol 56(16):11172–11179

Cowie RH, Bouchet P, Fontaine B (2022) The Sixth Mass Extinction: fact, fiction or speculation? Biol Rev 97(2):640–663

Crutzen PJ (2002) Geology of mankind – the Anthropocene. Nature 415(6867):23–23

Dawson TP, Jackson ST, House JI et al (2011) Beyond predictions: biodiversity conservation in a changing climate. Science 332(6025):53–58

Díaz S, Pascual U, Stenseke M et al (2018) Assessing nature's contributions to people. Science 359(6373):270–272

Dixson-Declève S, Gaffney O, Ghosh J et al (2022) Earth for all: a survival guide for humanity – executive summary. Earth4All. Club of Rome, Winterthur

Egorova T, Sedlacek J, Sukhodolov T et al (2022) Montreal Protocol's impact on the ozone layer and climate. Atmos Chem Phys Discuss 23:5135–5147

Fenton SE, Ducatman A, Boobis A et al (2021) Per- and polyfluoroalkyl substance toxicity and human health review: current state of knowledge and strategies for informing future research. Environ Toxicol Chem 40(3):606–630

Friedlingstein P, O'Sullivan M, Jones MW et al (2022) Global carbon budget 2022. Earth Syst Sci Data 14(11):4811–4900

Fuller R, Landrigan PJ, Balakrishnan K et al (2022) Pollution and health: a progress update. Lancet Planet Health 6(6):e535–e547

Gabrysch S (2018) Imagination challenges in planetary health: re-conceptualising the human-environment relationship. Lancet Planet Health 2(9):e372–e373

Gerten D, Heck V, Jägermeyr J et al (2020) Feeding ten billion people is possible within four terrestrial planetary boundaries. Nat Sustain 3(3):200–208

GKV-Spitzenverband (2023) Leitfaden Prävention. GKV-Spitzenverband, Berlin

Gupta J, Liverman D, Prodani K et al (2023) Earth system justice needed to identify and live within Earth system boundaries. Nat Sustain 6:630–638

Gupta J, Scholtens J, Perch L et al (2020) Re-imagining the driver–pressure–state–impact–response framework from an equity and inclusive development perspective. Sustain Sci 15(2):503–520

Hamann M, Berry K, Chaigneau T et al (2018) Inequality and the biosphere. Annu Rev Environ Resour 43(1):61–83

Harwell MA, Gentile JH, McKinney LD et al (2019) Conceptual framework for assessing ecosystem health. Integr Environ Assess Manag 15(4):544–564

Heede R (2014) Tracing anthropogenic carbon dioxide and methane emissions to fossil fuel and cement producers, 1854–2010. Clim Change 122(1):229–241

Hessen DO, Vandvik V (2022) Buffering climate change with nature. Weather Clim Soc 14(2):439–450

Hickel J (2020) Quantifying national responsibility for climate breakdown: an equality-based attribution approach for carbon dioxide emissions in excess of the planetary boundary. Lancet Planet Health 4(9):e399–e404

Horton R, Beaglehole R, Bonita R et al (2014) From public to planetary health: a manifesto. Lancet 383(9920):847

Ip EC (2023) From the right to a healthy planet to the planetary right to health. Lancet Planet Health 7(2):e104–e105

IPBES (2019) The global assessment report on Biodiversity and ecosystem services. IPBES, Bonn

IPBES (2022) Summary for policymakers of the methodological assessment of the diverse values and valuation of nature of the Intergovernmental Science-Policy Platform on Biodiversity and Ecosystem Services. IPBES, Bonn

IPCC (2022) Climate change 2022: impacts, adaptation and vulnerability. Contribution of working group II to the sixth assessment report of the intergovernmental panel on climate change. Cambridge University Press, Cambridge, New York

Juhola S, Filatova T, Hochrainer-Stigler S et al (2022) Social tipping points and adaptation limits in the context of systemic risk: Concepts, models and governance. Front Clim 4:1009234

Kabisch N, Püffel C, Masztalerz O et al (2021) Physiological and psychological effects of visits to different urban green and street environments in older people: A field experiment in a dense inner-city area. Landsc Urban Plan 207:103998

Lade SJ, Steffen W, de Vries W et al (2020) Human impacts on planetary boundaries amplified by earth system interactions. Nat Sustain 3(2):119–128

Lazar M, Davenport L (2018) Barriers to health care access for low income families: a review of literature. J Community Health Nurs 35(1):28–37

Lenton TM, Rockström J, Gaffney O et al (2019) Climate tipping points – too risky to bet against. Nature 575(7784):592–595

Levin K, Boehm S, Singh N et al (2020) Safeguarding our global commons. A systems change lab to monitor, learn from, and advance transformational change. Global Commons Alliance, Rockefeller Philanthropy Advisors, New York

Liu T, Chen D, Yang L et al (2023) Teleconnections among tipping elements in the earth system. Nat Clim Chang 13(1):67–74

Llistosella M, Castellvi P, Limonero JT et al (2022) Development of the individual and environmental resilience model among children, adolescents and young adults using the empirical evidence: an integrative systematic review. Health Social Care Comm 30(6):e3277–e3299

Mace GM, Reyers B, Alkemade R et al (2014) Approaches to defining a planetary boundary for biodiversity. Glob Environ Chang 28:289–297

Marks GB (2022) Misuse of pollution reference standards: no safe level of air pollution. Am J Respir Crit Care Med 205(9):984–985

Marselle MR, Stadler J, Korn H et al (Hrsg) (2019) Biodiversity and health in the face of climate change. Springer, Wiesbaden

Masztalerz O, Kleineberg-Massuthe H (2019) Von Public zu Planetary Health: Für die Gesundheit von Mensch und Planet im neuen Zeitalter des Anthropozän. Blickpkt Öffentliche Gesundh 35(2):4–5

Mathews AS (2020) Anthropology and the anthropocene: criticisms, experiments, and collaborations. Annu Rev Anthropol 49(1):67–82

Micha R, Di Cesare M, Springmann M et al (2021) 2021 global nutrition report: the state of global nutrition. Development Initiatives, Bristol

Millward-Hopkins J, Oswald Y (2023) Reducing global inequality to secure human wellbeing and climate safety: a modelling study. Lancet Planet Health 7(2):e147–e154

Mueller LK, Ågerstrand M, Backhaus T et al (2023) Policy options to account for multiple chemical pollutants threatening biodiversity. Environ Sci Adv 2(2):151–161

Myers SS (2017) Planetary health: protecting human health on a rapidly changing planet. Lancet 390(10114):2860–2868

Myers SS, Pivor JI, Saraiva AM (2021) The São Paulo declaration on planetary health. Lancet 398(10308):1299

Nakicenovic N, Rockström J, Gaffney O et al (2016) Global commons in the Anthropocene: world development on a stable and resilient planet. IIASA Working Paper. IIASA

Nava A, Shimabukuro JS, Chmura AA et al (2017) The impact of global environmental changes on infectious disease emergence with a focus on risks for Brazil. ILAR J 58(3):393–400

Nordström M, Carlsson P, Ericson D et al (2023) Common resilience factors among healthy individuals exposed to chronic adversity: a systematic review. Acta Odontol Scand 81(3):176–185

Nova N, Athni TS, Childs ML et al (2022) Global change and emerging infectious diseases. Annu Rev Resour Econ 14(1):333–354

Obura DO, DeClerck F, Verburg PH et al (2023) Achieving a nature- and people-positive future. One Earth 6(2):105–117

Oliver TH, Heard MS, Isaac NJB et al (2015) Biodiversity and resilience of ecosystem functions. Trends Ecol Evol 30(11):673–684

Otto IM, Donges JF, Cremades R et al (2020) Social tipping dynamics for stabilizing Earth's climate by 2050. Proc Natl Acad Sci USA 117(5):2354–2365

Palmer MA, Stewart GA (2020) Ecosystem restoration is risky … but we can change that. One Earth 3(6):661–664

Persson L, Carney Almroth BM, Collins CD et al (2022) Outside the safe operating space of the planetary boundary for novel entities. Environ Sci Technol 56(3):1510–1521

Peters DH, Garg A, Bloom G et al (2008) Poverty and access to health care in developing countries. Ann N Y Acad Sci 1136:161–171

Petersen B, Aslan C, Stuart D et al (2018) Incorporating social and ecological adaptive capacity into vulnerability assessments and management decisions for biodiversity conservation. BioScience 68(5):371–380

Pfaff H, Schubin K (2022) Verantwortung von Individuen und Organisationen angesichts der weltweiten Herausforderungen. In: Badura B, Ducki A, Meyer M, Schröder H (Hrsg) Fehlzeiten-Report 2022: Verantwortung und Gesundheit. Springer, Berlin, S S3–19

Pimm SL, Jenkins CN, Abell R et al (2014) The biodiversity of species and their rates of extinction, distribution, and protection. Science 344(6187):1246752

Planetary Health Alliance (2023) Homepage. https://www.planetaryhealthalliance.org. Zugegriffen: 3. Apr. 2023

Rammelt CF, Gupta J, Liverman D et al (2023) Impacts of meeting minimum access on critical earth systems amidst the Great Inequality. Nat Sustain 6(2):212–221

Richardson K, Steffen W, Lucht W (2023) Earth beyond six of nine planetary boundaries. Science Advances 9(37):eadh2458

Robbins Schug G, Buikstra JE, DeWitte SN et al (2023) Climate change, human health, and resilience in the Holocene. Proc Natl Acad Sci USA 120(4):e2209472120

Rockström J, Steffen W, Noone K et al (2009a) A safe operating space for humanity. Nature 461:472–475

Rockström J, Steffen W, Noone K et al (2009b) Planetary boundaries: exploring the safe operating space for humanity. Ecol Soc 14(2):32

Rockström J, Gupta J, Lenton TM et al (2021) Identifying a safe and Just corridor for people and the planet. Earth's Future 9(4):e2020EF001866

Rockström J, Gupta J, Qin D et al (2023) Safe and just Earth system boundaries. Nature 619:102–111

Romanello M, Di Napoli C, Drummond P et al (2022) The 2022 report of the Lancet Countdown on health and climate change: health at the mercy of fossil fuels. Lancet 400(10363):1619–1654

Roser M, Ortiz-Ospina E, Ritchie H (2021) Life expectancy. https://ourworldindata.org/life-expectancy. Zugegriffen: 3. Apr. 2023

Sajjad P (2019) Grounding corporate strategy in planetary health. The Secretariat of the Rockefeller Foundation Economic Council on Planetary Health, Oxford

Schraufnagel DE (2020) The health effects of ultrafine particles. Exp Mol Med 52(3):311–317

Schultz WM, Kelli HM, Lisko JC et al (2018) Socioeconomic status and cardiovascular outcomes. Circulation 137(20):2166–2178

Sharp H (2020) Not all humans, radical criticism of the Anthropocene narrative. Environ Philos 17(1):143–158

Shiferaw B, Tesfaye K, Kassie M et al (2014) Managing vulnerability to drought and enhancing livelihood resilience in sub-Saharan Africa: technological, institutional and policy options. Weather Clim Extrem 3:67–79

Stadelmann-Steffen I, Eder C, Harring N et al (2021) A framework for social tipping in climate change mitigation: what we can learn about social tipping dynamics from the chlorofluorocarbons phase-out. Energy Res Soc Sci 82:102307

Stanke C, Kerac M, Prudhomme C et al (2013) Health effects of drought: a systematic review of the evidence. PLoS Curr 5

Steffen W, Broadgate W, Deutsch L et al (2015a) The trajectory of the Anthropocene: the great acceleration. Anthropocene Rev 2(1):81–98

Steffen W, Richardson K, Rockström J et al (2015b) Planetary boundaries: guiding human development on a changing planet. Science 347(6223):1259855

Steffen W, Rockström J, Richardson K et al (2018) Trajectories of the earth system in the Anthropocene. Proc Natl Acad Sci USA 115(33):8252–8259

Supran G, Rahmstorf S, Oreskes N (2023) Assessing ExxonMobil's global warming projections. Science 379(6628):eabk63

Sureth M, Kalkuhl M, Edenhofer O et al (2023) A welfare economic approach to planetary boundaries. J Econom Stat

Traidl-Hoffmann C, Schulz C, Herrmann M et al (2021) Planetary Health. Klima, Umwelt und Gesundheit im Anthropozän. Medizinisch Wissenschaftliche Verlagsgesellschaft, Berlin

United Nations (2019) Business leadership brief for healthy planet, healthy people. United Nations, New York

Vigar V, Myers S, Oliver C et al (2019) A systematic review of organic versus conventional food consumption: is there a measurable benefit on human health? Nutrients 12(1):7

Wang-Erlandsson L, Tobian A, van der Ent RJ et al (2022) A planetary boundary for green water. Nat Rev Earth Environ 3(6):380–392

WBGU (2011) Welt im Wandel – Gesellschaftsvertrag für eine Große Transformation. Hauptgutachten. WBGU – Wissenschaftlicher Beirat der Bundesregierung Globale Umweltveränderungen, Berlin

WBGU (2016) Der Umzug der Menschheit: Die transformative Kraft der Städte. Hauptgutachten. WBGU – Wissenschaftlicher Beirat der Bundesregierung Globale Umweltveränderungen, Berlin

WBGU (2020) Landwende im Anthropozän: Von der Konkurrenz zur Integration. Hauptgutachten. WBGU– Wissenschaftlicher Beirat der Bundesregierung Globale Umweltveränderungen, Berlin

WBGU (2021) Planetare Gesundheit: Worüber wir jetzt reden müssen. WBGU – Wissenschaftlicher Beirat der Bundesregierung Globale Umweltveränderungen, Berlin

WBGU (2023) Gesund leben auf einer gesunden Erde. Hauptgutachten. WBGU – Wissenschaftlicher Beirat der Bundesregierung Globale Umweltveränderungen, Berlin (im Druck)

Whitmee S, Haines A, Beyrer C et al (2015) Safeguarding human health in the Anthropocene epoch: report of The Rockefeller Foundation–Lancet Commission on planetary health. Lancet 386(10007):1973–2028

Willett W, Rockström J, Loken B et al (2019) Food in the Anthropocene: the EAT–Lancet Commission on healthy diets from sustainable food systems. Lancet 393(10170):447–492

Wittwer RA, Bender SF, Hartman K et al (2021) Organic and conservation agriculture promote ecosystem multifunctionality. Sci Adv 7(34):eabg6995

Wolf K, Hoffmann B, Andersen ZJ et al (2021) Long-term exposure to low-level ambient air pollution and incidence of stroke and coronary heart disease: a pooled analysis of six European cohorts within the ELAPSE project. Lancet Planet Health 5(9):e620–e632

Wunderling N, Donges JF, Kurths J et al (2021) Interacting tipping elements increase risk of climate domino effects under global warming. Earth Syst Dynam 12(2):601–619

Xia T, Zhu Y, Mu L et al (2016) Pulmonary diseases induced by ambient ultrafine and engineered nanoparticles in twenty-first century. Nat Sci Rev 3(4):416–429

Deutsche Führungsetagen und die Zeitenwende: Ein Blick auf Geschlechtergleichstellung

Conny Steenblock, Janina Sundermeier und Franziska Schmitt

Inhaltsverzeichnis

3.1 Zeitenwende und Geschlechtergleichstellung in Führungspositionen – 44

3.2 Erklärungsansätze für die Unterrepräsentation von Frauen in Führung – 46

3.3 Problemfelder und Lösungsansätze: Innovation für diverse Führung – 48
3.3.1 Frauenquote wird geduldet, aber nicht gelebt – 48
3.3.2 Stereotypische Denkmunster bleiben bestehen – 50
3.3.3 Geschlechtergleichstellung gilt als Frauenthema – 52

3.4 Fazit und Handlungsempfehlungen – 54

Literatur – 55

© Der/die Autor(en), exklusiv lizenziert an Springer-Verlag GmbH, DE, ein Teil von Springer Nature 2023
B. Badura et al. (Hrsg.), *Fehlzeiten-Report 2023*, Fehlzeiten-Report,
https://doi.org/10.1007/978-3-662-67514-4_3

Zusammenfassung

Eine wichtige Stellschraube im Umgang mit Herausforderungen der Zeitenwende ist die Verwirklichung der Geschlechtergleichstellung in deutschen Führungsetagen. Trotz günstiger rechtlicher Rahmenbedingungen klafft weiterhin eine beachtliche Lücke zwischen der gesetzlich verankerten Gleichberechtigung und der gelebten Gleichstellung der Geschlechter in Führungspositionen, welche u. a. die Resilienz von Unternehmen im gesunden Umgang mit den multiplen Krisen der heutigen Zeit beeinträchtigt. In dem vorliegenden Beitrag gehen wir der Frage nach, welche Faktoren eine gelebte Geschlechtergleichstellung in den Führungsetagen deutscher Unternehmen bis heute einschränken, und wie diese Hürden von jungen Startups und teils unkonventionellen Initiativen adressiert werden. Dabei werden vor allem Frauenquoten in Führungspositionen, Geschlechterstereotype und die Rolle von männlichen Führungskräften beleuchtet.

3.1 Zeitenwende und Geschlechtergleichstellung in Führungspositionen

Die multiplen Krisen der heutigen Zeit bedingen eine Zeitenwende, die auch vor den Führungsetagen deutscher Unternehmen nicht Halt macht. Führungskräfte sind mit den Implikationen bestehender und neuer Herausforderungen, wie bspw. stark steigenden Energiekosten, Versorgungsengpässen und dem anhaltenden Fachkräftemangel, konfrontiert. Wissenschaftliche Erkenntnisse zeigen, dass **diverse Führung** für die Bewältigung dieser Zeitenwende zentral ist, um u. a. der Komplexität der Herausforderungen mit Resilienz zu begegnen (Reinmoeller und van Baardwijk 2005; vgl. auch in diesem Band Kauffeld/Schulte; Soucek sowie Krause et al.), innovative Lösungsansätze zu identifizieren (Wynn 2020) und für gestaltungswillige Arbeitnehmende attraktiv zu sein (Dauth et al. 2021). Die rechtlichen Weichenstellungen für die Erhöhung der Geschlechterdiversität – als eine von vielen Diversitätsdimensionen im unternehmerischen Kontext (Sundermeier und Mahlert 2022) – in Führungsetagen sind in Deutschland mittlerweile günstig: seit dem 6. März 2015 gilt das Gesetz für die gleichberechtigte Teilhabe von Frauen und Männern an Führungspositionen in der Privatwirtschaft und im öffentlichen Dienst (FüPoG I; Deutscher Bundestag 2015). Die Hoffnung, dass diese Gesetzgebung neben der **Gleichberechtigung** (gleiche Rechte und Freiheiten) auch zu einer echten **Geschlechtergleichstellung** (gleiche Chancen) in Führungsetagen führt, hat sich bis heute allerdings nur bedingt bestätigt (AllBright 2022; Löther 2019). Obwohl knapp die Hälfte aller Erwerbstätigen in Deutschland Frauen sind und sich positive Trends abzeichnen, besetzen Frauen bis heute lediglich 29 % aller Führungspositionen (Statistisches Bundesamt 2021). Zudem machen sie 14 % der Vorstandsmitglieder und 34 % der Aufsichtsratsmitglieder in den 160 größten börsennotierten Unternehmen aus, während die Hälfte dieser Unternehmen bis heute keine einzige Frau im Vorstand hat (AllBright 2022). Je höher und machtvoller die Positionen sind, desto homogener wird die Führungsetage (siehe ◘ Abb. 3.1). Damit ist Deutschland im internationalen Vergleich weit abgeschlagen. In den USA, Großbritannien, Schweden und Frankreich sind mehrere Frauen im Vorstand bereits die Regel und nicht die Ausnahme. So haben von den 40 größten börsennotierten Unternehmen des jeweiligen Landes beispielsweise 93 % der amerikanischen und 85 % der französischen Unternehmen mindestens zwei weibliche Vorstandsmitglieder, in Deutschland kann dies nur ein Drittel der Großunternehmen vorweisen (AllBright 2022). Auch in der deutschen Startup-Landschaft bleibt Parität in weiter Ferne, hier liegt der Gründerinnenanteil bei 20 % (Hirschfeld et al. 2022).

Nicht nur im Hinblick auf die zu meisternden Herausforderungen der Zeitenwende sind diese Zahlen und die damit verpasste Gelegenheit, Geschlechtergleichstellung in Führungspositionen zu erreichen, erstaunlich.

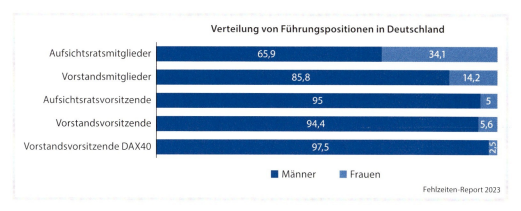

Abb. 3.1 Verteilung von Führungspositionen in Deutschland: Geschlechterverteilung in den Aufsichtsrats- und Vorstandspositionen der 160 größten deutschen Börsenunternehmen in Prozent. (Quelle: Allbright 2022; Darstellungsform der Autorinnen)

Nachweislich schränkt eine geschlechterhomogene Führungsetage den resilienten **Umgang mit Krisen** – also die Fähigkeit sich neu zu erfinden und unerwartete Ereignisse wirksam zu bewältigen – ein (Duchek et al. 2020). Dies liegt u. a. an den begrenzten Perspektiven zur Identifizierung von Innovationspotenzialen und Lösungsansätzen und den damit eingeschränkten Möglichkeiten, Unternehmen gesund durch Krisenzeiten zu führen (Weis und Klarner 2022). Dies hat neben der Leistungs- und Wettbewerbsfähigkeit von Unternehmen auch Auswirkungen auf deren **betriebliches Gesundheitsmanagement**. Zahlreiche Studien zeigen einen Zusammenhang zwischen der wahrgenommenen Vielfalt in der Führung und dem Wohlbefinden der Mitarbeitenden (Mor Barak 2022). Ein wahrgenommener Ausschluss aus den Führungsgremien ist hingegen mit geringerer Arbeitszufriedenheit, geringerem Engagement und einem höheren Stressniveau aufgrund des Gefühls, sich beweisen zu müssen, verbunden (Findler et al. 2007). Zudem wirken sich gelebte Ungleichheiten auf die psychische Gesundheit (Borrell et al. 2010), die wahrgenommene Qualität der Work-Life-Integration (Tiwari et al. 2018) und letztlich auf die Leistungsfähigkeit am Arbeitsplatz aus (Hicks-Clarke und Iles 2000).

Um den negativen Folgen homogener Führungsetagen entgegenzuwirken und damit einen resilienten Umgang mit der Zeitenwende zu ermöglichen, schauen wir uns in diesem Beitrag an, welche Hürden im Zusammenhang mit Geschlechtergleichstellung in Führungspositionen weiterhin bestehen und wie diese abgebaut werden können. Nachfolgend stellen wir Erklärungsansätze für die Unterrepräsentation von Frauen in Führung aus verschiedenen feministischen Perspektiven vor. Daran anschließend diskutieren wir wissenschaftliche Erkenntnisse zu bis heute bestehenden Herausforderungen und skizzieren Lösungsansätze von jungen Startups und Initiativen, die als Inspiration dienen. Wir enden mit konkreten Handlungsempfehlungen für Unternehmen aller Größen und Branchen, die Geschlechterdiversität in Führungspositionen anstreben. Dabei soll eine gelebte Geschlechtergleichstellung in Abgrenzung zur rechtlich vorgegebenen Gleichberechtigung im Vordergrund stehen. Abb. 3.2 veranschaulicht den Unterschied: während die Gleichberechtigung gleiche Rechte für alle Menschen einräumt und somit gleiche Ausgangsbedingungen für das Erreichen von Führungspositionen schafft, zielt die Gleichstellung darauf ab, durch zielgerichtete Maßnahmen und Rahmenbedingungen gleiche Chancen (unabhängig von individuellen Diversitätsmerkmalen) auf eine Teilhabe an Führung zu bieten.

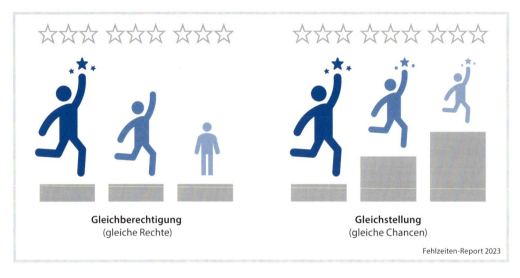

■ **Abb. 3.2** Gleichberechtigung vs. Gleichstellung für Personen mit unterschiedlichen Voraussetzungen. (Quelle: Eigene Darstellung)

3.2 Erklärungsansätze für die Unterrepräsentation von Frauen in Führung

Um die Ursachen für das anhaltende Geschlechterungleichgewicht in deutschen Führungspositionen aus wissenschaftlicher Sicht zu erklären, greifen wir auf feministische Theorien mit teils jahrzehntelangen Historien zurück. Schon längst gibt es nicht mehr „den einen" Feminismus, sondern verschiedene Strömungen mit eigenen Erklärungsansätzen und Handlungsempfehlungen. Diese Strömungen lassen sich in drei grobe Kategorien einordnen: liberaler, sozialer und poststrukturalistischer Feminismus (Harding 1987; Calás und Smircich 2009). Sie alle haben einen gemeinsamen Ausgangspunkt – die Annahme, dass Frauen in der Gesellschaft im Vergleich zu Männern benachteiligt sind. Feministische Forschung möchte diese Benachteiligung interpretieren, erklären und Wege zu deren Beseitigung aufzeigen (Foss et al. 2019).

Liberal feministische Theorien gehen davon aus, dass Männer und Frauen grundsätzlich gleich gut geeignet und fähig sind, eine Führungsposition auszuüben. Hätten Frauen also die **gleichen Ausgangsbedingungen** wie Männer, würden sie gleiche Leistungen erbringen und somit in den Führungsetagen aufschließen können (Holmes 2007). Die Unterrepräsentation von Frauen wird nach dem liberalen Feminismus also auf externe Faktoren, wie Diskriminierung und strukturelle Barrieren, zurückgeführt (Ahl 2006). Um Benachteiligungen aufzuheben, braucht es aus dieser Perspektive vor allem gleichen **Zugang zu kritischen Ressourcen**, wie Bildung, Arbeitsplätzen und politischer Teilhabe. In puncto Gleichberechtigung vor dem Gesetz und individueller Wahlfreiheit von Frauen hat der liberale Feminismus einige Meilensteine erreichen können. Das Frauenwahlrecht wurde nach Ende des Ersten Weltkrieges und mit den Reformen der Weimarer Republik 1918 eingeführt, und auch der Grundsatz „Männer und Frauen sind gleichberechtigt" hatte nach einigem Ringen 1949 Einzug in das Grundgesetz gehalten (BMFSFJ 2018, 2022). Es sollte jedoch bis zur Ehe- und Familienrechtsreform im Jahr 1977 dauern, bis die Hausfrauenehe de facto abgeschafft war und Frauen nicht länger auf die Zustimmung ihrer Ehemänner für die Ausübung eines Berufs angewiesen waren (bpb 2018). Heute, knapp 50 Jahre später, gehören die Vaterschaftsfreistellung, der Ausbau der Partnermonate in Elterngeld und Familienpflegezeit ebenso wie die Erweiterung des Führungspositionen-Gesetzes zu den erreichten politischen Meilensteinen (BMFSFJ 2022). Ein Überblick bietet ◘ Tab. 3.1. Seit 2021 enthält das FüPoG II ein Mindestbeteiligungsgebot von einer Frau für Vorstände mit mehr als drei Mitgliedern von börsennotierten und paritätisch mitbestimmten Unternehmen (BMFSFJ 2021). Welche Herausforderungen die gesetzlich vorgeschriebene Frauenquote mit sich bringt, erläutern wir näher in ▶ Abschn. 3.3.1.

Gemeinhin werden nach diesen politischen Entwicklungen regelmäßig prominente Stimmen laut, dass Gleichberechtigung und Chancengleichheit zwischen Männern und Frauen doch nun erreicht sei – egal ob Ausbildung, Beruf oder Partner(schaftsmodell), jeder könne heutzutage frei und **selbstbestimmt** entscheiden. Laut einer Studie von Baker und Kelan (2019) nehmen auch erfolgreiche Frauen diese *neoliberale* Haltung ein. Trotz ungleicher Behandlung halten sie daran fest, dass Erfolg – unabhängig vom Geschlecht – aus harter Arbeit und Ausdauer resultiert. Karrieremöglichkeiten werden aus ihrer neoliberalen Sicht als fair empfunden und mangelnder Erfolg anderen Frauen selbst zugeschrieben.

Dass es durchaus Geschlechterunterschiede im Führungsverhalten und -erfolg gibt, betont hingegen der *soziale* Feminismus. Denn neben den zahlreichen gesetzlichen Maßnahmen haben sich gesellschaftliche **Rollenbilder** und die Kreisläufe der **Sozialisierung** bis heute wenig verändert. Frauen und Männer entwickeln, sozialfeministischen Theorien folgend, im Laufe ihres Lebens durch Prägungen im schulischen und sozialen Umfeld verschiedene Führungseigenschaften. Während Frauen in entsprechenden Positionen eher als fürsorglich, empathisch und beziehungsorientiert gelten, wird Männern eher ein dominanter, durchsetzungsstarker und rationaler Führungsstil zugesprochen. Der soziale Feminismus kritisiert diese Sozialisierung nicht, weder feminine noch maskuline Denk- und Verhaltensweisen sind aus dieser Perspektive bei der Ausübung einer Führungsrolle überlegen oder minderwertig. Vielmehr sollten Geschlechterunterschiede anerkannt und genutzt werden (Fischer et al. 1993). Welche zentrale Rolle männliche Führungskräfte dabei einneh-

◘ **Tab. 3.1** Gesetzliche Entwicklungen für Geschlechtergerechtigkeit in Deutschland (Auswahl)

Jahr	Politischer Meilenstein
1918	Frauenwahlrecht: Frauen können wählen und gewählt werden
1949	Grundgesetz: Gleichberechtigung von Mann und Frau in Art. 3 Abs. 2 verankert
1958	Gleichberechtigungsgesetz: mehr bürgerliche Rechte für Ehefrauen
1977	Reform des Ehe- und Familienrechts: Leitbild der Hausfrauenehe abgeschafft
1980	Arbeitsrechtliches EG-Anpassungsgesetz: Gleichbehandlung am Arbeitsplatz wird Rechtsanspruch
1994	Zweites Gleichberechtigungsgesetz und Anpassung des Art. 3 Abs. 2 GG: Durchsetzung der Gleichberechtigung und Verbot der Benachteiligung verschärft
2006	Allgemeines Gleichbehandlungsgesetz: mehr Pflichten für Unternehmen zur Beseitigung von Diskriminierung
2007	Gesetz zum Elterngeld und zur Elternzeit: weitere Bestimmungen zur Vereinbarkeit von Familie und Beruf
2015	FüPoG I: Einführung der Frauenquote und Zielgrößen für Aufsichtsgremien
2017	Entgelttransparenzgesetz: Auskunftsansprüche und Berichtspflichten für transparente Entgeltstrukturen in Unternehmen
2021	FüPoG II: Mindestbeteiligungsgebot auf Vorstände und Berichtspflichten zu Zielgrößen für die Beteiligung von Frauen in obersten Führungsebenen erweitert

Fehlzeiten-Report 2023

men, beleuchten wir in ▶ Abschn. 3.3.3. Viele Unternehmen haben den **Mehrwert** von beispielsweise partizipativer Führung, flachen Hierarchien und konsensorientierter Entscheidungsfindung – Merkmale einer femininen Orientierung – längst erkannt und im Zuge der *New Work*-Bewegung etabliert (Theobald et al. 2020; Hofman et al. 2019). Trotz dieser Entwicklungen bleiben die Konzepte von Geschlecht – typisch männlich, typisch weiblich – als binäre, höchstens komplementäre Normen in der Gesellschaft bestehen (Burel 2020).

Soziale Normen sowie die Polarisierung zwischen Männern und Frauen werden vom *poststrukturalistischen* Feminismus stark kritisiert. Hier rückt die (Re-)Produktion von Geschlechterrollen und -stereotypen in den Vordergrund. Es geht vor allem um die kulturellen und sozialen Vorstellungen von **Maskulinität und Femininität**, die Menschen auf Basis ihres biologischen Geschlechts zugeschrieben werden (Butler 1991). Es sind die als selbstverständlich angesehenen Erwartungen einer Gesellschaft, die das Handeln von Individuen lenken und einschränken. So entstehen typische Frauenberufe und typische Männerberufe, die aufgrund unterschiedlicher Gehalts- und Arbeitsstrukturen zum *Gender Pay Gap* und *Gender Pension Gap* beitragen (Statistisches Bundesamt 2023). Die *Geschlechterrollentheorie* erklärt, dass Berufe, die von Männern oder Frauen dominiert werden, selbst als feminin oder maskulin stereotypisiert werden (Eagly und Wood 2012; Heilman 2012). Da historisch bedingt auch Führung in den meisten Gesellschaften immer noch hauptsächlich von Männern geprägt wird, bleibt maskulines Führungsverhalten die **Norm**. Individuen, die entgegen ihrer Geschlechterrolle auftreten (bspw. feminine Männer oder maskuline Frauen) werden als inkongruent wahrgenommen und als Konsequenz deutlich seltener in entsprechende Positionen befördert (Eagly und Karau 2002; Cuadrado et al. 2015). Wie sich Geschlechterrollen und -stereotype im Zusammenhang mit Führungspositionen konkret auswirken und welche Ansätze es gibt, ihnen entgegenzuwirken, erläutern wir näher in ▶ Abschn. 3.3.2.

3.3 Problemfelder und Lösungsansätze: Innovation für diverse Führung

In diesem Kapitel zeigen wir bestehende Herausforderungen bei der Umsetzung von Geschlechtergleichstellung in Führungspositionen und mögliche Lösungsansätze auf, um die wirksame Bewältigung der Zeitenwende zu unterstützen. Dabei verfolgen wir nicht den Anspruch, eine allumfassende Strategie zu entwerfen, sondern möchten Impulse – sog. *small wins* (Meyerson und Fletcher 2000) – setzen, die Organisationen durch schrittweise Veränderungen für alle Geschlechter attraktiver machen. Dabei ist jeder kleine Erfolg ein Versuch und ein **Lernprozess**, der auf Diagnose, Dialog und Experimentieren aufbaut. Dieser Ansatz zielt nicht darauf ab, bestehende Systeme umzustürzen, sondern Unternehmen und ihre Führungsetagen sukzessive diverser aufzustellen. Junge Startups und unkonventionelle Initiativen können dabei als Inspiration dienen.

3.3.1 Frauenquote wird geduldet, aber nicht gelebt

Mit den Führungspositionen-Gesetzen I und II wurden in Deutschland rechtliche Rahmenbedingungen geschaffen, welche die Erreichung von Geschlechtergleichstellung beschleunigen sollen. Unter das Gesetz fallende Unternehmen müssen verbindliche Zielgrößen für den Frauenanteil in den obersten Führungsebenen definieren, also für Aufsichtsrat, Vorstand sowie die erste und zweite Managementebene. Geben sie keine Zielgröße für Frauen im Vorstand oder keine Begründung für die Zielgröße Null an, können sie künftig mit Bußgeldern sanktioniert werden. Dies erhöht den Druck auf die Unternehmen, faire Aufstiegschancen zu bieten und ihre Talent-Pipelines diverser aufzustellen (BMFSFJ 2021).

Tatsächlich zeigen die letzten Jahre, dass **rechtsverbindliche Vorgaben** wirken. Aus eigenem Anreiz tut sich in den Führungsetagen deutscher Unternehmen hingegen vergleichsweise wenig. In Unternehmen, die unter das FüPoG fallen, ist die Zahl der Frauen in den Aufsichtsräten seit 2015 schneller und höher gestiegen als in Unternehmen, die freiwillig eine Quotenregelung implementieren (BMFSFJ 2021). Dennoch stagniert diese Entwicklung, was nach wissenschaftlichen Erkenntnissen unter anderem auf (1) eine männlich geprägte Unternehmenskultur in Führungsetagen (z. B. lange Arbeitszeiten, hohe berufliche Verfügbarkeit), (2) ein bestehendes männliches Führungsverständnis (z. B. geprägt von Durchsetzungsstärke, Machtbewusstsein und Autorität; Faizan et al. 2018), (3) verschlossene Unternehmenskulturen (z. B. gegenüber geschlechtergerechter Sprache oder Sensibilisierung für Inklusion und Diversität; AllBright 2022), (4) die ungleiche Verteilung der Haus- und Care-Arbeit, (5) keine bedarfsgerechte Kinderbetreuungsinfrastruktur, (6) und ein traditionell geprägtes Unternehmensumfeld zurückzuführen ist (Holst und Friedrich 2017). Darüber hinaus ist die Frauenquote nach wie vor mit einem **Stigma** belastet – in Besetzungsentscheidungen sei nun nicht mehr Qualifikation und Kompetenz, sondern das Geschlecht ausschlaggebend und rücke damit in den Vordergrund (Gronwald 2020). Diese Herausforderungen zeigen, dass neben der gesetzlich verankerten Gleichberechtigung eine gelebte Geschlechtergleichstellung in Führungspositionen nur eingeschränkt möglich ist, solange die Vorteile einer geschlechterheterogenen Führung während der Zeitenwende und darüber hinaus nicht erkannt werden. Solange Maßnahmen zur Erreichung der Quote durch die Sicherung von **Macht und Status** bisheriger Führungspersonen motiviert werden, anstatt eine ernstgemeinte Geschlechtergleichstellung zu leben und in die Unternehmens-DNA zu verankern, kann die Lücke zwischen Gleichberechtigung und Gleichstellung nicht geschlossen werden (Holst und Friedrich 2017).

Eine **gelebte Quote**, deren Mehrwert nicht belächelt, sondern tatsächlich erkannt wird, zeichnet sich dadurch aus, dass hochqualifizierte Frauen nicht nur rechtlich gleichberechtigten, sondern tatsächlich gleichgestellten Zugang zu Führungspositionen erhalten (Peters et al. 2020), der Vorstand durch die Integration verschiedener Perspektiven mehr strategische Wirksamkeit und Effizienz lebt (Nielsen und Huse 2010), und mehr weibliche Führungskräfte als Rollenvorbilder und Unterstützerinnen für andere Frauen wirken (Mavin 2008). Studien zeigen, dass eine derart gelebte Quote sich positiv auf Lohngerechtigkeit zwischen Männern und Frauen in gleichen Positionen auswirkt (Pande und Ford 2012) und die Ambition von Frauen durch wahrgenommene Wettbewerbsfähigkeit erhöht (Balafoutas und Sutter 2012). In der Folge können Unternehmen von vielfältigen Führungsstilen profitieren. Eine höhere Repräsentation von Frauen in Führung trägt nachweislich zu reduziertem Konfliktpotenzial (Nielsen und Huse 2010) und gesteigertem Unternehmenserfolg durch eine Fokussierung der Führungspraktiken auf Entwicklung und Inspiration der Mitarbeitenden bei (Meibeck 2019).

Startups pochen auf individuelles Potenzial im Recruiting

Das Berliner Startup Aivy GmbH wurde 2020 gegründet, um die Umsetzung einer gelebten Vielfalt in Führungspositionen zu unterstützen. Aivy bietet eine Softwarelösung, die eignungsdiagnostische Leistungswerte ermittelt und so **individuelle Potenziale** in den Fokus stellt. Im Vergleich zu anderen Recruiting-Lösungen hilft Aivy damit nicht nur **objektive Besetzungsentscheidungen** für Führungspositionen zu treffen, sondern auch die Selbstreflexion der Bewerbenden mithilfe eines **Gamification-Ansatzes** anzuregen. Aivy entwickelte dazu ein

Spiel, dass es jeder Person ermöglicht, ihre individuellen Stärken zu analysieren. Auf dieser Basis werden passende Positionen, in dem sich das persönliche Talent entfalten kann, empfohlen. Das Startup kreiert so eine Passung zwischen den Bewerbenden und der Führungsposition, indem die individuellen Stärken und die Anforderungen der Position in Übereinstimmung gebracht werden. Auch niederländische Startups wie Equalture oder TestGorilla möchten mithilfe technologischer Innovationen die individuelle Eignung, Motivation und notwendige Fähigkeiten messbar machen und deren Beurteilung damit vereinfachen. Spielerische Tests ersetzen somit subjektive, unvollständige und oft aufgeblähte Lebensläufe. Es entsteht ein fairer und standardisierter Bewerbungsprozess, der soziodemografische Merkmale neutralisiert und so den Herausforderungen einer Quotenregelung, wie dem Stigma der Frauenquote, entgegenwirkt.

3.3.2 Stereotypische Denkmunster bleiben bestehen

Wissenschaftliche Erkenntnisse belegen eindrucksvoll, dass sich auch heute noch in der Gesellschaft verbreitete stereotype Denkweisen nachteilig auf die Gleichstellung von Frauen und Männern in Führungspositionen auswirken (Hernandez Bark et al. 2022). Sogenannte **Geschlechterrollenstereotype** haben einen Einfluss darauf, welche vermeintlich typischen maskulinen und femininen Eigenschaften gesellschaftlich als relevant für die Ausübung eines bestimmten Berufs oder einer Position angesehen werden (Hardy 1995). So zeigen bspw. eine Reihe von Forschungsergebnissen, dass im Allgemeinen angenommen wird, dass Eigenschaften wie hohe Risikobereitschaft, Wettbewerbsfähigkeit und ein starkes Leistungsstreben für das Berufsfeld „Unternehmensgründung" unabdingbar sind (Gupta et al. 2009). Diese Eigenschaften werden nach wie vor vorrangig als maskulin eingestuft und eher Männern zugeschrieben (Eagly und Wood 2012), obwohl diese Zuschreibungen nicht in der DNA eines Menschen festgeschrieben sind. Frauen können durchaus maskuline Eigenschaften aufweisen und umgekehrt (Alvesson und Billing 2009). Daraus ergeben sich eine Reihe von Nachteilen für (angehende) Gründerinnen, die aufgrund ihres biologischen Geschlechts vermeintlich nicht dieser gesellschaftlich konstruierten Norm zu entsprechen scheinen (Ahl 2006). Unter anderem können sie sich weniger mit dem Karriereweg einer Unternehmensgründung identifizieren und sind mit Hürden bei der Beschaffung der notwendigen Ressourcen, wie z. B. Risikokapital, konfrontiert (Kanze et al. 2018).

Unsere eigenen Untersuchungen zeigen, dass solche geschlechterspezifischen Rollenstereotype auch bei der Besetzung von Chief Technology Officer (CTO)-Positionen eine Rolle spielen. Die Stereotype, die wir im Zusammenhang mit der Ausübung dieser Führungsposition identifiziert haben, spiegeln das gesellschaftliche Bild eines **männlichen Ideals** für diese Position wider, das schon in jungen Jahren stark gefördert und gut ausgebildet wurde. Unsere Gespräche mit Studierenden und Forschenden ergaben, dass sich vor allem Frauen mit diesem Ideal deutlich weniger identifizieren können und daher seltener eine solche Position anstreben (Sundermeier und Steenblock 2022). Darüber hinaus zeigt sich, dass auch die Beurteilung potenzieller Kandidatinnen und Kandidaten für eine entsprechende Rolle von solch idealtypischen Vorstellungen geleitet wird (Trauth et al. 2006). Da diese Verzerrung der Beurteilung aufgrund des Geschlechts oft unbewusst erfolgt, spricht man von einem *unconscious gender bias*, also einer unbewussten Voreingenommenheit bei der Besetzung von Führungspositionen (Madsen und Andrade 2018). Nach der *similarity attraction theory* beruht diese Voreingenommenheit auf einer ureigenen psychologischen Veranlagung, die darin besteht, dass wir dazu neigen, uns mit Menschen zu umgeben, die wir in Bezug auf Ideen, Eigenschaften, Werten usw. als ähnlich zu uns selbst empfinden (Byrne 1971). Die AllBright Stiftung (2017) nannte die Auswirkungen dieses Phänomens den „Thomas-Kreislauf", bei dem ein Kreis von Herren mittleren Alters mit akademischer Ausbildung und hohem Leistungsanspruch mit größerer Wahrscheinlichkeit einen anderen Thomas in den Vorstand beruft – auch wenn dieser die gleichen Qualifikationen besitzt wie Berit, für die die zusätzliche **Mutterrolle** bei dieser Entscheidung oft schwerer wiegt (Morgenroth et al. 2021).

Um dem daraus resultierenden Ungleichgewicht der Geschlechter in Führungspositionen entgegenzuwirken, setzen viele Unternehmen auf Aus- und Weiterbildungsprogramme für Frauen. Diese tragen u. a. Titel, wie „Das Führungskräftetraining für Frauen", „Frauen in Führung" oder „Führungskompetenz entwickeln für Frauen". Hinter diesen Programmen stehen meist nur gute Absichten, aber sie wirken oft eher behindernd als fördernd, weil sie suggerieren, dass die Ursache für das ungleiche Geschlechterverhältnis in Führungspositionen bei den Frauen und ihren vermeintlichen Defiziten selbst liegt (Gloor et al. 2020). Das Angebot und die entsprechende Betitelung führen dann zu einem sich **selbst verstärkenden Effekt**, weil die stereotype Vorstellung, dass Frauen für Führungsaufgaben weniger geeignet sind, ständig (unbewusst) reproduziert wird, obwohl dies kaum noch der Realität entspricht (Coleman et al. 2019). Im wissenschaftlichen Diskurs werden diese Art von Maßnahmen als *fixing the women* Ansätze zusammengefasst und gefordert, dass sich der Fokus auf *fixing the system* Ansätze verschieben muss, um ein Geschlechtergleichgewicht in Führungspositionen zu erreichen (Kossek und Buzzanell 2018). Dies bedeutet, Maßnahmen zu etablieren, die alle Personen jeglichen Geschlechts innerhalb einer Organisation für die Existenz und die Auswirkungen von (un-)bewussten) **stereotypen Denkmustern** sensibilisieren und im Umgang mit diesen qualifizieren.

Sogenannte „Unconscious Bias Trainings" werden in vielen Unternehmen zwar bereits eingesetzt, stehen jedoch vielfach in der Kritik nicht die gewünschten Effekte zu erzielen (Dobbin und Kalev 2018). Dies ist u. a. darauf zurückzuführen, dass nicht alle Mitarbeitenden in die Identifikation und Erarbeitung von Lösungsstrategien für Verzerrungen einbezogen werden, weswegen sich kein vollständiges Bild über den diesbezüglichen Status Quo in Organisationen abbilden lässt. Zudem fehlt oftmals die Aufklärung darüber, woher diese Beeinflussung unserer Entscheidungen stammt und dass es mehrmaliges Training braucht, um den Umgang mit Entscheidungsverzerrungen zu reflektieren und entsprechende Maßnahmen umzusetzen. Studien zeigen, dass gewinnbringende Sensibilisierungs- und Qualifizierungsangebote zunächst die **Abwehrhaltung** gegenüber derartigen Trainings abbauen sollten, um im zweiten Schritt zu vermitteln, wie ein Umgang mit (meist unbewussten) stereotypischen Denkmustern aussehen kann. Dies beinhaltet die Schaffung eines überzeugenden Narratives, dass von Stereotypen geprägte Denk- und Verhaltensweisen niemanden zu einem schlechteren Menschen machen, sondern Teil eines natürlichen psychologischen Vorgangs sind, vor dem niemand gefeit ist (Emerson 2017).

> **Junge Unternehmen unterstützen den (Ver-)Lernprozess**
>
> Das 2019 gegründete Startup Equalista GmbH bietet die erste Lern-App zur Gleichstellung der Geschlechter an und wurde mit dem EXIST-Gründungsstipendium des Bundesministeriums für Wirtschaft und Klimaschutz (BMWK) und des Europäischen Sozialfonds (ESF) gefördert. Die App beinhaltet u. a. ein umfangreiches Glossar aller wichtigen Begriffe aus dem Bereich der Geschlechtergleichstellung sowie Lernkurse mit Wissen und praktischen Übungen für den Alltag. Die in der App angebotenen Inhalte und Tests ermöglichen es Mitarbei-

tenden über alle Hierarchiestufen hinweg zu verstehen, warum es Ungleichheiten gibt, wodurch diese bedingt sind und in welchen Unternehmensbereichen sich diese manifestieren. Gleichzeitig bietet die App die Möglichkeit zu erlernen, wie über mangelnde Gleichstellung auf **Augenhöhe** gesprochen werden kann und inwieweit stereotypische Muster das eigene Denken und Handeln beeinflussen. Als Zusatzangebot können Unternehmen Workshops buchen, in denen – ähnlich wie in der App – der Fokus auf die Entwicklung von individuellen Fähigkeiten gelegt wird, um eine gelebte Gleichstellung in allen Lebensbereichen, privat wie beruflich, zu ermöglichen. Auch die Agentur IN-VISIBLE GmbH bietet Unterstützung rund um das Thema „Unconscious Bias". Mit interaktiven Toolkits, Workshops und Beratungen möchte IN-VISIBLE für die Auswirkungen von (unbewussten) **stereotypen Denkmustern** sensibilisieren und das Thema der Geschlechtergleichstellung für Führungskräfte und Mitarbeitende zugänglich machen. Das Ziel der Agentur ist es, inklusive Arbeits- und Führungskulturen durch realitätsnahe Weiterbildung zu fördern. Neben der eigentlichen Weiterbildung ist vor allem die Analyse des IST-Zustandes im eigenen Unternehmen zentral, sowohl in Bezug auf Stereotype als auch Geschlechtergleichstellung allgemein. Das Startup Equilo wurde 2017 in den USA gegründet und hat es sich zur Aufgabe gemacht, die **Analyse von Geschlechtergleichstellung** in Organisationen, deren Lieferketten und Märkten auf ein neues Niveau zu heben. Die von Big Data und Machine Learning gestützten Analysetools sollen dazu beitragen, die Bedeutung von Geschlechtergleichstellung für alle Beteiligte an Entscheidungs- und Investitionsprozessen greifbar und nachvollziehbar zu machen. Auch das amerikanische Startup Pipeline Equity wurde 2017 gegründet und hilft Unternehmen dabei, geschlechterspezifische Vorurteile und stereotypische Denkweisen datenbasiert einzuschätzen und anzugehen. Die KI-gestützte Analyse von Einstellungs-, Gehalts-, Leistungs-, Potenzial- und Beförderungsdaten erfolgt durch die Integration in das Personalverwaltungssystem. Auf dieser Basis liefert Pipeline anschließend umsetzbare Empfehlungen zum Abbau von unbewussten Vorurteilen.

3.3.3 Geschlechtergleichstellung gilt als Frauenthema

Trotz innovativer Entwicklungen besteht bei der Umsetzung von Gleichstellungsmaßnahmen weiterhin die Frage, wie *alle* Geschlechter einbezogen und für das Thema gewonnen werden können. Bisher bleiben die Schlagworte „Gender" und „Diversität" primär mit Frauen und ihren Bemühungen für mehr Geschlechtergerechtigkeit assoziiert. Dementsprechend scheint es, dass nur Frauen von entsprechenden Gleichstellungsmaßnahmen profitieren (EIGE 2023). Um einen **kulturellen Wandel** in Unternehmen zu erreichen, braucht es jedoch alle Geschlechter am Tisch. Da Männer die Mehrheit in Führungspositionen in Deutschland bilden, ist es besonders wichtig, ihre Perspektive zu berücksichtigen und die Relevanz des Themas abseits von rechtlichen Vorgaben aufzuzeigen. Denn schließlich bleibt die Frage: Warum sollten Männer Frauen unterstützen? Hier kommen reine Fakten und wissenschaftliche Belege an ihre Grenzen. Die allgemeinen Vorteile von Diversität in Führungsetagen sind seit Jahrzehnten bekannt (Madsen und Andrade 2018). Dennoch sind Männer in den Diskursen zur Geschlechtergleichstellung unterrepräsentiert, fühlen sich davon eher bedroht als beteiligt, und nehmen seltener an Fortbildungsmaßnahmen teil (EIGE 2023; Dover et al. 2016). Unternehmen greifen daher zunehmend auf extrinsische Anreize zurück, wie beispielsweise die Förderung von Frauen an die Vergütung des Top-Managements zu knüpfen (Glazer und Francis 2021). Um die **intrinsische Motivation** zur Förderung der Geschlechtergleichstellung in Führungspositionen nachhaltig aufleben zu lassen, braucht es Vorbilder, konkrete Handlungsempfehlungen und vor allem ein Bewusstsein, dass Geschlechterfragen alle Menschen gleichermaßen betreffen. Schließlich schränken vor allem Geschlechterstereotype auch Männer in ihren Denk- und Verhaltensweisen ein. Beispielsweise beschreibt der britische Autor Jack Urwin in seinem Buch „Boys don't cry" (2017), wie schädlich sozial erlernte **Glaubenssätze** über Männlichkeit sein können. Über Generationen hinweg wird der Ausdruck von Emotionen, Unsicherheit oder Schwäche als „unmännlich" vermittelt und verinnerlicht. Dies kann zur Folge haben, dass auch männliche Führungskräfte in ihrem Streben nach „Stärke" riskantere Entscheidungen treffen, seltener um Hilfe bitten und weniger auf ihre Gesundheit achten.

Initiativen werben um männliche Verbündete

Vor diesem Hintergrund fordert die „HeForShe"-Initiative der UN seit 2018 vor allem Männer dazu auf, sich gemeinsam mit Menschen aller Geschlechteridentitäten für Geschlechtergleichstellung einzusetzen und Teil der Lösung zu werden. Die Botschafter möchten für Privileg, Macht und Verantwortung sensibilisieren, aktuelle Männlichkeitsbilder hinterfragen und Männer als Verbündete für Geschlechtergleichstellung gewinnen (UN Women Deutschland 2021). Wenn Personen aus **Solidarität** mit marginalisierten Gruppen in ihrem Kampf für Chancengleichheit zusammenarbeiten und sich für Veränderungen einsetzen, werden sie zu Verbündeten. Im Fall von männlichen Befürwortern, die Geschlechtergleichstellung aktiv unterstützen, spricht man auch von *Male Allyship*. Dieses Konzept bündelt alle Aktivitäten, bei denen Männer gemeinsam mit Frauen daran arbeiten, schädliche Geschlechterbeziehungen und -stereotype zu überwinden. Dabei wird sichergestellt, dass ihre Unterstützung stereotype Denkmuster nicht verstärkt oder die Handlungsfähigkeit von Frauen (in Führung) untergräbt. Konkrete Aktivitäten der HeForShe-Initiative beinhalten Vorträge über die Distanz von Männern zum Thema Geschlechtergleichstellung sowie interaktive Trainings für männliche und gemischtgeschlechtliche Teams, welche die zentralen Faktoren des Male Allyship zugänglich machen.

Universitäten bilden Male Allies aus

Auch an Universitäten werden mittlerweile Weiterbildungsprogramme für Führungskräfte angeboten, die auf dem Konzept des Male Allyship aufbauen. Die Universität St. Gallen (Schweiz) regt in einem evidenzbasierten „Male Allyship Training" Teilnehmende an, (oft subtile) Formen von Sexismus und geschlechterspezifischen Vorurteilen zu erkennen, allgemeingültig geglaubte Überzeugungen zu verlernen, ihre Ängste und ihre Verantwortung als Verbündete anzuerkennen und zu üben, wie sie die gewonnenen Erkenntnisse bewusst zur Unterstützung von Frauen einsetzen können (University of St. Gallen 2023). Die „Leaders for Equality"-Initiative der Universität rückt männliche Führungskräfte als zentrale Gleichstellungsakteure in den Fokus. Empfohlene genderinklusive **Führungspraktiken** bestehen darin, unternehmensinterne Gleichstellungsmaßnahmen zu besuchen, Kollegen dazu einzuladen und sie in Gesprächen zu verteidigen, sich als Mentor für weibliche (Nachwuchs-)Führungskräfte zur Verfügung zu stellen und sich für ihre Sichtbarkeit einzusetzen. Das bedeutet zum Beispiel auch darauf zu achten, Frauen in reinen Männer-Meetings in das Gespräch zu integrieren, auf Fairness zu achten und abwertende Bemerkungen zu unterbinden. Führungskräfte können ebenso einen wertvollen Beitrag leisten, wenn sie potenzielle Kandidatinnen auf eine Karriereoption direkt ansprechen und zu einer Bewerbung ermutigen. Zuletzt gilt es, eigene Geschlechterstereotype und -vorurteile kritisch zu reflektieren, beispielsweise bei der Beurteilung von Nachwuchsführungskräften oder auch im eigenen Führungsverhalten, das eine gute Work-Life-Integration unterstützt und vorlebt. Diese Handlungspraktiken sollen in Summe zu einer Unternehmenskultur beitragen, in denen Geschlechtergleichstellung „gelebt" und nicht nur „angeordnet" wird (Leaders for Equality 2021).

3.4 Fazit und Handlungsempfehlungen

Die multiplen Krisen der heutigen Zeit stellen die Führungsetagen deutscher Unternehmen vor große Herausforderungen und läuten laut Olaf Scholz eine Zeitenwende ein, die ein „wirtschaften-as-usual" nicht länger möglich macht (Bundesregierung 2022). Eine zentrale Determinante, um Unternehmen sicher durch diese Krisenzeiten zu führen, sind diverse Führungsteams, die mit unterschiedlichen Perspektiven, Ansätzen und Lösungsideen neue Wege aufzeigen und bereit sind, diese zu gehen (Wynn 2020). Wir beleuchten in diesem Beitrag die Geschlechterdiversität in deutschen Führungsetagen und gehen der Frage nach, warum trotz der augenscheinlich sehr günstigen rechtlichen Rahmenbedingungen weiterhin oftmals keine echte Gleichstellung der Geschlechter gelebt wird (Löther 2019). Die Stigmatisierung der Frauenquote, die Persistenz von Geschlechterstereotypen im Zusammenhang mit Führungspositionen sowie die lediglich eingeschränkte Einbindung der männlichen Sichtweise auf Gleichstellung stellen aktuelle Kernherausforderungen dar. Zudem skizzieren wir, was junge Startups und Initiativen diesen Herausforderungen entgegenstellen, um schrittweise Veränderungen hin zu diversen Führungsetagen in Deutschland zu erreichen. Was können Unternehmen daraus für eine gelebte Geschlechtergleichstellung in Führungspositionen ableiten? Im Folgenden fassen wir unsere zentralen Handlungsempfehlungen zusammen:

1. **Bewusstsein für stereotypische Denkmuster schaffen:** Bewusste und unbewusste Verzerrungen von Entscheidungen aufgrund unserer Sozialisierung und Erfahrungshintergründe sind nicht nur Teil unseres Alltags (Kahneman 2011), sondern bestimmen seit Jahrzehnten die Auswahlprozesse für Positionen von Führungskräften (Powell und Butterfield 1994). Um den „Thomas-Kreislauf" zu durchbrechen und eine diverse Besetzung der Führungsetage zu ermöglichen, braucht es zunächst ein Bewusstsein für das Vorhandensein stereotypischer Denkmuster im Zusammenhang mit bestimmten Geschlechterrollen, um darauf aufbauend den Umgang mit diesen zu trainieren.
2. **Durchdachtes Trainingsangebot zum Umgang mit Stereotypen entwickeln:** Sensibilisierung- und Qualifizierungsmaßnahmen zum Umgang mit unbewussten Vorurteilen und Geschlechterstereotypen sollten mit Bedacht gestaltet werden, um Resistenzen gegenüber der Thematik unter Führungskräften zu vermeiden. Trainings sollten konkrete Situationen bei der Auswahl von Führungskräften in dem jeweiligen Unternehmen ins Zentrum rücken, um eine generische Erklärungsebene zu verlassen und eine höhere Identifikation mit der Problematik zu schaffen. Die daraus entstehenden positiven Effekte im Hinblick auf Akzeptanz und Erfolg des Trainings werden dadurch begünstigt, dass die gemeinsam erarbeiteten Maßnahmen

handlungsorientiert sind und über einen längeren Zeitraum von ca. 6–8 Monaten auf deren Wirksamkeit überprüft werden.

3. **Intrinsische Motivation für Beteiligung aller Geschlechter stärken:** Von entscheidender Bedeutung für den Erfolg der weiterbildenden Maßnahmen ist es, die Perspektive von männlichen Führungskräften zu integrieren, ihre Perspektive auf das Thema Gleichstellung einzubeziehen und ernst zu nehmen. Bei allen extrinsischen Mitteln und (gesetzlich bzw. unternehmensintern) verpflichtenden Vorgaben darf die intrinsische Motivation nicht außer Acht gelassen werden. Sie ist zentral, um einen Kulturwandel zu ermöglichen, an dem sich alle Geschlechter beteiligen. Räume zu schaffen, in denen auch kritische Stimmen Gehör finden und Meinungen offen ausgetauscht werden können, ist in diesem Prozess wichtig. An dieser Stelle sei angemerkt, dass eine inklusive Unternehmenskultur nicht nur Frauen und Männern, sondern auch Personen mit weiteren Geschlechteridentitäten sowie der Überschneidung verschiedener Formen von Diskriminierung (Intersektionalität) Rechnung trägt.

4. **Technologische Innovationen im Auswahlprozess nutzen:** Technologische Innovationen im Recruiting können ebenfalls einen Beitrag leisten, um unbewusste Verzerrungen bei der Besetzung von Führungspositionen zu vermeiden. Durch eine objektive Eignungsdiagnostik im Auswahlprozess werden Diversitätsmerkmale wie Alter, Geschlecht, Soziale Herkunft oder Religion neutralisiert. Dadurch können individuelle Stärken, Fähigkeiten und Talente in den Vordergrund gerückt und in Übereinstimmung mit den Anforderungen der jeweiligen Führungsposition gebracht werden. Dies wirkt auch dem Stigma einer Quotenregelung, das Geschlecht zähle mehr als die Qualifikation, entgegen.

5. **Geschlechtergerechtes Gesundheitsmanagement etablieren:** Neben den politischen Stellschrauben, der Sensibilisierung für Geschlechterstereotype und der aktiven Rolle männlicher Führungskräfte, bedarf es auch eines geschlechtersensiblen betrieblichen Gesundheitsmanagements. Geschlechtergerechtigkeit am Arbeitsplatz ist ein zentraler Faktor für die Zufriedenheit in der Führungsposition und für die Führungsqualität (Hicks-Clarke und Iles 2000). Zudem belegen Studien, dass ein wesentlicher Gesundheitsfaktor für Frauen in Führung die Kompatibilität von persönlichen Lebensentwürfen und Zielen mit der tatsächlichen Lebenssituation ist (Menz und Sorge 2023). Aus diesen Gründen sollte ein geschlechtersensibles betriebliches Gesundheitsmanagement bei der Gestaltung der Unternehmenskultur, der Arbeit und des Arbeitsplatzes für Führungskräfte auch die Vielfalt an Lebenssituationen (inklusive der zu leistenden Care-Arbeit) berücksichtigen (Braun et al. 2017). Konkrete Maßnahmen beinhalten Gespräche mit Mitarbeitenden zum Thema Diversität, Informationsveranstaltungen zu Gleichstellungsgesetzen, sowie Führungskräftetrainings zu gesundheitlichen Implikationen von nicht gelebter Gleichstellung.

Literatur

Ahl H (2006) Why research on women entrepreneurs needs new directions. Entrepreneursh Theory Pract 30(5):595–621

AllBright (2017) Ein ewiger Thomas-Kreislauf. Wie deutsche Börsenunternehmen ihre Vorstände rekrutieren. AllBright Stiftung, Berlin

AllBright (2022) Kampf um die besten Köpfe. Die Konkurrenz um Vorständinnen nimmt zu. AllBright Stiftung, Berlin

Alvesson M, Billing YD (2009) Understanding gender and organizations. SAGE

Baker DT, Kelan EK (2019) Splitting and blaming: The psychic life of neoliberal executive women. Hum Relations 72(1):69–97

Balafoutas L, Sutter M (2012) Affirmative action policies promote women and do not harm efficiency in the laboratory. Science 335(6068):579–582

Barak MEM (2022) Managing diversity: Toward a globally inclusive workplace. SAGE

BMFSFJ (2018) 100 Jahre Frauenwahlrecht. https://www.bmfsfj.de/bmfsfj/aktuelles/presse/pressemitteilungen/100-jahre-frauenwahlrecht-130628. Zugegriffen: 19. Apr. 2023

BMFSFJ (2021) Mehr Frauen in Führungspositionen in der Privatwirtschaft. https://www.bmfsfj.de/bmfsfj/themen/gleichstellung/frauen-und-arbeitswelt/quote-privatwitschaft/mehr-frauen-in-fuehrungspositionen-in-der-privatwirtschaft-78562. Zugegriffen: 19. Apr. 2023

BMFSFJ (2022) Mütter des Grundgesetzes. https://www.bmfsfj.de/resource/blob/94392/8156d7adff892da23dbcb57a460e83cd/muetter-grundgesetz-data.pdf. Zugegriffen: 11. Apr. 2023

Borrell C, Artazcoz L, Gil-González D, Pérez G, Rohlfs I, Pérez K (2010) Perceived sexism as a health determinant in Spain. J Women's Health 19(4):741–750

bpb (2018) Gleichberechtigung wird Gesetz. Bundeszentrale für politische Bildung. https://www.bpb.de/kurz-knapp/hintergrund-aktuell/271712/gleichberechtigung-wird-gesetz/. Zugegriffen: 15. Apr. 2023

Braun A, Kutzner E, Pieck N, Schroeder C (2017) Gender in Arbeit und Gesundheit. Standortbestimmung und Perspektiven. Hampp

Bundesregierung (2022) Reden zur Zeitenwende. https://www.bundesregierung.de/resource/blob/992814/2131062/78d39dda6647d7f835bbe76713d30c31/bundeskanzler-olaf-scholz-reden-zur-zeitenwende-download-bpa-data.pdf. Zugegriffen: 20. Apr. 2023

Burel S (2020) Stereotype, Fakten und Mythen über Führung. In: Quick Guide Female Leadership: Frauen in Führungspositionen in der Arbeitswelt 4.0, S 67–80

Butler J (1991) Gender Trouble. Das Unbehagen der Geschlechter. Suhrkamp, Frankfurt/Main

Byrne DE (1971) The attraction paradigm Bd 462

Calás MB, Smircich L (2009) Feminist perspectives on gender in organizational research: what is and is yet to be. In: The Sage handbook of organizational research methods, S 246–269

Coleman S, Henry C, Orser B, Foss L, Welter F (2019) Policy support for women entrepreneurs' access to financial capital: Evidence from Canada, Germany, Ireland, Norway, and the United States. J Small Bus Manag 57:296–322

Cuadrado I, García-Ael C, Molero F (2015) Gender-typing of leadership: evaluations of real and ideal managers. Scand J Psychol 56(2):236–244

Dauth T, Schmid S, Baldermann S, Orban F (2021) Attracting talent through diversity at the top: The impact of TMT diversity and firms' efforts to promote diversity on employer attractiveness. Eur Manag J 41(1):9–20

Deutscher Bundestag (2015) Gesetz für die gleichberechtigte Teilhabe von Frauen und Männern an Führungspositionen in der Privatwirtschaft und im öffentlichen Dienst. http://dipbt.bundestag.de/extrakt/ba/WP18/643/64384.html. Zugegriffen: 15. Apr. 2023

Dobbin F, Kalev A (2018) Why doesn't diversity training work? The challenge for industry and academia. Anthropol Now 10(2):48–55

Dover TL, Major B, Kaiser CR (2016) Members of high-status groups are threatened by pro-diversity organizational messages. J Exp Soc Psychol 62:58–67

Duchek S, Raetze S, Scheuch I (2020) The role of diversity in organizational resilience: a theoretical framework. Bus Res 13(2):387–423

Eagly AH, Karau SJ (2002) Role congruity theory of prejudice toward female leaders. Psychol Rev 109(3):573

Eagly AH, Wood W (2012) Social role theory. In: Handbook of theories of social psychology, Bd 2

EIGE (2023) Gender equality is also a men's issue. European Institute for Gender Equality. https://eige.europa.eu/men-and-gender-equality. Zugegriffen: 20. März 2023

Emerson J (2017) Don't give up on unconscious bias training – Make it better. Harv Bus Rev 28(4):1

Faizan R, Nair SLS, Haque A (2018) The effectiveness of feminine and masculine leadership styles in relation to contrasting gender's performances. Pol J Manag Stud 17(1):78–92

Findler L, Wind LH, Barak MEM (2007) The challenge of workforce management in a global society. Adm Soc Work 31(3):63–94

Fischer EM, Reuber AR, Dyke LS (1993) A theoretical overview and extension of research on sex, gender, and entrepreneurship. J Bus Ventur 8(2):151–168

Foss L, Henry C, Ahl H, Mikalsen GH (2019) Women's entrepreneurship policy research: a 30-year review of the evidence. Small Bus Econ 53(2):409–429

Glazer E, Francis T (2021) CEO Pay Increasingly Tied to Diversity Goals. Wall Street Journal. https://www.wsj.com/articles/ceos-pledged-to-increase-diversity-now-boards-are-holding-them-to-it-11622626380. Zugegriffen: 20. März 2023

Gloor JL, Morf M, Paustian-Underdahl S, Backes-Gellner U (2020) Fix the game, not the dame: Restoring equity in leadership evaluations. J Bus Ethics 161:497–511

Gronwald S (2020) Können Sie die Frau in Ruhe lassen und über Inhaltliches reden? Stern. https://www.stern.de/politik/quotenfrauen/renate-kuenast-im-video---die-frauenquote-ist-keine-schande--9496416.html. Zugegriffen: 28. Apr. 2023

Gupta VK, Turban DB, Wasti SA, Sikdar A (2009) The role of gender stereotypes in perceptions of entrepreneurs and intentions to become an entrepreneur. Entrepreneursh Theory Pract 33(2):397–417

Harding SG (1987) Feminism and methodology: Social science issues. Indiana University Press

Hardy MS (1995) Gender role theory. In: The psychology of sexual orientation, behavior, and identity: a handbook, S 425

Heilman ME (2012) Gender stereotypes and workplace bias. Res Organ Behav 32:113–135

Hernandez Bark AS, Junker NM, Kark R, Morgenroth T, Peus C, van Dick R (2022) Editorial to Part I "Re-visioning, Rethinking, Restructuring Gender at Work: Quo Vadis Gender Stereotypes?". J Appl Soc Psychol 52(8):563–567

Hicks-Clarke D, Iles P (2000) Climate for diversity and its effects on career and organisational attitudes and perceptions. Pers Rev 29(3):324–345

Hirschfeld A, Gilde J, Walk V (2022) Female Founders Monitor. Bundesverband Deutsche Startups e. V. https://startupverband.de/fileadmin/startupverband/mediaarchiv/research/ffm/Female_Founders_Monitor_2022_English.pdf. Zugegriffen: 19. Apr. 2023

Hofman J, Piele A, Piele C (2019) New Work - Best Practices und Zukunftsmodelle. Fraunhofer-Institut für Arbeitswirtschaft und Organisation

Holmes M (2007) What is gender?: Sociological approaches. SAGE

Holst E, Friedrich M (2017) Führungskräfte-Monitor 2017: Update 1995-2015. vol 121. Politikberatung kompakt. DIW, Berlin

Kahneman D (2011) Thinking, fast and slow. Macmillan

Kanze D, Huang L, Conley MA, Higgins ET (2018) We ask men to win and women not to lose: Closing the gender gap in startup funding. AMJ 61(2):586–614

Kossek EE, Buzzanell PM (2018) Women's career equality and leadership in organizations: Creating an evidence-based positive change Bd 57. Wiley

Leaders for Equality (2021) Genderinklusive Führungspraktiken. University of St. Gallen. https://opsy.unisg.ch/de/research/leaders-for-equality/genderinklusive-fuehrungspraktiken. Zugegriffen: 20. Apr. 2023

Löther A (2019) Gleichstellung von Frauen und Männern in Entscheidungsgremien von Hochschulen und Forschungseinrichtungen. https://www.ssoar.info/ssoar/bitstream/handle/document/65953/ssoar-2019-lother-Gleichstellung_von_Frauen_und_Mannern.pdf?sequence=3&isAllowed=y&lnkname=ssoar-2019-lother-Gleichstellung_von_Frauen_und_Mannern.pdf. Zugegriffen: 26. Apr. 2023

Madsen SR, Andrade MS (2018) Unconscious gender bias: Implications for women's leadership development. J Leadersh Stud 12(1):62–67

Mavin S (2008) Queen bees, wannabees and afraid to bees: no more 'best enemies' for women in management? Br J Manag 19:75–S84

Meibeck B (2019) Unter Alphamännchen. Frauen in Führungspositionen. In: Wachtel S, Etzel S (Hrsg) Jeder kann wirken: Von Executives lernen: auftreten, antworten, reden. Springer, Wiesbaden, S 97–111 https://doi.org/10.1007/978-3-658-20123-4_7

Menz M, Sorge K (2023) Gleichberechtigung in Deutschland. Kohlhammer

Meyerson DE, Fletcher JK (2000) A modest manifesto for shattering the glass ceiling. Harv Bus Rev 78(1):126–136

Morgenroth T, Ryan MK, Sønderlund AL (2021) Think Manager – Think Parent? Investigating the fatherhood advantage and the motherhood penalty using the Think Manager – Think Male paradigm. J Appl Soc Psychol 51(3):237–247

Nielsen S, Huse M (2010) The contribution of women on boards of directors: Going beyond the surface. Corp Governance: Int Rev 18(2):136–148

Pande R, Ford D (2012) Gender quotas and female leadership. Background Paper for the World Development Report

Peters E, Drobe J, Abendroth A (2020) Gleichheit durch Gleichstellungsmaßnahmen?: Betriebliche Mentoringprogramme, Frauenquoten und geschlechtsspezifische Einkommensungleichheiten in Großbetrieben. Kölner Z Soziologie Sozialpsychologie 72(2):225–263

Powell GN, Butterfield DA (1994) Investigating the "glass ceiling" phenomenon: An empirical study of actual promotions to top management. Acad Manag J 37(1):68–86

Reinmoeller P, van Baardwijk N (2005) The link between diversity and resilience. MIT Sloan Manage Rev 46(4):61–65

Statistisches Bundesamt (2021) Qualität der Arbeit - Frauen in Führungspositionen. https://www.destatis.de/DE/Themen/Arbeit/Arbeitsmarkt/Qualitaet-Arbeit/Dimension-1/frauen-fuehrungspositionen.html. Zugegriffen: 25. Apr. 2023

Statistisches Bundesamt (2023) Gender Pension Gap: Alterseinkünfte von Frauen 2021 fast ein Drittel niedriger als die von Männern. https://www.destatis.de/DE/Presse/Pressemitteilungen/2023/03/PD23_N015_12_63.html. Zugegriffen: 27. Apr. 2023

Sundermeier J, Mahlert N (2022) Entrepreneurial team diversity – A systematic review and research agenda. Eur Manag J https://doi.org/10.1016/j.emj.2022.10.010

Sundermeier J, Steenblock C (2022) Thomas befördert Thomas befördert Thomas – Geschlechterbezogene Stereotype und ihre Implikationen für die Besetzung von CTO-Positionen. HMD Praxis der Wirtschaftsinformatik 59(3):896–911

Theobald S, Prenner N, Krieg A, Schneider K (2020) Agile leadership and agile management on organizational level-a systematic literature review. In: Product-Focused Software Process Improvement: 21st International Conference, PROFES 2020 Turin, November 25–27, 2020 Springer, S 20–36 (Proceedings 21)

Tiwari M, Mathur G, Awasthi S (2018) Gender-based discrimination faced by females at workplace: A perceptual study of working females. J Entrepreneursh Educ 21(3):1–7

Trauth E, Huang H, Morgan A, Quesenberry J, Yeo B (2006) Investigating the existence and value of diversity in the global IT workforce: An analytical framework. In: Managing information technology human resources, S 331–360

UN Women (2021) Aktiv werden für HeForShe. https://unwomen.de/heforshe/aktiv-werden-fuer-heforshe/. Zugegriffen: 11. Apr. 2023

University of St. Gallen (2023) Male Allyship Training. https://ccdi-unisg.ch/en/male-allyship-training/?utm_source=newsletter&utm_medium=email&utm_campaign=steigern_sie_die_performance_ihrer_organisation_mit_unserem_d_i_online_seminar_und_male_allyship_training&utm_term=2023-04-18. Zugegriffen: 20. Apr. 2023

Urwin J (2017) Boys don't cry: Identität, Gefühl und Männlichkeit. Edition Nautilus

Weis M, Klarner P (2022) CEO Temporal Orientation, Top Management Team Diversity, and Organizational Resilience. Proc Acad Manag 2022(1):14665

Wynn AT (2020) Pathways toward change: Ideologies and gender equality in a Silicon Valley technology company. Gend Soc 34(1):106–130

Vom kranken Mann Europas zum neuen Wirtschaftswunder – und zurück?

Christoph M. Schmidt

Inhaltsverzeichnis

4.1 Aufbruch in das Jahrzehnt der „Zeitenwende" – mit ungewissem Ausgang – 60

4.2 Herausforderungen im Jahrzehnt der „Zeitenwende" – drei Handlungsebenen – 62
4.2.1 Demographischer Wandel und anämisches Produktivitätswachstum – 63
4.2.2 Krisenresilienz und (Versorgungs-)Sicherheit – 66
4.2.3 Das Ringen um globale Nachhaltigkeit – 67

4.3 Fazit: Die marktwirtschaftliche Ordnung verteidigen – 69

Literatur – 69

▪▪ **Zusammenfassung**

Die Bundesregierung spricht vom aktuellen Jahrzehnt der „Zeitenwende" – von einer „sozialökologischen Transformation" hin zu einer sozial inklusiven, wirtschaftlich reichhaltigen Zukunft innerhalb der Grenzen der planetaren Tragfähigkeit. Zu den zentralen politischen Weichenstellungen gehören Investitionen in die eigene Verteidigungsfähigkeit, die Umsetzung der Klimaneutralität und die Stärkung multilateraler Antworten auf geopolitische Polarisierungstendenzen. Beim Verfolgen ihrer großen Ambitionen setzt die Bundesregierung jedoch nur recht zögerlich auf das koordinierende Potenzial des Marktes. Das macht unternehmerisches Handeln hierzulande weniger attraktiv als es sein könnte – und sollte – und lässt statt des prosperierenden Neuaufbruchs einen schleichenden wirtschaftlichen Niedergang befürchten. Daher sind jetzt wirtschaftspolitische Weichenstellungen angezeigt, die von mehr Vertrauen in Marktkräfte getragen werden.

4.1 Aufbruch in das Jahrzehnt der „Zeitenwende" – mit ungewissem Ausgang

Die Perspektiven unterschiedlicher Akteure auf die Fortentwicklung der deutschen Wirtschaft könnten kaum unterschiedlicher sein als in diesem Frühjahr 2023. Selbst wenn man in Rechnung stellt, dass die Äußerungen von Regierenden i. d. R. positiv gefärbt sind und u. a. darauf abzielen, die Unterstützung der Wähler für den von ihnen eingeschlagenen Kurs zu sichern, so scheint die Bundesregierung der aktuellen Ampel-Koalition zumindest in Teilen von einem sehr ausgeprägten Optimismus getragen zu sein. Von der im Frühjahr 2022 ausgerufenen „Zeitenwende" verspricht sie sich nicht nur den Umstieg auf eine klimaneutrale Wirtschaft, sondern auch einen umfassenden Neuaufbruch hin zu großer wirtschaftlicher Prosperität: Die „sozialökologische Transformation" soll einer sozial inklusiven, wirtschaftlich reichhaltigen Zukunft innerhalb der Grenzen der planetaren Tragfähigkeit den Weg bereiten.

Den Begriff der „Zeitenwende" hatte Bundeskanzler Scholz in seiner Regierungserklärung vom Februar 2022 anlässlich des kurz zuvor eingeleiteten russischen Angriffskriegs auf die Ukraine im politischen Diskurs verankert. Darauf aufbauend hat der Kanzler drei kritische Abhängigkeiten des bisherigen deutschen „Geschäftsmodells" offen angesprochen (Scholz 2023): von den USA im Bereich der Verteidigung, von Russland im Bereich der Energieversorgung und von China als Absatzmarkt für deutsche Exporte. Die Schlussfolgerungen wirkten durchaus visionär: Der Bundeskanzler versprach massive Investitionen in die eigene Verteidigungsfähigkeit, eine Neuorientierung der Energieversorgung auf dem Weg zur Klimaneutralität und die Stärkung multilateraler Antworten auf geopolitische Polarisierungstendenzen.

Doch wenngleich seitdem viele Kommentatoren nicht müde werden, den Begriff der „Zeitenwende" zu verwenden, stellt sich die Frage, ob nun in der Tat eine Politikwende eingeleitet worden ist – und vor allem, welche Entwicklungen die Zukunft erwarten lässt. Die Hoffnung der Bundesregierung auf eine nachhaltige wirtschaftliche Prosperität trotz – oder vielmehr gerade wegen des angestrebten fundamentalen Umbruchs – fußt offenbar vor allem auf den für den Umstieg zur Klimaneutralität notwendigen gewaltigen Investitionsvolumina, die weit über die für eine fortlaufende Erneuerung des bestehenden Energie- und Wirtschaftssystems erforderlichen Anstrengungen hinausgehen. Schließlich sind sämtliche Produktionsprozesse, Konsummuster und Verhaltensweisen auf nicht-fossile Energieträger umzustellen.

Darüber hinaus müssen viele neue Lösungen – bei der Mobilität, beim Wohnen, bei der Landnutzung etc. – erst noch entwickelt werden, denn anerkanntermaßen wird sich diese Transformation nur mit Innovationen bewerkstelligen lassen. Wiederum lädt dies zu einem Zirkelschluss ein: Da es ohne diese Innovationen nicht geht, der Erfolg aber als gesetzt betrachtet wird, muss es ja förmlich gelingen, dass hiesige Unternehmen sich wie bereits in der fossilen nun auch in der post-fossilen Ära als Ausrüster des industriell getragenen globalen Aufschwungs etablieren. Es besteht jedoch kein Zweifel daran, dass man sich diesen idealen Zielzustand und das damit verbundene hohe Potenzialwachstum nicht einfach herbeiwünschen kann. Vielmehr stellt er lediglich eine von mehreren denkbaren Zukünften dar – und in einer inhärent imperfekten Welt keineswegs die wahrscheinlichste.

Politisches Handeln ist dazu „verdammt", die angestrebten Ziele mit der menschlichen Realität in Einklang zu bringen. Somit gibt dieser Zirkelschluss – aufgrund der mit Sicherheit erfolgreich umgesetzten Transformation in eine klimaneutrale Wirtschaft und der damit verbundenen Initiierung vieler „grüner" Geschäftsmodelle, die „gute Arbeit" in großem Umfang gewährleisten, wird die deutsche Volkswirtschaft eine neue Blüte erleben – Anlass zur Sorge. Denn in der Realität ist diese Transformation nicht einfach zu schaffen. Und bei einem derart gewaltigen gesellschaftlichen Unterfangen müssen sehr viele Bausteine zusammenpassen: Unternehmen und Haushalte treffen täglich in einem sich dynamisch entwickelnden Umfeld eine hohe Anzahl von Einzelentscheidungen, deren Gesamtheit darüber entscheidet, in welche Richtung sich die Volkswirtschaft entwickelt.

Ein staatlicher Planer kann nicht alle Wünsche, Nöte und Optionen kennen, kann also auch nicht auf der Basis dieses überlegenen Wissens den idealen Plan für die Transformation entwerfen. Insofern gibt der aus der Betrachtung der aktuellen politischen Weichenstellungen erwachsende Eindruck, dass die Bundesregierung dem koordinierenden Potenzial des Marktes bei diesem Umstieg ein sehr begrenztes Vertrauen schenkt, Anlass zu erheblicher Sorge. Sie scheint trotz Heterogenität innerhalb der Regierungskoalition den Marktkräften eher zu misstrauen und daher steuernd in diesen Umbruch eingreifen zu wollen.

Auch die auf den ersten Blick naheliegende Analogie zur Agenda 2010, die Deutschland letztlich für mehr als ein Jahrzehnt durch große Krisen getragen hat, ist keineswegs perfekt. Denn diese war das Ergebnis eines innenpolitischen Dilemmas, aus dem sich der damalige Bundeskanzler Schröder lösen wollte: Die Sockelarbeitslosigkeit war nach Jahren ausbleibender Reformen stark gestiegen, Deutschland hatte das Erbe des maroden Wirtschaftssystems der DDR noch nicht verdaut. Bei den im Kern der Agenda stehenden Hartz-Reformen ging es daher um die Durchsetzung der marktwirtschaftlich inspirierten Prinzipien des Förderns und Forderns.

Diese Wende hin zu (etwas) mehr Marktwirtschaft auf dem Arbeitsmarkt löste den Übergang in ein neues Gleichgewicht mit mehr Beschäftigung und weniger Arbeitslosigkeit aus, das sogar angesichts der in vielen anderen Volkswirtschaften deutlich zu spürenden Folgen der Finanzmarktkrise erhalten blieb. Im darauffolgenden Jahrzehnt der 2010er-Jahre ergab sich infolge dieser Veränderungen ein langanhaltender Aufschwung, der in einem gegen alle konjunkturellen Fährnisse robusten Arbeitsmarkt eine zentrale Basis hatte und nur durch massive Zuwanderung von Arbeitskräften aufrechterhalten werden konnte. Da es in den vergangenen fast zwei Jahrzehnten und vor allem im aktuellen politischen und gesellschaftlichen Diskurs aber eher um weniger als um mehr Marktwirtschaft geht, sind Sorgen über die Zukunft der deutschen Volkswirtschaft durchaus angezeigt.

Dieser kritische wirtschaftspolitische Diskurs wird daher nicht ohne Grund unter dem Stichwort einer drohenden Deindustrialisierung geführt (Schmidt und Schmidt 2022). Im engeren Sinne wäre dies ein Angriff auf die Grundfesten der deutschen Wirtschaft: Deutsche Industrieunternehmen sind als Ausrüster des weltweiten industriellen Aufschwungs intensiv in die internationale Arbeitsteilung eingebunden. Ein Verlust der industriellen Wertschöpfung wäre ein schwerer Schlag für dieses „Geschäftsmodell". Im weiteren Sinne geht es bei dieser Diskussion um den möglichen schleichenden Niedergang der Leistungsfähigkeit der deutschen Volkswirtschaft: Erweiterungen der Produktionskapazitäten, die nicht in Deutschland, sondern im Ausland umgesetzt werden, die Zusammenführung der Forschungskapazitäten multinationaler Unternehmen in der Nähe renommierter ausländischer Universitäten etc.

Noch bevor es sich in den statistischen Kennzahlen bemerkbar macht, könnte das deutsche Potenzialwachstum dauerhaft eine erhebliche Schwächung erlitten haben. Dies hätte ernsthafte Konsequenzen für die Wohlfahrt der deutschen Bevölkerung. Denn aus hoher Produktivität folgen hohe Löhne und aus hohen Renditen ein hohes Steueraufkommen und damit staatliche Spielräume für die Bereitstellung öffentlicher Güter und die Abfederung von Krisenfolgen. Derzeit ist jedoch eine zunehmend wachstumskritische Debatte zu beobachten, die mit dem Verweis auf die historische Korrelation von Wirtschaftswachstum und Klimawandel jegliches Streben nach wirtschaftlicher Leistung in einen negativen moralischen Kontext rückt.

Aber immerhin: Wenngleich es schon gewisse Anzeichen dafür gibt, dass es zumindest in der Phase der Energiekrise des Jahres 2022 Einbußen bei der industriellen Wertschöpfung in Deutschland gegeben hat, dürfte diese Gefahr nicht unabwendbar sein. Der eben skizzierte mögliche Niedergang reflektiert wirtschaftspolitische Weichenstellungen, die das unternehmerische Handeln hierzulande weniger attraktiv machen, als es sein könnte – oder sollte. Die Hoffnung, diese Entwicklung noch abwenden zu können, ist gerade deswegen berechtigt, weil man schlechte wirtschaftspolitische Weichenstellungen korrigieren kann. Dies gilt vor allem dann, wenn man es seitens der Politik mit dem Anliegen, eine Deindustrialisierung zu verhindern, tatsächlich ernst meinen sollte. Das Risiko der (schleichenden) Deindustrialisierung ist demnach in der Tat eine Schicksalsfrage, aber kein unabwendbares Schicksal.

Der vorliegende Beitrag diskutiert die Herausforderungen an die deutsche Volkswirtschaft im Jahrzehnt der „Zeitenwende" auf drei Ebenen. Der folgende ▶ Abschn. 4.2 stellt zunächst die nationale Handlungsebene und dabei seit langem schwelende Problemlagen in den Mittelpunkt: den demographischen Wandel und das anämische Produktivitätswachstum. Die Diskussion wendet sich sodann aus nationaler Sicht der geopolitischen Ebene zu und somit mittlerweile akzentuierten Herausforderungen, deren Wurzeln ebenfalls bis in die Zeit vor der Corona-Pandemie reichen: Krisenresilienz und (Versorgungs-)Sicherheit. Der dritte Teil des Abschnitts diskutiert mit dem Streben nach globaler Nachhaltigkeit ein Koordinationsproblem, zu dem nationale Politik zwar wichtige, aber letztlich nur begrenzte Beiträge leisten kann. Der abschließende ▶ Abschn. 4.3 zieht ein Fazit dieser Überlegungen.

4.2 Herausforderungen im Jahrzehnt der „Zeitenwende" – drei Handlungsebenen

An sich hätte es keiner neuen Herausforderungen bedurft, um die deutsche Volkswirtschaft an ihre Grenzen zu führen. ◘ Abb. 4.1 zeigt für die Zeit unmittelbar vor der Corona-Pandemie drei zentrale Herausforderungen auf einen Blick (Schmidt 2019). Die Abbildung zeigt für das Jahr 2016 die 19 größten Volkswirtschaften der Welt, wobei ihre Größe an der (mit Kaufkraftparitäten in vergleichbare Größen umgerechneten) Wirtschaftsleistung festgemacht wird. Auf einer logarithmischen Skala zeigt sich die Abstufung durch die horizontale Lage des entsprechenden Eintrags, von den beiden in dieser Rangliste führenden Volkswirtschaften China und USA ganz rechts zu immer kleiner werdenden Volkswirtschaften, je weiter der Blick nach links schwenkt. Die deutsche Volkswirtschaft liegt in dieser Betrachtung auf dem fünften Rang.

Kapitel 4 · Vom kranken Mann Europas zum neuen Wirtschaftswunder?

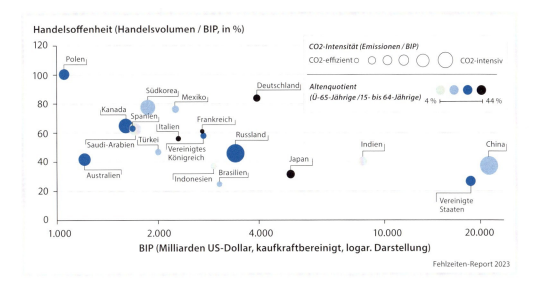

Abb. 4.1 Herausforderungen für die deutsche Volkswirtschaft. (Eigene Darstellung auf Basis von OECD.Stat, U.S. Energy Information Administration, The World Bank)

4.2.1 Demographischer Wandel und anämisches Produktivitätswachstum

Schon vor der Corona-Krise standen Wirtschaft und Gesellschaft in Deutschland vor einem tiefgreifenden Strukturwandel (SVR 2019b). Eine erste Herausforderung, die in Abb. 4.1 sichtbar wird, ist der am Altenquotienten gemessene demographische Wandel: Je dunkler die Einfärbung des Eintrags einer Volkswirtschaft, umso größer ist dieser Quotient aus der Größe der Rentnergeneration (65 und älter) und der Generation der Aktiven (15 bis 64 Jahre). Deutschland gehört bereits heute zu den Ländern mit dem höchsten Altenquotienten, und dies ist lediglich ein Vorbote: In den 2020er-Jahren werden die geburtenstarken Jahrgänge der 1950er- und 1960er-Jahre verstärkt ins Rentenalter eintreten. Die Erwerbsbevölkerung wird infolgedessen zurückgehen, Fachkräfteengpässe werden sich verschärfen. Zuwanderung wird diese Schrumpfung zwar abmildern, sie aber nicht völlig verhindern können (SVR 2018).

Dadurch dürften das Beschäftigungsniveau, Unternehmensgründungen und -nachfolgen sowie in der Konsequenz das Wirtschaftswachstum aller Voraussicht nach erheblich in Mitleidenschaft gezogen werden. Ebenso ist absehbar, dass die Alterung die Tragfähigkeit der öffentlichen Finanzen, vor allem der Systeme der sozialen Sicherung – Rente, Pflege, Gesundheit –, erheblich beeinträchtigen wird. Darüber hinaus könnte sie zu einem weiteren Rückgang der Innovationsdynamik führen und die Attraktivität Deutschlands als Investitionsstandort weiter schmälern. Dabei hatte die deutsche Volkswirtschaft schon seit Jahrzehnten ein sinkendes Produktivitätswachstum aufgewiesen (SVR 2019b, 2020). Die Corona-Pandemie könnte diese Probleme durch den Anstieg von Geschäftsaufgaben und eine nochmals gebremste Gründungsdynamik noch verschärft haben.

Andererseits hat die Pandemie dem Strukturwandel und dem Produktivitätswachstum durchaus auch positive Impulse verliehen. Die Digitalisierung der Wirtschaft hat sich rasant beschleunigt. Dies hat neue Geschäftsmodelle ermöglicht und bisherige Geschäftsmodelle

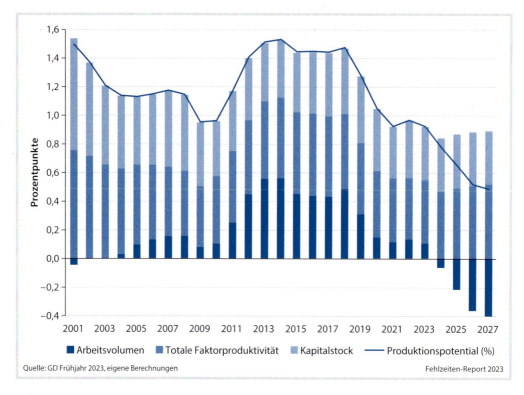

◘ **Abb. 4.2** Veränderungen des Produktionspotenzials und dessen Komponenten, 2001–2027. (Eigene Darstellung auf Basis von Gemeinschaftsdiagnose (GD 2023))

ihrer Rentabilität beraubt, etwa im Einzelhandel. Dies gilt jedoch nicht im gleichen Maße für die staatliche Verwaltung oder das Bildungswesen, deren Digitalisierung nach wie vor erhebliche Lücken aufweist. Damit die Digitalisierung das Potenzialwachstum wirksam beflügeln kann, ist demnach weit mehr nötig als lediglich der Ausbau der physischen digitalen Infrastruktur (SVR 2018). Insgesamt gilt: Wäre der demographische Wandel das einzige Problem – so zeigt die emotionale Diskussion über ein höheres Renteneintrittsalter –, wäre es schon schwer genug, gesellschaftlich breit getragene Lösungen zu finden (SVR 2011).

◘ Abb. 4.2 illustriert, welche Größenordnung diese Herausforderung aufweist. Zugleich zeigt sie Ansatzpunkte auf, wie ihren Konsequenzen entgegengewirkt werden kann. Die Abbildung zeigt aktuelle Berechnungen (GD 2023) zum Potenzialwachstum der deutschen Volkswirtschaft von 2001 bis 2027, wobei die Werte für die Jahre 2023 bis 2027 Projektionen der möglichen Weiterentwicklung darstellen. Das Potenzialwachstum ist eine aus den tatsächlichen Veränderungen der Wirtschaftsleistung abgeleitete Größe, die um konjunkturelle Schwankungen bereinigt und für die Jahre der Vorausschau anhand der angenommenen Entwicklungen ihrer Komponenten fortgeschrieben wird. Insgesamt zeigt sich ein Abwärtstrend dieses Maßes der inhärenten Wirtschaftsleistung der deutschen Volkswirtschaft, unterbrochen von einer Phase vergleichsweise hohen Potenzialwachstums im vergangenen Jahrzehnt.

Das Wachstumspotenzial eines jeden Jahres wird – in einer rein deskriptiv zu verstehenden Aufteilung – aus drei Komponenten gespeist: den Veränderungen des Arbeitsvolumens, des Kapitalstocks und der sog. Totalen Faktorproduktivität. Letztgenannte greift als Sammelgröße sämtliche Innovationen bei Produktionsverfahren, Organisation von Wertschöpfungsketten, Humanvermögen etc. auf, die aus den beiden anderen Produktionsfaktoren Arbeit und Kapital zum aktuellen Stand der Dinge das Beste herausholen. Während im Nachgang zu den Hartz-Reformen und vor allem in den 2010er-Jahren – damals vor allem durch die Zuwanderung aus den neuen EU-Mitgliedstaaten in Osteuropa – Steigerungen des Arbeitsvolumens noch deutlich zum Wirtschaftswachstum beigetragen hatten, wird in den kommenden Jahren der demographische Wandel das Potenzialwachstum voraussichtlich nahezu halbieren.

▪▪ Steigerung der Standortattraktivität

Vor diesem Hintergrund stellt sich die Frage, welche grundlegende Ausrichtung der Wirtschaftspolitik am besten dazu geeignet wäre, diesem Niedergang entgegenzuwirken: Vor dem Hintergrund der Aufteilung der in ◘ Abb. 4.2 dargestellten Wachstumskräfte müssten entweder die Investitionen in den Kapitalstock oder die Anstrengungen zur Erhöhung der Innovationsleistung attraktiver gestaltet werden – oder beides. Schließlich sind hierzulande rund 90 % aller Bruttoanlageinvestitionen privater Natur. Um dementsprechend die Attraktivität des Standorts für unternehmerisches Handeln zu steigern, dürfte vor allem eine Wirtschaftspolitik erforderlich sein, die darauf abzielt, gute Rahmenbedingungen für unternehmerisches Handeln und einen dynamischen Strukturwandel zu bieten und zugleich die Anpassungslasten der vom Strukturwandel negativ Betroffenen abzufedern (SVR 2019b).

Die Standortattraktivität lässt sich durch eine Vielzahl unterschiedlicher Weichenstellungen steigern, die – anders als die gegenwärtig häufig im Mittelpunkt stehenden Maßnahmen zur stärkeren Umverteilung der Wirtschaftsleistung – dazu geeignet sind, das volkswirtschaftliche Produktionspotenzial zu erhöhen. Dazu gehören u. a. die Bereitstellung einer leistungsfähigen Infrastruktur, insbesondere einer funktionierenden digitalen Verwaltung, international wettbewerbsfähige Unternehmenssteuern und Energiekosten, die Sicherstellung unternehmerischen Wettbewerbs sowie das Bemühen um ein reichhaltiges Reservoir an Humankapital im Rahmen der Bildungs- sowie der Migrations- und Integrationspolitik. Zudem sollten Aktivitäten im Bereich von Forschung, Innovation und Wissenstransfer aufgrund der mit ihnen verbundenen positiven Ausstrahlungseffekte staatlich gefördert werden.

Kern staatlicher Industriepolitik sollte dabei den positiven Erfahrungen der vergangenen Jahrzehnte der Sozialen Marktwirtschaft folgend ein Ansatz sein, der davon absieht, einzelne Technologien, Unternehmen oder Sektoren zu bevorzugen und stattdessen unternehmerisches Handeln in der Breite diskriminierungsfrei fördert. Dieser sog. „horizontale" industriepolitische Ansatz wurde bereits vor Ausbruch der Corona-Krise kritisch hinterfragt: Schließlich verschaffen einige andere Volkswirtschaften ihren heimischen Unternehmen durch gezielte Förderung Vorteile im internationalen Wettbewerb (BMWi 2019). Spätestens seit dem Ausbruch der Corona-Krise hat das Werben für den Einsatz einer eigenen strategisch orientierten Industriepolitik und das Streben nach Technologiesouveränität noch weiteren Rückenwind erhalten (Kagermann et al. 2021a; Streibich und Lenarz 2021).

Aus Sicht Deutschlands und Europas sollte die Antwort auf die aktiven industriepolitischen Bemühungen etwa Chinas und der USA nicht rein passiv sein (Kleimann et al. 2023). Es sollte vielmehr versucht werden, solche Aspekte zu identifizieren, die tatsächlich eine „strategische Bedeutung" für die eigene Volkswirtschaft haben, um dort gezielt einzugreifen. So kann es bei Querschnittstechnologien mit breiten Ausstrahlungseffekten zu technologiespezifischem Markt- oder Koordinationsversagen kommen, sodass die „vertikale" Förderung einzelner Sektoren oder Technologien sinnvoll sein kann. Aber ihr kluger Einsatz stellt hohe Anforderungen an die wettbewerbliche Vergabe der Mittel und die schritthaltende Evaluierung ihres Einsatzes, um zu verhindern, dass der Staat unter dem Deckmantel des gesellschaftlichen Interesses für Einzelinteressen vereinnahmt wird (SVR 2018, 2019b).

4.2.2 Krisenresilienz und (Versorgungs-)Sicherheit

Wie ◘ Abb. 4.1 verdeutlicht, hat keine fortgeschrittene Volkswirtschaft so sehr die internationale Arbeitsteilung für das Erarbeiten ihrer Wirtschaftsleistung genutzt wie Deutschland: In der Abbildung zeigt sich die Offenheit der dort abgebildeten Volkswirtschaften gegenüber der internationalen Arbeitsteilung in der vertikalen Positionierung des jeweiligen Eintrags. Sie ergibt sich aus einem einfachen Indikator der Handelsoffenheit, indem die Summe der Importe und Exporte ins Verhältnis zur jeweiligen Wirtschaftsleistung gesetzt wird (Schmidt 2019). Typischerweise sind große Volkswirtschaften, bspw. die USA und China, anders als kleine Volkswirtschaften dem Indikator zufolge nicht sonderlich offen. Deutschland nimmt – wie sich an der vertikalen Ausreißer-Position im Vergleich zur Punktwolke ähnlich großer Volkswirtschaften deutlich erkennen lässt – hier eine Sonderrolle ein.

Deutsche Unternehmen sind die Ausrüster für den industriellen Aufschwung in aller Welt. Sie haben vor allem die Öffnung Osteuropas und Chinas gegenüber der Weltwirtschaft für sich genutzt. Die Kehrseite ist jedoch: Keine andere reiche Volkswirtschaft dürfte gegenüber einer Rückabwicklung der Globalisierung verletzlicher sein; dies gilt auch innerhalb der Volkswirtschaften der Europäischen Union (EU). In den vergangenen Jahren hat sich diese Bedrohung sogar noch erhöht: Zum einen hat sich das Ringen der USA und Chinas um die geopolitische Vorherrschaft weiter zugespitzt. Zum anderen zeigt der Weckruf des russischen Angriffs auf die Ukraine, dass Deutschland und Europa gut beraten sind, künftig mehr für die eigene äußere und innere Sicherheit zu tun

als bisher, statt insbesondere die äußere Sicherheit weiterhin großzügig an die USA zu delegieren (Wörner und Schmidt 2022).

Nicht zuletzt hat sich in den vergangenen Krisenjahren gezeigt, wie verletzlich weltumspannend ausdifferenzierte Lieferketten sind. Unternehmen – und letztlich auch ganze Volkswirtschaften – werden daher nach einer neuen Balance zwischen wirtschaftlicher Effizienz und Widerstandsfähigkeit suchen müssen (Kagermann et al. 2021b). Mit Blick auf die Wertschöpfungs-, Liefer- und Innovationsketten gilt es, sich frühzeitig auf Schocks wie den Ausfall einer Lieferquelle vorzubereiten, sie zeitnah zu erkennen, den von ihnen ausgehenden schädlichen Impuls zu dämpfen, dessen Konsequenzen ohne größere Funktionsstörungen zu verkraften und sich rasch davon zu erholen. Ein resilientes System ist darüber hinaus in der Lage, aus Krisen zu lernen und sogar gestärkt aus ihnen hervorzugehen. Unternehmen stehen daher mehr denn je vor der strategischen Aufgabe, ihre Resilienz gezielt zu stärken.

Ein lenkender Eingriff des Staates lässt sich nur dann rechtfertigen, wenn die privaten Interessen der Unternehmen, ihre Funktionsfähigkeit sicherzustellen, geringer sind als die gesellschaftlichen. Dies ist bei der Einrichtung von Systemen zur Risikoabschätzung und Früherkennung zwar typischerweise der Fall, aber es sind letztlich weitgehend die Unternehmen in der Verantwortung, ihre Wertschöpfungs-, Liefer- und Innovationsketten besser zu vernetzen, auf Diversifikation zu setzen, Reserven vorzuhalten und in ihren Abläufen Redundanzen zuzulassen. Sie sind es, die agil genug sein müssen, um bei dennoch auftretenden Störungen ihre Prozesse rasch umzustellen und so die Schäden zu begrenzen. Zudem müssen sie aus Schocks lernen und ihre Geschäftsmodelle entsprechend anpassen. Schlussendlich müssen sie all dies schaffen, ohne ihre Rentabilität auf dem Altar der Resilienz zu opfern.

Was für das einzelne Unternehmen gilt, übersetzt sich in Anforderungen an das Gesamtsystem in solchen („systemrelevanten")

Bereichen, deren Ausfall besonders negativ auf andere Bereiche ausstrahlen würde. Für deren strategische Ausgestaltung tragen Unternehmen und Politik eine – keineswegs leicht abzugrenzende – gemeinsame Verantwortung. Die Politik weiß, dass Versäumnisse bei deren Identifikation im Ernstfall zu schweren Schäden für die Volkswirtschaft führen können. Unternehmen werden wiederum erkennen, dass es günstig ist, die eigene Systemrelevanz übermäßig zu betonen, um staatliche Mittel zur Wahrung der eigenen Interessen einzusammeln. Daher wird nur eine kritische Begleitforschung zur Resilienz der Wertschöpfungs-, Liefer- und Innovationsketten, die die europäische Ebene von vornherein mitdenkt, eine kluge Abgrenzung der Verantwortlichkeiten ermöglichen.

Einstieg in ein diversifiziertes Energieangebot

Die Bemühungen um die Stärkung der Resilienz werden nicht ohne Verzicht auf kurzfristige Rendite zu leisten sein, denn die im Zielkonflikt mit kurzfristiger Effizienz getroffene Entscheidung, Puffer vorzuhalten, die Diversifikation von Lieferantenbeziehungen und die Suche nach alternativen Lieferquellen als Backup-Lösungen bindet zusätzliche volkswirtschaftliche Ressourcen. Dies gilt vor allem für Fragen der inneren und äußeren Sicherheit. Hier ist zum Teil in besonders starkem Maße der Staat als Akteur gefragt, gerade wenn es um Fragen der Verteidigungsfähigkeit geht. Bei Fragen der Cybersicherheit wiederum ist nicht allein der Staat verantwortlich – auch die Unternehmen müssen ihre Resilienz sicherstellen. Wiederum: Mehr, nicht weniger wirtschaftliche Leistungsfähigkeit ist vonnöten – Deutschland braucht attraktive Rahmenbedingungen für unternehmerisches Handeln.

Im Kern dieser Rahmenbedingungen steht die sichere Versorgung mit Energie. Bis zum Februar 2022 galt es als sicher, dass beim Ausstieg aus der Nutzung der fossilen Energieträger, zuerst aus Öl sowie Kohle und perspektivisch aus Gas, überwiegend russisches Gas als Brückentechnologie dienen sollte. Nun mussten wir erkennen: Der Anspruch einer Defossilisierung ohne Deindustrialisierung erfordert nicht nur diesen Ausstieg, sondern auch den Einstieg in neue Energieträger. Der heimische Ausbau regenerativer Energien allein wird nicht ausreichen. Neben der Förderung heimischer Gasreserven und längeren Laufzeiten für Kernkraftwerke sind daher die Bedingungen dafür zu schaffen, etwa durch den Aufbau einer Importinfrastruktur für grünen Wasserstoff, sodass dessen Import und der Einstieg in die Wasserstoffwirtschaft für private Akteure attraktiv sind.

4.2.3 Das Ringen um globale Nachhaltigkeit

■ Abb. 4.1 hält eine dritte Botschaft hinsichtlich der Herausforderungen an die deutsche Volkswirtschaft bereit: Es gilt im Angesicht des Klimawandels, einen wirksamen Beitrag zur Transformation des globalen Energiesystems zu leisten, dabei aber auch die eigenen Möglichkeiten nicht so sehr aus dem Blick zu verlieren, dass diese Anstrengungen wirkungslos verpuffen. Die Größe der Einträge in der Abbildung reflektiert die jeweilige Emissionseffizienz der betrachteten Volkswirtschaften: Je kleiner der Kreis, desto weniger Emissionen werden in dieser Volkswirtschaft durchschnittlich erzeugt, um eine Einheit an – in der Abbildung direkt miteinander vergleichbar ausgewiesener – Wirtschaftsleistung zu erzielen. Es zeigt sich deutlich, dass Deutschland eine vergleichsweise hohe Emissionseffizienz aufweist. Dies ist insbesondere für die großen Emittenten USA und China nicht der Fall.

Dies ist aus zwei Gründen bedeutsam. Zum einen illustriert dieser Kennzahlenvergleich, dass es die Mitgliedstaaten der EU – oder gar Deutschland allein – nicht werden schaffen können, durch eigene Emissionsvermeidung das Weltklima zu retten. Der Klimawandel ist ein globales Problem, dessen Lösung in der Defossilisierung des globalen Energiesystems liegt (Leopoldina et al. 2020; SVR 2019a).

Hier wird es insbesondere ohne die USA und China nicht gehen – und erzwingen kann man die Mitwirkung an der globalen Transformation nicht. Zum anderen zeigt sich aber deutlich, welche positive Rolle Deutschland und Europa bei der Lösung dieses globalen Kooperationsproblems (Ockenfels und Schmidt 2019) spielen können. Denn dabei werden technische Lösungen, die den globalen Umstieg zur ökologischen Nachhaltigkeit mit der Aussicht auf Wirtschaftswachstum verbinden, dringend gebraucht.

Die EU hat sich mit ihrer übergreifenden Strategie eines „European Green Deal" vorgenommen, eine Vorreiterrolle beim globalen Klimaschutz einzunehmen und das Ziel der Klimaneutralität bereits im Jahr 2050 zu erreichen. Doch wie sollte der deutsche und europäische Beitrag zu dieser Transformation zur Klimaneutralität gestaltet werden? Es spricht sehr viel dafür, dabei unsere Gesellschafts- und Wirtschaftsordnung, die auf marktwirtschaftlichem Austausch, individueller Handlungsfreiheit und privaten Eigentumsrechten aufbaut, als unverrückbaren Rahmen zu bewahren und auf globaler Ebene dafür zu werben. Denn es gilt zum einen, funktionierende Ökosysteme als unverzichtbare Basis der menschlichen Existenz zu erhalten, und zum anderen, die weltweit zunehmend gelingende Befreiung der Menschheit aus materieller Armut fortzuführen.

Eine kohärente europäische Strategie für den Klimaschutz besteht somit aus zwei Kernelementen, die weit darüber hinausreichen, eigene ambitionierte Ziele festzuschreiben. Sie etabliert erstens eine Vorgehensweise bei der Rückführung der eigenen Emissionen, die dazu geeignet ist, auf globaler Ebene als Vorbild zu dienen. Die eigenen klimapolitischen Ziele wirksam zu erreichen, ist dabei lediglich die Minimalanforderung. Es muss zudem gelingen, drei wichtige Nebenbedingungen zu erfüllen. So muss die angestrebte Rückführung der Emissionen unter (i) möglichst geringem Einsatz von volkswirtschaftlichen Ressourcen gelingen. Diese Anforderung spricht dafür, möglichst arbeitsteilig vorzugehen, indem die Transformation ausdrücklich als eine sektorübergreifende Aufgabe verstanden wird: Es kommt auf das Gesamtergebnis an, nicht auf die Entwicklungen in einzelnen Regionen oder Sektoren.

Auf dem Weg zur Klimaneutralität variieren nicht nur die Kosten für die Vermeidung der jeweils nächsten Tonne an Emissionen zwischen Sektoren, Regionen und Akteuren – die genaue Verteilung dieser Kosten über alle relevanten Akteure ist noch nicht einmal bekannt. Zudem verändern sich die technischen Möglichkeiten der Emissionsvermeidung rapide im Zuge eines äußerst dynamischen – und ebenfalls nicht planbaren – technischen Fortschritts. Diese Informationsdefizite sprechen stark gegen eine planwirtschaftliche Klimapolitik, angezeigt erscheint vielmehr ein marktwirtschaftlicher Ansatz. Die Logik einer möglichst intensiven Arbeitsteilung spricht dafür, einen über alle Sektoren einheitlichen und im Zeitablauf steigenden CO_2-Preis als Leitinstrument zu erheben, flankiert durch die staatliche Bereitstellung der nötigen Infrastrukturen und eine kluge (s. o.) Industriepolitik.

Bislang verfolgen die deutsche und die europäische Energiewendepolitik allerdings einen planwirtschaftlich gefärbten Ansatz des „viel hilft viel", bei dem eine Fülle einander überlappender Vorgaben für einzelne Mitgliedstaaten, Sektoren und Technologien und eine Vielzahl von Instrumenten zum Einsatz kommen. Doch dieser kleinteilige Ansatz widerspricht nicht nur dem Prinzip der Arbeitsteilung. Er macht es auch schwerer, die beiden weiteren Nebenbedingungen zu erfüllen, (ii) die soziale Ausgewogenheit der Transformation zu sichern (Preuss et al. 2019) und (iii) die internationale Wettbewerbsfähigkeit der heimischen Unternehmen zu wahren (SVR 2019a; FGCEE 2021). Eine umfassende CO_2-Bepreisung auf europäischer Ebene würde hingegen die Gesamtkosten des Umstiegs begrenzen, Mittel für den sozialen Ausgleich einsammeln und die internationale Koordination der Klimapolitik erleichtern.

▪ ▪ Internationale Koordination

Eine kohärente europäische Strategie ließe zweitens nichts unversucht, die Bildung einer globalen Allianz für den Klimaschutz voranzutreiben. Dabei wurden bereits kleine Fortschritte erzielt, jüngst etwa durch die Hinwendung der USA zu einer aktiven Industriepolitik für den Klimaschutz (Kleimann et al. 2023), aber diese reichen nicht aus. Will die EU hier tatsächlich einen Unterschied machen, dann wird es nicht genügen, auf globaler Ebene als Vorbild zu wirken. Vielmehr gilt es, in internationalen Verhandlungen andere Volkswirtschaften unnachgiebig zu entsprechenden Zugeständnissen – etwa zur Erhebung eines CO_2-Preises – zu drängen. Diese Entschlossenheit ist aber mit der Bereitschaft zu verbinden, umfangreiche finanzielle und technische Unterstützung beim Umstieg auf Klimaneutralität und für die Anpassung an den Klimawandel zu leisten (Schmidt 2021).

4.3 Fazit: Die marktwirtschaftliche Ordnung verteidigen

Die vielfältigen Krisen der Gegenwart sollten unsere Sinne für die Verletzlichkeit unseres Wirtschafts- und Gesellschaftsmodells sowie unseres Wohlstands geschärft haben. Vor allem zeigt sich, dass die Wirtschaftsleistung in jedem Jahr von Grund auf neu erarbeitet werden muss: Es handelt sich bei der zentralen Kennzahl für die Wirtschaftsleistung eines jeden Jahres, dem Bruttoinlandsprodukt, schließlich um eine Stromgröße, die zu Jahresanfang immer bei Null startet. Daher bergen länger anhaltende Hemmnisse für die Wirtschaftsleistung immer das Risiko eines Wohlstandsverlusts in sich. Unsere marktwirtschaftliche Ordnung erlaubt unserer Gesellschaft nicht nur ein hohes Maß an materieller Prosperität, sondern ermöglicht erst die kohärente Verteilung von wirtschaftlichen Handlungsoptionen und Lebenschancen. Gerade im Jahrzehnt der „Zeitenwende" ist ihre Fortführung daher wichtiger denn je.

Literatur

Bundesministerium für Wirtschaft und Energie (2019) Nationale Industriestrategie 2030: Strategische Leitlinien für eine deutsche und europäische Industriepolitik. BMWi, Berlin

Deutsch-Französischer Rat der Wirtschaftsexperten (2021) Franco-German cooperation in support of the European Green Deal: pricing of carbon in and at the border of Europe. FGCEE, Berlin

GD – Projektgruppe Gemeinschaftsdiagnose (2023) Inflation im Kern hoch – Angebotskräfte jetzt stärken. Gemeinschaftsdiagnose Frühjahr 2023. Projektgruppe Gemeinschaftsdiagnose, München

Kagermann H, Streibich KH, Suder K (2021a) Digitale Souveränität – Status quo und Handlungsfelder. acatech Impuls, München

Kagermann H, Süssenguth F, Körner J et al (2021b) Resilienz als wirtschafts- und innovationspolitisches Gestaltungsziel. acatech Impuls, München

Kleimann D, Poitiers N, Sapir A et al (2023) How Europe should answer the US Inflation Reduction Act. Bruegel Policy Contribution 04/23 (Februar 2023)

Leopoldina – Nationale Akademie der Wissenschaften, acatech – Deutsche Akademie der Technikwissenschaften und Union der deutschen Akademien der Wissenschaften (2020) Energiewende 2030: Europas Weg zur Klimaneutralität, ad-hoc-Stellungnahme. Leopoldina, acatech, Halle

Ockenfels A, Schmidt CM (2019) Die Mutter aller Kooperationsprobleme. Z Wirtschaftspolitik 68(2):122–130

Preuss M, Reuter W, Schmidt CM (2019) Verteilungswirkung einer CO_2-Bepreisung in Deutschland. SVR-Arbeitspapier 08/2019. Sachverständigenrat zur Begutachtung der gesamtwirtschaftlichen Entwicklung, Wiesbaden

Schmidt CM (2019) Handel, Demografie, Klimaschutz: Wirtschaftspolitische Agenda für 2020. RWI Impact Notes, Essen

Schmidt CM (2021) Die Soziale Marktwirtschaft nach der Corona-Krise: Fit für den Systemwettbewerb im 21. Jahrhundert. List Forum 47:83–96

Schmidt CM, Schmidt T (2022) Defossilierung vorantreiben und Deindustrialisierung vermeiden: möglich, aber schwierig. Wirtschaftsdienst 102(12):929–932

Scholz O (2023) The Global Zeitenwende. How to Avoid a New Cold War in a Multipolar Era. Foreign Aff 102(1):22–38

Streibich KH, Lenarz T (Hrsg) (2021) Resilienz und Leistungsfähigkeit des Gesundheitswesens in Krisenzeiten. acatech Impuls, München

SVR – Sachverständigenrat zur Begutachtung der gesamtwirtschaftlichen Entwicklung (2011) Herausforderungen des demografischen Wandels. Expertise im Auftrag der Bundesregierung, Mai 2011

SVR (2018) Vor wichtigen wirtschaftspolitischen Weichenstellungen. Jahresgutachten 2018/19. Sachverständigenrat zur Begutachtung der gesamtwirtschaftlichen Entwicklung, Wiesbaden

SVR (2019a) Aufbruch zu einer neuen Klimapolitik. Sondergutachten. Sachverständigenrat zur Begutachtung der gesamtwirtschaftlichen Entwicklung, Wiesbaden

SVR (2019b) Den Strukturwandel meistern. Jahresgutachten 2019/20. Sachverständigenrat zur Begutachtung der gesamtwirtschaftlichen Entwicklung, Wiesbaden

SVR (2020) Corona-Krise gemeinsam bewältigen, Resilienz und Wachstum stärken. Jahresgutachten 2020/21. Sachverständigenrat zur Begutachtung der gesamtwirtschaftlichen Entwicklung, Wiesbaden

Wörner JD, Schmidt CM (2022) (Hrsg) Sicherheit, Resilienz, Nachhaltigkeit. acatech IMPULS, 24. Juni 2022

Zeitenwende – Perspektiven, Meinungen, Kommentare

Inhaltsverzeichnis

Kapitel 5   Erleben wir aus politikwissenschaftlicher Sicht eine Wende? – 73
Ute Scheub

Kapitel 6   „Sicherheit in unsicheren Zeiten" – Zeitenwende in betrieblichen Organisationen: Herausforderungen und Lösungsansätze aus Sicht von Arbeitnehmerinnen und Arbeitnehmern – 85
Johannes Roth und Knut Lambertin

Kapitel 7   Zeitenwende in der Arbeitswelt: Ausgewählte „Wandelthemen" und Lösungsansätze aus Sicht von Arbeitgeberinnen und Arbeitgebern – 99
Susanne Wagenmann, Elisa Clauß, Sebastian Riebe und Carina Becher

Erleben wir aus politikwissenschaftlicher Sicht eine Wende?

Ute Scheub

Inhaltsverzeichnis

5.1 Demokratie ist ein Klangkörper und lebt von Resonanz – 74

5.2 Dissonanz zwischen demokratischen Idealen und Wirklichkeit – 75

5.3 Fatale Gleichsetzung von Wahlen und Demokratie – 76

5.4 „Soziale" Medien fördern Rechtspopulismus – 77

5.5 Das Gegenmittel: Resonanz und Vertrauen in Politik und Wirtschaft – 79

5.6 Mehr Resonanz durch Beteiligung und Vielstimmigkeit – 81

5.7 Fazit – 83

Literatur – 83

© Der/die Autor(en), exklusiv lizenziert an Springer-Verlag GmbH, DE, ein Teil von Springer Nature 2023
B. Badura et al. (Hrsg.), *Fehlzeiten-Report 2023*, Fehlzeiten-Report,
https://doi.org/10.1007/978-3-662-67514-4_5

▪ ▪ Zusammenfassung

Politik, Gemeinwesen, Organisationen und Betriebe sollten echte Beteiligung anstreben: ergebnisoffen, transparent und auf Augenhöhe. Der folgende Beitrag erläutert anhand des Konzeptes der Resonanz die existenzielle Bedeutung von Vielstimmigkeit und Beteiligung in Demokratien. Er zeigt, wie man Rechtspopulismus entgegenwirken kann und wie direkte, repräsentative und konsultative Demokratie einander sinnvoll ergänzen und stärken können. Beteiligung und Resonanz könnten auch für Unternehmen Vorteile mit sich bringen: Wer Beschäftigten vertraut und glaubhaft vermittelt, ihre Stimmen und Vorschläge würden gehört, vergrößert nicht zuletzt ihr Wohlbefinden, ihr Engagement und ihre Freude an der Arbeit.

5.1 Demokratie ist ein Klangkörper und lebt von Resonanz

Die Demokratie ist derzeit weltweit bedroht. Vielerorts wachsen rechtspopulistische Bewegungen und die Zahl der Fassadendemokratien, autoritären Entwicklungsstaaten und Diktaturen nimmt zu. In vielen Staaten erscheinen kriegerische Diktatoren und autoritäre Rechtspopulisten auf der politischen Bühne: Wladimir Putin, Xi Jinping, Donald Trump, Viktor Orban, Recep Tayyip Erdoğan und viele andere.

Bevor wir jedoch zu den Ursachen für die Krise der Demokratie kommen, sei einleitend kurz überlegt, was eigentlich ihre Grundlagen sind. Das altgriechische Wort „Demokratie" bedeutet vom Wortstamm her „Herrschaft des Volkes". Dies ist aber ein Widerspruch in sich: Wenn die Bevölkerung mitregiert, kann es keine Hierarchie und folglich keine Herrschaft geben. „Selbstregieren" wäre also die bessere Übersetzung für Demokratie.

Ohne unsere scheinbar so selbstverständliche Möglichkeit der sprachlichen Verständigung hätte sich keine menschliche Kultur, keine Gesellschaft, kein Unternehmen, keine Organisation und Regierung bilden können. Der frühere Schweizer Nationalrat Andreas Gross formuliert es so: „Das Gespräch ist die Seele der Demokratie" (Scheub 2017).

In seinem Buch „Resonanz" stellt der Soziologe Hartmut Rosa die These auf, diese sei der Schlüsselbegriff für eine gelingende Weltbeziehung und der Gegenbegriff zu Entfremdung (Rosa 2016). Resonanz steht laut etymologischem Wörterbuch für Nachklang, Widerhall, Anklang, Verständnis, Interesse, Wirkung. „Resonare" kommt aus dem Lateinischen und bedeutet wörtlich übersetzt zurücktönen, zurück-erschallen. Eine nichtentfremdete lebendige Welt ist eine resonante Welt, die in uns und mit uns mitschwingt, die viele Antworten, Selbst- und Mitbestimmungs-Möglichkeiten bietet. Antworten, die etwas in uns ertönen lassen, kommen von anderen Menschen, aber auch aus Naturerlebnissen, aus künstlerischen, handwerklichen oder spirituellen Erfahrungen oder anderen Quellen.

Wir Menschen haben ein existenzielles Bedürfnis nach Antworten, Mit-Schwingung und Mit-Wirkung. Das Fehlen von Resonanz raubt uns zutiefst menschliche Grundbedürfnisse: Kommunikation. Verständigung. Verbindung. Nichtresonanz schlägt schnell um in eine existenzielle Urangst, weil wir uns allein fühlen, ausgestoßen und verlassen. Dies ist das Schlimmste, was sich das Familien- und Gruppentier Homo sapiens vorstellen kann. Dem „sozialen Tod" von Ausgeschlossenen, Stigmatisierten und auch von Opfern sexualisierter Gewalt folgen nicht selten ein echter Tod sowie noch häufiger psychische und physische Krankheiten (Heitmeyer 2012, S 22 ff). Angst mobilisiert Überlebensreaktionen, andauernder Stress schadet der Gesundheit nachhaltig. Der Pulsschlag erhöht sich, alle Nerven und Muskeln sind angespannt, Stresshormone durchfluten Kopf und Körper: flüchten, erstarren oder sich wehren? In Situationen vermeintlicher oder tatsächlicher Bedrohung wird aus Angst schnell flammende Wut. Nichtresonanz, das Ausbleiben von Antworten, produziert kranke Menschen und „Wutbürger".

Unsere *Stimme* spielt bei einer resonanten Demokratie eine entscheidende Rolle. Sie ist *das* zentrale soziale Instrument von Menschen, wörtlich und sprichwörtlich. Ohne Stimme gingen wir sang- und klanglos unter. Die Stimme findet sich nicht zufällig in vielen politischen Begriffen wieder. In allen öffentlichen Angelegenheiten – auf Lateinisch „res publica", woraus „Republik" wurde – pflegen wir uns über Sprache und Stimme auf gemeinsame Ziele zu verständigen. Die Stimme erklingt in Selbst- und Mitbestimmung, im Stimmrecht und Stimmenmehrheit, in anstimmen, abstimmen, umstimmen, beistimmen, zustimmen, übereinstimmen, in der Stimmung und der Stimmigkeit, in Ein- oder Mehrstimmigkeit. Und – vielleicht ein neues Wort für Resonanz – in Gemeinstimmigkeit. Resonanz hat also viel zu tun mit Stimme und Stimmung, Tönen, Schwingen, Antworten und Glücksgefühlen. Wird die Stimme über längere Zeit nicht benutzt, leidet die Gesundheit der Verstummten massiv, werden sie unter Umständen depressiv oder aggressiv.

Hartmut Rosa, der Sozialphilosoph aus Jena, sieht Politik als „Resonanzsphäre, in der Demokratie die Welt der öffentlichen Institutionen und die Strukturen des kollektiv geteilten Lebens zum Sprechen bringt". Die neuzeitliche Demokratie, schreibt er weiter, beruhe auf der Vorstellung, dass sie „jedem Einzelnen *eine Stimme gibt* und *sie hörbar macht*, so dass die politisch gestaltete Welt zum Ausdruck ihrer produktiven Vielstimmigkeit wird." Resonanz, sagt Rosa, bedeutet nicht Einklang oder Harmonie, sondern Antwort, Bewegung, Berührung, tönendes Widersprechen (Rosa 2016, S. 73, 366 ff). Die Vielstimmigkeit ist dabei absolut entscheidend: Mal tritt die eine, mal die andere Stimme hervor. Musikalisch gesprochen: Harmonie verwandelt sich in Dissonanz, Dissonanz in Harmonie. Erst durch diese musikalischen Spannungen entsteht Hörgenuss. Dies lässt sich auf die Demokratie übertragen.

5.2 Dissonanz zwischen demokratischen Idealen und Wirklichkeit

Warum ist Demokratie dann in der Krise? Eine der Ursachen liegt in der enormen Dissonanz zwischen Idealen und Wirklichkeit. In der Schule lernen wir, dass das Parlament ein Ort des Austauschs der besten Argumente ist. Diejenigen, die am überzeugendsten sprechen, setzen sich durch und gewinnen die Abstimmung.

Aber das Ergebnis fast jeder Bundestagsdebatte scheint von vornherein festzustehen. Die Opposition kann noch so sinnvolle Vorschläge vorlegen – sie werden von der Regierungskoalition meist aus Prinzip niedergestimmt. Der 2016 verstorbene Publizist Roger Willemsen hat den Bundestag ein ganzes Jahr lang beobachtet und jede einzelne Plenardebatte verfolgt (Willemsen 2014). Sehr selten erlebte er eine Sternstunde, und zwar nur dann, wenn sich das Parlament von der Fixierung auf Regierung contra Opposition löste. Der Standard des „Hohen Hauses" bestand nach seiner Beobachtung in Respektlosigkeit, gegenseitiger Missachtung und Herabsetzungen aller Art. Politischen Gegnern würden „grundsätzlich die niedrigsten Beweggründe" unterstellt. Zuhören sei vollkommen unüblich: „Niemand darf seinen Standpunkt verlassen, niemand darf je überzeugt werden." Im Bundestag herrsche „bisweilen ein Geschrei wie auf dem Pausenhof, die Redner werden ignoriert, man unterhält sich laut, beschäftigt sich mit seinem Handy, dann wieder schaut eine komplette Fraktion nach hinten (ebd.)."

Ebenfalls in der Schule haben wir das System der Gewaltenteilung gelernt, das auf den französischen Aufklärer Montesquieu zurückgeht: Die Legislative (das Parlament) kontrolliert die Exekutive (die Regierung); die Judikative (die Justiz) korrigiert alle beide. Doch die meisten Gesetzentwürfe stammen aus der Hand einer übermächtigen Exekutive. Die Regierungsmitglieder sprechen mit den Fraktionsvorsitzenden der Regierungskoalition das

Vorgehen ab. Gesetzestexte durchlaufen im Bundestag zwar die vorgesehenen Lesungen, werden dabei aber selten verbessert, und seien die Argumente von Fachleuten in den Ausschüssen oder Plenardebatten noch so überzeugend. Weil handwerklich schlechte Arbeit dadurch zunimmt, hat das Bundesverfassungsgericht schon mehrere Regierungsvorlagen als „verfassungswidrig" gestoppt.

Fruchtbare inhaltliche Debatten werden durch den Fraktionszwang im Keim erstickt. Die Regierungskoalition legt zwar kaum noch selbst Gesetze vor, lehnt aber alles ab, was von der Opposition kommt, selbst wenn sie inhaltlich damit einverstanden ist. „Zur Not macht man eigene Gesetze, die dann genauso aussehen", hat der frühere SPD-Abgeordnete Marco Bülow beobachtet. Wohl am fatalsten wirkt sich der überbordende Lobbyismus aus. Auf jeden Bundestagsabgeordneten kommen ungefähr acht Lobbyisten, auf EU-Ebene sind es sogar noch mehr (Balser und Ritzer 2016). Marco Bülow kritisiert: „Konzerne sitzen in Ministerien und arbeiten an Gesetzestexten mit oder haben direkten Zugang zu Ministern und Staatssekretären." Er fordert deshalb als Mindestmaßnahme zur Belebung der Demokratie die Eindämmung des Fraktionszwangs und mehr Transparenz (Bülow 2021).

Demokratie, so haben wir ebenfalls auf der Schulbank gelernt, ist ein Versprechen auf Gleichheit. Laut Verfassung ist jede Bürgerin und jeder Bürger vor dem Gesetz gleich, so individuell unterschiedlich sie sein mögen. Jede Person hat eine Stimme, die gleich viel wert ist. In der Praxis aber regiert heute eine nie dagewesene Ungleichheit. In Deutschland besitzt ein Prozent der Bevölkerung etwa ein Drittel des Gesamtvermögens (Rötzer 2015). Auch in anderen Ländern dominiert eine dünne Schicht von Superreichen den Rest der Bevölkerung. „Postdemokratie" nannte der britische Soziologe Colin Crouch diese Verhältnisse in seinem gleichnamigen Bestseller (Crouch 2008). Hinter der parlamentarisch-demokratischen Fassade, so Crouch, hätten die Geldeliten die meisten Entscheidungen längst gefällt.

„Alle Gewalt geht vom Volke aus", so steht es in Artikel 20 des Grundgesetzes. Aber wo geht sie hin? Auch hier glauben nur noch Schulkinder, dass das Volk der eigentliche Souverän ist, wie es in den Lehrbüchern steht. Außerhalb von Wahlen hat die Bevölkerung nicht viel zu sagen. Unsere großartigen Potenziale zur Problemlösung, Konfliktregulierung und Entscheidungsfindung werden im üblichen Politbetrieb nicht mehr gefordert. Wir bleiben alle weit unter unseren Möglichkeiten – auch die Abgeordneten selbst.

5.3 Fatale Gleichsetzung von Wahlen und Demokratie

„Wahlen" und „Demokratie" werden heute gleichgesetzt – geschichtlich gesehen vollkommen zu Unrecht. Der Historiker David Van Reybrouck erinnert in seinem Essay „Gegen Wahlen" daran, dass sich die ersten Demokratien in Athen und anderswo durch Losverfahren ausgezeichnet haben (Van Reybrouck 2016). Öffentliche Ämter wurden ausgelost, sodass alle die Chance hatten, beim Mitregieren „auch mal dranzukommen". „Demokratie" mit „Wahldemokratie" gleichzusetzen sei ein fundamentales Missverständnis, das uns zu „Wahlfundamentalisten" gemacht habe. Er habe nicht wirklich etwas gegen Wahlen, die seien aber nur eine Methode und kein Selbstzweck: „Wahlen sind heutzutage primitiv. Eine Demokratie, die sich darauf reduziert, ist dem Tode geweiht" (S. 46; S. 61).

Die Empirie scheint ihm Recht zu geben: Größere Teile des Publikums in Wahldemokratien wenden sich ab. Die Beteiligung bei Bundestagswahlen geht tendenziell bergab, von kleinen Ausschlägen nach oben abgesehen. Viele Menschen fühlen sich offenbar nicht mehr vertreten. Und Parlamente sind tatsächlich alles andere als repräsentativ für die Wahlbevölkerung: Etwa 95 % der deutschen Abgeordneten haben einen akademischen Bildungsgrad, rund ein Viertel hat ein Jurastudium abgeschlossen, die meisten sind ältere weiße Männer – und damit Träger von objektiv vorhandenen Statusprivilegien (Deutscher Bundestag 2021). Nach Einführung der umstrittenen Hartz-IV-Gesetze wies der CDU-Politiker Heiner Geißler darauf hin, dass in den parlamentarischen Gremien, die darüber berieten und abstimmten, nie ein Betroffener saß, der die harte Lebenswirklichkeit der Geringverdienenden aus eigener Anschauung kennt.

Die „Volksparteien" in Deutschland haben Millionen Mitglieder verloren und einen massiven Vertrauensverlust erlitten. Vielleicht auch deshalb, weil sie miteinander konkurrieren, als seien sie Markenprodukte in einem Supermarkt. Ein großer Teil der Wählerschaft wendet sich in der Folge ab – vor allem jene, die den Eindruck haben, überflüssig zu sein. Die Kritik, die der Philosoph Karl Jaspers bereits 1966 an den Parteien formulierte, hat nichts an Aktualität verloren: „Bei den Wahlen operieren sie nach Prinzipien der Reklametechnik. Ihre Handlungen bedenken die materiellen Interessen von Gruppen, deren Stimmen sie erwerben möchten." Damit würden sie statt Organen des Volkes zu „Organen des Staates" (Jaspers 1966, S. 130 ff).

Hinzu kommt: Krise ist der Normalzustand geworden. Klimakrise, Artensterben, Coronakrise, Ukrainekrise, Hungerkrise, Wasserkrise, Finanzkrise, Flüchtlingskrise: Krise, wohin man blickt. Die Gesellschaft scheint aus der Polykrise nicht mehr herauszukommen. Die psychische Grundverfassung von Menschen verträgt aber keine Dauerkrise und keinen Dauerblick in den Abgrund. Krisen setzen Stresshormone und Ängste frei. Dadurch werden nicht wenige Menschen dauerhaft krank, Angststörungen und depressive Verstimmungen nehmen massiv zu (Ärzteblatt 2021). Wer Angst um seine Existenz hat – ob begründet oder nicht –, wird launisch, reizbar, aggressiv, wütend, depressiv.

Wirtschaftswachstum gilt als Allheilmittel, um den Krisen zu entkommen, aber wachsen tun heutzutage vor allem die Schuldenberge: Die Ökonomie basiert auf sozialen und ökologischen Zukunftsanleihen, was auf Dauer nicht gut gehen kann. Die Versuche, ausbleibendes Wachstum „anzukurbeln", werden nur die Klimakatastrophe weiter anheizen und die Ökosysteme noch schneller zusammenbrechen lassen (vgl. den Beitrag von Masztalerz, ▶ Kap. 2 in diesem Band). Angesichts von Klima- und Ressourcenkrisen fasste der britische Wirtschaftswissenschaftler Kenneth Boulding unser Jahrhundertproblem in einem einzigen griffigen Satz zusammen: „Wer glaubt, dass in einer endlichen Welt unendliches Wirtschaftswachstum möglich ist, ist entweder ein Idiot oder ein Ökonom".

5.4 „Soziale" Medien fördern Rechtspopulismus

Triebkraft und Mitursache für die Erosion der Demokratie und den Aufstieg rechtspopulistischer Bewegungen sind die sogenannten „sozialen" Medien. Facebook, Twitter & Co stellen mehr oder weniger rechtsfreie Räume zur Verfügung, die User zum Absenden von Hassparolen nutzen. Die Grenze des öffentlich Sagbaren hat sich dadurch extrem ausgeweitet. Beschimpfungen und Beleidigungen sind üblich geworden, und weil die meisten anonym erfolgen, können sie juristisch nicht oder nur schwer verfolgt werden. Der Klangraum der Öffentlichkeit ist voller Hass und Misstöne.

Aber sind Hasskommentare im Internet überhaupt ein *öffentlicher* Klangraum? Sie finden ja eben nicht in einem gemeinsamen Raum statt, sondern werden als Einweg-Parole von einzelnen, (ab)getrennten Menschen vor dem Bildschirm losgeschleudert. Hier gibt es kein aufeinander Hören, keine soziale Kontrolle. Höchstens die Reaktionen anderer User, mutmaßlich gleichfalls isolierter Menschen. Wobei sich die Frage stellt, ob Isolation die Ursache oder die Folge dieser Kommunikationsform ist. Die Bundestagsabgeordnete Renate Künast (Grüne) hatte den Mut, an der Haustür einiger zu klingeln, die ihr Hassparolen und Vergewaltigungsdrohungen geschickt hatten. Und traf auf vollkommen erstaunte Männer, die sich die Frage, was ihre Mails bewirken, schlicht nicht gestellt hatten (Stuff 2016).

Menschen, die im Internet Hassmeinungen verbreiten, leben nicht selten isoliert, ihnen scheint Resonanz und Empathie völlig abhandengekommen. Oftmals kam ihre Verhärtung und Verbitterung durch biografische Brüche sowie soziale und wirtschaftliche Abstiegserfahrungen zustande. Und durch Statuspanik: Vor allem ältere weiße Männer, die objektiv vorhandene Statusprivilegien besaßen und besitzen, scheinen diese mit Zähnen und Klauen verteidigen zu wollen. Ein Beispiel dafür ist der frühere Verfassungsschutzchef Hans-Georg Maaßen, der Grüne und SPD beschuldigte, einen „eliminatorischen Rassismus gegen Weiße" zu betreiben. Carolin Amlinger und Oliver Nachtwey haben für ihr Buch „Gekränkte Freiheit" zahlreiche Interviews mit Personen aus dem Querdenker- und Reichsbürger-Milieu geführt. Sie bestätigen den Eindruck empirisch, dass deren soziale Kreise zu engsten Zellen zusammenzuschrumpfen scheinen. Ihre Überzeugungen werden dabei betonhart, sie sind nicht mehr fähig zum Zuhören und für andere Argumente nicht mehr zu erreichen. Wie Amlinger und Nachtwey (2022) feststellten, geht es solchen Menschen nicht mehr um Veränderungen oder gar Engagement, sie wollen einfach nur noch „Dampf ablassen" und ergehen sich nicht selten in Gewaltfantasien.

Soziale Medien – man könnte zugespitzt auch sagen „asoziale Medien", weil sie in ihren Echokammern das Gegeneinander statt das Miteinander fördern – sind zum Ersatz-Resonanzraum solcher isolierten Individuen geworden (Amlinger und Nachtwey 2022; Pörksen 2018). Sie haben auch das Aufkommen von „fake news" und den Wahlsieg von Donald Trump und anderen Rechtspopulisten möglich gemacht. Diese verfolgen mit dem Streuen von „fake news" und „alternative facts" eine Strategie der Dissonanz. Erfundene Nachrichten sollen für Verwirrung und Verunsicherung sorgen und den Eindruck entstehen lassen, dass nichts mehr stimmt, nichts und niemandem mehr zu trauen ist und die Welt ein einziger feindseliger Ort ist, in dem nur der Stärkere überlebt. Das lässt Angst, Ärger und Wut entstehen sowie den Wunsch, ein starker Führer möge einen aus diesem empfundenen Nebel der Verwirrung herausführen. Er möge die lauten Stimmen der „Störer" zum Verstummen bringen und endlich Einstimmigkeit herstellen.

In unsicheren Zeiten und andauernden Krisen wünschen sich schwache und fragile Menschen gerne einen „wehrbereiten" Volks- und Staatskörper mit einem ebenso starken „Oberhaupt" oder Führer herbei. Nach dem verlorenen Ersten Weltkrieg entstand in Deutschland daraus die Nazi-Bewegung, die sich ihrer Macht über Lieder, Rituale, Gleichschrittmarsch und blutige Überfälle auf „Feinde" versicherte. Sie propagierte das Fantasiebild eines gemeinsamen „Volkskörpers", durchrauscht von einer „Blutsgemeinschaft". Dieser sei der Gefahr von jüdischen und kommunistischen *Fremd-Körpern,* „Parasiten" und „Blutegeln" ausgesetzt. „Hetzmeuten" nannte der Literat Elias Canetti (2001) die Nazis. Demagogen lenkten die Angstwut solcher Meuten auf alle, die als Sündenböcke taugten: religiöse, kulturelle, politische und sexuelle Minderheiten. Diese, so wetterten sie, nähmen uns „unsere" Frauen weg (was seltsamerweise auch Frauen glaubten), sie „unterwanderten" und „überfremdeten" die „Volksgemeinschaft". Ihr oberster Führer wusste ganz genau: Solange er die rasende Wut der Schwachen auf noch Schwächere lenken konnte, blieb er selbst an der Macht. Die Rachsüchtigen blieben ihm treu, solange er ihr immer wieder neue Beute vorwarf. Ingenieure sprechen von einer „Resonanzkatastrophe", wenn eine Brücke so gebaut ist, dass der Gleichschritt marschierender Soldaten sie so heftig in Schwingung versetzen kann, dass sie zusammenstürzt. Auch das Dritte Reich war gewissermaßen eine Resonanzkatastrophe. Hartmut Rosa spricht von einer „Resonanzpathologie", einer „Echokammer für eine imaginierte Volksgemeinschaft" (Rosa 2016, S. 370).

Wenn solche Führer an die Macht gelangen, dann geben sie vor, „das Volk" zu ver*körper*n. Sie gaukeln ihren Anhängern vor, dass sie imaginär mit „dem Volk" verschmelzen, sie inszenieren sich dabei geschickt als Mischung von „Jedermann und Supermann"

(Ben-Ghiat 2022). Ihr Argumentationsmuster ähnelt sich weltweit: Sie hetzen ein imaginär einheitliches „Volk" gegen eine „korrupte Elite". Auch wenn sie selbst zur korrupten Schicht der Superreichen gehören, kommen sie damit immer wieder durch – dank „fake news" in den Resonanzräumen der (a)sozialen Medien.

Dazu gehört auch der russische Präsident Wladimir Putin, der in den Inszenierungen seines Körpers diesen mit dem russischen Imperium gleichzusetzen versucht. Immer wieder zeigte er sich in kraftstrotzender Pose, mit breitem Oberkörper und zur Schau gestellten Muskeln, etwa beim Angeln, Reiten, Jagen, U-Boot-Fahren und Eisloch-Tauchen (Scheub 2010, S. 23 ff; Scheub 2022). Seine Muskeln, so suggerierte er, sind die militärischen Arme des russischen Reiches.

Der Historiker Ernst Kantorowicz hat in seinem Buch *Die zwei Körper des Königs* beschrieben, wie die Vorstellung entstand, dass Reiche, Nationen und Imperien „politische Körper" seien. Wenn der erste sterbliche Körper des Königs tot war, überlebte sein „unsterblicher", das Königreich. Fortan war die Rede von „Haupt und Gliedern" dieses Reiches, von „Staatsorganen" einer Nation, von „Körperschaften" und „militärischen Armen", gesteuert von einem „Oberhaupt". Dieser „politische Körper" wurde durch Gegenstände sakralisiert: Totemtiere, Kreuze, Blutfahnen.

Es wird gefährlich, wenn rechtspopulistische und rechtsradikale Bewegungen einen *einstimmigen* Resonanzkörper anstreben, eine Gleichschaltung von Menschen und Stimmen, die keine anderen Töne mehr zulässt. Das bedeutet im Ergebnis: Monotonie. Trostlose Eintönigkeit. Sind Rechtspopulisten erstmal an der Macht, sind sie die Be-Stimmer, die nicht mehr auf andere Stimmen hören, sondern sie ausschalten.

Wirtschaftstheoretiker behaupten, dass Menschen „im Kampf ums Dasein" zu Konkurrenz und rücksichtslosem Egoismus neigen und zur Selbstlosigkeit nicht fähig sind. Also wurde „Wettbewerbsfähigkeit" zu einem ihrer obersten Prinzipien. Unternehmen, Gemeinwesen, Städte und Länder sollen alle in einem ewigen „Standortwettbewerb" gegeneinander kämpfen. Die Folge: Sie werden tatsächlich zu rücksichtslosen Akteuren. Ähnlich ist es in der gesellschaftlichen Sphäre: Sprechen Politiker und Unternehmensführerinnen Menschen die Fähigkeit zum Selbstregieren und Eigengestalten ab, schaffen sie Wutbürger. Eine Politik und Wirtschaft, die keine Resonanz zulässt, stellt den „Pöbel" überhaupt erst her.

5.5 Das Gegenmittel: Resonanz und Vertrauen in Politik und Wirtschaft

Gestaltet man die Regeln aber im Vertrauen auf die sozialen Fähigkeiten der Menschen, dann verhalten sich die meisten auf diese Weise, weil sie den Idealen entsprechen wollen. In Betrieben, die sich den Prinzipien der „Gemeinwohlökonomie" verschrieben haben, ist das sehr gut zu beobachten.[1] Menschen zeigen vor allem dann prosoziales Verhalten, wenn Regelwerke das betonen und fördern – und nicht, wie in der „normalen" Wirtschaft, faire Anbieter mit Wettbewerbsnachteilen bestrafen.

Wir sind grundsätzlich fähig zu Solidarität und Selbstregierung, zu Demokratie und Frieden, Freiheit und Selbstreflexion. Unsere Stimme des Gewissens und der Vernunft möchte gehört werden. Wir haben ein Resonanzverlangen, eine tiefe Sehnsucht danach, unser Leben selbstbestimmt zu gestalten und etwas Positives in die Welt zu tragen.

Staaten, Unternehmen und Organisationen sollten dieses Vertrauen ausdrücken, indem sie so viel Beteiligung der Betroffenen wie möglich zulassen – in Form von direkter und partizipativer Demokratie. Was wieder positive Rückwirkungen hat: Wer politisch, ökonomisch und betrieblich mitbestimmen kann, fühlt sich zugehörig und ernstgenommen. Solche Menschen wenden sich nicht ab, sondern

---

1 Mehr über diese von Christian Felber initiierte weltweite Bewegung unter ▶ www.ecogood.org.

packen mit an. Sie haben das Gefühl, dass ihre Arbeit und ihr Engagement Resonanz erfährt, deshalb werden sie auch weniger oft krank und fehlen weniger.

Das zeigen die Erfahrungen in Sozialunternehmen, Genossenschaften und „selbstgeführten Unternehmen", etwa im größten Pflegedienst in den Niederlanden. Seine rund 15.000 Beschäftigten können in kleinen selbständigen Teams von rund zwölf Personen autonom agieren und selbst entscheiden, wie sie ihre Arbeit gestalten und einteilen. Er wurde fünfmal hintereinander zum beliebtesten niederländischen Arbeitgeber gewählt, der Krankenstand des Personals ist weit unterdurchschnittlich. Das führt zu dem scheinbaren Paradox, dass dieser Dienst dem niederländischen Gesundheitssystem im Vergleich zu herkömmlichen Pflegediensten 40 % der Kosten erspart, obwohl oder gerade weil seine Beschäftigten über weit mehr Zeit und Zeitautonomie verfügen (Buurtzorg o. J.).[2]

Wer weiß, dass die eigene Stimme gehört wird, zeigt weit weniger mit dem Finger auf „die da oben". Wer sich respektiert fühlt, kann leichter hinnehmen, wenn eine Entscheidung mal nicht im eigenen Sinne ausgeht. Politik- und Arbeitsverdruss, Ausgrenzung und Hass wird der Resonanzboden weitgehend entzogen.

Man hüte sich aber vor Schein-Beteiligungen. Ob in der Politik, im Gemeinwesen, in Organisationen oder Betrieben: Menschen haben ein feines Gespür dafür, ob sie ernst genommen oder manipuliert und für Fake-Beteiligung missbraucht werden. Echte Beteiligung definiert sich vor allem durch drei Kriterien: ergebnisoffen, transparent und auf Augenhöhe. Noch besser wird sie durch innovative Elemente.

Ergebnisoffen: Es sollte sich von selbst verstehen, dass die Veranstalter von Bürgerdialogen und Betriebsversammlungen sich auf dort geäußerte Kritik und Vorschläge ernsthaft einlassen. Wer Bürger- oder Personalbeteiligung dafür nutzen will, um in der Chefetage bereits gefällte Entscheidungen zu legitimieren, wird Wut ernten. Die kann in offenem Widerstand gegen Maßnahmen enden oder auch in Abwendung, Desinteresse, Kündigung, Flucht in Krankheiten, erhöhten Fehlzeiten.

Transparent: Veranstalter von Bürgerbeteiligungen und Betriebs- oder Personalversammlungen sollten von Beginn an deutlich machen, was die Ziele und Mittel des Prozesses sind und wie mit dort geäußerten Meinungen oder Entscheidungen umgegangen wird. Die Moderation darf nicht parteilich sein, zur Not sollten externe Fachkräfte dazu eingeladen werden. Manipulationen im Prozessverlauf sind strikt zu unterlassen.

Auf Augenhöhe: Die Betroffenen müssen sich ernst genommen fühlen. Kritik an Missständen oder positive Vorschläge für Veränderungen dürfen nicht in Protokollen verenden. Chefetagen sollten sich verantwortlich fühlen, den angestoßenen Prozess weiterzuverfolgen und in allen Etappen Rechenschaft abzulegen.

Innovativ: Mehrheitsentscheidungen sind aus demokratischer Sicht problematisch. Dadurch entstehen immer Minderheiten, die sich unterlegen und ausgeschlossen fühlen, auf eine Revision der Entscheidung und womöglich sogar auf Rache sinnen. Inzwischen gibt es viele interessante Möglichkeiten, Versammlungen anders zu gestalten:

* Das „systemische Konsensieren" zielt darauf ab, den „kleinsten gemeinsamen Nenner" zu finden. Es werden nacheinander mehrere Lösungsvorschläge vorgestellt und das Ausmaß des Widerstands im Publikum dagegen getestet. Die Lösung mit dem geringsten Widerstand ist fast immer besser als die mit der größten Stimmenmehrheit (projektmagazin o. J.).[3]

* Selbstgeführte Betriebe, wie sie Unternehmensberater Frédéric Laloux in seinem Bestseller *Reinventing Organizations* vorstell-

---

2 ▶ www.buurtzorg.com, ▶ https://www.nzz.ch/gesellschaft/buurtzorg-ein-pflegemodell-gegen-zeitdruck-und-personalmangel-zeitdruck-und-personalmangel-vorgeht-ld.1461938.

3 ▶ https://www.projektmagazin.de/methoden/systemisches-konsensieren.

te, haben ganz andere Organisationsstrukturen (Laloux 2016). Eine davon ist die „Soziokratie", in der die klassische Hierarchie zugunsten von weitestgehend autonom und selbstständig arbeitenden Teams aufgelöst wird. Die Teams arbeiten in sich überschneidenden Kreisen, dort werden auch alle Entscheidungen getroffen. Eigenverantwortung, Zufriedenheit und Motivation der Beschäftigten steigen dadurch sehr stark an. „Innere Kündigungen" finden kaum mehr statt. Soziokratie ist entgegen gängigen Vorurteilen auch in Großbetrieben möglich.[4]

5.6 Mehr Resonanz durch Beteiligung und Vielstimmigkeit

Demokratie kann heute nur in Vorwärtsverteidigung gerettet werden: durch Verbreitung und Vertiefung, durch stärkere Inklusion aller Stimmen, durch eine Beteiligungskultur, die ihren Namen verdient. Reine Wahldemokratien sind nicht (mehr) zeitgemäß. Wir brauchen mehr Resonanz auf allen Ebenen, sonst ernten wir Rechtspopulismus.

Die Demokratie der Bundesrepublik macht einen sehr ausbaufähigen Eindruck. Der eigentliche Souverän – die Bevölkerung – hat zwischen den Wahlen kaum etwas zu sagen. Viele Engagierte und Ehrenamtliche geben irgendwann frustriert auf, weil ihre Stimmen kein Gehör finden, denn Resonanz und Rückkopplung mit politischen Gremien finden nicht statt. Das schwächt die Legitimität des Gesamtsystems und erhöht die Wut in manchen Kreisen.

Dabei sind direkte und repräsentative Demokratie kein Gegensatz, sondern könnten sich gegenseitig ergänzen und stärken. Das ist am schönsten in der Schweiz zu sehen, jenem stabilen Land, in dem es mit Abstand die meisten Volksabstimmungen gibt. Hier wird oft dagegen eingewendet, dass Volksabstimmungen gefährlich seien, weil dadurch etwa die Todesstrafe eingeführt oder Minderheitenrechte abgeschafft werden könnten. In Deutschland sind Entscheidungen, die gegen die im Grundgesetz festgelegten Menschenrechte verstoßen, aber unmöglich; darüber wacht das Bundesverfassungsgericht. Und in der Schweiz gab es in mehr als 150 Jahren direkter Demokratie bisher nur 20 Volksinitiativen, die sich gegen Minderheitenrechte richteten, und nur eine einstellige Zahl wurde angenommen (Mehr Demokratie 2016, S. 20).

Das Schweizer Parlament erarbeitet zudem weit mehr Gesetze als der Bundestag; es ist in scheinbar paradoxer Weise als Legislative stärker und gewichtiger als sein deutsches Pendant.

Der *German Angst* vor der direkten Demokratie liegt die Erfahrung mit der nationalsozialistischen Massenbewegung zugrunde. Aber sie ist kontraproduktiv, denn Resonanzverweigerung stärkt – wie oben gezeigt – Rechtspopulisten und Rechtsradikale. Und: Damit wird eine Haltung bei den politischen Entscheidungsträgern verfestigt, die der Sozialwissenschaftler Karl Deutsch (1912–1992) so definierte: „Macht ist das Privileg, nicht lernen zu müssen".

Ein weiteres wichtigstes Mittel, um Resonanz zu schaffen, ist partizipative Demokratie – vor allem in Form von Bürgerräten. Diese haben den enormen Vorteil, weitestgehend frei von Eigeninteressen und parteitaktischen Überlegungen zu sein. Sie werden per „repräsentativer Zufallsauswahl" zusammengesetzt: mittels Zufalls-Losung, bei der demographische Kriterien wie Geschlecht, Alter, Herkunft, Beruf und Bildungsgrad berücksichtigt werden. Falls im ersten Stadium der Zufallswahl vorwiegend alte weiße Männer oder vorwiegend junge schwarze Frauen ausgewählt werden, wird weiter gelost, bis die Repräsentativität stimmt. Die repräsentative Zufallsauswahl erfolgt in der Regel aus den Daten eines Einwohnermeldeamtes.

Bürgerräte beraten eine Sachfrage und legen am Ende Empfehlungen in Bürgergutach-

---

4 Ein kurzer anschaulicher Lehrfilm zu Soziokratie hierzu findet sich hier: ▶ https://www.youtube.com/watch?v=u3JJotOJ7kI.

ten vor. Sie sind schwer korrumpierbar oder durch Lobbyisten beeinflussbar, weil nur der Zufall entscheidet, ob jemand einem Gremium angehört oder nicht. All das bestärkt sie darin, eine gemeinsame „Stimme der Vernunft" zu entwickeln, die nicht auf sachfremde Einflüsterungen hört. Voraussetzung dafür ist, dass alle Bevölkerungsgruppen vertreten sind und damit eine Art repräsentative „Mini-Republik" entsteht. Dann erst werden Bürgerräte wirklich vielstimmig. Dann erst werden alle Interessen und Bedürfnisse berücksichtigt. Dann erst wird die Tendenz ausgebremst, dass sich die lautesten Stimmen durchsetzen – die Stimmen derer, die einflussreicher oder rhetorisch geschickter sind als andere.

Die Variationsbreite der Stimmen ist dabei entscheidend. Frauen und Männer haben tendenziell unterschiedliche Interessen und Bedürfnisse. Allerdings nicht *alle* Frauen und *alle* Männer. Alte und Junge leben ebenfalls oft verschieden, oder auch Alteingesessene und Neuzugezogene, Stadt- und Landbevölkerung, Menschen verschiedener Religionsgemeinschaften, Berufe und Bildungsgrade. Je genauer eine Gruppe die Gesamtbevölkerung repräsentiert, desto besser, inklusiver, solidarischer und durchdachter werden ihre Empfehlungen. Der Raum mit Ohren scheint intelligent zu werden. Oder, in der Sprache der Wissenschaft: „emergent". Emergenz entsteht, wenn sich aus allen Teilen eines Systems etwas Neues entwickelt, das mehr ist als die Summe aller Teile, in diesem Falle aller Stimmen. Also etwas Unerwartetes und im wahrsten Sinne des Wortes Unerhörtes erklingt.

Das anschaulichste Beispiel dafür ist Irland. Weil die Politik bei bestimmten Themen völlig zerstritten war, berief das Parlament 2013 eine Bürgerversammlung von 100 Personen ein: 66 ausgeloste Laien, 33 Politiker, ein Vorsitzender. Sie diskutierten über Veränderungen bei acht Verfassungsartikeln – unter anderem ob Abtreibung und Homoehe erlaubt werden sollten. Die Bürgerversammlung – Citizens' Assembly ist ein anderes Wort für Bürgerrat – tagte ein ganzes Jahr lang, immer ein bezahltes Wochenende pro Monat.

Finbarr O'Brien, ein älterer Herr ohne höhere Schulbildung, war einer davon. Er hatte 30 Jahre lang als Lastwagenfahrer gearbeitet, danach als Gapelstaplerfahrer und Briefträger. „Bei der Bürgerversammlung mitzumachen gehört zu den besten Erfahrungen meines Lebens", verriet er Reportern der ZEIT. Er habe es schade gefunden, bei der zweiten, 2016 eingesetzten Bürgerversammlung nicht mehr mitmachen zu dürfen (Berbner et al. 2017). O'Brien war kein politischer Mensch gewesen, Nachrichten hatten ihn wenig interessiert, gegenüber Politikern hatte er Abscheu empfunden. Als neunjähriger Junge war er von einem Mann mehrfach sexuell missbraucht worden und in seinem Kinderhirn hatte sich die Vorstellung eingebrannt: Schwule sind Vergewaltiger. Dann landete er in der Bürgerversammlung am Tisch ausgerechnet neben einem jungen Schwulen mit Ohrring, Nasenring und bunten Fingernägeln. „Er überwand sich, schüttelte dem Mann die Hand, sie redeten, mussten sie ja, über die Homo-Ehe. O'Brien fand ihn nett", berichten die ZEIT-Reporter. „Auf der Bühne erzählten an jenem Tag zwei Geschwister von ihren Eltern, zwei liebevollen Vätern. O'Brien fühlte mit ihnen. Er spürte, wie sich seine Meinung änderte. Seine Therapeutin hatte ihm gesagt, Schwule seien normale Menschen, jetzt füllte sich dieser Satz mit Leben ... Der ehemalige Schwulenhasser Finbarr O'Brien ist mit seinem Tischnachbarn bis heute befreundet."

Am Ende stimmte O'Brien für die Homo-Ehe, genauso wie weitere 77 von 100 Angehörigen der Bürgerversammlung. Mitte 2015 hielt die Regierung darüber ein Referendum ab. Sie gab den Iren die Empfehlung des Bürgergremiums an die Hand, Homosexuelle gleichzustellen. Ergebnis: 62 % stimmten der Verfassungsänderung zu. Und das wohlgemerkt im erzkatholischen Irland. Im ebenfalls katholischen Frankreich führte die Einführung der Homo-Ehe ohne vorherige Bürgerkonsultationen zu wütenden Protestdemonstrationen von Hunderttausenden.

Eine Kombination von parlamentarischer, direkter und partizipativer Demokratie kann also höchst segensreich sein und ein Land nachhaltig befrieden. Ein repräsentativ ausgeloster Bürgerrat kann beispielsweise einen Gesetzentwurf oder ein Bürgergutachten zu einem bestimmten Thema formulieren, das danach direktdemokratisch zur Abstimmung steht – allein oder in Kombination mit einem Alternativentwurf des Parlaments oder gar als dritte Alternative neben Bürgergutachten und Parlamentsgesetz. Die Auswahl, die zur Abstimmung steht, wird größer, die Legitimität des demokratischen Prozesses vertieft sich.

5.7 Fazit

Resonanz ist unabdingbar für jede Form der Demokratie, ob in Politik, Unternehmen oder Organisationen. Betriebliche Demokratie ergänzt die politische. Direkte Demokratie ergänzt sich mit konsultativer und repräsentativer. Jede ergänzt die andere. Und in allen ihren Formen kommt die menschliche Resonanzfähigkeit zum Tragen: Wir reden, wir hören zu, wir reflektieren, indem wir die Stimmen der anderen in unserer Erinnerung wiedererklingen lassen. Durch Vielstimmigkeit wird Spannung erzeugt und wieder abgebaut. Das macht Demokratie erlebbar, attraktiv und gehaltvoll.

Literatur

Amlinger C, Nachtwey U (2022) Gekränkte Freiheit – Aspekte des libertären Autoritarismus. Suhrkamp, Berlin

Ärzteblatt (2021) SARS-CoV-2: Weltweite Zunahme von Depressionen und Angsterkrankungen. https://www.aerzteblatt.de/nachrichten/128037/SARS-CoV-2-Weltweite-Zunahme-von-Depressionen-und-Angsterkrankungen (https://www.geo.de/natur/nachhaltigkeit/depression-und-verzweiflung--so-stark-belastet-die-klimakrise-junge-menschen--33141568.html)

Balser M, Ritzer U (2016) Durch die Hintertür. Süddeutsche Zeitung, 29. Febr. 2016

Ben-Ghiat R (2022) Strongmen: Mussolini to the Present. WW Norton, New York

Berbner B, Stelzer T, Uchatius W (2017) Rechtspopulismus: Zur Wahl steht: die Demokratie. ZEIT, 19.1.17

Bülow M (2021) Lobbyland. Wie die Wirtschaft unsere Demokratie kauft. Das neue Berlin, Berlin

Canetti E (2001) Masse und Macht. S. Fischer, Frankfurt am Main

Crouch C (2008) Postdemokratie. Suhrkamp, Frankfurt am Main

Deutscher Bundestag (2021) https://www.bundestag.de/webarchiv/abgeordnete/biografien19/mdb_zahlen_19/frauen_maenner-529508 (https://www.faz.net/aktuell/wirtschaft/neuer-bundestag-viele-berufsgruppen-sind-kaum-vertreten-17603652.html)

Heitmeyer W (2012) Sozialer Tod. In: Andresen S, Heitmeyer W (Hrsg) Zerstörerische Vorgänge. Bertz Juventa, Weinheim

Jaspers K (1966) Wohin treibt die Bundesrepublik? Piper, Frankfurt am Main

Laloux F (2016) Reinventing Organizations. Ein Leitfaden zur Gestaltung sinnstiftender Formen der Zusammenarbeit. Vahlen, München

Mehr Demokratie e V (2016) Politik braucht Beteiligung! Repräsentative und direkte Demokratie auf Bundesebene. Mehr Demokratie e V, Berlin

Pörksen B (2018) Die große Gereiztheit. Wege aus der kollektiven Erregung. Hanser, München

Rosa H (2016) Resonanz. Eine Soziologie der Weltbeziehung. Suhrkamp, Berlin

Rötzer F (2015) Das reichste Prozent in Deutschland besitzt ein Drittel des Gesamtvermögens. http://www.heise.de/tp/features/Das-reichste-Prozent-in-Deutschland-besitzt-ein-Drittel-des-Gesamtvermoegens-3375228.html

Scheub U (2010) Heldendämmerung. Die Krise der Männer und warum sie auch für Frauen gefährlich ist. Random House, München

Scheub U (2017) Die unvollendete Demokratie – Plädoyer für mehr Teilhabe. oekom, München (Dieser Aufsatz ist eine aktualisierte und gekürzte Fassung des Buches)

Scheub U (2022) Wladimir Putins toxische Männlichkeit: Sehnsucht eines kleinen Mannes, Frankfurter Rundschau 26.2.2022. https://www.fr.de/kultur/gesellschaft/wladimir-puint-ukraine-krieg-kleiner-mann-toxische-maennlichkeit-russland-91373807.html

Stuff B (2016) Die Heimsuchung. Spiegel, 29. Okt. 2016

Van Reybrouck D (2016) Gegen Wahlen – Warum Abstimmen nicht demokratisch ist. Wallstein, Göttingen

Willemsen R (2014) Das Hohe Haus. „Die Kanzlerin chloroformiert das Land", Interview mit Roger Willemsen. Tagesspiegel, 2. März 2014

„Sicherheit in unsicheren Zeiten" – Zeitenwende in betrieblichen Organisationen: Herausforderungen und Lösungsansätze aus Sicht von Arbeitnehmerinnen und Arbeitnehmern

Johannes Roth und Knut Lambertin

Inhaltsverzeichnis

6.1 Einleitung – 86

6.2 Auswirkungen von Krisen auf die Arbeitswelt: aktuelle Trends und damit verbundene Herausforderungen – 87

6.3 Lösungsansätze und gewerkschaftliche Forderungen zur Beschäftigtengesundheit – 92

6.4 Quo vadis Beschäftigtengesundheit – Fazit und Ausblick – 96

Literatur – 97

© Der/die Autor(en), exklusiv lizenziert an Springer-Verlag GmbH, DE, ein Teil von Springer Nature 2023
B. Badura et al. (Hrsg.), *Fehlzeiten-Report 2023*, Fehlzeiten-Report,
https://doi.org/10.1007/978-3-662-67514-4_6

▸▪ Zusammenfassung

Ausgelöst durch verschiedene Krisen und angesichts des dynamischen Wandels in der Arbeitswelt steht die Sicherstellung der Beschäftigtengesundheit vor großen Herausforderungen. Mittlerweile haben sich Entwicklungen, die während der Corona-Pandemie an Fahrt aufgenommen haben, wie Flexibilisierung, Digitalisierung und mobiles Arbeiten, als neue Trends etabliert, mit vielfältigen Auswirkungen auf die Arbeitsweise und gesundheitliche Belastungen der Beschäftigten. Die Antwort auf diese Herausforderungen liegt in der lückenlosen Einhaltung der gesetzlich festgeschriebenen Regelungen des Arbeits- und Gesundheitsschutzes durch die Arbeitgeberinnen und Arbeitgeber, passgenauer Betrieblicher Gesundheitsförderung sowie ergänzenden verhältnispräventiven Maßnahmen. Um diese Voraussetzungen zu ermöglichen, ist eine aktiv gelebte betriebliche Mitbestimmung unumgänglich. Zusätzlich bedarf es vielerorts struktureller Anpassungen der Arbeitsorganisation, -kultur und des Betriebsablaufs, um sich angemessen auf die veränderten Umstände in der Arbeitswelt einstellen zu können. Nur so können die Lebensqualität erhöht, Behandlungskosten gesenkt und die Produktivität gesteigert werden. Dieser Beitrag beleuchtet die vielseitigen Herausforderungen und bietet Lösungsansätze zur strukturellen Verbesserung der Gesundheit der Beschäftigten in unsicheren Zeiten.

6.1 Einleitung

Kriege, Pandemien und Klimawandel – unsere Welt befindet sich nicht nur in einer Krise, sondern gleichzeitig in mehreren. Negative wirtschaftliche Entwicklungen, hohe Inflationsraten und zunehmende sicherheitspolitische Gefahren treffen auf die schon weithin spürbare Klimakrise und die Herausforderung von (digitaler) Transformation, demographischem Wandel und Fachkräfteengpässen. Fakt ist: Krisen unterschiedlichster Art treten in unserer globalisierten Welt in immer kürzeren Abständen auf, überlagern sich und beeinflussen (fast) alle Bereiche des täglichen Lebens. Besonders betroffen ist die Arbeitswelt[1], da die meisten Geschäftsmodelle von Unternehmen und Betrieben durch globale Wertschöpfungsketten den Kriseneffekten in ihrem täglichen Handeln direkt ausgesetzt sind. Unternehmen und vor allem auch ihre Mitarbeitenden müssen sich kontinuierlich auf verändernde Umstände einstellen, was große Herausforderungen mit sich bringt, insbesondere für die Gesundheit der Beschäftigten. Ein Beispiel für globale Trends in der Gesundheit ist die große Bedeutung von Rückenschmerzen bei Beschäftigten. Weltweit sind Rückenschmerzen der häufigste Grund für Arbeitsunfähigkeit. Forscher prognostizieren, dass bis zum Jahr 2050 etwa 840 Mio. Menschen betroffen sein werden – mit großen Auswirkungen auf Wirtschaft und Krankheitskosten (vgl. GBD 2021 Low Back Pain Collaborators 2023).

Die großen Herausforderungen gelten im Übrigen auch für Verwaltungen staatlicher Ebenen und der Sozialversicherungen, die für Beschäftigte und Unternehmen wichtige Dienstleistungen erbringen. Denn durch die Folgen der Krisen leiden Beschäftigte physisch und psychisch immer öfter unter Belastungen und Zukunftsängsten durch einen andauernden Zustand der Unsicherheit. Daraus folgen oft Erschöpfung und das Gefühl, innerlich ausgebrannt zu sein (vgl. Ahlers 2022). Auch durch die Transformation der Wirtschaft und den Klimawandel ändern sich Arbeitsplätze rasant. Zusätzliche gesundheitliche Gefährdungen entstehen durch die Anwendung neuer Technologien und die Verwendung neuer Materialien, aber auch klimatische Veränderungen bergen weitere Risiken für Beschäftigte. Hinzu kommen Arbeitsverdichtung, Angst um die Zukunft des eigenen Jobs bspw. durch Verlagerung von Produktion ins Ausland und bisher kaum absehbare Folgen des sich verbreitenden Einsatzes von Künstlicher Intelligenz (KI).

---

1 Der DGB folgt dem Konzept „Welt der Arbeit" der Internationalen Arbeitsorganisation (ILO) (vgl. ILO 2011).

Dieser Beitrag beschreibt, welche besonderen Risiken und Herausforderungen für Arbeitnehmerinnen und Arbeitnehmer aufgrund der Kriseneffekte entstehen und möchte Lösungsansätze für eine bessere Beschäftigtengesundheit aufzeigen.

6.2 Auswirkungen von Krisen auf die Arbeitswelt: aktuelle Trends und damit verbundene Herausforderungen

Durch das Auftreten von multiplen Krisen unterliegt die Arbeitswelt einem dynamischen Wandel. Mittlerweile haben sich viele Entwicklungen, die in der Hochphase der Corona-Pandemie einsetzten oder sich beschleunigt hatten, weiter verstetigt. Gleichzeitig verstärken sich die Effekte des Klimawandels und die damit verbundene sozial-ökologische Transformation der Wirtschaft wird immer dringender. Dekarbonisierung und Digitalisierung von Dienstleistungen und Produktion erschüttern die Arbeitswelt. Hinzu kommen die vielfältigen Auswirkungen des russischen Angriffskriegs auf die Ukraine. Diese Entwicklungen stellen die Gesundheit der Beschäftigten vor umfassende Herausforderungen.

Der Ukraine-Krieg und die dadurch ausgelösten Sanktionen haben negative Auswirkungen auf die deutsche Wirtschaft. Insbesondere Unternehmen, die zuvor eng mit der russischen Wirtschaft verflochten waren, sind von den Sanktionen betroffen. Aber auch zahlreiche Branchen, deren Geschäftsgrundlage billiges Öl und Gas aus Russland war, sind massiv herausgefordert. Dies kann zu Unsicherheit und Ängsten unter den Beschäftigten führen, da Arbeitsplätze gefährdet sein können und Unternehmen schneller zu Umstrukturierungsmaßnahmen geneigt sind. Schon zuvor bestehende psychische Belastungen haben sich im Zuge des Krieges daher nochmals verstärkt: In der Erwerbspersonenbefragung der Hans-Böckler-Stiftung von April 2022 gaben über die Hälfte der Befragten an, sich große Sorgen anlässlich des Ukraine-Kriegs und der Gefahr einer Ausweitung der Kampfhandlungen zu machen. Auch die Folgen des Krieges auf die wirtschaftliche Entwicklung, steigende Preise und die Angst, den eigenen Lebensstandard nicht mehr halten zu können, beschäftigen Erwerbstätige seit dem Ausbruch des Krieges sehr (vgl. Ahlers 2022).

Die Covid-19-Pandemie hat die Arbeitswelt in Deutschland stark verändert (zu den gesundheitlichen Dimensionen vgl. Badura et al. 2021). Viele Beschäftigte mussten von zu Hause aus arbeiten und hatten mit der Herausforderung zu kämpfen, Arbeit und Privatleben zu trennen (Stichwort: Entgrenzung). Einige Beschäftigtengruppen, wie z. B. Gesundheits- und Pflegepersonal, waren durch krisenbedingte Mehrarbeit besonders belastet. Die psychischen Belastungen der Pandemie, wie z. B. Angst, Stress und Isolation, haben sich auf die Gesundheit der Beschäftigten stark ausgewirkt. Zudem spielte für viele Beschäftigte die Angst vor einer Infektion am Arbeitsplatz eine große Rolle, insbesondere für Angehörige von Berufsgruppen, die nicht ins Homeoffice ausweichen konnten. Diverse Lockdowns schränkten besonders die Arbeitsmöglichkeiten von Beschäftigten im Niedriglohnsegment ein, die dadurch zusätzlich von Kurzarbeit und Arbeitslosigkeit betroffen waren. Gleichzeitig wurde Homeoffice zum hegemonialen Topos der Gestaltung der Arbeitswelt, obwohl über zwei Drittel der Beschäftigten gar keine Möglichkeit zum Homeoffice haben, vor allem im Primärsektor und Sekundärsektor, aber auch im Tertiärsektor, insbesondere bei Dienstleistungen am Menschen. Umgekehrt gaben 2021 nur 24,8 % an, dass sie im Homeoffice gearbeitet haben (Statistisches Bundesamt 2022). Ohnehin bestehende soziale Ungleichheiten wurden so durch die Corona-Krise deutlich sichtbar und zusätzlich weiter verstärkt (vgl. Ahlers et al. 2022).

Der Klimawandel hat zunehmend stärkere Auswirkungen auf die Gesundheit der Beschäftigten in Deutschland. Insbesondere Extremwetterereignisse wie Hitzewellen können zu gesundheitlichen Problemen führen. Be-

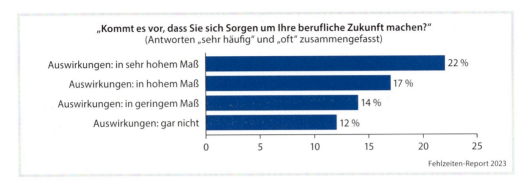

Abb. 6.1 Sorgen um die berufliche Zukunft. (DGB 2023, S. 6)

schäftigte, die im Freien arbeiten, sind dabei einem höheren Risiko ausgesetzt. Außerdem können Dürren und Überschwemmungen zu wirtschaftlichen Einbußen und Arbeitsplatzverlusten führen, was wiederum zu psychischen Belastungen führen kann. Die Klimaveränderungen verstärken nicht nur Wettereffekte, sondern begünstigen auch das Auftreten von Infektionskrankheiten, die Epidemien und Pandemien auslösen können (vgl. NPK 2022). Um diesen Herausforderungen zu begegnen, müssen technische Voraussetzungen und die Arbeitsorganisation angepasst werden. Im europäischen Süden gibt es bereits Beispiele für Klimaanpassungen in der Arbeitsorganisation während der Sommermonate, die auch in unseren Breiten zu wichtigen entlastenden Maßnahmen werden können. Weiterhin haben auch Klimaschutz- oder -anpassungsmaßnahmen weitreichende Auswirkungen auf die Arbeitswelt. In einer Beschäftigtenbefragung des DGB-Index Gute Arbeit berichteten 19 % der Befragten, „in (sehr) hohem Maß" von den Auswirkungen der Maßnahmen zum Klimaschutz betroffen zu sein (DGB 2023, S. 2). In der Ver- und Entsorgungsbranche berichten fast die Hälfte der befragten Beschäftigten von Veränderungen in ihrer Arbeitsumgebung, während der Anteil bei Beschäftigten im Gesundheitswesen bei nur 4 % liegt (ebd., S. 2) Gleichzeitig sind die konkreten Auswirkungen von Branche zu Branche verschieden. Während der Fortbestand bestimmter Tätigkeitsfelder, wie beispielsweise der Braunkohlebergbau, grundsätzlich durch die Transformationsprozesse infrage gestellt wird, eröffnen sich für andere Berufe sowohl Möglichkeiten als auch die Notwendigkeit, die fachliche Ausrichtung und Qualifikationen an die Veränderungsprozesse anzupassen. Weiterhin besteht ein signifikanter Zusammenhang zwischen den Auswirkungen des Klimaschutzes auf die Arbeit und den beruflichen Zukunftssorgen der Beschäftigten. Wenn der Klimaschutz (noch) keine Rolle spielt, machen sich lediglich 12 % (sehr) häufig Sorgen, während es bei stark spürbaren Auswirkungen bereits 22 % sind. Bei der Adressierung dieser Zukunftssorgen spielt das Vorhandensein von Weiterbildungsmöglichkeiten eine entscheidende Rolle. Fehlen entsprechende Qualifizierungsangebote, gaben 43 % der Betroffenen an, sich (sehr) häufig Sorgen um ihre berufliche Zukunft zu machen. Dieser Anteil reduziert sich auf 11 %, wenn umfassende Weiterbildungsmöglichkeiten zur Verfügung stehen (ebd., S. 2; ◘ Abb. 6.1, 6.2).

Multiple Krisen begünstigen eine höhere psychische und physische Belastung von Beschäftigten. Das Phänomen des „Worry-Burnout" beschreibt die Vermengung von beruflicher Überforderung und krisenbedingter Zukunftsängste und Sorgen. Diese Belastungen führen wiederum zu einer geringeren Widerstandfähigkeit in Anbetracht einer ohnehin schon hohen Arbeitsbelastung (vgl. Ahlers 2022). Ähnlich gelagert sind die Herausforde-

◻ **Abb. 6.2** Weiterbildung zählt! (DGB 2023, S. 7)

rungen in Bezug auf die körperliche Belastung von Beschäftigten, insbesondere im Niedriglohnsegment: „Basic Work" bezeichnet in der Wissenschaft die Tätigkeiten, die „nur geringe berufliche Qualifikation verlangen oder sehr schnell erlernbar sind [...]" (BAuA 2020, S. 25). Diese Form der Arbeit zeichnet sich durch eine hohe physische Belastung und wiederkehrende Tätigkeiten aus. Insbesondere in der Logistik, die gerade während der Pandemie einen großen Boom erlebt hat, ist durch den vermehrten Einsatz von digitalen Technologien auf Arbeitsprozesse ein Anstieg der Arbeitsintensität und so auch der häufig belastenden monotonen Tätigkeiten zu verzeichnen (vgl. BAuA 2020). Ein deutlicher Parameter ist die gestiegene Arbeitsproduktivität je Erwerbstätigenstunde, die seit 1991 um 43,1 % im Jahr 2021 gestiegen ist (Arbeitsgruppe Alternative Wirtschaftspolitik 2022, S. 261 ff.).

Die Erhaltung und Verbesserung der Gesundheit der Beschäftigten steht deshalb vor zunehmenden Herausforderungen und macht neue Handlungsansätze dringend notwendig (vgl. BAuA 2022a).

■■ **Flexibilisierung, Digitalisierung und mobiles Arbeiten als „neue" Trends**

Zu den längerfristigen Entwicklungen, die durch die genannten Krisenphänomene eine zusätzliche Dynamik erfahren, gehört die Flexibilisierung der Arbeit. Darunter ist in diesem Fall die Zunahme sowohl des zeit- als auch des ortsunabhängigen Arbeitens zu verstehen. Zwar kann eine Flexibilisierung der Arbeit dafür sorgen, die Vereinbarkeit von Erwerbsarbeit und Sorgearbeit besser zu koordinieren. Gleichzeitig birgt sie jedoch große Herausforderungen für Beschäftigte und deren Gesundheit (vgl. BAuA 2022b). Arbeitnehmerinnen und Arbeitnehmer sehen sich so zunehmend gezwungen, außerhalb ihrer regulären Arbeitszeit zu arbeiten, um mit den gewachsenen Anforderungen des Arbeitsmarktes Schritt zu halten. Die Abgrenzung von Arbeit und Freizeit wird schwieriger, wenn Beschäftigte auch außerhalb der Arbeitszeit erreichbar sein müssen oder sich durch die Erwartungshaltung, ständig verfügbar zu sein, dazu verleitet fühlen (vgl. Strobel 2019; vgl. Rahnfeld 2022).

Die damit einhergehende Zunahme der Arbeitsbelastung kann zu Stress, Überforderung und psychischen Belastungen führen. Beschäftigte haben oft das Gefühl, nicht mehr „abschalten" zu können. Die mangelnde Regeneration kann z. B. zu Schlafstörungen führen, die wiederum die körperliche und geistige Gesundheit beeinträchtigen können. Auch soziale Konflikte können sich durch die Arbeitsbelastung verstärken, da die Arbeitszeit womöglich nicht mehr mit den familiären Bedürfnissen und Erwartungen in Einklang gebracht werden kann (vgl. Lott und Ahlers 2021; vgl. Hünefeld et al. 2022).

Mit der Flexibilisierung der Arbeit einhergehend ist die zunehmende Anwendung von indirekten Steuerungsmodellen in der Arbeitsorganisation. Das bedeutet, dass nicht länger konkrete Aufgaben übernommen und dann abgearbeitet werden sollen, sondern die Arbeitsmenge entlang von übergeordneten Zielen oder Rahmenbedingungen definiert wird. Dieses vermeintlich selbstständigere Arbeiten führt zumeist dazu, dass den Beschäftigten wesentlich höhere Leistungen abgefordert werden. Eine zielgenaue Unterstützung durch entsprechende Ressourcen, wie konkrete Handlungsanleitungen oder sonstige Hilfestellungen des Arbeitgebers, bleiben jedoch oftmals aus (vgl. Müller und Schmidt 2022). So werden Beschäftigte, obwohl sie lediglich ihre Arbeitskraft gegen Lohn (Zeit gegen Geld) verkaufen, zu unrecht für den Unternehmenserfolg verantwortlich gemacht. Diese Form der Arbeitssteuerung kann negative Auswirkungen auf die Gesundheit und das Wohlbefinden der Beschäftigten haben. Um diesen Entwicklungen entgegenzuwirken, ist es wichtig, adäquate arbeitsorganisatorische Rahmenbedingungen zu schaffen, durch die eine Arbeitszeitverdichtung begrenzt, klare Arbeits- bzw. Ruhezeiten definiert und die Verfügbarkeit von Arbeitnehmern außerhalb ihrer regulären Arbeitszeit effektiv limitiert werden. Eine gesunde Work-Life-Balance und die Möglichkeit, Arbeit und Freizeit voneinander abzugrenzen, sind essenziell für die Gesundheit und das Wohlbefinden der Beschäftigten. Aber auch die Arbeitsorganisation, die Personaldecke, Deadlines und der Arbeitsumfang müssen in einem Verhältnis zueinanderstehen, sodass gesundes Arbeiten überhaupt erst möglich wird. Trotz des Wissens um die Zusammenhänge von Arbeitsbelastung und Gesundheit der Beschäftigten hat in den vergangenen Jahren der Anteil derer zugenommen, die regelmäßig abends oder am Wochenende arbeiten (vgl. Statistisches Bundesamt 2021). Dies kann ohne ausreichenden Ausgleich als zusätzliche Belastung empfunden werden. Daher überrascht es nicht, dass sich über die Hälfte der Beschäftigten eine Verringerung ihrer Arbeitszeiten wünschen und eine Reduzierung der Wochenarbeitstage befürworten würden (BAuA 2022b).

Die Flexibilisierung der Arbeit bedingt in der Regel einen hohen Grad an Digitalisierung. Dieser Trend wurde auch durch die Corona-Pandemie weiter intensiviert. So gaben über 80 % der befragten Beschäftigten an, mit digitalen Arbeitsmitteln zu arbeiten. 32 % sogar „in sehr hohem Maß" (DGB 2022, S. 4). So groß die Potenziale digitaler Lösungen in der Arbeitswelt auch sein mögen – für viele Beschäftigten bedeuten sie oft eine zusätzliche Belastung. Über 40 % der Befragten gaben an, dass sie sich stärker belastet fühlen. Das Gegenteil berichteten nur 9 % (ebd., S. 6). Entscheidende Gründe dafür sind das Anwachsen des Arbeitspensums und die gestiegene Anforderung, mehrere Dinge gleichzeitig durchzuführen (Stichwort: Multitasking). Auch können digitale Hilfsmittel zur Überwachung von Beschäftigten eingesetzt werden, was Druck erhöht und zusätzlich für eine geringere Zufriedenheit unter den Beschäftigten sorgt (ebd.; ◘ Abb. 6.3, 6.4).

Insbesondere durch die Pandemie hat das Arbeiten von zu Hause in erheblichem Maße zugenommen. In der BAuA-Arbeitszeitbefragung 2021 gaben 54 % Beschäftigten an, zumindest gelegentlich von zu Hause zu arbeiten. Bei Büroangestellten waren es sogar 76 % (BAuA 2022b, S. 11). Die Befragung zeigt allerdings auch, dass Beschäftigte, denen Homeoffice gestattet wird, im Allgemeinen zufriedener sind, da sich die Vereinbarkeit von Beruf, Freizeit und Sorgearbeit besser ausgestalten lässt. Auch die Verkürzung von Wegezeiten kann zu positiven Effekten führen. Bei allen vermeintlichen Vorzügen ist jedoch ein differenzierter Blick notwendig. Schließlich handelt es sich beim Phänomen Homeoffice um einen bisher zu wenig regulierten Raum, was dazu führen kann, dass Arbeitgeber die Verantwortung für Arbeitsschutz und Arbeitsorganisation auf die individuelle Ebene der Angestellten verschieben. So ist das Homeoffice

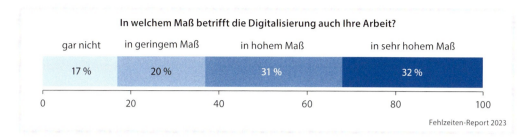

Abb. 6.3 Arbeit mit digitalen Mitteln. (DGB 2022, S. 4)

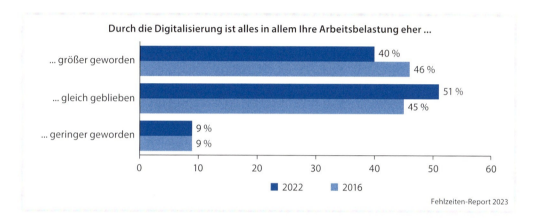

Abb. 6.4 Digitalisierung und Arbeitsbelastung. (DGB 2022, S. 6)

„[…] ein Ort ständiger Erreichbarkeit, überlanger Arbeitszeiten, unbezahlter Arbeit und verkürzter Ruhezeiten" (Urban 2021, o. S.). Auch im Hinblick auf die Auswirkung des Klimawandels muss anerkannt werden, dass in privaten Räumen oft nicht ausreichende Kühlmöglichkeiten zu Verfügung stehen. Trotz der offensichtlichen Vorzüge von mobilen Arbeitsmöglichkeiten wäre es daher vermessen, von einer Win-win-Situation aus der Sicht der Beschäftigten zu sprechen.

Durch die Digitalisierung und die damit verbundene Transformation in der betrieblichen Fertigung entstehen zusätzliche Herausforderungen für die Beschäftigtengesundheit, die im Sinne einer menschengerechten Arbeitsgestaltung gelöst werden müssen. Die vielseitigen Auswirkungen und Herausforderungen sollen an dieser Stelle aufgrund des begrenzten Umfangs dieses Beitrags nicht ausführlich diskutiert werden (für die vielseitigen Folgen neuer Formen der industriellen Fertigung und Technologiethemen vgl. u. a. HBS 2018; Malanowski et al. 2022). Beispielhaft zu nennen sind hier insbesondere der zunehmende Einsatz von Robotik in der industriellen Fertigung und – wie eingangs erwähnt – eine intensivierte Nutzung von KI. Diese stellen zumeist höhere ergonomische Anforderungen an die Beschäftigten und bergen so die Gefahr, dass diese zu „Handlangern der Maschinen" degradiert werden. Gleichzeitig gelangen neue Produkte mit neuen Gefahrstoffen in den Wirtschaftskreislauf, deren gesundheitliche Auswirkungen bei der Produktentwicklung oft nicht intensiv genug beachtet werden. Und auch die funktionale Sicherheit der Beschäftigten wird aufgrund der zunehmenden Risiken im Bereich der Cybersicherheit vor neue Herausforderungen gestellt.

■ ■ **Exkurs: Arbeitssucht als Phänomen**

Die oben geschilderten Trends treffen auch auf Minderheiten zu, beispielsweise auf die 10 % der Beschäftigten, die mehr als exzessiv arbeiten. Zum zwanghaften Verhältnis zum Arbeitsverhältnis geben 28 % dieser Gruppe bei Fragen zu ihrer Gesundheit an, sie sei weniger gut oder schlecht. Bei der Mehrheit der Beschäftigten, die nicht unter Arbeitssucht leiden, ergab die Selbsteinschätzung dagegen nur 14 %, die ihre Gesundheit als schlecht empfinden. Häufig genannte Beschwerden sind psychosomatische Beschwerden, aber auch Muskel-/Skeletterkrankungen wie Rückenbeschwerden. Zu der höheren Betroffenheit der suchthaft Arbeitenden paaren sich seltenere Arztbesuche und unbehandelte Beschwerden. Ebenfalls neigen sie dazu, sich nicht arbeitsunfähig zu melden: 45 %, also fast die Hälfte, gaben dies an. Für Betriebe und Verwaltungen, die oftmals Arbeitskräfte suchen, stellt diese Gruppe der sog. Workaholics eine besondere Herausforderung dar (vgl. van Berk et al. 2023).

6.3 Lösungsansätze und gewerkschaftliche Forderungen zur Beschäftigtengesundheit

Wie bereits erwähnt sind die Herausforderungen für Arbeitnehmerinnen und Arbeitnehmer in einer Zeit, in der Krisen als neuer Normalzustand angesehen werden müssen, äußerst vielschichtig. Dementsprechend erfordern diese Veränderungen auch umfassende Anpassungen in der Arbeitswelt – bei den Maßnahmen zum Arbeitsschutz, bei der Prävention sowie der Betrieblichen Gesundheitsförderung. Um auf die beschriebenen Trends adäquat reagieren zu können, muss auch die Arbeitsorganisation im Sinne der Beschäftigten gestaltet werden. Auf diese Veränderungen kann nur durch gelebte betriebliche Mitbestimmung erfolgreich reagiert werden.

■ ■ **Arbeitsschutz, Prävention und Betriebliche Gesundheitsförderung: Voraussetzung für gesunde Beschäftigte**

Für die Gesundheit der Beschäftigten am Arbeitsplatz zu sorgen ist nicht nur eine Frage der ethischen Verantwortung der Arbeitgeberinnen und Arbeitgeber, sondern ihre gesetzliche Pflicht. Das Arbeitsschutzgesetz bildet seit 1996 die Grundlage, um die Gesundheit aller Beschäftigten zu schützen. Es wird durch die gesetzlichen Leistungen zur Verhütung von Krankheiten, Betriebliche Gesundheitsförderung und Prävention arbeitsbedingter Gesundheitsgefahren gem. §§ 20 ff. SGB V ergänzt.

Ein wichtiges Element, um den Arbeitsschutz in sich verändernden Kontexten umzusetzen, sind Gefährdungsbeurteilungen zu denen das Arbeitsschutzgesetz nach § 5 Arbeitgeber verpflichtet – unabhängig von Branche, Unternehmensgröße oder Arbeitsort. Ziel dieses Werkzeugs ist es, Gefährdungen zu ermitteln, zu beurteilen und anschließende passgenaue Gegenmaßnahmen festzulegen und diese durchzuführen. Dabei ist die Wirksamkeit der Maßnahmen kontinuierlich zu evaluieren und im Sinne der Bedarfe der Beschäftigten dem jeweiligen Kontext anzupassen (vgl. DGUV 2014).

Im Arbeitsschutzgesetz ist ebenfalls geregelt, dass vor der Einführung von körperlich belastenden persönlichen Schutzmaßnahmen systemisch-technische und organisatorische Arbeitsschutzmaßnahmen umgesetzt werden müssen (§ 4). Am Anfang sollte jedoch immer die Substitution stehen, also die Vermeidung von Gefahrenquellen. Dieses sogenannte „STOP-Prinzip"[2] stellt sicher, dass die Maßnahmen zum Gesundheitsschutz in erster Linie durch organisatorische Maßnahmen der Arbeitgeber umgesetzt werden, bevor einschränkende persönliche Schutzmaßnahmen (wie bspw. Schutzkleidung, Masken

---

2 Das sogenannte „STOP-Prinzip" legt die Rangfolge bei der Art der Schutzmaßnahmen fest. Die Buchstaben des Akronyms stehen dabei für: S – Substitution; T – Technische Schutzmaßnahmen; O – Organisatorische Schutzmaßnahmen; P – Persönliche Schutzmaßnahmen.

oder belastende Verhaltensvorgaben) von den Beschäftigten eingefordert werden können. Der Arbeitgeber ist ebenfalls dazu verpflichtet, auf dieser Grundlage entsprechende Präventionsmaßnahmen zu ergreifen. Diese Maßnahmen müssen regelmäßig überprüft werden, um ihre Wirksamkeit zu gewährleisten (§ 3). Arbeitgeber sind gefordert, den Arbeits- und Gesundheitsschutz ihrer Beschäftigten als zentrale Verantwortung wahrzunehmen und Maßnahmen zu ergreifen, um Gesundheitsgefährdungen am Arbeitsplatz vorzubeugen und die Gesundheit und das Wohlbefinden ihrer Beschäftigten zu fördern (ebd.). Denn das sorgt nicht nur für eine gesündere und zufriedene Belegschaft, sondern bewirkt ebenfalls eine höhere Produktivität und niedrigere Fehl- und Ausfallzeiten.

Leider zeigt sich, dass bestehende rechtliche Regelungen im Arbeitsschutz nach wie vor nicht ausreichend beachtet und umgesetzt werden. So ergab die letzte GDA-Dachevaluation, dass lediglich zwei Drittel der besichtigten Betriebe eine Gefährdungsbeurteilung durchgeführt hatten (Hägele 2019, S. 83), obwohl eine solche von großer Bedeutung für den Arbeitsschutz ist. Der Arbeitgeber muss alle nötigen Voraussetzungen schaffen, um ein sicheres und gesundes Arbeiten unabhängig von der Größe des Unternehmens oder dem ausgeübten Beruf und Arbeitsort zu ermöglichen. Denn es zeigt sich leider, dass die gesundheitlichen Belastungen stark variieren. So sind die Berufsgruppen mit den höchsten AU-Tagen allesamt in den Berufszweigen zu finden, für die in der Regel kein Hochschulabschluss notwendig ist. Die wenigsten Ausfalltage sind hingegen in Berufen zu finden, die einen solchen Abschluss voraussetzen (vgl. Meyer et al. 2022).

Die Mitwirkungspflicht der Beschäftigten, die sich aus einer angemessenen Unterweisung durch den Arbeitgeber ergeben, darf nicht als individuelle Verantwortung der Beschäftigten fehlinterpretiert werden. Die Individualisierung der Arbeit darf daher nicht dazu führen, dass die Verantwortung für Arbeits- und Gesundheitsschutz auf die Arbeitnehmerinnen und Arbeitnehmer abgewälzt wird.

Maßnahmen wie ein Obstkorb in der Küche, eine kostenlose Fitness-App oder Gesundheitsworkshops können lediglich eine Zeit lang die Symptome von Überlastungserscheinungen kaschieren. Sie können fehlende Maßnahmen im Arbeits- und Gesundheitsschutz jedoch unter keinen Umständen ersetzen, sondern verschieben damit lediglich die Verantwortlichkeit für die Ursachen von Gesundheitsgefährdungen am Arbeitsplatz auf das Verhalten der Beschäftigten. Eine Abkehr von der Fokussierung auf Verhaltensprävention, die bei vielen Präventionsangeboten noch immer im Vordergrund steht, ist notwendig, um die sozialen und strukturellen Ursachen von Krankheit und Morbidität bei Beschäftigten in allen Lebenswelten anzugehen. Denn angesichts des oftmals beschriebenen Zusammenhangs von Gesundheit, Gesundheitsverhalten und sozialem Status (vgl. Lampert et al. 2017) ist überdeutlich, dass eine reine Verhaltensprävention nur äußerst eingeschränkt wirkt.

Ein systematisches Betriebliches Gesundheitsmanagement, das sich auf die veränderten Bedürfnisse der Beschäftigten fokussiert, ist unabdingbar für die Sicherstellung eines gesunden Arbeitsplatzes. Leider besteht die Gefahr, dass in Krisenzeiten Gesundheitsmanagement aus dem betrieblichen Fokus gerät und so gerade dann vernachlässigt wird, wenn es am dringendsten benötigt wird. Die Qualität der Gesundheitsförderung steigt mit der Verknüpfung von Arbeitsplatzgestaltung, Organisationsveränderung, Sozialklima und individuellem Verhalten. Betriebliche Gesundheitsförderung kann besonders wirksam sein, wenn sie auf betrieblicher Mitbestimmung und einem funktionierenden Arbeitsschutz aufsetzt. Um gesundheitsbelastende Arbeitsbedingungen zu erkennen und zu verändern, müssen die gesetzlich vorgeschriebenen Gefährdungsbeurteilungen umgesetzt werden. Die Aufsichtsdienste von Gewerbeaufsicht und Unfallversicherung müssen personell verstärkt und ausreichend qualifiziert werden (DGB Bundesvorstand 2014, S. 7 f.).

Das Instrument der Gefährdungsbeurteilung erlaubt in einer guten Arbeitsschutzorganisation, in einem kontinuierlichen Verbesserungsprozess den krisenbedingten Veränderungen Sorge zu tragen. So hat sich in der Pandemie gezeigt, dass die Betriebe mit einer guten Arbeitsschutzorganisation den Gefährdungsfaktor „Coronavirus" sehr viel schneller in die betrieblichen Schutzmaßnahmenkonzepte übernehmen konnten und agil auf die stetig veränderte Lage reagiert haben. Entsprechende Lehren aus der Corona-Pandemie sind die Notwendigkeit, geltendes Recht durchzusetzen und Betriebe zu befähigen, Gefährdungen schnell und angemessen zu begegnen (vgl. BAuA 2022c).

Die Lehren aus der Pandemie sind ebenfalls auf den Umgang mit weiteren Krisen, wie zum Beispiel der Klimakrise, anwendbar. Arbeitsschutz, sowie Maßnahmen zur Prävention und der Betrieblichen Gesundheitsförderung müssen auf eine Zunahme von klimabedingten Gesundheitsgefährdungen reagieren. Denn der Klimawandel hat nicht nur ökologische und ökonomische Folgen, sondern kann auch soziale Benachteiligung verstärken und sich negativ auf die soziale Lage der Betroffenen auswirken (vgl. Hornberg und Maschke 2017). Um auf die Folgen der Klimaveränderungen ausreichend einzugehen, müssen Arbeitsschutzregeln entsprechend angepasst werden. Tarifverträge ermöglichen es dann den Sozialpartnern, branchenspezifische oder betriebsspezifische Konkretisierungen vorzunehmen. Besondere Arbeitsschutzregelungen, wie sie beispielsweise im Tarifvertrag für im Freien arbeitende Beschäftigte gelten, in denen die Versorgung mit entsprechender UV-Schutzkleidung und ein besserer Schutz vor wetterbedingten Entgeltausfällen festgeschrieben sind, können hier als Beispiele dienen und müssen flächendeckend auf gefährdete Berufsgruppen ausgeweitet werden (vgl. NPK 2022).

■ ■ **Anpassungen in der Arbeitsorganisation und -kultur sind notwendig**

Strukturelle Änderungen in Organisation und Betriebsablauf sind erforderlich, um in Anbetracht der vielseitigen Herausforderungen eine gesunde und gleichberechtigte Arbeitskultur zu fördern. Die Anpassung der Arbeitsorganisation und die Einhaltung der vertraglich festgelegten Arbeitszeiten hat erheblichen Einfluss auf die Gesundheit von Beschäftigten (vgl. BAuA 2022b). Zu der gesundheitsfördernden Arbeitsorganisation gehört auch die Etablierung einer entsprechenden Arbeitskultur unter Einschluss der betrieblichen Mitbestimmung (vgl. van Berk et al. 2023).

Welche negativen Effekte lange Arbeitszeiten, Überstunden und zu kurze Ruhezeiten für die Beschäftigten haben können, zeigen die Ergebnisse der BAuA-Arbeitszeitbefragung 2022 (vgl. BAuA 2022b). Beschäftigte sind in diesem Fall nicht nur unzufriedener mit ihrer Arbeit, sondern klagen auch deutlich öfter über gesundheitliche Beschwerden. Es ist also an der Zeit, nicht über die Verlängerung von Arbeitszeiten nachzudenken, sondern eine Arbeitszeitverkürzung mit Lohnausgleich ins Auge zu fassen.

Um feststellen zu können, wie lange Beschäftigte arbeiten, ist es erforderlich, die Arbeitszeit zu erfassen. Nur so können mögliche Arbeitszeitüberschreitungen identifiziert und passende Gegenmaßnahmen eingeleitet werden. Beschäftigte mit Arbeitszeiterfassung sind zufriedener mit ihrer Work-Life-Balance. Dafür bedarf es auch rechtlich zwingender und gesundheitlich notwendiger Ruhezeiten. Leider zeigt sich, dass diese oft nicht eingehalten werden, insbesondere wenn ein hoher Termin- oder Leistungsdruck existiert. Das Hauptproblem dabei bleibt die fremdbestimmte Entgrenzung der Arbeitszeiten der Beschäftigten. Entsprechend zeigen die Ergebnisse der jüngsten HBS-Erwerbspersonenbefragung, dass die geltenden rechtlichen Regelungen zum Arbeitsschutz und zur Arbeitszeit unbedingt notwendig sind und eingehalten werden müssen, um eine gesunde Beschäftigung zu garantieren (vgl. Lott und Ahlers 2021).

Zudem muss das mobile Arbeiten/Arbeiten im Homeoffice stärker im Sinne der Beschäftigten reguliert werden. Zunächst muss dafür Beschäftigten ein Recht auf selbstbestimmtes mobiles Arbeiten gewährt werden. Die Pandemie hat gezeigt, welche umfassenden Möglichkeiten hierfür bereitstehen und dass bei richtiger Steuerung keinesfalls Produktivitätseinbußen zu befürchten sind. Beschäftigte müssen so auch an den Vorteilen der Digitalisierung im Sinne einer flexibleren Arbeitsgestaltung teilhaben können. Ein Recht auf selbstbestimmtes Arbeiten im Homeoffice darf jedoch nicht zum Zwang werden. Die Nutzung des Homeoffice muss zu jeder Zeit freiwillig erfolgen, weshalb stets ein Arbeitsplatz im Betrieb vorzuhalten ist. Aufgrund von betrieblichen oder organisatorischen Umständen darf niemand ins Homeoffice gedrängt werden. Um diese Forderungen umzusetzen, sind weitere gesetzliche Regelungen notwendig, die den Arbeits- und Gesundheitsschutz sowie die Kostenerstattung für das Homeoffice gewährleisten. Arbeitgeberinnen und Arbeitgeber müssen auch weiterhin die Verantwortung für die Arbeitsmittel und die betriebliche Arbeitsstätte tragen, sodass Beschäftigte auch im Homeoffice eine gesunde ergonomische Ausstattung vorfinden können. Im Arbeitsschutzgesetz (§ 3) ist klar geregelt, dass die Kosten für den Arbeits- und Gesundheitsschutz von den Arbeitgebern zu tragen sind. Das Homeoffice darf hier keine Ausnahme bilden.

Wie bereits erläutert, sind flexible Arbeitszeiten und selbstbestimmte Arbeitsorte für Arbeitnehmerinnen und Arbeitnehmer nicht zwangläufig von Vorteil, sondern können auch zu Belastungen führen. Damit dies nicht passiert, müssen die Arbeitgeber die Arbeitsaufgaben so bemessen, dass sie innerhalb der vereinbarten Arbeitszeit erledigt werden können. Außerdem ist die Arbeitszeit lückenlos zu erfassen, um zu gewährleisten, dass die zulässigen Höchstarbeitszeiten eingehalten werden. Zusätzlich sollten Arbeitgeber die Selbstorganisation der Beschäftigten für selbstbestimmtes mobiles Arbeiten durch Unterweisungs- und Qualifizierungsangebote innerhalb der Arbeitszeit unterstützen. Eine ausgewogene Gestaltung von betrieblichem und mobilem Arbeiten im Sinne der individuellen Bedürfnisse ist daher wichtig, um eine Entgrenzung von Arbeits- und Freizeit sowie eine Zersetzung von sozialen Beziehungen im Betrieb zu vermeiden (vgl. DGB 2019).

■■ Was wir brauchen: betriebliche Mitbestimmung einfordern und aktiv leben

Mitbestimmung ist Voraussetzung für eine gesunde Arbeitsumgebung und -kultur, durch die die Gesundheit der Beschäftigten erhalten und gefördert wird. Das Betriebsverfassungsgesetz (BetrVG) regelt die Mitbestimmungsrechte der Beschäftigten im Betrieb. Dabei zeigt sich, dass Unternehmen, die diese Rechte aktiv ermöglichen, einen besseren Arbeitsschutz vorweisen können (vgl. Hägele 2019). Maßgeschneiderte Präventions- und Gesundheitsförderungsmaßnahmen können die Beschäftigtengesundheit weiter verbessern. Mitbestimmungsstrukturen sollten genutzt werden, um Maßnahmen an den Bedarfen der Mitarbeiterinnen und Mitarbeiter auszurichten. Dafür muss der Ansatz einer „Arbeitspolitik von unten" gestärkt werden. Beschäftigte müssen als Expertinnen und Experten ihres eigenen Arbeitsplatzes angesehen werden und entsprechend bei der Arbeitsorganisation eng einbezogen werden. Dafür ist ein konstruktiver Austausch zwischen Beschäftigtenvertretungen und Arbeitgebern notwendig, um zielführende Maßnahmen umzusetzen, die einen kontinuierlichen Verbesserungsprozess des Betrieblichen Gesundheitsmanagements ermöglichen. Eine mitarbeiterorientierte Personalpolitik trägt dazu bei, ein positives Arbeitsklima zu schaffen und die Motivation und Leistungsbereitschaft der Mitarbeiter zu erhöhen, was sich positiv auf die Wettbewerbsfähigkeit des Unternehmens auswirken kann (vgl. Müller und Neuschäler 2020). Umfragen zeigen zudem, dass Weiterbildungsmöglichkeiten notwendig sind, um Zukunftssorgen der Beschäftigten adäquat zu adressieren. Mitbestimmung fördert eine offene und transparente Kommunikation im Betrieb und kann dazu beitragen, dass sich die Beschäftigten gehört und wertgeschätzt fühlen. Auch die Einbeziehung der Beschäftigten in Entscheidungsprozesse kann die Selbstwirksamkeit fördern, was wiederum positive Auswirkungen auf die psychische Gesundheit haben kann. Die Erfahrungen in der Pandemie haben gezeigt, dass Betriebe sehr unterschiedlich in der Lage waren, auf die neuen Herausforderungen zu reagieren. Hierbei wiesen Betriebe mit funktionierenden Mitbestimmungsstrukturen eine weitaus höhere Resilienz auf und konnten folglich besser auf die veränderten Anforderungen reagieren (vgl. Giertz et al. 2021). Dies liegt vor allem darin begründet, dass dort bereits Strukturen der Arbeitsschutzorganisation existierten und Betriebe somit in der Lage waren, den neuen Gefährdungsfaktor SARS-CoV-2 in das Betriebliche Gesundheitsmanagement einzubinden. Auch die Mitbestimmungs- und Beteiligungsrechte der Beschäftigten müssen erweitert werden, um sicherzustellen, dass inhaltliche und zeitliche Anforderungen bei einer sich verändernden Arbeitsorganisation systematisch überprüft werden können. Das Mitbestimmungsrecht nach § 91 BetrVG sollte dafür vereinfacht werden, um die Beschäftigten bei arbeitsorganisatorischen und strukturellen betrieblichen Veränderungen zu schützen (vgl. DGB 2019).

■■ Sozialversicherungspolitik: Prävention als Gemeinschaftsaufgabe

Die Zusammenarbeit zwischen den Unfall- und Rentenversicherungsträgern und den gesetzlichen Krankenkassen im Bereich der Prävention ist wichtig und erfolgversprechend. Die bisherigen Ansätze zur Kooperation, die seit 2015 im Präventionsgesetz verankert sind, müssen deshalb weiter gestärkt werden. Eine wichtige Voraussetzung dafür ist, dass Betriebliche Gesundheitsförderung dem Wettbewerb zwischen gesetzlichen Krankenkassen weitgehend entzogen wird. Gesundheitsförderung und Prävention sind Gemeinschaftsaufgaben der Sozialversicherungsträger in enger Zusammenarbeit mit Bund, Ländern und Kommunen. Jeder Akteur hat in seinem Zuständigkeitsbereich Sorge zu tragen, dass Bürgerinnen und Bürger in allen Lebensbereichen Zugang zu passenden Präventionsangeboten und Gesundheitsförderung erhalten. Bislang scheitert die Zusammenarbeit häufig an den unterschiedlichen Kompetenzen, Finanzierungsfragen und Partikularinteressen. Hier besteht auch acht Jahre nach Inkrafttreten des Präventionsgesetzes noch erheblicher Handlungsbedarf. Die Sozialversicherungsträger müssen daher ihre Aktivitäten zu Prävention und Gesundheitsförderung insbesondere in der Arbeitswelt weiter ausbauen. DGB und Gewerkschaften werden weiterhin in der sozialen Selbstverwaltung der Krankenkassen, der Unfallversicherungsträger und der Rentenversicherungsträger zur Stärkung dieser Aktivitäten beitragen und die Zusammenarbeit der Sozialversicherungsträger vorantreiben (vgl. DGB 2014). Als ein Beispiel soll hier das gemeinsame Modellvorhaben „Rückengesundes Arbeiten in der Pflege" erwähnt werden, an dem die Berufsgenossenschaft für Gesundheitsdienst und Wohlfahrtspflege (BGW), die AOK, der BKK-Dachverband, der vdek, die IKK classic und die IKK Südwest beteiligt sind. Auch der Koalitionsvertrag von SPD, Bündnis 90/Die Grünen und FDP setzt bei der Sozialversicherungspolitik in positiver Weise an (vgl. SPD, Bündnis 90/Die Grünen, FDP 2021, S. 74).

6.4 Quo vadis Beschäftigtengesundheit – Fazit und Ausblick

Die Gesundheit der Beschäftigten wird in Zukunft verstärkt von Krisen negativ beeinflusst werden. Dabei sind die vorhandenen Instrumente des Arbeits- und Gesundheitsschutzes sowie der Betrieblichen Gesundheitsförderung gut geeignet, den Wandel der Arbeitswelt zu erfassen und durch flexible Schutzmaßnahmen an veränderte Bedingungen anzupassen.

Die Übernahme der gesetzlichen Verantwortung für den Arbeits- und Gesundheitsschutz durch die Arbeitgeberinnen und Arbeitgeber für eine menschengerechte Arbeitsgestaltung ist von entscheidender Bedeutung. Nur so können die Lebensqualität erhöht, Behandlungskosten gesenkt und die Produktivität gesteigert werden. Die Anerkennung von Arbeit als wichtigem Faktor für die Gesundheit ist gerade in Krisen- und Umbruchzeiten besonders wichtig. Der ganzheitliche Schutz der Beschäftigten muss besonders in solchen Zeiten gestärkt werden, damit die Gesellschaft als Ganze grundlegend geschützt werden kann. Dafür ist es erforderlich, dass sich die Arbeit dem Menschen anpasst – und nicht umgekehrt. Dementsprechend tragen Arbeitgeber eine besondere Verantwortung, die durch Krisen und Umbrüche verursachten Herausforderungen zu identifizieren und Lösungen zur Sicherstellung einer menschengerechten Arbeitswelt gemeinsam mit den Beschäftigten voranzutreiben.

Um die Beschäftigten zu unterstützen und betriebliche und tarifvertragliche Regelungen zu stärken, sind gesetzliche Mindeststandards und Schutzregeln erforderlich (vgl. Lott und Ahlers 2021). Das Arbeitszeitgesetz und das Arbeitsschutzgesetz dürfen daher unter keinen Umständen zur Disposition stehen. Beide Gesetze bilden den Mindestschutz ab und sind somit die unteren Haltelinien, die in keinem Fall unterschritten werden dürfen. Vielmehr sind die bestehenden gesetzlichen Leitplanken weiter zu stärken, um den Herausforderungen der dynamischen, komplexen und vernetzten Arbeitswelt des 21. Jahrhunderts gerecht zu werden.

Ein interessanter Ansatz stammt aus Österreich: Dort werden Arbeitszeitverkürzung, Vereinbarkeit von Familie und Beruf, Verbesserung der Arbeitsbedingungen sowie bessere Aus- und Weiterbildung unter dem Begriff der „sozialen Nachhaltigkeit" zusammengefasst. Dieser müssten sich die Arbeitgeber ebenso stellen wie der Umsetzung von Umwelt-Maßnahmen. Hier seien sie jedoch weniger innovativ und soziale Nachhaltigkeit für viele Betriebe ein Fremdwort, während Management-Boni für soziale Nachhaltigkeitsziele nahezu überhaupt kein Thema seien (vgl. ÖGB/AK Wien 2023).

In Zukunft wird es vor allem entscheidend sein, auf die Auswirkungen des Klimawandels bei der Gestaltung der Arbeitswelt zu reagieren. In Bezug auf die soziale und ökologische Transformation gilt es, den Umbau von Wirtschaft und Arbeit im Sinne der Beschäftigten so zu gestalten, dass noch größere soziale Verwerfungen ausbleiben und Zukunftssorgen der Beschäftigten adäquat adressiert werden. Die gewerkschaftlichen Akteure werden hier weiterhin mit starker Stimme die Interessen der Beschäftigten und ihrer Angehörigen vertreten. Nur so schaffen wir für die Beschäftigten Sicherheit in unsicheren Zeiten.

Literatur

Ahlers E (2022) Psychische Arbeitsbelastungen im Kontext der Ukraine-Krise? Befunde der HBS-Erwerbspersonenbefragung 2022. WSI Policy Brief, Bd 73

Ahlers E, Kohlrausch B, Zucco A (2022) Die Auswirkungen der Covid-19-Krise auf die Situation der Beschäftigten in den Betrieben. Ergebnisse der Erwerbspersonenbefragung der Hans-Böckler-Stiftung. In: Jahrbuch Gute Arbeit 2022: Arbeitspolitik nach Corona. Bund Verlag, Frankfurt a.M., S 79–93

Arbeitsgruppe Alternative Wirtschaftspolitik (2021) Memorandum 2022. Raus aus dem Klimanotstand – Ideen für den Umbruch. Neue Kleine Bibliothek, Köln

Badura B, Ducki A, Schröder H, Meyer M (Hrsg) (2021) Fehlzeiten-Report 2021. Betriebliche Prävention stärken – Lehren aus der Pandemie. Springer, Berlin, Heidelberg

BAuA (2020) Stressreport Deutschland 2019: Psychische Anforderungen, Ressourcen und Befinden. Bundesanstalt für Arbeitsschutz und Arbeitsmedizin, Dortmund

BAuA (2022a) Arbeitswelt im Wandel. Zahlen – Daten – Fakten. Ausgabe 2022. Bundesanstalt für Arbeitsschutz und Arbeitsmedizin, Dortmund

BAuA (2022b) Arbeitszeitreport Deutschland: Ergebnisse der BAuA-Arbeitszeitbefragung 2021. Bundesanstalt für Arbeitsschutz und Arbeitsmedizin, Dortmund

BAuA (2022c) Konsequenzen aus der SARS-CoV-2-Pandemie für die Arbeitsmedizin. Diskussionspapier des Ausschusses für Arbeitsmedizin (AfAMed), erarbeitet von dem Unterausschuss II

van Berk B, Ebner C, Rohrbach-Schmidt D (2023) Suchthaftes Arbeiten und Gesundheit. Empirische Befunde für Deutschland. Study 482 der Hans-Böckler-Stiftung

DGB Bundesvorstand, Abteilung Sozialpolitik (Hrsg) (2014) Für die Zukunft: Soziale Sicherung für Gesundheit und Pflege. Beschluss des 20. Ordentlichen DGB-Bundeskongresses, Berlin

DGB (2019) Diskussionspapier des DGB für einen gesetzlichen Ordnungsrahmen für selbstbestimmtes mobiles Arbeiten. https://www.dgb.de/themen/++co++b0f7fcb8-9657-11e9-91fd-52540088cada. Zugegriffen: 23. März 2023

DGB (2022) Digitale Transformation – Veränderungen der Arbeit aus Sicht der Beschäftigten. Ergebnisse des DGB-Index Gute Arbeit 2022

DGB (2023) Klimaschutz und Arbeit. DGB-Index Gute Arbeit 1/2023

DGUV (2014) DGUV Regel 100-001. Grundsätze der Prävention

GBD 2021 Low Back Pain Collaborators (2023) Global, regional, and national burden of low back pain, 1990–2020, its attributable risk factors, and projections to 2050: a systematic analysis of the Global Burden of Disease Study 2021. Lancet Rheumatol 5:e316–e329

Giertz J-P, Masolle J, Niewerth C (2021) Sozialpartnerschaft im Pandemiemodus. Zwischen erfolgreicher Krisenbewältigung und Interessensgegensätze. Personalführung 11:14–20

Hägele H (2019) Abschlussbericht zur Dachevaluation der Gemeinsamen Deutschen Arbeitsschutzstrategie. 2. Strategieperiode

HBS (2018) Industrie 4.0 Konkret. Ungleichzeitige Entwicklungen, Arbeitspolitische Einordnungen. WSI Mitteilungen 3/2018 Schwerpunkt. https://www.wsi.de/de/industrie-4-0-konkret-24610.htm. Zugegriffen: 19. Juli 2023

Hornberg C, Maschke J (2017) Soziale Vulnerabilität im Kontext von Umwelt, Gesundheit und sozialer Lage. UMID – Umwelt + Mensch Informationsdienst 02:43–49. https://www.umweltbundesamt.de/sites/default/files/medien/3240/publikationen/umid_02-2017_uba_hornberg_0.pdf. Zugegriffen: 19. Juli 2023

Hünefeld L, Ahlers E, Vogel E, Meyer S-C (2022) Arbeitsintensität und ihre Determinanten. Eine Übersicht über das Analysepotential von Erwerbstätigenbefragungen. Z Arb Wiss 76:1–9

ILO – Internationale Arbeitsorganisation (2011) Empfehlung 200 zu HIV/AIDS in der Welt der Arbeit. Beschluss der Internationalen Arbeitskonferenz, Genf

Lampert T, Hoebel J, Kuntz B, Müters S, Kroll LE (2017) Gesundheitliche Ungleichheit in verschiedenen Lebensphasen. Gesundheitsberichterstattung des Bundes gemeinsam getragen von Robert Koch-Institut und Statistischem Bundesamt, Berlin

Lott Y, Ahlers E (2021) Flexibilisierung der Arbeitszeit. Warum das bestehende Arbeitszeitgesetz und eine gesetzliche Arbeitszeiterfassung wichtig sind. WSI Report, Bd 68

Malanowski N, Hutapea L, Beesch S et al (2022) Monitoring Innovations- und Technologiepolitik für das Jahr 2021. Dokumentation und Bewertung von 15 Themenskizzen. HBS Working Paper Forschungsförderung Nr 239. https://www.boeckler.de/fpdf/HBS-008266/p_fofoe_WP_239_2022.pdf. Zugegriffen: 19. Juli 2023

Meyer M, Wing L, Schenkel A (2022) Krankheitsbedingte Fehlzeiten in der deutschen Wirtschaft im Jahr 2021. In: Badura B, Ducki A, Meyer M, Schröder H (Hrsg) Fehlzeiten-Report 2022 – Verantwortung und Gesundheit. Springer, Berlin, Heidelberg, S 287–368

Müller N, Schmidt A (2022) Arbeitsintensität und Corona – Gute Arbeit jetzt erst recht! In: Schmitz C, Urban H-J (Hrsg) Arbeitspolitik nach Corona. Gute Arbeit, Bd 2022, S 197–213

Müller S, Neuschäler G (2020) Worker participation in decision-making, worker sorting, and firm performance. IWH discussion papers, Bd 11/2020

NPK (2022) Prävention, Gesundheits-, Sicherheits- und Teilhabeförderung in Lebenswelten im Kontext klimatischer Veränderungen. Stand: 24.11.2022. https://www.npk-info.de/fileadmin/user_upload/umsetzung/pdf/praevention_gesundheits-_sicherheits-_und_teilhabefoerderung_in_lebenswelten_im_kontext_klimatischer_veraenderungen.pdf. Zugegriffen: 23. März 2023

ÖGB, AK Wien (2023) Schöne neue Arbeitswelt? Fehlanzeige. Ergebnisse des Strukturwandelbarometers 2023. Pressekonferenz vom 07.07.2023

Rahnfeld M (2022) Arbeiten im Jahr 2022. Kurzbericht zum aktuellen iga.Barometer. https://www.iga-info.de/fileadmin/redakteur/Veroeffentlichungen/iga_Arbeitshilfe/Dokumente/iga.Arbeitshilfe_Arbeiten_2022_Bericht.pdf. Zugegriffen: 23. März 2023

SPD, Bündnis 90/Die Grünen, FDP (2021) Mehr Fortschritt wagen. Bündnis für Freiheit, Gerechtigkeit und Nachhaltigkeit. Koalitionsvertrag 2021–2025 zwischen der Sozialdemokratischen Partei Deutschlands (SPD), BÜNDNIS 90/DIE GRÜNEN und den Freien Demokraten (FDP)

Statistisches Bundesamt (2021) Pressemitteilung Nr. N 026 vom 30. April 2021. https://www.destatis.de/DE/Presse/Pressemitteilungen/2021/04/PD21_N026_13.html. Zugegriffen: 23. März 2023

Statistisches Bundesamt (2022) Zahl der Woche Nr. 24 vom 14. Juni 2022. https://www.destatis.de/DE/Presse/Pressemitteilungen/Zahl-der-Woche/2022/PD22_24_p002.html. Zugegriffen: 19. Juli 2023

Strobel H (2019) Erreichbarkeit im Arbeitsleben. Aushandlungsprozesse in der Automobilindutrie. Springer VS, Wiesbaden

Urban H-J (2021) Heilsversprechen Homeoffice. Zu den Schattenseiten eines arbeitspolitischen Shootingstars. Blätter für deutsche und internationale Politik. 2/21. https://www.blaetter.de/ausgabe/2021/februar/heilsversprechen-homeoffice. Zugegriffen: 19. Juli 2023

Zeitenwende in der Arbeitswelt: Ausgewählte „Wandelthemen" und Lösungsansätze aus Sicht von Arbeitgeberinnen und Arbeitgebern

Susanne Wagenmann, Elisa Clauß, Sebastian Riebe und Carina Becher

Inhaltsverzeichnis

7.1 Die Zeitenwende für Unternehmen ist schon längst Realität – 101

7.2 Wandelthema #1: Psychische Belastung und Gesundheit bei der Arbeit: Ein Evergreen im Wandel? – 102
7.2.1 So gelingt eine gute Gestaltung psychischer Belastung bei der Arbeit – 103
7.2.2 Psychische Belastung und Gesundheit: Auch weiterhin wichtige Themen für Arbeitgeberinnen und Arbeitgeber – 106

7.3 Wandelthema #2: Selbstgefährdendes Arbeitsverhalten als Herausforderung bei flexibler und selbstbestimmterer Arbeit – 106
7.3.1 Wie lässt sich selbstgefährdendem Arbeitsverhalten auf betrieblicher Ebene begegnen? – 107
7.3.2 Es kommt besonders auch auf die Mitarbeit der Beschäftigten an – 108

© Der/die Autor(en), exklusiv lizenziert an Springer-Verlag GmbH, DE, ein Teil von Springer Nature 2023
B. Badura et al. (Hrsg.), *Fehlzeiten-Report 2023*, Fehlzeiten-Report,
https://doi.org/10.1007/978-3-662-67514-4_7

7.4		**Wandelthema #3: Eigenverantwortung zum gesunden Verhalten stärken und Kompetenzen entwickeln** – 108
7.4.1		Paradigmenwechsel kündigt sich an: Eigenverantwortung und Verhaltensprävention zukünftig stärker gefordert – 108
7.4.2		Kompetenzentwicklung stärker in den Blick nehmen – 110
7.5		**Fazit** – 110
		Literatur – 111

Zusammenfassung

Die Zeitenwende beschäftigt die Unternehmen in Deutschland nicht erst seit der Ansprache von Olaf Scholz. Schon in den letzten 50 Jahren verändert sich die Lebens- und Arbeitswelt signifikant, wird schneller, flexibler, digitaler und nachhaltiger. Besonders die doppelte Flexibilität für Unternehmen und Beschäftigte ist seit geraumer Zeit in den Fokus der Politik und betrieblichen Praxis gerückt – also eine Flexibilität, die für beide Seiten vorteilhaft ist. Es stellt sich die Frage, was es braucht, um dieser Flexibilisierung gut und gesund begegnen zu können. Hierbei spielen die psychische Belastung und Gesundheit weiterhin eine wesentliche Rolle, ebenso wie Forschungsthemen zu selbstgefährdenden Arbeitsverhalten, Eigenverantwortung und Kompetenzentwicklung. Dieser Artikel beleuchtet diese „Wandelthemen" aus Sicht der Betriebe und gibt gleichzeitig Anregungen für eine gesundheitsgerechte Gestaltung in der Praxis.

7.1 Die Zeitenwende für Unternehmen ist schon längst Realität

In seiner Regierungserklärung in der Sondersitzung zum russischen Angriffskrieg gegen die Ukraine vor dem Deutschen Bundestag am 27. Februar 2022 in Berlin prägte Bundeskanzler Olaf Scholz den Begriff der „Zeitenwende". Diese Zeitenwende bezog er auf den Krieg Russland gegen die Ukraine, auf die künftige Energiepolitik und die Auswirkungen nicht nur auf Deutschland, sondern auch auf Europa. Diese großen politischen Themen haben massive Auswirkungen auf die Unternehmen und Betriebe in Deutschland. Instabile Lieferketten gefährden die Versorgungssicherheit, die Energiekosten explodieren und die Integration von Geflüchteten in den Arbeitsmarkt stellen Staat, Gesellschaft und Wirtschaft vor große Herausforderungen.

Aber nicht nur diese zweifelsfrei tiefgreifenden Veränderungen treffen die Betriebe und Unternehmen. Auch im Bereich der Arbeitsgestaltung befassen sich die Unternehmen mit zahlreichen „Wandelthemen". Der Arbeitskreis „Arbeitsgestaltung und -forschung" der Bundesvereinigung der Deutschen Arbeitgeberverbände (BDA) weist z. B. bereits 2021 auf Folgendes hin:

» „Innerhalb der letzten 50 Jahre ist unsere Lebens- und Arbeitswelt um ein Vielfaches flexibler und digitaler geworden, Innovationszyklen werden immer kürzer. Faktoren wie die Digitalisierung, der demografische Wandel, die Globalisierung und ein Wertewandel in der Gesellschaft bewirken eine stetige Anpassung und Veränderung. Unternehmen müssen sich in Flexibilität üben und sich kontinuierlich verändern, um ihre Existenz zu sichern." (BDA 2021a, S. 127)

Weiterhin zeigen sie aus Perspektive verschiedener deutscher Industrie- und Dienstleistungsbranchen wichtige „Wandelthemen" für die Arbeitswelt auf. Diese sind unter anderem:
- Der permanente Wandel, welche für ein Großteil der Unternehmen Alltag geworden ist,
- Neue Spielräume und ungenutzte Ressourcen in der Arbeitszeitflexibilisierung
- sowie Nachhaltigkeit als zentrales Element des Wirtschaftens, Künstliche Intelligenz und mehr Eigenverantwortung bei den Beschäftigten (BDA 2021a).

Die Zeitenwende hin zu mehr Flexibilität, Autonomie, Work-Life-Balance (oder besser Life-Domain-Balance, d. h. die Balance verschiedener Lebensbereiche, siehe Ulich und Wiese 2011) und Sinnhaftigkeit bei der Arbeit ist ebenfalls schon längst im Gange. Neuer ist die Forderung nach einer „doppelten Flexibilität", die aktuell auch vom Rat der Arbeit gegenüber dem Bundesarbeitsministerium als Zukunftsthema adressiert wird und

» „für Unternehmen und Beschäftigte gleichermaßen vorteilhaft ist: zum einen die betriebliche Flexibilität zur stets zuverlässigen und wirtschaftlichen Erfüllung und Antizipation von Kundenbedürfnissen sowie

> **Gut zu wissen: Arbeitgeber sehr engagiert bei Prävention und Gesundheitsschutz**
>
> Grundsätzlich sind Unternehmen im Bereich Sicherheit und Gesundheit bei der Arbeit sehr gut aufgestellt und verfügen über hohe Standards bei der Gestaltung sicherer und gesunder Arbeitsbedingungen. Beispielsweise konnte die Zahl der Arbeitsunfälle insgesamt als auch die Unfallquote (Arbeitsunfälle je 1 Mio. Arbeitsstunden) seit 1991 halbiert werden. Der Krankenstand der gesetzlich Versicherten war 2021 mit 4,1 % niedriger als zur Zeit der Einführung der Lohnfortzahlung im Jahr 1970. Er betrug zu dieser Zeit 5,6 % (vgl. BDA 2021b). Die Zahl der Arbeitnehmenden, die aus gesundheitlichen Gründen vorzeitig aus dem Erwerbsleben ausscheiden, ist seit 1995 um rund 44 % zurückgegangen, gemessen am Rentenzugang wegen verminderter Erwerbsfähigkeit 2019 (Deutsche Rentenversicherung Bund 2022). Der finanzielle Aufwand der Unternehmen für Prävention, Gesundheitsschutz und Gesundheitsförderung ist erheblich: Von den insgesamt rund 35,9 Mrd. €, die im Jahr 2021 insgesamt für Prävention, Gesundheitsschutz und Gesundheitsförderung eingesetzt wurden, brachten die Betriebe – neben Staat und privaten Haushalten – mehr als 10,1 Mrd. € und knapp 30 % der Gesamtsumme auf (vgl. Statistisches Bundesamt 2023).

zur Entwicklung innovativer und nachhaltiger Produkte und Dienstleistungen. Zum anderen wird auch die individuelle Flexibilität der Beschäftigten, vor dem Hintergrund der Bewältigung ihrer lebenssituationsspezifischen Bedürfnisse, gebraucht." (Rat der Arbeit 2023, S. 87)

Aktuell und künftig befassen sich die Politik, die Gesellschaft und die Betriebe mit der Frage, wo und wie wir künftig flexibler arbeiten (können). Was braucht es von Seiten der Unternehmen und Beschäftigten, um dieser Flexibilisierung gut und gesund begegnen zu können? Aus Sicht der Forschung bleiben daher die psychische Belastung und psychische Gesundheit wichtige Themen in Bezug auf die Frage, ob ein Wandel in der Art, wie wir arbeiten auch ein Wandel bei psychischer Belastung und Gesundheit bedeutet[1]. Dabei kann aus Sicht der Forschung die Prävention von selbstgefährdenden Arbeitsverhalten wichtiger Bestandteil der Überlegung zur guten Arbeitsgestaltung sein. Aus Sicht der Arbeitgeberinnen und Arbeitgeber muss neben einer gesunden Arbeitsgestaltung in jedem Fall auch die Eigenverantwortung und Kompetenzentwicklung der Beschäftigten bei flexibler Arbeit adressiert werden, denn sie wird maßgeblich zur Lösung der aktuellen und zukünftigen Herausforderungen bei den Wandelthemen beitragen.

In diesem Artikel sollen diese ausgewählten „Wandelthemen" (psychische Belastung und Gesundheit, selbstgefährdendes Arbeitsverhalten, Eigenverantwortung und Kompetenzentwicklung) diskutiert werden. Alle Wandelthemen werden hierbei auch aus einer praktischen Sicht (im Kontext des Arbeitsschutzes sowie der freiwilligen betrieblichen Gesundheitsförderung) betrachtet, um auf die Frage zu antworten, wie diesen Themen auf organisationaler und auch individueller Ebene begegnet werden kann.

7.2 Wandelthema #1: Psychische Belastung und Gesundheit bei der Arbeit: Ein Evergreen im Wandel?

Grundsätzlich – und das sind gute Nachrichten – wirkt Arbeit positiv auf unsere psychische Gesundheit, denn Berufstätigkeit selbst

---

1 Mehr Informationen zum Programm „Arbeit: Sicher+Gesund" des Bundesarbeitsministeriums ist hier zu finden: ▶ https://www.arbeit-sicher-und-gesund.de/.

ist ein Schutzfaktor für psychische Erkrankungen und für die meisten psychisch Erkrankten hat Arbeit einen hohen Stellenwert (IAB 2021). Zudem zeigen die Studien des Gesundheitsmonitorings des Robert-Koch-Instituts, dass die Häufigkeit von Depression in der Bevölkerung nicht zunimmt. Depressionen werden häufiger diagnostiziert, treten aber nicht häufiger auf (RKI 2023).

Die Veränderungen in der Arbeitswelt hin zu mehr Freiheit dahingehend wie, wann und wo wir arbeiten (inklusive Eigenverantwortung, Kompetenzentwicklung und potentiellem selbstgefährdenden Arbeitsverhalten) führen nicht zu mehr psychischer Belastung, verändern aber den Blick auf psychischen Belastungsfaktoren, besonders auf den Faktor der Entscheidungsfreiheit. Die Freiheit, eigene Entscheidungen treffen zu können bzw. ein höheres Maß an Autonomie bei der Arbeit, ist zunächst eine wichtige Ressource und ein Hinweis auf gut gestaltete Arbeit (Gemeinsame Deutsche Arbeitsschutzstrategie oder abgekürzt GDA 2022). Gleichzeitig – und das ist die Kehrseite bzw. der angesprochene geänderte Blick – führen sie zu der Pflicht, die eigene Arbeit und ihre Umgebung gut und gesunderhaltend gestalten zu müssen. Bspw. im Homeoffice, wo man die Freiheit hat, selbst zu entscheiden, ob man vom Sofa oder dem Bürostuhl aus arbeitet, oder bei variabler Arbeitszeit, die es erlaubt, sehr früh oder sehr spät anzufangen. Die Pflicht, die eigene Arbeit selbst zu gestalten, bedeutet demnach mehr Eigenverantwortung zu tragen und kann womöglich zu einer anderen Arbeitsintensität führen, als die, die man bisher kannte (Clauß 2020).

Neben den oben bereits dargestellten Gestaltungskompetenzen sind eine Gefährdungsbeurteilung und die darauf basierende gute Arbeitsgestaltung weiterhin der Schlüssel im Umgang mit psychischer Belastung bei der Arbeit – auch für neue bzw. sich wandelnde Formen der Arbeit.

7.2.1 So gelingt eine gute Gestaltung psychischer Belastung bei der Arbeit

Wie kann man nun also psychische Belastungsfaktoren so gestalten, dass sie die Gesundheit erhalten und womöglich noch positive Effekte erzielen? Darüber haben sich Arbeitsschützerinnen und Arbeitsschützer von Seiten der staatlichen Aufsicht, Unfallversicherung, Sozialpartner, Wissenschaft und Bundesarbeitsministerium im Rahmen der GDA intensiv Gedanken gemacht und im Juni 2022 eine Empfehlung herausgebracht „Berücksichtigung psychischer Belastung in der Gefährdungsbeurteilung: Empfehlungen zur Umsetzung in der betrieblichen Praxis". Die Prüfung, ob die folgenden Belastungsfaktoren optimal gestaltet sind und damit die Gesundheit erhalten, erfolgt am besten über die Gefährdungsbeurteilung inkl. Ableitung von notwendigen Maßnahmen und ihrer Kontrolle.

Die wesentlichen Belastungsfaktoren, die für eine gute und gesunde Arbeit betrachtet werden müssen, umfassen 6 Bereiche:

1. *Arbeitsinhalte und -aufgaben*
   Diese sind gut gestaltet, wenn die Tätigkeiten vollständig sind (sie sollten von Anfang bis Ende durchgeführt werden können) sowie variable und abwechslungsreich. Es sollte Einflussmöglichkeiten geben und alle notwendigen Informationen zur Verfügung stehen. Wichtig ist, dass die eigene Qualifikation zu den Tätigkeiten passt und betrieblicherseits klar ist, wie mit emotional anspruchsvollen Situationen umgegangen werden kann.
2. *Arbeitsorganisation*
   Hierbei geht es um Arbeitsabläufe, die dann gut gestaltet sind, wenn die Arbeitszeit zur Arbeitsmenge, -vielfalt und -komplexität passt, sich Störungen und Unterbrechungen in Grenzen halten, Kommunikations- und Kooperationsmöglichkeiten gegeben sind und Kompetenzen bzw. Zuständigkeiten geklärt wurden.

> **Gut zu wissen: Der Unterschied zwischen psychischer Belastung, Beanspruchung, Gesundheit und Störung**
>
> Psychische Belastung und psychische Gesundheit werden zwar häufig synonym verwendet, sind es jedoch nicht. *Psychische Belastung* gibt es bei jeder Arbeit. Sie ist neutral gemeint und beschreibt alle (erfassbaren) äußeren Faktoren, die einen Menschen psychisch beeinflussen. Bei der Arbeit können dies z. B. die Arbeitsumgebung, die Interaktionen mit anderen, die Menge und Dauer der Arbeit sowie Entscheidungsmöglichkeiten sein. Diese psychischen Belastungsfaktoren können positiv wirken und bspw. die eigenen Kompetenzen erweitern. Sie können aber auch erschöpfend und ermüdend wirken. Wie genau die Belastung wirkt, hängt u. a. von den eigenen Kompetenzen, Erfahrungen und der aktuellen Gesundheit ab. Die unmittelbare Wirkung des Belastungsfaktors ist die *psychische Beanspruchung*, welche wiederum kurz-, mittel und langfristige Folgen auf den Menschen haben kann, die sowohl positiv als auch negativ sowie psychische als auch physisch sind (siehe dazu ◘ Abb. 7.1). Die Arbeitgeberinnen und Arbeitgeber haben die Aufgabe, die Arbeit so zu gestalten, dass psychische Belastungsfaktoren optimal wirken können, z. B. weder über- noch unterfordern.
>
> Als *psychische Gesundheit* beschreibt die WHO einen „Zustand des Wohlbefindens, in dem der Einzelne seine Fähigkeiten ausschöpfen, die normalen Lebensbelastungen bewältigen, produktiv und fruchtbar arbeiten kann und imstande ist, etwas zu seiner Gemeinschaft beizutragen" (WHO 2014). Es gibt „keine Gesundheit ohne psychische Gesundheit" (Europäische Gemeinschaften 2005). Eine *psychische Störung* hingegen ist eine krankheitsbedingte Veränderung im Erleben und Verhalten mit Auswirkung auf Wahrnehmung, Denken, Fühlen und Selbstwahrnehmung. Die Erkrankung muss klinisch diagnostiziert werden und ist meist verbunden mit Leiden und Behinderung des sozialen sowie beruflichen Lebens (siehe die Klassifikationssysteme für Krankheiten ICD-11 bzw. psychischer Störungen DSM-5). Auf die Entwicklung psychischer Störungen können die Arbeitgeberinnen und Arbeitgeber kaum Einfluss nehmen. Sie werden zwar durch die Arbeit (wie psychische Belastungsfaktoren) beeinflusst, ob und wie sich aber beispielsweise eine Depression ausprägt, hängt noch von zahlreichen weiteren Faktoren ab, wie private Umstände, Genetik, belastende Ereignisse und frühkindliche Erfahrungen.

3. *Arbeitszeit*

    Eine gute gestaltete Arbeitszeit ist vor allem dadurch gekennzeichnet, dass sie sich an das Arbeitszeitgesetz hält. Gleichzeitig muss sie genügend Erholung bieten z. B. in Form von Pausen und klaren Regelungen zur Erreichbarkeit. Aber auch Möglichkeiten zur Vereinbarkeit der Lebensbereiche sind von Vorteil. Vorhersehbarkeit und Planbarkeit der Arbeits- und Pausenzeit können hier ganz wesentlich zur Gesundheit beitragen.

4. *Soziale Beziehungen*

    Diese umfassen die Interaktion mit der Mitarbeitenden zur Führungskraft sowie zu Kolleginnen und Kollegen. Grundsätzlich ist ein würdevoller Umgang miteinander der Ausgangspunkt jeder Interaktion. Es sollen Möglichkeiten zum Austausch und zur Unterstützung gegeben sein sowie Klarheit herrschen, wie Konfliktfälle gehandhabt werden. Eine entsprechende Schulung von Führungskräften und Mitarbeitenden sowie ein gutes Teamklima helfen dabei.

5. *Arbeitsmittel*

    Die passenden Arbeitsmittel sind natürlich elementar, um die Arbeit durchführen zu können (dazu zählt auch schon die passende Maus). Sie sind darüber hinaus gut

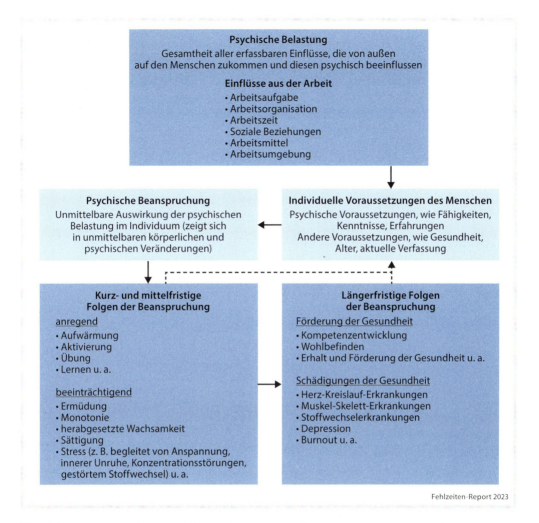

Abb. 7.1 Psychische Belastung und Beanspruchung im Arbeitskontext. (Entsprechend der Empfehlungen der GDA 2021)

gestaltet, wenn sie ergonomisch und leicht bedienbar sind, auch unter ungünstigen Einsatzbedingungen.

6. *Arbeitsumgebung*
Bei einer gesunderhaltenden Arbeitsumgebung kommt es darauf an, dass physikalische, chemische und biologische Faktoren wie Klima und Beleuchtung die Leistungsfähigkeit optimal unterstützen und Lärm, unangenehme Gerüche und der Umgang mit chemischen/biologischen Stoffen so wenig wie möglich beeinträchtigen bzw. ein sicherer Umgang mit ihnen möglich ist. Arbeitsplätze sind dabei idealerweise ergonomisch korrekt gestaltet und haben ausreichend Platz.

Ausführliche Informationen zur Gestaltung von psychischen Belastungsfaktoren gibt die Empfehlung der GDA (inkl. Hinweise auf weiterführende Vorschriften, Regeln etc.) sowie die Bundesanstalt für Arbeitsschutz und Arbeitsmedizin auf ihrer Webseite.

7.2.2 Psychische Belastung und Gesundheit: Auch weiterhin wichtige Themen für Arbeitgeberinnen und Arbeitgeber

Psychische Belastung bei der Arbeit ist weiterhin ein zentrales Thema im betrieblichen Arbeitsschutz. Die Bundesvereinigung der Deutschen Arbeitgeberverbände (BDA) engagiert sich aktiv im Arbeitsprogramm „Psyche" der GDA (z. B. bei Aus- und Überarbeitung der Belastungsfaktoren und Inhalten der Gefährdungsbeurteilung), bei der Erstellung einer damit korrespondierenden internationalen Norm sowie bei Forschungsprojekten (z. B. zur Arbeitsverdichtung). Sie setzt sich aktuell für einheitliche Definitionen und Rahmenbedingungen zur psychischen Belastung bei der Arbeit ein, um durch eine staatliche Regel Klarheit für alle Arbeitsschutzakteure zu schaffen. In Bezug auf die psychische Gesundheit befördert die BDA den Prozess der Enttabuisierung, den sie 2013 zusammen mit DGB und Bundesarbeitsministerium (BMAS) in ihrer gemeinsamen Erklärung mit angestoßen hat (BMAS et al. 2013), z. B. durch ihre Beiratstätigkeiten in Forschungsprojekten zur beruflichen Eingliederung psychisch erkrankter Menschen. Sie fördert den bewussten Umgang mit psychischer Gesundheit in den Unternehmen und ist Partnerin der „Offensive Psychische Gesundheit" des BMAS, Bundesgesundheitsministerium (BMG) und Bundesministerium für Familie, Senioren, Jugend und Frauen (BMFSJF).

7.3 Wandelthema #2: Selbstgefährdendes Arbeitsverhalten als Herausforderung bei flexibler und selbstbestimmterer Arbeit

Es ist kein Geheimnis, dass unsere Arbeit heutzutage in einem Großteil der Branchen flexibler und auch selbstbestimmter ist, als noch vor 10 Jahren. Unternehmen haben dadurch die Möglichkeit, ihren Beschäftigten ein attraktives Arbeitsumfeld zu bieten, in dem diese ihre Tätigkeit stärker selbst organisieren und eigenverantwortlich handeln können. Die veränderten Arbeitsbedingungen können aber auch Herausforderungen, wie z. B. andere Zielvorgaben, Zeitdruck und erweiterte Erreichbarkeit, mit sich bringen. In diesem Zusammenhang können körperliche und mentale Beanspruchungen entstehen. Diese sind jedoch nie alleinig auf die herrschenden Arbeitsbedingungen zurückzuführen. Neben einem gesundheitsförderlichen Freizeitverhalten und Lebensstil der Beschäftigten ist in diesem Kontext ihr individuelles Arbeitsverhalten ein besonders wichtiger Einflussfaktor.

Beschäftigte tragen die Verantwortung für die Auswahl geeigneter Bewältigungsstrategien im Umgang mit den neuen Arbeitsanforderungen. Gesundheitsgefährdend kann es werden, wenn sie dabei Bewältigungsstrategien verfolgen, bei denen die eigene Gesundheit der beruflichen Zielerreichung untergeordnet wird, z. B., wenn trotz akuter Erkrankung gearbeitet wird. In diesem Fall spricht man von selbstgefährdendem Arbeitsverhalten (das mitunter auch als „interessierte Selbstgefährdung" bezeichnet wird).

Der kurzfristige und gelegentliche Einsatz selbstgefährdender Verhaltensstrategien bei der Arbeit führt nicht gleich zu Gesundheitsbeeinträchtigungen. Die meisten dieser Strategien haben anfangs das Potenzial, Beschäftigten dabei zu helfen, neuen und ggf. höheren beruflichen Anforderungen zu begegnen und ehrgeizige Ziele zu erreichen. Das erfolgreiche Meistern fordernder Arbeitssitua-

> **Gut zu wissen: Selbstgefährdendes Arbeitsverhalten hat viele Gesichter**
>
> Selbstgefährdendes Arbeitsverhalten meint Verhaltensweisen von Beschäftigten, die darauf abzielen, arbeitsbedingte Anforderungen zu bewältigen, gleichzeitig aber die Wahrscheinlichkeit von Gesundheitsproblemen erhöhen und die notwendige Erholung von arbeitsbedingtem Stress behindern (Dettmers et al. 2016). Es werden acht Formen unterschieden (Krause et al. 2015):
> - **Ausdehnen der eigenen Arbeitszeit:**
>   Arbeit in der Freizeit, an freien Wochenenden, im Urlaub
> - **Intensivieren der Arbeitszeit:**
>   Intensiveres und schnelleres Arbeiten, das als belastend empfunden wird
> - **Einnahme von Substanzen zum Erholen:**
>   Abendlicher Alkoholkonsum zum Spannungsabbau, Einnahme von Schlafmitteln
> - **Einnahme stimulierender Substanzen:**
>   Übermäßiger Koffeinkonsum, Einnahme leistungssteigernder Substanzen
> - **Präsentismus:**
>   Arbeiten trotz deutlicher Krankheitssymptome (z. B. Fieber)
> - **Vortäuschen:**
>   Verschweigen eigener Leistungseinschränkungen gegenüber Vorgesetzten und Kolleg*innen
> - **Qualitätsreduktion:**
>   Trotz betrieblicher Anweisung wird auf Fehlerbeseitigung und Qualitätskontrollen verzichtet
> - **Umgehen von Sicherheits- und Schutzbestimmungen:**
>   Vorschriften (z. B. zum Einsatz von Hebehilfen) werden nicht eingehalten

tionen kann wiederum das Selbstwertgefühl und die Motivation steigern.

Bei länger andauernder, arbeitsbezogener Selbstgefährdung sind jedoch nachteilige Folgen für die Gesundheit und das Wohlbefinden unvermeidlich. Arbeiten Beschäftigte z. B. lange über den Feierabend hinaus oder im Urlaub, können Zeit und Energie für ausreichende Erholung und Ressourcenaufbau fehlen. Geschieht dies wiederholt, riskieren sie ihre Gesundheit. Psychosomatische Beschwerden, Gereiztheit und emotionale Erschöpfung sind nur einige der möglichen Folgen.

7.3.1 Wie lässt sich selbstgefährdendem Arbeitsverhalten auf betrieblicher Ebene begegnen?

Trotz des strukturellen Wandels und einem vermehrten Arbeitseinsatz von Beschäftigten außerhalb fester betrieblicher Strukturen sind und bleiben die Betriebe ein wichtiger Ort für die Gestaltung und Vermittlung gesundheitserhaltender Maßnahmen. Um generell einen Interventionsbedarf in Bezug auf Selbstgefährdung bei der Arbeit zu identifizieren, kann die Gefährdungsbeurteilung helfen (speziell bei der Abfrage psychischer Belastungsfaktoren). Ihre Ergebnisse bilden dann die Basis für eine gezielte Entwicklung und Implementierung passender Maßnahmen.

Noch bevor *verhältnispräventive Schritte* und *bedingungsbezogene Interventionen* gegen selbstgefährdendes Arbeitsverhalten aber greifen können, wirken unterschwellig immer die herrschende Kultur in einem Unternehmen und das Betriebsklima auf das psychisch-emotionale Wohlbefinden der Beteiligten ein. Eine vertrauensvolle, wertschätzende Atmosphäre sowie eine transparente und konsequente Außenkommunikation (z. B. durch entsprechende Leitlinien) helfen dabei, Beschäftigte und Führungskräfte für selbstgefährdendes Arbeitsverhalten zu sensibilisieren und zu weiterer Enttabuisierung des Themas beizutragen.

Moderne Führung über Ziele bzw. indirekte Steuerung schützt dann vor selbstgefährdendem Arbeitsverhalten, wenn Ziele gemeinsam vereinbart werden. Wichtig ist, dass diese v. a. auch erreichbar und bei Bedarf (mangelnde Ressourcen und Zeit) anpassbar sind (Knecht et al. 2017). Sogenannte „Zielspiralen" und negative Konsequenzen beim Nichterreichen von Zielen sollten möglichst vermieden werden. Auch wenn heute die Zielerreichung als wesentlicher Erfolgsindikator gilt, ist es wichtig, dass Vorgesetzte die Anstrengungen ihrer Beschäftigten auf dem Weg zu diesem Ziel wertschätzen. Eine ausgeprägte Leistungssteuerung durch Incentivierung (z. B. Prämien, Boni) ist allerdings riskant. Sie kann ein ungesundes Wettbewerbsverhalten zwischen Mitarbeitenden befeuern und zur Überschreitung persönlicher Leistungsgrenzen bzw. zur arbeitsbezogenen Selbstgefährdung animieren.

7.3.2 Es kommt besonders auch auf die Mitarbeit der Beschäftigten an

Betriebliche Rahmenbedingungen und gute Arbeitsgestaltung bilden die Grundlage für gesunde Arbeit. Mit Leben gefüllt werden diese jedoch erst durch das Verhalten der Beschäftigten, auf die sie abzielen. Jedes noch so gut durchdachte betriebliche Gesundheitsmanagement wird seine Wirkung verfehlen, wenn Beschäftigte dauerhaft selbstgefährdend arbeiten.

Bezogen auf *Verhaltensprävention* und *personenbezogene Interventionen* können Beschäftigte im Rahmen von Workshops für selbstgefährdendes Arbeitsverhalten sensibilisiert und dazu angeregt werden, die eigenen Strategien bei der Bewältigung von Arbeitsstress zu reflektieren. Es empfiehlt sich, gemeinsam mit den Teilnehmenden die zugrundeliegenden psychologischen Mechanismen dieser Verhaltensweisen zu erarbeiten und über die potenziellen Negativfolgen aufzuklären (Deci et al. 2016). Auf dieser Basis können Trainings zu alternativen, gesundheitserhaltenden Bewältigungsstrategien durchgeführt werden. Dazu zählen z. B. restriktive Strategien (Priorisieren von Aufgaben; Grenzen setzen) und selbstunterstützende Strategien (nicht mehr Aufgaben übernehmen, als zu bewältigen sind; Vorgesetzte um Hilfe bitten; Melin et al. 2014). Im Fokus sollten dabei die Selbstbefähigung und Steigerung der eigenen Gesundheitskompetenz stehen.

Workshops und Einzel-Coachings sind ebenso für Führungskräfte sinnvoll. Sie können darin geschult werden, selbstgefährdendes Arbeitsverhalten in ihrem Team zu erkennen und adäquat darauf zu reagieren. Darüber hinaus nehmen Führungskräfte in ihrem eigenen (arbeitsbezogenen) Gesundheitsverhalten eine wichtige Vorbildfunktion ein (Franke et al. 2014). Machen sie selbst unzählige Überstunden, verzichten auf Pausen oder arbeiten auch im Krankheitsfall, kann das von Beschäftigten als implizite Aufforderung zur Nachahmung verstanden werden, mit der aber nicht jede/r gleich gut umgehen kann.

Der Einfluss neuer Arbeitsformen auf die Gesundheit ist also komplex und an sich weder als positiv noch negativ zu bewerten. Wichtig ist vielmehr der fortwährende Dialog im Betrieb und gesundheitsbewusstes Handeln der Beschäftigten in einem gut gestalteten, mobilflexiblen Arbeitssetting.

7.4 Wandelthema #3: Eigenverantwortung zum gesunden Verhalten stärken und Kompetenzen entwickeln

7.4.1 Paradigmenwechsel kündigt sich an: Eigenverantwortung und Verhaltensprävention zukünftig stärker gefordert

Die Potenziale der Arbeitsgestaltung durch Verhältnisprävention (z. B. Gestaltung der Arbeitsplätze) sind in den Betrieben oftmals gut ausgeschöpft. Im Rahmen der

Betriebsbesichtigungen der Aufsichts- und Überwachungsbehörden im Arbeitsprogramm Muskel-Skelett-Belastung der GDA zeigt sich zum Beispiel, dass nur in 1 % der besichtigten Betriebe ergonomisch ungünstige Arbeitsplätze vorgefunden (GDA 2018). Verbesserungen bei der ergonomischen Gestaltung sind heute nur noch in begrenztem Umfang möglich. Aus der Praxis ist bekannt, dass beispielsweise Hebehilfen oder höhenverstellbare Tische zwar vorhanden sind, aber nur wenig von Beschäftigten genutzt werden. Befunde, die zeigen, dass die Effekte der Verhältnisprävention langfristig eher enttäuschend sind, sind auch für den Bereich der betrieblichen Gesundheitsförderung dokumentiert (vgl. Lacaille et al. 2016).

Mit Blick auf mobile und flexible Arbeit zeigt sich ebenfalls, dass die Einflussmöglichkeiten der Arbeitgeberinnen und Arbeitgeber begrenzt sind. So ist die Kontrolle der Arbeitsbedingungen im Privatbereich der Beschäftigten vor allem deshalb unmöglich, weil Arbeitgeberinnen und Arbeitgebern der Zugang zu privaten Wohnungen grundsätzlich rechtlich verwehrt ist. Sie können die Arbeitsbedingungen also nicht genauso gestalten wie in der Arbeitsstätte und können diese sowie ein sicheres, gesundheitsgerechtes Verhalten der Beschäftigten nicht im gleichen Maße kontrollieren. Beschäftigte sind daher gefordert, mehr Verantwortung für die Sicherheit und Gesundheit am eigenen Arbeitsplatz zu übernehmen.

Auch wenn Unternehmen im Arbeitsschutz heute auf eine Erfolgsgeschichte zurückblicken können, da Arbeitsbedingungen immer sicherer werden und sich die Unfallzahlen in den letzten Jahrzehnten positiv entwickelt haben (DGUV 2022), ist festzustellen, dass Arbeitsunfälle weiterhin vorkommen und daher ein Thema des Arbeitsschutzes bleiben. Mit der Corona-Pandemie ist es zwar zu einer rapiden Abnahme der Unfallzahlen gekommen, aber in den letzten Vor-Corona-Jahren ist eine Stagnation beim Arbeitsunfallgeschehen zu beobachten. Bei der Unfallprävention konnten in den letzten zehn Jahren keine signifikanten Verbesserungen mehr erreicht werden. Wissenschaftliche Studien stellen den menschlichen Faktor und das Verhalten in den Fokus, wenn es um Arbeitsschutz und Unfallprävention und darum geht, die noch übrigen Präven-

---

Gut zu wissen: Nudging als Anstupser für gesundheitsbewusstes Verhalten am Arbeitsplatz

Ziel der Verhaltensprävention ist es, dass Menschen sich sicher, gesundheitsgerecht oder -förderlich verhalten. Eine Grundlage dabei bildet, dass Menschen dahingehend kompetente Entscheidungen treffen können. In der Praxis scheitert es aber manchmal genau daran. Und hier setzt das sogenannte „Nudging" an. Es bedeutet ein „Anstupsen" oder ein „leichtes Stupsen" in die gewünschte Richtung. Dabei sind Nudges keine Verbote, sondern mehr Anreize und sollen ein gewünschtes Verhalten verstärken. Nudges können im Arbeitsschutz eingesetzt werden. Ein Beispiel ist es, wenn die Führungskraft immer vorbildlich ihre Persönliche Schutzausrüstung (PSA) trägt und immer dann, wenn Beschäftigte ihre PSA nicht tragen, dieses sofort und konsequent anspricht. Beispielsweise könnten Gehörschutzspender so platziert werden, dass der nötige Gehörschutz stets griffbereit in unmittelbarer Nähe des Arbeitsplatzes verfügbar ist oder bei outdoorworkern die Sonnenschutzcreme im Sommer immer griffbereit im Auto liegt. Nudges kommen auch in der betrieblichen Gesundheitsförderung zum Einsatz, beispielsweise wenn gesunde Gerichte in der Kantine zentral und prominent platziert werden und die Curry-Wurst nicht als erstes ins Auge fällt. Weitere Informationen zum Thema Nudging erhalten Sie im iga-Report 38 „Nudging im Unternehmen".

tionspotenziale zu nutzen: Die überwiegende Zahl der untersuchten Arbeitsunfälle (bis zu über 90 %) wurde durch riskantes Arbeitsverhalten ausgelöst (Bördlein 2022). Daran gilt es zukünftig stärker anzusetzen: Mit Verhaltensprävention können Potenziale im Arbeitsschutz besser genutzt werden.

7.4.2 Kompetenzentwicklung stärker in den Blick nehmen

Der Arbeitsschutz ist in Deutschland auf einem sehr hohen Niveau. Das zeigt nicht nur der kontinuierliche Rückgang bei den Arbeitsunfällen, sondern auch das große Engagement der Unternehmen während der Corona-Zeit. Um den Arbeitsschutz noch weiter zu verbessern, sollte das Thema ‚Kompetenzentwicklung' stärker in den Blick genommen werden, denn Arbeitsort und -zeit werden immer flexibler und selbstbestimmter. Beschäftigte tragen dabei mehr Verantwortung für sich selbst und ihre Sicherheit und Gesundheit. Ein Gedanke, der bereits fest im Arbeitsschutzgesetz verankert ist: Nicht nur der Arbeitgeber hat eine Fürsorgepflicht, Beschäftigte sind ebenfalls verpflichtet, für sich beziehungsweise auch für andere Sorge zu tragen. Sie müssen also Arbeitsschutzmaßnahmen richtig umsetzen (können) und eigenverantwortlich in einem bestimmten Rahmen Entscheidungen treffen. Sie müssen zum Beispiel beurteilen: Sollte ich die Hebehilfe nutzen oder geht es ohne? Wann ist es Zeit für einen Tätigkeitswechsel bei Bildschirmarbeit? Sitze ich richtig vor meinem PC zu Hause? Es ist daher wichtig, entsprechende Gestaltungskompetenzen bei den Beschäftigten zu fördern und zu fordern, die zum Erkennen und Abwägen von Risiken und Gefahren bei der Arbeit sowie zu einer eigenverantwortlichen Gestaltung der Arbeit notwendig sind.

Auch bei der Gesundheitsförderung kommt es in erster Linie auf die Eigenverantwortung und die Bereitschaft des Einzelnen zur Mitwirkung an. BGF-Maßnahmen lassen sich nicht einseitig durch den Arbeitgeber verordnen. Angesichts des hohen Anteils individuell verhaltensbedingter Gesundheitskosten an den Gesamtausgaben der Krankenkassen ist es dringend erforderlich, die Gesundheitskompetenz der Versicherten zu stärken. Gesundheitskompetenz ist die Fähigkeit des Einzelnen, im täglichen Leben Entscheidungen zu treffen, die sich positiv auf die Gesundheit auswirken – insbesondere zu Hause, in der Gesellschaft, am Arbeitsplatz, im Gesundheitssystem. Vor diesem Hintergrund ist besorgniserregend, dass etwa 60 % der Bevölkerung in Deutschland über eine gering ausgeprägte Gesundheitskompetenz verfügt (Schaeffer et al. 2021), die auch mit ungesunden Verhaltensweisen (z. B. zu wenig Bewegung, ungesunde Ernährung) einhergehen kann. Da es sich wesentlich auch um das private und Freizeitverhalten handelt, zeigt, wie begrenzt die Einflussmöglichkeiten der Arbeitgeberinnen und Arbeitgeber bei der Gesundheitserhaltung und -förderung sind. Insbesondere ein gesundheitsförderliches Freizeitverhalten und ein gesundheitsförderlicher Lebensstil sind entscheidend.

7.5 Fazit

Wandel, Veränderungen oder flexible, neue Arbeitsformen verändern nicht nur die Art und Weise, wie wir arbeiten und führen dazu, dass Unternehmen höchstflexibel auf neue Situationen reagieren. Sie erfordern eine stärkere Eigenverantwortung bei den Beschäftigten, beispielsweise für die persönliche Gesundheit. Dabei ist das Prinzip der Eigenverantwortung längst fest im Arbeitsschutz verankert. Potenziale gibt es vor allem noch beim sicheren und gesundheitsgerechten Verhalten, denn: Wissenschaftliche Untersuchungen zeigen, dass riskante Bewältigungsstrategien von Beschäftigten und die zugehörigen Verhaltensweisen (z. B. Ausdehnen und Intensivieren der Arbeitszeit, Präsentismus) zwar kurzfristig der Zielerreichung dienen können, sich aber langfristig nachteilig auf die Gesundheit auswirken können. Arbeiten Beschäftigte beispielsweise häufig schneller, um ihr Arbeitspensum zu schaffen, kann das zu emotionaler Erschöpfung führen oder diese verstärken. In der betrieblichen Praxis kann ein solches Verhalten von Beschäftigten somit auf eine mögliche Überbeanspruchung hinweisen. Ein notwendiger Ansatzpunkt hier ist insbesondere, das sichere und gesundheitsgerechte Verhalten der Beschäftigten stärker in den Blick zu nehmen und zu verbessern (z. B. über „Nudging").

Mehr Eigenverantwortung für die eigene Gesundheit zu übernehmen ist auch ganz wesentlich bei der freiwilligen betrieblichen Gesundheitsförderung. Maßnahmen der betrieblichen Gesundheitsförderung haben Grenzen. Erforderlich ist ein gemeinsamer Einsatz von überbetrieblichen Akteuren, Arbeitgeberinnen und Arbeitgebern und eigenverantwortlich handelnden Beschäftigten. Die Unternehmen können das Arbeitsumfeld gesundheitsförderlich gestalten und ihre Beschäftigten dabei unterstützen, die eigene Gesundheit zu stärken, z. B. mit gesundheitsgerechten Kantinenangeboten oder mit der Anleitung zu einem gesunden Lebensstil. Erzwingen können sie ein gesundheitsbewusstes Verhalten aber nicht. Letztlich bleibt jede und jeder Einzelne für die eigene Gesundheit verantwortlich und ist gefordert, auf gesunde Verhaltensweisen wie ausreichende Bewegung, gute Ernährung, einen angemessenen Umgang mit Genussmitteln und eine ausgewogene Lebensweise in Bezug auf Entspannung und Erholung zu achten. Konkrete Positionen und Vorschläge zur Verbesserung der betrieblichen Gesundheitsförderung (BGF) bietet das Positionspapier der BDA „Betriebliche Gesundheitsförderung: Unternehmen engagiert und erfolgreich" (BDA 2021b).

Die Bedeutsamkeit von Kompetenzentwicklung, Eigenverantwortung und selbstgefährdendem Arbeitsverhalten zeigt, wie wichtig auch weiterhin die optimale Gestaltung psychischer Belastungsfaktoren bei der Arbeit ist. Dabei ändert sich der Blick auf einige Belastungsfaktoren wie Handlungsspielraum und Autonomie, die sowohl Ressource als auch Herausforderung sein können. Glücklicherweise ist Arbeit grundsätzlich ein Schutzfaktor für unsere psychische Gesundheit und auch die psychische Belastung bei der Arbeit wird nicht mehr oder negativer (nur anders) – dennoch lohnt sich weiterhin eine gute Gestaltung der Arbeit. Wie genau, zeigen die Leitlinien der Gemeinsamen Deutschen Arbeitsschutzstrategie, an der auch die Arbeitgeberinnen und Arbeitgeber aktiv mitgearbeitet haben. Denn: Gute und gesunde Arbeit ist und bleibt weiterhin ein Top-Thema für die Unternehmen in der Zeitenwende!

Literatur

Bundesministerium für Arbeit und Soziales (BMAS), Bundesvereinigung der Deutschen Arbeitgeberverbände (BDA), Deutscher Gewerkschaftsbund (DGB) (2013) Gemeinsame Erklaerung Psychische Gesundheit in der Arbeitswelt. https://www.bmas.de/DE/Service/Publikationen/Broschueren/a-449-gemeinsame-erklaerung-psychische-gesundheit-arbeitswelt.html. Zugegriffen: 20. Juli 2023

Bundesvereinigung der Deutschen Arbeitgeberverbände (BDA) (2021a) Arbeitsforschung 2021+: Welche Forschungsfragen bewegen die Arbeitgeber und wie sieht die Arbeitswelt der Zukunft aus? Z Arb Wiss 75:127–136. https://doi.org/10.1007/s41449-021-00240-3

Bundesvereinigung der Deutschen Arbeitgeberverbände (BDA) (2021b) Betriebliche Gesundheitsförderung – Unternehmen engagiert und erfolgreich. Positionspapier, Berlin. https://arbeitgeber.de/wp-content/uploads/2021/10/bda-arbeitgeber-positionspapier-betriebliche_gesundheitsfoerderung_unternehmen_engagiert_und_erfolgreich-2021_10_11.pdf. Zugegriffen: 12. Mai 2023

Bördlein C (2022) Verhaltensorientierte Arbeitssicherheit – Behaviour Based Safety (BBS). Erich Schmidt Verlag, Berlin

Clauß E (2020) Ein Blick in die Praxis: Selbstbestimmung versus Arbeitsintensivierung. ASU-Zeitschrift für medizinische Prävention. https://www.asu-arbeitsmedizin.com/praxis/ein-blick-die-praxis-selbstbestimmung-versus-arbeitsintensivierung. Zugegriffen: 12. Mai 2023

Deci N, Dettmers J, Krause A et al (2016) Coping in flexible working conditions – Engagement, disengagement and self-endangering strategies. Psychol Everyday Activity 9(2):49–65

Dettmers J, Deci N, Baeriswyl S et al (2016) Self-endangering work behavior. In: Wiencke M, Cacace M, Fischer S (Hrsg) Healthy at work. Springer, Cham, S 37–51 https://doi.org/10.1007/978-3-319-32331-2_4

Deutsche Gesetzliche Unfallversicherung (Hrsg) (2022) Arbeitsunfallgeschehen 2021. https://publikationen.dguv.de/zahlen-fakten/schwerpunkt-themen/4590/arbeitsunfallgeschehen-2021. Zugegriffen: 2. Juni 2023

Deutsche Rentenversicherung (DRV-Bund) (Hrsg) (2022) Rentenversicherung in Zeitreihen. Sonderausgabe der DRV. https://www.deutsche-rentenversicherung.de/SharedDocs/Downloads/DE/Statistiken-und-Berichte/statistikpublikationen/rv_in_zeitreihen.html. Zugegriffen: 12. September 2023

Eichhorn D, Ott I (2019) Nudging im Unternehmen. In: Initiative Gesundheit und Arbeit (Hrsg) iga.Report 38. https://www.iga-info.de/veroeffentlichungen/igareporte/igareport-38. Zugegriffen: 2. Juni 2023

Europäische Gemeinschaften (2005) Grünbuch. Die psychische Gesundheit der Bevölkerung verbessern – Entwicklung einer Strategie für die Förderung der psychischen Gesundheit in der Europäischen Union. https://ec.europa.eu/health/ph_determinants/life_style/mental/green_paper/mental_gp_de.pdf. Zugegriffen: 3. Juni 2023

Franke F, Felfe J, Pundt A (2014) The impact of health-oriented leadership on follower health: development and test of a new instrument measuring health-promoting leadership. Ger J Hum Resour Manag 28(1-2):139–161

Gemeinsame Deutsche Arbeitsschutzstrategie (GDA) (2018) GDA-Abschlussbericht zum Arbeitsprogramm „Muskel-Skelett-Erkrankungen". https://www.gda-portal.de/DE/Downloads/pdf/MSE-Abschlussbericht.pdf?__blob=publicationFile&v=1. Zugegriffen: 2. Juni 2023

Gemeinsame Deutsche Arbeitsschutzstrategie (GDA) c/o Bundesministerium für Arbeit und Soziales (2022) Berücksichtigung psychischer Belastung in der Gefährdungsbeurteilung. https://www.gda-psyche.de/empfehlungen-zur-beruecksichtigung-psychischer-belastung-in-der-gefaehrdungsbeurteilung. Zugegriffen: 2. Juni 2023

Institut für Arbeitsmarkt- und Berufsforschung (IAB) (2021) Für die meisten psychisch kranken Menschen hat Arbeit einen hohen Stellenwert. https://www.iab-forum.de/fuer-die-meisten-psychisch-kranken-menschen-hat-arbeit-einen-hohen-stellenwert/. Zugegriffen: 30. Mai 2023

Knecht M, Meier G, Krause A (2017) Endangering one's health to improve performance? How indirect control triggers social momentum in organizations. Gruppe. Interaktion. Organisation. Z Angew Organisationspsychol 48(3):193–201. https://doi.org/10.1007/s11612-017-0377-3

Krause A, Baeriswyl S, Berset M et al (2015) Selbstgefährdung als Indikator für Mängel bei der Gestaltung mobil-flexibler Arbeit: Zur Entwicklung eines Erhebungsinstruments. Wirtschaftspsychol 17(1):49–59

LaCaille LJ, Schutz JF, Goei R et al (2016) Go!: results from a quasi-experimental obesity prevention trial with hospital employees, zit. nach Lippke S, Dilger EM (2020) Ansätze zur Förderung gesunder Ernährung und Bewegung. In: Michel A, Hoppe A (Hrsg) Handbuch Gesundheitsförderung bei der Arbeit. Springer, Wiesbaden, S 105 https://doi.org/10.1007/978-3-658-28654-5_8-1

Melin M, Astvik W, Bernhard-Oettel C (2014) New work demands in higher education. A study of the relationship between excessive workload, coping-strategies and subsequent health among academic staff. Qual High Educ 20(3):290–308. https://doi.org/10.1080/13538322.2014.979547

Rat der Arbeit (2023) Arbeitswelt-Bericht 2023. https://www.arbeitswelt-portal.de/fileadmin/user_upload/awb_2023/Arbeitsweltbericht_2023_Zusammenfassung_BF.pdf. Zugegriffen: 30. Mai 2023

Robert Koch-Institut (RKI) (2023) Psychische Gesundheit in Deutschland. https://www.rki.de/DE/Content/Gesundheitsmonitoring/Themen/Psychische_Gesundheit/Psychische_Gesundheit_node.html. Zugegriffen: 30. Mai 2023

Schaeffer D, Berens EM, Gille S et al (2021) Gesundheitskompetenz der Bevölkerung in Deutschland – vor und während der Corona Pandemie: Ergebnisse des HLS-GER 2. Universität Bielefeld, Interdisziplinäres Zentrum für Gesundheitskompetenzforschung, Bielefeld https://doi.org/10.4119/unibi/2950305

Statistisches Bundesamt (2023) Gesundheitsausgaben von 1992 bis 2021. https://www-genesis.destatis.de/genesis/online?operation=previous&levelindex=0&step=0&titel=Tabellenaufbau&levelid=1685700339709&acceptscookies=false#abreadcrumb. Zugegriffen: 2. Juni 2023

Ulich E, Wiese BS (2011) Vom Work Life Balance Konzept zum Life Domain Balance Konzept. In: Ulich E, Wiese BS (Hrsg) Life Domain Balance. Gabler, S 19–58 https://doi.org/10.1007/978-3-8349-6489-2_2

Weltgesundheitsorganisation (WHO) (2014) Preventing suicide: a global imperative. https://apps.who.int/iris/bitstream/handle/10665/131056/9789241564779-ger.pdf. Zugegriffen: 23. Mai 2023

Den Wandel auf organisationaler Ebene gesundheitsgerecht gestalten

Inhaltsverzeichnis

Kapitel 8 Zukunftsfähigkeit von Organisationen, Zukunftsangst und die Gesundheit von Mitarbeitenden – 115
Andrea Waltersbacher, Miriam Meschede, Hannes Klawisch und Johanna Baumgardt

Kapitel 9 Wie geht es Angestellten in Deutschland? – Ergebnisse repräsentativer Beschäftigtenbefragungen im Rahmen des Fehlzeiten-Reports 2020 bis 2023 – 147
Johanna Baumgardt

Kapitel 10 Vertrauen stärken – vor allem in disruptiven Zeiten! – 171
Dominik Enste

Kapitel 11 Innovative Organisationsformen – Mehr Demokratie in Unternehmen wagen – 183
Lisa Herzog

Kapitel 12	Organisationale Resilienz als Handlungsfeld eines erweiterten Betrieblichen Gesundheitsmanagements – den Unternehmenserfolg nachhaltig gestalten – 193
	Oliver Hasselmann und Birgit Schauerte
Kapitel 13	Resilienz in Teams – 207
	Simone Kauffeld und Eva-Maria Schulte
Kapitel 14	Die Rolle der Fehlermanagementkultur in der Gestaltung neuer Arbeitsumgebungen – 219
	Alexander Klamar und Sebastian Fischer
Kapitel 15	Bindungsorientierte Führung – Homeoffice und seine Folgen für Arbeit und Gesundheit – 235
	Bernhard Badura, Alina J. Wacker, Leon K. Hoffmann und Johanna S. Radtke
Kapitel 16	Mobiles Arbeiten: Chancen und Risiken – 255
	Anne M. Wöhrmann, Nils Backhaus und Antje Ducki
Kapitel 17	Hybrides Führen: Führen in Zeiten von Homeoffice – 271
	Annika Krick, Jörg Felfe, Laura Klebe und Dorothee Tautz

Zukunftsfähigkeit von Organisationen, Zukunftsangst und die Gesundheit von Mitarbeitenden

Andrea Waltersbacher, Miriam Meschede, Hannes Klawisch und Johanna Baumgardt

Inhaltsverzeichnis

8.1 Einleitung – 116

8.2 Forschungsfragen und Methodik – 119

8.3 Ergebnisse der Befragung – 121
8.3.1 Organisationsbezogene Veränderungen in den vorangegangenen Jahren – 121
8.3.2 Zukunftsangst – 121
8.3.3 Dimensionen der Zukunftsfähigkeit von Organisationen – 124
8.3.4 Vertrauen in die Zukunftsfähigkeit – 131
8.3.5 Angst um die Zukunft der Organisation und die Gesundheit der Beschäftigten – 133
8.3.6 Zukunftsfähigkeit und Gesundheit der Beschäftigten – 136

8.4 Diskussion – 140

8.5 Ausblick – 143

Literatur – 144

© Der/die Autor(en), exklusiv lizenziert an Springer-Verlag GmbH, DE, ein Teil von Springer Nature 2023
B. Badura et al. (Hrsg.), *Fehlzeiten-Report 2023*, Fehlzeiten-Report,
https://doi.org/10.1007/978-3-662-67514-4_8

▪ ▪ Zusammenfassung

Organisationen und die dort tätigen Beschäftigten sehen sich durch die globalen ökologischen, politischen und sozioökonomischen Umwälzungen von Wirtschaft und Gesellschaft mit rasanten Veränderungen konfrontiert. Im Rahmen einer bundesweiten repräsentativen Befragung von 2.500 Erwerbstätigen im Alter von 18 bis 66 Jahren wurde deshalb Zukunftsangst zum einen in Bezug auf die Organisation, in der die Befragten tätig sind, und zum anderen in Bezug auf die Gesellschaft fokussiert. Ein weiterer Schwerpunkt liegt auf der subjektiven Einschätzung der Zukunftsfähigkeit der Organisation, in der die Befragten beschäftigt sind, und die Folgen für das gesundheitliche Wohlbefinden.

Zukunftsfähigkeit wurde in vier thematische Gruppen unterteilt: Kooperationsklima, Krisenmanagement, Kreativität und Verbesserungen sowie Entscheidungsprozesse und Mitbestimmungsmöglichkeiten. Je besser die Zukunftsfähigkeit der eigenen Organisation insgesamt beurteilt wurde, desto geringer war die organisationsbezogene Zukunftsangst der Beschäftigten. Der Zusammenhang zwischen der Bewertung des Krisenmanagements der Leitungsebene und den Aspekten der Zukunftsfähigkeit der Organisation zeigt deutlich, dass die Wahrnehmung der Kompetenzen der Führungsebene ein wichtiger Faktor für das Vertrauen der Beschäftigten in die Zukunft der Organisation ist.

Eine positive Bewertung der Zukunftsfähigkeit der Organisation ging aber auch mit geringeren Belastungen des gesundheitlichen Wohlbefindens bei den Beschäftigten einher. Der stärkste Zusammenhang zeigte sich bei den emotionalen Irritationen, vor allem bei dem Empfinden von Wut und Verärgerung, dem Gefühl „wie ausgebrannt" und lustlos zu sein, sowie von Niedergeschlagenheit. Befragte, die ihrer Organisation eine gute Zukunftsfähigkeit bestätigen, berichten zudem von weniger Fehlzeiten und weniger Präsentismus.

Anhand der Bewertungen durch die Befragten lassen sich interne Handlungsfelder identifizieren, in denen Organisationen zur Verbesserung ihrer Zukunftsfähigkeit und zur Gesunderhaltung ihrer Beschäftigten tätig werden können.

8.1 Einleitung

Jedes Jahr wählt die Gesellschaft für deutsche Sprache (GfDS) ein „Wort des Jahres". 2022 kürte die Jury das Wort „Zeitenwende".[1] Bisher wurde der Begriff nur im Rückblick für Zeiten mit großen epochalen Umbrüchen verwendet. Die GfDS begründet ihre Wahl u. a. mit dem Ukraine-Krieg, der Neuausrichtung der Energiepolitik, dem Überdenken bisheriger Wirtschaftsbeziehungen und den zunehmenden, teils apokalyptischen Ängsten vieler Menschen. Bereits die Bankenkrise, der Zusammenbruch von Lieferketten während der Covid-19-Pandemie und die zunehmende Thematisierung der Klimakrise haben in den vorangegangenen Jahren zu einem zunehmenden Gefühl von Instabilität und Unvorhersehbarkeit geführt. Selbst positiv konnotierte Veränderungen, wie beispielsweise technische Innovationen, führen zu Unsicherheit und bisweilen auch Abwehr, wie an der aktuellen Diskussion zu Künstlicher Intelligenz zu sehen ist (Horn 2023).

Noch größer gedacht ist der schon vor dem Ukraine-Krieg existierende Name für die heutige „neue" Zeit: das Anthropozän. Mit diesem Begriff verbindet sich (oft in kritischer Absicht) die seit der Industrialisierung stattfindende Veränderung des Planeten durch den Menschen durch fossile Rohstoffe, die mittlerweile zu einer globalen Bedrohung geworden ist (Treibhausgase, Mikroplastik etc.). An diese Entwicklung knüpfen sich Ängste wie beispielsweise „Klimaangst".[2] Vor diesem Hintergrund werden Aufrufe zum Wandel und

---

1 ▶ https://gfds.de/wort-des-jahres-2022/.
2 Zur Klimakrise und ihrer psychischen Bedrohung siehe beispielsweise Peter et al. 2021 oder Rieken et al. 2021.

zu einer Neuausrichtung der Werte und des Wirtschaftens häufiger und drängender.[3]

Die komplexen und teils disruptiven Veränderungen können bei Erwerbstätigen Ängste auslösen, auch in Bezug auf den eigenen Arbeitgeber. Organisationen werden durch die genannten Veränderungen teilweise vor so gravierende Herausforderungen gestellt, dass ganze Geschäftsmodelle gefährdet sein können, wenn keine rechtzeitige Anpassung geschieht (Menne 2019; Beyer et al. 2019). Aber wie sehen die zukünftigen Veränderungen aus, an die eine Anpassung erfolgen muss, und welcher Art muss diese Anpassung sein? Fehlende Planungshorizonte und Vorhersagbarkeit machen eine passgenaue Vorbereitung auf zukünftige Probleme unmöglich (Kruse und Schomburg 2016). Deshalb bedarf es der grundlegenden Fähigkeit einer Organisation, flexibel auf Veränderungen zu reagieren und Krisen als Chance für Weiterentwicklung zu nutzen (Lee et al. 2013).

Der Begriff „Zeitenwende" steht zum einen für Dynamik und zum anderen für einen klaren Richtungswechsel. Damit passt er besonders gut zur Beschreibung einer Zeit, in der über die Bewältigung hinaus auch an einer grundsätzlichen Transformation der Ökonomie gearbeitet werden muss.[4] Die Aspekte **Zukunftsangst von Beschäftigten** und **Zukunftsfähigkeit von Unternehmen** als organisationale Disposition **in Zeiten des unvorhersehbaren Wandels** stehen deshalb im Zentrum der Beschäftigtenbefragung des diesjährigen Fehlzeiten-Reports.

▪▪ Zukunftsangst

Zukunftsangst kann definiert werden als eine „Einstellung zur Zukunft", die eher negativ eingefärbt bzw. ausgeprägt ist (Zaleski et al. 2019). Sie bezeichnet die Angst vor zukünftigen Ereignissen oder Veränderungen, von denen angenommen wird, dass sie problematisch oder bedrohlich sein werden. Anders als Furcht, die durch einen konkreten Stimulus hervorgerufen wird und mit Reaktionsmustern wie Flucht oder Vermeidung verbunden ist, bezieht sich Zukunftsangst auf eine nicht klar definierte Vorstellung der Zukunft im Allgemeinen. Sie ist zudem eher von kognitiver als von emotionaler Beschaffenheit (Zaleski et al. 2019).

Die zurückliegenden Jahre wurden von starken Veränderungen und disruptiven Krisen geprägt. Dazu zählt die Covid-19-Pandemie und damit verbundene Restriktionen wie beispielsweise mehrere „Lock-Downs", der russische Angriffskrieg auf die Ukraine und daraus entstehende Bedrohungsszenarien, Flüchtlingsströme und Lieferengpässe sowie eine sprunghaft gestiegene Inflation, die die wirtschaftliche Lage vieler Menschen nach der Zeit der Pandemie besonders hart getroffen hat. Diese Ereignisse fallen in eine Zeit, die von der konstanten globalen Bedrohung durch den Klimawandel und den diesbezüglichen „Wettlauf gegen die Zeit" geprägt ist. Peter et al. (2021) haben sich mit dem Phänomen „Klimaangst" beschäftigt und beschreiben die Klimakrise als „zeitlich und räumlich akut präsent, konkret erfahrbar und in ihrem bedrohlichen – globalen, komplexen, nicht vollständig vorhersagbaren und individuell nicht beherrschbaren – Ausmaß emotional belastend" (Peter et al. 2021, S. 164; Rieken et al. 2021). Diese Definition ist auch für den hier untersuchten, weiter gefassten Krisenbegriff zutreffend.

Pikhala (2020) kommt in seinem Beitrag dabei zu der Einschätzung, dass „Klimaangst" in den meisten Fällen nicht pathologisch ist, sondern „eine natürliche, verständliche Reaktion auf das Krisenausmaß [...] und [...] keine zu heilende Krankheit" (Peter et al. 2021, S. 167). Auch Clayton (2020) plädiert dafür, emotionale Reaktionen auf den Klimawandel nicht zu pathologisieren. Der Fokus auf das als adäquat oder inadäquat bewertete Verhalten eines Individuums lenke von den gesellschaft-

---

3 Für eine umfangreiche Darstellung der Bedeutung einer „ökologischen Zeitenwende" und der entsprechenden Literatur siehe den Beitrag von Masztalerz, ▶ Kap. 2 in diesem Band.
4 Siehe Müller-Christ 2020 und den Beitrag von Masztalerz, ▶ Kap. 2 in diesem Band.

lichen Ursachen und Antworten ab (Clayton 2020). Unsicherheit, Unberechenbarkeit und Nicht-Kontrollierbarkeit gelten nicht nur für die Klimakrise, sondern auch für andere Krisenereignisse, sodass ein Empfinden von Sorge in Bezug auf die Zukunft als vernünftige Reaktion eingestuft werden muss (Pikhala 2020).

Zukunftsfähigkeit

Welche Eigenschaften einer Organisation begünstigen, dass sie Krisen und tiefgreifende Veränderungen in ihrer Umgebung bewältigen kann und darüber hinaus als „fit" für eine unbekannte Zukunft bzw. als „zukunftsfähig" bezeichnet werden kann?[5] Die Erforschung vergangener Krisen hat gezeigt, dass eine starke Ausprägung von (sozialer) „Erholungs-, Widerstands- und Anpassungsfähigkeit" Organisationen helfen kann, mit den eingangs beschriebenen Herausforderungen in Zeiten starker Veränderungen umzugehen. Diese Fähigkeiten werden in der Literatur unter dem Begriff „organisationale Resilienz"[6] beschrieben. Sie sind Teil der theoretischen Basis der hier untersuchten „Zukunftsfähigkeit".

Für die Frage nach der Zukunftsfähigkeit von Organisationen lässt sich in Teilen die bisherige organisationale Resilienzforschung anwenden. Wenn im Bewältigungsprozess mehr gesehen wird als nur das Bemühen, den „Vor-Krisen-Status" wiederherzustellen, nämlich eine Weiterentwicklung und Transformation im Sinn einer ständigen Anpassung an sich verändernde Umwelten, trägt das zur Zukunftsfähigkeit bei (Seville 2009; Lee et al. 2013; Näswall et al. 2015; Folke et al. 2010). Damit wird das Konstrukt „Resilienz" im vorliegenden Beitrag eher breit definiert, sodass es neben dem Aspekt der Widerstandfähigkeit auch eine proaktive Verhaltensweise impliziert. Diese ermöglicht es Organisationen, trotz oder gerade wegen schwieriger Umstände zu gedeihen (Lee et al. 2013; van Dam 2009; Horn 2023; Naughton und Wortmann 2020).

Um die Zukunftsfähigkeit von Unternehmen zu operationalisieren, orientiert sich die vorliegende Untersuchung hauptsächlich an dem Konstrukt der „Anpassungsfähigkeit". Dieses ist neben dem Aspekt „Planung" Bestandteil des *New Model of Organisational Resilience* von Lee et al. (2013) und eine Weiterentwicklung des Relative Overall Resilience Model (ROR) von McManus (2008). Die Anpassungsfähigkeit setzt sich nach dem Modell von Lee et al. aus den folgenden Faktoren zusammen:

- Kreativität und Innovation
- Kooperation
- Ressourcenmanagement
- Wissens- und Informationsmanagement
- Beteiligung der Beschäftigten
- Führung
- Entscheidungsfindung
- Situationsmonitoring und Berichtswesen.

Einzelne dieser Faktoren sind von den McManus nachfolgenden Autoren vertieft oder ergänzt worden. Zwei dieser Themengruppen, nämlich Führung und Kooperation, werden dabei häufig auch als übergeordnete Aspekte aufgefasst und sollen deshalb vertiefend dargestellt werden.

Führung

Die global vernetzte Welt, neue Technologien sowie die multiplen Krisen der vergangenen Jahre haben den Komplexitätsgrad für unternehmerische Entscheidungen immens erhöht. Für Unternehmen bedeutet dies, auch im eigenen System die Komplexität zu erhöhen, um erfolgreich Antworten auf Herausforderungen in einer komplexen Umwelt zu entwickeln (Ashby 1956, hier zitiert nach Kruse und Schomburg 2016). Diese Erkenntnis geht mit einem Führungsverständnis einher, nach dem Führungskräfte trotz einer hierarchisch

---

5   „Zukunftsfähigkeit" ist wie Resilienz weder ein klar definierter wissenschaftlicher Begriff noch ist er als alltagssprachlicher Begriff eindeutig im deutschen Sprachgebrauch verankert. Im Folgenden wird deshalb beschrieben, wie Zukunftsfähigkeit aus der Forschungsliteratur hergeleitet und für diese Untersuchung über mehrere Variablen operationalisiert bzw. abgebildet wird.

6   Siehe zur organisationalen Resilienz auch den Beitrag von Waltersbacher et al. (2021).

höheren Position nicht *mehr*, sondern etwas *anderes* wissen (Scholl et al. 2012). Die Aufgabe der Führungskraft ist es demnach, als „Moderator kollektiver Intelligenz" den Rahmen für „die professionelle [...] Gestaltung ergebnisoffener Prozesse" zu schaffen (Kruse und Schomburg 2016, S. 4). Das Ausüben von hierarchisch gebündelter Entscheidungsmacht, abgekapselt vom Wissen anderer, steigere hingegen „die Wahrscheinlichkeit des Scheiterns" (Scholl et al. 2012, S. 407).

▪▪ Bedingungen guter Kooperation

Die Zusammenarbeit von Beschäftigten mit unterschiedlichem Fach- und Erfahrungswissen aus unterschiedlichen Hierarchiestufen erzeugt Reibung und Unruhe (Kruse und Schomburg 2016). Bei komplexen Problemen ist sie jedoch gleichzeitig Grundlage für Innovation und höhere Entscheidungsqualität. Mit einer in Netzwerken organisierten Zusammenarbeit werden die Kooperation unter Beschäftigten, die Abschaffung von „Wissenssilos" und ein transparentes Wissens- und Informationsmanagement gefördert (Kruse und Schomburg 2016; Scholl et al. 2012). Das Streben nach schnellem Konsens, das durch homogene Gruppen begünstigt wird, sowie die Vernachlässigung von Informationen, die nur wenigen Personen vorliegen, werden hingegen als Ursachen für kommunikationsbedingte Fehlerquellen in Unternehmen – sogenannte „Informationspathologien"– gesehen (Scholl et al. 2012).

Stetiger Informationsaustausch auf Augenhöhe, der auch Widerspruch gegenüber Vorgesetzten impliziert, wird u. a. von Scholl et al. (2012) als elementar gesehen, um zu verhindern, dass relevante, jedoch kritische Informationen Führungskräften vorenthalten werden. Ein solcher Führungsstil, der Beschäftigten die Freiheit gibt, ihre Kompetenzen weiterzuentwickeln und Beschäftigten partizipative Entscheidungsmacht überlässt, wird auch als Empowerment-orientierte Führung bezeichnet. Untersuchungen zeigen, dass der Wissensaustausch, die Selbstwirksamkeit sowie die Innovationsleistung von Teams durch einen Empowerment-orientierten Führungsstil gefördert werden (Scholl et al. 2012).

Die vernetzte Zusammenarbeit basiert demnach nicht nur auf strukturellen Maßnahmen, sondern wird ganz entscheidend durch die ihr zugrundeliegende Kultur mitbestimmt. Eine solche Organisationskultur äußert sich darin, dass sie Unsicherheiten zulässt sowie Transparenz, Vertrauen und Dezentralisation fördert (Menne 2019; Kruse und Schomburg 2016). Im Hinblick auf das Transformationspotenzial einer Organisation wurden bei der hier beschriebenen Befragung deshalb Fragen zur Kooperation, Mitbestimmung und Entscheidungsfindung gestellt.

Wie diese Ausführungen zeigen, liegt der Fokus von Zukunftsfähigkeit hauptsächlich bei der Organisation. Obwohl die individuellen Dispositionen der Mitarbeitenden als Ressource in die Zukunftsfähigkeit von Organisationen eingehen, sollen sie hier explizit ausgeklammert werden. Dieser Ansatz wurde – der systemtheoretischen Perspektive folgend – gewählt, weil die Zukunftsfähigkeit einer Organisation nicht von individuellen Persönlichkeitsmerkmalen ihrer Mitarbeitenden, sondern von formalen Regeln der Institution abhängt.[7]

8.2 Forschungsfragen und Methodik

▪▪ Forschungsfragen

Den folgenden Forschungsfragen wurde im Rahmen der vorliegenden Untersuchung nachgegangen:

- Wie stark erleben die Beschäftigten Wandel im Kontext ihrer Organisation?
- Welche Einflüsse sehen sie als Ursache für diesen Wandel?
- Wie ausgeprägt ist die Sorge der Befragten hinsichtlich der Zukunft ihrer Organisation?

---

7 Vgl. dazu Luhmann (1964,2022): In Organisationen entscheiden in erster Linie Strukturen und Regeln über das Handeln. Mitarbeitende führen in diesem System eine Rolle aus.

- Wie ausgeprägt ist die Sorge der Befragten hinsichtlich der Zukunft der Gesellschaft?
- Wie schätzen die Befragten die Zukunftsfähigkeit ihrer Organisation ein?
- Gibt es einen Zusammenhang zwischen der Zukunftsangst der Befragten bezogen auf ihre Organisation und der Bewertung der Zukunftsfähigkeit der Organisation?
- Gibt es einen Zusammenhang zwischen der Zukunftsangst der Befragten bezogen auf ihre Organisation und der Bewertung des gesundheitlichen Wohlbefindens?
- Gibt es einen Zusammenhang zwischen der Einschätzung der Zukunftsfähigkeit der Organisation und der Bewertung des gesundheitlichen Wohlbefindens?

▪▪ Methodisches Vorgehen

Die empirische Basis der vorliegenden Untersuchung ist eine bundesweite repräsentative Befragung von 2.500 Erwerbstätigen im Alter von 18 bis 66 Jahren. Sie wurde zwischen dem 16. Februar und 9. März 2023 durch das Befragungsinstitut forsa als computergestützte Telefonbefragung (CATI) durchgeführt. Die Befragungsteilnehmenden mussten in Voll- oder Teilzeit abhängig erwerbstätig sein und zum Befragungszeitpunkt seit mindestens einem Jahr durchgehend in einem Beschäftigungsverhältnis bei ihrem derzeitigen Arbeitgeber (= Organisation) gestanden haben.[8]

Um eine Vergleichbarkeit mit der Erwerbstätigenbevölkerung zu ermöglichen, wurde ein Gewichtungsfaktor auf den Befragungsdatensatz angewendet, der die Alters- und Geschlechtsverteilung der Befragten an die tatsächliche Verteilung in der Bundesrepublik auf Grundlage des Mikrozensus 2021 des Statistischen Bundesamtes anpasst (Statistisches Bundesamt 2023).

Der für die Befragung eingesetzte Fragebogen wurde im Wissenschaftlichen Institut der AOK (WIdO) entwickelt. Das GESIS – Leibniz-Institut für Sozialwissenschaften in Mannheim hat diesen Prozess methodisch beraten.

Die Untersuchung basiert auf den subjektiven Bewertungen der Befragten. Um die Zukunftsfähigkeit von Organisationen aus Sicht der Befragten zu erheben, kamen schwerpunktmäßig Items der Themengruppe „Anpassungsfähigkeit" (*Adaptive Capacity*) aus dem Fragebogen „Benchmark Resilience Tool (BRT-53)" von Lee et al. (2013) in übersetzter Form zur Anwendung. Der Fragebogen BRT-53 basiert auf dem *New Model of Organisational Resilience* von Lee et al. (2013) und bildet die oben beschriebenen Faktoren von Anpassungsfähigkeit ab. Für die Abfrage von „Innovation und Kreativität" wurden Items der Themengruppe „Aktivierende Führung" und „Kontinuierliche Reflexion" aus dem Fragebogen „Innovationsklima" von Kauffeld et al. (2004) ergänzt, da sie sich besonders auf die strukturellen Bedingungen für ein innovationsfreudiges Organisationsklima beziehen. Zudem haben sich diese Faktoren in statistischen Tests als unabhängig von Persönlichkeitsmerkmalen der Befragten erwiesen. Zwei Items des Fragebogens zur Messung von individueller, Team- und organisationaler Resilienz (FITOR), die nach einer Gesamtbeurteilung der organisationalen Resilienz fragen, wurden ebenfalls in die Befragung aufgenommen (Schulte et al. 2021).[9]

Zur Erfragung von Zukunftsangst wurde die Kurzform der „Future Anxiety Scale" – die „Dark Future Scale" – von Zaleski et al. (2019) verwendet. Dieser Fragebogen fokussiert auf die individuelle Beurteilung zukünftiger Situationen, in der negative Aspekte überwiegen. Im Vergleich zu anderen Fragebögen zu Zukunftsangst zielt dieser Fragebogen stärker auf die kognitive als auf die emotionale Ebene ab. So werden mit diesem Fragebogen Ängste erfasst, derer sich die Befragten bewusst sind und die sie reflektieren können. Zukunftsängste können dabei ebenso in politischen, ökologischen und gesellschaftlichen wie in persönlichen Umständen, wie beispielsweise Krankheiten, begründet sein (Zaleski 1996).

---

8 Zur weiteren Stichprobenbeschreibung siehe den Beitrag von Baumgardt, Kap. 9 in diesem Band.

9 Siehe auch den Beitrag von Kauffeld und Schulze zu Resilienz in Teams, Kapitel 13 in diesem Band.

Die Fragen, die in der Originalfassung den persönlichen Bezug von Zukunftsangst erfassen, wurden im WIdO in die deutsche Sprache übersetzt und so adaptiert, dass eine Abfrage nach Zukunftsangst in Bezug auf die Gesellschaft und in Bezug auf die Organisation, in der die Befragten arbeiten, möglich wurde. Die Skala wurde jeweils um eine Frage ergänzt, die nach Angst aufgrund der Klimaveränderungen fragt. Die Erfassung von im Organisationskontext erlebtem Wandel und dessen Treibern orientiert sich an der Unternehmensbefragung „Unternehmen im Wandel" der Staufen AG (2022).

Die Fragen zur Gesundheit werden den Befragten jedes Jahr bei der Befragung von Erwerbstätigen im Rahmen des Fehlzeiten-Reports nahezu unverändert gestellt.[10]

8.3 Ergebnisse der Befragung

8.3.1 Organisationsbezogene Veränderungen in den vorangegangenen Jahren

In der vorliegenden Befragung wurden die Befragten gebeten, auf einer siebenstufigen Likert-Skala (1 „überhaupt nicht von Veränderung betroffen" bis 7 „sehr stark von Veränderungen betroffen") anzugeben, wie sehr ihre Organisation in den letzten Jahren von Veränderungen betroffen war. Beinahe alle Befragten (92,8 %[11]) gaben an, in den vergangenen Jahren Veränderungen in ihrer Organisation erlebt zu haben (Wertung 2 bis 7). Knapp die Hälfte der Befragten (47,2 %) hatte dabei die Wahrnehmung, dass die eigene Organisation sich stark bis sehr stark verändert hat (Wertungen 5 bis 7).

■ ■ Treiber für Veränderungen in der Arbeitswelt

Erwartungsgemäß wird die Liste der Treiber für Veränderungen in der Arbeitswelt von der Covid-19-Pandemie angeführt (◘ Abb. 8.1). Weitere häufig genannte Treiber sind der technologische Wandel und die Flexibilisierung von Arbeitszeit und -ort. Dies zeigt, wie stark die voranschreitende Digitalisierung das Erwerbsleben in nahezu allen Branchen umgestaltet.

Dagegen haben andere Veränderungen bisher offenbar nur einige Arbeitsplätze, Organisationen oder Branchen erreicht: Ein gutes Drittel der Befragten berichtet von Veränderungen durch rechtliche Vorgaben, wie beispielsweise Regulierungsvorhaben oder Klimaschutzauflagen. Die Wahrnehmung der Treiber für Veränderungen wiesen geschlechtsspezifische Unterschiede auf: Lieferschwierigkeiten werden von 29 % der Frauen, aber von 43 % der Männer angegeben. Ein ebenso auffälliger Unterschied zeigt sich bei der Beurteilung von geopolitischen Entwicklungen: Diese geben 26 % der Frauen und 37 % der Männer als Treiber von Veränderungen an. Eine Ursache für diese Unterschiede könnte sein, dass Männer häufiger in Berufen bzw. Branchen arbeiten, die von diesen Entwicklungen stärker betroffen sind, wie beispielsweise Informatik- und technische Berufe. Frauen arbeiten hingegen häufiger in lehrenden und medizinischen Berufen oder in Berufen des Rechts und der Verwaltung.

8.3.2 Zukunftsangst

■ ■ Angst um die Zukunft der Organisation

Die Befragten wurden gebeten, anhand von fünf Aussagen die Besorgnis, die sie in Bezug auf die Zukunft ihrer Organisation empfinden, auf einer siebenstufigen Likert-Skala zu bewerten (von 1 „Trifft überhaupt nicht zu" bis

---

10 Zu Methodik und Ergebnissen der Gesundheitsbefragung insgesamt siehe Beitrag von Baumgardt, Kap. 9 in diesem Band.
11 Bei allen Auswertungen beziehen sich die Kennzahlen, wie beispielsweise die Prozentwerte, auf die Befragten, die die Frage inhaltlich beantwortet haben (Ausschluss von „keine Angabe" oder „weiß nicht").

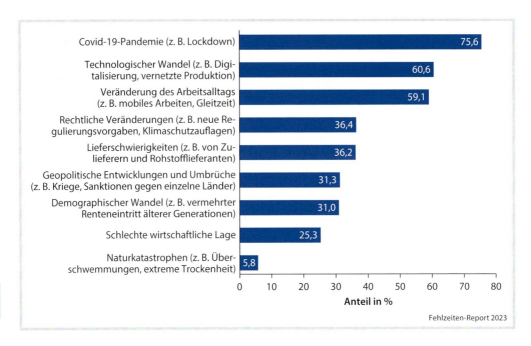

Abb. 8.1 Treiber für Veränderungen

7 „Trifft voll und ganz zu"). Für die Darstellung in ◘ Abb. 8.2 wurden die Antworten in die Kategorien „Trifft (eher bis überhaupt) nicht zu (1 bis 4)" und „Trifft (voll und ganz) zu (5 bis 7)" eingeteilt.

Die stärkste Zukunftsangst haben die Befragten davor, dass aktuelle Probleme der Organisation anhalten – jedoch bewerteten weniger als die Hälfte der Befragten diese Angst als (voll und ganz) zutreffend. Insgesamt zeigt sich im Antwortverhalten, dass die Prognose der Befragten als eher positiv und die Ausprägung von Zukunftsangst als gering zu bewerten ist.

35 % der Befragten arbeitet in Organisationen, die einen Standort im Ausland haben. Bei der Ausprägung von Zukunftsängsten spielt Internationalität eine – wenn auch kleine – Rolle: So traf es für ca. 15 % der Befragten aus Organisationen *ohne* Auslandsstandort zu, dass sie Angst vor den Gefahren zukünftiger schwerer Krisen in der Organisation hatten, während dies bei 18,5 % der Befragten aus Organisationen *mit* Auslandsstandorten der Fall war (Cramer's $V = 0{,}043*$[12]). Auch in Bezug auf Gefährdungen der Organisation durch Klimaveränderungen antworten Befragte diesbezüglich unterschiedlich: Während knapp 8 % aus Organisationen ohne Auslandsstandorte angeben, dass sie Besorgnis im Hinblick auf die Zukunft ihrer Organisation empfinden, waren es bei Organisationen, die Auslandsstandorte haben, 12,1 % der Befragten (Cramer's $V = 0{,}072***$[13]).

Für die Beurteilung der organisationsbezogenen Zukunftsangst der Befragten insgesamt und weitere Berechnungen wurden die Wertungen über alle Aussagen summiert und

---

[12] Hier festgelegte Grenzen und Bezeichnungen des Signifikanzniveaus sind: $p < 5\,\%$ (signifikant, *), $p < 1\,\%$ (sehr signifikant, **) oder $p < 0{,}1\,\%$ (hoch signifikant, ***).

[13] Cramer's V ist ein Effektstärkemaß, das Werte zwischen 0 und 1 annehmen kann. Ein Wert bis 0,1 bedeutet, dass ein schwacher, von 0,3 dass ein mittlerer und 0,5, dass ein großer Effekt vorliegt.

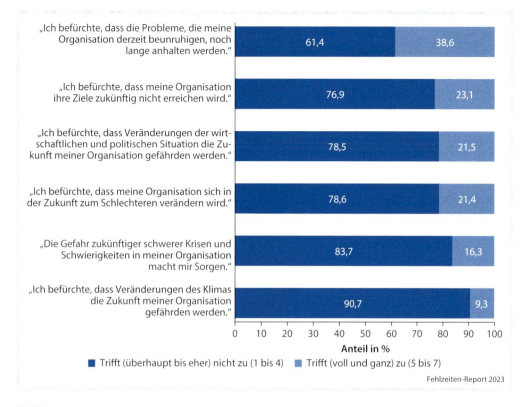

◻ **Abb. 8.2** Angst um die Zukunft der Organisation

Ränge gebildet.[14] Fasst man Werte ab 5 zur Kategorie „Trifft (voll und ganz) zu" zusammen und Werte kleiner 5 zur Vergleichskategorie „Trifft (eher bis überhaupt) nicht zu", dann gehören nur rund 8 % der Befragten zur Gruppe mit großer Angst um die Zukunft der Organisation. Je älter die Befragten sind, desto größer ist die Zukunftsangst: Bei den 18- bis 35-Jährigen berichten unter 5 % von organisationsbezogener Zukunftsangst (4,0 %) und bei den über 45-Jährigen ist es rund jeder Zehnte (10,8 %; Cramer's $V = 0{,}11$***).

---

14 Um für die Darstellung Werte zwischen 1 und 7 zu erhalten, wurde die Summe aller Wertungen durch die Anzahl der Items geteilt. Es wurden alle Fälle ausgeschlossen, bei denen Befragte nicht auf alle Fragen geantwortet haben.

■■ **Angst um die Zukunft der Gesellschaft**

Neben der Zukunftsangst in Bezug auf die Organisation wurden die Befragten nach ihrer Zukunftsangst bezogen auf die Gesellschaft (Deutschland) befragt. Dabei zeigte sich, dass der optimistischen Einschätzung der Zukunft der Organisation eine deutlich düsterere Prognose in Bezug auf die Zukunft der Gesellschaft gegenübersteht (◻ Abb. 8.3). Mehr als zwei Drittel der Befragten sind der Meinung, dass die aktuellen Probleme in Deutschland noch lange anhalten werden. Jeweils gut die Hälfte der Befragten befürchtet eine Gefährdung durch Klimaveränderungen und eine Veränderung der Gesellschafft zum Schlechteren. Gut ein Drittel der Befragten befürchtet, dass die gesellschaftlichen Herausforderungen nicht bewältigt werden können. Summiert man alle Wertungen der Aussagen zur Zukunfts-

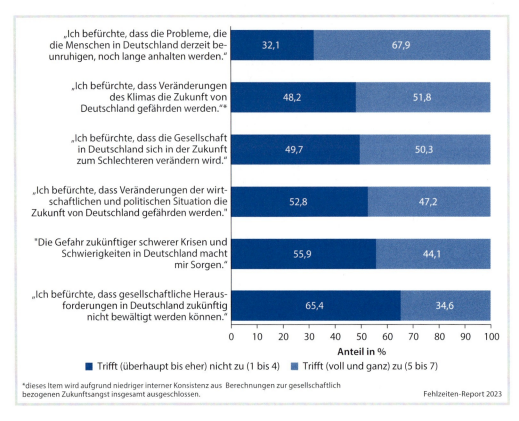

Abb. 8.3 Angst um die Zukunft der Gesellschaft

angst in Bezug auf die Gesellschaft (siehe Fußnote 14), dann äußert ein gutes Drittel (35,1 %) der Befragten große Befürchtungen in Bezug auf die Zukunft der Gesellschaft in Deutschland („Trifft (voll und ganz) zu (5 bis 7)").

Zwischen den Befürchtungen in Bezug auf die Zukunft der Organisation und der Zukunft der Gesellschaft besteht ein mittelstarker Zusammenhang ($r = 0{,}38***$).[15] Das bedeutet, dass die Befragten hier zwar zum Teil miteinander zusammenhängende Zukunftsängste beschreiben, aber die Zukunft der eigenen Organisation (noch) nicht in der gleichen Stärke bedroht sehen wie die Gesellschaft.

8.3.3 Dimensionen der Zukunftsfähigkeit von Organisationen

Für diese Untersuchung wurde Zukunftsfähigkeit definiert als die Eigenschaft von Organisa-

---

15 Korrelation bezeichnet den Zusammenhang zwischen zwei Variablen und wird mit dem Korrelationskoeffizienten r angegeben. Dieser nimmt einen Wert zwischen -1 und $+1$ an. Ein positives Vorzeichen bedeutet, dass die Variable A einen hohen Wert annimmt, wenn die Variable B einen hohen Wert hat. Ein negatives Vorzeichen bedeutet, dass die Variable B einen hohen Wert annimmt, wenn die Variable A einen niedrigen Wert annimmt. Ein Wert von 0 bedeutet, dass kein Zusammenhang zwischen den Variablen besteht. Werte bis 0,1 bedeuten einen schwachen, bis 0,3 einen mittleren und ab 0,5 einen großen Zusammenhang. In diesem Fall wurden die Skalen von 1 bis 7 als nicht-metrisch behandelt und deshalb der Rangkorrelationskoeffizient nach Spearman berechnet, d. h. es wurden die Ränge der Wertungen der beiden Variablen korreliert.

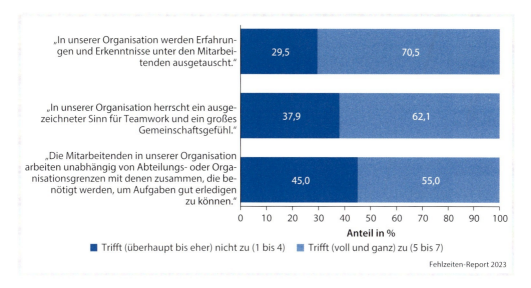

Abb. 8.4 Aussagen zum Kooperationsklima

tionen, schwierige Zeiten nicht nur zu überstehen, sondern sich für eine unkalkulierbare Zukunft zu transformieren (siehe ▶ Abschn. 8.1 Einleitung). Eine Vielzahl an Untersuchungen konnten Elemente identifizieren, die diese Zukunftsfähigkeit fördern: Kooperationsklima, Krisenmanagement, Kreativität und Verbesserungen sowie Entscheidungsprozesse und Mitbestimmungsmöglichkeiten. In der vorliegenden Untersuchung wurden den Befragten jeweils mehrere Aussagen zu den genannten Themengruppen vorgelegt. Zu diesen sollten sie ihre Zustimmung auf einer Skala von 1 („Trifft überhaupt nicht zu") bis 7 („Trifft voll und ganz zu") angeben, um die Zukunftsfähigkeit ihrer Organisation zu bewerten.

▪▪ Kooperationsklima

Ein konstruktives Klima der Zusammenarbeit gilt als essentiell dafür, dass Arbeitsabläufe reibungslos funktionieren und bei der Arbeit entstehende Probleme zeitnah gelöst werden können. Damit ist gelingende Kooperation auch ein relevanter Baustein der Zukunftsfähigkeit von Organisationen. Zu diesem Aspekt der Zukunftsfähigkeit wurden den Befragten drei Aussagen vorgelesen, deren Zutreffen sie bewerten sollten. Für die Darstellung der Befragungsergebnisse wurden die Wertungen 5 bis 7 der Kategorie „Trifft (voll und ganz zu)" zugeordnet, die Wertungen 1 bis 4 der Kategorie „Trifft (überhaupt bis eher) nicht zu" (◘ Abb. 8.4).

Am besten bewerteten die Befragten den Austausch von Erfahrungen und Erkenntnissen unter den Mitarbeitenden (70,5 % mit Wertung 5 bis 7). Gut 62 % berichten von einem großen Gemeinschaftsgefühl und einem ausgezeichneten Sinn für Teamwork in ihrer Organisation. Bei der Aussage, dass die Zusammenarbeit – wenn nötig – auch die Abteilungs- oder Organisationsgrenzen überschreiten kann, fiel die positive Wertung (5 bis 7) seltener aus (55 %).

Für die Darstellung der Beurteilung des Kooperationsklimas in der Organisation insgesamt wurden die Wertungen über die drei Aussagen summiert.[16] Werte zwischen 5 und 7 wurden der Kategorie „Trifft (voll und ganz) zu" und damit einer positiven Bewertung des Kooperationsklimas zugeordnet, Werte kleiner 5 der Vergleichskategorie „Trifft (eher bis überhaupt) nicht zu".

---

16 Um Werte zwischen 1 und 7 zu erhalten, wurde die Summe durch die Anzahl der Items geteilt.

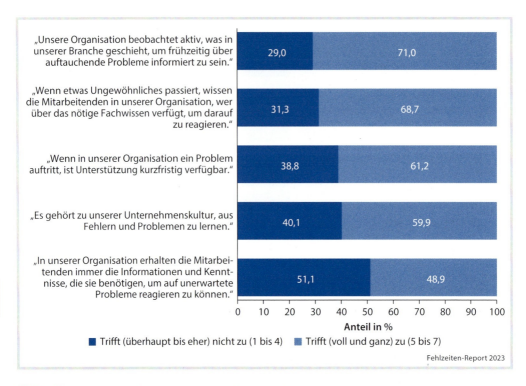

Abb. 8.5 Aussagen zum Krisenmanagement in der Organisation

Insgesamt empfinden mehr als die Hälfte der Befragten das Kooperationsklima als positiv (55,6 % mit Wertung 5 bis 7). Mit zunehmender Größe der Organisation verschlechtert sich die Bewertung des Kooperationsklimas. So bewertet von den Beschäftigten, die in kleinen Organisationen mit ein bis neun Mitarbeitenden beschäftigt sind, zwei Drittel die Zusammenarbeit als (sehr) gut; bei den Befragten aus Organisationen mit 1.000 Beschäftigten oder mehr stimmen dagegen nur gut die Hälfte (52,1 %) (voll und ganz) zu. Der leichte Zusammenhang zwischen der Organisationsgröße und der Beurteilung des Kooperationsklimas ist signifikant (Cramer's $V = 0{,}11^{***}$).

Krisenmanagement

Als ein weiterer Baustein zur Anpassung an Veränderungen und für das Meistern von Krisen wird in dieser Untersuchung ein vorausschauender und konstruktiver Umgang mit Problemen und Krisen betrachtet. Die Befragten wurden gebeten, das Krisenmanagement in ihrer Organisation anhand von fünf Aussagen zu bewerten, zu denen die Befragten jeweils ihre Einschätzung auf der beschriebenen Siebener-Skala abgeben sollten.[17] Abb. 8.5 lässt erkennen, dass bei vier der fünf Aussagen eine positive Beurteilung deutlich überwiegt. Lediglich bei der Aussage „In unserer Organisation erhalten die Mitarbeitenden immer die Informationen und Kenntnisse, die sie benötigen, um auf unerwartete Probleme reagieren zu können" überwog der Anteil der Beschäftigten, die diese Aussage („überhaupt" bis „eher") nicht als zutreffend bewerteten (51,1 %). Der Aussage, dass die Organisation aktiv beobachtet, was in der Branche geschieht, um frühzeitig über auftauchende Pro-

---

[17] Antworten von 5 bis 7 wurden für die Darstellung jeweils zu der Kategorie „Trifft (voll und ganz) zu" zusammengefasst und den anderen Antworten („Trifft (überhaupt bis eher) nicht zu" (1 bis 4)) gegenübergestellt.

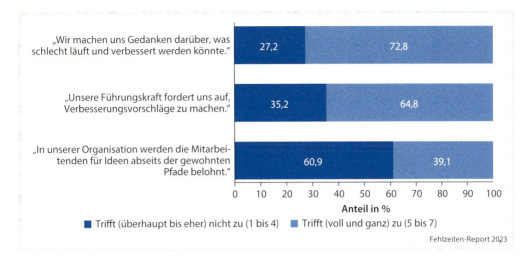

Abb. 8.6 Aussagen zu Kreativität und Verbesserungen

bleme informiert zu sein, stimmten mit 71 % die meisten Befragten (voll und ganz) zu.

Gut die Hälfte der Befragten ist der Ansicht, dass das Krisenmanagement insgesamt positiv zu bewerten ist (52,2 %)[18]. Führungskräfte schätzen dabei den Umgang mit Problemen und Krisen signifikant positiver ein als die Befragten ohne Führungsaufgaben. Von ihnen bewerteten 59,4 % das Krisenmanagement mit einer Wertung von 5 bis 7 („Trifft (voll und ganz) zu"). Hatten sie keine Führungsaufgaben, lag der Anteil bei 48,8 % (Cramer's $V = 0,1***$).

Während die Befragten aus Organisationen mit ein bis neun Mitarbeitenden zu 73,7 % das Krisenmanagement als gut bewerteten (Wertung 5 bis 7), waren es bei den Befragten aus Unternehmen mit mehr als 1.000 Beschäftigten 47,5 %. Ab einer Organisationsgröße von 250 Mitarbeitenden überwog der Anteil derer, die keine positive Bewertung des Krisenmanagements in ihrer Organisation abgeben (Wertung 1 bis <5). Die Unterschiede zwischen den Organisationsgrößen sind hochsignifikant, bei einer geringen Effektstärke (Cramer's $V = 0,15***$).

■ ■ **Kreativität und Verbesserungen (Innovationsmanagement)**

Für den dritten Baustein der Zukunftsfähigkeit von Organisationen wurden die Befragten gefragt, inwiefern in ihrer Organisation Ideen für Verbesserungen erwünscht sind und eine aktive Auseinandersetzung mit Verbesserungsmöglichkeiten stattfindet. Ein gutes Innovationsmanagement ist wesentlich daran beteiligt, dass Organisationen sich weiterentwickeln und zukunftsfähig aufstellen. Eine entscheidende Rolle spielt dabei eine (Führungs-) Kultur, die Kreativität und das Einbringen von Verbesserungsvorschlägen seitens der Mitarbeitenden fördert. Dieses Element wurde mit drei Aussagen und der Frage nach dem jeweiligen Zutreffen in der eigenen Organisation erfasst (■ Abb. 8.6). Am besten schneidet die Aussage zur Reflektion über die Arbeitsprozesse ab („Wir machen uns Gedanken darüber, was schlecht läuft und verbessert werden könnte"). Für 72,8 % der Befragten trifft diese Aussage in Bezug auf ihre Organisation (voll und ganz) zu (Wertung 5 bis 7). Die Zustimmung

---

[18] Für die Darstellung der Beurteilung des Krisenmanagements durch die Befragten insgesamt wurden die Wertungen über die fünf Aussagen summiert und nach Rängen sortiert. Werte zwischen 5 und 7 wurden der Kategorie „Trifft (voll und ganz) zu" zugeordnet, Werte kleiner 5 der Vergleichskategorie „Trifft (überhaupt bis eher) nicht zu".

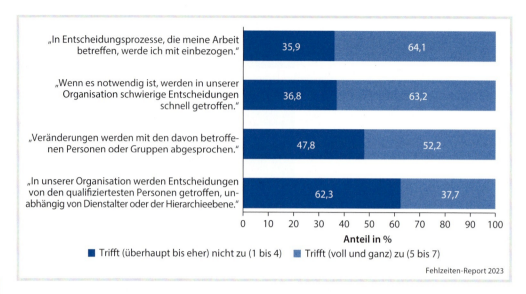

Abb. 8.7 Aussagen zu Entscheidungsprozessen und Mitbestimmung

zur Aussage „In unserer Organisation werden die Mitarbeitenden für Ideen abseits der gewohnten Pfade belohnt" fällt gegenüber den beiden anderen Aussagen deutlich niedriger aus (39,1 %, Wertung 5 bis 7).

Um die Förderung von Kreativität und Verbesserungen in der Organisation insgesamt zu bewerten, wurden die Aussagen wieder aufsummiert. Insgesamt sind weniger als die Hälfte der Befragten der Ansicht, dass die Förderung von Kreativität und Verbesserungen in ihrer Organisation positiv bewertet werden kann (Wertung 5 bis 7). Während Befragte mit Leitungsfunktion zu 52,6 % diese Themengruppe als (voll und ganz) zutreffend bewerten, stimmen Befragte ohne Leitungsfunktion dieser Aussage mit einem Anteil von 45,4 % zu (Cramer's $V = 0,07***$). Eine Betrachtung nach Organisationsgröße zeigt dagegen keine statistisch bedeutsamen Unterschiede.

Entscheidungsprozesse und Mitbestimmung

Bei der letzten Themengruppe zur Zukunftsfähigkeit wurden die Befragten gebeten, die Entscheidungsprozesse und Möglichkeiten zur Mitbestimmung in ihrer Organisation anhand von vier Aussagen zu bewerten und ihre Zustimmung auf der beschriebenen Siebener-Skala anzugeben.[19]

Die stärkste Zustimmung – jeweils von knapp zwei Dritteln der Befragten – erhielten die beiden Aussagen: „In Entscheidungsprozesse, die meine Arbeit betreffen, werde ich mit einbezogen" und „Wenn es notwendig ist, werden in unserer Organisation schwierige Entscheidungen schnell getroffen" (◘ Abb. 8.7). Dass Veränderungen in der Organisation grundsätzlich mit Betroffenen abgesprochen werden, trifft für gut die Hälfte der Befragten zu. Die Aussage „In unserer Organisation werden Entscheidungen von den qualifiziertesten Personen getroffen, unabhängig von Dienstalter oder der Hierarchieebene" trifft auf noch weniger Befragte zu (37,7 %).

Für die Beurteilung der Entscheidungsprozesse und Mitbestimmungsmöglichkeiten ins-

---

19 Für die Darstellung wurden Antworten von 5 bis 7 jeweils zu der Kategorie „Trifft (voll und ganz) zu" zusammengefasst und den anderen Antworten „Trifft (überhaupt bis eher) nicht zu (1 bis 4)".

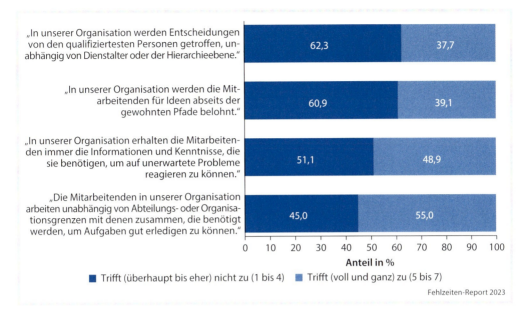

Abb. 8.8 Weniger positiv bewertete Aussagen zur Zukunftsfähigkeit

gesamt wurden die Wertungen auch hier über die vier Aussagen summiert.[20]

Über alle Aussagen hinweg sind weniger als die Hälfte der Befragten der Meinung, dass die Entscheidungsprozesse und Möglichkeiten zur Mitbestimmung positiv bewertet werden können (Wertung 5 bis 7; 42,1 %). Befragte mit und ohne Leitungsfunktion unterscheiden sich dabei in ihrer Bewertung. Die Hälfte der Befragten mit einer Leitungsfunktion (50,3 %) bewertete die Entscheidungsprozesse und die Mitbestimmungsmöglichkeiten mit Werten zwischen 5 bis 7. Hatten die Befragten keine Leitungsfunktion inne, gaben nur 38,4 % die Werte 5 bis 7 an (Cramer's $V = 0,11$***).

Hinsichtlich der Bewertung der Entscheidungsprozesse und Mitbestimmungsmöglichkeiten unterscheiden sich die Befragten auch danach, ob sie einer kleinen oder großen Organisation angehören. Knapp 70 % der Befragten aus sehr kleinen Organisationen (1 bis 9 Mitarbeitende) bewerten die Entscheidungsprozesse und Möglichkeiten zur Mitbestimmung als positiv (Wertung 5 bis 7). Bei den Befragten, die in großen Organisationen mit mehr als 1.000 Beschäftigten tätig sind, tut dies nur jeder Dritte (30,5 %; Cramer's $V = 0,21$***).

■ ■ **Defizite bei der Zukunftsfähigkeit**
Bei jeder der vier hier untersuchten Themengruppen als Bausteine von Zukunftsfähigkeit zeigten sich einzelne Aussagen, die von den Befragten weniger positiv bewertet wurden. Diese Aussagen werden hier noch einmal besonders hervorgehoben (◘ Abb. 8.8).

Diese jeweils am schlechtesten bewerteten Aussagen betreffen die Entscheidungsfindung, die Kreativität, das Wissensmanagement sowie die Kooperationskultur. Der Anteil der Befragten, die (eher) nicht der Meinung sind, dass Entscheidungen von den qualifiziertesten Personen getroffen werden (Wertung 1 bis 4), ist am größten. Nahezu ebenso groß ist der Anteil derer, die Ideen außerhalb „der gewohnten

---

20 Um Werte zwischen 1 und 7 zu erhalten, wurde die Summe durch die Anzahl der Items geteilt. Werte zwischen 5 und 7 wurden für die Darstellung der Kategorie „Trifft (voll und ganz) zu" zugeordnet, Werte kleiner 5 der Vergleichskategorie „Trifft (überhaupt bis eher) nicht zu".

Pfade" nicht belohnt sehen. Mehr als die Hälfte der Befragten bewertet es als (eher) nicht als zutreffend, dass alle Mitarbeitenden die für eine Reaktion auf unerwartete Probleme notwendigen Informationen erhalten. Auf diese auffallend schlechter bewerteten Faktoren wird in Verbindung mit der Gesundheit der Befragten im weiteren Verlauf noch einmal eingegangen.

▪▪ Zukunftsfähigkeit

Im vorherigen Abschnitt wurden Aussagen in vier thematischen Gruppen als Bausteine von Zukunftsfähigkeit dargestellt: (1) Kooperationsklima, (2) Krisenmanagement der Organisation, (3) Kreativität und Verbesserungen, (4) Entscheidungsprozesse und Mitbestimmungsmöglichkeiten. Es wird nicht angenommen, dass mit diesen Fragen alle Aspekte untersucht wurden, die einer Organisation dabei helfen, bei disruptiven Ereignissen oder auch bei langsamem Wandel zu bestehen bzw. sogar Motor von Veränderungen zu sein. Dennoch wurden die dargestellten Bausteine von Zukunftsfähigkeit für weitere Berechnungen zu einem Gesamtkonstrukt „Zukunftsfähigkeit" zusammengefügt. Alle vier Themengruppen zeigen einen starken und hochsignifikanten Zusammenhang mit dem Gesamtkonstrukt von mindestens $r = 0{,}76^{***}$, die Bausteine „Krisenmanagement" sowie „Entscheidungsprozesse und Mitbestimmung" von $r = 0{,}90^{***}$ und $r = 0{,}87^{***}$.

Für die weitere Auswertung wurden Summen über alle Items der vier Themengruppen gebildet.[21] Die Wertungen auf einer Skala von 1 (Trifft (überhaupt bis eher) nicht zu) bis 7 (Trifft (voll und ganz) zu) wurden anschließend für die Darstellung und weitere Berechnungen zwei Vergleichsgruppen zugeordnet: „Trifft (voll und ganz) zu (5 bis 7)" und „Trifft (eher bis überhaupt) nicht zu (1 bis <5)".

◘ Abb. 8.9 zeigt, dass weit weniger als die Hälfte der Befragten ihre Organisation insgesamt als zukunftsfähig einstufen (5 bis 7). Die Befragten *mit* Leitungsfunktion sind überwiegend davon überzeugt, dass ihre Organisation zukunftsfähig ist (52,4 %). Bei den Befragten *ohne* Personalführungsaufgaben ist der Anteil um 11,5 Prozentpunkte geringer (Cramer's $V = 0{,}11^{***}$).

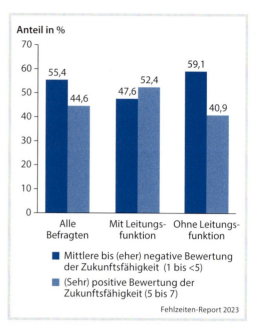

◘ **Abb. 8.9** Bewertung der Zukunftsfähigkeit nach Leitungsfunktion

Die Bewertung der Zukunftsfähigkeit durch die Befragten fällt besser aus, je kleiner die Organisation ist, für die sie tätig sind: Knapp 70 % der Befragten aus kleinen Unternehmen mit 1 bis 9 Beschäftigten bewerten ihre Organisation als zukunftsfähig (68,9 %; Wertung 5 bis 7), bei Befragten aus Organisationen mit mehr als 1.000 Beschäftigten ist der Anteil nur halb so groß (34,9 %; Cramer's $V = 0{,}19^{***}$).

Insgesamt gaben von 2.478 Befragten knapp 10 % an, die Organisation in den nächsten sechs Monaten verlassen zu wollen, 83 % verneinten einen Wechselwunsch und 7,7 % gaben an, unentschlossen zu sein. Befragte, die ihrer Organisation Zukunftsfähigkeit attestieren „Trifft (voll und ganz) zu (5 bis 7)", berich-

---

[21] Um Werte zwischen 1 und 7 zu erhalten, wie sie in der Befragung abgefragt wurden, wurde die Summe durch die Anzahl der Items geteilt.

ten hochsignifikant seltener von dem Wunsch, ihre Organisation in den nächsten sechs Monaten zu verlassen (2,8 %), als Befragte mit einer schlechteren Bewertung der Zukunftsfähigkeit (14,6 %; Cramer's $V = 0{,}27^{***}$).

8.3.4 Vertrauen in die Zukunftsfähigkeit

■■ Die Bewertung der Zukunftsfähigkeit und das Vertrauen in die Organisation

In Ergänzung der thematischen Bausteine von Zukunftsfähigkeit wurde auch die Zuversicht in Bezug auf die Zukunftsfähigkeit der Organisation der Erwerbstätigen erfragt. Dazu wurde zum einen das Vertrauen in das Management angesprochen, zum anderen wurde nach der Widerstandsfähigkeit gefragt, die die Befragten ihrer Organisation insgesamt zuschrieben.

Der Großteil der Befragten zeigt sich zuversichtlich, dass die Organisation insgesamt gesehen gegenüber Krisen widerstandsfähig ist (◘ Abb. 8.10). Weniger als 20 % sind skeptisch, dass ihre Organisation auch schwierige Phasen durchsteht.

Den Krisenmanagementfähigkeiten der Leitungsebene gegenüber, der die Steuerungsfunktion zukommt, zeigten sich die Befragten jedoch nicht ganz so zuversichtlich. Knapp 60 % bewerteten die Aussage „Ich bin zuversichtlich, dass das Management ‚einen guten Job machen würde', wenn unsere Organisation von einer tiefgreifenden Krise betroffen wäre" als (voll und ganz) zutreffend (Wertung 5 bis 7).

In den vorherigen Abschnitten wurden die subjektiven Einschätzungen der Befragten in Bezug auf die Zukunftsfähigkeit ihrer Organisation anhand von vier thematischen Bausteinen sowie ihre Einschätzung der Widerstandsfähigkeit der Organisation allgemein dargestellt. In einem weiteren Schritt wird der Zusammenhang zwischen den vier Bausteinen der Zukunftsfähigkeit mit der Widerstandsfähigkeit der Organisation bzw. der Krisenkompetenz des Managements gezeigt (◘ Abb. 8.11).

Zwischen den Krisenmanagementfähigkeiten der Führungsebene und den vier untersuchten Bausteinen der Zukunftsfähigkeit zeigen sich ausschließlich (positive) mittlere bis starke Zusammenhänge. Je besser das Krisenmanagement der Leitungsebene bewertet wird, desto besser werden die einzelnen Aspekte der Zukunftsfähigkeit einer Organisation bewertet. Das zeigt deutlich, dass die Wahrnehmung der Kompetenzen der Führungsebene ein wichtiger Faktor für das Vertrauen der Beschäftigten in die Zukunft der Organisation ist.

Auch zwischen der Beurteilung der allgemeinen Widerstandsfähigkeit des Unternehmens („Meine Organisation steht auch schwierige Phasen durch") und den einzelnen Aspekten der Zukunftsfähigkeit bestehen ausschließlich positive, wenngleich auch etwas schwä-

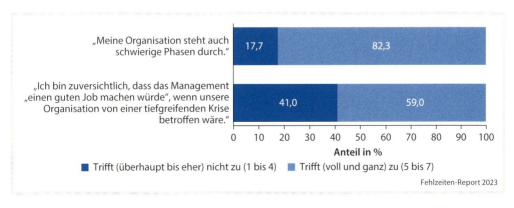

◘ **Abb. 8.10** Zuversicht in Bezug auf die Widerstandsfähigkeit der Organisation

Abb. 8.11 Korrelation zwischen der Widerstandsfähigkeit von Organisationen und der Krisenmanagementfähigkeit der Führungsebene mit den vier Themengruppen der Zukunftsfähigkeit

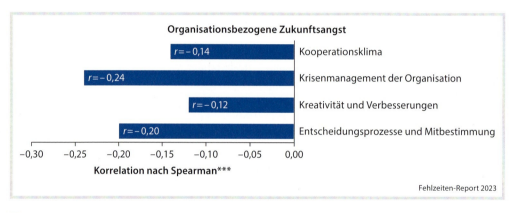

Abb. 8.12 Korrelation zwischen der Angst um die Zukunft der Organisation und den vier untersuchten Themengruppen von Zukunftsfähigkeit

chere Zusammenhänge. Hier kommt zum Tragen, dass die Resilienz von Organisationen von weiteren (externen) und nicht beeinflussbaren Faktoren abhängt, beispielsweise rechtlichen und politischen Rahmenbedingungen.

Zwischen der Bewertung des Krisenmanagements der Organisation und der der Krisenmanagementfähigkeiten der Leitungsebene besteht, wie erwartet werden kann, ein starker (positiver) Zusammenhang ($r = 0{,}70***$) (Abb. 8.11): Je stärker die Befragten annehmen, dass das Management in Krisensituationen „einen guten Job machen würde", desto besser bewerteten sie auch das Krisenmanagement der Organisation insgesamt. Je besser das Krisenmanagement in der Organisation bewertet wurde, desto eher waren die Befragten der Einschätzung, dass die Organisation schwierige Phasen durchstehen würde ($r = 0{,}48***$).

Auch die Entscheidungsprozesse und Mitbestimmungsmöglichkeiten weisen einen starken Zusammenhang mit den Krisenfähigkeiten des Managements auf: Je besser die Entscheidungsprozesse und Mitbestimmungsmöglich-

Kapitel 8 · Zukunftsfähigkeit von Organisationen

keiten bewertet wurden, desto eher wurde angegeben, dass das Management „einen guten Job machen" würde ($r = 0{,}56^{***}$).

▪▪ Die Bewertung der Zukunftsfähigkeit und Zukunftsangst in Bezug auf die Organisation

Es zeigt sich ein eindeutiger Zusammenhang zwischen einer von den Beschäftigten mit gut bewerteten Zukunftsfähigkeit und der Sorge um die Zukunft der Organisation: Je besser die Zukunftsfähigkeit der eigenen Organisation beurteilt wird, desto geringer ist die organisationsbezogene Zukunftsangst der Beschäftigten. Die Analyse ergab einen signifikanten (schwachen) Zusammenhang zwischen beiden Faktoren ($r = -0{,}22^{*}$; ◘ Abb. 8.12).

Die Analyse der einzelnen Elemente von Zukunftsfähigkeit zeigt, dass mit $r = -0{,}24$ der größte (vergleichsweise schwache) Zusammenhang zwischen der organisationsbezogenen Zukunftsangst und einem positiv bewerteten organisationalen Krisenmanagement besteht. Die weiteren drei Elemente korrelieren ebenfalls – jedoch nur schwach – mit der organisationsbezogenen Zukunftsangst im Bereich von $r = -0{,}12$ und $r = -0{,}20$. Bei der Interpretation dieser Ergebnisse muss berücksichtigt werden, dass vor allem externe Faktoren, wie wirtschaftliche oder politische Veränderungen, einen starken Einfluss auf die Organisation und in der Folge auf die Zukunftsangst haben.

8.3.5 Angst um die Zukunft der Organisation und die Gesundheit der Beschäftigten

Die Untersuchung ging von der Annahme aus, dass die aktuelle „Zeitenwende" mit großen mentalen Belastungen für die Erwerbstätigen einhergeht. Nachdem in den vorherigen Abschnitten die Angst um die Zukunft der eigenen Organisation aus Sicht der Befragten sowie die Einschätzung von deren Zukunftsfähigkeit beschrieben wurde, werden nun beide Aspekte mit der gesundheitlichen Situation der

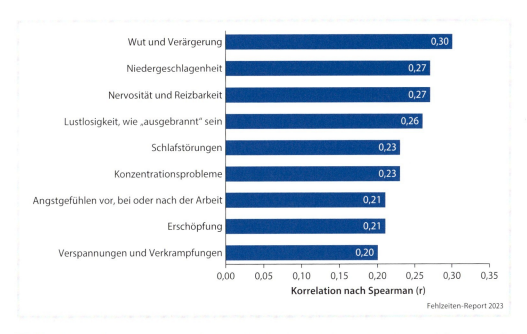

◘ **Abb. 8.13** Korrelation zwischen gesundheitlichen Beschwerden (selten bis ständig (2 bis 7)) und der Angst um die Zukunft der Organisation

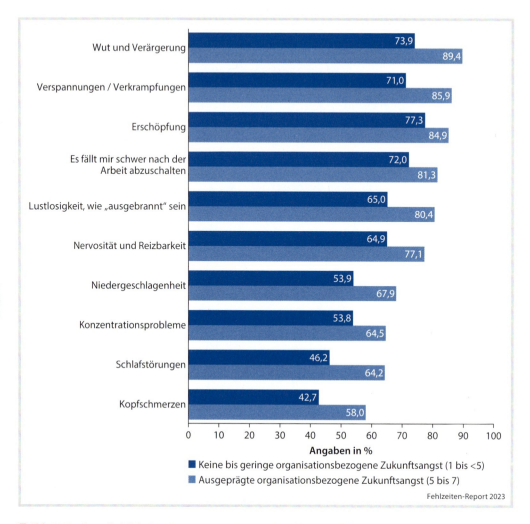

◻ **Abb. 8.14** Gesundheitliche Beschwerden (selten bis ständig (2 bis 7)) nach Angst um die Zukunft der Organisation

Befragten in Verbindung gebracht. Die gesundheitliche Situation wurde anhand von arbeitsbedingten Beschwerden, subjektiver Gesundheit sowie Arbeitsunfähigkeiten und Präsentismus ermittelt.

Die mit der Arbeit assoziierten gesundheitlichen Beschwerden, unter denen die Befragten in den vorangegangenen vier Wochen gelitten haben, wurden anhand einer Siebener-Skala abgefragt,[22] wobei 1 „Überhaupt nicht darunter gelitten" und 7 „Ständig darunter gelitten" bedeutete.[23] ◻ Abb. 8.13 zeigt den Zusammenhang zwischen den Beschwerden und der Angst um die Zukunft der Organisation für die Beschwerden, die eine Korrelation von mindestens $r = 0{,}2$ aufweisen.

---

22 In den Interviews wurden die abgefragten Beschwerden durch den Zusatz „durch die Arbeit entstanden" ergänzt, um zu erfragen, welche Beschwerden aus subjektiver Sicht durch die Arbeit hervorgerufen wurden. Bsp.: „Wie war es mit Kopfschmerzen, die durch die Arbeit entstanden sind?"

23 Alle abgefragten Beschwerden im Zeitverlauf werden von Baumgardt in Kapitel 9 dargestellt.

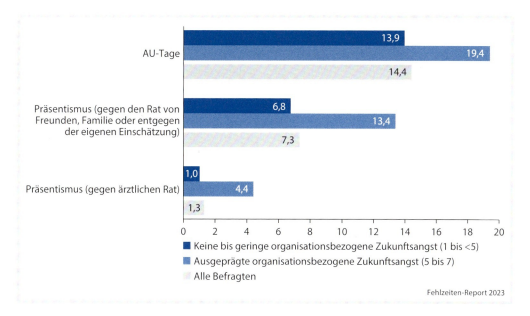

◨ **Abb. 8.15** Durchschnittliche Fehlzeiten und Präsentismus-Tage nach Angabe der Angst um die Zukunft der Organisation

Die stärkste Korrelation zeigt sich zwischen dem Empfinden von Wut und Verärgerung, die durch die Arbeit entstanden sind, und der organisationsbezogenen Zukunftsangst der Befragten ($r = 0{,}3$***), gefolgt von Niedergeschlagenheit ($r = 0{,}27$***), Nervosität und Reizbarkeit ($r = 0{,}27$***) sowie dem Gefühl, lustlos und „wie ausgebrannt" zu sein ($r = 0{,}26$***). Je eher die Beschäftigten Angst um die Zukunft ihrer Organisation empfinden, desto eher leiden sie auch unter den genannten Beschwerden.

Die Befragten wurden anhand ihrer Angaben zur organisationsbezogenen Zukunftsangst in zwei Vergleichsgruppen aufgeteilt. Befragte mit Wertungen von 5 bis 7 (ausgeprägte organisationsbezogene Zukunftsangst) wurden der Gruppe mit Angaben von 1 bis < 5 (keine bis geringe organisationsbezogene Zukunftsangst) gegenübergestellt. Der Vergleich in ◨ Abb. 8.14 zeigt: Lag eine ausgeprägte organisationsbezogene Zukunftsangst vor, berichteten die Befragten deutlich häufiger von den abgefragten arbeitsbezogenen Beschwerden (hoch signifikant). So gaben 64,2 % der Befragten mit ausgeprägter Zukunftsangst in Bezug auf ihre Organisation an, unter Schlafstörungen zu leiden, während es bei der Vergleichsgruppe mit wenig organisationsbezogener Zukunftsangst 46,2 % waren (Differenz von 18 Prozentpunkten). Auch in Bezug auf das Empfinden von arbeitsbezogener Wut und Verärgerung unterscheiden sich die Befragten mit starker und wenig (bis keiner) Zukunftsangst um gut 15 Prozentpunkte.

■ ■ **Präsentismus- und AU-Tage**
Gehen Beschäftigte trotz Krankheit ihrer Arbeit nach, wird dies als Präsentismus bezeichnet. Präsentismus ist mit negativen Auswirkungen für den Betrieb verbunden, da die Leistungs- und Konzentrationsfähigkeit gemindert ist und eine erhöhte Fehlerwahrscheinlichkeit besteht. Zusätzlich kann für andere Mitarbeitende oder Kundinnen und Kunden eine erhöhte Infektionsgefahr bestehen.

Teilt man die Befragten in zwei Gruppen auf, von denen die eine ausgeprägtere Angst um die Zukunft ihrer Organisation hat („Trifft (voll und ganz) zu (5 bis 7)") und die andere keine oder weniger Angst (Wertung 1 bis unter 5), zeigen sich signifikante Unterschiede in der Anzahl der Tage, die sie trotz Krankheit und gegen den Rat von Freunden, Familie und der eigenen Einschätzung ihrer Arbeit nachgegangen sind (◘ Abb. 8.15). So arbeitete die erste Gruppe trotz Krankheit im Durchschnitt an 6,8 Tagen, die zweite Gruppe an 13,4 Tagen (Cohen's $d = -0{,}27*$).

Befragte, die unter ausgeprägter Zukunftsangst leiden, berichteten zudem über mehr Arbeitsunfähigkeitstage (Differenz von 5,5 Tagen) sowie über mehr Tage, an denen sie gegen ärztlichen Rat gearbeitet haben (Präsentismus; Differenz von 3,3 Tagen). Diese Unterschiede sind allerdings statistisch nicht bedeutsam.

8.3.6 Zukunftsfähigkeit und Gesundheit der Beschäftigten

■■ Beschwerden

Zukunftsfähigkeit als Begriff für ein ganzes Bündel an organisationalen Fähigkeiten bzw. als organisationale Disposition (wie Resilienz oder Transformationsfähigkeit) ist für das Fortbestehen von Organisationen in Zeiten von ständigem Wandel und wenig vorhersagbaren Zukunftsszenarien von Bedeutung. Aber es besteht auch ein Zusammenhang zwischen der Einschätzung der Zukunftsfähigkeit von Organisationen und der Gesundheit ihrer Beschäftigten. ◘ Abb. 8.16 zeigt die hier ermittelten Zusammenhänge (Rangkorrelationen) zwischen der (von den Befragten) attestierten Zukunftsfähigkeit von Organisationen und den abgefragten emotionalen und psychischen Beschwerden ($r = <-0{,}2***$).

Alle abgefragten Beschwerden weisen einen hochsignifikanten (negativen) Zusammenhang mit der Zukunftsfähigkeit von Organisationen auf. Das bedeutet, dass eine ausgeprägtere Zukunftsfähigkeit von Organisationen mit geringeren Belastungen der Beschäftigten einhergeht. Der stärkste Zusammenhang zeigt sich bei dem Empfinden von Wut und Verärgerung ($r = -0{,}34***$), dem Gefühl „wie ausgebrannt" und lustlos zu sein ($r = -0{,}30***$) sowie von Niedergeschlagenheit ($r = -0{,}28***$). Weitere Beschwerden weisen nur eine sehr geringe Korrelation von weniger als $r = -0{,}2$ auf.

◘ Abb. 8.17 zeigt die Angabe von Beschwerden, die in den vorangegangenen vier Wochen durch die Arbeit entstanden sind (Wertung 2 „selten" bis 7 „ständig") für die beiden Gruppe mit guter Bewertung der Zukunftsfähigkeit der Organisation (Wertung 5

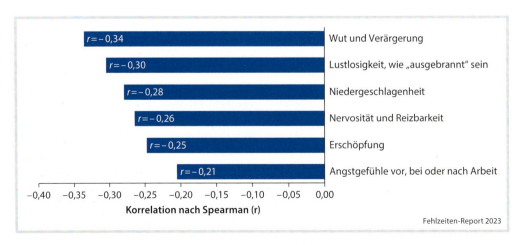

◘ **Abb. 8.16** Korrelationen zwischen gesundheitlichen Beschwerden und der Einschätzung der Zukunftsfähigkeit der Organisation

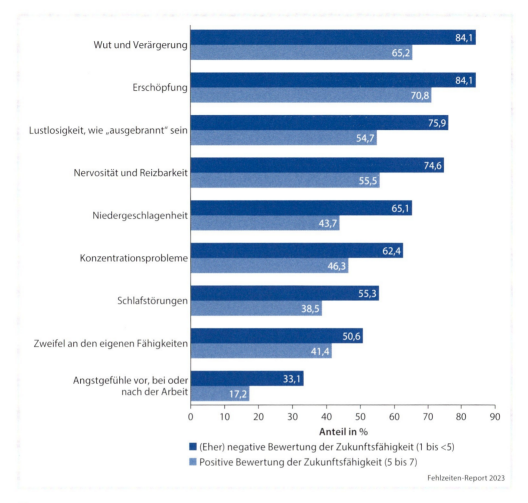

☐ **Abb. 8.17** Gesundheitliche Beschwerden (selten bis ständig), die durch die Arbeit entstanden sind, in den vorangegangenen vier Wochen nach Bewertung der Zukunftsfähigkeit

bis 7) und mit (eher) schlechter Bewertung der Zukunftsfähigkeit der Organisation (Wertung 1 bis unter 5). Besonders große Unterschiede zeigen sich zwischen den beiden Vergleichsgruppen bei den emotionalen Irritationen: Der Anteil der Befragten mit Niedergeschlagenheit differiert um 21,4 Prozentpunkte, der Anteil mit Lustlosigkeit und dem Gefühl, „wie ausgebrannt" zu sein, um 21,2 Prozentpunkte und der Anteil mit Gereiztheit und Nervosität um 19,1 Prozentpunkte. Bei der insgesamt am häufigsten genannten Belastung – Wut und Verärgerung – beträgt der Unterschied zwischen den beiden Gruppen 18,9 Prozentpunkte. Auch der Anteil der Befragten, die angeben, unter Erschöpfung zu leiden, ist insgesamt hoch. Die Differenz zwischen den beiden Gruppen liegt hier bei 13,3 Prozentpunkten.

Eine der beiden häufigsten Beschwerden, Wut und Verärgerung, zeigt auch die größte Korrelation mit einzelnen Aussagen, die die Befragten zur Ermittlung der Zukunftsfähigkeit ihrer Organisationen bewerten sollten. ☐ Abb. 8.18 zeigt die hochsignifikanten Unterschiede bei der Angabe von „Wut

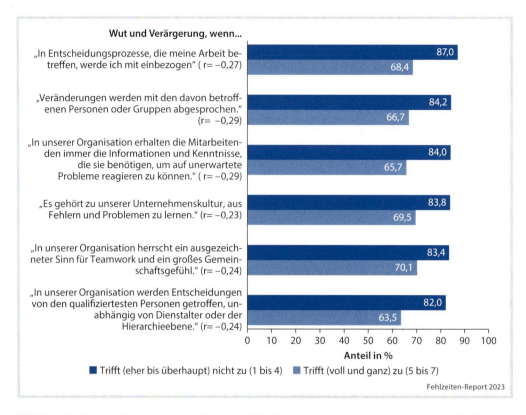

◻ Abb. 8.18 Wut und Verärgerung (selten bis ständig (2 bis 7)) nach Bewertung der Aussagen zu Zukunftsfähigkeit

und Verärgerung" (selten bis ständig) zwischen den Befragten, die der Aussage jeweils zustimmen, und den anderen Befragten.[24] Die Aussagen stammen überwiegend aus den beiden Themenbereichen „Krisenmanagement" sowie „Entscheidungsprozesse und Mitbestimmung". Befragte, die („eher" bis „überhaupt") nicht in Entscheidungsprozesse einbezogen werden, die ihre Arbeit betreffen, berichten am häufigsten von Wut und Verärgerung. Hier ist mit 18,6 Prozentpunkten die Differenz zwischen den Gruppen am größten. Der Anteil der Befragten, die Wut und Verärgerung empfinden ist deutlich größer, wenn in ihrer Organisation Veränderungen mit den Betroffenen nicht abgesprochen und notwendige Informationen nicht weitergegeben werden. Werden Entscheidungen nicht von den jeweils qualifiziertesten Personen in der Organisation getroffen (zu denen sie möglicherweise selbst gehören), ist der Anteil unter den Befragten, der verärgert ist, um 18,5 Prozentpunkte größer. Die Ausgestaltung von Entscheidungsprozessen und die Weitergabe von Informationen zu Veränderungen bzw. zu Unternehmensstrategien sind klassischerweise Aufgaben des Managements. Erwartungsgemäß zeigt auch die Beurteilung der Krisenfähigkeiten des Managements eine vergleichbar starke (negative) Korrelation mit Wut und Verärgerung ($r = -0.23$). Befragte, die davon ausgehen, dass das Management in Krisenzeiten „einen guten Job machen" würde, geben um 11,4 Prozentpunkte seltener Wut und Verärgerung an.

---

24 Es werden lediglich die Aussagen dargestellt, die eine Korrelation zu „Wut und Verärgerung" von mindestens $r = > 0{,}2$ aufweisen.

Kapitel 8 · Zukunftsfähigkeit von Organisationen

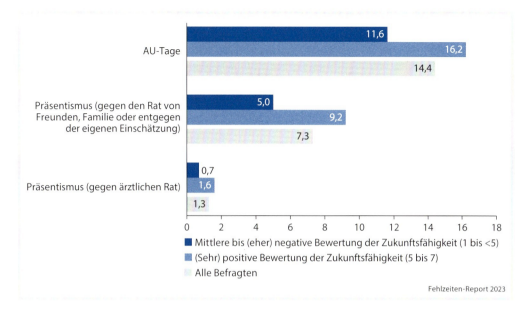

◘ **Abb. 8.19** Durchschnittliche Fehlzeiten und Präsentismus-Tage nach Wertung der Zukunftsfähigkeit der Organisation

■■ Subjektive Gesundheit

Ergänzend zu den Beschwerden wurden die Befragten auch gebeten, ihren allgemeinen Gesundheitszustand insgesamt zu bewerten. Die subjektive Einschätzung der eigenen Gesundheit gilt als zuverlässiger Indikator für den objektiven Gesundheitszustand, Inanspruchnahme von Gesundheitsleistungen und Sterblichkeit (RKI 2008; Heidemann et al. 2021). Zwischen der Zukunftsfähigkeit von Organisationen und der subjektiven Einschätzung der eigenen Gesundheit der Befragten insgesamt ergab sich ein hochsignifikanter positiver – wenn auch nur schwacher – Zusammenhang: Je besser die Zukunftsfähigkeit der Organisation von den Befragten eingestuft wurde, desto besser bewerteten sie auch den eigenen Gesundheitszustand insgesamt ($r = 0{,}17$***).

■■ Einschätzung der Zukunftsfähigkeit und Fehlzeiten sowie Präsentismus

Werden die Befragten anhand der Bewertungen der Zukunftsfähigkeit ihres Unternehmens in zwei Gruppen eingeteilt (Wertung 5 bis 7 gegenüber Wertungen von 1 bis unter 5), zeigt sich, dass es hochsignifikante Unterschiede zwischen der Anzahl der Arbeitsunfähigkeitstage (AU-Tage) gibt (◘ Abb. 8.19). So geben Befragte, die ihrer Organisation eine gute Zukunftsfähigkeit bestätigen, an, im Durchschnitt an 11,6 Tagen im Jahr krankheitsbedingt gefehlt zu haben, während es bei Befragten, die die Zukunftsfähigkeit schlechter bewerten (Wertung 1 bis unter 5), 16,2 Tagen waren (Cohen's $d = 0{,}16$***).

In der vorliegenden Untersuchung wurde erhoben, an wie vielen Tagen Beschäftigte gegen den Rat von Freunden, Familie oder ihrer eigenen Einschätzung ihrer Gesundheit zur Arbeit gegangen sind. Beschäftigte aus Unternehmen mit gut bewerteter Zukunftsfähigkeit (Wertung 5 bis 7) berichteten über 5,0 Tage, die sie trotz Krankheit gearbeitet haben, während Befragte, die die Zukunftsfähigkeit der Organisation eher gering einschätzten (Wertung 1 bis unter 5), an 9,2 Tagen entgegen dem Rat von Freunden, Familie bzw. der eigenen Einschätzung gearbeitet haben (Cohen's $d = 0{,}8$***).

8.4 Diskussion

Nahezu alle Befragten sind von Veränderungen im Erwerbsleben betroffen. Die vorliegende Untersuchung konzentriert sich auf die Frage, wie sich die „Zeitenwende" für Erwerbstätige im Organisationskontext darstellt, ob die politischen, ökologischen und ökonomischen Implikationen spürbar sind und ob die von den Befragten prognostizierte Zukunft der Organisation gesundheitlich belastend für sie ist. Die Befragung fokussiert zum einen auf Zukunftsängste und zum anderen auf die Zukunftsfähigkeit der Organisation im Sinne von Resilienz und Transformationsfähigkeit, die hier über das Kooperationsklima, Krisenmanagement, Innovationsmanagement sowie die Mitbestimmungs- und Entscheidungsstrukturen abgebildet wurde.

Die Analysen des gesundheitlichen Wohlbefindens in Verbindung mit der von den Befragten bewerteten Zukunftsfähigkeit der Organisation zeigen, dass es einen Unterschied für Erwerbstätige macht, wie sie ihre Organisation für die Zukunft aufgestellt sehen. Anhand der Bewertungen durch die Befragten lassen sich aber auch interne Handlungsfelder identifizieren, in denen Organisationen zur Verbesserung ihrer Zukunftsfähigkeit und zur Gesunderhaltung ihrer Beschäftigten tätig werden können.

■■ **Trotz Zukunftsangst: Optimistische Einschätzung der Zukunft der Organisation**

Ein großer Teil der Befragten geht davon aus, dass die aktuellen Probleme in der Gesellschaft und in der eigenen Organisation noch lange anhalten werden. Dabei blicken sie jedoch langfristig relativ optimistisch in die Zukunft der Organisation, die deutlich positiver gesehen wird als die Zukunft der Gesellschaft. Diese unterschiedlich ausgeprägte Zukunftsangst kann darauf zurückzuführen sein, dass die eigene Organisation wesentlich greifbarer und weniger komplex im Vergleich zur Gesellschaft eines Landes ist. So erhöht eine steigende Komplexität von Systemen die Schwierigkeit, Prognosen zu erstellen und Entwicklungen vorauszusehen. Zudem kann diese für den Einzelnen mit seinen begrenzten Handlungsmöglichkeiten Unsicherheiten und Ängste auslösen. Auch ist es im Unternehmenskontext – bspw. zur Wahrung von Betriebsgeheimnissen – eher unüblich, interne Herausforderungen, Fehlentwicklungen und Probleme zu veröffentlichen, während Probleme einer Gesellschaft immer auch medial aufbereitet werden, wie z. B. Lieferschwierigkeiten, politische Sanktionen oder der demographische Wandel.

Befragte, die bei internationalen Organisationen tätig sind, gaben verstärkt ein Bedrohungsempfinden hinsichtlich Klimaveränderungen und zukünftiger Krisen in Bezug auf ihre Organisation an. Beide Faktoren werden in diesem Kontext insgesamt selten genannt, obwohl Klimaveränderungen beispielsweise bei über der Hälfte der Befragten Besorgnis in Bezug auf die Gesellschaft auslösen. Ursächlich könnte sein, dass Beschäftigte in Unternehmen mit Standorten im Ausland in ihrem Organisationskontext bereits Krisensituationen wie beispielsweise Wassermangel oder Naturkatastrophen, die bislang in Deutschland nicht aufgetreten sind, erfahren haben. Weiterhin sind sich diese Beschäftigten vermutlich stärker der Wechselwirkungen in einer globalen Wirtschaft und damit zukünftiger Krisen sowie deren Auswirkungen auf das eigene Unternehmen bewusst.

■■ **Subjektive Einschätzung der Zukunftsfähigkeit: Eine Frage der Organisationsgröße und der Stellung in der Organisation**

Gemessen anhand der Aussagen zu den vier Themenbereichen der Zukunftsfähigkeit stufen weit weniger als die Hälfte der Befragten die eigene Organisation insgesamt gesehen als zukunftsfähig ein. Demgegenüber wird häufig die Zuversicht geäußert, dass die Organisation auch schwierige Zeiten überstehen wird. Zudem steht die Einschätzung der Zukunftsfähigkeit auch im Widerspruch dazu, dass von den Befragten seltener die Angst geäußert wird, dass sich die Organisation in Zukunft zum Schlechteren entwickeln wird. Möglicherweise zeigt sich ein Großteil der Befragten zuversichtlich, dass die Organisation, in der sie arbeiten, widerstandsfähig gegenüber Krisen ist, weil sich das Vertrauen in die Organisation aus zurückliegenden, gut überstandenen Krisen speist und in die Zukunft projiziert wird. Es könnte aber auch sein, dass in die Beurteilung Resilienzfaktoren einfließen, die in diesem Untersuchungsdesign nicht berücksichtigt wurden.

Führungskräfte stufen die Zukunftsfähigkeit ihrer Organisation sowohl insgesamt als auch hinsichtlich der vier einzelnen Themengruppen besser ein als Befragte ohne Führungsaufgaben. Insbesondere attestieren sie ihren Organisationen ein besseres Krisenmanagement sowie bessere Entscheidungsprozesse und Mitbestimmungsmöglichkeiten. Es ist davon auszugehen, dass Führungskräfte einerseits mehr Einblick in strategische Entscheidungen des Unternehmens und anderseits größeren Handlungs- und Entscheidungsspielraum haben. Beide Faktoren tragen vermutlich dazu bei, dass sie die Themengruppen *Entscheidungsprozesse und Mitbestimmung* sowie *Krisenmanagement* deutlich besser bewerten. Da sie in ihrer Funktion mit Führungskräften anderer Teams interagieren, beurteilen sie den Erkenntnisaustausch und die Zusammenarbeit über Abteilungsgrenzen hinaus möglicherweise besser als die Beschäftigten ohne Führungsaufgabe.

Die subjektive Einschätzung variiert sowohl in den einzelnen Elementen von Zukunftsfähigkeit als auch in der Gesamtschau mit der Größe der Organisation: Bei allen vier untersuchten Themengruppen zur Zukunftsfähigkeit – Kooperationsklima, Krisenmanagement, Kreativität und Verbesserungen sowie Entscheidungsprozesse und Mitbestimmung – war auffallend, dass Beschäftigte aus kleinen Unternehmen deutlich bessere Bewertungen abgaben als Beschäftige aus großen Organisationen. Möglicherweise kommt hier zum Tragen, dass in kleinen Organisationen weniger hierarchische Untergliederungen vorhanden sind, was zu einem besseren Kooperationsklima führen und partizipative Entscheidungsfindungen befördern kann. Für Beschäftigte aus kleinen Betrieben sind aktuelle Herausforderungen des Unternehmens transparenter. Durch die geringere Anzahl an Mitarbeitenden sind sie unter Umständen zudem stärker in die Problemlösung involviert. Eine geringere Anzahl an Angestellten kann zudem begünstigen, dass auch unkonventionelle Ideen bei der Lösung von Problemen in Betracht gezogen werden. Große Organisationen haben demgegenüber stärker spezialisierte Mitarbeitende, formalere Entscheidungsstrukturen und eine strenger hierarchisierte Organisationskommunikation, sodass ein spontaner Austausch seltener möglich ist.

■ ■ **Kernelemente von Zukunftsfähigkeit: Krisenmanagement und Mitbestimmungsmöglichkeiten**

Der Aussage, dass die Managementebene im Falle einer Krise „einen guten Job" machen würde, wurde häufiger zugestimmt und die Bewertung fiel damit positiver aus als die Bewertung des Krisenmanagements der Organisation insgesamt. Die Bewertungen hängen zusammen: Je stärker angenommen wurde, dass das Management in Krisensituationen „einen guten Job machen würde", desto besser wurde auch das Krisenmanagement der Organisation insgesamt bewertet. Je besser das Krisenmanagement in der Organisation bewertet wurde, desto eher waren die Befragten auch der Einschätzung, dass die Organisation schwierige Phasen durchstehen würde.

Zwischen der Bewertung der Führungsebene und den vier untersuchten Themengruppen der Zukunftsfähigkeit zeigen sich ausschließlich (positive) mittlere bis starke Zusammenhänge: Eine positive Bewertung der Zukunftsfähigkeit geht mit einer positiven Beurteilung des Krisenmanagements der Leitungsebene einher. Insbesondere die Themengruppen *Krisenmanagement* sowie *Entscheidungsprozesse und Mitbestimmung* beeinflussen, ob Beschäftigte davon ausgehen, dass das Management einer tiefgreifenden Krise gewachsen wäre.

▪▪ Krisenmanagement

Gut die Hälfte der Befragten schätzt das Krisenmanagement ihrer Organisation insgesamt als (sehr) gut ein. Diese Bewertung bedeutet aber auch, dass nahezu die Hälfte Defizite in diesem Bereich sieht. Während gut zwei Drittel zustimmen, dass die Organisation eine entsprechende Beobachtung der Branchenentwicklung betreibt und Mitarbeitende bei ungewöhnlichen Problemen einen Ansprechpartner haben, stimmten weniger Befragte zu, dass ggf. Unterstützung kurzfristig verfügbar ist und die Organisation aus Fehlern lernt. Die mit Abstand schlechteste Bewertung erhielt das Kompetenzmanagement: Circa die Hälfte der Befragten gab an, dass sie eher bis überhaupt nicht über die Kenntnisse und Informationen verfügten, um auf unerwartete Probleme zu reagieren. Während die Branchenbeobachtung an die Führungsebene oder spezielle Mitarbeitende gebunden ist und innerhalb der Organisationshierarchie Ansprechpersonen für Notfälle festgelegt sind, werden präventive Faktoren wie „Puffer" beim Personaleinsatz, die Kompetenzpflege von Mitarbeitenden oder der Informationsfluss möglicherweise weniger gepflegt. Gerade diese personennahen Faktoren werden von den Mitarbeitenden aber unter Umständen eher als Führungsaufgaben gesehen und führen bei Defiziten möglicherweise zu der hier beobachteten schlechteren Bewertung des Managements.

▪▪ Mitbestimmungsmöglichkeiten

Weniger als die Hälfte der Befragten geben eine gute Bewertung der Entscheidungsprozesse und Mitbestimmungsmöglichkeiten insgesamt an, bei den Führungskräften ist es die Hälfte. Überwiegend positiv wird beurteilt, dass die Mitarbeitenden bei Entscheidungen, die die Arbeit betreffen, einbezogen und dass Entscheidungen bei Bedarf schnell getroffen werden. Nur rund die Hälfte berichtet, dass Veränderungen mit den Betroffenen abgesprochen werden. Aus Sicht der Managementebene mag es ein vernachlässigbarer Faktor sein, Veränderungen mit Personen abzusprechen, die nicht in strategische Entscheidungen eingebunden sind. Bei den Betroffenen führt diese Vernachlässigung aber offenbar zu einem Vertrauensverlust in die Krisenfestigkeit des Managements. Die am schlechtesten bewertete Aussage aus der Themengruppe der Mitbestimmungsmöglichkeiten betrifft die Frage, wer die Entscheidungen trifft. Nur ein gutes Drittel gibt an, dass Entscheidungen von den dafür qualifiziertesten Mitarbeitenden getroffen werden, unabhängig von Hierarchie oder Dienstalter. Zum einen fließt eventuell das fehlende Mitspracherecht von kompetenten Mitarbeitenden hier in die eher schlechte Bewertung der Mitsprachemöglichkeiten insgesamt ein. Zum anderen beeinflusst dieser Faktor in der Folge auch das Vertrauen in die Fähigkeiten der Krisenbewältigung des Managements.

▪▪ Schlechtere Bewertung der Zukunftsfähigkeit: Wut, Resignation und mehr Fehlzeiten

Der Zusammenhang zwischen der Bewertung der Performanz bei den hier untersuchten Themenfeldern und dem gesundheitlichen Wohlbefinden der Mitarbeitenden betrifft vor allem die emotionalen Irritationen, ist hier aber auch hinsichtlich anderer Aspekte deutlich zu sehen. Je besser die Befragten die Zukunftsfähigkeit ihrer Organisation und hier besonders das Krisenmanagement bewerten, desto seltener berichten sie von Angst in Bezug auf die Zukunft ihrer Organisation. Darüber hinaus zeigt die Einschätzung der Zukunftsfähigkeit einen starken Zusammenhang mit dem gesundheitlichen Wohlbefinden: Je besser die Befragten die Zukunftsfähigkeit ihrer Organisation bewerten, desto seltener geben sie Beschwerden an, die dem Arbeitsleben geschuldet sind.

Der stärkste Zusammenhang zwischen Zukunftsfähigkeit und den Beschwerden zeigt sich bei dem Empfinden von Wut und Verärgerung, dem Gefühl von Lustlosigkeit und „wie ausgebrannt sein" sowie von Niedergeschlagenheit. Insgesamt gesehen sind diese Beeinträchtigungen des psychischen Wohlbefindens – auch unabhängig von der Bewertung der Zukunftsfähigkeit – auffallend häufig. Es ist anzunehmen, dass es hier eine Vielzahl von Einflussfaktoren gibt, die nicht Teil dieser Untersuchung sind.

Die häufigste durch die Arbeit entstandene gesundheitliche Belastung – Wut und Verärgerung – korreliert am stärksten mit Aussagen aus den Themenfeldern *Kooperationsklima* sowie *Entscheidungsprozesse und Mitbestimmung*. Bewerteten die Befragten es als zutreffend, dass sie über Veränderungen informiert werden, in Entscheidungsprozesse eingebunden sind oder die Entscheidungen jeweils von den qualifiziertesten Personen getroffen werden, dann berichteten sie seltener von Wut und Verärgerung. Über Informationen und Kenntnisse zu verfügen, um auf Probleme reagieren zu können, macht für die Befragten ebenfalls einen vergleichsweise großen Unterschied in Bezug auf Verärgerung. Damit sind wichtige Faktoren identifiziert, die (ganz grundsätzlich) wesentlich für das Klima im Unternehmen, das emotionale Verhältnis zur Organisation und das Vertrauen in die Fähigkeiten des Managements sind.

Befragte, die ihrer Organisation eine gute Zukunftsfähigkeit bestätigen, geben im Durchschnitt weniger Tage an, an denen sie krankheitsbedingt gefehlt haben, als Befragte, die die Zukunftsfähigkeit schlechter bewerten. Auch berichten Befragte, die die Zukunftsfähigkeit ihres Unternehmens positiv bewerteten, über weniger Tage, die sie gegen den Rat des privaten Umfelds oder ihre eigene Einschätzung gearbeitet haben. Obwohl auf Grundlage der Befragung kein direkter Wirkungszusammenhang hergestellt werden kann, zeigen die beiden Vergleichsgruppen hier signifikante Unterschiede bei den Fehlzeiten am Arbeitsplatz. Da sich signifikante Unterschiede zwischen den Vergleichsgruppen von nennenswerter Stärke nur bei den emotionalen Irritationen zeigen (Wut und Verärgerung, Niedergeschlagenheit sowie Lustlosigkeit), könnten die unterschiedlichen Fehltage auch ein Hinweis darauf sein, dass sie „Wegbereiter" für weitere gesundheitliche Beeinträchtigungen oder für ein nachlassendes Commitment gegenüber dem Arbeitgeber sind.

8.5 Ausblick

Die Untersuchung ging von der Prämisse aus, dass die fehlende Vorhersagbarkeit eine passgenaue Vorbereitung auf zukünftige Probleme unmöglich macht und es deshalb der grundlegenden Fähigkeit einer Organisation bedarf, flexibel auf Veränderungen zu reagieren und Krisen als Chance für Weiterentwicklung zu nutzen. Grundsätzlich zeigen die Befragungsergebnisse, dass bei den Organisationen noch großes, bisher ungenutztes, Entwicklungspotenzial hinsichtlich Kooperationsklima, Krisenmanagement, Innovationsmanagement sowie Mitbestimmungs- und Entscheidungsstrukturen besteht (vgl. dazu Walter und Röckl 2023).

Die alles in allem bessere Performanz der kleinen Organisationen gegenüber den großen legt – ergänzend zu den Untersuchungsergebnissen – nahe, dass eine Dezentralisierung bzw. eine Stärkung von Netzwerkarbeit – parallel zur strategisch notwendigen Unternehmenshierarchie – mögliche Ansatzpunkte zur Verbesserung der Zukunftsfähigkeit darstellen könnten.

Partizipativere Prozesse, bei denen Personen angehört werden, die sich mit der Thematik auskennen, ermöglichen, dass bei Entscheidungen alle zur Verfügung stehenden Informationen berücksichtigt werden und dass Konflikte mit Personen oder anderen Unternehmensinteressen nicht übersehen werden. In einer partizipativen Entscheidungsfindungs-Kultur wird anerkannt, dass jeder Mitarbeitende etwas anderes weiß und kann und ein „wechselseitiger Wissensaustausch kreuz und quer [...], nicht etwa Rapport nach oben und Belehrung nach unten" notwendig ist (Scholl et al. 2012). Organisationen tragen damit dem Umstand Rechnung, dass der wechselseitige Austausch von Informationen – auch informell und auch über Abteilungsgrenzen hinweg – für Organisationen grundsätzlich lebensnotwendig ist (Kühl 2011). Erfolgreiche Führungskräfte vernetzen sich ohnehin und verwenden für ihre verschiedenen Aufgaben informelle Netzwerke innerhalb und außerhalb ihrer Organisation (Luthans 1988). Diese Untersuchung legt nahe, dass diese Netzwerke und die daran geknüpften Informations- und Entscheidungsprozesse sich auf alle Arbeits- und Hierarchieebenen ausdehnen sollten. Daran knüpft sich auch die Anforderung, Mitarbeitende kontinuierlich zu qualifizieren und zu Eigeninitiative zu ermuntern (Jürgens et al. 2017). Der mögliche Gewinn einer Ausweitung von Gestaltungsspielräumen, etwa durch „Rollenkonzepte", liegt darin, dass dadurch auch in mittleren und großen Unternehmen flexibel, innovativ und gut informiert auf neue Situationen reagiert werden kann (vgl. zu „Rollenkonzepten" beispielsweise Domke 2023).

Trotz aller Unvorhersehbarkeiten in ökologischer, politischer oder ökonomischer Hinsicht kann mit einer zukunftsfähigen Unternehmenskultur „vorgesorgt" werden. Gleichzeitig wird dadurch auch in das Vertrauen in die Organisation und das gesundheitliche Wohlbefinden der Mitarbeitenden investiert. In Zeiten des Fachkräftemangels gewinnt die Bindung von leistungsfähigen und gesunden Beschäftigten an den Arbeitgeber zunehmend an Bedeutung.

Literatur

Beyer D, Schiek M, Weissenberger-Eibl MA (2019) Der Weg in die Zukunft. In: Weissenberger-Eibl MA (Hrsg) Zukunftsvision Deutschland: Innovation für Fortschritt und Wohlstand. Springer, Berlin Heidelberg, S 3–13

Clayton S (2020) Climate anxiety: Psychological responses to climate change. J Anxiety Disord 74:102263. https://doi.org/10.1016/j.janxdis.2020.102263

van Dam K (2009) Employee adaptability to change at work: a multidimensional, resource-based framework. In: Oreg S, Michel M, Todnem B (Hrsg) The psychology of organizational change: viewing change from the employee's perspective. Cambridge University Press, Cambridge, S 123–142 https://doi.org/10.1017/CBO9781139096690.009

Domke U (2023) Einführung eines Rollenkonzeptes. Z Führung Organisation 3:178–179

Folke C, Carpenter SR, Walker B, Scheffer M, Chapin T, Rockström J (2010) Resilience thinking: integrating resilience, adaptability and transformability. Ecol Soc 15(4):20

Heidemann C, Scheidt-Nave C, Beyer A-K et al (2021) Gesundheitliche Lage von Erwachsenen in Deutschland – Ergebnisse zu ausgewählten Indikatoren der Studie GEDA 2019/2020-EHIS. J Health Monit 6:3–27

Horn GA (2023) In einer Zeit des Umbruchs. https://www.boeckler.de/de/faust-detail.htm?sync_id=HBS-008617. Zugegriffen: 24. Mai 2023

Jürgens K, Hoffmann R, Schildmann C (2017) Arbeit transformieren! Denkanstöße der Kommission „Arbeit der Zukunft". Forschung aus der Hans-Böckler-Stiftung 189. transcript, Bielefeld https://doi.org/10.14361/9783839440520

Kauffeld S, Jonas E, Grote S, Frey D, Frieling E (2004) Innovationsklima – Konstruktion und erste psychometrische Überprüfung eines Messinstrumentes. Diagnostica 50:153–164. https://doi.org/10.1026/0012-1924.50.3.153

Kruse P, Schomburg F (2016) Führung im Wandel: Ohne Paradigmenwechsel wird es nicht gehen. In: Geramanis O, Hermann K (Hrsg) Führen in ungewissen Zeiten: Impulse, Konzepte und Praxisbeispiele. Springer, Wiesbaden, S 3–15

Kühl S (2011) Organisationen. Eine sehr kurze Einführung, 1. Aufl. VS, Wiesbaden (https://pub.uni-bielefeld.de/record/2460547)

Lee A, Vargo J, Seville E (2013) Developing a tool to measure and compare organizations' resilience. Nat Hazards Rev 14:29–41. https://doi.org/10.1061/(ASCE)NH.1527-6996.0000075

Luhmann N (2022) Funktionen und Folgen formaler Organisation. In: Luhmann N, Tacke V, Lukas E (Hrsg) Schriften zur Organisation 5: Vorträge – Lexikonartikel – Rezensionen. Springer, Wiesbaden, S 117–124

Luthans F (1988) Successful vs effectice real manager. Acad Manag Excecutive 2:127–132

McManus ST (2008) Organizational Resilience in New Zealand. Dissertation, University of Canterbury

Menne S (2019) Unternehmenskultur. In: Weissenberger-Eibl MA (Hrsg) Zukunftsvision Deutschland: Innovation für Fortschritt und Wohlstand. Springer, Berlin Heidelberg, S 167–181

Müller-Christ G (2020) Nachhaltiges Management. Über den Umgang mit Ressourcenorientierung und widersprüchlichen Managementrationalitäten. Nomos, Baden-Baden

Näswall K, Kuntz J, Malinen S (2015) Employee resilience scale (EmpRes) measurement properties. Resilient organisations, Canterbury

Naughton C, Wortmann A (2020) Adapting Adaptability. Vom theoretischen Modell zur angewandten Forschung

Peter F, van Bronswijk K, Rodenstein B (2021) Facetten der Klimaangst. Psychologische Grundlagen der Entwicklung eines handlungsleitenden Klimabewusstseins. In: Rieken B, Popp R, Raile P (Hrsg) Eco-Anxiety. Waxmann, Münster, S 161–183

Pikhala PP (2020) Anxiety and the ecological crisis: an analysis of eco-anxiety and climate anxiety. Sustainability 12:7836

Rieken B, Popp R, Raile P (2021) Eco-Anxiety – Zukunftsangst und Klimawandel; Interdisziplinäre Zugänge. Psychotherapiewissenschaft in Forschung, Profession und Kultur. Schriftenreihe. Sigmund-Freud-Privatuniversität, Wien

RKI (2008) Gesundheit und Krankheit. In: Koch-Institut R, Aufklärung Bfg (Hrsg) Erkennen – Bewerten – Handeln: Zur Gesundheit von Kindern und Jugendlichen in Deutschland. RKI, Berlin Köln, S 11–175

Scholl W, Schermuly C, Klocke U (2012) Wissensgewinnung durch Führung – die Vermeidung von Informationspathologien durch Kompetenzen für Mitarbeiter (Empowerment). In: Grote S (Hrsg) Die Zukunft der Führung. Springer, Berlin Heidelberg, S 391–413

Schulte EM, Gessnitzer S, Kauffeld S (2021) FITOR – Fragebogen zur individuellen, Team und organisationalen Resilienz. Springer, Berlin

Seville E (2009) Resilience: great concept but what does it mean? Tephra 22

Statistisches Bundesamt (2023) Mikrozensus 2021. https://www.destatis.de/DE/Themen/Arbeit/Arbeitsmarkt/Erwerbstaetigkeit/Tabellen/erwerbstaetige-erwerbstaetigenquote.html. Zugegriffen: 19. Juli 2023

Staufen AG S (2022) Unternehmen im Wandel. Deutscher Change Readiness Index 2022. https://www.staufen.ag/insights/studien-whitepaper/unternehmen-im-wandel/. Zugegriffen: 21. März 2023

Walter A, Röckl B (2023) Innovation for Future im Mittelstand. zfo: 92(2):95–100

Waltersbacher A, Klein J, Schröder H (2021) Die soziale Resilienz von Unternehmen und die Gesundheit der Beschäftigten. In: Badura B, Ducki A, Schröder H, Meyer M (Hrsg) Fehlzeiten-Report 2021 Betriebliche Prävention stärken – Lehren aus der Pandemie. Springer, Berlin, S 67–104

Zaleski Z (1996) Future Anxiety: concept, measurement, and preliminary research. Pers Individ Dif 21:165–174

Zaleski Z, Sobol-Kwapinska M, Przepiorka A, Meisner M (2019) Development and validation of the dark future scale. Time Soc 28:107–123. https://doi.org/10.1177/0961463x16678257

Wie geht es Angestellten in Deutschland? – Ergebnisse repräsentativer Beschäftigtenbefragungen im Rahmen des Fehlzeiten-Reports 2020 bis 2023

Johanna Baumgardt

Inhaltsverzeichnis

9.1 Einleitung – 148

9.2 Methodik – 149

9.3 Ergebnisse und Diskussion – 153

9.4 Zusammenfassende Schlussbetrachtung – 166

Literatur – 168

▪▪ Zusammenfassung

Gesellschaftliche Umbrüche und Herausforderungen wirken durch ihren Einfluss auf die Arbeitswelt auch auf den Gesundheitszustand Erwerbstätiger ein. Da Studien gezeigt haben, dass starke Veränderungen z. B. innerhalb von Organisationen, auch nachteilige Effekte für den Einzelnen haben können, muss die Gesundheit von Beschäftigten zu solchen Zeiten ganz besonders in den Blick genommen werden. Ziel des vorliegenden Beitrags war deshalb zum einen eine repräsentative Erhebung zum Thema „Arbeit und Gesundheit" unter Angestellten in Deutschland im Frühjahr 2023. Zum anderen wurden diese Daten mit Erhebungen aus den Vorjahren verglichen, um mögliche Veränderungen zu detektieren. Hierfür wurden telefonische Befragungen unter abhängig Beschäftigten ausgewertet, die im Auftrag des Wissenschaftlichen Instituts der AOK (WIdO) im Rahmen der Fehlzeiten-Reporte 2020, 2021, 2022 und 2023 durchgeführt worden waren. Die Ergebnisse der Erhebung im Jahr 2023 zeigen, dass fast die Hälfte der Befragten eher starke bis sehr starke Veränderungen in ihren Organisationen erleben. So gibt es mittlerweile z.B. häufiger die Möglichkeit zum mobilen Arbeiten, die im Vergleich zu den Vorjahren jedoch seltener genutzt wird. Die Ergebnisse zeigten weiterhin, dass der Großteil der Befragten in 2023 den eigenen Gesundheitszustand als gut oder sehr gut einschätzte. Mit Blick auf arbeitsbezogene gesundheitliche Beschwerden waren die meisten Befragten wie in den Vorjahren von Erschöpfung, Verärgerung, Lustlosigkeit und kognitiven Irritationen betroffen. Dies war umso stärker der Fall, je höher das Ausmaß an Veränderungen in der eigenen Organisation wahrgenommen wurde. Des Weiteren wurde im Erhebungsjahr 2023 von mehr AU- und weniger Präsentismus-Tagen als in den Vorjahren berichtet. Zudem ging höherer Präsentismus mit mehr AU-Tagen einher und war v.a. in Organisationen mit starken Veränderungen sowie bei Frauen, älteren Menschen und jenen mit einem schlechteren Gesundheitszustand zugegen. Die Betriebliche Gesundheitsförderung (BGF) war bei fast jedem Arbeitgeber der Befragten im Fokus. Dies war umso mehr der Fall, je größer die Organisation war und je stärker sie sich in den zurückliegenden Jahren gewandelt hat. Zudem gingen mit mehr BGF weniger AU-Tage, ein besserer Gesundheitszustand und weniger Präsentismus einher. Ebenso zeigte sich, dass BGF-Angebote umso stärker genutzt wurden, je mehr Veränderungen in einer Organisation wahrgenommen wurden. Die Ergebnisse legen nahe, dass Betriebliche Gesundheitsförderung sich auf die veränderten Arbeits- und Lebensbedingungen von Erwerbstätigen einstellen und entsprechend Angebote sowie Monitoring anpassen muss, denn nur so kann es Arbeitgeber wirksam dabei unterstützen, stärkend und fördernd auf die Gesundheit ihrer Beschäftigten einzuwirken.

9.1 Einleitung

Gesellschaftliche Umbrüche und Herausforderungen wirken durch ihren Einfluss auf die Arbeitswelt auch auf den Gesundheitszustand Erwerbstätiger ein. Dieser Zusammenhang ist beachtenswert, da Studien gezeigt haben, dass (starke) organisationale Veränderungen nachteilige Effekte auf deren Gesundheit haben können (Pietzonka und Oberbeck 2023). In einer Untersuchung von Quinlan et al. (2001) zeigten sich beispielsweise in 36 von 41 Studien negative Zusammenhänge zwischen dem Gesundheitszustand von Beschäftigten und organisationalen Veränderungen. So können Veränderungsprozesse zum Beispiel das Risiko erhöhen, an Depressionen, Angststörungen oder Burnout zu erkranken (Greenglas und Burke 2000) und korrelieren mit höherem Zynismus, häufigerem Absentismus und stärkerer psychischer Beanspruchung (Kalimo et al. 2003). Beschäftigte können dabei sowohl direkt, z. B. durch neue Herausforderungen und erforderliche Anpassungsprozesse, als auch indirekt, z. B. durch Rollenkonflikte, Jobunsicherheit oder Ambiguität betroffen sein (Robblee 1998; Swanson und Power 2001). Vor diesem Hintergrund ist anzunehmen, dass die derzeitigen gesellschaftlichen Unsicherheiten, Ungewissheiten und bisweilen disruptiven Veränderungen sich auch in den Organisationen der Erwerbstätigen zeigen und auf deren Gesundheit auswirken (Maslow 1981; Rieke 2015; Peters 2018; Peters et al. 2017). Da neben dem persönlichen Interesse der Beschäftigten auch Arbeitgeber ein hohes Interesse an der Erhaltung, Stärkung und schnellen Wiederherstellung von Gesundheit haben – u. a. da diese in engem Zusammenhang mit einer positiven Entwicklung der eigenen Organisation steht (Freuding und Wohlrabe 2021) und sich eine negative ökonomische Entwicklung nachteilig auf das Wohlergehen von Beschäftigten auswirken könnte – ist es aktuell bedeutsamer denn je, den Gesundheitszustand von Erwerbstätigen in den Blick zu nehmen. Ziel des vorliegenden Beitrags war deshalb eine repräsentative querschnittliche Erhebung zum Thema „Arbeit und Gesundheit" von Beschäftigten in Deutschland zu Zeiten starker Veränderungen. Zum anderen wurden diese Daten mit Erhebungen aus den Vorjahren verglichen, um mögliche Veränderungen zu detektieren. Folgende Fragestellungen sollten dabei beantwortet werden:

- Sind Veränderungen in den Organisationen wahrnehmbar und welche Auswirkungen haben diese auf die berufliche und gesundheitliche Situation der Beschäftigten?
- Wie schätzen Beschäftigte ihre Gesundheit ein? Welche gesundheitlichen Beschwerden führen sie auf ihre Arbeit zurück?
- Wie oft fehlten Beschäftigte erkrankungsbedingt? Wie oft arbeiteten sie trotz Erkrankung?
- In Anbetracht einer sich wandelnden Arbeitswelt: Wie viele Beschäftigte haben die Möglichkeit zum mobilen Arbeiten und wie häufig nutzen sie diese Möglichkeit?
- Wie steht es um das Vorhandensein und die Nutzung von Angeboten Betrieblicher Gesundheitsförderung des Arbeitgebers?
- Gibt es Zusammenhänge zwischen der Gesundheit von Beschäftigten und den oben genannten Aspekten? Wie hat sich das gesundheitliche Wohlbefinden von Beschäftigten in den zurückliegenden Jahren entwickelt?

9.2 Methodik

Im Auftrag des Wissenschaftlichen Instituts der AOK (WIdO) hat das Befragungsinstitut *forsa* im Rahmen des Fehlzeiten-Reports

Tab. 9.1 Informationen zu Erhebungen der Jahre 2020, 2021, 2022 und 2023

Erhebungszeitraum		Anzahl Befragte[a]	Gewichtung[b]	Teilnahmevoraussetzung	Alter	Befragungsschwerpunkt
Monat	Jahr					
Februar	2023	2.500	Ja	Seit mindestens 12 Monaten bei derselben Organisation tätig	18–66	Wandel
Februar/März	2022	2.501	Ja		18–66	Verantwortung
Februar/März	2021	2.501	Ja		18–65	Prävention
Februar	2020	2.500	Ja	Keine	18–65	Gerechtigkeit

[a] Bei allen Erhebungen wurde eine einfache Stichprobenauswahl realisiert (Gabler und Häder 2015); bei der Stichprobenziehung wurden Festnetznummern und „Mobile-only"-Haushalte berücksichtigt. Alle Befragungsdaten wurden mittels computergestützter Telefoninterviews (CATI) erhoben.
[b] Für die Datenanalyse wurde die ermittelte Stichprobe nach Alter und Geschlecht gewichtet, damit sie als einfache Zufallsstichprobe repräsentativ für die Grundgesamtheit der Erwerbstätigen in Deutschland betrachtet werden kann (Gabler et al. 1994). Grundlage der Gewichtung war die tatsächliche Alters- und Geschlechtsverteilung in der Bundesrepublik Deutschland, die im Rahmen des Mikrozensus erhoben und vom Statistischen Bundesamtes veröffentlicht wurde (Destatis 2023e).
Fehlzeiten-Report 2023

Tab. 9.2 Formulierung, Herkunft und Antwortmöglichkeiten der Fragestellungen

Frage	Antwortmöglichkeiten	Herkunft	Erhebungsjahre
Soziodemographie			
Alter	18–66 Jahre	Selbstentwickelt	2020–2023
Geschlecht	1 = *Männlich*; 2 = *Weiblich*		
Wie viele Kinder unter 18 Jahren leben in Ihrem Haushalt?	N		
Arbeitsstätte			
Größe der Organisation	N	Selbstentwickelt	2023
Führungsaufgaben	1 = *Ja*; 2 = *Nein*		
Gab es oder gibt es (in der der Zeit der Corona-Pandemie) zumindest für einen Teil der Beschäftigten das Angebot, im Homeoffice zu arbeiten?			2021–2023
Gab oder gibt es das Angebot im Homeoffice zu arbeiten auch für Sie?			
Wie stark hat sich Ihre Organisation in den vergangenen Jahren verändert?	1 = *überhaupt nicht von Veränderungen betroffen* bis 7 = *sehr stark von Veränderungen betroffen*		2023
Gesundheitszustand			
Wie viele Tage haben Sie in den letzten 12 Monaten insgesamt krankheitsbedingt nicht gearbeitet?	0–365 Tage	Selbstentwickelt	2020–2023
Wie ist Ihr Gesundheitszustand im Allgemeinen?	1 = *sehr schlecht* bis 7 = *sehr gut*	Nach Cox et al. (2009)	2023
Leiden Sie unter chronischen Beschwerden oder Erkrankungen?	1 = *Ja*; 2 = *Nein*		
Liegt bei Ihnen eine amtlich anerkannte Behinderung vor?		Nach Rohrbach-Schmidt und Hall (2020)	

Tab. 9.2 (Fortsetzung)

Frage	Antwortmöglichkeiten	Herkunft	Erhebungsjahre
Wie stark haben Sie in den letzten 4 Wochen unter folgenden Beschwerden gelitten, die durch die Arbeit entstanden sind? – Kopfschmerzen – Magen-Darm-Beschwerden – Angstgefühlen vor, bei, oder nach der Arbeit – Niedergeschlagenheit – Nervosität und Reizbarkeit – Zweifel an den eigenen Fähigkeiten – Wut und Verärgerung – Lustlosigkeit, wie „ausgebrannt" sein – Erschöpfung – Schlafstörungen – Konzentrationsprobleme	0 = überhaupt nicht darunter gelitten bis 6 = ständig darunter gelitten	Bundesanstalt für Arbeitsschutz und Arbeitsmedizin (2013)	2020–2023
Kognitive Irritationen			
Es fällt mir schwer, nach der Arbeit abzuschalten.	1 = trifft überhaupt nicht zu bis 7 = trifft voll und ganz zu	Nach Mohr et al. (2007)	2022–2023
Ich muss auch außerhalb der Arbeitszeit an Schwierigkeiten bei der Arbeit denken.			
Präsentismus			
An wie vielen Tagen ist es in den letzten 12 Monaten vorgekommen, dass Sie entgegen ärztlichem Rat krank zur Arbeit gegangen sind bzw. im Homeoffice gearbeitet haben?	0–365 Tage	Nach Aronsson et al. (2000)	2022–2023
An wie vielen Tagen ist es in den letzten 12 Monaten vorgekommen, dass Sie entgegen des Rats von Freunden, Familie oder entgegen Ihrer eigenen Einschätzung zur Arbeit gegangen sind bzw. im Homeoffice gearbeitet haben?			2023

◻ **Tab. 9.2** (Fortsetzung)

Frage	Antwortmöglichkeiten	Herkunft	Erhebungsjahre
Betriebliche Gesundheitsförderung			
In unserer Organisation ist Gesundheitsförderung der Mitarbeitenden häufig ein Thema der Unternehmensleitung.	1 = trifft überhaupt nicht zu bis 7 = trifft voll und ganz zu	Nach Pfaff et al. (2008)	2023
Gibt es in Ihrem Unternehmen Angebote der Betrieblichen Gesundheitsförderung wie zum Beispiel Rückenschule, Entspannung oder Stressmanagement?	1 = Ja, 2 = Nein	Nach Lück et al. (2019)	
Haben Sie bereits Angebote der Betrieblichen Gesundheitsförderung in Anspruch genommen oder nehmen Sie sie zurzeit in Anspruch?			
Aus welchem Grund nehmen Sie keine Angebote der Betrieblichen Gesundheitsförderung in Anspruch?	– Ich schaffe es nicht, mir ausreichend Zeit dafür einzuräumen – Es gibt keine Angebote, die mich interessieren – Ich halte nichts von Betrieblicher Gesundheitsförderung – Meine/r Vorgesetzte/r würde meine Teilnahme nicht gutheißen – sonstiges		

Fehlzeiten-Report 2023

regelmäßig Befragungen unter abhängig Beschäftigten durchgeführt (vgl. Waltersbacher et al. 2022; Waltersbacher et al. 2021; Waltersbacher et al. 2020). ◘ Tab. 9.1 zeigt Informationen zu Erhebungen aus den Jahren 2020, 2021, 2022 und 2023, die im Rahmen des vorliegenden Beitrags ausgewertet wurden.[1] Alle Erhebungen wurden entsprechend dem internationalen Kodex zur Markt-, Meinungs- und Sozialforschung und Datenanalytik des Arbeitskreis Deutscher Markt- und Sozialforschungsinstitute konzipiert und realisiert (ADM 2023).

Die Formulierung, Herkunft und Antwortmöglichkeiten der Fragen sind in ◘ Tab. 9.2 dargelegt. Die Befragungen beziehen sich auf die zwölf Monate vor dem jeweiligen Erhebungszeitpunkt. Alle eingesetzten Fragebögen wurden im WIdO entwickelt, durch das GESIS – Leibniz-Institut für Sozialwissenschaften in Mannheim supervidiert und vom Befragungsinstitut *forsa* im Rahmen eines Pretests vorab validiert.

Die vorliegenden Befragungsdaten wurden quer- und längsschnittlich sowohl deskriptiv (Anzahl, prozentualer Anteil, Minimum, Maximum, Mittelwert[2], Standardabweichung[3]) als auch mittels dem Skalenniveau entsprechenden Zusammenhangsmaßen (Chi-Quadrat-Test, Produkt-Moment-Korrelation, Rangkorrelation, Punkt-biseriale Korrelation, Biseriale Rangkorrelation) ausgewertet. Die verwendeten Likertskalen mit Antwortmöglichkeiten von „*0 bzw. 1 = (trifft)*

---

1 Die Programmierung und technische Funktionsprüfung der Fragebögen, die Qualitätssicherung der programmierten Fragebögen, die Schulung der Interviewer sowie die Qualitätssicherung der Datenerhebungen während der Feldphase erfolgten jeweils durch das Befragungsinstitut *forsa*.
2 Der Mittelwert gehört zu den statistischen Lageparametern und beschreibt den Durchschnittswert. Um ihn zu berechnen, wurden alle Werte einer Frage addiert und die Summe durch die Anzahl aller Werte geteilt.
3 Die Standardabweichung gehört zu den statistischen Streuungsmaßen. Sie beschreibt die durchschnittliche Entfernung aller gemessenen Werte vom Mittelwert „nach oben und nach unten".

überhaupt nicht (zu)/nie/sehr schlecht" bis „*6 bzw. 7 = trifft voll und ganz zu/ständig/sehr gut"* wurden dabei als quasi-metrisch behandelt (Bortz und Schuster 2010). Anwendung und Interpretation der berichteten Zusammenhangsmaße orientierten sich an einschlägigen Quellen (ebenda). Das Signifikanzniveau wurde auf 5 % festgelegt. Zur besseren Lesbarkeit wurden signifikante Gruppenunterschiede wie folgt berichtet: $p < 0{,}05 = *$; $p < 0{,}01 = **$; $p < 0{,}001 = ***$. Alle statistischen Analysen erfolgten mit der Software IBM SPSS 27.

9.3 Ergebnisse und Diskussion

■■ **Soziodemographie, Arbeitsort und Veränderungen in der Organisation**

◘ Tab. 9.3 zeigt soziodemographische Charakteristika der Befragungskohorten von 2020 bis 2023. Die Verteilung der Berufe der Befragten in den vorliegenden Daten unterscheidet sich nach der Statistik der Bundesagentur für Arbeit von der Verteilung in Gesamtdeutschland, gemäß welcher die fünf Berufsgruppen mit den meisten Beschäftigten Büro- und Sekretariatskräfte (n = 2.066.076), Berufe in der Lagerwirtschaft (n = 1.483.045), Berufe im Verkauf (n = 1.030.886), kaufmännisch-technische Betriebswirtschaftsberufe (n = 1.008.857) und Berufe in der Kinderbetreuung und -erziehung (n = 982.844) sind (Bundesagentur für Arbeit 2022). Die fünf häufigsten Berufsgruppen in den vorliegenden Daten zeigt ◘ Tab. 9.3.

◘ Abb. 9.1 zeigt, wie sich die Befragten im Erhebungsjahr 2023 auf die verschiedenen Organisationsgrößen verteilen.

In ◘ Abb. 9.2 ist ersichtlich, dass 31,5 % der Befragten (n = 787) im Jahr 2023 eine Führungsposition innehatten. Die Mehrheit dieser Personen war männlich (60 %, n = 472). ◘ Abb. 9.3 zeigt die Teamgröße der Befragten mit Führungsverantwortung im Erhebungsjahr 2023.

Die Befragungskohorte aus dem Jahr 2023 ist häufiger in größeren Organisationen be-

Tab. 9.3 Soziodemographische Kennzahlen (Erhebungsjahre 2020, 2021, 2022 und 2023)

	2020	2021	2022	2023
Anzahl der Befragten[1]	n = 2.500	n = 2.501	n = 2.501	n = 2.500
Alter[2] **(standarisiert)**	42,8 ± 11,9 (18–65)	43,5 ± 11,5 (20–65)	43,7 ± 12,1 (20–66)	43,5 ± 11,8 (18–66)
Geschlecht (standarisiert)				
männlich	51,9 % (n = 1.297)	51,7 % (n = 1.293)	51,8 % (n = 1.296)	51,7 % (n = 1.293)
weiblich	48,0 % (n = 1.201)	48,2 % (n = 1.204)	48,1 % (n = 1.202)	48,1 % (n = 1.203)
divers	0,1 % (n = 2)	0,1 % (n = 3)	0,1 % (n = 2)	0,1 % (n = 3)
Kinder im eigenen Haushalt[2]	0,58 ± 0,91 (0–9)	0,54 ± 0,89 (0–7)	0,59 ± 0,95 (0–20)	0,62 ± 0,93 (0–10)
Erwerbssituation				
Voll- oder Teilzeit	98,0 % (n = 2.449)	99,3 % (n = 2.483)	98,4 % (n = 2.461)	99,0 % (n = 2.474)
Ausbildung oder duales Studium	1,3 % (n = 34)	0,7 % (n = 18)	1,6 % (n = 40)	1,0 % (n = 26)
Berufliches Tätigkeitsfeld („Top 5")				
Recht & Verwaltung	Nicht erfasst	11,5 % (n = 288)	10,1 % (n = 252)	11,8 % (n = 295)
Informatik-, Informations- & Kommunikationstechnologie		10,1 % (n = 252)	7,9 % (n = 197)	9,9 % (n = 246)
Lehre & (Aus-)Bildung		7,9 % (n = 197)	7,0 % (n = 176)	7,9 % (n = 198)
Medizin & Gesundheit		8,6 % (n = 214)	8,0 % (n = 201)	7,6 % (n = 190)
Finanzdienstleistungen, Rechnungswesen & Steuerberatung		7,2 % (n = 180)	7,8 % (n = 195)	5,1 % (n = 129)

[1] n = Anzahl; [2] = Mittelwert ± Standardabweichung (Minimum-Maximum)
Fehlzeiten-Report 2023

Kapitel 9 · Wie geht es Angestellten in Deutschland?

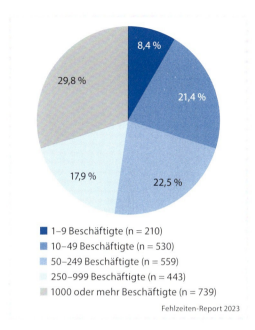

◘ **Abb. 9.1** Anteil der Befragten nach Organisationsgröße (Erhebungsjahr 2023, n = 2481)

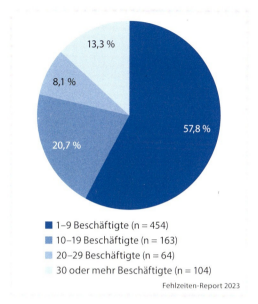

◘ **Abb. 9.3** Teamgröße der Befragten, die eine Leitungsfunktion innehatten (Erhebungsjahr 2023; n = 785)

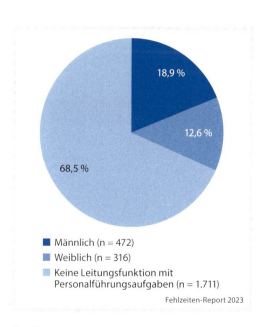

◘ **Abb. 9.2** Geschlechterverteilung der Befragten, die eine Leitungsfunktion mit Personalführungsaufgaben Organisation innehatten (Erhebungsjahr 2023, n = 2.498)

schäftigt als im Bundesdurchschnitt: Gemäß diesem arbeiten 44 % der abhängig Beschäftigten in Organisationen mit mehr als 250 Beschäftigten (Destatis 2023b). Positiv zu werten ist, dass in der vorliegenden Erhebung vergleichsweise mehr weibliche Personen mit Führungsverantwortung vertreten waren als in der erwerbstätigen Gesamtbevölkerung. Dort lag dieser Anteil im Jahr 2021 bei 29,2 % (Destatis 2023d). Dieser Unterschied könnte darin begründet sein, dass die Vergleichsstatistik einerseits im Jahr 2020 erstellt wurde und andererseits in diese auch Jugendliche, Teilzeitarbeitende und Selbstständige einbezogen wurden. Hinzu kommt, dass seit Inkrafttreten des Führungspositionen-Gesetzes der Frauenanteil in Leitungsebenen kontinuierlich ansteigt (BMFSFJ 2023), was ebenfalls zu den höheren Werten in der vorliegenden Erhebung geführt haben kann. Die Teamgröße, für welche die Befragten mit Führungsverantwortung verantwortlich sind, entspricht Empfehlungen des Scrum Guide, der eine optimale Teamgröße von drei bis neun Personen definiert (Schwaber und Sutherland 2020), sowie Studi-

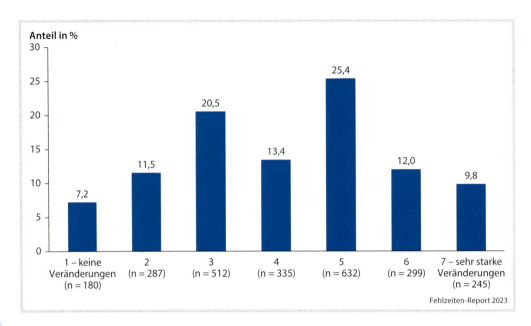

Abb. 9.4 Einschätzung der Veränderungen in den Organisationen der Befragten (Erhebungsjahr 2023; n = 2.491)

en der Harvard-University, die diese im Mittel mit 4,6 Personen beziffern (Sutherland et al. 2008). Da über die Hälfte der Befragten in kleinen Teams zwischen zwei und neun Personen arbeiten, kann angenommen werden, dass sie sich diesbezüglich in einer günstigen beruflichen Situation befinden.

▪▪ Veränderungen in der Organisation

Im Rahmen des Fehlzeiten-Reports 2023 „Zeitenwende – Arbeit gesund gestalten" wurde erstmals die Einschätzung der Veränderungen in der Organisation, in der die Befragten tätig waren, erhoben. Die Verteilung der Antworten zur Frage „Wie stark hat sich Ihre Organisation in den vergangenen Jahren verändert?" zeigt ◘ Abb. 9.4. Wie dort ersichtlich ist, berichtete fast die Hälfte der Befragten (47,2 %, n = 1.176) von eher starken bis sehr starken Veränderungen.[4]

▪▪ Homeoffice bzw. mobiles Arbeiten

Wie ◘ Abb. 9.5a zeigt, ist der Anteil der Organisationen, in denen zum Zeitpunkt der Erhebung die Möglichkeit bestand, im Homeoffice bzw. mobil zu arbeiten, seit 2021 kontinuierlich gestiegen. In ◘ Abb. 9.5b ist ersichtlich, dass in diesen Organisationen der Anteil der Befragten, denen dies persönlich möglich war, im selben Zeitraum zurückgegangen ist.

Den Umfang der Inanspruchnahme vom Arbeiten im Homeoffice bzw. von mobilem Arbeiten und deren Entwicklung zeigt ◘ Abb. 9.6. Dort ist ersichtlich, dass der Anteil in Bezug auf die reguläre Wochenarbeitszeit tendenziell abnimmt.

Die Daten aus dem Erhebungsjahr 2023 zeigten weiterhin, dass Organisationen, die sich in den zurückliegenden Jahren (stark) verändert haben, häufiger die Möglichkeit zum Homeoffice bzw. mobilen Arbeiten anbieten ($r = -0,112***$) und erwartungsgemäß Beschäftigte in solchen Organisationen auch persönlich häufiger die Möglichkeit haben, diese in Anspruch zu nehmen ($r = -0,160***$). Gleichzeitig zeigte sich, dass in Organisatio-

---

[4] In diesem Ergebnis sind die Werte 5 bis 7 zusammengefasst.

Kapitel 9 · Wie geht es Angestellten in Deutschland?

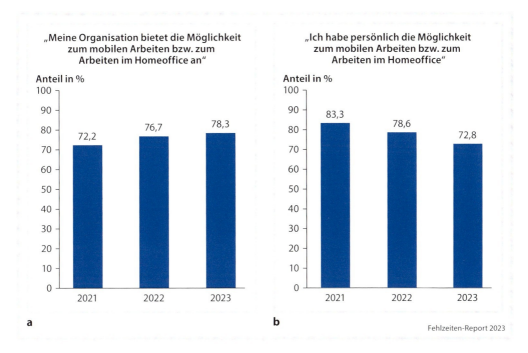

Abb. 9.5 a Möglichkeit zum Arbeiten im Homeoffice bzw. mobilen Arbeiten in der Organisation (Erhebungsjahre 2021 (n = 2.482), 2022 (n = 2.486) und 2023 (n = 2.492)); b Persönliche Möglichkeit zum Arbeiten im Homeoffice bzw. mobilen Arbeiten (Erhebungsjahre 2021 (n = 1.790), 2022 (n = 1.900) und 2023 (n = 1.952))

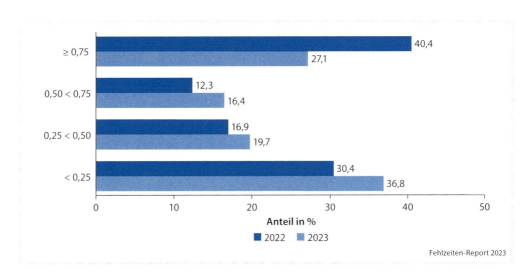

Abb. 9.6 Umfang des Anteils vom Arbeiten im Homeoffice bzw. mobilen Arbeiten in Bezug auf die reguläre Wochenarbeitszeit (Erhebungsjahre 2022 (n = 1.480) und 2023 (n = 1.390))

nen mit der Option zum mobilen Arbeiten und stärkeren Veränderungen auch ein höherer Anteil der Arbeitszeit mobil geleistet wird ($r = 0{,}101$***).

Die vorliegenden Ergebnisse legen nahe, dass die Möglichkeiten zum Homeoffice bzw. mobilen Arbeiten seit 2021 – maßgeblich bedingt durch die Covid-19-Pandemie – auch in den Organisationen der Befragten stetig erweitert und ausgebaut wurden (Ahlers et al. 2021; Laß 2021). Gleichzeitig ist der Anteil der Befragten, die dieses Angebot nutzen konnten, leicht rückläufig gewesen – ein Ergebnis, dass man mit Blick auf das Abflachen der Covid-19-Pandemie auch in anderen Studien findet (ifo Institut 2022). Dies könnte u. a. dadurch bedingt sein, dass zahlreiche Organisationen seit Lockerung entsprechender Schutzbestimmungen, wie beispielsweise dem Wegfall der Homeoffice-Pflicht (BMAS 2023; Bundesregierung 2023), vermehrt Wert darauflegen, dass die Beschäftigten in Präsenz arbeiten und zum Teil entsprechende organisationsinterne Reglungen bzw. Anordnungen erlassen.

Der Anteil der Befragten, die im Homeoffice bzw. mobil arbeiten, ist in den vorliegenden Daten mit ca. 60 % deutlich höher und z. T. doppelt so hoch wie in anderen Erhebungen (BAuA 2022). Dies könnte darin begründet sein, dass unter den Befragten Berufe, die eher für das mobile Arbeiten geeignet sind, häufiger vertreten waren als in der gesamtdeutschen Bevölkerung, in der Berufe aus den Bereichen Gesundheitswesen, Einzelhandel, Öffentliche Verwaltung, Verteidigung, Sozialversicherung und Sozialwesen am häufigsten vertreten sind (BfA 2023).

Der individuelle Umfang der Inanspruchnahme von Homeoffice bzw. mobilem Arbeiten hat sich in den zurückliegenden beiden Jahren von einem eher hohen zu einem eher niedrigen Anteil an der regulären Wochenarbeitszeit verschoben. Zusammengefasst kann gesagt werden, dass im Erhebungsjahr 2023 weniger Personen im Homeoffice gearbeitet haben und dies in geringerem Umfang als im Erhebungsjahr 2022.

▪ ▪ Arbeitsunfähigkeitstage

Im Erhebungsjahr 2023 gaben die Befragten für die zurückliegenden zwölf Monate durchschnittlich 14,4[5] Arbeitsunfähigkeitstage (AU-Tage) an. 16,4 % (n = 407) der Befragten waren dabei nie und 0,1 % (n = 4) das gesamte Jahr arbeitsunfähig. ◘ Abb. 9.7a. zeigt die Entwicklung der AU-Tage seit 2020. ◘ Abb. 9.7b zeigt die durchschnittliche Anzahl an AU-Tagen derjenigen, die mindestens an einem Tag im jeweiligen Erhebungsjahr arbeitsunfähig waren.

▪ ▪ Präsentismus[6]

Im Befragungsjahr 2023 gab über die Hälfte der Befragten (56,7 %, n = 1.412) an, in den zurückliegenden zwölf Monaten mindestens an einem Tag gegen den Rat von Ärzten, Freunden, Familie oder ihrer eigenen Einschätzung zur Arbeit gegangen zu sein bzw. im Homeoffice gearbeitet zu haben. Entgegen ärztlichen Rats sind dabei 16,8 % der Befragten (n = 417) an durchschnittlich 7,8 Tagen[7] zur Arbeit gegangen bzw. haben im Homeoffice gearbeitet; entgegen der Einschätzung von Freunden, Familie oder ihrer eigenen Einschätzung war dies bei 55,4 % (n = 1.356) an durchschnittlich 13,2 Tagen[8] der Fall. Hoher Präsentismus ging dabei mit mehr AU-Tagen einher ($r_{\text{Rat Freude/Familie/etc.}} = 0{,}07$***; $r_{\text{Ärztlicher Rat}} = 0{,}04$*). Des Weiteren zeigten sich geschlechtsspezifische Unterschiede, da 65,3 % (n = 782) aller befragten Frauen, aber nur 48,6 % (n = 628) aller befragten Männer von Präsentismus berichteten ($\chi^2 = 70{,}423$***). Ebenso neigten ältere Menschen ($r_{\text{Ärztlicher Rat}} = 0{,}046$*) eher zu Präsentismus. ◘ Abb. 9.8 zeigt, dass Präsentismus seit 2020 sowohl hinsichtlich Häufigkeit als auch der Dauer tendenziell abgenommen hat. Wei-

---

5 Standardabweichung = ± 29,6.
6 Als Präsentismus wird das Verhalten von Erwerbstätigen bezeichnet, trotz Erkrankungssymptomen oder Krankheit am Arbeitsplatz zu erscheinen bzw. im Homeoffice zu arbeiten (Aronsson et al. 2000).
7 Standardabweichung = ± 25,3.
8 Standardabweichung = ± 32,0.

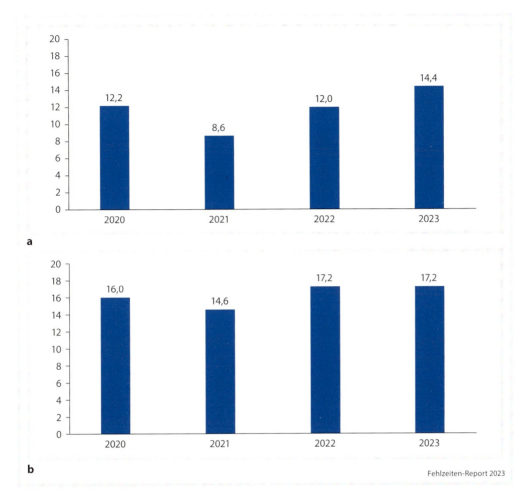

Abb. 9.7 **a** Entwicklung der AU-Tage (Mittelwert) aller Befragten (Erhebungsjahre 2020 (n = 2455), 2021 (n = 2.477), 2022 (n = 2.466) und 2023 (n = 2.473)); **b** Entwicklung der AU-Tage (Mittelwert) derjenigen Befragten, die mindestens an einem Tag in den zurückliegenden zwölf Monaten arbeitsunfähig waren (Erhebungsjahre 2020 (n = 1.867), 2021 (n = 1469), 2022 (n = 1.712) und 2023 (n = 2.067))

terhin zeigte sich, dass zwar kein Zusammenhang zwischen der Intensität der Veränderung einer Organisation und der Anzahl an AU-Tagen vorlag, jedoch diejenigen, die von starken Veränderungen in ihrer Organisation berichteten, auch mehr Präsentismus-Tage verzeichneten ($r_{\text{Rat Freude/Familie/etc.}} = 0{,}084^{***}$; $r_{\text{Ärztlicher Rat}} = 0{,}048^{**}$).

Die Anzahl der AU-Tage unter den Befragten der vorliegenden Erhebungen war niedriger als in anderen Studien (Meyer et al., ▶ Kap. 29; Knieps und Pfaff 2022). Dies kann dadurch bedingt sein, dass in vielen öffentlichen Gesundheitsberichterstattungen Wochenenden mitgezählt werden. Bei den vorliegenden Erhebungen ist jedoch naheliegend, dass sich die persönlich erinnerten Fehlzeiten nur auf Werktage beziehen. Zudem beruhen diese Ergebnisse im Unterschied zu Statistiken von Krankenkassen nicht auf AU-Bescheinigungen, sondern auf der persönlichen Erinnerung der Befragten. Da es sich zudem um retrospektive Messungen handelt, die sich auf mehr als sechs Monate bezogen, sind Verzerrungen

◘ **Abb. 9.8** Anteil der Befragten, die gegen ärztlichen Rat zur Arbeit gegangen sind bzw. im Homeoffice gearbeitet haben zzgl. Mittelwerte der Anzahl Tage, an denen das der Fall war (Erhebungsjahre 2020 (n = 2.382), 2021 (n = 2.430), 2022 (n = 2.411) und 2023 (n = 2.481))

in den Erinnerungen der Befragten denkbar (Johns 2011; Skagen und Collins 2016). Sowohl der dargelegte Rückgang der AU-Tage zwischen den Erhebungsjahren 2020 und 2021 als auch die steigende Entwicklung seit 2021 zeigten sich auch in anderen Studien (Grobe und Braun 2022; Meyer et al., ▶ Kap. 29; BKK 2023). Vor dem Hintergrund der gegenwärtigen gesellschaftlichen Veränderungen und Herausforderungen sowie deren potenziell negativen Auswirkungen auf die Gesundheit von Beschäftigten ist dies ein erfreuliches Ergebnis.

Die vorliegenden Erhebungen bestätigen Befunde, nach denen knapp über die Hälfte der deutschen Beschäftigten mindestens einmal im Jahr trotz Erkrankung gearbeitet hat (Hirsch et al. 2017) und dass dies nach wie vor bei Frauen häufiger der Fall ist als bei Männern (Waltersbacher et al. 2022; Steidelmüller 2020). Positiv zu bewerten ist, dass unsere Ergebnisse gleichzeitig darauf hindeuten, dass Befragte seit 2020 seltener und falls doch, in geringerem Umfang entgegen ärztlicher Einschätzung gearbeitet haben. Dies ist u. a. ein erfreuliches Ergebnis, da Beschäftigte, die trotz Erkrankung zur Arbeit gehen, insgesamt höhere Ausfallzeiten riskieren, wie sich auch in der vorliegenden Erhebung gezeigt hat.

▪▪ **Gesundheitszustand**

Im Erhebungsjahr 2023 lag bei 33,7 % (n = 840) der Befragten eine chronische Erkrankung und bei 6,9 % (n = 172) der Befragten eine amtlich anerkannte Behinderung vor. Aus subjektiver Perspektive schätzte der Großteil der Befragten (56,8 %, n = 1.418) den eigenen Gesundheitszustand als gut oder sehr gut ein (siehe ◘ Abb. 9.9). Diese Einschätzung korrespondierte mit der angegeben Anzahl der AU-Tage: Je höher diese waren, umso schlechter war die Einschätzung des eigenen Gesundheitszustands ($r = -0{,}297$***).

Zudem zeigte sich, dass je häufiger von Präsentismus berichtet wurde, umso schlechter der eigene Gesundheitszustand eingeschätzt wurde ($r_{\text{Rat Freude/Familie/etc.}} = -0{,}189$***; $r_{\text{Ärztlicher Rat}} = -0{,}116$***). Zusammenhänge zwischen der Einschätzung des eigenen Gesundheitszustands und dem Umfang der Inanspruchnahme von Homeoffice bzw. mobilem Arbeiten sowie der Stärke der Veränderung einer Organisation zeigten sich nicht.

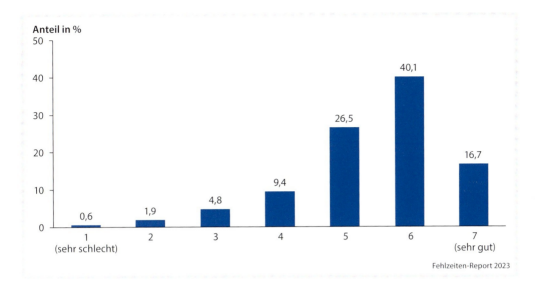

◘ **Abb. 9.9** Subjektive Einschätzung des eigenen Gesundheitszustands (Erhebungsjahr 2023, n = 2.499)

◘ Abb. 9.10 zeigt die Betroffenheit von gesundheitlichen Beschwerden, die durch die Arbeit entstanden sind, in den vier Wochen vor dem jeweiligen Erhebungszeitpunkt im Jahr 2023.

Analysen zeigten schwache Zusammenhänge zwischen dem Ausmaß an Veränderungen einer Organisation und gesundheitlichen Beschwerden, die durch die Arbeit entstanden sind: Je höher erstgenannte waren, umso höher waren die Werte für Erschöpfung ($r = 0{,}089$***), Wut und Verärgerung ($r = 0{,}131$***), Lustlosigkeit ($r = 0{,}063$**), Nervosität und Reizbarkeit ($r = 0{,}071$***), Niedergeschlagenheit ($r = 0{,}084$***), Konzentrationsprobleme ($r = 0{,}096$***), Schlafstörungen ($r = 0{,}073$***), Kopfschmerzen ($r = 0{,}048$**) und Magen-Darm-Beschwerden ($r = 0{,}057$**).

◘ Abb. 9.11 zeigt die Betroffenheit von gesundheitlichen Beschwerden, die durch die Arbeit entstanden sind, in den Jahren 2020 bis 2023. Wie dort ersichtlich, gab es bei fast allen Beschwerden in den Jahren 2021 und 2022 einen leichten Anstieg, während im Jahr 2023 größtenteils wieder rückläufige Entwicklungen zu beobachten waren.

Zusammengefasst betrachtet gingen gesundheitliche Beschwerden, die durch die Arbeit entstanden sind, mit einer höheren Anzahl an AU-Tagen ($r = 0{,}138$***) und einem subjektiv schlechteren Gesundheitszustand einher ($r = -0{,}376$***). Zudem zeigten sich leicht geringere Schlafstörungen ($r = -0{,}066$**), je mehr mobil gearbeitet wurde.

Dass über die Hälfte der Befragten ihren Gesundheitszustand positiv bewertet haben, korrespondiert mit anderen Studien (EU-SILC 2016; Provona BKK 2018). Verglichen mit älteren Erhebungen ist hier eine Verbesserung zu verzeichnen (Zok 2010; BAuA 2013). Gleichzeitig zeigen vorliegende Erhebungen, dass die deutliche Mehrheit der Beschäftigten von einer Vielzahl arbeitsweltbezogener Einflüsse auf die eigene Gesundheit berichtet. Positiv hervorzuheben ist, dass arbeitsbedingte gesundheitliche Beschwerden im Vergleich zu den Erhebungsjahren 2021 und 2022 größtenteils leicht rückläufig waren und im Jahr 2023 zumeist auf das Niveau von 2020 zurückgekehrt sind.

Die Zusammenhänge zwischen der Inanspruchnahme von Homeoffice und Schlafstörungen sind zwar als gering einzustufen, kön-

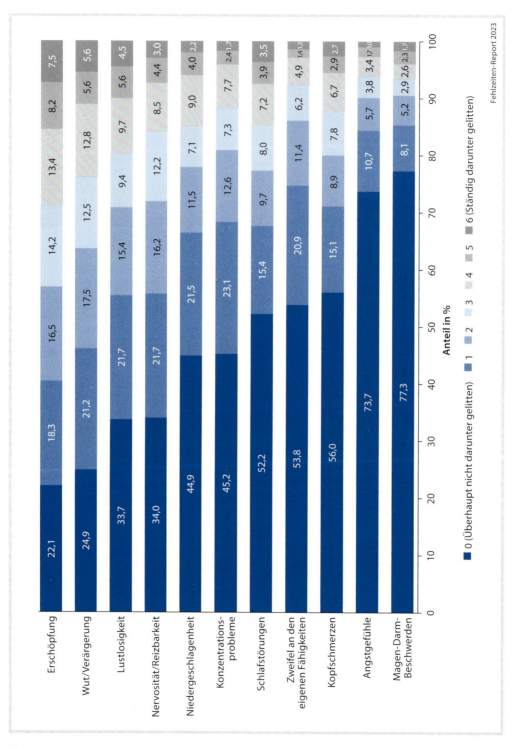

Abb. 9.10 Gesundheitliche Beschwerden, die durch die Arbeit entstanden sind, in den vier Wochen vor dem jeweiligen Erhebungszeitpunkt; geordnet nach Prävalenz der Betroffenen (Erhebungsjahr 2023)

Kapitel 9 · Wie geht es Angestellten in Deutschland?

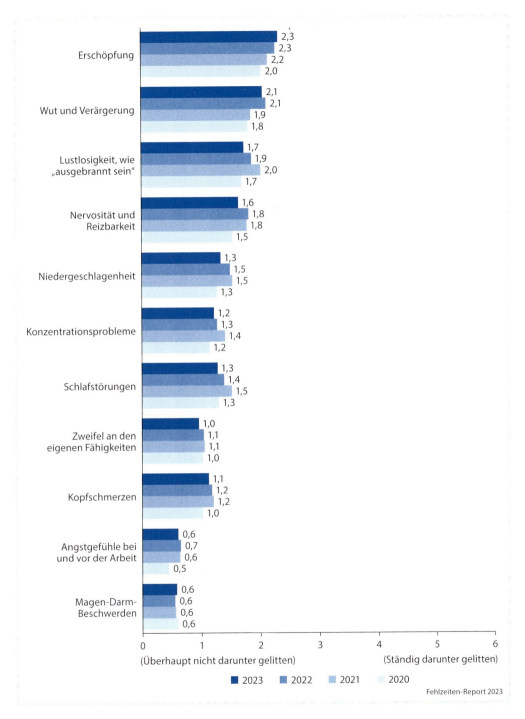

◘ **Abb. 9.11** Intensität gesundheitlicher Beschwerden, die durch die Arbeit entstanden sind (Mittelwerte) (Erhebungsjahre 2020, 2021, 2022 und 2023; zur besseren Vergleichbarkeit der Jahreswerte wurden die Daten transformiert)

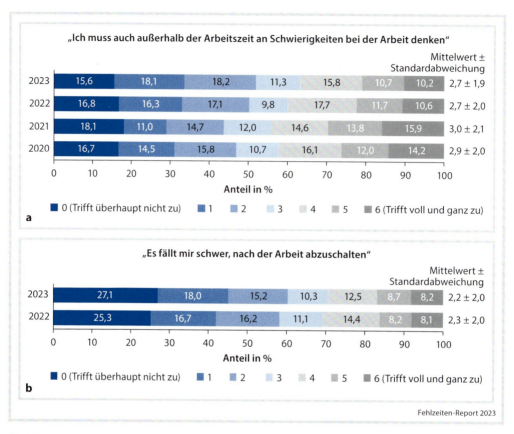

◘ **Abb. 9.12** a Ausprägungen kognitiver Irritationen 1 (Erhebungsjahre 2020 (n = 2.499), 2021 (n = 2.477), 2022 (n = 2.501) und 2023 (n = 2.497)); b Ausprägung kognitiver Irritationen 2 (Erhebungsjahre 2022 (n = 2.501) und 2023 (n = 2.500))[9]

nen aber dennoch als Hinweis für potenziell positive Effekte von mobilem Arbeiten gewertet werden – v. a. wenn es von unterstützenden Maßnahmen für dessen gesunde Gestaltung flankiert wird (bspw. Lück et al. (▶ Kap. 25) in diesem Band). In Bezug auf eine mögliche „Zeitenwende" ist zudem hervorzuheben, dass auch die vorliegende Erhebung zeigt, dass mit stärkeren Veränderungen in der eigenen Organisation gesundheitliche arbeitsbezogene Beschwerden der Beschäftigten zunehmen (Pietzonka und Oberbeck 2023).

■■ **Kognitive Irritationen**[10]

◘ Abb. 9.12a und b zeigen die Ausprägungen arbeitsbezogener kognitiver Irritationen in den Erhebungsjahren 2020 bis 2023. Den Abbildungen ist zu entnehmen, dass ca. die Hälfte aller Befragten kognitive Irritationen erlebt haben.

---

9 Zur besseren Vergleichbarkeit der Jahreswerte wurden die Daten transformiert.

10 Kognitive Irritationen (Synonym: arbeitsbezogene Rumination) sind ein tätigkeitsspezifischer Indikator psychischer (Fehl-) Beanspruchung infolge von Belastungen durch Arbeit und damit möglicherweise Vorläufer weiterer psychischer Beeinträchtigungen (Mohr et al. (2007). Sie zeigen sich beispielsweise darin, dass Erwerbstätige auch nach Feierabend noch gedanklich mit Problemen aus dem Arbeitsalltag beschäftigt ist.

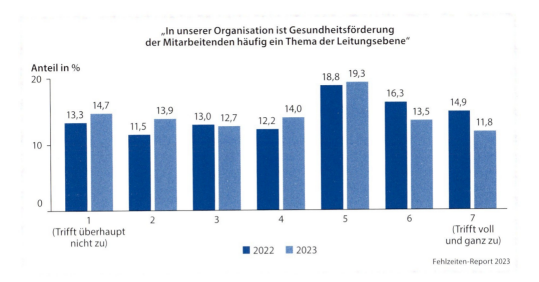

Abb. 9.13 Häufigkeit der Thematisierung von Gesundheitsförderung der Mitarbeitenden durch die Unternehmensleitung (Erhebungsjahre 2022 (n = 2.475) und 2023 (n = 2.477))

Analysen der Daten aus dem Erhebungsjahr 2023 zeigten zudem leichte geschlechtsspezifische Unterschiede in der Form, dass Frauen häufiger von kognitiven Irritationen berichteten als Männer ($r = 0{,}058^{**}$). Zudem ging eine stärkere Ausprägung kognitiver Irritationen latent mit mehr AU-Tagen ($r = 0{,}053^{**}$), einem schlechteren Gesundheitszustand ($r = -0{,}192^{***}$) und mehr gesundheitlichen Beschwerden, die durch die Arbeit entstanden sind ($r = 0{,}578^{***}$), einher. Des Weiteren waren kognitive Irritationen umso stärker ausgeprägt, desto höher die Befragten die Veränderungen in ihrer Organisation einschätzen ($r = 0{,}125^{***}$).

Die vorliegenden Ergebnisse zeigen, dass kognitive Irritationen – trotz leichtem Rückgang seit 2022 – kein randständiges Phänomen unter Beschäftigten sind. Zudem bestätigte sich, dass Beschäftigte in Organisationen, die starken Veränderungen unterliegen, vermehrt von kognitiven Irritationen beeinträchtigt sind (Michel et al. 2013).

Betriebliche Gesundheitsförderung

Im Erhebungsjahr 2023 gab es nur einen sehr kleinen Anteil an Befragten (14,7 %, n = 365), in deren Organisation die Leitungsebene das Thema Betriebliche Gesundheitsförderung (BGF) nicht im Blick hatte. Abb. 9.13 zeigt die jeweilige Intensität differenziert im Jahresvergleich. Weiterhin zeigte sich, dass BGF umso häufiger in den Fokus der Leitungsebene rückte, je stärker sich die Organisation in den zurückliegenden Jahren gewandelt hat ($r = 0{,}115^{***}$). Zudem wurden weniger AU-Tage ($r = -0{,}064^{**}$) und seltener Präsentismus ($r = -0{,}119^{***}$) verzeichnet, wenn BGF häufiger von der Leitungsebene thematisiert wurde.

Im Erhebungsjahr 2023 gab die Mehrheit der Befragten (57,8 %, n = 1.436) an, dass der eigene Arbeitgeber BGF-Maßnahmen anbietet. Knapp die Hälfte dieser Personen (53,8 %, n = 772) hatten dieses Angebot bereits in Anspruch genommen; darunter etwas mehr Frauen (n = 397; 51,4 %) als Männer ($\chi^2 = 8{,}440^{**}$). Gründe für eine Nicht-Inanspruchnahme waren vor allem ein Mangel an Zeit (50,3 %, n = 334) und Interesse (38,3 %, n = 254).

Abb. 9.14 zeigt, dass sich das Vorhandensein von BGF-Maßnahmen seit 2022 nur geringfügig verändert hat.

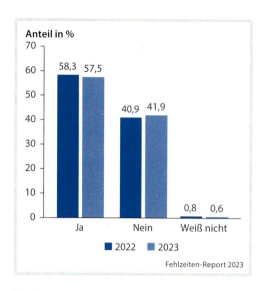

◘ **Abb. 9.14** Angebote der Gesundheitsförderung für Mitarbeitende durch Arbeitgeber (Erhebungsjahre 2022 (n = 2.498) und 2023 (n = 2.499))

Die Daten aus dem Erhebungsjahr 2023 zeigten, dass Organisationen mit vielen Beschäftigten ($r = -0{,}448***$) und hohem Wandel ($r = -0{,}122***$) eher BGF-Maßnahmen vorhielten als kleinere Organisationen und solche mit geringeren Veränderungen. Zudem schätzen Befragte aus Organisationen, die BGF-Maßnahmen anboten, ihren Gesundheitszustand besser ein ($r_{\text{Gesundheitszustand}} = -0{,}089***$; $r_{\text{durch Arbeit entstandene gesund. Beschwerden}} = 0{,}111***$) als diejenigen, bei denen es diese Angebote nicht gab. Ebenso zeigte sich, dass BGF-Angebote umso stärker genutzt wurden, je mehr Veränderungen in einer Organisation wahrgenommen wurden ($r = -0{,}131***$).

Die vorliegenden Ergebnisse lassen auf ein stärkeres Vorhandensein und eine höhere Inanspruchnahme von BGF-Angeboten schließen als andere Studien (Lück et al. 2019). Dies kann dadurch bedingt sein, dass – verglichen mit dem Bundesdurchschnitt – die vorliegende Erhebung einen höheren Anteil an Personen umfasst, die in größeren Organisationen arbeiten (Destatis 2023b). Eine andere Erklärung wäre, dass seit Durchführung der Vergleichsstudien die Bedeutung von BGF in Deutschland im Zuge von Fachkräftemangel, demographischem Wandel und Erhöhung der Lebensarbeitszeit zugenommen hat (Hollederer 2023; BAuA 2022).

Auch andere Erhebungen legen nahe, dass BGF-Angebote vor allem in größeren Organisationen vorhanden sind (Hollederer 2023) und eher von Frauen genutzt werden (Waltersbacher et al. 2022). Der Befund, dass Befragte mit schlechterem Gesundheitszustand BGF-Maßnahmen häufiger nutzen als jene mit besserem Gesundheitszustand, könnte ein Hinweis darauf sein, dass diese Angebote erfreulicherweise genau die Menschen erreichen, die sie benötigen, und dass diese zu ihrer Bedarfslage passen.

Die statistischen Zusammenhänge, die sich in der vorliegenden Erhebung zwischen dem selbst eingeschätzten Gesundheitszustand und BGF-Angeboten gezeigt haben, sind als eher klein einzustufen. Diese Tatsache sollte vor dem Hintergrund der allgemeinen (methodischen) Schwierigkeit bewertet werden, Wirksamkeitsnachweise für diese Art von Interventionen zu eruieren (Bäumker et al. 2021). Dies zeigt sich u. a. in dem Mangel an einschlägigen empirischen Studien (Robroek et al. 2021) und entsprechenden Forderungen nach mehr wissenschaftlichen Evaluierungen im BGF-Bereich – bspw. nach Vorbild der evidenzbasierten Medizin (Bäumker et al. 2021).

9.4 Zusammenfassende Schlussbetrachtung

Wie der Großteil empirischer Untersuchungen der letzten Jahre sind auch die vorliegenden Erhebungen vor dem Hintergrund der Covid-19-Pandemie zu interpretieren. Da die Erhebung im Jahr 2020 der Zeitreihen-Analysen kurz vor deren Beginn und die Erhebung im Jahr 2023 zu deren Ende durchgeführt wurde, kann auf Basis der vorliegenden Daten ein vorsichtiger Vergleich der unterschiedlichen

Pandemiephasen gewagt werden. So können Werte aus dem Jahr 2020 als Aussagen für die Zeit „vor der Pandemie", Werte aus den Jahren 2021 und 2022 als Aussagen „während der Pandemie" und Werte aus dem Jahr 2023 als Aussagen „nach der Pandemie" eingeordnet werden. Mit dieser Betrachtungsweise erschließen sich viele der vorliegenden Ergebnisse – beispielsweise die seit 2021 ansteigende Anzahl an Organisationen, die Möglichkeiten zum Homeoffice bzw. mobilen Arbeiten anbieten und der rückläufige Anteil der Beschäftigten, die dieses Angebot persönlich nutzen und wie häufig sie dies nutzen (können). Der Rückgang der AU-Tage im Jahr 2021 ist vor dem Hintergrund des Inkrafttretens der pandemie-bedingten Schutzmaßnahmen plausibel, da durch diese Maßnahmen soziale Kontakte und damit das Risiko für Infektionskrankheiten stark eingeschränkt wurde. Mit dem Rückgang dieser Maßnahmen war folglich ein Anstieg der AU-Tage zu erwarten.

Dass kognitive Irritationen und weitere, durch die Arbeit entstandene nicht-infektiöse gesundheitliche Beschwerden in den Jahren 2021 und 2022 angestiegen sind, lässt sich ebenfalls durch die Covid-19-Pandemie erklären, da diese von vielen Beschäftigten als seelisch belastend erlebt wurde. Dies zeigt sich u. a. in den erhöhten Prävalenzen von psychischen Erkrankungen während und nach dieser Zeit (WHO 2022).

Die Covid-19-Pandemie ist jedoch nur ein Faktor, der sowohl die berufliche als auch die gesundheitliche Situation von Erwerbstätigen beeinflusst (hat). Der Beitrag von Waltersbacher et al. (▶ Kap. 8 in diesem Band) ebenso wie die hier dargestellten Ergebnisse haben gezeigt, dass fast alle Beschäftigten von organisationalen Veränderungen und deren Folgen betroffen sind. So kann der höhere Anteil an Frauen in Führungspositionen, den die vorliegende Untersuchung für das 2023 gezeigt hat, als Hinweis bewertet werden, dass entsprechende (Gleichstellungs-)Initiativen nach und nach im beruflichen Alltag der Erwerbstätigen „ankommen". Ein weiterer Indikator für organisationale Veränderungen sind die steigenden Möglichkeiten zum Arbeiten im Homeoffice. Auch bei diesen muss die Gesundheit von Beschäftigten im Blick behalten werden; entsprechende flankierende Maßnahmen werden im vorliegenden Fehlzeiten-Report 2023 dargelegt. So wird beispielsweise von Lück et al. (▶ Kap. 25 in diesem Band) ein Online-Programm zum gesunden Arbeiten im Homeoffice, von Krick et al. (▶ Kap. 17 in diesem Band) transformationale und gesundheitsorientierte Führung im digitalen Kontext, oder von Badura et al. (▶ Kap. 15 in diesem Band) die Förderung bindungsorientierter Führung zur Förderung von gesundem Arbeiten im Homeoffice vorgestellt.

Der Zusammenhang zwischen hohen organisationalen Veränderungen und vermehrtem Präsentismus bestätigt Studien, nach denen Menschen in Zeiten stärkerer Unsicherheit – z. B. aufgrund von Sorgen um den eigenen Arbeitsplatz – tendenziell zu höherem Präsentismus neigen (Dietrich und Hiesinger 2020; Pietzonka und Oberbeck 2023). Daraus kann bspw. abgeleitet werden, dass Präsentismus in diesen Zeiten noch aktiver entgegengetreten muss, um längerfristig keine höheren Ausfallzeiten zu riskieren. Auf individueller Ebene sind hier vor allem Führungskräfte gefragt, ihre Mitarbeitenden zu stärken. Dies kann über eine Förderung der individuellen Resilienz – bspw. durch die Stärkung personaler Ressourcen wie Achtsamkeit, Selbstwirksamkeit und Optimismus (Pauls et al. 2018; vgl. Soucek (▶ Kap. 19 in diesem Band) – erreicht werden. Die Stärkung arbeitsbezogener Selbstsorge – bspw. durch die Vermittlung gesundheitsförderlicher Strategien der Selbstregulation (vgl. Krause et al. (▶ Kap. 20) in diesem Band) – ist eine andere Möglichkeit. Auf organisationaler Ebene können Frühwarnsysteme installiert werden, die Handlungsbedarf zur Förderung gesundheitsförderlicher Selbstregulation zeitnah detektieren (ebenda).

Die vorliegenden Ergebnisse zu den Zusammenhängen von höherem organisationalem Wandel mit stärkeren gesundheitlichen Beschwerden, die durch die Arbeit entstanden sind, und kognitiven Irritationen weisen in die gleiche Richtung und unterstreichen entsprechenden Handlungsbedarf. Neben den oben genannten Maßnahmen können weitere BGF-Angebote helfen, gesundheitlichen Beeinträchtigungen in Zeiten starker Veränderung entgegenzuwirken. Zum Beispiel können als positiv empfundene Mitarbeiterführung und ein gutes Beziehungsklima kognitive Irritationen bei denjenigen abpuffern, die besonders große Auswirkungen von Veränderungsprozessen an ihrem Arbeitsplatz erleben (Pietzonka und Oberbeck 2023). Zudem zeigte sich, dass eine positiv empfundene Organisationskultur sowie positiv empfundene Mitarbeiterführung kognitive Irritationen bei denjenigen abpuffern können, die diese Veränderungsprozesse als wenig nützlich empfinden (ebenda).

Die vorliegenden Ergebnisse belegen die Bedeutung und das Potenzial von BGF-Maßnahmen für die gesundheitliche Situation von Beschäftigten. Diesbezüglicher Handlungsbedarf besteht v. a. in der Unterstützung von kleineren Organisationen mit einer geringeren Anzahl Beschäftigten beim Ausbau von Betrieblichem Gesundheitsmanagement, bspw. durch BGF-Koordinierungsstellen der Krankenkassen (Bäumker et al. 2021). Ebenso sollten entsprechende Angebote gezielter Männer adressieren, um deren Inanspruchnahme zu steigern (vgl. Tanner und Stein (▶ Kap. 24) in diesem Band).

Der vorliegende Beitrag hat gezeigt, dass BGF sich auf die veränderten Arbeits- und Lebensbedingungen von Erwerbstätigen einstellen und entsprechend Angebote sowie Monitoring anpassen muss, denn nur so kann es Arbeitgeber wirksam unterstützen, stärkend und fördernd auf die Gesundheit ihrer Beschäftigten einzuwirken (Kramer et al. 2008). Dabei sollten Organisationen, die von starken Veränderungen betroffen sind oder dies absehbar sein werden, dies verstärkt im Blick haben und noch intensiver passgenaue BGF-Angebote vorhalten bzw. in deren Ausbau intensivieren.

▪ ▪ Danksagung
Ich danke meinen Kolleg*innen Andrea Waltersbacher, Miriam Meschede, Hannes Klawisch und Leonard Epping für die Aufbereitung der Daten und Unterstützung bei der Qualitätsprüfung der berichteten Analysen.

Literatur

ADM (2023) ICC/ESOMAR Internationaler Kodex zur Markt-, Meinungs- und Sozialforschung und Datenanalytik. https://www.adm-ev.de/standards-richtlinien/. Zugegriffen: 30. Mai 2023

Ahlers E, Mierich S, Zucco A (2021) HOMEOFFICE. Was wir aus der Zeit der Pandemie für die zukünftige Gestaltung von Homeoffice lernen können. WSI Report

Aronsson G, Gustafsson K, Dallner M (2000) Sick but yet at work. An empirical study of sickness presenteeism. J Epidemiol Community Health 54(7):502–509

Bäumker M, Gasplmayr M, Gerdes M, Herrmann J, Hoffmann N, Lange M, Obrecht S, Radant T, Wolff I, Zeike S (2021) One size does (not) fit all: BGM als systemischer Ansatz mit individuellen Lösungen. Betriebliche Prävention 133(12):497–544

BAuA – Bundesanstalt für Arbeitsschutz und Arbeitsmedizin (2013) Sicherheit und Gesundheit bei der Arbeit 2011. Bundesanstalt für Arbeitsschutz und Arbeitsmedizin, Dortmund, Berlin, Dresden

BAuA – Bundesanstalt für Arbeitsschutz und Arbeitsmedizin (2022) Sicherheit und Gesundheit bei der Arbeit – Berichtsjahr 2021. Unfallverhütungsbericht Arbeit, 1. Aufl. Bundesanstalt für Arbeitsschutz und Arbeitsmedizin, Dortmund https://doi.org/10.21934/baua:bericht20220718

BfA – Bundesagentur für Arbeit (2022) Sozialversicherungspflichtig Beschäftigte nach Berufsuntergruppen der KldB 2010, Geschlecht und Altersgruppen (Arbeitsort Deutschland). Statistik der Bundesagentur für Arbeit. Auftragsnummer 339617. Bundesagentur für Arbeit, Nürnberg

BfA – Bundesagentur für Arbeit (2023) Berufe auf einen Blick. https://statistik.arbeitsagentur.de/DE/Navigation/Statistiken/Interaktive-Statistiken/Berufe-auf-einen-Blick/Berufe-auf-einen-Blick-Anwendung-Nav.html. Zugegriffen: 13. Juli 2023

BKK (2023) Statistiken des BKK-Dachverbands: Monatlicher Krankenstand. https://www.bkk-dachverband.de/statistik/monatlicher-krankenstand. Zugegriffen: 8. Juni 2023

BMAS – Bundesministerium für Arbeit und Soziales (2023) SARS-CoV-2-Arbeitsschutzverordnung (Corona-ArbSchV). https://www.bmas.de/SharedDocs/Downloads/DE/Gesetze/Referentenentwuerfe/ref-neufassung-sars-cov-2-

arbeitsschutzverordnung-maerz-2022.pdf?__blob=publicationFile&v=1. Zugegriffen: 12. Juni 2023
BMFSFJ (2023) Sechste Jährliche Information der Bundesregierung über die Entwicklung des Frauenanteils an Führungsebenen und in Gremien der Privatwirtschaft und des öffentlichen Dienstes. Bundesministerium für Familie, Senioren, Frauen und Jugend, Bundesministerium der Justiz, Berlin
Bortz J, Schuster C (2010) Statistik für Human- und Sozialwissenschaftler, 7. Aufl. Springer, Berlin, Heidelberg
Bundesregierung (2023) Coronavirus. Corona-Informationen der Länder. https://www.bundesregierung.de/breg-de/themen/coronavirus/corona-bundeslaender-1745198. Zugegriffen: 12. Juni 2023
Cox B, Oyen H, Cambois E, Jagger C, Roy S, Robine J-M, Romieu I (2009) The reliability of the minimum European health module. Int J Public Health 54:55–60. https://doi.org/10.1007/s00038-009-7104-y
Destatis (2023a) Statistisches Bundesamt 2023 – Erwerbsbeteiligung. https://www.destatis.de/DE/Themen/Arbeit/Arbeitsmarkt/Erwerbstaetigkeit/Tabellen/erwerbstaetige-erwerbstaetigenquote.html#fussnote-2-103716. Zugegriffen: 8. Juni 2023
Destatis (2023b) Statistisches Bundesamt 2023 – Statistisches Unternehmensregister. https://www.destatis.de/DE/Themen/Branchen-Unternehmen/Unternehmen/Unternehmensregister/unternehmen-kleine.html. Zugegriffen: 8. Juni 2023
Destatis (2023c) Statistisches Bundesamt 2023 – Gender Pay Gap. https://www.destatis.de/DE/Themen/Arbeit/Verdienste/Verdienste-GenderPayGap/_inhalt.html. Zugegriffen: 22. Juni 2023
Destatis (2023d) Statistisches Bundesamt 2023 – Frauen in Führungspositionen. https://www.destatis.de/DE/Themen/Arbeit/Arbeitsmarkt/Qualitaet-Arbeit/Dimension-1/frauen-fuehrungspositionen.html. Zugegriffen: 8. Juni 2023
Destatis (2023e) Mikrozensus 2021. https://www.destatis.de/DE/Themen/Arbeit/Arbeitsmarkt/Erwerbstaetigkeit/Tabellen/erwerbstaetige-erwerbstaetigenquote.html. Zugegriffen: 18. Juli 2023
Dietrich AS, Hiesinger K (2020) Krank zur Arbeit? Präsentismus ist in Deutschland weit verbreitet. IAB-Forum 17. Januar 2020. https://www.iab-forum.de/krank-zur-arbeit-praesentismus-ist-in-deutschland-weit-verbreitet/. Zugegriffen: 9. Juni 2023
EU-SILC (2016) Europäische Erhebung über Einkommen und Lebensbedingungen (EU-SILC). Destatis. https://www.destatis.de/DE/Themen/Gesellschaft-Umwelt/Gesundheit/Gesundheitszustand-Relevantes-Verhalten/Tabellen/gesundheitszustand-selbsteinschaetzung.html. Zugegriffen: 9. Juni 2023
Freuding J, Wohlrabe K (2021) Arbeit in Zeiten von Gesundheitskrisen – Zahlen und Fakten. In: Badura B, Ducki A, Schröder H, Meyer M (Hrsg) Fehlzeiten-Report 2021 – Betriebliche Prävention stärken. Springer, Berlin, Heidelberg, S 13–26
Gabler S, Häder S (2015) Stichproben in der Theorie. GESIS Survey Guidelines. GESIS Leibniz Institut für Sozialwissenschaften, Mannheim https://doi.org/10.15465/gesis-sg_009
Gabler S, Hoffmeyer-Zlotnik JHP, Krebs D (Hrsg) (1994) Gewichtung in der Umfragepraxis. ZUMA-Publikationen. VS, Wiesbaden https://doi.org/10.1007/978-3-663-08044-2_1
Greenglas ER, Burke RJ (2000) Hospital downsizing, individual resources, and occupational stressors in nurses. Anxiety Stress Coping 13:371–390
Grobe T, Braun A (2022) Barmer Gesundheitsreport 2022. Schriftenreihe zur Gesundheitsanalyse, Bd 34. Barmer Institut für Gesundheitssystemforschung, Berlin
Hirsch B, Lechmann DSJ, Schnabel C (2017) Coming to work while sick: an economic theory of presenteeism with an application to German data. Oxf Econ Pap 69(4):1010–1031
Hollederer A (2023) Betriebliche Gesundheitsförderung in Deutschland für alle? Ergebnisse der BIBB-/BAuA-Erwerbstätigenbefragung 2018. Gesundheitswesen 85:277–288
ifo Institut (2022) Anteil der Beschäftigten, die zumindest teilweise im Homeoffice arbeiten, nach Wirtschaftssektoren in Deutschland von Februar 2021 bis November 2022. https://de.statista.com/statistik/daten/studie/1260179/umfrage/beschaeftigte-im-homeoffice-nach-sektoren/. Zugegriffen: 8. Juni 2023
Johns G (2011) Attendance dynamics at work: The antecedents and correlates of presenteeism, absenteeism, and productivity loss. J Occup Health Psychol 16(4):483–500. https://doi.org/10.1037/a0025153
Kalimo R, Taris TW, Schaufeli WB (2003) The effects of past and anticipated future downsizing on survivor well-being: An equity perspective. J Occup Health Psychol 8(2):91–109
Knieps F, Pfaff H (Hrsg) (2022) BKK Gesundheitsreport 2022. Medizinisch Wissenschaftliche Verlagsgesellschaft, Berlin
Kramer I, Sockoll I, Bödecker W (2008) Die Evidenzbasis für betriebliche Gesundheitsförderung und Prävention – eine Synopse des wissenschaftlichen Kenntnistands. In: Badura B, Schröder H, Vetter C (Hrsg) Fehlzeiten-Report 2008 –Betriebliches Gesundheitsmanagement: Kosten und Nutzen. Springer, Berlin, Heidelberg, S 65–76
Laß I (2021) Eltern zwischen Homeoffice und Homeschooling: Arbeit und Familie in Zeiten von Kita- und Schulschließungen. In: Auswirkungen der Coronapandemie. Auszug aus dem Datenreport 2021. Statistisches Bundesamt, Wissenschaftszentrum Berlin für Sozialforschung, Bundesinstitut für Bevölkerungsforschung, Berlin, S 484–489

Lück M, Hünefeld L, Brenscheidt S, Bödefeld M, Hünefeld A (2019) Grundauswertung der BIBB/BAuA-Erwerbstätigenbefragung 2018. Vergleich zur Grundauswertung 2006 und 2012, 2. Aufl. Bundesanstalt für Arbeitsschutz und Arbeitsmedizin, Dortmund https://doi.org/10.21934/baua:bericht2019061 (Projektnummer: F 2417)

Maslow AH (1981) Motivation und Persönlichkeit, 12. Aufl. Rowohlt, Reinbek bei Hamburg

Michel A, By RT, Burnes B (2013) The limitations of dispositional resistance in relation to organizational change. Manag Decis 51:761–780

Mohr G, Rigotti T, Müller A (2007) Irritations-Skala zur Erfassung arbeitsbezogener Beanspruchungsfolgen, 1. Aufl.

Pauls N, Krogoll T, Schlett C et al (2018) Interventionen zur Stärkung von Resilienz im Arbeitskontext. In: Janneck M, Hoppe A (Hrsg) Gestaltungskompetenzen für gesundes Arbeiten. Springer, Berlin, S 71–85

Peters A (2018) Unsicherheit. Das Gefühl unserer Zeit. Bertelsmann, München

Peters A, McEwen BS, Friston K (2017) Uncertainty and stress. Why it causes diseases and how it is mastered by the brain. Prog Neurobiol 156:164–188. https://doi.org/10.1016/j.pneurobio.2017.05.004

Pfaff H, Nitzsche A, Jung J (2008) Handbuch zum „Healthy Organisational Resources and Strategies" (HORST) Fragebogen. Veröffentlichungsreihe der Abteilung Medizinische Soziologie des Instituts für Arbeitsmedizin, Sozialmedizin und Sozialhygiene der Universität zu Köln

Pietzonka M, Oberbeck Y (2023) Gereizt und grübelnd? Zusammenhänge zwischen den Merkmalen eines Change-Prozesses und der psychischen Beanspruchung der Beschäftigten sowie der moderierende Einfluss des Sozialkapitals. Z Arbeits Organisationspsychol 67(2):63–79

Provona BKK (2018) Umfrage zum Gesundheitszustand von Arbeitnehmern in Deutschland 2018. https://de.statista.com/statistik/daten/studie/942602/umfrage/umfrage-zum-gesundheitszustand-von-arbeitnehmern/. Zugegriffen: 9. Juni 2023 (https://www.pronovabkk.de/unternehmen/presse/studien/)

Quinlan M, Mayhew C, Bohle P (2001) The global expansion of precarious employment, work disorganization, and consequences for occupational health. A review of recent research. Int J Health Serv 31:335–414

Rieke J (2015) Die Grundbedürfnisse des Menschen und deren Einfluss auf seine Gesundheit. In: Becker P (Hrsg) Executive Health – Gesundheit als Führungsaufgabe. Springer Gabler, Wiesbaden https://doi.org/10.1007/978-3-658-06072-5_4

Robblee MA (1998) Confronting the threat of organizational downsizing: Coping and health. Diss Abstr Int Sect B: Sci Eng 59(6-B):3072

Robroek SJW, Coenen P, Oude Hengel KM (2021) Decades of workplace health promotion research: marginal gains or a bright future ahead. Scand J Work Environ Health 47(8):561–564. https://doi.org/10.5271/sjweh.3995

Rohrbach-Schmidt D, Hall A (2020) BIBB/BAuA-Erwerbstätigenbefragung 2018. BIBB-FDZ Daten- und Methodenbericht, Bd 1/2020

Schwaber K, Sutherland J (2020) Der Scrum Guide. Der gültige Leitfaden für Scrum: Die Spielregel. https://scrumguides.org/docs/scrumguide/v2020/2020-Scrum-Guide-German.pdf. Zugegriffen: 2. Juni 2023

Skagen K, Collins AM (2016) The consequences of sickness presenteeism on health and wellbeing over time. A systematic review. Soc Sci Med 161:169–177. https://doi.org/10.1016/j.socscimed.2016.06.005

Steidelmüller C (2020) Präsentismus als Selbstgefährdung. Gesundheitliche und leistungsbezogene Auswirkungen des Verhaltens, krank zu arbeiten. Springer, Wiesbaden

Sutherland J, Schoonheim G, Rustenburg E, Rijk M (2008) Fully distributed scrum: The secret sauce for hyperproductive offshored development teams. In: AGILE'08 Conference, IEEE, S 339–344

Swanson V, Power K (2001) Employees' perceptions of organizational restructuring: The role of social support. Work Stress 15:161–178

Waltersbacher A, Schröder H, Klein J (2020) Gerechtigkeitserleben bei der Arbeit und Gesundheit. In: Badura B, Ducki A, Schröder H, Klos J, Meyer M (Hrsg) Fehlzeiten-Report 2020 – Gerechtigkeit und Gesundheit. Springer, Berlin, Heidelberg, S 99–131

Waltersbacher A, Klein J, Schröder H (2021) Die soziale Resilienz von Unternehmen und die Gesundheut der Beschäftigten. In: Badura B, Ducki A, Meyer A, Schröder H (Hrsg) Fehlzeiten-Report 2021 – Betriebliche Prävention stärken – Lehren aus der Pandemie. Springer, Berlin, Heidelberg, S 67–104

Waltersbacher A, Meschede M, Klawisch H, Schröder H (2022) Unternehmerische Sozialverantwortung und gesundheitsorientierte Führung. In: Badura B, Ducki A, Meyer A, Schröder H (Hrsg) Fehlzeiten-Report 2022 – Verantwortung und Gesundheit. Springer, Berlin, Heidelberg, S 85–122

WHO (2022) World mental health report: transforming mental health for all. World Health Organization, Geneva (Licence: CC BY-NC-SA 3.0 IGO)

Zok K (2010) Gesundheitliche Beschwerden und Belastungen am Arbeitsplatz. Ergebnisse aus Beschäftigtenbefragungen. Wissenschaftliches Institut der AOK (WIdO), Berlin

Vertrauen stärken – vor allem in disruptiven Zeiten!

Die Bedeutung von Vertrauen in Unternehmen

Dominik Enste

Inhaltsverzeichnis

10.1 Vertrauen und Trends in der Arbeitswelt – 172

10.2 Resilienz durch Vertrauen nicht nur in Krisenzeiten – 173

10.3 Effekte von Vertrauen im Arbeitskontext – 174
10.3.1 „Wer nicht vertraut, dem vertraut man nicht" – 174
10.3.2 Vertrauen, Innovation und Kreativität – 175

10.4 Maßnahmen zur Förderung einer Vertrauenskultur – 175
10.4.1 Heuristik zur organisationalen Vertrauenswürdigkeit – 175
10.4.2 Verhaltensökonomische Maßnahmen für eine Vertrauenskultur – 177

10.5 Vertrauen und wertschätzende Kontrolle – 177

Literatur – 180

© Der/die Autor(en), exklusiv lizenziert an Springer-Verlag GmbH, DE, ein Teil von Springer Nature 2023
B. Badura et al. (Hrsg.), *Fehlzeiten-Report 2023*, Fehlzeiten-Report,
https://doi.org/10.1007/978-3-662-67514-4_10

▪▪ Zusammenfassung

Unternehmen stehen angesichts des disruptiven Wandels und der aktuellen Krisen unter massivem Handlungs- und Veränderungsdruck. Die Megatrends sorgen für neue Herausforderungen bei Mitarbeitenden und Führungskräften. Die Digitalisierung sorgt zum einen für mehr Möglichkeiten der Kontrolle, Überwachung und Steuerung; zum anderen erfordert sie – auch aufgrund der Zunahme von mobilem Arbeiten – mehr Vertrauen und Verantwortungsdelegation, damit die Potenziale der Mitarbeiter sinnvoll genutzt werden können. Welche Rolle spielt Vertrauen in Krisenzeiten? Wie lässt sich Vertrauen aufbauen und was bewirkt es in Unternehmen? Lohnt sich Vertrauen wirklich oder ist Kontrolle nicht doch besser? Zahlreiche Studien geben einen Überblick und zeigen, wann und wem vertraut werden sollte und wie vor allem Führungskräfte Vertrauenswürdigkeit signalisieren können. Die Ergebnisse sprechen für die Erfolgswirksamkeit einer Vertrauenskultur und mit verhaltensökonomisch fundierten Maßnahmen eines Wertemanagementsystems kann diese gestärkt werden, damit die Unternehmen für die nächste Krise gerüstet sind.

10.1 Vertrauen und Trends in der Arbeitswelt

Tagtäglich vertrauen wir anderen Menschen unser Leben an: Wir vertrauen dem Mechatroniker und KFZ-Mechaniker, der die Bremsen am Wagen repariert hat, dem Lebensmittelverkäufer, der uns Gemüse teurer als Bio-Ware verkauft, oder Autofahrern, wenn wir bei Grün eine Straße überqueren. Vertrauen hilft uns, die Risiken des Alltags zu bewältigen und die sozialen Komplexitäten im Umgang mit anderen zu reduzieren. Vertrauen ist der soziale Kitt unserer Gesellschaft (Enste und Suling 2020). Jeder ökonomischen Transaktion liegt ebenfalls Vertrauen zugrunde. Ein Vertrag ist immer unvollständig, auch wenn die technischen und juristischen Spezifikationen und Prüfungen Tausende von Seiten umfassen.

Dies zeigt das Beispiel Wirecard, ein ehemaliges Dax-30-Unternehmen, das dennoch Aktionäre und Kunden im großen Stil betrügen konnte. Vollständige Verträge würden viel zu hohe Transaktionskosten für die Implementierung, permanente Kontrolle und Sanktionierung hervorrufen.

Das Vertrauen in Mitmenschen, Kolleginnen und Kollegen und Führungskräfte selbst kann teilweise durch den guten Namen des Unternehmens oder der Organisation sowie deren verlässliche, bewährte Organisationskultur ersetzt werden. Unternehmen als Akteure genießen – unabhängig vom jeweiligen CEO oder dem Management – Vertrauen bei Kundinnen und Kunden, Mitarbeitenden und anderen Stakeholdern. Die Reputation einer Marke spiegelt auch deren Vertrauenswürdigkeit wider. Eine vertrauensstiftende Organisationskultur sollte dabei durch eine gute Mischung aus Competition, Controlling, Creativity und Collaboration geprägt sein. Analysen der IW Akademie von DAX-Konzernen und anderen Unternehmen zeigen, dass von Seiten der Führungskräfte und Mitarbeitenden – mit leicht unterschiedlichen Ausprägungen – alle Elemente für wichtig erachtet werden. In großen Unternehmen ist Controlling wichtig, um sich bei komplexen Prozessen sicher zu fühlen und Vertrauen in andere Abteilungen kann so gestärkt werden. In Start-ups dominiert der Wunsch nach Kreativität. In öffentlichen Institutionen wird Zusammenarbeit als wichtiger erachtet als Wettbewerb, während im Finanzsektor Wettbewerb wichtiger ist als Zusammenarbeit. Aber – wenn eine der vier Säulen der Organisationskultur zu ausprägt ist, leidet darunter auch die Vertrauenskultur. Verlässliche Strukturen stärken insofern das Vertrauen, gerade wenn Kolleginnen und Führungskräfte schneller wechseln und personales Vertrauen schlechter aufgebaut werden kann.

Dies gilt umso mehr in Zeiten des disruptiven Wandels, wie der sogenannten VUCA-Welt, die von **V**olatilität, **U**nsicherheit, **K**omplexität und **A**mbiguität geprägt ist (vgl. dazu, und zum Folgenden Enste et al. 2020a). In dieser Welt müssen Mitarbeitende und

Führungskräfte mit schnelleren Veränderungen und höheren Anforderungen an Flexibilität und zum Teil großen Transformationen umgehen lernen. Der Status quo ändert sich unvorhersehbarer und abrupter, sodass die Sehnsucht nach dem Status quo ante immer öfter enttäuscht wird. Die Zeitenwende hat zudem einen enormen Schub für mehr digitale Lösungen im Alltag gegeben: Homeoffice, Videokonferenzen, Onlineshopping und vieles mehr haben die Arbeitsprozesse grundlegend verändert und neue Anforderungen sowohl an Führungskräfte als auch an Mitarbeiterinnen und Mitarbeiter gestellt. Die Transformation der Wirtschaft wird durch die „6D" (Six Drivers of Great Transformation) angetrieben: Digitalisierung, Demographischer Wandel, De-Globalisierung (u. a. durch „America First"-Strategie), De-Industrialisierung (u. a. durch hohe Energiepreise), De-Stabilisierung (u. a. durch den Krieg in Europa), Demokratiemüdigkeit (u. a. durch Stärkung der politischen Ränder; Hüther et al. 2023).

Angesichts dessen ist eine wichtige Frage: Wo finden Menschen Sicherheit und Vertrauen? Welche gesellschaftlichen und unternehmerischen Werte werden wichtiger und was macht Unternehmen in Krisenzeiten erfolgreich? Eine These, die im Folgenden wissenschaftlich beleuchtet und fundiert werden soll, ist die, ob und inwieweit sich eine gelebte Vertrauenskultur für Unternehmen lohnt – insbesondere in Zeiten von krisenhaften Veränderungen. Der Kulturwandel ist dabei immer ein Prozess, der nur dann erfolgreich ist, wenn die Mitarbeitenden mitgenommen werden (Dietz et al. 2022). Veränderungen gelingen leichter, wenn eine Vertrauenskultur besteht und: 1. Die Notwendigkeit der Veränderung erklärt wird; 2. die langfristige Strategie transparent gemacht wird; 3. etablierte Ansprüche berücksichtigt werden; 4. Mitgestaltungsmöglichkeiten bestehen; 5. in Weiterbildung investiert und 6. die Fehlerkultur gelebt wird. Spannend ist dabei zu sehen, wie wichtig Kommunikation ist. Dietz et al. (2022) befragten 3600 Beschäftigte und knapp 1500 Führungskräfte nach ihren Erfahrungen mit Transformationsprozessen in den vergangenen zwei Jahren. Das Ergebnis: Die Wahrnehmung beider Gruppen ist sehr unterschiedlich. Jede fünfte Führungskraft meint alle sechs oben genannten Aspekte zu erfüllen, während bei den Beschäftigten nur jeder zehnte sich bei den sechs Punkten mitgenommen und aufgeklärt fühlt. Besonders deutlich werden diese Unterschiede bei der Erklärung, warum die Veränderung notwendig ist. Zwei Drittel der Führungskräfte sind davon überzeugt, dass die Notwendigkeit ausreichend vermittelt wird, während nur knapp 42 % der Mitarbeitenden dem zustimmen. Die sechs Schritte zu beachten lohnt sich, denn die Mitarbeitenden fühlen sich sicherer, haben das Gefühl mehr Kontrolle ausüben zu können und dem Change nicht hilflos ausgeliefert zu sein. Und: Betriebe, die hierauf in Veränderungsprozessen achten, haben zufriedenere, resilientere Mitarbeitende, deren Wechselneigung zudem geringer ist.

10.2 Resilienz durch Vertrauen nicht nur in Krisenzeiten

Umfassende empirische und theoretische Forschung in der Arbeits- und Organisationspsychologie, in der Betriebswirtschaftslehre und Unternehmensethik hat sich in den letzten 25 Jahren mit Vertrauen in Unternehmen beschäftigt und zeigt die Wichtigkeit vertrauensvoller Beziehungen zwischen den verschiedenen Akteuren im Arbeitskontext auf (Enste et al. 2020a; Enste et al. 2020b). Eine der meistzitierten Arbeiten zum Thema definiert Vertrauen dabei als die „Bereitschaft, sich gegenüber einem anderen angreifbar/verletzlich zu machen, basierend auf der Erwartung, dass der Andere im eigenen Sinne handelt, ohne dass dies überwacht oder kontrolliert werden kann" (Mayer et al. 1995, S. 712). Dabei wird häufig unterschieden zwischen kognitivem Vertrauen und affektivem Vertrauen (McAllister 1995). Demnach kann Vertrauen entweder auf dem sorgfältigen und bewussten Abwägen verschiedener Aspekte einer Situation basieren (kognitives Vertrauen) oder auf emotionalen Reaktionen (affektives Vertrauen). Anhand empirischer Arbeiten kann gezeigt werden, dass affektives Vertrauen und kognitives Vertrauen unterschiedliche motivationale Faktoren hervorrufen. So wirkt sich kognitives Vertrauen der Mitarbeitenden in die Führungskraft eher auf die Arbeitszufriedenheit aus, wohingegen affektives Vertrauen einen größeren Einfluss auf die Anstrengungen und das Engagement der Mitarbeiter hat (Yang und Mossholder 2010). Vertrauen schafft zudem die Basis für mehr Resilienz in der VUCA-Welt und angesichts der „6D".

Die Diskussion über Vertrauen zwischen Vorgesetzten und Mitarbeitenden stützt sich vor allem auf die *Prinzipal-Agenten-Theorie* und auf die damit zusammenhängenden *Transaktionskosten* (Beccerra und Gupta 1999). Bezogen auf die Wirkweise von Vertrauen im Führungshandeln ist davon auszugehen, dass Vertrauen Transaktionskosten reduzieren kann. Das Verhältnis zwischen Führungsperson und Geführtem stellt eine klassische Situation entsprechend der Prinzipal-Agenten-Theorie dar, die von *Informationsasymmetrien* und einem *Risiko* für den Auftraggeber geprägt ist. Beispielsweise delegiert die Führungskraft eine Aufgabe an den Mitarbeitenden und geht damit das Risiko ein, dass der Mitarbeitende sich opportunistisch verhält und nicht im Interesse der Führungsperson handelt. Um dieses Risiko zu kontrollieren, kann die Führungskraft den Mitarbeitenden kontrollieren und überwachen. Dies ist jedoch mit einem zeitlichen, finanziellen und organisatorischen Aufwand verbunden, der Kosten verursacht. Diese Kosten können jedoch reduziert werden, wenn die Führungskraft dem Mitarbeitenden vertraut und weniger bzw. keine Kontrolle ausübt (vgl. Eberl 2010). Dies setzt die Vertrauenswürdigkeit des Mitarbeitenden voraus, spieltheoretisch gesprochen: den „beabsichtigten Verzicht des Gegenübers auf opportunistisches Verhalten, obwohl dieser von einem Vertrauensbruch profitieren würde" (Ullrich 2012, S. 1; vgl. Fulmer und Gelfand 2012).

10.3 Effekte von Vertrauen im Arbeitskontext

10.3.1 „Wer nicht vertraut, dem vertraut man nicht"

Führt Vertrauen zu mehr Arbeitszufriedenheit und Produktivität oder sorgt ein gutes Betriebsklima und wirtschaftlicher Erfolg für mehr Vertrauen? Die kausale Wirkungsrichtung ist nur schwer eindeutig zu bestimmen. Die Verhaltensökonomik untersucht aus diesem Grund auch Vertrauen und Vertrauenswürdigkeit mithilfe von Laborexperimenten. In sogenannten Vertrauensspielen (Enste et al. 2018) kann überprüft werden, ob und unter welchen Bedingungen sich Vertrauen lohnt (Johnson und Mislin 2011). Wichtigster Faktor für das Vertrauen sind die Erwartungen des Vertrauensgebers (z. B. der Führungskraft) über die Vertrauenswürdigkeit des Vertrauensnehmers (z. B. des Mitarbeitenden; z. B. Ullrich 2013). Je höher die Erwartung über die Rückzahlung (z. B. in Form einer Arbeitsleistung), d. h. über die Vertrauenswürdigkeit des Arbeitnehmers, desto höher fielen die gesendeten Beträge des Vertrauensgebers aus. Übertragen auf den Arbeitsalltag können solche „Beträge" z. B. in Form von Freiheiten, flexiblen Arbeitsorten und -zeiten „gezahlt" werden. Führungskräfte und Mitarbeitende vertrauen, wenn sie einen persönlichen Zugewinn durch Vertrauen erwarten: „Vertrauen muss sich lohnen" (Reziprokes Vertrauen).

Ergebnisse umfangreicher empirischer Forschung im Feld unterstreichen positive Zusammenhänge von Vertrauen mit der gesamten Unternehmensleistung (Brown et al. 2015) oder mit der Innovationsfähigkeit von Unternehmen (Godart et al. 2014). Auf Team- und Individualebene bewirkt Vertrauen zwischen den Akteuren mehr Kooperation und bessere Teamergebnisse, eine gesteigerte Arbeitszufriedenheit, mehr Commitment und Engagement der Mitarbeitenden sowie mehr freiwillige Kooperation und Zusammenarbeit ohne Sanktionsandrohungen oder monetäre

Anreize und weniger geschäftsschädigendes Verhalten (De Jong et al. 2016; Colquitt et al. 2007; Ng 2015). Darüber hinaus zeigt sich, dass Vertrauen als Mediatorvariable in verschiedenen organisationspsychologischen Zusammenhängen wirkt, wie beispielsweise zwischen wahrgenommener Unterstützung und Commitment oder wahrgenommener Gerechtigkeit und Arbeitszufriedenheit (Aryee et al. 2002; Whitener 2001). Wichtig für Vertrauen ist das integre Verhalten der Führungskraft. Aber Integrität wirkt nur positiv, wenn eine vertrauensvolle Beziehung zwischen Führungskraft und Mitarbeitendem besteht. Die Ergebnisse meta-analytischer Berechnungen verdeutlichen: Arbeitsleistung und Engagement korrelieren stark positiv und geschäftsschädigendes Verhalten stark negativ mit dem Vertrauen in die Führungskraft (Korrelationskoeffizient jeweils um 0.26; Colquitt et al. 2007). Studien zeigen überdies, dass Konflikte mit Führungskräften seltener sind, wenn eine Vertrauenskultur besteht und vor allem die Autonomie die Arbeitsleistung und -zufriedenheit steigert (Enste et al. 2020a, b).

10.3.2 Vertrauen, Innovation und Kreativität

Innovation und Kreativität sind für die Wettbewerbsfähigkeit von Organisationen elementar. Dass eine von Vertrauen geprägte Unternehmenskultur nicht nur auf individueller Ebene eines jeden Mitarbeitenden positive Auswirkungen hat, sondern auch auf Unternehmensebene Erfolg bringt, verdeutlichen Godart et al. (2014): Unternehmen berichteten nach Einführung von Vertrauensarbeitszeit im darauffolgenden Jahr von rund 15 % mehr Produktinnovationen. Dieser Effekt wird nicht allein der Arbeitszeitflexibilität zugeschrieben, sondern der Möglichkeit der Mitarbeitenden, von Kontrolle und Selbstbestimmung über ihre Arbeitszeiten auszuüben. Auch auf Teamebene gibt es entsprechende Befunde, die verdeutlichen, dass Teamarbeit innovative und kreative Ergebnisse fördert. Verschiedene empirische Studien und metaanalytische Berechnungen belegen, dass Vertrauen in die Teamkollegen und Vertrauen in die Teamleitung von großer Relevanz für die Teamleistung sind (De Jong et al. 2016; Schaubroeck et al. 2011). Boies et al. (2015) zeigen in einer experimentellen Arbeit, dass die intellektuelle Stimulierung des Teams durch die Teamleitung wichtig für die Kreativität im Team ist, dass dies aber abhängig davon ist, wie sehr sich die Teamkollegen gegenseitig vertrauen. Anhand dieser Studie wird deutlich, dass die Aufgabe der Führungskraft nicht nur darin besteht, eine vertrauensvolle Beziehung zwischen sich und den Mitarbeitenden aufzubauen, sondern auch die Förderung einer generellen Vertrauenskultur, die auch auf Vertrauen zwischen den Kolleginnen und Kollegen ausgerichtet ist, eine wichtige Führungsaufgabe ist.

10.4 Maßnahmen zur Förderung einer Vertrauenskultur

10.4.1 Heuristik zur organisationalen Vertrauenswürdigkeit

Vertrauen hängt stark davon ab, ob die andere Partei sich vertrauenswürdig zeigt. Zur Betrachtung der organisationalen Vertrauenswürdigkeit ist es somit von besonderer Relevanz, die organisationalen Charakteristika zu bestimmen, die das Vertrauen der Organisationsmitglieder in die Organisation fördern. In Anlehnung an das Modell von Mayer et al. (1995), wonach **Integrität, Kompetenz und Wohlwollen** bestimmen, ob eine Person als vertrauenswürdig wahrgenommen wird, schlagen Gillespie und Dietz (2009) diese drei Aspekte auch zur Bestimmung der organisationalen Vertrauenswürdigkeit vor. In ihrem Modell zeigt sich die organisationale Kompetenz daran, die gesammelten Fähigkeiten innerhalb der Organisation zu nutzen, um effektiv die Ziele der Organisation zu erreichen und die Verantwortung der Organisation zu tragen. Das

$$(\text{Reputation} + \text{CSR} + \text{Personalpolitik})^{\text{Wertemanagement}} \longrightarrow \text{Vertrauenskultur}$$

Abb. 10.1 Heuristik zur organisationalen Vertrauenswürdigkeit

Wohlwollen der Organisation wird definiert als das ehrliche Bemühen um das Wohlergehen aller Stakeholder und die organisationale Integrität ist bestimmt von einem beständigen Befolgen moralischer Prinzipien und Handlungsrichtlinien, die von allen Stakeholdern akzeptiert werden. Die hier vorgestellte Heuristik zur organisationalen Vertrauenswürdigkeit (vgl. Abb. 10.1) erweitert und konkretisiert diese Aspekte und kann somit als Grundlage für unternehmerische Maßnahmen zum Aufbau einer Vertrauenskultur dienen. Menschen vertrauen aus unterschiedlichen Gründen Unternehmen. Die Kompetenz bemisst sich dabei an der **Reputation**, die ein Unternehmen erworben hat; Sach- und Fachkompetenz lässt sich u. a. durch Reputation messen. Außerdem vertrauen Menschen erfolgreichen Unternehmen und Organisation mehr als anderen. Die Integrität zeigt sich anhand der Übernahme von gesellschaftlicher Verantwortung und des Ausmaßes der ökologischen und sozialen Nachhaltigkeit von Unternehmen (also der glaubwürdigen Umsetzung der Corporate Social Responsibilty – kurz CSR). Das Wohlwollen demonstrieren Organisationen anhand von mitarbeiterorientiertem/r **Personalmanagement/Personalpolitik**. Die Heuristik erweitert das Modell von Gillespie und Dietz (2009) in der Hinsicht, dass **Wertemanagement** als relevanter Faktor dafür gesehen wird, dass die drei vertrauensfördernden Werte in der Organisation tatsächlich gelebt werden.

Verlässlichkeit ist wichtig für den Aufbau von Vertrauen; dabei hilft sowohl die Reputation zu stärken als auch die langfristige Orientierung im Management, die sich u. a. in einer erfolgreichen CSR-Strategie zeigt, die das Handeln im Kerngeschäft nach ökonomischer, ökologischer und sozialer Nachhaltigkeit ausrichtet. Organisationen, die also maßgebliche Anstrengungen in allen Dimensionen des nachhaltigen Wirtschaftens unternehmen, leisten so nicht nur einen wichtigen Beitrag zum Aufbau einer Vertrauenskultur im eigenen Unternehmen, sondern tragen zugleich dazu bei, die Zeitenwende mit ihren multiplen Herausforderungen erfolgreich zu bewältigen. Zum Bereich sozialer Nachhaltigkeit zählt u. a. die mitarbeiterorientierte Führung als Teil der Personalpolitik. Damit die angesprochenen vertrauensfördernden Werte und Maßnahmen tatsächlich langfristig in der Unternehmenskultur verankert werden, ist ein strukturiertes Wertemanagement notwendig. Dafür müssen die Werte im Unternehmen nicht nur kodifiziert, sondern auch gelebt werden. Zusammenfassend ist festzuhalten, dass konkrete und bewusste Maßnahmen einen Einfluss auf den Aufbau und das Stärken einer Vertrauenskultur in Organisationen haben können. Es liegt somit in der Verantwortung der Unternehmensführung, solchen Maßnahmen Raum zu geben und allen Mitgliedern in der Organisation den individuellen Gestaltungsspielraum zu geben, um die organisationalen Voraussetzungen einer Vertrauenskultur mit Leben zu füllen (siehe Abb. 10.2).

Das System des strukturierten Wertemanagements war u. a. handlungsleitend beim Veränderungsprozess und Kulturwandel eines DAX-Konzerns. Es wurden zunächst sowohl bottom-up als auch top-down „neue" Werte definiert und dann kommuniziert. Diese trugen dem Ziel einer Erneuerung der Vertrauenskultur Rechnung und wurden sowohl intern als extern offensiv kommuniziert, um eine entsprechende Selbstbindung zu erreichen. Diese wurden dann sowohl in der Organisationsstruktur (neue Zuschnitte der Verantwort-

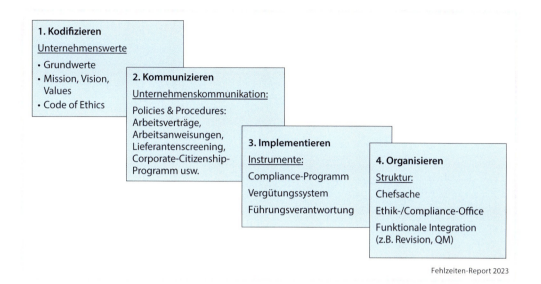

Abb. 10.2 Strukturiertes Wertemanagement (eigene Darstellung)

lichkeiten), durch Veränderungen des Compliance-Systems und der Vergütungsstruktur als auch durch Neubesetzungen von Stellen umgesetzt. Besondere Bedeutung hatte die Schulung der Führungskräfte hinsichtlich Führungsverantwortung, Führungsrolle und Gestaltung einer Vertrauenskultur. Zentral für den Erfolg war vor allem, dass der Kulturwandel Chefsache war und die Führungskräfte eine Vorbildfunktion einnehmen sollten/mussten. So konnte der Wandel glaubwürdig gestaltet werden. Allerdings dauerte der Wiederaufbau des Vertrauens länger (ca. zehn Jahre) als von der Organisation erhofft.

10.4.2 Verhaltensökonomische Maßnahmen für eine Vertrauenskultur

Zur Kodifizierung, zur Kommunikation und zur Implementierung von vertrauensfördernden Werten eignen sich verschiedene Wege, die hier zusammengefasst werden. Basis dafür sind die Erkenntnisse der Verhaltensökonomik. Dabei geht es darum, das Verhalten nicht durch monetäre Anreize, sondern durch kleine Nudges (Schubser) zu verändern. Ziel ist es, die Entscheidungsarchitektur zu verändern und zum Beispiel zu einem neuen Status quo beizutragen. Diese Veränderungen können zur Etablierung einer Vertrauenskultur wie folgt ausgestaltet sein (◘ Tab. 10.1).

Weitere Wirkungen und die verhaltensökonomischen Grundlagen von Biases und Heuristiken fassen Enste et al. (2016a) und Enste und Potthoff (2021) zusammen.

10.5 Vertrauen und wertschätzende Kontrolle

Vertrauensvolle Führung bedeutet nicht, vollständig die Kontrolle abzugeben, sondern dass es wichtig ist, die Möglichkeiten und Bedürfnisse jedes einzelnen Mitarbeiters richtig einzuschätzen und dann in den entscheidenden Momenten Unterstützung und Kontrolle zu bieten. Ziel sollte eine wertschätzende Kontrolle sein. Wertschätzende Kontrolle zeichnet sich dadurch aus, dass der Mitarbeitende sich nicht kontrolliert, sondern wertgeschätzt fühlt. Die Führungskraft nimmt wahr, was der Mitarbeitende leistet und die Kontrolle ist quasi das

Tab. 10.1 Übersicht über Maßnahmen für eine Vertrauenskultur. (Quelle: Enste et al. 2020a, 28 f.)

Auslöser/ Ausgangspunkt	Wirkungsweise	Anwendungsbeispiel für Vertrauensbildung
Absender	Wir werden von derjenigen Person beeinflusst, die uns eine Information übermittelt und verhalten uns entsprechend	Führungskraft muss „mit gutem Beispiel vorangehen", den Mitarbeitenden vertrauen Experten-Speaker zu Teamevents einladen, die Vertrauenskultur einführen können
Anreize	Reaktionen auf Anreize werden durch vorhersehbare „mentale Abkürzungen" bestimmt, wie z. B. die Tendenz, Verluste zu vermeiden oder Gewinne zu erzielen und direkter Reward wird eher angestrebt als langfristiger Reward	Raum und Zeit zum Experimentieren und Ausprobieren schaffen (monatlich/wöchentlich ein fester Termin)
Normen	Wir werden von dem beeinflusst, was andere tun, z. B. durch soziale Normen und Netzwerke	Vertrauenskultur in Unternehmenswerten festschreiben Team mit höchsten Vertrauenswerten hervorheben
Bias/Heuristik	Wirkungsweise	Anwendungsbeispiel für Vertrauensbildung
Voreinstellungen, Standards (Defaults)	Wir „schwimmen mit dem Strom" („go with the flow") bei vorausgewählten Handlungsoptionen	Mitarbeitende bekommen als Default einen Laptop (keinen Desktop-PC), der Homeoffice direkt ermöglicht – keine Notwendigkeit, einen Laptop extra für das Homeoffice zu beantragen Regelmäßige Termine für Team-Mittagessen
Salienz	Unsere Aufmerksamkeit wird auf Neues und persönlich Relevantes gelenkt	In der Mitarbeiterkommunikation häufig Wörter und Begriffe in Bezug auf Vertrauen und Vertrauenskultur benutzen, in allen Kommunikationskanälen im Unternehmen Wöchentliche „Vertrauens-Erfolgsgeschichten" kommunizieren (persönlich)
Hervorhebung/ Priming	Unsere Handlungen werden oft durch unbewusste Reize und Auslöser beeinflusst	Unternehmenswerte als Desktop-Hintergrund für alle Mitarbeitenden Eingangsbereich des Unternehmens entsprechend den Werten gestalten gemäß dem Motto: „Es gibt keine zweite Chance für einen ersten Eindruck"
Affekt	Unsere Emotionen bestimmen unsere Handlungen. Informationen in Textform rufen eher rationale Reaktionen hervor, Informationen in Bildform rufen eher emotionale Reaktionen hervor	In der Unternehmenskommunikation zu Vertrauen stark auf Bilder/Videos und weniger auf Text setzen
Selbstbindung	Wir streben innerlich nach Konsistenz: bei unseren öffentlichen Versprechen und zwischenmenschlichen Handlungen	Unternehmenswerte zum Teil des schriftlichen Arbeitsvertrags machen SMARTe Vertrauensziele definieren (individuell, Abteilung, Unternehmen)
Ego (Ich-Bezug)	Wir verhalten uns so, dass wir uns persönlich besser fühlen	Win-win-Situationen durch Vertrauen betonen (Employment Deal für jeden Einzeln in Feedbackgesprächen festhalten)

Fehlzeiten-Report 2023

Nebenprodukt. Dieses Interesse muss authentisch sein und wirkt dann motivationsfördernd. Statt der regelmäßigen Kontrolle der Arbeitsleistung bieten sich Gespräche, Feedback oder gemeinsame Meetings an, bei denen der Stand der Ergebnisse en passant erfasst wird.

Dies heißt nicht, dass es gar keine Kontrolle oder Regeln gibt. Aber Wirtschaftsskandale wie bei Wirecard führen immer wieder zum Ruf nach mehr Kontrolle – ganz nach der Devise: „Vertrauen ist gut, Kontrolle ist besser." Öfter gilt jedoch: „Blinde Kontrolle ist gefährlicher als blindes Vertrauen." Denn bei diesen und früheren Skandalen u. a. in der Finanzindustrie war das Problem eher die „blinde" Kontrolle, die sich noch fataler auswirkt als „blindes" Vertrauen. Denn das Vorhandensein von Kontrollinstanzen suggeriert eine Verlässlichkeit, die aber – wenn sie nur auf juristischen, regulativen und rechtlichen Maßnahmen basiert – eine trügerische Sicherheit mit sich bringt. Rein rechtliche Prüfverfahren und Kontrollen greifen zu kurz. Sie führen zu einer eingeschränkten Sicht (blinde Kontrolle) und vernachlässigen Erkenntnisse aus anderen Disziplinen beim Entdecken und Aufdecken von deviantem und/oder illegalem Verhalten. Die vermeintliche Erfolgsgeschichte von Wirecard war aus wirtschafts- und unternehmensethischer Perspektive immer schon suspekt: Erstens, weil sie im Umfeld von moralisch fragwürdigen Geschäften wie Prostitution, Pornographie und Glücksspiel entstanden ist. Zweitens, weil enormes Wachstum in Märkten erzielt wurde, in denen bereits andere große Player aktiv sind (finanzielle Transaktionen abwickeln; Karami 2022). Drittens fand das Wachstum in Märkten statt, in denen Korruption an der Tagesordnung ist (Enste und Heldman 2017). Viertens erschienen einige der handelnden Personen wenig vertrauenswürdig und fünftens gab es im Vorfeld eine Vielzahl von Hinweisen auf Fehlverhalten, das aber nicht aus interdisziplinärer Perspektive analysiert und bewertet wurde, sondern basierend auf den juristischen Regelungen und Regelungen, die von einer anderen Welt und anderen Annahmen über das Verhalten von Menschen ausgehen. Die wirtschaftlichen Folgen bei „blindem" Vertrauen wären sicherlich geringer gewesen, denn der Tätigkeit von Wirecard hätte das Testat und das Siegel der Vertrauenswürdigkeit von Dritten wie Wirtschaftsprüfungsgesellschaften oder der staatlichen Regulierungsbehörde gefehlt, sodass weniger Menschen auf das Geschäftsgebaren hereingefallen wären.

Ein sinnvoller, erfolgversprechender Mittelweg hin zu einer wertschätzenden Kontrolle wurde hier skizziert und mit Studien fundiert. Die Analyse hat gezeigt, dass Vertrauen für die Anforderungen der neuen Arbeitswelt eine Vielzahl an Vorteilen bietet. So konnte Vertrauen zum Beispiel positiv mit Innovationen, Veränderungsbereitschaft sowie Arbeitszufriedenheit in Verbindung gebracht werden. Gerade mit Blick auf Organisationen, die in turbulenten Zeiten sowohl robust als auch flexibel zugleich sein wollen und müssen, bietet eine Vertrauenskultur eine hervorragende Basis. Zudem wurde deutlich, dass Vertrauen innerhalb von deutschen Unternehmen – und in sie – noch nicht hinreichend verankert ist. Es liegt also nahe, Vertrauen weiter zu stärken, um sowohl ökonomische Ziele (z. B. Reduktion von Negativ-Schlagzeilen) als auch humanistische Ziele (Autonomie und Selbstbestimmung des Menschen) zu fördern. Vertrauen ist nämlich sehr schnell verloren, aber nur sehr schwer wieder aufzubauen. Diese Erfahrungen haben z. B. die Deutsche Bank nach der Finanzkrise oder der Volkswagen-Konzern nach dem Dieselskandal gemacht, der intern nur die „Dieselthematik" genannt werden soll. Ein massiver Vertrauensverlust ist nur durch personelle Veränderungen (wenn dies zuzuordnen ist) und organisationale Strukturanpassungen zu bewältigen. Ein Change-Prozess und Kulturwandel braucht dann sehr viel Zeit und muss durch glaubwürdige Weiterbildungsmaßnahmen begleitet und umgesetzt werden.

Um weder zu viel noch zu wenig zu vertrauen, bietet die Verhaltensökonomik mit einer Mischung aus Vertrauen und Kontrolle – „kontrollierter" Vertrauensförderung – eine Lösung. Mithilfe von Nudges, Default-Einstellungen, Nutzung von Heuristiken und Biases kann gezielt und dosiert Vertrauen gefördert werden. Vor allem Führungskräfte, die mit einer wertschätzenden Kontrolle gewünschtes Verhalten begünstigen können und mit gutem Beispiel voran gehen, sind dabei besonders gefordert, ihre Vertrauenswürdigkeit immer wieder unter Beweis zu stellen.

Literatur

Aryee S, Budhwar PS, Chen ZX (2002) Trust as a mediator of the relationship between organizational justice and work outcomes: Test of a social exchange model. J Organiz Behav 23(3):267–285

Beccerra M, Gupta AK (1999) Trust within the organization: Integrating the trust literature with agency theory and transaction costs economics. Public Adm Q 23:177–203

Boies K, Fiset J, Gill H (2015) Communication and trust are key: Unlocking the relationship between leadership and team performance and creativity. Leadersh Q 26(6):1080–1094

Brown S, Gray D, McHardy J, Taylor K (2015) Employee trust and workplace performance. J Econ Behav Organ 116:361–378

Colquitt JA, Scott BA, LePine JA (2007) Trust, trustworthiness, and trust propensity: A meta-analytic test of their unique relationships with risk taking and job performance. J Appl Psychol 92(4):909

De Jong BA, Dirks KT, Gillespie NA (2016) Trust and team performance: A meta-analysis of main effects, moderators, and covariates. J Appl Psychol 101(8):1134

Dietz A, Hammermann A, Stettes O (2022) Hinter den Kulissen des Auf- und Umbruchs: Betriebe im Transformationsprozess. Einblicke in die Transformationserfahrungen von Beschäftigten und Führungskräften und kulturelle Erfolgsfaktoren gelingender Transformationen. IW-Report Nr 34. Institut der deutschen Wirtschaft, Köln

Eberl P (2010) Vertrauen innerhalb von Organisationen – eine organisationstheoretische Betrachtung. In: Maring M (Hrsg) Vertrauen – Zwischen sozialem Kitt und der Senkung von Transaktionskosten. KIT Scientific Publishing, Karlsruhe, S 240–255

Enste D, Ewers M, Heldman C, Schneider R (2016a) Verbraucherschutz und Verhaltensökonomik: Zur Psychologie von Vertrauen und Kontrolle. IW-Analysen Nr 106. Institut der deutschen Wirtschaft, Köln

Enste D, van Baal S, Eyerund T, Schneider R, Schmitz E (2016b) Die gesellschaftliche Verantwortung von Unternehmen angesichts neuer Herausforderungen und Megatrends. Bertelsmann, Gütersloh (Gutachten für die Bertelsmann Stiftung)

Enste D, Heldman C (2017) Causes and consequences of corruption – an overview of empirical results. IW-Report Nr 2. Institut der deutschen Wirtschaft, Köln

Enste D, Grunewald M, Kürten L (2018) Vertrauenskultur als Wettbewerbsvorteil in digitalen Zeiten: Neue experimentelle und verhaltensökonomische Ergebnisse. IW-Trends 45(2):47–66

Enste D, Suling L (2020) Vertrauen in Wirtschaft, Staat, Gesellschaft 2020. Vertrauensindex: Europäische Länder im Vergleich IW-Policy Paper Nr 5. Institut der deutschen Wirtschaft, Köln

Enste D, Kürten L, Schwarz I (2020a) Vertrauen in Unternehmen: Die Bedeutung von Vertrauen in Krisenzeiten. IW-Report Nr 45. Institut der deutschen Wirtschaft, Köln

Enste D, Suling L, Schwarz I (2020b) Vertrauen in Mitmenschen lohnt sich – Ursachen und Konsequenzen von Vertrauen auf der Individualebene. IW-Report Nr 51. Institut der deutschen Wirtschaft, Köln

Enste DH, Potthoff J (2021) Behavioral economics and climate protection. Better regulation and green nudges for more sustainability. IW-Analyse Nr 146. Institut der deutschen Wirtschaft, Köln

Fulmer CA, Gelfand MJ (2012) At what level (and in whom) we trust: trust across multiple organizational levels. J Manage 38(4):1167–1230

Gillespie N, Dietz G (2009) Trust repair after an organization-level failure. AMR 34(1):127–145

Godart ON, Görg H, Hanley A (2014) Trust-based work time and innovation: evidence from firm-level data. IZA Discussion Papers Nr 8097. IZA, Bonn

Hüther M, Enste D, Potthoff J (2023) Wie resilient ist die Soziale Marktwirtschaft im internationalen Vergleich? Zur Widerstandsfähigkeit von Wirtschaft, Staat und Gesellschaft in der Transformation. Studie 37. Roman Herzog Institut, München

Johnson ND, Mislin AA (2011) Trust games: a meta-analysis. J Econ Psychol 32(5):865–889

Karami B (Hrsg) (2022) Skandalfall Wirecard: Eine wissenschaftlich-fundierte interdisziplinäre Analyse. Problemaufriss – Rechtsrahmen – Lehren für die Zukunft. Springer

Mayer RC, Davis JH, Schoorman FD (1995) An integrative model of organizational trust. AMR 20(3):709–734

McAllister DJ (1995) Affect-and cognition-based trust as foundations for interpersonal cooperation in organizations. AMJ 38(1):24–59

Ng TWH (2015) The incremental validity of organizational commitment, organizational trust, and organizational identification. J Vocat Behav 88:154–163

Schaubroeck J, Lam SSK, Peng AC (2011) Cognition-based and affect-based trust as mediators of leader behavior influences on team performance. J Appl Psychol 96(4):863

Ullrich A (2012) Vertrauen und Krise. Eine experimentelle Analyse des Einflusses einer wirtschaftlichen Krise auf Vertrauensbeziehungen unter Berücksichtigung unterschiedlicher Organisationsstrukturen. Schriftenreihe innovative betriebswirtschaftliche Forschung und Praxis, Bd 336. Kovac, Hamburg

Ullrich A (2013) Trust and trustworthiness in times of crisis. Social science research network paper. https://papers.ssrn.com/sol3/papers.cfm?abstract_id=2220877. Zugegriffen: 4. Aug. 2020

Whitener WM (2001) Do „high commitment" human resource practices affect employee commitment? A cross-level analysis using hierarchical linear modeling. J Manage 27(5):515–535

Yang J, Mossholder KW (2010) Examining the effects of trust in leaders: A bases-and-foci approach. Leadersh Q 21(1):50–63

Innovative Organisationsformen – Mehr Demokratie in Unternehmen wagen

Lisa Herzog

Inhaltsverzeichnis

11.1	Demokratie und Arbeitswelt	– 184
11.2	Demokratische Praktiken in der Arbeitswelt	– 185
11.2.1	Repräsentative Demokratie – 185	
11.2.2	Partizipative Demokratie – 186	
11.3	*What's in it for me?* – Der Nutzen demokratischer Praktiken in der Arbeitswelt	– 188
11.4	Schluss – Experimente der gelebten Demokratie	– 190
	Literatur	– 191

© Der/die Autor(en), exklusiv lizenziert an Springer-Verlag GmbH, DE, ein Teil von Springer Nature 2023
B. Badura et al. (Hrsg.), *Fehlzeiten-Report 2023*, Fehlzeiten-Report,
https://doi.org/10.1007/978-3-662-67514-4_11

▪▪ Zusammenfassung

Der Beitrag geht von der These aus, dass aus demokratietheoretischer Sicht mehr Demokratie am Arbeitsplatz zentral dafür ist, demokratische Werte stärker im Alltagsleben der Bürgerinnen und Bürger zu verankern. Er unterscheidet zwischen repräsentativen und partizipativen Formaten, diskutiert einige ihrer Vor- und Nachteile und stellt dar, welchen Nutzen die Gesellschaft als ganze, die Arbeitsorganisationen und nicht zuletzt die Arbeitenden selbst von mehr Demokratie am Arbeitsplatz erwarten können.

11.1 Demokratie und Arbeitswelt

„Demokratie" bedeutet „Herrschaft des Volks" – „government of the people, by the people, for the people" in den berühmten Worten Abraham Lincolns (Library of Congress 2019). Diese Regierungsform wird immer wieder als in der Krise befindlich beschrieben. Doch glücklicherweise hat sich die Demokratie in der Vergangenheit oft als resilient erwiesen und sich allen Befürchtungen zum Trotz stabilisiert, gerade indem sie sich erneuert hat und vertieft worden ist. In den letzten Jahren richtete sich die Diskussion insbesondere auch auf die Frage, inwieweit die Wirtschafts- und Arbeitswelten demokratischer Gesellschaften sich ändern müssen, um die Demokratie zu stärken (z. B. Calhoun et al. 2022).

In einer demokratischen Gesellschaft zu leben bedeutet, bestimmte Rechte zu haben: wählen zu können und sich zur Wahl stellen zu können, aber auch, Rede-, Versammlungs- und eine Vielzahl weiterer Rechte zu haben, ohne die das Ritual demokratischer Wahlen sinnlos wäre. Aber was bedeutet Demokratie für die Rechte von Individuen in der Arbeitswelt? Natürlich gibt es die äußere Kontrolle: demokratisch erlassene Gesetze, z. B. in Bezug auf den Arbeitsschutz, bestimmen den Rahmen, innerhalb dessen sich Arbeitsverhältnisse abspielen. Aber ist das alles?

In der Demokratietheorie gibt es zunehmend mehr Stimmen, die dafür argumentieren, dass Demokratie auch in der Wirtschafts- und Arbeitswelt eine wichtigere Rolle spielen muss, als dies derzeit der Fall ist (für einen Überblick siehe Frega et al. 2019; siehe auch Herzog 2019). Denn Demokratie muss, um auf Dauer stabil sein zu können, in den Werthaltungen der einzelnen Bürgerinnen und Bürger und in den Normen ihres sozialen Umgangs miteinander verankert sein. Die Arbeitswelt ist dabei einer der Bereiche, in denen die Verankerung demokratische Werte und Prinzipien – oder deren Fehlen – besonders wirkmächtig ist, weil sie ein Bereich ist, in dem erwachsene Individuen einen Großteil ihrer Lebenszeit verbringen.

In der Geschichte des Kampfes um Demokratie war die Frage nach den wirtschaftlichen Verhältnissen oft ein wichtiger Aspekt (Collier 1999). Es ging nicht nur darum, überhaupt das Wahlrecht auch für Arbeiterinnen und Arbeiter – und nicht nur für Grundbesitzer – zu erkämpfen. Es ging auch darum, dass nicht nur politische, sondern auch wirtschaftliche Macht demokratisch kontrolliert werden muss, wenn eine Gesellschaft sich wirklich eine Demokratie nennen möchte. Deutschland hat eine lange Geschichte des Ringens um Mitbestimmung in der Wirtschaft und gilt heute in der weltweiten Debatte als eines der Länder, die hier am fortschrittlichsten sind. Doch dieses Erbe ist unter Druck: Die Mitgliederzahlen der Gewerkschaften sinken; immer mehr Jobs finden sich in Arbeitsverhältnissen ohne Mitbestimmung (z. B. Statista 2023). Das Bewusstsein dafür, wie wichtig diese Institutionen und die damit verbundenen sozialen Praktiken für eine demokratische Gesellschaft sind, scheint wenig ausgeprägt.

Doch anstatt das deutsche Mitbestimmungsmodell als überkommenen Hemmschuh wirtschaftlicher Entwicklung zu sehen, wie dies oft der Fall ist, sollte es modernisiert und weiterentwickelt werden. Denn Mitbestimmung und Demokratie am Arbeitsplatz sind nicht nur aus prinzipiellen demokratietheoretischen Gründen wichtig, sie haben auch ganz praktische Vorteile, sowohl für Firmen als auch und insbesondere für Arbeitnehmerinnen und Arbeitnehmer. Im Anschluss an eine Beschreibung unterschiedlicher demokratischer Praktiken in der Arbeitswelt sollen diese im Folgenden vorgestellt werden.

11.2 Demokratische Praktiken in der Arbeitswelt

Das grundlegende Prinzip der Demokratie, dass diejenigen, über die Herrschaft ausgeübt wird, diese Herrschaft wiederum kontrollieren, kann auf verschiedene Arten in die Praxis umgesetzt werden. Dabei lassen sich zwei grundsätzliche Ansätze unterscheiden, die auch auf die Arbeitswelt anwendbar sind: repräsentative und partizipative Demokratie.

11.2.1 Repräsentative Demokratie

Repräsentative Demokratie bedeutet, dass es Repräsentantinnen oder Repräsentanten derjenigen Gruppen gibt, die von bestimmten Entscheidungen betroffen sind und deren Stimme deswegen in der Entscheidungsfindung gehört werden muss. Ihre Rolle kann unterschiedlich aussehen: Sie können als Gremium mit einfachen oder qualifizierten Mehrheiten Entscheidungen treffen oder sie könnten wiederum Delegierte in andere Gremien entsenden. Manchmal können sie auch eine beratende Funktion haben oder an einem System teilnehmen, in dem die Vertreterinnen und Vertreter verschiedener Gruppen gemeinsam zu Entscheidungen kommen müssen. Doch je weniger echte Entscheidungskraft sie haben, umso weniger kann man von Demokratie sprechen.

Diese Repräsentantinnen und Repräsentanten werden heutzutage in der Regel gewählt, und diese Wahlen müssen frei, fair, geheim und gleich sein. In der Geschichte der Demokratie fand aber oft, z. B. im antiken Athen, auch das Prinzip der Zufallsauswahl Anwendung, demzufolge die Vertreterinnen und Vertreter verschiedener Gruppen per Los ausgewählt werden (z. B. Ober 2010). Diese Idee hat in letzter Zeit wieder mehr Aufmerksamkeit bekommen (z. B. Guerrero 2014; Landemore 2020), weil sich in den gewählten Gremien der Politik immer stärker nur noch die Angehörigen bestimmter Teile der Gesellschaft (z. B. Menschen mit Abitur, aus eher privilegierten Schichten) finden und Zufallsauswahl dafür sorgen könnte, dass Stimmen aus allen Teilen der Gesellschaft gehört werden.

Repräsentative Demokratie spielt auch in Unternehmen eine wichtige Rolle – zumindest dann, wenn sie „mitbestimmt" sind, wie das in Deutschland ab einer gewissen Größe gesetzlich der Fall sein muss: Gewählte Repräsentantinnen und Repräsentanten der Beschäftigten finden sich nicht nur in den Betriebsräten, die auf verschiedenen Hierarchieebenen in operative Unternehmensentscheidungen eingebunden sind, sondern auch in den Aufsichtsräten von größeren Unternehmen. Allerdings hat – außer bei der Montanmitbestimmung,[1] die kaum noch Anwendung findet – die Arbeitgeberseite immer eine Stimmenmehrheit, sodass auch hier noch nicht von einer echten Unternehmensdemokratie gesprochen werden kann. Dennoch sehen viele Demokratietheoretikerinnen und -theoretiker das deutsche Modell als einen Schritt in die richtige Richtung, der z. B. auch in den USA – wo Mitbestimmung quasi nicht existiert – viele Verbesserungen bringen könnte (z. B. Anderson 2017).

Das Prinzip repräsentativer Demokratie könnte aber auch noch auf zahlreiche andere Arten in Unternehmen zum Tragen kommen. Isabelle Ferreras zum Beispiel, eine Vordenkerin der Wirtschaftsdemokratie, schlägt ein Zwei-Kammern-System vor, mit einer Kammer für die Vertretung der Arbeitnehmerinnen und Arbeiternehmer und einer zweiten für die Vertretung der Arbeitgeberseite; alle strategischen Unternehmensentscheidungen müssten dann zwischen den beiden Kammern abgestimmt werden und auf beiden Seiten

---

1 Die seit 1951 in Deutschland geltende Montanmitbestimmung für Unternehmen ab 1000 Mitarbeitende im Bergbau und in der Eisen- und Stahlindustrie sieht „Vollparität" zwischen der Arbeitnehmer- und der Arbeitgeberseite vor.

Zustimmung finden (Ferreras 2017).[2] Auch das Prinzip ausgeloster Vertretungen lässt sich auf Unternehmen anwenden (siehe auch Pek 2021); dort könnte es sogar besonders gut funktionieren, weil es erlauben würde, Individuen aus ganz unterschiedlichen Funktionsbereichen mit ihren jeweiligen Perspektiven auf die Herausforderungen des Unternehmens zusammenzubringen. Natürlich birgt das Losverfahren auch gewisse Risiken – auch stillere oder „schwierigere" Kolleginnen und Kollegen könnten dann auf einmal aufgefordert werden, als Repräsentantinnen und Repräsentanten für andere an Gremien mitzuwirken. Doch die Erfahrung mit Zufallsverfahren in der *politischen* Demokratie zeigt, dass gute Moderation in der Regel zu erstaunlich konstruktiven Prozessen führt, die auch Vertrauen zwischen den Beteiligten aufbauen (z. B. Fishkin 2018). Aber natürlich ist auch entscheidend, *welche* Fragen ein derartiges zufallsausgelostes Gremium diskutieren und entscheiden darf (geht es um die neue Möblierung der Kantine oder um strategische Unternehmensentscheidungen?) und ob die Entscheidungen bindend umgesetzt werden müssen oder nur Empfehlungscharakter haben. Nichts ist frustrierender, als wenn aufwendige Beteiligungsverfahren stattfinden, aber deren Vorschläge anschließend in der Schublade landen – das gilt für die Politik im traditionellen Sinne ebenso wie für demokratische Verfahren in Unternehmen.

11.2.2 Partizipative Demokratie

Neben der repräsentativen Demokratie ist eine zweite Variante die partizipative Demokratie: Hier geht es um die tatsächliche Einbindung aller Beteiligten in Diskussionen, Entscheidungsfindung und Umsetzung. Dies ist im politischen Raum nur bedingt möglich, denn man stößt angesichts der Größe der politischen Gemeinschaften schnell an Kapazitätsgrenzen: Konnten sich die (männlichen, eingesessenen) Bürger Athens noch auf dem Marktplatz treffen, ist dies in modernen Flächenstaaten weitgehend undenkbar. Nur auf der lokalen Ebene, z. B. bei Bürgerinnenversammlungen in einem Stadtviertel, ist es denkbar, sich dem Ideal vollständiger Partizipation anzunähern.

Dies allerdings ist in Firmen anders: Dort gibt es viele Bereiche, in denen es durchaus möglich ist, dass alle Beteiligten sich in Diskussionen einbringen – gerade, wenn es um die Ebene einzelner Teams oder Projektarbeitsgruppen geht (siehe auch Felicetti 2018). Das Problem ist nicht so sehr, dass die Gruppen zu groß werden, sondern eher, dass vielfach davon ausgegangen wird, dass die Entscheidungsfindung letztlich hierarchisch zu erfolgen hat: Man diskutiert vielleicht ein bisschen mit allen Beteiligten, aber am Ende entscheiden Chefin oder Chef. Damit aber unterminiert man allzu schnell die Chance auf echte Diskussionen in einem demokratischen Geist – auf demokratische „Deliberation", wie dies im Anschluss an Jürgen Habermas (1961, 1981) genannt wird (siehe auch Bächtiger et al. 2018).

Deliberation zeichnet sich durch eine Anzahl von Merkmalen aus. Nach John Dryzek (2009) lassen sich Authentizität (Abwesenheit von Zwang, Bezug auf allgemeine Prinzipien, Gegenseitigkeit der Argumentation), Inklusivität (die Beteiligung aller Betroffenen) und Folgerichtigkeit (*consequentiality*, die Wirkung auf soziale Entscheidungen oder Ergebnisse) unterscheiden. Wenn diese Merkmale vorliegen – was natürlich eine gewisse Bereitschaft aller Beteiligten voraussetzt –, kann man davon ausgehen, dass sich im deliberativen Prozess die besseren Argumente durchsetzen und eine kollektive Entscheidung nach bestem Wissen und Gewissen, unverzerrt durch Macht- oder Interessenslagen, getroffen wird. Dies verschafft den so getroffenen Entscheidungen Legitimität: Auch diejenigen, die vielleicht eine andere Lösung präferiert hätten, können einsehen, warum es zu diesen Ent-

---

2 Im Fall eines Patts kann – wie in der Montanmitbestimmung – eine Entscheidung durch die Hinzuziehung einer neutralen Person, auf die beide Seiten sich einigen, herbeigeführt werden.

scheidungen kam, und akzeptieren sie dann oft (z. B. Schmidt und Wood 2019).

Deliberation kann auch zwischen demokratischen Repräsentantinnen und Repräsentanten stattfinden, z. B. in einer Debatte in einem Parlament. Bei partizipativen Formaten der Deliberation hingehen beteiligen sich alle, die von einer Entscheidung betroffen sind. Zwei Einwände dagegen, die oft vorgebracht werde, sind, dass dies die Diskussionen aufwendig und langwierig macht und dass es zu viele Gelegenheiten für Manipulation oder andere Formen subtiler Einflussnahme bieten würde. Das erste Argument trifft einen wichtigen Punkt – Deliberation braucht Zeit –, der aber in eine breitere Perspektive eingeordnet werden muss. Denn Deliberation ermöglicht auch, *bessere* Entscheidungen zu treffen (dazu unten mehr) und sie *spart* Zeit bei der Umsetzung, weil die Entscheidung von allen mitgetragen und verstanden wird und deswegen weitere aufwendige Diskussionen zu einem späteren Zeitpunkt nicht mehr nötig sind. Das zweite Argument zeigt, dass Deliberation die Bereitschaft aller Beteiligten voraussetzt, offen und ehrlich miteinander umzugehen – sonst ist es eben keine Deliberation! Das heißt nicht, dass man die eigenen Interessen nicht vertreten dürfte, aber man muss auch die Interessen anderer anerkennen und offen auf die jeweiligen Argumente eingehen.

Dennoch bedeutet das nicht, dass partizipative Deliberation überall einsetzbar wäre; vielfach gibt es auch in der Arbeitswelt Kapazitätsgrenzen. Sie ist deswegen auch nicht als Konkurrenzmodell zur repräsentativen Demokratie zu verstehen, sondern als wichtige Ergänzung. Partizipative Verfahren können bei den Beteiligten auch das Verständnis dafür verstärken, wie schwierig die Aufgabe derjenigen ist, die sie vertreten, weil sie z. B. selbst erleben, wie hart es ist, um Kompromisse zu ringen. Umgekehrt kann repräsentative Demokratie oft überhaupt erst den Rahmen eines einigermaßen ausgewogenen Machtgleichgewichts schaffen, durch das partizipative Formate sinnvoll werden. Wenn z. B. die Angestellten eines Unternehmens wissen, dass der Betriebsrat und andere Mitbestimmungsstrukturen sie vor ungerechtfertigten Sanktionen schützen, können sie eher frei und offen ihre Meinung vertreten und auch kritische Positionen zu Gehör bringen.

Wie kann partizipative Demokratie in Firmen umgesetzt werden? Ein zentraler Ansatz ist der von „selbstorganisierten Teams", mit dem in vielen Ländern schon in den 1970ern experimentiert wurde (siehe z. B. Kuhlmann 2002). Er hat in den letzten Jahren wieder mehr Aufmerksamkeit auf sich gezogen, nicht zuletzt aufgrund der verstärkten Digitalisierung vieler Arbeitsformen (Boes et al. 2018). Methoden des „agilen" Arbeitens, wie z. B. „scrum", oder der Ansatz der „Holokratie" (Bernstein et al. 2016) gehen in eine ähnliche Richtung, allerdings oft mit der Absicht der Effizienzerhöhung, nicht der demokratischen Beteiligung der Mitarbeitenden. Dennoch lassen sich manche der Methoden aus diesen Ansätzen in der Praxis auch verwenden, um echte demokratische Deliberation zu gestalten.

Eine neulich erschienene qualitative Studie (Krüger 2021)[3] zu Deliberation in Firmen in Deutschland, die mit derartigen Modellen argumentieren, zeigt, dass Deliberation am Arbeitsplatz wirklich möglich ist. Die Interviewpartnerinnen und -partner berichteten über diese Erfahrungen auf eine Art und Weise, die den Schluss zulässt, dass trotz diverser praktischer Herausforderungen die Kriterien der Authentizität, Inklusivität und Folgerichtigkeit erfüllt werden können. Allerdings zeigen Berichte aus der Praxis auch, dass es nötig ist, dass alle Beteiligten sich auf derartige neue Modelle einlassen und dass sie bereit sind, eigene (Denk-)Gewohnheiten zu hinterfragen (siehe auch Breidenbach und Rollow 2019). Die Einführung braucht eine gewisse Zeit und man muss bereit sein, die gewählten Verfahren und Formate auf ihre Eignung für die konkrete eigene Situation hin zu hinterfragen und entsprechend anzupassen.

---

3   Die Studie entstand im Rahmen einer von mir (L. H.) betreuten Doktorarbeit.

11.3 *What's in it for me?* – Der Nutzen demokratischer Praktiken in der Arbeitswelt

Warum sollte man mehr Demokratie in Unternehmen wagen? Im Folgenden werde ich positive Auswirkungen auf drei Ebenen diskutieren und – wo vorhanden – empirische Evidenz zur Untermauerung der Argumente anführen.

Eine erste Frage betrifft die Auswirkungen auf die Gesellschaft. Wie bereits in der Einleitung angedeutet, ist ein plausibles Argument, dass Demokratie am Arbeitsplatz die Demokratie in der Gesellschaft insgesamt stärkt. Die demokratischen Haltungen und Fähigkeiten, die Individuen dort erwerben, können sie auch in anderen Bereichen einbringen, z. B. in der Zivilgesellschaft oder in der Arbeit in politischen Parteien. Diese sogenannte „Spillover"-Hypothese wurde schon früh in der Diskussion über partizipative Demokratie vorgetragen (siehe z. B. Pateman 1970). Allerdings haben diverse Versuche, empirische Ergebnisse dafür zu finden, z. B. durch den Vergleich des zivilgesellschaftlichen Engagements von Mitgliedern von Kooperativen im Vergleich zu dem von Angestellten kapitalistischer Firmen, wenig klare Ergebnisse gebracht; es stellen sich dabei auch zahlreiche methodologische Fragen, zum Beispiel nach möglicher umgekehrter Kausalität (siehe auch Carter 2006).

Zumindest in Bezug auf demokratische *Haltungen* jedoch hat eine kürzlich in Deutschland durchgeführte Studie Ergebnisse geliefert, die die „Spillover"-These zu bestätigen scheinen, zumindest im Sinne einer Korrelation (Kausalität kann eine derartige Studie methodisch nicht zeigen). Die Autorinnen und Autoren der letzten Runde der *Leipziger Autoritarismusstudie*, die sich regelmäßig mit pro- und anti-demokratischen Haltungen in der deutschen Bevölkerung befasst, haben 2020 das Konstrukt „industrial citizenship" eingeführt (Decker und Brähler 2020). Es wird konstruiert aus den Antworten auf vier Aussagen, zu denen die Befragten ihre Zustimmung oder Ablehnung angeben: „Ich fühle mich bei Entscheidungen im Arbeitsalltag übergangen" (umgekehrt kodiert), „In meinem Betrieb kann ich offen über Betriebsräte und Gewerkschaften sprechen, ohne Nachteile befürchten zu müssen", „Probleme oder Konflikte im Betrieb löse ich am besten gemeinsam mit den Kollegen und Kolleginnen", und „Wenn ich in meinem Betrieb aktiv werde, kann ich etwas zum Positiven verändern" (ebd., S. 130–131). Befragte, die insgesamt eine positive Wertung abgaben, sich also im Berufsleben einbringen und die eigene Handlungsfähigkeit erleben können, hatten mit viel höherer Wahrscheinlichkeit prodemokratische Haltungen und lehnten rechtsextreme Positionen oder Ungleichwertigkeitsideologien (z. B. Rassismus) ab (ebd., S. 135–138). Es ist von daher sehr plausibel, davon auszugehen, dass faire Behandlung und Beteiligungsmöglichkeiten am Arbeitsplatz dazu beitragen, dass Individuen das demokratische System nicht grundsätzlich ablehnen und auch andere Gruppen in der Gesellschaft nicht abwerten, z. B. weil sie nach Sündenböcken für die eigene Ohnmacht suchen.

Nun könnte man vielleicht denken, dass all dies auf gesellschaftlicher Ebene schön und gut sei, jedoch auf Kosten der Unternehmen gehe – denn diese müssten Zugeständnisse an ihre Mitarbeitenden machen, was ihre Gewinne schmälern würde. Wer Unternehmen rein als Maschinen zur Steigerung des *shareholder value* sieht, kann der Vorstellung, dass die Individuen, die dort arbeiten, Mitspracherechte haben sollten, vielleicht wenig abgewinnen. Doch diese Vorstellung ist für Deutschland sowieso nicht angemessen – hier herrscht eine „Variante des Kapitalismus" (Hall und Soskice 2001) vor, die bei aller Kritik, die man weiterhin üben kann, doch in vielerlei Hinsicht ein soziologisch realistischeres und menschenfreundlicheres Bild ergibt als die weitgehend sozial entgrenzte Variante eines angelsächsisch geprägten Finanzkapitalismus. In Deutschland und vielen anderen europäischen Ländern werden Unternehmen stärker in Bezug auf ihren Beitrag zur Gesellschaft und ihre Langfristigkeit hin bewertet und der Umgang mit Mitarbeitenden hat eine ganz andere Tradition, mit anderen rechtlichen und sozialen Normen, als dies z. B. in den USA der Fall ist (vgl. Badura et al. 2022).

Das interessante ist nun: Nach den Lehrbuchmodellen, die sich ausschließlich an ökonomischer Effizienz orientieren, dürfte es in einer globalisierten Wirtschaft überhaupt nicht möglich sein, dass sich das deutsche Modell hält, denn die stärker am Kapitalmarkt orientierten Unternehmen angelsächsischen Stils müssten es längst verdrängt haben. Natürlich ist diese Konkurrenz an vielen Stellen Realität – und doch halten sich die unterschiedlichen Modelle nebeneinander. Eine plausible Erklärung dafür ist, dass Mitbestimmung Unternehmen eben doch nicht nur schadet, sondern auch Nutzen bringt. Dafür lassen sich insbesondere zwei Argumente anführen.

Das erste ist, dass – wie oben schon diskutiert – demokratische Entscheidungen höhere Legitimität besitzen und die Mitarbeitenden somit eine höhere Motivation zeigen dürften, diese auch umzusetzen. Das zweite betrifft die Möglichkeit, durch demokratische Beteiligung das Wissen und die Perspektivenvielfalt der Mitarbeitenden viel besser nutzen zu können, als dies in hierarchischen Strukturen der Fall ist (Gerlsbeck und Herzog 2020). Sowohl Deliberation als auch das klassische demokratische Instrument der Mehrheitsentscheidung können dazu beitragen, dass ihr Wissen in die Entscheidungsprozesse einfließt. Bei Deliberation – wenn sie gelingt – ist dies offensichtlich: Hier können Fakten ganz unterschiedlicher Art zusammengebracht, Fehleinschätzungen korrigiert und gute von weniger guten Argumenten unterschieden werden. Abstimmungen, insbesondere *nach* einem deliberativen Prozess, der alle Argumente auf den Tisch bringt, können dazu beitragen, ein ehrliches Meinungsbild wiederzugeben. Das gilt besonders dann, wenn sie anonym sind und somit auch kritische Haltungen zum Ausdruck gebracht werden können, ohne dass diejenigen, die sie äußern, Sanktionen befürchten müssen.

Dies führt zu einem generellen Punkt, was die Potenziale demokratischer Beteiligung am Arbeitsplatz angeht. Viele Organisationen kämpfen mit dem Problem, dass steile Hierarchien oder ein Klima der Angst ehrliche Kommunikation verhindern und damit zu vermeidbaren Fehlern führen; ein klassisches historisches Beispiel hierfür ist, dass Ärztinnen oder Ärzten Fehler unterlaufen, weil das Pflegepersonal sich nicht traut, sie daraufhin anzusprechen (z. B. Spencer et al. 2000). Dadurch können Organisationen keine „lernenden" Organisationen werden, in denen Mitarbeitende sich auf unterschiedlichen Ebenen ehrliches Feedback geben. Gerade wenn Mitarbeitende erleben, dass sie für Kritik abgestraft werden oder dass ihre gutgemeinten Vorschläge schlicht ignoriert werden, sinkt ihre Bereitschaft, sich für die Organisation einzusetzen. Aus anfänglicher Begeisterung für den Job wird dann allzu schnell „Dienst nach Vorschrift" oder aber zynischer Karrierismus, der nur noch den eigenen finanziellen Nutzen im Blick hat (z. B. klassisch McGregor 1960). Dagegen kann ernstgemeinte demokratische Beteiligung die Chance bieten, dass die Mitarbeitenden sich gehört fühlen und deswegen bereit sind, ihr Wissen in die organisationalen Prozesse einzubringen, was helfen kann, Fehler zu vermeiden und Innovationen zu befördern.

Die Mitarbeitenden selbst sind schlussendlich diejenigen, die von mehr Demokratie am Arbeitsplatz am meisten profitieren – nicht nur, weil ihre Chance steigt, in einer stabilen demokratischen Gesellschaft zu leben und in einer Organisation zu arbeiten, die durch offene Kommunikation bessere Entscheidungen treffen kann, sondern auch ganz unmittelbar. Wer weiß, dass er oder sie auch am Arbeitsplatz Rechte und Mitsprachemöglichkeiten hat, kann die eigene Arbeit viel eher als sinnstiftend erleben und sie entsprechend ausgestalten als jemand, der nur Befehle empfängt. In den als „höher" klassifizierten Berufen, z. B. den akademischen Berufen, ist dies wahrscheinlicher als in Berufen, die von der Gesellschaft als bloße Hilfsarbeiten gesehen, obwohl sie – wie nicht zuletzt die Corona-Krise gezeigt hat – „systemrelevant" sind. Eine demokratische Gesellschaft kann sich daher nicht damit zufriedengeben, dass sozusagen nur von den Facharbeiterinnen und Facharbeitern aufwärts Beteiligung am Arbeitsplatz möglich ist. Sie muss sich vielmehr dafür einsetzen, dass dies für alle Berufsgruppen der Fall ist.

Natürlich *kann* demokratische Beteiligung eine zusätzliche Belastung für die Arbeitenden sein, insbesondere dann, wenn die dafür notwendige Zeit und Ressourcen nicht zur Verfügung gestellt werden, sondern erwartet wird, dass die Arbeitnehmerinnen und Arbeitnehmer zusätzlich zu allen schon vorhandenen Aufgaben aktiv Vorschläge einbringen und an Entscheidungsprozessen teilnehmen. Insgesamt jedoch ist plausibler, dass insbesondere partizipative Formate und damit die Möglichkeit, sich offen äußern und einbringen zu können – was in der sozialwissenschaftlichen Forschung oft mit dem Konzept „voice" (Hirschman 1970) erfasst wird –, auch von den Arbeitenden selbst als positiv erlebt werden.

Verschiedene Studien zeigen, dass „voice" von Arbeitnehmerinnen und Arbeitnehmern, also die Fähigkeit, sich zu Vorgängen im Arbeitsumfeld äußern zu können, ggf. auch kritisch, positiv mit verschiedenen Variablen korreliert ist: mit einem Gefühl von Kontrolle und Wertschätzung, außerdem mit höherer Jobzufriedenheit, niedrigeren Stressniveaus und besseren Gesundheitswerten (siehe z. B. Astvik et al. 2021 sowie die dort zitierten weiteren Studien, z. B. Colquitt et al. 2001; Whiteside und Barclay 2013). Diese Befunde lassen sich in den größeren Kontext der Forschung zu den sozialen Determinanten von Gesundheit einordnen, die danach fragt, wie das soziale Umfeld von Individuen ihren Gesundheitszustand beeinflusst (z. B. Marmot 2004). Ein vielfach bestätigter Trend ist, dass höherer sozio-ökonomischer Status mit besserer Gesundheit und einer höheren Lebenserwartung einhergeht (ibid.). Ein Faktor, der dazu beiträgt, diesen Zusammenhang zu erklären, ist mangelnde Kontrolle über das eigene Umfeld einschließlich der Arbeitsverhältnisse, wie sie insbesondere sozioökonomisch schlechter gestellte Gruppen oft erleben müssen (z. B. ibid., Kap. 5). Auch aus Sicht des individuellen Wohlergehens und der öffentlichen Gesundheit gibt es also gute Gründe dafür, mehr Mitbestimmung am Arbeitsplatz sicherzustellen, gerade auch für Tätigkeiten, die von Individuen mit niedrigerem sozio-ökonomischem Status ausgeführt werden.

11.4 Schluss – Experimente der gelebten Demokratie

„Und was ist das *beste* Modell von Demokratie am Arbeitsplatz?" mag man vielleicht jetzt fragen. Gibt es die eine Form, in der Demokratie am Arbeitsplatz sozusagen narrensicher gelingen kann? Dem ist nicht so – dafür sind die Arbeitsorte in ihren Strukturen, Aufgaben und Herausforderungen zu unterschiedlich. Zu erwarten, dass das gleiche Rezept als *one size fits all* für ein IT-Unternehmen, ein Krankenhaus und eine Reinigungsfirma funktionieren würde, wäre naiv. Stattdessen muss jede Organisation für sich herausfinden, welche Instrumente und Formate der Partizipation für sie gut funktionieren können: lotterieausgewählte repräsentative Teams, „town hall meetings" mit offenen Abstimmungen, digital gestützte Deliberationen oder Kombinationen aus diesen Bausteinen. Entscheidend dabei ist, dass sich nicht nur formale Strukturen, sondern auch eine Kultur der Demokratie entwickeln kann, in der Ehrlichkeit und gegenseitiger Respekt gelebt werden.

Je nach Konstellation gehören dabei möglicherweise nicht nur die Mitarbeitenden, sondern auch andere Gruppen zu denjenigen, deren Interessen und Positionen in Entscheidungsprozessen zu berücksichtigen sind, z. B. Patientinnen und Patienten in Gesundheitseinrichtungen. Das kann natürlich auch bedeuten, dass es Konflikte gibt: Unterschiedliche Gruppen haben unterschiedliche Interessen und

Prioritäten. Aber diese Konflikte gibt es sowieso – sie liegen in der Natur der Sache. Durch offenen Austausch und die Interessensvertretung aller Beteiligten können faire Kompromisse – und manchmal vielleicht auch clevere Lösungen, die echtes Win-Win für alle Gruppen bedeuten – gefunden werden. Die Praxistauglichkeit derartiger demokratischer Verfahren zeigt sich übrigens auch im Bereich der Genossenschaften, bei denen die Beschäftigten selbst Anteilseignerinnen und -eigner sind und deswegen Mitspracherechte haben. Ein berühmtes Beispiel ist die Genossenschaft *Mondragon* im Baskenland, die über 80.000 Angestellte hat und seit ihrer Gründung 1965 in verschiedenen Industrien (Banking, Produktion, Bau etc.) tätig ist und 1997 sogar eine eigene Universität gegründet hat, um ihre kooperative Wirtschaftsform weiterzuentwickeln (für eine Diskussion siehe z. B. Flecha und Cruz 2011).

Je mehr Organisationen in derartige Lernprozesse einsteigen, umso größer ist der Effekt auf die Gesellschaft als ganze – zumindest dann, wenn die Organisationen bereit sind, ihre Erfahrungen zu teilen und so zum gesamtgesellschaftlichen Lernprozess beizutragen: darüber, wie Arbeit demokratisch und fair organisiert werden kann, ohne die funktionalen Anforderungen aus den Augen zu verlieren. Je besser wir dies verstehen, umso mehr können wir auf nicht-demokratische Formen der Arbeitsorganisation verzichten und diese verlieren ihre Überzeugungskraft und Legitimität. Die politische Demokratie kann diesen Prozess unterstützen, indem sie z. B. Förderung für demokratische Experimente bereitstellt oder demokratische Firmen steuerlich begünstigt. So könnte die Arbeitswelt zu einem Ort werden, an dem sich die Individuen – alle Individuen! – als gleichwertige Bürgerinnen und Bürger begegnen und demokratische Praktiken einüben können. Für eine Gesellschaft, die sich als demokratisch versteht, muss dies der Zielpunkt sein.

Literatur

Anderson ES (2017) Private government: How employers rule our lives (and why we don't talk about it). Princeton University Press, Princeton

Astvik W, Welander J, Hellgren J (2021) A comparative study of how social workers' voice and silence strategies relate to organisational resources, attitudes and well-being at work. J Soc Work 21(2):206–224

Bächtiger A, Dryzek JS, Mansbridge J, Warren M (2018) Deliberative democracy: an introduction. In: Bächtiger A, Dryzek JA, Mansbridge J, Warren ME (Hrsg) The oxford handbook of deliberative democracy. Oxford University Press, New York (Chapter 1)

Badura B, Ducki A, Meyer M, Schröder H (Hrsg) (2022) Fehlzeiten-Report 2022: Verantwortung und Gesundheit. Springer, Berlin Heidelberg

Bernstein E, Brunch J, Canner N, Lee M (2016) Beyond the holacracy hype: the overwrought claims – and actual promise – of the next generation of self-managed teams. Harv Bus Rev 94(7–8):38–49 (https://hbr.org/2016/07/beyond-the-holacracy-hype)

Boes A, Kämpf T, Lühr T, Ziegler A (2018) Agilität als Chance für einen neuen Anlauf zum demokratischen Unternehmen? Berlin J Soziol 28(1–2):181–208

Breidenbach J, Rollow B (2019) New work needs inner work. Vahlen, München

Calhoun C et al (2022) Degenerations of democracy. Harvard University Press, Cambridge

Carter N (2006) Political participation and the workplace: the spillover thesis revisited. Br J Polit Int Relations 8:410–426

Collier RB (1999) Paths toward democracy: the working class and elites in western europe and South America. Cambridge University Press, New York

Colquitt JA et al (2001) Justice at the millennium: a meta-analytic review of 25 years of organizational justice research. J Appl Psychol 86:425–445

Decker O, Brähler E (Hrsg) (2020) Autoritäre Dynamiken: Alte Ressentiments – neue Radikalität. Leipziger Autoritarismus Studie 2020. Psychosozial-Verlag, Leipzig (https://www.boell.de/sites/default/files/2020-11/Decker-Braehler-2020-Autoritaere-Dynamiken-Leipziger-Autoritarismus-Studie.pdf?dimension1=ds_leipziger_studie)

Dryzek JS (2009) Democratization as deliberative capacity building. Comp Polit Stud 42(11):1379–1402

Felicetti A (2018) A deliberative case for democracy in firms. J Bus Ethics 150(3):803–814

Ferreras I (2017) Firms as political entities. Saving democracy through economic bicameralism. Cambridge University Press, Cambridge

Fishkin JS (2018) Democracy when the people are thinking: revitalizing our politics through public deliberation. Oxford University Press, Oxford

Flecha R, Cruz SI (2011) Cooperation for economic success. The mondragon case. Anaylse Krit 33(1):157–170

Frega R, Herzog L, Neuhäuser C (2019) Workplace democracy – the recent debate. Philos Compass. https://doi.org/10.1111/phc3.12574

Gerlsbeck F, Herzog L (2020) The epistemic potentials of workplace democracy. Rev Soc Econ 78(3):307–330

Guerrero A (2014) Against elections: the lottocratic alternative. Philos Public Aff 42(2):135–178

Habermas J (1961) Strukturwandel der Öffentlichkeit. Suhrkamp, Frankfurt am Main

Habermas J (1981) Theorie des kommunikativen Handelns, Band II: Zur Kritik der funktionalistischen Vernunft. Suhrkamp, Frankfurt am Main

Hall P, Soskice D (2001) Varieties of capitalism. The institutional foundations of comparative advantage. Oxford University Press, Oxford

Herzog L (2019) Die Rettung der Arbeit. Ein politischer Aufruf. Hanser, Berlin

Hirschman AO (1970) Exit, voice, and loyalty. Responses to decline in firms, organizations and states. Harvard University Press, Cambridge

Kuhlmann M (2002) Group work and democracy. In: Docherty P, Forslin J, Shani AB (Hrsg) Creating sustainable work systems – emerging perspectives and practices. Routledge, New York London, S 126–138

Krüger A (2021) Islands of deliberative capacity in an ocean of authoritarian control? The deliberative potential of self-organised teams in firms. Bus Ethics Q. https://doi.org/10.1017/beq.2021.39

Landemore L (2020) Open democracy: reinventing popular rule for the twenty-first century. Princeton University Press, Princeton

Library of Congress (2019) The Gettysburg Address. https://www.history.com/topics/american-civil-war/gettysburg-address. Zugegriffen: 8. Febr. 2023

Marmot M (2004) The status syndrome. How social standing affects our health and longevity. Holt, New York

McGregor D (1960) The human side of enterprise. McGraw-Hill, New York

Ober J (2010) Democracy and knowledge: innovation and learning in classical Athens. Princeton University Press, Princeton

Pateman C (1970) Participation and democratic theory. Cambridge University Press, Cambridge

Pek S (2021) Drawing out democracy: the role of sortition in preventing and overcoming organizational degeneration in worker-owned firms. J Manag Inq 30(2):193–206

Schmidt V, Wood M (2019) Conceptualizing throughput legitimacy: Procedural mechanisms of accountability, transparency, inclusiveness and openness in EU governance. Public Admin 97:727–740

Spencer EM et al (2000) Organization ethics in health care. Oxford University Press, New York Oxford

Statista (2023) Anzahl der Mitglieder des Deutschen Gewerkschaftsbundes (DGB) von 1994 bis 2021. https://de.statista.com/statistik/daten/studie/3266/umfrage/mitgliedszahlen-des-dgb-seit-dem-jahr-1994/. Zugegriffen: 8. Febr. 2023

Whiteside DB, Barclay LJ (2013) Echoes of silence: employee silence as a mediator between overall justice and employee outcomes. J Bus Ethics 116:251–266

Organisationale Resilienz als Handlungsfeld eines erweiterten Betrieblichen Gesundheitsmanagements – den Unternehmenserfolg nachhaltig gestalten

Oliver Hasselmann und Birgit Schauerte

Inhaltsverzeichnis

12.1 Zeitenwende in der Arbeitswelt – 194

12.2 Organisationale Resilienz als Handlungsfeld eines erweiterten BGMs – 195

12.3 Die Umsetzung in der BGM-Praxis – 198

12.4 Ausprägung der OR in ausgewählten Unternehmen – 201
12.4.1 Indikatoren zur Organisationalen Resilienz – 201
12.4.2 Indikatoren zur Teamresilienz – 202

12.5 Fazit und Schlussfolgerungen – 203

Literatur – 204

Zusammenfassung

Der Artikel betrachtet die Entwicklung der Organisationalen Resilienz als Notwendigkeit, damit Unternehmen den Herausforderungen einer Zeitenwende präventiv begegnen können. Es wird aufgezeigt, dass die Förderung der Organisationalen Resilienz durch die Verankerung in bereits vorhandene Managementstrukturen ressourcenschonend und zielführend sein kann. Integriert in den Prozess eines ganzheitlichen Betrieblichen Gesundheitsmanagements (BGMs) können die Handlungsfelder der Organisationale Resilienz (OR) gezielt betrachtet und entwickelt werden. Unternehmen profitieren davon, indem sie widerstands- und anpassungsfähiger gegenüber unerwarteten Veränderungen werden. Sie können damit flexibler und proaktiv in Zeiten des Wandels reagieren oder sogar gestärkt aus Rückschlägen hervorgehen.

Herausgearbeitet wird, welche Chancen sich durch eine fokussierte Betrachtung der resilienzstärkenden Handlungsfelder im Rahmen eines erweiterten BGMs ergeben. Die Befragungsergebnisse mit 27 Unternehmen geben einen ersten praxisnahen Einblick in die unternehmensspezifische Ausprägung der Organisationellen Resilienz.

12.1 Zeitenwende in der Arbeitswelt

Eine Zeitenwende kann als Beginn einer neuen Ära der Menschheitsgeschichte verstanden werden. Sie geht mit bedeutenden und einschneidenden Veränderungen von Anschauungen, Werten und Rahmenbedingungen einher. Hierzu zählen beispielsweise der Beginn der christlichen Zeitrechnung, die Nutzung der Öl- und Gasvorkommen im 19. Jahrhundert und die damit verbundene industrielle Revolution, die Erfindung des Internets in den 1970-er Jahren oder das Ende des Kalten Krieges mit dem Fall der Berliner Mauer 1989 (Bär 2022).

Die heutige Arbeitswelt befindet sich durch Globalisierung, Digitalisierung, Fachkräftemangel, VUCA, New Work, Arbeit 4.0 und den zunehmenden Einfluss der Künstlichen Intelligenz (KI) im Umbruch. Die Herausforderungen sind mit den Ereignissen der letzten Jahre wie Corona, wirtschaftliche Krisen durch Krieg, Energieengpässe, zusammenbrechende Lieferketten oder dem Klimawandel in vielen Unternehmen gestiegen.

Unsere Wirtschafts- und Arbeitswelt verändern sich damit in Bezug auf Unvorhersehbarkeit, Dynamik, Komplexität und Mehrdeutigkeit von Zusammenhängen und Entwicklungen. Im betrieblichen Management wird seit den 1990er/2000er Jahren auf das VUCA-Konzept zurückgegriffen. Es beschreibt den Wirtschaftsraum als **v**olatil (unbeständig), **u**ncertainty (unsicher), **c**omplexity (komplex) und **a**mbiguity (mehrdeutig). VUCA bietet einen Handlungsrahmen, um in dieser dynamischen und unsicheren Wirtschafts- und Geschäftswelt lösungsorientiert Strategien entwickeln zu können (Lenz 2019, S. 52). 2020 fügte Cascio mit dem BANI-Frameset eine emotionale Perspektive hinzu. Das Akronym geht von einer chaotischen Welt aus, in der Entwicklungen nicht mehr nachvollziehbar sind und Entscheidungen unvorhersehbare Auswirkungen haben. Das „B" steht für Brittle (brüchig, porös). Gemeint ist, dass Strukturen oder Organisationen schnell zerbrechen können, sobald sie unter Druck geraten, weil frühzeitig aufgebaute kompensierende Strategien fehlen. In unserer globalisierten und vernetzten Welt sind Kettenreaktionen die Folge, die dazu führen, dass weitere Unternehmen und Akteure betroffen sind, z. B. die Abhängigkeit von Rohstoffen oder die Auswirkungen der Weltfinanzkrise 2007 (Mauritz 2021). Der permanente Wandel führt zu großen Unsicherheiten und Verlustängsten (A – Anxious/ängstlich), die zu Hilflosigkeit, Passivität und Verzweiflung führen können. Das „N" steht für Nonlinear (nicht geradlinig) und beschreibt komplexe Systeme, die es fast unmöglich machen, langfristige Auswirkungen von Veränderungen und Entscheidungen zu prognostizieren (z. B. Entwicklung der Energie- und Strompreise). Das „I" steht für Incomprehensible (unbegreiflich) und beschreibt, dass die Entwicklungen in dieser chaotischen, komplexen Welt bei fehlenden Wirkungszusammenhängen und einer enormen Informationsflut nur sehr schwer zu begreifen sind (Cascio 2020; Mauritz 2021).

Beide Konzepte betonen das dichte Geflecht von unklaren Ursachen und Zusammenhängen, die komplex und nur selten nachvollziehbar sind. Sie unterliegen vielfältigen Trends und werden oftmals als chaotisch und unkalkulierbar empfunden. Hierzu gehören politische Brandherde (wie z. B. der Ukrainekrieg oder der China-Taiwankonflikt), der Klimawandel, die Inflation, der Fachkräftemangel oder Lieferkettenproblematiken. All dies verursacht starke Umbrüche und Veränderungen, denen sich Unternehmen nicht dauerhaft entziehen können. Beide Konzepte versuchen die Herausforderungen zu strukturieren sowie Chancen und Risiken zu identifizieren, um daraus Handlungsstrategien zu entwickeln. Dabei ergänzen sie sich gegenseitig. Während sich VUCA in der Arbeitswelt bereits als Handlungsprinzip bewährt und etabliert hat, ergänzt BANI den Ansatz im Hinblick auf die emotionalen Effekte der Entwicklungen und eröffnet damit zusätzliche Perspektiven (Grabmeier 2020).

Wie kann es also gelingen, in dieser komplexen, dynamischen und teils chaotischen Arbeitswelt das Wohlbefinden und die Widerstandfähigkeit der Beschäftigten zu fördern und gleichzeitig das gesamte Unternehmen robust und produktiv gegenüber Krisen und Veränderungen aufzustellen? In diesem Kontext kommt der OR eine bedeutende Rolle zu.

OR ist die Fähigkeit von Organisationen bzw. Unternehmen, sich in einem dynamischen Umfeld neu zu positionieren, sich anzupassen und gezielt auf Veränderungen zu reagieren. Resilienten Unternehmen gelingt es, Risiken frühzeitig zu erkennen, flexibel und lösungsorientiert zu agieren und Bedrohungen abzuwenden (Hartwig et al. 2016, S. 4). Jedes Unternehmen ist resilient, jedoch sind deren Ausprägungen sehr unterschiedlich. Als dynamischer Prozess verstanden, kann OR präventiv weiterentwickelt werden, damit Beschäftigte und Unternehmen auch in Zeiten der Veränderung gesund, motiviert und produktiv bleiben.

Für die positive Entwicklung und Förderung der OR braucht es eine ganzheitlich und nachhaltig ausgerichtete Strategie. Diese kann im Rahmen eines erweiterten ganzheitlichen BGMs betrachtet und umgesetzt werden. Als Best Practice Beispiel kann an dieser Stelle die „Toolbox Resilienz" von Siemens genannt werden. Differenziert in die individuelle Resilienz, die Teamresilienz und die organisationsbezogene Resilienz hat Siemens im Rahmen des Healthmanagements eine Toolbox zur Förderung der OR entwickelt. Neben individuellen und Teamangeboten werden insbesondere Prozesse, Strukturen, Führung und Kultur im Unternehmen fokussiert (Rössle et al. 2021, S. 577 ff.).

Die Umsetzung eines ganzheitlichen BGMs und die Stärkung der OR sind betriebliche Handlungsfelder, die als Managementaufgaben verstanden werden müssen, um die Herausforderungen einer Zeitenwende mitarbeiterorientiert gestalten zu können und die Wettbewerbsfähigkeit zu sichern (Soucek und Ziegler 2022, S. 12).

12.2 Organisationale Resilienz als Handlungsfeld eines erweiterten BGMs

Mit der ISO-Norm 22316 aus dem Jahr 2017 wird OR als Fähigkeit einer Organisation bezeichnet, etwas abzufedern und sich einer sich verändernden Umgebung anzupassen, um damit Ziele zu erreichen, zu überleben und zu gedeihen (Löwe 2022, S. 465). Optimalerweise gelingt es sogar, Veränderungen zu erahnen, ihnen proaktiv zu begegnen und die OR als strategischen Wettbewerbsfaktor zu nutzen. Resiliente Organisationen sind in der Lage, trotz schwer kalkulierbarer Veränderungen die Balance zwischen dem psychischen Bedürfnis nach Sicherheit sowie der Notwendigkeit, flexibel und agil reagieren zu müssen, herzustellen (Rössle et al. 2021, S. 576). Dabei ist die Resilienz einer Organisation weder statisch,

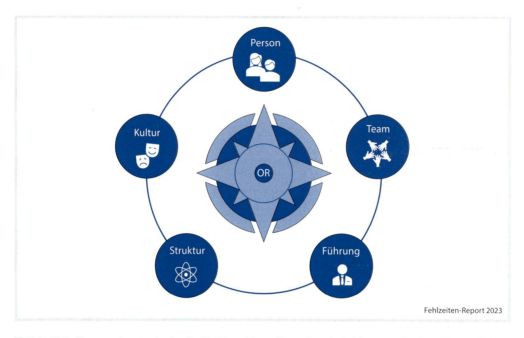

◼ **Abb. 12.1** Kompass der organisationalen Resilienz. Eigene Darstellung in Anlehnung an Stork und Grund (2021)

noch hat sie eine zu erreichende Zielgröße. Sie lässt sich vielmehr als dynamisch, vielschichtig und komplex charakterisieren. Sie kann als innere Qualität, Kompetenz oder kulturelle Eigenschaft betrachtet werden (Stork und Grund 2021, S. 584). Das bedeutet, dass sich OR entwickeln, fördern und verbessern lässt. Umgekehrt verblasst die Fähigkeit bei Vernachlässigung und ausbleibender Pflege. Studien zeigen, dass resiliente Unternehmen deutlich weniger Arbeitsunfähigkeits (AU)- und Präsentismustage aufweisen. Waltersbacher et al. konnten 2021 im Rahmen einer repräsentativen Befragung mit 2.500 Erwerbstätigen zwischen 20 und 65 Jahren zeigen, dass Beschäftigte resilienter Unternehmen durchschnittlich 7,7 Tage ausfielen, während es bei weniger resilienten Unternehmen 11,9 krankheitsbedingte Fehltage waren. Neben den reinen Fehltagen leiden Beschäftigte resilienter Unternehmen seltener unter Angstzuständen, Niedergeschlagenheit oder Lustlosigkeit. Ebenso sinkt die Präsentismusquote (Waltersbacher et al. 2021, S. 99). Dies ist jedoch kein Selbstläufer. Becke et al. (2021) zeigten anhand verschiedener Fallstudien, dass Resilienzfaktoren positive Effekte auf die Gesundheit der Beschäftigten haben können. Hierzu gehört eine Führung, die Orientierung und Stabilität gewährleistet und ihre Teammitglieder unterstützt, eine transparente Kommunikation, der soziale Zusammenhalt sowie flexible arbeitsorganisatorische Anpassungen an die jeweilige betriebliche Situation (Becke et al. 2021, S. 243).

Für die betriebliche Praxis bedeutet dies, vorhandene BGM-Strukturen gezielt zu nutzen, um präventiv OR-Kompetenzen zu erweitern. Stork und Grund (2021) differenzieren in diesem Kontext einen Kompass mit fünf Handlungs- und Gestaltungsfelder „Person", „Team", „Führung", „Struktur & Prozesse" sowie „Kultur & Vision" (siehe ◼ Abb. 12.1).

Ziel ist es, die Förderung der OR in eine mitarbeiterorientierte Unternehmenskultur zu integrieren. Diese wird in einer positiven und vorausschauenden Haltung des Managements spürbar, das Bedrohungen und Krisen frühzeitig erkennt und beteiligungsorientiert mit flexiblen Lösungen reagiert. Solche Anpassungsbemühungen haben auf Beschäftigtenebene Auswirkungen auf die Arbeitsbedingungen (Arbeitsabläufe, Arbeitsaufgaben usw.) und das Miteinander. Gleichzeitig gehen sie häufig mit großen Unsicherheiten und Ängsten einher. Führungskräfte sind dann gefragt, diese Bedenken und Ängste ernst zu nehmen, Teams durch eine sinnstiftende und transparente Kommunikation mitzunehmen und damit Orientierung und Sicherheit zu geben. Dies ist von besonderer Bedeutung, da die Führungskräfte eine Belegschaft brauchen, die den Wandel mitgestaltet und unterstützt (Rössle et al. 2021, S. 577; Gronau et al. 2019, S. 324).

Während Interventionen zur Verbesserung der individuellen Resilienz (z. B. in Form von Resilienzseminaren oder Workshops auf Mitarbeiterebene) bereits zu den etablierten Angeboten im Rahmen von BGM-Prozessen gehören, gewinnt die Betrachtung der anderen vier Handlungsfelder in Unternehmen an Bedeutung. Diese (vgl. ◘ Abb. 12.1) sind als sich gegenseitig bedingende und verstärkende Bereiche zu betrachten, die untereinander über zahlreiche Schnittmengen verfügen. Die Ausprägung der OR basiert auf der individuellen Resilienz (Person) der Mitarbeitenden, welche wiederum von den unterstützenden Rahmenbedingungen der Organisation abhängig ist und damit die Entwicklung der individuellen Resilienz beeinflusst (Stork und Grund 2021, S. 584 ff.). Darüber hinaus bieten die weiteren Handlungsfelder „Team", „Führung", „Struktur & Prozesse" sowie „Kultur & Vision" vielfältige zu fokussierende Gestaltungsspielräume im Rahmen eines erweiterten BGMs. Zur Förderung der OR braucht es eine positive Haltung auf allen Managementebenen, um die beschriebenen Herausforderungen der VUCA- und BANI-Welt proaktiv und beteiligungsorientiert managen zu können. Die resilienzunterstützenden Rahmenbedingungen müssen vom Management gestaltet werden, damit sich die Individuelle- und die Teamresilienz entfalten können (Soucek et al. 2019, S. 103).

Trotz der vielfältigen Schnittmengen unterscheiden sich BGM und OR in ihrer betriebsstrategischen Ausrichtung. Während es sich beim BGM um eine betriebliche Managementstruktur handelt, ist OR eine gestaltbare Fähigkeit (s. o.). Ein BGM beinhaltet neben Maßnahmen zur betrieblichen Gesundheitsförderung, den Arbeits- und Gesundheitsschutz sowie das Betriebliche Eingliederungsmanagement. Optimalerweise ist es in betriebliche Managementstrukturen integriert und wird durch einen Steuerkreis mit Expertise, Budget und Entscheidungsbefugnissen beteiligungsorientiert umgesetzt. Ziel des BGMs ist die Förderung der Gesundheit, des Wohlbefindens und der Erhalt der Arbeitsfähigkeit der Beschäftigten. Die klassischen Handlungsfelder liegen in der Gestaltung gesundheitsförderlicher und motivierender Arbeitsbedingungen (z. B. Ergonomie, Arbeitsorganisation, Miteinander) einer mitarbeiterorientierten Führung und der Befähigung der Beschäftigten für einen gesunden Lebens- und Arbeitsstil (z. B. Bewegung, Ernährung, Stress und Entspannung). Unter Berücksichtigung der beschriebenen Veränderungen gestaltet ein zeitgemäßes BGM Arbeitswelten, in denen Menschen gut, gerne und gesund arbeiten. Insbesondere der gesellschaftliche Wertewandel und der Eintritt jüngerer Generationen in den Arbeitsmarkt eröffnen dem BGM neue Wege. Die Erwartungen jüngerer Generationen an Arbeit zeichnen sich durch Sinnstiftung, Selbstbestimmung, Partizipation, erweiterte Handlungs- und Entscheidungsspielräume oder Arbeitszeitsouveränität aus (Soucek et al. 2019, S. 112; Stork und Grund 2021, S. 585). Vertrauen, Fairness, Wertschätzung, Partizipation und Sinnstiftung gehören zu den Voraussetzungen für erfolgreiche BGM- und OR-Prozesse. In der Praxis kann dies z. B. durch arbeitsorganisatorische Optimierungen, Beteiligungsorientierung, Teambuildingmaßnahmen, Erweiterung von Handlungsspielräumen oder der Befähigung für einen gesunden Arbeits- und Lebensstil umgesetzt werden (Hasselmann und Schauerte 2022, S. 486). Diese und andere BGM-Maßnahmen fokussieren auch die Ent-

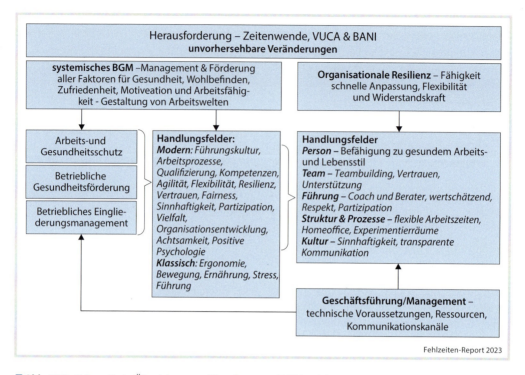

Abb. 12.2 Schematische Übersichtsicht zur Einordnung von BGM und OR. (Eigene Darstellung)

wicklung der OR im Rahmen des BGM-Prozesses (siehe ◘ Abb. 12.2).

Dabei geben gerade in Zeiten des Wandels Beteiligungsorientierung und Handlungsspielräume für Beschäftigte sowie der soziale Zusammenhalt, Hilfsbereitschaft, Solidarität, Unterstützung, Sicherheit und Vertrauen. Stressmanagement und organisatorische Optimierungen, wie flexible Arbeitszeiten oder die Förderung der Life-Balance, gehen insgesamt mit gesundheitsförderlichen und motivationalen Effekten einher und fördern damit auch die organisationale Resilienz eines Unternehmens (Becke et al. 2021, S. 243). Gleichzeitig ist Resilienz sowohl auf individueller als auch auf team- oder organisationaler Ebene eine Ressource zum Erhalt der psychischen Gesundheit (Soucek et al. 2019, S. 110).

Die Förderung und Entwicklung der Resilienz werden in VUCA- und BANI-Zeiten zu einer Art Lebensversicherung für Unternehmen. Nur wer sich schnell anpassen kann und proaktiv auf Veränderungen reagiert, bleibt wettbewerbsfähig oder kann sogar gestärkt aus Rückschlägen hervorgehen. OR kann als Schwerpunktthema im BGM entwickelt werden, indem die Analysen und Maßnahmen sich auf die Handlungsfelder der OR konzentrieren (siehe ▶ Abschn. 12.3). Die Geschäftsführung bzw. das Management sind aufgefordert, mit einer positiven Haltung Ressourcen, agile Prozesse und Qualifizierungen zur Verfügung sowie eine transparente Kommunikation sicher zu stellen.

12.3 Die Umsetzung in der BGM-Praxis

Die Betrachtung der Handlungsfelder der OR im Rahmen eines ganzheitlichen BGMs lassen sich beispielhaft am BGM-Prozess (siehe Hupfeld und Wanek 2022, S. 110 ff) skizzieren:

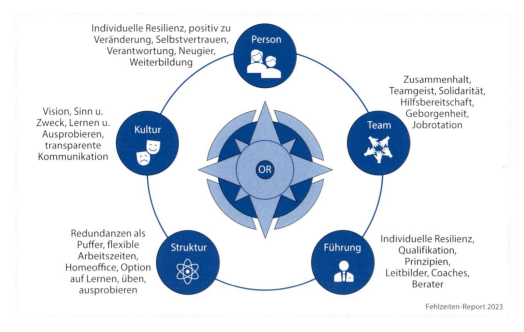

◘ **Abb. 12.3** Kompass der organisationalen Resilienz, Handlungs- und Gestaltungsfelder. Eigene Darstellung in Anlehnung an Stork und Grund (2021)

Bereits in der **Analysephase** eines BGMs können durch Mitarbeiterumfragen Erkenntnisse zur Ausprägung der OR in den einzelnen Handlungsfeldern gewonnen werden. Beispielsweise erlauben Angaben zu Handlungsspielräumen, zur Partizipation, zur Unterstützung durch Vorgesetzte/KollegInnen, zur Kommunikation oder auch zur Wertschätzung erste Rückschlüsse zu den Ausprägungen der OR. Der im Rahmen eines Forschungsprojektes entwickelte Resilire-Fragebogen (Soucek 2016), betrachtet die Resilienzausprägung explizit auf individueller-, Team und auf organisationaler Ebene (Soucek 2015, S. 7). Aufbauend auf diesen Ergebnissen können in einem Kick-Off-Workshop mit dem Management und in Team-Workshops mit Beschäftigten die verschiedenen Ebenen differenziert betrachtet und beteiligungsorientiert Ideen zur Stärkung der OR erarbeitet werden (siehe ◘ Abb. 12.3).

Die **Planung** und **Maßnahmenumsetzung** durch den BGM-Steuerungskreis basieren auf den Erkenntnissen der Analysephase und den definierten Zielen zur Stärkung der OR. Damit können Entwicklungspfade in den einzelnen Handlungsfeldern ◘ Abb. 12.3. aufzeigt werden. Konkrete Beispiele sind:

Person – Individuelle Resilienz zeichnet sich durch eine positive Grundhaltung, Optimismus, ein stabiles, soziales Umfeld mit Unterstützungsmöglichkeiten sowie Akzeptanz und Verständnis gegenüber den Umständen und Veränderungen aus. Zudem spielen Lösungs- und Zielorientierung, Selbstwirksamkeit, die Bereitschaft, Verantwortung zu übernehmen, Neugier und eine gute Fehlerkultur und Achtsamkeit eine wichtige Rolle.
Um dies zu fördern, sollten Unternehmen ihren Beschäftigten breite Handlungsspielräume und Qualifikationen einräumen, sie an Prozessen beteiligen, ihnen Unterstützung zukommen lassen und darauf achten, dass ein wertschätzendes und positives Miteinander im Unternehmen spürbar ist (Heller und Gallenmüller 2019, S. 9). Bei mobiler Arbeit sind auch Beratungen zur Gestaltung der Arbeit

im Homeoffice und zur Stärkung des sozialen Miteinanders hilfreich. Im Rahmen eines BGMs befähigen Seminare und Workshops zur Stärkung der individuellen Resilienz Mitarbeitende selbstwirksam mit Veränderungen umgehen zu können und vermitteln belastungsverändernde Strategien.

Team – Resilienzfördernde Eigenschaften innerhalb eines Teams sind z. B. Hilfsbereitschaft, Solidarität und gegenseitige Unterstützung. Wenn es gelingt, Teamgeist und Zusammenhalt zu entwickeln und alle Teammitglieder auf Augenhöhe miteinander kommunizieren, entsteht ein Gefühl von Geborgenheit und Sicherheit. Auch gegenseitiger Respekt und gegenseitige Unterstützung wirken sich förderlich aus. Das psychische Bedürfnis nach Sicherheit wächst in einer sich permanent wandelnden Welt. Umso bedeutender ist es, durch Teamentwicklungs-Workshops diesem Bedürfnis zu entsprechen und das Team als „sicheren Hafen" zu entwickeln (Stork und Grund 2021, S. 585, 586).

Führung – Die Führungskräfte sollten sich als Coaches und Beratende ihrer Teammitglieder verstehen, deren Aufgabe es ist, das Team zu fördern und zu entwickeln. Hierzu gehört eine gute Beziehung, der Aufbau von Vertrauen, Verständnis und Empathie. Weitere Charakteristika sind Authentizität, die Förderung von Flexibilität und Vielfalt, Transparenz und Gerechtigkeit sowie die Vermittlung von Sinnhaftigkeit der Arbeit. Wenn Führungskräfte nach diesen Prinzipien handeln, sind die Voraussetzungen für die Förderung der OR geschaffen (Stowasser und Pechl 2019, S. 147). Zu erreichen ist dies z. B. mit Führungskräfte-Seminaren und Workshops im Rahmen eines BGMs. Es bedarf einer gelebten Unternehmenskultur, die diesen Führungsstil unterstützt.

Struktur – Um ein Geschäftsmodell resilient zu gestalten, ist es wichtig, einen „Plan B" als Standard zu entwickeln. Viele Unternehmen wurden während des Corona-Lockdowns von ihrer Kundschaft abgeschnitten. Als hilfreich erwies es sich in diesem Kontext über weitreichende digitale Möglichkeiten und Angebote zu verfügen. Unternehmen sollten somit möglichst flexible Arbeitszeiten und Orte ermöglichen, z. B. durch Verankerungen in einer Betriebsvereinbarung. Dies schafft sichere und kalkulierbare Rahmenbedingungen. Es ist entscheidend, die Balance zwischen Flexibilität und Sicherheit zu finden, um weder in das eine noch in das andere Extrem zu geraten, sondern ein schnelles und flexibles Reagieren zu ermöglichen (Stork und Grund 2021, S. 585, 586).

Kultur – OR muss sich in der gelebten Unternehmenskultur widerspiegeln. Entscheidend ist, gemeinsam eine klare Vision für die Zukunft zu entwickeln und den Zweck und die Sinnhaftigkeit dieser Ziele deutlich zu machen. Notwendige Veränderungen müssen transparent, nachvollziehbar und plausibel kommuniziert werden. Nur so kann die Akzeptanz (siehe individuelle Resilienz) und die Bereitschaft, sein Bestes auch im Veränderungsprozess zu geben, gefördert werden. Experimentierräume, in denen Neues erprobt und Etabliertes verbessert werden kann, sollten hierfür zur Verfügung gestellt werden. Damit entsteht eine unterstützende Lernkultur, die aus Neugier und Ideen Innovationen entstehen lässt. Dahinter sollten eine klare Haltung und Unterstützung durch das Management stehen (Stork und Grund 2021, S. 585, 586).

Das Management steht in der Verantwortung, eine lösungsorientierte Haltung einzunehmen und die Aktivitäten zur Förderung der OR im Rahmen eines erweiterten BGMs zu unterstützen. Der Veränderungsprozess muss durch eine transparente und motivierende Kommunikationsstrategie für alle Beteiligten sinnstiftend und nachvollziehbar dargestellt werden. Die definierten Entwicklungspfade in den Handlungsfeldern des Kompasses sollten im BGM-Steuerungskreis kontinuierlich betrachtet, angepasst und durch gezielte Maßnahmen weiterentwickelt werden. Mittels einer erneuten Befragung mit dem Resilire-Fragebogen lassen sich messbare Fortschritte deutlich machen.

12.4 Ausprägung der OR in ausgewählten Unternehmen

Mit dem Ziel, einen ersten Eindruck über die derzeitige Ausprägung der OR in Unternehmen zu erhalten, wurde vom BGF-Institut von Januar bis Mitte Februar 2023 eine anonymisierte, digitale Unternehmensbefragung mit dem Resilire-Fragebogen durchgeführt, an der sich 27 Unternehmen beteiligten (Soucek 2016; ▶ www.resilire.de).

Von den 27 Unternehmen beschäftigten 11 Unternehmen mehr als 250 Mitarbeitende und weitere 11 Unternehmen zwischen 51 und 250 Mitarbeitende. Vier Unternehmen gehören mit 26–50 Beschäftigen zu den kleineren Betrieben und bei einem Unternehmen handelt es sich um ein Kleinunternehmen mit weniger als 25 Beschäftigten. Diese Vielfalt zeigt sich auch in der Branchenverteilung. Sie reicht von Großhandel und Gastronomie über soziale Einrichtungen der Bildung und des Gesundheitswesens, dem öffentlichen Dienst und Verwaltungen bis zu gewerblich-industriellen Betrieben. Der Fragebogen wurde von BGM- oder Personalverantwortlichen beantwortet und in den kleineren Unternehmen (26–50 Beschäftigte) von den Geschäftsführungen.

Die Befragung fokussierte insbesondere die Organisationale- und die Teamresilienz. Die organisationale Resilienz wurde durch nachfolgende Fragen (siehe ◘ Abb. 12.4) ermittelt. Zur Bewertung stand den Teilnehmenden eine Skala von *1 = trifft überhaupt nicht zu* bis *7 = trifft voll und ganz zu* zur Verfügung.

12.4.1 Indikatoren zur Organisationalen Resilienz

— *„Die Organisation/das Unternehmen hält die Mitarbeitenden über die aktuellen Entwicklungen am Markt auf dem Laufenden"* – Mittelwert 4,8
Die Mehrheit der Befragten ist der Meinung, ihre Beschäftigten über die aktuellen Marktentwicklungen gut zu informieren. Daraus lässt sich schlussfolgern, dass aus deren Perspektive in den Unternehmen eine gute und transparente Kommunikation umgesetzt wird und marktbedingte Veränderungen gegenüber der Belegschaft authentisch, plausibel und nachvollziehbar kommuniziert werden.
— *„Wir haben eine klare Vorstellung von den internen Abläufen und Zuständigkei-*

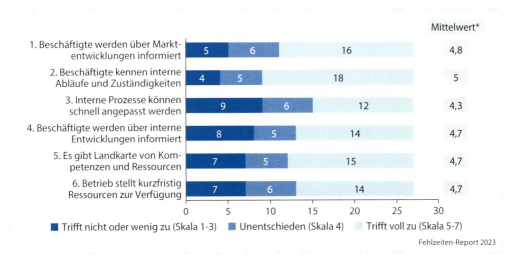

◘ Abb. 12.4 Indikatoren der Organisationalen Resilienz, Befragung Januar 2023. (Eigene Darstellung)

ten innerhalb der Organisation" – Mittelwert 5,0

Interne Abläufe, Zuständigkeiten und Prozesse sind in den meisten Unternehmen (18) klar definiert. Damit ist auch geregelt, wer im Kontext von Veränderungen verantwortlich ist und Maßnahmen auf den Weg bringen muss. Auch im BGM sind Arbeitsprozesse und Arbeitsorganisation wichtige Handlungsfelder für gesunde, leistungsbereite und engagierte Mitarbeitende.

- *„Die internen Prozesse der Organisation (z. B. Kommunikation und Produktion) können schnell und einfach an neue Gegebenheiten angepasst werden"* – Mittelwert 4,3

  Die Anpassungsfähigkeit der internen Prozesse ist in den meisten Unternehmen (15) noch ausbaufähig. Diese Anpassungsfähigkeit ist ein wesentlicher OR-Faktor, denn im Falle einer Krise geht es darum, in bestehenden Strukturen lösungsorientiert agieren zu können.

- *„Die Mitarbeitenden werden über interne Entwicklungen in der Organisation auf dem Laufenden gehalten"* – Mittelwert 4,7

  Während die Mehrzahl der Unternehmen gut über die Marktlage informieren, sind es bei der Kommunikation über interne Entwicklungen mit 14 Unternehmen nur die Hälfte, die sich hier gut einschätzen. Dies zeigt, dass die interne Kommunikation und deren Transparenz ein weiteres Handlungsfeld darstellen, welches Verbesserungspotential birgt.

- *„Wir haben eine gute ‚Landkarte' von den Kompetenzen und Ressourcen in der Organisation"* – Mittelwert 4,7

  15 Unternehmen geben an, gute Kenntnisse über die im Unternehmen vorhandenen Kompetenzen zu haben. Im Zuge des Kompetenzmanagements geht es häufig um generationsübergreifende Teams sowie um Fort- und Weiterbildungen.

- *„Im Bedarfsfall stellt die Organisation auch kurzfristig Ressourcen zur Verfügung, um schnell auf Veränderungen reagieren zu können"* – Mittelwert 4,7

  Die Hälfte der Unternehmen stellt im Bedarfsfall ein Budget und personelle Ressourcen zur Verfügung, um schnell auf Veränderungen reagieren zu können. Dies ist ein wesentlicher Baustein für mehr Flexibilität, Agilität und Anpassungsfähigkeit in Veränderungsprozessen.

12.4.2 Indikatoren zur Teamresilienz

- *„Wir sind immer auf dem aktuellsten Stand, was Veränderungen betrifft, die für unser Team relevant sein könnten"* – Mittelwert 5,4

  Aus Sicht der Befragten ist das Vertrauen in die Kommunikation auf Teamebene insgesamt stärker ausgeprägt. Damit ist davon auszugehen, dass in den meisten Unternehmen die transparente Vermittlung zu Veränderungsprozessen auf Teamebene gut funktioniert.

- *„Wenn es in unserem Team zu Irrtümern und Fehlern kommt, dann nehmen wir dies zum Anlass, unsere Zusammenarbeit auf den Prüfstand zu stellen"* – Gesamt 5,3

  Der Umgang mit Fehlern basiert nach Ansicht der BGM- bzw. Personalverantwortlichen in 18 Unternehmen auf einer Teamkultur, in der Fehler zum Anlass genommen werden, die Zusammenarbeit zu verbessern und zukünftige Fehler zu vermeiden. D. h. die Beschäftigten erfahren auch bei Fehlern Unterstützung durch die Führungskraft und die Teammitglieder.

- *„Wenn ein Problem aufgetreten ist, dann überprüfen wir, ob die Aufteilung der Aufgaben und Arbeitsabfolge im Team verbessert werden kann"* – Gesamt 5,3

  Den Umgang mit Problemen bewerten die Befragten in den meisten Unternehmen lösungsorientiert. Durch die Anpassung der Aufgabenverteilung kann die Passgenauigkeit zwischen Akteuren und Aufgaben

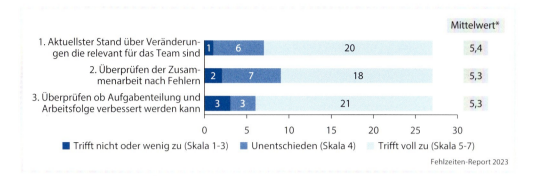

◘ **Abb. 12.5** Indikatoren Teamresilienz, Befragung im Januar 2023. (Eigene Darstellung)

verbessert werden. Es geht darum Stärken zu stärken und die Teammitglieder entsprechend ihrer Fähigkeiten, Kompetenzen, Interessen und Bedürfnisse einzusetzen.

Insgesamt lässt sich schlussfolgern, dass die Teamresilienz in den befragten Unternehmen aus Perspektive der Befragten besser ausgeprägt ist als die organisationale Resilienz. Ein Großteil der Unternehmen gibt an, innerhalb der Teams gut zu kommunizieren, aus Fehlern zu lernen und sich zu bemühen die Teammitglieder ihren Aufgaben entsprechend einzusetzen.

Die Ausprägung der Organisationalen Resilienz wird von mehreren Unternehmen kritischer bewertet. Insbesondere bei der Anpassungsfähigkeit interner Prozesse und hinsichtlich der kurzfristigen Bereitstellung von Ressourcen in Veränderungsprozessen wird Verbesserungspotential gesehen. Für die BGM-Beratungspraxis zeigt sich, dass der Resilire Fragebogen für eine erste Einschätzung der Organisationalen- und Teamresilienz gut geeignet ist und Entwicklungspfade aufzeigt, die im Rahmen von BGM-Prozessen in Workshops mit dem Management oder Teams zur Förderung der OR weiter ausgebaut werden können.

12.5 Fazit und Schlussfolgerungen

Die präventive Entwicklung der OR und damit der Anpassungsfähigkeit und Widerstandskraft gegenüber rasanten und grundlegenden Veränderungen in der VUCA- und BANI-Welt entfaltet positive Effekte, wenn alle Unternehmensbereiche angesprochen werden. Durch Flexibilität, Transparenz und Widerstandskraft sind Unternehmen in der Lage, auf Herausforderungen zu reagieren, wettbewerbsfähig zu bleiben und gleichzeitig ihre Arbeitswelt so zu gestalten, dass Gesundheit, Wohlbefinden, Engagement und Identifikation gefördert werden. Es konnte hergeleitet werden, dass die Ausprägung der OR im Rahmen eines erweiterten BGMs ganzheitlich betrachtet und gezielt weiterentwickelt werden kann. Hierzu können Entwicklungspfade in den Handlungsfeldern des Resilienzkompasses (◘ Abb. 12.3) definiert und im BGM-Prozess, durch die in ▶ Abschn. 12.3 dargestellten Maßnahmen, gefördert werden. Damit kann die präventive Entwicklung der OR in den bestehenden BGM-Managementprozess integriert werden. Die Entwicklung der OR als erweitertes Handlungsfeld eines BGMs zu begreifen, ist auch aus Perspektive der gesetzlichen Krankenkassen zielführend, da die beschriebenen Analysen und Interventionen in den Handlungsfeldern leitfadenkonform sind. Als fester Agendapunkt im BGM-Steuerungskreis kann die langfristige Weiterentwicklung der OR über die Gestaltung resilienzunterstützender Rahmenbedingungen, die Stärkung der Individuellen- und Teamresilienz, die Unterstützung von Führungskräften, eine transparente Kommunikation, eine Erweiterung von Handlungsspielräumen sowie dem Ausbau von Kompetenzen durch Qualifizierungen gelingen (Hupfeld und Wanek 2022, S. 124). Dies kann nur mit dem Commitment der Entscheidungsebenen gelingen, die entsprechenden Rahmenbedingungen schaffen und die notwendigen Ressourcen bereitstellen müssen.

Die Daten aus der Befragung zeigen, dass Unternehmen über Organisationale Resilienz verfügen, die unterschiedlich ausgeprägt sind. Im Vergleich zwischen Teamresilienz und OR zeigen die Ergebnisse Verbesserungspotenzial bei der OR. Aus unserer Sicht ist es zielführend in BGM-Prozessen die Entwicklung der OR in Unternehmen zu fokussieren, damit diese auch in Zukunft auf eine innovative und wettbewerbsfähige Unternehmensstruktur bauen können.

Abschließend kann festgehalten werden, dass die Entwicklung der OR zu einem wirtschaftlichen Erfolgsfaktor geworden ist. Unternehmen, die in Veränderungsprozessen mitarbeiterorientiert agieren, positionieren sich auch in Zeiten des Fachkräftemangels als regional attraktiver Arbeitgeber. Erfolgsentscheidend ist die Berücksichtigung und die Verknüpfung aller OR-Handlungsfelder in einem nachhaltigen BGM-Gesamtkonzept.

Literatur

Bär JA, Gesellschaft für deutsche Sprache (09.12.2022) Zeitenwende. GfdS wählt „Zeitenwende" zum Wort des Jahres 2022 Wiesbaden. https://gfds.de/wort-des-jahres-2022/. Zugegriffen: 23. Febr. 2023

Becke G, Pöser S, Zenz C (2021) Organisationale Resilienz und Gesundheitserhalt in der Corona-Krise. In: Ducki A, Schröder H, Meyer M, Badura B (Hrsg) Fehlzeiten-Report 2021. Betriebliche Prävention stärken – Lehren aus der Pandemie. Springer, Berlin, S 233–245

Grabmeier S (2020) BANI vs. VUCA. Hg v Grabmeier Stephan. https://stephangrabmeier.de/bani-vs-vuca/. Zugegriffen: 10. März 2020

Gronau A, Stender Fenn SS (2019) Gesundheit in der Arbeitswelt 4.0. In: Ducki A, Schröder H, Klose J, Meyer M, Badura B (Hrsg) Fehlzeiten-Report 2019. Digitalisierung – gesundes Arbeiten ermöglichen. Springer, Heidelberg, S 319–329

Hasselmann O, Schauerte B (2022) New Work & BGM – ein starkes Team für dsa New Normal. In: Matusiewicz D, Walle O, Lange M (Hrsg) Praxishandbuch Betriebliches Gesundheitsmanagement. Grundlagen – Standards – Trends, 1. Aufl. Haufe, Freiburg, München, Stuttgart, S 480–494

Heller J, Gallenmüller N (2019) Resilienz-Coaching: Zwischen „Händchenhalten" für Einzelne und Kulturentwicklung für Organisationen. In: Heller J (Hrsg) Resilienz für die VUCA-Welt. Individuelle und organsaitonale Resilienz entwickeln. Springer, Wiesbaden, S 3–18

Hupfeld J, Wanek V (2022) Leitfaden Prävention. Handlungsfelder und Kriterien nach § 20 Abs. 2 SGB V zur Umsetzung der §§ 20, 20a und 20b SGB V vom 21. Juni 2000 in der Fassung vom 21. Dezember 2022. In Zusammenarbeit mit den Verbänden der Krankenkassen auf Bundesebene. Hg v GKV-Spitzenverband. Berlin. https://www.gkv-spitzenverband.de/media/dokumente/krankenversicherung_1/praevention__selbsthilfe__beratung/praevention/praevention_leitfaden/Leitfaden_Prävention_GKV_2022_barrierefrei.pdf. Zugegriffen: 10. März 2023

Jamais C (2020) Facing the age of chaos. Institute for Future, Palo Alto. https://medium.com/@cascio/facing-the-age-of-chaos-b00687b1f51d. Zugegriffen: 24. Febr. 2023

Löwe A (2022) Resilienz im Kontext Arbeit. In: Matusiewicz D, Walle O, Lange M (Hrsg) Praxishandbuch Betriebliches Gesundheitsmanagement. Grundlagen – Standards – Trends, 1. Aufl. Haufe, Freiburg, München, Stuttgart, S 457–479

Matthias H, Kirchhoff B, Lafrenz B, Barth A (2016) Psychische Gesundheit in der Arbeitswelt. Organisationale Resilienz. Projekt F 2353. Hg v BAuA. Dortmund, Berlin, Dresden. https://www.baua.de/DE/Angebote/Publikationen/Berichte/F2353-5.pdf?__blob=publicationFile&v=1. Zugegriffen: 1. Febr. 2023

Rössle M, Gross B, Georgakas M (2021) Resilienzförderung als Beitrag zur gesundheitsgerechten Gestaltung von Veränderungsprozessen. In: Sicher ist sicher, Bd 12, S 576–580

Sebastian M (2021) BANI statt VUCA – Die neue Welt. Hg v Resilienz Akademie. https://www.resilienz-akademie.com/bani-statt-vuca-die-neue-welt/ (Erstellt: 29. Okt. 2022). Zugegriffen: 2. Juni 2023

Soucek R (2016) Resilire – Altersübergreifendes Resilienz-Management. Resilienz im Arbeitsleben. Hg v Lehrstuhl für Psychologie, insbes. Wirtschafts- und Sozialpsychologie. https://www.resilire.de/evaluation/index.php?d=website&e%5B%5D=ra&e

%5B%5D=rt&e%5B%5D=ro. Zugegriffen: 15. März 2023

Soucek R, Ziegler M (2022) Organisationale Resilienz und Vielfalt. DGUV Forum 4:12–14 https://forum.dguv.de/ausgabe/4-2022/artikel/organisationale-resilienz-und-vielfalt

Soucek R, Pauls N, Ziegler M, Schlett C (2015) Entwicklung eines Fragebogens zur Erfassung resilienten Verhaltens bei der Arbeit. Wirtschaftspsychologie 17:13–22. https://cris.fau.de/converis/portal/Journal/125558512?auxfun=&lang=de_DE

Soucek R, Schlett C, Pauls N (2019) Stark im Arbeitsleben – Instrumente zur Erfassung und Förderung von Resilienz. Bereit für Turbulenzen? Wie Beschäftigte durch individuelle und organisationale Resilienz auf ihrem Weg durch unbeständige Zeiten gestärkt werden können. In: Heller J (Hrsg) Resilienz für die VUCA-Welt. Individuelle und organisaitonale Resilienz entwickeln. Springer, Wiesbaden, S 101–114

Stork W, Grund M (2021) Organisationale Resilienz – Ein Beitrag aus organisationswissenschaftlicher Sicht. (Teil 1). In: Sicher ist sicher, Bd 12, S 581–586

Stowasser S, Pechl A (2019) Arbeitswelt im Wandel: Qualifizierung zu resilienzfördernder Führung. In: Spanner-Ulmer B, Spath D (Hrsg) Digitale Transformation – Gutes Arbeiten und Qualifizierung aktiv gestalten. Schriftenreihe der Wissenschaftlichen Gesellschaft für Arbeits- und Betriebsorganisation. Gito, Berlin, S 143–162

Ulrich L (2019) Coaching im Kontext der VUCA-Welt: Der Umbruch steht bevor. In: Heller J (Hrsg) Resilienz für die VUCA-Welt. Individuelle und organisaitonale Resilienz entwickeln. Springer, Wiesbaden, S 49–68

Waltersbacher A, Klein J, Schröder H (2021) Die soziale Resilienz von Unternehmen und die Gesundheit der Beschäftigten. Ergebnisse einr repräsentativen Befragung unter Erwerbstätigen zu gesundheitlichen Beschwerden während der COVID-19-Pandemie. In: Ducki A, Schröder H, Meyer M, Badura B (Hrsg) Fehlzeiten-Report 2021. Betriebliche Prävention stärken – Lehren aus der Pandemie. Springer, Berlin, S 68–104

Resilienz in Teams

Simone Kauffeld und Eva-Maria Schulte

Inhaltsverzeichnis

13.1 Was ist Resilienz? – 208

13.2 Bei welchen Teams ist eine hohe Resilienz besonders wichtig? – 209

13.3 Welche Arten von Krisen können in Teams auftreten? – 209

13.4 Wie kann die Resilienz im Team gefördert werden? – 211

13.5 Bei auftretenden Widrigkeiten handeln: Resilienzprozesse im Team gestalten – 211

13.6 Wie kann es aber in der Akutsituation gelingen, diese Prozesse schnell und zielführend zu gestalten? – 212

13.7 Vorbereitet sein: Resilienzkapazität fördern – 212

13.8 Fazit – 215

Literatur – 216

© Der/die Autor(en), exklusiv lizenziert an Springer-Verlag GmbH, DE, ein Teil von Springer Nature 2023
B. Badura et al. (Hrsg.), *Fehlzeiten-Report 2023*, Fehlzeiten-Report,
https://doi.org/10.1007/978-3-662-67514-4_13

▪▪ Zusammenfassung

Resilienz wird besonders aufgrund sich häufender Krisen zu einem zunehmend relevanteren und erfolgskritischen Thema in Organisationen. Das Erleben einer bedeutsamen Widrigkeit sowie deren positive Bewältigung werden als Kernkomponenten von Resilienz angesehen. Im Arbeitskontext wird zwischen der individuellen, der teambezogenen und der organisationalen Resilienz unterschieden. Bei der Teamresilienz geht es um die kollektive Bewältigung von Widrigkeiten, wobei die interpersonale Komponente entscheidend ist. Neben kognitiven und verhaltensbezogenen Aspekten gelten vor allem eine gute emotionale Bewältigung sowie darauf aufbauende qualitativ hochwertige Beziehungen zwischen den Teammitgliedern als wesentlich für ein besonders resilientes Team. Als vorbeugende Maßnahmen können Diskrepanzen zwischen Anforderungen und Ressourcen frühzeitig aufgedeckt sowie die für das Team wichtigen Ressourcen gestärkt werden (z. B. mit der GesA-App). Zudem ist eine offene Kommunikation über Ressourcen, Misserfolge und deren Bewältigung sowohl von Seiten der Führungskräfte als auch innerhalb des Teams wichtig. Im Beitrag wird den Fragen nachgegangen, was „Resilienz in Teams" bedeutet, woran man sie erkennt und wie die Resilienz in Teams gestärkt werden kann, damit die Wahrscheinlichkeit erhöht wird, dass diese gesund und erfolgreich durch Zeiten starker Veränderung sowie unvorhergesehener Ereignisse und Krisen gehen.

13.1 Was ist Resilienz?

Resilienz ist seit längerem ein Trendthema in Organisationen. Die Welt um uns herum ist im Krisenmodus. Nicht nur Pandemien, Migration, Digitalisierung, Klimakrise, Ukraine-Krieg, Energieknappheit nebst explodierenden Kosten, allgemeine Inflation, Lieferengpässe bei Halbleiterchips und anderen Teilen, sondern auch der Fachkräftemangel und die damit verbundene Personalknappheit in vielen Betrieben fordern neben der Gesellschaft auch Individuen, Teams und Organisationen heraus. Vor allem die Covid-19-Pandemie hat zu einem weiteren Interesse an Resilienz geführt (z. B. Seaborn et al. 2022). Der Erfolg von Teams und Organisationen zeigt sich zunehmend darin, wie mit Krisen umgegangen wird und wie sogar gestärkt aus ihnen hervorgegangen werden kann: Wie kann das Individuum, das Team oder die Organisation gestärkt aus der Krise hervorgehen? Um Wachstum und Erfolg zu gewährleisten, wird Resilienz in Organisationen auf den verschiedenen Ebenen als notwendige Voraussetzung angesehen (King et al. 2016).

Der Begriff der Resilienz kommt ursprünglich aus der Physik und beschreibt das Phänomen, großen Druck (Stress) ohne Schaden auszuhalten und schnell wieder zur ursprünglichen Form zurückzufinden. In der Psychologie liegen die Anfänge der Resilienzforschung in der Entwicklungspsychologie. Auf der Insel Kauai (Hawaii) wurde in einer längsschnittlich angelegten Studie beobachtet, dass sich Kinder trotz widriger Lebensumstände zu psychisch und physisch gesunden Erwachsenen entwickeln konnten (z. B. Werner und Smith 1992). Eines der wichtigsten Ergebnisse der Studie war, dass ein starkes Selbstwertgefühl und positive Beziehungen zu den Bezugspersonen wichtige Prädiktoren für die Resilienz von Kindern, die Widrigkeiten erlebt hatten, darstellten. Somit stand zunächst die Resilienz von Kindern und Familien im Vordergrund, eine Anwendung auf die Resilienz im Erwachsenenalter und am Arbeitsplatz folgte jedoch kurz darauf (z. B. Ryff & Singer 1998).

Eine allgemeine Definition von Resilienz impliziert zwei Kernkomponenten (Sutcliffe und Vogus 2003): Zum einen wird die „*significant adversity*" benötigt, also ein bedeutsamer Rückschlag oder widrige Umstände. Die Widrigkeit muss über alltägliche Stressoren hinausgehen, damit von einem Auslöser gesprochen werden kann, der tatsächlich Resilienz erfordert. Das heißt, personale Faktoren, die auch unabhängig von Widrigkeiten vorliegen können, werden nicht berücksichtigt (vgl. Arnold et al. 2023). Welche Arten von Widrigkeiten bedeutsam sind und eine resiliente Reaktion erfordern, variiert jedoch erheblich. Die Bandbreite reicht von persistierenden Anforderungen am Arbeitsplatz (Britt et al. 2016), wie z. B. dauerhaftem Zeitdruck, um den Personalmangel im Betrieb abzupuffern, bis hin zu potenziell traumatisierenden Ereignissen, wie dem Einsatz von Soldatinnen und Soldaten in einem Kriegsgebiet (Bonanno et al. 2012). Die zweite Komponente ist das „positive adjustment". Damit ist die positive Bewältigung des Rückschlags gemeint. Diese führt mindestens zu einer Rückkehr zum ursprünglichen Niveau von Leistung und persönlichem Wohlergehen, wenn nicht sogar zu einer positiven Weiterentwicklung darüber hinaus. Eine positive Bewältigung einer Situation kann zudem die Bewältigung nachfolgender Rückschläge oder unangenehmer Situationen fördern.

Ein Individuum ist resilient, wenn es mit einer adversen Situation so umgehen kann, dass es diese positiv bewältigt.

Was für Einzelne gilt, wurde auf Teams übertragen. Auf der Teamebene geht es hingegen nicht um das Erleben eines solchen außergewöhnlichen Stressors nur durch ein Teammitglied, sondern um das kollektive Erleben von Widrigkeiten und deren kollektive Bewältigung. Es gibt demnach eine zusätzliche interpersonale Komponente, welche ebenso wie die sozialen Aspekte zwischen den Teammitgliedern von Bedeutung ist. Teamresilienz gleicht dabei nicht der Summe der individuellen Resilienzen der einzelnen Teammitglieder. Es reicht daher nicht, die individuelle Resilienz der einzelnen Teammitglieder zu erfassen und diese zu aggregieren. Die Teamresilienz umfasst die sozialen Interaktionen im Team und die Prozesse, die in einem Team ablaufen. Bei der Betrachtung von Resilienz als dynamischem Prozess ist zudem zu beachten, dass es zum Beispiel sein kann, dass das Wohlergehen schnell wiederhergestellt ist, die Leistung aber nur langsam wieder gesteigert werden kann.

Teamresilienz ist also ein dynamischer, psychosozialer Prozess, der durch einen außergewöhnlichen Stressor, dem das Team kollektiv gegenübersteht, ausgelöst wird. Resiliente Teams sind in der Lage, Krisensituationen gemeinsam zu bewältigen, daraus zu lernen, die Krisenerfahrung für ihr weiteres Wachstum zu nutzen und sich für weitere Herausforderungen gut aufzustellen.

13.2 Bei welchen Teams ist eine hohe Resilienz besonders wichtig?

Resilienz ist vor allem in Teams wichtig, (1) in denen von der erfolgreichen Anpassung des Teams an die Situation schwerwiegende Konsequenzen z. B. Leib und Leben anderer Menschen abhängen (2) die mit einer größeren Wahrscheinlichkeit Rückschlägen oder widrigen Umständen ausgesetzt sind oder (3) in denen es eine hohe Unsicherheit gibt. Dies ist vor allem in sogenannten „High-Responsibility-Teams", wie Flugzeug-Crews, Operationsteams in der Medizin sowie Einsatzteams bei der Feuerwehr oder der Notrettung, der Fall. Wichtig ist es auch bei Teams, die mit einer hohen Wahrscheinlichkeit unangenehmen Situationen mit einer hohen emotionalen Belastung ausgesetzt sein werden. Ein Beispiel hierfür sind Teams in der Palliativmedizin, Rettungsteams oder Teams bei militärischen Einsätzen. Teams in Krankenhäusern kommen mit hoher Wahrscheinlichkeit immer wieder in unangenehme Situationen und auch die Folgen dieser Situationen können sehr gravierend sein, wenn diese nicht erfolgreich bewältigt werden. Auch Innovationsteams oder Gründungsteams geraten häufig in Krisen, sind widrigen Umständen und hoher Unsicherheit ausgesetzt und ihr Scheitern hat oft Konsequenzen für sie selbst und andere (vgl. Weiß im Druck).

13.3 Welche Arten von Krisen können in Teams auftreten?

Jedes Team profitiert davon, wenn es Krisensituationen gut bewältigen kann (vgl. Schulte und Kauffeld 2017). Teamkrisen sind für das Team unerwartete Situationen, die wichtige Ziele des Teams gefährden und auf die unter hohem Zeitdruck reagiert werden muss (z. B. Choi et al. 2010; Kaplan et al. 2013). Die Corona-Pandemie hat anschaulich gezeigt, wie Teams kollektiv in den Krisenmodus geworfen wurden und wie man sich dabei und auch danach um die Teams sorgt (Kauffeld et al. 2021b). Die gegenwärtigen Veränderungen in der Arbeitswelt (Digitalisierung, Dekarbonisierung, demographischer Wandel) erhöhen genauso wie die VUKA- (als Akronym für **v**olatil, **u**nsicher, **k**omplex und **a**mbivalent) oder BANI-Welt (als Akronym für **b**rüchig, **ä**ngstlich/verunsichert (engl. **a**nxious), **n**icht-linear, unbegreiflich (engl. **i**ncomprehensible)) generell die Häufigkeit der Situationen, in denen Resilienz erforderlich ist.

Zur Kategorisierung von Teamkrisen können unterschiedliche Dimensionen herangezogen werden. Hierzu gehören die Unterscheidungen zwischen der Ursache der Krise (internal vs. external), der Art der Krise (technisch/ökonomisch vs. menschlich/organisational), der Intentionalität (absichtlich vs. unabsichtlich), der Entwicklungsgeschwindigkeit (plötzlich vs. kumulativ), der Abstreitbarkeit des Ereignisses (hoch vs. gering) sowie der Identifizierbarkeit der Opfer (konkret vs. diffus; für eine Übersicht s. Coombs 1995). Während sich einige Kategorien, wie z. B. technisches und menschliches Versagen, nur schwer trennen lassen, kann die Bedeutung der Unterscheidung zwischen teaminternen und teamexternen Ursachen der Krise als hilfreich angesehen werden. Teams benötigen nicht nur teaminterne Ressourcen, um ihre Aufgaben erfolgreich bewältigen zu können, sondern sind auch von externen Faktoren abhängig. Unternehmensstrategien und -ziele, Entscheidungen

Tab. 13.1 Beispiele für Teamkrisen mit teaminternen und teamexternen Ursachen. (Vgl. Schulte und Kauffeld 2017)

Teaminterne Ursachen	Teamexterne Ursachen
– Konflikte innerhalb des Teams; auch Konkurrenzdenken, Intrigen	– Konflikte zwischen verschiedenen Abteilungen/Ebenen in der Organisation oder mit Zulieferern/Kunden
– Mangelnde Kommunikation/Informationsweitergabe innerhalb des Teams	– Mangelnde Kommunikation oder auch bewusstes Zurückhalten von Informationen zwischen Abteilungen
– Mangelnde Verantwortungsübernahme im Team	– Führungsprobleme auf höheren Ebenen (u. a. Fehlverhalten des Managements)
– Führungsprobleme (teaminterne Führung)	– Rückschläge/Niederlagen auf organisationaler Ebene (z. B. Fehlinvestitionen)
– Rückschläge/Niederlagen des Teams (z. B. selbst verursachter Verlust eines Kunden)	– Extremer Zeitdruck von außen, u. a. aufgrund erhöhten Wettbewerbsdrucks
– Extremer Zeitdruck (selbstverursacht bspw. durch schlechte Planung im Team)	– Krisen bei Zulieferern oder Kunden, die sich auch auf das Team auswirken
– Fehlverhalten (z. B. Mobbing) im Team	– Unglücke/Unfälle (bspw. Feuer, Explosion), Naturkatastrophen, Terroranschläge, Sabotage, Skandale
– Entwicklungskrise eines Teammitglieds, welche sich auch auf andere Teammitglieder auswirkt	– Personelle Veränderungen in der Organisation (z. B. Vorstand geht in den Ruhestand/wechselt unerwartet)
– Pathologische Teammitglieder	– Unklare/wechselnde Zielvorgaben
– Hoher Krankenstand	– Neue, nicht zu bewältigende (Rollen-)Anforderungen
– Widerstand gegenüber Veränderungen (z. B. neuer Software)	– Neue, ggf. sich oft ändernde gesetzliche Regelungen
– Personelle Veränderungen im Team (neue Kollegen, Fluktuation)	– Dem Team werden nicht ausreichend Ressourcen zur Verfügung gestellt
	– Standortwechsel
	– Technische Probleme (z. B. Crash einer Software)

Fehlzeiten-Report 2023

des Managements, die Zusammenarbeit mit anderen Teams im Unternehmen sowie mit Kunden und Lieferanten in der Wertschöpfungskette können dazu gehören. Beispiele für teaminterne und teamexterne Ursachen von Teamkrisen (vgl. z. B. Alliger et al. 2015; Choi et al. 2010; Kaplan et al. 2013; Morgeson 2005; Morgeson und DeRue 2006) sind in ◘ Tab. 13.1 zusammengefasst. Zur Bewältigung der Krise kann es für Teams hilfreich sein, die genannten Dimensionen zu berücksichtigen, um so zu analysieren, was Ursachen und mögliche Konsequenzen sind, wer bei der Entstehung beteiligt war und wer in die Lösung mit eingebunden werden sollte.

13.4 Wie kann die Resilienz im Team gefördert werden?

Es konnten metaanalytisch drei zentrale Antezedenzien der Teamresilienz identifiziert werden (Hartmann et al. 2020): Emotionen, interpersonale Prozesse sowie strukturelle Aspekte. Darüber hinaus wird der Einfluss von weiteren teambezogenen Faktoren (z. B. Kommunikation im Team, geteiltes Wissen, Teamführung, Teamklima, Teamgröße), organisationalen Aspekten (z. B. zur Verfügung gestellte Ressourcen, organisationale Prozesse, Unternehmenskultur) und individuellen Merkmalen der Teammitglieder (z. B. Empathie, individuelle Fähigkeiten und Ressourcen sowie erfolgreich bewältigte individuelle Widrigkeiten) diskutiert (für einen Überblick siehe Britt und Sawhney 2020; Raetze 2020; Schulte und Kauffeld 2017). Basierend auf den bisherigen Forschungsbefunden wird im Folgenden erläutert, wie die Resilienz im Team gefördert werden kann. Dabei wird unterschieden zwischen Ansatzpunkten, die Teams in Phasen mit widrigen Ereignissen helfen, und Ansatzpunkten, die Teams stärken, bevor eine Widrigkeit eintritt (Resilienzkapazität).

13.5 Bei auftretenden Widrigkeiten handeln: Resilienzprozesse im Team gestalten

Werden Teams mit unvorhersehbaren, intensiven und/oder langanhaltenden Stressoren konfrontiert, zeichnen sich resiliente Teams dadurch aus, dass sie diese Widrigkeiten erfolgreich bewältigen können und als Team gestärkt aus der Situation hervorgehen. In dieser Situation gilt es, trotz bis dahin für diese Herausforderung fehlender Strategien und entsprechender Unsicherheit zielorientiert zu handeln. Daher ist es entscheidend, Herausforderungen schnell und akkurat zu erfassen, indem beispielsweise frühzeitig Auffälligkeiten kommuniziert werden und im Team die Herausforderungen und Probleme gemeinsam analysiert sowie passende Maßnahmen abgeleitet werden. Um dies zu gewährleisten, können vorher festgelegte Kommunikations- und Krisenstrategien helfen, damit wichtige Teamprozesse trotz Zeitdruck aufrechterhalten werden können (Alliger et al. 2015). Darüber hinaus braucht es aber auch Kreativität und Improvisationsfähigkeit, um in diesen unplanbaren Settings zu entscheiden, wie relevante Informationen gesammelt und im Team geteilt werden können. Die Kombination aus etablierten Routinen und Improvisation ermöglicht es resilienten Teams, strategische Entscheidungen schnell und zielführend zu treffen (vgl. Raetze 2020).

Um widrige Situationen als Team erfolgreich bewältigen zu können, stehen somit interpersonale Prozesse im Fokus. Erfolgskritisch ist dabei, dass die Koordination im Team auf die aktuelle herausfordernde Situation angepasst wird. Dafür muss der Zielfortschritt gemonitort werden, sodass die Teamprozesse bei Bedarf weiter adaptiert werden können (z. B. Stoverink et al. 2020). Dies ist besonders wichtig, da auch in einer Krise weitere unerwartete Herausforderungen auftreten können (Stoverink et al. 2020). Daher muss trotz der Akutsituation weiterhin achtsam mit neuen Ereignissen und Informationen umgegangen und deren Relevanz für die aktuelle Krisenbewältigung gemeinsam im Team bewertet werden. Zudem sollten Teams in diesen Situationen ihre Ressourcen bewusst und zielgerichtet einsetzen: Teamintern ist es dafür entscheidend, dass jeder im Team weiß, wie es den einzelnen Teammitgliedern geht und über welche Expertise die anderen Teammitglieder verfügen. Resiliente Teams zeichnen sich somit durch eine offene Kommunikation zu individuell verfügbaren Ressourcen sowie zur jeweiligen Belastungsgrenze aus, um stressbedingte gesundheitliche Folgen sowohl für einzelne Teammitglieder als auch für das ganze Team zu vermeiden. Gleichzeitig ist eine Offenheit für neue, alternative Lösungswege unter Einbezug aller vorhandenen Ressourcen wichtig. Um dafür erforderliche teamexterne Unterstützung zu suchen und zu nutzen, helfen etablierte Netzwerke.

13.6 Wie kann es aber in der Akutsituation gelingen, diese Prozesse schnell und zielführend zu gestalten?

Auch wenn es aufgrund des Zeitdrucks zunächst vielleicht paradox erscheint, ist es entscheidend, dass sich Teams in einer solchen Krisensituation für die oben beschriebenen resilienten Verhaltensweisen *Zeit nehmen* (Schulte und Kauffeld 2017): Durch eine gezielte Kommunikation, das Ableiten von geeigneten Maßnahmen und die gegenseitige Offenheit über eigene Grenzen, aber auch Ressourcen, wird erst ein zieldienliches Verhalten aller Teammitglieder ermöglicht. Es geht also eigentlich nicht um ein Zeitinvestment *trotz* der stressigen Situation, sondern vielmehr um ein Zeitinvestment *gerade wegen* dieser Situation. Weiterhin spielt der Umgang mit Emotionen eine wichtige Rolle: Der offene Umgang mit negativen sowie positiven Emotionen fördert die Teamresilienz (Stephens et al. 2013): Werden negative Emotionen als Ausdruck von Ängsten und Enttäuschung zurückgehalten, kann dies dazu führen, dass Teams in dysfunktionalen Mustern verharren. Werden diese hingegen ausgesprochen und tauscht sich das Team dazu aus, kann dies bei der Bewältigung helfen. Die Äußerung positiver Emotionen in schwierigen Situationen kann dem Team helfen, zuversichtlich zu bleiben und so Ängste und Sorgen zu überwinden. Damit der offene und konstruktive Umgang mit Emotionen gelingt, ist das Vertrauen im Team wichtig. Das wird auch durch eine aktuelle Studie bestätigt, in der sich die Vertrautheit im Team als wichtigster Prädiktor für die Teamresilienz zeigt (Hendrikx et al. 2022). Somit sollte sowohl die Führungskraft als auch – im Sinne der geteilten Führung – jedes Teammitglied in einer Krisensituation darauf achten, dass sich ausreichend Zeit für die interpersonalen Prozesse genommen wird.

13.7 Vorbereitet sein: Resilienzkapazität fördern

Ob ein Team resilient ist, zeigt sich – wie im vorherigen Absatz beschrieben – erst, wenn eine widrige Situation auftritt. Daher ist es wichtig, sich darauf vorzubereiten und die Resilienzkapazität des Teams zu stärken. Dafür können zunächst mögliche Widrigkeiten antizipiert und diese Situationen entsprechend den beschriebenen erfolgskritischen Faktoren im Resilienzprozess vorbereitet werden. Auch wenn dann tatsächlich andere Widrigkeiten auftreten, können so etablierte Strategien und Kommunikationsstrukturen bei der Bewältigung helfen.

Teams sollten daher zur Stärkung ihrer Resilienzkapazität folgende Fragen bearbeiten:
- Welche möglichen Krisensituationen können auftreten? Was sind erfolgskritische Aspekte unserer Arbeit? Was könnte diesbezüglich – wenn auch unwahrscheinlich – schiefgehen?

- Welche Kommunikations- und Entscheidungsstrukturen helfen uns in diesen Situationen? Wie stellen wir dabei sicher, dass wir alle relevanten Informationen kennen oder einholen, diese im Team hinsichtlich des Problems zielführend reflektieren und so sinnvolle strategische Entscheidungen treffen können?
- Wie können wir unter Zeitdruck wichtige Teamprozesse aufrechterhalten und auch dem Austausch zu individuellen Ressourcen, Belastungsgrenzen und Emotionen genügend Raum geben?
- Wie gelingt es uns, einen Tunnelblick zu vermeiden, also auch für neue, potenziell bedrohliche Entwicklungen achtsam zu bleiben?
- Welche teaminternen und teamexternen Ressourcen stehen uns zur Verfügung? Wissen wir, wer was kann und wer welches Wissen hat? In welchen Bereichen sind wir als Team gut aufgestellt, wo müssen wir uns aber auch präventiv noch weiterentwickeln (Weiterbildung für Teammitglieder oder Netzwerke erweitern)?

Abb. 13.1 Ausschnitt Ergebnisansicht. (© 4A-Side GmbH, GesA-App)

Insbesondere das Thema Ressourcen ist demnach zentral. Soucek et al. (2016) betonen, dass sich eine Teamkrise durch eine Diskrepanz zwischen verfügbaren Ressourcen und anstehenden Anforderungen ergibt. Ein resilientes Team zeichnet sich dadurch aus, dass die Mitglieder diese Diskrepanzen schnell erkennen und angemessen reagieren, also beispielsweise interne Ressourcen stärken (Soucek et al. 2016). Um die Resilienzkapazität von Teams zu stärken, sollten Ressourcen und Anforderungen des Teams daher erfasst und Ungleichgewichte zwischen beiden reflektiert werden, um so relevante Entwicklungsfelder zu identifizieren. Hierfür kann beispielsweise die GesA-App genutzt werden (Kauffeld et al. 2022; Schulte et al. 2023): Aufbauend auf dem Projekt „Präventa – Psychische Belastungen im Arbeitsleben mindern" (z. B. Kauffeld et al. 2021b, Schulte et al. 2023), nutzt die GesA-App einen wissenschaftlich fundierten Fragebogen (Schulte et al. 2021b) zur Messung von Anforderungen und Ressourcen am Arbeitsplatz. Mitarbeitende bekommen direkt in der App ihre individuellen Ergebnisse präsentiert (vgl. Abb. 13.1), inklusive Empfehlungen für Maßnahmen (vgl. Abb. 13.2), die sie persönlich angehen können (Verhaltensprävention). Zudem können Führungskräfte über ein Dashboard geteilte Ergebnisse, gemittelt über das Team, einsehen und bekommen neben

künftige Anforderungen erfolgreich bewältigen zu können – oder anders gesagt: Welche Diskrepanzen zwischen Anforderungen und Ressourcen sind zu hoch und müssen adressiert werden? Dies ermöglicht es Teams, einerseits Diskrepanzen frühzeitig aufzudecken und andererseits präventiv für das Team wichtige Ressourcen (weiter) zu stärken, um so Leistungsfähigkeit und Gesundheit des Teams aufrechtzuerhalten (vgl. auch Kauffeld & Schulte 2022).

Darüber hinaus betonen Britt und Sawhney (2020) die Relevanz erfolgreicher Resilienzdemonstration auf teambezogener, organisationaler und individueller Ebene als Prädiktor für Resilienzkapazität im Team und somit für die zukünftigen erfolgreichen Resilienzprozesse. Daher ist eine offene Kommunikation zur Bewältigung von widrigen Ereignissen auf allen Ebenen zu empfehlen. Neben sogenannten *Fuck-up-Nights*, in denen Führungskräfte oder auch die Unternehmensleitung über Misserfolge und deren Bewältigung berichten, sind insbesondere Teamreflexionen (vgl. West 2000) hilfreich. *After-Action-Reviews* sind beispielsweise mehr oder weniger formalisierte Zusammenkünfte, welche die Selbstreflexion eines Teams hinsichtlich seiner Ressourcen fördern und fordern sollen. Das Team bespricht die eingesetzten Strategien und Prozesse und identifiziert erfolgskritische Momente sowie Ursachen für Dinge, die nicht gut gelaufen sind. Das After-Action-Review ermöglicht so das Lernen aus zuvor möglicherweise gemachten Fehlern sowie eine emotionale Bewältigung der Ereignisse (Weiß im Druck; Kauffeld et al. 2021a).

Um die Resilienzkapazität im Team zu stärken, ist diese auch auf der individuellen sowie der organisationalen Ebene wichtig (Britt und Sawhney 2020). Dementsprechend kann es sinnvoll sein, einen umfassenden Ansatz zur Förderung der Resilienzkapazität auf allen drei Ebenen zu nutzen. Der FITOR (Schulte et al. 2016; 2021b) bietet hierfür eine Möglichkeit: Mittels eines Online-Tools können einzelne Mitarbeitende, Teams, Führungskräfte oder ganze Organisationen hinsicht-

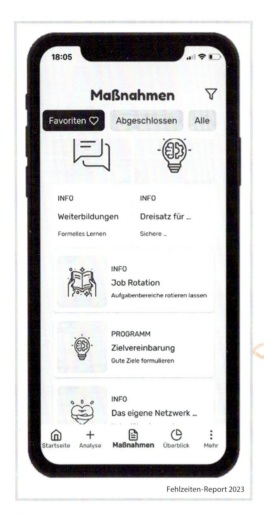

◘ **Abb. 13.2** Beispiel ergebnisbasierte vorgeschlagene Maßnahmen. (© 4A-Side GmbH, GesA-App)

graphischen Auswertungen ebenfalls Tipps zu möglichen Ansatzpunkten (Verhältnisprävention). Zur Förderung der Teamresilienz können Teams die Teamergebnisse in einem Workshop im Hinblick auf potenzielle Herausforderungen reflektieren. Welche Ressourcen hat das Team bereits und wie kann es diese in Krisensituationen zielgerichtet einsetzen? Welche Ressourcen sollten gestärkt werden oder welche Anforderungen sind zu hoch, sodass es Maßnahmen braucht? Besonders wichtig ist zudem die Frage, inwiefern die vorhandenen Ressourcen ausreichen, um aktuelle und zulich ihrer Einschätzung der Resilienzkapazität auf individueller, teambezogener und organisationaler Ebene befragt werden. In Echtzeit werden die Befragungsergebnisse graphisch aufbereitet zur Verfügung gestellt. Um die Teamresilienz zu stärken, können diese Ergebnisse beispielsweise in einem Teamworkshop als Basis genutzt werden, um eigene Stärken sowie Entwicklungsfelder zu identifizieren. Der FITOR umfasst insgesamt zehn Facetten, wie beispielsweise Stressresistenz, Umgang mit Misserfolg, Optimismus und Fehlerkultur. Die Ergebnisdarstellung umfasst sowohl die mittlere Bewertung durch das Team als auch die Abweichung zwischen den Teammitgliedern. Letzteres ermöglicht es, unterschiedliche Sichtweisen und Bewertungen im Team sichtbar zu machen: Ein Austausch über konkrete Situationen, in denen sich die Resilienz-Facetten nach Einschätzung Einzelner (nicht) gezeigt haben, bietet eine gute Grundlage zur Ableitung konkreter Maßnahmen. Das FITOR-Tool ermöglicht zudem sowohl einen Vergleich der individuellen, teambezogenen und organisationalen Resilienz als auch eine Gegenüberstellung der Teamperspektive mit der Perspektive der Führungskraft. Dies kann helfen, Potenziale aufzudecken, Best-Practice-Beispiele zu identifizieren und somit Entwicklungsmöglichkeiten für das Team zugänglich zu machen (s. Schulte et al. 2021a für weitere Beispiele zum FITOR).

13.8 Fazit

Teams sind zunehmend Krisen ausgesetzt, die multiple Flexibilitätsanforderungen an sie stellen. Gelingt es, die Teamresilienz zu fördern, können Teams Krisen nicht nur effektiv bewältigen, sondern gehen im Idealfall sogar gestärkt aus ihnen hervor. Durch das bessere Krisenmanagement bleiben dann auch negative gesundheitliche Folgen für die Mitarbeiter aus. Um diese positiven Effekte der Teamresilienz zu erreichen, ist jedoch nicht nur das resiliente Verhalten der Teams während der Krise relevant, sondern auch, wie sich Teams vorab präventiv mit möglichen Krisen auseinandersetzen und wie sie diese nach Abschluss der Krise reflektieren. Die Teamresilienz zu fördern ist sinnvoll, weil jedes Team mit internen oder externen Krisen konfrontiert werden kann, die bewältigt werden müssen. In der derzeitigen Situation der multiplen, oft weltweiten Krisen (z. B. Klimakrise, Energiekrise, Lieferkrise), die in der globalisierten Welt in Organisationen und Teams in Deutschland ankommen, ist die Resilienzfähigkeit in besonderem Maß gefordert. Wie resilient ein Team ist, zeigt sich erst dann, wenn eine relevante, kritische Situation eingetreten ist.

Resilienztrainings für einzelne Mitarbeitende reichen dabei nicht aus, um die Teamresilienz zu erhöhen. Genauso wenig darf die Entwicklung von Resilienz in Teams und bei Teammitgliedern genutzt werden, um statt auf eine Integration verhaltens- und verhältnisbezogener Prävention (Kauffeld et al. 2022) zu setzen die Verantwortung für die Gesundheit und Leistungsfähigkeit von der Organisation auf die Mitarbeitenden auszulagern. Die Verpflichtung, angemessene Arbeitsbedingungen und Belastungsumfänge zu schaffen, obliegt der Organisation.

Der Nutzen von Investitionen in die Entwicklung von Teamresilienz ist immer dann am größten, wenn Organisationen die Gründe für das Auftreten von außergewöhnlichen Belastungen und Herausforderungen am wenigsten kontrollieren können. Je mehr dies der Fall ist, desto mehr sollte das Gewicht auf Resilienzentwicklung (gegenüber generellen Maßnahmen zum Arbeitsschutz und zur Stressprävention und -bewältigung) verschoben werden (vgl. Weiß im Druck). Die Betrachtung der Wechselwirkungen zwischen verschiedenen Resilienzebenen (Individuum, Team, Organisation, Wertschöpfungskette, Gesellschaft) sollte dabei künftig stärker in die Betrachtung einbezogen werden. Insbesondere für die Teamresilienz als Bindeglied zwischen der individuellen und der organisationalen Resilienz ist die Erforschung von Wechselwirkungen, wie es mit dem FITOR ermöglicht wird, relevant, um den multiplen Krisen erfolgreich zu begegnen und dabei gesund zu bleiben.

Literatur

Alliger GM, Cerasoli CP, Tannenbaum SI, Vessey WB (2015) Team resilience. Organ Dyn 44(3):176–184. https://doi.org/10.1016/j.orgdyn.2015.05.003

Arnold M, Schilbach M, Rigotti T (2023) Paradigmen der psychologischen Resilienzforschung. Eine kleine Inventur und ein Ausblick. Psychol Rundsch. https://doi.org/10.1026/0033-3042/a000627

Bonanno GA, Mancini AD, Horton JL, Powell TM, Leardmann CA, Boyko EJ, Wells TS, Hooper TI, Gackstetter GD, Smith TC (2012) Trajectories of trauma symptoms and resilience in deployed U.S. military service members: prospective cohort study. Br J Psychiatry 200(4):317–323. https://doi.org/10.1192/bjp.bp.111.096552

Britt TW, Sawhney G (2020) Resilience capacity, processes and demonstration at the employee, team and organizational levels: a multilevel perspective. In: Powley EH, Barker Caza B, Caza A (Hrsg) Research handbook on organizational resilience. Edward Elgar Publishing, S 10–24 https://doi.org/10.4337/9781788112215.00008

Britt TW, Shen W, Sinclair RR, Grossman MR, Klieger DM (2016) How much do we really know about employee resilience? Ind Organ Psychol 9(2):378–404. https://doi.org/10.1017/iop.2015.107

Choi J, Sung S, Kim M (2010) How do groups react to unexpected threats? Crisis Management in organizational teams. Social Behavior and Personality 38(6):805–828

Coombs WT (1995) Choosing the right words: the development of guidlines of the selection the „appropriate" crisis response strategies. Manag Commun Q 8:447–476

Hartmann S, Weiss M, Newman A, Hoegl M (2020) Resilience in the workplace: a multilevel review and synthesis. Appl Psychol 69(3):913–959. https://doi.org/10.1111/apps.12191

Hendrikx IEM, Vermeulen SCG, Wientjens VLW, Mannak RS (2022) Is team resilience more than the sum of its parts? A quantitative study on emergency healthcare teams during the COVID-19 pandemic. Int J Environ Res Public Health. https://doi.org/10.3390/ijerph19126968

Kaplan S, LaPort K, Waller MJ (2013) The role of positive affectivity in team effectiveness during crises. J Organiz Behav 34(4):473–491. https://doi.org/10.1002/job.1817

Kauffeld S, Schulte E-M (2022) Menschengerechte Gestaltung digitaler Arbeit: Instrumente und Methoden. In: Bamberg E, Ducki A, Janneck M (Hrsg) Digitale Arbeit gestalten. Herausforderungen der Digitalisierung für die Gestaltung gesunder Arbeit. Springer, Wiesbaden, S 325–349 https://doi.org/10.1007/978-3-658-34647-8

Kauffeld S, Gosch N, Schulte EM (2021a) Coaching und Teamentwicklung. In: Michel A, Hoppe A (Hrsg) Handbuch Gesundheitsförderung bei der Arbeit. Springer, Wiesbaden:, S 1–19 https://doi.org/10.1007/978-3-658-28654-5_13-1

Kauffeld S, Müller A, Schulte E-M (2021b) Betriebliches Gesundheitsmanagement. In: Michel A, Hoppe A (Hrsg) Handbuch Gesundheitsförderung bei der Arbeit. Springer, Wiesbaden https://doi.org/10.1007/978-3-658-28654-5_22-1

Kauffeld S, Müller A, Schulte E-M (2022) Betriebliches Gesundheitsmanagement. In: Michel A, Hoppe A (Hrsg) Handbuch Gesundheitsförderung bei der Arbeit. Springer Fachmedien, Wiesbaden, S 317–333 https://doi.org/10.1007/978-3-658-28651-4_22

King DD, Newman A, Luthans F (2016) Not if, but when we need resilience in the workplace. J Organiz Behav 37(5):782–786. https://doi.org/10.1002/job.2063

Morgeson FP (2005) The external leadership of self-managing teams: Intervening in the context of novel and disruptive events. J Appl Psychol 90(3):497–508. https://doi.org/10.1037/0021-9010.90.3.497

Morgeson FP, DeRue DS (2006) Event criticality, urgency, and duration: understanding how events disrupt teams and influence team leader intervention. Leadersh Q 17(3):271–287. https://doi.org/10.1016/j.leaqua.2006.02.006

Raetze S (2020) What makes work teams resilient? An overview of resilience processes and cross-level antecedents. In: Powley EH, Barker Caza B, Caza A (Hrsg) Research handbook on organizational resilience. Edward Elgar Publishing, S 232–246 https://doi.org/10.4337/9781788112215.00024

Ryff CD, Singer B (1998) The contours of positive human health. Psychol Inq 9(1):1–28. https://doi.org/10.1207/s15327965pli0901_1

Schulte E-M, Kauffeld S (2017) Krisen in Teams: Teamresilienz als Präventions- und Bewältigungsstrategie. In: Badura B, Ducki A, Schröder H, Klose J, Meyer M (Hrsg) Fehlzeiten-Report 2017. Springer, Berlin Heidelberg, S 111–119 https://doi.org/10.1007/978-3-662-54632-1_11

Schulte E-M, Gessnitzer S, Kauffeld S (2016) Ich – wir – meine Organisation werden das überstehen! Der Fragebogen zur individuellen, Team- und organisationalen Resilienz (FITOR). Gruppe Interaktion Organisation Z Angew Organisationspsychologie (gio) 47(2):139–149. https://doi.org/10.1007/s11612-016-0321-y

Schulte E-M, Gessnitzer S, Kauffeld S (2021a) FITOR – Fragebogen zur individuellen, Team und organisationalen Resilienz: Manual. Springer, Berlin

Schulte E-M, Wittner B, Kauffeld S (2021b) Ressourcen und Anforderungen (ReA) in der Arbeitswelt: Entwicklung und erste Validierung eines Fragebogens. Gruppe Interaktion Organisation Z Angew Organisationspsychologie (gio) 52(2):405–415. https://doi.org/10.1007/s11612-021-00565-x

Schulte E-M, Kauffeld S, Gosch N, Straube J, Müller A (2023) Instrument für Gesunde Arbeit (GesA): Ein ganzheitlicher, bedarfsgerechter Ansatz zur Förderung der psychischen Gesundheit am Arbeitsplatz. Vortrag eingereicht für die Tagung der Fachgruppen Arbeits-, Organisations- und Wirtschaftspsychologie sowie Ingenieurspsychologie der DGPs (AOW), Kassel, 12.–15. September 2023

Seaborn K, Henderson K, Gwizdka J, Chignell M (2022) A meta-review of psychological resilience during COVID-19. Npj Ment Health Res. https://doi.org/10.1038/s44184-022-00005-8

Soucek R, Ziegler M, Schlett C, Pauls N (2016) Resilienz im Arbeitsleben – Eine inhaltliche Differenzierung von Resilienz auf den Ebenen von Individuen, Teams und Organisationen. Gruppe Interaktion Organisation Z Angew Organisationspsychologie (gio) 47(2):131–137. https://doi.org/10.1007/s11612-016-0314-x

Stephens JP, Heaphy ED, Carmeli A, Spreitzer GM, Dutton JE (2013) Relationship quality and virtuousness: emotional carrying capacity as a source of individual and team resilience. J Appl Behav Sci 49(1):13–41. https://doi.org/10.1177/0021886312471193

Stoverink AC, Kirkman BL, Mistry S, Rosen B (2020) Bouncing back together: toward a theoretical model of work team resilience. Acad Manag Rev 45(2):395–422. https://doi.org/10.5465/amr.2017.0005

Sutcliffe KM, Vogus TJ (2003) Organizing for resilience. In: Cameron K, Dutton JE, Quinn RE (Hrsg) Positive organizational scholarship. Berrett-Koehler, San Francisco, S 94–110

Weiß M Resilienz in Teams. In: Kauffeld S, Güntner A (Hrsg) Meet the expert: Teams in Organisationen. Springer, Heidelberg (in Druck)

Werner EE, Smith RS (1992) Overcoming the odds: high risk children from birth to adulthood. Cornell University Press, Ithaca

West MA (2000) Reflexivity, revolution and innovation in work teams. In: Beyerlein MM, Johnson DA, Beyerlein ST (Hrsg) Product development teams. JAI Press, Stanford, S 1–29

Die Rolle der Fehlermanagementkultur in der Gestaltung neuer Arbeitsumgebungen

Alexander Klamar und Sebastian Fischer

Inhaltsverzeichnis

- 14.1 Einleitung – 220
- 14.2 Fehlerkulturen im Vergleich – 220
  - 14.2.1 Fehlervermeidung – 221
  - 14.2.2 Fehlermanagement – 222
  - 14.2.3 Stand der Fehlerforschung – 223
- 14.3 Organisationskultur und Fehlerkultur – 224
- 14.4 Förderung der Fehlermanagementkultur – 225
- 14.5 Fehlermanagement und Gesundheit – 228
  - 14.5.1 Fehlermanagement und psychische Gesundheit – 228
  - 14.5.2 Fehlermanagement und physische Gesundheit – 228
- 14.6 Fehlermanagement und New Work – 229
- 14.7 Fazit – 231

  Literatur – 232

Geteilte Erstautorenschaft

© Der/die Autor(en), exklusiv lizenziert an Springer-Verlag GmbH, DE, ein Teil von Springer Nature 2023
B. Badura et al. (Hrsg.), *Fehlzeiten-Report 2023*, Fehlzeiten-Report,
https://doi.org/10.1007/978-3-662-67514-4_14

▸▸ Zusammenfassung

Der Umgang mit Fehlern kann – je nach Ansatzpunkt im Handlungsprozess – in Fehlervermeidung (es soll kein Fehler passieren) und Fehlermanagement (es sollen keine negativen Konsequenzen aus Fehlern erwachsen) unterteilt werden. Da in vielen Zusammenhängen Fehler primär als etwas Negatives gesehen werden, wird häufig die Fehlervermeidung anstatt des Fehlermanagements präferiert. Im vorliegenden Beitrag wollen wir zeigen, warum eine Fokussierung auf die Fehlervermeidung in Unternehmen Risiken birgt, auch mit Auswirkungen auf die psychische und physische Gesundheit der Beschäftigten, und welche Vorteile ein Fehlermanagementansatz mit sich bringt. Wir beschreiben Möglichkeiten, um auf die Fehlerkultur im Unternehmen einzuwirken und die Fehlermanagementkultur zu fördern. Insbesondere beleuchten wir, wie sich die Veränderungen in der Arbeitsorganisation infolge der Covid-19-Pandemie sowie die Einführung von „New Work"-Prinzipien wie Flexibilisierung und Demokratisierung der Arbeit auf das Fehlermanagement in Unternehmen auswirken können.

14.1 Einleitung

Aus Fehlern wird man klug – diese alte Weisheit trifft natürlich auch auf die Arbeitswelt zu. Nicht zuletzt gehen zahlreiche Erfindungen wie das Penicillin, die Post-it-Klebezettel und viele mehr bekannterweise auf Fehler zurück. Jedoch ist es häufig nicht einfach, Fehlern etwas Positives abzugewinnen, denn Fehler stellen Situationen dar, in denen man ein Ziel nicht erreicht hat, wobei die **Nichterreichung des Ziels** prinzipiell vermeidbar gewesen wäre (Frese und Fischer 2015). Sie verursachen zudem Kosten: Produkte müssen ausgesondert werden, Dienstleistungen müssen erneut erbracht werden – dies alles kostet Zeit und Geld.

Daher ist es wenig verwunderlich, dass in vielen Unternehmen eine Fehlervermeidungskultur vorherrscht: Am besten sollten Fehler gar nicht erst entstehen. Allerdings ist es nicht möglich, Fehler gänzlich zu vermeiden, ohne auch die Fähigkeit zu verlieren, sich an eine wandelnde Umwelt anzupassen. Insbesondere in einer verändernden Umwelt ist es essenziell, statt Fehler zu vermeiden Strategien zu entwickeln, wie mit auftretenden Fehlern umgegangen werden kann. Fehler stellen eine **Lernchance** dar; sie zeigen auf, wo strukturelle Probleme liegen, und geben somit Hinweise, wie Arbeitsabläufe verbessert werden können. Diese konstruktive Perspektive auf Fehler wird Fehlermanagement genannt. Im Folgenden stellen wir zunächst die zwei Herangehensweisen an Fehler vor: Fehlervermeidung und Fehlermanagement. Wir zeigen auf, wie eine Fehlermanagementkultur positiv mit der psychischen und physischen Gesundheit in Unternehmen zusammenhängt und so einen Einfluss auch auf Fehlzeiten haben kann. Wir diskutieren, wie sich eine bestimmte Ausprägung der Fehlerkultur in Organisationen entwickelt und wie man die bevorzugte Fehlermanagementkultur fördern kann. Schließlich erläutern wir, wie sich der Umgang mit Fehlern in Organisationen infolge der Verbreitung von neuen Arbeitsformen, insbesondere der weiten Verbreitung von Homeoffice und mobilem Arbeiten während der Covid-19-Pandemie verändert hat und wie in dieser veränderten Arbeitsrealität Fehlermanagement stattfinden kann.

14.2 Fehlerkulturen im Vergleich

In jeder Organisation gibt es – geschriebene oder ungeschriebene – Normen und Regelungen darüber, wie Fehler betrachtet werden und wie mit ihnen umzugehen ist. Hierbei spricht man von einer **organisationalen Fehlerkultur**. Diese Fehlerkultur kann geprägt sein von dem Bestreben, Fehler um jeden Preis zu vermeiden; dies wird als Fehlerprävention oder Fehlervermeidung bezeichnet. Eine gänzlich andere Betrachtungsweise verfolgt das Fehlermanagement, bei dem anerkannt wird, dass Fehler immer passieren können – der Fokus liegt hier auf Strategien für einen effizienten Umgang mit Fehlern.

14.2.1 Fehlervermeidung

In einer **Fehlervermeidungskultur** herrscht die Annahme vor, dass Fehler ein ausschließlich negatives Ereignis darstellen, das *zwangsläufig zu negativen Konsequenzen* führt. Die Handlungsmaxime ist somit klar: Fehler dürfen gar nicht erst auftreten (Hofmann und Frese 2011). Diese Handlungsmaxime wirkt hemmend; um Fehler zu vermeiden, stellen sich häufig Passivität und eine Haltung des Abwartens ein. Personen versuchen möglichst wenig zu tun (z. B. Fischer und Freund 2021). Eine weitere Möglichkeit ist das Übersehen oder Vertuschen von Fehlern. Wenn Fehler als negativ eingeschätzt werden, kann das die Bereitschaft verringern, sich mit Fehlern auseinanderzusetzen. Daher kann die Aufmerksamkeit für Fehler abnehmen, solange diese nicht zu schwerwiegenden negativen Konsequenzen führen. Werden Fehler doch entdeckt, werden sie eher vertuscht – man versucht, ein Problem entweder ohne Aufsehen zu erregen allein zu lösen oder einfach zu ignorieren. Eine dritte Möglichkeit stellt die Suche nach Schuldigen dar: In einer Fehlervermeidungskultur wird die Ursache für Fehler zunächst bei der Person gesehen, bei der der Fehler aufgetreten ist. So werden Fehler zum Beispiel auf ungenaues Arbeiten zurückgeführt, auf Unachtsamkeiten oder mangelnde Kenntnisse. Jede Person ist aber bestrebt, andere Schuldige zu finden. Eine Kultur des gegenseitigen Beschuldigens entsteht. Beschäftigte müssen sogar **Sanktionen** (wie z. B. ein unangenehmes Gespräch mit der Führungskraft oder eine Abmahnung) fürchten, wenn sie auf einen Fehler aufmerksam machen – und dies unter Umständen sogar unabhängig davon, ob sie für den Fehler verantwortlich sind oder nicht. Dies verhindert wiederum die aktive Suche nach Fehlern (ebenfalls eine Form der Nicht-Handlung).

Problematisch ist dabei: Wenn erstens zahlreiche Beschäftigte versuchen, möglichst nicht zu handeln, kann die Organisation als Ganzes ihre Ziele nicht erreichen, Ressourcen werden verschwendet. Zweitens treten möglicherweise ähnliche Fehler bei vielen Beschäftigten auf; diese könnten auf eine suboptimale Gestaltung der Arbeitsabläufe zurückzuführen sein. Solange man aber nicht offen kommuniziert, kann man dies nicht herausfinden und auch keine entsprechenden Veränderungen anstoßen, um Fehler (und in weiterer Folge auch negative betriebliche Konsequenzen) zu reduzieren. Drittens, auch wenn manche Fehler allein gelöst werden können, gibt es einige, bei denen Hilfe aus dem Kreis der Kolleginnen und Kollegen erforderlich oder effizient ist. Die Angst vor persönlichen negativen Folgen kann jedoch Beschäftigte daran hindern, um Hilfe zu bitten. Man versucht es erst einmal allein und nur wenn man es nicht schafft, den Fehler ohne Unterstützung anderer zu beheben, zieht man andere hinzu. Wertvolle Zeit vergeht, bis der Fehler behoben ist. Dies ist besonders problematisch, da tendenziell der Zeitpunkt, an dem Fehler erkannt und korrigiert werden, einen großen Einfluss darauf hat, inwieweit sich negative Folgen entwickeln: Je früher Fehler erkannt und korrigiert werden, desto leichter ist es, negative Folgen gänzlich zu vermeiden oder zumindest abzumildern.

Die Erwartung negativer Folgen aufgrund eines Fehlers führt häufig zu **negativen Reaktionen wie Stress, Angst und Angespanntheit**. Zusätzlich zur Bewältigung der eigentlichen Aufgabe, bei der der Fehler entstanden ist, müssen die handelnden Personen nun nicht nur den Fehler an sich bewältigen, sondern auch mit ihren negativen Emotionen umgehen. Manche Menschen neigen zusätzlich dazu, **destruktiven Gedanken** nachhängen, z. B.: „Wie konnte mir das nur passieren?" oder „Warum bin ich so ungeschickt?". Neben der eigentlichen Bewältigung des Fehlers kommen so zusätzliche „Aufgaben" hinzu. Die Bewältigung dieser vielfältigen Aufgaben – der Umgang mit den eigenen negativen Gefühlen und Gedanken, die Korrektur des Fehlers und die Erledigung der eigentlichen Aufgabe – stellt sehr hohe Ansprüche an die kognitiven und emotionalen Kapazitäten. Eine Überforderung kann weitere Fehler nach sich ziehen. Der Begriff der Fehlerkaskade, bei der ein Fehler zu weiteren Fehlern führt, beschreibt diese Negativspirale.

Eine im Unternehmen verankerte strikte Fehlervermeidungskultur birgt mithin deutliche Risiken, denn Fehler lassen sich in einer sich wandelnden Umwelt und unter begrenzten kognitiven Ressourcen nur mit großem Aufwand vermeiden. Trotz intensiver Bemühungen und bester Absichten ist jedoch keineswegs sichergestellt, dass überhaupt keine Fehler passieren (Reason 1997).

14.2.2 Fehlermanagement

Eine gänzlich andere Sicht auf Fehler vermittelt der **Fehlermanagement-Ansatz**, in dem **Fehler und daraus resultierende Konsequenzen getrennt voneinander betrachtet** werden: Fehler *können*, müssen aber nicht zu negativen Konsequenzen führen (Frese und Keith 2015). Wenn Fehler rechtzeitig entdeckt und korrigiert werden, ist die Wahrscheinlichkeit für negative betriebliche Folgen deutlich reduziert (van Dyck et al. 2005). Darüber hinaus haben Fehler sogar **positive Folgen**: Sie liefern Einblicke in das betriebliche System und vermitteln damit Wissen, wie ein Problem nicht gelöst werden kann (Fischer und Freund 2021) oder dass ein Problem bei den gegebenen prozessualen Abläufen nicht zu vermeiden ist. Sie können dazu beitragen, durch Prozessinnovationen Arbeitsabläufe so zu verändern, dass ähnliche Fehler in Zukunft gar nicht erst auftreten. Dies wird auch als *sekundäre Fehlerprävention* bezeichnet (Frese und Keith 2015). Daher stellt das Lernen aus Fehlern eine der wichtigsten positiven Folgen von Fehlern dar. Der primäre Ansatzpunkt in der Fehlermanagementkultur ist nicht die Vermeidung von Fehlern an sich, sondern die Verhinderung negativer Konsequenzen und die dauerhafte Beseitigung der Ursachen (siehe ■ Abb. 14.1).

Nachdem im Normalfall eine natürliche Tendenz zur Fehlervermeidung besteht, liegt nun nahe, dass in einer Organisation das Fehlermanagement gefördert werden muss, damit positive Folgen von Fehlern genutzt werden können. Im Fehlermanagement-Ansatz sind Fehler daher nicht negativ konnotiert. Stattdessen herrscht eine neutrale oder gar positive, konstruktive Sicht auf Fehler vor, damit diese nicht tabuisiert werden. Die konstruktive Haltung gegenüber Fehlern bewirkt, dass die Bereitschaft, Fehler zu suchen – stets mit der Absicht, diese dann rechtzeitig korrigieren zu können – hoch ist. Dadurch werden **Fehler schneller entdeckt** als in einer Fehlervermeidungskultur und offen kommuniziert. Es ist keine Schande, bei Kolleginnen und Kollegen um Unterstützung bei der Behebung des Fehlers zu bitten. Die frühzeitige Entdeckung und Behebung der Fehler leistet einen wesentlichen Beitrag dazu, negative Folgen gar nicht erst entstehen zu lassen. Somit ist die Fehlerbewältigung in einer Fehlermanagementkultur

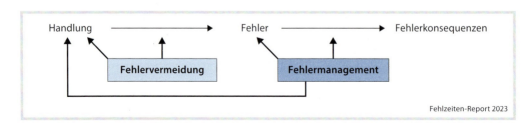

■ **Abb. 14.1** Fehlervermeidung und Fehlermanagement. (Eigene Darstellung nach Hofmann und Frese 2011, S. 31). Während die Fehlervermeidung einsetzt, bevor ein Fehler passiert, versucht das Fehlermanagement, negative Konsequenzen aus dem Fehler zu reduzieren und positive Konsequenzen zu fördern, wie z. B. das Lernen aus Fehlern, das wiederum Handlungen befördert, die zu weniger Fehlern führen

deutlich effektiver als in einer Fehlervermeidungskultur (Hofmann und Frese 2011), denn nicht nur werden mehr Fehler entdeckt, sondern auf diese wird auch schnell und zuverlässig reagiert, sodass geringere negative Konsequenzen entstehen.

Unternehmen, in denen eine Fehlermanagementkultur herrscht, unterscheiden sich von anderen Unternehmen bezüglich einiger Herangehensweisen. So wird bereits in der Planungsphase von Projekten davon ausgegangen, dass Fehler auftreten können. Infolgedessen werden frühzeitig unterschiedliche Szenarien ausgearbeitet und Strategien entwickelt, wie mit möglicherweise auftretenden Fehlern umzugehen ist. In dieser Phase ist das **Antizipieren von Fehlern** besonders wichtig. Bei der Durchführung von Projekten ist außerdem die Kompetenz zur Aufdeckung von Fehlern und zur Vermeidung negativer Konsequenzen bedeutend. Wenn Fehler auftreten, ist eine schnelle Reaktion und ein schnelles Eingreifen entscheidend, um negative Konsequenzen abzumildern. Da Fehler in einer Fehlermanagementkultur nicht negativ konnotiert sind, können entdeckte Fehler anderen mitgeteilt werden, ohne dass dadurch negative Folgen für einen selbst befürchtet werden müssen. Die **Fehlerkommunikation** ermöglicht es, vorbehaltlos um Unterstützung bei der Fehlerbewältigung zu bitten. Somit sind emotionale Belastungen durch Fehler (wie Stress oder Anspannung) geringer als in einer Fehlervermeidungskultur; dies wiederum macht es unwahrscheinlicher, dass Fehler verschleiert werden.

Eine **systematische und gründliche Analyse** von Fehlern kann nicht nur unmittelbar bei der Bewältigung der Fehler helfen, sondern auch im Nachhinein strukturelle oder operative Mängel im System aufzeigen, die das Auftreten von Fehlern begünstigen. Schließlich fördert die Fehleranalyse das Lernen aus Fehlern. Die bereits genannte Fehlerkommunikation ist auch in dieser Phase entscheidend; durch Kommunikation können Erkenntnisse, die ansonsten nur unmittelbar bei der Behebung des Fehlers gewonnen wären, auch anderen mitgeteilt werden.

Der Fehlermanagement-Ansatz impliziert eine Offenheit gegenüber Innovationen. Damit einher geht eine gewisse **Fehlerrisikoneigung.** Darunter versteht man die Tendenz, etwas Neues auszuprobieren, auch auf die Gefahr hin, dass möglicherweise Fehler auftreten. Somit ist das Innovationspotenzial höher als bei einer Fehlervermeidungskultur.

14.2.3 Stand der Fehlerforschung

Auf individueller Ebene konnten zahlreiche Studien zeigen, dass Trainings, die einem Fehlermanagement-Ansatz folgen und somit Fehler im Training explizit fördern, zu besseren Ergebnissen führen als Trainings, die lediglich den korrekten Lösungsweg vermitteln und so Fehler im Training minimieren (Keith und Frese 2005, 2008). Insbesondere wenn es um das **Erlernen komplexer Abläufe** und Inhalte geht, erzielen Teilnehmende von Fehlermanagement-Trainings bessere Leistungen als Teilnehmende von Fehlervermeidungs-Trainings (Loh et al. 2013). Allerdings erzielen Probanden bei **repetitiven Aufgaben** in fehlervermeidenden Trainingsbedingungen ebenfalls gute Lernleistungen (Debowski et al. 2001).

Auf organisationaler Ebene zeigt sich, dass eine Fehlermanagementkultur mit **langfristigem Unternehmenswachstum** (unter anderem Vermögensrendite, Erreichung von Unternehmenszielen; van Dyck et al. 2005), mit **Innovation in Unternehmen** (z. B. Fischer et al. 2018) und mit einer **Verringerung von medizinischen Behandlungsfehlern** (Hofmann und Mark 2006) **sowie von Unfällen** (Fruhen und Keith 2014) zusammenhängt.

Die positive Wirkung des Fehlermanagements kommt unter anderem zustande durch die Sicherheit, **Fehler in der Organisation ohne Ansehensverlust ansprechen** zu können. Hierdurch schafft die Organisation eine Umgebung, in der Eigeninitiative gezeigt wird, offen Ideen ausgetauscht und Fragen gestellt werden (Edmondson und Bransby 2023). Diese Umgebung kommt insbesondere auch Führungskräften zugute, die regelmäßig schwierige Entscheidungen treffen, zum Beispiel bei **strategischen Entscheidungen** oder bei der **Besetzung wichtiger Positionen** im Unternehmen (Hunter et al. 2011). Eine Fehlermanagementkultur erleichtert und verbessert solche Entscheidungen zugleich: Die Geschwindigkeit bei Entscheidungen kann schneller werden, da die Gewissheit besteht, bei auftretenden Problemen die Entscheidung korrigieren zu können. Falls erforderlich, werden Anpassungen vorgenommen, womit die Resultate verbessert werden. Fehler werden schnell gefunden und korrigiert (Hunter et al. 2011). Dies ermöglicht es Führungskräften, mitunter Dinge auszuprobieren und zu experimentieren, ohne schwerwiegende negative Konsequenzen befürchten zu müssen.

Negative Auswirkungen von Fehlervermeidung können anhand der Forschung zu **latenten Fehlern in Organisationen** verdeutlicht werden. Latente Fehler sind Fehler, die über einen längeren Zeitraum in einer Organisation existieren, bevor sie negative oder sogar katastrophale Auswirkungen haben. Sie entstehen, wenn es in einer Organisation innerhalb kurzer Zeit zu tiefgreifenden Veränderungen kommt, wie zum Beispiel starkem Personal- oder Führungswechsel oder wiederholten kurzfristigen Änderungen der Strategie oder der Ziele der Organisation. In solchen Situationen kann es für die Mitarbeiterinnen und Mitarbeiter schwierig sein, die Aufmerksamkeit auf Fehler zu richten, aufgetretene Fehler zu analysieren und die Ursachen zu beheben (Lei et al. 2016). Fehler werden leicht übersehen oder als unwichtig erachtet. Werden Fehler über einen längeren Zeitraum nicht beachtet, leidet die Qualität der Leistungserstellung; es kommt zu Krisen. Empirisch wurde beobachtet, dass eine **hohe Arbeitsbelastung, schlechte Kommunikation und widersprüchliche Ziele** häufig mit latenten Fehlern in Organisationen zusammenhängen (Ramanujam und Goodman 2011). Solche Arbeitsbedingungen sind beispielsweise im **medizinischen Bereich** (z. B. Lei und Naveh 2019) oder in der **Baubranche** (z. B. Love et al. 2021) weit verbreitet – gerade in Bereichen, in denen (unentdeckte und nicht gemanagte) Fehler schnell gravierende negative Auswirkungen haben können.

Die Literatur verdeutlicht, dass wirksames Fehlermanagement insbesondere in der Kultur der Organisation verortet sein sollte. Im Folgenden wollen wir ausführen, wie Fehlerkulturen in Organisationen entstehen.

14.3 Organisationskultur und Fehlerkultur

Fehlerkulturen in Organisationen sind nicht statisch, sondern sie entwickeln sich über die Zeit, häufig als Reaktion auf Fehler. Denn Fehler treten in Unternehmen an unterschiedlichen Orten auf und dort wird ihnen umgegangen. Der Umgang mit Fehlern in diesen Zusammenhängen und inwieweit dieser Umgang mit Fehlern innerhalb der Organisation ähnlich gehandhabt wird, wird von der Organisationskultur geprägt – und prägt andererseits wiederum auch die Organisationskultur. In diesem Abschnitt beschreiben wir, wie diese gegenseitige Einflussnahme vonstattengeht.

Die Organisationskultur ist maßgeblich dafür, **an welchen Stellen** in Organisationen **Ursachen von Fehlern gesucht** werden: Werden diese eher Einzelpersonen, Teams oder dem System zugeschrieben? Hat eine Person beispielsweise unzureichende Informationen zu einer Aufgabe und es entsteht daraus ein Fehler, so könnte entweder die Person, die Informationen nicht weitergegeben hat, für den Fehler verantwortlich gemacht werden, oder die Person, die sich die Information nicht beschafft hat. Es können aber auch mangelhafte Informationssysteme oder Führungskräfte für Fehler verantwortlich gemacht werden. Ob (eher) die eine oder andere Sichtweise im Vordergrund steht, ist etwas, was in der Organisationskultur verankert ist, also in den von den handelnden Personen geteilten Ansichten oder Herangehensweisen in einer Organisation. Häufig sind derartige Sichtweisen historisch gewachsen. Sie ergeben sich aus vergangenen Ereignissen oder Vorgehensweisen und müssen nicht notwendigerweise eine umfassende Sicht auf das Problem darstellen. Infolgedessen kann es sein, dass in manchen Organisationen Fehler grundsätzlich den ausführenden Einzelpersonen zugeschrieben werden, in anderen eher Abteilungen oder Führungskräfte für Fehler verantwortlich gemacht und in dritten regelmäßig (abstrakte) Systeme für Fehler verantwortlich gemacht werden.

Eine weitere Frage ist, **inwieweit mit Fehlern** in einer Organisation **auf ähnliche Art und Weise umgegangen wird**. Innerhalb einer Organisation findet Arbeit häufig in Kleingruppen oder Teams statt. Diese Teams stellen eine wichtige Relaisstation im Umgang mit Fehlern dar. Wenn diese sehr ähnlich auf Fehler reagieren, dann kann sich eine organisationale Fehlerkultur entwickeln. Damit sich aber eine von allen akzeptierte organisationale Fehlerkultur entwickelt, ist es wichtig, dass entsprechende Ansätze in die Organisation kommuniziert werden, sodass einzelne oder Teams sich auf diese Kommunikation berufen können. Aus der kommunizierten Fehlerkultur, ergänzt durch Facetten der Persönlichkeit und der sozialen Umwelt der handelnden Person, ergibt sich ein individueller Umgang mit Fehlern in Organisationen. Dieser bedingt wiederum individuelle Überlegungen zum Auftreten von Fehlern (z. B. das Eingehen von Risiken, auch wenn Fehler entstehen können, oder das Antizipieren von Fehlern bei eigenen Handlungen), Überlegungen zum unmittelbaren Umgang mit Fehlern (z. B. die wahrgenommene eigene Kompetenz, mit Fehlern umzugehen oder die Notwendigkeit, Fehler zu verstecken, sowie die Stressreaktion nach einem Fehler), und Überlegungen zum langfristigen Umgang mit Fehlern, zum Lernen aus Fehlern.

Während wir bisher den Einfluss der Organisation auf die Person beschrieben haben, wollen wir nicht vernachlässigen, dass **auch Personen die Fehlerkultur in einer Organisation prägen** oder mitgestalten können. In unserer Zusammenarbeit mit Kleinunternehmern stoßen wir häufig auf Personen, die aktiv eine Fehlermanagementkultur befördern,

sei es über das gezielte Nachfragen von Personen bezüglich unternehmerischer Entscheidungen oder das **Ansprechen eigener Fehler** im Unternehmen etc. In unserer Forschung finden wir zudem, dass eine Bereitschaft, sich selbst richtig einzuschätzen, wertschätzend gegenüber anderen zu sein und Lernbereitschaft zu zeigen, positiv mit einer Fehlermanagementkultur im Unternehmen zusammenhängt (Seckler et al. 2021). Insbesondere **Führungskräfte** stehen in der Verantwortung, einen entsprechenden Umgang mit Fehlern (eigenen Fehlern und Fehlern von Anderen) vorzuleben, um bei Mitarbeitenden die Sicherheit zu erzeugen, Fehler auch wirklich ansprechen zu können.

Auch wenn die Organisationskultur mehr ist als die Summe der Einzelteile, sind die Einzelteile eben doch nicht zu vernachlässigen. Die individuelle Einstellung zu Fehlern, also ob man Fehler als Lernchance oder etwas Schreckliches einschätzt, beeinflusst auch die Organisationskultur; je nach Größe der Organisation, entweder auf der Team- oder bei kleineren Unternehmen sogar auf der Organisationsebene. Dahinter können Glaubenssätze stehen – also (implizite) Annahmen darüber, was passiert, wenn Fehler unterlaufen. Diese Glaubenssätze können mitunter negativ sein, wie z. B. „Wenn ich einen Fehler mache, halten mich alle für dumm und unfähig". Derartige Glaubenssätze wirken sich darauf aus, inwieweit eine Fehlerkultur im Unternehmen auch gelebt wird. Mit derartigen Glaubenssätzen von Mitarbeitenden muss umgegangen werden, wenn eine Fehlermanagementkultur im Unternehmen etabliert werden soll.

14.4 Förderung der Fehlermanagementkultur

Die Fehlerkultur stellt also ein komplexes Phänomen dar, da sie auf verschiedene Weise in die Organisation hinein wirkt und im Gegenzug durch die Personen in der Organisation beeinflusst wird. Die Frage, wie die in einer Organisation bestehende Fehlerkultur hin zu einer Fehlermanagementkultur verändert werden kann, ist daher alles andere als trivial (Horvath et al. 2022; Klamar et al. 2022). Es kommen hierfür mehrere Ansatzpunkte in Frage:

So könnte das Management der Organisation die Fehlerkultur „von oben" verändern. Dabei gibt es drei wesentliche Ansatzpunkte, um die Fehlerkultur zu beeinflussen: Erstens die Auswahl von Personen bei der Neueinstellung und bei der Zuteilung der Aufgaben auf die vorhandenen Beschäftigten, zweitens die Sozialisation der Personen im Unternehmen (Anderson und Ostroff 1997). Der dritte Ansatzpunkt ist die Gestaltung von Strukturen, die Fehlermanagement fördern.

Eine **Personalauswahl mit dem Ziel der Stärkung der Fehlermanagementkultur** könnte so aussehen, dass in Bewerbungsverfahren bevorzugt Personen ausgewählt werden, deren Normen, Werte und Zielvorstellungen in Bezug auf Fehler mit jenen der (angestrebten) Fehlermanagementkultur der Organisation übereinstimmen. Bereits im Rahmen von Auswahlverfahren könnte nach der individuellen Einstellung gegenüber Fehlern gefragt werden. Eine Anregung könnte sein, eine Aussage wie „Es ist besser, nichts zu tun als einen Fehler zu machen" in der Bewerbungssituation zur Diskussion zu stellen. Dabei sollten die Bewerberinnen und Bewerber möglichst eine konkrete Situation aus ihrer beruflichen Vergangenheit schildern, die ihre Beurteilung der Aussage verdeutlicht. Lässt die Situation bzw. der Umgang damit eine eher defensive Haltung gegenüber Fehlern erkennen, spricht dies für eine negative Einstellung gegenüber Fehlern, wie sie in einer Fehlervermeidungskultur auftritt. Beschreibt die Person hingegen eine Situation, in der sie bspw. etwas Neues ausprobiert hat, auch wenn sie sich nicht sicher war, zu welchem Ergebnis es führen wird, oder beschreibt sie eine Situation, in der sie Fehler offen zugegeben und mit anderen gemeinsam nach einer Lösung gesucht hat, ist dies im Sinne einer Fehlermanagementkultur. Wichtig ist es, Rückfragen zu stellen, um ein tiefergehendes Verständnis für die Situation, in der der Fehler aufgetreten ist, zu bekommen. So sollte bspw. unterschieden werden, ob der Fehler erstmals oder bereits wiederholt aufgetreten ist. Eine differenzierte Analyse der Antwort, um eine Antworttendenz im Sinne einer sozialen Erwünschtheit möglichst zu minimieren, ist jedenfalls unerlässlich. Umgekehrt sollte auch das Unternehmen im Bewerbungsprozess transparent sein und den Bewerbenden die (angestrebte) Art und Weise, wie mit Fehlern umgegangen wird, signalisieren. So erhalten beide Seiten bereits im Vorfeld ein Bild darüber, inwieweit die Vorstellungen über das Fehlermanagement zueinander passen. Eine Auswahl von Personen mit dem gewünschten Umgang mit Fehlern ist wahrscheinlich nicht erfolgreich, solange die Organisation nicht selbst glaubhaft einen derartigen Umgang mit Fehlern signalisieren kann. Auswahl von Personen bedeutet daher auch, dass innerhalb einer Organisation kritisch evaluiert werden muss, welche Personen den gewünschten Umgang mit Fehlern vertreten und diesen Personen für das Fehlermanagement wesentliche Positionen zuweisen.

Unter **Sozialisation** versteht man, dass neuen Beschäftigten am Arbeitsplatz gezeigt wird, „wie der Hase so läuft" – welche formellen und informellen Regeln in der Organisation bestehen. So wird auch, direkt oder indirekt, vermittelt, wie Fehler bewertet werden und wie mit ihnen umgegangen wird. Schon in der **Einarbeitungsphase** wird der Grundstein dafür gelegt, wie neue Beschäftigte zukünftig mit Fehlern in der Organisation umgehen werden. Hier ist darauf zu achten, dass die gewünschte Einstellung zu Fehlern sowohl in persönlichen Interaktionen als auch in „Artefakten" wie Trainingsmanualen, Postern etc. präsent ist und konsistent kommuniziert und praktiziert wird. Aber auch in etablierten Unternehmen kann eine Re-Sozialisation in Richtung einer gewünschten Fehlerkultur stattfinden. Ist eine derartige **Kulturveränderung** geplant, muss diese aber intensiv begleitet werden. Nicht zuletzt ist es wesentlich, auch bei der Implementierung neuer Strukturen oder Prozesse eine der Fehlermanagementkultur entsprechende Herangehensweise an den Tag zu legen. Wir haben die Einführung eines neuen Führungsmodells in einem mittelständischen Unternehmen begleitet. Hier berichteten Führungskräfte, dass sie zu ihren alten Verhaltensweisen zurückkehren, wenn ihre Verhaltensänderung nicht zu gewünschten Effekten geführt hat. Eine überraschende Erklärung war, dass manche Führungskräfte das Gefühl hatten, das neue Führungsmodell gleich fehlerfrei anwenden zu müssen und Fehler bei der Umsetzung des neuen Führungsmodells nicht ansprechen zu können. Gingen sie hingegen davon aus, dass Fehler ein normaler Teil einer solchen Umstrukturierung sind, mit denen produktiv umgegangen werden konnte, dann wurde eine nachhaltige Verhaltensänderung bewirkt. Diese Beobachtung spricht dafür, dass der Prozess der Verhaltensänderung im Unternehmen in Hinblick auf Fehler und Fehlermanagement eingeführt und begleitet werden sollte (z. B. offene Kommunikation und Weiterentwicklung eines solchen Programms auf Basis von Fehlern)

Auch **strukturell kann Fehlermanagementkultur gefördert** werden. Hierbei kommt es vor allem darauf an, Kommunikation zu ermöglichen – auch über Hierarchiegrenzen hinweg. Projektteams, in denen Beschäftigte gleichberechtigt an der Lösung von Problemen arbeiten, können hier ebenso förderlich wirken wie eine anonyme Meldestelle – sowohl für entdeckte Fehler als auch für Verbesserungsvorschläge allgemein –, an die sich Beschäftigte direkt wenden können. **Unternehmensleitbilder** stellen ein weiteres geeignetes Instrument dar, um gemeinsame Werte, Normen und Ziele zu kommunizieren – sowohl nach außen gegenüber Kundinnen und Kunden sowie potenziellen Bewerberinnen und Bewerbern als auch nach innen gegenüber Mitarbeiterinnen und Mitarbeitern und Führungskräften. Wird im Unternehmensleitbild explizit auf den Umgang mit Fehlern Bezug genommen, setzt die Organisation somit ein klares Zeichen. Beispielsweise könnte eine Aussage im Leitbild lauten: „Wir begreifen Fehler als Lernchance. Aus Fehlern lernen wir; Fehler zeigen uns, wo wir besser werden können!". Ist ein solcher Punkt noch dazu durch Beispiele und Maßnahmen untermauert, kann dies eine wirkungsvolle Maßnahme hin zu einer Fehlermanagementkultur sein.

Mitarbeiterinnen und Mitarbeitern erkennen anhand von **Reaktionen auf Fehler und Sanktionen infolge von Fehlern**, wie es um die Fehlermanagementkultur bestellt ist. Daher ist ein Augenmerk auf den Umgang mit Fehlern in der **Kompetenzentwicklung von Führungskräften** unerlässlich. Insbesondere sollte die Grundidee des Fehlermanagements, d. h. die Unterscheidung zwischen dem Fehler und der negativen Fehlerkonsequenz, vermittelt werden. Sanktioniert werden (z. B. in Form eines kritischen Gesprächs mit der nächsthöheren Führungskraft oder einer Abmahnung) sollte(n) demnach nicht ein Fehler, sondern – wenn überhaupt – die negativen Fehlerkonsequenzen aufgrund von mangelndem Fehlermanagement.

Ein interessantes Phänomen im Instrumentarium des Fehlermanagements stellen **Checklisten** dar (z. B. Hales und Pronovost 2006). Checklisten legen eine bestimmte Anzahl und/oder Abfolge von Tätigkeiten fest, die im Arbeitsprozess zwingend zu beachten sind und für eine gute Arbeitsleistung als notwendig erachtet werden. Sie entstehen in Organisationen häufig als Reaktion auf vergangene schwerwiegende Fehler und sollen verhindern, dass dieser Fehler in Zukunft wieder auftritt. Dabei erweisen Checklisten sich zwar als effektiv in der Reduktion von Fehlern, zum Beispiel im medizinischen Bereich (z. B. Woodward et al. 2010). Problematisch ist jedoch, dass sie häufig einen Zustand zu einem bestimmten Zeitpunkt widerspiegeln. So kann es sein, dass bereits bei vergleichsweise geringen Veränderungen der Umwelt (z. B. veränderte Teamkonstellationen, technische Neuerungen, etc.) bestimmte Punkte in einer Checkliste nicht mehr ausgeführt werden können oder Punkte auf der Checkliste fehlen. In der Praxis führt dies zum Beispiel dazu, dass Beschäftigte sich über die Checklisten hinwegsetzen müssen und von vorgegebenen Protokollen abweichen müssen – und somit die intendierte Standardisierung von Prozessen zur Vermeidung von Fehlern nicht eintritt. Checklisten oder anders niedergeschriebene Standards müssen daher laufend auf ihre Aktualität und Gültigkeit überprüft werden. Nur dann kann eine Checkliste im Sinne einer Fehlermanagementkultur als Mittel der sekundären Fehlerprävention dienen.

14.5 Fehlermanagement und Gesundheit

Im Folgenden beleuchten wir den Zusammenhang zwischen Fehlermanagement und psychischer sowie physischer Gesundheit.

14.5.1 Fehlermanagement und psychische Gesundheit

Eine Fehlermanagementkultur hat nicht nur positive Effekte auf die Arbeitsergebnisse, sondern sollte sich auch auf die mentale Gesundheit der Beschäftigten positiv auswirken, insbesondere da die **konstruktive Grundhaltung gegenüber Fehlern die emotionale Belastung verringert**, die nach einem Fehler entstehen kann. Die Forschung zu den positiven oder negativen Folgen in Bezug auf die psychische Gesundheit steckt jedoch noch in den Kinderschuhen.

Die Fehlermanagementkultur soll die Kontrollmöglichkeiten und die soziale Unterstützung im Falle eines Fehlers erhöhen und so die Wahrnehmung von (potenziellen) Fehlern als Stressor reduzieren. In einem **Fehlervermeidungsumfeld** hingegen werden Fehler eher als Stressoren wahrgenommen (van Dyck et al. 2005). Da Fehler schwer zu kontrollieren sind und unklar ist, wann sie auftreten (Reason 1997), stellen sie potenziell einen **permanenten Stressor** dar. Negative gesundheitliche Folgen von (dauerhaftem) Stress bei unzureichender Kontrollmöglichkeit sind hinreichend belegt (z. B. Duchaine et al. 2020).

Die Bandbreite an möglichen Folgen von (Fehler-)Stress und (Fehler-)Angst ist groß. Negative emotionale Reaktionen können zu Gereiztheit und einem allgemeinen Gefühl des Belastet-Seins führen. Die Wirkungen reichen von psychosomatischen Beschwerden wie Kopfschmerzen über die Verringerung der Widerstandskraft des Immunsystems, die zu einer Erhöhung des Ausfallrisikos führt, bis hin zu einer erhöhten Risikoneigung zu Suchtmitteln, wie z. B. Alkohol- und Medikamentenmissbrauch. Eine Fehlermanagementkultur bewirkt, dass negative Gefühle infolge von Fehlern im Prozess des Fehlermanagements abgebaut werden können. Empirisch zeigt sich, dass die Möglichkeit, negative Gefühle bei der Arbeit nicht aktiv vermeiden zu müssen, positiv mit der psychischen Gesundheit zusammenhängt (z. B. Bond und Bunce 2003).

14.5.2 Fehlermanagement und physische Gesundheit

Ein weiterer Zusammenhang besteht zwischen einer Fehlermanagementkultur und der körperlichen Unversehrtheit am Arbeitsplatz, und zwar insbesondere in Arbeitsumgebungen, in denen Unfall- oder Verletzungsrisiken bestehen. Hier kann eine Fehlermanagementkultur zwar nicht verhindern, dass einzelne Personen Fehler mit gesundheitlichen Konsequenzen begehen, sie kann aber eine Umgebung schaffen, in der potenzielle Fehlerrisiken identifiziert werden, bevor Fehler passieren. Falls trotzdem Fehler mit gesundheitlichen Konsequenzen auftreten, kann eine Fehlermanagementkultur negative Folgen abmildern und verhindern, dass diese Fehler sich wiederholen. Im Folgenden werden die angenommenen Wirkmechanismen genauer beschrieben (siehe auch Christian et al. 2009).

Grundsätzlich sind in den meisten modernen Arbeitsumgebungen **Vorschriften und Regeln des betrieblichen Arbeitsschutzes** zu befolgen, um Unfälle oder Verletzungen in unfallgefährdeten Arbeitsumgebungen zu verhindern. Diese sind z. B. in Unfallverhütungsvorschriften der Berufsgenossenschaften festgehalten und deren Einhaltung wird von Unternehmen, Berufsgenossenschaften etc. überprüft. Damit derartige Vorschriften und Regeln effektiv Unfälle verhindern, müssen sie jedoch befolgt werden: Beschäftigte müssen in allen Situationen ein den Sicherheitsrichtlinien konformes Verhalten zeigen, also bestimmte Prozeduren befolgen, eine persönliche Schutzausrüstung verwenden und risikoreduzierendes Verhalten einüben. Zusätzlich müssen Beschäftigte ein für die Sicherheit förderliches Verhalten an den Tag legen. Sie müssen also miteinander über sicherheitsrelevante Themen sprechen und sich gegenseitig unterstützen. Zudem müssen sie Verantwortung für die Sicherheitsrichtlinien übernehmen, die Missachtung von Regeln melden und Veränderungen hin zu mehr Sicherheit initiieren.

Eine **Fehlermanagementkultur erleichtert das Befolgen von Sicherheitsvorschriften und Regeln** aus mehreren Gründen: Erstens haben in einer Fehlermanagementkultur nicht nur Fehler, sondern auch die Sicherheit und die Gefahren einen hohen Stellenwert, sodass darüber mehr gesprochen wird. Zweitens können Fehler im Rahmen eines mit den Sicherheitsrichtlinien konformen Verhaltens angesprochen werden. Dies erhöht die **Sensibilität** für die Sicherheit und kann helfen, richtiges Verhalten zu erlernen. Zudem kann schnell eingegriffen werden, womöglich bevor ein Unfall oder eine Verletzung passiert. Drittens erlaubt die offene Kommunikation über Fehler eine Analyse der Ursachen der Fehler. Dadurch bieten sich in einer Fehlermanagementkultur Möglichkeiten, Strukturen und Abläufe infolge eines Fehlers so zu verändern, dass dieser nicht noch einmal passiert (**sekundäre Fehlerprävention**).

Entsprechend diesen theoretischen Überlegungen finden sich positive empirische Zusammenhänge zwischen der Fehlermanagementkultur und dem Sicherheitsklima in einer Organisation, aber auch mit sicherheitsrelevanten Verhaltensweisen im Baugewerbe (Cigularov et al. 2010). Bei Feuerwehrleuten zeigt sich ein positiver Zusammenhang zwischen Fehlermanagementkultur und weniger Unfällen, bei einer Fehlervermeidungskultur mit mehr Unfällen (Fruhen und Keith 2014). Bei Minenarbeitern erhöht eine organisationale Fehlermanagementkultur nicht nur die wahrgenommene Unterstützung für sicherheitsrelevante Verhaltensweisen durch die Führungskräfte, sondern verbessert auch das Sicherheitsverhalten der Beschäftigen (Casey und Krauss 2013).

14.6 Fehlermanagement und New Work

Infolge der Covid-19-Pandemie finden **weitreichende Veränderungen in der Arbeitswelt** statt, die einen **Einfluss darauf haben, was Fehlermanagement in Organisationen konkret bedeutet**. Traditionell fand Fehlermanagement am Arbeitsplatz statt. Mitglieder eines Teams kamen dort zusammen, sprachen über Arbeitsergebnisse oder tauschten sich über den Stand bestimmter Tätigkeiten aus. Häufig fand das informell statt, zum Beispiel zwischen Tür und Angel. Infolge der Covid-19-Pandemie, aber auch schon zuvor infolge der Mobilisierung und Technisierung zahlreicher Arbeitsplätze ist es mehr und mehr üblich, dass Teams nicht mehr im persönlichen Kontakt an einem Arbeitsort an komplexen Aufgaben arbeiten, sondern in virtuellen Teams interagieren. Andere Veränderungen betreffen die Büroorganisation. Beschäftigte können sich ihren Sitzplatz im Büro aussuchen, es gibt häufig keine fest zugeteilten Arbeitsplätze mehr. Teilweise verlieren auch Hierarchien an Bedeutung, sodass auch die Führungsaufgaben auf mehrere Personen verteilt werden können – auf Augenhöhe ohne Privilegien.

Solche Veränderungen, häufig unter dem Begriff „New Work" zusammengefasst, beeinflussen auch die Art, wie Fehlermanagement betrieben werden kann. Zum Beispiel haben

Tab. 14.1 Übersicht über die Veränderungen infolge der New-Work-Prinzipien und deren Auswirkungen auf das Fehlermanagement

Herangehensweisen der Fehlermanagementkultur New-Work Prinzip	Vor einem Fehler Antizipieren und Aufdecken von Fehlern, Aufbau von Fehlerkompetenz zur Vermeidung oder Reduktion negativer Fehlerkonsequenzen	In unmittelbarer Reaktion auf einen Fehler Fehlerkommunikation, Reduktion der emotionalen Belastungen durch Fehler, Reduktion der Gefahr, dass Fehler verschleiert werden, Analyse von Fehlern, Schadenskontrolle, Helfen in Fehlersituationen	Langfristige Reaktion auf einen Fehler Lernen aus Fehlern, Kommunikation zu Fehlern und Teilen von Fehlerwissen
Räumliche und zeitliche Flexibilisierung der Arbeit	**Problem:** Personen arbeiten alleine und ohne direkten Austausch an einer Aufgabe, keine spontane Interaktion möglich, kein Überblick über die tatsächliche Arbeitsbelastung vorhanden. **Lösungen:** Genaue Definition von Zielen Regelmäßige, im Idealfall tägliche virtuelle Team-Treffen (z. B. Stand-up-Meetings, d.h. kurze Treffen, in denen Teammitglieder den Stand ihrer Arbeit austauschen) Gegenseitige Sichtbarkeit von Arbeitsergebnissen	**Probleme:** Gegenseitige Erreichbarkeit in Fehlersituationen kann reduziert sein, wenn die Fehlerreaktion bei den einzelnen Personen liegen, wenn andere nicht erreichbar sind und somit emotionale Belastungen hervorrufen. Fehler können unbeabsichtigt verschleiert werden, wenn kein Austausch über den Fehler erfolgt. **Lösungen:** Arbeitsergebnisse auf einem Teamlaufwerk zugänglich machen Zuständigkeiten, Erreichbarkeiten im Notfall sollten geregelt sein	**Probleme:** Informationsweitergabe ist schwieriger, wenn persönliche Treffen fehlen. Neue Aufgaben überlagern die Wissensweitergabe zu Aufgaben der Vergangenheit **Lösungen:** Gründliche Analyse aufgetretener Fehler ohne Beschuldigung. Nach Abschluss eines Projekts zwingende Analyse (ähnlich zu After Action Reviews in komplexen Simulationen) Etablierung und Förderung der Nutzung von Wissensweitergabesystemen, z. B. Intranet
Demokratisierung und flache Hierarchien	**Problem:** Mit der Demokratisierung der Arbeitsumgebung können Schwierigkeiten bei der Überprüfung von Arbeitsergebnissen auftreten, sodass in komplexen Arbeitsergebnissen versteckte Fehler nicht entdeckt werden (latente Fehler entstehen). Demokratisierung kann auch zu einer Einigung auf „einfache" Lösung führen. **Lösungen:** Definition von Feedbackschleifen und Verantwortlichkeiten Auf Rollenverteilung im Team achten, eventuell „teuflischen Advokaten" einbeziehen, d. h. Personen, die den Auftrag erhalten, vorgeschlagene Lösungen zu kritisieren	**Problem:** Aufbrechen von Hierarchien kann zu unklaren Zuständigkeiten und Verantwortungsdiffusion führen, wenn es zu einem Fehler kommt. Dies kann die Geschwindigkeit und Koordination in der Reaktion auf Fehler reduzieren **Lösungen:** Statt der Führungskräfte müssen definierte Projektverantwortliche die Fehler aufnehmen und Lösungen anstoßen (z. B. Projektleitung)	**Problem:** In flachen Hierarchien muss die Weitergabe von Fehlerwissen organisiert werden, da diese nicht immer über Führungskräfte erfolgen kann **Lösungen:** Sichtbarmachung von (Fehler-)Expertise jenseits von Führungsstrukturen, z. B. über Profile in internen Tools. Etablierung von Austauschformaten bezüglich Fehler Etablierung einer „Kultur der Verbesserung"

die Veränderungen Konsequenzen für das Aufdecken von Fehlern:
- Wenn verschiedene Personen ohne persönliche Interaktion zusammen an einem Projekt arbeiten, dann muss sehr viel **eindeutiger beschrieben** werden, welche Ziele von einer Person zu einem bestimmten Zeitpunkt erreicht werden sollen und wie genau Schnittstellen zur Arbeit anderer Personen aussehen müssen als wenn die Personen in ständigem Austausch stünden. Zudem muss die Arbeit unter Umständen besser **dokumentiert** werden, um **nachvollziehbar** und überprüfbar zu sein.
- Wenn flache Hierarchien bestehen, muss genau festgelegt werden, an welchen Stellen von wem eine **Überprüfung** der Arbeit anderer durchgeführt wird, um die Gefahr von Fehlern zu reduzieren. Es muss kontinuierlich Aufmerksamkeit für die Arbeit der anderen vorhanden sein.

Ähnlich lassen sich auch für andere Facetten der Fehlermanagementkultur Veränderungen infolge von New Work ableiten (siehe ◘ Tab. 14.1).

Die Veränderungen in der Arbeitswelt scheinen insgesamt der Fehlermanagementkultur zuträglich zu sein. In einer Umfrage mit 800 Angestellten und 200 Führungskräften untersuchten wir, ob Veränderungen im Fehlermanagement infolge von Veränderungen im Arbeitsablauf während der Covid-19-Pandemie wahrgenommen wurden. Dabei zeigen sich positive Veränderungen: Sowohl Angestellte als auch Führungskräfte geben an, dass im Unternehmen seitdem eher davon ausgegangen wird, dass Fehler bei der Arbeit vorkommen können. Fehler werden auch **offener kommuniziert und behoben** und Angestellte und Führungskräfte haben den Eindruck, dass sich das Unternehmen aufgrund der Fehler **weiterentwickelt**. Es werden auch mehr Risiken eingegangen, selbst wenn dadurch ein Fehler entstehen könnte.

Noch ist unklar, warum die Veränderungen infolge der Covid-19-Pandemie derart positiv für das Fehlermanagement gesehen werden. Mögliche Gründe sind:
- Aufgrund der Disruption normaler Arbeitsroutinen konnte zunächst nicht davon ausgegangen werden, dass die Leistungserstellung in Unternehmen problemlos verläuft. Somit zeigten Führungskräfte, aber auch Kundinnen und Kunden **mehr Verständnis für Fehler**.
- Wenn nun das Auftreten von Fehlern weniger kritisch gesehen wurde, dann können eigene Fehler auch offener kommuniziert werden. Eventuell hilft hier auch die räumliche Distanz, die das Eingestehen eines Fehlers unter Umständen einfacher macht.
- Infolge der Disruption normaler Prozesse und daraus folgenden Schwierigkeiten entstand auch die Notwendigkeit, aufmerksam für die Zuarbeit anderer zu sein.
- Die Unterbrechung normaler Routinen zog den Neuaufbau neuer Routinen nach sich. Hieraus ergab sich die Möglichkeit und auch die **Notwendigkeit, auf Fehler zu reagieren und das Unternehmen weiterzuentwickeln**.

Die Veränderungen infolge der Covid-19-Pandemie zeigen daher auf, wie in Zukunft die Fehlermanagementkultur in Unternehmen gefördert werden kann.

14.7 Fazit

Auch wenn das Bestreben, **Fehler zu vermeiden**, prinzipiell nachvollziehbar ist, **greift** es doch **zu kurz**. Fehlermanagement ist ein Konzept, das für einen konstruktiven Umgang mit Fehlern plädiert. Dabei ist es entscheidend, **effektiv auf Fehler zu reagieren**. So können negative Folgen abgemildert und positive Folgen, allen voran das Lernen aus Fehlern, genutzt werden. In ihrer Wirkweise hat die Fehlermanagementkultur **positive Auswirkungen auf die psychische und physische Gesundheit** von Mitarbeiterinnen und Mitarbeitern. In Organisationen, in denen eine Fehlermanagementkultur herrscht, führen auftretende Fehler zu weniger emotional belastenden Reaktionen (wie Stress, Angst und Anspannung). Die aktive Erwartung, dass Fehler passieren, kombiniert mit der effektiven Reaktion auf Fehler führt insbesondere in sicherheitsempfindlichen Tätigkeiten dazu, dass die Unfallzahlen geringer sind und Unfallfolgen glimpflicher ausfallen.

Literatur

Anderson NR, Ostroff C (1997) Selection as Socialization. In: Anderson NR, Herriot P (Hrsg) International Handbook of Selection and Assessment. Wiley, London

Bond FW, Bunce D (2003) The role of acceptance and job control in mental health, job satisfaction, and work performance. J Appl Psychol 88(6):1057

Christian MS, Bradley JC, Wallace JC, Burke MJ (2009) Workplace safety: a meta-analysis of the roles of person and situation factors. J Appl Psychol 94(5):1103–1127

Cigularov KP, Chen PY, Rosecrance J (2010) The effects of error management climate and safety communication on safety: a multi-level study. Accid Analysis Prev 42(5):1498–1506

Casey TW, Krauss AD (2013) The role of effective error management practices in increasing miners' safety performance. Saf Sci 60:131–141

Debowski S, Wood RE, Bandura A (2001) Impact of guided exploration and enactive exploration on self-regulatory mechanisms and information acquisition through electronic search. J Appl Psychol 86(6):1129–1141

Duchaine CS, Aube K, Gilbert-Ouimet M, Vezina M, Ndjaboue R, Massamba V, Brisson C (2020) Psychosocial stressors at work and the risk of sickness absence due to a diagnosed mental disorder: a systematic review and meta-analysis. Jama Psychiatry 77(8):842–851

Edmondson AC, Bransby DP (2023) Psychological safety comes of age: observed themes in an established literature. Annu Rev Organ Psychol Organ Behav 10:55–78

Fischer S, Freund PA (2021) Fehlermanagementkultur und Fehlervermeidungskultur in Schulklassen. Unterrichtswissenschaft. https://doi.org/10.1007/s42010-021-00128-5

Fischer S, Frese M, Mertins JC, Hardt-Gawron JV (2018) The role of error management culture for firm and individual innovativeness. Appl Psychol Int Rev 67(3):428–453

Frese M, Fischer S (2015) Errors. In: Wiley encyclopedia of management, S 1–3

Frese M, Keith N (2015) Action errors, error management, and learning in organizations. Annu Rev Psychol 66:661–687

Fruhen LS, Keith N (2014) Team cohesion and error culture in risky work environments. Saf Sci 65:20–27

Hales BM, Pronovost PJ (2006) The checklist – a tool for error management and performance improvement. J Crit Care 21(3):231–235

Hofmann DA, Mark BA (2006) An investigation of the relationship between safety climate and medication errors as well as other nurse and patient outcomes. Personnel Psychol 59(4):847–869

Hofmann DA, Frese M (2011) Errors, error taxonomies, error prevention, and error management: Laying the groundwork for discussing errors in organizations. In: Hofmann DA, Frese M (Hrsg) Errors in organizations. Taylor und Francis, Abingdon, S 1–44

Horvath D, Keith N, Klamar A, Frese M (2022) How to induce an error management climate: experimental evidence from newly formed teams. J Bus Psychol. https://doi.org/10.1007/s10869-022-09835-x

Hunter ST, Tate BW, Dzieweczynski JL, Bedell-Avers KE (2011) Leaders make mistakes: a multilevel consideration of why. Leadersh Q 22(2):239–258

Keith N, Frese M (2005) Self-regulation in error management training: Emotion control and metacognition as mediators of performance effects. J Appl Psychol 90(4):677–691

Keith N, Frese M (2008) Effectiveness of error management training: a meta-analysis. J Appl Psychol 93(1):59–69

Klamar A, Horvath D, Keith N, Frese M (2022) Inducing error management culture – evidence from experimental team studies. Front Psychol 12:6526

Lei Z, Naveh E (2019) Stuck between two lives: the paradox of eliminating and welcoming errors. Am J Med Qual 34(1):92–93

Lei Z, Naveh E, Novikov Z (2016) Errors in organizations: An integrative review via level of analysis, temporal dynamism, and priority lenses. J Manage 42(5):1315–1343

Loh V, Andrews S, Hesket B, Griffin B (2013) The moderating effect of individual differences in error-management training: who learns from mistakes? Hum Factors 55(2):435–448

Love PE, Matthews J, Ika LA, Teo P, Fang W, Morrison J (2021) From Quality-I to Quality-II: cultivating an error culture to support lean thinking and rework mitigation in infrastructure projects. Prod Plan Control. https://doi.org/10.1080/09537287.2021.1964882

Ramanujam R, Goodman PS (2011) The link between organizational errors and adverse consequences: the role of error-correcting and error-amplifying feedback processes. In: Hofmann DA, Frese M (Hrsg) Errors in organizations. Routledge, London, S 259–286

Reason J (1997) Managing the risks of organizational accidents. Ashgate, Farnham

Seckler C, Fischer S, Rosing K (2021) Who adopts an error management orientation? Discovering the role of humility. Acad Manag Discov 7(4):461–481

van Dyck C, Frese M, Baer M, Sonnentag S (2005) Organizational error management culture and its impact on performance: a two-study replication. J Appl Psychol 90(6):1228–1240

Woodward HI, Mytton OT, Lemer C, Yardley IE, Ellis BM, Rutter PD, Wu AW (2010) What have we learned about interventions to reduce medical errors? Annu Rev Public Health 31:479–497

Bindungsorientierte Führung – Homeoffice und seine Folgen für Arbeit und Gesundheit

Bernhard Badura, Alina J. Wacker, Leon K. Hoffmann und Johanna S. Radtke

Inhaltsverzeichnis

15.1 Ursprung der Misstrauenskultur – 236

15.2 „New Normal" – Die Entwicklung der postpandemischen Arbeitswelt – 238

15.3 Verbreitung von Homeoffice – 239

15.4 Folgen des „New Normal" für Mitarbeitende, Führungskräfte und ihre Kooperation – 241

15.5 Die Bedeutung „des Sozialen" für den wirtschaftlichen Erfolg – 244

15.6 Von der kontroll- zur bindungsorientierten Führungslehre – 245

15.7 Bindungsorientierte Organisationsgestaltung – 247

15.8 Fazit – 250

Literatur – 251

© Der/die Autor(en), exklusiv lizenziert an Springer-Verlag GmbH, DE, ein Teil von Springer Nature 2023
B. Badura et al. (Hrsg.), *Fehlzeiten-Report 2023*, Fehlzeiten-Report, https://doi.org/10.1007/978-3-662-67514-4_15

▪▪ Zusammenfassung

In Verbindung mit dem weiter zunehmenden Fachkräftemangel erweist sich die Covid-19-Pandemie als starker Modernisierungsbeschleuniger. Dies nicht nur im Bereich der Technikanwendung (Digitalisierung), sondern auch im Bereich der sozialen Organisation von Unternehmen, d. h. mit Blick auf Führung, Kultur und Kooperation. Der Beitrag entwickelt Konzepte und Ansätze zur Bewältigung der sich damit stellenden Herausforderungen: am Beispiel der Qualifizierung zur Einübung neuer Rollen für Führungskräfte und am Beispiel der dafür erforderlichen Rahmenbedingungen in Organisationen. Das Ziel des vorgeschlagenen Führungskonzepts ist eine verstärkte Bindekraft von Unternehmen sowohl für Präsenz- als auch für Hybridarbeitende. Wenn weltweit Millionen Beschäftigte zur Unterbrechung sozialer Kontakte in das Homeoffice geschickt werden, ohne erkennbaren Schaden für ihre Organisation, dann stellt sich die Frage nach der Kernfunktion zukünftiger Führung auch von präsenten Mitarbeitenden. Unser Beitrag beschäftigt sich mit diesem Thema und mit den Folgen von Homeoffice für die mentale Gesundheit.

▪▪ Vorbemerkung

Bis weit hinein in das 20. Jahrhundert war Arbeit überwiegend eine physische, die Muskelkraft beanspruchende Tätigkeit. Mit dem Übergang zu einer hochqualifizierten Kopfarbeit ändert sich alles: die Arbeitsumgebung, die Arbeitsinhalte, die Kooperationsformen, der Energieeinsatz, die Qualifizierung und die Ansprüche der Beschäftigten. Das Gehirn wurde das für Arbeit und Gesundheit wichtigste Organ. Damit stellen sich Fragen: (a) nach der Zukunftsfähigkeit der traditionellen Führungslehre und ihrem ursprünglichen Kern, dem Zwang zur Präsenz zwecks permanenter Kontrolle der Mitarbeitenden durch ihre Führungskräfte; (b) nach den Folgen von **Homeoffice** für die sozialen Bedürfnisse der Beschäftigten und ihre mentale Gesundheit und (c) nach den Folgen von Homeoffice für die Bindekraft einzelner Unternehmen, Verwaltungen und Dienstleistungsorganisationen und ihre Attraktivität auf dem Arbeitsmarkt. Bei Kopfarbeitenden entscheidet die mentale Gesundheit über Energieeinsatz, Qualität und Kreativität. Die horizontale und vertikale Kooperation sowie die Kultur einer Organisation haben dabei unseres Erachtens einen entscheidenden Einfluss. Wissens- und kooperationsintensive Arbeitsprozesse hängen von der Eigeninitiative der Beschäftigten und der Stärke ihres sozialen Zusammenhalts ab. Förderung und Erhalt intrinsischer Motivation, vertrauensvoller Zusammenarbeit und mentaler Gesundheit stellen unter den Bedingungen **hybriden Arbeitens** Führungskräfte und Beschäftigte vor neue Herausforderungen.

15.1 Ursprung der Misstrauenskultur

Zu den gravierenden Folgen hybriden Arbeitens gehört der Kontrollverlust auf Seiten der Führungskräfte. Als einer der einflussreichsten Begründer der **traditionellen Führungslehre** gilt F. W. Taylor. Seine „Principles of Scientific Management" erschienen erstmals im Jahr 1911 und bereits zwei Jahre später in deutscher Übersetzung. Die dort entwickelte Vorstellung der Industrieorganisation als Produktionsmaschine ohne jeden Gemeinsinn, die strikte Arbeitsteilung in planende und überwachende Führungskräfte („Kopfarbeitende") einerseits und streng zu kontrollierende Handarbeitende andererseits und die damit begründete **Misstrauenskultur** sind auch heute noch weit verbreitet (Hamel und Zanini 2020; Klein 1976). Taylor unterstellt, für Arbeiter gelte der „Vorsatz … so wenig zu tun, ohne aufzufallen" (Taylor 1913, S. 23). Das „Sich-Drücken-vor-der-Arbeit" entspringe „dem angeborenen Instinkt und der Neigung der Menschen, nicht mehr zu arbeiten als unumgänglich nötig sei" (ebd. S. 27) – Thesen, die ohne jede wissenschaftliche Evidenz vorgetragen wurden. Dieses Bild vom Menschen als einem arbeitsunwilligen Wesen lieferte gleichwohl die Begründung für die Rolle der Führungskräfte als kontrollierende „Denker" und die der übrigen Arbeitnehmer als zu überwachende „Macher". Und sie lieferten die Begründung für exakte Vorgaben einzelner Arbeitsprozesse und die permanente Bewertung der Beschäftigten. „Die Kontrolle ist in der gesamten Geschichte des Managements dessen wesentliches Kennzeichen gewesen" (Braverman 1977, S. 76; siehe auch Kasten „Merkmale der klassischen Führungslehre").

> **Merkmale der klassischen Führungslehre**
> - „Die meisten Führungskräfte sind der Ansicht, dass sie die Effizienz opfern oder sogar den Zusammenhalt stören, wenn sie den Mitarbeitern größere Handlungsfreiheit gewähren."
> - „… Manager brauchen ein gewisses Gefühl von Kontrolle… Dieses Bedürfnis nach Kontrolle ist so elementar, dass es die Managementliteratur der letzten 100 Jahre beherrscht hat."
> - „Fast jeder spricht sich für ‚Dezentralisierung' und ‚Ermächtigung' aus… Trotzdem trauen sich auch heute nur ganz wenige Manager, den damit verbundenen Kontrollverlust zu riskieren."
> - „Führungskräfte wollen gebraucht werden und die Kontrolle behalten."
>
> Quelle: de Geus 1998, S. 221–222, 298 (ehemaliger Topmanager in der Shellgruppe)

Bis heute – schreiben Hamel und Zanini – „ist die Annahme weit verbreitet, dass Arbeitnehmer*innen im Niedriglohnsektor nur über minimale Fähigkeiten verfügen … und Angestellte mehr oder minder programmierbaren Maschinen gleichen" (Hamel und Zanini 2020, S. 63). Eine neue Untersuchung liefert Belege für ihre auch hierzulande immer noch verbreitete Gültigkeit: „Laut einer aktuellen Studie haben 60 Prozent der deutschen Unternehmen seit der Umstellung auf hybride Arbeitsformen Maßnahmen zur Kontrolle der Mitarbeiterproduktivität entweder bereits eingeführt oder planen, diese einzuführen. Dazu gehört etwa das Überwachen eingehender E-Mails, der Einsatz von Webcams zur Videoüberwachung oder Software, die misst, ob der Mitarbeiter auch regelmäßig tippt oder seine Maus bewegt" (Moorstedt 2022). Misstrauen und Ängste vor Kontrollverlust scheinen unter Führungskräften immer noch weit verbreitet. **Bindungsorientierte Führung** durch Ermächtigung und Befähigung („Empowerment") der Mitarbeitenden setzt Ziele, unterstützt die Teamarbeit und räumt bei der Arbeitsplanung, dem Wann, Wo und Wie einzelner Arbeitsprozesse, den Mitarbeitenden mehr Autonomie und Selbstverantwortung ein. Bindungsorientierte Führung dient der Überwindung einer Misstrauenskultur durch ein gewandeltes Rollenverständnis von Führung, ihrer Ziele und Aufgaben, das auch den gewandelten Erwartungen der Beschäftigten in der Arbeitswelt des 21. Jahrhunderts gerecht wird.

Getrieben wird der Wandel von der Handzur **Kopfarbeit** von einer zunehmenden Komplexität der Aufgaben. Wissen und Fähigkeiten der Beschäftigten in Form von technischen, fachlichen und zwischenmenschlichen Kompetenzen werden zum Schlüssel wirtschaftlichen Erfolgs. Finanzkapital ist heute im Übermaß vorhanden. Demgegenüber werden Fachkräfte immer knapper. Egal ob in der Produktion, in der Verwaltung oder in Dienstleistungseinrichtungen: Talentierte Mitarbeitende, die sich mit ihrer Arbeit und Organisation identifizieren und vertrauensvoll zusammenarbeiten, bilden die Grundlage hoher Qualität. In einer kundenorientierten Kopfarbeitendenwirtschaft ist die Arbeitsteilung in „Denker" und „Macher" und die dadurch bewirkte Misstrauenskultur kontraproduktiv. Ebenso kontraproduktiv ist die damit häufig verbundene Annahme, materielle Anreize seien der wichtigste motivierende Faktor. Derartige Unterstellungen – so die hier vertretene Auffassung – unterschätzen die Bedeutung des sozialen Vermögens („**Sozialkapital**") eines Betriebes für die intrinsische Motivation. Diese Annahmen beeinträchtigen zudem Gesundheit und Energieeinsatz der Mitarbeitenden (siehe dazu auch: McGregor 1960; Herzberg 1966; Pugh 1971; Amabile 1993; Bock 2016; Zak 2017; Badura et al. 2017; Clifton und Harter 2020; Edmondson 2020). „Wenn Menschen von der Wichtigkeit ihrer Arbeit überzeugt sind, werden sie Arbeit suchen und nicht vermeiden" (Deming 2000, S. 80).

Der mit hybrider Arbeit verbundene Kontrollverlust der Führungskraft erzwingt ein Neuüberdenken ihrer zukünftig noch anspruchsvolleren Funktion. Wenn der Kern bisher in der Kontrolle ihrer Mitarbeitenden lag, so sollte er in Zukunft – so unser Vorschlag – in ihrer **Bindung** liegen. Wir plädieren für eine bindungsorientierte Führungslehre, wobei den Führungskräften in erster Linie die Aufgabe der Unterstützung und Inspiration ihrer Teams zufällt. „Die Chefs haben zu lange gedacht ihr Job ist es, Anweisungen zu geben, Entscheidungen zu treffen und zu kontrollieren. Aber das ist nicht die Zukunft … Mitarbeiter sollten neugierig und inspiriert werden … Eine neue Kultur zu schaffen, ist die größte Herausforderung" (Narasimhan V., CEO von Novartis, in: Busse 2019). Die Covid-19-Pandemie hat einen Modernisierungsschub unserer Arbeitswelt bewirkt – nicht nur was ihre Digitalisierung betrifft, sondern auch die Arbeits- und Organisationsentwicklung, deren gesundheitliche Folgen es zu beobachten, zu erforschen und zu gestalten gilt.

15.2 „New Normal" – Die Entwicklung der postpandemischen Arbeitswelt

Durch den Einsatz digitaler Kommunikations- und Informationstechniken entstehen neue, zeit- und orts**flexible** Formen der Zusammenarbeit. Dieser Wandel der Arbeitswelt wurde durch die Covid-19-Pandemie noch beschleunigt. Die Zahl der Beschäftigten im Homeoffice ist während der Pandemie rasant angestiegen. Heute zählen die unterschiedlichen Formen der mobilen Arbeit vielerorts zum betrieblichen Alltag. Durch agile Organisations- und Arbeitsformen können Unternehmen Kosten für Büroflächen einsparen. Es bedarf jedoch besonderer Investitionen in sogenannte „soft facts", wie beispielsweise Zusammenhalt der Mitarbeitenden, Transparenz und Partizipation (Rump und Eilers 2022). Die Corona-Pandemie und die damit einhergehenden Entwicklungen haben die Arbeitswelt grundlegend verändert und eine neue Normalität, das sogenannte „New Normal", geschaffen (Rump 2021). Diese Arbeitswelt wird sowohl von Megatrends als auch von den Auswirkungen der Corona-Pandemie geprägt (ebd.). Im Zuge des New Normal werden Aspekte, die vorher unter dem Begriff New Work zusammengefasst wurden nach dem Verständnis von Rump (2021) ergänzt. Mit dem New-Work-Begriff gehen verschiedene Bedeutungen einher (Meifert und Schermuly 2022). Im ursprünglichen Sinne stammt der Begriff vom österreichisch-amerikanischen Sozialphilosophen und Anthropologen Frithjof Bergmann als Reaktion auf die Massenentlassungen in der Automobilindustrie um 1981. Seine Sozialutopie entwarf einen dritten Weg zwischen Kapitalismus und Kommunismus. Bergmann schlug vor, dass Arbeitnehmende nur noch sechs Monate im Jahr ihrer Arbeit nachgehen und sich den Rest des Jahres in einem *Zentrum für New Work* herausfinden, welche Arbeit sie wirklich verrichten möchten (Bergmann 2002). New Work kann auch im Sinne der gleichnamigen Charta verstanden werden mit ihren fünf Prinzipien Freiheit, Selbstverantwortung, Sinn, Entwicklung und soziale Verantwortung (Meifert und Schermuly 2022).

Homeoffice als eine Form von New Normal wird wie folgt definiert: „Homeoffice ist eine Form des mobilen Arbeitens. Sie ermöglicht es Beschäftigten, nach vorheriger Abstimmung mit dem Arbeitgeber zeitweilig im Privatbereich, zum Beispiel unter Nutzung tragbarer IT-Systeme (zum Beispiel Notebooks) oder Datenträger, für den Arbeitgeber tätig zu sein." (BAuA 2021, S. 5). Unterschieden wird zudem zwischen Homeoffice und mobiler Arbeit (Flüter-Hoffmann und Stettes 2022). Letztere ist nicht an den Privatbereich einer Person gebunden (ebd.). Mobiles Arbeiten kann in der privaten Wohnung, aber auch auf Reisen oder bei Kunden durchgeführt werden (ebd.). Darüber hinaus gibt es noch die Telearbeit, die seit 2016 in Deutschland eine geregelte Arbeitsform ist (ebd.). Bei dieser Art von Arbeit werden den Mitarbeitenden feste Bildschirmarbeitsplätze mit wöchentlich vorgesehenen Arbeitsstunden im privaten Umfeld geschaffen (ebd.). Hybride Arbeit bezeichnet den Wechsel zwischen der Präsenzarbeit im Büro und der Arbeit von zu Hause aus (Bogenstahl und Peters 2020).

Telearbeit ist rechtlich definiert; die Verantwortung für die sichere und ergonomische Gestaltung des Telearbeitsplatzes liegt bei den Arbeitgebenden. Es gelten daher ähnliche Ansprüche an den Arbeitsplatz wie an eine Betriebsstätte (Backhaus et al. 2021). Für Homeoffice und das mobile Arbeiten gibt es hingegen deutlich weniger Vorgaben zur Arbeitsplatzgestaltung (ebd.). Jedoch muss bei den ortsflexiblen Arbeitsformen das Arbeitsschutzgesetz berücksichtigt werden. Die Arbeitgebenden sind bspw. dazu verpflichtet, die mit ortsflexiblen Arbeitsformen verbundenen Gesundheitsgefährdungen zu ermitteln und laut den gesetzlichen Präventionsanforderungen zu beseitigen oder zumindest zu minimieren (§§ 3 und 5 ArbSchG). Des Weiteren gilt das Arbeitszeitgesetz auch im Homeoffice, bei der Telearbeit und dem mobilen Arbeiten.

Im Zuge der Flexibilisierung der Arbeitswelt gewinnt schließlich die Vier-Tage-Woche an Bedeutung. Dabei handelt es sich um ein Arbeitszeitmodell, bei dem die Beschäftigten statt an fünf Tagen in der Woche nur an vier Tagen arbeiten. Die Wochenarbeitszeit bleibt dabei in der Regel erhalten. Erste Studien in Europa zeigen: Unternehmen, welche die Vier-Tage-Woche eingeführt haben, berichten von höherer Mitarbeitendenzufriedenheit, besserer Gesundheit, höherem Engagement und gesteigerter Produktivität (Schor et al. 2023).

15.3 Verbreitung von Homeoffice

Homeoffice wurde vor der Pandemie nur von einer Minderheit der Beschäftigten in Deutschland praktiziert. So arbeiteten im Jahr 2018 nur 12 % aller Beschäftigten in Deutschland im Homeoffice (Laß 2021). Davon nutzten rund 2 % das Homeoffice häufig und etwa 3 % täglich (ebd.). Bis 2019 stieg die Gesamtzahl der Beschäftigten, die Homeoffice nutzten, nur leicht auf 12,9 % (Statistisches Bundesamt 2023). Mit Beginn der Covid-19-Pandemie nahm die Nutzung von Homeoffice deutlich zu: Im ersten Pandemiejahr (2020) arbeiteten insgesamt 21 % der Erwerbstätigen in Deutschland im Homeoffice. Im Jahr 2021 stieg die Anzahl der Beschäftigten im Homeoffice auf 24,8 % (ebd.) Davon arbeiteten 17,2 % der Berufstätigen täglich oder mindestens die Hälfte der Arbeitszeit im Homeoffice (ebd.). Nach der Pandemie pendelte sich die Homeoffice-Nutzung in Deutschland im Jahr 2022 bei Vollzeitbeschäftigten bei durchschnittlich 1,4 Tagen pro Woche ein (ifo Institut 2022a). Auch nach der Abschaffung der Homeoffice-Pflicht am 20.03.2022 blieb die Nutzung auf einem hohen Niveau (ifo Institut 2022b). Ende des Jahres 2022 arbeiteten in Deutschland gesamtwirtschaftlich 25 % der Beschäftigten zumindest teilweise im Homeoffice (ebd.; ◘ Abb. 15.1).

Vor der Pandemie gab es deutliche Geschlechterunterschiede bezüglich der Nutzung von Homeoffice: Nur 10 % der Frauen, jedoch 18 % der Männer arbeiteten von zu Hause aus (Ahlers et al. 2021). Zu Beginn der Pandemie näherten sich die Werte an: 42 % der Frauen und 47 % der Männer arbeiteten zu dem Zeitpunkt im Homeoffice. In den letzten zwei Jahren blieben die Anteile bei beiden Geschlechtern etwa gleich verteilt (ebd.). Signifikante Geschlechterunterschiede bei der Homeoffice-Nutzung wurden nur bei einer Altersgruppe deutlich: Bei den 26- bis 35-Jährigen arbeiten Frauen häufiger im Homeoffice als Männer. Dies kann möglicherweise darauf zurückgeführt werden, dass in dieser Alters-

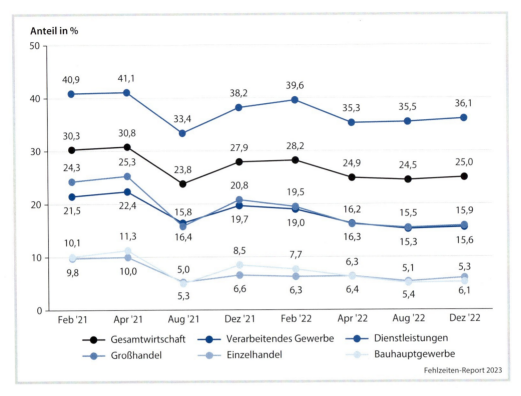

◘ **Abb. 15.1** Anteil der Beschäftigten, die teilweise im Homeoffice arbeiten, nach Wirtschaftssektoren in Deutschland 2021/2022. (Quelle: Eigene Darstellung, angelehnt an ifo Institut 2022b in Statista 2023)

kategorie überdurchschnittlich viele Eltern mit jungen Kindern vertreten sind. Ebenfalls arbeiten die Beschäftigten dieser Altersgruppe im Vergleich zu anderen Altersklassen am häufigsten im Homeoffice (Ahlers et al. 2021; Alipour et al. 2021). Auch Personen ab einem Alter von 65 Jahren arbeiten öfter von zu Hause aus als die mittleren Altersgruppen (Alipour et al. 2021).

Das Bildungsniveau hat einen größeren Einfluss auf die Nutzung von Homeoffice als das Geschlecht oder Alter. Personen mit einem höheren Bildungsniveau arbeiten deutlich häufiger im Homeoffice als Personen mit niedrigem oder mittlerem Bildungsabschluss (ebd.). Dies könnte darauf zurückzuführen sein, dass ein höheres Maß an kognitiver Tätigkeit am Arbeitsplatz die Wahrscheinlichkeit für die Nutzung von Homeoffice erhöht, während manuelle Tätigkeiten die Wahrscheinlichkeit verringern (Mergener 2020). Berufe mit einem hohen Maß an kognitiver Tätigkeit, in denen z. B. geforscht, recherchiert oder viel am Computer gearbeitet wird, ermöglichen eher die Inanspruchnahme von Homeoffice, während manuelle Tätigkeiten wie Bewirtung, Reinigung oder Pflege dies kaum zulassen (ebd.). Während der Pandemie stieg die Anzahl der Homeoffice-Beschäftigten mit Hochschulabschluss auf knapp 70 % (Ahlers et al. 2021). Vor der Pandemie lag dieser Anteil bei circa 16 %. Bei den Personen mit Berufsausbildung stieg der Anteil von 13 auf 36 % (ebd.). Je höher der Berufsabschluss, desto häufiger wird im Homeoffice gearbeitet (Ahlers et al. 2021; Alipour et al. 2021). Ebenfalls zeigt sich, dass Beschäftigte mit einer formal höheren Verantwortung häufiger im Homeoffice tätig sind (Alipour et al. 2021). Demnach liegt der Anteil bei den leitenden Angestellten bei 32 % und bei den Beamten des gehobenen oder höheren Dienstes bei 49 %. In der Gruppe der Arbeiterinnen und Arbeiter gibt es dagegen kaum Beschäftigte, die zu Hause arbeiten (ebd.).

15.4 Folgen des „New Normal" für Mitarbeitende, Führungskräfte und ihre Kooperation

Im Folgenden soll anhand von ausgewählten Forschungsergebnissen ein erster Überblick über die **gesundheitlichen Folgen** gegeben werden, die aus Sicht der Beschäftigten und Führungskräfte mit vermehrter Arbeit im Homeoffice einhergehen. Sie basieren auf ersten quantitativen und qualitativen Studien, die bis dato nur eingeschränkt verallgemeinerbar sind, aber Denkanstöße für weitere Forschung geben können. Die eingeschränkte Gültigkeit ist einerseits darin begründet, dass das Forschungsinteresse für hybrides Arbeiten im Rahmen des „**New Normal**" erst kürzlich durch die Covid-19-Pandemie Aufschwung erhalten hat, sodass der Forschungsstand in diesem Themenfeld noch am Anfang steht. Andererseits handelt es sich überwiegend um explorative Studien. Zusätzlich wird die Vergleichbarkeit zwischen den Studien insofern erschwert, als die Begriffe rund um das mobile bzw. hybride Arbeiten und auch die des Homeoffice in Studien unterschiedlich definiert und operationalisiert werden. In diesem Kapitel wird Homeoffice als Ressource und als Risikofaktor für Gesundheit betrachtet und es werden dessen Auswirkungen für Beschäftigte und Führungskräfte diskutiert.

■■ **Potenzielle Ressourcen im Homeoffice**

Durch die Ermöglichung von Homeoffice steigern Organisationen und Arbeitgeber ihre Attraktivität, weil sie durch die erhöhte Flexibilität „eine offene, innovative und vertrauensvolle Unternehmenskultur" ermöglichen (Bonin et al. 2020, S. 30). Durch eine hohe Arbeitgeberattraktivität wiederum können neue Fachkräfte gewonnen und bereits angestellte Fachkräfte an das Unternehmen gebunden werden. Eine erste randomisierte Kontrollstudie deutet darauf hin, dass beide, Arbeitgeber wie Arbeitnehmer, von den Auswirkungen des Homeoffice profitieren. Sie ergab für die im Homeoffice tätigen Teilnehmenden folgende Ergebnisse (Bloom et al. 2022):

1. substanzielle Reduktion der Fluktuation der Mitarbeitenden und verbesserte Arbeitszufriedenheit (Unternehmensbindung)
2. substanzielle Erweiterung der (Arbeits-) Zeitautonomie
3. leichte Verbesserung der Arbeitsproduktivität

Homeoffice kann sich zudem positiv auf das Wohlbefinden von Arbeitnehmenden auswirken, wie die folgenden Beispiele darlegen. Ein seit Jahren wichtiges Kriterium für das Wohlbefinden von vielen Beschäftigten stellt unter anderem eine ausgeglichene **Work-Life-Balance** dar. Wie Untersuchungen zeigen, wird diese nun durch die Arbeit im Homeoffice von Arbeitnehmenden positiver wahrgenommen (z. B. Kunze et al. 2020; Baur 2022). Weiterhin können durch die Arbeit im Homeoffice Pendelzeiten deutlich reduziert werden.

Zwei weitere Aspekte – (wahrgenommene) höhere **Produktivität** und **(Arbeits-) Zufriedenheit** von Beschäftigten im Homeoffice –, die sich wiederum gewinnbringend auf die gesamte Organisation auswirken können, wurden in der Studie von Bloom et al. (2022) beschrieben. Auch die Studie von Feinstein et al. (2021) stützt diesen Befund, indem sie darlegt, dass im Vergleich zu Beschäftigten, die vor Ort arbeiten, ein höherer Anteil von Beschäftigten im Homeoffice u. a. von verbesserter Produktivität, verbessertem Wohlbefinden und verbesserter Motivation berichteten. Eine sehr hohe oder hohe Produktivität berichteten außerdem über 80 % der Beschäftigten in mobiler Arbeit bzw. im Homeoffice in der Konstanzer Homeoffice-Studie von Kunze & Zimmermann (2022). Eine quantitative Befragungsstudie von Beschäftigten einer Landesbehörde ergab des Weiteren, dass Arbeitszufriedenheit dann in einem signifikant positiven

Zusammenhang mit Homeoffice steht, wenn die Beschäftigten autonom entscheiden dürfen, von wo aus sie arbeiten (Becker et al. 2022). Darüber hinaus erwies sich in dieser Studie ein höherer Nutzungsgrad von Homeoffice als relevanter Prädiktor für weniger Arbeitsunterbrechungen (ebd.). Außerdem zeigen die Ergebnisse der Arbeitszeitbefragung der Bundesanstalt für Arbeitsschutz und Arbeitsmedizin (BAuA) – eine repräsentative Panel-Befragung von Beschäftigten, die bereits vor Beginn der Pandemie im Jahr 2017 durchgeführt wurde –, dass Beschäftigte mit Telearbeits- oder Homeoffice Vereinbarung, die zwei oder mehr Tage pro Woche in Telearbeit arbeiten, im Vergleich mit Beschäftigten, die vor Ort arbeiten, Beschäftigten mit maximal einem vereinbarten Telearbeits- oder Homeofficetag pro Woche und Beschäftigen, die ohne Vereinbarung mit dem Arbeitgeber im Homeoffice arbeiten, weniger von Unterbrechungen berichteten (Backhaus et al. 2020).

■■ **Potenzielle Risiken im Homeoffice**

Anderseits gibt es auch kontrastierende Ergebnisse, die darauf hindeuten, dass Homeoffice zu einer unausgeglichenen Work-Life-Balance führen kann. Damit kann diese Arbeitsform zu einem Risikofaktor für die Gesundheit werden. Zwar ist eine Flexibilisierung der Arbeitszeit möglich, sie geht jedoch häufig mit **Entgrenzung** einher. Aktuelle Erkenntnisse aus einer Sonderauswertung des DGB-Index „Gute Arbeit" zeigen, dass digitale und mobile Arbeit zwei Facetten hat: Auf der einen Seite haben Beschäftigte einen stärkeren Einfluss auf die Gestaltung ihrer Arbeitszeit; auf der anderen Seite berichten die Arbeitnehmenden aber auch über eine ständige Erreichbarkeit und Abendarbeit (DGB-Index Gute Arbeit 2022). Diese Ergebnisse werden gestützt durch eine qualitative Untersuchung mit Mitarbeitenden und Führungskräften, welche die Auswirkungen von Homeoffice und mobiler Arbeit auf das Sozialkapital untersuchte. Auch hier konnte gezeigt werden, dass die Work-Life-Balance eingeschränkt wird, weil die Arbeit mit privaten Aktivitäten kollidieren und damit zu Belastungen im privaten Umfeld führen kann (Baur 2022). Auch die bereits erwähnte BAuA-Arbeitszeitbefragung zeigt Risiken der Entgrenzung von Arbeitszeiten bei Homeoffice- bzw. Telearbeitsplatzbeschäftigten (mit und ohne Vereinbarung) in Form von Überstunden, sehr langen Arbeitszeiten, kürzeren Ruhephasen und berufsbezogener Kontaktierung im Privatleben auf. Weiterhin gelingt diesen Beschäftigten das Abschalten von der Arbeit insgesamt weniger gut als Personen, die vor Ort arbeiten (Backhaus et al. 2020).

Dies wiederum hat direkte Auswirkungen auf das Bewältigungsverhalten und die **mentale Gesundheit**, wie z. B. die Verkürzung von Erholungs- und Ruhepausen. Neben der zeitlichen Entgrenzung steigt auch die **mentale Entgrenzung**, wenn Beschäftigte durch die ständige Erreichbarkeit und Abendarbeit in ihrer Freizeit nicht mehr „abschalten" können (DGB-Index Gute Arbeit 2022). Auch die physische Gesundheit kann durch das Arbeiten im Homeoffice gefährdet werden. So berichten Mitarbeitende und Führungskräfte, dass das Thema Ergonomie eine wichtige Rolle spiele und durch das Arbeiten im Homeoffice die Bewegungsmöglichkeiten insgesamt abnehmen. Längerfristig könnten sich dadurch Beeinträchtigungen wie z. B. Rückenschmerzen ergeben (Baur 2022). Studien, die speziell zu sedentärem Verhalten durchgeführt wurden, weisen darauf hin, dass lange Sitzzeiten mit einem erhöhten Risiko für Übergewicht, einer erhöhten Inzidenz chronischer Erkrankungen wie beispielsweise Diabetes und erhöhter Mortalität in Zusammenhang stehen (Backé et al. 2021; Buksch und Schlicht 2014; Thorp et al. 2011). Mit den Begriffen „sedentäres Verhalten oder sitzendes Verhalten" (engl. sedentary behaviour) wird eine Reihe von Verhaltensweisen definiert, die sitzend oder liegend in wachem Zustand ausgeführt werden und mit einem geringfügigen Energieaufwand einhergehen (Tremblay et al. 2017).

■■ **Folgen für die Kooperation**

Die Arbeit im Homeoffice kann auch die Zusammenarbeit schwächen. So wird die Reduktion von persönlichen Begegnungen und sozialen Kontakten von Beschäftigten häufig als ein Nachteil von Homeoffice gesehen (z. B. Feinstein et al. 2021; Baur 2022). Zudem stellt Homeoffice ein potenzielles Risiko für Einsamkeit bzw. **soziale Isolation** dar (Kunze et al. 2020). Zusätzlich wird nahegelegt, dass der Anstieg an Online-Meetings zu einer Abnahme von informellen Gesprächen führen kann (Baur 2022). Diese können aber für ein Bindungsgefühl im Team von hoher Relevanz sein (ebd.). Für eine gelingende **digitale Teamarbeit** spielt ebenfalls **Vertrauen** eine wichtige Rolle: Studien zeigen, dass gegenseitiges Vertrauen mit mehr Leistung in digitalen Teams zusammenhängt (Brahm und Kunze 2012; Breuer et al. 2016). Beschäftigte in der Studie von Baur (2022) berichten einerseits von entgegengebrachtem Vertrauen seitens der direkten Vorgesetzten. Andererseits wird durch die Reduktion von Präsenzzeiten eine wachsende Distanz zur Unternehmensleitung wahrgenommen.

Im Rahmen von „New Work" werden insgesamt neue Erwartungen von Seiten der Mitarbeitenden an ihre Arbeit gerichtet. Mitarbeitende wünschen sich mehr Partizipation, Eigenständigkeit und Sinnerleben bei ihrer Tätigkeit. Diese Erwartungen bedürfen somit eines Umdenkens des Führungsverständnisses (z. B. in Richtung Coaching, lateraler Führung) (Hofmann et al. 2019). In verschiedenen Studien nannten Beschäftigte bezogen auf ihre Führungskräfte unter anderem die folgenden Gründe für die bislang ausgebliebene Möglichkeit, ihre Arbeit im Homeoffice zu verrichten:

- Den Führungskräften ist die Anwesenheit ihrer Mitarbeitenden wichtig (Grunau et al. 2019; Lott und Abendroth 2020).
- Beschäftigte nehmen ein mangelndes Vertrauen von Führungskräften wahr (Neumann et al. 2020).

Darüber hinaus ist noch einmal zu erwähnen, dass nicht alle berufliche Tätigkeiten im Homeoffice ausgeführt werden können. In der Studie von Grunau et al. (2019) ist dies der hauptursächliche Grund, der gegen die Nutzung von Homeoffice angeführt wurde.

Führungskräfte berichten ihrerseits von erschwerten Führungsbedingungen im Kontext der mobilen Arbeit, wie die qualitative Studie von Baur (2022) darlegt. Dies begründen sie beispielsweise durch die Abnahme von persönlichen Begegnungen, die es erschwert, die reale Arbeitsbelastung bei den Beschäftigten realistisch einzuschätzen. Aufgrund der veränderten Rahmenbedingungen werden Vertrauen, Kommunikationsfähigkeit und Empathie als besonders wichtige Kompetenzen für Führungskräfte in Zeiten des „New Normal" bewertet (Hofmann et al. 2021). Die Analyse, wie Führungskräfte den Wandel der Arbeitsorganisation im „New Normal" wahrnehmen, belegt, dass sich das Arbeitsvolumen der Führungskräfte deutlich erhöht hat. Vor allem Beziehungsarbeit erfordert einen erhöhten Zeitaufwand, da Teams dann räumlich getrennt werden. So geben die Befragten besonders häufig an, dass die Führungskräfte mehr Zeit für **Kommunikation** benötigen und dass der Koordinations-, Planungs- und Überprüfungsaufwand gestiegen ist (Hofmann et al. 2021). Diese Ergebnisse werden auch durch die Untersuchung von Baur (2022) gestützt. Dort berichten Führungskräfte, dass sie Herausforderungen in der Kommunikation erleben, weil sie ihre Teamtreffen nicht mehr vor Ort, sondern via Videotelefonie abhalten. Dies erschwert aus ihrer Sicht die Kommunikation, da Mimik und Gestik nicht mehr klar zu deuten sind und es schwieriger ist, Emotionen zu zeigen und zu deuten.

Neben den berichteten Herausforderungen für die Zusammenarbeit im Homeoffice sollte ferner auch die Unternehmenskultur Beachtung finden. So wurde Folgendes in der Studie Führungskräfte-Radar 2020 der Bertelsmann-Stiftung berichtet, in der Führungskräfte unter anderem zu den Führungsbedingungen und Erfahrungen im Homeoffice befragt wurden: Zirka ein Viertel (27,1 %) der im Homeoffice tätigen Führungskräfte stimmte (eher oder sehr stark) zu, dass die Unternehmenskultur durch die Arbeit im Homeoffice beeinträchtigt werden könnte. Ungefähr ein weiteres Viertel (26,8 %) stimmte diesem Punkt zumindest teilweise zu und knapp die Hälfte (46,1 %) stimmten hier eher oder gar nicht zu (Möllering et al. 2021). Führungskräfte erleben neue Herausforderungen, die sich vor allem auf das soziale Miteinander und die Gesundheit auswirken. Die drei Herausforderungen, die von den Befragten die höchsten Anteile erhielten, sind 1. der Umgang mit Mitarbeitenden, die weniger aktiv kommunizieren, 2. die Aufrechterhaltung von **informeller Kommunikation** und **Bindung** und 3. der Umgang mit den psychischen Auswirkungen, die sich durch die zeitliche Entgrenzung für die Mitarbeitenden ergeben (Hofmann et al. 2021).

Abschließend ist wichtig zu betonen, dass es schon länger einen Diskurs gibt, wie die mit „New Work" verbundenen Konzepte umgesetzt werden können. Der Trend zur Wissensgesellschaft, die Digitalisierung und das damit verbundene Arbeiten aus Distanz und veränderte Erwartungen junger Erwachsener an Beteiligung und Mitverantwortung haben die Diskussion um die Anwendung von agilen und modernen Führungskonzepten gestartet. Hier hat die Corona-Pandemie als Katalysator gewirkt und dazu geführt, dass mehr Organisationen und Unternehmen offener gegenüber „New Work" und den Konsequenzen für Führung, Kultur und Zusammenarbeit werden (Hofmann et al. 2021).

15.5 Die Bedeutung „des Sozialen" für den wirtschaftlichen Erfolg

Bereits vor über zwanzig Jahren hat eine internationale Forschungs- und Beratungsinstitution auf die Bedeutung „des Sozialen" für das Wirtschaftsgeschehen hingewiesen, auch – aber dies eher nur am Rande – auf Gesundheit als neben Bildung zentralem Einfluss auf die wirtschaftlichen Aktivitäten der Menschen: „Nachhaltige Entwicklung", so wird angemahnt, sollte neben der Umwelt auch soziale Belange verstärkt berücksichtigen (OECD 2001, S. 14). Mittlerweile haben auch Ökonomen wie z. B. der Nobelpreisträger George E. Akerlof sich intensiver mit „dem Sozialen" befasst. „Soziales" ist nicht nur abhängig vom wirtschaftlichen Handeln, z. B. Einkommensungleichheit. „Soziales" ist auch mitverantwortlich für die Leistungsfähigkeit der Wirtschaft.

Für George E. Akerlof ist „die **Identifikation** der Beschäftigten mit ihrem Betrieb ... vielleicht sogar der wichtigste Faktor für den Erfolg oder Misserfolg von Organisationen" (Akerlof und Kranton 2011, S. 73). Unsere Befunde aus zahlreichen Unternehmen, Verwaltungen und Dienstleistungsorganisationen zum Einfluss des Sozialkapitals auf die emotionale Bindung der Beschäftigten stützen diese These. Und sie verweisen zugleich auf mögliche Ursachen hoher oder geringer Identifikation, mit anderen Worten hoher oder geringer emotionaler Bindung („commitment") (z. B. Badura 2014).

Menschen sind überaus gesellige Wesen. In Gesellschaft fühlen wir uns wohl und sicher. Das Gefühl, sozial eingebunden und zugehörig zu sein, dämpft das Stresserleben: „Generell senkt das Gefühl sozialer Eingebundenheit das Gefühl von Feindseligkeit und Niedergeschlagenheit mit positiven Folgen für die Gesundheit" (Cacioppo und Patrick 2011, S. 22). Soziale Isolation ist ein Risikofaktor für die mentale und physische Gesundheit. Das Streben nach sozialer Bindung ist ein biopsychosozialer Imperativ, tiefverwurzelt in Jahrtausenden der Evolution (ebd.). Verlust sozialer Bindungen fördert Ängste, Hilflosigkeitsgefühle, Wut und Verzweiflung (Case und Deaton 2020). Die soziale Eingebundenheit bei der Arbeit ist grundlegend für die mentale Gesundheit. Und sie ist grundlegend für **psychische Energie** und für Kreativität, die in Kooperation „von Angesicht zu Angesicht" erzeugt werden (Murthy 2020, S. 229 ff.).

Der amerikanische Soziologe Robert Putnam – der neben der Politikwissenschaftlerin Elinor Ostrom einflussreichste Vertreter des **Sozialkapitalansatzes** – erregte vor Jahren große Aufmerksamkeit mit seiner Studie über den Verlust an Gemeinsinn in der amerikanischen Gesellschaft (Putnam 2000). Wenn sich immer weniger Menschen in Parteien, Kirchen, Gewerkschaften, Sportvereinen oder sonstigen zivilgesellschaftlichen Organisationen engagieren, führt das – so Putnam – zu einer Verarmung des kommunikativen Alltags und einem Verlust sozialer Bindungen und Kompetenzen. Mit dem verengten Blick auf den Bildschirm – so lassen sich Putnams Thesen auf die Arbeit mit Videokonferenzen übertragen – geht das Gespür für Emotionen verloren, leiden unsere sozialen Bedürfnisse und die Unternehmensbindung (Baur 2022).

Diese Erkenntnisse aus der Grundlagenforschung gewinnen durch die Bestrebungen der EU-Kommission nach mehr Transparenz in der Wirtschaft an Bedeutung. Im April 2021 veröffentlichte sie ihren Entwurf zur „Corporate Sustainability Reporting Directive" (CSRD), die ab 2023 eine neue Nachhaltigkeitsberichterstattung verbindlich machen soll (Europäische Kommission 2021). Dies wird auch für mittelständische Unternehmen Folgen haben. „**Corporate Social Responsibility**" (CSR) bezeichnet die gesellschaftliche Verantwortung von Unternehmen im Sinne eines nachhaltigen Wirtschaftens. Konkret versteht die EU beispielsweise darunter faire Geschäftspraktiken, den Schutz von Klima und Umwelt sowie Arbeits- und Gesundheitsbedingungen. Durch die geplante EU-Richtlinie „Corporate Sustainability Reporting Directive" (CSRD) sollen diesbezügliche Berichterstattungspflichten erweitert werden. Bislang sind nur börsennotierte Unternehmen ab 500 Mitarbeitenden zur nichtfinanziellen Berichterstattung verpflichtet, d. h. zu Angaben über Umwelt-, Arbeitnehmenden- und Sozialbelange sowie über Bekämpfung von Korruption und Bestechung. Die neue EU-Richtlinie erweitert nun die Berichterstattungspflicht auf alle Unternehmen ab 250 Mitarbeitende unabhängig von ihrer Börsennotierung, die entweder eine Bilanzsumme von mehr als 20 Mio. € oder einen Nettoumsatz von mehr als 40 Mio. € aufweisen. Kleine und mittlere Unternehmen sollen laut Entwurf erst ab 2026 zur Berichterstattung verpflichtet werden. Zudem soll ab dem Geschäftsjahr 2023 der CSR-Bericht nicht mehr separat, sondern im Lagebericht der Unternehmen erfolgen. Investoren und Investorinnen drängen mittlerweile große Unternehmen dazu, die Gehälter der Vorstände von der Qualität ihrer Führung abhängig zu machen. Soziale Kriterien spielen dabei eine zentrale Rolle, z. B. die Gleichstellung der Geschlechter und die Gesundheit der Beschäftigten (Werner 2023).

Das von uns vertretene Sozialkapitalkonzept dient der Identifizierung sozialer Organisationsmerkmale, die Arbeitsverhalten und die Gesundheit ihrer Mitglieder und damit auch den unternehmerischen Erfolg vorherzusagen erlauben. Unter Sozialkapital verstehen wir das soziale Vermögen einer Organisation, d. h.:

1. den Umfang und die Qualität von **horizontalen (Team-)Beziehungen**,
2. die Qualität von vertikalen Beziehungen (**Führung**),
3. den Vorrat gemeinsamer Überzeugungen, Werte und Regeln (**Kultur**),
4. das davon abhängige **Sinnerleben** von Aufgaben und Zielen,
5. die davon abhängige **emotionale Bindung** der Beschäftigten (Badura et al. 2013).

15.6 Von der kontroll- zur bindungsorientierten Führungslehre

Für die Stärkung oder Schwächung emotionaler Bindung an Organisationen sind die direkten Führungskräfte von entscheidender Bedeutung (Badura et al. 2017; Clifton und Harter 2020). Sie orientieren sich dabei häufig an Überzeugungen, die eine wachsende Zahl von Wissenschaftlerinnen, Wissenschaftlern und Fachkräften mittlerweile als dysfunktional erachtet: „Das meiste, was wir als Führung bezeichnen, besteht darin, den Mitarbeitenden die Arbeit zu erschweren" (Peter Drucker, zitiert in: Amabile und Kramer 2007,

S. 10). Im Kern besteht die klassische Führungslehre aus folgenden Grundsätzen:
- Menschen strengen sich nur an, wenn sie permanent überwacht und kontrolliert werden.
- Finanzielle Belohnung ist der stärkste Motivator guter Arbeit.

In der Unternehmenspraxis erzeugt das eine Kultur des Misstrauens auf Seiten der Führungskräfte und Ängste auf Seiten der Beschäftigten. Beides erschwert oder verhindert vertrauensvolle Zusammenarbeit, Energieeinsatz und den kreativen Umgang mit internen Problemen und externen Herausforderungen (Edmondson 2020).

Mitarbeitendenbindung

Mitarbeitendenbindung wird definiert als Bereitschaft, sich aus persönlicher Überzeugung (**intrinsischer Motivation**) voll für die Ziele, Werte und Aufgaben einer Organisation einzusetzen – nicht aus Angst vor Sanktionen oder wegen erhoffter materieller Belohnung (extrinsische Motivation).[1] In einer Untersuchung mit Befragungsdaten aus 16 Organisationen erklärt die von Führungskräften vermittelte Organisationskultur mehr als 70 % der Varianz der emotionalen Bindung (Badura und Ehresmann 2016, S. 204). Für die betriebliche Präventionsarbeit bedeutet das: Hohe Ansprüche an das persönliche Leistungsvermögen bleiben eher ohne negative Folgen für Wohlbefinden und Gesundheit, wenn Aufgaben und Ziele als sinnvoll erlebt und von Menschen bewältigt werden, die sich eingebettet fühlen in ein Netzwerk vertrauensvoller Beziehungen.

Mitarbeitendenbindung, Sinn der Arbeit und mentale Gesundheit hängen zusammen und nehmen Einfluss auf das Arbeitsverhalten. Sie werden ihrerseits beeinflusst vom Sozialkapital einer Organisation. Wir definieren mentale Gesundheit als biopsychosoziales Potenzial, das seine Energie aus intrinsischer Motivation, sozialer Verbundenheit und sinnstiftenden Aufgaben speist (siehe ◘ Abb. 15.2). Menschen fühlen sich ihren Mitmenschen verpflichtet und erst in zweiter Linie Organisationen und deren Zielen.

Befähigung des operativen Managements zur bindungsorientierten Führung

Voraussetzung für die hier vorgeschlagene Transformation der Kooperation ist die Förderung eines neuen Selbstverständnisses auf Seiten der Führungskräfte. Dies sollte bereits bei der Auswahl zukünftiger Führungskräfte berücksichtigt werden, wie auch bei der Einstellung neuer Führungskräfte. Die Leitidee bei ihrer kontinuierlichen Weiterbildung sollte wie folgt lauten: Mitarbeitende verdienen es, dass ihre Meinung zählt. Jede Organisation ist ein Fall für sich. Deshalb ist eine Mitarbeitendenbefragung das verlässlichste Instrument zur Ermittlung der von der Belegschaft wahrgenommenen Bindungsdefizite (OECD 2001, S. 69 ff.; Badura et al. 2008, 2013, 2017).

> **Aufgaben bindungsorientierter Führung**
> - **Transparenz** des Organisationsgeschehens herstellen („Verstehbarkeit"),
> - **Beteiligung** bei relevanten Entscheidungen ermöglichen („Beeinflussbarkeit"),
> - **Sinnhaftigkeit** von Aufgaben, Zielen, Entscheidungen vermitteln („Sinnhaftigkeit"),
> - Für den **sozialen Zusammenhalt** sorgen durch konstruktive Rückmeldungen, Routinen zur Einbindung jedes Einzelnen und Konfliktlösungen,
> - Chancen zur **persönlichen Entwicklung** geben durch Weiterbildung und Selbstorganisation,

---

1 „... the concept ‚we' seems to indicate both that the collectivity referred to has some kind of relatively definite identity and that the individual participant has a sense of belonging to it, that is, of membership. This in turn leads to the question of the nature and strength of the bonds by which he is in fact attached to such a collectivity ... Here we may speak of loyalty" (Parsons 1973, p. 34 in: Schneider und Bonjean 1973).

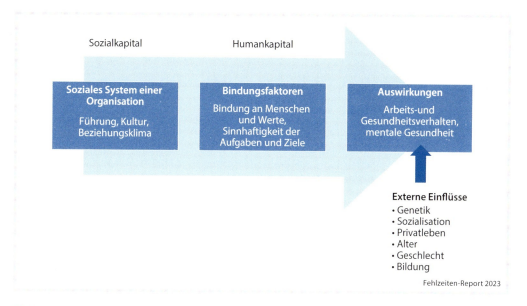

Abb. 15.2 Allgemeines Wirkmodell: Bielefelder Bindungsthese

- **Anerkennung und Dankbarkeit** für herausragende Leistungen, Beiträge ausdrücken,
- **Vereinbarkeit von Arbeit und Privatleben** anstreben,
- **Lead by example:** die eigene Vorbildfunktion gegenüber den Mitarbeitenden verstehen und sich gesundheitsbewusst als Vorbild verhalten,
- **Setzung klarer und erreichbarer Ziele**,
- **Platz für informelle Kommunikation schaffen**,
- **hybrides Arbeiten** ermöglichen.

Die Wahrnehmung der im Kasten „Aufgaben bindungsorientierter Führung" genannten Aufgaben liegt beim mittleren und unteren Management, das in Zukunft mehr Aufmerksamkeit und mehr Freiheiten verdient, weil das Verhalten der Führungskräfte für Mitarbeitendenbindung und Gesundheit der Beschäftigten entscheidend ist. Wer die aktuelle Situation dieser Führungskräfte versteht, Führungsnachwuchs gezielt fördert und den Führungskräften ausreichend Zeit für ihre immer anspruchsvollere Führungsarbeit gewährt, dem wird auch die Gestaltung geeigneter Rahmenbedingungen bindungsorientierter Führung gelingen.

15.7 Bindungsorientierte Organisationsgestaltung

Kontrolle vs. Autonomie

Die Unverzichtbarkeit von Kontrolle der Arbeitszeit, von Arbeitsprozessen und ihren Ergebnissen sowie von Budgets und Terminen ist unbestritten. Offen bleibt dabei, von wem und wie diese Kontrolle ausgeübt wird. Wenn Macht nicht mehr nur von Hierarchien und Führungskräften ausgeht, wenn also Fremdbestimmung bzw. soziale Ungleichheit reduziert werden soll, stellt sich die Frage: Wie ist Selbstorganisation möglich? Hier gewinnt das keineswegs neue Konzept des **Empowerments** eine zentrale Bedeutung für eine zeitgemäße Führungslehre. Ziel von Empowerment-Strategien ist es, einerseits die Stärken der

Mitarbeitenden zu fördern und ihre intrinsische Motivation zu mobilisieren durch mehr Freiheiten und Möglichkeiten zur Mitgestaltung und Nutzung ihrer kreativen Potenziale. Ziel von Empowerment ist andererseits, Koordinierungs- und Kontrollkosten einzusparen und dadurch den Führungskräften Zeit und Möglichkeiten für mehr Unterstützung der einzelnen Teammitglieder z. B. zum Mentoring, zur Konfliktbewältigung oder zum Coaching einzuräumen (Boes et al. 2021). Kontrolle und ihre Folgen für die Gesundheit gehören zu den am längsten erforschten Themen. Ein führender Sozialepidemiologe fasst die Ergebnisse dazu wie folgt zusammen: „I hold the strong view that depriving people of control over their lives and the possibility to lead lives of dignity is indeed damaging to their health" (Marmot 2013, S. 1090; vgl. auch Graeber und Wengrow 2022).

■■ **Arbeitsvolumen („Stress")**
In der ursprünglich von Hans Selye (1956) definierten Bedeutung ist Stress eine biopsychosoziale Reaktion („Kampf"/„Flucht") auf eine akute Bedrohung. In Alltagsdiskursen hingegen steht **Stress** für alles, was nervt, belästigt oder belastet. Sozialwissenschaftlich meint „Stress" chronische Beanspruchung durch zu viel Arbeit, mit anderen Worten ein überforderndes Arbeitsvolumen, bzw. überforderenden Zeitdruck, zunehmende Arbeitsverdichtung oder ein Übermaß an Überstunden. Die hierzulande seit Jahren steigende Inzidenz psychisch bedingter Arbeitsunfähigkeit ist sicherlich auch auf das zunehmende Volumen und die zunehmende Komplexität von Arbeit zurückzuführen. Neue Techniken führen nicht unbedingt zu weniger Arbeit (Sahlins 1968). Mit Yogakursen auf Kosten des Arbeitgebers, täglich frischem Obst und sonstigen, die persönliche Gesundheit fördernden Maßnahmen – so wichtig und beliebt sie auch sein mögen – ist der zunehmenden Belastung durch zu viel Arbeit allein kaum beizukommen. Erfolgsversprechender sind Interventionen zur Reduzierung des Arbeitsvolumens, z. B. durch mehr Personal oder durch verbesserte Organisations- und Personalentwicklung. Als Beispiele dafür kommen Projekte in Frage, die auf **Sinnstiftung** durch **Kulturentwicklung** abzielen. Menschen suchen Herausforderungen und streben zuallererst – darauf zielen das Bindungskonzept und der Sozialkapitalansatz – nach vertrauensvoller Verbundenheit, Sinn und Anerkennung (Siehe z. B. Bowlby 1969; Brothers 1997; Sinek 2009; Leotti und Delgado 2011; Badura 2017; Zak 2017).

■■ **Sinnstiftende Arbeit**
Sinn hat, was Menschen wichtig ist und ihre intrinsische Motivation weckt. Menschen verfügen durch ihre Überzeugungen, durch ihr Wertebewusstsein sowie durch persönliche Vorbilder und Erfahrungen über eine Grundausstattung an intrinsischer Motivation, die durch Erwerbstätigkeit weiterentwickelt oder beeinträchtigt wird. Aktuelle Beiträge belegen immer wieder, welch großen Einfluss Führungskräfte dabei haben (z. B. Clifton und Harter 2020; Badura et al. 2013; Badura 2017). Wer als Führungskraft nachhaltig hohen Energieeinsatz erwartet, muss inspirieren und begeistern. Finanzielle Zuwendungen („Boni") haben dabei nach aller Erfahrung eine nur kurzfristige Wirkung. Mangel an Sinn („Sinnhaftigkeit"), Transparenz („Verstehbarkeit") und Beteiligung („Beeinflussbarkeit") beeinträchtigen das Qualitätsbewusstsein, erzeugen Vermeidungsreaktionen wie innere Kündigung oder Neigung zum Verlassen einer Organisation oder führen zu Schäden an der mentalen Gesundheit, insbesondere zu chronischen Ängsten und **Burnout** (Antonovsky 1979; Frankl 2006; Ehresmann 2017). Sinnhaftigkeit von Arbeit ist keinesfalls nur Sache einzelner Mitarbeitender und deren individueller Motivation. Sie hängt vielmehr maßgeblich ab von den bindenden Kräften **sozialer Kollektive** wie Teams, Abteilungen und ganzer Organisationen, insbesondere von Teammitgliedern oder Führungskräften und der von ihnen „verkörperten" Kultur. Organisationen, die ausschließlich der Gewinnmaximierung dienen, d. h. ohne Gemeinsinn erzeugende Ziele und Aufgaben, provozieren rücksichtsloses Verhal-

ten. Als sinnhaft erlebte, weil nicht nur finanzielle Ziele verfolgende Arbeit fördert Wohlbefinden und schützt vor arbeitsbedingten Ängsten und Erschöpfung (Badura und Ehresmann 2020). Arbeit, die zudem Zugehörigkeitsgefühle befriedigt, Lernmöglichkeiten bietet und (subjektiv wahrnehmbar) zum Erfolg einer Organisation beiträgt, steigert Aufmerksamkeit, Energieeinsatz und Resilienz. Sinnvermittlung ist Kernaufgabe bindungsorientierter Führung – dies umso mehr bei Führung auf Distanz. Mit ihrer ESG-Initiative fördert die EU eine sich auch in Umfragen insbesondere unter jungen Arbeitssuchenden abzeichnende Renaissance nichtfinanzieller Werte und Ziele.

■■ **Kulturentwicklung**
„Sozialisation verstanden als Internalisierung bestimmter Werte und Regeln reduziert den Bedarf an externer Kontrolle" (Berger und Luckmann 1972, S. 67). Kultur prägt via Sozialisation die Verschaltungen im Gehirn und damit unser Bindungs- und Vermeidungshalten (Insel 2010). Entwicklung und Pflege von **Überzeugungen, Werten und Regeln**, mit denen sich Mitglieder von Gruppen oder Organisationen identifizieren können, ist neben Sinnvermittlung eine weitere Führungsaufgabe, die bei Führung auf Distanz besondere Beachtung verdient, als Grundlage von Handeln aus innerer Überzeugung oder moralischer Verpflichtung (Parsons und Shils 1951; Geertz 1987; Schein 2010; Badura und Ehresmann 2016). Persönliche und kollektive Überzeugungen, Werte und Regeln können weitgehend übereinstimmen, aber auch stark voneinander abweichen. Chronische Sinndiskrepanzen oder Mangel an Sinn verursachen Vermeidungsverhalten und psychische Beeinträchtigungen (Ehresmann und Badura 2018). Nur wenn es gelingt, Beschäftigte von der Sinnhaftigkeit ihrer Aufgaben und Ziele zu überzeugen, werden sie ihre volle Aufmerksamkeit und Energie einsetzen. Ausgehend von dem durch die Evolution vorgegebenen Annäherungssystem betrachten wir Menschen als soziale Wesen, die nicht nur nach Vermeidung von Leid und Bedrohungen („Stress") streben, sondern zu-allererst nach emotionalen Bindungen, nach sinnstiftenden Aufgaben und nach vertrauensvoller Kooperation. Organisationen, die diesen tiefverwurzelten biopsychosozialen Grundbedürfnissen entgegenkommen, sind als Arbeitgeber attraktiver und fördern die Präsenz der Mitarbeitenden. Vertrauensvolle Zusammenarbeit und Gemeinsinn stiftende Ziele bilden das immaterielle Fundament unserer Arbeitswelt, in das es – insbesondere bei **Führung auf Distanz** – durch Kulturworkshops, Führungskräfteentwicklung und eine aussagekräftige Dateninfrastruktur ständig zu investieren gilt (Badura und Steinke 2019a; Badura und Steinke 2019b). Vertrauen vermeidet Ängste und Unsicherheitsgefühle. Sinn erzeugt Energie. Beide erzeugen Gefühle der Zugehörigkeit und damit Loyalität und Bindung (siehe ◘ Abb. 15.3).

》 „Ein Management kann die Unternehmenskultur verändern, indem es die Qualität seiner Mitarbeiter fördert. Ohne Training und feste Führung wird dies jedoch kaum gelingen" (Imai 1992, S. 68).

Organisationen wirken auf Biologie und Verhalten ihrer Mitglieder durch Einfluss auf ihr Gefühlsleben (Eisenberg 1995). Positiv erlebte Rückmeldungen durch Führungskräfte, die Kollegenschaft und Mitarbeitende fördern Gesundheit, Lernen und Bindung. Negativ erlebte oder gar keine Rückmeldungen bewirken das Gegenteil. Für Bindungs- und Vermeidungsverhalten sind die Qualität sozialer Beziehungen und die Kultur einer Organisation relevant. Sie sind damit auch von großer Bedeutung bei der Entscheidung für oder gegen Homeoffice. Menschen haben soziale Bedürfnisse, deren Nichtbeachtung Gesundheit und Produktivität beeinträchtigen können. Nicht nur technische Systeme sollten daher zukünftig regelmäßig auf ihre Funktionsfähigkeit und Sicherheit geprüft werden, sondern auch soziale Systeme auf ihre Qualität und Gesundheitsförderlichkeit. Bindungsorientierte Führung empfehlen wir als zeitgemäßes **Leitbild** für Präsenz- ebenso wie für Hybridarbeit.

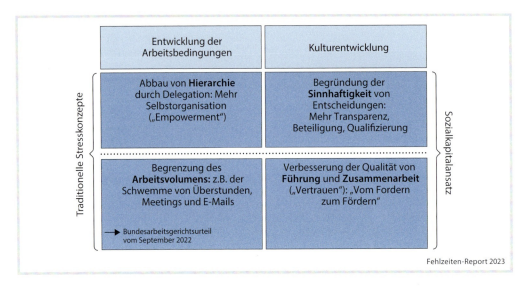

Abb. 15.3 Bindungsorientierte Organisationsgestaltung im Überblick

15.8 Fazit

Homeoffice ist aus der Arbeitswelt nicht mehr wegzudenken. Im Rahmen der betrieblichen Gesundheitspolitik ist es daher naheliegend, sich mit der Frage auseinanderzusetzen, wie Arbeit im Homeoffice gesundheitsförderlich gestaltet werden kann. Führungskräfte nehmen dabei als Machtpromotoren eine wichtige Rolle ein. Traditionelle Rollenmodelle, die vor allem auf Kontrolle der Mitarbeitenden ausgerichtet sind, sind im „New Normal" nicht mehr zeitgemäß und sollten durch moderne Konzepte wie z. B. eine **bindungsorientierte Führung** abgelöst werden. Erste Ansätze hierzu werden in diesem Beitrag angesprochen.

Die vorgestellten Studien haben gezeigt, dass Homeoffice bzw. hybride Arbeit – abhängig von der Ausgestaltung – sowohl positive wie auch negative Auswirkungen haben kann. Der Forschungsstand dazu ist in Deutschland noch unterentwickelt. Insbesondere besteht ein Forschungsdesiderat zur **Vertrauenskultur** als Bedingung für gelingende Kooperation im „New Normal". Das Thema „soziales Vermögen" und gelingende Kooperationen wird auch für die Praxis noch einmal an Bedeutung gewinnen. So gibt es aufgrund der Überarbeitung der CSRD EU-Richtlinie Ansatzpunkte, um Organisationen zu verpflichten, transparenter über den Aspekt des „Sozialen" zu berichten.

Die Covid-19-Pandemie hat sich als Modernisierungsbeschleuniger erwiesen – nicht nur für die Digitalisierung, sondern auch für die Organisationsentwicklung, Stichwort: „New Normal". Die Auswirkungen auf die mentale Gesundheit sind betriebsspezifisch. Sie sollten sorgfältig und kontinuierlich dokumentiert werden, z. B. in einem periodischen Gesundheitsbericht.

Der Übergang zur bindungsorientierten Führung richtet die Aufmerksamkeit der Unternehmenslenker auf das operative Management: auf deren Führungsbedingungen, ihre Auswahl und kontinuierliche Weiterbildung, insbesondere zu Themen wie mentale Gesundheit, Delegation, soziale Kompetenz, Vertrauen, Sinnstiftung und Selbstorganisation.

Um den gewandelten gesellschaftlichen Erwartungen in Richtung Nachhaltigkeit und Transparenz gerecht zu werden, sollten Organisationen ihre Dokumentationspflicht zu Themen wie Auswirkungen auf die Umwelt, auf

Soziales und Gesundheit standardisieren. Die Blackbox interner **Prozess- und Strukturqualität** sollte geöffnet werden.

Homeoffice ist eine gute Idee, aber nicht überall machbar, nicht als Dauerzustand und nicht ohne klare Regeln – für Führungskräfte und Mitarbeitende –, die es in einer Betriebsvereinbarung auszuformulieren gilt.

Homeoffice ist eine schlechte Idee, wenn das Sozialkapital einer Organisation darunter leidet. Wo (mehr) **Präsenz** unverzichtbar ist, sollte Präsenz attraktiver werden – durch bindungsorientierte Führung.

Die Einführung von Homeoffice bzw. hybrider Arbeit ist ein kollektiver **Lernprozess**, der durch ein Betriebliches Gesundheitsmanagement begleitet werden sollte, mit dem stetigen Ziel, eine hohe Gesundheit und Bindung in der Belegschaft zu erreichen.

Literatur

Ahlers E, Mierich S, Zucco A (2021) Homeoffice. Was wir aus der Zeit der Pandemie für die zukünftige Gestaltung von Homeoffice lernen können. Report Nr 65. Wirtschafts- und Sozialwissenschaftliches Institut (WSI), Düsseldorf

Akerlof GA, Kranton RE (2011) Identity Economics. Warum wir ganz anders ticken, als die meisten Ökonomen denken. Hanser, München

Alipour JV, Falck O, Follmer R et al (2021) Homeoffice im Verlauf der Corona-Pandemie. Themenreport Corona-Datenplattform. Infas, ifo Institut, Bonn

Amabile TM (1993) Motivational synergy: toward new conceptualizations of intrinsic and extrinsic motivation in the workplace. Hum Resour Manag Rev 3(3):185–201

Amabile TM, Kramer SJ (2007) Inner work life: understanding the subtext of business performance. Harv Bus Rev 85(5):72–83

Antonovsky A (1979) Health, stress, and coping. The Jossey-Bass social and behavioral science series. Jossey-Bass, San Francisco

Backé E, Reichel K, Prigge M et al (2021) Risikofaktor sedentäre Arbeit – ein systematischer Review zum Zusammenhang von langen Sitzzeiten am Arbeitsplatz und kardiometabolischen Veränderungen. Gesundheitswesen 83(08):677

Backhaus N, Tisch A, Beermann B (2021) Telearbeit, Homeoffice und Mobiles Arbeiten: Chancen, Herausforderungen und Gestaltungsaspekte aus Sicht des Arbeitsschutzes, 1. Aufl. Bundesanstalt für Arbeitsschutz und Arbeitsmedizin, Dortmund

Backhaus N, Wöhrmann A, Tisch A (2020) BAuA-Arbeitszeitbefragung: Telearbeit in Deutschland, 2. Aufl. baua: Bericht kompakt. Bundesanstalt für Arbeitsschutz und Arbeitsmedizin, Dortmund

Badura B (2014) The impact of social capital on health and performance of organizations. In: Bauer GF, Hämming O (Hrsg) Bridging occupational, organizational and public health. A Transdisciplinary approach. Springer, Dordrecht Heidelberg New York London, S 91–100

Badura B (Hrsg) (2017) Arbeit und Gesundheit im 21. Jahrhundert. Springer, Berlin Heidelberg

Badura B, Ehresmann C (2016) Unternehmenskultur, Mitarbeiterbindung und Gesundheit. In: Badura B, Ducki A, Schröder H, Klose J, Meyer M (Hrsg) Fehlzeiten-Report 2016. Unternehmenskultur und Gesundheit – Herausforderungen und Chancen. Springer, Berlin Heidelberg, S 81–94

Badura B, Ehresmann C (2020) Die Aussagekraft der Kennzahl „Fehlzeiten" – Deutungsversuch aus Sicht der Gesundheitswissenschaften. In: Badura B, Ducki A, Schröder H, Klose J, Meyer M (Hrsg) Fehlzeiten-Report 2020. Gerechtigkeit und Gesundheit. Springer, Berlin, S 313–329

Badura B, Steinke M (2019b) Mindeststandards im Behördlichen Gesundheitsmanagement (BGM) der Landesverwaltung Nordrhein-Westfalen. Abschlussbericht zum Vergabeverfahren „Entwicklung und Festlegung von Standards für BGM in der Landesverwaltung" (Auftragsnummer ZVSt-2018-192/BGM). https://www.landtag.nrw.de/portal/WWW/dokumentenarchiv/Dokument/MMV17-2114.pdf. Zugegriffen: 23. Februar 2023

Badura B, Steinke M (2019a) Vom Taylorismus zur Selbstorganisation – Wie Betriebliches Gesundheitsmanagement zur Gestaltung der Digitalisierung beitragen kann. In: Badura B, Ducki A, Schröder H, Klose J, Meyer M (Hrsg) Fehlzeiten-Report 2019. Digitalisierung – gesundes Arbeiten ermöglichen. Springer, Berlin, S 367–396

Badura B, Greiner W, Rixgens P et al (2008) Sozialkapital. Grundlagen von Gesundheit und Unternehmenserfolg, 1. Aufl. Springer Gabler, Berlin Heidelberg

Badura B, Greiner W, Rixgens P et al (2013) Sozialkapital. Grundlagen von Gesundheit und Unternehmenserfolg, 2. Aufl. Springer Gabler, Berlin Heidelberg

Badura B, Ducki A, Schröder H et al (Hrsg) (2017) Fehlzeiten-Report 2017. Krise und Gesundheit – Ursachen, Prävention, Bewältigung: Zahlen, Daten, Analysen aus allen Branchen der Wirtschaft. Springer, Berlin Heidelberg

Baur N (2022) Auswirkungen mobiler Arbeit auf das Sozialkapital von Unternehmen – eine explorative Studie mit Mitarbeitenden und Führungskräften eines deutschen Industrieunternehmens. In: Badura B, Ducki A,

Schröder H, Klose J, Meyer M (Hrsg) Fehlzeiten-Report 2022. Verantwortung und Gesundheit. Springer, Berlin, S 205–224

Becker C, Thörel E, Pauls N et al (2022) Homeoffice in Corona-Zeiten – Sind Ausmaß und/oder Flexibilität wichtig für Arbeitszufriedenheit, soziale Unterstützung, Commitment und Arbeitsunterbrechungen? Z Angew Organisationspsychologie (gio) 53(2):173–187

Berger PL, Luckmann T (1972) Die gesellschaftliche Konstruktion der Wirklichkeit. Conditio humana, 3. Aufl. Fischer, Frankfurt am Main

Bergmann F (2002) Neue Arbeit, Neue Kultur, 8. Aufl. Arbor, Freiburg im Breisgau

Bloom N, Han R, Liang J (2022) How hybrid working from home works out. NBER Working Papers 30292. National Bureau of Economic Research, Cambridge

Bock L (2016) Work rules! Insights from inside Google that will transform how you live and lead. Twelve, New York Boston

Boes A, Gül K, Kämpf T et al (2021) Empowerment in der agilen Arbeitswelt. In: Bauer W, Mütze-Niewöhner S, Stowasser S, Zanker C, Müller N (Hrsg) Arbeit in der digitalisierten Welt. Springer, Berlin Heidelberg, S 307–319

Bogenstahl C, Peters R (2020) Perspektiven eines hybriden Arbeitens im Homeoffice und im Büro. Themenkurzprofil Nr. 41. Büro für Technikfolgen-Abschätzung beim Deutschen Bundestag

Bonin H, Eichhorst W, Kaczynska J et al (2020) Verbreitung und Auswirkungen von mobiler Arbeit und Homeoffice. BMAS Forschungsbericht Nr. 549. Bundesministerium für Arbeit und Soziales (BMAS), Berlin

Bowlby J (1969) Attachment and loss Bd 1. Basic Books, New York

Brahm T, Kunze F (2012) The role of trust climate in virtual teams. J Manag Psychol 27(6):595–614

Braverman H (1977) Die Arbeit im modernen Produktionsprozeß, 1. Aufl. Campus, Frankfurt am Main

Breuer C, Hüffmeier J, Hertel G (2016) Does trust matter more in virtual teams? A meta-analysis of trust and team effectiveness considering virtuality and documentation as moderators. J Appl Psychol 101(8):1151–1177

Brothers L (1997) Friday's footprint: How society shapes the human mind. Diane Pub

Buksch J, Schlicht W (2014) Sitzende Lebensweise als ein gesundheitlich riskantes Verhalten. Dtsch Z Sportmedizin 01:15–21

Bundesanstalt für Arbeitsschutz und Arbeitsmedizin (BAuA) (2021) SARS-CoV-2-Arbeitsschutzregel. https://www.baua.de/DE/Angebote/Rechtstexte-und-Technische-Regeln/Regelwerk/AR-CoV-2/AR-CoV-2.html. Zugegriffen: 23. Mai 2023

Busse C (2019) Neue Chefs statt alter Schule. Interview mit Novartis-Chef Vasant Narasimhan. In: Süddeutsche Zeitung vom 26.07.2019. https://www.sueddeutsche.de/wirtschaft/interview-neue-chefs-statt-alter-schule-1.4540829. Zugegriffen: 23. März 2023

Cacioppo JT, Patrick W (2011) Einsamkeit: Woher sie kommt, was sie bewirkt, wie man ihr entrinnt. Spektrum Akademischer Verlag, Heidelberg

Case A, Deaton A (2020) Deaths of despair and the future of capitalism. Princeton University Press, Princeton

Clifton J, Harter J (2020) Auf die Führungskraft kommt es an! Die 52 Gallup Erfolgsgeheimnisse zur Zukunft der Arbeit. Campus, Frankfurt am Main

Deming WE (2000) Out of the crisis. MIT Press, Cambridge

DGB-Index Gute Arbeit (2022) Arbeit der Zukunft im „Neuen Normal"? Entgrenzung und Erholung bei digitaler und mobiler Arbeit. Sonderauswertung der Repräsentativumfrage zum DGB-Index Gute Arbeit 2021. DGB-Index Gute Arbeit, Berlin

Edmondson C (2020) Die angstfreie Organisation. Wie Sie psychologische Sicherheit am Arbeitsplatz für mehr Entwicklung, Lernen und Innovation schaffen. Vahlen, München

Ehresmann C (2017) Burn-out und das Sozialkapital von Organisationen – Auf die Bindung kommt es an. Eine quantitative Analyse zu Sozialkapital, emotionaler Bindung und psychischer Erschöpfung am Beispiel von Mitarbeitern in medizinischen Rehabilitationskliniken. Dissertation an der Universität Bielefeld

Ehresmann C, Badura B (2018) Sinnquellen in der Arbeitswelt und ihre Bedeutung für die Gesundheit. In: Badura B, Ducki A, Schröder H, Klose J, Meyer M (Hrsg) Fehlzeiten-Report 2018. Sinn erleben – Arbeit und Gesundheit. Springer, Berlin, S 47–59

Eisenberg L (1995) The social construction of the human brain. Am J Psychiatry 152(11):1563–1575

Europäische Kommission (2021) Corporate Sustainability Reporting Directive (CSRD). https://www.bmj.de/SharedDocs/Gesetzgebungsverfahren/DE/CSRD.html. Zugegriffen: 30. März 2023

Feinstein I, Habich J, Spilker M (2021) Home-Office – Eine Erfolgsstory mit Schattenseiten. Strukturelle Haarrisse in der Unternehmenskultur. Ipsos, Bertelsmann, Gütersloh Hamburg

Flüter-Hoffmann C, Stettes O (2022) Homeoffice nach fast zwei Jahren Pandemie. Ein Rück- und Ausblick über die Verbreitung und Struktur der räumlichen und zeitlichen Flexibilisierung von Arbeit in Deutschland, Europa und den USA. IW-Report 2/2022. Institut der deutschen Wirtschaft, Köln

Frankl VE (2006) Man's search for meaning. Beacon Press, Boston

Geertz C (1987) Dichte Beschreibungen. Beiträge zum Verstehen kultureller Systeme. Suhrkamp, Frankfurt am Main

de Geus A (1998) Jenseits der Ökonomie. Die Verantwortung der Unternehmen. Klett-Cotta, Stuttgart (Ersterscheinung: The living company: habits for survival in a turbulent business environment. Harvard Business School Press, Boston)

Graeber D, Wengrow D (2022) Anfänge: Eine neue Geschichte der Menschheit. Klett-Cotta, Stuttgart

Grunau P, Ruf K, Steffes S et al (2019) Homeoffice bietet Vorteile, hat aber auch Tücken. Mobile Arbeitsformen aus Sicht von Betrieben und Beschäftigten. IAB-Kurzbericht. IAB, Nürnberg

Hamel G, Zanini M (2020) Mehr Macht den Mitarbeitern. Harv Bus Manag 9:63–71

Herzberg F (1966) Work and the nature of man. Crowell, New York

Hofmann J, Piele A, Piele C (2019) New Work. Best Practices und Zukunftsmodelle. Fraunhofer IAO, Stuttgart https://doi.org/10.24406/PUBLICA-FHG-299651

Hofmann J, Piele A, Piele C (2021) Arbeiten in der Corona-Pandemie – Führung im neuen Normal. Fraunhofer IAO, Stuttgart https://doi.org/10.24406/PUBLICA-FHG-301213

ifo Institut (2022a) Pressemitteilung: Homeoffice etabliert sich in Deutschland mit 1,4 Tagen pro Woche. https://www.ifo.de/pressemitteilung/2022-09-16/homeoffice-etabliert-sich-deutschland-mit-14-tagen-pro-woche. Zugegriffen: 18. Mai 2023

ifo Institut (2022b) Anteil der Beschäftigten, die zumindest teilweise im Homeoffice arbeiten, nach Wirtschaftssektoren in Deutschland von Februar 2021 bis November 2022. Statista. https://de.statista.com/statistik/daten/studie/1260179/umfrage/beschaeftigte-im-homeoffice-nach-sektoren/. Zugegriffen: 10. März 2023

Imai M (1992) Kaizen. Der Schlüssel zum Erfolg der Japaner im Wettbewerb. Ullstein, Berlin, Frankfurt

Insel TR (2010) The challenge of translation in social neuroscience: a review of oxytocin, vasopressin, and affiliative behavior. Neuron 65(6):768–779

Klein L (1976) New forms of work organisation. Cambridge University Press, London

Kunze F, Zimmermann S (2022) Die Transformation zu einer hybriden Arbeitswelt – Ergebnisbericht zur Konstanzer Homeoffice Studie 2020–2022. Universität Konstanz, Konstanz

Kunze F, Hampel K, Zimmermann S (2020) Homeoffice in der Corona-Krise: Eine nachhaltige Transformation der Arbeitswelt? Policy Paper. Universität Konstanz, Konstanz

Laß I (2021) Eltern zwischen Homeoffice und Homeschooling: Arbeit und Familie in Zeiten von Kita- und Schulschließungen. In: Auswirkungen der Coronapandemie. Auszug aus dem Datenreport 2021. Statistisches Bundesamt, Wissenschaftszentrum Berlin für Sozialforschung, Bundesinstitut für Bevölkerungsforschung, Berlin, S 484–489

Leotti LA, Delgado MR (2011) Processing social and nonsocial rewards in the human brain. In: Decety J, Cacioppo JT (Hrsg) The Oxford handbook of social neuroscience. Oxford University Press, Oxford, S 178–194

Lott Y, Abendroth AK (2020) The non-use of telework in an ideal worker culture: why women perceive more cultural barriers. Community Work Fam 23(5):593–611

Marmot M (2013) Europe: good, bad, and beautiful. Lancet 381(9872):1090–1091

McGregor D (1960) The human side of enterprise. McGraw-Hill, New York

Meifert M, Schermuly C (2022) Ergebnisbericht zum New Work-Barometer 2022. https://www.srh-berlin.de/hub/new-work/barometer/. Zugegriffen: 25. Mai 2023

Mergener A (2020) Berufliche Zugänge zum Homeoffice. Ein tätigkeitsbasierter Ansatz zur Erklärung von Chancenungleichheit beim Homeofficezugang. In: Ebner C, Haupt A, Matthes B (Hrsg) Kölner Zeitschrift für Soziologie und Sozialpsychologie, Sonderheft Berufe und soziale Ungleichheit. Springer, Köln

Möllering G, Schuster S, Spilker M (2021) Homeoffice – Fluch und Segen im Corona-Krisenmanagement. Führungskräfte-Radar 2020 Corona-Spezial. Bertelsmann, Gütersloh

Moorstedt M (2022) Wie man Produktivität vorspielt. Netzkolumne. Süddeutsche Zeitung vom 02.01.2022. https://www.sueddeutsche.de/kultur/netzkolumne-wie-man-produktivitaet-vorspielt-1.5499856. Zugegriffen: 2. März 2023

Murthy VH (2020) Together: the healing power of human connection in a sometimes lonely world. Harper Collins, New York

Neumann J, Lindert L, Seinsche L et al (2020) Homeoffice- und Präsenzkultur im öffentlichen Dienst in Zeiten der Covid-19-Pandemie. Köln (Ergebnisbericht August 2020). https://kups.ub.uni-koeln.de/11654/

OECD (2001) The well-being of nations. The role of human and social capital. OECD, Paris

Parsons T (1973) Culture and social system revisited. In: Schneider L, Bonjean CH (Hrsg) The idea of culture in the social sciences. Cambridge University Press, Cambridge, S 33–46

Parsons T, Shils EA (1951) Some fundamental categories of the theory of action: a general statement. In: Parsons T, Shils EA (Hrsg) Toward a general theory of action. Harvard University Press, Cambridge, S 3–29

Pugh DS (1971) Organization theory: selected readings. Penguin Books, Harmondsworth

Putnam RD (2000) Bowling alone: the collapse and revival of American community. Simon & Schuster, New York

Rump J (2021) Die Neue Normalität in der Arbeitswelt – Die 7 * 3er Regel. Institut für Beschäftigung und Employability, Ludwigshafen am Rhein

Rump J, Eilers S (2022) Arbeiten in der neuen Normalität: Sieben Trilogien für die neue Arbeitswelt. Springer Gabler, Berlin Heidelberg

Sahlins M (1968) Notes on the original affluent society. In: Lee R, DeVore I (Hrsg) Man the Hunter. Aldine, New York

Schein EH (2010) Organizational culture and leadership, 4. Aufl. The Jossey-Bass business & management series. Jossey-Bass, San Francisco

Schneider C, Bonjean D (1973) The idea of culture in the social sciences. Cambridge Univerity Press, Cambridge, New York

Schor J, Fan W, Gu G et al (2023) A global overview of the 4 day week. Incorporating new evidence from the UK, Boston, Dublin

Selye H (1956) The stress of life. McGraw-Hill, New York

Sinek S (2009) Start with why: How great leaders inspire everyone to take action. Portfolio, New York

Statistisches Bundesamt (Destatis) (2023) Erwerbstätige, die von zu Hause aus arbeiten. https://www.destatis.de/DE/Themen/Arbeit/Arbeitsmarkt/Qualitaet-Arbeit/Dimension-3/home-office.html#:~:text=Ein%20Viertel%20aller%20Erwerbst%C3%A4tigen%20arbeitet,Arbeitstage%20von%20zu%20Hause%20aus. Zugegriffen: 18. Mai 2023

Taylor FW (1913) Die Grundsätze wissenschaftlicher Betriebsführung. Salzwasser-Verlag, München Berlin

Thorp AA, Owen N, Neuhaus M et al (2011) Sedentary behaviors and subsequent health outcomes in adults: a systematic review of longitudinal studies, 1996–2011. Am J Prev Med 41(2):207–215

Tremblay MS, Aubert S, Barnes JD, Saunders TJ, Carson V, Latimer-Cheung AE, Chastin SFM, Altenburg TM, Chinapaw MJM (2017) Sedentary behavior research network (SBRN) – terminology consensus project process and outcome. Int J Behav Nutr Phys Act 14:75

Werner K (2023) Einfach nur Gewinn machen reicht nicht mehr. Boni für Manager. Süddeutsche Zeitung vom 22. Febr. 2023

Zak PJ (2017) The trust factor: the science of creating high-performance companies. MACOM, New York

Mobiles Arbeiten: Chancen und Risiken

Anne M. Wöhrmann, Nils Backhaus und Antje Ducki

Inhaltsverzeichnis

16.1 Einleitung – 256

16.2 Formen mobilen Arbeitens – 256

16.3 Verbreitung mobilen Arbeitens – 257
16.3.1 Verbreitung von Homeoffice – 258
16.3.2 Verbreitung von Pendeln – 259
16.3.3 Verbreitung von Dienstreisen – 260

16.4 Gesundheitliche Vor- und Nachteile mobilen Arbeitens – 261
16.4.1 Homeoffice und Gesundheit – 262
16.4.2 Pendeln und Gesundheit – 263
16.4.3 Dienstreisen und Gesundheit – 263

16.5 Gesunde Arbeitsorganisation bei mobilem Arbeiten – 264

16.6 Besonderheiten mobilen Arbeitens in Zeiten der „doppelten" Transformation von Digitalisierung und Nachhaltigkeit – 265

16.7 Ausblick – 267

Literatur – 267

© Der/die Autor(en), exklusiv lizenziert an Springer-Verlag GmbH, DE, ein Teil von Springer Nature 2023
B. Badura et al. (Hrsg.), *Fehlzeiten-Report 2023*, Fehlzeiten-Report,
https://doi.org/10.1007/978-3-662-67514-4_16

▸▸ Zusammenfassung

Mobile Arbeitsformen spielen nicht nur für die Gesundheit der Beschäftigten eine große Rolle, sie ermöglichen auch flexible Reaktionen auf unterschiedlichste gesellschaftspolitische, ökologische und ökonomische Veränderungen und Krisen. In diesem Beitrag werden verschiedene Formen mobilen Arbeitens betrachtet, nämlich Homeoffice, Pendeln und Dienstreisen. In Bezug auf Homeoffice zeigt sich, dass in den letzten Jahren und insbesondere im Kontext der SARS-CoV-2-Pandemie sowohl der Anteil der Beschäftigten, die von zuhause arbeiten, gestiegen ist als auch die Häufigkeit bzw. das Ausmaß, in dem Beschäftigte von zuhause arbeiten. Somit müssen viele Beschäftigte seltener pro Woche zur Arbeit pendeln. Dienstreisen haben 2020 im Zuge der SARS-CoV-2-Pandemie einen drastischen Rückgang erfahren, nahmen aber bereits im Jahr 2021 wieder leicht zu. Neuere Daten zeigen differenzielle Zusammenhänge der verschiedenen Mobilitätsformen mit der Gesundheit der Beschäftigten. Eine gesundheitsförderliche Gestaltung mobiler Arbeit achtet auf größtmögliche Einflussnahme der Beschäftigten bei der Ausgestaltung der Rahmenbedingungen. Klimafreundlich ist mobiles Arbeiten, wenn dadurch der CO_2-Ausstoß reduziert wird. Dies ist insbesondere dann der Fall, wenn Dienstreisen und Pendelmobilität durch Homeoffice-Tage reduziert werden.

16.1 Einleitung

Die gegenwärtige Zeit ist vor allem durch eine intensive Debatte zur Klimakrise geprägt, die global und lokal schnelle und umfassende Transformationen im Leben und Arbeiten erzwingt. In der Lebens- und Arbeitswelt ist die Dekarbonisierung, also die Reduzierung des Ausstoßes von CO_2 mit dem langfristigen Ziel, keine Treibhausgase mehr auszustoßen, ein übergeordnetes Ziel zur Eindämmung der Klimakrise. Dabei stellen berufsbedingte und berufsassoziierte Mobilitätsformen ein wesentliches Einsparpotenzial dar.

Hinzu kommen nationalstaatliche und politische Krisen, gekoppelt mit neuen Varianten der Kriegsführung und weitreichenden krisenhaften Konsequenzen. Dies führt zu einer Gleichzeitigkeit verschiedener globaler Krisen: Europaweit müssen aktuell eine Energie- und Wirtschaftskrise bewältigt werden, Inflationsgefahren eingedämmt und Gefahren für demokratische Strukturen abgewehrt werden. Ein Vorteil bei all diesen zahlreichen Herausforderungen besteht jedoch in der multifunktionalen Wirksamkeit einzelnen Maßnahmen. So ist z. B. laut Sachverständigenrat zur Begutachtung der gesamtwirtschaftlichen Lage die schnelle Dekarbonisierung der Industrie ein zentraler Beitrag nicht nur zur Bewältigung der Klimakrise, sondern auch der Energiekrise (SVR 2022). Auch mobiles Arbeiten kann, wie im Folgenden gezeigt wird, in diesen instabilen Zeiten einen multifunktionalen Beitrag zur Stärkung der Wirtschaft und zum Schutz des Klimas bieten. In diesem Beitrag werden zunächst verschiedene Formen mobilen Arbeitens sowie ihre Verbreitung, die Entwicklung über die Zeit und Zusammenhänge mit der Gesundheit von Beschäftigten dargestellt. Schließlich werden gesunde Arbeitsorganisation bei mobilem Arbeiten und Besonderheiten mobilen Arbeitens in Zeiten der sozial-ökologischen Transformation diskutiert.

16.2 Formen mobilen Arbeitens

Mobiles Arbeiten kann unterschiedliche Formen annehmen und ist dadurch gekennzeichnet, dass die Arbeit außerhalb der eigentlichen Betriebsstätte erbracht wird. Der Ort kann dabei von den Beschäftigten selbst gewählt sein, es kann sich aber auch um einen mit dem Arbeitgeber fest vereinbarten Ort handeln (Bonin et al. 2020). Mobiles Arbeiten wird meist am Computer oder tragbaren Bildschirmgeräten (z. B. Laptops, Tablets oder Smartphones) ausgeführt. Die Verwendung von Informationstechnologie ist jedoch keine zwingende Voraussetzung. So gibt es auch Formen mobiler Arbeit, bei denen Mobilität Teil der Arbeitsaufgabe ist (z. B. Fahrzeugführerinnen und -führer) oder bei denen die Tätigkeit vorwiegend an wechselnden Einsatzorten und nicht im Betrieb ausgeübt wird (z. B. ambulante Pflegekräfte).

Eine spezifische Form mobilen Arbeitens, bei der die Arbeit im Privatbereich des bzw. der Beschäftigten unter Nutzung tragbarer IT-Systeme und nach vorheriger Abstimmung mit dem Arbeitgeber ausgeführt wird, ist das Arbeiten im Homeoffice. Bei der in der Arbeitsstättenverordnung (§ 2 Abs. 7) geregelten Telearbeit wird die Arbeit an einem vom Arbeitgeber fest eingerichteten Bildschirmarbeitsplatz im Privatbereich des bzw. der Beschäftigten ausgeführt. Im vorliegenden Beitrag verwenden wir den Begriff Homeoffice für die verschiedenen Formen von Arbeit, die von zuhause erbracht wird, darunter auch Telearbeit oder die Arbeit von zuhause im Rahmen mobilen Arbeitens. Aufgrund zunehmender Digitalisierung und zuletzt der SARS-CoV-2-Pandemie kommt dem Homeoffice eine wachsende Bedeutung zu. Homeoffice geht sowohl mit Chancen als auch mit Risiken für die Gesundheit und Work-Life-Balance von Beschäftigten einher (z. B. Beermann et al. 2017; Wöhrmann et al. 2020; Wöhrmann und Ebner 2021). Dabei spielen die Organisation und die Gestaltung der Arbeitsbedingungen von Homeoffice eine übergeordnete Rolle. Beispielsweise ist es vorteilhaft für die Gesundheit und Zufriedenheit der Beschäftigten, wenn die Arbeit im Homeoffice klar geregelt bzw. vereinbart ist (z. B. im Rahmen von Betriebs- oder Dienstvereinbarungen).

Homeoffice steht in direktem Zusammenhang mit dem täglichen Pendeln zur Arbeit, einer berufsassoziierten Mobilitätsanforderung, die an Beschäftigte gestellt wird (Ducki und Nguyen 2016). Wenn von zuhause gearbeitet wird, reduziert sich die Pendelhäufigkeit oder das Pendeln zur Arbeit fällt ganz weg. Je nach Zeitumfang, der am Tag für das Pendeln zur Arbeit und zurück aufgebracht werden muss, spricht man von Nicht- bzw. Kurzpendelnden (0–29 min), Nahpendelnden (30–59 min), Mitteldistanzpendelnden (60–119 min) und Fernpendelnden (mindestens 120 min). Je nach Dauer und Gestaltung bzw. Begleitumständen wie z. B. dem genutzten Verkehrsmittel kann das Pendeln zur Arbeit von Beschäftigten als beanspruchender wahrgenommen werden und sich ungünstig auf die Gesundheit auswirken (z. B. Murphy et al. 2022; Wöhrmann et al. 2020).

Eine weitere Form mobilen Arbeitens sind Dienstreisen, die als wichtiger Bestandteil der Arbeit in vielen Berufen eine Form der berufsbedingten räumlichen Mobilität darstellen (Ducki und Nguyen 2016). Sie ermöglichen z. B. den Aufbau und die Aufrechterhaltung von Beziehungen und Netzwerken sowohl mit Kundinnen und Kunden oder Auftraggeberinnen und Auftraggebern als auch mit Kolleginnen und Kollegen, die an anderen Standorten tätig sind. Neben den Vorteilen von Dienstreisen können sich diese in Abhängigkeit von ihrer Häufigkeit und Ausgestaltung auch ungünstig auf Gesundheit und Work-Life-Balance auswirken (z. B. Bergbom et al. 2014; Ducki und Nguyen 2016; Rundle et al. 2018; Wöhrmann et al. 2020). Während der SARS-CoV-2-Pandemie waren Dienstreisen kaum möglich und wurden häufig durch Kommunikation über Videokonferenzplattformen ersetzt (ifo Institut 2020).

16.3 Verbreitung mobilen Arbeitens

Die drei beschriebenen Formen mobilen Arbeitens, d. h. Homeoffice, Pendeln und Dienstreisen, sind eng miteinander verknüpft und haben sich durch die digitale Transformation und Restriktionen der SARS-CoV-2-Pandemie unterschiedlich entwickelt. Ein Großteil der Beschäftigten ist von mindestens einer der drei Formen mobilen Arbeitens betroffen. Im Folgenden wird die aktuelle Verbreitung und Entwicklung von Homeoffice, Pendeln und Dienstreisen aufgezeigt. Dazu werden Daten aus den Wellen der BAuA-Arbeitszeitbefragung genutzt (z. B. Wöhrmann et al. 2021). Bei der BAuA-Arbeitszeitbefragung handelt es sich um eine repräsentative computergestützte telefonische Beschäftigtenbefragung, die seit 2015 alle zwei Jahre durchgeführt wird. Darin werden Beschäftigte in Deutschland zur Gestaltung ihrer Arbeitszeit, aber auch zu weiteren Arbeitsbedingungen und ihrer Gesundheit befragt. Die in diesem Beitrag berichteten Ergebnisse beziehen sich ausschließlich auf abhängig Beschäftigte. Ergänzend werden aktuelle Zahlen zu Dienstreisen aus den Daten der VDR-Geschäftsreiseanalyse genutzt (VDR 2022). Die Daten der VDR-Geschäftsreiseanalyse erfassen und analysieren Dienstreisen auf Basis einer repräsentativen Stichprobe deutscher Unternehmen.

16.3.1 Verbreitung von Homeoffice

Während in Deutschland vor einigen Jahren noch ein – auch im europäischen Vergleich – eher geringer Anteil der Beschäftigten zumindest teilweise von zuhause gearbeitet hat, konnte bereits vor der SARS-CoV-2-Pandemie eine deutliche Zunahme verzeichnet werden (vgl. Backhaus et al. 2021b). Die Daten der BAuA-Arbeitszeitbefragung, in der seit 2015 erfasst wird, ob Beschäftigte mit ihrem Arbeitgeber Telearbeit oder Homeoffice vereinbart haben, zeigen einen Anstieg von 9 % im Jahr 2015 auf 16 % im Jahr 2019. Dabei ist die Verbreitung von Homeoffice bei den Frauen deutlicher gestiegen als bei den Männern (s. ◘ Abb. 16.1). Mit der SARS-CoV-2-Pandemie hat sich diese Zahl der Beschäftigten mit Homeoffice dann im Jahr 2021 auf etwa ein Drittel der Beschäftigten verdoppelt.

Mit der Pandemie ist jedoch nicht nur der Anteil der Beschäftigten gestiegen, die von zuhause arbeiten, sondern auch die Häufigkeit bzw. das Ausmaß, in dem Beschäftigte von zuhause arbeiten. Wie in ◘ Abb. 16.2 zu sehen ist, hat der Großteil der Beschäftigten, die mit ihrem Arbeitgeber Homeoffice vereinbart hatten, im Jahr 2019 höchstens einen Tag in der Woche von zuhause gearbeitet. Im Jahr 2021 arbeiteten zwei Drittel der Beschäftigten mit Homeoffice-Vereinbarung mehr als einen

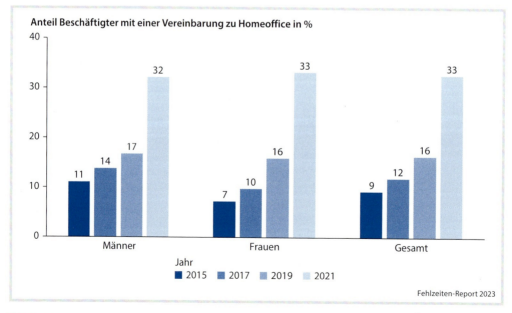

◘ **Abb. 16.1** Anteil Beschäftigter mit einer Vereinbarung zu Homeoffice nach Geschlecht (Datenquelle: BAuA-Arbeitszeitbefragung 2015 [n = 17.672], 2017 [n = 8484], 2019 [n = 8231] und 2021 [n = 17.733], Häring et al. 2016, 2018, 2020, 2022)

Kapitel 16 · Mobiles Arbeiten: Chancen und Risiken

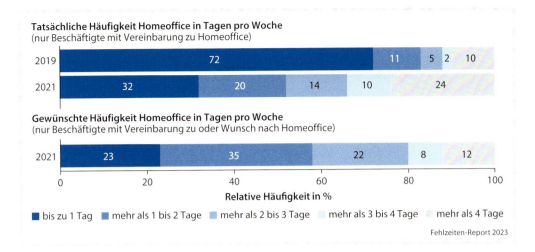

Abb. 16.2 Tatsächliche und gewünschte Häufigkeit der Arbeit von zuhause bei abhängig Beschäftigten (Datenquelle: BAuA-Arbeitszeitbefragung 2019 [n = 1746] und 2021 [n = 7408])

Tag in der Woche von zuhause aus, ein Viertel sogar mehr als vier Tage. Gefragt nach der gewünschten Häufigkeit der Arbeit von zuhause zeigt sich, dass über drei Viertel der Beschäftigten mit Homeoffice-Vereinbarung oder -wunsch mehr als einen Tag in der Woche von zuhause arbeiten möchten, jedoch nicht in einem zu hohen Ausmaß. Über die Hälfte (57 %) möchte mehr als einen bis maximal drei Tage von zuhause arbeiten.

16.3.2 Verbreitung von Pendeln

Durch die zunehmende Verbreitung von Homeoffice müssen viele Beschäftigte seltener zur Arbeit pendeln. Täglich sparen Beschäftigte in Deutschland im Durchschnitt 65 Minuten ein, wenn sie von zuhause arbeiten (Aksoy et al. 2023). Dabei wenden sie 31 % ihrer Zeitersparnis für ihre Arbeit auf, 46 % für Freizeit und etwa 8 % für Betreuungsaufgaben. Die

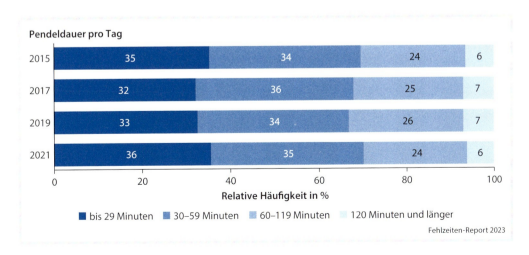

Abb. 16.3 Entwicklung von Pendeldauern bei abhängig Beschäftigten (Datenquelle: BAuA-Arbeitszeitbefragung 2015 [n = 17.096], 2017 [n = 8229], 2019 [n = 8010] und 2021 [n = 17.224])

Entfernung bzw. die Zeit, die Beschäftigte für das tägliche Pendeln zur Arbeitsstelle und zurück benötigen, ist über die Zeit weitgehend stabil geblieben (siehe ◘ Abb. 16.3). Jeweils ein gutes Drittel der Beschäftigten zählt zu den Nicht- bzw. Kurzpendelnden und den Nahpendelnden. Ein Viertel der Beschäftigten benötigt mindestens eine, aber weniger als zwei Stunden am Tag, um zur Arbeit und zurück zu kommen. 6 % der Beschäftigten sind Fernpendelnde und mindestens zwei Stunden am Tag unterwegs. Fern- und Mitteldistanzpendeln kommen bei Beschäftigten mit Homeoffice häufiger vor (9 und 26 %) als bei den übrigen Beschäftigten (5 und 22 %). Auch zeigt sich, dass eine höhere Pendelzeit mit höherem Bildungsniveau einhergeht. Dieser Befund zeigt sich auch in anderen Studien und ist unter anderem darauf zurückzuführen, dass höhere Bildungsabschlüsse häufig mit einer höheren Spezialisierung auf dem Arbeitsmarkt einhergehen (z. B. Tendyck und Mess 2018).

16.3.3 Verbreitung von Dienstreisen

Bis zum Jahr 2019 waren Dienstreisen sehr weit verbreitet und haben kontinuierlich zugenommen (vgl. ◘ Abb. 16.4). Im Jahr 2019 wurden fast 200 Mio. Dienstreisen gemacht und je nach Datenquelle zeigt sich, dass etwa ein Drittel bis zur Hälfte aller Beschäftigten regelmäßig Dienstreisen machte (VDR 2022; Wöhrmann et al. 2020). Im ersten Jahr der SARS-CoV-2-Pandemie (2020) hat sich die Anzahl der Dienstreisen drastisch (um 83 %) reduziert. Im zweiten Jahr der Pandemie war wieder ein leichter Zuwachs an Dienstreisen zu verzeichnen. Dienstreisen finden mehrheitlich im Inland statt (80 % im Jahr 2021) und es zeichnet sich ein Trend ab hin zu wenigen, dafür aber längeren mehrtägigen Dienstreisen (vgl. VDR 2022). Im Mittel dauerten Dienstreisen im Jahr 2021 2,3 Tage. Dabei waren etwa die Hälfte der Dienstreisen Tagesreisen ohne Auswärtsübernachtungen. Es ist zu erwarten, dass die Anzahl der Dienstreisen weiterhin zunehmen wird. Ob allerdings das vorpandemische Niveau wieder erreicht wird, bleibt fraglich. Neben dem Druck von Energie- und Kosteneinsparungen werden hier zu-

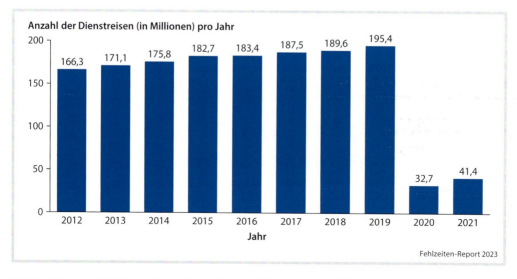

◘ **Abb. 16.4** Anzahl der Dienstreisen in Deutschland von 2012 bis 2021 (in Millionen; Datenquelle: VDR-Geschäftsreiseanalysen 2013–2022)

künftig die Wünsche der Beschäftigten bezüglich ihrer Work-Life-Balance, sicherheitspolitische Entwicklungen, umweltpolitische Vorgaben und gesellschaftliche Rahmenbedingungen eine wichtige Rolle spielen (Geis und Steindl 2018; Knie und George 2023).

Generell verändert sich im Kontext klimapolitischer und technologischer Entwicklungen die Bedeutung und das Ausmaß mobiler Arbeitsformen. Die Daten aus den letzten Jahren zeigen, dass deutlich mehr Beschäftigte im Homeoffice arbeiten, die Pendeldauern etwa gleichgeblieben sind und Dienstreisen nach einem starken Rückgang mit Beginn der SARS-CoV-2-Pandemie nun wieder leicht zunehmen. Wie sich die Varianten mobiler Arbeit in Zukunft entwickeln werden, ist neben übergeordneten verkehrs-, klima- und arbeitspolitischen Rahmenbedingungen auch von der betrieblichen Arbeitsorganisation abhängig. Da jede mobile Arbeitsform sowohl gesundheitsförderlich als auch gesundheitsbeeinträchtigend wirken kann, kommt der betrieblichen Gestaltung der Rahmenbedingungen eine übergeordnete Bedeutung zu.

16.4 Gesundheitliche Vor- und Nachteile mobilen Arbeitens

Verschiedene Formen mobilen Arbeitens stellen unterschiedliche Anforderungen an Beschäftigte, bieten zugleich aber auch Vorteile. Zum Beispiel stellen Dienstreisen hohe zeitliche Anforderungen an Beschäftigte und beim Arbeiten im Homeoffice ergibt sich zunächst eine Zeitersparnis durch den Wegfall des Pendelwegs. Neben diesen direkten Effekten gehen bestimmte Aspekte mobilen Arbeitens auch mit anderen Arbeitsbedingungen oder Aspekten der Arbeitsorganisation einher, die sich eher günstig oder auch eher nachteilig für die Gesundheit und Work-Life-Balance von Beschäftigten erweisen können. Zum Beispiel sind Homeoffice, Fernpendeln und Dienstreisen häufig mit erhöhten zeitlichen Handlungsspielräumen, aber auch mit erhöhtem Termin- oder Leistungsdruck verbunden (vgl. z. B. Eurofound 2022; Wöhrmann et al. 2020; Wöhrmann und Ebner 2021).

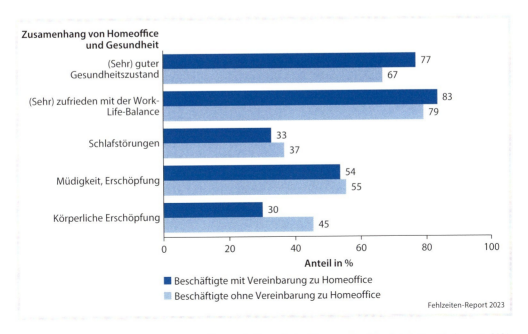

Abb. 16.5 Zusammenhang von Homeoffice und Gesundheit (Datenquelle: BAuA-Arbeitszeitbefragung 2021, 17.703 ≤ n ≤ 17.716)

16.4.1 Homeoffice und Gesundheit

Beschäftigte, die mit ihrem Arbeitgeber Homeoffice vereinbart haben, schätzen ihren Gesundheitszustand besser ein als die übrigen Beschäftigten (vgl. ◘ Abb. 16.5). Dieser Zusammenhang lässt sich jedoch zu großen Anteilen durch die unterschiedlichen typischen Arbeitstätigkeiten erklären (Wöhrmann et al. 2020). Beschäftigte mit Homeoffice sind auch etwas häufiger zufrieden mit ihrer Work-Life-Balance. Die Arbeit von zuhause eröffnet mehr Zeit und zeitliche Handlungsspielräume, um private und berufliche Verpflichtungen besser miteinander zu vereinbaren. Allerdings geht Homeoffice auch mit einem erhöhten Risiko für zeitliche Entgrenzung einher (z. B. Wöhrmann und Ebner 2021). Dadurch können Konflikte zwischen Arbeit und Privatleben entstehen oder verstärkt werden (Entgelmeier 2022). Eine wichtige Rolle dafür, ob Homeoffice eher eine Chance oder ein Risiko für das Wohlbefinden von Beschäftigten darstellt, spielen also die Arbeitsbedingungen, die mit dieser Form der mobilen Arbeit einhergehen (Backhaus und Beermann 2021). Insgesamt berichten Beschäftigte mit einer Homeoffice-Vereinbarung von weniger körperlicher Erschöpfung und Schlafstörungen als die übrigen Beschäftigten. Beschäftigte, die keine Home-

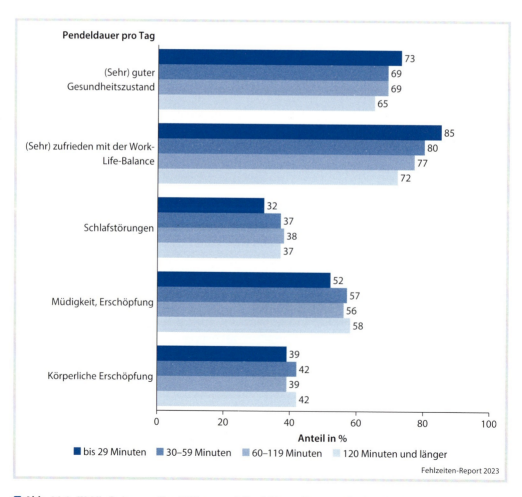

◘ **Abb. 16.6** Wohlbefinden von Beschäftigten nach Pendeldauer (Datenquelle: BAuA-Arbeitszeitbefragung 2021, 17.222 ≤ n ≤ 17.233)

office-Vereinbarung mit ihrem Arbeitgeber haben, aber trotzdem – also ungeregelt – von zuhause arbeiten, berichten hingegen deutlich häufiger von Gesundheitsbeschwerden wie z. B. Erschöpfung und Schlafstörungen (Backhaus et al. 2019). Dies ist ein deutlicher Hinweis darauf, dass mit der vertraglichen Absicherung mobiler Arbeit positive gesundheitliche Effekte verbunden sein können.

16.4.2 Pendeln und Gesundheit

Mit zunehmender Pendeldauer schätzen Beschäftigte ihren Gesundheitszustand seltener als gut ein und sind auch seltener zufrieden mit ihrer Work-Life-Balance (vgl. ◘ Abb. 16.6). Das gilt unabhängig davon, ob die Beschäftigten eine Homeoffice-Vereinbarung haben – und daher nicht jeden Arbeitstag pendeln – oder nicht. Nicht- bzw. Kurzpendelnde (0–29 min) sind seltener von Schlafstörungen oder Müdigkeit und Erschöpfung betroffen als die übrigen Beschäftigten. Ansonsten zeigen sich in Bezug auf die betrachteten gesundheitlichen Beschwerden keine systematischen Unterschiede zwischen den Pendeltypen.

16.4.3 Dienstreisen und Gesundheit

Relativ deutlich zeigt sich, dass Beschäftigte, die Dienstreisen machen, ihren Gesundheitszustand häufiger als sehr gut bzw. gut einschätzen als die übrigen Beschäftigten und auch von bestimmten gesundheitlichen Beschwerden seltener betroffen sind. Dies ist wahrscheinlich weniger direkt auf die Reisetätigkeit an sich zurückzuführen als auf die Rahmenbedingungen wie z. B. günstige Arbeitsbedingungen in den Berufen und der beruflichen Stellung. So haben Beschäftigte, die Dienstreisen machen, auch häufig hohe Handlungsspielräume in Bezug auf die Gestaltung ihrer Arbeit (Wöhrmann et al. 2020). Eine weitere Rolle kann der „Healthy-mobile"-Selektionseffekt spielen (z. B. Hupfeld et al. 2013), nach dem

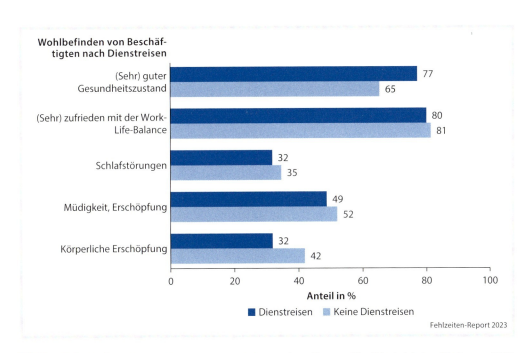

◘ Abb. 16.7 Wohlbefinden von Beschäftigten nach Dienstreisen (Datenquelle: BAuA-Arbeitszeitbefragung 2017, $8355 \leq n \leq 8363$)

Beschäftigte mit sehr guter Gesundheit und Robustheit eher einen mobilen Lebensstil wählen und aufrechterhalten können als Beschäftigte mit schlechterer Gesundheit. Ungünstige Reisebedingungen wie hoher Zeitdruck oder Verspätungen können sich durchaus negativ auf das Wohlbefinden von Beschäftigten auswirken (Ducki und Nguyen 2016). Für die Zufriedenheit mit der Work-Life-Balance scheint die Dienstreisetätigkeit an sich eher eine untergeordnete Rolle zu spielen (vgl. ◘ Abb. 16.7). Werden häufiger pro Monat Dienstreisen gemacht, kommt es eher zu Beeinträchtigungen (Mäkelä et al. 2015; Wöhrmann et al. 2020).

16.5 Gesunde Arbeitsorganisation bei mobilem Arbeiten

Vor dem Hintergrund der aktuellen Entwicklungen sollten im Sinne einer nachhaltig gestalteten Gesundheitsförderung die Chancen mobilen Arbeitens genutzt und die Risiken minimiert werden. Zur Gestaltung von Homeoffice scheint die alternierende Telearbeit bzw. das hybride Arbeiten von zuhause mit moderaten Präsenzanteilen von zwei bis drei Tagen in der Woche eine gute Möglichkeit, die Vorteile von Präsenzarbeit, wie z. B. die direkte Kommunikation mit Kolleginnen und Kollegen, und Arbeit im Homeoffice, wie z. B. den Wegfall der Pendelzeiten, zu nutzen. Um weitere Risiken wie die zeitliche Entgrenzung zu minimieren, sollte Arbeit im Homeoffice im Rahmen einer betrieblichen Vereinbarung klar geregelt sein und Arbeitszeiten sollten aufgezeichnet werden (Backhaus et al. 2021a; Entgelmeier 2022). Weitere aktuelle Empfehlungen können der BAuA-Webseite zu mobiler Arbeit[1] entnommen werden.

Bezüglich der gesundheitlichen und ökologischen Nachteile des Pendelns kann die Möglichkeit zur alternierenden Telearbeit oder auch das Einrichten von Satellitenbüros oder Coworking Spaces sinnvoll sein, die schneller vom Wohnort aus erreicht werden können (Echterhoff et al. 2018; Kunze und Zimmermann 2022). Darüber hinaus kann auch die Information bzw. Motivation der Beschäftigten bezüglich einer bewegungsorientierten Gestaltung des Pendelns („aktives Pedeln"), wie z. B. mindestens Teilstrecken mit dem Fahrrad oder zu Fuß zurückzulegen, zur Reduktion der gesundheitlichen Risiken durch das Pendeln beitragen (Adam et al. 2018; Chatterjee et al. 2020). Allerdings sollten derartige Vorschläge auf verkehrspolitischer Ebene durch entsprechende Maßnahmen wie den Ausbau von Fahrradwegen und Fahrradschnellstrecken unterstützt werden.

Bei Dienstreisen kommt es auf die Häufigkeit und ihre Ausgestaltung an, ob sie gesundheitliche Risiken für Beschäftigte bergen. Daher sollten sie immer in Abstimmung mit der betroffenen Person festgelegt und möglichst auf die notwendige Anzahl reduziert werden. Wann Dienstreisen notwendig sind, ist in Abhängigkeit von der jeweils vorliegenden Sachlage zu entscheiden. So sollten Erstkontakte in der Regel in Präsenz erfolgen und auch konfliktreiche Themen sollten in Präsenz erarbeitet werden. Dagegen können organisatorische Fragen häufig in Videokonferenzen geklärt werden (vgl. Kunert 2022). Tatsächlich erwarten etwa sechs von zehn Unternehmen, dass sich die Reisetätigkeit gegenüber 2019 – also dem Jahr vor der SARS-CoV-2-Pandemie – dauerhaft reduziert (VDR 2022). Weiterhin erwarten viele Unternehmen, dass ihre Beschäftigten mehr Flexibilitätsmöglichkeiten bei der Dienstreiseplanung einfordern werden, aber gleichzeitig die Bereitschaft für Dienstreisen durch neue Arbeitsmodelle wie mobiles Arbeiten und Homeoffice steigen wird. Bisherige Erkenntnisse zeigen, dass es für eine gesundheitsförderliche Dienstreisegestaltung wichtig ist, die Beschäftigten an der Dienstreiseplanung zu beteiligen, sodass die Rahmen- und Reisebedingungen zu ihren Bedürfnissen passen (Vogl 2019).

Für alle Formen von mobiler Arbeit gilt, dass die Arbeits- und Rahmenbedingungen es den Beschäftigten ermöglichen sollten, Arbeit

---

1 ▶ https://www.baua.de/mobile-arbeit.

und Privatleben so zu managen, dass es nicht zu Entgrenzung und Konflikten kommt. Gegebenenfalls sollten Beschäftigten Trainings angeboten werden, in denen sie lernen, Strategien zu entwickeln, um die Grenzen zwischen Privatleben und Arbeit besser ziehen zu können. Zu einem guten Grenzmanagement gehört u. a., Pausen in den Arbeitsalltag einzubauen, Überstunden zu vermeiden und das Abschalten nach der Arbeit sicherzustellen (Vieten et al. 2022) und auch die Fähigkeit, im Homeoffice Arbeitserfordernisse und familiäre Erfordernisse möglichst räumlich und zeitlich voneinander zu trennen (Kossek et al. 2006). Mobiles Arbeiten und die damit einhergehenden Arbeitsbedingungen sollten auch Bestandteil der in den Unternehmen durchzuführenden Gefährdungsbeurteilungen sein (Kraus und Rieder 2019; Prümper und Hornung 2016). Nicht zuletzt gilt es, die Arbeitstätigkeit und sonstige Arbeitsbedingungen der mobil arbeitenden Beschäftigten gesundheitsförderlich zu gestalten, z. B. durch die Gewährung von Handlungsspielräumen und Mitspracherechten bei der Gestaltung der Mobilität und die Vermeidung von zu hoher Arbeitsbelastung. Dazu gehört beispielsweise die Entscheidung, ob eine Reisetätigkeit sachlich notwendig ist oder auch wann und mit welchem Reisemittel gereist wird.

16.6 Besonderheiten mobilen Arbeitens in Zeiten der „doppelten" Transformation von Digitalisierung und Nachhaltigkeit

Es bestehen vielfältige Wirkbeziehungen zwischen Digitalisierung, Nachhaltigkeit und dem Wandel der Mobilität im Betrieb (vgl. ◘ Abb. 16.8). Das Zusammenspiel von (ökonomischer, sozialer und ökologischer) Nachhaltigkeit und Digitalisierung ist insbesondere vor dem Hintergrund aktueller Krisen zunehmend wichtig und wird als „doppelte Transformation" bezeichnet (Hofmann et al. 2023). Die Vielzahl sich überlagernder Krisen führt in vielen Branchen zu erheblichen ökonomischen Problemen bis hin zu Teilschließungen, Betriebsaufgaben oder Insolvenzen (vgl. Creditreform 2022). Vor allem die Klimakrise wird in den nächsten Jahren weitreichende Umstrukturierungen in den meisten Wirtschaftsbereichen erforderlich machen, wenn Deutschland bis 2045 klimaneutral werden soll. Betriebe sind daher gefordert, ihre Strukturen so resilient wie möglich zu gestalten (BDI 2022). Resilienz meint in diesem Kontext u. a. die Sicherstellung der Energieversorgung vor dem Hintergrund außenpolitischer Risiken, aber auch die flexible Nutzung mobiler Arbeitsformen. Mobile Arbeitsformen und hier vor allem das Homeoffice gewinnen vor diesem Hintergrund an Bedeutung, da sie nicht nur einen nachweisbaren Beitrag leisten, Energiekosten und den CO_2-Ausstoß zu reduzieren (Thomas 2021), sondern grundsätzlich flexiblere Reaktionen auf unterschiedlichste gesellschaftspolitische, ökologische und ökonomische Veränderungen und Krisen ermöglichen. Aber auch eine verkehrspolitische Umgestaltung der Pendelmobilität weg vom Individualverkehr hin zu einem verbesserten ÖPNV, die Schaffung von fahrradfreundlichen Pendelangeboten und ein innovatives Mobilitäts- und Dienstreisemanagement in den Unternehmen können relevante CO_2-Einsparpotenziale entfalten. Viele Unternehmen planen schon jetzt, Dienstreisen auf das unbedingt notwendige Maß zu reduzieren, Flüge weitestgehend zu vermeiden, elektrisch betriebene Fahrzeuge als Dienstwagen zu nutzen und wo möglich E-Bikes anzuschaffen.

In Bezug auf den Fachkräftemangel kann beispielsweise das Angebot, von zuhause zu arbeiten, den Suchradius von Unternehmen für neue Mitarbeiterinnen und Mitarbeiter überregional oder international erweitern (Mergener und Mansfeld 2021). Darüber hinaus können mobile Arbeitsformen in Kombination mit flexiblen Arbeitszeitarrangements neue attraktive Jobangebote für noch nicht hinreichend erschlossene Beschäftigtengruppen wie Eltern,

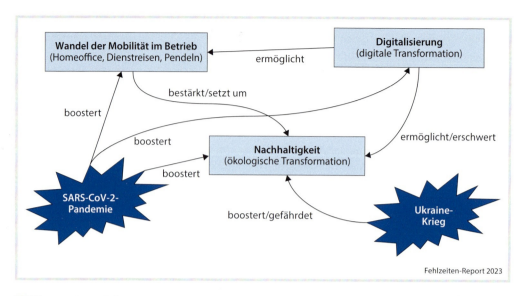

◻ **Abb. 16.8** Potenzielle Wirkbeziehungen zwischen Digitalisierung, Nachhaltigkeit und betrieblichem Wandel (nach Hofmann et al. 2023, S. 9)

pflegende Angehörige oder auch beschäftigungsoffene Rentnerinnen und Rentner darstellen.

Auch wenn eine vollständige Arbeit von zuhause aus unterschiedlichen Gründen nicht wünschenswert ist, kann es auch zukünftig Notlagen geben, in denen eine Umstellung auf 100 % Homeoffice wenigstens für eine begrenzte Zeit existenzerhaltend und sinnvoll sein kann, was sich derzeit am Beispiel des Angriffskriegs von Russland gegen die Ukraine zeigt. Hier ermöglicht die Digitalisierung der Arbeit nicht wenigen Geflüchteten, von den Aufnahmeländern aus weiterhin ihrer Arbeit in der Ukraine nachzugehen (Balser 2022).

Die entstehenden vielfältigen Erwerbskonstellationen lassen sich nach der Ausprägung mobiler Arbeit und nach Bindung an einzelne Unternehmen unterscheiden: So werden sich Arbeitsverhältnisse zukünftig auf einem Kontinuum anordnen lassen von vertraglich fest an einen Arbeitgeber gebundener Arbeit in voller Präsenz über hybride Arbeitsvarianten bei einem Arbeitgeber hin zu arbeitgeberungebundenen Varianten, wie sie derzeit unter dem Begriff der Arbeitsnomaden zusammengefasst werden (Gerdenitsch 2017). Entscheidend für die jeweilige Variante werden entweder sachliche Notwendigkeiten aus der politischen, gesellschaftlichen oder betrieblichen Umwelt oder auch individuelle berufs- und lebensbiografische Präferenzen sein. Mobile Arbeitsformen werden damit zu einem relevanten betrieblichen Resilienzfaktor. Aber auch hier gilt, dass die neue Vielfalt viele neue Gestaltungserfordernisse und Verantwortlichkeiten mit sich bringt.

Gesundheitsrelevante Herausforderungen ergeben sich in Hinblick auf Themen wie den Aufbau und Erhalt von kollegialem Kontakt und persönlicher Kommunikation, virtuelle gesundheitsförderliche Führung und den Erhalt der Unternehmens- und Teambindung. In Bezug auf die Bindung werden sich zukünftige Maßnahmen nicht nur in Abhängigkeit von den jeweiligen (vertraglichen) Bindungsvarianten ausdifferenzieren, sondern es werden auch Übergänge erleichtert werden müssen: Für Arbeitsnomaden sollten Festanstellungen mit maximaler Homeoffice-Möglichkeit unbürokratisch ermöglicht werden, wie auch die

Möglichkeit für fest angestellte Beschäftigte, z. B. neue Varianten von beruflichen Auszeiten (Sabbaticals) mit reduziertem Beschäftigungsumfang zu kombinieren oder Arbeitszeiten zu reduzieren, um eine berufliche Weiterbildung absolvieren zu können.

Mit der Zunahme mobiler Arbeit werden Coworking Spaces an Bedeutung gewinnen, womit Betreiber von Coworking Spaces zu relevanten Akteuren des Arbeits- und Gesundheitsschutzes und der Gesundheitsförderung werden (Ducki et al. 2022). Studien zeigen, dass u. a. die ergonomische Beschaffenheit einiger Coworking Spaces nicht gesundheitsförderlich ist, hier also zukünftig noch Gestaltungsbedarf besteht (Backfisch et al. 2021; Robelski et al. 2019).

16.7 Ausblick

Auch zukünftig wird sich die (Erwerbs-)Arbeit an die jeweiligen äußeren krisenbedingten, aber auch kontinuierlichen technologischen und strukturellen Entwicklungen anpassen müssen. Dies erfordert resiliente Strukturen nicht nur auf betrieblicher, sondern auch auf politischer und regulatorischer Ebene. Eine starke Resilienz insbesondere bei akkumulierten Krisen erfordert, verschiedene Flexibilitätsaspekte neuartig zu kombinieren, ohne Sicherheits- und Stabilitätsaspekte aufzugeben. Im Fall mobilen Arbeitens bedeutet dies, den begonnenen Weg der örtlichen Flexibilität mit zeitlichen Aspekten zu kombinieren und weiter auszubauen. Dabei müssen klar vereinbarte Rahmenbedingungen zur Ausgestaltung flexibler Arbeitseinsätze, Autonomie und Mitbestimmung der Arbeitnehmer und Arbeitnehmerinnen bei der Wahl des jeweiligen Arbeitsmodells, der Datenschutz und der Arbeits- und Gesundheitsschutz als sichere Rahmung erhalten bleiben und Klimaneutralität zum neuen übergeordneten Gestaltungsstandard werden.

Literatur

Adam Z, Walasek L, Meyer C (2018) Workforce commuting and subjective well-being. Travel Behav Soc 13:183–196

Aksoy CG, Barrero JM, Bloom N, Davis SJ, Dolls M, Zarate P (2023) Time Savings When Working from Home. NBER Working Paper Nr 30866. National Bureau of Economic Research, Cambridge (https://www.nber.org/papers/w30866. Zugegriffen: 14. Februar 2023)

Backfisch A, Ducki A, Borde T (2021) Arbeitsorte der Zukunft – Gesundheitsfördernde Gestaltung von Coworking Spaces und Homeoffice. In: Badura B, Ducki A, Schröder H, Meyer M (Hrsg) Fehlzeiten-Report 2021: Betriebliche Prävention stärken – Lehren aus der Pandemie. Springer, Berlin, S 311–326

Backhaus N, Beermann B (2021) Arbeiten von zu Hause und überall? Herausforderungen zeit- und ortsflexibler Arbeit aus Sicht des Arbeitsschutzes. Dguv Forum 6:19–22

Backhaus N, Wöhrmann AM, Tisch A (2019) BAuA-Arbeitszeitbefragung: Telearbeit in Deutschland (baua: Bericht kompakt). Bundesanstalt für Arbeitsschutz und Arbeitsmedizin, Dortmund, Berlin, Dresden https://doi.org/10.21934/baua:berichtkompakt20191216.2

Backhaus N, Stein L-K, Entgelmeier I (2021a) Arbeitszeiterfassung und Flexibilität: Ergebnisse der BAuA-Arbeitszeitbefragung 2019 (baua: Fokus). Bundesanstalt für Arbeitsschutz und Arbeitsmedizin, Dortmund Berlin Dresden https://doi.org/10.21934/baua:fokus20211001

Backhaus N, Wöhrmann AM, Tisch A (2021b) BAuA-Arbeitszeitbefragung: Vergleich 2015 – 2017 – 2019 (baua: Bericht). Bundesanstalt für Arbeitsschutz und Arbeitsmedizin, Dortmund Berlin Dresden https://doi.org/10.21934/baua:bericht20201217

Balser M (2022) Ukraine-Flüchtlinge: Digitale Hilfe für Geflüchtete. Süddeutsche Zeitung. https://www.sueddeutsche.de/politik/app-ukraine4germany-fluechtlinge-1.5560632. Zugegriffen: 14. Febr. 2023

Beermann B, Amlinger-Chatterjee M, Brenscheidt F, Gerstenberg S, Niehaus M, Wöhrmann AM (2017) Orts- und zeitflexibles Arbeiten: Gesundheitliche Chancen und Risiken (baua: Bericht). Bundesanstalt für Arbeitsschutz und Arbeitsmedizin, Dortmund Berlin Dresden https://doi.org/10.21934/baua:bericht20170905

Bergbom B, Mäkelä L, Kinnunen U, Tanskanen J (2014) The relationship between international business travel and sleep problems via work-family conflict. Career Dev Int 19:794–812

Bonin H, Eichhorst W, Kaczynska J, Kümmerling A, Rinne U, Scholten A, Steffes S (2020) Verbreitung und Auswirkungen von mobiler Arbeit und Homeoffice. Forschungsbericht Nr. 459. Bundesministerium für Arbeit und Soziales, Berlin (https://www.bmas.de/DE/Service/Publikationen/Forschungsberichte/fb-549-verbreitung-auswirkungen-mobiles-arbeiten.html. Zugegriffen: 14. Februar 2023)

BDI – Bundesverband der Deutschen Industrie (2022) Klimapfade nach der Zeitenwende. Bundesverband der Deutschen Industrie e V (BDI), Berlin. https://bdi.eu/publikation/news/klimapfade-2-0-wie-wir-unser-industrieland-klimaneutral-gestalten. Zugegriffen: 20. Apr. 2023

Chatterjee K, Chng S, Clark B, Davis A, De Vos J, Ettema D, Reardon L et al (2020) Commuting and wellbeing: a critical overview of the literature with implications for policy and future research. Transport Rev 40:5–34

Creditreform (2022) Insolvenzen in Deutschland, Jahr 2022. Creditrefom, Neuss

Ducki A, Bamberg E, Janneck M (2022) Aufgaben und Kompetenzen bei der Gestaltung digitaler Arbeit. In: Bamberg E, Ducki A, Janneck M (Hrsg) Digitale Arbeit gestalten: Herausforderungen der Digitalisierung für die Gestaltung gesunder Arbeit. Springer, Wiesbaden, S 351–381

Ducki A, Nguyen HT (2016) Psychische Gesundheit in der Arbeitswelt: Mobilität (baua: Bericht). Bundesanstalt für Arbeitsschutz und Arbeitsmedizin, Dortmund Berlin Dresden https://doi.org/10.21934/baua:bericht20160713/3d

Echterhoff J, Große R, Hawig D, Jégu M, Klatt R, Neuendorff H, Steinberg S (2018) Coworking in NRW – Potenziale und Risken von Coworking-Modellen für Berufspendlerinnen und -pendler, diskontinuierlich Beschäftigte und Personen mit familiärer Verantwortung (FGW-Publikation Digitalisierung von Arbeit Nr. 12). Forschungsinstitut für gesellschaftliche Weiterentwicklung e V, Düsseldorf. http://www.fgw-nrw.de/fileadmin/user_upload/FGW-Studie-I40-12-Echterhoff-Klatt-2019_01_22-komplett-web.pdf. Zugegriffen: 14. Februar 2023

Entgelmeier I (2022) Arbeiten von zuhause und Entgrenzung: Eine Frage betrieblicher Gestaltung? Der Zusammenhang zwischen betrieblich vereinbartem und nicht vereinbartem Arbeiten von zuhause und einem belastungsbasierten Work-Home Konflikt nach Geschlecht. sozialpolitikch 2:6. https://doi.org/10.18753/2297-8224-223

Eurofound (2022) The rise in telework: Impact on working conditions and regulations. Publications Office of the European Union, Luxemburg

Geis I, Steindl AM (2018) Zukunftsbild geschäftliche Mobilität: Trends, Entwicklungen und Handlungsempfehlungen. Fraunhofer-Institut für Materialfluss und Logistik (IML), Frankfurt a M

Gerdenitsch C (2017) New ways of working and satisfaction of psychological needs. In: Korunka C, Kubicek B (Hrsg) Job demands in a changing world of work: impact on workers' health and performance and implications for research and practice. Springer, Cham, S 91–109

Häring A, Schütz H, Gilberg R, Kleudgen M, Wöhrmann AM, Brenscheidt F (2016) Methodenbericht und Fragebogen zur BAuA-Arbeitszeitbefragung 2015 (baua: Bericht). Dortmund/Berlin/Dresden: Bundesanstalt für Arbeitsschutz und Arbeitsmedizin. https://www.baua.de/DE/Angebote/Publikationen/Berichte/F2360-2.html

Häring A, Schütz H, Middendorf L, Hausen J, Brauner C, Wöhrmann AM (2018) Methodenbericht und Fragebogen zur BAuA-Arbeitszeitbefragung 2017 (baua: Bericht). Dortmund/Berlin/Dresden: Bundesanstalt für Arbeitsschutz und Arbeitsmedizin. https://doi.org/10.21934/baua:bericht20180727

Häring A, Schütz H, Kleudgen M, Brauner C, Vieten L, Michel A, Wöhrmann AM, (2020) Methodenbericht und Fragebogen zur BAuA-Arbeitszeitbefragung 2019 (baua: Bericht). Dortmund/Berlin/Dresden: Bundesanstalt für Arbeitsschutz und Arbeitsmedizin. https://doi.org/10.21934/baua:bericht20200728

Häring A, Schütz H, Kleudgen M, Nold J, Vieten L, Entgelmeier I, Backhaus N (2022) Methodenbericht und Fragebogen zur BAuA-Arbeitszeitbefragung 2021 (baua: Bericht). Dortmund/Berlin/Dresden: Bundesanstalt für Arbeitsschutz und Arbeitsmedizin. https://doi.org/10.21934/baua:bericht20220918

Hofmann J, Ricci C, Kleinewefers C, Laurenzano A (2023) Doppelte Transformation: Metastudie – Synopse des aktuellen Forschungsstandes. Bertelsmann Stiftung, Gütersloh

Hupfeld J, Brodersen S, Herdegen R (2013) Arbeitsbedingte räumliche Mobilität und Gesundheit. iga.Report Nr. 36. Initiative Gesundheit und Arbeit (iga), Dresden (https://www.iga-info.de/veroeffentlichungen/igareporte/igareport-25/. Zugegriffen: 14. Februar 2023)

ifo Institut (2020) Randstad-ifo-Personalleiterbefragung: Sonderfragen im 2. Quartal 2020: Homeoffice und Digitalisierung unter Corona (Webseite). München. https://www.ifo.de/personalleiterbefragung/202008-q2?s=09. Zugegriffen: 14. Febr. 2023

Knie A, George S (2023) Virtuelle Mobilität verändert die physische (Webseite). klimareporter. Klimawissen e V, Berlin. https://www.klimareporter.de/verkehr/virtuelle-mobilitaet-veraendert-die-physische. Zugegriffen: 14. Febr. 2023

Kossek EE, Lautsch BA, Eaton SE (2006) Telecommuting, control, and boundary management: correlates of policy use and practice, job control, and work–family effectiveness. J Vocat Behav 68:347–367

Kraus S, Rieder K (2019) Gefährdungsbeurteilung psychischer Belastungen bei berufsbedingter Mobilität.

In: Breisig T, Vogl G (Hrsg) Mobile Arbeit gesund gestalten – ein Praxishandbuch. Carl von Ossietzky Universität, Oldenburg, S 62–67

Kunert S (2022) Online-Meetings: Fluch und Segen eines digitalen Kommunikationsformats. In: Organisationsberatung supervision coaching https://doi.org/10.1007/s11613-022-00789-w

Kunze F, Zimmermann S (2022) Vom Homeoffice zum "Working from Anywhere"(Webseite). Haufe, Freiburg. https://www.haufe.de/personal/hr-management/mobiles-arbeiten-working-from-anywhere_80_561570.html. Zugegriffen: 14. Febr. 2023

Mäkelä L, Bergbom B, Saarenpää K, Suutari V (2015) Work-family conflict faced by international business travellers: do gender and parental status make a difference? J Glob Mobil 3:155–168

Mergener A, Mansfeld L (2021) Being spatially mobile without daily commuting? How Working from Home patterns relate to company-home distances (BIBB-Preprint). Bundesinstitut für Berufsbildung, Bonn. https://bibb-dspace.bibb.de/rest/bitstreams/971b1daf-af58-47e2-a204-a0f07d7625ac/retrieve. Zugegriffen: 14. Febr. 2023

Murphy LD, Cobb HR, Rudolph CW, Zacher H (2022) Commuting demands and appraisals: a systematic review and meta-analysis of strain and wellbeing outcomes. Organ Psychol Rev 13:11–43

Prümper J, Hornung S (2016) Arbeits- und Gesundheitsschutz 4.0: Gefährdungsbeurteilung bei mobiler Bildschirmarbeit. Arb Arbeitsr 10:588–592

Robelski S, Keller H, Harth V, Mache S (2019) Coworking spaces: the better home office? A psychosocial and health-related perspective on an emerging work environment. Int J Environ Res Public Health 16:2379

Rundle AG, Revenson TA, Friedman M (2018) Business travel and behavioral and mental health. J Occup Environ Med 60:612–616

Sachverständigenrat zur Begutachtung der gesamtwirtschaftlichen Entwicklung (2022) Energiekrise solidarisch bewältigen, neue Realität gestalten (Jahresgutachten 2022/23). Sachverständigenrat zur Begutachtung der gesamtwirtschaftlichen Entwicklung. SVR, Wiesbaden

Tendyck HC, Mess F (2018) Literatur-Review „Mobilität in der Arbeitswelt". In: Techniker Krankenkasse (Hrsg) Mobilität in der Arbeitswelt Datenanalyse und aktuelle Studienlage 2018. Techniker Krankenkasse, Hamburg, S 37–56

Thomas D (2021) Warum Homeoffice gut fürs Klima ist – Arbeiten nach Corona (Impulsvortrag auf der 3. Sitzung der AG Systemfragen im Bundesministerium für Wirtschaft und Klimaschutz). IZT – Institut für Zukunftsstudien und Technologiebewertung gemeinnützige GmbH, Berlin

VDR (2022) VDR-Geschäftsreiseanalyse 2022. Verband Deutsches Reisemanagement e V, Frankfurt a M

Vieten L, Wöhrmann AM, Michel A (2022) Boundaryless working hours and recovery in Germany. Int Arch Occup Environ Health 95:275–292. https://doi.org/10.1007/s00420-021-01748-1

Vogl G (2019) Mobilitätsbedingte Belastungen. In: Breisig T, Vogl G (Hrsg) Mobile Arbeit gesund gestalten – ein Praxishandbuch. Carl von Ossietzky Universität, Oldenburg, S 20–27

Wöhrmann AM, Backhaus N, Tisch A, Michel A (2020) BAuA-Arbeitszeitbefragung: Pendeln, Telearbeit, Dienstreisen, wechselnde und mobile Arbeitsorte (baua: Bericht). Bundesanstalt für Arbeitsschutz und Arbeitsmedizin, Dortmund Berlin Dresden https://doi.org/10.21934/baua:bericht20200713

Wöhrmann AM, Brauner C, Michel A (2021) BAuA-Working Time Survey (BAuA-WTS; BAuA-Arbeitszeitbefragung). Jahrb Natl Okon Stat 241:287–295

Wöhrmann AM, Ebner C (2021) Understanding the bright side and the dark side of telework: an empirical analysis of working conditions and psychosomatic health complaints. New Technol Work Employ 36:348–370

Hybrides Führen: Führen in Zeiten von Homeoffice

Annika Krick, Jörg Felfe, Laura Klebe und Dorothee Tautz

Inhaltsverzeichnis

17.1 Arbeiten im digitalen Kontext – 272

17.2 Herausforderungen hybrider Führung – 273

17.3 Gesundheitsorientierte Führung – 277
17.3.1 Ausprägung von SelfCare und StaffCare im Homeoffice – 277
17.3.2 Wirksamkeit von SelfCare und StaffCare im Homeoffice – 278

17.4 Transformationale Führung – 279
17.4.1 Ausprägung von transformationaler Führung im Homeoffice – 279
17.4.2 Wirksamkeit von transformationaler Führung im Homeoffice-Kontext – 280

17.5 Hybride Führung: Mehr Kommunikation und Nutzung von Online-Tools – 281

17.6 Fazit – 283

Literatur – 284

© Der/die Autor(en), exklusiv lizenziert an Springer-Verlag GmbH, DE, ein Teil von Springer Nature 2023
B. Badura et al. (Hrsg.), *Fehlzeiten-Report 2023*, Fehlzeiten-Report,
https://doi.org/10.1007/978-3-662-67514-4_17

■■ **Zusammenfassung**

In den vergangenen Jahren sind flexible Arbeitsmodelle und Homeoffice-Möglichkeiten vermehrt in den Vordergrund gerückt. Besonders durch die Corona-Pandemie ist der Anteil an im Homeoffice arbeitenden Beschäftigten stark angestiegen. Homeoffice wird auch in Zukunft ein zentraler Bestandteil der Arbeitswelt sein. Jedoch bringt die Arbeit im Homeoffice auch Herausforderungen mit sich. Vor allem für Führungskräfte stellt sich die Frage, wie sie auch über die Distanz einen positiven Einfluss auf ihre Mitarbeitenden nehmen können. Auf Grundlage von Studien aus dem traditionellen Bürokontext und aktuellen Studien zur Führung im digitalen Kontext werden in diesem Beitrag erste Antworten auf diese Frage gegeben und untersucht, wie sich 1) das Ausmaß und 2) die Effektivität von gesundheitsorientierter und transformationaler Führung im digitalen Kontext verändern. Die Befunde aktueller Studien zeigen zudem, dass digitale Führung mit spezifischen Herausforderungen für Führungskräfte einhergeht durch, z. B. limitierte Kommunikationsmöglichkeiten oder auch technische Herausforderungen. Gleichzeitig zeigen diese Studien aber auch, dass Führungskräfte auch im Homeoffice einen positiven Einfluss auf ihre Mitarbeitenden nehmen können. Dies kann durch die systematische Nutzung von Onlinetools und Förderung der Kommunikation unterstützt werden. Vor diesem Hintergrund werden erste Hinweise darauf gegeben, wie Führungskräfte mit den Herausforderungen im digitalen Kontext umgehen können, um weiterhin einen positiven Einfluss auf ihre Mitarbeitenden zu nehmen.

17.1 Arbeiten im digitalen Kontext

Die Corona-Pandemie sorgte für einen enormen Schub der Digitalisierung und Nutzung digitaler Arbeits- und Führungsstrukturen (Remote Work, Homeoffice, Videokonferenzen etc.). Laut einer Hans-Böckler-Studie aus dem Frühjahr 2021 arbeiten ca. 25 % aller Beschäftigten von zu Hause (Baumann und Kohlrausch 2021). Mittlerweile gehören Homeoffice sowie digitale und virtuelle Führung für viele Beschäftigte jedoch zum normalen Arbeitsalltag (DAK 2021). Das gilt auch für Führungskräfte. Wenn Führungskräfte sowohl im Büro in Präsenz als auch im Homeoffice digital führen, wird dies auch als hybride Führung bezeichnet. Eine Umfrage des Ifo-Instituts zeigt, dass von 7300 befragten Firmen 67 % langfristig mehr Homeoffice nutzen wollen (Demmelhuber et al. 2020). Eine eigene aktuelle Studie zeigt, dass sich ein Großteil (51 %) der Befragten auch in Zukunft wünscht, an zwei bis drei Tagen von zu Hause aus zu arbeiten. 21,4 % wünschen sich sogar, an vier Tagen oder komplett im Homeoffice zu arbeiten. Bei den Führungskräften hingegen ist der Anteil an Personen, die an vier oder mehr Tagen im Homeoffice arbeiten wollen, mit 18,6 % geringer (Krick et al. 2022a). Hier zeigt sich, dass ein Großteil der Beschäftigten hybride Arbeitsformen bevorzugt. Nur ein geringer Teil möchte ganz oder gar nicht im Homeoffice arbeiten. Offensichtlich wird in der hybriden Form die beste Möglichkeit gesehen, die Vorteile beider Arbeitsorte zu nutzen und die jeweiligen Risiken auszubalancieren. Bei den Führungskräften zeigt sich ein ähnliches Bild, wenn auch mit etwas mehr Zurückhaltung. Führungskräfte antizipieren möglicherweise mehr Schwierigkeiten, wenn sie an das Führen aus Distanz denken. Entsprechend fällt der Wunsch nach mehr Homeoffice für die Mitarbeitenden aus Sicht der Führungskräfte geringer aus. Nur 13,3 % der Führungskräfte wünschen sich, dass ihre Mitarbeitenden überwiegend (vier Tage) oder vollständig im Homeoffice arbeiten. Die deutliche Mehrheit (59,7 %) wünscht sich zwei bis drei Tage pro Woche Homeoffice, wobei insgesamt die deutliche Präferenz bei zwei Tagen pro Woche liegt (37,6 %).

Nach Corona und mit der grundlegenden Digitalisierung wird es also zukünftig eine breite Anwendung von hybriden Arbeitsformen geben, die in den meisten Fällen auf 2 : 3- oder 3 : 2-Modelle hinauslaufen. Bei diesen Modellen sind beide Orte und ihre Wechsel-

wirkungen bei der Untersuchung der psychischen Folgen und der Ableitung von Handlungsempfehlungen zu beachten. Auch wenn die Anforderungen an Führungskräfte weitgehend gleichbleiben, werden sie sich aber je nach Arbeitsort ausdifferenzieren:
- bestimmte Führungsverhaltensweisen sind besonders in Präsenz relevant, andere im Homeoffice,
- es gibt eine Verschiebung der jeweiligen Bedeutung von Selbstführung und Führung durch die Führungskraft in Abhängigkeit vom Arbeitsort,
- Handlungsempfehlungen sollten künftig nicht global erfolgen, sondern immer in Abhängigkeit vom jeweils praktizierten hybriden Modell.

Das Arbeiten im Homeoffice bringt für die Beschäftigten Chancen (z. B. Autonomie, Flexibilität, bessere Work-Life-Balance, Einsparung des Arbeitsweges), aber auch deutliche Risiken mit sich (z. B. permanente Erreichbarkeit, Isolation, Entgrenzung, Kommunikationseinbußen; Felfe et al. 2022; Krick et al. 2022b). Über längerfristige Auswirkungen auf die psychische Gesundheit von Beschäftigten, aber auch auf ihre Bindung zur Organisation und auf den Zusammenhalt im Team ist bislang nur wenig bekannt (Waltersbacher et al. 2021).

Im Vergleich zu Mitarbeitenden sind Führungskräfte deutlich mehr mit Hindernissen und Herausforderungen konfrontiert, wenn sie digital von zu Hause aus führen (Kirchner et al. 2021). Hierzu gehören Unsicherheiten, ob und wie zentrale Führungsaufgaben und -funktionen (Motivation, Kontrolle, Organisation und Koordination, Teamentwicklung, Gesundheitsförderung, etc.) auf Distanz umgesetzt werden können (Parker et al. 2021). Erste Befunde zu spezifischen Herausforderungen hybrider Führung werden in ▶ Abschn. 17.2 vorgestellt.

Contreras und Kollegen stellten fest, dass sich das bisherige Führungsverhalten nicht ohne Weiteres vom traditionellen Arbeitsplatz auf die digitale Arbeitswelt übertragen lässt (Contreras et al. 2020). Es stellt sich auch die Frage, ob traditionelle Führungsstile wie transformationale Führung (Bass und Riggio 2006), die insbesondere auf Engagement, Leistung und Innovation abzielen, auch im Homeoffice umgesetzt werden können und wirksam sind. In ▶ Abschn. 17.3 berichten wir hierzu empirische Befunde. Wie zahlreiche Untersuchungen gezeigt haben, spielen Führungskräfte auch eine wichtige Rolle bei der Förderung der Gesundheit ihrer Beschäftigten (Montano et al. 2017). Ein Konzept, das sowohl die Eigenverantwortung der Beschäftigten als auch den Einfluss von Führungskräften auf die Mitarbeitergesundheit in den Mittelpunkt stellt, ist der Health-oriented-Leadership-(HoL-)Ansatz (Franke et al. 2014; Pundt und Felfe 2017). Wie ist es, wenn Führungskräfte und Beschäftigte nicht beide vor Ort sind oder sich nur selten in Präsenz begegnen? Wird die Wirkung der gesundheitsorientierten Führung im Homeoffice abgeschwächt? Gelingt es Führungskräften auch im Homeoffice, gesundheitsorientiert zu führen? In ▶ Abschn. 17.4 wird hierzu der aktuelle Forschungsstand berichtet.

17.2 Herausforderungen hybrider Führung

Was wird bei hybrider Führung für Führungskräfte konkret schwieriger, insbesondere wenn sie teilweise oder vollständig im Homeoffice tätig sind? Dieser Frage wurde in einem aktuellen Forschungsprojekt „Digital Leadership and Health" (DLAH)[1] nachgegangen. Hierzu wurden in einer bundesweiten Längsschnitt-Befragung ca. 3600 Beschäftigte unterschiedlicher Branchen, darunter ca. 1300 Führungskräfte, zu fünf Zeitpunkten befragt. Um die Ergebnisse zu Führung im Homeoffice besser einordnen zu können, wurden die Füh-

---

1 Dieses Forschungsprojekt wird durch dtec.bw – Zentrum für Digitalisierungs- und Technologieforschung der Bundeswehr gefördert. dtec.bw wird von der Europäischen Union – NextGenerationEU finanziert.

rungskräfte gebeten, ebenfalls einzuschätzen, wie sehr sie diese Herausforderungen auch im klassischen Büroalltag erleben.

Eine zentrale Herausforderung stellt das *Vertrauen* dar (Parker et al. 2021). Führungskräfte berichten immer wieder von der Sorge, dass ihre Beschäftigten sich im Homeoffice eher mit privaten Dingen beschäftigen und weniger engagiert ihrer Arbeit nachgehen (Grunau et al. 2019). Aus der Distanz heraus haben sie weniger Kontrolle über ihre Beschäftigten und bekommen weniger mit, wieviel tatsächlich gearbeitet wird. Daten aus dem DLAH-Forschungsprojekt zeigen, dass es immerhin 26,5 % der befragten Führungskräfte im Homeoffice als schwierig bzw. sehr schwierig erleben mitzubekommen, wieviel „wirklich gearbeitet" wird. Nur 12,8 % der gleichen Führungskräfte geben dies im direkten Vergleich zur Tätigkeit im Büro als schwierig an (s. ◘ Abb. 17.1). Ebenfalls 26,5 % der Führungskräfte geben an, dass es für sie im Homeoffice schwieriger ist, „mitzubekommen, wie engagiert und motiviert die eigenen Mitarbeitenden sind". Hingegen geben dies nur 13,1 % als schwierig im Büro an. Damit verdoppelt sich der Anteil derjenigen, die im Homeoffice diese Herausforderungen erleben. Dennoch überwiegt das Vertrauen in die Mitarbeitenden. Zum Beispiel geben 64,6 % der Führungskräfte mit Homeoffice an, dass sie ihren Mitarbeitenden „vertrauen, dass sie sich auch im Homeoffice voll für ihre Arbeit engagieren und das Homeoffice nicht für private Zwecke ausnutzen". Dieser Eindruck wird auch von den Mitarbeitenden in gleichem Maße geteilt und damit bestätigt (63,6 %).

Gleichzeitig ergeben sich Schwierigkeiten bei der *Koordination von Aufgaben und Arbeitsprozessen* (Kauffeld et al. 2016; Parker et al. 2021). Eigene Daten des DLAH-Projekts zeigen, dass es für 18,8 % im Homeoffice schwer bzw. sehr schwer war, „Aufgaben und Prozesse im Team zu koordinieren", hingegen sind es im Büro nur 10,4 %, die dies als schwer einschätzen. Auch eine gerechte Aufgabenverteilung (Homeoffice: 19,7 % vs. Büro: 10,4 %) oder „mitzubekommen, ob sich Mitarbeitende gut untereinander abstimmen" (Homeoffice: 29,4 % vs. Büro: 14,3 %) wird im Homeoffice als schwieriger erlebt. Darüber hinaus zeigt sich, dass es 24,3 % der Führungskräfte im Homeoffice weniger gut gelingt, „mitzubekommen, ob die Mitarbeitenden die Aufgaben richtig verstanden haben" (Büro: 13,5 %).

Studien zeigen zudem, dass mit steigendem Homeoffice-Anteil die *soziale Unterstützung* als geringer erlebt wird. Fehlende soziale Unterstützung führt wiederum zu mehr Stress (Wöhrmann et al. 2020). Die Daten des DLAH-Projekts zeigen, dass 30 % der Führungskräfte im Homeoffice nur schwer mitbekommen, „wann jemand Unterstützung benötigt". Im Büro hingegen schätzen dies nur 14 % als schwer ein.

Durch die vorwiegend digitale Kommunikation entstehen häufiger *Kommunikationsfehler und Missverständnisse* (Hertel et al. 2005; Kauffeld et al. 2016). Auch Konflikte können schneller entstehen sowie eskalieren und werden zudem häufig erst später erkannt (Hertel et al. 2005). Dies bestätigen auch die Daten des DLAH-Projekts. Führungskräfte erleben es im Homeoffice als schwerer „bei Problemen/Konflikten im Team die jeweiligen Standpunkte wirklich zu verstehen" (21 % vs. 12 % im Büro), „bei Problemen/Konflikten zu Lösungen zu kommen, mit denen alle zufrieden sind" (21,3 % vs. 13,4 % im Büro) oder es „rechtzeitig mitzubekommen, wenn etwas schiefläuft" (28,4 % vs. 16,7 % im Büro). Zudem finden es 22,3 % der befragten Führungskräfte im Homeoffice schwer, „Kritik oder schwierige Themen anzusprechen", wohingegen dies im Büro nur 14,6 % als schwer erleben.

Neben Konflikten ist auch der *Zusammenhalt* und *die Identifikation mit dem Team* eine Herausforderung (Weichbrodt und Schulze 2020). Face-to-Face-Teams weisen ein höheres Maß an Kohäsion und Zusammengehörigkeit auf als virtuelle Teams (Gibson und Gibbs 2006) und der Beziehungsaufbau im Team wird im Homeoffice schwieriger (Lautsch et al. 2009). Die Beziehungsqualität zwischen Führungskräften und Beschäftigten wird mit mehr Homeoffice ebenfalls als geringer erlebt

Kapitel 17 · Hybrides Führen: Führen in Zeiten von Homeoffice

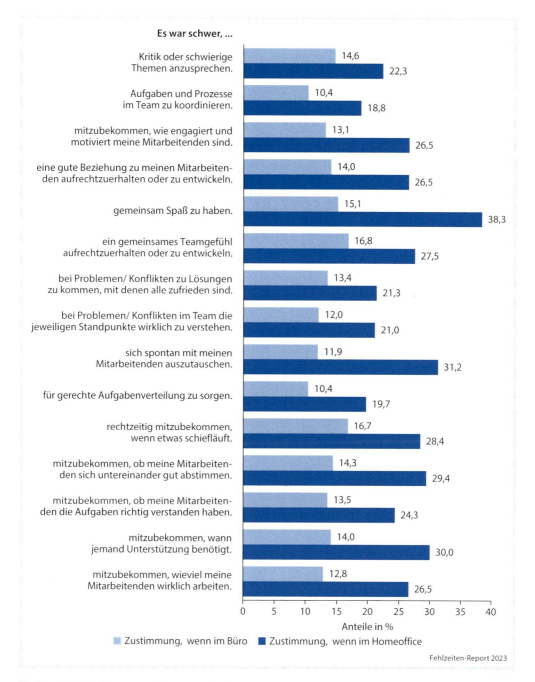

☐ **Abb. 17.1** Zustimmung zu führungsspezifischen Herausforderungen in Abhängigkeit von der Tätigkeit im Büro oder im Homeoffice (zusammengefasst Antwortoptionen „trifft eher zu" und „trifft voll zu"; Daten basieren auf N = 328 Führungskräften; Befragungszeitpunkt T4: September 2022)

(Golden und Fromen 2011). Zusätzlich wird die informelle Kommunikation im Homeoffice als eingeschränkter erlebt (Tautz et al. 2023). Diese Schwierigkeiten zeigen sich auch in der DLAH-Befragung: 26,5 % der Führungskräfte geben an, dass es im Homeoffice schwerer ist, eine gute Beziehung zu ihren Mitarbeitenden aufrechtzuerhalten oder zu entwickeln (im Büro: 14 %). Auch das „gemeinsame Spaß haben" im Team wird im Homeoffice als größere Herausforderung gesehen (Homeoffice: 38,3 % vs. Büro: 15,1 %). 31,2 % der Führungskräfte erleben es im Homeoffice als schwer, sich spontan mit ihren Mitarbeitenden auszutauschen, wohingegen dies im Büro nur 11,9 % als schwer erleben. Auch das Aufrechterhalten und Entwickeln eines gemeinsamen Teamgefühls wird von 27,5 % im Homeoffice als schwer erlebt, im Büro nur von 16,8 %.

Die Arbeit im Homeoffice ist zudem oft mit häufigen *Videokonferenzen* verbunden, die von Führungskräften wie Mitarbeitenden als belastend erlebt werden. Immerhin 17 % der Befragten im Homeoffice geben an, die meiste Zeit des Tages in Videokonferenzen zu verbringen, 16 % berichten, zwischen den einzelnen Videokonferenzen keine Pause zu haben und 23 % arbeiten parallel noch an anderen Aufgaben. Bei Befragten ohne Homeoffice sind die Anteile mit 4 % (Häufigkeit), 6 % (keine Pausen) bzw. 12 % (paralleles Arbeiten) deutlich niedriger. Gerade *häufige und eng getaktete Videokonferenzen* erhöhen das Risiko von *Zoom Fatigue*. Hiermit sind allgemein Ermüdungserscheinungen durch Videokonferenzen gemeint. „Zoom" steht dabei stellvertretend für die zahlreichen Videokonferenzanbieter. Von denjenigen, die die meiste Zeit des Tages in Videokonferenzen verbringen, berichten 44,7 %, dass ihre Augen überanstrengt (z. B. müde, trocken, gereizt) sind (visual fatigue) und 42,1 %, dass sie am „liebsten alleine sein und nur noch ihre Ruhe haben wollen" (social fatigue). Im Vergleich liegen die Anteile derjenigen, die nie oder kaum Zeit in Videokonferenzen verbringen, „nur" bei ca. 21 % bzw. 20,5 %. Befragte im Homeoffice, die stärker mit Videokonferenzen be-

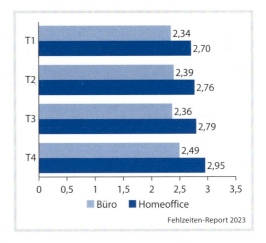

Abb. 17.2 Führungsspezifische Schwierigkeiten im Zeitverlauf (dargestellt sind Mittelwerte auf einer fünfstufigen Skala von „trifft nicht zu" bis „trifft voll zu"; T1: Juni/Juli 2021, T2: September 2021, T3: Juni 2022, T4: September 2022, basierend auf Daten aus dem DLAH-Projekt; gematchtes Sample: $N = 349$ Führungskräfte)

lastet sind, erleben mehr Stress ($r = 0{,}27$) und Beschwerden ($r = 0{,}24$) und weniger Arbeitszufriedenheit ($r = -0{,}15$).

Insgesamt belegen die Ergebnisse, dass hybride Führung insbesondere durch Schwierigkeiten bei der digitalen Führung im Homeoffice eine zusätzliche Herausforderung darstellt. Handelt es sich hierbei nur um Umstellungsprobleme? Hierzu haben wir über einen langen Zeitraum immer wieder nachgefragt und die unterschiedlichen Herausforderungen zur besseren Übersicht zusammengefasst (s. Abb. 17.2). Die DLAH-Daten zeigen zwar, dass Führungskräfte scheinbar immer besser mit der Homeoffice-Situation umgehen können und über die Zeit hinweg weniger Schwierigkeiten im Homeoffice erleben. Der Mittelwert sinkt auf einer fünfstufigen Skala von 1 = „trifft nicht zu" bis 5 = „trifft voll zu" von $M = 2{,}95$ zu T1 auf $M = 2{,}70$ zu T4 eineinhalb Jahre später. Allerdings gilt das in der Tendenz auch für das Büro (von $M = 2{,}49$ auf $M = 2{,}34$). Die Unterschiede zwischen Büro und Homeoffice bleiben über alle Zeitpunkte hinweg ähnlich (Differenz zu T1 = 0,46, Differenz zu T4 = 0,36). Hierfür gibt es mehrere Erklärungen: Möglicherweise hat die lang andauernde Corona-Pandemie zu einer Art Gewöhnung und dadurch insgesamt zu einer Entlastung geführt, die sich auch im Führungsverhalten bemerkbar macht. Denkbar ist auch, dass Führungskräfte, die mit der Führung im Homeoffice besonders unzufrieden waren, wieder vollständig zur Präsenz zurückgekehrt sind oder zu den späteren Zeitpunkten nicht mehr an der Befragung teilgenommen haben. Im Folgenden soll beleuchtet werden, inwiefern transformationale Führung und gesundheitsorientierte Führung im digitalen Kontext umsetzbar sind und gelingen. Dazu wurden Beschäftigte und Führungskräfte gebeten, beide Arbeitsorte direkt zu vergleichen. Zudem wurden Beschäftigte, die nicht im Homeoffice tätig sind, mit denjenigen verglichen, die in unterschiedlicher Intensität (hybride Modelle) im Homeoffice tätig sind. Es kann davon ausgegangen werden, dass die jeweiligen Chancen und Risiken das Gesamtbild umso deutlicher beeinflussen, je höher bzw. niedriger der Homeoffice-Anteil im jeweiligen hybriden Modell ist. Zum Beispiel werden Einschränkungen in der Kommunikation bei einem 4 : 1-Modell (vier Tage Homeoffice) insgesamt stärker ins Gewicht fallen als bei einem 1 : 4-Modell (ein Tag Homeoffice).

17.3 Gesundheitsorientierte Führung

Das HoL-Konzept postuliert unterschiedliche Wirkzusammenhänge zwischen gesundheitsorientierter Selbst- (SelfCare) und Mitarbeiterführung (StaffCare) sowie Gesundheit. Zum einen geht es davon aus, dass hohe SelfCare bei Beschäftigten und Führungskräften mit besserer Gesundheit einhergeht. Zudem wird angenommen, dass Führungskräfte mit hoher SelfCare eher in der Lage sind, ihre Beschäftigten gesundheitsorientiert zu führen (StaffCare) und zusätzlich die Eigenverantwortung der Beschäftigten in Form von SelfCare anzuregen (Vorbildwirkung). Mit dem sogenannten Crossover-Effekt wird gesagt, dass es gesundheitsorientierte Führungskräften eher gelingt, die Gesundheit der Beschäftigten positiv zu beeinflussen (Franke et al. 2014; Krick et al. 2022d).

17.3.1 Ausprägung von SelfCare und StaffCare im Homeoffice

Efimov et al. (2021) untersuchten in einer Interviewstudie SelfCare und StaffCare im Homeoffice-Kontext. Sie konnten zeigen, dass virtuelle Führungskräfte der eigenen Gesundheit auch im Homeoffice einen hohen Stellenwert beimessen und hohe Achtsamkeit für ihre eigenen Warnsignale zeigen. Als gesundheitsorientiertes Selbstführungsverhalten wurden insbesondere körperliche Aktivität und das Setzen von Grenzen (Boundary-Management) genannt. Auch StaffCare wurde von den interviewten Führungskräften in der virtuellen Zusammenarbeit große Bedeutung beigemessen. Kommunikation, Vertrauensbildung, Unterstützung beim Ziehen von Grenzen zwischen Arbeit und Privatleben (Work-Life-Boundary-Management) und persönliche Treffen wurden als die wichtigsten Führungsverhaltensweisen angesehen. Auch die Unterstützung durch die Organisation wird von den Führungskräften als besonders wichtig beschrieben.

Um mehr Aufschluss über SelfCare und StaffCare im Homeoffice-Kontext zu erhalten, wurden die Teilnehmenden im Rahmen der DLAH-Befragungen gebeten, ihre gesundheitsorientierte Selbst- und Mitarbeiterführung getrennt für die Arbeit im Büro und die Arbeit im Homeoffice einzuschätzen. Die Ergebnisse zeigen, dass SelfCare im Homeoffice signifikant höher eingeschätzt wird ($M = 3{,}47$, $SD = 0{,}57$) als im Büro ($M = 3{,}37$, $SD = 0{,}58$; $t(853) = 8{,}82$, $p < 0{,}001$)[2]. Die Mittelwerte basieren auf einer fünfstufigen Skala von 1 = „trifft nicht zu" bis 5 = „trifft voll zu". 56,6 % der Befragten im Homeoffice geben an zu versuchen, eigene „Belastungen zu reduzieren,

---

[2] M = Mittelwert, SD = Standardabweichung.

indem die Arbeitsbedingungen optimiert werden", im Büro geben dies nur 45,1 % an. Auch die Optimierung der eigenen Arbeitsweise (z. B. Prioritäten setzen, für ungestörtes Arbeiten sorgen, Tagesplanung) funktioniert im Homeoffice etwas besser als im Büro (56,6 % vs. 47,1 %). Der größte Unterschied zeigt sich bei der aktiven Gesundheitsförderung während der Arbeit: 50,1 % geben an, auch während der Arbeit im Homeoffice „etwas für die eigene Gesundheit zu tun" (z. B. aktive Pause, gesundes Sitzen, Entspannung), wohingegen nur 34,5 % zustimmen, wenn sie im Büro arbeiten. Müller und Niessen (2018) konnten bereits in einer früheren Tagebuchstudie zeigen, dass Mitarbeitende an Homeoffice-Tagen von einer besseren Selbstführung berichteten als an Bürotagen. Es kann davon ausgegangen werden, dass die Selbstführung bei einem 4 : 1-Modell (vier Tage HO) insgesamt besser möglich ist als bei einem 1 : 4-Modell (ein Tag Homeoffice).

Für StaffCare zeigt sich Gegensätzliches. Beschäftigte schätzen die StaffCare ihrer Führungskraft im Homeoffice ($M = 2,60$, $SD = 0,82$) etwas geringer ein als im Büro ($M = 2,67$, $SD = 0,84$; $t(4861) = -5,06$, $p < 0,001$). Im Büro geben 20,6 % der Beschäftigten an, dass ihre Führungskraft es sofort merkt, wenn „mit ihnen gesundheitlich etwas nicht stimmt". Im Homeoffice geben dies nur 12,8 % der Befragten an. Eine experimentelle Simulationsstudie von Schübbe et al. (in Vorbereitung) konnte dies bestätigen. Die Studie zeigt, dass gesundheitsbezogene Warnsignale bei Mitarbeitenden in Videokonferenzen schlechter von Führungskräften wahrgenommen werden als in Präsenz. Aus Sicht der Führungskräfte spielen hierbei die oben genannten führungsspezifischen Schwierigkeiten eine Rolle: Je mehr Führungskräfte von führungsspezifischen Schwierigkeiten berichten, umso geringer schätzen sie ihre eigene StaffCare ein ($r = -0,24$)[3]. Es kann davon ausgegangen werden, dass die StaffCare bei einem 4 : 1-Modell (vier Tage Homeoffice) insgesamt schwerer möglich ist als bei einem 1 : 4-Modell (ein Tag HO). Zur Kompensation sollten Führungskräfte vor allem an Präsenztagen darauf achten, wie es ihren Mitarbeitenden geht.

17.3.2 Wirksamkeit von SelfCare und StaffCare im Homeoffice

Bisherige Studien aus dem traditionellen Bürokontext zeigen, dass SelfCare positiv mit dem allgemeinen Gesundheitszustand und dem Wohlbefinden sowie negativ mit Stresserleben, gesundheitlichen Beschwerden, Erschöpfung, Depressionen und Work-Family-Konflikten zusammenhängt (Franke et al. 2014; Kaluza et al. 2021; Klug et al. 2019, 2022; Santa Maria et al. 2019).

Mit dem DLAH-Forschungsprojekt konnte die Wirksamkeit von SelfCare im Homeoffice- und Bürokontext verglichen werden. Unter Effektivität bzw. Wirksamkeit werden dabei die Auswirkungen von SelfCare auf Gesundheit und arbeitsbezogene Einstellungen verstanden. Hierfür werden Zusammenhänge von SelfCare und gesundheitlichen und motivationalen Indikatoren betrachtet. Insgesamt zeigt sich, dass SelfCare auch im Homeoffice-Kontext effektiv ist und hier die gleichen Zusammenhänge zu Gesundheit, Gesundheitsbeschwerden, Stresserleben, Commitment, Arbeitszufriedenheit und Wohlbefinden aufweist. Die Wirksamkeit von SelfCare im Homeoffice ist mit der im Büro vergleichbar. Sowohl die befragten Führungskräfte als auch die Mitarbeitenden berichteten von einer besseren Gesundheit, wenn sie im Homeoffice aktiv auf die eigene Gesundheit achten.

Bisherige Studien aus dem klassischen Bürokontext konnten ebenso wie für SelfCare positive Effekte von StaffCare auf die physische und psychische Gesundheit, Arbeitsengagement, Arbeitszufriedenheit und Commitment zeigen (Hauff et al. 2022; Klug et al. 2022; Krick et al. 2022c). Zusätzlich fanden Studien

---

3 r = Korrelationskoeffizient als Maß für den Zusammenhang; geringer/schwacher Zusammenhang: $r = .10$, mittlerer/moderater Zusammenhang: $r = .30$, großer/starker Zusammenhang $r = .50$ nach Cohen (1988).

positive Zusammenhänge zur Bereitschaft, gesundheitliche Probleme gegenüber Führungskräften anzusprechen, und zur Teilnahme an Aktivitäten zur betrieblichen Gesundheitsförderung (Krick et al. 2019; Pischel und Felfe 2022).

Mithilfe der Daten aus dem DLAH-Forschungsprojekt konnte die Effektivität von StaffCare im Homeoffice- und Bürokontext verglichen werden. Die Ergebnisse zeigen, dass StaffCare auch im Homeoffice effektiv ist und Zusammenhänge mit Gesundheit, Gesundheitsbeschwerden, Stresserleben, Commitment, Arbeitszufriedenheit und Wohlbefinden aufweist. Im Homeoffice sind die Zusammenhänge jedoch teilweise etwas geringer ausgeprägt, z. B. hinsichtlich der Steigerung der Arbeitszufriedenheit ($r = 0{,}37$ mit Homeoffice vs. $r = 0{,}49$ ohne Homeoffice). Eine experimentelle Simulationsstudie von Klebe und Felfe (2023) konnte zudem zeigen, dass StaffCare sowohl digital als auch im direkten Face-to-Face-Kontakt Erschöpfung reduzieren konnte. Für die Auswirkungen auf das Engagement und die Arbeitszufriedenheit zeigte sich jedoch, dass StaffCare wirksamer ist, wenn Führungskräfte und Mitarbeitende im direkten Face-to-Face-Kontakt miteinander interagieren.

Eine weitere Studie von Klebe et al. (2023) bestätigt, dass StaffCare auch im digitalen Kontext positiv mit der Gesundheit und dem Engagement der Mitarbeitenden zusammenhängt. Allerdings zeigte sich auch, dass die Wirksamkeit beeinträchtigt wird, wenn Mitarbeitende, die von zu Hause aus arbeiten, mit einem hohen Maß an technischen Störungen (z. B. Computerabstürze, schlechte Audio- und Videoqualität) konfrontiert sind. Dies könnte daran liegen, dass technische Störungen einen starken Stressor für die Beschäftigten darstellen ($r = 0{,}35$ mit Stresserleben und $r = 39$ mit körperlichen Beschwerden), der außerdem die Kommunikationsqualität zwischen der Führungskraft und den Mitarbeitenden beeinträchtigen kann ($r = 0{,}45$ Kommunikationshindernisse: missverständlich, unklar, umständlich und kompliziert). Der Anteil der Beschäftigten, die oft oder fast immer durch Probleme mit der Internetverbindung beeinträchtigt werden, wenn im Homeoffice gearbeitet wird, liegt bei 15,6 %. Immerhin weitere 25 % berichten, gelegentlich immer wieder beeinträchtigt zu werden. Das Ausmaß an erlebten technischen Problemen zeigt sich in unserer Längsschnittbefragung als stabil und hat über einen Zeitraum von 1,5 Jahren nicht abgenommen. Organisationen sollten deshalb für eine zuverlässige IT-Infrastruktur sorgen, um die Effektivität gesundheitsorientierter Führung und damit die Gesundheit der Mitarbeitenden nicht zu gefährden.

17.4 Transformationale Führung

Im traditionellen Büro-Kontext wurde die Wirksamkeit von transformationaler Führung in zahlreichen Studien belegt (Bass und Riggio 2006). So steigert diese unter anderem die Leistung, das Engagement sowie auch das Commitment und wirkt sich darüber hinaus auch positiv auf verschiedene Gesundheitsindikatoren aus (Braun et al. 2013; Montano et al. 2017). Allerdings basiert transformationale Führung auf regelmäßigem Kontakt und Kommunikation. Da beides im Homeoffice eingeschränkt ist, stellt sich die Frage, inwiefern sich die Befundlage auf den Homeoffice-Kontext übertragen lässt.

17.4.1 Ausprägung von transformationaler Führung im Homeoffice

In einer Interviewstudie (Tautz et al. 2022) wurden Mitarbeitende und Führungskräfte, die mit unterschiedlichen hybriden Modellen arbeiten, befragt, inwiefern sie Unterschiede hinsichtlich transformationaler Führung zwischen Homeoffice und Büro erleben. Mitarbeitende und Führungskräfte berichteten gleichermaßen, dass transformationale Führung im Homeoffice etwas abnimmt. Es wurden fünf Schlüsselaspekte identifiziert, die die transformationale Führung im Homeoffice erschweren: (1) Die mangelnde soziale Präsenz führt dazu, dass Führungskräfte als weniger authentisch und glaubwürdig wahrgenommen werden und weniger Möglichkeiten haben, als Vorbild zu agieren. (2) Durch den Wegfall spontaner und informeller Gespräche ist es für Führungskräfte schwieriger zu erkennen, inwiefern ihre Mitarbeitenden vor Herausforderungen stehen und Unterstützung benötigen. (3) Die mit digitaler Kommunikation einhergehenden technischen Probleme führen dazu, dass z. B. wichtige verbale und nonverbale Signale (Mimik, Gestik, Stimmlage etc.) nicht erkannt werden. Dadurch ist es schwieriger, Leidenschaft und Begeisterung auszudrücken und die Mitarbeitenden zu motivieren. (4) Die Entwicklung von Vertrauen und Bindung wird erschwert, wenn sich Führungskraft und Mitarbeitende kaum sehen. Bei Mitarbeitenden entsteht sogar eher das Gefühl, dass ihre Führungskraft ihnen weniger vertraut, während sie zu Hause arbeiten. Dadurch wird die Beziehung zusätzlich beeinträchtigt. (5) Als letzter Aspekt wurde genannt, dass Führungskräfte zum Teil weniger Verantwortung für ihre Mitarbeitenden empfinden, da sie diese weniger gut erreichen und weniger Einfluss auf z. B. Arbeitsbedingungen nehmen können. Es kann auch hier davon ausgegangen werden, dass Einschränkungen in der Kommunikation bei einem 4:1-Modell (vier Tage Homeoffice) insgesamt stärker ins Gewicht fallen als bei einem 1:4-Modell (ein Tag Homeoffice).

Die Befragungsergebnisse aus dem DLAH-Forschungsprojekt bestätigen die Erkenntnisse aus der Interviewstudie. So gaben beispielsweise nur 54,6 % der befragten Mitarbeitenden an, dass ihre Führungskraft im Homeoffice „großes Vertrauen darin hat, dass die gesteckten Ziele erreicht werden". Im Büro sind es hingegen 62,4 % der Beschäftigten. Ähnliches zeigt sich für die Anregung der Führungskraft, „Probleme aus verschiedenen Blickwinkeln zu betrachten". Dies scheint im Büro besser zu gelingen (Zustimmung von 34,0 %) als im Homeoffice (26,6 %). Zudem scheint es Führungskräften im Büro besser zu gelingen (Zustimmung von 49,7 %), „die Wichtigkeit von Teamgeist und einem gemeinsamen Aufgabenverständnis zu betonen und individuelle Bedürfnisse, Fähigkeiten und Ziele zu erkennen", als im Homeoffice (42,7 %). Aus Sicht der Führungskräfte spielen hierbei auch wieder die oben genannten führungsspezifischen Schwierigkeiten eine Rolle: Je mehr Führungskräfte von führungsspezifischen Schwierigkeiten berichten, umso geringer schätzen sie ihr transformationales Führungsverhalten ein ($r = -0{,}15$).

17.4.2 Wirksamkeit von transformationaler Führung im Homeoffice-Kontext

Die Ergebnisse zeigen, dass das Ausmaß transformationaler Führung im Homeoffice zwar nicht stark, aber dennoch eindeutig abnimmt. Die Beschäftigten berichten im Homeoffice von weniger transformationaler Führung. Offen bleibt die Frage, ob unabhängig vom Niveau der Einfluss transformationaler Führung ebenfalls abnimmt. Hierfür wurden Auswirkungen von transformationaler Führung auf Gesundheit und arbeitsbezogene Einstellungen betrachtet. Bisherige Studien kommen zu unterschiedlichen Ergebnissen. So konnten einige Studien zeigen, dass sich transformationale Führung effektiver auf die Leistung und Zufriedenheit (Purvanova und Bono 2009), auf den Zusammenhalt in virtuellen Teams (Mysirlaki und Paraskeva 2020) und die Vertrauensbildung in diesen Teams auswirkt (Joshi et al. 2009). Auf der anderen Seite gibt es Untersuchungen, die herausfanden, dass die Wirksamkeit auf die Leistung mit zunehmender Virtualität abnimmt (Eisenberg et al. 2019; Hoch und Kozlowski 2014). Eisenberg et al. (2019) betonen zudem, dass mit zunehmender physischer Distanz zwischen Mitarbeitenden und ihrer Führungskraft die Authentizität der

Führungskraft leidet. Bei Hoch und Kozlowski (2014) zeigte sich zudem, dass während die Wirksamkeit transformationaler Führung abnimmt, die Wirksamkeit von geteilter Führung zunimmt. Dies deckt sich mit unseren Befunden, dass die Verantwortung der Führungskraft im virtuellen Kontext abnimmt (Tautz et al. 2022). Mitarbeitende scheinen im Homeoffice vermehrt Selbstführungsaktivitäten zu entwickeln, während der Einfluss der Führungskraft schwindet. Die mögliche Zunahme der Bedeutung von Selbstmanagement oder Selbstführung sollte in künftigen Studien untersucht werden. Möglicherweise zeigt sich aber ähnlich wie bei SelfCare lediglich eine Zunahme der Intensität, aber es gibt keine stärkeren Zusammenhänge.

Die Ergebnisse des DLAH-Forschungsprojekts zeigen, dass sich transformationale Führung zwar auch im Homeoffice positiv auf das Engagement, das Wohlbefinden, das Commitment, die Arbeitszufriedenheit und die Gesundheit der Mitarbeitenden auswirkt. Der Einfluss ist jedoch etwas geringer als im Büro. Für Arbeitszufriedenheit zeigte sich z. B., dass diese im Büro deutlich stärker mit transformationaler Führung zusammenhängt ($r = 0{,}39$ mit Homeoffice vs. $r = 0{,}52$ ohne Homeoffice, $p < 0{,}01$). Gleiches hat sich für den Zusammenhang mit Gesundheit gezeigt ($r = 0{,}21$ mit Homeoffice vs. $r = 0{,}31$ ohne Homeoffice, $p < 0{,}05$).

Wie bereits für die gesundheitsorientierte Führung gezeigt wurde, führen auch bei der transformationalen Führung technische Störungen sowie auch Missverständnisse aufgrund der digitalen Kommunikation dazu, dass sie weniger wirksam ist (Tautz et al. in Vorbereitung). Auch Wong und Berntzen (2019) zeigten, dass in virtuellen Teams transformationale Führung weniger Einfluss auf die Beziehung zwischen Führungskraft und Mitarbeitenden nimmt, da die digitale Kommunikation einen intensiven und qualitativ hochwertigen Austausch erschwert.

17.5 Hybride Führung: Mehr Kommunikation und Nutzung von Online-Tools

Um mit Herausforderungen beim hybriden Führen umgehen zu können, braucht es spezifische Fähigkeiten und Strategien (Krick et al. 2023; Parker et al. 2021). Es sind vor allem soziale und kommunikative Kompetenzen, die Führungskräfte benötigen, um mit den Herausforderungen des reduzierten Face-to-Face-Kontakts umzugehen. Zusätzlich müssen neue Wege gefunden werden, um den fehlenden informellen Austausch mit dem Team, aber auch im Team untereinander auszugleichen (Tautz et al. 2023).

Vor allem können digitale Tools genutzt werden, um z. B. für regelmäßigen Austausch, eine gute Zusammenarbeit im Team und Klarheit zu sorgen. In der DLAH-Befragung geben 48 % der Führungskräfte an, informelle Begegnungen im Team bspw. durch virtuelle Afterworkpartys, gemeinsame Mittagessen oder Kaffeepausen, z. B. mit Gathertown, zu fördern. Jedoch geben dies nur 28 % der Beschäftigten an. Zudem geben je 45 % der Führungskräfte an, in ihrem Team mit Kommunikationsroutinen wie einem gemeinsamen Online-Meeting zum Tagesbeginn oder zum Wochenstart z. B. mit WebEx, Zoom, MS Teams zu arbeiten und auch mit Hilfe digitaler Projektmanagement-Tools für Transparenz in Bezug auf die Aufgaben und Zuständigkeiten aller Team- oder Projektmitglieder (z. B. mit Jira, Confluence, Asana, Kanban, Trello, MS Planner) zu sorgen. Auch hier ist eine Diskrepanz zwischen den Einschätzungen erkennbar: Nur 36 % bzw. 25 % der Beschäftigten berichten dies über ihre Führungskräfte. Die Diskrepanz zwischen Selbst- und Fremdbild mag zum einen an der Selbstüberschätzung der Führungskräfte, aber auch an einem deutlichen Bedarf der Beschäftigten liegen, dem nicht ausreichend entsprochen wird. Offenbar besteht hier aus Sicht der Beschäftigten noch viel Spielraum, die Tools intensiver und systematischer zu nutzen.

Eine intensivere Nutzung ist auch zu empfehlen, da sich insgesamt zeigt, dass die Förderung der Kommunikation durch entsprechende Tools vielfältige positive Auswirkungen hat. Mitarbeitende, deren Führungskräfte digitale Tools nutzen, erleben weniger Stress ($r=-0{,}17$), mehr Engagement ($r=0{,}44$), mehr Commitment ($r=0{,}47$), bessere Gesundheit ($r=0{,}21$), eine höhere Arbeitszufriedenheit ($r=0{,}35$) und zeigen mehr Leistung im Homeoffice ($r=0{,}16$). Zudem erleben sie eine bessere informelle Kommunikation mit ihrer Führungskraft im Homeoffice ($r=0{,}47$). Auch Führungskräfte profitieren, wenn sie verstärkt digitale Tools nutzen: Sie erleben selbst weniger Stress ($r=-0{,}17$), mehr Engagement ($r=0{,}30$), mehr Commitment ($r=0{,}29$), bessere Gesundheit ($r=0{,}25$) und eine bessere Leistung ihrer Mitarbeitenden im Homeoffice ($r=0{,}20$). Möglicherweise profitieren sie selbst davon, da sie effektiver und effizienter führen, was sich auch positiv auf die Leistung der Mitarbeitenden auswirkt.

Aus Sicht der Führungskräfte unterstützt die Nutzung von Online-Tools transformationale Führung ($r=0{,}53$) und StaffCare ($r=0{,}48$). Der Zusammenhang ist aus Sicht der Beschäftigten noch deutlicher: Führungskräfte, die Online-Tools nutzen, werden als transformationaler ($r=0{,}72$) und als gesundheitsförderlicher eingeschätzt ($r=0{,}65$).

Zudem sollten sich Führungskräfte Klarheit über die Arbeitsbedingungen ihrer Mitarbeitenden im Homeoffice verschaffen und diese angemessen berücksichtigen. Nicht alle verfügen über ein eigenes Arbeitszimmer mit entsprechender Ausstattung. Tatsächlich erlebt nur ein kleinerer Teil der Mitarbeitenden, dass ihre Führungskraft die Arbeitssituation im Homeoffice angemessen berücksichtigt: „nimmt Rücksicht auf Rahmenbedingungen im Homeoffice (technisch, familiär, räumlich etc.)" (42 %) und „unterstützt, dass die Mitarbeitenden im Homeoffice angemessene technische und ergonomische Ausstattung haben" (37,4 %).

Außerdem sollten Führungskräfte stärker auf die Gesundheit ihrer Mitarbeitenden achten und zu gesundheitsförderlichem Verhalten ermutigen, wenn sie im Homeoffice tätig sind. Nur ein geringer Anteil berichtet, dass es ihre Führungskraft „mitbekommt und darauf reagiert, wenn es ihnen im Homeoffice nicht gut geht und man müde und abgespannt ist" (17,4 %) oder dazu ermuntert, „im Homeoffice für Ausgleich durch Bewegung" (22,4 %) oder für „ausreichend gesunde Ernährung zu sorgen" (18,1 %).

Führungskräfte sollten aktiver kommunizieren und gemeinsam Regeln für die Kommunikation vereinbaren. Jeweils ein Drittel der Befragten gibt an, dass ihre Führungskraft zudem „gemeinsam klare Regeln und Erwartungen, was Erreichbarkeit im Homeoffice angeht und wie schnell man zu reagieren bzw. zu antworten habe, vereinbart" (33,3 %), „Unsicherheit reduziert und für Klarheit sorgt, indem sie im Homeoffice lieber mehr als zu wenig nachfragt" (24,4 %) und dazu ermuntert, „Arbeit und Privates im Homeoffice zu trennen" (34,7 %).

Vergleicht man die Einschätzungen der Mitarbeitenden hinsichtlich der konkreten gesundheitsförderlichen Unterstützungsangebote mit den Selbsteinschätzungen der Führungskräfte, zeigt sich eine deutliche Diskrepanz. Führungskräfte überschätzen ihr Engagement möglicherweise. Dies sollte in einem systematischen Feedback geklärt werden.

Mitarbeitende, deren Führungskräfte gesundheitsförderliche Unterstützungsangebote im Homeoffice machen (z. B. technische und ergonomische Ausstattung unterstützen, Rücksicht auf Rahmenbedingungen im Homeoffice, zu Bewegung und gesunder Ernährung motivieren, Erwartungsmanagement bzgl. Erreichbarkeit, etc.), erleben auch mehr allgemeine soziale Unterstützung durch die Führungskraft im Homeoffice ($r=0{,}53$), einen besseren informellen Kontakt im Homeoffice ($r=0{,}61$) und sorgen selbst auch mehr für ihre eigene Gesundheit (SelfCare; $r=0{,}34$). Sie berichten von weniger Beschwerden ($r = -0{,}18$), weniger Stresserleben ($r = -0{,}21$), fühlen sich wohler ($r = 0{,}32$), sind gesünder ($r = 0{,}24$) und engagierter ($r = 0{,}47$), fühlen sich verbundener mit dem Unternehmen ($r = 0{,}46$), sind mit ihrer Arbeit zufriedener ($r = 0{,}36$) und leistungsfähiger im Homeoffice ($r = 0{,}21$) und im Büro ($r = 0{,}28$).

Ausgehend von den aktuellen Erkenntnissen wird im DLAH-Projekt eine Führungskräfte-Online-Plattform als Lern- und Feedback-Tool entwickelt (DigiLAP – Digital Leadership Assistance Platform), um eine effektive und gesundheitsorientierte Führung sowie gesundes Arbeiten in einem digitalen Umfeld zu unterstützen. Die Lernfunktion der Plattform füllt die Lücke der fehlenden Informationen über typische Risiken und Chancen und gibt Empfehlungen für den richtigen Umgang mit führungsspezifischen Herausforderungen. Die Feedbackfunktion kompensiert die eingeschränkten Kommunikationsmöglichkeiten und bietet Instrumente für systematisches und spontanes Feedback aus dem Team zu den Feldern Motivation, Gesundheit und Leistung.

17.6 Fazit

Während bisherige Studien meist den klassischen Arbeitskontext mit regelmäßigem Face-to-Face-Kontakt beleuchten, gibt es bisher nur wenige Studien zu Führung im digitalen Kontext. Erste empirische Befunde deuten darauf hin, dass hybride Führung mit besonderen Schwierigkeiten verbunden ist und die Effektivität der Führung im digitalen Kontext z. B. durch technische Probleme und weniger Kontaktmöglichkeiten eingeschränkt sein kann.

Bei gesundheitsorientierter Führung zeigt sich ein gemischtes Bild: Während SelfCare im Homeoffice offenbar etwas besser gelingt, verringert sich das Ausmaß von StaffCare. Die Wirksamkeit von SelfCare im Homeoffice ist mit der im Büro vergleichbar. Die Wirksamkeit von StaffCare nimmt im Hinblick auf das Engagement und die Arbeitszufriedenheit im digitalen Kontext jedoch etwas ab. Transformationales Führen wird im Homeoffice ebenfalls etwas erschwert und die Wirksamkeit wird insbesondere bei technischen Problemen etwas beeinträchtigt. Wichtig ist allerdings zu betonen, dass transformationale und gesundheitsorientierte Führung auch im Homeoffice möglich sind und ihr positiver Einfluss auch im Homeoffice und damit bei hybrider Führung weiterhin besteht. Führungskräfte sollten nicht nur die Risiken und Einschränkungen hybrider Führung kennen und diese durch intensivere Kommunikation, Vereinbarung von Regeln und die Nutzung von Online-Tools kompensieren, sondern sich auch weiterhin der Potenziale transformationaler und gesundheitsorientierter Führung bewusst sein und diese systematisch nutzen.

Um unnötige Belastungsrisiken zu vermeiden, sollte darauf geachtet werden, gemeinsam im Team Regeln für die Arbeit im Homeoffice und die Onlinekommunikation (Erreichbarkeit in und außerhalb der Arbeitszeit, erwartete Antwortzeiten, Wahl des Mediums (Chat, Telefon, Mail, Webkonferenz), Nutzung der Kamera, rechtzeitige Pausen, Vermeidung von Multitasking) zu vereinbaren. Nicht alle Beschäftigten verfügen über die erforderlichen technischen Kompetenzen oder auch technischen Voraussetzungen (externer Bildschirm, schnelles Internet) zu Hause. Dies ist zu berücksichtigen und z. B. durch Schulungen auszugleichen. Wenn Mitarbeitende viel im Homeoffice tätig sind, sollten Führungskräfte häufiger aktiv nachfragen, um Unterstützungsbedarf zu erkennen. Auch sollte in den Präsenzzeiten dann bewusst mehr Raum für informelle Kommunikation gegeben werden.

Gerade bei hybrider Führung, bei der sich Präsenz und Phasen im Homeoffice abwechseln, besteht die Möglichkeit, Kontakt und Kommunikationsdefizite in den Präsenzphasen zu kompensieren. Hierfür sollten bewusst Gelegenheiten geschaffen und entsprechend Zeit eingeplant werden.

Literatur

Bass BM, Riggio RE (2006) Transformational leadership, 2. Aufl. Lawrence Erlbaum, Mahwah

Baumann H, Kohlrausch B (2021) Homeoffice: Potenziale und Nutzung. Aktuelle Zahlen aus der HBS-Erwerbspersonenbefragung, Welle 1 bis 4. WSI Policy Brief 52

Braun S, Peus C, Weisweiler S, Frey D (2013) Transformational leadership, job satisfaction, and team performance: a multilevel mediation model of trust. Leadersh Q 24(1):270–283. https://doi.org/10.1016/j.leaqua.2012.11.006

Cohen J (1988) Statistical power analysis for the behavioral sciences, 2. Aufl. Erlbaum

Contreras F, Baykal E, Abid G (2020) E-leadership and teleworking in times of COVID-19 and beyond: what we know and where do we go. Front Psychol 11:590271. https://doi.org/10.3389/fpsyg.2020.590271

DAK (2021) Digitalisierung und Homeoffice in der Corona-Krise: Update: Sonderanalyse zur Situation in der Arbeitswelt vor und während der Pandemie. DAK. https://www.dak.de/dak/download/studie-pdf-2448800.pdf

Demmelhuber K, Englmaier F, Leiss F, Möhrle S, Peichl A, Schröter T (2020) Homeoffice vor und nach Corona: Auswirkungen und Geschlechterbetroffenheit. Ifo Schnelld Digit 14(1):1–4 (https://www.ifo.de/publikationen/2020/aufsatz-zeitschrift/homeoffice-vor-und-nach-corona-auswirkungen-und)

Efimov I, Harth V, Mache S (2021) Gesundheitsförderung in virtueller Teamarbeit durch gesundheitsorientierte Führung. Präv Gesundheitsf 16(3):249–255. https://doi.org/10.1007/s11553-020-00819-4

Eisenberg J, Post C, DiTomaso N (2019) Team dispersion and performance: the role of team communication and transformational leadership. Small Group Res 50(3):348–380. https://doi.org/10.1177/1046496419827376

Felfe J, Krick A, Hauff S, Renner K-H, Klebe L, Schübbe K, Tautz D, Frontzkowski Y, Gubernator P, Neidlinger SM (2022) Working from home: Opportunities and risks for working conditions, leadership and health. In: Schulz D, Fay A, Schulz M, Matiaske W (Hrsg) dtec.bw-Beiträge der Helmut-Schmidt-Universität/Universität der Bundeswehr Hamburg – Forschungsaktivitäten im Zentrum für Digitalisierungs- und Technologieforschung der Bundeswehr dtec.bw. Helmut-Schmidt-Universität/Universität der Bundeswehr, S 335–341 https://doi.org/10.24405/14574

Franke F, Felfe J, Pundt A (2014) The impact of health-oriented leadership on follower health: develop-ment and test of a new instrument measuring health-promoting leadership. Z Personalforsch 28(1–2):139–161

Gibson CB, Gibbs JL (2006) Unpacking the concept of virtuality: the effects of geographic dispersion, electronic dependence, dynamic structure, and national diversity on team innovation. Adm Sci Q 51(3):451–495. https://doi.org/10.2189/asqu.51.3.451

Golden TD, Fromen A (2011) Does it matter where your manager works? Comparing managerial work mode (traditional, telework, virtual) across subordinate work experiences and outcomes. Hum Relations 64(11):1451–1475. https://doi.org/10.1177/0018726711418387

Grunau P, Ruf K, Steffens S, Wolter S (2019) Mobile Arbeitsformen aus Sicht von Betrieben und Beschäftigten: Homeoffice bietet Vorteile, hat aber auch Tücken. IAB-Kurzbericht 11/2019 (https://doku.iab.de/kurzber/2019/kb1119.pdf)

Hauff S, Krick A, Klebe L, Felfe J (2022) High-performance work practices and employee wellbeing – does health-oriented leadership make a difference? Front Psychol 13:Artikel 833028. https://doi.org/10.3389/fpsyg.2022.833028

Hertel G, Geister S, Konradt U (2005) Managing virtual teams: a review of current empirical research. Hum Resour Manag Rev 15(1):69–95. https://doi.org/10.1016/J.HRMR.2005.01.002

Hoch JE, Kozlowski SWJ (2014) Leading virtual teams: hierarchical leadership, structural supports, and shared team leadership. J Appl Psychol 99(3):390–403. https://doi.org/10.1037/a0030264

Joshi A, Lazarova MB, Liao H (2009) Getting everyone on board: the role of inspirational leadership in geographically dispersed teams. Organ Sci 20(1):240–252. https://doi.org/10.1287/orsc.1080.0383

Kaluza AJ, Weber F, van Dick R, Junker NM (2021) When and how health-oriented leadership relates to employee well-being – The role of expectations, self-care, and LMX. J Appl Soc Psychol 51(4):404–424. https://doi.org/10.1111/jasp.12744

Kauffeld S, Handke L, Straube J (2016) Verteilt und doch verbunden: Virtuelle Teamarbeit. Gruppe Interaktion Organisation Z Angew Organisationspsychologie (gio) 47(1):43–51. https://doi.org/10.1007/s11612-016-0308-8

Kirchner K, Ipsen C, Hansen JP (2021) COVID-19 leadership challenges in knowledge work. Knowl Manag Res Pract 19(4):493–500. https://doi.org/10.1080/14778238.2021.1877579

Klebe L, Felfe J (2023) What difference does it make? A laboratory experiment on the effectiveness of health-oriented leadership working on-site compared to the digital working context. BMC Public Health 23(1):1035

Klebe L, Felfe J, Krick A, Pischel S (2023) The shadows of digitisation: On the losses of health-oriented leadership in the face of ICT hassles. Behav Inf Technol. https://doi.org/10.1080/0144929X.2023.2183053

Klug K, Felfe J, Krick A (2019) Caring for oneself or for others? How consistent and inconsistent profiles of health-oriented leadership are related to follower strain and health. Front Psychol 10:2456. https://doi.org/10.3389/fpsyg.2019.02456

Klug K, Felfe J, Krick A (2022) Does self-care make you a better leader? A Multisource study linking leader self-care to health-oriented leadership, employee self-care, and health. Int J Environ Res Public Health 19(11):6733. https://doi.org/10.3390/ijerph19116733

Krick A, Felfe J, Klug K (2019) Turning intention into participation in OHP courses? The moderating role of organizational, intrapersonal and interpersonal factors. J Occup Environ Med 61(10):779–799

Krick A, Felfe J, Neidlinger SM, Klebe L, Tautz D, Schübbe K, Frontkowski Y, Gubernator P, Hauff S, Renner K-H (2022a) Auswirkungen von Homeoffice: Ergebnisse einer bundesweiten Studie mit Führungskräften und Mitarbeitenden. Helmut-Schmidt-Universität der Bundeswehr. https://www.hsu-hh.de/psyaow/newsblog-aus-unserem-dtec-projekt-digital-leadership-and-health/

Krick A, Felfe J, Neidlinger SM, Tautz D, Renner K-H (2022b) Chancen und Risiken des digitalen Arbeitens: Wie man Probleme vermeiden kann. Betriebliche Prävention: Arbeit/Gesundheit/Unfallversicherung 6(134):269–274

Krick A, Felfe J, Pischel S (2022c) Health-oriented leadership as a job resource: can staff care buffer the effects of job demands on employee health and job satisfaction? J Manag Psychol 37(2):139–152. https://doi.org/10.1108/JMP-02-2021-0067

Krick A, Wunderlich I, Felfe J (2022d) Gesundheitsförderliche Führungskompetenz entwickeln. In: Michel A, Hoppe A (Hrsg) Handbuch Gesundheitsförderung bei der Arbeit: Interventionen für Individuen, Teams und Organisationen. Springer, Wiesbaden, S 213–231 https://doi.org/10.1007/978-3-658-28654-5_14-1

Krick A, Felfe J, Schübbe K (2023) Führung im Homeoffice – Herausforderungen und wichtige Kompetenzen. In: Felfe J, van Dick R (Hrsg) Handbuch Mitarbeiterführung: Wirtschaftspsychologisches Praxiswissen für Fach- und Führungskräfte. Springer, Berlin Heidelberg, S 1–17 https://doi.org/10.1007/978-3-642-55213-7_51-1

Lautsch BA, Kossek EE, Eaton SC (2009) Supervisory approaches and paradoxes in managing telecommuting implementation. Hum Relations 62(6):795–827. https://doi.org/10.1177/0018726709104543

Montano D, Reeske A, Franke F, Hüffmeier J (2017) Leadership, followers' mental health and job performance in organizations: A comprehensive meta-analysis from an occupational health perspective. J Organiz Behav 38(3):327–350. https://doi.org/10.1002/job.2124

Müller T, Niessen C (2018) Self-leadership and self-control strength in the work context. J Mana Gerial Psychol 33(1):74–92. https://doi.org/10.1108/JMP-04-2017-0149

Mysirlaki S, Paraskeva F (2020) Emotional intelligence and transformational leadership in virtual teams: lessons from MMOGs. Leadersh Organ Dev J 41(4):551–566. https://doi.org/10.1108/LODJ-01-2019-0035

Parker SK, Knight C, Keller AC (2021) Remote managers are having trust issues. Harvard business review. https://hbr.org/2020/07/remote-managers-are-having-trust-issues

Pischel S, Felfe J (2022) „Should I Tell my leader or not?" – health-oriented leadership and stigma as antecedents of employees' mental health information disclosure intentions at work. J Occup Environ Med. https://doi.org/10.1097/JOM.0000000000002688

Pundt F, Felfe J (2017) HOL. An instrument to assess health-oriented leadership. Hogrefe, Göttingen

Purvanova RK, Bono JE (2009) Transformational leadership in context: face-to-face and virtual teams. Leadersh Q 20(3):343–357. https://doi.org/10.1016/j.leaqua.2009.03.004

Maria SA, Wolter C, Gusy B, Kleiber D, Renneberg B (2019) The impact of health-oriented leader-ship on police officers' physical health, burnout, depression and well-being. Policing: A J Policy Pract 13(2):186–200. https://doi.org/10.1093/police/pay067

Schübbe K, Krick A, Felfe J Perceiving warning signals in the digital context: an experimental simulation on the differences between F2F and digital communication. (in Vorbereitung)

Tautz D, Felfe J, Klebe L, Krick A Transformational leadership and well-being when working from home – The role of ICT demands. (in Vorbereitung)

Tautz D, Schübbe K, Felfe J (2022) Working from home and its challenges for transformational and health-oriented leadership. Front Psychol 13:Artikel 1017316.. https://doi.org/10.3389/fpsyg.2022.1017316

Tautz D, Krick A, Felfe J (2023) Informelle Kommunikation als Führungsaufgabe/als Führungsinstrument. In: Felfe J, van Dick R (Hrsg) Handbuch Mitarbeiterführung: Wirtschaftspsychologisches Praxiswissen für Fach- und Führungskräfte. Springer, Berlin Heidelberg, S 1–12

Waltersbacher A, Klein J, Schröder H (2021) Die soziale Resilienz von Unternehmen und die Gesundheit der Beschäftigten. In: Badura B, Ducki A, Schröder H, Meyer M (Hrsg) Fehlzeiten-Report 2021. Springer, Berlin Heidelberg, S 67–104 https://doi.org/10.1007/978-3-662-63722-7_5

Weichbrodt J, Schulze H (2020) Homeoffice als Pandemie-Maßnahme – Herausforderungen und Chancen https://doi.org/10.26041/FHNW-3365

Wöhrmann AM, Backhaus N, Tisch A, Michel A (2020) BAuA-Arbeitszeitbefragung: Pendeln, Telearbeit, Dienstreisen, wechselnde und mobile Arbeitsorte: Forschung Projekt F 2452, 1. Aufl. Bundesanstalt für Arbeitsschutz und Arbeitsmedizin (BAuA) (Bericht)

Wong SI, Berntzen MN (2019) Transformational leadership and leader–member exchange in distributed teams: the roles of electronic dependence and team task interdependence. Comput Human Behav 92:381–392. https://doi.org/10.1016/j.chb.2018.11.032

Den Wandel auf individueller Ebene gesundheitsgerecht gestalten

Inhaltsverzeichnis

Kapitel 18　Autonomie fördern – Risiken minimieren – 289
　　　　　　Renate Rau, Vincent Mustapha und Florian Schweden

Kapitel 19　Resiliente Mitarbeitende – 307
　　　　　　Roman Soucek

Kapitel 20　Gesundheitsförderliche Handlungsregulation in der neuen Arbeitswelt: Von interessierter Selbstgefährdung zu Selbstsorge und Teamresilienz – 317
　　　　　　Andreas Krause, Sophie Baeriswyl, Marcel Baumgartner, Cosima Dorsemagen, Michaela Kaufmann und Maida Mustafić

Kapitel 21　Minimal angstauslösende Arbeitsplätze – (wie) kann Führung Arbeitsängsten und Arbeitsunfähigkeit vorbeugen? – 333
　　　　　　Beate Muschalla

Kapitel 22　Gesunde Arbeit durch eine gesunde Gestaltung von Entgrenzung – 347
　　　　　　Lea Katharina Kunz, Antje Ducki und Annekatrin Hoppe

**Kapitel 23 Berufsbedingter Erschöpfung
generationendifferenziert vorbeugen – 359**
Andreas Hillert und Sophia Hillert

Autonomie fördern – Risiken minimieren

Renate Rau, Vincent Mustapha und Florian Schweden

Inhaltsverzeichnis

18.1 Einleitung – 290

18.2 Autonomie als Bedürfnis und Autonomie als Tätigkeitsmerkmal: eine Einordnung – 292
18.2.1 Autonomie als Bedürfnis – 292
18.2.2 Befriedigung des Autonomiebedürfnisses durch Gewähren von Handlungs- und Entscheidungsspielraum in der Arbeit – 293
18.2.3 Autonomie als Tätigkeitsmerkmal und dessen Folgen für die Arbeitenden – 293

18.3 Bedingungen, die die Nutzung von Handlungsspielraum hemmen – 295
18.3.1 Handlungsspielraum und zusätzliche Anforderungen sowie Qualifikationserfordernisse – 295
18.3.2 Handlungsspielraum und Zeitverfügbarkeit – 296
18.3.3 Handlungsspielraum und Verantwortung – 298
18.3.4 Handlungsspielraum und „Offenheit der Ergebnisse" im Arbeitsauftrag – 299

18.4 Fazit: Vermeidung negativer und Förderung positiver Folgen des Handlungsspielraums bei ergebnisorientierter Steuerung von Arbeit – 299

Literatur – 302

© Der/die Autor(en), exklusiv lizenziert an Springer-Verlag GmbH, DE, ein Teil von Springer Nature 2023
B. Badura et al. (Hrsg.), *Fehlzeiten-Report 2023*, Fehlzeiten-Report,
https://doi.org/10.1007/978-3-662-67514-4_18

▶▶ Zusammenfassung

Seit einigen Jahren nehmen Managementmethoden zu, die den Beschäftigten nur die zu erreichenden Ziele vorgeben und deren Umsetzung in ihre Verantwortung übertragen. Das hat einerseits den Handlungsspielraum der Arbeitenden sehr erhöht, stellt aber andererseits zusätzliche Anforderungen an sie, z. B. die selbstständige Organisation und Koordination der eigenen Arbeit. Diese zusätzlichen Anforderungen führen zum Teil dazu, dass der Handlungsspielraum nicht ausreichend nutzbar ist und sich dessen positive Effekte auf Motivation, Gesundheit und Kompetenzentwicklung nicht mehr entfalten können. Zudem erhöhen die zusätzlichen Anforderungen das Risiko für Fehlbeanspruchungsfolgen, wenn sie nicht bei der Gesamtgestaltung der Tätigkeit berücksichtigt werden. Im folgenden Beitrag werden Bedingungen diskutiert, die für die Nutzung des Handlungsspielraums notwendig sind, und Vorschläge gemacht, wie diese Bedingungen gestaltet werden können.

18.1 Einleitung

Durch die Digitalisierung von Daten und deren Vernetzung entstehen neue Formen der Kommunikation zwischen Menschen, zwischen Mensch und Technik sowie zwischen Arbeitsmitteln und Arbeitsgegenständen (Hacker 2016). Das führt zu einem Wandel der Arbeit, durch den sowohl Arbeitsinhalte betroffen sind (z. B. ist jede Arbeitsanforderung, die mithilfe eines Algorithmus umsetzbar ist, auch digitalisierbar und damit an Technik übertragbar) als auch deren Organisation und Kontextbedingungen, z. B. örtlich-zeitliche Flexibilisierung der Arbeit (Rau und Hoppe 2020). Aktuell verstärkt sich ein Trend, Entscheidungen und Verantwortlichkeiten zu dezentralisieren und vom höheren Management auf Arbeitsgruppen und zum Teil auf einzelne Beschäftigte zu übertragen. Besonders typische Beispiele der Arbeitsorganisation hierfür sind die indirekte Steuerung (Kratzer und Dunkel 2013) und agile Arbeitsformen (Adam 2020). Bei der indirekten Steuerung der Leistungen von Arbeitenden wird nur das zu erreichende Ergebnis der Arbeit vorgegeben, während der Weg, wie das Ergebnis erreicht wird, den Arbeitenden selbst überlassen wird (Mustafić et al. 2023; Peters 2011). Bei agilen Arbeitsformen soll über diese Ergebnisorientierung hinaus das Unternehmen befähigt werden, sich proaktiv und schnell an Veränderungen, z. B. neue Kundenwünsche oder Marktbedingungen, anzupassen und mit Unsicherheit und daraus entstehenden ungeplanten Situationen umzugehen (Adam 2020; Hofert 2016). Da es weder in der betrieblichen Praxis noch in der Wissenschaft ein einheitliches Verständnis davon gibt, was Agilität genau bedeutet (Adam 2020), orientiert sich dieser Beitrag am agilen Manifest zur Gestaltung agiler Arbeitsformen (Beck et al. 2001, ▶ Infobox 1). Obwohl dieses für die Softwareentwicklung formuliert wurde, bilden die Prinzipien und Werte des Manifests den Ausgangspunkt des heutigen Verständnisses von Agilität und werden u. a. in den Arbeitsmethoden SCRUM (Schwaber und Sutherland 2020, ▶ Infobox 2) und Extreme Programming (Beck 2000) genutzt.

Bei der Organisation von Arbeit, die auf indirekter Steuerung oder agilen Arbeitsformen basiert, geht die Verantwortung für das Erreichen der Ergebnisse auf die Gruppe bzw. bei autonom-eigenständiger Arbeit auf einzelne Beschäftigte über. Beide Organisationsformen bieten den Arbeitenden einen sehr hohen Handlungsspielraum. Gleichzeitig werden neue, insbesondere organisatorische Arbeitsbelastungen auf die Beschäftigten übertragen. Diese können u. a. in der Ausrichtung der Gruppenmitglieder auf das zu erreichende Ergebnis, der Ableitung von Teilzielen, der Absprache und Koordinierung der einzelnen Arbeitsbeiträge oder in der Selbstorganisation bei Einzelarbeit liegen. Außerdem werden z. T. die Konsequenzen, die sich aus dem Risiko des Scheiterns ergeben, auf die Gruppe bzw. den einzelnen Arbeitenden übertragen.

Infobox 1: Werte und Prinzipien gemäß des Agilen Manifests (Beck et al. 2001)

DIE BETRACHTUNG VON **INDIVIDUEN UND DEREN INTERAKTIONEN** ist wichtiger als die Festlegung von Prozessen und Werkzeugen.
- Fachexperten und Entwickler müssen während des Projektes täglich zusammenarbeiten.
- Projekte sollten rund um motivierte Individuen eingerichtet werden. Für ihre Arbeit muss das Umfeld und die Unterstützung gegeben werden, die sie benötigen, sowie das Vertrauen darauf, dass sie ihre Aufgabe erledigen.
- Die effizienteste und effektivste Methode, Informationen an und innerhalb eines Entwicklungsteams zu übermitteln, ist im Gespräch von Angesicht zu Angesicht.
- Agile Prozesse fördern nachhaltige Entwicklung. *Die Auftraggeber, Entwickler und Benutzer sollten ein gleichmäßiges Tempo auf unbegrenzte Zeit halten können.*
- Die besten Architekturen, Anforderungen und Entwürfe entstehen durch selbst organisierte Teams.
- In regelmäßigen Abständen reflektiert das Team, wie es effektiver werden kann und passt sein Verhalten entsprechend an.

DAS **SICHERSTELLEN FUNKTIONIERENDER ERGEBNISSE** ist wichtiger als die umfassende Dokumentation.
- Funktionierende Software ist das wichtigste Fortschrittsmaß.
- Funktionierende Software sollte regelmäßig innerhalb weniger Wochen oder Monate geliefert werden (bevorzuge dabei die kürzere Zeitspanne).
- Ständiges Augenmerk auf technische Exzellenz und gutes Design fördert Agilität.
- Einfachheit, d. h. die Kunst, die Menge nicht getaner Arbeit zu maximieren, ist essenziell.

DIE KONTINUIERLICHE ZUSAMMENARBEIT MIT DEM KUNDEN ist wichtiger als die Vertragsverhandlung
- Die höchste Priorität ist es, den Kunden durch frühe und kontinuierliche Auslieferung wertvoller Software zufrieden zu stellen.
- Anforderungsänderungen sind auch dann begrüßenswert, wenn sie erst spät in der Entwicklung auftreten.
  Agile Prozesse nutzen Veränderungen zum Wettbewerbsvorteil des Kunden.

DAS REAGIEREN AUF VERÄNDERUNG ist wichtiger als das Festhalten an getroffenen Planungen.

Legende:
Werte sind **groß und fett gedruckt**; 12 Prinzipien sind als Anstriche den Werten untersetzt dargestellt. Der vierte Wert steht extra, da sich diesem mehrere Prinzipien zuordnen lassen. *Kursiv* gekennzeichnet die Berücksichtigung einer humanen Zeitplanung

Infobox 2: Kurze Beschreibung von SCRUM

SCRUM ist eine agile Arbeitsform, die in Unternehmen für die Softwareerstellung entwickelt wurde. Sie soll es Teams ermöglichen, schnell und flexibel auf Veränderungen zu reagieren. SCRUM basiert auf einem iterativen und inkrementellen Arbeitsablauf. Dabei werden nacheinander (iterativ) Teilziele eines Produkts bzw. einer Dienstleistung definiert, die in einer festgelegten Zeit von zumeist ein bis vier Wochen, sog. Sprints, von einem Team fertiggestellt werden (Beck et al. 2001). Die detaillierte inhaltlich-zeitliche Planung und Umsetzung des Teilziels erfolgt selbstständig und eigenverantwortlich durch das SCRUM-Team. Ist das Teilziel erreicht, wird dieses in Bezug auf das zu erreichende Gesamt-

> ergebnis transparent bewertet und das nächste Teilziel – ggf. mit Anpassungen vorher erreichter Teilergebnisse – entwickelt (Agilität der Planung und Ausführung). SCRUM besteht darüber hinaus aus verschiedenen Rollen sowie Besprechungsformen, die dazu beitragen, den Arbeitsablauf zu optimieren und das Produkt bzw. die Dienstleistung fertigzustellen (vgl. Schwaber und Sutherland 2020).

Die auf Ergebnisse orientierte Arbeitsorganisation bietet Chancen und Risiken für das Befinden und die Gesundheit der Arbeitenden. Einen besonderen Stellenwert nimmt die bei ergebnisorientierter Arbeitsform erhöhte Autonomie für Beschäftigte ein, die zunehmend kontroverser beurteilt wird. Der vorliegende Beitrag setzt sich daher mit Vor- und Nachteilen sowie möglichen gesundheitlichen Begleiterscheinungen von agilen Arbeitsformen sowie indirekt gesteuerter, daher verstärkt autonom ausgeführter Arbeit auseinander. *Konkret stellt sich die Frage, ob sich der Handlungs- und Entscheidungsspielraum immer gesundheitsförderlich oder aber ab einem bestimmten Ausmaß auch beeinträchtigend auswirken kann.*

18.2 Autonomie als Bedürfnis und Autonomie als Tätigkeitsmerkmal: eine Einordnung

In der Wissenschaft wird Autonomie aus sehr unterschiedlichen Blickrichtungen betrachtet. Hintergrund ist, dass Autonomie zum einen als psychologisches Grundbedürfnis des Menschen gesehen wird, sich frei und selbstbestimmt zu fühlen und zu verhalten. Zum anderen zählt Autonomie in der Arbeitswelt als ein wichtiges gestaltbares Merkmal der Arbeitstätigkeit, das sich auf die Motivation, die Kompetenzentwicklung und die Gesundheit auswirkt. Hinzu kommt, dass das Gefühl, frei und selbstbestimmt zu sein, auch ein habituelles Merkmal des Menschen ist.

Die verschiedenen Aspekte von Autonomie sollen nachfolgend kurz dargestellt werden. Vor diesem Hintergrund werden dann Veränderungen der Autonomie, die sich aus der indirekten Steuerung von Arbeit und agilen Arbeitsformen ergeben, diskutiert und hinsichtlich gesundheitlicher Konsequenzen bewertet.

18.2.1 Autonomie als Bedürfnis

Das Streben nach Autonomie gehört zu den psychologischen Grundbedürfnissen des Menschen. Dessen Befriedigung hat positive Folgen auf das Gesundheitsverhalten (Chatzisarantis et al. 2012), das Wohlbefinden (Niemiec und Ryan 2013) und Lernen (Cheon et al. 2018).

Neben dem Streben nach Autonomie, also danach, sich frei und selbstbestimmt zu fühlen und zu verhalten, zählen zu den psychologischen Grundbedürfnissen das Streben nach Kompetenz im Sinne der Entwicklung des eigenen Könnens und der daraus resultierenden Effektivität bei der Bewältigung von Anforderungen sowie das Bedürfnis nach Verbundenheit im Sinne der sozialen Eingebundenheit und Interaktion (vgl. Selbstbestimmungstheorie von Deci und Ryan 2008). Ganz allgemein haben Bedürfnisse motivierenden Charakter, da sie die Aktivitäten auf die Befriedigung des jeweiligen Bedürfnisses ausrichten. Die sich aus dem Bedürfnis nach Autonomie ergebende Motivierung ist auf die freie Wahl von Zielen und Aktivitäten gerichtet. Wird dieses Bedürfnis befriedigt, bildet sich das im Erleben von Autonomie ab. Autonomieerleben ist daher ein subjektives Bewertungsergebnis. Es hängt davon ab, ob und inwieweit eine Aktivität aufgrund eigener Wünsche bzw. des eigenen Willens und wahrgenommener Wahlfreiheit ausgeführt wird (Reeve 2014). Sind es die eigenen Wünsche, dann kann sich die

Person als Quelle einer motivierten Handlung fühlen. Werden im Gegensatz dazu Aufgaben von anderen, z. B. vom Arbeitgeber, übernommen, ist die Quelle für eine Handlung extern und muss nicht (kann aber) motiviert ausgeführt werden. Das hier beschriebene aktuelle, an eine Situation oder Aktivität gebundene Erleben von Autonomie ist von dem habituellen Merkmal einer Person, sich als frei und selbstbestimmt zu erleben, zu unterscheiden.

18.2.2 Befriedigung des Autonomiebedürfnisses durch Gewähren von Handlungs- und Entscheidungsspielraum in der Arbeit

Das grundlegende Bedürfnis nach Autonomie kann durch die soziale Umwelt gefördert und gehemmt werden. Dabei kommt der Erwerbsarbeit ein besonderer Stellenwert zu, da sie einen großen Zeitanteil im menschlichen Leben ausfüllt und gleichzeitig für viele Menschen die entscheidende Einkommenschance für ihre Daseinssicherung darstellt (Jahoda 1983). Um das persönliche Bedürfnis nach Autonomie zu befriedigen, müssen der Inhalt der Arbeit, deren Ausführungsbedingungen sowie deren Organisation ein entsprechendes Motivationspotenzial aufweisen. Dieses besteht darin, dass Wahlmöglichkeiten zwischen verschiedenen Aufgaben, Arbeitsmitteln oder Arbeitsweisen sowie die Möglichkeit der Selbststeuerung bei der Aufgaben- bzw. Handlungsrealisierung – also Handlungs- und Entscheidungsspielraum – gewährt werden. Bietet die Arbeit solche Bedingungen an, wird es den Arbeitenden erleichtert, intrinsische Präferenzen mit den gestellten Arbeitsaufträgen in Einklang zu bringen. Unterstützend wirkt, wenn die Arbeitenden über den Sinn ihres Arbeitsauftrags und dessen Bedeutung für andere (s. o. Bedürfnis nach Verbundenheit) sowie die persönlichen Entwicklungsmöglichkeiten, die sich durch das Bewältigen des Arbeitsauftrags ergeben (s. o.: Bedürfnis nach Kompetenz) aufgeklärt werden. Dadurch kann die Verinnerlichung der Motivation für ein entsprechendes Arbeitsverhalten, z. B. das Erfüllen eines Arbeitsauftrags, gefördert werden. Im besten Fall kann die Übernahme des Ziels eines Arbeitsauftrags durch die Redefinition der Aufgabe intern verortet und damit als eigene, intrinsische Motivierung erlebt werden (Hackman 1969). In diesem Fall bildet der extern gesetzte Arbeitsauftrag die Grundlage der eigenen Motivierung und richtet darüber alle eigenen Aktivitäten aus. Das Ziel aus dem Arbeitsauftrag wird also zum Motiv für das eigene Handeln.

18.2.3 Autonomie als Tätigkeitsmerkmal und dessen Folgen für die Arbeitenden

Die hier genannten Bedingungen zur Befriedigung des Autonomiebedürfnisses entsprechen in der Arbeitswelt bestimmten Tätigkeitsmerkmalen, deren Bezeichnung relativ synonym verwendet wird. So finden sich für das Tätigkeitsmerkmal „Autonomie" auch die Begriffe „Handlungs- und Entscheidungsspielraum", „Tätigkeitsspielraum", „Beeinflussbarkeit" und „Kontrolle". Im vorliegenden Beitrag wird immer dann, wenn Autonomie als Tätigkeitsmerkmal betrachtet wird, der Begriff „Handlungsspielraum" genutzt.

Der Handlungsspielraum einer (Arbeits-)Tätigkeit lässt sich als Summe verschiedener Freiheitsgrade beschreiben. Diese können grob in zeitliche und inhaltliche Freiheitsgrade eingeteilt werden. Dabei beschreiben zeitliche Freiheitsgrade die Wahlmöglichkeit für die zeitliche Abfolge und z. T. auch die Dauer einzelner Tätigkeitsbestandteile oder Aufgaben. Relativ neu hinzugekommen ist die Freiheit, die zeitliche Lage der Arbeitsausführung innerhalb eines Arbeitstages, einer Arbeitswoche etc. selbst zu bestimmen (De Spiegelaere et al. 2016). Inhaltliche Freiheitsgrade können für die Wahl von Arbeitsweisen und Arbeitsmitteln (Hackman und Oldham 1976; Morgeson und Humphrey 2006) bis hin zu Festlegungen von Ergebniseigenschaften oder sogar für selbstständige Zielstellungen oder Vornahmen bestehen (Breaugh 1985; de Jonge et al. 1999; Hacker und Sachse 2014). Die Freiheitsgrade hinsichtlich unterschiedlichen Handelns schließen Möglichkeiten zu selbstständigen Entscheidungen ein.

Die verschiedenen Freiheitsgrade erlauben ein unterschiedliches Ausmaß an selbstbestimmter und selbst regulierter Tätigkeit durch die Arbeitenden und damit einhergehend auch die Attribuierung von Verantwortlichkeit für das eigene Tun und dessen Ergebnisse (Hackman und Oldham 1976). Daher sind sie eine Grundlage für die Entwicklung einer intrinsischen Motivation, also einer Motivation, die sich aus dem Inhalt des Tuns oder des selbst gesetzten Ziels ergibt. In Verbindung mit der Rückmeldung über den Erfolg der eigenen Handlung ermöglicht Handlungsspielraum die Entwicklung von Kompetenzen (Rau 2006; Ruysseveldt und Dijke 2011). Vereinfacht ausgedrückt: Wenn Freiheitsgrade hinsichtlich der Arbeitsweise bestehen, können auch neue Arbeitswege geplant und ausgeführt werden. Anhand der Rückmeldungen wird gelernt, ob und ggf. in welchem Ausmaß dieser selbst gewählte Arbeitsweg erfolgreich war. Es wird sozusagen „im Tun gelernt".

Freiheitsgrade erlauben aber auch, die eigene Arbeitsweise und/oder zumindest deren zeitlichen Ablauf an die eigene aktuelle Befindlichkeit anzupassen. Wird eine Tätigkeit z. B. als zu anstrengend oder ermüdend erlebt oder lässt sich die Konzentration auf eine Tätigkeit nicht mehr aufrechterhalten, können selbst gesteuert alternative Arbeitswege gewählt, die aktuelle Tätigkeit gegen eine andere arbeitsrelevante Tätigkeit getauscht oder das Anspruchsniveau in Bezug auf die Arbeitsausführung oder Ergebniseigenschaften verändert werden. Durch den Wechsel der Arbeitsweise oder der Tätigkeit werden die Anforderungen und damit die Leistungsvoraussetzungen variiert. Im Ergebnis erholen sich die nun nicht mehr beanspruchten Leistungsvoraussetzungen. Durch die Änderung des Anspruchsniveaus wird die für die Tätigkeitsausführung benötigte Anstrengung reguliert (Hockey 1997; McEwen 1998), was ebenfalls für die Erholung nutzbar ist. Fehlen solche Freiheitsgrade bzw. ist der Handlungsspielraum einer Tätigkeit nur gering, haben die Arbeitenden keine Möglichkeit, sich während der Arbeit durch einen Wechsel zwischen verschiedenen Leistungsvoraussetzungen oder durch die Senkung der Anstrengung zu erholen. Die Arbeitsleistungen können dann nur auf Kosten von kompensatorischer Anstrengung aufrechterhalten werden. Dies erfordert einen steigenden psychophysischen Aufwand und erzeugt zusätzlichen Erholungsbedarf. Die Folge sind Fehlbeanspruchungsfolgen wie z. B. Stress oder Ermüdung (Bakker und Demerouti 2007; Hockey 1997; Meijman und Mulder 1998) und bei längerfristigen Anhalten Erholungsunfähigkeit oder stressassoziierte Erkrankungen (Kästner et al. 2020).

Es gibt eine Vielzahl von Befunden, die die hier dargestellten Beziehung zwischen der Höhe des Handlungsspielraums bei der Arbeit und dem Wohlbefinden (Clausen et al. 2022), der Motivation (Dysvik und Kuvaas 2011; Fernet et al. 2012; Hackman und Oldham 1976) und der Kompetenzentwicklung (Rau 2006; Ruysseveldt und Dijke 2011) zeigen. Dabei gilt: Je höher der Handlungsspielraum, desto größer sind die positiven Effekte auf Motivation, Gesundheit, Wohlbefinden und die Kompetenzentwicklung. Dieser Zusammenhang gilt auch umgekehrt: Je geringer der Handlungsspielraum, desto häufiger werden Fehlbeanspruchungsfolgen wie somatische Erkrankungen und psychische Störungen (Niedhammer et al. 2021; Rau und Buyken 2015), Arbeitsunfähigkeit (Clausen et al. 2014), Demotivation (Fernet et al. 2012), Monotonieerleben (Schmidt et al. 1981), Kompetenzverlust durch das Nicht-Nutzenkönnen von Fähigkeiten (Bakker und Demerouti 2007; Hacker und Sachse 2014; Ruysseveldt und Dijke 2011) und Erholungsdefizite (Nixon et al. 2011) berichtet.

Aufgrund dieser Befundlage besteht ein wesentliches Ziel der Arbeitsgestaltung darin, einen möglichst hohen Handlungsspielraum zu gewährleisten. Es gibt aber auch Diskussionen darüber, dass der Handlungsspielraum zu hoch sein könnte. So berichtete bereits Warr (1987) darüber, dass ab einer bestimmten Höhe des Handlungsspielraums keine positiven Effekte mehr gefunden wurden, sondern es eher negative Beanspruchungsfolgen gab. Er diskutierte dies dahingehend, dass ein Zuviel an Handlungsspielraum schwierige Entscheidungen und unablässige persönliche Verantwortung mit sich bringen, was zu einer Überlastung führen könnte. Gleichzeitig bietet Warr (1987) alternative Erklärungen für seinen Befund an. So diskutiert er als weitere mögliche Ursachen für die Fehlbeanspruchungsfolgen, dass parallel zum hohen Handlungsspielraum eventuell andere Arbeitsmerkmale vorlagen, z. B. eine zu hohe Arbeitsbelastung oder eine zu geringe Unterstützung.

Vor dem Hintergrund der Diskussion um mögliche überlastende Auswirkungen eines zu hohen Handlungsspielraums sind die Klagen von Beschäftigten über Stress und Zeitdruckerleben bei indirekter Steuerung (Chevalier und Kaluza 2015; Kratzer und Dunkel 2013; Peters 2011) relevant. Diesen wird mit der Übergabe der zu erreichenden Ziele ein sehr hoher Handlungsspielraum gegeben. Auch hier stellt sich die Frage, ob der Handlungsspielraum zu hoch ist, um förderlich zu wirken. Definitionsgemäß dürfte es kein „Zuviel" an Handlungsspielraum geben, da der verfügbare Handlungsspielraum einem Arbeitenden auch die Freiheit gibt, eine einmal gefundene Arbeitsweise oder zeitliche Abfolge einer Arbeitstätigkeit beizubehalten. Dies gilt auch für die Freiheitsgrade, die das selbstständige Setzen von Zielen in Abgrenzung zu fremd gesetzten Zielen beinhalten. So werden vor dem Hintergrund der eigenen Leistungsvoraussetzungen und des eigenen Anspruchniveaus eigene Zielsetzungen gesetzt. Über- oder Unterschätzungen der eigenen Leistungsvoraussetzungen können dabei durchaus vorkommen, daher soll im weiterem der Überlegung von Warr (1987) nachgegangen werden, nach der es Bedingungen geben könnte, die die Nutzbarkeit des Handlungsspielraums und darüber vermittelt das Autonomieerleben beeinflussen. Konkret interessiert, ob

- zusätzliche Anforderungen infolge der Gestaltung und Organisation der eigenen Arbeit,
- Qualifikationserfordernisse,
- fehlende Zeitverfügbarkeit,
- Verantwortung oder
- Offenheit der im Arbeitsauftrag geforderten Ergebnisse

die positive Wirkung von in der Arbeit gegebenem Handlungsspielraum hemmen oder sogar umkehren können.

18.3 Bedingungen, die die Nutzung von Handlungsspielraum hemmen

18.3.1 Handlungsspielraum und zusätzliche Anforderungen sowie Qualifikationserfordernisse

Während traditionelle Arbeitsformen Regelungen bzgl. der Arbeitszeiten, -orte, Leistungsanforderungen und arbeitsbedingter Kooperation und -kommunikation beinhalten, fehlen diese zunehmend in neuen Arbeitsformen. Das kann soweit führen, dass Regeln für die Zeit der Arbeitserbringung (außer dem Endtermin), für den Arbeitsort, für die Zusammenarbeit und für Leistungen der verschiedenen Mitglieder einer Arbeitsgruppe gänzlich fehlen (Allvin et al. 2011). Die indirekte Leistungssteuerung und agile Arbeitsformen in der Softwareentwicklung sind Beispiele für eine Organisation der Arbeit, die nur das Ergebnis bzw. Ziel und den Termin dafür vorgeben. Ziele anstelle von Ergebnissen werden i. d. R. immer dann formuliert, wenn das letztlich zu erreichende Endprodukt nicht klar spezifizierbar ist (z. B. entwickelt einen Impfstoff gegen Vogelgrippe, entwickelt eine Software für das Controlling im Unternehmen) oder sich erst in der steten Zusammenarbeit mit dem Auftraggeber herausarbeiten lässt. Das Erreichen der Ergebnisse bzw. Ziele wird den Arbeitenden selbst überlassen. Damit werden den Arbeitenden sowohl sehr hohe Handlungs- und Entscheidungsspielräume übertragen als auch zusätzliche Regulationsanforderungen in Form der Selbst-Gestaltung der Arbeit an sie gestellt (Dettmers und Bredehöft 2020, vgl. „tied autonomy" bei Väänanen und Toivanen 2018). Solche zusätzlichen Anforderungen bestehen u. a. aus organisatorischen Aufgaben in der *Arbeitsvorbereitung*, z. B. Ableitung und Konkretisierung von Teilzielen, Verteilung von Arbeit, Arbeitsmitteln und Zeit sowie während der *Arbeitsausführung*, z. B. die Koordination der verschiedenen Bearbeitungsstände und Rückmeldungen darüber an alle Gruppenmitglieder. Um diese zusätzlichen Arbeitsbelastungen zu bewältigen, werden zusätzliche Zeit und diesen Anforderungen entsprechende Qualifikationen sowie Kompetenzen benötigt (Dettmers und Bredehöft 2020). Werden diese beiden Voraussetzungen bei der Vorgabe zu erreichender Ergebnisse bzw. Ziele nicht ausreichend berücksichtigt, wird also entweder zu wenig Zeit für die zusätzlichen Arbeitsbelastungen eingeplant und/oder sind die Arbeitenden nicht ausreichend qualifiziert, diese Arbeitsbelastungen zu übernehmen, dann kann der verfügbare Handlungs- und Entscheidungsspielraum nicht genutzt werden (▶ Infobox 3) und wird letztlich auch nicht als solcher erlebt (fehlendes Autonomieerleben, s. Bredehoeft et al. 2015). Die betroffenen Arbeitenden haben im Endeffekt höhere Arbeitsbelastungen bei geringerem Handlungs- und Entscheidungsspielraum zu bewältigen, was zu Stresserleben, Erholungsbeeinträchtigungen und Motivationsverlust führen kann (Fernet 2013; Korunka und Kubicek 2013).

> **Infobox 3: Grenzen der Wirkung von bestehendem Handlungsspielraum**
> Ein in der Arbeit bestehender Handlungsspielraum kann sich nur dann im Verhalten und Erleben auswirken, wenn dieser von der arbeitenden Person
> - erkannt,
> - beherrscht (im Sinne des Könnens)
> - und letztlich genutzt wird
>
> (Hacker und Sachse 2014).

Werden solche zusätzlichen Arbeitsbedingungen, welche die Nutzung des Handlungs- und Entscheidungsspielraums beschränken, in Untersuchungen nicht berücksichtigt (kontrolliert), dann ergibt sich der paradoxe Effekt, dass ein hoher Handlungs- und Entscheidungsspielraum mit Fehlbeanspruchungsfolgen einhergeht (vgl. Zusammenhang von hoher *job control* bei gleichzeitig hoher *job demand* und Depression bei Åhlin et al. 2018). Es besteht dann die Gefahr, dass Interventionen fälschlicherweise auf die Reduktion des Handlungsspielraums und nicht auf die Beschäftigung mit den beschränkenden Ausführungsbedingungen gerichtet werden.

18.3.2 Handlungsspielraum und Zeitverfügbarkeit

Mit der Einführung ergebnisorientierter Arbeitsformen (indirekte Steuerung, agile Arbeitsorganisation) werden i. d. R. Termine für das Erreichen der Ergebnisse festgelegt. Entlohnt wird der Erfolg der Arbeit und nicht mehr, wie bei direkter Steuerung, die mit dem Arbeitsauftrag verbrachte Zeit und die damit verbundene Anstrengung (Mustafić et al. 2023). Die Termine werden zum Teil vorsätzlich so knapp gesetzt, dass Zeitdruck entsteht. Hintergrund ist die Idee, dass Zeitdruck motiviert (Crawford et al. 2010). Außer Acht gelassen wird dabei aber, dass Zeitdruck mit

Erschöpfung und weiteren damit assoziierten Fehlbeanspruchungsfolgen verbunden ist (Niedhammer et al. 2021). Dies konnte eindrücklich durch eine Metaanalyse von Crawford et al. (2010) gezeigt werden, wonach Zeitdruck, der als Herausforderung erlebt wird, zwar positiv mit Engagement korreliert ist, aber eben auch mit Burnout. Aufgrund dieses Gefährdungspotenzials ist es auf Dauer nicht tolerierbar, vorsätzlich Zeitdruck zu erzeugen.

In diesem Beitrag soll es aber um die Folgen von Zeitdruck auf die Ausnutzung bestehender Handlungsspielräume gehen. Dies wird nachfolgend gemeinsam mit den Folgen einer eher unbeabsichtigt zu knapp bemessenen Terminierung von Ergebnissen beschrieben.

Das Risiko von Zeitdruck entsteht dann, wenn bei indirekter Leistungssteuerung von Arbeit oder in agilen Arbeitsformen die Termine für das Erreichen von Ergebnissen oder Teilzielen (z. B. Sprint-Deadline bei SCRUM) ohne Berücksichtigung des Prozesses und der Dauer der Aufgabenbearbeitung gesetzt werden (Chevalier und Kaluza 2015; Laanti 2013). Ein Grund dürfte die Schwierigkeit der Zeitbemessung für die Bewältigung von Arbeitsaufgaben mit hohen kognitiven Anforderungen, sog. Wissensarbeit, sein (Hacker 2020). Häufig kommt es zur Unterschätzung der benötigten Arbeitszeit; es wird zu wenig Arbeitszeit für die Erledigung eingeplant bzw. die Fristen für das Erreichen von Ergebnissen sind zu knapp bemessen. Dadurch kann der eigentlich zur Verfügung stehende Handlungs- und Entscheidungsspielraum nur noch eingeschränkt oder dysfunktional genutzt werden. Die naheliegende Reaktion, auf fehlende Zeit zu reagieren, wäre das Ausnutzen inhaltlicher Freiheitsgrade, um effektivere Arbeitsweisen zu entwickeln. Das benötigt aber seinerseits Zeit, da kognitive Anforderungen hinsichtlich des Orientierens über Handlungsmöglichkeiten sowie des Entwerfens, Planens und Austestens neuer Arbeitsweisen zu bewältigen sind. Fehlt diese Zeit, müssen Arbeitende bekannte Arbeitsweisen beibehalten, selbst wenn diese ineffektiv sind. Sie können kaum neue Arbeitsweisen entwickeln (vgl. Befunde von Rau et al. 2010, wonach hohe Arbeitsintensität bzw. Zeitdruck die Nutzung des bestehenden Handlungsspielraums verhindert).

Eine zweite Möglichkeit, fehlende Zeit zu kompensieren, wäre die zeitlichen Freiheitsgrade auszunutzen. Arbeitende könnten entweder schneller arbeiten (Arbeitsintensivierung) oder länger arbeiten (Arbeitsextensivierung). Schnelleres Arbeiten ist bei Wissensarbeit jedoch nur begrenzt möglich, da die menschliche Informationsverarbeitungskapazität Grenzen hat. Schnelleres Arbeiten ist aber auch bei vielen einfacheren Arbeiten auf Dauer nicht aufrechtzuerhalten, ohne Fehlbeanspruchungsfolgen zu provozieren (Meijman und Mulder 1998). Die einfachste und häufig angewendete Reaktion bei fehlender Zeit ist, dass Arbeitende ihre zeitlichen Freiheitsgrade missbräuchlich nutzen, um länger zu arbeiten (Adkins und Premeaux 2014; Krause et al. 2015). Dies kann durch das Weglassen von Arbeitspausen geschehen und/oder durch Überstunden am Arbeitsplatz bzw. bei mobiler Arbeit zu Hause (s. auch Befunde zur ständigen Erreichbarkeit für Arbeitsanforderungen Rau und Göllner 2019; Schieman und Young 2013). Insgesamt vergrößert sich dadurch der Zeitanteil für die Erwerbsarbeit zu Lasten der privat nutzbaren Zeit (s. Gottschall und Voß 2003: Entgrenzung der Arbeitszeit). Dauert dieser Zustand länger an, kann es zu Erholungsbeeinträchtigungen, stressassoziierten Erkrankungen und das Erleben der dadurch (real) entstandenen Work-Life-Inbalance kommen (Göllner 2020; Hassler et al. 2016). Das gleichsam selbstgesteuerte Ausdehnen der Arbeitszeit auf Kosten der Zeit für andere Lebensbereiche bedeutet, dass die zeitlichen Freiheitsgrade der Arbeit zu Lasten der persönlichen Autonomie über die nicht arbeitsrelevanten Lebensbereiche erfolgt (vgl. „Paradox der Autonomie" bei Mazmanian et al. 2013). Dies dürfte dem hohen Stellenwert der Erwerbsarbeit für die Daseinssicherung geschuldet sein.

Wird nun der Zusammenhang zwischen der Größe des Handlungsspielraums und Fehlbeanspruchungsfolgen untersucht, ohne den Zeitdruck bzw. die Arbeitsintensität zu berücksichtigen, kann es zu dem falschen Ergebnis kommen, dass der Handlungsspielraum zu hoch ist, weil dieser (scheinbar) mit Gesundheitsrisiken verbunden ist. Dabei dürften Ursachen für Fehlbeanspruchungsfolgen eher der hohe Zeitdruck und/oder die quantitative und qualitative Mehrbelastung durch Arbeit sein.

Das freiwillige längere Arbeiten wird auch als „interessierte Selbstgefährdung" bezeichnet (Krause et al. 2012; siehe auch den Beitrag von Krause et al. in diesem Band), wobei „interessiert" eine Freiwilligkeit unterstellt, die aufgrund des externen Drucks kaum besteht. Daher sollte die erste Maßnahme zum Schutz der Gesundheit eine Verhältnisprävention in Form einer adäquaten Zeitbemessung sein und erst danach kämen ggf. Maßnahmen der Verhaltensprävention. Dies stellt allerdings eine hohe Herausforderung dar, da es selbst Fachleuten der eigenen Tätigkeit bei Wissensarbeit schwerfällt, die konkrete Dauer der Erledigung eines Auftrags konkret abzuschätzen (Hacker 2020).

18.3.3 Handlungsspielraum und Verantwortung

Bei der indirekten Steuerung und agilen Arbeitsformen wird den Arbeitenden nicht nur Handlungsspielraum für die Erledigung des Arbeitsauftrags übergeben, sondern auch die damit einhergehende Verantwortung für den Arbeitsprozess und das Ergebnis. Erfordert es die Arbeitsausführung, Entscheidungen unter Unsicherheit zu treffen, da z. B. Sachverhalte oder Vorgehensweisen, zwischen denen zu entscheiden ist, jeweils ein „Für" und „Wider" enthalten, Situationen intransparent sind, es für Entscheidungen unzureichende oder keine Informationen gibt oder Wissen fehlt, ist das Erleben von Autonomie eingeschränkt. Hierauf wies bereits Blumenfeld (1932) hin, der als Voraussetzungen für ein freies, selbstbestimmtes Handeln benennt, dass die Folgen des eigenen Handelns bekannt sind, dass Anforderungen vorhersehbar sind und dass die jeweilige Situation durch eigenes Handeln beeinflussbar ist (vgl. auch die Komponenten Verstehbarkeit, Handhabbarkeit aus dem Modell zum Kohärenzgefühl bei Antonovsky 1997). Das bedeutet, dass ein hoher Handlungs- und Entscheidungsspielraum erst dann zu hohem Autonomieerleben führen kann, wenn ein freies, selbstbestimmtes Handeln möglich ist. Sind die Voraussetzungen dafür nicht gegeben, sinkt das Autonomieerleben bzw. wird Handlungsspielraum von den Arbeitenden geringer bewertet. Mögliche Folgen sind die Verschlechterung des Wohlbefindens oder der Anstieg von Gesundheitsrisiken (Åhlin et al. 2018). Das Risiko negativer Folgen erhöht sich noch, wenn für Arbeitende im Arbeitsauftrag negative Konsequenzen für die Folgen von Entscheidungen festgelegt sind, die unabhängig davon gelten, dass Entscheidungen nicht sicher getroffen werden können (Ameln 2021). Studien zeigen: Je weniger realistisch die gesetzten Ziele sind oder je weniger der Erfolg bei der Zielerreichung auf eigenes Handeln zurückgeführt werden kann (z. B. „es war Glück, dass ich es geschafft habe"), desto mehr Angst (Hoppe und Rau 2017), Burnout, Erholungsunfähigkeit und desto weniger Engagement (Hoppe und Rau 2017; Krause et al. 2016) tritt auf.

Auch wenn Arbeitende nicht für die Folgen von Entscheidungen unter Unsicherheit verantwortlich gemacht werden, kann sich die Unsicherheit auf ihr Befinden auswirken. So berichten Kubicek et al. (2014), dass bei professionellen Altenpflegenden mit der Höhe des Handlungsspielraums das Ausmaß an Burnout anstieg. Bei genauerer Betrachtung war der Handlungsspielraum dadurch eingeschränkt, dass die Folgen eigenen Handelns für die Gesundheit der Pflegebedürftigen nur bedingt absehbar waren. Entscheidungen waren daher unter Unsicherheit zu treffen. Gleichzeitig fühlten sich die Pflegekräfte für die Folgen der eigenen Handlungsentscheidungen verantwortlich. Erschwerend kam hinzu, dass mit steigendem Handlungsspielraum eine Zunahme von Zeitdruck assoziiert war. Wie im vorhergehenden Abschnitt beschrieben, beeinträchtigt Zeitdruck die Nutzung von Handlungsspielraum und kann seinerseits negative Folgen für die Gesundheit haben.

18.3.4 Handlungsspielraum und „Offenheit der Ergebnisse" im Arbeitsauftrag

Das zu erreichendes Ergebnis von Arbeitsaufträgen kann auch die Lösung von Problemen, das Initiieren von neuen Projekten oder die Entwicklung neuer Ideen bzw. Produkte (z. B. entwickle eine künstliche Intelligenz für die Bildgestaltung) umfassen. Die zu erreichenden Ergebnisse sind also nicht klar beschrieben, sodass diese Aufträge Freiheitsgrade in Bezug auf das Setzen von Zielen zum Erreichen des Ergebnisses eröffnen. Gleichzeitig sind die zu erfüllenden Anforderungen nur eingeschränkt vorhersehbar, da die Ziele erst entwickelt werden müssen und nicht gesichert ist, ob diese als Auftragserfüllung akzeptiert werden. Die fehlende Klarheit des Arbeitsauftrags erschwert die Ausrichtung auf diesen und damit die Entwicklung von Handlungsplänen. Der erste Arbeitsschritt besteht daher in der Erzeugung von Zielklarheit. Das stellt eine eigenständige Anforderung dar, die nach Befunden von Dettmers und Bredehöft (2020) mit vermehrter Unfähigkeit, sich geistig nach der Arbeit zu distanzieren (erfasst als *cognitive irritation*), assoziiert ist. Mit anderen Worten: Auch außerhalb der Arbeitszeit denken die Betroffenen immer wieder über ihre Arbeit bzw. Lösungsmöglichkeiten für ihre Arbeit nach. Interessanterweise beeinträchtigten in dieser Studie die gleichzeitig bestehenden kognitiven Anforderungen beim Planen und Entscheiden sowie die Regulierung der eigenen Anstrengung nicht die Distanzierungsfähigkeit (*cognitive irritation*). Dies steht im Einklang mit dem Befund von Meier und Kollegen (2018), wonach bei agiler Arbeit bei der Software-Entwicklung (SCRUM) im Vergleich zur traditionell organisierten Arbeit weniger Stress berichtet wurde (intraindividueller Vergleich). Förderlich dürfte dabei sein, dass das Erzeugen von Zielklarheit durch das iterative Ableiten von Teilzielen und deren Ausführungsplanung sowie Umsetzung durch alle Gruppenmitglieder gemeinsam erfolgt. Dadurch kann in der Gruppe auf die Kompetenz eines/einer jeden Einzelnen zurückgegriffen werden. Im Gegensatz dazu birgt eine fehlende Zielklarheit für allein Arbeitende das Risiko, dass sie prokrastinieren, wenn sie über nur geringe Kompetenzen zur Erzeugung von Zielklarheit verfügen. Prokrastinierendes Verhalten geht seinerseits mit negativem Befinden und Zeitdruckerleben einhergehen (Hoppe et al. 2018).

Insgesamt muss bei dieser Art eines Arbeitsauftrags (Entwickeln von Lösungen/Initiieren von Projekten) in Frage gestellt werden, ob es hier wirklich um Freiheitsgrade beim Setzen von Zielen geht, da diese nicht völlig eigenständig aufgestellt werden können. Im Gegensatz zu Selbstständigen, die vergleichbare Anforderungen bzgl. der Entwicklung von Zielen und Projekten haben, sind die abhängig Beschäftigten ihren Arbeitgebenden/Vorgesetzten verantwortlich. Selbstständige hingegen sind sich selber verantwortlich und können auch von den selbst gesetzten Zielen ablassen, wenn der Aufwand (Anstrengung, Kosten) zu hoch wird.

18.4 Fazit: Vermeidung negativer und Förderung positiver Folgen des Handlungsspielraums bei ergebnisorientierter Steuerung von Arbeit

Ein hoher Handlungsspielraum ist eine wesentliche Grundlage für eine gesundheits- und lernförderlich gestaltete Arbeit. Daher sind Organisationsformen der Arbeit, die den Handlungsspielraum erhöhen, prinzipiell eine gute Entwicklung. Um positive Folgen von Handlungsspielraum auf die Motivation, die Gesundheit und die Kompetenzentwicklung zu erzielen, müssen Arbeitende in die Lage versetzt werden, diesen wirklich zu nutzen. In den vorhergehenden Abschnitten wurde gezeigt, dass nicht ein zu hoher Handlungsspielraum mit negativen Konsequenzen in Beziehung steht, sondern zusätzliche Anforderungen, welche die Nutzbarkeit des vorhandenen Handlungsspielraums beeinträchtigen und darüber hinaus ihrerseits zu Fehlbeanspruchungsfolgen führen können. Im Rahmen des Wandels der Arbeit nehmen Arbeitsformen zu, die die Flexibilität der Unternehmen sowie die schnelle Anpassung an Veränderungen steigern sollen (Adam 2020; Hofert 2016). Hierzu gehören die indirekte Steuerung und agile Arbeitsformen, die nur das zu erreichende Ergebnis, nicht aber den Weg dahin vorgeben und entlohnen. Diese relativ neuen, auf Ergebnisse oder Ziele ausgerichteten Arbeitsformen bieten eine Kombination aus hohem Handlungsspielraum bei gleichzeitig zu erfüllenden zusätzlichen Anforderungen. Letztere ergeben sich aus der Übertragung der Verantwortung für das Erreichen des vorgegebenen Ergebnisses bzw. Ziels vom Management auf die ausführende Arbeitsgruppe (oder bei autonom-eigenständiger Arbeit auf einzelne Beschäftigte) und die damit einhergehende Notwendigkeit, die Arbeit selbst zu organisieren (u. a. Arbeitsvorbereitung, -organisation, -koordination). Hinzu kommt bei agilen Arbeitsformen wie SCRUM und Extreme Programming, dass ein Teil der Bearbeitung der Arbeitsaufträge sehr hohe kognitive Anforderungen (problemlösendes Denken) stellt.

Eine Voraussetzung, den zusätzlichen Anforderungen ohne Überlastung gerecht zu werden, besteht darin, dass die Personalzusammenstellung eines Teams adäquat zu den geplanten Anforderungen ist. Dafür müssen die Teammitglieder neben der fachlichen Expertise über entsprechende Kompetenzen zur Bewältigung der qualitativ neuen Anforderungen (Selbstgestaltung der Arbeit, Zeitplanung, Arbeitsvorbereitung, -planung, -koordination etc.) verfügen oder dazu in die Lage versetzt werden (Personalentwicklung). Entsprechend fordern Schwaber und Sutherland (2020) in ihrem „Leitfaden" für die agile Arbeitsform SCRUM, dass Teams interdisziplinär zusammengesetzt sein müssen und dass die Teammitglieder gemeinsam über alle Fähigkeiten und Fachkenntnisse verfügen, um die Arbeit zu erledigen und solche Fähigkeiten im Bedarfsfall zu teilen oder zu erwerben.

Die zweite Voraussetzung, diesen zusätzlichen Anforderungen ohne Überlastung gerecht zu werden, ist deren Berücksichtigung bei der Zeit- und/oder Personalbemessung. Sowohl eine zu knapp bemessene Arbeitszeit als auch die Überforderung von Kompetenzen beeinträchtigen die Nutzung des prinzipiell verfügbaren Handlungs- und Entscheidungsspielraums (Dettmers und Clauß 2018; Rau et al. 2010) und führen zum paradoxen Ergebnis, dass bei alleiniger Betrachtung des vorhandenen (aber eben nicht nutzbaren) Handlungsspielraums Risiken für Fehlbeanspruchungsfolgen zunehmen. Zusätzlich erhöht fehlende Arbeitszeit das Erleben von Zeitdruck und die Wahrscheinlichkeit, dass zeitliche Freiheitsgrade dysfunktional für die Extensivierung der Arbeitszeit eingesetzt werden. Indikatoren hierfür sind (Krause et al. 2016; Rau und Göllner 2019):

- das Weglassen von Pausen,
- vermehrter Präsentismus trotz Erkrankung,
- Überstundenarbeit inkl. ständiger Erreichbarkeit und entgrenzter Arbeitszeiten bei mobiler Arbeit,
- Diskrepanz zwischen wahrgenommenem und objektiv gegebenem Handlungsspielraum in der Arbeit, wobei der wahrgenommene geringer als der gegebene ist (Fragebögen zum Handlungsspielraum erfassen immer die Wahrnehmung der befragten Personen. Durch Arbeitsanalysen mithilfe von Bewertungssystemen wie z. B. RHIA [Lüders 1999] oder TAG-MA [Rau et al. 2021], die verankerte Skalen für die Bewertung von Handlungsspielraum enthalten und unabhängig vom Arbeitsplatzinhaber durch trainierte Fachleute der Arbeitsanalyse durchgeführt werden, kann der gegebene Handlungsspielraum eingeschätzt werden),
- das Erleben von Zeitdruck, Stress, Erholungsunfähigkeit.

Sowohl Zeitdruck als auch verlängerte Arbeitszeiten sind mit Gesundheitsrisiken (Übersichtsarbeiten bei Niedhammer et al. 2021; Rau und Buyken 2015) und Erholungsbeeinträchtigungen verbunden (Syrek und Antoni 2014; Hulst et al. 2006). Diese Folgen sind weder aus Sicht der Arbeitenden noch aus Unternehmenssicht hinnehmbar. So ist eine effiziente und produktive Arbeit nur möglich, wenn die Arbeitenden ihre Leistungsvoraussetzungen durch die Arbeitsbelastungen nicht beeinträchtigen. Mehr noch, für die Entwicklung des Unternehmens und die Beschäftigten ist es förderlich, die Leistungsvoraussetzungen zu verbessern. Das gilt sowohl für die Sicherung von Erholung (vgl. positiver Zusammenhang von Leistung und nachhaltigem, weil nicht überlastenden Arbeitstempo: Beck et al. 2001; Laanti 2013) als auch für die Entwicklung von Kompetenzen. Für letzteres sind hohe Handlungsspielräume (und Rückmeldungen) die beste Möglichkeit, weil deren Nutzung ein Lernen im Tun erlaubt (Rau 2006; Ruysseveldt und Dijke 2011). Zusätzlich kann eine (auch wiederholte) arbeitsbegleitende Qualifizierung notwendig sein.

- - **Wie lässt sich die Nutzbarkeit von Handlungsspielraum bei indirekter Steuerung und agilen Arbeitsformen gewährleisten?**

Hierfür gibt es mehrere, sich ergänzende Wege. Bei indirekter, d. h. auf die Erbringung vorgegebener Ergebnisse orientierter Steuerung der Arbeit, aber auch bei der Umwandlung von komplexen oder nur unscharf formulierbaren Zielen in iterativ zu bearbeitende Teilziele (s. agile Arbeitsformen SCRUM, Extreme Programming) müssen die Ergebnisse bzw. Teilziele realistisch und erreichbar sowie durch eigenes Handeln beeinflussbar sein (Hoppe und Rau 2017; Krause et al. 2012).

Beinhalten die Arbeitsaufgaben, dass Entscheidungen unter Unsicherheit getroffen werden müssen, sollte dies inklusive der dadurch bedingten Einschränkungen der Verantwortlichkeit für die Folgen der Entscheidung den Betroffenen klar kommuniziert werden. Unterstützend kann die Einführung von technischen Entscheidungshilfesystemen sein sowie Angebote zum Abbau von Belastungsfolgen bei den entscheidenden Personen (z. B. Gesprächsangebote, Supervision). Es sollte für Entscheidende ersichtlich sein, bis zu welchem Ausmaß negative Konsequenzen vom Unternehmen/von den Vorgesetzten akzeptiert werden (Ameln 2021).

Für die Organisationsform der indirekten Steuerung besteht eine Möglichkeit, realistische und erreichbare Ergebnisse zu setzen, im gemeinsamen Aushandeln dieser zwischen Management und Beschäftigten (Hoppe et al. 2020; Krause et al. 2012). Etabliert hat sich in vielen Unternehmen der Einsatz von Zielvereinbarungsgesprächen. Dabei bedeutet „Vereinbarung", dass die zu erreichenden Ergebnisse wirklich gemeinsam ausgehandelt werden (und es sich nicht um die gemeinsam von Vorgesetzten und Mitarbeitenden unterschriebene Vorgabe von Zielen handelt). Das Aushandeln von Zielen setzt voraus, dass sowohl das Management als auch die Beschäftigten dafür qualifiziert werden. Die ausschließliche Schulung von Führungskräften für das Setzen und Vermitteln von Zielen ist nicht ausreichend. Damit die Ziele für die einzelnen Beschäftigten realistisch sind, müssen deren berufliche Kompetenzen und aktuellen Leistungsvoraussetzungen bei der Zielvereinbarung berücksichtigt werden. Dies gilt besonders auch für Ziele, die an Arbeitsgruppen übergeben werden, damit es nicht zur Überlastung einzelner Gruppenmitglieder kommt (z. B. weil Arbeitsleistungen ausgefallener Gruppenmitglieder zu kompensieren sind oder weil es in Drucksituationen keine Möglichkeiten gibt, Arbeitsaufgaben an andere Kollegen abzugeben). Fehlen Kompetenzen, können entweder Ziele angepasst oder Qualifizierungsmaßnahmen durchgeführt oder Personal kann anders verteilt werden. Daher sollte das Aushandeln von Zielen immer die Option umfassen, die Ziele später in Abhängigkeit von Bearbeitungsständen und Ausführungsbedingungen anzupassen. Als gutes Beispiel hierfür kann die agile Arbeitsform SCRUM betrachtet werden. Diese umfasst die transparente Offenlegung der Fortschritte und Hindernisse eines Projektes, dessen Bewertung und explizit auch die Anpassung der jeweils als nächstes zu erreichenden Ziele und/oder der Handlungspläne und Produkteigenschaften innerhalb der Bearbeitung eines Teilziels (Schwaber und Sutherland 2020).

Eine Lösung für das Problem schwer abschätzbarer Bearbeitungszeiten ist, Terminanpassungen bereits bei der Vereinbarung von Zielen einzuplanen. Dazu sollten Indikatoren benannt werden, die Terminanpassungen erfordern könnten. Kriterien für Zeitprobleme können die o. g. Indikatoren dysfunktionaler Nutzung von zeitlichen Freiheitsgraden sein.

Eine Terminanpassung kann je nach Bearbeitungsstand darin bestehen, Termine vorzuziehen oder hinauszuschieben. Interessanterweise enthält das agile Manifest (Beck et al. 2001) explizit das Prinzip des nachhaltigen Tempos, das die Teammitglieder in die Lage versetzen soll, ein konstantes Tempo auf unbestimmte Zeit aufrechtzuerhalten (Beck 2000; Kodmelwar et al. 2022). Dies wird in der agilen Arbeitsform „Extreme Programming" mit der Forderung untersetzt, eine 40-Stunden-Woche einzuhalten und damit begründet, dass Teamleistung und nachhaltiges Tempo zusammenhängen (Anwer et al. 2017; Laanti 2013) und müde oder erschöpfte Menschen Fehler machen (Akhtar et al. 2022). Durch das iterative Vorgehen bei agilen Arbeitsformen, das Fortschritte und Hemmnisse regelmäßig und transparent aufzeigt sowie die Bewertung und ggf. Anpassung des Produkts und der Pläne zur Bearbeitung umfasst, lässt sich prinzipiell die Zeitanpassung integrieren. Es muss aber als Prinzip der agilen Arbeitsform (vgl. Manifest der Agilen Softwareentwicklung, Beck et al. 2001) auch gelebter Bestandteil in einer Organisation sein.

Literatur

Adam P (2020) Agil in der ISO 9001. Wie Sie agile Prozesse in Ihr Qualitätsmanagement integrieren. essentials. https://doi.org/10.1007/978-3-658-28311-7

Adkins CL, Premeaux SA (2014) The use of communication technology to manage work-home boundaries. J Behav Appl Manag 15:82–100. https://doi.org/10.21818/001c.17939

Akhtar A, Bakhtawar B, Akhtar S (2022) Extreme programming vs. SCRUM: a comparison of agils models. Int J Technol Innov Manag (ijtim) 2:80–96. https://doi.org/10.54489/ijtim.v2i1.77

Allvin M, Aronsson G, Hagström T et al (2011) Work without boundaries: psychological perspectives on the new working life. John Wiley & Sons, Hoboken https://doi.org/10.1002/9781119991236

Åhlin JK, Westerlund H, Griep Y et al (2018) Trajectories of job demands and control: risk for subsequent symptoms of major depression in the nationally representative Swedish Longitudinal Occupational Survey of Health (SLOSH). Int Arch Occup Environ Health 91:263–272. https://doi.org/10.1007/s00420-017-1277-0

von Ameln F (2021) Führen und Entscheiden unter Unsicherheit. Gr Interakt Org 52:567–577. https://doi.org/10.1007/s11612-021-00607-4

Antonovsky A (1997) Salutogenese – Zur Entmystifizierung der Gesundheit. dgvt, Tübingen

Anwer F, Aftab S, Shah SSM, Waheed U (2017) Comparative analysis of two popular agile process models: Extreme Programming and Scrum. Int J Comput Sci Telecommun 8:1–7 (https://www.ijcst.org/Volume8/Issue2/p1_8_2.pdf. Zugegriffen: 10. Mai 2023)

Bakker AB, Demerouti E (2007) The job demands-resources model: state of the art. J Manag Psych 22:309–328. https://doi.org/10.1108/02683940710733115

Beck K (2000) Extreme programming explained. Addison-Wesley, Reading

Beck K, Beedle M Bennekumet a van et al (2001) Manifest für Agile Softwareentwicklung. https://agilemanifesto.org/iso/de/manifesto.html. Zugegriffen: 6. Apr. 2023

Blumenfeld W (1932) Über die Fraktionierung der Arbeit und ihre Beziehung zur Theorie der Handlung. In: Bericht über den 12. Kongress der Deutschen Gesellschaft für Psychologie Jena, S 291–294

Breaugh JA (1985) The measurement of work autonomy. Hum Relations 38:551–570. https://doi.org/10.1177/001872678503800604

Bredehoeft F, Dettmers J, Hoppe A, Janneck M (2015) Individual work design as a job demand: The double-edged sword of autonomy. J Psychol Alltagshandelns, 8(2), 12–24

Chatzisarantis NLD, Hagger MS, Kamarova S et al (2012) When effects of the universal psychological need for autonomy on health behaviour extend to a large proportion of individuals: a field experiment. Br J Health Psychol 17:785–797. https://doi.org/10.1111/j.2044-8287.2012.02073.x

Cheon S, Reeve J, Lee Y et al (2018) Expanding autonomy psychological need states from two (satisfaction, frustration) to three (dissatisfaction): A classroom-based intervention study. J Educ Psychol 111:685–702. https://doi.org/10.1037/edu0000306

Chevalier A, Kaluza PD (2015) Psychosozialer Stress am Arbeitsplatz: Indirekte Unternehmenssteuerung, selbstgefährdendes Verhalten und die Folgen für die Gesundheit. Bertelsmann Stiftung und BARMER GEK, Gütersloh

Clausen T, Burr H, Borg V (2014) Do psychosocial job demands and job resources predict long-term sickness absence? An analysis of register-based outcomes using pooled data on 39,408 individuals in four occupational groups. Int Arch Occup Environ Health 87:909–917. https://doi.org/10.1007/s00420-014-0936-7

Clausen T, Pedersen LRM, Andersen MF et al (2022) Job autonomy and psychological well-being: a linear or a non-linear association? Eur J Work Organ Psychol 31:395–405. https://doi.org/10.1080/1359432X.2021.1972973

Crawford ER, LePine JA, Rich BL (2010) Linking job demands and resources to employee engagement and burnout: a theoretical extension and meta-analytic test. J Appl Psychol 95:834–848. https://doi.org/10.1037/a0019364

Deci EL, Ryan RM (2008) Self-determination theory: a macrotheory of human motivation, development, and health. Can Psychol 49:182–185. https://doi.org/10.1037/a0012801

De Jonge J, Mulder MJG, Nijhuis FJ (1999) The incorporation of different demand concepts in the job demand-control model: effects on health care professionals. Soc Sci Med 48:1149–1160. https://doi.org/10.1016/s0277-9536(98)00429-8

De Spiegelaere S, van Gyes G, van Hootegem G (2016) Not all autonomy is the same. Different dimensions of job autonomy and their relation to work engagement and innovative work behavior. Hum Factors Man 26:515–527. https://doi.org/10.1002/hfm.20666

Dettmers J, Bredehöft F (2020) The ambivalence of job autonomy and the role of job design demands. Scand J Work Environ Health 5:1–13. https://doi.org/10.16993/sjwop.81

Dettmers J, Clauß E (2018) Arbeitsgestaltungskompetenzen für flexible und selbstgestaltete Arbeitsbedingungen. In: Janneck M, Hoppe A (Hrsg) Gestaltungskompetenzen für gesundes Arbeiten. Kompetenzmanagement in Organisationen. Springer, Berlin Heidelberg, S 13–25 https://doi.org/10.1007/978-3-662-54950-6_2

Dysvik A, Kuvaas B (2011) Intrinsic motivation as a moderator on the relationship between perceived job autonomy and work performance. Eur J Work Organ Psychol 20:367–387. https://doi.org/10.1080/13594321003590630

Fernet C (2013) The role of work motivation in psychological health. Can Psychol 54:72–74. https://doi.org/10.1037/a0031058

Fernet C, Austin S, Vallerand RJ (2012) The effects of work motivation on employee exhaustion and commitment: an extension of the JD-R model. Work Stress 26:213–229. https://doi.org/10.1080/02678373.2012.713202

Göllner M (2020) „Always on – never done?" Eine Untersuchung zur ständigen Erreichbarkeit als Form des orts- und zeitflexiblen Arbeitens. Dissertation. Philosophische Fakultät I an der Martin-Luther-Universität, Halle-Wittenberg

Gottschall K, Voß GG (2003) Entgrenzung von Arbeit und Leben. Zum Wandel der Beziehung von Erwerbstätigkeit und Privatsphäre im Alltag. Hampp, München

Hacker W (2016) Vernetzte künstliche Intelligenz / Internet der Dinge am deregulierten Arbeitsmarkt: Psychische Arbeitsanforderungen. Psychol Alltagsh 9:4–21

Hacker W (2020) Prävention von zeitlicher Überforderung bei entgrenzter komplexer Wissens- sowie Innovationsarbeit. Möglichkeiten und Grenzen der Zeitbedarfsermittlung – Eine Fallstudie. J Psychol Alltagsh 13:12–27

Hacker W, Sachse P (2014) Allgemeine Arbeitspsychologie, 3. Aufl. Psychische Regulation von Tätigkeiten, Hogrefe, Göttingen

Hackman JR (1969) Towards understanding the role of tasks in behavioral research. Acta Psychol 31:97–128. https://doi.org/10.1016/0001-6918(69)90073-0

Hackman JR, Oldham GR (1976) Motivation through the design of work: test of a theory. Organ Behav Hum Perform 16:250–279. https://doi.org/10.1016/0030-5073(76)90016-7

Hassler M, Rau R, Hupfeld J, Paridon H (2016) Auswirkungen von ständiger Erreichbarkeit und Präventionsmöglichkeiten Teil 2: Eine wissenschaftliche Untersuchung zu potenziellen Folgen für Erholung und Gesundheit und Gestaltungsvorschläge für Unternehmen. igaReport 23

Hockey GRJ (1997) Compensatory control in the regulation of human performance under stress and high workload: A cognitive energetical framework. Biol Psychol 45(1-3):73–93. https://doi.org/10.1016/s0301-0511(96)05223-4

Hofert S (2016) Agiler führen. Springer, Wiesbaden

Hoppe J, Rau R (2017) Erlebte Beteiligung an der Zielsetzung. Wie das Zielsystem an die Leistungsvoraussetzungen der Beschäftigten angepasst werden kann.

Z Arbeits Organisationspsychol 61:18–30. https://doi.org/10.1026/0932-4089/a000230

Hoppe J, Prokop P, Rau R (2018) Empower, not impose! – Preventing academic procrastination. J Prev Interv Community 46:184–198. https://doi.org/10.1080/10852352.2016.1198172

Hoppe J, Schweden F, Rau R (2020) Participation at setting performance goals – A cross-sectional study on self-reported control, objective control and vital exhaustion. J Psychol Alltagsh 13:35–41

van Hulst M, van Veldhoven M, Beckers D (2006) Overtime and need for recovery in relation to job demands and job control. J Occup Health 48:11–19. https://doi.org/10.1539/joh.48.11

Jahoda M (1983) Wieviel Arbeit braucht der Mensch? Arbeit und Arbeitslosigkeit im 20. Jahrhundert. Beltz, Weinheim

Kästner T, Schweden F, Rau R (2020) Der Verlauf kurzfristiger Beanspruchungsfolgen und ihre vermittelnde Rolle für den Zusammenhang zwischen Arbeitsintensität und Erholung – Eine Tagebuchstudie. Z Arb Wiss 74:262–273. https://doi.org/10.1007/s41449-019-00167-w

Kodmelwar MK, Futane PR, Pawar SD et al (2022) A comparative study of software development Waterfall, Spiral and Agile Methodology. J Posit Sch Psychol 6:7013–7017

Korunka C, Kubicek B (2013) Beschleunigung im Arbeitsleben – neue Anforderungen und deren Folgen. In: Junghanns G, Morschhäuser M (Hrsg) Immer schneller, immer mehr. Psychische Belastung bei Wissens- und Dienstleistungsarbeit. Springer, Wiesbaden, S 17–39

Kratzer N, Dunkel W (2013) Neue Steuerungsformen bei Dienstleistungsarbeit – Folgen für Arbeit und Gesundheit. In: Junghanns G, Morschhäuser M (Hrsg) Immer schneller, immer mehr – Psychische Belastung bei Wissens- und Dienstleistungsarbeit. Springer VS, Wiesbaden, S 41–62

Krause A, Dorsemagen C, Stadlinger J et al (2012) Indirekte Steuerung und interessierte Selbstgefährdung: Ergebnisse aus Befragungen und Fallstudien. Konsequenzen für das Betriebliche Gesundheitsmanagement. In: Badura B, Ducki A, Schröder H et al (Hrsg) Fehlzeiten-Report 2012. Springer, Berlin Heidelberg, S 191–202 https://doi.org/10.1007/978-3-642-29201-9_20

Krause A, Baeriswyl S, Berset M et al (2015) Selbstgefährdung als Indikator für Mängel bei der Gestaltung mobil-flexibler Arbeit: Zur Entwicklung eines Erhebungsinstruments. Wirtschaftspsychol 17:49–59

Krause A, Berset M, Dorsemagen C (2016) Grundlage einer Handlungshilfe für Betriebe im Umgang mit indirekter Steuerung und interessierter Selbstgefährdung zur Förderung organisationaler Resilienz und zum Erhalt der Beschäftigungsfähigkeit. Fachhochschule Nordwestschweiz. Hochschule für angewandte Psychologie. https://www.certo-portal.de/fileadmin/media/bilder/Landingpage-mitdenken-4.0/Indirekte-Steuerung-Empirische-Ergebnisse.pdf. Zugegriffen: 14. Februar 2023

Kubicek B, Korunka C, Tement S (2014) Too much job control? Two studies on curvilinear relations between job control and eldercare workers' well-being. Int J Nurs Stud 51:1644–1653. https://doi.org/10.1016/j.ijnurstu.2014.05.005

Laanti M (2013) Agile and wellbeing – stress, empowerment, and performance in Scrum and Kanban teams. 46th Hawaii International Conference on System Sciences 2013, S 4761–4770 https://doi.org/10.1109/HICSS.2013.74

Lüders E (1999) Analyse psychischer Belastung in der Arbeit: das RHIA-Verfahren. In: Dunckel H (Hrsg) Handbuch psychologischer Arbeitsanalyseverfahren. ETH, Zürich

Mazmanian M, Orlikowski WJ, Yates JA (2013) The autonomy paradox: the implications of mobile email devices for knowledge professionals. Organ Sci 24:1337–1357. https://doi.org/10.1287/orsc.1120.0806

McEwen BS (1998) Stress, adaptation, and disease: allostasis and allostatic load. Ann NY Acad Sci 840:33–44. https://doi.org/10.1111/j.1749-6632.1998.tb09546.x

Meijman TF, Mulder G (1998) Psychological aspects of workload. In: Drenth PJD, Thierry H, de Wolff CJ (Hrsg) Work psychology. New Handbook of Work and Organizational Psychology, Bd 2. Psychology Press, Hove, S 5–34

Meier A, Kropp M, Anslow C, Biddle R (2018) Stress in agile software development: practices and outcomes. In: Garbajosa J, Wang X, Aguiar A (Hrsg) Agile processes in software engineering and extreme programming. Lecture Notes in Business Information Processing, Bd 314. Springer, Cham, S 259–266 https://doi.org/10.1007/978-3-319-91602-6_18

Morgeson FP, Humphrey SE (2006) The Work Design Questionnaire (WDQ): Developing and validating a comprehensive measure for assessing job design and the nature of work. J Appl Psychol 91:1321–1339. https://doi.org/10.1037/0021-9010.91.6.1321

Mustafić M, Krause A, Dorsemagen C et al (2023) Entwicklung und Validierung eines Fragebogens zur Messung der Qualität indirekter Leistungssteuerung in Organisationen (ILSO). Z Arbeits Organisationspsychol 67:31–43. https://doi.org/10.1026/0932-4089/a000386

Niedhammer I, Bertrais S, Witt K (2021) Psychosocial work exposures and health out-comes: a meta-review of 72 literature reviews with meta-analysis. Scand J Work Environ Health 47:489–508. https://doi.org/10.5271/sjweh.3968

Niemiec CP, Ryan RM (2013) What makes for a life well lived? Autonomy and its relation to full functioning and organismic wellness. In: The Oxford handbook of happiness. Oxford University Press, Oxford, S 214–226

Nixon AE, Mazzola JJ, Bauer J et al (2011) Can work make you sick? A meta-analysis of the relationships between job stressors and physical symptoms. Work Stress 25:1–22. https://doi.org/10.1080/02678373.2011.569175

Peters K (2011) Indirekte Steuerung und interessierte Selbstgefährdung. Eine 180-Grad-Wende bei der betrieblichen Gesundheitsförderung. In: Kratzer N, Dunkel W, Becker K, Hinrichs S (Hrsg) Arbeit und Gesundheit im Konflikt. Analysen und Ansätze für ein partizipatives Gesundheitsmanagement. Nomos, Baden-Baden, S 105–122. https://doi.org/10.5771/9783845271231

Rau R (2006) Learning opportunities at work as predictor for recovery and health. Eur J Work Organ Psychol 15:158–180. https://doi.org/10.1080/13594320500513905

Rau R, Buyken D (2015) Der aktuelle Kenntnisstand über Erkrankungsrisiken durch psychische Arbeitsbelastungen. Ein systematisches Review über Metaanalysen und Reviews. Z Arbeits Organisationspsychol 59:113–129

Rau R, Göllner M (2019) Erreichbarkeit gestalten, oder doch besser die Arbeit? Z Arbeits Organisationspsychol 63:1–14. https://doi.org/10.1026/0932-4089/a000284

Rau R, Hoppe J (2020) Neue Technologien und Digitalisierung in der Arbeitswelt. Erkenntnisse für die Prävention und Betriebliche Gesundheitsförderung. iga-report 41

Rau R, Morling K, Rösler U (2010) Is there a relationship between major depression and both objectively assessed and perceived demands and control? Work Stress 24:88–106. https://doi.org/10.1080/02678371003661164

Rau R, Hoppe J, Schweden F et al (2021) Verfahren zur Tätigkeitsanalyse und -gestaltung bei mentalen Arbeitsanforderungen (TAG-MA). Kröning, Asanger

Reeve J (2014) Understanding motivation and emotion. Wiley, Hoboken

van Ruysseveldt J, van Dijke M (2011) When are workload and workplace learning opportunities related in a curvilinear manner? The moderating role of autonomy. J Vocat Behav 79:470–483. https://doi.org/10.1016/j.jvb.2011.03.003

Schieman S, Young MC (2013) Are communications about work outside regular working hours associated with work-to family conflict, psychological distress and sleep problems? Work Stress 27:244–261. https://doi.org/10.1080/02678373.2013.817090

Schmidt KH, Kleinbeck U, Rutenfranz J (1981) Arbeitspsychologische Effekte von Änderungen des Arbeitsinhaltes bei Montagetätigkeiten. Z Arb Wiss 35:162–167

Schwaber K, Sutherland J (2020) The Scrum guide. The definitive guide to Scrum: the rules of the game. https://www.scrumguides.org/scrum-guide.html. Zugegriffen: 6. Apr. 2023

Syrek CJ, Antoni CH (2014) Unfinished tasks foster rumination and impair sleeping – particularly if leaders have high performance expectations. J Occup Health Psychol 19:490–499. https://doi.org/10.1037/a0037127

Väänänen A, Toivanen M (2018) The challenge of tied autonomy for traditional work stress models. Work Stress 32:1–5. https://doi.org/10.1080/02678373.2017.1415999

Warr PB (1987) Work, unemployment and mental health. Oxford University Press, Oxford

Resiliente Mitarbeitende

Roman Soucek

Inhaltsverzeichnis

19.1　Einleitung – 308

19.2　Konzepte individueller Resilienz – 308
19.2.1　Resilienz als Ergebnis – 309
19.2.2　Resilienz als Eigenschaft – 309
19.2.3　Resilienz als Verhalten – 310

19.3　Ansatzpunkte zur Förderung individueller Resilienz – 311
19.3.1　Förderung personaler Eigenschaften – 311
19.3.2　Förderung resilienten Verhaltens – 312

19.4　Implementierung in Unternehmen – 313
19.4.1　Exkurs Praxis – 313

19.5　Fazit – 314

　　　Literatur – 314

© Der/die Autor(en), exklusiv lizenziert an Springer-Verlag GmbH, DE, ein Teil von Springer Nature 2023
B. Badura et al. (Hrsg.), *Fehlzeiten-Report 2023*, Fehlzeiten-Report,
https://doi.org/10.1007/978-3-662-67514-4_19

Zusammenfassung

Infolge der zunehmenden Flexibilisierung sowie Entgrenzung von Tätigkeiten ist die heutige Arbeitswelt durch neue Belastungen gekennzeichnet. Im Zuge der Covid-19-Pandemie wurden diese Entwicklungen weiter beschleunigt. Resilienz hilft bei der erfolgreichen Bewältigung von belastenden Situationen am Arbeitsplatz und kann die psychische Gesundheit von Beschäftigten schützen. In der Literatur gibt es allerdings sehr unterschiedliche Auslegungen von Resilienz. In diesem Beitrag werden zunächst unterschiedliche Konzeptualisierungen individueller Resilienz vorgestellt, um verschiedene Ansatzpunkte zu deren Förderung voneinander abzugrenzen. Diese Ansatzpunkte werden anschließend anhand von Beispielen näher erläutert. Abschließend werden Empfehlungen für die Implementierung von Interventionen zur Resilienzförderung in Unternehmen gegeben.

19.1 Einleitung

Die heutige Arbeitswelt stellt neue Anforderungen an Unternehmen und Beschäftigte. So wurden allgemeine Entwicklungen wie die Digitalisierung und Flexibilisierung durch die Covid-19-Pandemie beschleunigt. Themen wie hybride Zusammenarbeit oder Entgrenzung von Arbeits- und Privatleben betreffen mit einem Schlag einen Großteil der Mitarbeitenden. Diese Entwicklungen gehen oft mit belastenden Faktoren wie einer hohen Arbeitsintensität oder fehlenden Handlungsspielräumen einher und können die Gesundheit von Beschäftigten gefährden (Rau und Buyken 2015). Diesen neuen Anforderungen sollte im besten Fall durch entsprechende Strukturen und Prozesse im Sinne einer verhältnisorientierten Prävention begegnet werden, sodass belastende Faktoren überhaupt nicht erst entstehen. Allerdings können nicht alle Situationen strukturell gelöst werden, wie etwa im Falle von akuten Krisen, die von außen einwirken. Zur Bewältigung von solchen Situationen wird der individuellen Resilienz von Mitarbeitenden eine zentrale Rolle zugesprochen (Schumacher et al. 2005).

In der Literatur gibt es unterschiedliche Definitionen von Resilienz, die zumeist zwei Gemeinsamkeiten aufweisen: Das Vorliegen einer problematischen Situation und eine positive Anpassung an diese Situation (Fletcher und Sarkar 2013). Demnach sind resiliente Mitarbeitende in der Lage, trotz widriger Umstände „einen kühlen Kopf zu bewahren" und zielgerichtet an der Lösung eines Problems zu arbeiten. Dabei meistern sie herausfordernde Situationen nicht nur auf eine scheinbar einfache Weise, sie erholen sich auch schneller von Rückschlägen und lernen aus den gesammelten Eindrücken und Erfahrungen. Auf diese Weise trägt Resilienz zum Schutz der psychischen Gesundheit von Beschäftigten bei (Leon und Halbesleben 2014). Beispielsweise geht Resilienz mit einer geringeren emotionalen Erschöpfung einher (Harker et al. 2016; Shoss et al. 2018). Andere Studien haben einen positiven Zusammenhang zwischen Resilienz und Arbeitsengagement aufgezeigt (Mache et al. 2014; Malik und Garg 2017). Weitere empirische Studien belegen, dass Resilienz mit einer höheren Arbeitszufriedenheit assoziiert ist (Schlett et al. 2018; Youssef und Luthans 2007).

19.2 Konzepte individueller Resilienz

Resilienz wird oft als „psychische Widerstandsfähigkeit" (Schumacher et al. 2005) beschrieben. Der Begriff der Widerstandfähigkeit kann jedoch zur Annahme verleiten, dass resiliente Personen einfach ein „dickes Fell" besitzen und ihnen deswegen widrige Situationen nichts anhaben können. Allerdings trifft diese Auffassung nicht den Kern von Resilienz, der vielmehr auf die Fähigkeit abzielt, sich schneller von den Auswirkungen widriger Situationen zu erholen (Fletcher und Sarkar 2013). Demnach empfinden auch resiliente Personen problematische Situationen als beanspruchend, allerdings erholen sie sich schneller von diesen Situationen als andere. Vor allem diese zeitnahe Erholungsfähigkeit ist es, die zum Schutz der psychischen Gesundheit beiträgt, weil man beim Auftreten einer weiteren problematischen Situation bereits erholt ist und wieder ausreichende Ressourcen zur Bewältigung dieser neuen Situation hat. Im Falle einer gering ausgeprägten Resilienz hat man sich noch nicht von einer widrigen Situation erholt; wenn man dann mit einer neuen Situation konfrontiert wird, fehlen die Ressourcen zu deren Bewältigung. Wenn problematische Situationen häufig und kurz aufeinander folgen, droht eine Kumulierung der Beanspruchung, bis schließlich die psychische Gesundheit gefährdet ist. Zusammengefasst schützt insbesondere diese ausgeprägte Erholungsfähigkeit die psychische Gesundheit von resilienten Personen (Soucek et al. 2022).

Dies sagt allerdings noch nichts darüber aus, welche Faktoren an der schnelleren Erholung von widrigen Situationen beteiligt sind und wie diese ihre Wirkung entfalten. Zudem finden sich der Literatur unterschiedliche Definitionen und Operationalisierungen von Resilienz, die sich teilweise sehr grundlegend unterscheiden (Britt et al. 2016; Bryan et al. 2017; Fletcher und Sarkar 2013; IJntema et al. 2019; Windle et al. 2011). Der Ansatz, der im Folgenden näher dargestellt werden soll, unterscheidet zwischen Resilienz als *Ergebnis* sowie der Resilienz als *Eigenschaft und Verhaltensweise* (Soucek et al. 2022).

19.2.1 Resilienz als Ergebnis

Die grundlegende Definition von Resilienz bezieht sich auf die erfolgreiche Bewältigung von kritischen Situationen (Fletcher und Sarkar 2013). Mit diesem retrospektiven Verständnis von Resilienz kann man zwar im Nachhinein einer Person eine gewisse Resilienz attestieren (Leipold und Greve 2009), allerdings sagt dies nichts über die Grundlage der Bewältigung kritischer Situationen aus. Mit Blick auf die Ansatzpunkte zur Förderung von Resilienz muss deshalb nicht nur gefragt werden, ob eine erfolgreiche Bewältigung vorliegt oder nicht, sondern vielmehr, weshalb und wie es zur erfolgreichen Bewältigung einer problematischen Situation gekommen ist.

19.2.2 Resilienz als Eigenschaft

Resilienz wird oft mit Personen in Verbindung gebracht: Resiliente Personen haben die Fähigkeit, schwierige Situationen erfolgreich zu bewältigen und sich schnell von stressigen Ereignissen zu erholen. Bei dieser allgemeinen Definition von Resilienz schwingt bereits deutlich mit, dass es sich um eine personale Eigenschaft handelt, die bei manchen Menschen stärker ausgeprägt ist als bei anderen. Zusammenfassend wird Resilienz als ein Bündel von unterschiedlichen Eigenschaften verstanden. Dementsprechend beschreiben Lee et al. (2013) Resilienz als ein multidimensionales Konstrukt aus psychologischen und dispositionalen Attributen, wie etwa Kompetenzen, externer Unterstützung oder persönlicher Struktur. Diese umfassende Auslegung von Resilienz spiegelt sich in Fragebögen wider, in denen oft nach persönlichen Überzeugungen oder Einstellungen gefragt wird, bspw. „I am generous with my friends." (Block und Kremen 1996, S. 352) oder „Keeping interested in things is important." (Wagnild und Young 1993, S. 174). Weitergehend umfasst der Fragebogen von Connor und Davidson (2003) mehrere Dimensionen wie etwa persönliche Kompetenz, Vertrauen in die eigenen Instinkte oder positive Akzeptanz von Wandel. Die Resilience Scale for Adults enthält wiederum Subskalen wie Selbstwahrnehmung, soziale Kompetenz oder Strukturiertheit (Kaiser et al. 2019).

Resilienz ist somit keine distinkte Eigenschaft wie etwa das Persönlichkeitsmerkmal der Gewissenhaftigkeit, sondern vielmehr eine Kombination von personalen Ressourcen, die zur erfolgreichen Bewältigung problematischer Situationen beitragen (Soucek et al. 2022). An dieser Stelle werden bspw. die Konstrukte Achtsamkeit, Selbstwirksamkeit und

Optimismus genannt (Soucek et al. 2015). Die Liste ist allerdings nicht erschöpft und umfasst weitere Konstrukte wie etwa Humor (Bhattacharyya et al. 2019; Kuhlman et al. 2021).

Zusammengefasst ist die Auffassung von Resilienz als eine persönliche Eigenschaft ein weit verbreiteter Ansatz, allerdings bestehen persönliche Eigenschaften und Überzeugungen unabhängig von spezifischen Situationen, weil sie eben nur Personen auszeichnen. Da sich die grundlegende Definition von Resilienz jedoch auf die erfolgreiche Bewältigung von spezifischen kritischen Situationen bezieht, greift dieser Ansatz zu kurz: Das Konzept von Resilienz als einer Eigenschaft kann nicht erklären, was konkret zur Bewältigung einer kritischen Situation unternommen wird. Im Folgenden wird deshalb eine Auffassung von Resilienz beschrieben, die diese als Verhalten versteht, das zur Bewältigung konkreter Situationen dient.

19.2.3 Resilienz als Verhalten

Resilientes Verhalten umfasst verschiedene Aspekte zur Bewältigung problematischer Situationen. Um resilientes Verhalten zu operationalisieren, haben Soucek et al. (2015) auf Grundlage einer explorativen Faktorenanalyse einen Fragebogen entwickelt und validiert, der zwischen vier Facetten differenziert (siehe ◘ Tab. 19.1).

Bei einer Untersuchung zwischen personalen Ressourcen der Resilienz, resilientem Verhalten und verschiedenen Aspekten der psychischen Gesundheit zeigten sich insbesondere Zusammenhänge zwischen der beruflichen Selbstwirksamkeit sowie der Achtsamkeit mit resilientem Verhalten (Soucek et al. 2015, 2016a). Beim resilienten Verhalten wiederum zeigten sich Zusammenhänge zu verschiedenen Aspekten der psychischen Gesundheit. So hing resilientes Verhalten negativ mit der emotionalen Erschöpfung zusammen, Menschen fühlten sich also weniger aufgrund der Arbeit psychisch ausgelaugt. Zudem ging das resiliente Verhalten mit einem hohen Arbeitsengagement einher – Beschäftigte waren vitaler und tatkräftiger bei der Arbeit. Zusammengefasst verdeutlichen diese Ergebnisse, dass personale Ressourcen wichtige Determinanten resilienten Verhaltens sind und dass resilientes Verhalten mit höherer psychischer Gesundheit einhergeht. Resilientes Verhalten nimmt damit eine vermittelnde Rolle ein und kann die Wirkung personaler Ressourcen auf die Gesundheit erklären.

◘ **Tab. 19.1** Vier Facetten resilienten Verhaltens. (Nach Soucek et al. 2015)

Facette	Beschreibung
Emotionale Bewältigung	Erfolgreicher Umgang mit den eigenen emotionalen Reaktionen infolge eines aufgetretenen Problems (z. B. Ärger, Unruhe)
Positive Umdeutung	Besinnung auf die eigenen Kompetenzen, die zur Lösung eines aufgetretenen Problems eingesetzt werden könnten
Umfassende Planung	Sichtung und Bewertung von verschiedenen Ansätzen, die zur Lösung eines aufgetretenen Problems verfolgt werden könnten. Hier gilt es, ein umfassendes Ausmaß an Lösungsansätzen unvoreingenommen und umfassend zu sichten
Fokussierte Umsetzung	Fokussiertes und ausdauerndes Verfolgen des gewählten Lösungsansatzes, was auch umfasst, erfolgreich Ablenkungen zu widerstehen

Fehlzeiten-Report 2023

19.3 Ansatzpunkte zur Förderung individueller Resilienz

Ausgehend von den verschiedenen Konzepten individueller Resilienz kann man mögliche Ansatzpunkte zur Förderung von Resilienz ableiten (Soucek et al. 2022). Dabei stehen vor allem die Konzepte von *Resilienz als Eigenschaft* und *Resilienz als Verhalten* im Fokus. Bei den personalen Eigenschaften der Resilienz handelt es sich um situationsunabhängige Merkmale, die für sich allein nicht zur Bewältigung konkreter problematischer Situation beitragen, sondern erst durch konkretes Handeln im Sinne resilienten Verhaltens. Damit stellen personale Eigenschaften eine wichtige Voraussetzung resilienten Verhaltens dar. So wird bspw. eine Person mit hoher Selbstwirksamkeitserwartung mit größerer Zuversicht an die Bewältigung einer problematischen Situation herantreten als eine Person mit niedrigerer Selbstwirksamkeitserwartung. Als Ansatzpunkte zur Förderung von Resilienz eignen sich somit sowohl die personalen Eigenschaften als auch das resiliente Verhalten.

19.3.1 Förderung personaler Eigenschaften

Als resilienzförderliche Eigenschaften werden bspw. Achtsamkeit, Selbstwirksamkeit, Optimismus, internale Kontrollüberzeugung oder auch Gelassenheit angeführt (Soucek et al. 2022). Bei dem Modell zur Resilienz im Arbeitskontext von Soucek et al. (2016b) handelt es sich um ein konzeptuelles Modell, das zudem weitere personale Eigenschaften umfassen kann, wie etwa Humor bei der Arbeit (Bhattacharyya et al. 2019). Als Ansatzpunkte zur Förderung von Resilienz eignen sich demnach auch bestehende Konstrukte, zu denen es bereits Interventionen sowie Metaanalysen und systematische Reviews gibt, die deren Bezug zu Resilienz empirisch untermauern (Helmreich et al. 2017; Joyce et al. 2018; Lehr et al. 2018; Leppin et al. 2014; Robertson et al. 2015; Vanhove et al. 2016). Bei den Interventionen kommen dabei zumeist gruppenbasierte Trainings zum Einsatz (Robertson et al. 2015). Jedoch haben sich auch webbasierte Trainings zur Steigerung einzelner Resilienzfaktoren als erfolgreich herausgestellt (z. B. Cieslak et al. 2016; Heber et al. 2016; Pauls et al. 2016).

Ein Beispiel eines webbasierten Trainings zur Förderung von Resilienz im Arbeitskontext beschreiben Pauls et al. (2018). Das Training setzt an personalen Ressourcen an und umfasst drei Kurse zur Stärkung der Achtsamkeit, der Selbstwirksamkeit und des Optimismus. Jeder dieser Kurse besteht aus vier Modulen, die jeweils 5–7 min Bearbeitungszeit in Anspruch nehmen. Die Kurse umfassen Elemente wie eine Erläuterung des jeweiligen Konstrukts, kleine Übungen zur Reflexion des eigenen Erlebens und Verhaltens im Arbeitskontext sowie Übungen für den Alltag. Die Teilnehmenden absolvierten im Schnitt jeden zweiten Tag ein Modul, sodass sich das Training über einen Zeitraum von insgesamt sechs Wochen erstreckt. Die Darbietung des Trainings in kurzen Einheiten folgte der Idee, den Teilnehmenden einen kleinen Impuls für den Alltag zu geben, den sie sogleich ausprobieren konnten, anstatt sie mit zu viel Informationen auf einmal zu konfrontieren.

Die Ergebnisse einer Evaluationsstudie zu diesem webbasierten Training mit fast 500 Beschäftigten verdeutlichen, dass dieses geeignet ist, um die personalen Ressourcen der Selbstwirksamkeit und des Optimismus zu stärken (Soucek et al. 2019a). Bzgl. Achtsamkeit entfaltet sich die Wirkung nicht unmittelbar, sondern nimmt erst zu späteren Zeitpunkten Gestalt an. Darüber hinaus verdeutlichen die Ergebnisse, dass die personalen Ressourcen der Resilienz ein geeigneter Ansatzpunkt sind, um die psychische Gesundheit sicherzustellen. Insbesondere konnte mit einer Steigerung der personalen Ressourcen das resiliente Verhalten gestärkt werden, was wiederum mit einer gestiegenen psychischen Gesundheit einhergeht. Im Einzelnen ging ein gestiegenes resilientes

Verhalten mit einer Senkung der emotionalen Erschöpfung sowie mit einem gestiegenen Arbeitsengagement einher (ebd.).

Zusammengefasst handelt es sich bei der Förderung personaler Ressourcen der Resilienz um einen grundlegenden Ansatzpunkt zur Förderung der Resilienz. Auch wenn diese personalen Ressourcen zunächst unabhängig von konkreten Situationen gefördert werden, so entfalten sie bei akuten problematischen Situationen ihre Wirkung über resilientes Verhalten, das für sich einen weiteren Ansatzpunkt zur Förderung der Resilienz von Mitarbeitenden darstellt.

19.3.2 Förderung resilienten Verhaltens

Das oben beschriebene Modell der vier Facetten resilienten Verhaltens bietet folgende Vorteile: Erstens bieten die Facetten einen gemeinsamen Rahmen, um den Austausch zwischen den Beschäftigten zu ermöglichen. Zweitens wird die Frage, wie man eine problematische Situation bewältigt, in mehrere Teilaspekte unterteilt. Dadurch muss man sich nicht mehr die große Frage stellen „Was mache ich jetzt?", sondern stellt sich Teilfragen wie etwa „Wie kann ich meine eigenen emotionalen Reaktionen bewältigen?" oder „Welche Handlungsoptionen stehen mir zur Lösung des Problems zur Verfügung?". Schließlich erleichtern die einzelnen Facetten die Ableitung spezifischer Strategien zur Bewältigung problematischer Situationen, was am Beispiel eines Workshops zur Förderung resilienten Verhaltens erläutert wird (siehe Exkurs Praxis: Beispiel 1: *Workshop zur Förderung resilienten Verhaltens*).

Im Folgenden werden beispielhaft für die vier Facetten mögliche Strategien beschrieben. Vorweg sei erwähnt, dass es sich bei diesen Strategien nicht um umfassende und elaborierte Maßnahmen handelt, vielmehr verbergen sich dahinter kleine Angewohnheiten für den Alltag, die man sich im Vorhinein zurechtlegt und auf die man im Falle eines akuten Problems zurückgreift. Diese Strategien resilienten Verhaltens könnten beispielsweise im Rahmen eines Workshops ausgearbeitet werden.

Emotionale Bewältigung beschreibt einen erfolgreichen Umgang mit den eigenen affektiven Reaktionen, wie etwa Ärger oder Unruhe, die sich infolge von problematischen Situationen ergeben können. Die Bewältigung von emotionalen Reaktionen kann durch verschiedene Strategien erfolgen. Eine Möglichkeit besteht darin, bspw. nach einem aufwühlenden Telefonat spazieren zu gehen, um den Kopf freizubekommen.

Im Sinne einer *positiven Umdeutung* besinnt man sich auf seine eigenen Fähigkeiten und Kompetenzen und kann eine akute, problematische Situation als eine Gelegenheit verstehen, diese gezielt einzubringen. Eine Strategie, damit dies gelingt, könnte bspw. sein, sich an vergangene Erfolge zu erinnern und die Fähigkeiten und Kompetenzen zu benennen, die hierzu beigetragen haben.

Eine *umfassende Planung* beinhaltet die Berücksichtigung verschiedener Lösungsansätze sowie ein Abwägen von deren Vor- und Nachteilen. Dabei geht es vor allem um ein möglichst breites Spektrum an Lösungsansätzen. Als Beispiel könnte man ein Formular mit einem Schema vorbereiten, das es erfordert, im Falle eines Problems mehrere Lösungsansätze auszuformulieren und zu jedem dieser Ansätze jeweils Pro- und Contra-Argumente zu notieren.

Die *fokussierte Umsetzung* erfordert, dass der gewählte Lösungsansatz ohne Ablenkung konzentriert und zielstrebig verfolgt wird. Eine Methode, die dabei helfen kann, ist die Pomodoro-Technik, bei der die Arbeit in 25-Minuten-Intervalle – gefolgt von Pausen zur Erholung – unterteilt wird. Dieser strukturierte Zeitrahmen fördert eine konzentrierte Arbeit an der Aufgabe.

19.4 Implementierung in Unternehmen

Um Instrumente zur Förderung der individuellen Resilienz, wie beispielsweise webbasierte Trainings, für Mitarbeitende nutzbar zu machen, müssen diese umfassend in einem Unternehmen implementiert werden (Soucek et al. 2019b). Auf der einen Seite vereinen webbasierte Instrumente die Vorteile einer einfachen Skalierung, d. h. sie können einer Vielzahl von Beschäftigten angeboten werden, ohne dass dadurch zusätzliche Kosten entstehen. Auf der anderen Seite kann man nicht davon ausgehen, dass das Verschicken eines Links automatisch zu einer hohen Beteiligungsquote führt. Deswegen muss bereits im Vorfeld das Thema Resilienz im Unternehmen bekannt gemacht werden und das Angebot beworben werden (siehe Exkurs Praxis: Beispiel 2: *Implementierung eines Resilienz-Managements in das Betriebliche Gesundheitsmanagement einer Bank*). Beispielsweise könnte es mit Impulsvorträgen in (bestehenden) Gesundheitszirkeln angesprochen oder an Aktionstagen – wie etwa einem Gesundheitstag – den Mitarbeitenden vorgestellt werden. Ebenso bieten sich betriebsinterne Zeitschriften oder Newsletter als Kanäle zur Bewerbung des Angebots an. Betriebliche Handlungsexpertinnen und -experten, die mit dem Thema Resilienz und den Inhalten des webbasierten Trainings vertraut sind, stellen eine weitere Maßnahme dar, die sich im Nachgang an ein Training zur Resilienz anbietet. Sie stehen den Beschäftigten als kollegiale Ansprechpartner zur Verfügung und können die Beschäftigten hinsichtlich unterschiedlicher Strategien zur Bewältigung problematischer Situationen beraten (Pauls et al. 2018).

19.4.1 Exkurs Praxis

Beispiel 1: Workshop zur Förderung resilienten Verhaltens

Soucek et al. (2018) beschreiben einen Workshop zur Förderung resilienten Verhaltens, dessen Zielsetzung im Austausch über verschiedene Strategien zur Bewältigung von problematischen Situationen bestehen könnte. Dies bietet sich beispielsweise für die Mitarbeitenden eines Teams an, die auf der einen Seite mit ähnlichen Anforderungen und Problemen konfrontiert sind und auf der anderen Seite unterschiedliche Strategien zur Bewältigung dieser Anforderungen einsetzen. Durch einen gemeinsamen Austausch über die eingesetzten Strategien werden den Beteiligten neue Möglichkeiten zur Bewältigung ähnlicher Probleme aufgezeigt. Dabei könnten die Strategien nach den vier Facetten resilienten Verhaltens geordnet werden, was den Vorteil mit sich bringt, dass diese konkreter ausformuliert werden können.

Beispiel 2: Implementierung eines Resilienz-Managements in das Betriebliche Gesundheitsmanagement einer Bank

Im Vorfeld des webbasierten Trainings wurde mit Beiträgen im Unternehmensblog das Thema Resilienz vorgestellt. Zudem wurde in der Hauptgeschäftsstelle ein Video gedreht, in dem Mitarbeitende des Unternehmens zum Thema Resilienz in Form von Kurzinterviews befragt wurden; anschließend wurde der Begriff der Resilienz anhand von Beispielen näher erläutert. Der Einsatz des Videos mit eigenen Beschäftigten als Protagonisten erwies sich als sehr vorteilhaft, weil dadurch Aufmerksamkeit geschaffen wurde und diese Beschäftigten als Ansprechpartner für das Thema Resilienz fungierten. Nach dieser Einführung wurden das webbasierte Training (siehe ▶ Abschn. 19.3.1) sowie die betrieblichen Handlungsexperten (siehe ▶ Abschn. 19.4) eingesetzt. Diese beiden Elemente des Resilienz-Managements wurden im Unternehmen schließlich verstetigt und standen den Beschäftigten weiterhin zur Verfügung.

Beispiel 3: Kurs „Stark in Alltag und Arbeit"
Im Kurs „Stark in Alltag und Arbeit – Resilienz auf individueller und kollektiver Ebene" der virtuellen Hochschule Bayern werden die oben vorgestellten Konzepte vertieft und Ansatzpunkte zur Förderung von Resilienz auf den Ebenen von Individuen, Teams und Organisationen anwendungsnah erläutert. Der Kurs richtet sich an Beschäftige wie auch an Führungskräfte. Dieser Kurs wird von der virtuellen Hochschule Bayern kostenfrei unter der folgenden URL angeboten: ▶ https://open.vhb.org/themenwelt/kursportraits/resilienz/

19.5 Fazit

Die Resilienz von Mitarbeitenden kann helfen, mit den Anforderungen der heutigen Arbeitswelt besser zurechtzukommen. Dies soll jedoch nicht den Eindruck vermitteln, dass alles auf die Schultern der Beschäftigten abgeladen werden sollte. Wird den Mitarbeitenden stetig Resilienz abgefordert, weil der Ausnahmezustand die Regel ist, dann liegen vielmehr strukturelle Probleme vor, wie etwa hinderliche Arbeitsbedingungen oder ein zu geringer Personalschlüssel. Konsequenterweise verdeutlicht das oben genannte Modell, dass Resilienz in Unternehmen ganzheitlich betrachtet werden und nicht nur die Förderung der individuellen Resilienz umfassen sollte, sondern mit der Teamresilienz und organisationalen Resilienz ebenfalls ein Augenmerk auf die Interaktion zwischen Beschäftigten und auf die strukturellen Gegebenheiten wie etwa die Arbeitsbedingungen gerichtet werden muss (siehe auch Soucek et al. 2016b; Becke et al. 2021 sowie den Beitrag zum Thema Teamresilienz von Kauffeld und Schulte, ▶ Kap. 13 in diesem Report). Eine umfassende Auffassung von Resilienz ist im Rahmen einer „Zeitenwende" unabdingbar, denn diese betrifft nicht nur die Beschäftigten, sondern gleichermaßen Teams und Organisationen.

Literatur

Becke G, Pöser S, Zenz C (2021) Organisationale Resilienz und Gesundheitserhalt in der Corona-Krise. In: Badura B, Ducki A, Schröder H, Meyer M (Hrsg) Fehlzeiten-Report 2021. Springer, Berlin, S 233–245

Bhattacharyya P, Jena LK, Pradha S (2019) Resilience as a mediator between workplace humour and well-being at work: An enquiry on the healthcare professionals. J Health Manag 21:160–176

Block J, Kremen AM (1996) IQ and ego-resiliency: Conceptual and empirical connections and separateness. J Pers Soc Psychol 70:349–361

Britt TW, Shen W, Sinclair RR et al (2016) How much do we really know about employee resilience? Ind Organ Psychol 9:378–404

Bryan C, O'Shea D, MacIntyre T (2017) Stressing the relevance of resilience: a systematic review of resilience across the domains of sport and work. Int Rev Sport Exerc Psychol 12:70–111

Cieslak R, Benight CC, Rogala A et al (2016) Effects of internet-based self-efficacy intervention on secondary traumatic stress and secondary posttraumatic growth among health and human services professionals exposed to indirect trauma. Front Psychol 7:1009

Connor KM, Davidson JRT (2003) Development of a new resilience scale: The Connor-Davidson Resilience Scale (CD-RISC). Depress Anxiety 18:76–82

Fletcher D, Sarkar M (2013) Psychological resilience: a review and critique of definitions, concepts, and theory. Eur Psychol 18:12–23

Harker R, Pidgeon AM, Klaassen F et al (2016) Exploring resilience and mindfulness as preventative factors for psychological distress burnout and secondary traumatic stress among human service professionals. Work 54:631–637

Heber E, Lehr D, Ebert DD et al (2016) Web-based and mobile stress management intervention for employees: a randomized controlled trial. J Med Internet Res 18:e21

Helmreich I, Kunzler A, Chmitorz A et al (2017) Psychological interventions for resilience enhancement in adults. Cochrane Database Syst Rev. https://doi.org/10.1002/14651858.CD012527

IJntema RC, Burger YD, Schaufeli WB (2019) Reviewing the labyrinth of psychological resilience: Establishing criteria for resilience-building programs. Consult Psychol Journal: Pract Res 71:288–304

Joyce S, Shand F, Tighe J et al (2018) Road to resilience: a systematic review and meta-analysis of resilience training programmes and interventions. BMJ Open 8:1–9

Kaiser N, Seves M, Koutsouleris N et al (2019) Validierung einer deutschen Version der Resilience Scale for Adults (RSA). Diagnostica 65:205–215

Kuhlman KR, Straka K, Mousavi Z et al (2021) Predictors of adolescent resilience during the COVID-19 pandemic: cognitive reappraisal and humor. J Adolesc Health 69:729–736

Lee JH, Nam SK, Kim A-R et al (2013) Resilience: a meta-analytic approach. J Couns Dev 91:269–279

Lehr D, Kunzler A, Helmreich I et al (2018) Internetbasierte Resilienzförderung und Prävention psychischer Erkrankungen. Nervenarzt 89:766–772

Leipold B, Greve W (2009) Resilience: a conceptual bridge between coping and development. Eur Psychol 14:40–50

Leon MR, Halbesleben JRB (2014) Building resilience to improve employee well-being. In: Rossi AM, Meurs JA, Perrewé PL (Hrsg) Improving employee health and well-being. Information Age Publishing, S 65–81

Leppin AL, Bora PR, Tilburt JC et al (2014) The efficacy of resiliency training programs: a systematic review and meta-analysis of randomized trials. Plos One 9:111420

Mache S, Vitzthum K, Wanke E et al (2014) Exploring the impact of resilience, self-efficacy, optimism and organizational resources on work engagement. Work 47:491–500

Malik P, Garg P (2017) Learning organization and work engagement: the mediating role of employee resilience. Int J Hum Resour Manag 31:1071–1094

Pauls N, Schlett C, Soucek R et al (2016) Resilienz durch Training personaler Ressourcen stärken: Evaluation einer web-basierten Achtsamkeitsintervention. Gruppe. Interaktion Organisation Z Angew Organisationspsychologie (gio) 47:105–117

Pauls N, Krogoll T, Schlett C et al (2018) Interventionen zur Stärkung von Resilienz im Arbeitskontext. In: Janneck M, Hoppe A (Hrsg) Gestaltungskompetenzen für gesundes Arbeiten. Springer, Berlin, S 71–85

Rau R, Buyken D (2015) Der aktuelle Kenntnisstand über Erkrankungsrisiken durch psychische Arbeitsbelastungen. Z Arbeits Organisationspsychol 59:113–129

Robertson IT, Cooper CL, Sarkar M et al (2015) Resilience training in the workplace from 2003 to 2014: a systematic review. J Occup Organ Psychol 88:533–562

Schlett C, Pauls N, Soucek R (2018) Der Einfluss von Resilienz auf qualitative Formen der Arbeitszufriedenheit. Z Arbeits Organisationspsychol 62:202–223

Schumacher J, Leppert K, Gunzelmann T et al (2005) Die Resilienzskala – Ein Fragebogen zur Erfassung der psychischen Widerstandsfähigkeit als Personmerkmal. Z Klin Psychol Psychiatr Psychother 53:16–39

Shoss MK, Jiang L, Probst TM (2018) Bending without breaking: a two-study examination of employee resilience in the face of job insecurity. J Occup Health Psychol 23:112–126

Soucek R, Pauls N, Ziegler M et al (2015) Entwicklung eines Fragebogens zur Erfassung resilienten Verhaltens bei der Arbeit. Wirtschaftspsychologie 17:13–22

Soucek R, Pauls N, Ziegler M et al (2016a) Der Einfluss personaler und organisationaler Ressourcen auf resilientes Verhalten und psychische Gesundheit am Arbeitsplatz. In: Soucek R, Pauls N (Hrsg) 50. Kongress der Deutschen Gesellschaft für Psychologie Universität Leipzig

Soucek R, Ziegler M, Schlett C et al (2016b) Resilienz im Arbeitsleben – Eine inhaltliche Differenzierung von Resilienz auf den Ebenen von Individuen, Teams und Organisationen. Gruppe Interaktion Organisation Z Angew Organisationspsychologie (gio) 47:131–137

Soucek R, Pauls N, Schlett C (2018) Resiliente Führung. Zfo – Z Führung + Organisation 87:9–13

Soucek R, Schlett C, Pauls N et al (2019a) Enhancing resilience and well-being at work through web-based trainings on mindfulness, self-efficacy, and optimism. In: Busch C, James JG (Hrsg) Bits and Bots: digital interventions for good work, recovery and better health Symposium held at the 19th Congress of the European Association of Work and Organizational Psychology, Turin

Soucek R, Schlett C, Pauls N (2019b) Stark im Arbeitsleben – Instrumente zur Erfassung und Förderung von Resilienz. In: Heller J (Hrsg) Resilienz für die VUCA-Welt. Springer, Wiesbaden, S 101–113

Soucek R, Schlett C, Pauls N (2022) Interventionen zur Förderung von Resilienz im Arbeitskontext. In: Michel A, Hoppe A (Hrsg) Handbuch Gesundheitsförderung bei der Arbeit. Springer, Wiesbaden, S 85–99

Vanhove AJ, Herian MN, Perez ALU et al (2016) Can resilience be developed at work? A meta-analytic review of resilience-building programme effectiveness. J Occup Organ Psychol 89:78–307

Wagnild GM, Young HM (1993) Development and psychometric evaluation of the Resilience Scale. J Nurs Meas 1:165–178

Windle G, Bennett KM, Noyes J (2011) A methodological review of resilience measurement scales. Health Qual Life Outcomes 9:8

Youssef CM, Luthans F (2007) Positive organizational behavior in the workplace: the impact of hope, optimism, and resilience. J Manage 33:774–800

Gesundheitsförderliche Handlungsregulation in der neuen Arbeitswelt: Von interessierter Selbstgefährdung zu Selbstsorge und Teamresilienz

Andreas Krause, Sophie Baeriswyl, Marcel Baumgartner, Cosima Dorsemagen, Michaela Kaufmann und Maida Mustafić

Inhaltsverzeichnis

20.1 Adaptive und maladaptive Selbstregulation – 319

20.2 Zunehmende Ergebnis- und Eigenverantwortung in der neuen Arbeitswelt – 320

20.3 Maladaptive Handlungsregulation: Interessierte Selbstgefährdung – 320

20.4 Adaptive Handlungsregulation: Arbeitsbezogene Selbstsorge und Teamresilienz – 322

© Der/die Autor(en), exklusiv lizenziert an Springer-Verlag GmbH, DE, ein Teil von Springer Nature 2023
B. Badura et al. (Hrsg.), *Fehlzeiten-Report 2023*, Fehlzeiten-Report,
https://doi.org/10.1007/978-3-662-67514-4_20

20.5	Betriebliche Frühwarnsysteme zur Förderung gesundheitsförderlicher Handlungsregulation – 324
20.5.1	Präventives Gesundheits-Assessment – 324
20.5.2	Gesundheitsbefragung beim Verzicht auf Arbeitszeiterfassung – 325
20.5.3	Interessierte Selbstgefährdung in die Gefährdungsbeurteilung integrieren – 326
20.5.4	Teamresilienz: Potenzial von New Work für Frühinterventionen – 327
20.6	Fazit – 327
	Literatur – 329

Zusammenfassung

Organisationen fördern angesichts eines dynamischen Marktumfelds die Ergebnisverantwortung der Mitarbeitenden. Damit geht auch eine erhöhte Eigenverantwortung der Mitarbeitenden für ihre Gesundheit in einem unsicheren Umfeld einher. Interessierte Selbstgefährdung *beinhaltet konkrete Handlungsstrategien, die für Erwerbstätige kurzfristig problemlösend sind, um sich in der Organisation zu legitimieren und erfolgreich zu erscheinen, sich jedoch bei langfristigem Einsatz negativ auf die Gesundheit auswirken. Im Kontrast ist* arbeitsbezogene Selbstsorge *selbstinitiiertes, gesundheitsförderliches Verhalten im Umgang mit Druck und Unsicherheit. Da interessierte Selbstgefährdung im sozialen Kontext entsteht, sind zudem Teams anzuleiten, gemeinsam mit Druck und Unsicherheit umzugehen. Mit arbeitsbezogener Selbstsorge und Teamresilienz werden gesundheitsförderliche Strategien der Selbstregulation vorgestellt, die trainierbar sind. Organisationen benötigen Frühwarnsysteme, um Handlungsbedarf zur Förderung gesundheitsförderlicher Selbstregulation zu erkennen und um Rahmenbedingungen zu schaffen, die arbeitsbezogene Selbstsorge erleichtern.*

20.1 Adaptive und maladaptive Selbstregulation

Umfangreiche betriebliche Veränderungen wie beispielsweise Reorganisationen oder eine Automatisierung und Digitalisierung von Arbeitsprozessen beinhalten vielfältige psychische Arbeitsanforderungen und gehen tendenziell mit schlechterer Gesundheit einher (de Jong et al. 2016; Geuskens et al. 2012; Otto et al. 2018; Rigotti und Otto 2012). Um diesen Zusammenhang zwischen psychischen Arbeitsanforderungen und Gesundheit verstehen zu können, benötigen wir ein vertieftes Verständnis der Selbst- bzw. Handlungsregulation von Erwerbstätigen (Sonnentag et al. 2023). Vielfach gelten aktive, *problemorientierte* Bewältigungsstrategien als wünschenswert, sofern eine Situation beeinflussbar erscheint (Job Crafting; Vogt et al. 2016), während *emotionsorientierte* Bewältigungsstrategien wie das Akzeptieren einer belastenden Situation empfohlen werden, wenn eine Arbeitssituation nicht veränderbar ist (Britt et al. 2016). Von adaptiven Bewältigungsstrategien kann im Arbeitskontext gesprochen werden, wenn Handlungen sowohl zur Zielerreichung bei der Arbeit beitragen als auch mit positiven Auswirkungen für die eigene Gesundheit einhergehen (Holton et al. 2015; Skinner et al. 2003). Im Fehlzeiten-Report 2012 haben wir (Krause et al. 2012) auf Basis von Fallstudien und Erhebungen aufzeigen können, dass Erwerbstätige vielfach Strategien einsetzen, die zwar kurzfristig adaptiv erscheinen, um bei der Arbeit erfolgreich sein zu können und geforderte Kennzahlen zu erfüllen, sich jedoch mittel- und langfristig negativ auf die eigene Gesundheit auswirken, also unter diesem Blickwinkel maladaptiv sind (Holton et al. 2015; Mustafić et al. 2021; Skinner et al. 2003). Wer am Wochenende und im Urlaub arbeitet, wer trotz Erkrankung im Homeoffice tätig ist, wer sich über Substanzkonsum neben der Arbeit aufputscht und negative Gefühle am Abend beseitigt, kann phasenweise erfolgreich agieren, riskiert aber auf Dauer die eigene Gesundheit und Leistungsfähigkeit (Chevalier und Kaluza 2015; Dettmers et al. 2016; Feuerhahn et al. 2016; Krause et al. 2015a; Schulthess 2017). Das kann sich etwa in Burn-out, Erschöpfungsdepressionen, Schlafstörungen und psychosomatischen Beschwerden äußern (De Beer et al. 2016). Die ambivalenten Strategien der Handlungsregulation können unter dem Begriff der *interessierten Selbstgefährdung* sinnvoll zusammengefasst werden (Krause et al. 2010; Peters 2011). Das Konzept der interessierten Selbstgefährdung kann somit einen Teil der Zusammenhänge zwischen hohen Arbeitsanforderungen und gesundheitlichen Beeinträchtigungen wie beispielsweise Erschöpfung erklären (Baeriswyl et al. 2017, 2018, 2021; Knecht et al. 2017; Sandmeier et al. 2022).

20.2 Zunehmende Ergebnis- und Eigenverantwortung in der neuen Arbeitswelt

Soziologische und philosophische Ansätze legen nahe, dass die Veränderungen in der Arbeitswelt in den letzten Jahrzehnten mit einem erhöhten Risiko für interessierte Selbstgefährdung einhergehen (Arbeitskraftunternehmer: Pongratz und Voß 1997; indirekte Steuerung: Peters 2011; Subjektivierung von Arbeit: Moldaschl und Voß 2003): Erwerbstätige übernehmen mehr Ergebnisverantwortung, sollen ihre Kreativität und Persönlichkeit im Sinne des Unternehmenszwecks einsetzen und selbst Lösungen dafür finden, wie Hindernisse bei der Zielerreichung beseitigt oder hohe und dynamische Anforderungen von Kundinnen und Kunden profitabel erfüllt werden können. In den vieldiskutierten neuen Arbeitsformen (New Work, z. B. agile Arbeitsformen, Holocracy) spielt diese Eigenverantwortung eine herausragende Rolle. Empirisch zeigt sich bislang in den wenigen vorliegenden Studien am Beispiel agiler Projektarbeit: Diese geht zwar wie gewünscht mit mehr Innovation einher, die erhofften Effekte auf höhere Arbeitszufriedenheit und reduziertes Belastungserleben sind hingegen deutlich schwächer (Koch et al. 2023). Die Stärkung der Eigenverantwortung über neue Arbeitsformen ist gerade in unsicheren, krisenreichen Zeiten im Unternehmensinteresse, damit kreative Lösungen dezentral eigeninitiativ erarbeitet werden, doch dies kann gleichzeitig die Mitarbeitenden überfordern und Entgrenzung fördern.

In dem vorliegenden Beitrag möchten wir aufzeigen, wie dem gegengesteuert und eine Reduktion interessierter Selbstgefährdung zugunsten gesundheitsförderlicher Selbstregulation auf individueller und gemeinschaftlicher Ebene erreicht werden kann. Hierbei sind Erwerbstätige einzubinden und auch selbst gefordert, denn nur wer die Mechanismen versteht, die zu interessierter Selbstgefährdung führen, ist handlungsfähig und kann bei Bedarf gegensteuern und Grenzen bewusst setzen (Krause et al. 2018a; Stadlinger und Menz 2015). Zudem braucht es gesundheitsförderliche Routinen, die, wenn sie wahrgenommen und reflektiert werden, auch trainiert werden können (Mustafić et al. 2023). Wir warnen gleichzeitig vor einer einseitigen Ausrichtung an individueller Selbstoptimierung zur Leistungsförderung und Kursen zur Steigerung individueller Widerstandsfähigkeit, so wichtig Angebote zur Verhaltensprävention auch sind (Karabinski et al. 2021): Es wäre zynisch, sich in Organisationen auf individuelle Angebote wie Awareness-, Mindfulness-, Yoga-, Resilienz-, Stress-, Job Crafting- und Selbstführungs-Kurse zu beschränken und die Verantwortung für die Gesundheit den einzelnen Mitarbeitenden zu überlassen. Da interessierte Selbstgefährdung als soziales Phänomen zu verstehen ist, muss auch die Bearbeitung sozial eingebunden werden und als Teil der Fürsorgepflicht im Organisationskontext erfolgen. Es werden Maßnahmen notwendig, die ein sicheres und angstfreies Umfeld schaffen, in dem Individuen hierarchieübergreifend ihre Unsicherheiten und Unzulänglichkeiten ansprechen können, ohne negative Konsequenzen befürchten zu müssen. Das begünstigt psychologische Sicherheit am Arbeitsplatz, die wiederum mit erhöhtem Engagement, einer Kultur der gegenseitigen Unterstützung und Lernorientierung innerhalb der Organisation einhergeht (Frazier et al. 2017). Hierzu stellen wir am Ende des Beitrags Projekte aus der Schweiz und Deutschland vor.

20.3 Maladaptive Handlungsregulation: Interessierte Selbstgefährdung

Erwerbstätige müssen in veränderungsreichen, unsicheren Zeiten nicht nur ihren Job machen, sondern fortlaufend nachweisen, dass sie für die Organisation einen wertvollen Beitrag leisten (Menz et al. 2010). Beschäftigte übernehmen Ergebnisverantwortung und entwickeln ein eigenes Interesse am Erreichen von Zielen, die sich an Kennzahlen und Key Performance Indikatoren ausrichten und über die Mitarbeitende sich legitimieren und ihren Erfolg nachweisen (Peters 2011). Aus handlungstheoretischer Perspektive entstehen spezifische Anforderungen an abhängig Beschäftigte. Ähnlich wie Selbstständige müssen sie gleichzeitig Soll-Zustände aus zwei Handlungsbereichen verfolgen: Erstens sind fachliche Ziele, zweitens zugleich kennzahlenorientierte bzw. ökonomische Ziele zu erreichen, die für die Legitimation der eigenen Anstellung von besonderer Bedeutung sind. Damit erhöhen sich die Anforderungen an die Selbstregulation und die Wahrscheinlichkeit für widersprüchliche Anforderungen, was aus handlungstheoretischer Perspektive zu Überforderung führen kann (Moldaschl 2017; Resch 2017). Wenn Beschäftigte bei der Arbeit in eine Situation kommen, in der es schwierig erscheint, gleichzeitig fachliche und ökonomische Ziele zu erreichen, so besteht doch das Interesse fort, beides zu schaffen, um in der Organisation erfolgreich dazustehen.

Aus diesem Interesse am Erfolg entsteht interessierte Selbstgefährdung (Peters 2011). Diese umfasst Strategien, die kurzfristig problemlösend sind, um sich in der Organisation zu legitimieren und erfolgreich zu erscheinen, sich jedoch bei mittel- und langfristigem Einsatz negativ auf Gesundheit und Befinden auswirken und somit langfristig maladaptiv sein können. Die Strategien können in zwei Konstellationen eingeteilt werden (Mustafić et al. 2022).

Erstens wird der Einsatz erhöht (Semmer et al. 2010). Indem die Beschäftigten zeitlich länger und mental intensiver arbeiten sowie auf Erholung verzichten, möchten sie die ökonomischen Ziele erreichen und gleichzeitig die angestrebten fachlichen Standards erfüllen. Solche Strategien gehen allerdings mit höheren energetischen Kosten einher, was sich nach dem Anstrengungs-Erholungs-Modell (Meijman und Mulder 1998) mittel- bis langfristig kritisch auf die Gesundheit auswirkt. In dieser ersten Konstellation wird die Arbeitszeit besonders intensiv genutzt und am Ende des Arbeitstages ausgedehnt (*Intensivieren und Ausdehnen der Arbeit*), die Arbeit in der Freizeit fortgesetzt (*Arbeiten in der Freizeit*), es wird auf Freizeitaktivitäten (*Verzicht auf Ausgleich in der Freizeit*) und Pausen während der Arbeit (*Verzicht auf Pausen bei der Arbeit*) verzichtet, um noch mehr Zeit zum Arbeiten nutzen zu können, die eigene Leistungsfähigkeit wird über den Einsatz von Substanzen wie Koffein und Energy Drinks oder auch über Ritalin oder Kokain gesteigert (*Substanzkonsum zur Stimulation*) oder Erwerbstätige arbeiten trotz Erkrankung und verzichten auf die notwendige Regeneration (*Arbeiten trotz Erkrankung*; Mustafić et al. 2022).

Wenn es aber aus Sicht der Beschäftigten nicht mehr möglich erscheint, gleichzeitig die fachlichen und die ökonomischen Ziele zu erreichen, dann kommen die Strategien der zweiten Konstellation zum Einsatz. Hier geht es nicht mehr wie bei den Strategien der ersten Konstellation um den Nachweis von Erfolg, sondern vielmehr um das Vermeiden negativer Konsequenzen bei teilweise fehlender Zielerreichung (Mustafić et al. 2022). Nach dem Ansatz „Stress As Offense To Self" (Semmer et al. 2019) stellen Zielverfehlungen eine erhebliche Selbstwertbedrohung dar; entsprechend sind bei diesen Strategien hohe psychische Kosten zu erwarten.

Zu dieser zweiten Konstellation der interessierten Selbstgefährdung gehören die folgenden Phänomene: Der Versuch, trotz der als nicht mehr erreichbar erlebten Ziele ein positives Bild nach außen aufrechtzuerhalten und sich als erfolgreich zu inszenieren; Hinweise auf Schwierigkeiten, Unsicherheiten und fehlende Zielerreichung werden bewusst unterlassen (*Vortäuschen*); die fachlichen Ziele werden zugunsten der ökonomischen Ziele hintenangestellt (*Senken der Qualität unter Zeitdruck*); das Senken der Qualität bleibt nicht immer auf Drucksituationen beschränkt, da der Widerspruch zwischen fachlichen und ökonomischen Zielen dauerhaft vorliegen kann (*dauerhaftes Senken der Qualität unter Zeitdruck*); Rückzug, da der Austausch mit Kolleginnen und Kollegen sowie mit Vorgesetzten aufgrund von interner Konkurrenz oder fehlendem Interesse an bestehenden Schwierigkeiten nicht mehr als zielführend, teilweise sogar als bedrohlich erlebt wird (*Verzicht auf Austausch bei der Arbeit*; Mustafić et al. 2022). Ein verbindendes Element der Strategien interessierter Selbstgefährdung ist die Dominanz ökonomischer Ziele und des damit verbundenen Zeit- und Leistungsdrucks, d. h. Möglichkeiten zum Reduzieren ökonomischer Ziele sind für Erwerbstätige aufgrund der betrieblichen Rahmenbedingungen gar nicht vorgesehen. Sofern ökonomische Ziele jedoch eigeninitiativ reduziert werden können, ist *Selbstsorge* möglich.

20.4 Adaptive Handlungsregulation: Arbeitsbezogene Selbstsorge und Teamresilienz

Zur Vermeidung interessierter Selbstgefährdung reicht es nicht aus, bei Interventionen auf die Bedeutung von Gesundheit zu verweisen und hierbei den Erfolgsdruck, die betrieblichen Rahmenbedingungen und die sozialen Mechanismen auszublenden. Da Erwerbstätige ein eigenes Interesse am Erfolg entwickeln, ist der Konflikt zwischen kurzfristiger beruflicher Zielverfolgung und langfristigem Erhalt von Gesundheit und Leistungsfähigkeit zu adressieren, zu reflektieren und zu bearbeiten (Krause et al. 2018a). Zudem ist es aus organisationspsychologischer Perspektive notwendig, die Arbeitsbedingungen ressourcenreich zu gestalten, um das Risiko interessierter Selbstgefährdung zu reduzieren (Dorsemagen und Krause 2022; Krause und Dorsemagen 2017). Weiter ist die Unterstützung der Erwerbstätigen notwendig, um sich mit dem Spannungsfeld auseinanderzusetzen und angesichts der zunehmenden Eigenverantwortung im Arbeitskontext bewusste Entscheidungen zur Selbstregulation treffen zu können. Hierzu schlagen wir vor, von *arbeitsbezogener Selbstsorge* zu sprechen, und zwar im Sinne eines selbstinitiierten, gesundheits- und leistungsförderlichen Verhaltens im Umgang mit den Anforderungen neuer Arbeitsformen (Mustafić et al. 2023). Auf die verbreiteten Bezeichnungen Selbstfürsorge und Selbstmitgefühl (self-compassion) verzichten wir, da diese im klinischen Kontext bereits eine andere Bedeutung haben (MacBeth und Gumley 2012; Potreck-Rose 2017) und das spezifisch durch die Arbeitsbedingungen ausgelöste Spannungsfeld nicht explizit behandelt wird. Wir wollen mit arbeitsbezogener Selbstsorge genau dieses Spannungsfeld fokussieren: Kurzfristige Nachteile und Aufwände (z. B. Ressourceninvestitionen für Planung und Abgrenzung) sind in Kauf zu nehmen und sollen einen langfristigen Nutzen (gesundheitliche Vorteile und Erhalt der Leistungsfähigkeit) zur Folge haben. Selbstsorge ist somit ein Gegenpol zu interessierter Selbstgefährdung, die sich dadurch auszeichnet, dass kurzfristiger Nutzen (z. B. Projekterfolg, Einhalten von Deadlines) langfristigen Nachteilen für die Gesundheit gegenüberstehen kann. Zusätzlich kann Selbstsorge eine kritische Reflektion und Weiterentwicklung eigener Haltungen zur Leistungserbringung beinhalten, sodass die Bedeutung von Erholung, Bedürfnisbefriedigung, Selbstwertbestätigung und Sinnerleben außerhalb der Erwerbsarbeit zunehmend stärker gewichtet wird.

Arbeitsbezogene Selbstsorge zeichnet sich analog zur interessierten Selbstgefährdung durch zwei übergeordnete Konstellationen aus. Eine Konstellation umfasst Strategien der Arbeitsgestaltung und beinhaltet *Ansprechen von Schwierigkeiten*, *langfristige Planung* und *Fokussierung*. Eine zweite Konstellation ist primär der Förderung der eigenen Erholung dienlich und wirkt positiv auf die Gesundheit und Leistungsfähigkeit zurück: Sie beinhaltet *Freizeit als klarer Kontrast zur Arbeit*, *Ausgleich durch Pausen*, *Begrenzen der Arbeitszeit*, *Nichtarbeiten bei Erkrankung* und *Abschirmen der Freizeit*. Arbeitsbezogene Selbstsorge zeichnet sich folglich sowohl durch einen Fokus auf Erholung aus (*Ausgleich durch*

Abb. 20.1 Strategien der arbeitsbezogenen Selbstsorge und der interessierten Selbstgefährdung

Pausen statt *Verzicht auf Pausen*, *Begrenzen der Arbeitszeit* und *Abschirmen der Freizeit* statt *Intensivieren und Ausdehnen*, *Nichtarbeiten bei Erkrankung* statt *Präsentismus*) als auch durch aktiv arbeitsgestaltendes Verhalten (*Ansprechen von Schwierigkeiten*, *Langfristige Planung*, *Fokussierung* statt *Vortäuschen*, *Senken der Qualität* oder *Verzicht auf Austausch*), was in ◘ Abb. 20.1 verdeutlicht wird.

Selbstsorge soll also das Spannungsverhältnis zwischen kurzfristigem Erfolgsstreben und langfristigem Gesundheitserhalt austarieren. Dabei handelt es sich letztlich um einen Aushandlungsprozess, den Erwerbstätige mit sich selbst und mit ihrem Umfeld vornehmen. Es erscheint vielversprechend, diesen Aushandlungsprozess im sozialen Umfeld zu verankern. Im Arbeitskontext spielen zum Beispiel Teams eine wichtige Rolle. Aufbauend auf zahlreichen Workshops mit Teams zum Umgang mit Druck konnten wir Strategien zusammenstellen, die potenziell gesundheitsförderlich sind. Beispielsweise erwiesen sich das *gemeinsame* Priorisieren in Teams (bei zu vielen Aufgaben) und das *gemeinsame* Klären von Aufträgen zu Beginn als vielversprechende Ansätze zur arbeitsbezogenen Selbstsorge im Team, da diese Strategien die Auswirkungen von Zeitdruck auf emotionale Erschöpfung abpuffern können (Schwendener et al. 2017). Zudem können Teamstrategien verbessert werden, sobald sich Teams Zeit nehmen, um gemeinsam daran zu arbeiten (Krause et al. 2017). Hier besteht ein hohes Potenzial bei agilen Arbeitsformen, die viel Wert auf die Qualität der Zusammenarbeit legen und in Formaten wie Retrospektiven in regelmäßigen Abständen die Reflektion und Verbesserung der Zusammenarbeit fördern (Baumgartner et al. 2020). Indem im Team der gemeinsame Umgang mit Stressoren, Unsicherheit und besonders belastenden Ereignissen als bedeutsam eingestuft wird, kann die Teamresilienz erhöht werden (Alliger et al. 2015). Da die Wirkmechanismen der interessierten Selbstgefährdung auf sozialer Eigendynamik wie Vergleichsprozessen und wechselseitigen Erwartungen basieren (Knecht et al. 2017), ist es sinnvoll, genau diese soziale Eigendynamik zu durchkreuzen. Es braucht also die Einbindung von Teams, Führungskräften und oberem Management, um das soziale Miteinander positiv zu gestalten (z. B. Ansprechen von Schwierigkeiten und Überforderung sanktionsfrei zu ermöglichen). Eingebunden in eine unterstützende, ressourcenreiche Situation können dann auch Angebote zur individuellen Verhaltensprävention ihre positive Wirkung entfalten und sind sogar erforderlich. In einer Arbeitswelt, die die Eigenverantwortung der Mitarbeitenden für Arbeitsergebnisse wie auch für die eigene Gesundheit nicht nur ermöglicht, sondern mittels indirekter Leistungssteuerung sogar erzwingt (Peters 2011), braucht es stets gleichzeitig organisatorische Maßnahmen (z. B. Frühwarnsysteme, um unrealistische Zielvorgaben aufzudecken und Aushandlungsprozesse mit der Führungskraft zu erleichtern; Krause et al. 2019) und Angebote für das Individuum, um eigene gesundheitsförderliche und -kritische Routinen unter Druck und Unsicherheit zu hinterfragen.

20.5 Betriebliche Frühwarnsysteme zur Förderung gesundheitsförderlicher Handlungsregulation

Organisationen erhöhen die Anforderungen an die Selbstregulation der Mitarbeitenden, indem ihnen in unsicheren, dynamischen Zeiten Ergebnis- und Eigenverantwortung übertragen werden. Teil der Fürsorgepflicht von Organisationen ist es deshalb, Hinweise auf Überforderung und den Einsatz maladaptiver Strategien der Selbstregulation, insbesondere auf interessierte Selbstgefährdung und damit einhergehende Gesundheitsrisiken, zu verfolgen und den Einsatz gesundheitsförderlicher Routinen zu fördern. Im Folgenden zeigen vier Beispiele Frühwarnsysteme auf, mit denen Organisationen ihrer Fürsorgepflicht nachkommen können. Dabei ist stets die Haltung des Managements zu berücksichtigen: Inwieweit wird Offenheit ohne Sanktionierung ermöglicht? Denn wenn Mitarbeitende befürchten, dass eigene Schwächen und Unsicherheiten sanktioniert werden, funktionieren Frühwarnsysteme kaum.

20.5.1 Präventives Gesundheits-Assessment

Die Schweizer Krankenversicherung Visana bietet ihren Unternehmenskunden seit Februar 2023 präventives Gesundheits-Assessment an, das Selbstsorge und interessierte Selbstgefährdung fokussiert. Die Anliegen der Mitarbeitenden sollen vorbeugend in früheren Phasen einer sich abzeichnenden möglichen Erkrankung identifiziert werden. Anstatt nur auf längere Krankheitsausfälle zu reagieren, soll das Verständnis und die Sensibilität der Mitarbeitenden für gesundheitsförderliche und -kritische Arbeitsroutinen gesteigert werden. In Deutschland verfolgt die Verwaltungs-Berufsgenossenschaft VBG (2019) im Programm Mitdenken 4.0 ebenfalls ein präventives Anliegen.

Das Angebot der Visana ist online über ▶ https://www.visana.ch/de/unternehmenskunden/bgm/pga zugänglich. Es handelt sich um ein digitales Self-Assessment, d. h. es besteht aus einem Befragungsinstrument, in dem Mitarbeitende angeben, wie häufig sie bestimmte Arbeitsroutinen anwenden. Anschließend erhalten die Mitarbeitenden ein darin integriertes individuelles Feedback. Die abgefragten Routinen basieren auf den oben beschriebenen Konzepten und Instrumenten der interessierten Selbstgefährdung (Mustafić et al. 2022) und der arbeitsbezogenen Selbstsorge (Mustafić et al. 2023) sowie auf Fragen zur Einschätzung der eigenen Gesundheit. Für eine individuelle Rückmeldung an die Mitarbeitenden wurden mittels mehrerer Studien mit deutschen und schweizerischen Beschäftigtenstichproben unterschiedlicher Branchen im Vorfeld Grenzwerte bestimmt. Die Grenzwerte basieren bei den einzelnen Routinen auf starken Abweichungen von den Normwerten. Zusätzlich wurde mittels einer latenten Klassenanalyse ermittelt, welche Kombination von Routinen mit einem deutlich erhöhten Risiko für Erschöpfung einhergeht und somit auf dringlichen Handlungsbedarf verweist („Risikotyp"). Unmittelbar nach Abschluss der Befragung erhalten die teilnehmenden Erwerbstätigen eine individuelle, nur ihnen selbst zugängliche Rückmeldung, die ihre Angaben anhand der Grenzwerte einordnet und erklärt. Darin wird den Mitarbeitenden verdeutlicht, welche Arbeitsroutinen sie häufig anwenden und welche Risiken beziehungsweise Chancen für ihre Leistungsfähigkeit und ihre Gesundheit damit verbunden sind. Wird ein Grenzwert zur Häufigkeit gesundheitskritischer Strategien überschritten, wird empfohlen, das Verhalten zu reflektieren und gegebenenfalls anzupassen. Wird der Grenzwert in der Anwendung gesundheitsförderlicher Strategien unterschritten, werden die Mitarbeitenden ermutigt, gesundheitsförderliches Verhalten vermehrt in ihren Alltag zu integrieren.

Da die Strategien der Handlungsregulation in ihrer Anwendung im Alltag erfragt werden, können weitere konkrete Handlungsempfehlungen abgeleitet werden. Diese reichen von kleinen Tipps für den Arbeitsalltag (z. B. Ausgleich durch Bewegung suchen, Lebensbereiche räumlich voneinander trennen) über online verfügbare Ressourcen (eDossiers zu Themen wie „Selbstorganisation und Pausengestaltung" oder „Austausch in hybriden Arbeitsformen fördern") bis hin zu Trainingsangeboten sowie einem Coaching mit einer Fachperson. Bei einer Einteilung in den oben skizzierten „Risikotyp" folgt die Empfehlung, das persönliche Gespräch mit einer Fachperson zu suchen und die Kontaktdaten werden bereitgestellt. Von Beginn der Befragung bis zum Feedback werden die teilnehmenden Mitarbeitenden in ihrer Eigenverantwortung gestärkt: Sie entscheiden selbst, ob sie an der Befragung teilnehmen möchten, wie sie mit den Rückmeldungen und Anregungen umgehen und welche Angebote zur Unterstützung sie wahrnehmen.

Sofern ausreichend Personen aus einzelnen Organisationen, die mit der Schweizer Krankenversicherung zusammenarbeiten, teilnehmen, wird eine Gesamtauswertung angeboten. Eine anonymisierte Auswertung für Teams ab acht Personen ist ebenfalls möglich. Hiermit werden Anreize für Betriebe und Führungskräfte geschaffen, ihrer Fürsorgepflicht nachzukommen und sich mit der Frage zu beschäftigen, wie Rahmenbedingungen geschaffen werden können, um gesundheitskritische Routinen zu reduzieren und gesundheitsförderliche Routinen für Mitarbeitende zu begünstigen.

20.5.2 Gesundheitsbefragung beim Verzicht auf Arbeitszeiterfassung

In einem zweiten Frühwarnsystem wird der Fokus stärker auf die Arbeitsbedingungen gerichtet, die gesundheitsförderliche oder -kritische Handlungsregulation wahrscheinlicher machen. Zusammen mit den Sozialpartnern der Bankenbranche (Schweizerischer Bankpersonalverband, Kaufmännischer Verband Schweiz, Arbeitgeber Banken) wurde eine Lösung erarbeitet, die online unter www.healthyatwork.ch zugänglich ist. Die Fürsorgepflicht ist hier in einer Vereinbarung zum Verzicht auf Arbeitszeiterfassung explizit festgelegt: Eine Gesundheitsbefragung ist die Voraussetzung dafür, dass Schweizer Finanzdienstleistungsorganisationen den Verzicht auf Arbeitszeiterfassung mit Mitarbeitenden, die über hohe Autonomie verfügen und eine bestimmte Gehaltsgrenze überschreiten, vereinbaren können. Gerade bei dieser Personengruppe ist das Risiko für interessierte Selbstgefährdung stark ausgeprägt (Astleithner und Stadler 2019). Für die Arbeitgebenden bzw. das Management stellt sich die Frage, wie die Verantwortung für gute Rahmenbedingungen und für eine Unterstützung bei Bedarf wahrgenommen werden kann. Zu den Rahmenbedingungen, die im Kontext des Verzichts auf Arbeitszeiterfassung interessierte Selbstgefährdung begünstigen können, gehören Arbeitsplatzunsicherheit, eine sehr hohe Arbeitsmenge, starker Ergebnisdruck und die Erwartung, außerhalb regulärer Arbeitszeiten erreichbar sein zu müssen. Arbeitgebende können sich also mit der Frage beschäftigen, wie stark solche psychosozialen Belastungen ausgeprägt sind und wo Handlungsbedarf besteht. Die Inhalte des Gesundheitsfragebogens zum Verzicht auf Arbeitszeiterfassung wurden über eine qualitative Studie ausgewählt (Dorsemagen und Krause 2022). Die Ergebnisse werden bankübergreifend ausgewertet. Zudem erhält die teilnehmende Person unmittelbar im Anschluss an die Befragung schriftlich eine individuelle Rückmeldung zur eigenen Arbeitssituation. Der Feedbackbericht wird nur der teilnehmenden Person bereitgestellt, die selbst entscheidet, wie sie die Ergebnisse nutzen möchte. Interessierte Banken können auf ein Dashboard zugreifen, um zu prüfen, inwieweit und in welchen Bereichen in der eigenen Organisation Handlungsbedarf besteht. So wird die Auseinandersetzung mit der Frage gestärkt, inwiefern die Rahmenbedingungen in der Organisation gesundheitsförderliches Verhalten ermöglichen und fördern.

20.5.3 Interessierte Selbstgefährdung in die Gefährdungsbeurteilung integrieren

In Deutschland stehen bei der Gefährdungsbeurteilung psychischer Belastungen die Arbeitsbedingungen im Fokus (Dettmers und Krause 2020). Angesichts zunehmend flexibler Arbeitsbedingungen und der Betonung von Selbstorganisation ist es naheliegend, auch Handlungsstrategien der Mitarbeitenden in Gefährdungsbeurteilungen zu berücksichtigen. Auffällige Ausprägungen maladaptiver Selbstregulation in Organisationseinheiten sind bei mobil-flexiblen Arbeitsbedingungen als Hinweis auf unzureichende Gestaltung der Rahmenbedingungen zu deuten (Krause et al. 2015a). Wenn weitreichende Freiheiten bei der Wahl von Arbeitsort und -zeit bei gleichzeitiger ergebnisorientierter Leistungssteuerung gewährt werden, so kann interessierte Selbstgefährdung sinnvoll in eine Gefährdungsbeurteilung psychischer Belastungen integriert werden (Krause et al. 2018b). Die Auswahl konkreter maladaptiver Handlungsstrategien sollte passend zur Organisation erfolgen. In einem Kooperationsprojekt mit einem Dienstleistungsunternehmen in Deutschland wurde die Strategie *Vortäuschen* (bzw. positiv umformuliert *Offenheit*) vom Steuergremium als relevant eingestuft und in die Gefährdungsbeurteilung integriert (Baeriswyl et al. 2018). Mehr als 6.000 Mitarbeitende beteiligten sich an der Befragung. Deutlich mehr als die Hälfte der Mitarbeitenden stimmen den Aussagen „In der Praxis wird gegenüber Vorgesetzten und/oder Kunden vorgegeben, die Arbeit zu schaffen, auch wenn Fristen nicht eingehalten werden können" und „In der Praxis kommt es vor, dass Angaben beschönigt werden, um kurzfristig Druck zu reduzieren" als teilweise bis völlig zutreffend zu. Rund die Hälfte der Befragten war der Meinung, dass Einschränkungen der Leistungsfähigkeit von Mitarbeitenden gegenüber Führungskraft und Kollegen verschwiegen werden. Auffallend und bemerkenswert waren weiter die hochsignifikanten Zusammenhänge mit mittleren bis großen Effektstärken der Strategie mit gesundheitlichen Frühwarnsymptomen, der Arbeitsfähigkeit und der Balance zwischen Anstrengung und Erholung.

Wie erwartet, hing *Vortäuschen* mit der wahrgenommenen Qualität indirekter Leistungssteuerung zusammen. In dem Dienstleistungsunternehmen ergab sich beispielsweise ein mittlerer Zusammenhang zwischen einer motivierenden Umsetzung der indirekten Steuerung (z. B. „Meine Zielvorgaben sind realistisch erreichbar") und der Offenheit der Mitarbeitenden ($r = .38$; Baeriswyl et al. 2018).

Entsprechend kann eine Gefährdungsbeurteilung im Sinne eines Frühwarnsystems nicht nur aufzeigen, ob und in welchem Ausmaß Strategien der interessierten Selbstgefährdung von den Mitarbeitenden eingesetzt werden, sondern auch Hinweise dafür liefern, ob im Unternehmen, in Abteilungen und in Teams passende Voraussetzungen und Rahmenbedingungen bestehen, um gesundheitsförderliche Strategien wie Offenheit zu fördern.

20.5.4 Teamresilienz: Potenzial von New Work für Frühinterventionen

Bei neuen Arbeitsformen stehen selbstorganisierte, interdisziplinäre Teams im Fokus, die gemeinsam Ergebnisverantwortung übernehmen und in denen nicht mehr eine Führungskraft alle Führungsaufgaben auf sich vereint (Baumgartner et al. 2020). Vielmehr werden Führungsaufgaben auf mehrere Personen im Team verteilt. Viele Prozesse des Zusammenarbeitens, die in traditionellen Arbeitsformen von der Führungskraft bestimmt werden, werden nun gemeinsam ausgehandelt und definiert. Das kann zu Unsicherheiten und Konflikten unter den Teammitgliedern führen, ganz besonders, wenn das Team mit Herausforderungen konfrontiert ist und schwierige Situationen meistern muss (Alliger et al. 2015). Es reicht dann nicht mehr aus, wenn die Prinzipien der Zusammenarbeit nur implizit geklärt sind. Die Prinzipien sind explizit gemeinsam festzulegen und es ist auch in regelmäßigen Abständen zu prüfen, ob diese noch Bestand haben und für das Team sinnvoll und nützlich sind.

Mit *TeamQ* wurde ein Rahmenwerk definiert, dass ein selbstorganisiertes Team bei diesem Prozess unterstützt und damit den Teammitgliedern Orientierung gibt (Baumgartner et al. 2021). Mittels *TeamQ* wird zum einen an Normen gearbeitet, die ein offenes Miteinander fördern und zu psychologischer Sicherheit beitragen, die sich aus der positiven Interaktion im Team ergibt (vier Bausteine lauten: *gemeinsame Norm zum Umgang mit Meinungsverschiedenheiten, gemeinsame Norm zum Umgang mit sozialen Spannungen, Diskussionskultur, soziale Unterstützung*). Zum anderen wird an jenen Stellen Klarheit geschaffen, die für ein gemeinsames mentales Team-Modell im Arbeitsalltag zentral sind (vier Bausteine lauten: *Klarheit zu Entscheidungen, Verantwortungsübernahme, gemeinsame Ziele, Rollenklarheit*).

Die Bearbeitung der acht Bausteine bzw. Faktoren erfolgt in Reflexionsmeetings (meist *Retrospektiven* genannt) und wird von einer vorher definierten Rolle moderiert. Im Kontrast zu den zuvor vorgestellten Frühwarnsystemen wird auf einen aufwändigen Analyseprozess zur Ausprägung der Faktoren verzichtet. Vielmehr wird in einem Kick-off-Workshop aus den individuellen Vorstellungen der Teammitglieder zu den einzelnen Faktoren ein gemeinsames Bild erstellt und daraus die Reihenfolge der Bearbeitung der Faktoren abgeleitet. Somit bildet dieser erste Workshop gleichzeitig eine Analyse und den Start der Intervention. Entscheidend ist dabei die regelmäßige Bearbeitung eines der acht Faktoren. Empfohlen wird eine Frequenz der Reflexionsmeetings von vier bis sechs Wochen über sechs bis neun Monate, wobei jeweils ein Faktor bearbeitet wird. Eine Fokussierung auf die für das Team bedeutsamen Faktoren wird über den Kick-off-Workshop unterstützt und in der Regel werden auch nicht alle Faktoren bearbeitet.

Durch das gemeinsame Bearbeiten und Definieren der Faktoren wird eine sehr aktive Form der Teamentwicklung betrieben, die im Team zu Offenheit und psychologischer Sicherheit führt. Damit entstehen dann auch die Grundlagen für das Aushandeln und Bestimmen eines gemeinsamen Vorgehens bei spezifischen Problemen und Herausforderungen im Arbeitsalltag eines Teams wie z. B. dem Umgang mit Überforderung und selbstgefährdenden Verhaltensweisen. Indem TeamQ zur Gesundheitsförderung in unsicheren Zeiten beiträgt, liegt ein zukunftsweisender Ansatz zur Förderung von Teamresilienz vor. Die Überprüfung der Wirksamkeit von TeamQ ist das Ziel aktuell geplanter Untersuchungen.

20.6 Fazit

Organisationen fördern angesichts eines dynamischen Marktumfelds die Ergebnisverantwortung der Mitarbeitenden, die ihre Energie, Kreativität und Innovationskraft beim Erreichen von Arbeitszielen und Kennzahlen einbringen sollen. Damit geht auch eine erhöhte

Eigenverantwortung der Mitarbeitenden für ihre Gesundheit und Leistungsfähigkeit einher. Zwischen dem Erreichen von Arbeitszielen einerseits und dem Erhalt sowie der Förderung der eigenen Gesundheit andererseits besteht ein Spannungsfeld, das in Interventionen zur Gesundheitsförderung zu berücksichtigen ist (Krause et al. 2018a). Je häufiger interessierte Selbstgefährdung auftritt und je seltener arbeitsbezogene Selbstsorge praktiziert wird, desto schlechter sind die organisationalen Rahmenbedingungen zu bewerten und desto größer ist der Handlungsbedarf (Krause et al. 2015b). Unternehmen benötigen Frühwarnsysteme, die Überforderung sicht- und bearbeitbar machen. Dies gilt es insbesondere in veränderungsreichen Zeiten zu berücksichtigen, die für die Erwerbstätigen mit erhöhter Unsicherheit einhergehen. Es stellt sich die Frage, wie eine ressourcenorientierte Umsetzung der Veränderungen im Unternehmen erreicht werden kann, die gesundheitsförderliche Handlungsregulation in unsicheren Zeiten fördert. Agile Arbeitsformen sind auf den ersten Blick ein vielversprechender Hebel, da der Umgang mit Unsicherheit zum gemeinsamen Anliegen in Teams und in der Organisation gemacht wird (Baumgartner et al. 2020). Indem weitreichende Entscheidungskompetenzen dezentral an interdisziplinäre agile Teams abgegeben werden, wird eine kollektive Selbstregulation erleichtert, die die Leistungsgrenzen der Teammitglieder berücksichtigt. Das passiert jedoch nicht zwangsläufig, da die soziale Eigendynamik in den Teams auch mit Entgrenzung, Druck und übertrieben positiver Selbstdarstellung einhergehen kann. Es werden somit Interventionen benötigt, die die Offenheit und Begrenzung der Leistungsanforderungen in den Teams fördern. Dies ist wiederum mit Angeboten zur Reflektion der persönlichen Verhaltensroutinen zu verzahnen. Gerade bei einer hohen Identifikation mit der Organisation und den zu erreichenden anspruchsvollen Zielen und Kennzahlen bei gleichzeitig hoher Unsicherheit und Konkurrenz im Marktumfeld entstehen interessierte Selbstgefährdung und somit gesundheitskritische Verhaltensroutinen. Interventionen zur Verhaltensprävention müssen deshalb eine Reflektion der sozialen Mechanismen sowie der Vor- und Nachteile der eigenen gesundheitskritischen Verhaltensweisen beinhalten, um sich kritische Gedanken zur eigenen Situation machen zu können: Was führt dazu, dass ich am Wochenende, am späten Abend, trotz Krankheit oder im Urlaub arbeite und erreichbar bin? Tut mir dieses Verhalten gut? Kann ich mich hinreichend regenerieren und meine Bedürfnisse befriedigen? Was hindert mich daran, nein zu sagen? (Eder und Meyer 2022) Diese reflektierte Auseinandersetzung ohne Bevormundung wird notwendig und sollte möglichst eingebettet in einen offenen Austausch im sozialen Arbeitsumfeld stattfinden. Aushandlungsprozesse am Arbeitsplatz können dann unter der Prämisse erfolgen, dass die Leistungsanforderungen begrenzt werden müssen und eine starke Vermischung von Arbeit und Privatleben zumindest riskant ist.

Wer die obigen Überlegungen als Individualisierung organisationsbedingter Mängel einordnet, sei nochmals daran erinnert: Die Veränderungen in der Arbeitswelt erfordern neue Ansätze im Betrieblichen Gesundheitsmanagement, die die zunehmende Eigenverantwortung ernstnehmen und berücksichtigen, dass Mitarbeitende nicht bevormundet werden wollen (Krause et al. 2012; Peters 2011). Das Problem der interessierten Selbstgefährdung muss in Organisationen stets von zwei Seiten gleichzeitig angegangen werden: Erstens ressourcenreiche Rahmenbedingungen bereitstellen (z. B. Ziele ernsthaft aushandeln und begrenzen sowie auf unvorhergesehene Schwierigkeiten mit Zielanpassungen reagieren können), zweitens Angebote zur Stärkung der Mitarbeitenden unterbreiten, in denen diese ihre eigene Situation reflektieren und Impulse zur Selbstsorge erhalten. Eingebunden wird dies in betriebliche Frühwarnsysteme, die eine offene Kommunikation unterstützen. Von einer solchen Offenheit sind viele Organisationen möglicherweise noch weit entfernt. Umso wichtiger ist es, dieses Problem zu benennen und anzugehen.

Interessant sind hierbei auch gesellschaftliche Diskurse, die die Aufmerksamkeit in eine andere, irreführende Richtung lenken: So wird unter der Bezeichnung *Quiet Quitting* ein Phänomen diskutiert, wonach sich Erwerbstätige nicht mehr für die Arbeit engagieren möchten, weniger arbeiten und sich ins Private zurückziehen (Lee et al. 2023). Dass die Begrenzung von Arbeitszeit gesundheitsförderlich ist und die Entwicklung vielmehr sowohl positiv als auch negativ betrachtet werden kann, wird in diesem Diskurs noch wenig gesehen: Ein Lob auf gesundheitsförderliche Routinen, auf Selbstsorge und Teamresilienz – statt eines Bemängelns von Quiet Quitting und der Arbeitseinstellung nachwachsender Generationen, die angeblich nicht mehr arbeiten wollen und nur mit überhöhter Anspruchshaltung auffallen (Klaffke 2014). Wir haben mit arbeitsbezogener Selbstsorge sowie mit Strategien von Teams im Umgang mit Druck und Unsicherheit als Merkmale für Teamresilienz gesundheitsförderliche Strategien vorgestellt, die trainierbar sind und somit gefördert werden können.

Literatur

Alliger GM, Cerasoli CP, Tannenbaum SI, Vessey WB (2015) Team resilience: how teams flourish under pressure. Organ Dyn 44(3):176–184. https://doi.org/10.1016/j.orgdyn.2015.05.003

Astleithner F, Stadler B (2019) Arbeitszeitlängen im Kontext von Autonomie: Zeiterfassung als Instrument gegen interessierte Selbstgefährdung? Z Arb Wiss 73:355–368. https://doi.org/10.1007/s41449-019-00174-x

Baeriswyl S, Krause A, Elfering A, Berset M (2017) How workload and coworker support relate to emotional exhaustion: the mediating role of sickness presenteeism. Int J Stress Manage 24(1):52–73. https://doi.org/10.1037/str0000018

Baeriswyl S, Dorsemagen C, Krause A, Mustafić M (2018) Indirekte Steuerung, interessierte Selbstgefährdung und Sinnerleben. In: Badura B, Ducki A, Schröder H, Klose J, Meyer M (Hrsg) Fehlzeiten-Report 2018: Sinn erleben – Arbeit und Gesundheit. Springer, Berlin Heidelberg, S 157–168

Baeriswyl S, Bratoljic C, Krause A (2021) How homeroom teachers cope with high demands: effect of prolonging working hours on emotional exhaustion. J Sch Psychol 85:125–139. https://doi.org/10.1016/j.jsp.2021.02.002

Baumgartner M, Bracher M, Krause A, Mumenthaler J, Ramseyer M (2020) Agiles Arbeiten gestalten. Grundlagen und gesundheitsförderliche Zusammenhänge. Faktenblatt 39. Gesundheitsförderung Schweiz, Bern

Baumgartner M, Krause A, Mumenthaler J (2021) Teamentwicklung im agilen Umfeld. FHNW, Olten. https://irf.fhnw.ch/bitstream/handle/11654/32507/Praxisevent%20APS_Teamentwicklung_im_agilen_Umfeld.pdf?sequence=1undisAllowed=y. Zugegriffen: 28. März 2023

Britt TW, Crane M, Hodson SE, Adler AB (2016) Effective and ineffective coping strategies in a low-autonomy work environment. J Occup Health Psychol 21(2):154–168. https://doi.org/10.1037/a0039898

Chevalier A, Kaluza G (2015) Psychosozialer Stress am Arbeitsplatz: Indirekte Unternehmenssteuerung, selbstgefährdendes Verhalten und die Folgen für die Gesundheit. In: Böcken J, Braun Meierjürgen BBR (Hrsg) Gesundheitsmonitor 2015: Bürgerorientierung im Gesundheitswesen. Kooperationsprojekt der Bertelsmann Stiftung und der Barmer GEK. Bertelsmann Stiftung, Gütersloh, S 228–253

De Beer LT, Pienaar J, Rothmann S Jr (2016) Work overload, burnout, and psychological ill-health symptoms: a three-wave mediation model of the employee health impairment process. Anxiety Stress Coping 29:387–399. https://doi.org/10.1080/10615806.2015.1061123

de Jong T, Wiezer N, de Weerd M, Nielsen K, Mattila-Holappa P, Mockałło Z (2016) The impact of restructuring on employee well-being: A systematic review of longitudinal studies. Work Stress 30(1):91–114

Dettmers J, Krause A (2020) Der Fragebogen zur Gefährdungsbeurteilung psychischer Belastungen (FGBU). Z Arbeits Organisationspsychol 64:99–119

Dettmers J, Deci N, Baeriswyl S, Berset M, Krause A (2016) Self-endangering work behavior. In: Wiencke M, Cacace M, Fischer S (Hrsg) Healthy at work. Springer, Wiesbaden, S 37–51

Dorsemagen C, Krause A (2022) Waiver of working time recording: significant for your health. Giro – Mag Swiss Bank Employees Assoc 11:10–14

Eder LL, Meyer B (2022) Self-endangering: A qualitative study on psychological mechanisms underlying nurses' burnout in long-term care. Int J Nurs Sci 9(1):36–48

Feuerhahn N, Berset M, Krause A, Roscher S (2016) Merkmale indirekter Steuerung – Erhebungsinstrumente und Zusammenhänge mit selbstgefährdendem Verhalten bei der Arbeit. In: Wieland R, Seiler K, Hammes M (Hrsg) Psychologie der Arbeitssicherheit und Gesundheit. Kröning, Asanger, S 99–102

Frazier ML, Fainshmidt S, Klinger RL, Pezeshkan A, Vracheva V (2017) Psychological safety: A meta-analytic review and extension. Personnel Psychology 70(1):113–165

Geuskens GA, Koppes LL, van den Bossche SN, Joling CI (2012) Enterprise restructuring and the health of employees: a cohort study. J Occup Environ Med 54(1):4–9

Holton MK, Barry AE, Chaney JD (2015) Employee stress management: an examination of adaptive and maladaptive coping strategies on employee health. Work 53:299–305. https://doi.org/10.3233/WOR-152145

Karabinski T, Haun VC, Nübold A, Wendsche J, Wegge J (2021) Interventions for improving psychological detachment from work: a meta-analysis. J Occup Health Psychol 26(3):224–242. https://doi.org/10.1037/ocp0000280

Klaffke M (2014) Millennials und Generation Z – Charakteristika der nachrückenden Arbeitnehmer-Generationen. In: Klaffke M (Hrsg) Generationen-Management. Springer Gabler, Wiesbaden, S 57–82

Knecht M, Meier G, Krause A (2017) Endangering one's health to improve performance? How indirect control triggers social momentum in organizations. Gruppe. Interaktion. Organisation. Z Angew Organisationspsychologie (gio) 48:193–201. https://doi.org/10.1007/s11612-017-0377-3

Koch J, Drazic I, Schermuly CC (2023) The affective, behavioral, and cognitive outcomes of agile project management: A preliminary meta-analysis. J Occup & Organ Psyc https://doi.org/10.1111/joop.12429

Krause A, Dorsemagen C (2017) Herausforderungen für die Betriebliche Gesundheitsförderung durch indirekte Steuerung und interessierte Selbstgefährdung. In: Faller G (Hrsg) Lehrbuch Betriebliche Gesundheitsförderung, 3. Aufl. Hogrefe, Göttingen, S 153–164

Krause A, Dorsemagen C, Peters K (2010) Interessierte Selbstgefährdung: Was ist das und wie geht man damit um? HR Today 4:43–45

Krause A, Dorsemagen C, Stadlinger J, Baeriswyl S (2012) Indirekte Steuerung und interessierte Selbstgefährdung: Ergebnisse aus Befragungen und Fallstudien. Konsequenzen für das Betriebliche Gesundheitsmanagement. In: Badura B, Ducki A, Schröder H, Klose J, Meyer M (Hrsg) Fehlzeiten-Report 2012. Gesundheit in der flexiblen Arbeitswelt: Chancen nutzen – Risiken minimieren. Springer, Berlin Heidelberg, S 191–202

Krause A, Baeriswyl S, Berse M, Deci N, Dettmers J, Dorsemagen C, Meier W, Schraner S, Stetter B, Straub L (2015a) Selbstgefährdung als Indikator für Mängel bei der Gestaltung mobil-flexibler Arbeit: Zur Entwicklung eines Erhebungsinstruments. Wirtschaftspsychologie 17:49–59

Krause A, Berset M, Peters K (2015b) Interessierte Selbstgefährdung – von der direkten zur indirekten Steuerung. Arbeitsmedizin Sozialmedizin Umweltmedizin 50:164–170

Krause A, Schwendener S, Berset M, Knecht M, Bogusch K (2017) Team strategies for coping with time pressure. Psychol Everyday Activity 10:4–21

Krause A, Deufel A, Dorsemagen C, Knecht M, Mumenthaler J, Mustafić M, Zäch S (2018a) Betriebliche Interventionen zur gesundheitsförderlichen Gestaltung indirekter Steuerung. In: Pfannstiel M, Mehlich H (Hrsg) BGM – Ein Erfolgsfaktor für Unternehmen. Springer, Heidelberg, S 33–57

Krause A, Schulze H, Windlinger L (2018b) Mobile/flexible working and health. In: Blum-Rüegg A (Hrsg) Workplace Health Management: Principles and Trends. Report 7. Health Promotion Switzerland, Bern, S 76–97

Krause A, Dorsemagen C, Theiler A (2019) Praxisbeispiel 9: Regierungspräsidium Freiburg im Breisgau. In: Graf A (Hrsg) Selbstmanagement-Kompetenz in Unternehmen stärken. Leistung, Wohlbefinden und Balance als Herausforderung. Springer Gabler, Wiesbaden, S 247–254

Lee D, Park J, Shin Y (2023) Where are the workers? From great resignation to quiet quitting (no w30833). National Bureau of Economic Research, Cambridge

MacBeth A, Gumley A (2012) Exploring compassion: A meta-analysis of the association between self-compassion and psychopathology. Clin Psychol Rev 32(6):545–552

Meijman TF, Mulder G (1998) Psychological aspects of workload. In: Drenth PJD, Thierry H, de Wolff CJ (Hrsg) Handbook of work and organizational psychology: work psychology. Psychology Press, Hove, S 5–33

Menz W, Kratzer N, Dunkel W (2010) Permanentes Ungenügen und Veränderung in Permanenz. Belastungen durch neue Steuerungsformen. WSI 63(7):357–364

Moldaschl M (2017) Das Konzept der Widersprüchlichen Arbeitsanforderungen (WAA). Ein nichtlinearer Ansatz zur Analyse von Belastung und Bewältigung in der Arbeit. In: Faller G (Hrsg) Lehrbuch Betriebliche Gesundheitsförderung, 3. Aufl. Hogrefe, Göttingen, S 139–151

Moldaschl M, Voß GG (2003) Subjektivierung von Arbeit. Hampp, München Mering

Mustafić M, Krause A, Dorsemagen C, Knecht M (2021) Entwicklung und Validierung eines Fragebogens zur Messung der Qualität indirekter Leistungssteuerung in Organisationen (ILSO). Z Arbeits Organisationspsychol 67(1):31–43. https://doi.org/10.1026/0932-4089/a000386

Mustafić M, Dorsemagen C, Baeriswyl S, Knecht M, Krause A (2022) Wie gefährden Beschäftigte ihre Gesundheit? Evidenz für Konstrukt- und Kriteriumsvalidität des Fragebogens zur Messung interessierter Selbstgefährdung (ISG). Z Arbeits Organisationspsychol. https://doi.org/10.1026/0932-4089/a000404

Mustafić M, Krause A, Dorsemagen C, Baeriswyl S, Knecht M (2023) Fragebogen zur Messung arbeitsbezogener Selbstsorge (SESO): Gesundheitsförderliche Routinen für die beschleunigte, ergebnisorientierte Arbeitswelt. J Psychol Des Alltagshandelns 16(2):4

Otto K, Thomson B, Rigotti T (2018) When dark leadership exacerbates the effects of restructuring. J Chang Manag 18:96–115. https://doi.org/10.1080/14697017.2018.1446691

Peters K (2011) Indirekte Steuerung und interessierte Selbstgefährdung: Eine 180-Grad-Wende bei der betrieblichen Gesundheitsförderung. In: Kratzer N, Dunkel W, Becker K, Hinrichs S (Hrsg) Arbeit und Gesundheit im Konflikt: Analysen und Ansätze für ein partizipatives Gesundheitsmanagement. Edition Sigma, Berlin, S 105–122

Pongratz HJ, Voß GG (1997) Fremdorganisierte Selbstorganisation. Eine soziologische Diskussion aktueller Managementkonzepte. Z Personalforsch 11:30–53. https://doi.org/10.1177/239700229701100102

Potreck-Rose F (2017) Selbstfürsorge. Pid-psychotherapie Im Dialog 18(4):24–30

Resch M (2017) Anforderungen und Belastungen im Job: Die Handlungsregulationstheorie. In: Faller (Hrsg) Lehrbuch Betriebliche Gesundheitsförderung, 3. Aufl. Hogrefe, Göttingen, S 131–138

Rigotti T, Otto K (2012) Organisationaler Wandel und die Gesundheit von Beschäftigten. Z Arb Wiss 66(4):253–267. https://doi.org/10.1007/BF03373885

Sandmeier A, Baeriswyl S, Krause A, Muehlhausen J (2022) Work until you drop: effects of work overload, prolonging working hours, and autonomy need satisfaction on exhaustion in teachers. Teach Teach Educ 118:103843

Schulthess S (2017) Indirekte Unternehmenssteuerung, interessierte Selbstgefährdung und die Folgen für die Gesundheit – eine Analyse von Kadermitarbeitenden. J Psychol Des Alltagshandelns 10:22–35

Schwendener S, Berset M, Krause A (2017) Strategien von Teams im Umgang mit Zeitdruck. Z Arbeits Organisationspsychol 61(2):81–92. https://doi.org/10.1026/0932-4089/a000229

Semmer NK, Grebner S, Elfering A (2010) „Psychische Kosten" von Arbeit: Beanspruchung und Erholung, Leistung und Gesundheit. In: Kleinbeck U, Schmidt K-H (Hrsg) Arbeitspsychologie. Enzyklopädie der Psychologie, Themenbereich D, Serie III, Bd 1. Hogrefe, Göttingen, S 325–370

Semmer NK, Tschan F, Jacobshagen N, Beehr TA, Elfering A, Kälin W, Meier L (2019) Stress as offense to self: A promising approach comes of age. Occup Health Sci 3:205–238. https://doi.org/10.1007/s41542-019-00041-5

Skinner EA, Edge K, Altman J, Sherwood H (2003) Searching for the structure of coping: A review and critique of category systems for classifying ways of coping. Psychol Bull 29:216–269. https://doi.org/10.1037/0033-2909.129.2.216

Sonnentag S, Tay L, Nesher Shoshan H (2023) A review on health and well-being at work: More than stressors and strains. Personnel Psychology. https://doi.org/10.1111/peps.12572

Stadlinger J, Menz W (2015) Denkwerkstätten als reflexive Methode. In: Kratzer N, Menz W, Pangert B (Hrsg) Work-Life-Balance – eine Frage der Leistungspolitik: Analysen und Gestaltungsansätze. Springer VS, Wiesbaden, S 355–373 https://doi.org/10.1007/978-3-658-06346-7_16

Verwaltungs-Berufsgenossenschaft (VBG) (2019) Führen durch Ziele. Chancen und Risiken indirekter Steuerung. VBG, Hamburg

Vogt K, Hakanen JJ, Brauchli R, Jenny GJ, Bauer GF (2016) The consequences of job crafting: a three-wave study. Eur J Work Organ Psychol 25(3):353–362

Minimal angstauslösende Arbeitsplätze – (wie) kann Führung Arbeitsängsten und Arbeitsunfähigkeit vorbeugen?

Beate Muschalla

Inhaltsverzeichnis

21.1 Einleitung – 335

21.2 Angst am Arbeitsplatz – häufige Ursache für Langzeitarbeitsunfähigkeit – 335

21.3 Macht Arbeit Angst? – 336

21.4 Welche Arbeitsplatzängste kann man unterscheiden? – 337

21.5 Fähigkeitsbeeinträchtigungen bei Arbeitsängsten – 338

21.6 Sind Arbeitsängste behandelbar und Arbeitsunfähigkeit abwendbar? – 341

21.7 Umgang mit Arbeitsängsten im Betrieb – 342

Dieser Beitrag ist eine aktualisierte und modifizierte Version des zuvor in der Personal Quarterly veröffentlichten Artikels Muschalla B (2018) Arbeitsangst und Arbeitsfähigkeit(sbeeinträchtigung) – (Wie) Kann Führung vorbeugen? Personal Quarterly 02:16–23.

© Der/die Autor(en), exklusiv lizenziert an Springer-Verlag GmbH, DE, ein Teil von Springer Nature 2023
B. Badura et al. (Hrsg.), *Fehlzeiten-Report 2023*, Fehlzeiten-Report,
https://doi.org/10.1007/978-3-662-67514-4_21

21.8 Was kann man vorbeugend tun? – 343

21.9 Fazit – 345

Literatur – 345

Kapitel 21 · Minimal angstauslösende Arbeitsplätze

∎ ∎ **Zusammenfassung**

Psychische Erkrankungen sind Volkskrankheiten und daher sind in jedem Unternehmen Mitarbeitende betroffen. Menschen mit psychischen Erkrankungen haben gelegentlich Schwierigkeiten mit bestimmten Anforderungen. Beeinträchtigungen durch psychische Probleme zeigen sich am stärksten bei der Arbeit. Arbeit „macht" also in der Regel nicht krank und psychische Erkrankungen lassen sich durch optimale Arbeitsplätze nicht „verhindern". Mitarbeiterführung und fähigkeitsgerechte Aufgabenverteilung in Organisationen können jedoch helfen, durch Herstellung einer Fähigkeits-Anforderungs-Passung (Person-Job-Fit) unnötigen Arbeitsängsten und Arbeitsunfähigkeit vorzubeugen. Führungskräfte sollen keine psychischen Erkrankungen diagnostizieren. Sie können den Person-Job-Fit jedoch mittels Anschauen der konkreten Arbeitssituation prüfen und ggf. korrigieren, wenn Mitarbeitende Leistungsprobleme zeigen.

21.1 Einleitung

Unvorhersehbare gesamtgesellschaftlichen Krisen einerseits (Skoda et al. 2021), aber auch geplante umfangreiche Veränderungen, die aktuell in vielen Unternehmen erlebt werden, können insbesondere für Menschen mit Angstneigung ein Problem werden. Dies kann in längere Arbeitsunfähigkeit münden, aber durch umsichtiges Handeln der Führungskräfte reduziert werden: Frühzeitiges Ansprechen von beobachtbaren Leistungsproblemen oder Vermeidungsverhalten und die Gestaltung bewältigbarer Anforderungen hilft, Ängste und Langzeitarbeitsunfähigkeit zu vermeiden.

21.2 Angst am Arbeitsplatz – häufige Ursache für Langzeitarbeitsunfähigkeit

Psychische Erkrankungen sind Volkskrankheiten: In der Allgemeinbevölkerung erfüllen nach epidemiologischen Untersuchungen seit Jahrzehnten immer etwa 30 % der Menschen die Kriterien irgendeiner psychischen Erkrankung (Wittchen et al. 2011). Am häufigsten sind dabei sogenannte affektive Erkrankungen (Stimmungserkrankungen) und Angsterkrankungen. Sie werden nur äußerst selten durch bestimmte Lebensereignisse „verursacht", sondern es handelt sich um chronische Erkrankungen, die über die Lebensspanne bestehen (Stansfeld et al. 2008; Caspi et al. 1996). Menschen mit psychischen Erkrankungen können Probleme in der Lebensbewältigung haben, insbesondere in Lebensbereichen, die wenig Toleranz für Normabweichungen haben, wie etwa am Arbeitsplatz. So zeigte sich in einer Untersuchung (Muschalla et al. 2012), dass Menschen mit psychischen Problemen Beeinträchtigungen im Freizeitbereich, im sozialen Umfeld oder bei der Haushaltsführung haben, jedoch auch, dass sich Beeinträchtigungen am stärksten im Bereich der Arbeit zeigen.

Arbeitsängste sind spezifische auf die Arbeit bezogene Ängste. Sie kommen häufig bei Menschen vor, die an psychischen Erkrankungen leiden (Muschalla und Linden 2013). Arbeitsängste können (seltener) auch bei ganz gesunden Menschen auftreten, etwa nach einem äußerst erschreckenden Ereignis bei der Arbeit. Wenn Arbeitsängste krankheitswertig werden, sind sie im Vergleich zu „herkömmlichen psychischen Erkrankungen", also arbeitsunabhängigen Stimmungserkrankungen, Ängsten oder Suchtproblemen, besonders fatal, da sie häufig mit langer Arbeitsunfähigkeit einhergehen.

21.3 Macht Arbeit Angst?

Arbeit ist auf der einen Seite eine wichtige Ressource im Leben, die für viele Menschen nicht nur Lohnerwerb, sondern auch soziale Einbindung, Anerkennung und Identitätsstiftung bedeutet (Muschalla 2018). Arbeit „macht" an sich in der Regel nicht krank in dem Sinne, dass bestimmte Arbeitsmerkmale psychische Erkrankungen verursachen (mit Ausnahme von z. B. posttraumatischen Stresserkrankungen nach Unfällen [Muschalla und Linden 2013]). Vielmehr haben psychisch Erkrankte in der Regel ihr ganzes Leben lang Probleme in verschiedenen Lebensbereichen, insbesondere im Arbeitsleben (Stansfeld et al. 2008; Caspi et al. 1996). Aufgrund vergleichsweise geringerer Freiheitsgrade bei der Arbeit (z. B. vorgegebene Anforderungen, nicht wählbares Kollegium) im Vergleich zum sonstigen Leben (z. B. selbstgewählte Freizeitbeschäftigungen und Freunde) fallen bei der Arbeit (Leistungs)Fähigkeitsbegrenzungen eher problematisch auf (Muschalla et al. 2012).

Es gibt jedoch an Arbeitsplätzen naturgemäß eine Reihe von Faktoren, die Stresserleben und Ängste forcieren können – bei Gesunden ebenso wie bei Menschen mit psychischen Erkrankungen. Diese „natürlichen Bedrohungsfaktoren" sind zum Beispiel Rivalitäten und Rangkämpfe unter Kolleginnen und Kollegen, sanktionierende und überwachende Vorgesetzte, Mitarbeiter-Ranking, Computer-Monitoring von Mitarbeitenden, Unfallgefahren sowie Ungewissheit, was an betrieblichen Neuerungen auf einen zukommen mag (Muschalla und Linden 2013). In der arbeitswissenschaftlichen Forschung sind vielfach Zusammenhänge von Belastungserleben und bestimmen Arbeitsmerkmalen berichtet worden, bspw. erhöhtes Stresserleben bei erlebten geringen Handlungsspielräumen und hohen Anforderungen (Rau und Buyken 2015) oder geringem psychologischem Sicherheitserleben in Dienstleistungstätigkeiten (Edmondson et al. 2016). Im Einzelfall bedeutet subjektiv problematische Arbeitswahrnehmung jedoch nicht automatisch, dass die Arbeit krankmachend ist. Es ist zunächst lediglich ein Indikator für Belastungserleben, dessen Qualität und Ursache im konkreten Einzelfall differenziert ergründet werden muss (Muschalla und Linden 2013; Muschalla 2018).

Gelegentlich Anspannung oder ein flaues Gefühl in manchen Arbeitssituationen zu verspüren ist normal. Problematisch werden Arbeitsängste, wenn sie dazu führen, dass der oder die Betroffene Arbeitssituationen oder -aufgaben meidet oder bei der Arbeit durch Fehler und Daueranspannung auffällt und schließlich ausfällt. Insbesondere wenn es zu einer Krankschreibung kommt, sollte die mögliche Verschlimmerung bedacht werden: In räumlicher Entfernung vom Arbeitsplatz zu bleiben wirkt zunächst angstreduzierend und entlastend. Die Angst wird jedoch im Verlauf schlimmer, und wenn der Arzt nach einer Weile vorschlägt, an den Arbeitsplatz zurückzukehren, kann Panik auftreten. Frühzeitiges Erkennen und Entgegenwirken ist daher bei angstbedingten arbeitsbezogenen Vermeidungsimpulsen von besonderer Bedeutung (Nash-Wright 2011; Muschalla und Linden 2013).

Etwa 30–60 % der Menschen, die in einer medizinischen Rehabilitation in Behandlung sind, sind von Arbeitsplatzproblemen und -ängsten betroffen (Muschalla und Linden 2013). Von Berufstätigen verschiedener Branchen waren 6 % aktuell in einer Behandlung wegen psychischer Probleme. Von den nicht in Behandlung befindlichen Arbeitstätigen berichteten etwa 5 %, dass sie an arbeitsbezogenen Ängsten litten und sich auch schon einmal wegen unerträglicher Probleme am Arbeitsplatz hatten krankschreiben lassen (Muschalla et al. 2013). Schwere oder zumindest ausgeprägte Arbeitsängste waren bei etwa 2–7 % der Berufstätigen in einer bevölkerungsrepräsentativen Studie zu finden (Muschalla 2022).

21.4 Welche Arbeitsplatzängste kann man unterscheiden?

Arbeitsängste können sich auf unterschiedliche Weise äußern. Sie können als eigenständige („alleinige") Arbeitsängste vorkommen oder in Form eines Zusatzsymptoms bei einer „psychischen Grunderkrankung", wie zum Beispiel einer Depression. Krankheitswertige Arbeitsängste sind für Ärzte und Therapeuten auch entsprechend der gültigen internationalen Krankheitsklassifikationssysteme zu beziffern (z. B. als F 41.8 Arbeitsbezogene Angst [WHO 1992; Muschalla und Linden 2013]):

▪ ▪ Situative Ängste und Vermeidungsverhalten

Dies sind konkrete Ängste vor einem bestimmten Ort, einer bestimmten Aufgabe oder bestimmten Situationen („Stimuli") bei der Arbeit. Im Sinne einer phobischen Reaktion treten Anspannung, Angst oder sogar Panik bei Annäherung auf und Beruhigung bei Abwendung und Vermeidung dieser Situation. Alle möglichen speziellen Arbeitssituationen können betroffen sein, wie etwa ein Computerarbeitsplatz oder ein Baugerüst, spezielle Arbeitsaufgaben, -orte oder -umgebungen wie Nachtschichten oder ein Einzelarbeitsplatz mit erhöhten Anforderungen an die Selbstverantwortung. Derartige Ängste sind oftmals „erlernt" (z. B. Computerangst nach einem Fehler, Angst vor Arbeit auf einem Gerüst nach einem Unfall).

▪ ▪ Soziale Ängste am Arbeitsplatz

Soziale Ängste beziehen sich auf Kontakte mit Kolleginnen und Kollegen oder Vorgesetzten oder auch mit Dritten wie Kunden oder Patienten. Sie kommen entweder im Rahmen einer angeborenen sozialen Unsicherheit vor oder als erworbene Unsicherheit bei mangelnder sozialer Kompetenz und negativen Reaktionen anderer Menschen. Soziale Ängste sind gekennzeichnet durch ein übermäßig unsicher, unbeholfen und schüchtern wirkendes oder aber auch aggressives Verhalten anderen gegenüber. Die Betroffenen haben Probleme, sich in soziale Situationen bei der Arbeit einzubringen, ihre Position zu behaupten oder sich den Bewertungen anderer auszusetzen, z. B. in Konferenzen und Teamsitzungen, bei Vorträgen, aber auch in der Teeküche oder beim gemeinsamen Mittagessen in der Kantine.

▪ ▪ Gesundheits- und körperbezogene Ängste bei der Arbeit

Darunter werden alle Formen krankheits- und körperbezogener Befürchtungen zusammengefasst, das heißt eine verstärkte Besorgnis um die eigene körperliche Unversehrtheit. Im Zusammenhang mit der Arbeit gehört dazu bspw. die Überzeugung, dass die Arbeit gesundheitsschädlich ist (z. B. der Druckertoner im Büro), die Arbeitsbedingungen (z. B. Geräuschkulisse im Büro an einer Hauptstraße) krank machen oder dass sich durch die Arbeit bestehende eigene Krankheiten weiter verschlechtern (z. B. ein Rückenleiden durch die Arbeit verstärkt wird). Die Betroffenen beobachten ihren Körper verstärkt auf Symptome hin, wie beispielsweise beschleunigten Herzschlag oder leichte Missempfindungen in verschiedenen Körperteilen. Die Folge kann ein unangemessenes Schonverhalten sein, eine fehlerhafte Arbeitsweise oder das Vermeiden bestimmter Arbeitsaufgaben oder Arbeitsorte.

▪ ▪ Versagensangst

Hiermit sind Ängste gemeint, unzureichend qualifiziert oder schnell überfordert zu sein, nicht genügend Wissen oder Fähigkeiten für die Aufgabenerledigung zu haben und daher Fehler zu begehen. Dazu gehören auch Veränderungsängste, wie die Angst vor der Übernahme neuer Aufgaben oder dem Erwerb neuer Fertigkeiten, die bei strukturellen, personalen oder technischen Veränderungen im Betrieb notwendig sind. Menschen mit solchen Ängsten reagieren auf Anforderungen oft mit Anspannung, können fahrig oder hilflos wirken.

▪ ▪ Sorgenängste

Sorgen sind eine bestimmte Art von Angst: Sorgen sind die Ängste, die sich im Kopf abspielen. Hier handelt es sich um ein konstantes Denkmuster mit Tendenz zu generalisierten Befürchtungen und ständiger Besorgtheit um alltägliche Kleinigkeiten. Dies äußert sich durch eine ständige sorgenvolle Beschäftigung mit Arbeitsproblemen auch in der Freizeit, bis hin zur Einschränkung anderer alltäglicher Verrichtungen. Die Betroffenen sehen überall Gefahren und potenzielle Probleme, die sie durch besonderen Einsatz abwenden möchten. Dazu gehören Sorgen, am Computer etwas falsch machen zu können, bestimmte Aufgaben nicht korrekt zu erledigen oder auch Existenzängste durch den Verlust des Arbeitsplatzes. Menschen mit ausgeprägten Sorgenängsten wirken häufig übermäßig gewissenhaft und sind über die aktuellen offiziellen Vorgänge im Betrieb genauestens informiert. Sie werden daher auch von Kolleginnen oder Kollegen angesprochen, um Arbeiten zu kontrollieren oder Auskünfte zu geben. Die Familie reagiert häufig verärgert, weil die Betroffenen zu Hause nicht abschalten können, da sie noch über unabgeschlossene Arbeitssachen nachdenken, sich nicht trauen in Urlaub zu fahren oder im Krankheitsfall eine Arbeitsunfähigkeit attestieren zu lassen. Das Gefühl der Ungewissheit, das sie während ihrer Abwesenheit von der Arbeit aushalten müssten, ist zu stark.

▪ ▪ Arbeitsplatzphobie
Ein Sonderfall ist die Arbeitsplatzphobie. Das Syndrom wurde erstmals von Janet Haines und Kollegen (2002) wissenschaftlich beschrieben. Wendet man die Definition von Phobien der Weltgesundheitsorganisation (WHO 1992) an, liegt eine Arbeitsplatzphobie dann vor, wenn die Annäherung oder allein der Gedanke an den Arbeitsplatz zu einer körperlichen und gedanklichen Angstreaktion und einem Vermeidungsverhalten bezüglich der Arbeitsstelle führen. In der Konsequenz kommt es regelhaft zur (Langzeit-)Arbeitsunfähigkeit, die wiederum eine Verstärkungswirkung auf die Angst selbst hat. Häufig kommt es auch zu einer Ausweitung des Vermeidungsverhaltens, wie z. B. das Meiden der Straße, in welcher der Betrieb liegt, oder von Ereignissen, bei denen man Kollegen begegnen könnte, oder sogar Angst, wenn nur das Gespräch auf die Arbeit kommt.

21.5 Fähigkeitsbeeinträchtigungen bei Arbeitsängsten

Mitarbeitende mit Arbeitsängsten können in unterschiedlicher Weise in ihrer Arbeitsfähigkeit beeinträchtigt sein. In klinischen Untersuchungen wurden Menschen mit Arbeitsängsten in diagnostischen Interviews befragt, welche Anforderungen in ihrer Arbeit ihnen Schwierigkeiten bereiten (Muschalla et al. 2014). Hierbei wurde das Mini-ICF-APP genutzt – ein in der Arbeitsfähigkeitsbegutachtung etabliertes Fremdbeurteilungsinstrument, (AWMF 2020; Linden et al. 2015). Anhand eines halbstrukturierten Interviews werden die Probanden nach ihren konkreten Arbeitsanforderungen und Beeinträchtigungen in 13 psychologisch bedeutsamen Fähigkeitsbereichen gefragt (◘ Tab. 21.1).

◘ Abb. 21.1 zeigt die prozentualen Anteile von 331 Menschen mit Arbeitsängsten (53 % Frauen, Altersdurchschnitt 50 [+/−28] Jahre), die mäßige oder stärkere Beeinträchtigungen in arbeitsrelevanten Fähigkeit haben.

Die Daten zeigen, dass von Arbeitsängsten Betroffene besonders häufig (>50 %) in der Durchhaltefähigkeit, Flexibilität, Entscheidungs- und Urteilsfähigkeit sowie in der Selbstbehauptungsfähigkeit auffällig beeinträchtigt sind. Diese Fähigkeitsbereiche können demnach in der betrieblichen Prävention, im Eingliederungsmanagement (§ 167 SGB IX) und in der Betriebsmedizin regelmäßig eine Rolle spielen.

Außerdem wird erkennbar, dass bestimmte Arbeitsängste tendenziell häufiger mit bestimmten Beeinträchtigungen einhergehen: Menschen mit Arbeitsplatzphobie haben in fast allen Fähigkeitsdimensionen am häufigsten starke Beeinträchtigungen. Menschen mit sozialen Ängsten sind besonders häufig in der Selbstbehauptung beeinträchtigt. Men-

Kapitel 21 · Minimal angstauslösende Arbeitsplätze

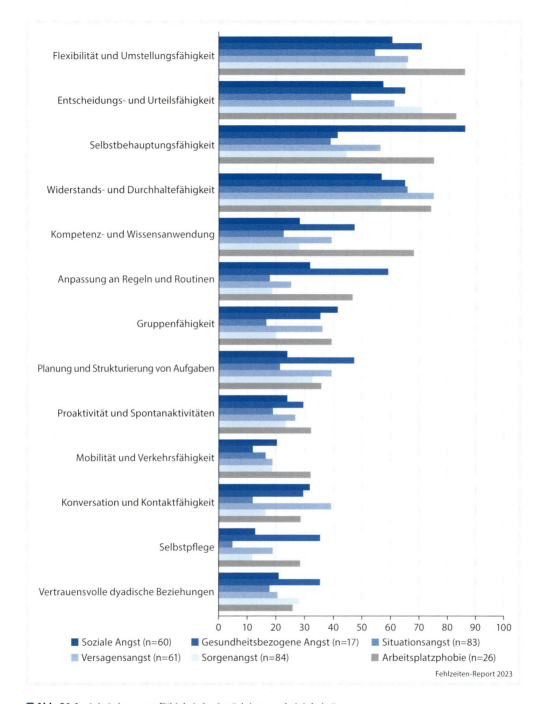

◘ **Abb. 21.1** Arbeitsbezogene Fähigkeitsbeeinträchtigungen bei Arbeitsängsten

◘ Tab. 21.1 Fähigkeitsdimensionen im Arbeitsfähigkeitsbefund und Beeinträchtigungsstufen (nach Linden et al. 2015; AWMF 2020)

1. **Anpassung an Regeln und Routinen**
   Fähigkeit, sich an Regeln zu halten, Termine verabredungsgemäß wahrzunehmen und sich in Organisationsabläufe einzufügen. Dies beinhaltet bspw. die Erfüllung von täglichen Routineabläufen, Einhalten von Verabredungen, pünktliches Erscheinen, Einhaltung von Verfahrensvorschriften

2. **Planung und Strukturierung von Aufgaben**
   Fähigkeit, den Tag und/oder anstehende Aufgaben zu planen und zu strukturieren, d. h. angemessene Zeit für Aktivitäten (z. B. Korrespondenz, Wochenplanung, Veranstaltungsorganisation, Produktionsablauf) aufzuwenden, die Reihenfolge der Arbeitsabläufe sinnvoll zu strukturieren, diese wie geplant durchzuführen und zu beenden

3. **Flexibilität und Umstellungsfähigkeit**
   Fähigkeit, sich im Verhalten, Denken und Erleben wechselnden Situationen anzupassen, d. h. je nach Situation und Anforderung unterschiedliche Verhaltensweisen zu zeigen. Dies kann Veränderungen in den Arbeitsanforderungen, kurzfristige zeitliche Veränderungen, räumliche Veränderungen, neue Arbeitspartner oder auch die Übertragung neuer Aufgaben betreffen

4. **Kompetenz- und Wissensanwendung**
   Fähigkeit zur Anwendung fachlicher Kompetenzen, d. h. beruflich, ausbildungsspezifisch oder aufgrund der Lebenserfahrung. Fähigkeit, Fach- und Lebenswissen oder Kompetenzen gemäß den Rollenerwartungen einzusetzen und fachliche Anforderungen zu erfüllen

5. **Entscheidungs- und Urteilsfähigkeit**
   Fähigkeit, kontextbezogen und nachvollziehbar Entscheidungen zu fällen oder Urteile abzugeben. Fähigkeit, Sachverhalte aufzufassen, daraus die angemessenen Schlussfolgerungen und Konsequenzen zu ziehen und dies in erforderliche Entscheidungen umsetzen zu können

6. **Proaktivität und Spontanaktivitäten**
   Fähigkeit, außerhalb vorgegebener Pflichten eigeninitiativ Aktivitäten zu initiieren. Bei der Arbeit ist Proaktivität gefragt, wenn es um Weiterentwicklung geht, z. B. selbst initiierte Projekte oder Arbeitsgruppen, Vorschläge für Verbesserungen im Arbeitsablauf oder Ideen und Handlungsengagement für das Betriebssportfest

7. **Widerstands- und Durchhaltefähigkeit**
   Fähigkeit, hinreichend ausdauernd und während der üblicherweise erwarteten Zeit an einer Tätigkeit oder Aufgabe zu bleiben und ein durchgehendes Leistungsniveau aufrechterhalten zu können

8. **Selbstbehauptungsfähigkeit**
   Fähigkeit, in sozialen Kontakten oder auch Konfliktsituationen ohne beeinträchtigende Befangenheit bestehen und für seine Überzeugungen einstehen zu können, ohne dabei soziale Normen zu verletzen

9. **Konversation und Kontaktfähigkeit zu Dritten**
   Fähigkeit, unmittelbare informelle soziale Kontakte mit anderen Kollegen, Vorgesetzten, potenziellen Kunden o. ä. aufnehmen zu können. Dazu gehört auch Rücksichtnahme, Wertschätzung des Gegenübers, die Fähigkeit, Gespräche zu beginnen und zu beenden und unverbindlich zu kommunizieren (freundlicher Small-Talk)

10. **Gruppenfähigkeit**
    Fähigkeit, sich in Gruppen einzufügen, die expliziten oder informellen Regeln der Gruppe zu durchschauen und sich darauf einstellen zu können. Dazu gehören Kleingruppen wie das Arbeitsteam oder Großgruppen wie die Firma, eine politische Gruppierung oder die Kirche

11. **Fähigkeit zu dyadischen Beziehungen**
    Fähigkeit, vertrauensvolle Arbeitsbeziehungen zu einzelnen Arbeitspartnern aufzubauen und aufrechterhalten zu können

Tab. 21.1 (Fortsetzung)

12.	**Selbstpflege und Selbstversorgung**	
	Fähigkeit zur Selbstpflege und -versorgung, also die Fähigkeit, sich zu pflegen, sich dem Anlass oder der Betriebskultur entsprechend zu kleiden, sich adäquat zu ernähren, auf Erholung zu achten, die gesundheitlichen Bedürfnisse des eigenen Körpers wahrzunehmen und darauf angemessen zu reagieren	
13.	**Mobilität und Verkehrsfähigkeit**	
	Fähigkeit, sich zu bewegen, an verschiedene Arbeitsorte zu gelangen, sich in verschiedene Situationen zu begeben und übliche Transportmittel wie Auto, Bus oder Flugzeug zu benutzen	

Beeinträchtigungsstufen
Etwaige Fähigkeitsbeeinträchtigungen werden vom trainierten Untersuchenden auf ihre Schwere hin eingestuft. Dabei gelten die folgenden Abstufungen:

0.	Keine Beeinträchtigung: Der Proband entspricht den *Normerwartungen*
1.	Leichte Beeinträchtigung: Der Proband hat leichtere Schwierigkeiten, die erforderlichen Aktivitäten auszuüben, es gibt aber *keine wesentlichen negativen Konsequenzen (z. B. Fehler) und die Beeinträchtigungen fallen Personen im Umfeld (z. B. Kollegen, Vorgesetzten) nicht auf*
2.	Mäßige Beeinträchtigung: Der Proband hat deutliche Probleme, die erforderlichen Aktivitäten auszuüben, mit *negativen Konsequenzen für ihn selbst oder andere*
3.	Erhebliche Beeinträchtigung: Der Proband kann Rollenerwartungen in wesentlichen Teilen nicht mehr gerecht werden, er *benötigt teilweise Unterstützung von Dritten*
4.	Volle Beeinträchtigung: Der Proband ist nicht in der Lage, die erforderlichen Aktivitäten auszuüben, *er muss entpflichtet werden*, die Aktivitäten werden durch Dritte übernommen

Fehlzeiten-Report 2023

schen mit Sorgenangst haben häufig Probleme beim Entscheiden und Urteilen. Menschen mit Versagensangst haben häufig Probleme in der Widerstands- und Durchhaltfähigkeit.

Lösungsansätze können sich durch Arbeitsplatzanpassungen oder Fähigkeiten-Trainings eröffnen. Mitarbeitende mit ausgeprägter sozialer Angst und Versagenserlebnissen in Verkaufs- und Vortragsaktivitäten können von diesen Aufgaben entpflichtet und stattdessen in der Buchhaltung und im E-Mail-Service eingesetzt werden. Mitarbeitende mit Gesundheitsangst oder hoher Ablenkbarkeit können aus der Mitte des Großraumbüros herausgenommen und an einen ruhigen Einzelarbeitsplatz am Rand versetzt werden.

Parallel zu (vorübergehenden) Arbeitsplatzanpassungen können Mitarbeitende mit speziellen Problemlagen auch spezielle Trainings absolvieren, z. B. soziales Kompetenztraining oder Konzentrations- oder Selbstmanagementtraining.

In jedem Fall müssen solche Maßnahmen im Sinne des Person-Job-Fit (French 1973) auf den Einzelfall zugeschnitten und mit dem betriebsärztlichen Dienst abgestimmt sein. Es kann ärztlich oder psychotherapeutisch eingeschätzt werden, ob es sich um ein trainierbares Fähigkeitsdefizit handelt oder ob eine dauerhafte Beeinträchtigung mittels Anpassung der Arbeitsaufgabe kompensiert werden muss, um die Arbeitsfähigkeit zu erhalten.

21.6 Sind Arbeitsängste behandelbar und Arbeitsunfähigkeit abwendbar?

Zur Behandlung von Arbeitsängsten und gibt es in Studien geprüfte Gruppentrainings und Selbsthilfematerialien (Muschalla 2019a). In Rehakliniken werden Gruppenprogramme für

Tab. 21.2 Inhalte der Arbeits-Coping-Gruppe am Beispiel von vier Sitzungen à 90 min

1.	**„Stress entsteht im Kopf": Sich Sorgen – aber richtig!** Ziel ist es, die Urteilsfähigkeit zu trainieren, berechtigte wichtige Sorgen von ggf. übertriebenen Sorgen zu unterscheiden und bzgl. wiederkehrender Alltagssorgen neutrale oder positive Denkalternativen im Sinne einer „neuen Sprache" einzuüben
2.	**Umgang mit körperlichen Stressreaktionen** Ziel ist es, angstfördernde Annahmen und katastrophisierende Bewertungen hinsichtlich körperlicher Reaktionen zu vermindern und mittels konkreter Beobachtungen und sachlicher Beschreibungen zu relativieren
3.	**Selbstbehauptung mit Kolleginnen/Kollegen und Vorgesetzten** Ziel ist es, ein Verständnis für normale soziale Prozesse und Konflikte an Arbeitsplätzen zu vermitteln. Es soll ggf. Vermeidungsverhalten bzgl. der aktiven Auseinandersetzung mit sozialen Interaktionssituationen am Arbeitsplatz vermindert werden; stattdessen werden hilfreiche aktive Verhaltensweisen für die alltägliche Kommunikation an Arbeitsplätzen eingeübt
4.	**Arbeitsorganisation** Ziel ist es, bei den Teilnehmenden Problemlösekompetenzen zu fördern für die Umstände, in denen Veränderungen durch eigenes aktives Handeln möglich sind. Es soll auch die Fähigkeit gestärkt werden, unveränderliche Umstände mit einer gewissen emotionalen Ausgeglichenheit hinzunehmen, solange es ethisch-moralisch vertretbar ist

Fehlzeiten-Report 2023

Menschen mit Arbeitsproblemen und -ängsten durchgeführt. Ziel ist es, mittels verhaltensorientierter, auf konkrete Arbeitssituationen zugeschnittener Übungen die arbeitsbezogenen Bewältigungsfähigkeiten zu fördern. Es wurde gefunden, dass eine bewältigungsorientierte „Arbeits-Coping-Gruppe" (◘ Tab. 21.2) zu besserem Bewältigungserleben und teilweise sogar kürzerer Arbeitsunfähigkeitsdauer führt als eine ablenkungsorientierte „Freizeitgruppe".

Die Trainings-Evaluationen unterstreichen, dass ein gezieltes und frühzeitiges Ansprechen von Arbeitsproblemen ein wichtiger Schritt ist, um die Arbeitsfähigkeit wiederherzustellen (Nash-Wright 2011). Arbeitsängste dürfen nicht unentdeckt und beobachtbare Leistungsprobleme nicht unangesprochen bleiben, da sie sonst die Tendenz haben sich auszuweiten. Es kommt dann nicht selten zu langandauernder Arbeitsunfähigkeit und die Wahrscheinlichkeit der Rückkehr an den Arbeitsplatz sinkt.

Um Mitarbeitenden einen niederschwelligen Zugang zu Unterstützung zu ermöglichen, wurden erfolgreich „psychosomatische Sprechstunden" im Betrieb oder auch externe diagnostische Beratungen erprobt. Diese haben u. a. zum Ziel, Mitarbeitende mit psychischen Problemlagen frühzeitig zu beraten, ggf. Kontakte zwischen Mitarbeitenden und ihrem Team oder Vorgesetzten (wieder) herzustellen, kurzfristige Maßnahmen einzuleiten und damit Arbeitsunfähigkeiten zu vermeiden (Rothermund et al. 2016).

21.7 Umgang mit Arbeitsängsten im Betrieb

Aus bisherigen umfangreichen empirischen Befunden und praktischen Erfahrungen (Muschalla und Linden 2013) lassen sich auch einige Ideen zum Umgang mit Arbeitsängsten im Betrieb zusammenfassen. In der betrieblichen Praxis können einige Grundhaltungen dazu beitragen, ungünstigen Entwicklungen – wie bspw. Arbeitsfähigkeitsbeeinträchtigungen oder Teamkonflikten – wenig Raum zu bieten:

1. Gelegentlich einmal Angst und Leistungsprobleme am Arbeitsplatz zu haben ist

normal, da Arbeitsplätze verschiedene Bedrohungspotenziale besitzen. Es gibt soziale Konflikte unter Kolleginnen und Kollegen, Veränderungen, Kontrolle, Bewertungen und Sanktionen durch Vorgesetzte, Unfallgefahren, Prüfungssituationen, Ungewissheit über Arbeitsplatzsicherheit. Gelegentliche Angst und Unbehagen kann jeder gesunde Mensch tolerieren.
2. Wenn die Angst bei der Arbeit jedoch zu stark wird, an jedem Arbeitstag vorhanden ist, bei der Arbeit behindert und starkes Leiden und dauerhafte Leistungsminderung verursacht, sollten die Betroffenen offen mit einem Arzt/einer Ärztin ihres Vertrauens oder auch mit dem betriebsärztlichen Dienst, darüber sprechen. Dabei kann gezielt untersucht werden, ob ein krankheitswertiges Problem vorliegt und was man ggf. dagegen tun kann (Muschalla und Linden 2013).
3. Eine Krankschreibung bei Ängsten kann, wenn sie über Wochen andauert und wenn sonst keine aktive Auseinandersetzung mit der Arbeit und einem beruflichen Wiedereinstieg unternommen wird, eher noch zur Verstärkung der Angst beitragen. Wichtig ist es daher für Betroffene und Führungskräfte, sich frühzeitig gemeinsam mit den Bewältigungsmöglichkeiten und der Arbeitssituation zu befassen.
4. Der behandelnde ambulante Arzt oder auch der Betriebsarzt können die gesundheitsbedingten Arbeitsplatzprobleme der Betroffenen am besten einschätzen. Sie sollten daher im Wiedereingliederungsprozess (§ 167 SGB IX) als Vermittler zwischen Arbeitgeber und Patient/Mitarbeitendem auftreten. Sie geben wichtige Informationen, wenn es um Fragen einer (vorübergehenden) Arbeitsplatzanpassung geht. Damit in dieser Weise alle „miteinander reden" können, ist ein generell gutes Gesprächsklima im Betrieb wichtig, in dem Mitarbeitende keine Scheu haben müssen, arbeitsrelevante Gesundheitsprobleme anzusprechen und auch den Betriebsarzt kennen.

21.8 Was kann man vorbeugend tun?

Bereits im alltäglichen Kommunikations- und Führungsverhalten kann präventiv einiges beachtet werden, um möglichst wenig unnötige Angst bei Mitarbeitenden zu forcieren und auch normale Ängste zu verstehen (Muschalla und Linden 2013; Muschalla 2018):

1. Zum einen können Führungskräfte per Rollendefinition mit Überwachungs- und Sanktionsfunktion für Mitarbeitende angstauslösend wirken. Als Führungskraft sollte man dies wissen. Auch wenn man selbst um einen flachhierarchischen Führungsstil bemüht ist, sollte man anerkennen, dass man von Mitarbeitenden nicht geliebt werden muss, sondern dass sie gelegentlich auch froh sind, wenn Chef oder Chefin einmal nicht im Haus ist. Einige Mitarbeitende erleben dann u. U. weniger Anspannung.
2. Zum anderen sollte ein Chef sich wie ein Chef verhalten, d. h. einen klaren, sachlich-unaufgeregten Kommunikationsstil pflegen und Regeln vorgeben. Dies schließt nicht aus, gleichzeitig mitarbeiterorientiert die Fähigkeiten der einzelnen im Auge zu behalten, verlässlich präsent und ansprechbar zu sein. Mitarbeitende zu beteiligen und Performance-Feedback zur Arbeitsleistung klar zu kommunizieren haben sich bspw. für die psychische Gesundheit und das Arbeitsoutcome als günstig erwiesen (Arnetz und Blomkvist 2007). Damit können Überforderungen vermieden und bei individuellen Leistungsproblemen die Gründe erfragt und Hilfestellung gegeben werden. Mitarbeitende wissen es in der Regel zu schätzen, einen durchaus fordernden, dabei aber verlässlichen und berechenbaren Chef zu haben. Dazu gehören auch alltägliche Kommunikationsaspekte. Ein Abteilungsleiter, bei dem klar ist, dass er in der Konferenz immer an einem bestimmten Platz sitzt, ist in diesem Sinne berechenbar. Einer, der im Sinne einer

(pseudo)flachen Hierarchie und Teamgeist versucht, sich jedes Mal an einen anderen Platz zu setzen, um auf (Pseudo-)Augenhöhe mit den Mitarbeitenden zu reden, kann u. U. Unbehagen und Irritation auslösen.
3. Betriebliche Veränderungen und alles, was Ungewissheit und Gerüchte schürt, sollte Mitarbeitenden deutlich kommuniziert werden. Wenn klar ist, was das Problem oder Vorhaben ist und in welcher Weise darauf reagiert werden kann, kann Unsicherheit reduziert werden. Als Vorgesetzter in Entscheidungsverantwortung seine Position zu erläutern und Entscheidungen sachlich zu begründen dient ebenso einer angstreduzierenden Kommunikation.
4. Mitarbeitende mit Arbeitsängsten kann man gegebenenfalls daran erkennen, dass sie bestimmte Situationen oder Personen am Arbeitsplatz meiden (z. B. einen Konferenzvortrag zu halten oder das neue Computerprogramm zu verwenden) oder aber zu viel arbeiten und kontrollieren und deswegen dauerhaft ausgebrannt und angespannt wirken. In einer Untersuchung von Menschen mit Arbeitsängsten zeigte sich, dass Betroffene sich über den Gegenstand, der ihnen Angst macht, negativer äußern als Menschen ohne Arbeitsangst (Muschalla et al. 2016). Klagen von Mitarbeitenden über bestimmte Arbeitssituationen oder Umstände (z. B. zu viel Arbeit, Umgebungsbelastungen, zu wenig sozialer Rückhalt) sollten daher ernst genommen werden. Das sachorientierte Ansprechen von „Problemen" oder „Arbeitsaufgaben" (nicht: „Ängsten") kann auch ein Weg sein, mit ihnen ins Gespräch zu kommen. Besteht der Eindruck, dass es sich um relevante Leistungsprobleme handelt, die möglicherweise mit psychischen Beschwerden zu tun haben, kann den Betroffenen auch ein Besuch beim betriebsärztlichen Dienst vorgeschlagen werden. Wichtig ist hierbei, dass den Betroffenen dies als Fürsorgeaktion eröffnet wird, um die Missverständnis-Gefahr („Droht mir der Rausschmiss?") zu minimieren.
5. Führungskräfte können vermeiden, eine unnötige Wettkampf-Atmosphäre unter Mitarbeitenden zu erzeugen. Verzicht auf öffentliche Vergleiche und Mitarbeiterrankings können zu einer ausgeglichenen Team-Atmosphäre beitragen. Kritische Rückmeldungen sollten im Vier-Augen-Gespräch gegeben werden.
6. Die Gruppendynamik in der Abteilung und in den verschiedenen Teams sollte im Auge behalten werden (z. B. durch wöchentliche Teamkonferenzen), um unerwünschte Subgruppen-, Koalitions- und Oppositionsbildungen rechtzeitig zu erkennen und gegensteuern zu können. Hinsichtlich Veränderungen im Team hat es sich bewährt, so viel wie nötig, aber so wenig wie möglich einzugreifen.
7. Auf ständiges Gerede über psychisches Wohlbefinden sollte verzichtet werden. In der Regel werden ernstzunehmende Probleme im Arbeitsalltag beobachtbar und sind dann individuell zu lösen. Zuviel Psychologisieren im Arbeitsalltag, ggf. auch im Rahmen gut gemeinter psychischer Gesundheitsprävention, kann auch Schaden anrichten, im Sinne einer Übersensitivierung für „Psychisches" (Werk und Muschalla 2021). Es sollte auch darauf verzichtet werden, ständiges „Glücks"-Erleben am Arbeitsplatz als Zielsetzung zu formulieren, weil dies unrealistisch ist und Mitarbeitende ggf. noch mehr unter Druck setzt.
8. Um herauszufinden, ob ein Leistungsproblem sich aus einem Gesundheitsproblem eines einzelnen Mitarbeitenden ergibt oder durch strukturelle Gegebenheiten, ist eine Betrachtung der Problemverteilung sinnvoll. Haben acht von zehn Beschäftigten mit ähnlicher Arbeitsaufgabe Probleme bei der Aufgabenerfüllung, so lohnt ein Blick auf etwaige strukturelle Probleme in diesem Arbeitsbereich, wie bspw. unzureichende Ausstattung, unpassende Prozesse oder inhaltliche Schulungsnotwendigkeiten. Ist dagegen einer von zehn Beschäftigten mit seiner Arbeit überfordert, so

lohnt ein Gespräch unter vier Augen mit diesem Mitarbeitenden. Zielsetzung sollte sein, anhand konkreter Arbeitssituationen und beobachteter Probleme (z. B. mehrfach fehlerhafte oder zu späte Abgabe von Arbeitsergebnissen) das Problem auf der Sachebene anzusprechen, und zu verstehen zu geben, dass man mit dem Mitarbeitenden gemeinsam das Problem verstehen und konstruktiv lösen möchte.

21.9 Fazit

Die Forschung zu Arbeitsängsten und Arbeitsfähigkeit zeigen, dass es sich lohnt, etwaige Probleme frühzeitig aktiv anzugehen. Nützlich ist, wenn Führung, Gesundheitsbeauftragte im Betrieb (betriebsärztlicher und -psychologischer Dienst, Personaler, Eingliederungsbeauftragter) ein grundsätzlich nüchternes Verständnis für psychische Erkrankungen und Arbeitsängste haben und damit entsprechende Beobachtungen einordnen und sachlich-lösungsorientiert angehen können.

Aus den verschiedenen Verteilungen der Fähigkeitsbeeinträchtigungen bei Menschen mit unterschiedlichen Arbeitsängsten wird deutlich, dass im Einzelfall die Passung der Arbeit zu den Fähigkeiten des Einzelnen die wichtigste Rolle spielt. Die Herstellung eines guten Person-Job-Fit (French 1973; Muschalla 2019b; von Zelewski et al. 2023) ist ein vorrangiges Thema für die psychische Gefährdungsbeurteilung. Individualisiert fähigkeitsgerechte Arbeitsplätze können dazu beitragen, Ängsten, angstbedingtem Vermeiden und Krankschreibungen entgegenzuwirken.

Literatur

Arnetz B, Blomkvist V (2007) Leadership, mental health, and organizational efficacy in health care organizations. Psychother Psychosom 76:242–248

AWMF (2020) AWMF-Leitlinie zur Begutachtung psychischer und psychosomatischer Störungen. Teil II – Begutachtung der beruflichen Leistungsfähigkeit. AWMF Arbeitsgemeinschaft der Wissenschaftlichen Medizinischen Fachgesellschaften DGPM, DKPM, Berlin

Caspi A, Moffitt TE, Newman DL, Silva PA (1996) Behavioral observations at age 3 years predict adult psychiatric disorders. Arch Gen Psychiatry 53:1033–1039

Edmondson AC, Higgins M, Singer S, Weiner J (2016) Understanding psychological safety in health care and education organizations: a comparative perspective. Res in Human Development 13(1):65–83

French JPR Jr (1973) Person role fit. Occup Ment Health 3:15–20

Haines J, Williams CL, Carson JM (2002) Workplace phobia: psychological and psychophysiological mechanisms. Int J Stress Manage 9:129–145

Linden M, Baron S, Muschalla B, Ostholt-Corsten M (2015) Fähigkeitsbeeinträchtigungen bei psychischen Erkrankungen. Diagnostik, Therapie und sozialmedizinische Beurteilung in Anlehnung an das Mini-ICF-APP. Hogrefe, Göttingen

Muschalla B (2018) Arbeitsangst und Arbeitsfähigkeit(sbeeinträchtigung) – (Wie) Kann Führung vorbeugen? Pers Q 02:16–23

Muschalla B (2019a) Selbstmanagement am Arbeitsplatz. Ein Gruppentraining für Menschen mit Arbeitsängsten. Kohlhammer, Stuttgart

Muschalla B (2019b) Capacity-Job-Fit: Operationalisation of the psychological person-job-fit with the Mini-ICF-APP capacity dimensions. Prax Klin Verhaltensmedizin Rehabil 32:251–256

Muschalla B (2022) Prevalence and correlates of work-phobic anxiety in a national representative sample. Ger J Work Organ Psychol 66:31–39

Muschalla B, Linden M (2013) Arbeitsplatzbezogene Ängste und Arbeitsplatzphobie. Phänomenologie, Differentialdiagnostik, Therapie, Sozialmedizin. Kohlhammer, Stuttgart

Muschalla B, Vilain M, Lawall C, Lewerenz M, Linden M (2012) Participation restrictions at work indicate participation restrictions in other domains of live. Psychol Health Med 17:95–104

Muschalla B, Heldmann M, Fay D (2013) The significance of job-anxiety in a working population. OCCMED 63:415–421

Muschalla B, Fay D, Jöbges M, Linden M, Ayhan H, Flöge B, Heidrich ML (2014) Evaluation einer Gruppentherapie für arbeitsplatzbezogene Ängste und Arbeitsplatzphobie. Brandenburgklinik Bernau und Universität Potsdam, Arbeits- und Organisationspsychologie, Bernau (Abschlussbericht zum DRV-Forschungsprojekt.)

Muschalla B, Fay D, Linden M (2016) Self-reported workplace perception as indicator of work anxieties. OCCMED 66:168–170

Nash-Wright J (2011) Dealing with anxiety disorders in the workplace: importance of early intervention when anxiety leads to absence from work. Prof Case Manag 16:55–59

Rau R, Buyken D (2015) Der aktuelle Kenntnisstand über Erkrankungsrisiken durch psychische Arbeitsbelastungen: Ein systematisches Review über Metaanalysen und Reviews. Z Arbeits Organisationspsychol 59(3):113–129

Rothermund E, Gündel H, Rottler E, Hölzer M, Mayer D, Rieger M, Kilian R (2016) Effectiveness of psychotherapeutic consultation in the workplace: a controlled observational trial. BMC Public Health 26:891

Skoda EM, Spura A, De Bock F et al (2021) Veränderung der psychischen Belastung in der COVID-19-Pandemie in Deutschland: Ängste, individuelles Verhalten und die Relevanz von Information sowie Vertrauen in Behörden. Bundesgesundheitsblatt 64:322–333

Stansfeld SA, Clark C, Caldwell T, Canner R, North F, Marmot M (2008) Psychosocial characteristics and anxiety and depressive disorders in midlife: the effect of prior psychological distress. Occup Environ Med 65:634–642

von Zelewski I*, Muschalla B*, Formaniak A, Smyrek D (2023) Betriebliches Gesundheitsmanagement an der Technischen Universität Braunschweig mit dem Person-Job-Fit-Konzept. Personal- und Organisationsentwicklung in Einrichtungen der Lehre und Forschung (P-OE). Im Druck. *geteilte Erstautorenschaft

Werk L, Muschalla B (2021) Workplace mental health promotion in a large state organization: Perceived needs, expected effects, neglected side effects. Open Res Eur 1:17. https://doi.org/10.12688/openreseurope.13192.1

WHO (1992) International classification of diseases and related health problems. World Health Organization, Geneva

Wittchen HU, Jacobi F, Rehm J, Gustavsson A, Svensson M, Jönsson B, Olesen J, Allgulander C, Alonso J, Faravelli C, Fratoglioni L, Jennum P, Lieb R, Maercker A, van Os J, Preisig M, Salvador-Carulla L, Simon R, Steinhausen HC (2011) The size and burden of mental disorders and other disorders of the brain in Europe 2010. Eur Psychopharmacol 21:655–679

Gesunde Arbeit durch eine gesunde Gestaltung von Entgrenzung

Lea Katharina Kunz, Antje Ducki und Annekatrin Hoppe

Inhaltsverzeichnis

22.1 Einführung – 348

22.2 Entgrenzung im Überblick – 349
22.2.1 Dimensionen und Merkmale von Entgrenzung – 349
22.2.2 Tätigkeitsmerkmale und ihre psychologische Bedeutung – 350
22.2.3 Einbettung der Entgrenzung in betriebliche Strukturen und Erreichbarkeitskulturen – 351

22.3 Gesundheitliche Folgen der Entgrenzung – 352
22.3.1 Dauer und Häufigkeit von Entgrenzung – 352
22.3.2 Segmentation und Integration – 352
22.3.3 Aufgabentypen als verschiedene Formen von Entgrenzung – 353
22.3.4 Betriebliche Strukturen und Erreichbarkeitskulturen – 353

22.4 Folgen der Entgrenzung für Engagement und Motivation – 354

22.5 Handlungsempfehlungen zu gesunder Entgrenzung – 356

22.6 Fazit – 356

Literatur – 356

© Der/die Autor(en), exklusiv lizenziert an Springer-Verlag GmbH, DE, ein Teil von Springer Nature 2023
B. Badura et al. (Hrsg.), *Fehlzeiten-Report 2023*, Fehlzeiten-Report,
https://doi.org/10.1007/978-3-662-67514-4_22

▪▪ Zusammenfassung

Entgrenzung ist bereits ein weit verbreitetes Phänomen in den verschiedensten Branchen und auf unterschiedlichen betrieblichen Ebenen. Sie wird aber aufgrund der weiter andauernden Digitalisierung, stetig zunehmenden Flexibilisierung sowie Individualisierung der Arbeit noch weiter an Relevanz gewinnen. Spätestens seit der Corona-Pandemie erlebt ein Großteil der Beschäftigten, dass sie nicht mehr klassisch im Büro oder außerhalb ihrer gewöhnlichen Arbeitszeiten arbeiten oder kontaktiert werden. Dies sind nur zwei Arten von Entgrenzung. In diesem Beitrag wollen wir einen Überblick über Entgrenzungsarten und -merkmale geben. Anschließend fokussieren wir uns auf zeitliche Entgrenzung und ihre Erscheinungsarten. Zusätzlich beleuchten wir Faktoren auf Individual- und Betriebsebene, die Entgrenzung beeinflussen, und geben einen Überblick über Auswirkungen auf die Gesundheit und das Engagement von Beschäftigten. Abschließend stellen wir exemplarische Handlungsempfehlungen auf Individual- und Betriebsebene dar, um Entgrenzung so zu gestalten, dass sie möglichst gesund für die Beschäftigten ist und in der Folge ihre Leistungsfähigkeit langfristig sicherstellt.

22.1 Einführung

Beim Einkaufen den Anruf einer Kollegin annehmen, abends auf der Couch mal eben kurz den neuen Kunden googlen oder im Urlaub schnell auf eine E-Mail antworten – für viele, insbesondere sogenannte Wissensarbeitnehmende („Knowledge workers"), gehören diese und ähnliche Situationen zum (Arbeits-)Alltag. Sie alle beschreiben Beispiele von zeitlicher und räumlicher Entgrenzung zwischen Arbeits- und Privatleben, bei denen Informations- und Kommunikationstechnologien (IKT) zu arbeitsbezogenen Zwecken auch außerhalb der eigentlichen Arbeitszeit zum Einsatz kommen. Zu diesen IKT zählen einerseits die notwendige Hardware (z. B. Laptops, Smartphones oder Tablets) und andererseits die verwendeten Software-Lösungen (z. B. Verarbeitungsprogramme oder Cloud- und Messenger-Dienste).

Entgrenzung ist kein neues Phänomen in der Arbeitswelt, hat aber seit Beginn der Corona-Pandemie durch die breitflächige Einführung von Homeoffice stark zugenommen. Vor Beginn der Pandemie gaben nur rund 4 % der Beschäftigten an, hauptsächlich von Zuhause aus dem Homeoffice zu arbeiten, während es im April 2020 im ersten Lockdown 27 % waren (Hans-Böckler-Stiftung 2021), aktuell sind es 25 % (Statista 2023). Sowohl viele Beschäftigte als auch Unternehmen geben an, dass sie auch nach der Pandemie die Möglichkeit zur Homeoffice-Nutzung beibehalten wollen (86,4 %; ebd.). Dies wird nicht zuletzt durch die Debatte um ein „Recht auf Homeoffice" untermauert, welches für Beschäftigte mit geeigneten Tätigkeiten nach dem aktuellen Koalitionsvertrag geplant wird (Bundesministerium für Arbeit und Soziales 2023).

Verbunden mit der räumlichen Entgrenzung zwischen Arbeit und Privatleben hat auch die zeitliche Entgrenzung zwischen Arbeit und Freizeit, vor allem im Feierabend, zugenommen. So gaben vor Beginn der Corona-Pandemie 52 % der deutschen Beschäftigten an, dass von ihnen erwartet wird, auch außerhalb ihrer Arbeitszeit erreichbar zu sein (Institut DGB-Index Gute Arbeit 2016), während es in 2021 bereits 63 % waren (Institut DGB-Index Gute Arbeit 2022b). Zusätzlich erledigten 52 % der Beschäftigten vor der Corona-Pandemie Arbeitsaufgaben außerhalb ihrer Arbeitszeiten (Institut DGB-Index Gute Arbeit 2016), während es in 2021 schon 73 % waren (Institut DGB-Index Gute Arbeit 2022b).

Insgesamt führt die zunehmende Entgrenzung einerseits dazu, dass Beschäftigte ihre Arbeit sowohl räumlich als auch zeitlich flexibler gestalten können und die Anforderungen aus Arbeits- und Privatleben besser vereinbaren können. Andererseits steigt hierdurch auch die Wahrscheinlichkeit, dass von ihnen erwartet wird, auch außerhalb der Arbeitszeit für berufliche Zwecke erreichbar zu sein – auch, wenn sie dies vielleicht gar nicht wünschen.

Im vorliegenden Beitrag konzentrieren wir uns auf die zeitliche Entgrenzung und betrachten hier vor allem die **Arbeit im Feierabend**[1]. Wir stellen zwei unterschiedliche Formen von Entgrenzung vor: die Erreichbarkeit für berufliche Kontakte und die Aufgabenfortsetzung. Wir stellen dar, wodurch sich diese beiden Formen psychologisch unterscheiden und welche Relevanz dies für die Gesundheit von Beschäftigten hat. Anschließend stellen wir unterschiedliche Ansätze zur gesundheitsförderlichen Gestaltung von Entgrenzung auf individueller und organisationaler Ebene vor.

22.2 Entgrenzung im Überblick

Entgrenzung ist ein Oberbegriff für verschiedene Phänomene, die alle eines gemeinsam haben: Die früher klaren Grenzen zwischen dem Lebensbereich (Erwerbs-)Arbeit und anderen Lebensbereichen (auch: Domänen) wie Familie oder Freizeit verschwimmen und werden durchlässig. So findet zum Beispiel Arbeit während Zeiten oder an Orten statt, die früher für das Privatleben, Familie oder Freunde reserviert waren. Andersherum wird auch Arbeit zunehmend durch private Angelegenheiten unterbrochen, meistens ausgelöst durch die private IKT-Nutzung während der Arbeitszeit (Landowski et al. 2021). In der Fachliteratur wird dies unter den Begriffen ‚Cyberloafing‘ oder ‚Cyberslacking‘ diskutiert (Vahle-Hinz et al. 2019). Um die gesundheitlichen und motivationalen Effekte der Entgrenzung in der Freizeit (Arbeit dringt ins Privatleben ein) besser zu verstehen, ist ein tieferer Blick in die Entgrenzungsdimensionen und Merkmale hilfreich.

---

1 Aufgrund einer Vielzahl von flexiblen Arbeits(zeit)modellen ist mittlerweile nicht mehr trennscharf zu sagen, was und was nicht der Feierabend ist. Da die Diskussion darum sowohl in Wissenschaft als auch Wirtschaft noch nicht abgeschlossen ist, verwenden wir in diesem Beitrag die Variante „im Feierabend" und meinen damit die Zeit nach der regulären Arbeitszeit, die Beschäftigten normalerweise für ihre Freizeit zur Verfügung steht.

22.2.1 Dimensionen und Merkmale von Entgrenzung

Entgrenzung weist **verschiedene Dimensionen** auf, die häufig zusammenwirken. *Räumliche* Entgrenzung umfasst das Arbeiten von beliebigen Orten aus, *zeitliche* Entgrenzung beschreibt das Arbeiten zu beliebigen Zeiten, zum Beispiel im eigentlichen Feierabend, am Wochenende oder im Urlaub. Entgrenzung zeigt sich unter anderem in Verschränkungen auf der *Verhaltensebene*, wenn beispielsweise während des privaten Wocheneinkaufs etwas für die Arbeit besorgt wird. *Gedankliche* Entgrenzung wird häufig auch als Rumination bezeichnet und bedeutet, dass Beschäftigte im Feierabend nicht abschalten können und sich weiterhin gedanklich mit Arbeitsthemen beschäftigen (Weigelt et al. 2019). Gedankliche Entgrenzung kann dazu führen, dass man sich im Feierabend noch mal an die Arbeit setzt. Sie kann aber auch die Folge von Arbeit im Feierabend sein, wenn man nach Beendigung der Arbeit nicht mehr abschalten kann und die Gedanken auch bei Freizeitaktivitäten weiter um die Arbeit kreisen. Die aufgezeigten Entgrenzungsvarianten können dazu führen, dass sich nicht nur Erholungsprozesse verkürzen, sondern auch die Qualität der Erholung beeinträchtigt wird, wenn es beispielsweise durch die Entgrenzung zu privaten Konflikten kommt, was in der Literatur auch unter Work-Family Conflict beschrieben ist (z. B. Allen und Martin 2017).

Zusätzlich spielen im Entgrenzungsgeschehen verschiedene **Merkmale der Grenzen** eine bedeutende Rolle. Hierzu zählen die *Flexibilität* sowie die *Durchlässigkeit* der Grenzen (Allen et al. 2014). Flexibilität meint den Grad der Form- und Verschiebbarkeit der Grenzen. So liegt eine hohe Flexibilität vor, wenn Beschäftigte selbst entscheiden können, in welchen Zeiten und von welchem Ort aus sie arbeiten. Durchlässigkeit hingegen beschreibt das Ausmaß, in dem ein Aspekt aus einem Lebensbereich die Grenze zu einem anderen durchdringen können. Eine hohe Durchlässigkeit liegt etwa vor, wenn berufliche Anrufe häufig außerhalb der Arbeitszeit auftreten oder man während der eigentlichen Arbeitszeit von privaten Kontakten kontaktiert wird. Wichtig bei beiden Merkmalen ist, dass ein Grenzmerkmal für einen Lebensbereich hoch und gleichzeitig für einen anderen niedrig ausgeprägt sein kann und sich dies sowohl von Person zu Person, aber auch von Situation zu Situation verändern kann. Dies ist zum Beispiel der Fall, wenn man feste Familienzeiten einhält (geringe Flexibilität für den Bereich Familie), aber zu unterschiedlichen Zeiten arbeitet (hohe Flexibilität für den Bereich Arbeit). Während die Durchlässigkeit bestimmt, wie leicht oder schwer es ist, von einem Bereich in den anderen überzuwechseln, ist die Flexibilität eine wichtige Voraussetzung für die Handlungsautonomie und die freie Gestaltung der Arbeit im Feierabend.

22.2.2 Tätigkeitsmerkmale und ihre psychologische Bedeutung

Für die gesundheitlichen Folgen der Entgrenzung ist die **Art der Arbeitstätigkeit** von entscheidender Bedeutung. In den allermeisten Fällen handelt es sich bei entgrenzter Arbeit um Tätigkeiten, die IKT-unterstützt sind (vgl. Kühner et al. 2023). Hierzu zählen Tätigkeiten wie das Lesen und Beantworten von E-Mails, die Recherche von Informationen oder das Erstellen eines Berichts. IKT-Unterstützung ist ein häufiges, aber kein ausschließliches Kriterium für entgrenzte Arbeit, denn natürlich können auch andere Tätigkeiten im Feierabend aufgenommen oder beendet werden wie das Lesen eines Buches, Besorgungen machen oder Post wegbringen.

Eine psychologisch relevante Unterscheidung der Arbeit im Feierabend besteht darin, ob die Wiederaufnahme oder Erledigung der Arbeitstätigkeit außerhalb der regulären Arbeitszeit **selbst- oder fremdinitiiert**, also **freiwillig oder unfreiwillig** ist (vgl. Kühner et al. 2023). Um das Ganze an trennscharfen Beispielen darstellen zu können, unterscheiden wir im Folgenden zwei Aufgabentypen als Formen von Entgrenzung: zum einen die (Weiter-)Bearbeitung von konkreten Arbeitsaufgaben (z. B. einen Bericht schreiben, eine Präsentation vorbereiten, etwas recherchieren) und zum anderen die Erreichbarkeit im engeren Sinne, die letztlich Kommunikation mit anderen Personen beschreibt (z. B. das Tätigen von Telefonaten, Beantworten von E-Mails).

Selbstinitiierte Tätigkeiten wie die Aufgabenfortsetzung im Feierabend können geplant werden, was die Kontrolle und den Einfluss durch die arbeitende Person selbst erhöht. Relevant scheint hier insbesondere zu sein, ob Beschäftigte beeinflussen können, ob sie überhaupt im Feierabend weiterarbeiten, wann und wo sie die Aufgabenfortsetzung beginnen, welche Aufgaben sie in welchem Umfang bearbeiten und wann sie die Tätigkeit wieder beenden. Je mehr der aufgeführten Aspekte durch die Person selbst bestimmt werden können, desto besser kann die Arbeit im Feierabend mit den anderen Freizeit- und Privataktivitäten abgestimmt werden, wodurch beispielsweise Work-Family Konflikte vermieden werden können. Die Beeinflussbarkeit und Planbarkeit findet jedoch dort ihr Ende, wo Aspekte wie betrieblicher Zeitdruck oder implizite Erwartungen an die Beschäftigten die (Weiter-)Arbeit im Feierabend erzwingen. Das bedeutet, dass es berufliche Situationen geben mag, in denen zwar die Fortsetzung der Aufgabe im Feierabend selbstinitiiert und geplant, aber nicht wirklich freiwillig erfolgt.

Fremdinitiierte Tätigkeiten wie die Erreichbarkeit im Feierabend, sind in der Regel nicht planbar und damit auch weniger kontrollier- und beeinflussbar. Sie sind eher dadurch gekennzeichnet, dass Beschäftigte auch außerhalb ihrer Arbeitszeit für berufliche Kontakte verfügbar sein müssen, um auf Bedürfnisse, Wünsche und Anfragen ihrer Organisation oder ihrer Kundinnen und Kunden eingehen zu können (vgl. Dettmers 2017). Da nur begrenzt vorherbestimmt werden kann, wann welche Bedürfnisse oder Wünsche relevant werden, bestehen für Beschäftigte weniger Einfluss- und Gestaltungsmöglichkeiten in

Bezug darauf, ob, wann, in welchem Umfang und mit welchen Themen der Feierabend unterbrochen wird.

22.2.3 Einbettung der Entgrenzung in betriebliche Strukturen und Erreichbarkeitskulturen

Betriebe pflegen einen sehr betriebs- und branchenspezifischen Umgang mit dem Thema Entgrenzung und Erreichbarkeit (vgl. Eurofound 2021; Institut DGB-Index Gute Arbeit 2022a). Während manche Unternehmen ihre Erreichbarkeitserwartungen präzise und klar formulieren und auch durch Dienst- oder Betriebsvereinbarungen regeln, bleiben andere vage und unpräzise und machen Erwartungen beispielsweise vom aktuellen Arbeitsanfall oder auch den persönlichen Präferenzen von Führungskräften oder Geschäftsführungen abhängig (siehe Eurofound 2021 für verschiedene Beispiele).

Aber auch wenn Regelungen oder Vereinbarungen eine Nicht-Erreichbarkeit erlauben, hat die im Betrieb gelebte Erreichbarkeitskultur einen großen Einfluss. Sind beispielsweise die Mehrzahl der Mitbeschäftigten auch im Feierabend erreichbar, beeinflusst dies die eigene Erreichbarkeit nach Arbeitsende (Büchler et al. 2020). Ebenso hat das Führungsverhalten einen Einfluss auf die wahrgenommene Erwartung sowie die Bereitschaft dazu, im Feierabend erreichbar zu sein (Syrek et al. 2018).

Zusammengefasst zeigt sich bei genauerer Betrachtung, dass Entgrenzung zeitliche und/oder räumliche sowie mentale und verhaltensbezogene Dimensionen hat. Die Wirkungen der Entgrenzung sind unter anderem davon abhängig, wie durchlässig die Grenzen zwischen und wie flexibel oder starr die

◻ **Abb. 22.1** Überblick der Entgrenzungsmerkmale und -arten eingebettet im betrieblichen Kontext (Eigene Darstellung)

Strukturen und Anforderungen in den verschiedenen Lebensbereichen sind. Darüber hinaus spielt die Tätigkeit selbst eine bedeutende Rolle und hier vor allem die Frage, ob die Arbeit im Feierabend selbst- oder fremdinitiiert erfolgt. Schlussendlich findet Entgrenzung in einem betrieblichen Kontext statt, der jeweils durch unterschiedliche strukturelle, kulturelle und soziale Erwartungen und Regelungen, zum Beispiel hinsichtlich der Erreichbarkeit, geprägt ist. ◘ Abb. 22.1 zeigt die verschiedenen Dimensionen und Einflussfaktoren, die für ein tieferes Verständnis der Wirkungen und Folgen von Entgrenzung relevant sind.

22.3 Gesundheitliche Folgen der Entgrenzung

Entgrenzung wird hinsichtlich ihrer gesundheitlichen Auswirkungen gemäß der aufgezeigten Komplexität mit verschiedenen Schwerpunkten beforscht. Auch wenn die Ergebnisse nicht gänzlich eindeutig sind, deuten sie jedoch daraufhin, dass sich Entgrenzung eher schädlich auf die Gesundheit von Beschäftigten auswirkt.

22.3.1 Dauer und Häufigkeit von Entgrenzung

Zur Beantwortung der Frage nach den Folgen der raumzeitlichen Entgrenzung für die Gesundheit liegen mittlerweile mehrere Untersuchungen zur **Dauer bzw. Häufigkeit** von Unterbrechungen im Feierabend auf die Erholung vor. Konkret zeigt sich beispielsweise, dass das berufliche Kontaktiertwerden im Feierabend – unabhängig von der Dauer – die körperliche Entspannung beeinträchtigt (Kunz et al. 2022). Nachgewiesen werden konnte außerdem, dass länger andauernde sowie häufigere zeitliche Entgrenzung im Feierabend schädlich für das Abschalten von der Arbeit ist (z. B. Dettmers et al. 2016a; Dettmers et al. 2016b; Minnen et al. 2020; Park et al. 2011) sowie die Schlafqualität und die empfundene Erschöpfung am nächsten Morgen verschlechtert (z. B. Dettmers et al. 2016a; Lanaj et al. 2014). Aber auch die Stimmung und der körperliche Aktivierungszustand werden beeinträchtigt. So zeigte sich, dass eine länger andauernde elektronische Kommunikation im Feierabend zu mehr Ärger führt (Butts et al. 2015). Darüber hinaus geht eine Vielzahl von arbeitsbezogenen Anrufen im Feierabend mit einem erhöhten Cortisolspiegel sowie weniger positiven Empfindungen am nächsten Morgen einher (Dettmers et al. 2016b).

22.3.2 Segmentation und Integration

Studien, die sich mit der Flexibilität und Durchlässigkeit der Grenzen beschäftigen, untersuchen zumeist die Präferenz zur Segmentation (**Segmentationspräferenz**; Tendenz, Arbeit und andere Lebensbereiche zu trennen) bzw. zur Integration (**Integrationspräferenz**; Tendenz, die verschiedenen Lebensbereiche zu vermischen). Zunächst zeigt sich, dass eine stärkere Segmentationspräferenz schon allein zu einem geringeren Erleben von Entgrenzung führt (Piszczek 2017): Beschäftigte, die ihre Lebensbereiche ungern vermischen, versuchen, die Entgrenzung zu verhindern, indem sie ihre Grenzen „verstärken" (z. B. Trennung von Arbeits- und Privathandy, klares Einhalten von Familienzeiten). Diese gezielte Abgrenzung, die mit einer starken Segmentationspräferenz einhergeht, fördert die Fähigkeit zum gedanklichen Abschalten von der Arbeit (z. B. Barber und Jenkins 2014; Huyghebaert-Zouaghi et al. 2022). Werden bei Personen mit starker Segmentationspräferenz die Grenzen dennoch überschritten, ist dies besonders negativ für das Abschalten und die Schlafqualität (vgl. Barber und Jenkins 2014; Huyghebaert-Zouaghi et al. 2022).

Segmentations- bzw. Integrationspräferenzen stehen in enger Beziehung mit der **Balance der verschiedenen Lebensbereiche** (sog. Life-Domain Balance oder Work-Life

Balance). Personen, die die Lebensbereiche eher integrieren, berichten von weniger Konflikten zwischen Arbeit und Privatleben (Gadeyne et al. 2018). Im Umkehrschluss zeigt sich, dass Personen, die die Lebensbereiche stark voneinander trennen, mehr Konflikte zwischen Arbeit und Privatleben angeben (vgl. Reinke und Gerlach 2022). Andererseits scheint das tatsächliche Segmentations*verhalten* einen größeren und positiven Einfluss auf diese Balance zu haben (Reinke und Gerlach 2022): Wenn Beschäftigte sich so verhalten, dass Arbeit und Privatleben tatsächlich getrennt werden (z. B. keine Arbeit mit nach Hause nehmen, keine Anrufe im Feierabend annehmen), berichten sie eine bessere Balance. Der Effekt dieses Segmentationsverhaltens wird bei einer stärkeren Segmentationspräferenz noch verstärkt, sodass Personen, die die Lebensbereiche gerne trennen wollen und es auch tatsächlich tun, die ausgeprägteste Balance zwischen den Lebensbereichen berichten.

Zusammenfassend lässt sich festhalten, dass sich länger andauernde bzw. häufiger auftretende Arbeit im Feierabend negativ auf die körperliche und psychische Erholung und das Wohlbefinden auswirkt. Auf der anderen Seite sind diese Auswirkungen nicht für alle Beschäftigten gleich. Vielmehr spielen individuelle Präferenzen und praktische Unterschiede in der Trennung der verschiedenen Lebensbereiche eine entscheidende Rolle.

22.3.3 Aufgabentypen als verschiedene Formen von Entgrenzung

Die gesundheitlichen Folgen von **Erreichbarkeit und arbeitsbezogener Kommunikation** im Feierabend sind mittlerweile umfangreich beforscht. Die Forschungsergebnisse zeigen eindeutig, dass Erreichbarkeit im Feierabend die Erholung von der Arbeit erschwert (z. B. Kunz et al. 2022; Thörel et al. 2021; Thörel et al. 2022; Zinke et al. im Druck), Schlafprobleme verstärkt (z. B. Schöllbauer et al. 2021; Thörel et al. 2021; Thörel et al. 2022) und zu mehr Erschöpfung führt (z. B. Kunz et al. 2022; Thörel et al. 2021; Thörel et al. 2022; Zinke et al. im Druck). Darüber hinaus vergrößert sich bei Personen, die im Feierabend erreichbar sind, das Risiko für Konflikte zwischen Arbeits- und Privatleben (z. B. Schöllbauer et al. 2021; Thörel et al. 2022; Wan et al. 2019).

Die gesundheitlichen Folgen der **Aufgabenfortsetzung** nach Arbeitsende wurde bislang weniger untersucht (vgl. Kühner et al. 2023), weisen aber in die ähnliche Richtung wie die Forschung zur Erreichbarkeit. Tagebuchstudien zeigen negative Auswirkungen auf das gedankliche Abschalten von der Arbeit: Durch die Aufgabenfortsetzung wird die Erholung reduziert, was in der Folge mit mehr emotionaler Erschöpfung einhergeht (z. B. Braukmann et al. 2018; Kunz et al. 2022). Aufgabenfortsetzung im Feierabend ist oftmals das Resultat eines hohen Zeitdrucks und/oder einer hohen Arbeitsbelastung während des Arbeitstags (z. B. Eichberger et al. 2022; Syrek und Antoni 2014; Syrek et al. 2017), was wiederum negative Auswirkungen auf die Freiwilligkeit der Arbeitsfortsetzung im Feierabend haben kann.

22.3.4 Betriebliche Strukturen und Erreichbarkeitskulturen

Studien, die sich mit dem Einfluss **betrieblicher Erreichbarkeitserwartungen** im Feierabend und dem damit verbundenen Erwartungsdruck auf die Gesundheit befassen, zeigen ebenfalls negative Effekte auf die Erholung und den Schlaf (z. B. Barber und Santuzzi 2015; Park et al. 2020; Santuzzi und Barber 2018). Betriebliche Erreichbarkeitserwartungen verstärken das Auftreten von Konflikten zwischen Arbeits- und Privatleben (Cho et al. 2020; Kao et al. 2020) – unabhängig davon, ob Beschäftigte auch tatsächlich im Feierabend kontaktiert werden – und stehen bei den Betroffenen mit einer stärkeren emotionalen Erschöpfung im Zusammenhang (z. B. Kao et al. 2020; Piszczek 2017; Zinke et al. im Druck).

22.4 Folgen der Entgrenzung für Engagement und Motivation

Neben nachgewiesenen negativen Effekten wurde aber auch die Frage untersucht, ob Entgrenzung nicht **auch positive Folgen** haben kann, zum Beispiel auf das Arbeitsengagement oder die Arbeitszufriedenheit. Hinsichtlich der Auswirkungen von Arbeit im Feierabend auf das Arbeitsengagement zeigen sich über verschiedene Studien hinweg unterschiedliche Effekte. Einige Studien belegen positive Zusammenhänge (z. B. Ragsdale und Hoover 2016; Ter Hoeven et al. 2016), andere Studien finden negative (z. B. Lanaj et al. 2014) oder keine Zusammenhänge (z. B. Derks et al. 2015; van Laethem et al. 2018). In Folge haben sich Studien mit den Ursachen der widersprüchlichen Befunde beschäftigt. Kunz et al. (2021) konnten beispielsweise in einer Tagebuchstudie zeigen, dass die Wirkung auf das Arbeitsengagement von der Bewertung des Arbeitsinhalts abhing: Wenn der abendliche Arbeitsinhalt als bereichernd oder sehr bereichernd erlebt wurde, hing dies mit mehr Arbeitsengagement am nächsten Tag zusammen. Positive Zusammenhänge ließen sich außerdem finden zwischen Entgrenzung und dem persönlich empfundenen Job Involvement (Barber und Santuzzi 2015; Park et al. 2011; Schöllbauer et al. 2021), der Arbeitszufriedenheit sowie dem Commitment gegenüber der eigenen Organisation (vgl. Kühner et al. 2023; Schöllbauer et al. 2021) finden.

Insgesamt zeigt sich ein **ambivalentes Bild**: Arbeiten im Feierabend kann Erholung und Wohlbefinden von Beschäftigten einschränken, unter bestimmten Voraussetzungen aber auch positive Auswirkungen auf die Motivation und Arbeitszufriedenheit ha-

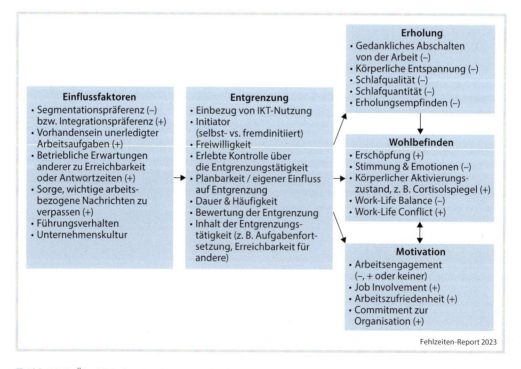

◼ **Abb. 22.2** Überblick über eine Auswahl an Einflussfaktoren auf und Folgen von Entgrenzung. Ein (−) steht für einen negativen, ein (+) für einen positiven Zusammenhang mit Entgrenzung (Eigene Darstellung)

ben. Die Arbeit im Feierabend wird daher oft auch als **„zweischneidiges Schwert"** bezeichnet (vgl. Diaz et al. 2012; Kühner et al. 2023); Schöllbauer et al. (2021) postulieren sogar ein ‚hohe-Leistung-niedriges-Wohlbefinden-Paradox': Entgrenzung scheint trotz negativer Folgen für die Gesundheit leistungs- und motivationssteigernde Effekte zu besitzen. Darüber hinaus legen insbesondere Tagebuchstudien implizit nahe, dass vor allem die persönlichen Wünsche, die Beeinflussbarkeit sowie die Freiwilligkeit der Arbeit im Feierabend wichtige Einflussfaktoren für die vielfältigen Auswirkungen sein könnten (vgl. auch Kühner et al. 2023). Insgesamt beeinflusst das jeweilige **Zusammenwirken der verschiedenen Faktoren** – wie Dauer und Häufigkeit der Arbeit im Feierabend, Bewertung der Tätigkeit oder betriebliche Konventionen, etwa im Umgang mit Erreichbarkeit – die Auswirkungen auf die Erholung, die Gesundheit und die Motivation. Aber auch die verschiedenen Folgen von Entgrenzung beeinflussen sich untereinander, sodass Entgrenzungserscheinungen als Teil einer Wirkkette betrachtet werden müssen, die weitreichende Konsequenzen haben kann. ◘ Abb. 22.2 gibt einen groben Überblick über das komplexe Zusammenwirken verschiedener Einflussfaktoren, Entgrenzungsformen und ihre Auswirkungen in den Bereichen Erholung, Wohlbefinden und Motivation.

◘ **Tab. 22.1** Beispielhafte Handlungsempfehlungen auf Individual- und Betriebsebene. (Eigene Darstellung)

Individualebene	Betriebliche Ebene (Organisation & Führungskraft)
Erkennen und Kommunikation von Grenzen – Eigene (Nicht-) Erreichbarkeitszeiten kommunizieren (z. B. E-Mail-Signatur, Abwesenheitsnotizen) und Verhalten entsprechend anpassen (Grenzen einhalten!) – Sich Zeiten von Nicht-Erreichbarkeit erlauben (z. B. Telefon ausschalten) – Identifikation: Welche Erholungsaktivitäten helfen mir nach welcher Entgrenzungserscheinung am meisten? – Eigene Segmentations-/Integrationspräferenz identifizieren und kommunizieren **Planung von und Umgang mit Entgrenzung** – Planung der Entgrenzung so, dass sie nah an der eigenen Präferenz ist (z. B. gar nicht, wenig; Ort und Zeitpunkt) – Gezielte Planung des Arbeitstages, um unerledigte Aufgaben zu vermeiden – Bei Entgrenzung: Feste Zeitfenster festlegen und diese einhalten – Viele positive Aspekte in der Entgrenzung suchen (z. B. interessante oder spaßige Aufgaben; Kontakte so gestalten, dass sie einem etwas geben) – Ausgleiche schaffen, um die Balance zwischen den Lebensbereichen zu verbessern (z. B. in Absprache mit Familie feste Familientage oder Zeiträume einplanen)	**Richtlinien und Absprachen** – Auf Team- oder Betriebsebene klare Richtlinien festlegen, die Spielraum für individuelle Bedürfnisse lassen (keine reinen Verbote!) – Klare Definition von Erwartungen zu Erreichbarkeit und Antwortzeiten (insb. im Team) – Wichtig: Bei allen Ansätzen Unternehmens- und Teamklima anpassen – Festlegung von Themen, die im Feierabend bearbeitet werden können → positiv bewertete Entgrenzungen ermöglichen, negative reduzieren **Individuelle Unterstützung von Beschäftigten** – Arbeitsumfang und Bearbeitungszeit aneinander anpassen, sodass unerledigte Aufgaben möglichst vermieden werden – Intervention durch Führungskräfte, wenn Entgrenzung bei Beschäftigten ausufert – Sensibilisierung der Beschäftigten für die Auswirkungen von Entgrenzung (z. B. Trainings, Workshops) – Trainings zur aktiven Gestaltung von Entgrenzung (z. B. Wie setze ich Grenzen; wie gestalte ich Entgrenzung, wenn sie sich nicht gänzlich vermeiden lässt) – Trainings zur Verbesserung der eigenen Erholungsfähigkeit und Umgang mit Entgrenzung (z. B. Achtsamkeit, Work-Life Balance Gestaltung)

Fehlzeiten-Report 2023

22.5 Handlungsempfehlungen zu gesunder Entgrenzung

Wie bereits die bisherigen Ausführungen zu den Einflussfaktoren und Auswirkungen von Entgrenzung erahnen lassen, sind auch die Bereiche, in denen Entgrenzung gesünder gestaltet werden kann, vielfältig. Noch fokussiert sich die Entgrenzungsforschung vor allem darauf, die Zusammenhänge besser zu verstehen; Interventionen und ihre Wirksamkeiten werden hierbei vernachlässigt. Aus diesem Grund fassen wir in ◘ Tab. 22.1 unterschiedlichste Ansatzpunkte zusammen, die sich aus den bisherigen Forschungsergebnissen ableiten lassen. Diese sind unterteilt nach Möglichkeiten für Beschäftigte selbst (**Individualebene**) sowie für Unternehmen, aber auch einzelne Teams (**betriebliche Ebene**). Da sich Beschäftigte immer im betrieblichen Kontext bewegen, ist eine **Kombination** von mehreren Ansätzen, die sowohl die Individual- als auch die Betriebsebene umfassen, am vielversprechendsten, um Entgrenzung langfristig gesünder zu gestalten.

22.6 Fazit

Die stetig voranschreitende Digitalisierung unseres Arbeitslebens sowie die weiter zunehmende Flexibilisierung der Arbeitswelt wird auch zukünftig einen großen Einfluss auf Beschäftigte und Betriebe haben. In der Folge wird Entgrenzung weiter ein viel diskutiertes Phänomen bleiben, das nicht nur Unternehmen und Beschäftigte, sondern auch die Forschung und die Legislative umtreiben wird. Entgrenzung findet an der Schnittstelle zwischen Arbeits- und Privatleben statt. Sie wird von einer Vielzahl von Faktoren beeinflusst – auf Individual-, Team- und Betriebsebene, aber auch von den rechtlichen Rahmenbedingungen. In der Folge gibt es nur wenige einheitlich erkennbare Auswirkungen. Dies erschwert es einerseits, eine unternehmensweite One-size-fits-all-Lösung zu finden. Auf der anderen Seite verdeutlichen diese Ergebnisse aber auch, was ein weiter zunehmendes Thema in der Arbeitswelt ist: Aufgrund von Diversität und vielen verschiedenen Lebensplänen muss die Arbeit für die einzelnen Beschäftigten stärker individualisiert werden. Dies bedeutet auf der einen Seite einen höheren betrieblichen Aufwand von finanziellen, zeitlichen und personellen Ressourcen. Auf der anderen Seite verspricht eine solche Individualisierung aber, dass die verschiedenen Arbeits- und Lebensbereiche mit ihren spezifischen und wechselnden Erfordernissen besser aufeinander abgestimmt werden können. Gelingt dies, erleben Beschäftigte ein höheres Zugehörigkeitsgefühl zu ihrem Unternehmen, arbeiten mit mehr Engagement und bringen in der Folge mehr Leistung über einen längeren Zeitraum. Dies dürfte in Zeiten des Fachkräftemangels und eines wachsenden Arbeitnehmendenmarktes für Unternehmen und Beschäftigte wünschenswert sein.

Literatur

Allen TD, Martin A (2017) The work-family interface: A retrospective look at 20 years of research in JOHP. J Occup Health Psychol 22:259–272. https://doi.org/10.1037/ocp0000065

Allen TD, Cho E, Meier LL (2014) Work–family boundary dynamics. Annu Rev Organ Psychol Organ Behav 1:99–121. https://doi.org/10.1146/annurev-orgpsych-031413-091330

Barber LK, Jenkins JS (2014) Creating technological boundaries to protect bedtime: Examining work-home boundary management, psychological detachment and sleep. Stress Health 30:259–264. https://doi.org/10.1002/smi.2536

Barber LK, Santuzzi AM (2015) Please respond ASAP: Workplace Telepressure and employee recovery. J Occup Health Psychol 20:172–189. https://doi.org/10.1037/a0038278

Braukmann J, Schmitt A, Ďuranová L, Ohly S (2018) Identifying ICT-related affective events across life domains and examining their unique relationships with employee recovery. J Bus Psychol 33:529–544. https://doi.org/10.1007/s10869-017-9508-7

Büchler N, Ter Hoeven CL, van Zoonen W (2020) Understanding constant connectivity to work: How and for whom is constant connectivity related to employee well-being? Inf Organ 30:100302. https://doi.org/10.1016/j.infoandorg.2020.100302

Bundesministerium für Arbeit und Soziales (2023) Arbeitsrecht; Homeoffice. https://www.bmas.de/DE/Arbeit/Arbeitsrecht/Teilzeit-flexible-Arbeitszeit/homeoffice.html#doc387a1a0e-79c3-4c4b-a284-ac58a04d62bcbodyText1. Zugegriffen: 28. Apr. 2023

Butts MM, Becker WJ, Boswell WR (2015) Hot buttons and the time sinks: The effects of electronic communication during nonwork time on emotions and work-nonwork conflict. AMJ 58:763–788. https://doi.org/10.5465/amj.2014.0170

Cho S, Kim S, Chin SW, Ahmad U (2020) Daily effects of continuous ICT demands on work-family conflict: negative spillover and role conflict. Stress Health. https://doi.org/10.1002/smi.2955

Derks D, van Duin D, Tims M, Bakker AB (2015) Smartphone use and work-home interference: the moderating role of social norms and employee work engagement. J Occup Organ Psychol 88:155–177. https://doi.org/10.1111/joop.12083

Dettmers J (2017) How extended work availability affects well-being: the mediating roles of psychological detachment and work-family-conflict. Work Stress 31:24–41. https://doi.org/10.1080/02678373.2017.1298164

Dettmers J, Bamberg E, Seffzek K (2016a) Characteristics of extended availability for work: the role of demands and resources. Int J Stress Manag 23:276–297. https://doi.org/10.1037/str0000014

Dettmers J, Vahle-Hinz T, Bamberg E, Friedrich N, Keller M (2016b) Extended work availability and its relation with start-of-day mood and cortisol. J Occup Health Psychol 21:105–118. https://doi.org/10.1037/a0039602

Diaz I, Chiaburu DS, Zimmerman RD, Boswell WR (2012) Communication technology: pros and cons of constant connection to work. J Vocat Behav 80:500–508. https://doi.org/10.1016/j.jvb.2011.08.007

Eichberger C, Derks D, Zacher H (2022) A daily diary study on technology-assisted supplemental work, unfinished tasks, and sleep: the role of problem-solving pondering. Int J Stress Manag. https://doi.org/10.1037/str0000237

Eurofound (2021) Right to disconnect: Exploring company practices. Publications Office of the European Union, Luxembourg. https://op.europa.eu/en/publication-detail/-/publication/055426cd-200c-11ec-bd8e-01aa75ed71a1/language-en. Zugegriffen: 16. Mai 2023

Gadeyne N, Verbruggen M, Delanoeije J, de Cooman R (2018) All wired, all tired? Work-related ICT-use outside work hours and work-to-home conflict: The role of integration preference, integration norms and work demands. J Vocat Behav 107:86–99. https://doi.org/10.1016/j.jvb.2018.03.008

Hans-Böckler-Stiftung (2021) Studien zu Homeoffice und mobiler Arbeit. Hans-Böckler-Stiftung. https://www.boeckler.de/de/auf-einen-blick-17945-Auf-einen-Blick-Studien-zu-Homeoffice-und-mobiler-Arbeit-28040.htm. Zugegriffen: 3. Apr. 2023

Huyghebaert-Zouaghi T, Berjot S, Gillet N (2022) Benefits of psychological detachment from work in a digital era: How do job stressors and personal strategies interplay with individual vulnerabilities? Scand J Psychol 63:346–356. https://doi.org/10.1111/sjop.12810

Institut-DGB-Index Gute Arbeit (2016) DGB-Index Gute Arbeit – Report 2016: Digitalisierung der Arbeitswelt – Eine Zwischenbilanz aus der Sicht der Beschäftigten. https://index-gute-arbeit.dgb.de/++co++76276168-a0fb-11e6-8bb8-525400e5a74a. Zugegriffen: 15. Mai 2023

Institut-DGB-Index Gute Arbeit (2022a) DGB Index Gute Arbeit – Report 2022: Digitale Transformation der Arbeitswelt aus Sicht der Beschäftigten – Tabellenanhang. https://index-gute-arbeit.dgb.de/++co++a0fb3296-6b36-11ed-8685-001a4a160123. Zugegriffen: 10. Mai 2023

Institut-DGB-Index Gute Arbeit (2022b) DGB-Index Gute Arbeit – Sonderauswertung: Arbeit der Zukunft im „Neuen Normal"? https://index-gute-arbeit.dgb.de/veroeffentlichungen/sonderauswertungen/++co++acaaf0c0-ae0e-11ed-b575-001a4a160123. Zugegriffen: 8. Dez. 2022

Kao K-Y, Chi N-W, Thomas CL, Lee H-T, Wang Y-F (2020) Linking ICT Availability Demands to Burnout and Work-Family Conflict: The Roles of Workplace Telepressure and Dispositional Self-Regulation. J Psychol 154:325–345. https://doi.org/10.1080/00223980.2020.1745137

Kühner C, Rudolph CW, Derks D, Posch M, Zacher H (2023) Technology-assisted supplemental work: A meta-analysis. J Vocat Behav. https://doi.org/10.1016/j.jvb.2023.103861

Kunz LK, Hoppe A, Ducki A (2021) Trotz Feierabend noch erreichbar? Auftreten und Bewertung von IKT-Ereignissen nach Arbeitsende und der Einfluss auf Erholungsstrategien und Arbeitsengagement. AOW-Fachgruppe der DGPs. 12. Fachgruppentagung der AOW- und Ingenieurspsychologie 2021, Chemnitz

Kunz LK, Hoppe A, Ducki A (2022) Don't call me, maybe?! The occurrence and consequences of ICT events after work. Deutsche Gesellschaft für Psychologie DGPs. 52. DGPs-Kongress, Hildesheim

van Laethem M, van Vianen AEM, Derks D (2018) Daily fluctuations in smartphone use, psychological detachment, and work engagement: The role of workplace telepressure. Front Psychol. https://doi.org/10.3389/fpsyg.2018.01808

Lanaj K, Johnson RE, Barnes CM (2014) Beginning the workday yet already depleted? Consequences of late-night smartphone use and sleep. Organ Behav Hum

Decis Process 124:11–23. https://doi.org/10.1016/j.obhdp.2014.01.001

Landowski M, Mörike F, Feufel MA (2021) Grenzenlose Freizeit und Arbeit ohne Limit? Arbeit 30:97–123. https://doi.org/10.1515/arbeit-2021-0009

Minnen ME, Mitropoulos T, Rosenblatt AK, Calderwood C (2020) The incessant inbox: Evaluating the relevance of after-hours e-mail characteristics for work-related rumination and well-being. Stress Health. https://doi.org/10.1002/smi.2999

Park Y, Fritz C, Jex SM (2011) Relationships between work-home segmentation and psychological detachment from work: the role of communication technology use at home. J Occup Health Psychol 16:457–467. https://doi.org/10.1037/a0023594

Park Y, Liu Y, Headrick L (2020) When work is wanted after hours: testing weekly stress of information communication technology demands using boundary theory. J Organ Behav 41:518–534. https://doi.org/10.1002/job.2461

Piszczek MM (2017) Boundary control and controlled boundaries: organizational expectations for technology use at the work-family interface. J Organ Behav 38:592–611. https://doi.org/10.1002/job.2153

Ragsdale JM, Hoover CS (2016) Cell phones during nonwork time: a source of job demands and resources. Comput Human Behav 57:54–60. https://doi.org/10.1016/j.chb.2015.12.017

Reinke K, Gerlach GI (2022) Linking availability expectations, bidirectional boundary management behavior and preferences, and employee well-being: an integrative study approach. J Bus Psychol 37:695–715. https://doi.org/10.1007/s10869-021-09768-x

Santuzzi AM, Barber LK (2018) Workplace telepressure and worker well-being: the intervening role of psychological detachment. Occup Health Sci 2:337–363. https://doi.org/10.1007/s41542-018-0022-8

Schöllbauer J, Hartner-Tiefenthaler M, Kelliher C (2021) ICT-enabled work extension and its consequences: A paradoxical situation between high performance and low wellbeing. In: Korunka C (Hrsg) Flexible Working Practices and Approaches. Psychological and Social Implications. Springer, Cham, S 149–165

Statista (2023) Homeoffice und mobiles Arbeiten. https://de.statista.com/statistik/studie/id/86464/dokument/homeoffice-und-mobiles-arbeiten/. Zugegriffen: 27. Apr. 2023

Syrek CJ, Antoni CH (2014) Unfinished tasks foster rumination and impair sleeping – particularly if leaders have high performance expectations. J Occup Health Psychol 19:490–499. https://doi.org/10.1037/a0037127

Syrek CJ, Röltgen AT, Volmer J (2018) Nach der Arbeit erreichbar sein? Zum Einfluss des Führungsverhaltens. PERSONALquarterly 70:10–15

Syrek CJ, Weigelt O, Peifer C, Antoni CH (2017) Zeigarnik's sleepless nights: how unfinished tasks at the end of the week impair employee sleep on the weekend through rumination. J Occup Health Psychol 22:225–238. https://doi.org/10.1037/ocp0000031

Ter Hoeven CL, van Zoonen W, Fonner KL (2016) The practical paradox of technology: the influence of communication technology use on employee burnout and engagement. Commun Monogr 83:239–263. https://doi.org/10.1080/03637751.2015.1133920

Thörel E, Pauls N, Göritz AS (2021) Work-related extended availability, psychological detachment, and interindividual differences: a cross-lagged panel study. Ger J Hum Resour Manag 35:176–198. https://doi.org/10.1177/2397002221992549

Thörel E, Pauls N, Göritz AS (2022) The association of work-related extended availability with recuperation, well-being, life domain balance and work: a meta-analysis. Organ Psychol Rev 12:387–427. https://doi.org/10.1177/20413866221116309

Vahle-Hinz T, Syrek C, Kühnel J, Feuerhahn N (2019) Private Nutzung sozialer Medien am Arbeitsplatz. In: Badura B, Ducki A, Schröder H, Klose J, Meyer M (Hrsg) Fehlzeiten-Report 2019. Digitalisierung – gesundes Arbeiten ermöglichen. Springer, Berlin, S 237–248

Wan M, Shaffer MA, Lau T, Cheung E (2019) The knife cuts on both sides: examining the relationship between cross-domain communication and work–family interface. J Occup Organ Psychol 92:978–1019. https://doi.org/10.1111/joop.12284

Weigelt O, Gierer P, Syrek CJ (2019) My mind is working overtime-towards an integrative perspective of psychological detachment, work-related rumination, and work reflection. Int J Environ Res Public Health 16:2987. https://doi.org/10.3390/ijerph16162987

Zinke J, Vahle-Hinz T, Hoppe A A Longitudinal Study on ICT Workload in the Extended Stressor-Detachment Model: Testing Moderated Mediation Models for Extended Work Availability and Workplace Telepressure. Work Stress (in Druck)

Berufsbedingter Erschöpfung generationendifferenziert vorbeugen

Andreas Hillert und Sophia Hillert

Inhaltsverzeichnis

23.1 Ein Thema, dem bereits viele Beiträge im „Fehlzeiten-Report" gewidmet wurden … – 360

23.2 Was ist Erschöpfung? – 361

23.3 Erschöpfungserleben: Historische Hintergründe – 363

23.4 Erschöpfungserleben in unterschiedlichen Berufsgruppen – 364

23.5 Erschöpfungserleben und die Zugehörigkeit zu unterschiedlichen sozialen Milieus – 366

23.6 Erschöpfungserleben im Generationenvergleich – 367

23.7 Perspektiven – 370

Literatur – 372

© Der/die Autor(en), exklusiv lizenziert an Springer-Verlag GmbH, DE, ein Teil von Springer Nature 2023
B. Badura et al. (Hrsg.), *Fehlzeiten-Report 2023*, Fehlzeiten-Report,
https://doi.org/10.1007/978-3-662-67514-4_23

▸▸ Zusammenfassung

Im Rahmen dieses Beitrages wird das Phänomen „Erschöpfungserleben" aus unterschiedlichen Perspektiven heraus betrachtet – zum einen historisch, dann fokussierend auf unterschiedliche Berufsgruppen, auf soziale Milieus und zuletzt auf unterschiedliche Generationen. Anhand historischer Aspekte und empirischer Erhebungen wird aufgezeigt, dass die Konnotation vermeintlich klarer, die bisherige Diskussion des Erschöpfungsthemas prägender Begriffe (u. a. Burnout) relativ ist. Berufsgruppen, soziale Milieus und Generationen unterscheiden sich diesbezüglich und auch in der zugrunde liegenden Dynamik teils diametral. Bei Babyboomern prädisponiert Pflichtbewusstsein zu Burnout-Konstellationen, bei Angehörigen der Generation Z Orientierungslosigkeit. Ausgehend hiervon wird die Prävention von Erschöpfung bzw. ein konstruktiver Umgang mit diesem Phänomen zu einem komplexen, gleichwohl für Betriebe perspektivisch zentralen Thema.

23.1 Ein Thema, dem bereits viele Beiträge im „Fehlzeiten-Report" gewidmet wurden …

Im Fehlzeiten-Report beschäftigen sich seit dem ersten Band vor 25 Jahren zahlreiche Beiträge explizit wie auch implizit mit dem Thema „berufsbedingte Erschöpfung vorbeugen" (vgl. hierzu auch die regelmäßige empirische Dateninterpretation in diesem Band in ▸ Abschn. 29.18 „Burnout-bedingte Fehlzeiten" innerhalb des ▸ Kap. 29 *Krankheitsbedingte Fehlzeiten in der deutschen Wirtschaft im Jahr 2022 von Meyer et al.*).

Vielfach wurde auch darüber hinaus in einschlägiger Literatur aufgezeigt, wie sich Belastung bzw. Erschöpfungserleben minimieren lassen. Das zwei Generationen repräsentierende Autorenteam dieses Beitrags verzichtet im Folgenden zugunsten einer *persönlichen Betrachtung* daher auf eine Zusammenfassung etablierter Präventionsstrategien.

Dass die „Zeitenwende" mit Stressoren auf unterschiedlichen Ebenen einhergeht, was wiederum zu Be- und Überlastungserleben (bzw. zu Burnout-Konstellationen) prädisponiert, ist mehr als naheliegend. Entsprechend ist die Frage wichtig, wie sich dem vonseiten der Betriebe vorbeugen lässt. Wenn man von den aktuell u. a. in der Arbeitspsychologie diskutierten Konzepten ausgeht, dann bestünde gleichwohl die Gefahr, dass ein solches Kapitel wenig originell und damit schon (fast) wieder verzichtbar wäre: Natürlich muss es darum gehen, dass Arbeitgeber Verantwortung übernehmen und die Gesundheit der Mitarbeitenden im Blick haben! Das beinhaltet u. a. einen Rahmen zu schaffen, in dem ihnen gleichermaßen Sicherheit und Sinnerleben möglich wird, Stressbelastungen (etwa durch Sicherstellung ungestörter Arbeitsabläufe) minimiert und Motivation gefördert wird. Dabei ist der Stellenwert einer das Gratifikationserleben der Mitarbeitenden stärkenden, empathischen, Freiräume gewährenden, Selbstwert, Kreativität und Initiative zum Wohle aller Beteiligten stärkenden, idealerweise charismatischen Führungskultur offenkundig. Dass diese Aspekte in den Fehlzeiten-Reporten vergangener Jahre intensiv diskutiert wurden, ist kein Zufall (2021: Betriebliche Prävention stärken, 2020: Gerechtigkeit und Gesundheit etc.)! Inhaltlich dürfte bezüglich dieser Aspekte weitgehend Konsens bestehen. Dass viele nachgewiesenermaßen wirksame Stellschrauben, um u. a. Erschöpfung entgegenzuwirken, bekannt sind, bedeutet leider nicht, dass diese flächendeckend eingesetzt würden. Zumal dann, wenn ein Betrieb unter wirtschaftlichen Druck gerät, wird erfahrungsgemäß weniger Rücksicht auch auf die psychische Mitarbeitergesundheit genommen. Laut Arbeitsschutzgesetz (ArbSchG § 5 Abs. 6) sind Arbeitgeber zwar seit 2013 verpflichtet, auch die psychischen Belastungen ihrer Mitarbeiter zu erfassen und darauf zu reagieren. Dies lässt sich allerdings auch so umsetzen, dass die Ergebnisse unverbindlich bleiben (Hillert 2017). Druck auf Mitarbeiter zu erhöhen bringt zunächst Vorteile. Mittel- und langfristig wird die Abwärts-

Dynamik eines Betriebes dadurch oft weiter eskaliert. Angesichts der aktuellen, mitarbeiterfreundlichen Situation auf dem Arbeitsmarkt werden sich dann Leistungsträgerinnen und Leistungsträger schnell nach angenehmeren Arbeitsplätzen umsehen. Ein Beitrag zur Frage, wie sich Mitarbeitendengesundheit in wirtschaftlich problematischen Firmenkonstellationen sichern lässt, wäre wichtig. Dieser müsste, um von Entscheidungsträgerinnen und Entscheidungsträgern ernst genommen zu werden, von namhaften Autorinnen und Autoren mit betriebswirtschaftlichem Hintergrund verfasst werden ...

Abgesehen vom letztgenannten Punkt dürfte somit vieles zum Thema „Berufsbedingter Erschöpfung vorbeugen" bekannt und konsensfähig sein. Die Autorin und der Autor dieses Beitrages hatten begonnen einen solchen Text zu verfassen, als das Thema, aus der Perspektive von zwei Generationen betrachtet, dann doch diffiziler wurde. Wenn Babyboomer und Generation Y[1] ihre Perspektiven abgleichen – in Befragungen konnten viele gemeinsame Werte ausgemacht werden (vgl. bspw. Babyboomer und Generation Y als Beschäftigte: Was eint, was trennt?, in: Fehlzeiten-Report 2014: Erfolgreiche Unternehmen von morgen – gesunde Zukunft heute gestalten. Vgl.: ▶ https://www.wido.de/fileadmin/Dateien/Dokumente/News/Pressemitteilungen/wido_bgf_pm_fzr2014_0814.pdf) –, tun sich mitunter Abgründe auf, bezüglich dessen, was unter *Erschöpfung* verstanden wird. Wie grenzt man angesichts eines zunehmend komplexen Alltags, etwa im Homeoffice (vgl. in diesem Band Badura et al.; Krick et al.; Lennefer et al.), durch den Beruf bzw. das Privatleben bedingte Erschöpfung gegeneinander ab? Zumal: Was ist Erschöpfung überhaupt? Wie und unter welchen Voraussetzungen erleben Babyboomer bzw. Angehörige der Generation Y Erschöpfung? Welchen Stellenwert haben die unterschiedlichen Perspektiven von Menschen bezogen u. a. auf ihre soziale Herkunft, auf ihr Alter bzw. ihre Generationenzugehörigkeit hinsichtlich der Erschöpfungsthematik? Dass sich die damit verbundenen Probleme nicht mit in Betrieben einfach umsetzbaren Interventionen in Wohlgefallen auflösen lassen, ist absehbar. Diesbezüglich bitten die junge Autorin und der ältere Autor vorab um Pardon und hoffen, dass der gewählte Ansatz gleichwohl als anregend und perspektivisch weiterführend nachvollzogen werden kann.

23.2 Was ist Erschöpfung?

Jeder war schon erschöpft, sei es nach der Arbeit, nach dem Sport oder auch nach stundenlangen ergebnislosen Konferenzen. In was für einem Zustand ist man, wenn man erschöpft ist? Den ultimativen Erschöpfungszustand kennt man vorzugsweise aus dem Lehrbuch. Hans Selye hat ihn im Rahmen des „allgemeinen Anpassungssyndroms" beschrieben (z. B. ders. 1956): Eine Ratte wird maximal gestresst, etwa in dem sie in einem Wasserbecken um ihr Leben schwimmt, ohne Chance zu entkommen. Dabei wird das sympathische Nervensystem maximal stimuliert. Adrenalin und wenig später Cortisol charakterisieren die „Alarmreaktion": Kampf oder Flucht? Alle mobilisierbaren energetischen Ressourcen werden dann im „Widerstandsstadium" aufgebraucht, bis sich das „Erschöpfungsstadium" einstellt. Das im Wasserbecken hilflos gefangene, nun existenziell erschöpfte Tier ergibt sich seinem Schicksal. So prägnant dieses Bild ist – mit dem, was berufstätige Menschen üblicherweise erleiden, hat es nur bedingt etwas gemeinsam. Berufliche Erschöpfungskonstellationen werden in der Regel nicht durch akut-existenzielle Stressoren provoziert. Sie resul-

---

[1] Bei den verschiedenen – vom Geburtsjahr ausgehenden – Klassifizierungen, die in der Literatur nicht immer identisch verwendet werden, ist zu berücksichtigen, dass es für diese keine scharfen Grenzen gibt, wobei milieuspezifische Aspekte mitentscheidend sind: Babyboomer 1946–1964, darauffolgend Generation X, Generation Y ca. 1981–1990, darauffolgend Generation Z ... Letztlich handelt es sich hierbei um – von historischen Konstellationen und tradierten gesellschaftlichen Normen determinierte – dynamische Phänomene.

tieren längerfristig aus unterschiedlichen Variablen, sowohl auf arbeitsorganisatorischer als auch auf persönlicher Ebene.

Bezogen auf menschliche Arbeit ein Stück weit theoretisch, lassen sich physiologisch und psychologisch Beanspruchung und daraus jeweils im Rahmen der „Beanspruchung", resultierende Erschöpfungsphänomene unterscheiden. Körperliche Belastung lässt sich objektiv ermitteln und mit der Leistungsfähigkeit eines Menschen abgleichen. Letztere spiegelt sich u. a. in physiologischen, unter der Belastung messbaren Phänomenen wie Puls, Blutdruck oder auch dem Lactatspiegel, als Hinweis auf aeroben oder anaeroben Stoffwechsel. Die Zusammenhänge zwischen psychischer Belastung und Erschöpfungserleben (als Facette der Beanspruchung) sind erheblich komplexer. So lässt sich zwar psychische Leistungsfähigkeit, etwa was Konzentration, geteilte Aufmerksamkeit etc. anbelangt, messen: Bei gesunden Probanden ist z. B. ein Konzentrationsabfall nach zwei Stunden konzentrierter Arbeit am PC feststellbar (z. B. Cropley et al. 2006). Ab wann eine Testperson ihren Leistungsabfall bemerkt und ob bzw. ab wann sie diesen Abfall als Erschöpfung erlebt, ist interindividuell unterschiedlich und u. a. von der Art der Tätigkeit abhängig. Zumal wenn neben motivationalen sozial-interaktive Aspekte eine Rolle spielen. Komplexere Stressmodelle versuchen, als relevant erachtete Aspekte abzubilden. So ging Richard Lazarus davon aus, dass das Subjekt intuitiv die jeweilige Aufgabe mit seinen Fähigkeiten abgleicht. Das Verhältnis zwischen der Schwere der Arbeit relativ zum Leistungsvermögen (beides subjektiv eingeschätzt) bestimmt den Stresslevel. Robert Karasek und Töres Theorell (zusammenfassend z. B. Siegrist 2014) setzen die Aufgabenschwere mit den zu deren Bewältigung zur Verfügung stehenden Freiheitsgraden in Beziehung. Inwieweit anhaltender Stress dann mit Erschöpfungserleben einhergeht und welche situativen und individuellen Faktoren dabei ausschlaggebend sind, wurde als solches bislang kaum erforscht.

Also: Erschöpfung angesichts primär nicht-körperlicher Arbeit ist (jenseits von Extremsituationen) ein immanent subjektives Phänomen, das u. a. von der Bewertung der jeweiligen Tätigkeit abhängig ist. Ein 62-jähriger unter der Diagnose einer Depression stationär behandelter leitender Angestellter brachte es wie folgt auf den Punkt: *„Es tut mir gut, körperlich erschöpft zu sein! In der Arbeit kenne ich das nicht. Um erschöpft zu sein mache ich Sport, gerne bis zur totalen Verausgabung! Da spürt man, was man getan hat. In der Firma, das ist irgendwie eine andere Art von Erschöpfung, weniger stark … aber unangenehmer."* Das Wort „Erschöpfung" wird im allgemeinen Sprachgebrauch somit für ein weites Spektrum von Zuständen bzw. Konstellationen verwendet, in denen neben (und oft vor) dem Erreichen bzw. Überschreiten der körperlichen Leistungsfähigkeit Aspekte wie *„ich will nicht mehr"* und/oder *„es hat ja doch keinen Sinn, es bringt nichts"* in unterschiedlicher Gewichtung mitschwingen. Einfache Gleichungen, mit denen psychische Belastungen mit subjektiv erlebter Erschöpfung verrechnet werden können, kann es angesichts der großen Zahl intervenierender Aspekte nicht geben. Bereits das Spektrum der potenziell die körperliche Leistungsfähigkeit reduzierenden Faktoren ist gewaltig. Es reicht von viralen Infekten über z. B. Schilddrüsen-Hormon-Mangel bis zur Mangelernährung und spiegelt zudem den körperlichen Trainings- bzw. Fitness-Zustand. Je weniger es um körperliche Arbeit geht, umso subjektiver und abhängiger von individuellen Perspektiven und Rahmenbedingungen wird das Erschöpfungserleben. Erschöpfung ist somit ein immanent bio-psycho-soziales Phänomen. Menschen haben keine objektiven Messinstrumente und „Tank-Anzeigen" hinsichtlich ihres Energiehaushaltes. Gleichwohl werden die betreffenden Mitarbeiter in der Regel ihr subjektives Erschöpfungserleben mit der objektiven Qualität des maximal gestressten Versuchstieres (s. o.) gleichsetzen: *„Ich fühle mich erschöpft, also habe ich keine Energie mehr und brauche Erholung!"*

23.3 Erschöpfungserleben: Historische Hintergründe

Auch ohne dass es Betroffenen bewusst ist, spielen beim Erschöpfungserleben (jenseits von Maximalvarianten, s. o.) die verwendeten Begriffe und die mit diesen verbundenen Maßstäbe eine Rolle. Begriffe sind wiederum historisch/sozialgeschichtlich determiniert. Erschöpfung, so wie das Phänomen aktuell im Arbeitskontext erlebt wird, war dabei eine Nebenwirkung, zunächst der Industrialisierung. Arbeitsabläufe und Anforderungen werden seitdem nicht mehr von der Natur limitiert oder nach dem individuellen Leistungsvermögen dosiert, sondern als – zumeist „von oben" – vorgegeben erlebt (vgl. Hillert und Marwitz 2006). Wobei diese Vorgaben entweder auf Gewinnoptimierung oder Verlustminimierung abzielen. Solange der betreffende Mensch diese Ziele für angemessen und erreichbar hält und sich mit ihnen identifiziert, läuft es in der Regel gut. Idealerweise sogar im „Flow" (im Sinne von Mihaly Csikszentmihalyi). Sobald diese Voraussetzungen nicht erfüllt sind, ist längerfristig Erschöpfungserleben absehbar. In der westlichen Welt hat sich seit der Französischen Revolution parallel dazu ein hinsichtlich Intensität und Ausschließlichkeit bislang einzigartiger Individualismus etabliert (vgl. Inglehart und Welzel 2010). Das Individuum hat sich gegenüber der Gesellschaft emanzipiert, im Sinne von *„Du bist Du, das ist der Clou!"* Achte auf Dich und Deine Bedürfnisse. Gelebt werden ist *out*, selber gestalten *in*. Aus den Spannungen zwischen als von außen gefordert erlebter Anstrengung und individuellen Ansprüchen resultierten seitdem mehrere „Krankheitsbilder", deren Leitsymptom vor allem Erschöpfungserleben ist.

Die erste dieser Krankheiten, die Neurasthenie, manifestierte sich in der Mitte des 19. Jahrhunderts. Der Neurologe William Beard (z. B. Hillert und Marwitz 2006) postulierte: „Menschen sind wie Batterien". Wenn Menschen durch moderne technische Errungenschaften, etwa rasende Eisenbahnen oder die Informationsflut durch täglich erscheinende Zeitungen, überstrapaziert werden, resultiert demnach Nervenschwäche. In vermögenden Mittel- und Oberschichten fanden sich zahlreiche Patienten, die sich aufgrund von Neurasthenie in Sanatorien mit Elektrotherapie (um die Batterien wieder aufzuladen) oder auch dem soeben erfundenen Medikament Coca-Cola behandeln ließen. Der erste Weltkrieg setzte andere Prämissen. Die Neurasthenie geriet weitgehend in Vergessenheit.

1974 publizierte der deutsch-amerikanische Psychotherapeut Herbert Freudenberger (ders. 1974) das bis heute populäre Burnout-Syndrom. Angesichts seines stressigen Alltages, 10 h Therapie und viel ehrenamtliche Tätigkeit, hatte er dies am eigenen Leib erlebt. Ursprünglich nahm er an, dass Burnout nur in Sozialberufen engagierte Menschen treffe, wobei die Ursache letztlich in schlechten Arbeitsbedingungen liege. Diese Burnout umgebenden Mythen sind empirisch längst widerlegt. Die Symptomatik ist unspezifisch. Auch diverse Burnout-Entwicklungsmodelle, wobei Engagierte von Stufe zu Stufe in depressiv-ausgebrannte Zustände geraten, ließen sich empirisch nicht nachweisen. Reliable Kriterien, Burnout quasi von außen, aus Expertenperspektive heraus zu diagnostizieren funktioniert nicht (vgl. Hillert et al. 2020). Das im Burnout-Begriff implizite Bild eines ausgebrannten Hauses ist jedoch prägnant und spiegelt passgenau Selbstbild und Bedürfnisse Betroffener, was Burnout weitgehend resistent gegen wissenschaftlich-kritische Argumentationen macht. De facto ist Burnout nicht mehr und nicht weniger als ein subjektives Störungsmodell. Wenn sich ein Mensch anhaltend erschöpft erlebt und dies auf (berufliche) Überlastung zurückführt, ist er „ausgebrannt", unabhängig davon, ob sich irgendwelche Befunde erheben lassen. Spiegelbildlich zu Burnout soll Boreout durch anhaltende Unterforderung bedingte Erschöpfung erklären. Und ganz aktuell wurde nun BurnOn – wiederum von selbst betroffenen Therapeuten – entdeckt. Das „neue Krankheitsbild" soll länger- und langfristig an den Grenzen ihrer Leistungsfähigkeit arbeitende Menschen charakterisieren (te Wildt und Schiele 2021).

Alle hier aufgeführten „Diagnosen" gehen leitmotivisch mit Erschöpfungserleben einher. Aus der Perspektive des betroffenen Subjektes ist die Ursache objektiv: Überlastung. Aus Expertenperspektive wird üblicherweise auf problematische Interaktionen zwischen inadäquaten Arbeitsbedingungen und einer z. B. durch Überengagement und fehlende Abgrenzungsfähigkeit charakterisierten individuellen Dynamik verwiesen. Entsprechend beinhalten Präventionsangebote idealerweise auf die Arbeitssituation und auf die Person fokussierende Angebote (vgl. bspw. Krause et al. *Gesundheitsförderliche Handlungsregulation in der neuen Arbeitswelt: Von interessierter Selbstgefährdung zu Selbstsorge und Teamresilienz* in diesem Band).

23.4 Erschöpfungserleben in unterschiedlichen Berufsgruppen

Welcher Beruf erschöpft am meisten? Es gehört zu den Aufgaben der Interessenvertreter, dies für ihre jeweilige Berufsgruppe anzumahnen. Sind Lehrkräfte, Intensivmediziner oder Mitarbeiter eines großen Elektrokonzerns am meisten z. B. von Burnout betroffen? Zu dieser Frage gibt es eine breit angelegte, zwischenzeitlich mehr als 50.000 Personen erfassende Erhebung. Im Rahmen des „Stress-Monitor"-Projektes wurde Mitarbeitenden eines großen Elektrokonzerns, Mitgliedern des bayerischen Beamtenbundes, darunter knapp 4000 Lehrkräfte, und zudem 400 auf Intensivstationen Tätigen die Möglichkeit gegeben, anonym ihre Stressbelastung über ein Online-Portal zu messen (Hillert und Bäcker 2015). Dazu wurde neben Skalen, die das Belastungserleben und die Selbstidentifikation als „ausgebrannt" und als „Burnout" erfassten, u. a. ein zentrale Diagnosekriterien von Angst- und depressiven Störungen abbildender Fragebogen verwendet. Die Teilnehmenden erhielten unmittelbar nach Eingabe ihrer Daten eine Rückmeldung und darauf bezugnehmende allgemeine Handlungsempfehlungen. Auch wenn die Teilnehmenden nicht nach Kriterien der Repräsentativität ausgewählt worden waren, legt die große Teilnehmendenzahl nahe, dass die Aussagen für die jeweiligen Gruppen aussagekräftig sind. Bei der Auswertung zeigte sich (◘ Abb. 23.1a,b), dass Lehrkräfte zwar den meisten Stress erleben, sich darunter aber deutlich weniger ausgebrannt fühlen als z. B. Angestellte des Elektrokonzerns. Zudem sind Lehrkräfte, entsprechend den Screening-Kriterien, deutlich weniger mit Angst- und depressiven Störungen belastet als Angestellte. Am wenigsten „stressig" wird (bzw. wurde – die Erhebung erfolgte vor der Corona-Pandemie) demnach die Arbeit auf Intensivstationen erlebt. Dort sind anscheinend auch die gesündesten Mitarbeitenden zu finden.

> **Stressmonitor**
> - **Online-Test** zur Erhebung von Stressbelastung, Burnout-Erleben, Krankheitsverhalten und Beurteilung der Arbeitssituation durch die Mitarbeiter
> - **Anonym** durchführbar in Ø 7 min
> - Basis: **wissenschaftlich erprobte** Messinstrumente (DAS-Scales, ERI-Model) erweitert um unternehmensrelevante Aspekte
> - Individuelle Auswertung für jeden Teilnehmer mit Handlungsempfehlungen
> - Gesamtauswertung mit Darstellung des Handlungsbedarf im arbeitsorganisatorischen Kontext

Das Stressmonitor-Projekt entwickelte sich auf Initiative eines international agierenden Elektrokonzerns, der ein anonymes und praktikables Online-Instrument suchte, mit dem u. a. auch Stress und gesundheitliche Belastungen von im Ausland tätigen Mitarbeitenden erfasst werden können. In Kooperation mit dem Bayerischen Beamtenbund und u. a. einer

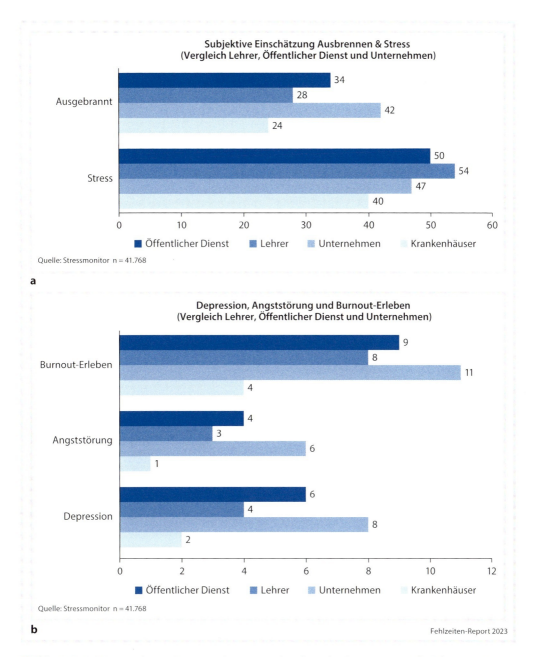

◘ **Abb. 23.1** Erleben von Stress, Burnout und „ausgebrannt sein". **a** Subjektive Einschätzung Ausbrennen und Stress in %. **b** Depression, Angststörung und Burnout-Erleben, in %. Jeweils 4–5 auf einer 5er Skala („trifft gar nicht zu – trifft voll und ganz zu") sowie anhand eines Screening-Instruments gestellte Diagnosen: Depression und Angststörungen (Panikstörung mit/ohne Agoraphobie). Online-Erhebung (Stress-Monitor-Projekt, Hillert und Bäcker 2015) von > 40.000 in unterschiedlichen Berufen tätigen Erwachsenen

Klinikkette wurde der Stress-Monitor, der evaluierte, Symptomatik nach ICD-10/DSM-V, Kriterien und berufliche Belastung abfragende Skalen beinhaltet, darüber hinaus eben diesen Berufsgruppen angeboten. Die Teilnehmenden erhielten umgehend eine kurze Rückmeldung und – soweit sich dies aus ihren Angaben erschließen ließ – weiterführende Hinweise.

Stress-, Belastungserleben und manifeste, z. B. depressive Symptome korrelieren den Ergebnissen zufolge offenbar nur bedingt miteinander und spiegeln dabei jeweils nicht zuletzt die in den betreffenden Berufsgruppen vertretenen Standards wider. Berufsgruppen rekrutieren sich zum einen selektiv aus ähnlichen sozialen Milieus (s. u.). Zum anderen wird jedes Individuum im Rahmen seiner Berufsgruppe sozialisiert, u. a. hinsichtlich dessen, wie man Stress zu erleben und zu kommunizieren hat. Eine Lehrerin/ein Lehrer, die/der sich im Lehrerzimmer als völlig „ungestresst" outet, dürfte dort ebenso ein Fremdkörper sein wie ein Intensivmediziner/eine Intensivmedizinerin, der/die vor Kollegen über zu viel Stress angesichts schwerkranker Patienten klagt. Den empirischen Ergebnissen nach ist die Situation der Elektrokonzern-Mitarbeitenden am schwierigsten. Bei ihnen ist nicht nur das subjektive Burnout-Erleben stark ausgeprägt, nicht wenige erfüllen zudem die Kriterien einer Depression. Eine befristete Stelle zu haben und z. B. im Ausland eingesetzt zu werden, was soziale Beziehungen erschwert (s. u.), prädisponiert offenbar zu entsprechenden Konstellationen. Und das, ohne dass die Betreffenden ihre Tätigkeit selbst als übermäßig stressig erleben. Wer in diesem Konzern Karriere machen will, weiß, worauf er sich einlässt. Wenn man hier selektiv versuchen würde, dem Erschöpfungserleben vorzubeugen, würde sich an dem dahinter liegenden, als medizinischer Sicht entscheidenden Problem vermutlich wenig ändern. Zusammenfassend: Erschöpfungserleben korreliert nur bedingt mit „objektiver" Stressbelastung und damit mit gesundheitlichen Risikofaktoren.

Angesichts der Daten fällt zudem auf, dass sich etwa ein Drittel der Befragten (auf einer 5er Skala mit Werten von 4 und 5, 5 = „trifft voll und ganz zu") als ausgebrannt, aber nur etwa 10 % als „burnout" erleben. Obwohl „ausgebrannt" die deutsche Übersetzung von „burnout" ist, werden diese Begriffe nicht als äquivalent wahrgenommen! Die Messlatte, sich mit dem englischen, wohl eher als Fachbegriff konnotierten Wort zu identifizieren, liegt deutlich höher (vgl. Hillert 2022). Untersuchungen zur Frage, wie der Begriff „Erschöpfung" in unterschiedlichen Berufsgruppen wahrgenommen wird (z. B. eher als physiologischer Normalzustand am Feierabend oder als Zeichen von Schwäche), stehen aus.

Was differenziert am stärksten zwischen sich sehr bzw. sich kaum erschöpft fühlenden Mitarbeitenden? Ausgehend auch vom Stress-Monitor-Datensatz ist die Antwort eindeutig. Wer auf die Frage: „Fühlen Sie sich unterstützt?" (auf einer 5er Skala mit den Werten 4 und 5) zustimmend antwortet, hat – berufsgruppenübergreifend – ein hochsignifikant geringeres Risiko sich gestresst, ausgebrannt/burnout-zu fühlen und Kriterien einer psychischen Störung zu erfüllen als Personen, die sich sozial schlechter unterstützt bzw. eingebunden fühlen und offenbar einsam sind. Die absehbar wirksamste Prävention auch von chronischen Erschöpfungskonstellationen (war und) ist somit: Unterstützen Sie Mitarbeiter hinsichtlich ihrer sozialen Einbindung!

23.5 Erschöpfungserleben und die Zugehörigkeit zu unterschiedlichen sozialen Milieus

Unsere Wahrnehmung und Bewertung von Befindlichkeiten wird nicht zuletzt von den in unserem sozialen Umfeld gelebten und kommunizierten Mustern geprägt. Nachdem die traditionell in den Sozialwissenschaften diskutierten Gesellschaftsmodelle oft eher sozialpolitisch gedacht waren, hat das SINUS-Institut seit 1978 anhand repräsentativer Erhebungen eine Gesellschaftstypologie entwickelt, die u. a. anhand eines Fragebogens die soziale Verortung von Individuen ermöglicht. Die gegeneinander nicht scharf angegrenzten Sinus-Milieus bezeichnen jeweils durch ähnliche Werte, Normen, Ziele und Umgangsformen geprägte Gruppen und lassen sich in einer „Kartoffelgraphik" darstellten (◘ Abb. 23.2a,b).

Knapp 3.000 konsekutiv stationär aufgenommene erwachsene Patientinnen/Patienten einer psychosomatischen Akutklinik wurden bei Aufnahme unter Verwendung des vom SINUS-Institut entwickelten Fragebogens bzgl. ihrer Milieu-Zugehörigkeit verortet. Parallel dazu wurden systematisch Diagnosen und Symptomatik (u. a. mit dem BSI, BDI-II) sowie subjektive Krankheitsmodelle erfasst.

Auf der y-Achse, von unten nach oben, werden die materiellen Verhältnisse und auf der x-Achse die ideologische Ausrichtung (links traditionell-konservativ, rechts postmodern) positioniert.

Die zehn aktuell die deutsche erwachsene Bevölkerung abbildenden Milieus unterscheiden sich u. a. auch durch die Konnotation von Arbeit, was zumal bei Gegenüberstellung diesbezüglicher Extremgruppen deutlich wird. Während im prekären Milieu Arbeit eher den Aspekt des „Malochens" hat, einer notwendigen, unfrei-aufgezwungenen Tätigkeit, ist Arbeit für „Performer" mit Selbstverwirklichung, Kreativität und sportlichem Ehrgeiz verbunden (Barth et al. 2018). Auch wenn es dazu bislang keine dezidierten Erhebungen gibt, liegt nahe, dass sich Milieus auch hinsichtlich Qualität und Quantität der erlebten Erschöpfung unterscheiden. Erhoben wurden diesbezügliche Aspekte an einer klinischen Stichprobe von Personen, die sich zur stationären Behandlung aufgrund einer Depression in einer psychosomatischen Klinik befanden (Stattrop et al. 2023). Während sich dem prekären Milieu zuzuordnende Personen eher „ausgebrannt" fühlen, erleben sich die aus dem Performer-Milieu stammenden eher als „burnout". Darüber hinaus zeichnet sich ab, dass die Wahrnehmung der depressiven Symptomatik mit der Milieu-Zugehörigkeit interagiert: Je klarere Vorstellungen eine Person hinsichtlich der Ursachen ihrer Erschöpfung hat, also je entschiedener sie sich ihre reduzierte Befindlichkeit z. B. mit „Burnout" erklärt, umso weniger intensiv erlebt sie die depressive Symptomatik (Hillert et al. 2023). Soziale Milieus unterscheiden sich somit in ihrer Einstellung zur Arbeit, in den Begriffen und Konzepten, mit denen Erschöpfung erlebt und beschrieben wird und darüber hinaus auch in ihren Konzepten, wie das eine mit dem anderen zusammenhängt. Eher hilflosem Erleben und Erleiden von Symptomen im prekären Milieu stehen selbstbewusst eigene Konzepte (auch gegenüber Autoritäten) vertretende Individuen des sozialökologischen Milieus gegenüber.

23.6 Erschöpfungserleben im Generationenvergleich

Traditionell hat Burnout das Image, langjährig berufstätige, hochengagierte Mitarbeitende zu treffen. Ausgebrannte Gymnasiastinnen/Gymnasiasten dürfte es demnach nicht geben. Diesbezüglich wurden u. a. an einem bayerischen Gymnasium Erhebungen durchgeführt, wozu ein für Schülerinnen und Schüler adaptierter, für die Erfassung von Burnout bei Studierenden entwickelter Fragebogen verwendet wurde. Darüber hinaus wurden u. a. die individuellen Werte und Ziele sowie berufliche Perspektiven für die Zeit nach dem Schulabschluss erfragt. Neben der Kategorie „weiß ich noch nicht" konnte angekreuzt werden, ob ein Studium oder eine Ausbildung beabsichtigt ist. Wenn die Befragten bereits ein konkretes Berufsziel hatten, konnte dies als solches aufgeschrieben werden (Hillert et al. 2018; ◘ Abb. 23.3a,b).

Deutsche (n = 199, 42,2 % weiblich, durchschnittlich 14,06 Jahre) Gymnasiastinnen/Gymnasiasten wurden mit einem standardisierten Instrumentarium, das u. a. eine Schüler-Version des Maslach-Burnout-Inventars (MBI) beinhaltete, nach Belastungserleben, beruflichen Zielen und lebensperspektivischen Wer-

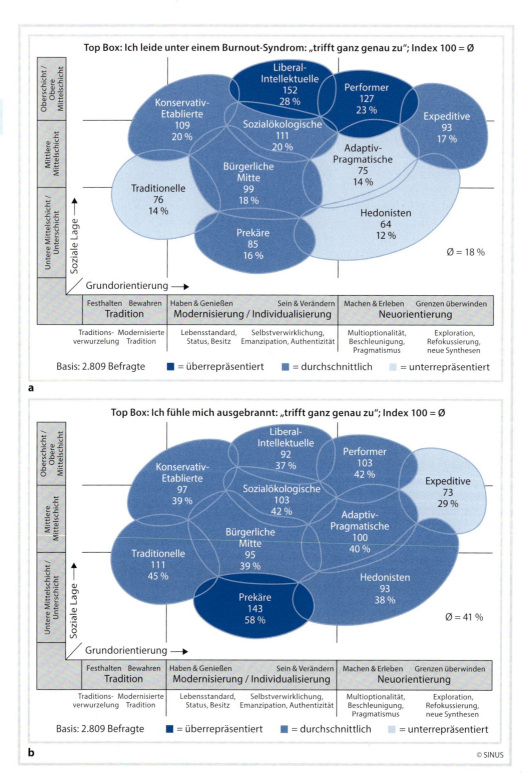

Abb. 23.2 a, b Milieu-Verortung von Patientinnen und Patienten einer psychosomatischen Fachklinik (Stattrop et al. 2023)

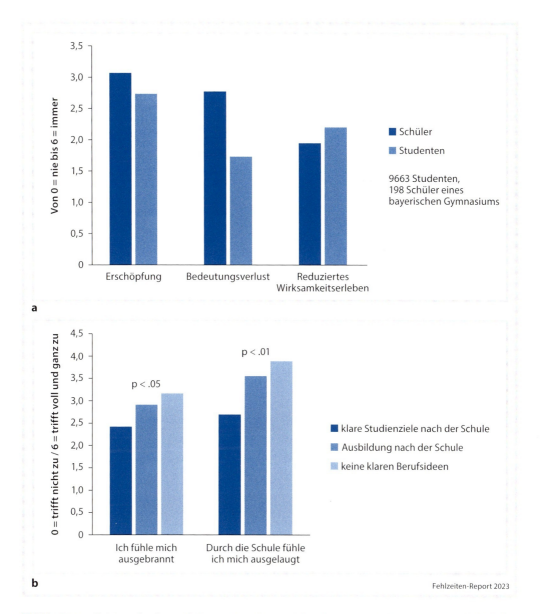

◘ **Abb. 23.3** a Faktoren des Stress- & Burnout-Fragebogens SchülerInnen und StudentInnen im Vergleich. b Was determiniert Erschöpfungserleben bei Schülern? (Hillert et al. 2018)

ten gefragt. Die kurzen Fragebögen (drei Seiten), in denen Geschlecht, Alter und Klassenstufe, nicht aber die Namen der Befragten erfasst wurden, wurden zu Beginn des Unterrichts ausgegeben und nach ca. 10 min eingesammelt. Zwischenzeitlich wurden weitere Erhebungen u. a. an einem bayerischen Berufsschulzentrum (mit sehr ähnlichen Ergebnissen) und zuletzt bei chinesischen Schülerinnen/Schülern durchgeführt.

Was die Ziele und Werte anbelangt (Schultyp und auch Kultur-übergreifend), steht für nach 1995 geborene Jugendliche der Generation Z „Spaß" an oberster Stelle, gefolgt von Freunden und Familie. Geld verdienen und Karriere sind relativ dazu nicht attraktiv. Weniger als die Hälfte aller das Gymnasium Besuchenden konnten ein konkretes Berufsziel angeben. Etwa 20 % hatten zumindest eine Idee, ob ein Studium oder eine Ausbildung folgen sollte, mehr als 30 % antworteten schlicht „weiß nicht". Was das Burnout-Erleben anbelangt, erreichen die Gymnasiastinnen und Gymnasiasten erheblich höhere Werte als z. B. Studierende, aber auch als diverse ältere Personengruppen. Dass Burnout-Erleben von „Generationen-Aspekten" abhängig ist und sich Jüngere stärker ausgebrannt erleben als Ältere, wurde bereits in vielen Untersuchungen zum Thema deutlich (Burisch 2014). Als besonders stark ausgebrannt erlebten sich die Schülerinnen und Schüler, die keine beruflichen Ziele angeben konnten. Denjenigen, die zudem eine besonders hohe Spaßorientierung angaben, waren am erschöpftesten. Die Betreffenden waren zumeist auch nicht außerschulisch aktiv (ein Instrument spielen, im Sportverein sein). Wenn man somit nicht bei etwa einem Drittel der betreffenden Personen eine manifeste psychische Erkrankung postulieren will, dann ist Erschöpfungserleben hier ein Begleitphänomen von Orientierungslosigkeit. Was psychologisch plausibel ist: Wer keine Ziele hat, dem fehlt die Motivation sich einzubringen. Erfolgserleben z. B. angesichts bestandener Prüfungen bleibt gering. In jedem Fall widerlegen diese Befunde tradierte Burnout-Vorstellungen. Menschen sind keine Batterien. Sich erschöpft zu fühlen beweist nicht, dass man zu viel „gegeben" hat (auch wenn eine solche Vorstellung für Betroffene attraktiv ist). Offenbar können ganz unterschiedliche Konstellationen zu Überlastungs- bzw. Erschöpfungserleben führen, u. a. eben auch Orientierungslosigkeit ...

23.7 Perspektiven

Die Kriterien, was ab wann und mit welcher Konnotation als Erschöpfung erlebt wird, waren und sind abhängig von dem, was in den jeweiligen sozialen und beruflichen Bezugsgruppen kommuniziert wird. Gleichzeitig sind es individuell als Tatsachen erlebte und erlittene Phänomene. Im Rahmen dieses Beitrages wurde das Phänomen „Erschöpfungserleben" aus unterschiedlichen Perspektiven heraus betrachtet, zum einen historisch, dann fokussierend auf unterschiedliche Berufsgruppen, auf soziale Milieus und zuletzt auf unterschiedliche Generationen. Diese Perspektiven überschneiden sich bezogen auf eine Person mehrdimensional, woraus ein weites Spektrum individueller Konstellationen resultiert. Entsprechend ist keine dieser Gruppen „homogen". So gibt es auch innerhalb der Generation Z Personen, die im Sinne der Babyboomer geprägt wurden und entsprechende High-Performer-Werte leben. Statistisch gesehen bleibt dies jedoch eine für die betreffende Generation so gesehen „untypische" Minderheit (vgl. Hillert 2019).

Noch vor zehn Jahren stellten die Babyboomer (die von 1945 bis ca. 1960–1964 Geborenen) quantitativ einen großen Teil der arbeitenden Bevölkerung. Muster wie *„Erst die Arbeit, dann das Vergnügen"* oder *„Nur wer etwas leistet, ist etwas wert"* prägten eine intrinsischen Druck generierende Dynamik, der sich präventiv begegnen lässt. Zunächst ist es wichtig, bezüglich der eigenen Stress-Symptomatik „achtsam" zu sein, diese wahr- und ernst zu nehmen. Auf dieser Grundlage gilt es dann sich gegen die eigenen Muster und die Erwartungen der Umwelt zu emanzipieren, also „Nein" sagen zu lernen, sich abzugrenzen, „auch mal an mich denken" einschließlich einer angemessenen Selbstwertschätzung, um ein gesundes Gratifikationsgleichgewicht zu erreichen (z. B. Siegrist 2014). Dies ist bis heute der Standard praktisch aller Stress- bzw. Überlastungs-Präventionsprogramme!

Wenn man die zu Erschöpfungserleben prädisponierenden Gründe auf einem Spektrum anordnet, dann markiert die Babyboomer-Dynamik einen Außenbereich. Ihnen gegenüber, am anderen Ende, finden sich Vertreterinnen/Vertreter der Generation Z – nicht zufällig, schließlich konnten sie auf den Erfahrungen ihrer Babyboomer- und Generation-X-Eltern aufbauen und haben die Work-Life-Balance, *„an mich denken"* und andere, Individualismus-optimierende Muster verinnerlicht. Sie haben die ihre Eltern bedrängenden Probleme für sich kompetent gelöst! In einer sich dynamisch verändernden Welt bleibt Problemlösung leider immer relativ. Die Probleme tun sich dann an anderer Stelle auf; sie werden zwar noch mit den gleichen Begriffen bezeichnet (etwa „Überlastung", „Erschöpfung"), können dynamisch aber diametral anders sein. Das Erschöpfungserleben von orientierungslosen, sich notorisch abgrenzenden Jugendlichen und Adoleszenten, die in vielen Betrieben z. B. deutlich längere Arbeitsunfähigkeitszeiten haben als ältere Personen, mit derselben „Medizin" zu behandeln wie seinerzeit die sich 60 h/Woche abarbeitenden Eltern kann absehbar nicht funktionieren.

Welche Art der Prävention wäre hier potenziell wirksam? Einerseits geht es um Individuen, die nach dem Motto erzogen wurden, dass nur sie selbst wissen können, was für sie gut ist und für die „glücklich sein" das eigentliche Lebensziel ist. Andererseits leben diese in einer Zeitenwende bzw. Gegenwart, die sich immer weiter beschleunigt und auf einen „Fortschritt" ausgerichtet ist, den niemand konkretisieren und somit auch nicht konkret anstreben kann. Es gibt unendliche berufliche Möglichkeiten, aber kaum Sicherheiten oder Verbindlichkeiten (im Sinne der „VUKA-Welt": **V**olatilität – Schwankungen, **U**nsicherheit bzw. Ungewissheit, zunehmende **K**omplexität und **A**mbiguität – Mehrdeutigkeit, z. B. Hillert und Albrecht 2020). Der Vorteil des Individualismus war, sich gegenüber einer kollektivistischen Klassengesellschaft zu emanzipieren. Nachdem sich diese eben deshalb aufgelöst hat, prädisponiert Individualismus zur Einsamkeit ... (vgl. Hillert et al. 2022). Zudem können der Orientierung bedürftende (junge) Menschen diese z. B. durch in Familientraditionen „vererbte" Berufe oft nicht mehr annehmen, selbst wenn sie ihnen geboten wird. Das Motto liebender Eltern: *„Du kannst machen, was Du willst, Hauptsache Du wirst glücklich!"* spiegelt dann gleichermaßen Individualismus, Idealismus und Konfliktvermeidung wider.

Wenn es im Sinne des Titels dieses Beitrages darum geht, in der „Zeitenwende" berufsbedingter Erschöpfung vorzubeugen, dürfte kein Weg daran vorbeiführen, die unterschiedlichen, Erschöpfungserleben bedingenden Muster zu berücksichtigen. Methodisch-wissenschaftlich geht dies mit der Erkenntnis einher, dass sich heute umgesetzte Präventionsprogramme nicht auf Evidenzen von einige Jahre alten Studien berufen können, zumindest soweit die darin evaluierten Personen aus anderen, älteren Generationen stammen. Praktisch sollte es unabhängig von Veränderungszeiten/einer „Zeitenwende" immer darum gehen, die skizzierten Vor- und Nachteile der individuellen Dynamiken zu berücksichtigen sowie – derzeit oft vordinglich – mit Konflikten, die sich aus der Interaktion von Mitarbeitenden unterschiedlicher Generationen und Milieus ergeben, umzugehen. Was die Überlastungs-Prävention für Vertreter der Generation Z anbelangt, gibt es derzeit de facto noch keine individuelle Bedürfnisse und systemische Aspekte zum Ausgleich bringenden Präventionsprogramme. Nachdem die Muster dieser Generation elementar die Fähigkeit von Abgrenzung und Individualismus beinhalten, sind tradierte Präventions-Strategien („die Jugend nicht überlasten", „auch mal an sich denken") rührend, aber absehbar perspektivisch wenig hilfreich (Schulte-Markwort 2015). „Quiet Quitter" sind etwas anderes als innerlich gekündigte, Dienst nach Vorschrift machende Mitarbeiter älterer Generationen (z. B. Scheyett 2023). Sie tauchen gewissermaßen unter dem, was unvermeidbar ist, hindurch, ohne sich jemals damit (über-)identifiziert zu haben. Wenn, dann müsste es um Programme gehen, die tendenziell bis definitiv orientierungslose und vermeidende Jugendliche und Adoleszente darin unterstützen, bezüglich im Leben unvermeidlicher Entscheidungen entscheidungsfähig zu werden. Dies wird absehbar auch eine punktuelle Reflexion und Relativierung von Individualismus beinhalten müssen. Ein entsprechendes Programm, in dem die Vor- und Nachteile eigener Muster gespiegelt, Fähigkeiten zur verbindlichen Entscheidung vermittelt und Orientierungsmöglichkeiten jenseits einer Individualismus-Perfektionierung aufgezeigt werden, wird derzeit für unter psychischen Störungen leidende Jugendliche konzipiert und evaluiert („Wo bin ich und wo will ich hin?" – Göhre et al., in Vorbereitung). Entsprechende Ansätze gehen über das, was in Betrieben leistbar ist, absehbar hinaus und sind letztlich eine die Gesellschaft als Ganzes fordernde Aufgabe.

Was die nicht selten konfliktträchtigen Interaktionen von Vertreterinnen/Vertretern unterschiedlicher Generationen in Teams anbelangt, wird derzeit meist ein vorsichtiges Vorgehen vorgeschlagen, wobei Ältere um Verständnis für die Jüngeren gebeten werden sollen (was aufgrund der skizzierten Muster sicher einfacher ist). Längerfristig dürfte es unvermeidlich sein, die unterschiedlichen Muster und damit verbunden Konfliktpotenziale offen zu thematisieren und einen in der jeweiligen Konstellation für möglichst viele als „gerecht" erlebbaren Kompromiss anzustreben. Dass dies mitunter auf eine Quadratur des Kreises hinauslaufen wird, ist absehbar. Wenn ein solcher Kompromiss nicht gelingt, dann werden sich Babyboomer frustriert und gekränkt in den vorgezogenen Ruhestand (oft aufgrund Überlastungs-mitbedingter psychischer Störungen) verabschieden. Generation-Z-Vertreterinnen/Vertreter lassen sich krankschreiben oder kündigen, um sich jenseits des Erwerbslebens „selbst zu finden". Je älter Orientierungslose werden, umso einsamer und bedrückender kann dieser Zustand werden. Von dem Gelingen der auf Augenhöhe zu führenden Begegnung der Generationen und Milieus wird nicht zuletzt der wirtschaftliche Erfolg respektive das Überleben vieler Betriebe und damit das, was auf die „Zeitenwende" für uns alle folgen wird, abhängen.

Literatur

Barth B, Flaig BB, Schäuble N et al (2018) Praxis der Sinus-Milieus. Springer, Heidelberg

Burisch M (2014) Das Burn-out-Syndrom. Theorie der inneren Erschöpfung, 5. Aufl. Springer, Heidelberg

Cropley M, Dijk DJ, Stanley N (2006) Job strain, work rumination, and sleep in school teachers. Eur J Work Org Psychol 15:181–196

Freudenberger H (1974) Staff burn-out. J Soc Issues 30:159–165

Göhre C, Naab S, Hillert S, Hillert A. Wo bin ich und wo will ich hin? (in Vorbereitung)

Hillert A (2017) Formal-konzeptuell versus psychosomatisch: Wie beurteilt man psychische Gefährdungen am Arbeitsplatz? Wirtschaftspsychol Aktuell 2:53–56

Hillert A (2019) Gebrauchsanleitung für das Leben in der Postmoderne. Schattauer, Stuttgart

Hillert A (2022) Burn-out und Belastungserleben. Konzepte, Befunde und Perspektiven unter Berücksichtigung der Generationenfrage. Psychotherapeut 67:374–380

Hillert A, Albrecht A (2020) Burn-out, Stress, Depression. Interdisziplinäre Strategien für Ärzte, Therapeuten und Coaches. Urban & Fischer, München

Hillert A, Bäcker K (2015) Burnout – Modebegriff oder Krankheitskonzept? Hintergründe und Daten aus dem „Stressmonitor"-Projekt. Jatros Neurol Psychiatr 2(15):24–27

Hillert A, Marwitz M (2006) Die Burnout-Epidemie. Oder: Brennt die Leistungsgesellschaft aus? Beck, München

Hillert A, Albrecht A, Voderholzer U (2020) The burnout phenomenon: a Résumé after more than 15,000 scientific publications. Front Psychiatr 11:519237. https://doi.org/10.3389/fpsyt.2020.51923

Hillert A, Stattrop U, Meule A (2023) Fragebögen funktionieren wie Blutdruckmessgeräte? Zur Interaktion sozialer (Sinus-)Milieus, Depressions-Scores und subjektiver Störungsmodelle. Psychosoz Medizinische Rehabil 36(1):70–78

Hillert S, Naab S, Hillert A (2022) Einsamkeit bei Jugendlichen vor dem Hintergrund der COVID-19-Pandemie: Ein Risikofaktor. Z Kinder- und Jugendpsychiatrie und Psychotherapie 51:139–151

Hillert S, Wörfel F, Weiß S (2018) Belastungs- und Burnout-Erleben von SchülerInnen der 5.–10. Klasse eines bayrischen Gymnasiums. Prävention Rehabil 30:83–90

Inglehart R, Welzel C (2010) Changing mass priorities: the link between modernization and democracy. Persp on Pol 8:551–567

Scheyett A (2023) Quiet Quitting. Social Work 68(1):5–7

Schulte-Markwort M (2015) Burnout-Kids – Wie das Prinzip Leistung unsere Kinder überfordert. Pattloch, München

Selye H (1956) What is stress. Metabolism 5(5):525–530

Siegrist J (2014) Stresstheorie: Das Anforderungs-Kontroll-Modell und das Modell beruflicher Gratifikationskrisen. In: Windemuth D, Jung D, Petermann O (Hrsg) Praxishandbuch psychische Belastungen im Beruf. Universum, Wiesbaden, S 78–87

Stattrop U, Koch S, Möller-Slawinski H et al (2023) Sinus-Milieus psychosomatischer Patientinnen und Patienten. Psychosoz Medizinische Rehabil 36(1):44–58

te Wildt B, Schiele T (2021) BurnOn. Immer kurz vorm BurnOut. Das unerkannte Leiden und was dagegen hilft. Droemer, München

Zok K, Pigorsch M, Weirauch H (2014) Babyboomer und Generation Y als Beschäftigte: Was eint, was trennt? In: Badura B, Ducki A, Schröder H, Klose J, Meyer M (Hrsg) Fehlzeiten-Report 2014 (Befragung). Springer, Berlin Heidelberg, S 47–59

Methoden und Erfahrungsberichte aus der Praxis

Inhaltsverzeichnis

Kapitel 24 Digitale Angebote zur Betrieblichen Gesundheitsförderung für kleine und mittlere Unternehmen: Erfahrungen aus dem Projekt IMPLEMENT – 377
Grit Tanner und Maie Stein

Kapitel 25 Gesund im Homeoffice: Ein Online-Programm zur Implementierung von Homeoffice als flexibles Arbeitsmodell – 389
Thomas Lennefer, Patricia Lück und Martin Krowicki

Kapitel 26 Zeitenwende: Von der Selbstbestätigung zur Irritation durch Erkundungsaufstellungen – 403
Georg Müller-Christ

Kapitel 27 Bei Unternehmen nachgefragt: RWE Power AG – 415
Jens Hünten

Kapitel 28 Bei Unternehmen nachgefragt: Siemens AG – 423
Klaus Pelster, Thorsten Breutmann und Jörg Pohl

Digitale Angebote zur Betrieblichen Gesundheitsförderung für kleine und mittlere Unternehmen: Erfahrungen aus dem Projekt IMPLEMENT

Grit Tanner und Maie Stein

Inhaltsverzeichnis

24.1 Verbreitung von Betrieblichem Gesundheitsmanagement in KMU – 378

24.2 Chancen und Risiken von digitalen gesundheitsbezogenen Angeboten – 379

24.3 Digitale BGF-Angebote für KMU – Projekt IMPLEMENT – 380
24.3.1 Kernelemente der Gestaltung digitaler BGF-Plattformen – 380
24.3.2 Strukturelle Voraussetzungen in KMU – 381
24.3.3 Nutzung der Plattform IMPLEMENT durch KMU – 384

24.4 Fazit – 386

Literatur – 387

© Der/die Autor(en), exklusiv lizenziert an Springer-Verlag GmbH, DE, ein Teil von Springer Nature 2023
B. Badura et al. (Hrsg.), *Fehlzeiten-Report 2023*, Fehlzeiten-Report,
https://doi.org/10.1007/978-3-662-67514-4_24

Zusammenfassung

Bei der Umsetzung von Betrieblicher Gesundheitsförderung stehen Kleinstunternehmen sowie kleine und mittlere Unternehmen (KMU) im Vergleich zu Großunternehmen deutlich zurück. Unter dem Druck politischer und gesellschaftlicher Ereignisse stellt sich die Frage, wie KMU beim Ausbau der Betrieblichen Gesundheitsförderung adäquat unterstützt werden können. In diesem Beitrag wird aufgezeigt, dass digitale gesundheitsbezogene Angebote einen vielversprechenden Lösungsweg darstellen. Hierfür werden Vor- und Nachteile digitaler Interventionen gegenübergestellt. Darüber hinaus wird das Projekt IMPLEMENT vorgestellt, in dem eine digitale Plattform mit Präventionsangeboten für KMU entwickelt und erprobt wurde. Es werden zentrale Ergebnisse und Anwendungserfahrungen aus dem Projekt berichtet und diskutiert.

24.1 Verbreitung von Betrieblichem Gesundheitsmanagement in KMU

Kleinstunternehmen sowie kleine und mittlere Unternehmen (KMU) unterscheiden sich von Großunternehmen nicht nur hinsichtlich bestimmter Kennzahlen wie z. B. der Beschäftigtenzahl oder des Jahresumsatzes. Auch Merkmale des Unternehmensmanagements sind in KMU anders realisiert als in Großunternehmen. Dies betrifft zum Beispiel die Kommunikationswege im Unternehmen, die Realisierung von Mitbestimmung oder die Umsetzung von Betrieblicher Gesundheitsförderung (BGF). So liegt die Verbreitung von BGF in deutschen KMU deutlich hinter großen Unternehmen zurück (z. B. Faller 2018; Hünefeld und Kopatz 2022). In der BIBB/BAuA-Erwerbstätigenbefragung 2018 zeigte sich, dass nur jedem vierten Beschäftigten in Unternehmen mit 1 bis 49 Beschäftigten in den letzten zwei Jahren BGF-Maßnahmen angeboten wurden, während es bei Unternehmen mit 50 bis 499 Beschäftigten etwa die Hälfte der Befragten und bei Unternehmen mit mehr als 500 Beschäftigten sogar über 70 % der Befragten waren (Hünefeld und Kopatz 2022). Ferner zeigt eine Befragung von 36 KMU, dass die Motivation, Maßnahmen der BGF zu planen und durchzuführen, in KMU gering ausgeprägt ist. Lediglich bei der Hälfte der befragten Unternehmen wird BGF überhaupt umgesetzt. Materielle Ressourcen oder bestehende betriebliche Prozesse und Strukturen, die für die BGF genutzt werden könnten, sind in den KMU selten vorhanden (Biallas et al. 2019). Knappe finanzielle und strukturelle Ressourcen wirken sich wiederum negativ auf die Motivation zur Umsetzung von BGF aus. Darüber hinaus scheinen der Vorrang des Tagesgeschäfts sowie fehlende Informationen bzw. mangelndes Wissen zu BGF den Umsetzungswillen in KMU ebenfalls zu reduzieren (Lück und Meisel 2020). International zeigt sich ein ähnliches Bild: Maßnahmen im Bereich Arbeitsschutz und -sicherheit werden in KMU eher umgesetzt als Maßnahmen der Gesundheitsförderung (Moore et al. 2010). Zudem hängt die Umsetzung von Maßnahmen stark von der Motivation einzelner Führungskräfte bzw. der Geschäftsführung ab (Saito et al. 2022).

BGF sowie Betriebliches Gesundheitsmanagement (BGM), das als Gesamtheit und Zusammenspiel aller Maßnahmen und Prozesse von BGF, Arbeitsschutz und Wiedereingliederungsmanagement definiert ist, sind in KMU wenig verbreitet. Gleichzeitig sind gerade KMU von den wirtschaftlichen Folgen gesamtgesellschaftlicher Ereignisse wie der Covid-19-Pandemie oder Unsicherheiten an den Energiemärkten betroffen. Damit die Gesundheit der Beschäftigten auch in solchen Zeiten im Fokus bleibt, ist es umso wichtiger, ökonomische und nachhaltige Ansatzpunkte zu finden, wie BGF und BGM in KMU ausgebaut werden kann. Im vorliegenden Beitrag soll der Frage nachgegangen werden, ob digitale gesundheitsbezogene Angebote einen adäquaten Ansatz darstellen können.

24.2 Chancen und Risiken von digitalen gesundheitsbezogenen Angeboten

Digitale Interventionen sind mit vielen günstigen Nutzungsbedingungen verbunden, die einen wesentlichen Beitrag dazu leisten können, dass BGF-Angebote stärker genutzt werden (siehe ◘ Abb. 24.1; vgl. Lehr et al. 2016; Matusiewicz und Kaiser 2018). Hierzu gehört vor allem, dass digitale Angebote ortsunabhängig genutzt werden können und oftmals nicht an bestimmte Zeiten gebunden sind. Beschäftigte können flexibel und entsprechend ihren Bedürfnissen an den Angeboten der BGF teilnehmen und diese in ihren individuellen Alltag integrieren. Auf diese Weise ist es möglich, auch schwer erreichbare Zielgruppen wie z. B. Remote-Arbeitende, Teilzeitarbeitende und Schichtarbeitende zu adressieren oder standortübergreifend Maßnahmen umzusetzen. Darüber hinaus können bei digitalen Angeboten die Inhalte bzw. Themen bedarfsgerecht durch die Nutzerinnen und Nutzer selbst ausgewählt und beliebig oft wiederholt werden. Dadurch können Lernniveau und -geschwindigkeit individuell festgelegt werden. Durch die hohen Freiheitsgrade bei der Wahl der Inhalte und der Art der Durchführung können die Beschäftigten zudem ihre Fähigkeiten zur Selbstorganisation weiterentwickeln.

Diese Flexibilität ist jedoch auch mit einer höheren, selbstständig aufzubringenden Eigenmotivation verbunden. Reduzierte Austauschmöglichkeiten und fehlender persönlicher Kontakt mit anderen Beschäftigten können Hemmnisse darstellen und geringe Verbindlichkeit sowie in der Folge höhere Abbruchquoten erzeugen. Grundsätzlich sind für die meisten digitalen gesundheitsbezogenen Angebote ein gewisses Maß an Konzentrationsfähigkeit sowie Lese- und Schreibbereitschaft erforderlich. Zudem sind die Themen Datenmissbrauch sowie Kontrolle und Leistungsüberwachung nicht zu vernachlässigen. Die Angst vor Kontrolle und Leistungsüberwachung kann mitunter dazu führen, dass grundsätzlich sichere digitale Angebote von den Beschäftigten nicht genutzt werden. Eine detail-

Fehlzeiten-Report 2023

◘ **Abb. 24.1** Vor- und Nachteile digitaler gesundheitsbezogener Angebote

liertere Darlegung der Vor- und Nachteile digitaler gesundheitsbezogener Angebote findet sich bei Lehr et al. (2016) sowie bei Matusiewicz und Kaiser (2018). Letztendlich scheint die Frage, ob die Vorteile digitaler Angebote die Nachteile überwiegen, von den persönlichen Präferenzen und Einstellungen der Nutzerinnen und Nutzer abzuhängen. Zusätzlich sollte den hier aufgeführten Nachteilen auch aktiv bei der Gestaltung der digitalen Angebote entgegengewirkt werden. Wenn die digitalen Angebote entsprechend gestaltet sind, sollten digitale BGF-Angebote durchaus das Potenzial haben, die Verbreitung von BGF und BGM in KMU sinnvoll zu unterstützen.

24.3 Digitale BGF-Angebote für KMU – Projekt IMPLEMENT

Im Jahr 2019 startete das Projekt IMPLEMENT, in dem digitale Interventionen auf ihre Anschlussfähigkeit für KMU untersucht werden sollten. Ziel des Projektes war es, durch speziell auf die Zielgruppe abgestimmte digitale Angebote BGF in KMU zu unterstützen und weiterzuverbreiten. IMPLEMENT war ein gemeinsames Forschungsvorhaben der Berliner Hochschule für Technik, der Leuphana Universität Lüneburg und der oncampus GmbH. Die AOK Nordost förderte dieses Forschungsvorhaben.

24.3.1 Kernelemente der Gestaltung digitaler BGF-Plattformen

Basierend auf einer Recherche zu Interventionen im Bereich BGF sowie zu digitalen Interventionen zur Förderung der psychischen Gesundheit wurden Kernelemente zur Gestaltung digitaler BGF-Plattformen abgeleitet (siehe ◘ Abb. 24.2; vgl. Tanner et al. 2022). Hierzu gehört zunächst die Kombination von verhaltens- und verhältnispräventiven Angeboten. Dadurch können positive Wechselwirkungen erzeugt und so die Erfolgswahrscheinlichkeit in beiden Präventionsbereichen erhöht werden. Darüber hinaus gilt es, eine bedarfsorientierte Nutzung von Angeboten zu ermöglichen. Dies kann z. B. sehr gut über Optionen für eine individuelle und/oder teambezogene Bedarfsermittlung realisiert werden. Gerade bei arbeitsgestalterischen Maßnahmen ist der Einbezug von Kolleginnen/Kollegen und Führungskräften nahezu unerlässlich, um alle Bedürfnisse zu berücksichtigen und die Umsetzung sowie den Transfer in den Arbeitsalltag zu unterstützen. Daher ist eine Kombination aus digitalen und Präsenzangeboten zu empfehlen, da oft nur so auch die Perspektive von Randgruppen eingefangen werden kann und Diskussionen auf Augenhöhe möglich sind. In diesem Sinne gilt auch bei digitalen verhältnispräventiven Maßnahmen die Partizipation aller Beteiligten als zentraler Erfolgsfaktor. Zur weiteren Förderung der Akzeptanz bei Schlüsselpersonen sowie zur Einsparung von Ressourcen wird die Nutzung vorhandener BGF-Strukturen empfohlen. Eine Unterstützung von BGF auf Ebene des Betriebsklimas kann durch die Möglichkeit, BGF-Angebote während der Arbeitszeit zu nutzen, bzw. durch die Anrechnung von Arbeitszeit für die Nutzung erfolgen. Auf diese Weise nehmen Beschäftigte wahr, dass auch das Unternehmen bereit ist, Verantwortung für gesunde Arbeitsbedingungen zu übernehmen, sodass sich ihre Bereitschaft zur Teilnahme an den BGF-Angeboten erhöhen sollte. Schließlich sollte über die verschiedenen digitalen Angebote hinweg für die Nutzerinnen und Nutzer ein roter Faden erkennbar und Hilfestellungen verfügbar sein, z. B. über wiederkehrende Elemente, Interaktivität und Zusammenfassungen.

Die Entwicklung der Plattform IMPLEMENT wurde an diesen Kernelementen ausgerichtet (siehe ◘ Abb. 24.3). Auf der Plattform stehen den Nutzerinnen und Nutzern verhaltensbezogene Online-Gesundheitstrainings zu den Themen Stress, Schlaf und Regeneration, Dankbarkeit, Alkohol und Neigung zur Selbstkritik zur Verfügung. Diese werden durch verhältnisbezogene Online-Arbeitstrai-

Kapitel 24 · Digitale Angebote zur Betrieblichen Gesundheitsförderung

Kombination aus Verhaltens- und Verhältnisprävention

Kombination aus digitalen und Vor-Ort-Maßnahmen

Optionen für eine individuelle und teambezogene Bedarfsermittlung

Formale, strukturelle, inhaltliche und didaktisch-methodische Einheitlichkeit

Angebotsnutzung während Arbeitszeit ermöglichen bzw. Anrechnung von Arbeitszeit

Einbezug zentraler Schlüsselpersonen zur Umsetzung arbeitsgestalterischer Maßnahmen

Fehlzeiten-Report 2023

Abb. 24.2 Kernelemente zur Gestaltung digitaler BGF-Plattformen

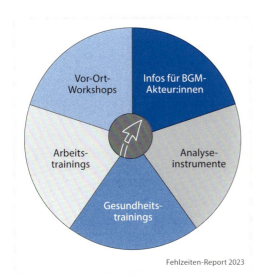

Fehlzeiten-Report 2023

Abb. 24.3 Bausteine der Plattform IMPLEMENT

nings zu den Themen Gesunde Arbeit und Führung, Unternehmenskultur, Work-Life-Balance, Arbeitsorganisation und Arbeitsumgebung ergänzt. Innerhalb der Trainings erwartet die Nutzenden eine Mischung aus Informationsvermittlung in Form von Texten oder Videos und interaktiven Elementen wie Quizzen oder Checklisten. Verschiedene Beispielpersonen, die speziell für den KMU-Kontext entwickelt wurden, begleiten durch die Trainings und schildern eigene Themen und Erfahrungen, die im Verlauf der Trainings mit den Informationen und Übungen gemacht werden. Für Nutzerinnen und Nutzer, die sich bei der Durchführung der Gesundheitstrainings Begleitung wünschen, gibt es die Möglichkeit, während der Trainings durch einen psychologisch geschulten Coach unterstützt zu werden. Für Teams gibt es die Möglichkeit, die Online-Arbeitstrainings mit Präsenz-Workshops zu kombinieren. Darüber hinaus gibt es verschiedene Analyseinstrumente für Individuen, Gruppen und Betriebe sowie Informationen zur Umsetzung von BGM-Prozessen.

24.3.2 Strukturelle Voraussetzungen in KMU

Aus den Kernelementen für nachhaltig gestaltete digitale BGF-Angebote ergeben sich strukturelle Rahmenbedingungen, die eine erfolgreiche Implementierung der digitalen Angebote maßgeblich mitbestimmen. Hierzu gehört zunächst der Digitalisierungsgrad des Unternehmens, der das Ausmaß der Nutzung von Informations- und Kommunikationstechnologien im Rahmen der Arbeitstätigkeit beschreibt. Wichtig für die Nutzung digitaler BGF-Angebote während der Anwesenheit am Arbeitsplatz sind vor allem der Zugang zum Internet im Unternehmen und die Verfügbarkeit von Endgeräten. Insbesondere die Teilnahme an digitalen Befragungen ist nahezu immer an diese Voraussetzungen geknüpft. Gleichzeitig liegt der Zusammenhang nahe, dass bei einem hohen Digitalisierungsgrad im Unternehmen auch die Affinität zu digitalen Angeboten auf Leitungsebene grundsätzlich höher ist, sodass diese die Einführung und Nutzung digitaler Angebote wahrscheinlich eher aktiv unterstützt. Die Festlegung, wo und wann die digitalen gesundheitsbezogenen Angebote im Rahmen des BGF genutzt werden, sollte in der Hand der Beschäftigten liegen, da nur so die Vorteile der flexiblen Nutzbarkeit von digitalen Angeboten ihre Wirkung entfalten können. Eine gewisse Flexibilität in der Arbeits(zeit)einteilung bzw. die Möglichkeit, die Angebote als Arbeitszeit anrechnen zu können, stellt sich daher als Voraussetzung dar, um BGF-Angebote – digital ebenso wie analog – zeitlich und örtlich selbstbestimmt nutzen zu können. Darüber hinaus sollte die Einführung bzw. Nutzung digitaler Angebote in eine BGM-Gesamtstrategie mit klaren Zielen integriert werden, auf die alle Aktivitäten ausgerichtet sind und fortlaufend ausgerichtet werden können (Tanner und Ducki 2023). Voraussetzungen für die Einführung neuer Elemente im BGM können so einfacher bestimmt und geschaffen werden, sodass eine erfolgreiche Implementierung wahrscheinlicher wird.

Im Projekt IMPLEMENT wurde empirisch untersucht, wie diese Rahmenbedingungen mit der Bereitschaft, digitale BGF durchzuführen, zusammenhängen.[1] Dafür wurde eine Befragung von Hauptverantwortlichen für die Betriebliche Gesundheitsförderung in deutschen Unternehmen über einen Online-Panel-Anbieter durchgeführt. Die Unternehmen sollten in Abhängigkeit von der Unternehmensgröße, abgestuft nach der Beschäftigtenzahl (EU-Kommission 2003), miteinander verglichen werden, sodass spezifische Implikationen abgeleitet werden können. Für einen Vergleich zu Großunternehmen wurde die Befragung ebenfalls an Unternehmen mit einer Beschäftigtenzahl von 250 bis 499 Beschäftigte gerichtet. An der Befragung nahmen 446 Personen teil. Auf Grundlage eines Data-Screenings hinsichtlich Bearbeitungsgeschwindigkeit und der Qualität der Freitexteingaben wurden 159 Personen (36 %) von der Auswertung ausgeschlossen. Darüber hinaus konnte die Gruppe der Kleinstunternehmen aufgrund der zu geringen Beteiligung nicht in die Auswertung einbezogen werden. Da Kleinst- und Kleinunternehmen deutliche Unterschiede in der Festlegung von Unternehmenszielen aufweisen (Frey 2016) und dies für den Einsatz von digitalen Angeboten in der Betrieblichen Gesundheitsförderung eine entscheidende Rolle spielt (Tanner und Ducki 2023), wurde für die Untersuchung der Bereitschaft zu digitaler Betrieblicher Gesundheitsförderung auf eine Zusammenlegung dieser Gruppen verzichtet. Final konnten Daten von 275 BGF-Verantwortlichen in die Auswertung einbezogen werden (siehe ◘ Abb. 24.4).

Eine deskriptive Auswertung der Daten zeigt zum Teil deutliche Unterschiede in den BGF-Strukturen und den Voraussetzungen für digitale BGF zwischen kleinen, mittleren und großen Unternehmen auf (siehe ◘ Tab. 24.1). Insbesondere die Bereitschaft zu digitaler Betrieblicher Gesundheitsförderung ist in kleinen Unternehmen im Vergleich zu mittleren und großen Unternehmen weniger stark ausgeprägt. Zudem schätzen die BGF-Verantwortlichen aus kleinen Unternehmen die Effizienz ihrer BGF deutlich geringer ein als die Verantwortlichen aus mittleren und großen Unternehmen. In kleinen Unternehmen sind erwartungsgemäß weniger BGF-Strukturen vorhanden, in die digitale BGF-Angebote integriert werden können. Dies spiegelt sich auch in der Nutzung digitaler BGF-Angebote wider. Nur wenige kleine Unternehmen nutzen bereits digitale BGF-Angebote.

Die Ergebnisse des Gruppenvergleichs zur Bereitschaft digitale BGF umzusetzen (siehe ◘ Abb. 24.5) zeigen, dass die wahrgenommene Effizienz der eigenen, nicht-digitalen BGF

---

[1] Verwendete Skalen in der Studie „Strukturelle Voraussetzungen in KMU": Jung et al. 2010; Mueller et al. 2018; Poethke et al. 2019.

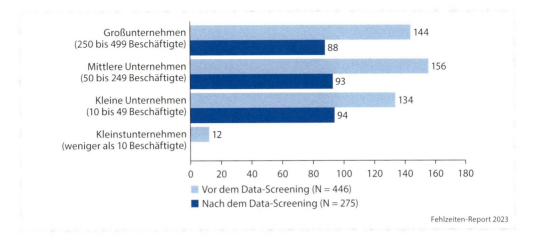

◻ **Abb. 24.4** Teilnehmende Personen an der Befragung von Hauptverantwortlichen für die Betriebliche Gesundheitsförderung im Projekt IMPLEMENT

◻ **Tab. 24.1** Überblick zur Beurteilung der BGF im Unternehmen nach Unternehmensgröße

	Kleine Unternehmen	Mittlere Unternehmen	Große Unternehmen
Hohe Bereitschaft BGF digital umzusetzen	Stimme voll und ganz zu: 11 %	Stimme voll und ganz zu: 25 %	Stimme voll und ganz zu: 31 %
Überzeugung BGF effizient durchzuführen	Stimme voll und ganz zu: 16 %	Stimme voll und ganz zu: 27 %	Stimme voll und ganz zu: 33 %
Vorliegen eines strukturierten Gesamtkonzepts BGF	Ja: 47 %	Ja: 74 %	Ja: 84 %
Nutzung digitaler Angebote im Bereich Gesundheit/BGF	Ja: 37 %	Ja: 74 %	Ja: 74 %
Fehlzeiten-Report 2023			

in allen Unternehmensgrößen einen positiven Zusammenhang zur Bereitschaft aufweist, digitale BGF-Angebote zu nutzen. In großen Unternehmen zeigte sich durch die Digitalisierung sowie die Flexibilisierung der Arbeit kein weiterer Einfluss auf die Bereitschaft, digitale BGF umzusetzen. In kleinen Unternehmen erwies sich der Digitalisierungsgrad des Unternehmens als relevante Voraussetzung. In mittleren Unternehmen zeigte sich die Flexibilisierung der Arbeit als begünstigender Faktor für die Bereitschaft, digitale BGF umzusetzen. Als praktische Implikation lässt sich insbesondere für kleine Unternehmen ableiten, dass

zunächst analoge BGF-Strukturen sowie eine minimale digitale Infrastruktur aufgebaut werden sollten. Darüber hinaus sollte die Wahrnehmung und Wertschätzung für bereits Vorhandenes im Bereich BGF gestärkt werden. Kleinere Unternehmen nutzen öfter unkonventionelle Wege, um BGF umzusetzen. Aber auch diese können sinnvoll für eine Erweiterung durch digitale Angebote genutzt werden. Für mittlere Unternehmen ist eine Prüfung zu empfehlen, inwieweit eine flexible(re) Arbeitszeitgestaltung möglich ist, um auf dieser Grundlage (zumindest zeitweilig) Freiräume für die Nutzung digitaler BGF-Angebote zu

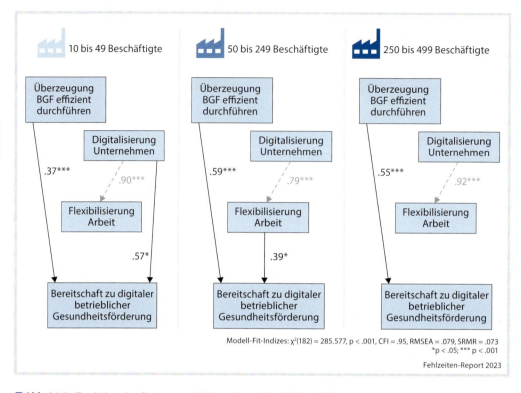

Abb. 24.5 Ergebnisse des Gruppenvergleichs zur Bereitschaft digitale BGF umzusetzen

schaffen. Unabhängig von der Unternehmensgröße sollte im Unternehmen abgeklärt werden, welches Ziel mit der Einführung digitaler BGF-Angebote verfolgt wird. Nur wenn eine solche Zielklärung erfolgt ist, können digitale Elemente adäquat in vorhandene Strukturen eingebaut werden.

24.3.3 Nutzung der Plattform IMPLEMENT durch KMU

Im Rahmen des Projektes IMPLEMENT wurden gezielt KMU angesprochen, die Plattform IMPLEMENT innerhalb ihres BGM zu nutzen. Für die Unternehmensakquise wurde mit der AOK Nordost kooperiert. Die Akquise wurde dabei fortlaufend anhand eines Fragenkatalogs durch die verantwortlichen Beraterinnen und Berater der Krankenkasse dokumentiert. Ziel war die Erfassung, ob und in welchem Ausmaß die akquirierten Unternehmen die Plattform IMPLEMENT nutzen. Zusätzlich wurden das Vorgehen während der Akquise sowie die Absichten des Unternehmens aus der Wahrnehmung der Beraterinnen und Berater der AOK Nordost analysiert.

Zu Projektabschluss im Herbst 2022 lagen Daten für 63 Unternehmen vor. Bei 43 % der Unternehmenskontakte kam das Unternehmen auf die Krankenkasse zu. Hierbei waren die häufigsten Beweggründe, dass das Unternehmen Informationen zu digitalen Angeboten wünschte oder dass das Unternehmen Bedarf an Tools zur Verhaltens- bzw. Verhältnisprävention hatte. Nach dem Erstkontakt hatten 90 % der 63 Unternehmen weiteres Interesse an der Plattform. Die meisten Unternehmen ließen sich die Plattform ausführlich vorstellen, eine Absage erfolgte überwiegend danach (siehe Tab. 24.2). Die genannten Gründe für eine Nicht-Teilnahme lassen darauf schließen,

Tab. 24.2 Nutzung der Plattform IMPLEMENT

Endzustand der Implementierung	Anzahl Unternehmen	Anteil (%)
Unternehmen wurde kontaktiert	8	11
Ausführliche Vorstellung der Plattform ist erfolgt	57	78
Teile der Plattform (Gesundheits- oder Arbeitstrainings) werden genutzt	3	4
Implementierung der Plattform ist erfolgt, es werden sowohl Gesundheits- als auch Arbeitstrainings genutzt	1	1
Plattform wird zum Auf- bzw. Ausbau eines BGM-Prozesses genutzt, die Themenwerkstätten werden mit IMPLEMENT umgesetzt	4	6
Insgesamt	73	100

Fehlzeiten-Report 2023

nutzt. Fünf der acht Unternehmen sind dem Sozialwesen zuzuordnen. Dies könnte darin begründet sein, dass im Sozialwesen eine größere Offenheit und aufgrund mangelnder finanzieller Ressourcen auch ein größerer Bedarf für nicht-kommerzielle Angebote aus dem Wissenschaftsbereich bzw. von Krankenkassen vorhanden ist. Ein weiteres Unternehmen ist der öffentlichen Verwaltung zuzuordnen. Die meisten Kontakte aus dem öffentlichen Bereich endeten jedoch in einer Nichtnutzung von IMPLEMENT. Die Annahme, dass die Altersstruktur in öffentlichen Einrichtungen eine Absage begünstigt, liegt nahe. Bestätigende Hinweise zum Einfluss des Alters lassen sich in einer weiteren Studie des Projektes für die verhaltenspräventiven Angebote von IMPLEMENT finden, jedoch nicht für die verhältnispräventiven Angebote. Bedeutender scheinen das Vorhandensein technischer Voraussetzungen und eine gewisse Flexibilität in der Arbeitsgestaltung zu sein, wie sich in der Studie zu den strukturellen Voraussetzungen gezeigt hat.

Wenn Unternehmen die Krankenkasse kontaktierten, gaben sie überwiegend zunächst keinen Bedarf an einer Analyse zu psychischen Belastungen an. Lediglich drei Unternehmen gaben einen solchen Bedarf an, wovon sich ein Unternehmen für die Nutzung von IMPLEMENT entschied. Es zeigte sich allerdings, dass die Befragung zu psychischen Belastungen bei vier der acht nutzenden Unternehmen ein Bestandteil war und intensiv genutzt wurde. Dies war der Fall, obwohl die Befragung in der Akquise durch die Beraterinnen und Berater eine eher untergeordnete Rolle spielte. Lediglich 18 % der Beraterinnen und Berater gaben an, die Befragung zu psychischen Belastungen in ihrer Akquise besonders betont zu haben. Die Durchführung von Präsenz-Workshops erfolgte bei vier der acht Unternehmen und ist bei einem weiteren geplant. Es zeigt sich daher eine Tendenz, dass die Durchführung von Präsenz-Workshops und die Nutzung der Plattform in Verbindung stehen. Dies könnte darin begründet sein, dass die Durchführung von Workshops auch mit einer

dass der Aufwand (u. a. Zeitumfang, Komplexität der Trainings) für die Nutzung der Plattform als zu hoch eingestuft wurde.

Durch eine ergänzende Auswertung der Nutzungsdaten der Plattform zeigte sich, dass während der Projektlaufzeit zehn weitere Unternehmen auf der Plattform aktiv waren, für die jedoch keine Dokumentation der Akquise vorlag. Von diesen Unternehmen nutzten drei die Plattform aktiv. Für die restlichen sieben wurde ein Testzugang eingerichtet, aus dem sich jedoch keine weitere Nutzung ergab. Diese zehn Unternehmen wurden – soweit möglich – in die Auswertungen zum Akquiseverlauf aufgenommen.

Aus Tab. 24.2 geht hervor, dass acht Unternehmen die Plattform IMPLEMENT nutzen. Vier davon haben IMPLEMENT zum Auf- bzw. Ausbau eines BGM-Prozesses ge-

intensiveren Betreuung durch die Krankenkasse verbunden sind.

Für die fünf Unternehmen, die IMPLEMENT nutzten und für die ein Dokumentationsbogen vorlag, wurde die Nutzungsabsicht sowie die Nutzungsmotivation durch die Beraterinnen und Berater beurteilt. Drei dieser Unternehmen wollten IMPLEMENT zum Auf- bzw. Ausbau eines BGM-Prozesses nutzen, ein Unternehmen wollte sowohl Gesundheitstrainings als auch die Arbeitstrainings nutzen und ein Unternehmen wollte ebenfalls beide Trainingsgruppen sowie die Befragung zu psychischen Belastungen nutzen. Die Möglichkeit, auf der Plattform sowohl verhaltens- als auch verhältnispräventive Angebote nutzen zu können, spielte bei allen fünf Unternehmen eine entscheidende Rolle. Die Beraterinnen und Berater schätzten die Motivation zur Nutzung von IMPLEMENT dahingehend ein, dass sowohl ein Interesse an der Gesundheit der Mitarbeitenden bestand als auch das Erfüllen gesetzlicher Auflagen ein zentrales Ziel war. Die Attraktivität des Arbeitgebers durch BGF-Angebote zu erhöhen wurde für keines der Unternehmen als Motivationsfaktor angegeben.

24.4 Fazit

Die Ergebnisse und Erfahrungen des Projektes IMPLEMENT bieten erste Einblicke in die Frage, ob und wie digitale BGF-Angebote einen nachhaltigen Beitrag dazu leisten können, die Verbreitung von BGF und BGM in KMU zu fördern. Allerdings sind diese vor dem Hintergrund zu bewerten, dass unmittelbar nach Projektstart die Covid-19-Pandemie auftrat und sich so die Akquise von Unternehmen äußerst schwierig gestaltete. Trotz diverser Ergänzungen und Anpassungen im Projekt (z. B. digitale Formate für Ergebnisrückmeldungen) konnte das ursprünglich gesteckte Ziel an teilnehmenden Unternehmen nicht erreicht werden. Dennoch lassen sich einige wertvolle Erkenntnisse aus dem Projekt IMPLEMENT für BGF und BGM in KMU ziehen.

In der IMPLEMENT-Studie zeigte sich, dass die Bereitschaft, digitale BGF-Angebote zu nutzen, in kleinen Unternehmen geringer ausgeprägt ist als in mittleren und großen Unternehmen. Dieses Ergebnis passt zur eingangs skizzierten Ausgangslage, dass die Motivation zur Durchführung von BGF in KMU grundsätzlich gering ausgeprägt ist. Entsprechend den Annahmen zeigten sich die Aspekte Digitalisierung im Unternehmen und Flexibilisierung der Arbeit für kleine bzw. mittlere Unternehmen als relevante Einflussgrößen, durch welche die Bereitschaft zum Einsatz digitaler BGF-Angebote begünstigt wird. Gerade diese Faktoren legen jedoch den Schluss nahe, dass die Branche ebenfalls eine maßgebliche Rolle für die Bereitschaft zu digitaler BGF spielen kann. KMU in der IT-Branche oder in bestimmten Bereichen der Dienstleistung (z. B. Unternehmensberatungen) dürften einen höheren Digitalisierungsgrad aufweisen als manche Handwerksbetriebe oder Produktionsbetriebe mit Schichtarbeit, in denen die Möglichkeit zum mobilen Arbeiten nicht gegeben bzw. sehr eingeschränkt vorhanden ist. Eine Untersuchung der strukturellen Rahmenbedingungen getrennt nach Branchen war in der IMPLEMENT-Studie leider nicht möglich, da in der vorliegenden Stichprobe rückwirkend keine aussagekräftige Aufteilung in Branchengruppen vorgenommen werden konnte. Eine solche Untersuchung in einer Folgestudie ist daher wünschenswert.

Im Sinne von Nachhaltigkeit und sozialer Verantwortung sollte Betriebliche Gesundheitsförderung allen Tätigkeitsgruppen im Unternehmen bedarfsgerecht zugutekommen (Tanner und Bamberg 2020). Dieser Grundsatz sollte auch bei digitaler Betrieblicher Gesundheitsförderung mitgedacht werden. Digitale Maßnahmen, die nur von einigen Gruppen genutzt werden können, z. B. aufgrund des Zugangs zu Endgeräten, könnten das Unternehmensklima negativ beeinflussen. In IMPLEMENT gab es genau aus diesem Grund mehrere Absagen von Unternehmen, da z. B. die Analyse psychischer Belastungen nicht von allen Tätigkeitsgruppen digital hätte durchgeführt werden können. Die Tatsache, dass vor allem Unternehmen aus dem Sozialwesen an IMPLEMENT partizipiert haben, ist vor diesem Hintergrund noch einmal neu zu bewerten. Es könnte sein, dass in dieser Branche eine Nutzung digitaler BGF-Angebote durch alle Tätigkeitsgruppen im Unternehmen am ehesten möglich ist.

In der Akquise von Unternehmen hat sich in IMPLEMENT die Haltung des mittleren Managements als entscheidend für die Teilnahmebereitschaft der Beschäftigten gezeigt. Wenn zentrale Schlüsselpersonen von den IMPLEMENT-Angeboten überzeugt waren, wurde der Nutzen von IMPLEMENT besser durch die Beschäftigten erkannt. Grundsätzlich ist daher zu empfehlen, dass digitale Angebote von einzelnen Personen aus dem Unternehmen getestet werden, die dann ihre Erfahrungen mit der restlichen Belegschaft teilen und so den Nutzen der Angebote authentisch vermitteln und dadurch andere Beschäftigte zur Teilnahme motivieren können. Dies hätte zudem den Vorteil, dass das Aufwand-Nutzen-Verhältnis realistischer eingeschätzt werden kann.

Nach dem offiziellen Projektabschluss haben sich weitere Unternehmen entschieden, die Plattform zu nutzen. Dies deckt sich mit dem generellen Anstieg von BGF-Aktivitäten nach der Pandemie (GKV-Spitzenverband 2022). Daraus lässt sich schließen, dass ein grundsätzliches Interesse an digitalen BGF-Angeboten in KMU vorhanden ist und die Verbreitung von BGF in KMU prinzipiell durch digitale Angebote gefördert werden kann. Hierfür sind jedoch wichtige Voraussetzungen zu bedenken. Zunächst ist zu klären, welches Ziel mit den digitalen Angeboten verfolgt werden soll und wie analoge und digitale BGF sinnvoll ineinandergreifen können. Des Weiteren stellt sich die Frage, wie für alle Beschäftigten im Unternehmen die Nutzung gewährleistet werden kann. Um diese Rahmenbedingungen abzuklären und die Voraussetzungen für eine nachhaltige Nutzung digitaler BGF-Angebote zu schaffen, kann zum Beispiel eine systematische Checkliste[2] eingesetzt werden, die die Betriebe darin unterstützt, sich zu verorten und nächste Schritte aufzeigt. Damit wäre ein grundlegender Schritt für die erfolgreiche Implementierung von digitalen BGF-Angeboten in KMU getan.

Literatur

Biallas B, Schäfer D, Dejonghe L, Franz L, Petrowski K, Froböse I, Wilke C (2019) Präventionsreife in kleinen und mittleren Unternehmen. Präv Gesundheitsf 14:398–402. https://doi.org/10.1007/s11553-018-0694-6

EU-Kommission (2003) Empfehlungen der Kommission vom 6. Mai 2003 betreffend die Definition der Kleinstunternehmen sowie der kleinen und mittleren Unternehmen. Amtsblatt der Europäischen Union (2003/361/EG). https://eur-lex.europa.eu/legal-content/DE/TXT/PDF/?uri=CELEX:32003H0361&from=EN

Faller G (2018) Umsetzung Betrieblicher Gesundheitsförderung/Betrieblichen Gesundheitsmanagements in Deutschland: Stand und Entwicklungsbedarfe der einschlägigen Forschung. Gesundheitswes 80(03):278–285. https://doi.org/10.1055/s-0042-100624

Frey U (2016) Vertrauen durch Strategie: Strategien in KMU einfach entwickeln und damit Vertrauen schaffen. Springer Gabler, Wiesbaden

GKV-Spitzenverband (2022) Präventionsbericht 2022. https://www.gkv-spitzenverband.de/media/dokumente/krankenversicherung_1/praevention__selbsthilfe__beratung/praevention/praeventionsbericht/2022_GKV_MDS_Praeventionsbericht_barrierefrei.pdf. Zugegriffen: 30. Nov. 2022

Hünefeld L, Kopatz F (2022) Maßnahmen der betrieblichen Gesundheitsförderung (BGF) – Wer bekommt sie angeboten, wer nimmt sie in Anspruch? baua:Fakten 41. Bundesanstalt für Arbeitsschutz und Arbeitsmedizin, Dortmund

Jung J, Nitzsche A, Neumann M, Wirtz M, Kowalski C, Wasem J, Stieler-Lorenz B, Pfaff H (2010) The Worksite Health Promotion Capacity Instrument (WHPCI):

---

2 Im Projekt IMPLEMENT wurde eine Variante einer solchen Checkliste für Leitungskräfte und BGM-Verantwortliche entwickelt und kann über die Projektleitungen Prof. Dr. Antje Ducki und Prof. Dr. Dirk Lehr angefragt werden.

development, validation and approaches for determining companies' levels of health promotion capacity. BMC Public Health 10:550. https://doi.org/10.1186/1471-2458-10-550

Lehr D, Geraedts A, Asplund RP, Khadjesari Z, Heber E, de Bloom J, Ebert DD, Angerer P, Funk B (2016) Occupational e-Mental Health: Current Approaches and Promising Perspectives for Promoting Mental Health in Workers. In: Wiencke M, Cacace M, Fischer S (Hrsg) Healthy at Work – Interdisciplinary perspectives. Springer, Cham, S 257–281

Lück P, Meisel P (2020) Empfehlungen für Betriebliches Gesundheitsmanagement (BGM) aus einer qualitativen Befragung. iga.Report 42. Initiative Gesundheit & Arbeit (iga), Dresden

Matusiewicz D, Kaiser L (Hrsg) (2018) Digitales Betriebliches Gesundheitsmanagement. Springer, Wiesbaden

Moore A, Parahoo K, Fleming P (2010) Workplace health promotion within small and medium-sized enterprises. Health Educ 110:61–76. https://doi.org/10.1108/09654281011008753

Mueller C, Hummert H, Traum A, Goers P, Nerdinger F (2018) Entwicklung von Skalen zur Erfassung des organisationalen bzw. arbeitsplatzbezogenen Digitalisierungsgrades (ODG/ADG-Skala) in Steuerberatungskanzleien. http://hdl.handle.net/10419/232112

Poethke U, Klasmeier K, Diebig M, Hartmann N, Rowold J (2019) Entwicklung eines Fragebogens zur Erfassung zentraler Merkmale der Arbeit 4.0. Z Arbeits- Organisationspsychol A&O 63:129–151. https://doi.org/10.1026/0932-4089/a000298

Saito J, Odawara M, Takahashi H, Fujimori M, Yaguchi-Saito A, Inoue M, Uchitomi Y, Shimazu T (2022) Barriers and facilitative factors in the implementation of workplace health promotion activities in small and medium-sized enterprises: a qualitative study. Implement Sci Commun 3:23. https://doi.org/10.1186/s43058-022-00268-4

Tanner G, Bamberg E (2020) Betriebliches Gesundheitsmanagement (er)weiter(t) denken: Handlungsempfehlungen aus dem Projekt GESIOP. Vandenhoeck & Ruprecht, Göttingen

Tanner G, Ducki A (2023) BGM nachhaltig digital unterstützen. Innov Verwalt 3:27–30

Tanner G, Ducki A, Steinke T (2022) Verhältnisprävention digital umsetzen: Integrative Plattformen als Weg für eine umfassende Gesundheitsförderung. In: Bamberg E, Ducki A, Janneck M (Hrsg) Digitale Arbeit gestalten. Springer Nature, Berlin, S 281–296

Gesund im Homeoffice: Ein Online-Programm zur Implementierung von Homeoffice als flexibles Arbeitsmodell

Thomas Lennefer, Patricia Lück und Martin Krowicki

Inhaltsverzeichnis

25.1 Einleitung – 390

25.2 Das Pilotunternehmen – 391

25.3 Theoretischer Hintergrund – 391
25.3.1 Digitale Gesundheitsinterventionen im Betrieblichen Gesundheitsmanagement – 391
25.3.2 Wissenschaftliche Basis des Online-Programms *„Gesund im Homeoffice"* – 392

25.4 Das Online-Programm „Gesund im Homeoffice" – 394

25.5 Ergebnisse – 396

25.6 Fazit – 399

Literatur – 399

Thomas Lennefer und Patricia Lück teilen sich die Erstautorenschaft

© Der/die Autor(en), exklusiv lizenziert an Springer-Verlag GmbH, DE, ein Teil von Springer Nature 2023
B. Badura et al. (Hrsg.), *Fehlzeiten-Report 2023*, Fehlzeiten-Report,
https://doi.org/10.1007/978-3-662-67514-4_25

Zusammenfassung

Homeoffice hat in den Corona-Pandemiezeiten verstärkt Einzug in die Betriebe gehalten und geholfen, Kontakte und damit Ansteckung zu minimieren. Diese flexible Arbeitsform bleibt in vielen Unternehmen bestehen, benötigt jedoch eine aktive Gestaltung der Rahmenbedingungen, um mögliche Risiken zu minimieren. Auf Basis wissenschaftlicher Erkenntnisse wurden Erfolgsfaktoren für „Gesunde Arbeit im Homeoffice" identifiziert und zu einem Online-Programm aufbereitet. Dieses Online-Programm soll helfen, Führungskräfte und Beschäftigte für Chancen und Risiken zu sensibilisieren und einen gesundheitsgerechten Umgang miteinander aufzubauen. In Kooperation mit der Medizinischen Fakultät an der Otto-von-Guericke-Universität Magdeburg und der AOK Sachsen-Anhalt wurde das Programm im Rahmen eines BGF-Projekts in einem Pilotunternehmen exemplarisch erprobt.

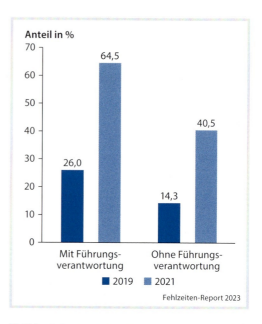

Abb. 25.1 Anteil Beschäftigter mit und ohne Führungsverantwortung im Homeoffice im Vergleich zwischen 2019 und 2021

25.1 Einleitung

Die zunehmende **Digitalisierung** und Verfügbarkeit von mobiler Informations- und Kommunikationstechnologie (bspw. Smartphones oder Laptops) ermöglichen heutzutage flexible Arbeitsmodelle, die vor einigen Jahrzenten nicht denkbar gewesen wären. Eine Form des **flexiblen Arbeitens** stellt das Arbeitsmodell **Homeoffice** dar, das als gelegentliche oder teilweise Tätigkeitsausübung von zu Hause aus definiert wird (Schröder 2018; Bonin et al. 2020). Die besonderen Bedingungen der Covid-19-Pandemie haben die Nachfrage nach Homeoffice zusätzlich befeuert. So arbeiteten 64,5 % der Führungskräfte und 40,5 % der Beschäftigten ohne Führungsverantwortung im Januar 2021 im Homeoffice (Hasselmann 2021). Dies spiegelt einen Anstieg von 26,2 bis 38,5 % gegenüber dem Anteil an Homeoffice vor der Covid-19 Pandemie wider (Hasselmann 2021; siehe ◘ Abb. 25.1).

Neuere Umfragen zeigen allerdings, dass viele Unternehmen auch nach der Pandemie weiterhin an **flexiblen Arbeitsmodellen** festhalten wollen (Erdsiek 2021). Diese Arbeitsmodelle bieten einerseits Vorteile, wie beispielsweise mehr Gestaltungsmöglichkeiten, eine bessere Vereinbarung von Beruf und Privatleben sowie den Wegfall von langen Arbeitswegen. Gleichzeitig bringt Arbeiten im Homeoffice Herausforderungen mit sich. Während der Pandemie waren viele Arbeitnehmer und Arbeitnehmerinnen im Homeoffice mit zusätzlichen Belastungen wie beispielsweise der gleichzeitigen Betreuung von Kindern aufgrund von Homeschooling konfrontiert. Doch auch außerhalb von pandemischen Bedingungen kann Homeoffice durch die fehlende räumliche Abgrenzung zur Arbeit und den geringeren Kontakt zu Kolleginnen und Kollegen zur Herausforderung für Beschäftigte werden.

Aufgrund dessen beschreibt der vorliegende Beitrag, wie Homeoffice mit Hilfe eines Online-Programms unter Berücksichtigung von etwaigen Herausforderungen erfolgreich und gesundheitsförderlich in einem Unternehmen umgesetzt werden kann.

25.2 Das Pilotunternehmen

Das Online-Programm „*Gesund im Homeoffice*" wurde im Rahmen eines **BGF-Kooperationsprojekts** in einer öffentlichen Verwaltung in Sachsen-Anhalt mit circa 500 Beschäftigten eingesetzt. Die Organisation umfasste Arbeitsplätze in der Verwaltung, aber auch im gewerblichen Bereich (z. B. Abfallwirtschaft), sodass die Arbeit im Homeoffice nicht allen Beschäftigten möglich war.

Der Aufbau der flexiblen Arbeit von zu Hause wurde in dieser Verwaltung 2019 an 20 Arbeitsplätzen als Pilotprojekt gestartet. Dafür war der Aufbau einer technischen Ausstattung und Infrastruktur erforderlich. Zudem wurde eine **Dienstvereinbarung** zur Arbeit zu Hause abgeschlossen. 2020 wurde mit Beginn der Coronakrise allen, die ihre Arbeit auch im Homeoffice verrichten können, dies ermöglicht. Dies betraf ca. 250 Angestellte. 2021 wurde eine Kooperationsvereinbarung mit der AOK Sachsen-Anhalt zur Betrieblichen Gesundheitsförderung geschlossen, woraufhin der Steuerkreis „Arbeitskreis Gesundheit" dieses Thema schwerpunktmäßig auf die Agenda hob. Ein Ziel der Verwaltung war, die noch einigermaßen unstrukturierte „krisenbedingte" Homeoffice-Kultur zu Corona-Zeiten, in der sowohl Kinderbetreuung als auch Präsenz im Betrieb über lange Zeit erschwert waren, in eine geregelte Struktur zu bringen und den bisherigen Homeoffice-Integrationsplan zu optimieren.

Dazu wurde im März 2022 das neue **AOK-Online-Programm** „*Gesund im Homeoffice*" eingesetzt. Dem ging im Januar/Februar 2022 eine Prä-Befragung von 173 mobil Arbeitenden voraus; im Juli 2022 folgte eine Post-Befragung von 84 mobil Arbeitenden.

Durch das BGF-Projekt wurde insbesondere durch neue digitale Formate (Videobotschaften begleitend zu verschiedenen Phasen des Projekts) die Information der Belegschaft verbessert und die Motivation zur Teilnahme am Online-Programm erhöht.

25.3 Theoretischer Hintergrund

25.3.1 Digitale Gesundheitsinterventionen im Betrieblichen Gesundheitsmanagement

Mit der zunehmenden Digitalisierung haben auch digitale Gesundheitsinterventionen zunehmend Einzug ins **Betriebliche Gesundheitsmanagement** gehalten. Hierbei können die unterschiedlichsten Formen von digitalen Interventionen von Online-Seminaren über Podcasts bis hin zu Wearables zum Einsatz kommen. Eine von der Management-Beratungsfirma McKinsey im Jahr 2020 unter 500 Versicherten durchgeführte Umfrage zeigte, dass ein Großteil der Befragten digitalen Angeboten heute offener gegenübersteht als noch vor der Covid-19-Pandemie. So vertrauen 45 % der Befragten Gesundheitsapps uneingeschränkt (McKinsey & Company 2020).

Ein häufiger Vorbehalt gegenüber digitalen Gesundheitsangeboten sind Sorgen, der Datenschutz könnte unzureichend sein. Diese können jedoch unkompliziert minimiert werden, wenn einiger Aspekte wie beispielsweise die Herstellung von Transparenz über den Datenfluss und die Lieferung adressatengerechter Information an die Beschäftigten in der Regel berücksichtigt werden (Lennefer 2021; Rat für Sozial- und Wirtschaftsdaten 2020). Für das Betriebliche Gesundheitsmanagement bieten digitale Gesundheitsinterventionen gegenüber klassischen Präsenzinterventionen nämlich zahlreiche Vorteile. So können digitale Gesundheitsinterventionen aufgrund ihrer Mobilität zeitlich und räumlich unabhängig eingesetzt werden, wodurch sie sich leichter in den Arbeitsalltag unterschiedlicher Beschäftigter eingliedern lassen (Borrelli und Ritterband 2015; Lehr et al. 2016). Dieser Vorteil ist insbesondere für dezentral organisierte Unternehmen oder Unternehmen mit Schichtdienst interessant, da Beschäftigte das Angebot an unterschiedlichen Standorten beziehungsweise in verschiedenen Schichten nutzen können.

Neben dem Mobilitätsaspekt sind digitale Gesundheitsinterventionen zudem häufig an die individuellen Bedürfnisse der Nutzenden anpassbar (Patrick et al. 2008; Riley et al. 2011). So können Beschäftigte beispielsweise entscheiden, welche Module eines Online-Programms sie besonders interessieren und nur diese nutzen, anstatt alle Module durchführen zu müssen.

Aufgrund der Vielzahl an Vorteilen ist es nicht verwunderlich, dass bereits mehrere digitale Interventionen zur Förderung verschiedener gesundheitlicher Dimensionen im betrieblichen Kontext umgesetzt wurden (bspw. Bewegung: Lennefer et al. 2020a; Ernährung: Oftedal et al. 2019; Entspannung/psychische Gesundheit: Stratton et al. 2017; Lennefer et al. 2020b). Das vorliegende Online-Programm zielt hingegen darauf ab, für Homeoffice als flexibles Arbeitsmodell zu sensibilisieren und fokussiert auf gesundheitliche Risiken, die mit der Einführung von Homeoffice einhergehen können.

25.3.2 Wissenschaftliche Basis des Online-Programms „*Gesund im Homeoffice*"

Basierend auf aktuellen wissenschaftlichen Untersuchungen lassen sich folgende fünf Handlungsfelder herausstellen, die bei einer gesundheitsförderlichen Gestaltung von Homeoffice berücksichtigt werden sollten: *Work-Life-Balance, Soziale Isolation, Selbstorganisation, Ergonomie und Führungsverhalten* (Gajendran und Harrison 2007; Golden und Gajendran 2019; Waltersbacher et al. 2019). Diese fünf Handlungsfelder wurden im Online-Programm „*Gesund im Homeoffice*" als jeweils eigenständiges Modul aufgegriffen (siehe ▶ Abschn. 25.4). Im Folgenden soll ihr Einfluss auf die Gesundheit der Beschäftigten hinsichtlich des Arbeitsmodells Homeoffice näher beleuchtet werden.

Vereinbarkeit von Familie und Beruf

Der Begriff *Work-Life-Balance* impliziert eine gegenseitige Beeinflussbarkeit der Lebensdimensionen Arbeit und Privatleben (Greenhaus und Beutell 1985; Abendroth und Reimann 2018). Als begriffliches Gegensatzpaar wird es mittlerweile jedoch zurecht kritisiert und eher als Life-(Domain-)Balance oder **Vereinbarkeit von Familie und Beruf** diskutiert. Als Resultat dieses reziproken Verhältnisses kann es zu Konflikten oder einer Verblendung/Verschmelzung von Arbeit und Privatleben kommen. Die durch Homeoffice gewonnene Autonomie kann sich hierbei positiv auf die Vereinbarkeit auswirken, anderseits kann die erschwerte (räumliche) Abgrenzung den Konflikt zwischen Arbeit- und Privatleben verstärken. Eine Umfrage in deutschen Unternehmen zeigte, dass lediglich 34 % der im Homeoffice arbeitenden Befragten ohne Probleme Arbeit und Privates vereinbaren können. Den ausschließlich im Betrieb arbeitenden Beschäftigten fiel es hingegen deutlich leichter, Arbeit und Privatleben zu vereinbaren. So gaben 63,3 % der Beschäftigten an, mit der Vereinbarkeit keine Schwierigkeiten zu haben (Waltersbacher et al. 2019). Dieser Vergleich zwischen Beschäftigten im Homeoffice und Beschäftigten im Betrieb weist bereits daraufhin, dass die Vereinbarkeit von Arbeit und Privatleben im Homeoffice einer besonderen Betrachtung bedarf. Dies ist besonders zentral, da der Konflikt zwischen Arbeits- und Privatleben einen erheblichen Einfluss auf die Gesundheit ausüben kann. So zeigte eine Meta-Analyse, dass eine unzureichende Work-Life-Balance mit einer schlechteren psychischen Gesundheit (bspw. Burnout und Stressbelastung) einhergeht (Wöhrmann 2016).

Soziale Isolation
Die Arbeit im Homeoffice wird typischerweise allein durchgeführt, wodurch der Kontakt mit Kolleginnen und Kollegen sowie der Führungskraft lediglich mittels digitaler Kommunikationstechnologie aufrechterhalten werden kann, sodass der persönliche Kontakt minimiert ist (siehe auch Abschn. „Führungsver-

halten"). Die digitale Kommunikation ersetzt den persönlichen Kontakt jedoch nicht gleichwertig, sodass die Gefahr der **sozialen Isolation** bei häufiger oder ausschließlicher Arbeit im Homeoffice entstehen kann (Golden und Gajendran 2019; Deschênes 2023). Darüber hinaus haben Orhan et al. (2016) gezeigt, dass eine hohe Abhängigkeit von Kommunikationstechnologie und geringer direkter persönlicher Kontakt zu einer geringeren Zufriedenheit und einer reduzierten Unternehmensidentifikation führen können. Soziale Isolation im Arbeitskontext ist somit ein Aspekt, der bei der Einführung der Arbeitsform Homeoffice adressiert werden sollte, damit das Teamgefüge und die **emotionale Bindung** von Mitarbeiterinnen und Mitarbeitern zum Unternehmen bestehen bleiben (Waltersbacher et al. 2019).

Selbstorganisation

Beschäftigte, die im Homeoffice arbeiten, verfügen in der Regel in ihrer Arbeit über ein hohes Maß an Autonomie und Handlungsspielraum. Dieses Maß an Selbstorganisation bietet die Möglichkeit, die Arbeit so zu gestalten, dass sie mit den individuellen Bedürfnissen im Privatleben besser vereinbar ist (Standen et al. 1999; Gajendran und Harrison 2007). Obwohl **Selbstorganisation** somit eine **Ressource** für die Gesundheit darstellt, kann diese sich auch negativ auf die Gesundheit der Beschäftigten auswirken (Peters 2011). So zeigen beispielsweise Waltersbacher et al. (2019), dass 42 % der Befragten, die im Homeoffice arbeiten, häufig auch außerhalb der Arbeit an arbeitsbezogene Probleme denken. Innerhalb der Gruppe von Beschäftigten, die im Büro arbeiten, traf dies nur auf 24 % zu. Somit ist es wichtig, bei Beschäftigten im Homeoffice Selbststrukturierung und Selbstdisziplin zu fördern, damit sich das hohe Maß an Selbstorganisation als Ressource und nicht als Belastung auswirkt (Gajendran und Harrison 2007; Hilbrecht et al. 2013; Miller 2016; Waltersbacher et al. 2019).

Ergonomie

Für einen Büroarbeitsplatz und einen Arbeitsplatz im Homeoffice gelten grundsätzlich die gleichen ergonomischen Voraussetzungen, die in der Arbeitsstättenverordnung festgelegt sind. Nichtsdestotrotz wird die Arbeit im Homeoffice häufig unter ergonomisch ungünstigen Bedingungen durchgeführt, wie beispielsweise auf einem Laptop vom heimischen Küchentisch aus. Die meisten Laptopmodelle bieten hierbei keine Möglichkeiten, Tastatur- und Bildschirmhöhe individuell einzustellen, was bspw. zu muskulären Beschwerden führen kann (Ellison 2012; Verwaltungs-Berufsgenossenschaft 2018). Wegner et al. (2011) konnten zeigen, dass 40 % der Arbeitsplätze im eigenen Zuhause ergonomische Mängel wie bspw. fehlender Kontakt der Füße zum Boden, ungenügende Unterstützung der Wirbelsäule, nicht ergonomische Bildschirmpositionierung aufweisen. Neuere Studien bestätigen dieses Bild. So schafft es nur ein Drittel der Beschäftigten, die ergonomischen Empfehlungen des Arbeitgebers im Homeoffice umzusetzen (Janneck et al. 2018). Ein Grund hierfür könnte der reduzierte Einfluss von Arbeitsschutz- und Gesundheitsbeauftragten sein, der durch die Distanz zum zentralen Arbeitsort auftreten kann. Dies zeigt, dass Homeoffice mit gesundheitsschädlichen Strukturen einhergehen kann, weshalb der Aspekt **Ergonomie** bei der Schaffung von Homeoffice-Möglichkeiten besonderer Betrachtung bedarf.

Führungsverhalten

Führungskräfte üben einen erheblichen Einfluss auf die Gesundheit ihrer Mitarbeiter und Mitarbeiterinnen aus (Kuoppala et al. 2008; Skakon et al. 2010; Pundt et al. 2018). Auch bei einer räumlichen Distanz bleiben die Führungsverantwortung und der Einfluss der Führungskraft auf die Beschäftigten bestehen. So können Führungskräfte beispielsweise positiv auf die Work-Life-Balance ihrer Mitarbeitenden einwirken und diese auch im Homeoffice dabei unterstützen, eine Abgrenzung zur Arbeit zu finden (Abendroth und Reimann 2018;

Eddleston und Mulki 2015). Insbesondere Erwartungen hinsichtlich der Erreichbarkeit und realistische Zielsetzungen sind hierfür **Schlüsselfaktoren** (Arlinghaus 2017; Krause et al. 2015). Eine Herausforderung bei der positiven Einwirkung der Führungskräfte auf die skizzierten Risikofaktoren im Homeoffice stellt der geringere persönliche Kontakt zu den Beschäftigten dar, da Führungskräfte dadurch die Verhaltensweisen ihrer Mitarbeiter und Mitarbeiterinnen schwieriger wahrnehmen können (Staar et al. 2019). So zeigt ein Vergleich zwischen Beschäftigten, die im Homeoffice arbeiteten, und Beschäftigten, die im Büro arbeiten, dass 68 % der Erstgenannten weniger Kontakt zu ihrer Führungskraft haben als Beschäftigte im Büro (Waltersbacher et al. 2019; Krick et al. 2022). Insgesamt zeigt die Literatur, dass **Führungsverhalten** einen wichtigen Einflussfaktor darstellt, um mögliche Risikofaktoren im Homeoffice zu minimieren. Aufgrund dessen sollten bei der Einführung von Homeoffice auch Führungskräfte für diese sensibilisiert werden.

25.4 Das Online-Programm „Gesund im Homeoffice"

Das **AOK-Online-Programm** „*Gesund im Homeoffice*" (▶ www.aok-homeoffice.de) wurde auf Basis wissenschaftlicher Erkenntnisse für gesundheitsgerechtes Arbeiten von zu Hause erstellt. So wurde zu jedem Aspekt ein Modul entwickelt, das
- die Balance zwischen Privat- und Berufsleben fördert,
- soziale Isolation verhindert und Austausch im Team unterstützt,
- eine ergonomische Ausgestaltung des Arbeitsplatzes und ein rückengerechtes Arbeiten fördert,
- Selbstorganisation aufbaut und
- Führungskräften Möglichkeiten für gesundheitsgerechtes Führen auf Distanz aufzeigt.

Dieses Programm „*Gesund im Homeoffice*" wurde während der Corona-Pandemiezeit entwickelt, in der zum Teil Bedingungen in Kauf genommen wurden, die zu anderen Zeiten nicht als Arbeitszeit bzw. Homeoffice gelten würden, beispielsweise parallele Kinderbetreuung, Homeschooling oder 100 % Homeoffice ohne Präsenzphasen.

Das Programm definiert Homeoffice jedoch unter Normalbedingungen und setzt störungsfreies Arbeiten zu Hause mit ergänzenden Präsenzphasen im Unternehmen voraus.

Dementsprechend wurden die zu den einzelnen Themen aufbereiteten Module gestaltet. Es wurden fünf abgeschlossene E-Learning-Einheiten konzipiert, die verschiedene didaktische Elemente umfassen, die sich in den Einheiten jeweils wiederholen:
- Einführung in das Modul-Thema und spielerische Informationsübermittlung
- Sensibilisierung und Reflektion, z. B. des eigenen Verhaltens oder das der Führungskraft
- **Checklisten** und **Werkzeugkoffer**
- Dashboard zur Ablage der persönlichen Unterlagen
- Transferübung (Hausaufgabe)

E-Learning lebt von einem methodisch-didaktischen Mix, der die Teilnehmenden in ihrer Realität abholt, aktiviert und mit verschiedenen Aufgaben motiviert, gesundheitsgerechtes Verhalten zu erproben (Schirmacher und Betz 2017). Ergänzend wird am Ende eines jeden Moduls ein Transfer des Erlernten in die eigene Arbeitswelt über kleine „Hausaufgaben" vorgeschlagen (◘ Abb. 25.2).

Die Intervention steht allen Interessierten kostenfrei zur Verfügung. ◘ Abb. 25.3 fasst den Weg in das Programm zusammen.

Inhaltlich umfasst das Programm fünf Module, die je nach Interesse in der Reihenfolge frei gewählt werden können (◘ Abb. 25.4):
1. Das Modul „Organisiert im Homeoffice" widmet sich dem Thema Selbstmanagement. Strategien für den Start am Morgen

Abb. 25.2 Beispiele aus dem Modul „Organisiert im Homeoffice"

Abb. 25.3 Der Weg ins Programm „*Gesund im Homeoffice*"

werden ebenso behandelt wie Tipps für unterbrechungsfreies Arbeiten, Pausen sowie den Abschluss des Arbeitstags.

2. Das Modul „Verbunden im Homeoffice" fokussiert die Koordination und Zusammenarbeit virtueller Teams und gibt Tipps, wie das Wir-Gefühl erhalten bleibt und gefördert wird.

3. Das Modul „Ausgeglichen im Homeoffice" beschäftigt sich mit der Vereinbarkeit von Beruf und Familie, zum Beispiel durch die Abstimmung von Regeln im familiären Umfeld zu störungsfreien Arbeitszeiten und gemeinsamen Pausen.

4. Das Modul „Gut eingerichtet im Homeoffice" liefert hilfreiche Anleitungen für

Abb. 25.4 Die fünf Module des Online-Programms

einen ergonomisch eingerichteten Arbeitsplatz und seine gesunde Nutzung.
5. Das Modul „Führen auf Distanz – Ich als Vernetzer" vermittelt Kernkompetenzen des Führens auf Distanz. Regelmäßiger Austausch und Abstimmungen zu Erreichbarkeiten und Unterstützungsmöglichkeiten sind Anregungen für wertschätzende Kommunikation und eine vertrauensvolle Zusammenarbeit auch im Homeoffice.

Nach Abschluss von mindestens vier Modulen kann ein **Zertifikat** angefordert werden. Das ermöglicht Unternehmen, für die Bearbeitung Arbeitszeit zur Verfügung zu stellen und die Teilnahme nachzuprüfen. Im Rahmen von betrieblichen Projekten kann das Programm auch von Präsenzangeboten begleitet werden und die Ausgestaltung dieses flexiblen Arbeitsmodells miteinander gestaltet und optimiert werden.

25.5 Ergebnisse

Die Corona-Pandemie hat die Arbeitswelt nachhaltig geprägt und die Nachfrage nach flexiblen Arbeitsmodellen wie beispielsweise Homeoffice deutlich gesteigert. Auch wenn Homeoffice viele Vorteile bietet, kann die Arbeit von zu Hause auch Herausforderungen mit sich bringen. Um Homeoffice gesundheitsförderlich einzuführen, gilt es diese zu adressieren und die Beschäftigten entsprechend zu sensibilisieren. Das Online-Programm „*Gesund im Homeoffice*" bietet hierfür anhand von wissenschaftlich fundierten Modulen eine geeignete Methode. Die wissenschaftliche Evaluation des Programms zeigt jedoch, dass sich die Erschöpfung und berufliche Leistungsfähigkeit der Beschäftigten über den Interventionszeitraum nicht signifikant verändert hat (siehe Abb. 25.5 und 25.6). So zeigt Abb. 25.4, dass sowohl vor als auch nach der Intervention der Großteil der Beschäftigten (T1: 31,8 %; T2: 34,0 %) mehrmals im Jahr Erschöpfungssymptome verzeichnet.

Kapitel 25 · Gesund im Homeoffice

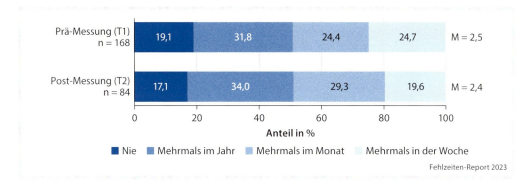

Abb. 25.5 Erschöpfung gemessen mit dem Maslach-Burnout-Inventar; Vergleich zwischen den Messzeitpunkten T1 und T2. *Dunkelblau* ist positiv zu bewerten und stellt eine geringe wahrgenommene Erschöpfung dar. *Hellblau* spiegelt eine höhere Erschöpfung wider. Beispielfrage: „Ich fühle mich am Ende des Arbeitstages verbraucht."

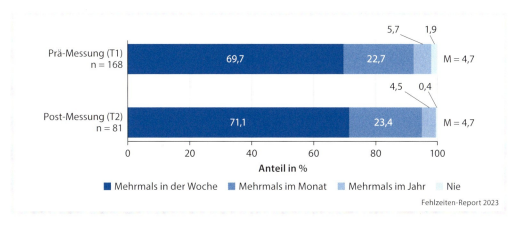

Abb. 25.6 Berufliche Leistungsfähigkeit gemessen mit dem Maslach-Burnout-Inventar; Vergleich zwischen den Messzeitpunkten T1 und T2. *Dunkelblau* ist positiv zu bewerten und steht für eine höhere Leistungsfähigkeit. *Hellblau* stellt eine geringere berufliche Leistungsfähigkeit dar. Beispielfrage: „Ich kann die Probleme effektiv lösen, die in meiner Arbeit entstehen."

In Bezug auf die berufliche Leistungsfähigkeit konnte ebenfalls keine Veränderung festgestellt werden. Der Großteil der Beschäftigten fühlte sich vor und nach der Intervention mindestens mehrmals in der Woche beruflich leistungsfähig (T1: 69,7 %; T2: 71,1 %). Eine mögliche Erklärung für diese Ergebnisse könnte im verwendeten Messinstrument liegen: Der Maslach-Burnout-Inventar misst Burnout als sehr manifestes Stress-Syndrom. Es ist möglich, dass der Effekt der Intervention zu gering war, um Veränderungen in den weniger sensitiven Burnout-Kategorien des Maslach-Burnout-Inventars darzustellen. Eine weitere Erklärung könnte die Krisenzeit sein, in der die Evaluation stattgefunden hat. Der Start der T1-Messung im Februar 2022 fiel in den Zeitraum des Kriegsbeginns in der Ukraine, der in dem untersuchten Pilotunternehmen zu mehr Arbeitsbelastung bis zur T2-Messung im Juli 2022 geführt hat. Dementsprechend ist es denkbar, dass mögliche positive Effekte des im März 2022 gestarteten Homeoffice-Programms durch die Zunahme der Arbeitsbelastung nicht sichtbar sind und das Programm eine Zunahme der Erschöpfung und Einbußen

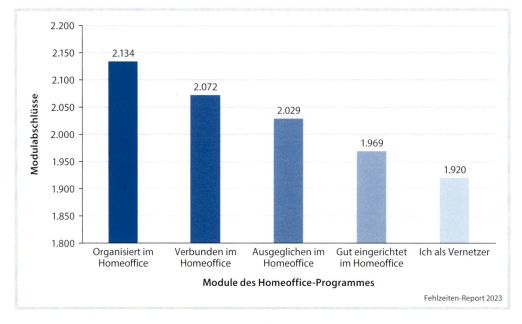

☐ **Abb. 25.7** Darstellung der Modulabschlüsse der fünf Module des Online-Programms „*Gesund im Homeoffice*"

bei der beruflichen Leistungsfähigkeit abgepuffert hat.

Insgesamt wurde die Einführung des Online-Programms „*Gesund im Homeoffice*" von dem Pilotunternehmen trotz des nicht feststellbaren Effektes auf die Erschöpfung und die berufliche Leistungsfähigkeit der Beschäftigten als überaus positiv bewertet. Einen besonderen Mehrwert sieht die Verwaltung darin, dass sie durch das Programm darin unterstützt wurde, Homeoffice als flexibles Arbeitsmodell in die Unternehmensstrukturen einzuführen.

Darüber hinaus bot das Programm auch während der Krisenzeiten den Beschäftigten eine Möglichkeit, sich zu gesundheitsförderlichen Homeoffice-Strukturen zu informieren und diese umzusetzen. Aufgrund dieser positiven Effekte des Programms plant das Pilotunternehmen, dieses weiterzuverwenden und als verpflichtenden Baustein in ihr Weiterbildungsportfolio aufzunehmen. Zusammenfassend lässt sich festhalten, dass die positiven Erfahrungen des Pilotunternehmens zeigen, wie ein Online-Programm zum Thema Homeoffice bei der gesundheitsförderlichen Einführung von flexiblen Arbeitsformen unterstützen kann.

Allgemein verzeichnet das Angebot eine hohe Nutzungsrate durch weitere Unternehmen. Über ein Online-Seminar zum Thema Homeoffice und verschiedene Kampagnen wurde Anfang 2022 breitflächig auf das Programm aufmerksam gemacht. So wurde das Programm in Unternehmen im Laufe des Jahres 2022 14.389-mal angeklickt. In diesem Zeitraum meldeten sich 2.693 Beschäftigte für die Teilnahme am Online-Programm an. Die Module konnten frei gewählt werden, eine Reihenfolge wurde jedoch angeboten. ☐ Abb. 25.7 zeigt, dass die Abschlüsse der unterschiedlichen Module weitestgehend gleich verteilt ist. Die Module „Organisiert im Homeoffice" und „Verbunden im Homeoffice" wurden am häufigsten abgeschlossen und scheinen bei den Teilnehmenden besonders Interesse hervorgerufen zu haben.

Das Modul „Ich als Vernetzer" für Führungskräfte wurde zusätzlich in einem anderen Online-Programm „*gesund führen*" angeboten, das eine gesundheitsgerechte Führungs-

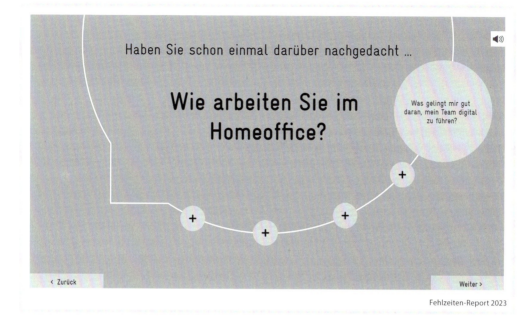

Fehlzeiten-Report 2023

Abb. 25.8 Reflektion im Modul „Ich als Vernetzer" zum Thema Führen auf Distanz

kultur als Stellschraube eines erfolgreichen BGMs fördert (Lück und Fenn 2020). Dieses Programm (▶ www.aok-gesundfuehren.de) wird durch die Anforderung, mit häufig abwesenden Mitarbeitenden umzugehen, um das Thema „Führen auf Distanz" erweitert (◘ Abb. 25.8) und steht daher in beiden Programmen zur Verfügung.

25.6 Fazit

Online-Programme sind Angebote für interessierte Beschäftigte, Führungskräfte und Multiplikatorinnen und Multiplikatoren, die spielerisch Themen wie gute Zusammenarbeit, gesunde Führung oder flexible Arbeitsorganisation vermitteln, zur Reflektion des eigenen Verhaltens ermuntern und Teilnehmenden leicht umsetzbare Empfehlungen für den Arbeitsalltag mit auf den Weg geben. Der Einsatz von Online-Programmen unterstützt Unternehmen und ihre Belegschaft bei der Sensibilisierung für gesundheitsrelevante Themen und flankiert Maßnahmen wie beispielsweise die Einführung flexibler Arbeitsmodelle bzw. Homeoffice. Ein Pilotunternehmen hat die Maßnahme *„Gesund im Homeoffice"* im Rahmen der Einführung eines systematischen Homeoffice-Systems im Kontext eines BGF-Prozesses als positiv bewertet und sich mit den inhaltlichen Schwerpunkten auseinandergesetzt. Inwieweit derartige Maßnahmen als gesundheitsrelevante Interventionen gesehen werden können, konnte aufgrund der herrschenden Krisensituation nicht abschließend geklärt werden. Begleitende Evaluation im Rahmen weiterer Projekte sind wünschenswert.

Literatur

Abendroth A, Reimann M (2018) Chapter 15 Telework and Work–Family Conflict across Workplaces: Investigating the Implications of Work–Family-Supportive and High-Demand Workplace Cultures. In: Blair SL (Hrsg) Contemporary Perspectives in Family Research. Emerald, Bingley, S 323–348

Arlinghaus A (2017) Wissensarbeit – aktuelle arbeitswissenschaftliche Erkenntnisse. Hans-Böckler-Stiftung, Düsseldorf

Bonin H, Eichhorst W, Kaczynska J, Kümmerling A, Rinne U, Scholten A, Steffes S (2020) Forschungsbericht 549. Verbreitung und Auswirkungen von mobiler Arbeit und Homeoffice. BMAS. https://www.bmas.de/DE/Service/Publikationen/Forschungsberichte/fb-549-verbreitung-auswirkungen-mobiles-arbeiten.html. Zugegriffen: 13. Aug. 2021

Borrelli B, Ritterband LM (2015) Special issue on eHealth and mHealth: Challenges and future directions for assessment, treatment, and dissemination. Health Psychol 34(Suppl):1205–1208. https://doi.org/10.1037/hea0000323

Deschênes AA (2023) Professional isolation and pandemic teleworkers' satisfaction and commitment: the role of perceived organizational and supervisor support. Eur Rev Appl Psychol 73(2):100823. https://doi.org/10.1016/j.erap.2022.100823

Eddleston KA, Mulki J (2015) Toward understanding remote workers' management of work–family boundaries: the complexity of workplace embeddedness. Group Organ Manag 42:346–387

Ellison JK (2012) Ergonomics for telecommuters and other remote workers. Interface 2:8–11

Erdsiek D (2021) Working from home during COVID-19 and beyond: survey evidence from employers. SSRN Journal. https://doi.org/10.2139/ssrn.3875337

Gajendran RS, Harrison DA (2007) The good, the bad, and the unknown about telecommuting: meta-analysis of psychological mediators and individual consequences. J Appl Psychol 92:1524–1541

Golden TD, Gajendran RS (2019) Unpacking the role of a telecommuter's job in their performance: examining job complexity, problem solving, interdependence, and social support. J Bus Psychol 34:55–69

Greenhaus JH, Beutell NJ (1985) Sources of conflict between work and family roles. Acad Manag Rev 10:76–88

Hasselmann O (2021) Kurzbericht Sonderauswertung 2021: New Work & Führung – Mobile Arbeit und Homeoffice. Initiative Gesundheit und Arbeit

Hilbrecht M, Shaw S, Johnson L, Andrey J (2013) Remixing work, family and leisure: Teleworkers' experiences of everyday life. New Technol Work Employ 28:130–144

Janneck M, Jent S, Weber P et al (2018) Ergonomics to go: designing the mobile workspace. Int J Human Comput Interact 34:1052–1062

Krause A, Baeriswyl S, Berset M, Deci N, Dettmers J, Dorsemagen C, Meier W, Schraner S, Stetter B, Straub L (2015) Selbstgefährdung als Indikator für Mängel bei der Gestaltung mobil-flexibler Arbeit: Zur Entwicklung eines Erhebungsinstruments. Wirtschaftspsychol 17:49–59

Krick A, Felfe J, Neidlinger M, Klebe L, Tautz D, Schübbe K, Frontzkowski Y, Gubernator P, Hauff S, Renner K-H (2022) Auswirkungen von Homeoffice: Ergebnisse einer bundesweiten Studie mit Führungskräften und Mitarbeitenden. https://www.hsu-hh.de/psyaow/newsblog-aus-unserem-dtec-projekt-digital-leadership-and-health/

Kuoppala J, Lamminpää A, Liira J, Vainio H (2008) Leadership, job well-being, and health effects – a systematic review and a meta-analysis. J Occup Environ Med 50:904–915

Lehr D, Geraedts A, Asplund RP, Zarnie K, Heber E, de Bloom J, Funk B (2016) Occupational e-mental health: current approaches and promising perspectives for promoting mental health in workers. In: Wiencke M, Cacace M, Fischer S (Hrsg) References 65. Healthy at work: interdisciplinary perspectives. Springer, Cham, S 257–281

Lennefer T (2021) Activity Trackers @ Work. Humboldt-Universität Berlin https://doi.org/10.18452/22256

Lennefer T, Lopper E, Wiedemann AU, Hess U, Hoppe A (2020a) Improving employees' work-related well-being and physical health through a technology-based physical activity intervention: a randomized intervention-control group study. J Occup Health Psychol 25(2):143–158. https://doi.org/10.1037/ocp0000169

Lennefer T, Reis D, Lopper E, Hoppe A (2020b) A step away from impaired well-being: a latent growth curve analysis of an intervention with activity trackers among employees. Eur J Work Organ Psychol 29(5):664–677. https://doi.org/10.1080/1359432x.2020.1760247

Lück P, Fenn S (2020) Organisationale Gerechtigkeit durch gesunde Führung – Ein Blended-Learning-Ansatz. In: Badura B, Ducki A, Schröder H, Klose J, Meyer M (Hrsg) Fehlzeiten-Report 2020. Springer, Berlin

McKinsey & Company (2020) eHealth Monitor 2020. Deutschlands Weg in die digitale Gesundheitsversorgung – Status quo und Perspektiven

Miller T (2016) How telecommuters balance work and their personal lives. Dissertation, Flint, Michigan

Oftedal S, Burrows T, Fenton S, Murawski B, Rayward AT, Duncan MJ (2019) Feasibility and preliminary efficacy of an m-health intervention targeting physical activity, diet, and sleep quality in shift-workers. Int J Environ Res Public Health 16(20):3810. https://doi.org/10.3390/ijerph16203810

Orhan MA, Rijsman J, van Dijk G (2016) Invisible, therefore isolated: comparative effects of team virtuality with task virtuality on workplace isolation and work outcomes. Revista De Psicología Del Trabajo Y De Las Organ 32:109–122

Patrick K, Griswold G, Raab F, Intille SS (2008) Health and the mobile phone. Am J Prev Med 35(2):177–181. https://doi.org/10.1016/j.amepre.2008.05.001

Peters K (2011) Indirekte Steuerung und interessierte Selbstgefährdung. Eine 180-Grad-Wende bei der betrieblichen Gesundheitsförderung. In: Kratzer N (Hrsg) Arbeit und Gesundheit im Konflikt. Analysen und Ansätze für ein partizipatives Gesundheitsmanagement, S 105–122. Sigma, Berlin

Pundt F, Thomson B, Montano D, Reeske A (2018) Führung und psychische Gesundheit. Arbeitsmedizin Sozialmedizin Umweltmedizin 53:15–19

Rat für Sozial- und Wirtschaftsdaten (2020) Datenerhebung mit neuer Informationstechnologie: Empfehlungen zu Datenqualität und -management, Forschungsethik und Datenschutz. Rat für Sozial- und Wirtschaftsdaten, Berlin

Riley WT, Rivera DE, Atienza AA, Nilsen W, Allison SM, Mermelstein R (2011) Health behavior models in the age of mobile interventions: are our theories up to the task? Behav Med Pract Policy Res 1(1):53–71. https://doi.org/10.1007/s13142-011-0021-7

Schirmacher L, Betz M (2017) Digitale Selbstlernprogramme im Rahmen des BGM. Springer

Schröder T (2018) Telearbeit und mobiles Arbeiten – Chancen und Risiken. Präsentation auf der Herbstveranstaltung des LAK Bremen „Arbeit in Bewegung – Homeoffice und mobiles Arbeiten" am 29.11.2018. BAuA. https://www.transparenz.bremen.de/metainformationen/telearbeit-und-mobiles-arbeiten-chancen-und-risiken-124021. Zugegriffen: 22. Juli 2021

Skakon J, Nielsen K, Borg V, Guzman J (2010) Are leaders' well-being behaviours and style associated with the affective well-being of employees? A systematic review of three decades of research. Work Stress 24:107–139

Standen P, Daniels K, Lamond D (1999) The home as a Workplace: work-family interaction and psychological well-being in telework. J Occup Health Psychol 4:368–381

Staar H, Gurt J, Janneck M (2019) Gesunde Führung in vernetzter (Zusammen-)Arbeit – Herausforderungen und Chancen. In: Badura B, Ducki A, Schröder H, Klose J, Meyer M (Hrsg) Digitalisierung – gesundes Arbeiten ermöglichen, S 217–235

Stratton E, Lampit A, Choi I, Calvo RA, Harvey SB, Hickie IB (2017) Effectiveness of ehealth interventions for reducing mental health conditions in employees: a systematic review and meta-analysis. PLoS ONE 12(12):e189904. https://doi.org/10.1371/journal.pone.0189904

Verwaltungs-Berufsgenossenschaft (2018) Telearbeit. Gesundheit, Gestaltung, Recht

Waltersbacher A, Maisuradze M, Schröder H (2019) Arbeitszeit und Arbeitsort – (wie viel) Flexibilität ist gesund? In: Badura B, Ducki A, Schröder H, Klose J, Meyer M (Hrsg) Digitalisierung – gesundes Arbeiten ermöglichen, S 77–107

Wegner R, Schröder M, Poschadel B, Baur X (2011) Belastung und Beanspruchung durch alternierende Telearbeit. Zbl Arbeitsmed 61:14–20

Wöhrmann AM (2016) Psychische Gesundheit in der Arbeitswelt. Bundesanstalt für Arbeitsschutz und Arbeitsmedizin (BAuA)

Zeitenwende: Von der Selbstbestätigung zur Irritation durch Erkundungsaufstellungen

Georg Müller-Christ

Inhaltsverzeichnis

26.1 Warum wir erst einmal nicht lernen – 405
26.1.1 Es braucht die Irritation – 405
26.1.2 Aber nicht so! – 406

26.2 Irritationen herbeiführen – 406

26.3 Das Irritationspotenzial von Erkundungsaufstellungen – 406

26.4 Was ist ein Problem? – 408
26.4.1 Der Erkundungsmodus ist anspruchsvoll – 409
26.4.2 Möglichkeitsräume als neue Denkform – 409
26.4.3 Erkundungsaufstellungen als Mittel zur Irritation – 410

26.5 Zeitenwende: das Innovative an der Aufstellungsmethode zulassen – 410

26.6 Eine Erkundungsaufstellung zum Themen Zeitenwende in Unternehmen – 411

26.7 Erkenntnisse aus der Erkundungsaufstellung – 412

© Der/die Autor(en), exklusiv lizenziert an Springer-Verlag GmbH, DE, ein Teil von Springer Nature 2023
B. Badura et al. (Hrsg.), *Fehlzeiten-Report 2023*, Fehlzeiten-Report,
https://doi.org/10.1007/978-3-662-67514-4_26

26.8　Erkundungsaufstellungen sind Teil der Zeitenwende – 413

Literatur – 413

Zusammenfassung

Es ist schon faszinierend, mit welcher Intensität wir uns seit Jahren in einen dauerhaften Wandel und in Krisen hineinreden und nun auch noch von einer Zeitenwende reden. Nehmen wir denn die Welt wirklich so wahr, dass sich so vieles ändert? Vielleicht haben die Krisen- und Wendenarrative ja eine ganz andere und erstaunliche Funktion: Sie wollen unser Denken ändern. Jeder, der sich mit der Veränderung des Denkens beschäftigt, weiß, dass das Denken und Handeln sehr stark von unseren mentalen Karten gesteuert wird, von den neuronalen Mustern in unserem Gehirn, die ein langjährig entstandenes Abbild davon sind, wie wir die Welt sehen und welche Erfahrungen wir gemacht haben. Denken ändern würde demnach voraussetzen, dass wir unsere mentalen Karten öffnen und anreichern. Das ist bekanntlich nicht einfach. Krisen können Möglichkeitsräume öffnen, wenn sie nicht allein im Problem-Lösungs-Modus bewältigt werden. Erkundungsaufstellungen können das auch ohne Krise, ganz aus Einsicht in eine vielfältigere Wirklichkeit. In diesem Sinne könnten wir beispielsweise auch ganz neu das Thema Gesundheitsmanagement in Unternehmen erkunden.

Meine These ist die folgende: Jede Transformation beginnt mit einer Veränderung der Selbsterzählung von Mensch und Institution. Selbsterzählungen werden aber erst dann geändert, wenn Mensch und Institution grundlegend irritiert werden (Schüßler 2008). Irritiert sind wir, wenn wir mit unserer mentalen Karte eine Situation nicht mehr bewältigen können und nun lernen müssen, d. h. die Karte mit neuen hilfreichen Unterscheidungen anreichern müssen. Krisen und Zeitenwenden haben ein großes Irritationspotenzial und bringen uns daher schneller in einen Lern- und Erfahrungsprozess als Einsicht.

26.1 Warum wir erst einmal nicht lernen

Wir Menschen neigen zur Selbstbestätigung. Wir nehmen eher die Informationen auf und bewerten sie als wichtiger und richtiger, die stimmig sind zu unserer mentalen Karte. Was immer uns begegnet, das Gehirn versucht es als bekannt zu erkennen, um schnell reagieren zu können. Dadurch entsteht die Neigung, an einer getroffenen Annahme oder einer eingenommenen Position festzuhalten und diese stets zu bestätigen, zu verteidigen oder zu rechtfertigen, was als confirmation bias bezeichnet wird, als Verzerrung der Realität durch den Selbstbestätigungsdrang (Weber und Knorr 2020). Selbstbestätigung tut uns gut und gibt uns das Gefühl von Kontrolle: Ja, wir verstehen die Welt und unsere Situation richtig und können angemessen handeln. Das Problem ist: Wir lernen nichts durch Selbstbestätigung, lernen im Sinne einer Anreicherung unserer mentalen Karte.

26.1.1 Es braucht die Irritation

Der Lernprozess beginnt, wenn wir zulassen, dass wir irritiert sind. Tatsächlich ist Irritation ein kostbarer Zustand, weil im Moment der Irritation sich unsere mentalen Karten öffnen und wir bereit sind, neue Unterscheidungen aufzunehmen (Fromme 2001). Wir merken, dass unser bisheriges Denken das Problem nicht lösen kann und lassen den schwierigen Status zu: Es könnte vielleicht auch ganz anders sein! Irritation sollte nicht verwechselt werden mit Verstörung, die zu Handlungsunfähigkeit führt. Irritation ist der geschmeidige Zustand, Verstörung der blockierte Zustand. Sind wir von einer Krise heftig betroffen, sind wir eher verstört als irritiert. Mittlere Krisenwirkungen halten uns vermutlich eher denk- und veränderungswillig, aber auch nicht unter allen Umständen. Es hängt von vielen Faktoren ab, wie wir eine Krise empfinden und reaktionsbereit bleiben (Diamond 2019).

26.1.2 Aber nicht so!

Von der Irritation kommen wir nicht direkt zur Veränderung unseres Denkens. Irritation ist der Zustand, in dem wir zulassen, dass es noch andere hilfreiche Unterscheidungen gibt, um konstruktiv in der Welt zu handeln. Tatsächlich ist der Moment der Irritation für viele Menschen, insbesondere auch für Expertinnen und Experten aller Fachrichtung, sehr schwer auszuhalten. Wir müssen nämlich die Situation des Kontrollverlustes über unsere bisherigen Erfahrungen halten und aushalten können. Ohne Anleitung gelingt das nur wenigen Menschen. Die spontanen mentalen Reflexe der Menschen auf Irritationen sind: Ignorieren, bewerten, erklären. Dies sind alles Muster, die vor allem eines wiederherstellen: mentale Ordnung und damit Sicherheit. Das Überraschende wird aus dem Wahrnehmungsfeld geschoben (ignoriert), geringgeschätzt und damit in die Irrelevanz geschoben (bewertet) oder mit bekannten Ursache-Wirkungsmuster in die vorhandenen mentalen Schubladen geschoben (erklärt). Die Alltagsreaktionen lauten dann manchmal so: War was? Braucht es nicht! Kenn ich doch schon! Wie reagieren Sie beispielsweise auf diese These: In unseren herkömmlichen Organisationen herrschen die Zwecke und der Mensch ist und bleibt ein Mittel zur Erreichung dieser Zwecke!

26.2 Irritationen herbeiführen

In Gesprächen sind wir sehr häufig damit beschäftigt, unsere mentalen Karten abzugleichen, mit anderen Worten: Wer hat recht? Wer sieht die Situation angemessener für konstruktive Handlungen? Tatsächlich braucht es von zumindest einer Person im Gespräch ein Bewusstsein für irritationsbewirkende Effekte, um Gespräche nicht einfach dann abzubrechen, wenn die Unvereinbarkeit der beiden mentalen Karten offen auf dem Tisch liegt. Wir lassen uns sehr ungern in Gesprächen von unserer Anschauung und unserer Position abbringen, mithin also irritieren. Deswegen wird ja auch im Coaching so viel Wert auf die sichere Beziehung zwischen Coach und Coachee gelegt, weil psychologische Sicherheit vielleicht eine der Voraussetzungen dafür ist, dass wir den Selbstbestätigungsdrang aufgeben und uns auf eine Irritation einlassen. In gesellschaftlichen Krisen sind viele Menschen zugleich irritiert und suchen gemeinsam nach neuen Verstehensmöglichkeiten. Das erleichtert zuweilen auch die Chancen von Krisen zu sehen.

26.3 Das Irritationspotenzial von Erkundungsaufstellungen

Die seit ca. 30 Jahren sich verbreitende Methode der Systemaufstellungen ist inzwischen sehr vielen Menschen zumindest vom Hörensagen bekannt. Die Erfahrung zeigt, dass diese Methoden nicht nur in therapeutischen und beratenden, sondern nun auch in erkundenden wissenschaftlichen Kontexten das Potenzial hat, Menschen konstruktiv zu irritieren und Lernprozesse zu initiieren (Müller-Christ und Pijetlovic 2018). In Aufstellungen hören Menschen ihrem System zu, welches durch Menschen, die wichtige Elemente des Systems repräsentieren, zum Sprechen gebracht wird. Die Stellvertreterinnen und Stellvertreter der Elemente können die Elemente nicht kennen, sie kommunizieren in einer Art von Intuition, die repräsentierende Wahrnehmung genannt wird. Das Potenzial der Methode kann man tatsächlich nicht gut erklären, man muss es selbst erfahren. Diese Erfahrung zeigt dann, dass die zuhörenden Menschen beständig zwischen ihrem Bedürfnis nach Selbstbestätigung (ja, kenne ich, es kommt mir vertraut vor) und Irritation (das verstehe ich nicht, das habe ich noch nie so gesehen) hin und her pendeln. Da es in vielerlei Hinsicht eine Kunstfertigkeit ist, als Aufstellungsleitung die Menschen in der Phase der kontrollierten Irritation zu halten, sollten Aufstellungen auch nur von diesbezüglich ausgebildeten Personen geleitet werden. In der ◘ Abb. 26.1 ist dargestellt, wie eine

Kapitel 26 · Zeitenwende

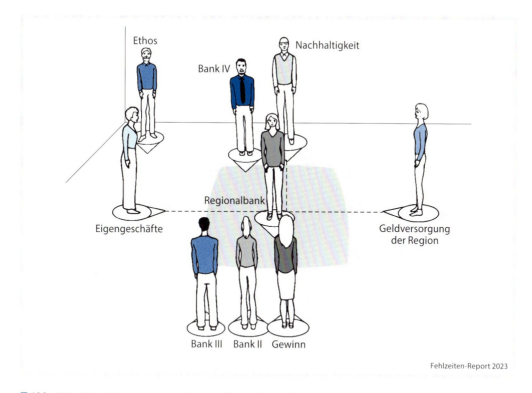

Abb. 26.1 Beispiel einer Systemaufstellung. (Eigene Darstellung)

Aufstellung im Raum mit Menschen in der Stellvertretung aussieht.

Es klingt für die gegenwärtige Wissenschaft noch ungewohnt, aber sie redet hauptsächlich über das System oder hört Beteiligten zu, die über ihr System reden. Ein Reden mit einem System entzieht sich noch der Vorstellung der meisten Wissenschaftlerinnen und Wissenschaftler, zumal bislang die dazu notwendigen Methoden fehlen. Gesundheitsmanagement in Unternehmen wird beispielsweise zumeist so erforscht, dass sich Forschende von außen durch Interviews ein Bild von der Situation machen. Aufstellungen vermögen mit ihrer Raumsprache hingegen einen Dialog mit dem System zu gestalten. Wie tief dieser Dialog geht, hängt von der Haltung der Aufstellungsleitung ab: Von welchem Ort aus gestalten sie das Gespräch (Scharmer und Käufer 2014)? Vier Haltungen sind hier möglich:

1. Aufstellungen als Download von bekannten Hypothesen (stimmig, wenn die Organisation etwas sehen soll, was allgemein bekannt ist, nur ihr selbst nicht);
2. Aufstellungen als eine Art Debatte mit dem System über eine gute Lösung eines Problems (stimmig, wenn die Organisation eine klare Frage hat);
3. Aufstellung als Dialog mit dem System (stimmig, wenn es eine diffuse Problemwahrnehmung gibt, dass etwas nicht stimmt);
4. Aufstellungen als ko-kreativer Prozess (stimmig, wenn das Neue gesucht wird).

Die Idee, dass es nicht nur ein Erforschen eines Systems von außen gibt, sondern dass sich das System direkter als über die sprachlichen Interpretationen seiner Mitglieder mitteilen kann, wird dann verständlicher, wenn die Lesenden die Ergebnisse von verdeckten Aufstellungen miterleben können. Obwohl die Personen in Aufstellungen nicht wissen, wen sie repräsentieren und vielleicht sogar noch nicht einmal den Kontext und die Fragestellung der Aufstellung kennen, gleichwohl aber kraft ihrer repräsentativen Wahrnehmung sehr stimmige Positionen wählen und erkenntnisreiche Aussagen machen können, stellt sich eben die Frage, wessen Mitteilung sich im Raum zeigt? Tatsächlich erweckt es zuweilen den Eindruck, als wollte das System etwas mitteilen. Wir wollen hier nicht so weit gehen zu behaupten, dass Systeme Intentionen haben und deswegen auch etwas mitteilen wollen. Tatsächlich ist unser Staunen aber weiterhin sehr groß, mit welcher Klarheit sich eine Erkenntnis zeigt, die gerade in diesem Moment für die anliegengebenden Personen sehr wichtig zu sein scheint. Und so sieht es manchmal so aus, als würden wir in Aufstellungen nicht nur mit dem System reden, indem wir es befragen, sondern auch so, dass das System etwas mitteilen möchte. Dieser Perspektivwechsel ist für mich auch Ausdruck der Zeitenwende.

Geübte Menschen sind in der Lage, die durch repräsentierende Wahrnehmung empfangenen Informationen in Bilder, Metaphern und klare Aussagen zu übersetzen (Müller-Christ und Pijetlovic 2018). Dieser Prozess der Übersetzung ist letztlich auch eine Interpretationsleistung, gleichwohl scheint es so zu sein, als würde das System sich durch die wahrnehmenden Personen mitteilen und es so einen direkteren Kontakt gäbe. Aus der doppelten Hermeneutik (Forschende interpretieren die Interpretationen der Systembeteiligten) wird wieder eine einfache Verstehensleistung, auch wenn die Personen in der Stellvertretung unterschiedliche Fähigkeiten besitzen, die empfangenen Daten in textliche und bildhafte Informationen zu übersetzen. Mithin kommt als weitere Informationsquelle noch die Position hinzu, von der aus Stellvertreter und Stellvertreterinnen ihre Aussagen machen, so dass Position und Ausdruck der Menschen als Mitteilung des Systems verstanden werden können.

Eines ist auf jeden Fall sicher: Ein Großteil unserer Kommunikation dient dazu, uns selbst in die Welt hinein zu erzählen. Selbsterzählung ist Identitätsarbeit (von Schlippe und Schweitzer 2019). Allerdings machen viele Menschen und Institutionen dabei einen Beobachtungsfehler. Sie erzählen ihre Realität als scheinbare Zuschauer und Zuschauerinnen ihres eigenen Lebens und ihrer Realität, in der immer nur die anderen agieren und man selbst betroffen ist. Die eigenen Beiträge zum Geschehen werden häufig kategorisch unterschätzt und ausgeblendet und damit auch die angestrebten Lösungen immer bei den anderen gesehen: Wenn die Anderen oder das Andere sich ändern, ist meine Welt wieder in Ordnung. Die systemische Beratung konzentriert sich unter anderem auf die kontextarmen und reaktiven Selbsterzählungen von Mensch und Institution und versucht diese komplexer zu erzählen (von Schlippe und Schweitzer 2019). Diese Denkweise steuert vor allem unser Problem-Lösungs-Verhalten.

26.4 Was ist ein Problem?

Mensch und Institution haben den Drang, sich selbst zu bestätigen und damit auch ihre Problemsicht der Welt als gegeben anzunehmen. Die Problemsichten auf die Welt sind alle sehr verschiedenartig, weil eben auch die Realitäten, in denen wir leben, sehr unterschiedlich sind. Was wir aber gemeinsam haben, ist das Problem-Lösungs-Denken, eine Denkform, neben die wir zunehmend eine weitere stellen sollten. Fangen wir aber mit dem Problem-Lösungs-Denken an.

Ein Problem ist vereinfacht ausgedrückt ein nicht wünschenswerter Zustand. Manchmal ist etwas zu viel da, manchmal fehlt etwas. Die Lösung ist dann die Behebung des Mangels oder des Zuvils. Die Lösung eines Problems merkt man am Verschwinden des Problems! So hat schon der Philosoph Ludwig Wittgenstein die Situation umschrieben (1963). Bezogen auf Corona lautet die Beschreibung dann: die Pandemie ist der nicht wünschenswerte Zustand in der gegebenen

Realität, die Lösung ist dieselbe gegebene Realität ohne das Virus. Wir können wieder genauso handeln wie vor dem Problem: ohne Masken, ohne Abstand, ohne Tests und ohne Homeoffice.

Der Modus des Problem-Lösungs-Denkens ist die Fokussierung. Wir schauen sehr genau auf das Problem und suchen Rat bei Menschen, die uns verlässliche Hypothesen anbieten können, mit welchem Wirkstoff, Hebel, Verhalten oder anderem wir den nicht wünschenswerten Zustand aus der Welt schaffen können. Das funktioniert immer dann gut, wenn das Problem richtig umschrieben ist und keine multidimensionalen Ursachen hat. Tatsächlich funktioniert ein fokussiertes Problem-Lösungs-Denken nur bei einfachen Problemen. Bei allen anderen Problemen, bei denen die Ursache unklar und die Hypothesen zum Lösungsweg schwammig sind, müssen wir raten und experimentieren. Das bekannte Trial-and-Error-Verfahren ist beispielsweise eine Antwort auf fehlende Hypothesen darüber, welche Maßnahme eine Lösung bringen könnte.

Bei komplexen Problemen besteht aber auch die Möglichkeit, eine Denkphase früher anzufangen: Haben wir das Problem richtig beschrieben? Wie kommen wir zu einer Problembeschreibung, die nicht das Abbild der mentalen Karten desjenigen Menschen ist, der sich im Gespräch durchsetzt, weil Daten und Fakten überzeugen oder die Argumente nicht widerlegt werden können? Vermutlich braucht es dazu vor allem eine ganz andere Frage und eine andere Methode als die bekannten Diagnoseverfahren. Die neue Frage lautet: Wie zeigt sich das System? Das passende Verfahren dazu ist wieder die Erkundungsaufstellung.

26.4.1 Der Erkundungsmodus ist anspruchsvoll

Um im Betrachten einer Systemaufstellung nicht nur die Selbstbestätigung zu suchen, braucht es einen Erkundungsmodus. Damit ist eine Haltung gemeint, die etwas ganz Überraschendes finden will und damit etwas, was auf der eigenen mentalen Karte noch nicht als Ordnung eingezeichnet ist (Müller-Christ 2020). Das muss nicht zwangsläufig neu sein, neu im Sinne von innovativ und noch nie dagewesen. Andere können es schon lange wissen und auf ihren mentalen Karten verzeichnet haben. Am Anfang des Erkundungsprozesses steht die Bereitschaft, sich irritieren zu lassen. Und diese Bereitschaft ermöglicht, dass man nicht nur seinen Selbstbestätigungsdrang beobachten kann, sondern auch die eigenen Muster, mit denen man Irritationen schnell wieder aus der Welt schaffen möchte, wie z. B. durch Ignoranz, Bewertung oder Erklärung. Die höchste Form menschlicher Intelligenz ist die Fähigkeit zu beobachten ohne zu bewerten – dieser Satz wird dem indischen Philosophen Jiddu Krishnamurti zugeschrieben. Deswegen ist der Erkundungsmodus eine sehr anspruchsvolle Haltung.

26.4.2 Möglichkeitsräume als neue Denkform

Wie zeigt sich das System? Diese Frage verhilft Mensch und Institution, ihre eigene Wirklichkeit auf eine neue Art zu beschreiben – vielfältiger, kontextreicher und offener. Und hier kommen wir zu der neuen Denkform, die neben das Problem-Lösungs-Denken tritt: das Wirklichkeits-Möglichkeits-Denken. Jede Selbsterzählung ist eine Erzählung der wahrgenommenen Wirklichkeit. Jede Veränderung einer Selbsterzählung, die transformativ sein könnte, ist komplexer, vielfältiger, unsicherer, fragender. Mensch und Institution erzählen sich mit mehr Abwägungen in die Welt hinein. Und plötzlich erschließt sich ein Phänomen, das uns immer deutlicher wird: mit jeder erweiterten Wirklichkeitsbeschreibung eröffnen sich neue Handlungsmöglichkeiten. Umgedreht ausgedrückt: Wer neue Handlungsmöglichkeiten sucht, könnte damit anfangen, seine Wirklichkeit anders zu erzählen. Veränderte Selbsterzählungen beruhen auf neuen Wirklichkeitserfahrungen, die wiederum neue Möglichkeitsräume öffnen.

Beide Denkarten sind sehr unterschiedlich und gerade für Menschen in beratenden Berufen und Führungspositionen ist es schwierig, das Problem-Lösungs-Denken zeitweise zu verlassen. Schließlich gehört es zu ihrer Selbsterzählung, anderen Menschen und Institutionen zu neuen Lösungen zu verhelfen. Diese Denkweise muss fokussieren, den Blick auf die Ursachen und die Hypothesen verengen. Ganz anders die Wirklichkeits-Möglichkeits-Denkweise: Sie öffnet den Blick für andere Wirklichkeitsbeschreibungen, die auch hilfreich sein können und zu neuen Möglichkeiten des Handelns führen. Gleichzeitig für diese Denkweise zu einer anderen Art von Ungewissheit: Welche Möglichkeiten sich zeigen und welche davon realisiert werden, hängt dann wieder von suchenden Personen ab. Das Reframing und der Perspektivwechsel im Coaching sind ähnliche Methoden, um Wirklichkeiten anders zu erzählen (von Schlippe und Schweitzer 2019).

26.4.3 Erkundungsaufstellungen als Mittel zur Irritation

Nun können und sollten wir nicht nur auf Krisen warten, um unsere Wirklichkeitsbeschreibungen zu erweitern, um neue Möglichkeiten zu finden. Das gilt sowohl für die Gesellschaft, für die Wirtschaft, für jede Art von Institution und auch für uns Menschen. Irritationen als etwas Positives erfahren, die Lücke zwischen alter Selbsterzählung und neuer Selbsterzählung halten und aushalten zu können, ist eine der Herausforderung in unserer komplexen Gesellschaft. Dazu brauchen wir Methoden, die uns helfen unsere Wirklichkeiten anders zu sehen als es unsere mentalen Karten bislang erlauben. Erkundende Systemaufstellungen sind eine solche Methode, wenn sie angemessen angeleitet und die Ergebnisse konstruktiv diskutiert werden. Sie können in vielfältigen Beratungs- und Bildungsprozessen eingesetzt werden und die bisherige Erfahrung zeigt, dass das eigene Finden neuer Möglichkeiten ein ausgesprochen zufriedenstellender Prozess ist (Weber und Rosselet 2016). Besser als Krisen (nur) ertragen zu müssen!

26.5 Zeitenwende: das Innovative an der Aufstellungsmethode zulassen

Ich nenne meinen Aufstellungstyp Erkundungsaufstellungen, weil ich Systeme verstehen und etwas Neues über Systeme lernen möchte (Müller-Christ 2020). Der Begriff des Erkundens gefällt mir so gut, weil er auch im Alltag für eine ergebnisoffene und gleichwohl neugierige Tätigkeit steht. Erkunden beinhaltet zudem die Haltung eines unbewerteten Findenwollens von Unerwartetem, was man Serendipität nennt. Am Ende eines Erkundungsprozesses steht häufig ein erstes Staunen über das Gefundene und ein gutes Gefühl, etwas Neues gefunden zu haben.

Wie oben geschildert, gehe ich davon aus, dass das von uns beobachtete System sich in einer Intention zeigt, uns etwas erfahren zu lassen. Dies erfolgt dann, wenn wir bereit sind, uns durch die Aufstellung irritieren zu lassen und das Andere oder Unerwartete auszuhalten und nicht als falsch zu bewerten. Die dazu stimmige Haltung nenne ich emergentes Hören und Sehen. So wie wir durch eine neue Landschaft oder ein neues Stadtviertel streifen, um es kennenzulernen, so legen wir auch an das System nicht den Maßstab an, dass hier irgendetwas richtig oder falsch ist.

Wie läuft nun eine Erkundungsaufstellung ab. Folgende Schritte haben sich bewährt (Müller-Christ und Pijetlovic 2018):
1. Die Erkundenden legen das Format für den Erkundungsprozess fest.
2. Im Format gibt es selten einen Fokus, das System baut sich selbst mit allen gewählten Elementen in gleicher Bedeutung auf.
3. Die Aufstellung erfolgt immer verdeckt – einfach oder doppelt.
4. Das System wird befragt, ohne es verändern zu wollen.

5. Wir arbeiten hauptsächlich mit den folgenden Prinzipien: hypothesenarm, prototypisch, spannungsorientiert, kontextarm, gestaltungsorientiert und ko-kreativ.
6. Der Prozess des Systemlesens geht zu Ende, wenn alle Elemente die zurzeit vorhandenen Informationen ausgedrückt haben.
7. Zeigt sich in einem Aufstellungsbild deutlicher Interventionsbedarf, dann wird dieser in klarer Trennung zur ersten Phase des Systemlesens durchgeführt.
8. Am Ende erfolgen eine Offenlegung des Systems und eine Gruppendiskussion über den Erkundungsprozess.

Ziel einer Erkundungsaufstellung ist es, erkenntnisleitende Thesen über die Soheit des Systems zu formulieren, die idealerweise überraschende Inhalte haben. Es gilt dann in der Nachbereitung einer Erkundungsaufstellung weiter zu analysieren, ob die überraschenden Inhalte nur neu für die Erkundenden waren und ansonsten in Wissenschaft und Praxis schon hinreichend bekannt sind oder ob es tatsächlich neue Thesen sind. Letzteres ist natürlich gerade für die Wissenschaft von besonderem Interesse. Den Erfolg einer Erkundungsaufstellung legt letztlich immer Erkundende anhand seiner Erwartungen fest.

26.6 Eine Erkundungsaufstellung zum Themen Zeitenwende in Unternehmen

Uns hat die Frage beschäftigt, was genau eine Zeitenwende für Unternehmen sein könnte. Wenn Sie die nachfolgende Skizze der Aufstellung lesen, dann geht es nicht darum, dass Sie alles direkt nachvollziehen können. Dazu reicht hier der Raum nicht. Die Darstellung soll Ihnen einen Eindruck vermitteln, wie wir komplexe und unsichtbare Phänomene und Situationen durch Aufstellungen visualisieren und versprachlichen. Das geht im Übrigen auch sogenannten Online-Aufstellungen, eine Form, die wir auch für die Aufstellung zur Zeitenwende verwendet haben. Die ◘ Abb. 26.2 gibt das Setting wieder, dass die teilnehmenden Personen vor sich auf dem Bildschirm haben.

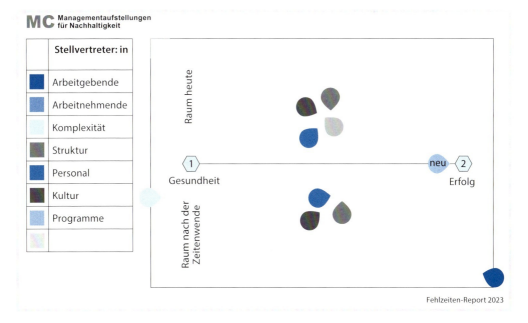

◘ **Abb. 26.2** Online-Aufstellung zum Thema Zeitenwende in Unternehmen

Eine Online-Aufstellung läuft zumeist folgendermaßen ab: Die Personen für die Stellvertretung sitzen zu Hause am Rechner, sind über eine Konferenzsoftware bildlich miteinander verbunden und arbeiten gemeinsam auf einem geteilten Dokument. Alle Teilnehmenden können zugleich ihr farbliches Icon auf dem grauen Erkundungsfeld bewegen und erhalten in dieser Bewegung und Positionierung intuitive Informationen über das Element, welches sie repräsentieren. Jetzt werden Sie sich sicherlich fragen, ob dies nicht nur eine moderne Form von Rollenspiel ist: Würden die Stellvertreter:innen letztlich nicht nur abbilden ausdrücken, welches Verständnis sie selbst von ihrem Element haben? Weil diese Wahrscheinlichkeit hoch ist, nutzen wir das volle Potenzial der repräsentierenden Wahrnehmung und arbeiten verdeckt: Die Menschen wissen nicht, welches Element sie repräsentieren, sie können also nicht über den Verstand kommunizieren, sondern nur über ihre intuitive Wahrnehmung. Die Informationen, die in der ◘ Abb. 26.2 jetzt für die Lesenden in Worten gegeben sind, lagen den Stellvertretenden nicht vor. Ihr Aufstellungsraum bestand nur aus farblichen Elementen und der Linie zwischen den beiden Polen mit den Ziffern 1 und 2 an den Enden. Eine solche Aufstellung dauert 60–90 Minuten und ergibt eine Fülle von Anregungen, Metaphern, inneren Bildern, Selbstbestätigungen und Irritationen.

26.7 Erkenntnisse aus der Erkundungsaufstellung

Um verstehen zu können, was sich gerade in Unternehmen in einer grundlegenden Art wandelt, dass der Begriff der Zeitenwende angemessen ist, haben wir das Unternehmen ganz abstrakt als eine Summe der Elemente Struktur, Personal, Programme und Kultur verstanden (Luhmann 2000). Wie stellen sich die Elemente zueinander heute dar und im Vergleich dazu nach der Zeitenwende? Nach intensiver Nachbereitung und Diskussion der Erkundungsaufstellung, die ich an dieser Stelle nicht wiedergeben kann, sind die folgenden Erkenntnisse entstanden.

Wenn wir den Begriff der Zeitenwende groß denken, dann läuft er vielleicht parallel zu den Begriffen des Mindshift und des Paradigmenwechsels. Etwas Grundlegendes transformiert sich, welches wir in der zeitunabhängigen Zweck-Mittel-Logik erkennen können. Ich versuche es einmal in sehr weitreichenden Thesen zu fassen, die sich auch aus meinem Vorwissen und meinem Vorverständnis von Transformation speisen. Anregt zu diesen abduktiven Thesen wurde ich durch die Metaphern, die in der Stellvertretung verwendet wurden, um die Wahrnehmung zu schildern. Folgende Thesen biete zur Zeitenwende in Unternehmen an:

1. Nachdem in den Anfängen der Unternehmen zuerst der Zweck die Mittel heiligte, hat in den letzten Jahrzehnten der Zweck (die Programme) versucht, die Mittel zu dopen und auf den alten Zweck auszurichten. Zeitenwende bedeutet für die Zweck-Mittel-Logik, dass es nun Zwecke (neue Programme) braucht, die den Mitteln dienen. Diese Programme entstehen nicht aus den Unternehmen heraus, sie müssen von außen neu gesetzt werden. Mit anderen Worten: Unternehmen sind nicht mehr dazu da, Gewinne zu erwirtschaften, die wenigen zufließen. Sie sind Kommunikationsbezüge, in denen Menschen aushandeln, wie sie Sinn für die Gesellschaft erzeugen.
2. Für diesen paradigmatischen Sprung müssen die neuen Unternehmensformen lernen, Gesellschaft in sich zu spiegeln. Das Freiheits- und Demokratiebedürfnis der Menschen, welches sie in unserer Gesellschaft leben können, müsste auch in Unternehmen erlebbar sein. Führung und Mitbestimmung werden sich in für uns noch kaum vorstellbaren Formen verbinden, bis am Ende Führung und Mitbestimmung ungetrennt und zugleich unvermischt sind.
3. Der Weg in dieses neue Gleichgewicht ist ein Weg auf eine viel höhere Stufe der Komplexitätsbewältigung, der für viele dramatisch, aber nicht tödlich verlaufen wird. Alle

unternehmensbildenden Elemente werden mit sehr viel mehr Unsicherheit leben müssen und zugleich sehr viel mehr über sich selbst wissen müssen: Die eigene Berechenbarkeit ist das Bare der Zukunftszeit, in der Mittel (Personal) nicht mehr alleine Mittel sind, sollten sie ihren Eigenwert kennen und vertreten können.

Beobachten Sie, ob beim Lesen dieser Thesen in Ihnen neue Bilder einer gewendeten Unternehmenslogik auftauchen, einer wirklichen paradigmatischen Veränderung. Die Tatsache, dass die Gesellschaft im Jahr 2022 viel über Zeitenwende redet, heißt noch nicht, dass diese schon eingetreten ist. Sie scheint sich gleichwohl anzudeuten, sonst gäbe es nicht das große rhetorische Bedürfnis, die emergierende Situation mit neuen und abstrakten Begriffen zu belegen. Vielleicht erzeugen diese Thesen in Ihnen eine Ahnung, dass der wirkliche Gegenstand einer Zeitenwende abstrakte Prinzipien sind, die in unglaublich vielen konkreten Erscheinungsformen leben. Wir können auch sagen: Eine Zeitenwende muss den Genotyp erfassen, nicht die Phänotypen. Der Genotyp, den wir hier thematisiert haben, ist die Zweck-Mittel-Logik. Nicht ohne erhebliche Schmerzen wird sich eine Zweck-Mittel-Logik in eine Mittel-Zweck-Logik verändern, aber denkbar ist es bereits und an einigen Unternehmen auch schon sichtbar. Eine Zeitenwende sollte letztlich auch anspruchsvoll sein, um ihren Namen gerecht zu werden. Ist nicht der Fachkräftemangel ein Indiz dafür, dass sich die Achse zwischen Arbeitgebenden und Arbeitnehmenden um 180 Grad wendet? Haben wird am Ende der Zeitenwende das System Unternehmung konsequent durch die Brille der Arbeitnehmenden neu konzipiert?

26.8 Erkundungsaufstellungen sind Teil der Zeitenwende

Dass dieses verdeckte Arbeiten hochinformativ ist, haben inzwischen hunderte von Erkundungsaufstellungen gezeigt (Müller-Christ und Pijetlovic 2018). Für die Menschen, die diesen Text lesen, ist an dieser Stelle noch einmal der Hinweis wichtig, dass es letztlich nicht darum geht, ob in der Stellvertretung die Realität richtig abgebildet wird. Es geht vor allem darum, ob die Leserinnen und Leser irritiert werden und anfangen, ihre eigene mentale Karten zu öffnen und zu erweitern. Der ganze Lerneffekt findet in den Zuhörenden und in den Lesenden statt, weil das Unbewusste seine Bilder zum Thema freigibt.

Das innovative Element von Erkundungsaufstellungen fordert einen rein rational Denken Menschen sehr heraus. Es liegt in der sogenannten repräsentierenden Wahrnehmung. Die Stellvertreterinnen und Stellvertrete sind in der Aufstellung in der Lage, kraft ihrer Intuition ohne ein Wissen über das Element, welches sie repräsentieren, stimmige Informationen von sich zu geben. Es gibt hierzu physikalische Erklärungsversuche mithilfe der Quantentheorie (Gehlert 2019). Tatsächlich liegt die Hauptwirkung der Erkundungsaufstellungen aber nicht in der richtigen Abbildung von Wirklichkeit, sondern in der Fähigkeit, ein anderes Bild über ein System zu erzeugen, als wir es auf unserer mentalen Karte haben. Diese Differenz kann eben irritierend sein und damit neue Bilder von der Welt erzeugen. Die Zeitenwende des Erkennens und Gestaltens von Welt liegt in der Annahme unserer intuitiven Fähigkeit, verlässliche Informationen zu erhalten.

Literatur

Diamond J (2019) Krise. Wie Nationen sich erneuern können. Fischer, Frankfurt a.M.

Fromme J (2001) Irritation als ein zentrales Motiv für Lernen und Bildung. Vierteljahreszeitschrift Wissenschaftliche Pädagogik 77(4):409–428

Gehlert Th (2019) System-Aufstellungen und ihre naturwissenschaftliche Begründung. Springer, Wiesbaden

Luhmann N (2000) Organisation und Entscheidung. VS Verlag für Sozialwissenschaften, Wiesbaden

Müller-Christ G (2020) Erkundungsaufstellungen: den Raum jenseits der Lösungsorientierung im Organisationskontext erforschen. In: Nazarkiewicz K, Kuschik

K (Hrsg) Aufstellungen im Arbeitskontext. Praxis der Systemaufstellung, 1. Aufl. Vandenhoeck & Ruprecht, Göttingen, S 53–72

Müller-Christ G, Pijetlovic D (2018) Komplexe Systeme lesen. Das Potenzial von Systemaufstellungen in Wissenschaft und Praxis. Springer, Wiesbaden

Scharmer CO, Käufer K (2014) Von der Zukunft herführen. Theorie U in der Praxis. Carl-Auer, Heidelberg

von Schlippe A, Schweitzer J (2019) Gewusst wie, gewusst warum. Die Logik systemischer Interventionen. Vandenhoeck & Ruprecht, Göttingen

Schüßler I (2008) Reflexives Lernen in der Erwachsenenbildung – zwischen Irritation und Kohärenz. Bildungsforschung https://doi.org/10.25656/01:4595 (http://bildungsforschung.org)

Weber G, Rosselet C (2016) Organisationsaufstellungen. Grundlagen, Settings, Anwendungsfelder. Carl-Auer, Heidelberg

Weber S, Knorr E (2020) Kognitive Verzerrungen und die Irrationalität des Denkens. In: Appel M (Hrsg) Die Psychologie des Postfaktischen. Über Fake News, „Lügenpresse", Clickbait & Co. Springer, Wiesbaden, S 103–115

Wittgenstein L (1963) Tractatus logico-philosophicus. Suhrkamp, Frankfurt am Main

Bei Unternehmen nachgefragt: RWE Power AG

Jens Hünten

Inhaltsverzeichnis

27.1 Das Unternehmen – 416

27.2 Fragenkatalog – 416

© Der/die Autor(en), exklusiv lizenziert an Springer-Verlag GmbH, DE, ein Teil von Springer Nature 2023
B. Badura et al. (Hrsg.), *Fehlzeiten-Report 2023*, Fehlzeiten-Report,
https://doi.org/10.1007/978-3-662-67514-4_27

■■ **Zusammenfassung**

Der Fehlzeiten-Report 2023 beschäftigt sich mit dem Thema „Zeitenwende – Folgen in der Arbeitswelt gesund gestalten". Er geht dabei der Frage nach, inwieweit die Bundesrepublik Deutschland gesellschaftlich, wirtschaftlich und ökologisch vor großen Veränderungen steht und wie sich dies auf Unternehmen auswirkt. Deshalb haben wir die Unternehmen gebeten, einige Fragen zum Thema Veränderung/Wandel aus Ihrer Sicht zu beantworten.

27.1 Das Unternehmen

Name Ihres Unternehmens – RWE Power AG

Sitz Hauptgeschäftsstelle – Essen

Branche – Energieerzeuger

Anzahl der Beschäftigten – Ca. 10 Tsd. Mitarbeitende

27.2 Fragenkatalog

■■ **1. Welche Chancen sehen Sie für Ihr Unternehmen und Ihre Beschäftigten in der derzeitigen Phase des Wandels bzw. der häufig zitierten „Zeitenwende"?**

Die mit dem Begriff „Zeitenwende" skizzierten gesellschaftlichen Veränderungen stellen Unternehmen und Beschäftigte vor vielfältige Herausforderungen auf ganz unterschiedlichen Ebenen. Auch bei RWE als einem der wichtigsten Akteure auf dem deutschen und internationalen Energiesektor sind die Herausforderungen mannigfaltig. So hat der Angriffskrieg auf die Ukraine weitreichende Konsequenzen auf die nationale und internationale Energielandschaft. Der Ausstiegspfad aus der Verstromung von Braunkohle musste entsprechend angepasst werden, um die Versorgungssicherheit in Deutschland zu gewährleisten. Dies hat zum Teil weitreichende Konsequenzen für die Mitarbeitenden in den betroffenen Bereichen, da der begleitende sozialverträgliche Personalabbau – im Wesentlichen über Vorruhestandsregelungen – um mehrere Jahre verzögert wird. Die betroffenen Mitarbeitenden sind gefordert, ihre Lebensplanung entsprechend umzugestalten – mit allen persönlichen, familiären und sozialen Auswirkungen. Gleichzeitig fragen sich Beschäftigte, die aufgrund ihres zu jungen Alters nicht für eine Vorruhestandsregelung in Betracht kommen, welche Perspektiven ihnen der Konzern nach dem vereinbarten Kohleausstieg nach 2030 noch bietet.

Neben den Herausforderungen, die sich aus den geänderten politischen Rahmenbedingungen für den Kohleausstieg ergeben, investiert RWE im Rahmen ihrer „Growing-Green"-Strategie bis zum Jahr 2030 50 Mrd. € in den Ausbau der erneuerbaren Energien. Ziel ist die Klimaneutralität bis zum Jahr 2040.

Auch dies bleibt nicht ohne Auswirkungen auf die Mitarbeitenden in Bezug auf Flexibilität und Arbeitsverdichtung.

Erwähnenswert ist, dass sich die zuvor genannten Veränderungen und Herausforderungen zu großen Teilen während bzw. kurz nach der pandemischen Phase vollzogen haben, welche die Veränderung der Arbeitswelt hin zu digitalen und mobilen Arbeitsformen extrem beschleunigt hat.

Die tiefgreifenden gesellschaftlichen Veränderungen bringen jedoch nicht nur Herausforderungen mit sich, sondern bieten auch Chancen für die Unternehmen und deren Mitarbeitende. Bei den Themen Klimaschutz und einer größeren Unabhängigkeit von Russland bei der Energieversorgung kommt RWE eine besondere Rolle zu. Für die Mitarbeitenden ist dies mit einer hohen Sinnstiftung ihrer Arbeit verbunden, da sie aktiv an der Bewältigung dieser Herausforderungen beteiligt sind.

Insbesondere die zunehmende Digitalisierung und damit verbunden die Entwicklung hin zu mobilen Arbeitsformen kann – wenn richtig genutzt – vielfältige Möglichkeiten zur flexibleren und ortsunabhängigen Arbeitsgestaltung beinhalten.

■ ■ **2. Studien zeigen, dass bestimmte Aspekte Unternehmen besser durch Zeiten der Veränderung bringen als andere. Bitte wählen Sie aus der folgenden Liste die drei wichtigsten aus, die von Ihrem Unternehmen besonders gefördert werden, um anstehende Herausforderungen des gegenwärtigen Wandels besser zu bewältigen. Bitte erläutern Sie Ihre Auswahl und zeigen ggf. mit konkreten Beispielen aus Ihrem Unternehmen, was sich bewährt hat.**
— Führung
— Partizipation der Beschäftigten
— Fehlerkultur
— Handlungsspielraum und Entscheidungen
— Zusammenarbeit anstelle von „Silostruktur"
— Zusammenhalt
— Hierarchien und Strukturen
— Innovation und Kreativität
— Mitarbeitendengesundheit
— Weiterbildung
— Transparenz

Um mit den tiefgreifenden Veränderungen und den damit entstehenden Herausforderungen konstruktiv umgehen zu können, wird es für Unternehmen von entscheidender Bedeutung sein, die **Gesundheit** und die **Weiterbildung** der Mitarbeitenden zu fördern. Konzepte wie das lebenslange Lernen und ein Betriebliches Gesundheitsmanagement (BGM), das die Mitarbeitenden ihr ganzes Erwerbsleben begleitend unterstützt, sind nicht mehr nur „add on" oder „nice to have", sondern integrale, notwendige Voraussetzungen für die Zukunftsfähigkeit von Unternehmen.

Die hohe Frequenz der gesellschaftlichen und politischen Veränderungen verlangt von den Unternehmen, sich ständig an ein verändertes Marktumfeld und an sich rasant ändernde politische Rahmenbedingungen anzupassen, bis hin zum Umgang mit für die Unternehmen existenziellen Bedrohungen. Gleichzeitig ist es für Unternehmen von entscheidender Bedeutung, in diesem Spannungsfeld neue Potenziale für das eigene Geschäftsfeld zu identifizieren. Dies gelingt nur mit gut qualifizierten und motivierten Mitarbeitenden, die in die Lage versetzt werden, sich durch lebenslange Weiterbildungen immer wieder an Veränderungen anzupassen oder mehr noch die Potenziale in Veränderungsprozessen wahrzunehmen und zu entwickeln. Veränderungen werden dann nicht mehr als bedrohlich, sondern als zum Erwerbsleben zugehörige Prozesse wahrgenommen, die gestaltbar sind. Zudem gilt es, die Mitarbeiterbindung und die Arbeitgeberattraktivität in den Unternehmen zu stärken, da es aufgrund des sich verschärfenden Fachkräftemangels immer schwieriger wird, gut qualifizierte Mitarbeitende erstens zu rekrutieren und zweitens langfristig an die Unternehmen zu binden.

Die Zunahme und Weiterentwicklung der Digitalisierung und damit verbunden der Trend hin zu mobilen Arbeitsformen stellt Unternehmen vor die Frage, wie sich mobile Arbeitsbedingungen im Idealfall gesundheitsförderlich gestalten lassen oder aber zumindest nicht zu Belastungen führen. Hier ist ein modernes Betriebliches Gesundheitsmanagement im Schulterschluss mit der Wissenschaft gefragt, um Konzepte zu entwickeln, die diesen Anforderungen gerecht werden. Es geht darum, sowohl mobiles Arbeiten strukturell gesundheitsförderlich zu gestalten als auch die Mitarbeitenden zu befähigen, Kompetenzen zu entwickeln, die individuelles gesundheitsförderliches Verhalten in mobilen Arbeitskontexten ermöglichen. Schlussfolgernd kann man sagen, dass Weiterbildung in diesem Zusammenhang neben der Vermittlung von technisch/fachlichen Fertigkeiten insbesondere auf die Vermittlung von Fähigkeiten zur Strukturierung der eigenen Arbeit in mobilen Arbeitsformen ausgerichtet sein muss.

Die Ausführungen machen deutlich, dass Unternehmen, die die tiefgreifenden, aktuellen und künftigen Veränderungen erfolgreich gestalten wollen, gefordert sind, sich sehr stark auf die Gesundheit und die Weiterbildung der Mitarbeitenden zu fokussieren.

▪▪ 3. Wo sehen Sie Hindernisse für Ihr Unternehmen, schnell auf Veränderungen reagieren zu können?

Die größten Hindernisse, schnell auf politische Veränderungen reagieren zu können, bestehen durch sich rasch verändernde politische Rahmenbedingungen, die es Unternehmen zunehmend schwerer machen, eine langfristige Planbarkeit sicherzustellen und somit den Mitarbeitenden klare Perspektiven zu vermitteln. Letztendlich sind es die Menschen in den Unternehmen, die Veränderungen bewältigen und realisieren müssen. Dies gelingt nur dann, wenn den Mitarbeitenden die Notwendigkeit der Veränderungen klar ist, dies durch die Führung in den Unternehmen glaubhaft und transparent transportiert wird und wenn ein Mindestmaß an Verlässlichkeit durch die politischen und gesellschaftlichen Rahmenbedingungen gegeben ist.

▪▪ 4. Wie unterstützen und stärken Sie die Gesundheit Ihrer Beschäftigten?

RWE unterstützt die Gesundheit der Mitarbeitenden auf vielfältige Art und Weise. Das Betriebliche Gesundheitsmanagement orientiert sich dabei an dem bio-, psycho- sozialen Gesundheitsbegriff der WHO. Die Angebote des BGM sind dementsprechend ganzheitlich gestaltet. Dies beinhaltet Maßnahmen, die auf die Förderung und den Erhalt der körperlichen, sozialen und psychischen Gesundheit abzielen.

Im Folgenden sollen neben der Organisation und Struktur des BGM bei der RWE Power AG wichtige Aspekte wie das BGM-Partnersystem und die BGM-Jahresplanung näher vorgestellt werden. Zudem soll ein Ausblick gegeben werden, wie nach unserer Auffassung ein modernes BGM ausgerichtet sein sollte, um die besonderen Herausforderungen, die sich aus der „Zeitenwende" für die Mitarbeitenden und die Organisationen ergeben, zu berücksichtigen und ihnen gerecht zu werden.

Organisation und Struktur des BGM ermöglicht einen ganzheitlichen Ansatz mit vielen relevanten Akteuren Organisatorisch ist die Abteilung „Betriebliches Gesundheitsmanagement und Sozialberatung" im Bereich Health & Safety der RWE Power AG angesiedelt. Das Team der Fachabteilung ist multiprofessionell aufgestellt und besteht aus Gesundheits- und Sportwissenschaftlern, aus Sozialarbeitern und Ergonomen, aus Psychologen und psychologischen Psychotherapeuten.

Die multiprofessionelle Aufstellung erlaubt es, sämtliche gesundheitlichen Fragestellungen mit hoher Kompetenz zu bearbeiten und alle relevanten gesundheitlichen Aspekte in Angebote und Maßnahmen zu integrieren. Die eigene Unternehmenszugehörigkeit der Mitarbeitenden der Abteilung und damit verbunden eine hohe Betriebskenntnis und Betriebserfahrung fördert zudem die Umsetzungskompetenz sowie die Akzeptanz der angebotenen Maßnahmen.

Zu den Hauptkunden der Abteilung gehören die verschiedenen RWE-Gesellschaften, deren Mitarbeitende sich grob in Verwaltungsmitarbeitende und operativ tätige, eher technisch ausgerichtete Mitarbeitende unterteilen lassen.

Das BGM-Partnersystem ermöglicht, bedarfsgerecht und mit einer hohen Durchdringung vorzugehen Um eine hohe Durchdringung der Maßnahmen zu gewährleisten, gibt es auf der Kundenseite sogenannte BGM-Partner. Dabei handelt es sich in der Regel um hierarchisch höher gestellte Führungskräfte, die neben ihrer eigentlichen Tätigkeit das Thema BGM in den jeweiligen Organisationseinheiten treiben sollen. Die BGM-Partner/Partnerinnen werden durch Schulungsmaßnahmen qualifiziert, damit sie Kompetenzen zum Themenfeld BGM aufbauen. Des Weiteren erfolgt eine enge Unterstützung der BGM-Partner durch die BGM-Referenten und durch andere Akteure der Fachabteilungen wie z. B. Ärzte/Ärztinnen und Sozialberater/Sozialberaterinnen, damit die Rolle kompetent ausgefüllt werden kann. Das „BGM-Partnersystem" ermöglicht es zum einen, das Thema BGM in den Organisationseinheiten zu treiben und zu verankern und dadurch für eine hohe Durchdringung zu sorgen, zum anderen hat es den

Vorteil, dass gesundheitliche Bedarfe aus den jeweiligen Organisationseinheiten und Betrieben identifiziert werden und dann wiederum an die Fachabteilung berichtet werden können. Die Fachabteilung wird dadurch in die Lage versetzt, zielgerichtete und passgenaue Maßnahmen anzubieten bzw. zu konzipieren, die sowohl den betrieblichen Bedarfen als auch den betrieblichen Gegebenheiten Rechnung tragen.

Die BGM-Jahresplanung ermöglicht ein systematisches Vorgehen Jeder Bereich, Betrieb und jede Konzerngesellschaft führt zu Beginn eines Jahres eine sogenannte BGM-Jahresplanung durch. Dabei werden die Themen festgelegt, die für die jeweilige Organisationseinheit relevant sind und zu denen es Angebote und Maßnahmen für die Mitarbeitenden geben soll. Die Jahresplanung orientiert sich idealerweise an den Bedarfen und wird von den BGM-Partnern in Zusammenarbeit mit den zuständigen BGM-Referenten unter Einbezug weiterer Akteure erstellt. Zu den weiteren Akteuren gehören die zuständigen Betriebsärzte/Betriebsärztinnen, Vertretungen der Mitbestimmung und der Schwerbehindertenvertretung, Vertretungen des HR-Bereichs und Führungskräfte. Als Format für die Jahresplanung kommen diverse Workshop-Formate zum Einsatz. Hierbei ist es wichtig, dass neben dem erfahrungsbasierten Wissen, das die Teilnehmenden zu gesundheitlichen Themen haben, auch Quellen mit gesundheitsrelevanten Daten ausgewertet werden. Dies muss selbstverständlich unter Wahrung der strengen datenschutzrechtlichen Vorgaben in diesem Bereich geschehen. Relevante Quellen für die BGM-Bedarfsanalyse sind dabei statistische Auswertungen der Arbeitsmedizin, Kennzahlen aus dem HR-Controlling, MAB-Ergebnisse und die betriebsspezifischen Berichte der Krankenkassen.

Ergänzend zu den organisationsspezifischen Maßnahmen gibt es jährlich ein konzernweites Gesundheitsthema, das die BGM-Jahresplanung vervollständigt. Dies sind in der Regel eher Maßnahmen mit einem medizinischen Schwerpunkt, z. B. Diabetes-Früherkennungsprogramme oder Darmkrebsprävention.

BGM-Angebote bestehen aus Standardangeboten und Fokusthemen Grob lassen sich die Angebote des BGM in Standardangebote und Fokusangebote unterteilen. Bei den Standardangeboten handelt es sich um Angebote, die auf die drei Themenfelder körperliche, mentale und soziale Gesundheit abzielen. Die Standardangebote sind großenteils leitfadenkonform und somit über die Krankenkassen refinanzierungsfähig. Ein weiterer Vorteil ist, dass die Wirksamkeit solcher Maßnahmen hinreichend evaluiert ist, da sie ansonsten nicht durch die Sozialversicherungsträger refinanziert würden. Eine zusätzliche summative Evaluation ist somit im betrieblichen Setting nicht mehr notwendig. Hier kann man sich mit der Evaluation formativer Aspekte begnügen. Als Beispiele für Standardangebote können klassische Angebote wie Rückenschulen, Raucherentwöhnung sowie Formate zum Thema Stressmanagement, Bewegung, Resilienz und Ernährung genannt werden.

Im Gegensatz zu den Standardangeboten sind die Fokusangebote speziell an den Bedürfnissen einzelner Teams, Abteilungen und Organisationseinheiten ausgerichtet und werden entsprechend neu konzipiert. Dabei folgt die Konzeption einer gründlichen Bedarfsanalyse und Auftragsklärung durch die BGM-Referenten gemeinsam mit den Kunden. Anhand der Bedarfsanalyse und der Kundengespräche wird dann eine individuelle Maßnahme für den Kunden entwickelt. Dies können Maßnahmen zu sämtlichen Themenfeldern des BGM sein. Die Entwicklung und Umsetzung von Maßnahmen folgen dabei der Logik des PDCA-Zyklus, um eine ständige Optimierung und Evaluation sicherzustellen. Als Beispiele für Fokusmaßnahmen können Trainingsprogramme für spezielle Berufsgruppen, Formate zum Thema „Führung und Gesundheit" und Resilienz genannt werden. Wenn sich ein neu entwickeltes Angebot bewährt hat, dann wird es in die BGM-Toolbox aufgenommen, um ggf. leicht modifiziert in einem anderen Kontext erneut zum Einsatz zu kommen.

Unterschiedliche Intensitätsstufen berücksichtigen die vielfältigen Ansprüche der Mitarbeitenden Die Tiefe und Intensität der Angebote und Maßnahmen folgt im BGM bei RWE einer 3-stufigen Systematik. So genannte Level-1-Maßnahmen sind Angebote, die kurz über ein Thema informieren und Neugier bei den Kunden wecken sollen. Darunter fallen jegliche Formen von kurzen Vorträgen (20–30 min), Impulsen und kleinen Übungseinheiten zum Mitmachen. Level-2-Maßnahmen sind vertiefende Vorträge bzw. Workshops (halb- oder ganztägig), die tiefergehende Einblicke in bestimmte Themen ermöglichen und zur weiteren Auseinandersetzung mit den Themen anregen sollen. Unter Level-3-Maßnahmen fallen Angebote, die in der Regel einen längerfristigen Prozess beinhalten, bei dem sich die Mitarbeitenden sehr intensiv mit einem Thema über einen längeren Zeitraum auseinandersetzen. Dies kann sowohl auf Team- als auch auf individueller Ebene der Fall sein. Beispiele für Level-3-Maßnahmen sind das individuelle Resilienz-Coaching, individualisierte Trainingsangebote in unseren Trainingszentren, Teamentwicklumgsmaßnahmen und vielfältige, mehrwöchige Kursangebote zu gesundheitsrelevanten Themen.

Eine gesundheitsförderliche Unternehmenskultur ist eine wichtige Voraussetzung für die Wirksamkeit der Maßnahmen und Angebote Damit die Angebote zur Gesundheitsförderung wirksam sind und eine hohe Durchdringung entfalten, ist es unabdingbar, dass diese in eine gesundheitsförderliche Unternehmenskultur eingebettet sind. Nur so kann sich bei den Mitarbeitenden die Wahrnehmung entwickeln, dass Gesundheit einen sehr wichtigen Stellenwert für das Unternehmen einnimmt und ein echtes Interesse besteht, die Gesundheit zu erhalten und zu fördern. Um diesen kulturellen Entwicklungsprozess aktiv zu gestalten und zu treiben, gibt es bei RWE verschiedene Kulturentwicklungsprogramme. Exemplarisch sei an dieser Stelle das Programm „H&S Kultur – Die Rolle der Führung genannt". Das Programm richtet sich an Führungskräfte, um diese für die Themen Health und Safety zu sensibilisieren. Das Programm ist modular aufgebaut, wobei am Anfang immer die Grundlagenmodule durchlaufen werden sollen. Die Module beinhalten sowohl Wissensvermittlung in Online- und Präsenzformaten als auch Selbstlern- und Praxisphasen. Ein wesentlicher Aspekt bei dem Programm ist es, den Führungskräften zu verdeutlichen, welchen Einfluss sie auf die Gesundheit der Mitarbeitenden haben. Sei es durch direkte personelle Führung, durch die Gestaltung von Strukturen und Prozessen oder indirekt, indem sie die Unternehmenskultur maßgeblich durch ihr Führungsverhalten prägen. Zudem wird den Teilnehmenden vermittelt, wie sie mit ihren Mitarbeitern zum Thema Gesundheit in die Kommunikation kommen. Ein wichtiges Tool hierbei ist die *H&S Tour*. Bei diesem Tool kommt die Führungskraft zu verschiedenen gesundheitlichen Aspekten mit den Mitarbeitenden ins Gespräch und auch das Team tauscht sich untereinander über relevante gesundheitliche Themen aus. Dabei werden häufig Ideen zur Verbesserung generiert, die dann in der Folge umgesetzt werden.

▪▪ 5. Welche Gefahren sehen Sie aufgrund der Zeitenwende aktuell und perspektivisch für die Gesundheit der Beschäftigten Ihres Unternehmens?

Insbesondere der Trend hin zu einer stärkeren Digitalisierung bringt „neue" gesundheitsrelevante Aspekte im Arbeitskontext hervor. Dabei geht es vor allem um Fragen, wie Mitarbeitende sich effektiver von der Arbeit segmentieren können, wie die Zunahme an Onlinemeetings bewältigt werden kann, wie eine Team- oder Abteilungskultur gestaltet werden kann, in der die Mitarbeitenden nicht das Gefühl haben, ständig erreichbar sein zu müssen. Und wie das zwischenmenschliche Miteinander und somit auch die Bindung der Mitarbeitenden an Teams und Abteilungen in digitalen Arbeitswelten gestaltet werden kann. Bei letzterem

Punkt ist es wichtig, informelle Faktoren, die das zwischenmenschliche Miteinander ausmachen, wie z. B. der Plausch mit Kollegen nach dem Wochenende oder der Austausch über nicht arbeitsbezogene Themen in der Kaffeeküche, in digitalen Arbeitskontexten zu substituieren. Erste Versuche, in Onlineterminen, die ohne bestimmten Anlass stattfinden, informellen Austausch zu fördern, verfehlen häufig ihre Wirkung. Hier handelt es sich in gewisser Weise um eine Art formalisierter Informalität, die es nicht schafft, die zufälligen Begegnungen am Arbeitsplatz und damit verbunden den spontanen Austausch mit Kollegen zu ersetzen. Diese Faktoren spielen jedoch eine erhebliche Rolle für das soziale Wohlbefinden und stellen somit einen wichtigen Einflussfaktor auf die Gesundheit der Mitarbeitenden dar.

Die Pandemie hat den Trend hin zu digitalen Arbeitsformen erheblich beschleunigt, sodass sowohl kulturelle Anpassungsprozesse als auch individuelles Gesundheitsverhalten kaum mit den technischen Entwicklungen Schritt halten können, um den veränderten Arbeitsbedingungen Rechnung zu tragen. Dadurch entsteht für die Mitarbeitenden ein erhebliches gesundheitliches Risiko. Für die Unternehmen besteht die Gefahr, dass Mitarbeitende demotiviert werden und innerliche Kündigungsprozesse begünstigt werden. Die gesundheitsförderliche Gestaltung der Arbeit in digitalen Arbeitskontexten muss als ganzheitliche Aufgabe betrachtet werden, bei der kulturelle, organisatorische und individuelle Aspekte berücksichtigt werden müssen. Zudem kommt den Führungskräften in den Unternehmen eine besondere Verantwortung zu, da sie über die Möglichkeiten verfügen, die Arbeitsbedingungen entsprechend gesundheitsförderlich zu gestalten und gleichzeitig mit ihrem eigenen Verhalten in der digitalen Arbeitswelt als wichtige Vorbilder zu fungieren. Gewiss bedarf es den Unternehmen an Unterstützung durch die Wissenschaft, um hier evidenzbasiert und forschungsgeleitet vorzugehen.

Bei Unternehmen nachgefragt: Siemens AG

Klaus Pelster, Thorsten Breutmann und Jörg Pohl

Inhaltsverzeichnis

28.1   Das Unternehmen – 424

28.2   Fragenkatalog – 424

        Literatur – 431

© Der/die Autor(en), exklusiv lizenziert an Springer-Verlag GmbH, DE, ein Teil von Springer Nature 2023
B. Badura et al. (Hrsg.), *Fehlzeiten-Report 2023*, Fehlzeiten-Report,
https://doi.org/10.1007/978-3-662-67514-4_28

▪▪ **Zusammenfassung**

Der Fehlzeiten-Report 2023 beschäftigt sich mit dem Thema „Zeitenwende – Folgen in der Arbeitswelt gesund gestalten". Er geht dabei der Frage nach, inwieweit die Bundesrepublik Deutschland gesellschaftlich, wirtschaftlich und ökologisch vor großen Veränderungen steht und wie sich dies auf Unternehmen auswirkt. Deshalb haben wir die Unternehmen gebeten, einige Fragen zum Thema Veränderung/Wandel aus Ihrer Sicht zu beantworten.

28.1 Das Unternehmen

Name Ihres Unternehmens – Siemens AG

Sitz Hauptgeschäftsstelle – München/Berlin

Branche – Siemens ist ein führendes Technologieunternehmen mit Fokus auf den Feldern Industrie, Infrastruktur, Mobilität und Gesundheit.

Anzahl der Beschäftigten – 86.000 Beschäftigte (inklusive der Siemens Healthineers und der Siemens Mobility GmbH) in Deutschland sowie mehrere tausend Auszubildende, 311.000 global (Stand Geschäftsjahr 2021/2022)

28.2 Fragenkatalog

▪▪ **1. Welche Chancen sehen Sie für Ihr Unternehmen und Ihre Beschäftigten in der derzeitigen Phase des Wandels bzw. der häufig zitierten „Zeitenwende"?**

Dr. Roland Busch, Vorsitzender des Vorstands der Siemens AG, sagt dazu: „Die Digitalisierung verändert die Industrien, die das Rückgrat unserer Volkswirtschaften bilden: Industrie, Infrastruktur, Mobilität und Gesundheitswesen. Diese Transformation ist der Schlüssel für wirtschaftlichen Erfolg und zur Gestaltung einer nachhaltigen Zukunft. Mit unseren Technologien helfen wir unseren Kunden dabei, ihre digitale Transformation zu beschleunigen, ihre Unternehmen und ganze Industrien neu zu erfinden und nachhaltiger zu werden."

Als fokussiertes Technologieunternehmen ist Siemens bestrebt, die tiefgreifendsten Herausforderungen der Welt zu bewältigen, indem wir das Zusammentreffen von Digitalisierung und Nachhaltigkeit nutzen. Deshalb haben wir unser Engagement für die Themen Umwelt, Soziales und Unternehmensführung (ESG) intensiviert. Nachhaltigkeit, Soziales Engagement, Führung und Zusammenarbeit müssen neu gedacht werden. Mit DEGREE haben wir hierfür ein Nachhaltigkeits-Rahmenwerk und setzen uns ehrgeizige und messbare Ziele zugunsten all unserer Stakeholder. Unsere Unternehmenskultur wird unter anderem manifestiert in einer strategischen Priorität des Unternehmens „Menschen befähigen und stärken". Nicht erst jetzt, sondern schon seit langem und besonders in Zeiten beispielloser Veränderungen setzen wir bei Siemens auf Werte, die uns wichtig sind: Zugehörigkeit, Vertrauen, Befähigung und Verantwortung sind für uns zentral. Wir leben eine Kultur, die sich um den Menschen dreht und in der man sich für das Wohlergehen anderer interessiert und sich umeinander kümmert. Wir glauben, nur so kann nachhaltiger Erfolg entstehen – für unser Unternehmen, für unsere Mitmenschen und alle Stakeholder.

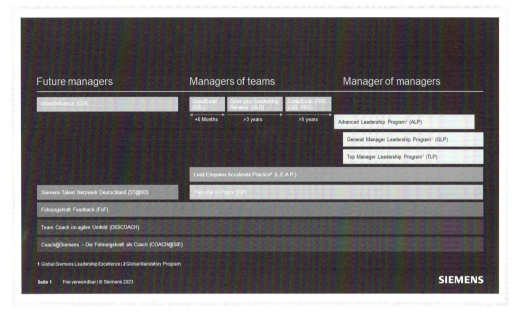

Abb. 28.1 Aufbau der Siemens Führungskräfteprogramme

■ ■ 2. Studien zeigen, dass bestimmte Aspekte Unternehmen besser durch Zeiten der Veränderung bringen als andere. Bitte wählen Sie aus der Liste[1] die drei wichtigsten aus, die von Ihrem Unternehmen besonders gefördert werden, um anstehende Herausforderungen des gegenwärtigen Wandels besser zu bewältigen. Bitte erläutern Sie Ihre Auswahl und zeigen ggf. mit konkrete Beispielen aus Ihrem Unternehmen, was sich bewährt hat.

Aufbauend auf unseren strategischen Prioritäten und orientiert an unserem DEGREE-Rahmenwerk für Sustainability konzentrieren wir uns im Folgenden auf die drei Themen
— Führung
— Innovation und Kreativität und
— Weiterbildung.

1 • Führung • Partizipation der Beschäftigten • Fehlerkultur • Handlungsspielraum und Entscheidungen • Zusammenarbeit anstelle von „Silostruktur" • Zusammenhalt • Hierarchien und Strukturen • Innovation und Kreativität • Mitarbeitendengesundheit • Weiterbildung • Transparenz

Führung „Menschen befähigen und stärken" und „Growth Mindset" – um diese beiden strategischen Prioritäten erfolgreich umzusetzen, nehmen Führungskräfte eine zentrale Rolle ein. Dabei folgen wir einem „Leadership Narrative", das gute Führung durch Vertrauen voraussetzt. Die „eine" perfekte Führung gibt es dabei nicht, vielmehr kommt es darauf an, mit Mitarbeitenden in einen offenen Dialog zu gehen, gemeinsame Erwartungen abzustimmen und die Mitarbeitenden bei der eigenen Entwicklung zu unterstützen.

Um erfahrene Führungskräfte, aber auch Mitarbeitende, die neu in eine Führungsrolle kommen, bei ihrer Führungsaufgabe zu unterstützen, gibt es bei SIEMENS ein gesamtheitliches Führungskräfteprogramm. Dieses umfasst sowohl für Deutschland als auch global Programme für Nachwuchsführungskräfte und verhaltensorientierte Trainings für erfahrene Führungskräfte. Dabei bauen die Trainings zielgruppenorientiert aufeinander auf und orientieren sich an der breit vorhandenen Erfahrung der jeweiligen Führungskraft (vgl. ◘ Abb. 28.1).

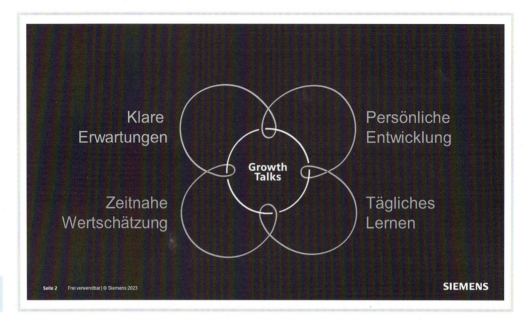

Abb. 28.2 Dimensionen der Siemens Growth Talks

Als ein weiteres Führungs-, aber auch Entwicklungsinstrument haben wir „Growth Talks" etabliert. Darunter verstehen wir alle Begegnungen und Interaktionen, die uns helfen, persönlich und als Team zu wachsen. Growth Talks unterstützen den kontinuierlichen Dialog zwischen Mitarbeitenden und ihren Führungskräften – nicht toolgesteuert und auf Dokumentation bedacht, sondern als Möglichkeit, immer dann in den Dialog zu gehen, wenn es notwendig und sinnvoll ist. Dabei geht es um den Austausch von gegenseitigen Erwartungen, tägliches Lernen durch Feedback oder zeitnahe Wertschätzung. Die Dimensionen der Growth Talks ist in ◘ Abb. 28.2 aufgezeigt.

Weiterbildung Sich ständig wandelnde Rahmenbedingungen stellen große Anforderungen an die Beschäftigten. Neben der Bereitschaft, sich stets neuen Herausforderungen und Gegebenheiten zu stellen, gehört auch dazu, die notwendigen fachlichen Qualifikationen aktuell zu halten oder diese neu zu lernen. Auch das bewusste „Verlernen" von nicht mehr relevanten Kompetenzen, Verhaltensweisen und Informationen steht in diesem Zusammenhang bei Siemens auf der Agenda.

Als Grundbaustein von Employability, der dauerhaften Beschäftigungsfähigkeit, kommt der Weiterbildung eine entscheidende Bedeutung zu. So ist das Ziel des lebenslangen Lernens in der oben beschriebenen Growth-Mindset-Philosophie und mit dem Programm „MyGrowth" verankert. Angebote auf einer digitalen „My Learning World" unterstützen beim selbstgesteuerten Lernen. Hierbei sind auch die Werksmitarbeitenden, die vielfach keinen eigenen Internetzugang haben, im Fokus. In sogenannten Lerninseln innerhalb der Produktionsstätten können die Mitarbeitenden z. B. kleine Lerneinheiten („Microlearnings") zu fachlichen oder persönlichkeitsstärkenden Themenfeldern durcharbeiten. Die SiTecSkills Academy setzt ebenfalls im Werksbereich an; deren Angebote beinhalten schwerpunktmäßig Themen zum technischen Re- und Upskilling.

Ergänzt werden die digitalen Angebote durch ein vielfältiges Präsenzweiterbildungs- und Trainingsangebot v. a. für verhaltensorientierte Themen. So führen wir deutschlandweite Lernveranstaltungen und -events durch. Bei Formaten wie „Wochen des Lernens", „DI Learning Jam", „Cybersecurity Week", „Mental Health Week" bieten wir themen-, teilweise auch geschäftsbereichsspezifische hybride Lernveranstaltungen an, die von einer großen Anzahl an Beschäftigten wahrgenommen werden. Die 20 Sessions der Mental Health Week 2022 wurde von mehr als 17.000 Mitarbeitenden verfolgt und an den Wochen des Lernens im selben Jahr nahmen 14.000 Mitarbeitende teil.

Innovation und Kreativität Innovation ist seit jeher die Basis unseres Unternehmenserfolgs. Im Geschäftsjahr 2022 gab es bei Siemens: 4.650 Erfindungen, 2.650 Patenterstanmeldungen, rund 47.000 Mitarbeitende im Bereich Forschung und Entwicklung, ca. 5,6 Mrd. € an Aufwendungen für Forschung und Entwicklung. Diese Zahlen belegen eindrucksvoll, welchen Stellenwert Innovationen für Siemens einnehmen.

Für Innovationen braucht es Kreativität und vor allem Mitarbeitende, die sich Tag für Tag mit Neugierde und Erfindergeist Gedanken über neue Lösungen machen. Die Grundlage dafür sind Rahmenbedingungen, die diese Denkweisen ermöglichen, Freiräume geben und dabei unterstützen, innovative Ideen zu entwickeln und diese zur Marktreife zu führen.

Die Etablierung von agilen Arbeitsmethoden, u. a. durch die Ausbildung von SCRUM Mastern, die Nutzung von Methoden wie Lego Serious Play oder Design Thinking hat bei Siemens mittlerweile in vielen Bereichen der Arbeitswelt Einzug gehalten. Auch sogenannte Hackathons, urspünglich aus der IT-Entwicklung stammende Entwicklungsveranstaltungen, werden außerhalb des IT-Umfeldes genutzt, um verschiedene Perspektiven bei der Entwicklung von Problemlösungen zusammenzubringen. Das Aufbrechen von Silo-Strukturen und die Entwicklung und Umsetzung von Produkten und Dienstleistungen in enger Abstimmung mit externen Partnern in neuen „Eco-Systemen" sind nur einige Beispiele, die Kreativität und Innovation bei Siemens ermöglichen und fördern.

Next47 ist ein weltweit aktives Venture-Capital-Unternehmen von Siemens, das den Unternehmergeist innerhalb von Siemens fördert. Die Next47 Start-up School oder der Next47 Accelerator sind Programme, mit denen interne Talente befähigt werden, neue Geschäftsfelder für das Unternehmen zu erschließen (vgl. ◘ Abb. 28.3).

In Phasen des Wandels ist unter anderem die Gesundheit der Mitarbeitenden im Blick zu behalten. Da der Fehlzeiten-Report auf die Gesundheit der Mitarbeitenden fokussiert und auch Maßnahmen des Betrieblichen Gesundheitsmanagements vorstellt, möchten wir Sie anhand der folgenden Fragen bitten, die Maßnahmen zur Gesundheitsförderung der Beschäftigten Ihres Unternehmens und Ihre Einschätzungen zum Thema *Gesundheit und Zeitenwende* zu skizzieren.

■ ■ **3. Wie unterstützen und stärken Sie die Gesundheit Ihrer Beschäftigten?**

Für Siemens ist Arbeits- und Gesundheitsschutz essenziell, es ist gelebter Teil der unternehmerischen Verantwortung – und das seit 175 Jahren. Es war kein Geringerer als der Unternehmensgründer Werner von Siemens, der bereits 1880 die unternehmerische Bedeutung eines umfassenden physischen und psychischen Arbeits- und Gesundheitsschutzes erkannte.

So gibt es die Siemens Sozialberatung seit mehr als 100 Jahren und auch der Betriebsärztliche Dienst ist von Anfang an in unserem Unternehmen etabliert. Dazu passt eine kleine, aber feine Geschichte: Ein medizinischer Notfall ist für Werner von Siemens 1888 Anlass, seinen langjährigen Hausarzt Dr. Friedrich Körte als Werksarzt in seinem Unternehmen anzustellen. Motivation für diesen Schritt ist auch, dass seiner Meinung nach die niedergelassenen Kassenärzte dem einzelnen Patienten nicht genügend Zeit und Fürsorge widmen könnten. Der Werksarzt soll eine eigenständige

◘ **Abb. 28.3** Next47, das weltweit aktive Venture Unternehmen von Siemens

Krankenbehandlung vornehmen und vor allem im Notfall reagieren können. (Brief von Werner von Siemens an Dr. Friedrich Körte vom 07.07.1888).

Viel hat sich seitdem verändert: Heute stehen fast alle Aspekte unseres sozialen, ökologischen und ökonomischen Systems auf dem Prüfstand. Wir leben in einer disruptiven Welt, die alte Verhaltens- und Denkmuster herausfordert. Vielen Menschen wird derzeit so viel abgefordert wie nie.

Unser Betriebliches Gesundheitsmanagement (BGM) bildet eine zentrale Säule der unternehmerischen sozialen Nachhaltigkeitsaktivitäten. Wir unterstützen unsere Beschäftigten dabei, die Anforderungen der modernen Arbeits- und Lebenswelt gesund zu bewältigen und ihre Beschäftigungsfähigkeit zu erhalten. Gleichwertig daneben steht das Ziel, die Arbeitsbedingungen gesund zu gestalten. Sie sind eklatant wichtig, denn sie haben positiven oder negativen Einfluss sowohl auf die physische als auch auf die psychische Gesundheit.

Die Corona-Pandemie hat die Nachfrage nach hybriden Gesundheitsangeboten merklich erhöht, gleichzeitig – und das klingt zunächst paradox – merken wir aber auch, dass die Sehnsucht nach menschlicher Nähe, nach vertrauten Gesichtern und bekannten Partnern gestiegen ist. Auch wenn der Diskurs über Gesundheitsthemen zum Beispiel auf sozialen Medien eine nie gekannte Offenheit erfährt, ist die persönliche Begegnung nicht zu ersetzen. Unsere Aufgabe ist es also, den jeweiligen Menschen in seiner Individualität zu betrachten und zielgerichtete Angebote für seine Lebens- und Arbeitswelt zu schaffen.

Resilienz ist das Fokusthema schlechthin. Wir wissen, dass psychische Krankheiten eine überdurchschnittlich hohe Ausfallszeit verursachen und versuchen seit vielen Jahren zum Beispiel mit unserer mit dem Antistigma-Preis der Deutschen Gesellschaft für Psychiatrie und Psychotherapie, Psychosomatik und Nervenheilkunde e. V. ausgezeichneten Kommunikationskampagne „#BreakingTheSilence" oder unserer Toolbox Resilienz eine deutlich offenere Gesprächskultur zu fördern, die auch herausfordernde Themen wie Angst, Überforderung, Sucht und Trauer umfasst. Eine kontinuierliche Sensibilisierung unserer Mitarbeitenden für mentale Gesundheit, sie zur Selbstreflexion anzuregen sowie umfassende und für alle zugängliche Informationen und Unterstützung für einen gesunden, sicheren Lebensstil sind Teil unserer unternehmerischen Verantwortung. Unsere betriebseigenen Sozialberatungen leistet hier einen wichtigen Beitrag und wir haben seit Jahren gleichbleibend hohe Zahlen an Beratungskontakten.

Health Management @ Siemens steht für ganzheitliches Gesundheitsmanagement, das sämtliche Bereiche der modernen Prävention abdeckt: gesunde Arbeitswelt, psychische Gesundheit, Bewegungsförderung, gesunde Ernährung sowie medizinische Betreuung. Das Thema wird bei Siemens durch ein interdisziplinäres Team aus Fachärzten für Arbeitsmedizin und Fachkräften für Sport- und Gesundheitswissenschaft und Sozialberatung umgesetzt.

Im Mittelpunkt steht hierbei eine gemeinsame Gesundheits- und Sicherheitskultur. BGM ist auf der einen Seite eine Führungsaufgabe, auf der anderen lebt das Thema von Partizipation. So heißt es beispielsweise im „Health Report 2022" des Zukunftsinstituts (2023): „Gesundheitsvorsorge ist keine individuelle Angelegenheit mehr. Sie wird zur strategischen Führungsaufgabe." Betriebliches Gesundheitsmanagement kann nämlich nur dann erfolgreich sein, wenn die verschiedenen Ebenen in einem Unternehmen genau analysiert und gesundheitsfördernde Maßnahmen integriert etabliert werden. Die Rolle und Verantwortung der Führungskräfte ändert sich vom reinen Managementgedanken hin zu mehr Inspiration, Vernetzung und Coaching und hin zu einem vorbildlichen Verhalten, das den Beschäftigten Lernerfahrungen ermöglicht und einen Austausch über positive und negative Erfahrungen anregt. Es ist ein dialogischer Ansatz auf Team-, Abteilungs- beziehungsweise Standortebene erforderlich. Beteiligung statt Anordnung, Gespräch statt Anweisung – dieser Ansatz stellt vielfach auch völlig neue Anforderungen an die Fachkräfte im Arbeits- und Gesundheitsschutz.

Eine gesunde Arbeitswelt als Voraussetzung für zufriedene, motivierte und kreative Mitarbeitende Unser Anspruch ist es, die Motivation und Leistungsfähigkeit und damit das gesundheitsbewusste Verhalten unserer Mitarbeitenden langfristig zu fördern. Durch die Ausbildung von Gesundheitskompetenzen und Stärkung der Eigenverantwortung befähigen wir Mitarbeitende, aktuelle und zukünftige Anforderungen der Arbeitswelt erfolgreich zu gestalten.

Ein Erfolgsfaktor ist es, die Gesundheits- und Sicherheitsthemen in die Geschäftsprozesse zu integrieren. Das mag sich aufwendig und teuer anhören. Aber auch hier ist wie immer der Weg das Ziel. Wir bieten zum Beispiel eine Auswahl an „Health Moments" an, die kurz einen Denkanstoß zu einem Thema geben und zum Beispiel zu Beginn eines Meetings in fünf Minuten vorgestellt werden können. Das ist sehr niedrigschwellig und hat bei vielen Menschen einen Aha-Effekt zur Folge.

Wir verfolgen das Ziel, die Gesundheitsaktivitäten im Unternehmen auf die Anforderungen der heutigen Arbeitswelt auszurichten und das BGM schrittweise zu verbessern. Das Unternehmensprogramm „Healthy and Safe @ Siemens" trägt dazu bei, Krankheitskosten zu reduzieren, das Arbeitgeberimage zu verbessern und die Wettbewerbsfähigkeit zu erhöhen. Dabei setzen wir auf ein planvolles Vorgehen und unterstützen die lokalen Verantwortlichen dabei, Anforderungen in unserem Betrieben zur Förderung von Gesundheitsthemen umzusetzen. Dieses lokale Vorgehen folgt stets dem bekannten P-D-C-A-Zyklus und beginnt mit einer Analyse der Ausgangssituation. Dabei werden verschiedene Datenquellen als Basis für die Entwicklung und Umsetzung zielgerichteter Maßnahmen zugrunde gelegt. Dieser Prozess erfolgt in einem lokalen, interdisziplinären Arbeitskreis Gesundheit. So ist sichergestellt, dass die Maßnahmen am lokalen Bedarf orientiert und zielgruppenspezifisch ausgerichtet sind. Unser Ansatz folgt dem Prinzip, dass ein systematischer Ansatz auf lokaler Ebene zielführender ist als die „Verordnung zentraler Maßnahmen".

■ ■ **4. Nehmen Sie aktuell innerhalb der Belegschaft gesundheitsbezogene Veränderungen wahr? Falls ja, welche?**

Die Pandemie hat die Bedeutung und das tatsächliche Erleben von Gesundheit nochmals intensiviert. Wir stehen vor riesigen Herausforderungen – menschlich, gesellschaftlich, organisatorisch und technisch. Wie bewältigen wir diesen Wandel? Was genau bedeutet eigentlich das „New Normal" oder „New Work" für uns alle? Wie können unsere Menschen etwa in der Produktion auf engstem Raum die Bänder am Laufen halten und wie kann die Büroarbeit – die viel von persönlichen Kontakten lebt – trotz räumlicher Trennung oder reduzierten Belegungsraten effizient und sinnstiftend bleiben? Wie können wir unseren Arbeitsalltag, egal ob am Standort oder beim mobilen Arbeiten, gesund und sicher gestalten?

Wir schaffen das unter anderem durch Resilienz. Und Resilienz ist erlernbar – als Teil einer gemeinsamen Gesundheits- und Sicherheits-Kultur. Wir haben dafür Angebote entwickelt, die explizit auf die Förderung von Menschen in herausfordernden Situationen abzielen. Mehrere Tausend aus unserer Belegschaft haben in den vergangenen Jahren an virtuellen und Vor-Ort-Schulungen teilgenommen. Im Rahmen unserer „Resilienz-Toolbox" bieten wir z. B. Coachings, Workshops, Kurse und Selbstlernangebote auf der digitalen Plattform „My Learning World" von Siemens an. Des Weiteren steht ein digitaler Achtsamkeitsparcours zur Verfügung, in dem man über fünf Wochen lang an seiner individuellen Resilienz arbeiten kann.

Zudem sensibilisieren wir alle Führungskräfte kontinuierlich, die psychosozialen Risiken ihrer Teams zu bewerten und aktiv zu managen. Und der Erfolg gibt uns recht: Seit einigen Jahren schon liegen wir bei Siemens mit unserer durchschnittlichen Erkrankungsdauer bei psychischen Erkrankungen unterhalb derer der Versicherten der Betriebskrankenkassen in Deutschland. Über die Jahre ist im Unternehmen eine offenere Gesprächskultur entstanden, die auch Angst, Überforderung, Sucht und Trauer umfasst. Für unser Engagement im Bereich der Gesundheitsförderung wurden wir schon mehrfach mit Preisen ausgezeichnet, beispielsweise dem Antistigma-Preis der Deutschen Gesellschaft für Psychiatrie und Psychotherapie, Psychosomatik und Nervenheilkunde e. V.

Eine kontinuierliche Sensibilisierung, ausreichende Informationen und Unterstützung für einen gesunden und sicheren Lebensstil sind Teil unserer unternehmerischen Verantwortung. Deshalb führen wir zweimal im Jahr eine weltweite umfangreiche Befragung unserer Belegschaft durch, in der auch „work-wellbeing"-Faktoren erhoben werden. Dabei sind zum Beispiel die Werte in Bezug auf das „Engagement" unserer Mitarbeitenden weltweit enorm in die Höhe gegangen – und das trotz Pandemie und anderer Krisen. Es ist wichtig, dass wir in schwierigen Zeiten Unterstützung bieten und gemeinsam eine Lösung finden, egal für welche Herausforderungen. In einem Umfeld, in dem ich akzeptiert bin, bin ich kreativ und resilient. Resiliente Menschen fühlen sich dem Unternehmen stärker verbunden, sind gesünder und motivieren sich gegenseitig. Dafür spricht auch, dass wir in externen Rankings immer wieder Top-Plätze unter den besten Arbeitgebern erzielen.

■ ■ **5. Welche Gefahren sehen Sie aufgrund der Zeitenwende aktuell und perspektivisch für die Gesundheit der Beschäftigten Ihres Unternehmens?**

Fokus bei Siemens ist es, die Beschäftigten dabei zu unterstützen, die Anforderungen der Arbeit gesund bewältigen zu können und damit ihre Beschäftigungsfähigkeit, aber auch Freude an der Arbeit und damit Motivation zu erhalten – egal ob jemand im Büro, im Labor, im Vertrieb oder in der Produktion beschäftigt ist. Gleichwertig daneben steht das Ziel, die Arbeitsbedingungen gesund zu gestalten: Das persönliche Verhalten soll in Richtung eines gesunden Lebensstils unterstützt und gleichsam sollen die Arbeitsverhältnisse gesundheitsgerecht gestaltet werden. Dabei steht eine ganzheitliche Gesundheitsbetrachtung – Körper, Geist und Seele im Fokus.

Der permanente Wandel ist bei Siemens Teil der gelebten Unternehmensgeschichte. Dennoch hat sich das Tempo des Wandels der Arbeitswelt in den vergangenen Jahren noch einmal wesentlich intensiviert. Die Welt wird immer volatiler, unbeständiger, unsicherer und komplexer; „VUCA" eben. Ein großer Schwerpunkt ist auch das Thema Wissensmanagement. Noch nie war die Welt so offen und waren alle Informationen quasi auf Knopfdruck verfügbar. Auf der anderen Seite sinkt gefühlt die Medienkompetenz bzw. die Organisation von Wissen. Wie komme ich schnell an die Informationen, die ich für meine momentane Fragestellung benötige? Für das Thema Gesundheit haben wir bei Siemens den Betriebsarzt als Lotsen installiert. Nach einem Anamnesegespräch werden die Kundinnen und Kunden individuell in ein entsprechendes Angebot vermittelt.

Eines der dringendsten Themen in unserer Zeit ist zudem der demographische Wandel. In den nächsten Dekaden wird es einen spürbaren Rückgang an Berufseinsteigern geben. Laut einer Studie der BCG (2021) werden 2030 ca. 1,4 Mio. Fachkräfte in Deutschland fehlen. Das heißt einerseits, dass wir als Unternehmen im „War for Talents" unsere Karten spielen müssen, andererseits heißt dies aber auch, dass unsere Arbeitnehmerinnen und -nehmer immer älter sind und werden und wir unsere Präventionsangebote entsprechend anpassen müssen. Health Management ist als Nachhaltigkeitsfaktor relevanter als je zuvor und damit nicht zuletzt auch zu einem ganz entscheidenden Teil des Employer Brandings geworden.

Literatur

Zukunftsinstitut (2023) Megatrend Gesundheit. https://www.zukunftsinstitut.de/dossier/megatrend-gesundheit/. Zugegriffen: 13. Mai 2023

BCG – Boston Consulting Group (2021) Deutschland verliert auf dem weltweiten Arbeitsmarkt an Beliebtheit. https://www.bcg.com/press/4march2021-germany-losing-popularity-on-global-job-market. Zugegriffen: 13. Mai 2023

Daten und Analysen

Inhaltsverzeichnis

Kapitel 29 Krankheitsbedingte Fehlzeiten in der deutschen Wirtschaft im Jahr 2022 – 435
Markus Meyer, Moritz Meinicke und Antje Schenkel

Kapitel 30 Krankheitsbedingte Fehlzeiten nach Branchen im Jahr 2022 – 521
Markus Meyer, Antje Schenkel und Moritz Meinicke

Kapitel 31 Entwicklung der Krankengeldfälle und -ausgaben bei AOK-Mitgliedern im Jahr 2022 – 739
David Herr und Reinhard Schwanke

Kapitel 32 Krankheitsbedingte Fehlzeiten in der Bundesverwaltung und Nachhaltigkeit des Faktors Gesundheit – 751
Annette Schlipphak

Krankheitsbedingte Fehlzeiten in der deutschen Wirtschaft im Jahr 2022

Markus Meyer, Moritz Meinicke und Antje Schenkel

Inhaltsverzeichnis

- 29.1 Überblick über die krankheitsbedingten Fehlzeiten im Jahr 2022 – 437
- 29.2 Datenbasis und Methodik – 440
- 29.3 Allgemeine Krankenstandsentwicklung – 443
- 29.4 Verteilung der Arbeitsunfähigkeit – 446
- 29.5 Kurz- und Langzeiterkrankungen – 447
- 29.6 Krankenstandsentwicklung in den einzelnen Branchen – 448
- 29.7 Einfluss der Alters- und Geschlechtsstruktur – 453
- 29.8 Fehlzeiten nach Bundesländern – 456
- 29.9 Fehlzeiten nach Ausbildungsabschluss und Vertragsart – 461
- 29.10 Fehlzeiten nach Berufsgruppen – 464

© Der/die Autor(en), exklusiv lizenziert an Springer-Verlag GmbH, DE, ein Teil von Springer Nature 2023
B. Badura et al. (Hrsg.), *Fehlzeiten-Report 2023*, Fehlzeiten-Report,
https://doi.org/10.1007/978-3-662-67514-4_29

29.11	Fehlzeiten nach Wochentagen – 465
29.12	Arbeitsunfälle – 467
29.13	Krankheitsarten im Überblick – 472
29.14	Die häufigsten Einzeldiagnosen – 478
29.15	Krankheitsarten nach Branchen und Berufen – 480
29.16	Langzeitfälle nach Krankheitsarten – 494
29.17	Krankheitsarten nach Diagnoseuntergruppen – 495
29.18	Burnout-bedingte Fehlzeiten – 498
29.19	Arbeitsunfähigkeiten nach Städten 2022 – 502
29.20	Inanspruchnahme von Krankengeld bei Erkrankung des Kindes – 505
29.21	Fehlzeiten im Jahr 2022 im Zusammenhang mit Covid-19 – 509
	Literatur – 519

Zusammenfassung

Der folgende Beitrag liefert umfassende und differenzierte Daten zu den krankheitsbedingten Fehlzeiten in der deutschen Wirtschaft im Jahr 2022. Datenbasis sind die Arbeitsunfähigkeitsmeldungen der ca. 15,1 Mio. erwerbstätigen AOK-Mitglieder in Deutschland. Dieses einführende Kapitel gibt zunächst einen Überblick über die allgemeine Krankenstandsentwicklung und wichtige Determinanten des Arbeitsunfähigkeitsgeschehens. Im Einzelnen werden u. a. die Verteilung der Arbeitsunfähigkeit, die Bedeutung von Kurz- und Langzeiterkrankungen und Arbeitsunfällen, regionale Unterschiede in den einzelnen Bundesländern sowie die Abhängigkeit des Krankenstandes von Faktoren wie Bildungsstand, Branchen und Berufszugehörigkeit und demographischen Faktoren dargestellt. In zwölf nachfolgenden Unterkapiteln wird dann detailliert die Krankenstandsentwicklung in den unterschiedlichen Wirtschaftszweigen beleuchtet.

29.1 Überblick über die krankheitsbedingten Fehlzeiten im Jahr 2022

Allgemeine Krankenstandsentwicklung

Der Krankenstand im Jahr 2022 erhöhte sich im Vergleich zum Vorjahr deutlich und lag bei 6,7 % (2021: 5,4 %). Der Krankenstand im Jahr 2022 war damit der bisher höchste Krankenstand seit Beginn der Analysen im Jahr 1991. In Westdeutschland lag der Krankenstand mit 6,5 % um 1,0 Prozentpunkte niedriger als in Ostdeutschland (7,5 %). Bei den Bundesländern verzeichnete Thüringen mit 7,9 % sowie Sachsen-Anhalt mit 7,8 % den höchsten Krankenstand. In Berlin (5,9 %) und Hamburg (5,7 %) lag der Krankenstand am niedrigsten. Im Schnitt waren die AOK-versicherten Beschäftigten 24,5 Kalendertage arbeitsunfähig. Für fast zwei Drittel aller AOK-Mitglieder (64,5 %) wurde mindestens einmal im Jahr eine Arbeitsunfähigkeitsbescheinigung ausgestellt. Damit lag die Arbeitsunfähigkeitsquote um 14 Prozentpunkte höher als im Vorjahr (2021: 50,5 %).

Das Fehlzeitengeschehen wird hauptsächlich von sechs Krankheitsarten dominiert. Im Jahr 2022 gingen 17,5 % der Fehlzeiten auf Atemwegserkrankungen und 17,4 % auf Muskel- und Skelett-Erkrankungen zurück, danach folgten psychische Erkrankungen (10,3 %), Verletzungen (8,1 %) sowie Erkrankungen des Kreislaufsystems und der Verdauungsorgane (4,0 bzw. 3,3 %). Der Anteil der Muskel- und Skelett-Erkrankungen an den Fehlzeiten ist im Vergleich zum Vorjahr mit 4,1 Prozentpunkten am deutlichsten gesunken. Gesunken ist auch der Anteil der Verletzungen um 1,9 Prozentpunkte sowie der psychischen Erkrankungen um 1,7, der Herz-Kreislauf-Erkrankungen um 0,9 und der Anteil der Verdauungserkrankungen um 0,6 Prozentpunkte. Der Anteil der Atemwegserkrankungen an den Fehlzeiten ist hingegen um 7,7 Prozentpunkte angestiegen. Damit geht bei den Atemwegserkrankungen eine deutliche Steigerung der Fallzahlen im Vergleich zum Vorjahr einher: Während im Jahr 2021 noch 36,3 Arbeitsunfähigkeitsfälle je 100 Versichertenjahre zu beobachten waren, stieg die Fallanzahl im Jahr 2022 auf 86,5 Arbeitsunfähigkeitsfälle je 100 Versichertenjahre, was mehr als eine Verdoppelung darstellt.

Im Vergleich zu den anderen Krankheitsarten kommt den psychischen Erkrankungen nach wie vor eine besondere Bedeutung zu: Seit 2012 haben die Krankheitstage aufgrund psychischer Erkrankungen um 48,4 % zugenommen. Im Jahr 2022 wurden erneut mehr Fälle aufgrund psychischer Erkrankungen (3,9 %) als aufgrund von Herz- und Kreislauf-Erkrankungen (2,4 %) registriert. Die durchschnittliche Falldauer psychischer Erkrankungen war im Jahr 2022 mit 29,6 Tagen je Fall mehr als doppelt so lang wie der Durchschnitt mit 11,3 Tagen je Fall im Jahr 2022. Zwar ist die durchschnittliche Anzahl der Fehltage je Fall im Vergleich zum Vorjahr bei den psychischen Erkrankungen leicht gesunken (2021: 29,7 Fehltage; 2022: 29,6 Fehltage), jedoch hat die Betroffenheit zugenommen: So ist die Arbeitsunfähigkeitsquote um 0,4 Prozentpunkte auf 7,5 % angestiegen.

Neben den psychischen Erkrankungen verursachten insbesondere Herz-Kreislauf-Erkrankungen (19,0 Tage je Fall), Muskel-Skelett-Erkrankungen (16,4 Tage je Fall) sowie Verletzungen (18,3 Tage je Fall) lange Ausfallzeiten. Auf diese vier Erkrankungsarten gingen 2022 bereits 59 % der durch Langzeitfälle (> sechs Wochen) verursachten Fehlzeiten zurück.

Langzeiterkrankungen mit einer Dauer von mehr als sechs Wochen verursachen weit mehr als ein Drittel der Ausfalltage (38 % der AU-Tage). Ihr Anteil an den Arbeitsunfähigkeitsfällen betrug jedoch nur 3,5 %. Bei Kurzzeiterkrankungen mit einer Dauer von ein bis drei Tagen verhielt es sich genau umgekehrt: Ihr Anteil an den Arbeitsunfähigkeitsfällen lag bei 30,5 %, doch nur 5,4 % der Arbeitsunfähigkeitstage gingen auf sie zurück.

Schätzungen der Bundesanstalt für Arbeitsschutz und Arbeitsmedizin zufolge verursachten im Jahr 2021 697,9 Mio. AU-Tage[1] volkswirtschaftliche Produktionsausfälle von 89 Mrd. € bzw. 153 Mrd. € Ausfall an Produktion und Bruttowertschöpfung (BMAS und BAuA 2021).

Die Ausgaben für Krankengeld sind im Jahr 2021 erneut gestiegen. Für das 1. bis 4. Quartal 2022 betrug das Ausgabenvolumen für Krankengeld rund 18 Mrd. €. Gegenüber dem Vorjahr bedeutet das einen Anstieg von 8,1 % (Bundesministerium für Gesundheit 2022).

■■ Fehlzeitengeschehen nach Branchen

Im Jahr 2022 wurde in allen Branchen ein signifikanter Anstieg des Krankenstandes im Vergleich zum Vorjahr verzeichnet. In den Branchen Öffentliche Verwaltung und Sozialversicherung lag der Krankenstand mit 7,9 % am höchsten. Ebenfalls hohe Krankenstände verzeichnete das Gesundheits- und Sozialwesen (7,8 %) gefolgt von Energie, Wasser, Entsorgung und Bergbau (7,6 %), dem verarbeitenden Gewerbe (7,5 %) und der Branche Metallindustrie (7,2 %). Der niedrigste Krankenstand war mit 4,9 % in der Branche Banken und Versicherungen zu finden.

Bei den Branchen Land- und Forstwirtschaft, Baugewerbe sowie Verkehr und Transport handelt es sich um Bereiche mit hohen körperlichen Arbeitsbelastungen und überdurchschnittlich vielen Arbeitsunfällen. Im Baugewerbe gingen 4,1 % der Arbeitsunfähigkeitsfälle auf Arbeitsunfälle zurück. In der Land- und Forstwirtschaft waren es sogar 5,3 %, im Bereich Verkehr und Transport 2,9 %.

In den Branchen Baugewerbe, Metallindustrie, Energie, Wasser, Entsorgung und Bergbau und dem verarbeitenden Gewerbe sind viele Arbeitsunfähigkeitsfälle durch Verletzungen zu verzeichnen, in der Regel durch Arbeitsunfälle bedingt. Der Bereich Land- und Forstwirtschaft verzeichnet mit 22,9 Tagen je Fall die höchste Falldauer vor den Branchen Baugewerbe sowie Verkehr und Transport mit 20,8 und 20,5 Tagen je Fall.

Im Jahr 2022 ist – bezogen auf die Fehltage – der Anteil der Muskel- und Skelett-Erkrankungen sowie der Atemwegserkrankungen mit 17 % an der Gesamtheit der Erkrankungen insgesamt am höchsten. Damit hat die Bedeutung der Atemwegserkrankungen an allen Fehlzeiten im Vergleich zum Vorjahr deutlich zugenommen. Im Vorjahr lag der Anteil der Atemwegserkrankungen noch bei 10 %. Besonders in den Branchen Banken und Versicherungen sowie in der Branche Erziehung und Unterricht spielten die Atemwegserkrankungen eine zentrale Rolle (24 bzw. 23 % an allen Fehltagen). Muskel- und Skeletterkrankungen waren im Baugewerbe die wichtigste Erkrankungsart (22 % an allen Fehltagen) und die psychischen Erkrankungen spielten vor allem im Gesundheits- und Sozialwesen eine größere Rolle (14 % an allen Fehltagen).

Der Anteil der Arbeitsunfähigkeitsfälle bei den psychischen Erkrankungen ist hier mit

---

1 Dieser Wert ergibt sich durch die Multiplikation von rund 41,0 Mio. Arbeitnehmenden mit durchschnittlich 17,0 AU-Tagen.

17,9 Arbeitsunfähigkeitsfällen je 100 AOK-Mitglieder fast dreimal so hoch wie in der Land- und Forstwirtschaft (6,0 AU-Fälle je 100 AOK-Mitglieder). Nach der Branche Gesundheits- und Sozialwesen steht der Bereich Öffentliche Verwaltung und Sozialversicherung mit 15,7 AU-Fällen pro 100 AOK-Mitglieder an zweiter Stelle, gefolgt von der Branche Erziehung und Unterricht mit 15,5 AU-Fällen pro 100 AOK-Mitglieder.

▪▪ Fehlzeitengeschehen nach Altersgruppen

Zwar nimmt mit zunehmendem Alter die Zahl der Krankmeldungen ab, die Dauer der Arbeitsunfähigkeitsfälle dagegen steigt kontinuierlich an. Ältere Beschäftigte sind also seltener krank, fallen aber in der Regel länger aus als ihre jüngeren Kolleginnen und Kollegen. Dies liegt zum einen daran, dass Ältere häufiger von mehreren Erkrankungen gleichzeitig betroffen sind (Multimorbidität), aber auch daran, dass sich das Krankheitsspektrum verändert.

Bei den jüngeren Arbeitnehmenden zwischen 15 und 19 Jahren dominieren v. a. Atemwegserkrankungen und Verletzungen: 32,7 % der Ausfalltage gingen in dieser Altersgruppe auf Atemwegserkrankungen zurück, der Anteil der Verletzungen lag bei 12 % (zum Vergleich: 60- bis 64-Jährige: 10,5 % bzw. 6,9 %). Ältere Arbeitnehmende leiden dagegen zunehmend an Muskel- und Skelett-, psychischen oder Herz- und Kreislauf-Erkrankungen. Diese Krankheitsarten sind häufig mit langen Ausfallzeiten verbunden. Im Schnitt fehlen Arbeitnehmende aufgrund einer Atemwegserkrankung lediglich 7,1 Tage, bei einer Muskel- und Skeletterkrankung fehlen sie hingegen 16,4 Tage. So gehen in der Gruppe der 60- bis 64-Jährigen über ein Fünftel der Ausfalltage (22,3 %) auf Muskel- und Skelett-Erkrankungen und 7,3 % auf Herz- und Kreislauf-Erkrankungen zurück. Bei den 15- bis 19-Jährigen hingegen sind es lediglich 6,2 bzw. 0,9 %.

Im Verhältnis zu ihren Fehltagen insgesamt entfallen auf psychische Erkrankungen die meisten Fehltage auf die 30- bis 34-Jährigen (11,5 %) sowie auf die 35- bis 39-Jährigen (11,4 %), die wenigsten auf die Altersgruppe der 15- bis 19-Jährigen (5,5 %).

▪▪ Fehlzeitengeschehen nach Geschlecht

Im Fehlzeitengeschehen zeigen sich auch Unterschiede zwischen den Geschlechtern: Der Krankenstand liegt bei den Frauen mit 7,0 % höher als bei den Männern mit 6,5 %. Frauen waren mit einer AU-Quote von 67,7 % auch häufiger krankgemeldet als Männer (62,0 %).

Unterschiede zwischen den Geschlechtern finden sich auch bei Betrachtung der einzelnen Krankheitsarten und die beruflichen Tätigkeiten korrespondieren mit unterschiedlichen somatischen und psychischen Belastungen. Neben den Atemwegserkrankungen, die im Jahr 2022 besonders auffällig waren, machen bei Männern insbesondere Muskel- und Skelett-Erkrankungen und Verletzungen einen höheren Anteil an den Arbeitsunfähigkeitstagen aus als bei Frauen (Männer: 19,2 % bzw. 9,9 % an allen Fehltagen; Frauen: 15,4 und 6,1 %). Dies dürfte damit zusammenhängen, dass Männer nach wie vor in größerem Umfang körperlich belastenderen und unfallträchtigeren Tätigkeiten nachgehen als Frauen. Der Großteil der männlichen AOK-Mitglieder arbeitet im Dienstleistungsbereich (26,5 %) und in der Metallindustrie (13,8 %), beispielsweise in Berufen der Lagerwirtschaft, als Berufskraftfahrer/innen, in Berufen im Hochbau oder in der Metallbearbeitung. Der überwiegende Teil der Frauen ist ebenfalls im Dienstleistungsbereich beschäftigt (28,5 %), gefolgt von der Branche des Gesundheits- und Sozialwesens (23,8 %). Frauen sind verstärkt als Büro- und Sekretariatskräfte, in Reinigungsberufen, im Verkauf, in der Kinderbetreuung und -erziehung oder in der Gesundheits-, Alten- und Krankenpflege tätig. Bei Frauen liegen neben Muskel- und Skelett-Erkrankungen vor allem psychische Erkrankungen (12,8 %; Männer: 8,1 %) und Atemwegserkrankungen (18,6 %; Männer: 16,4 %) vor. Frauen gehen vor allem Berufen nach, die vermehrt Kontakte mit anderen Menschen wie Kunden und Patienten mit sich bringen. Dies steht in Verbindung mit mehr psychischen Belastungen und erhöht zugleich die Wahrscheinlichkeit, sich mit einer Atemwegserkrankung wie etwa einer Erkältung anzustecken.

Im Bereich der Herz- und Kreislauf-Erkrankungen leiden Männer vermehrt an Hypertonie, gefolgt von ischämischen Herzkrankheiten wie beispielsweise dem Myokardinfarkt. Etwas mehr als ein Fünftel aller Fehltage (21,8 %) innerhalb dieser Krankheitsart entfallen bei den Männern auf ischämische Herzkrankheiten, bei den Frauen sind es lediglich 9,5 %.

Auch bei den psychischen Erkrankungen ergeben sich Unterschiede: 21,3 % aller Arbeitsunfähigkeitstage bei den Frauen gehen auf affektive Störungen und neurotische, Belastungs- und somatoforme Störungen zurück, bei den Männern sind es dagegen nur 12,2 % aller Fehltage.

29.2 Datenbasis und Methodik

Die folgenden Ausführungen zu den krankheitsbedingten Fehlzeiten in der deutschen Wirtschaft basieren auf einer Analyse der Arbeitsunfähigkeitsmeldungen aller erwerbstätigen AOK-Mitglieder. Die AOK ist nach wie vor die Krankenkasse mit dem größten Marktanteil in Deutschland. Sie verfügt daher über die umfangreichste Datenbasis zum Arbeitsunfähigkeitsgeschehen. Ausgewertet wurden die Daten des Jahres 2022. In diesem Jahr waren insgesamt 15,1 Mio. Beschäftigte bei der AOK versichert. Dies ist im Vergleich zum Vorjahr ein Plus von 3,8 %.

Datenbasis der Auswertungen sind sämtliche Arbeitsunfähigkeitsfälle, die der AOK im Jahr 2022 gemeldet wurden. Es werden sowohl Pflichtmitglieder als auch freiwillig Versicherte berücksichtigt, Arbeitslosengeld-I-Empfänger dagegen nicht. Unberücksichtigt bleiben auch Schwangerschafts- und Kinderkrankenfälle. Arbeitsunfälle gehen mit in die Statistik ein, soweit sie der AOK gemeldet werden. Kuren werden in den Daten berücksichtigt. Kurzzeiterkrankungen bis zu drei Tagen werden von den Krankenkassen allerdings nur erfasst, soweit eine ärztliche Krankschreibung vorliegt. Der Anteil der Kurzzeiterkrankungen liegt daher höher, als dies in den Krankenkassendaten zum Ausdruck kommt. Hierdurch verringern sich die Fallzahlen und die rechnerische Falldauer erhöht sich entsprechend. Langzeitfälle mit einer Dauer von mehr als 42 Tagen wurden in die Auswertungen einbezogen, weil sie von entscheidender Bedeutung für das Arbeitsunfähigkeitsgeschehen in den Betrieben sind.

Die Arbeitsunfähigkeitszeiten werden von den Krankenkassen so erfasst, wie sie auf den Krankmeldungen angegeben sind. Auch Wochenenden und Feiertage gehen in die Berechnung mit ein, soweit sie in den Zeitraum der Krankschreibung fallen. Die Ergebnisse sind daher mit betriebsinternen Statistiken, bei denen lediglich die Arbeitstage berücksichtigt werden, nur begrenzt vergleichbar. Bei jahresübergreifenden Arbeitsunfähigkeitsfällen wurden ausschließlich Fehlzeiten in die Auswertungen einbezogen, die im Auswertungsjahr anfielen.

◘ Tab. 29.1 gibt einen Überblick über die wichtigsten Kennzahlen und Begriffe, die in diesem Beitrag zur Beschreibung des Arbeitsunfähigkeitsgeschehens verwendet werden. Die Kennzahlen werden auf der Basis der Versicherungszeiten berechnet, d. h. es wird berücksichtigt, ob ein Mitglied ganzjährig oder nur einen Teil des Jahres bei der AOK versichert war bzw. als in einer bestimmten Branche oder Berufsgruppe beschäftigt geführt wurde. AOK-Mitglieder mit dem Geschlecht „divers" werden aus Gründen des Datenschutzes grundsätzlich gemeinsam mit dem Geschlecht mit der größten Personenzahl ausgewiesen.

Aufgrund der speziellen Versichertenstruktur der AOK sind die Daten nur bedingt repräsentativ für die Gesamtbevölkerung in der Bundesrepublik Deutschland bzw. die Beschäftigten in den einzelnen Wirtschaftszweigen. Infolge ihrer historischen Funktion als Basiskasse weist die AOK einen überdurchschnittlich hohen Anteil an Versicherten aus dem landwirtschaftlichen Bereich, dem Be-

Kapitel 29 · Krankheitsbedingte Fehlzeiten in der deutschen Wirtschaft im Jahr 2022

Tab. 29.1 Kennzahlen und Begriffe zur Beschreibung des Arbeitsunfähigkeitsgeschehens

Kennzahl	Definition	Einheit, Ausprägung	Erläuterungen
AU-Fälle	Anzahl der Fälle von Arbeitsunfähigkeit	Je AOK-Mitglied[a] bzw. je 100 AOK-Mitglieder	Jede Arbeitsunfähigkeitsmeldung, die nicht nur die Verlängerung einer vorangegangenen Meldung ist, wird als ein Fall gezählt. Ein AOK-Mitglied kann im Auswertungszeitraum mehrere AU-Fälle aufweisen
AU-Tage	Anzahl der AU-Tage, die im Auswertungsjahr anfielen	Je AOK-Mitglied[a] bzw. je 100 AOK-Mitglieder	Da arbeitsfreie Zeiten wie Wochenenden und Feiertage, die in den Krankschreibungszeitraum fallen, mit in die Berechnung eingehen, können sich Abweichungen zu betriebsinternen Fehlzeitenstatistiken ergeben, die bezogen auf die Arbeitszeiten berechnet wurden. Bei jahresübergreifenden Fällen werden nur die AU-Tage gezählt, die im Auswertungsjahr anfielen
AU-Tage je Fall	Mittlere Dauer eines AU-Falls	Kalendertage	Indikator für die Schwere einer Erkrankung
Krankenstand	Anteil der im Auswertungszeitraum angefallenen Arbeitsunfähigkeitstage am Kalenderjahr	In %	War ein Versicherter nicht ganzjährig bei der AOK versichert, wird dies bei der Berechnung des Krankenstandes entsprechend berücksichtigt
Krankenstand, standardisiert	Nach Alter und Geschlecht standardisierter Krankenstand	In %	Um Effekte der Alters- und Geschlechtsstruktur bereinigter Wert
AU-Quote	Anteil der AOK-Mitglieder mit einem oder mehreren Arbeitsunfähigkeitsfällen im Auswertungsjahr	In %	Diese Kennzahl gibt Auskunft darüber, wie groß der von Arbeitsunfähigkeit betroffene Personenkreis ist
Kurzzeiterkrankungen	Arbeitsunfähigkeitsfälle mit einer Dauer von 1–3 Tagen	In % aller Fälle/Tage	Erfasst werden nur Kurzzeitfälle, bei denen eine Arbeitsunfähigkeitsbescheinigung bei der AOK eingereicht wurde
Langzeiterkrankungen	Arbeitsunfähigkeitsfälle mit einer Dauer von mehr als 6 Wochen	In % aller Fälle/Tage	Mit Ablauf der 6. Woche endet in der Regel die Lohnfortzahlung durch den Arbeitgeber, ab der 7. Woche wird durch die Krankenkasse Krankengeld gezahlt
Arbeitsunfälle	Durch Arbeitsunfälle bedingte Arbeitsunfähigkeitsfälle	Je 100 AOK-Mitglieder[a] in % aller AU-Fälle/-Tage	Arbeitsunfähigkeitsfälle, bei denen auf der Krankmeldung als Krankheitsursache „Arbeitsunfall" angegeben wurde, nicht enthalten sind Wegeunfälle
AU-Fälle/-Tage nach Krankheitsarten	Arbeitsunfähigkeitsfälle/-tage mit einer bestimmten Diagnose	Je 100 AOK-Mitglieder[a] in % aller AU-Fälle bzw. -Tage	Ausgewertet werden alle auf den Arbeitsunfähigkeitsbescheinigungen angegebenen ärztlichen Diagnosen, verschlüsselt werden diese nach der Internationalen Klassifikation der Krankheitsarten (ICD-10)

[a] umgerechnet in ganzjährig Versicherte

Fehlzeiten-Report 2023

◻ **Tab. 29.2** AOK-Mitglieder nach Wirtschaftsabschnitten im Jahr 2022 nach der Klassifikation der Wirtschaftszweigschlüssel, Ausgabe 2008

Wirtschaftsabschnitte	Pflichtmitglieder		Freiwillige Mitglieder
	Absolut	Anteil an der Branche in %	Absolut
Banken und Versicherungen	166.388	17,3	24.272
Baugewerbe	1.090.090	54,4	17.009
Dienstleistungen	4.013.364	46,4	128.833
Energie, Wasser, Entsorgung und Bergbau	193.393	33,5	15.709
Erziehung und Unterricht	418.971	29,6	20.983
Gesundheits- und Sozialwesen	1.902.953	36,3	44.634
Handel	2.098.243	45,6	47.722
Land- und Forstwirtschaft	194.102	74,8	827
Metallindustrie	1.340.918	34,0	121.361
Öffentliche Verwaltung/Sozialversicherung	641.382	31,8	24.256
Verarbeitendes Gewerbe	1.260.536	44,1	46.924
Verkehr und Transport	1.061.408	55,3	12.510
Insgesamt	**14.599.603**	**42,4**	**513.331**

Fehlzeiten-Report 2023

reich Verkehr und Transport sowie aus dem Baugewerbe auf.

Im Jahr 2008 fand eine Revision der Klassifikation der Wirtschaftszweige statt. Die Klassifikation der Wirtschaftszweige Ausgabe 2008 wird vom Statistischen Bundesamt veröffentlicht (Anhang 2). Aufgrund der Revision kam es zu Verschiebungen zwischen den Branchen, eine Vergleichbarkeit mit den Daten vor 2008 ist daher nur bedingt gegeben. Daher werden bei Jahresvergleichen Kennzahlen für das Jahr 2008 sowohl für die Klassifikationsversion 2003 als auch für die Version 2008 ausgewiesen.

Die Klassifikation der Wirtschaftszweigschlüssel in der Ausgabe 2008 enthält insgesamt fünf Differenzierungsebenen, von denen allerdings bei den vorliegenden Analysen nur die ersten drei berücksichtigt wurden. Es wird zwischen Wirtschaftsabschnitten, -abteilungen und -gruppen unterschieden. Ein Abschnitt ist beispielsweise die Branche „Energie, Wasser, Entsorgung und Bergbau". Diese untergliedert sich in die Wirtschaftsabteilungen „Bergbau und Gewinnung von Steinen und Erden", „Energieversorgung" und „Wasserversorgung, Abwasser- und Abfallentsorgung und Beseitigung von Umweltverschmutzungen". Die Wirtschaftsabteilung „Bergbau und Gewinnung von Steinen und Erden" umfasst wiederum die Wirtschaftsgruppen „Kohlenbergbau", „Erzbergbau" etc. Im vorliegenden Unterkapitel werden die Daten zunächst ausschließlich auf der Ebene der Wirtschaftsabschnitte analysiert (Anhang 2). In den folgenden Unterkapiteln wird dann auch nach Wirtschaftsabteilungen und teilweise auch nach Wirtschaftsgruppen differenziert.

Die Metallindustrie, die nach der Systematik der Wirtschaftszweige der Bundesanstalt für Arbeit zum verarbeitenden Gewerbe gehört, wird, da sie die größte Branche des Landes darstellt, in einem eigenen Kapitel behandelt. Auch dem Bereich „Erziehung und Unterricht" wird angesichts der zunehmenden Bedeutung des Bildungsbereichs für die Produktivität der Volkswirtschaft ein eigenes Kapitel gewidmet (▶ Abschn. 29.6). Aus ◘ Tab. 29.2 ist die Anzahl der AOK-Mitglieder in den einzelnen Wirtschaftsabschnitten sowie deren Anteil an den sozialversicherungspflichtig Beschäftigten insgesamt[2] ersichtlich.

Da sich die Morbiditätsstruktur in Ost- und Westdeutschland nach wie vor unterscheidet, werden neben den Gesamtergebnissen für die Bundesrepublik Deutschland die Ergebnisse für Ost und West separat ausgewiesen.

Die Verschlüsselung der Diagnosen erfolgt nach der 10. Revision der ICD (International Classification of Diseases)[3]. Teilweise weisen die Arbeitsunfähigkeitsbescheinigungen mehrere Diagnosen auf. Um einen Informationsverlust zu vermeiden, werden bei den diagnosebezogenen Auswertungen im Unterschied zu anderen Statistiken[4], die nur eine (Haupt-)Diagnose berücksichtigen, auch Mehrfachdiagnosen[5] in die Auswertungen einbezogen.

29.3 Allgemeine Krankenstandsentwicklung

Die krankheitsbedingten Fehlzeiten sind im Jahr 2022 im Vergleich zum Vorjahr nahezu unverändert geblieben. Bei den 15,1 Mio. erwerbstätigen AOK-Mitgliedern betrug der Krankenstand 6,7 % (◘ Tab. 29.3). 64,5 % der AOK-Mitglieder meldeten sich mindestens einmal krank. Die Versicherten waren im Jahresdurchschnitt 11,3 Kalendertage krankgeschrieben.[6] 4,5 % der Arbeitsunfähigkeitstage waren durch Arbeitsunfälle bedingt.

Die Zahl der krankheitsbedingten Ausfalltage nahm im Vergleich zum Vorjahr um 24,2 % zu. Im Osten nahmen die Ausfalltage um 20,4 % und im Westen um 25,2 % zu. Die Zahl der Arbeitsunfähigkeitsfälle ist im Vergleich zum Vorjahr sowohl im Westen (um 46,4 %) als auch im Osten (um 41,6 %) gestiegen. Insgesamt beträgt der Anstieg 45,5 %. Der Krankenstand ist im Osten um 1,3 Prozentpunkte auf 7,5 % und im Westen um 1,3 Prozentpunkte auf 6,5 % gestiegen. Die durchschnittliche Dauer der Krankmeldungen stieg sowohl in Ostdeutschland (um 15 %) als auch in Westdeutschland (um 14,5 %). Die Zahl der von Arbeitsunfähigkeit betroffenen AOK-Mitglieder (AU-Quote: Anteil der AOK-Mitglieder mit mindestens einem AU-Fall) stieg im Jahr 2022 um 14 Prozentpunkte auf 64,5 % (◘ Abb. 29.1).

Im Jahresverlauf wurde der höchste Krankenstand mit 8,0 % im Dezember erreicht, während der niedrigste Wert (5,8 %) im Juni und August zu verzeichnen war. Der Krankenstand lag insbesondere im März 2022 deutlich über dem Wert des Vorjahres.

◘ Abb. 29.2a zeigt die längerfristige Entwicklung des Krankenstandes in den Jahren 2003 bis 2022. Seit Ende der 1990er Jahre konnte ein Rückgang der Krankenstände bis zum Jahr 2006 verzeichnet werden. Danach stieg der Krankenstand sukzessive an und lag im Jahr 2022 im Bundesdurchschnitt mit 6,7 % auf dem bisher höchsten Niveau.

---

2 Errechnet auf der Basis der Beschäftigtenstatistik der Bundesagentur für Arbeit, Stichtag: 30. Juni 2022 (Bundesagentur für Arbeit 2023).
3 International übliches Klassifikationssystem der Weltgesundheitsorganisation (WHO).
4 Beispielsweise die von den Krankenkassen im Bereich der gesetzlichen Krankenversicherung herausgegebene Krankheitsartenstatistik.
5 Leidet eine Person an unterschiedlichen Krankheitsbildern (Multimorbidität), kann eine Arbeitsunfähigkeitsbescheinigung mehrere Diagnosen aufweisen. Insbesondere bei älteren Beschäftigten kommt dies häufiger vor.

6 Wochenenden und Feiertage eingeschlossen.

Tab. 29.3 Krankenstandskennzahlen 2022 im Vergleich zum Vorjahr

	Kranken-stand in %	Arbeitsunfähigkeit je 100 AOK-Mitglieder				Tage je Fall	Veränd. z. Vorj. in %	AU-Quote in %
		AU-Fälle	Veränd. z. Vorj. in %	AU-Tage	Veränd. z. Vorj. in %			
West	6,5	216,5	46,4	2.390,7	25,2	11,0	−14,5	63,7
Ost	7,5	217,5	41,6	2.721,0	20,4	12,5	−15,0	68,6
Bund	**6,7**	**216,6**	**45,5**	**2.447,8**	**24,2**	**11,3**	**−14,6**	**64,5**

Fehlzeiten-Report 2023

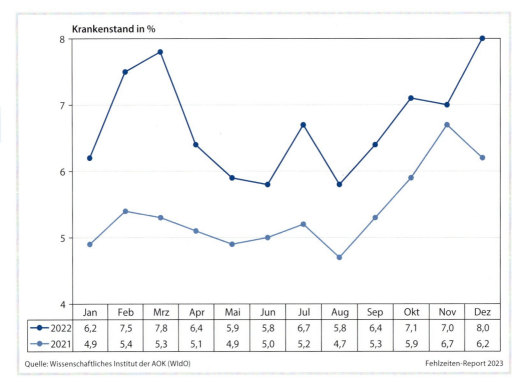

Abb. 29.1 Krankenstand im Jahr 2022 im saisonalen Verlauf im Vergleich zum Vorjahr, AOK-Mitglieder

Nachdem der Krankenstand in den Jahren 2003 bis 2008 durchgehend in Ostdeutschland unter dem Westdeutschlands lag, ist seither mit Ausnahme der Jahre 2009 und 2011 in Ostdeutschland wieder ein höherer Krankenstand zu konstatieren: Im Jahr 2022 lag der Krankenstand im Osten Deutschlands mit 7,5 % deutlich höher als im Westen Deutschlands mit 6,5 %.

Wie ist die Krankenstandsentwicklung in Deutschland insgesamt – unabhängig von der Kassenzugehörigkeit (Abb. 29.2b)? Die Krankenkassen sind nach § 79 SGB IV verpflichtet, Übersichten über ihre Rechnungs- und Geschäftsergebnisse sowie sonstige Statistiken zu erstellen und über den GKV-Spitzenverband an das Bundesministerium für Gesundheit (BMG) zu liefern. Die Meldung des

Kapitel 29 · Krankheitsbedingte Fehlzeiten in der deutschen Wirtschaft im Jahr 2022

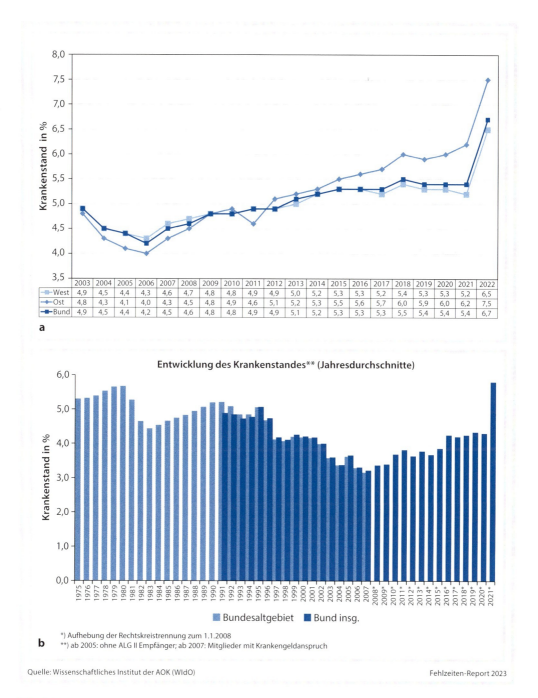

◻ **Abb. 29.2** **a** Entwicklung des Krankenstandes in den Jahren 2003–2022, AOK-Mitglieder, **b** Entwicklung des Krankenstandes seit 1975 unabhängig von der Kassenzugehörigkeit, Jahresdurchschnitte (Stichtagserhebung)

Krankenstandes ist Bestandteil der sogenannten monatlichen Mitgliederstatistik KM 1. Dies ist die einzige Statistik in Deutschland, die kassenartenübergreifend den jährlichen Krankenstand veröffentlicht.[7] Allerdings wird hier der Krankenstand in unterschiedlichem Ausmaß systematisch unterschätzt, da nur Krankenstände am jeweils Ersten eines Monats, also an zwölf Stichtagen innerhalb eines Jahres gemeldet werden. Die Krankenkasse ermittelt im Rahmen ihrer Mitgliederstatistik die zu diesem Zeitpunkt arbeitsunfähig kranken Pflicht- und freiwilligen Mitglieder mit einem Krankengeldanspruch. Allerdings sind zwei Monatserste im Jahr grundsätzlich Feiertage (1. Januar und 1. Mai), an denen typischerweise relativ wenig Arbeitnehmende krankgeschrieben sind. Zudem kann die Zahl der Sonn- und Feiertage, die auf einen Monatsersten fallen, von Jahr zu Jahr variieren. Weitere Verzerrungen entstehen dadurch, dass Werte der Stichtagsstatistik von Jahr zu Jahr aufgrund der unterschiedlichen Zusammensetzung der jeweils kalenderabhängig berücksichtigten Wochentage (mit wochentagstypischen Krankenständen) in den Krankenstand eingehen. Die dadurch im Vergleich zu den gesetzlichen Krankenkassen deutlich niedrigeren Krankenstände des BMG können daher bei Nicht-Experten zu Verwirrung führen (vgl. Meyer 2015). Busch verweist darauf, dass die Zwölf-Monats-Stichtagsbetrachtung nur jeden 30. Kalendertag erfasst, mit der Folge, dass z. B. eine Grippewelle möglicherweise nur deswegen nicht erfasst werden könnte, weil ihr Höhepunkt zufällig in den Zeitraum zwischen zwei Stichtagen fällt (Busch 2021). Allerdings können anhand der Krankenstandsentwicklung durch die amtliche Statistik durchaus zeitliche Tendenzen abgelesen werden.

Ein Blick auf den Zehn-Jahres-Verlauf rückblickend ab dem Jahr 2021 zeigt, dass der allgemeine Krankenstand in der Tendenz angestiegen ist und im Jahr 2021 sogar den Höchstwert seit Beginn der Aufzeichnung erreicht hat. Für das Jahr 2022 ist ein weiterer Höchstwert zu erwarten.[8]

29.4 Verteilung der Arbeitsunfähigkeit

Der Anteil der Arbeitnehmenden, die in einem Jahr mindestens einmal krankgeschrieben wurden, wird als Arbeitsunfähigkeitsquote bezeichnet. Diese lag 2022 bei 64,6 % (◘ Abb. 29.3). Der Anteil der AOK-Mitglieder, die das ganze Jahr überhaupt nicht krankgeschrieben waren, lag somit bei 35,4 %.

◘ Abb. 29.4 zeigt die Verteilung der kumulierten Arbeitsunfähigkeitstage auf die AOK-Mitglieder in Form einer Lorenzkurve. Daraus ist ersichtlich, dass sich die überwiegende Anzahl der Tage auf einen relativ kleinen Teil der AOK-Mitglieder konzentriert. Die folgenden Zahlen machen dies deutlich:
- Rund ein Viertel der Arbeitsunfähigkeitstage entfällt auf nur 1,9 % der Mitglieder.
- Die Hälfte der Tage wird von lediglich 7,3 % der Mitglieder verursacht.

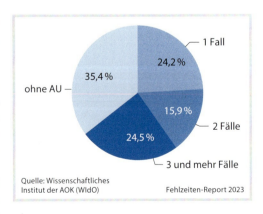

◘ Abb. 29.3 Arbeitsunfähigkeitsquote der AOK-Mitglieder im Jahr 2022

---

[7] ▶ https://www.bundesgesundheitsministerium.de/themen/krankenversicherung/zahlen-und-fakten-zur-krankenversicherung/mitglieder-und-versicherte.html

[8] Die Daten für das Jahr 2022 lagen zum Zeitpunkt der Erstellung des Beitrages noch nicht vor.

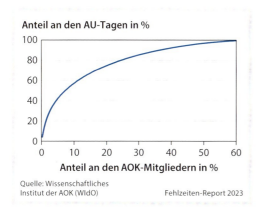

Abb. 29.4 Lorenzkurve zur Verteilung der Arbeitsunfähigkeitstage der AOK-Mitglieder im Jahr 2022

- 80 % der Arbeitsunfähigkeitstage gehen auf nur 24,9 % der AOK-Mitglieder zurück.

29.5 Kurz- und Langzeiterkrankungen

Die Höhe des Krankenstandes wird entscheidend durch Fälle mit länger dauernder Arbeitsunfähigkeit bestimmt. Die Zahl dieser Erkrankungsfälle ist zwar relativ gering, aber für eine große Zahl von Ausfalltagen verantwortlich (◘ Abb. 29.5). 2022 war fast die Hälfte aller Arbeitsunfähigkeitstage (45,1 %) auf lediglich 5,8 % der Arbeitsunfähigkeitsfälle zurückzuführen. Dabei handelt es sich um Fälle mit einer Dauer von mehr als vier Wochen. Besonders zu Buche schlagen Langzeitfälle, die sich über mehr als sechs Wochen erstrecken. Obwohl ihr Anteil an den Arbeitsunfähigkeitsfällen im Jahr 2022 nur 3,5 % betrug, verursachten sie 38 % des gesamten AU-Volumens. Langzeitfälle sind häufig auf chronische Erkrankungen zurückzuführen. Der Anteil der Langzeitfälle nimmt mit steigendem Alter deutlich zu.

Kurzzeiterkrankungen wirken sich zwar oft sehr störend auf den Betriebsablauf aus, spielen aber – anders als häufig angenommen – für den Krankenstand nur eine untergeordnete Rolle. Auf Arbeitsunfähigkeitsfälle mit einer Dauer von 1 bis 3 Tagen gingen 2022 lediglich 5,4 % der Fehltage zurück, obwohl ihr Anteil an den Arbeitsunfähigkeitsfällen 30,5 % betrug. Insgesamt haben sich die Kurzzeiterkrankungen im Vergleich zum Vorjahr bezogen auf die Arbeitsunfähigkeitstage und Arbeitsunfähigkeitsfälle um 0,2 Prozentpunkte erhöht bzw. um 4,5 Prozentpunkte verringert. Da viele Arbeitgeber in den ersten drei Tagen

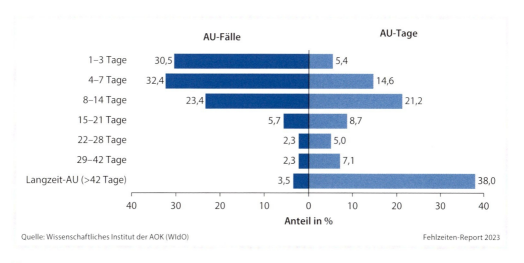

Abb. 29.5 Arbeitsunfähigkeitstage und -fälle der AOK-Mitglieder im Jahr 2022 nach Dauer

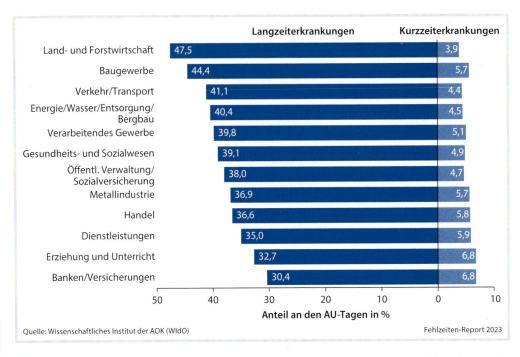

Abb. 29.6 Anteil der Kurz- und Langzeiterkrankungen an den Arbeitsunfähigkeitstagen nach Branchen im Jahr 2022, AOK-Mitglieder

einer Erkrankung keine ärztliche Arbeitsunfähigkeitsbescheinigung verlangen, liegt der Anteil der Kurzzeiterkrankungen allerdings in der Praxis höher, als dies in den Daten der Krankenkassen zum Ausdruck kommt.

2022 war der Anteil der Langzeiterkrankungen mit 47,5 % in der Land- und Forstwirtschaft sowie im Baugewerbe (44,4 %) am höchsten und in der Branche Banken und Versicherungen mit 30,4 % am niedrigsten. Der Anteil der Kurzzeiterkrankungen schwankte in den einzelnen Wirtschaftszweigen zwischen 6,8 % im Bereich Banken und Versicherungen und 3,9 % im Bereich Land- und Forstwirtschaft (Abb. 29.6).

29.6 Krankenstandsentwicklung in den einzelnen Branchen

Im Jahr 2022 wies die Branche Öffentliche Verwaltung und Sozialversicherungen mit 7,9 % den höchsten Krankenstand auf, während die Banken und Versicherungen mit 4,9 % den niedrigsten Krankenstand hatten (Abb. 29.7). Bei dem hohen Krankenstand in der Branche Öffentliche Verwaltung/Sozialversicherung muss allerdings berücksichtigt werden, dass ein großer Teil der in diesem Sektor beschäftigten AOK-Mitglieder keine Bürotätigkeiten ausübt, sondern in gewerblichen Bereichen mit teilweise sehr hohen Arbeitsbelastungen tätig ist, wie z. B. im Straßenbau, in der Straßenreinigung und Abfallentsorgung, in Gärtnereien etc. Insofern sind die Daten, die der AOK für diesen Bereich vorliegen, nicht repräsentativ für die gesamte öffentliche Verwaltung. Hinzu kommt, dass die in den öffentlichen Verwaltungen beschäftigten

Kapitel 29 · Krankheitsbedingte Fehlzeiten in der deutschen Wirtschaft im Jahr 2022

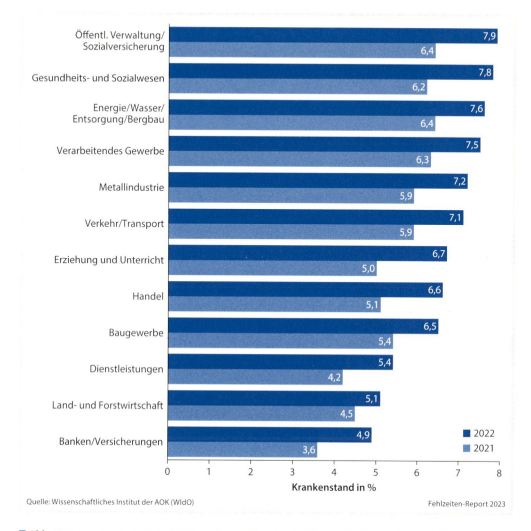

Abb. 29.7 Krankenstand der AOK-Mitglieder nach Branchen im Jahr 2022 im Vergleich zum Vorjahr

AOK-Mitglieder eine im Vergleich zur freien Wirtschaft ungünstige Altersstruktur aufweisen, die zum Teil für die erhöhten Krankenstände mitverantwortlich ist. Schließlich spielt auch die Tatsache, dass die öffentlichen Verwaltungen ihrer Verpflichtung zur Beschäftigung Schwerbehinderter stärker nachkommen als andere Branchen, eine erhebliche Rolle. Mit einem Anteil von knapp einem Fünftel aller schwerbehinderten Beschäftigten stellt der öffentliche Dienst einen bedeutsamen Arbeitgeber für schwerbehinderte Menschen dar (Bundesagentur für Arbeit 2020). Es kann vermutet werden, dass die höhere Zahl von Arbeitsunfähigkeitsfällen im öffentlichen Dienst unter anderem auf die hohe Anzahl an schwerbehinderten Beschäftigten zurückzuführen ist (vgl. Benz 2010).[9]

Die Höhe des Krankenstandes resultiert aus der Zahl der Krankmeldungen und deren Dauer. Im Jahr 2022 lagen im Be-

---

[9] Vgl. dazu: Marstedt et al. (2002). Weitere Ausführungen zu den Bestimmungsfaktoren des Krankenstandes in der öffentlichen Verwaltung finden sich in Oppolzer 2000.

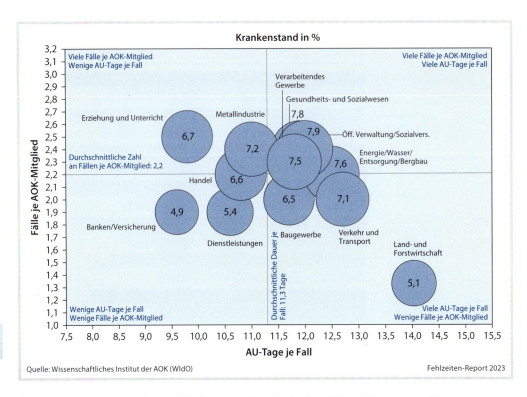

Abb. 29.8 Krankenstand der AOK-Mitglieder nach Branchen im Jahr 2022 nach Bestimmungsfaktoren

reich der öffentlichen Verwaltung/Sozialversicherung (7,9 %), im Verarbeitenden Gewerbe (7,5 %) sowie im Gesundheits- und Sozialwesen (7,8 %) sowohl die Zahl der Krankmeldungen als auch die mittlere Dauer der Krankheitsfälle über dem Durchschnitt (Abb. 29.8). Der überdurchschnittlich hohe Krankenstand im Bereich Verkehr und Transport war dagegen auf die lange Dauer (12,7 Tage je Fall) der Arbeitsunfähigkeitsfälle zurückzuführen. In der Branche Land- und Forstwirtschaft betrug die mittlere Dauer der Fälle sogar 14,1 Tage. Auf den hohen Anteil der Langzeitfälle in diesen Branchen wurde bereits in ▶ Abschn. 29.5 hingewiesen.

Tab. 29.4 zeigt die Krankenstandsentwicklung in den einzelnen Branchen in den Jahren 2003 bis 2022 differenziert nach West- und Ostdeutschland. Im Vergleich zum Vorjahr ist der Krankenstand im Jahr 2022 in allen Branchen angestiegen. Bundesweit ist der Krankenstand am stärksten im Bereich Erziehung und Unterricht angestiegen (um 1,7 Prozentpunkte auf 6,7 %).

Kapitel 29 · Krankheitsbedingte Fehlzeiten in der deutschen Wirtschaft im Jahr 2022

Tab. 29.4 Entwicklung des Krankenstandes der AOK-Mitglieder in den Jahren 2003–2022

Wirtschafts-abschnitte		Krankenstand in %							2008 (WZ03)	2008 (WZ08)[a]												
		2003	2004	2005	2006	2007	2008 (WZ03)	2008 (WZ08)[a]	2009	2010	2011	2012	2013	2014	2015	2016	2017	2018	2019	2020	2021	2022
Banken und Versicherungen	West	3,3	3,1	3,1	2,7	3,1	3,1	3,1	3,2	3,2	3,3	3,2	3,2	3,4	3,6	3,7	3,6	3,7	3,6	3,5	3,3	4,6
	Ost	3,5	3,2	3,3	3,2	3,4	3,6	3,6	3,9	4,0	3,9	4,1	4,1	4,2	4,4	4,5	4,8	4,9	4,8	4,9	5,0	6,3
	Bund	3,3	3,1	3,1	2,8	3,1	3,2	3,2	3,3	3,3	3,3	3,4	3,4	3,5	3,7	3,8	3,8	3,9	3,8	3,7	3,6	4,9
Baugewerbe	West	5,4	5,0	4,8	4,6	4,9	5,1	5,0	5,1	5,1	5,2	5,3	5,4	5,5	5,5	5,5	5,3	5,4	5,4	5,5	5,3	6,4
	Ost	4,6	4,1	4,0	3,8	4,2	4,5	4,4	4,7	4,7	4,4	5,1	5,2	5,4	5,6	5,5	5,5	5,7	5,7	5,8	6,0	7,0
	Bund	5,3	4,8	4,7	4,4	4,8	4,9	4,9	5,1	5,1	5,1	5,3	5,3	5,5	5,5	5,5	5,4	5,5	5,4	5,5	5,4	6,5
Dienst-leistungen	West	4,3	3,9	3,8	3,7	4,0	4,2	4,1	4,2	4,2	4,3	4,3	4,3	4,3	4,4	4,3	4,3	4,4	4,3	4,2	4,1	5,3
	Ost	4,7	4,1	3,9	3,8	4,1	4,3	4,2	4,5	4,6	4,4	4,7	4,7	4,8	4,9	5,0	5,1	5,3	5,2	5,1	5,1	6,4
	Bund	4,3	4,0	3,8	3,8	4,1	4,2	4,1	4,2	4,2	4,3	4,4	4,4	4,4	4,5	4,4	4,4	4,5	4,5	4,4	4,2	5,4
Energie, Wasser, Entsor-gung und Bergbau	West	5,2	4,9	4,8	4,4	4,8	4,9	5,6	5,8	6,0	6,1	6,0	6,4	6,5	6,7	6,7	6,7	6,8	6,7	6,6	6,4	7,7
	Ost	4,1	3,7	3,7	3,6	3,7	3,9	4,9	5,3	5,5	4,9	5,4	5,7	5,7	5,9	5,9	6,2	6,3	6,3	6,1	6,3	7,4
	Bund	5,0	4,6	4,6	4,3	4,6	4,7	5,4	5,7	5,9	5,8	5,9	6,2	6,3	6,5	6,5	6,6	6,7	6,6	6,5	6,4	7,6
Erziehung und Unterricht	West	5,3	5,1	4,6	4,4	4,7	5,0	5,0	5,2	5,1	4,6	4,8	4,4	4,6	4,8	4,8	4,8	4,9	4,8	4,9	4,8	6,6
	Ost	7,7	7,0	6,6	6,1	6,1	6,2	6,2	6,5	5,7	5,1	5,8	4,9	4,9	5,0	5,0	5,2	5,4	5,3	5,5	5,7	7,4
	Bund	6,1	5,9	5,4	5,1	5,3	5,4	5,4	5,6	5,3	4,7	5,0	4,5	4,6	4,8	4,8	4,8	5,0	4,9	5,0	5,0	6,7
Gesundheits- und Sozialwesen	West	5,1	4,8	4,6	4,5	4,8	4,9	4,9	5,1	5,2	5,3	5,3	5,5	5,7	5,9	5,8	5,8	6,0	5,9	6,1	6,0	7,6
	Ost	4,7	4,2	4,1	3,9	4,2	4,5	4,5	4,9	5,1	4,8	5,2	5,4	5,5	5,7	5,9	6,1	6,4	6,4	6,7	7,0	8,5
	Bund	5,1	4,7	4,6	4,4	4,7	4,8	4,8	5,0	5,2	5,2	5,3	5,5	5,6	5,8	5,8	5,9	6,0	6,0	6,2	6,2	7,8

Tab. 29.4 (Fortsetzung)

Wirtschafts-abschnitte		Krankenstand in %						2008 (WZ03)	2008 (WZ08)[a]												
		2003	2004	2005	2006	2007			2009	2010	2011	2012	2013	2014	2015	2016	2017	2018	2019	2020	2021	2022
Handel	West	4,2	3,9	3,8	3,7	3,9	4,1	4,1	4,2	4,3	4,4	4,4	4,7	4,8	5,0	5,0	4,9	5,1	5,1	5,1	5,0	6,5
	Ost	3,7	3,4	3,3	3,3	3,6	3,8	3,7	4,1	4,1	3,9	4,4	4,6	4,7	4,9	5,1	5,3	5,5	5,5	5,6	5,8	7,2
	Bund	4,2	3,8	3,7	3,6	3,9	4,0	4,0	4,2	4,3	4,3	4,4	4,7	4,8	5,0	5,0	5,0	5,2	5,2	5,2	5,1	6,6
Land- und Forstwirtschaft	West	4,2	3,8	3,5	3,3	3,6	3,7	3,1	3,0	3,3	3,4	3,2	3,3	3,4	3,4	3,5	3,5	3,6	3,5	3,6	3,6	4,2
	Ost	4,9	4,3	4,3	4,1	4,4	4,6	4,6	5,0	5,1	4,9	5,4	5,5	5,5	5,5	5,7	5,9	6,0	6,2	6,3	6,3	6,9
	Bund	4,5	4,0	3,9	3,7	3,9	4,1	3,9	4,0	4,2	4,0	4,1	4,2	4,2	4,3	4,4	4,4	4,5	4,5	4,5	4,5	5,1
Metallindustrie	West	5,2	4,8	4,8	4,5	4,8	5,0	5,0	4,9	5,1	5,2	5,3	5,5	5,6	5,9	5,8	5,7	5,9	5,9	5,8	5,8	7,1
	Ost	4,6	4,2	4,1	4,0	4,3	4,5	4,5	4,7	4,9	4,8	5,3	5,6	5,6	5,8	6,0	6,0	6,2	6,2	6,0	6,5	7,6
	Bund	5,1	4,8	4,7	4,5	4,8	4,9	5,0	4,9	5,1	5,2	5,3	5,5	5,6	5,9	5,9	5,8	5,8	5,9	5,8	5,9	7,2
Öffentliche Verwaltung/ Sozialversicherung	West	5,7	5,3	5,3	5,1	5,3	5,3	5,3	5,5	5,5	5,6	5,5	5,6	5,9	6,2	6,2	6,3	6,5	6,4	6,4	6,1	7,7
	Ost	5,3	5,0	4,5	4,7	4,8	4,9	4,9	5,3	5,7	5,5	5,5	5,9	6,1	6,5	6,6	6,9	7,2	7,0	7,4	7,4	8,6
	Bund	5,6	5,2	5,1	5,0	5,2	5,2	5,2	5,4	5,5	5,6	5,5	5,7	5,9	6,3	6,3	6,4	6,6	6,6	6,5	6,4	7,9
Verarbeitendes Gewerbe	West	5,2	4,8	4,8	4,6	4,9	5,0	5,0	5,0	5,2	5,4	5,5	5,7	5,8	6,0	6,0	6,0	6,1	6,1	6,1	6,1	7,4
	Ost	4,7	4,3	4,2	4,1	4,9	4,6	4,6	4,9	5,1	5,0	5,6	5,8	6,0	6,2	6,1	6,4	6,7	6,7	6,6	7,0	8,1
	Bund	5,1	4,7	4,7	4,5	4,8	5,0	5,0	5,0	5,2	5,3	5,5	5,7	5,8	6,0	6,0	6,0	6,0	6,2	6,2	6,3	7,5
Verkehr und Transport	West	5,3	4,9	4,8	4,7	4,9	5,1	5,1	5,3	5,5	5,6	5,6	5,7	5,8	6,0	5,9	5,9	5,9	5,9	5,8	5,8	7,0
	Ost	4,5	4,2	4,2	4,1	4,3	4,5	4,5	5,0	5,2	4,8	5,4	5,8	5,9	6,0	6,0	6,1	6,3	6,5	6,5	6,4	6,6	7,7
	Bund	5,2	4,8	4,7	4,6	4,8	4,9	5,0	5,3	5,5	5,4	5,5	5,7	5,8	6,0	6,0	6,0	6,0	6,0	6,0	5,9	7,1

[a] aufgrund der Revision der Wirtschaftszweigklassifikation in 2008 ist eine Vergleichbarkeit mit den Vorjahren nur bedingt möglich

Fehlzeiten-Report 2023

29.7 Einfluss der Alters- und Geschlechtsstruktur

Die Höhe des Krankenstandes hängt entscheidend vom Alter der Beschäftigten ab. Die krankheitsbedingten Fehlzeiten nehmen mit steigendem Alter deutlich zu. Die Höhe des Krankenstandes variiert ab dem 40. Lebensjahr in Abhängigkeit vom Geschlecht deutlich, wobei Frauen bis ca. 60 Jahren systematisch einen höheren Krankenstand aufweisen (◉ Abb. 29.9).

Zwar ist die Zahl der Krankmeldungen in den jüngeren Altersgruppen deutlich höher als in den älteren Altersgruppen, die durchschnittliche Dauer der Arbeitsunfähigkeitsfälle steigt hingegen kontinuierlich mit der Höhe des Alters an (◉ Abb. 29.10). Ältere Beschäftigte sind also tendenziell nicht unbedingt häufiger krank als ihre jüngeren Kolleginnen und Kollegen, fallen aber bei einer Erkrankung in der Regel wesentlich länger aus. Der starke Anstieg der Falldauer hat zur Folge, dass der Krankenstand mit zunehmendem Alter deutlich ansteigt, obwohl die Anzahl der Krankmeldungen nur minimal zunimmt. Hinzu kommt, dass ältere Arbeitnehmende im Unterschied zu jüngeren häufiger von mehreren Erkrankungen gleichzeitig betroffen sind (Multimorbidität). Auch dies kann längere Ausfallzeiten mit sich bringen.

Da die Krankenstände in Abhängigkeit vom Alter und Geschlecht sehr stark variieren, ist es sinnvoll, beim Vergleich der Krankenstände unterschiedlicher Branchen oder Regionen die Alters- und Geschlechtsstruktur zu berücksichtigen. Mithilfe von Standardisierungsverfahren lässt sich berechnen, wie der Krankenstand in den unterschiedlichen Bereichen ausfiele, wenn man eine durchschnittliche Alters- und Geschlechtsstruktur zugrunde legen würde. ◉ Abb. 29.11 zeigt die standardisierten Werte für die einzelnen Wirtschaftszweige im Vergleich zu den nicht standardisierten Krankenständen.[10]

In den meisten Branchen zeigen die standardisierten Werte Abweichungen von den nicht standardisierten Werten: In der Branche Energie, Wasser, Entsorgung und Bergbau (0,8 Prozentpunkte), im Baugewerbe (0,7 Prozentpunkte), in der Öffentlichen Verwaltung und in Erziehung und Unterricht (jeweils 0,4 Prozentpunkte) ist der überdurchschnittlich hohe Krankenstand zu einem erheblichen Teil auf die Alters- und Geschlechtsstruktur in diesen Bereichen zurückzuführen. In den Branchen Handel, Dienstleistungen sowie Verkehr und Transport (jeweils 0,2 Prozentpunkte Unterschied) ist es hingegen genau umgekehrt: Dort wäre bei einer durchschnittlichen Alters- und Geschlechtsstruktur ein etwas höherer Krankenstand zu erwarten.

◉ Abb. 29.12 zeigt die Abweichungen der standardisierten Krankenstände vom Bundesdurchschnitt. In den Bereichen Gesundheits- und Sozialwesen, Öffentliche Verwaltung und Sozialversicherung, Verkehr und Transport, Verarbeitendes Gewerbe, Metallindustrie, Energie, Wasser, Entsorgung und Bergbau sowie im Handel liegen die standardisierten Werte über dem Durchschnitt. Hingegen ist der standardisierte Krankenstand in der Branche Banken und Versicherung um 24,3 % deutlich geringer als im Bundesdurchschnitt. Dies ist vermutlich in erster Linie auf den hohen Angestelltenanteil mit vorwiegend sitzenden Tätigkeiten in dieser Branche zurückzuführen.

---

10 Berechnet nach der Methode der direkten Standardisierung – zugrunde gelegt wurde die Alters- und-, Geschlechtsstruktur der Beschäftigten im Jahr 2022 Quelle: Bundesagentur für Arbeit 2023.

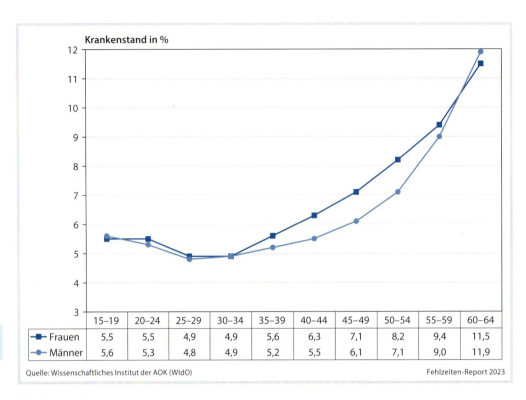

Abb. 29.9 Krankenstand der AOK-Mitglieder im Jahr 2022 nach Alter und Geschlecht

Abb. 29.10 Anzahl der Fälle und Dauer der Arbeitsunfähigkeit der AOK-Mitglieder im Jahr 2022 nach Alter

Kapitel 29 · Krankheitsbedingte Fehlzeiten in der deutschen Wirtschaft im Jahr 2022

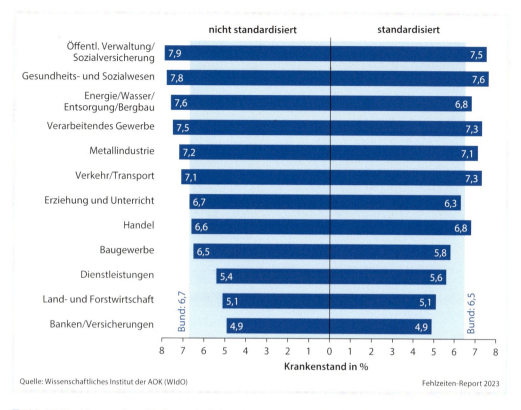

Abb. 29.11 Alters- und geschlechtsstandardisierter Krankenstand der AOK-Mitglieder im Jahr 2022 nach Branchen

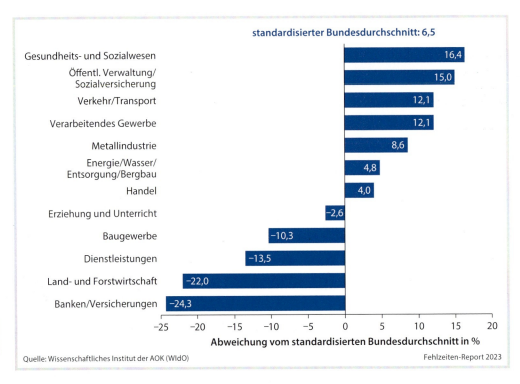

Abb. 29.12 Abweichungen der alters- und geschlechtsstandardisierten Krankenstände vom Bundesdurchschnitt im Jahr 2022 nach Branchen, AOK-Mitglieder

29.8 Fehlzeiten nach Bundesländern

Im Jahr 2022 lag der Krankenstand in Ostdeutschland um 1,0 Prozentpunkte höher als im Westen Deutschlands (Tab. 29.3). Zwischen den einzelnen Bundesländern[11] zeigen sich jedoch erhebliche Unterschiede (Abb. 29.13): Die höchsten Krankenstände waren 2022 in Thüringen mit 7,9 %, gefolgt von Sachsen-Anhalt mit 7,8 % und Mecklenburg-Vorpommern mit 7,7 % sowie in Brandenburg mit 7,6 % zu verzeichnen. Die niedrigsten Krankenstände wiesen Hamburg (5,7 %), Berlin (5,9 %) sowie Bayern (6,1 %) auf.

Die hohen Krankenstände kommen auf unterschiedliche Weise zustande. In Thüringen, Brandenburg, Sachsen-Anhalt, im Saarland, in Sachsen und in Mecklenburg-Vorpommern lag vor allem die durchschnittliche Dauer pro Arbeitsunfähigkeitsfall über dem Bundesdurchschnitt (Abb. 29.14). In Niedersachsen ist der hohe Krankenstand (7,1 %) dagegen auf die hohe Zahl der Arbeitsunfähigkeitsfälle zurückzuführen.

Inwieweit sind die regionalen Unterschiede im Krankenstand auf unterschiedliche Alters- und Geschlechts- oder Branchenstrukturen zurückzuführen? Abb. 29.15 zeigt die standardisierten Werte für die einzelnen Bundesländer im Vergleich zu den nicht standardisierten Krankenständen.[12] Durch die Berücksichtigung der Alters-, Geschlechts- und Bran-

---

11 Die Zuordnung zu den Bundesländern erfolgt über die Postleitzahlen der Betriebe.

12 Berechnet nach der Methode der direkten Standardisierung – zugrunde gelegt wurde die Alters-, Geschlechts- und Branchenstruktur der Beschäftigten im Jahr 2022 Quelle: Bundesagentur für Arbeit 2023.

Kapitel 29 · Krankheitsbedingte Fehlzeiten in der deutschen Wirtschaft im Jahr 2022

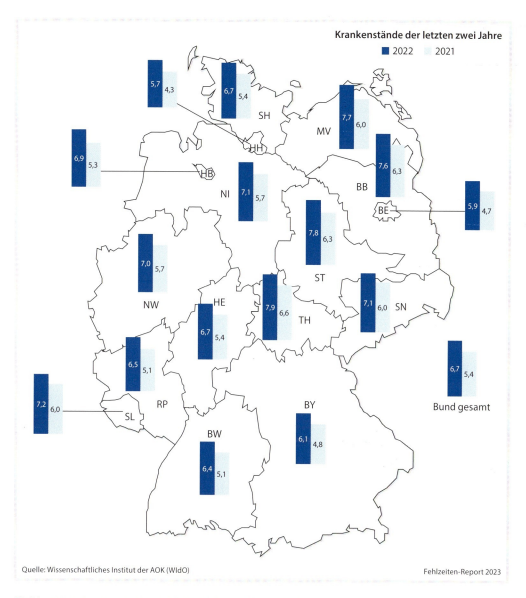

◻ **Abb. 29.13** Krankenstand der AOK-Mitglieder nach Bundesländern im Jahr 2022 im Vergleich zum Vorjahr

chenstruktur relativieren sich die beschriebenen regionalen Unterschiede im Krankenstand etwas. Das Bundesland Thüringen hat mit 7,9 % den höchsten beobachteten Krankenstand. Dieser verringert sich nach der Standardisierung zwar etwas auf 7,8 %, bleibt aber im Vergleich noch immer der Höchste. In Hamburg und Berlin zeigt sich durch die Standardisierung eine Zunahme um jeweils 0,7 Prozentpunkte, d. h. in diesen Städten liegt eine Alters-, Geschlechts- und Branchenstruktur vor, die sich positiv auf den Krankenstand auswirkt. Bayern weist neben Hamburg nach der Standardisierung mit einem Anstieg von nur 0,1 Prozentpunkten auf 6,2 % den günstigsten Wert auf.

◻ Abb. 29.16 zeigt die prozentualen Abweichungen der standardisierten Krankenstän-

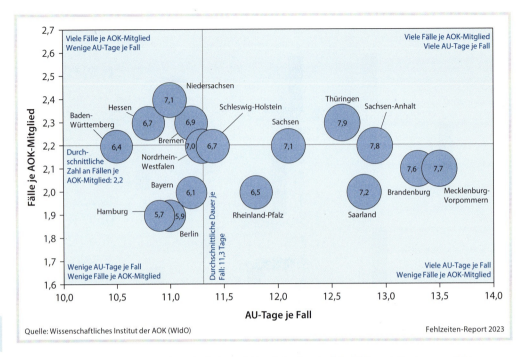

◘ Abb. 29.14 Krankenstand der AOK-Mitglieder nach Bundesländern im Jahr 2022 nach Bestimmungsfaktoren

de vom Bundesdurchschnitt. Die höchsten Werte weisen Thüringen, Mecklenburg-Vorpommern und Sachsen-Anhalt auf. Dort liegen die standardisierten Werte mit 13,5 bzw. 12,2 und 10,9 % deutlich über dem Durchschnitt. In Bayern ist der standardisierte Krankenstand mit 9,7 % Abweichung wesentlich niedriger als im Bundesdurchschnitt.

Im Vergleich zum Vorjahr haben im Jahr 2022 die Arbeitsunfähigkeitsfälle in den Bundesländern insgesamt um 45,5 % und die Arbeitsunfähigkeitstage um 24,2 % zugenommen (◘ Tab. 29.5). Die Falldauer der Arbeitsunfähigkeiten ist mit 13,5 Tagen in Mecklenburg-Vorpommern am höchsten und in Baden-Württemberg mit 10,5 Tagen am geringsten.

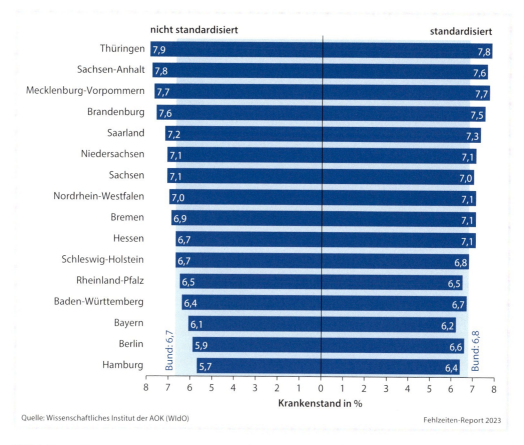

Abb. 29.15 Alters- und geschlechtsstandardisierter Krankenstand der AOK-Mitglieder im Jahr 2022 nach Bundesländern

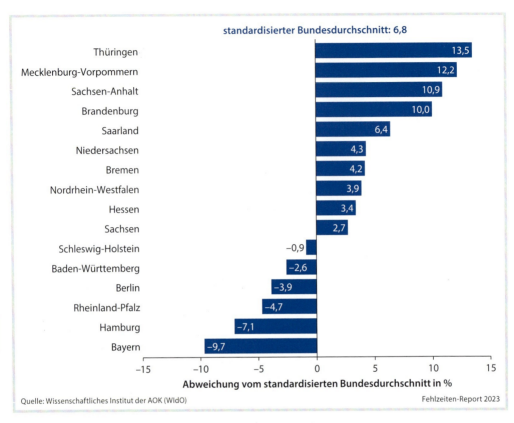

Abb. 29.16 Abweichungen der alters- und geschlechtsstandardisierten Krankenstände vom Bundesdurchschnitt im Jahr 2022 nach Bundesländern, AOK-Mitglieder

Tab. 29.5 Krankenstandskennzahlen nach Regionen, 2022 im Vergleich zum Vorjahr

	Arbeitsunfähigkeiten je 100 AOK-Mitglieder				Tage je Fall	Veränd. z. Vorj. in %
	Fälle	Veränd. z. Vorj. in %	Tage	Veränd. z. Vorj. in %		
Baden-Württemberg	221,8	41,7	2.327,9	25,8	10,5	−11,2
Bayern	198,4	54,2	2.217,6	26,2	11,2	−18,1
Berlin	195,0	41,1	2.136,3	23,8	11,0	−12,3
Brandenburg	206,9	40,4	2.761,5	20,5	13,3	−14,2
Bremen	225,5	60,3	2.525,6	29,5	11,2	−19,2
Hamburg	189,8	66,5	2.066,9	31,2	10,9	−21,2
Hessen	226,9	42,8	2.453,3	24,7	10,8	−12,7
Mecklenburg-Vorpommern	206,8	54,9	2.793,2	28,2	13,5	−17,2
Niedersachsen	236,2	44,1	2.600,7	25,6	11,0	−12,9
Nordrhein-Westfalen	224,3	43,0	2.544,3	23,0	11,3	−14,0
Rheinland-Pfalz	199,7	58,6	2.360,6	27,1	11,8	−19,8
Saarland	204,7	38,1	2.626,9	20,1	12,8	−13,0
Sachsen	215,1	39,4	2.593,7	18,4	12,1	−15,1
Sachsen-Anhalt	220,6	47,7	2.846,1	23,4	12,9	−16,5
Schleswig-Holstein	215,6	53,1	2.458,3	25,8	11,4	−17,9
Thüringen	229,5	40,0	2.891,4	20,5	12,6	−13,9
Bund	**216,6**	**45,5**	**2.447,8**	**24,2**	**11,3**	**−14,6**

Fehlzeiten-Report 2023

29.9 Fehlzeiten nach Ausbildungsabschluss und Vertragsart

Die Bundesagentur für Arbeit definiert und liefert die für die Unternehmen relevanten Tätigkeitsschlüssel. Die Unternehmen sind verpflichtet, ihren Beschäftigten den jeweils für die Art der Beschäftigung gültigen Tätigkeitsschlüssel zuzuweisen und diesen zu dokumentieren. Diese Schlüssel sind in den Meldungen zur Sozialversicherung enthalten und werden neben weiteren Angaben zur Person den Einzugsstellen – in der Regel den Krankenkassen der Arbeitnehmenden – übermittelt. Auf Grundlage der Meldungen führt die Krankenkasse ihr Versichertenverzeichnis und übermittelt die Daten dem Rentenversicherungsträger (vgl. Damm et al. 2012). Grundlage der Tätigkeitseinstufung war bis zum Jahr 2012 die „Klassifikation der Berufe" aus dem Jahr 1988 (Bundesagentur für Arbeit 1988).

In den letzten Jahren haben sich jedoch sowohl die Berufs- und Beschäftigungslandschaft als auch die Ausbildungsstrukturen stark verändert. So sind nicht nur neue Ausbildungsabschlüsse entstanden, auch die Trennung zwischen Arbeitern und Angestellten ist bereits seit dem Jahr 2006 rentenrechtlich be-

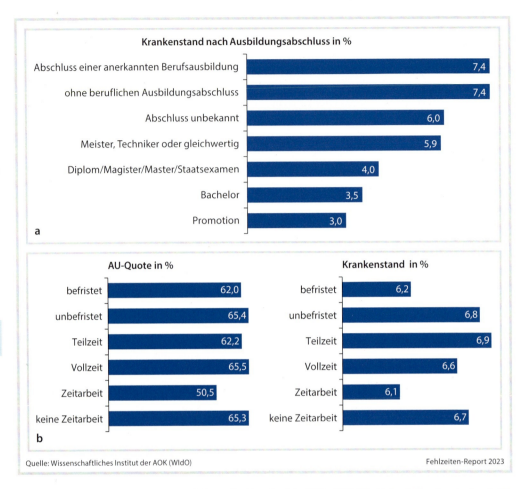

◘ **Abb. 29.17** **a** Krankenstand nach Ausbildungsabschluss im Jahr 2022, AOK-Mitglieder; **b** Krankenstand und AU-Quote nach Vertragsart im Jahr 2022, AOK-Mitglieder

deutungslos. Aus diesem Grund wurde die veraltete Klassifikation der Berufe von der Bundesagentur für Arbeit durch eine überarbeitete Version (Bundesagentur für Arbeit 2011) ersetzt. Diese weist zugleich eine hohe Kompatibilität mit der internationalen Berufsklassifikation ISCO-08 (International Standard Classification of Occupations 2008) (ILO 2012) auf. Die neue Version gilt seit dem 01.12.2011. Infolge der Umstellung wird die Stellung im Beruf (wie die Trennung nach Arbeiter oder Angestellter) nicht mehr ausgewiesen.

Die krankheitsbedingten Fehlzeiten variieren deutlich in Abhängigkeit vom Ausbildungsabschluss (vgl. ◘ Abb. 29.17a). Dabei zeigt sich, dass der Krankenstand mit steigendem Ausbildungsniveau sinkt. Den höchsten Krankenstand weisen mit 7,4 % Beschäftigte ohne beruflichen Abschluss und Beschäftigte mit einer anerkannten Berufsausbildung auf. Beschäftigte mit einem Diplom, Magister, Master und Staatsexamen oder einem Bachelorabschluss liegen deutlich darunter (4,0 bzw. 3,5 %). Den geringsten Krankenstand weisen mit 3,0 % Beschäftigte mit Promotion auf.

Diese Ergebnisse können zu der Annahme führen, dass die Differenzen im Krankenstand u. a. auf den Faktor Bildung zurückzuführen sind. Diese Annahme wird auch in empirischen Studien bestätigt, bei denen Bildung als eine wesentliche Variable für die Erklärung von gesundheitlichen Differenzen erkannt wurde.

Die Gründe sind u. a. darin zu suchen, dass sich beispielsweise Akademiker gesundheitsgerechter verhalten, was Ernährung, Bewegung und das Rauchverhalten angehen. Auch gehen körperlich schwere und belastende Tätigkeiten eher mit einer geringeren als mit einer höheren Qualifikation einher. Akademiker stehen auch ein besserer Zugang zu Gesundheitsleistungen offen. In der Regel werden ihnen auch bei ihrer beruflichen Tätigkeit größere Handlungsspielräume und Gestaltungsmöglichkeiten eingeräumt und für die erbrachten beruflichen Leistungen werden adäquate Gratifikationen wie ein höheres Gehalt, Anerkennung und Wertschätzung sowie Aufstiegsmöglichkeiten und Arbeitsplatzsicherheit gewährt (vgl. u. a. Karasek und Theorell 1990; Marmot 2005; Mielck et al. 2012; Siegrist 1999). Dies führt dazu, dass Beschäftigte in höheren Positionen motivierter sind und sich stärker mit ihrer beruflichen Tätigkeit identifizieren. Der Anteil motivationsbedingter Fehlzeiten ist auch aus diesem Grund bei höherem beruflichem Status geringer.

Umgekehrt haben Studien gezeigt, dass bei einkommensschwachen Gruppen verhaltensbedingte gesundheitliche Risikofaktoren wie Rauchen, Bewegungsarmut und Übergewicht stärker ausgeprägt sind als bei Gruppen mit höheren Einkommen (Mielck 2000). Die theoretische Grundlage liefern hier kulturell determinierte Lebensstilunterschiede.

Hinzu kommt, dass sich die Tätigkeiten von gering qualifizierten Beschäftigten im Vergleich zu denen von höher qualifizierten in der Regel durch ein größeres Maß an physiologisch-ergonomischen Belastungen, eine höhere Unfallgefährdung und damit durch erhöhte Gesundheitskrisen auszeichnen. Zudem gibt es Zusammenhänge zu geringerer körperlicher Aktivität und einer selteneren Inanspruchnahme von Präventionsangeboten (vgl. Datenreport 2021). Nicht zuletzt müssen Umweltfaktoren sowie Infra- und Versorgungsstrukturen berücksichtigt werden. Ein niedrigeres Einkommensniveau wirkt sich bei Geringqualifizierten auch ungünstig auf die außerberuflichen Lebensverhältnisse wie die Wohnsituation und die Erholungsmöglichkeiten aus.

Die AU-Quote weist den Anteil der AOK-Mitglieder mit mindestens einem Arbeitsunfähigkeitsfall im Auswertungsjahr aus. Betrachtet man die AU-Quoten nach der Vertragsart, zeigt sich, dass die unbefristet und Vollzeit-Beschäftigten mit 65,4 bzw. 65,5 % öfter von einer Krankschreibung betroffen sind als befristet bzw. Teilzeit-Beschäftigte (62,0 bzw. 62,2 %). Dies spiegelt sich zugleich im Krankenstand wider: Der Krankenstand bei den unbefristet Beschäftigten liegt im Vergleich zu den befristet Beschäftigten um 0,6 Prozentpunkte höher. Der Krankenstand bei den Teilzeitbeschäftigten liegt allerdings um 0,3 Prozentpunkte höher als bei den Vollzeitbeschäftigten.

Betrachtet man die Fehlzeiten von Zeitarbeitenden, so zeigt sich, dass der Krankenstand bei den Zeitarbeitsbeschäftigten um 0,6 Prozentpunkte geringer ist als bei denjenigen, die nicht über eine Zeitarbeitsfirma beschäftigt sind (6,1 % versus 6,7 %). Bei diesem Unterschied spielen auch Alters- und Geschlechtseffekte eine Rolle. 73 % der Zeitarbeitsbeschäftigten sind Männer und diese sind im Durchschnitt 4,7 Jahre jünger als Beschäftigte außerhalb der Zeitarbeit. Bei Frauen beträgt dieser Altersunterschied immerhin auch noch 3,9 Jahre. Der nach Alter und Geschlecht standardisierte Krankenstand[13] zeigt bei Beschäftigten ohne Zeitarbeitsanstellung einen Krankenstand von 6,8 % und bei Zeitarbeitenden von 6,6 %. Damit fehlen die Zeitarbeitenden weiterhin im Vergleich weniger in den Betrieben, jedoch verringert sich infolge unterschiedlicher Alters- und Geschlechtsstrukturen die Differenz beim Krankenstand um 0,4 Prozentpunkte im Vergleich zu den Beschäftigten ohne Zeitarbeitsanstellung. Die Anzahl der Fehltage pro Fall ist bei Zeitarbeitenden deutlich geringer (Zeitarbeit: 8,3 Tage vs. Nicht-Zeitarbeit: 11,4 Tage) (◘ Abb. 29.17b).

29.10 Fehlzeiten nach Berufsgruppen

Auch bei den einzelnen Berufsgruppen[14] gibt es große Unterschiede hinsichtlich der krankheitsbedingten Fehlzeiten (◘ Abb. 29.18). Die Art der ausgeübten Tätigkeit hat erheblichen Einfluss auf das Ausmaß der Fehlzeiten. Die meisten Arbeitsunfähigkeitstage weisen Berufsgruppen aus dem gewerblichen Bereich auf, wie beispielsweise Berufe in der Ver- und Entsorgung. Dabei handelt es sich häufig um Berufe mit hohen körperlichen Arbeitsbelastungen und überdurchschnittlich vielen Arbeitsunfällen (▶ Abschn. 29.12). Einige der Berufsgruppen mit hohen Krankenständen, wie Berufe in der Altenpflege, sind auch in besonders hohem Maße psychischen Arbeitsbelastungen ausgesetzt. Die niedrigsten Krankenstände sind bei akademischen Berufsgruppen wie z. B. Berufen in der Hochschullehre und -forschung, der Unternehmensberatung oder der Softwareentwicklung zu verzeichnen. Während Beschäftigte mit Berufen in der Hochschullehre und -forschung im Jahr 2022 im Durchschnitt nur 7,6 Tage krankgeschrieben waren, waren es bei den Berufen in der Ver- und Entsorgung 36,9 Tage, also fast das Fünffache.

---

13 Berechnet nach der Methode der direkten Standardisierung – zugrunde gelegt wurde die Alters- und-, Geschlechtsstruktur der Beschäftigten im Jahr 2022 Quelle: Bundesagentur für Arbeit 2023.

14 Die Klassifikation der Berufe wurde zum 01.12.2011 überarbeitet und aktualisiert (▶ Abschn. 29.9). Daher finden sich ab dem Jahr 2012 zum Teil andere Berufsbezeichnungen als in den Fehlzeiten-Reporten der Vorjahre.

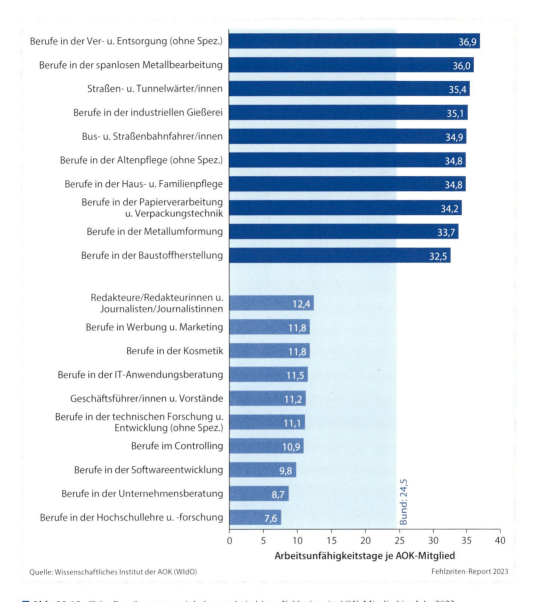

◘ **Abb. 29.18** Zehn Berufsgruppen mit hohen und niedrigen Fehlzeiten je AOK-Mitglied im Jahr 2022

29.11 Fehlzeiten nach Wochentagen

Die meisten Krankschreibungen sind am Wochenanfang zu verzeichnen (◘ Abb. 29.19). Zum Wochenende hin nimmt die Zahl der Arbeitsunfähigkeitsmeldungen tendenziell ab.

2022 entfiel ein Drittel (34,3 %) der wöchentlichen Krankmeldungen auf den Montag.

Bei der Bewertung der gehäuften Krankmeldungen am Montag muss allerdings berücksichtigt werden, dass der Arzt am Wochenende in der Regel nur in Notfällen aufgesucht wird, da die meisten Praxen geschlossen sind. Deshalb erfolgt die Krankschreibung für

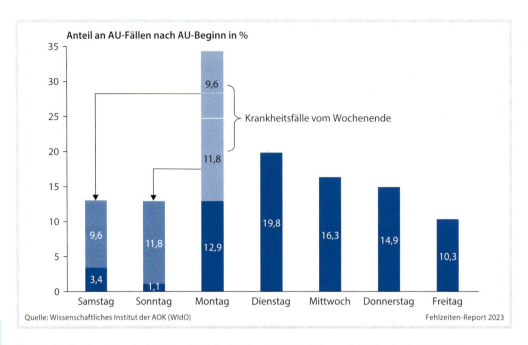

Abb. 29.19 Verteilung der Arbeitsunfähigkeitsfälle der AOK-Mitglieder nach AU-Beginn im Jahr 2022

Erkrankungen, die bereits am Wochenende begonnen haben, in den meisten Fällen erst am Wochenanfang. Insofern sind in den Krankmeldungen vom Montag auch die Krankheitsfälle vom Wochenende enthalten. Die Verteilung der Krankmeldungen auf die Wochentage ist also in erster Linie durch die ärztlichen Sprechstundenzeiten bedingt. Dies wird häufig in der Diskussion um den „blauen Montag" nicht bedacht.

Geht man davon aus, dass die Wahrscheinlichkeit zu erkranken an allen Wochentagen gleich hoch ist und verteilt die Arbeitsunfähigkeitsmeldungen vom Samstag, Sonntag und Montag gleichmäßig auf diese drei Tage, beginnen am Montag – „wochenendbereinigt" – nur noch 12,9 % der Krankheitsfälle. Danach ist der Montag nach dem Freitag (10,3 %) der Wochentag mit der geringsten Zahl an Krankmeldungen. Eine finnische Studie zu diesem Thema bestätigt ebenfalls die geringe Bedeutung des Montags bei krankheitsbedingten Fehlzeiten (Vahtera et al. 2001). Die Mehrheit der Ärzte bevorzugt als Ende der Krankschreibung das Ende der Arbeitswoche (◘ Abb. 29.20): 2022 endeten 46,3 % der Arbeitsunfähigkeitsfälle am Freitag. Nach dem Freitag ist der Mittwoch der Wochentag, an dem die meisten Krankmeldungen (12,8 %) abgeschlossen worden sind.

Da meist bis Freitag krankgeschrieben wird, nimmt der Krankenstand gegen Ende der Woche zu. Daraus abzuleiten, dass am Freitag besonders gerne „krankgefeiert" wird, um das Wochenende auf Kosten des Arbeitgebers zu verlängern, erscheint wenig plausibel, insbesondere wenn man bedenkt, dass der Freitag der Werktag mit den wenigsten Krankmeldungen ist.

Kapitel 29 · Krankheitsbedingte Fehlzeiten in der deutschen Wirtschaft im Jahr 2022

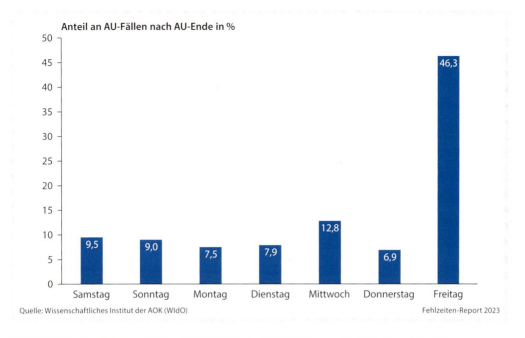

☐ **Abb. 29.20** Verteilung der Arbeitsunfähigkeitsfälle der AOK-Mitglieder nach AU-Ende im Jahr 2022

29.12 Arbeitsunfälle

Im Jahr 2022 waren 2,0 % der Arbeitsunfähigkeitsfälle auf Arbeitsunfälle[15] zurückzuführen. Diese waren für 4,5 % der Arbeitsunfähigkeitstage verantwortlich (☐ Abb. 29.21).

In den einzelnen Wirtschaftszweigen variiert die Zahl der Arbeitsunfälle erheblich. So waren die meisten Fälle in der Land- und Forstwirtschaft und im Baugewerbe zu verzeichnen (☐ Abb. 29.22). 2022 gingen beispielsweise 5,3 % der AU-Fälle und 11,3 % der AU-Tage in der Land- und Forstwirtschaft auf Arbeitsunfälle zurück. Neben dem Baugewerbe (4,1 %) und der Land- und Forstwirtschaft gab es auch im Bereich Verkehr und Transport (2,9 %) und in der Branche Energie, Wasser, Entsorgung und Bergbau (2,8 %) überdurchschnittlich viele Arbeitsunfälle. Den geringsten Anteil an Arbeitsunfällen verzeichneten die Banken und Versicherungen mit 0,6 %.

Die Zahl der Arbeitsunfälle lag in Westdeutschland höher als in Ostdeutschland: Während im Westen durchschnittlich 44 Fälle auf 1.000 AOK-Mitglieder entfielen, waren es im Osten 42 Fälle je 1.000 Mitglieder (☐ Abb. 29.22).

Die Zahl der auf Arbeitsunfälle zurückgehenden Arbeitsunfähigkeitstage war in den Branchen Land- und Forstwirtschaft sowie geringfügig bei den Dienstleistungen, im Gesundheits- und Sozialwesen, in Erziehung und Unterricht und auch den Banken und Versicherungen in Ostdeutschland höher als in Westdeutschland (☐ Abb. 29.23).

☐ Tab. 29.6 zeigt die Berufsgruppen, die in besonderem Maße von arbeitsbedingten Unfällen betroffen sind. Spitzenreiter waren im Jahr 2022 Berufe in der Zimmerei (4.479 AU-Tage je 1.000 AOK-Mitglieder), Berufe in der Dachdeckerei (3.951 AU-Tage je 1.000 AOK-Mitglieder) sowie Berufe im Maurerhandwerk (3.901 AU-Tage je 1.000 AOK-Mitglieder).

---

15 Zur Definition der Arbeitsunfälle siehe ☐ Tab. 29.1.

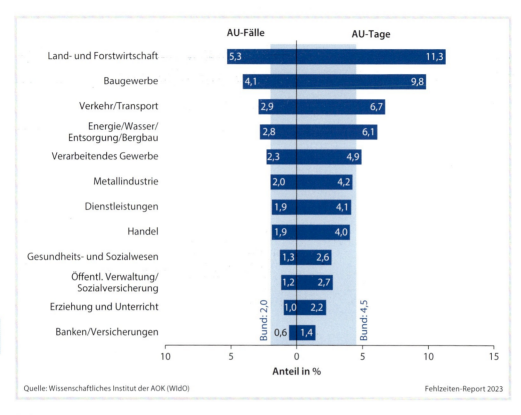

Abb. 29.21 Fehlzeiten der AOK-Mitglieder aufgrund von Arbeitsunfällen nach Branchen im Jahr 2022

Kapitel 29 · Krankheitsbedingte Fehlzeiten in der deutschen Wirtschaft im Jahr 2022

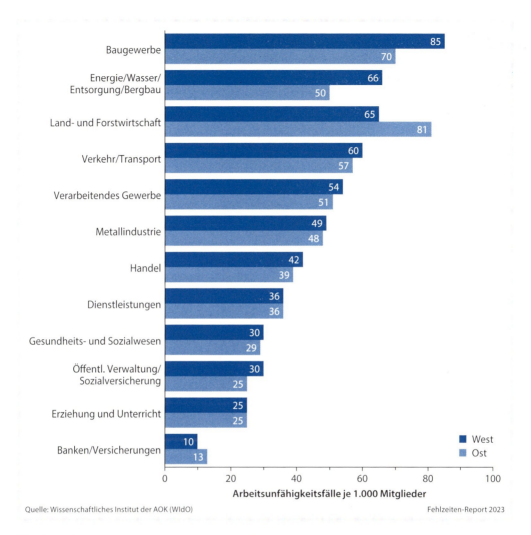

Abb. 29.22 Fälle der Arbeitsunfähigkeit der AOK-Mitglieder aufgrund von Arbeitsunfällen nach Branchen in West- und Ostdeutschland im Jahr 2022

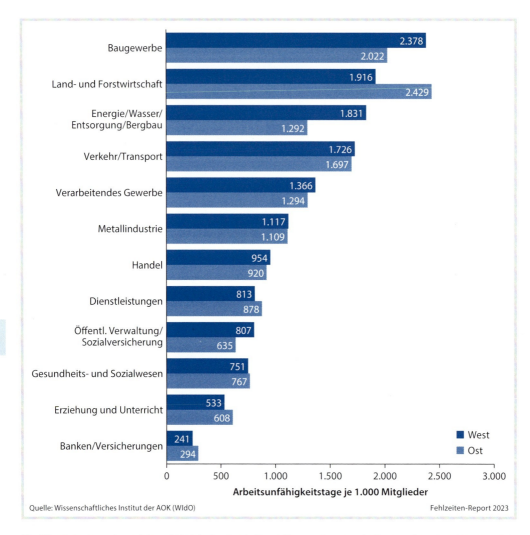

Abb. 29.23 Tage der Arbeitsunfähigkeit durch Arbeitsunfälle nach Branchen in West- und Ostdeutschland im Jahr 2022

Tab. 29.6 Tage der Arbeitsunfähigkeit durch Arbeitsunfälle nach Berufsgruppen im Jahr 2022, AOK-Mitglieder

Berufsgruppe	AU-Tage je 1.000 AOK-Mitglieder
Berufe in der Zimmerei	4.479
Berufe in der Dachdeckerei	3.951
Berufe im Maurerhandwerk	3.901
Berufe im Beton- u. Stahlbetonbau	3.490
Berufe im Hochbau (ohne Spez.)	2.982
Berufe im Tiefbau (ohne Spez.)	2.876
Berufe im Straßen- u. Asphaltbau	2.692
Berufe in der Ver- u. Entsorgung (ohne Spez.)	2.685
Berufskraftfahrer/innen (Güterverkehr/LKW)	2.572
Berufe in der Holzbe- u. -verarbeitung (ohne Spez.)	2.446
Führer/innen von Erdbewegungs- u. verwandten Maschinen	2.422
Berufe im Metallbau	2.354
Berufe im Aus- u. Trockenbau (ohne Spez.)	2.267
Berufe in der Fleischverarbeitung	2.199
Berufe im Garten-, Landschafts- u. Sportplatzbau	2.199
Berufe für Post- u. Zustelldienste	2.195
Berufe im Holz-, Möbel- u. Innenausbau	2.194
Platz- u. Gerätewarte/-wartinnen	2.155
Kranführer/innen, Aufzugsmaschinisten, Bedienung verwandter Hebeeinrichtungen	2.109
Berufe für Maler- u. Lackiererarbeiten	2.043
Berufe in der Sanitär-, Heizungs- u. Klimatechnik	2.030
Berufe in der Schweiß- u. Verbindungstechnik	1.920
Berufe in der Metalloberflächenbehandlung (ohne Spez.)	1.893
Berufe im Gartenbau (ohne Spez.)	1.836
Fahrzeugführer/innen im Straßenverkehr (sonstige spezifische Tätigkeitsangabe)	1.762

Fehlzeiten-Report 2023

29.13 Krankheitsarten im Überblick

Das Krankheitsgeschehen wird im Wesentlichen von sechs großen Krankheitsgruppen (nach ICD-10) bestimmt: Muskel- und Skelett-Erkrankungen, Atemwegserkrankungen, Verletzungen, psychische und Verhaltensstörungen, Herz- und Kreislauf-Erkrankungen sowie Erkrankungen der Verdauungsorgane (◘ Abb. 29.24). 55,6 % der Arbeitsunfähigkeitsfälle und 60,6 % der Arbeitsunfähigkeitstage gingen 2022 auf das Konto dieser sechs Krankheitsarten. Der Rest verteilte sich auf sonstige Krankheitsgruppen.

Der häufigste Anlass für die Ausstellung von Arbeitsunfähigkeitsbescheinigungen waren Atemwegserkrankungen. Im Jahr 2022 waren diese für mehr als ein Viertel der Arbeitsunfähigkeitsfälle (27,3 %) verantwortlich. Aufgrund einer relativ geringen durchschnittlichen Erkrankungsdauer betrug der Anteil der Atemwegserkrankungen am Krankenstand allerdings nur 17,5 %. Die zweitmeisten Arbeitsunfähigkeitstage wurden durch Muskel- und Skelett-Erkrankungen verursacht, die häufig mit langen Ausfallzeiten verbunden sind. Allein auf diese Krankheitsart waren 2022 17,4 % der Arbeitsunfähigkeitstage zurückzuführen, obwohl sie nur für 11,8 % der Arbeitsunfähigkeitsfälle verantwortlich war.

◘ Abb. 29.25 zeigt die Anteile der Krankheitsarten an den krankheitsbedingten Fehlzeiten im Jahr 2022 im Vergleich zum Vorjahr. Während die Anteile der Muskel-, Skeletterkrankungen um 4,1, der Verletzungen um 1,9, der psychischen Erkrankungen um 1,7, der Herz-Kreislauf-Erkrankungen um 0,9 und der Anteil der Verdauungserkrankungen um 0,6 Prozentpunkte sanken, stieg vor allem der Anteil der Atemwegserkrankungen um 7,7 Prozentpunkte im Verglich zum Vorjahr an.

Die ◘ Abb. 29.26 und 29.27 zeigen die Entwicklung der häufigsten Krankheitsarten in den Jahren 2013 bis 2022 in Form einer Indexdarstellung. Ausgangsbasis ist dabei der Wert des Jahres 2012. Dieser wurde auf 100 normiert. Vor allem die Atemwegserkrankungen hatten im Jahr 2022 einen deutlichen Anstieg

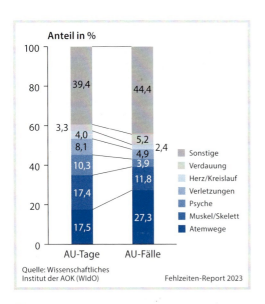

◘ **Abb. 29.24** Arbeitsunfähigkeit der AOK-Mitglieder nach Krankheitsarten im Jahr 2022

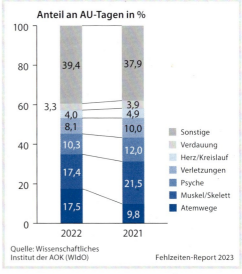

◘ **Abb. 29.25** Tage der Arbeitsunfähigkeit der AOK-Mitglieder nach Krankheitsarten im Jahr 2022 im Vergleich zum Vorjahr

Kapitel 29 · Krankheitsbedingte Fehlzeiten in der deutschen Wirtschaft im Jahr 2022

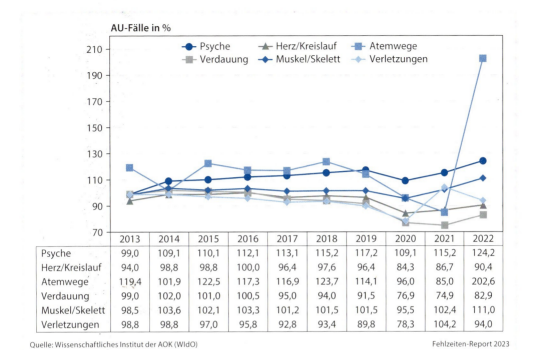

◘ **Abb. 29.26** Fälle der Arbeitsunfähigkeit der AOK-Mitglieder nach Krankheitsarten in den Jahren 2013–2022 (Indexdarstellung: 2012 = 100 %)

sowohl bei den AU-Tagen als auch bei den AU-Fällen zu verzeichnen. Während der deutliche Anstieg der Atemwegserkrankungen im Jahr 2022 im Zusammenhang mit der Corona-Pandemie zu interpretieren ist, zeigen vor allem die psychischen Erkrankungen in den letzten Jahren einen kontinuierlichen Anstieg. Über die Gründe für diesen Anstieg wird gesellschaftlich kontrovers diskutiert. In welchem Umfang die spezifischen Arbeitsbedingungen der modernen Arbeitswelt einen Beitrag zu diesem Trend leisten, bleibt umstritten. Ein wesentlicher Grund für den Anstieg wird hingegen in der Entstigmatisierung bestimmter psychischer Störungen gesehen: Ärzte seien zunehmend bezüglich psychischer Probleme sensibilisiert und dokumentieren psychische Krankheiten aufgrund der gestiegenen gesellschaftlichen Akzeptanz häufiger. Hierzu trage auch die verstärkte und verbesserte Schulung von Ärztinnen und Ärzten – insbesondere im hausärztlichen Bereich – bei. Dazu kommt die zunehmende Bereitschaft der Patienten und Patientinnen, psychische Probleme offener anzusprechen als früher. Als weiterer Grund wird die Verlagerung in Richtung psychischer Störungen als Diagnose diskutiert, d. h. bei Beschäftigten, die früher mit somatischen Diagnosen wie beispielsweise Muskel-Skelett-Erkrankungen krankgeschrieben waren, wird heute öfter eine psychische Erkrankung diagnostiziert. Die „reale Prävalenz" von psychischen Erkrankungen in der Bevölkerung sei aber insgesamt unverändert geblieben. Die Zwölf-Monats-Prävalenz liegt in Deutschland – je nach Studie – zwischen 31,1 und 34,5 % und damit deutlich höher, als es die Arbeitsunfähigkeitsdaten der gesetzlichen Krankenkassen nahelegen. Wenn man jedoch die stationären und ambulanten Diagnosen bei der Analyse berücksichtigt, lag die Prävalenzrate bei den AOK-Mitgliedern im Jahr 2018 bei

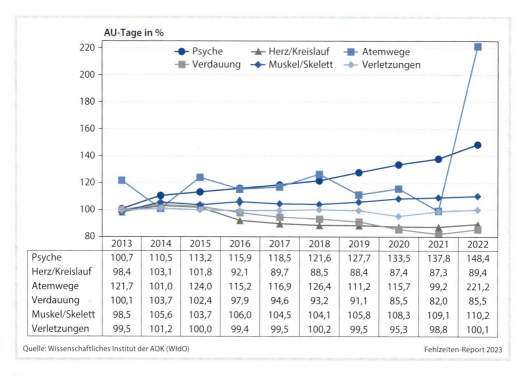

◻ **Abb. 29.27** Tage der Arbeitsunfähigkeit der AOK-Mitglieder nach Krankheitsarten in den Jahren 2013–2022 (Indexdarstellung: 2012 = 100 %)

30,4 % und damit in etwa auf dem Niveau der genannten externen Studien (vgl. Meschede et al. 2020). Der Anteil psychischer und psychosomatischer Erkrankungen an der Frühinvalidität hat in den letzten Jahren an Bedeutung gewonnen. Im Jahr 2021 ist dieser Anteil im Vergleich zum Vorjahr jedoch wieder rückläufig und beträgt bei den Männern 28,9 % (2020: 34,8 %) und bei den Frauen 45,7 % (2020: 47,8 %). Insgesamt lag dieser Anteil bei 37,7 % (2020: 40,5 %) (Deutsche Rentenversicherung Bund 2022). Nach Prognosen der Weltgesundheitsorganisation (WHO) ist mit einem weiteren Anstieg der psychischen Erkrankungen zu rechnen (WHO 2011). Der Prävention dieser Erkrankungen wird daher weiterhin eine große Bedeutung zukommen.

Neben dem besonders starken Anstieg der Atemwegserkrankungen ist die Anzahl der Arbeitsunfähigkeitsfälle im Vergleich zum Jahr 2012 insbesondere bei den psychischen Erkrankungen und bei den Muskel-Skelett-Erkrankungen angestiegen. Arbeitsunfähigkeitsfälle, die auf Verdauungs-, Herz-Kreislauf-Erkrankungen und auf Verletzungen zurückgingen, reduzierten sich um 17,1 %, 9,6 % bzw. 6 %.

Die durch Atemwegserkrankungen bedingten Fehlzeiten unterliegen den von Jahr zu Jahr unterschiedlich stark auftretenden Erkältungswellen. Bezogen auf die Fehltage sind die Atemwegserkrankungen in den letzten zehn Jahren um 121,2 % angestiegen. Dies ist vor allem auf die starke Erkältungswelle im Jahr 2022 zurückzuführen. Welche Rolle Covid-Infektionen in diesem Zusammenhang spielen, wird in ▶ Abschn. 29.21 erläutert.

In den letzten zehn Jahren sind ansonsten vor allem die psychischen Erkrankungen angestiegen (um 48,4 %), gefolgt von den Muskel-Skelett-Erkrankungen (um 10,2 %). Einen Rückgang gab es vor allem bei den Verdau-

Kapitel 29 · Krankheitsbedingte Fehlzeiten in der deutschen Wirtschaft im Jahr 2022

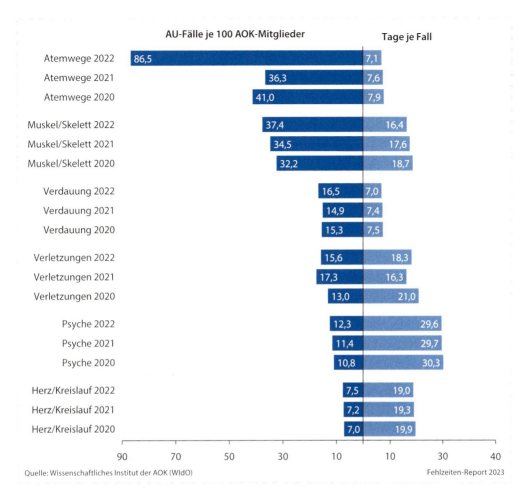

◨ **Abb. 29.28** Arbeitsunfähigkeitsfälle je 100 AOK-Mitglieder und Tage je Fall nach Krankheitsarten im Jahr 2022

ungserkrankungen (um 14,5 %) und den Herz-Kreislauf-Erkrankungen (10,6 %).

Die meisten Arbeitsunfähigkeitsfälle entstehen aufgrund von Atemwegserkrankungen: 86,5 Krankschreibungen entfallen hier durchschnittlich auf 100 ganzjährig versicherte AOK-Mitglieder. Zugleich sind mit 7,1 Fehltagen pro Fall bei den Atemwegserkrankungen die vergleichsweise kürzesten Ausfallzeiten verbunden, wohingegen bei psychischen Erkrankungen mit 29,6 Arbeitsunfähigkeitstagen je Fall im Schnitt die längsten Ausfallzeiten im Jahr 2022 zu beobachten sind.

Auf ein AOK-Mitglied entfallen – unabhängig davon, ob es erkrankt war oder nicht – im Jahr 2022 durchschnittlich 6,2 Fehltage aufgrund einer Atemwegserkrankung und 6,1 Fehltage aufgrund einer Muskel- und Skelett-Erkrankung. Damit stehen diese Diagnosegruppen auf Platz 1 und 2 als Ursache für Fehltage in Unternehmen, gefolgt von den psychischen Erkrankungen (3,6 Fehltage pro AOK-Mitglied). Bei allen bedeutenden Hauptdiagnosegruppen gab es systematisch einen Anstieg der Fehltage im Vergleich zum Vorjahr (◨ Abb. 29.28 und ◨ Tab. 29.7).

Zwischen West- und Ostdeutschland sind nach wie vor Unterschiede in der Verteilung der Krankheitsarten festzustellen (◨ Abb. 29.29). In den westlichen Bundes-

◘ **Tab. 29.7** Arbeitsunfähigkeitsquote und -tage der AOK-Mitglieder nach Krankheitsarten 2022 im Vergleich zum Vorjahr

ICD-Hauptgruppe	Bezeichnung	Arbeitsunfähigkeitsquote in %		Veränd. zum Vorjahr in %	Arbeitsunfähigkeitstage je 100 Mitglieder		Veränd. zum Vorjahr in %
		2022	2021		2022	2021	
5	Psyche	7,5	7,1	6,1	364,4	338,2	7,7
9	Herz/Kreislauf	4,7	4,6	2,7	142,4	139,1	2,4
10	Atemwege	41,6	20,6	101,8	615,7	276,2	122,9
11	Verdauung	9,7	8,8	10,2	114,8	110,1	4,3
13	Muskel/Skelett	19,2	18,0	6,4	614,6	608,1	1,1
19	Verletzungen	10,1	11,1	−9,3	286,2	282,5	1,3
	Sonstige	44,3	30,5	45,4	1.389,4	1.072,2	29,6

Fehlzeiten-Report 2023

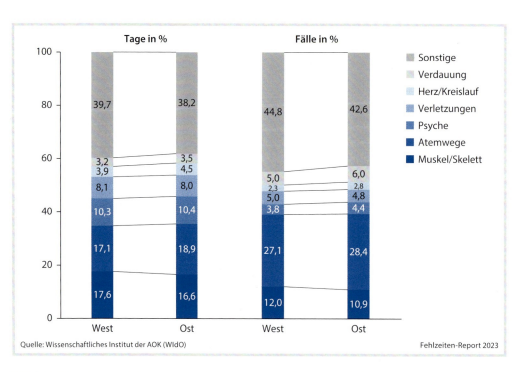

◘ **Abb. 29.29** Arbeitsunfähigkeit der AOK-Mitglieder nach Krankheitsarten in West- und Ostdeutschland im Jahr 2022

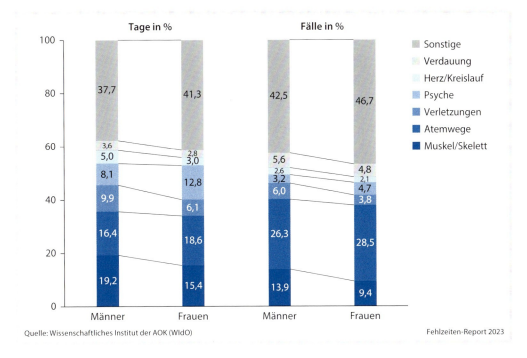

Abb. 29.30 Arbeitsunfähigkeit der AOK-Mitglieder nach Krankheitsarten und Geschlecht im Jahr 2022

ländern verursachen Muskel- und Skelett-Erkrankungen (1,0 Prozentpunkte) und Verletzungen (0,1 Prozentpunkte) mehr Fehltage als in den neuen Bundesländern. In den östlichen Bundesländern entstanden vor allem durch Atemwegserkrankungen und Herz- und Kreislauferkrankungen (1,8 und 0,6 Prozentpunkte) mehr Fehltage als im Westen.

Auch in Abhängigkeit vom Geschlecht ergeben sich deutliche Unterschiede in der Morbiditätsstruktur (Abb. 29.30). Insbesondere muskuloskelettale Erkrankungen und Verletzungen führen bei Männern häufiger zur Arbeitsunfähigkeit als bei Frauen. Dies dürfte damit zusammenhängen, dass Männer nach wie vor in größerem Umfang körperlich beanspruchende und unfallträchtige Tätigkeiten ausüben als Frauen. Auch der Anteil der Erkrankungen des Verdauungssystems und der Herz- und Kreislauf-Erkrankungen an den Arbeitsunfähigkeitsfällen und -tagen ist bei Männern höher als bei Frauen. Bei den Herz- und Kreislauf-Erkrankungen ist insbesondere der Anteil an den AU-Tagen bei Männern höher als bei Frauen.

Psychische Erkrankungen und Atemwegserkrankungen kommen dagegen bei Frauen häufiger vor als bei Männern.

Abb. 29.31 zeigt die Bedeutung der Krankheitsarten für die Fehlzeiten in den unterschiedlichen Altersgruppen. Aus der Abbildung ist deutlich zu ersehen, dass die Zunahme der krankheitsbedingten Ausfalltage mit dem Alter v. a. auf den starken Anstieg der Muskel- und Skelett-Erkrankungen und der Herz- und Kreislauf-Erkrankungen zurückzuführen ist, während die Atemwegserkrankungen in allen Altersgruppen im Auswertungsjahr eine größere Rolle spielen. Während die beiden erstgenannten Krankheitsarten bei den jüngeren Altersgruppen noch eine untergeordnete Bedeutung haben, verursachen sie in den höheren Altersgruppen die meisten Arbeitsunfähigkeitstage. Bei den 60- bis 64-Jährigen gehen ein Viertel (22,3 %) der Ausfalltage auf das Konto der muskuloskelettalen Erkrankun-

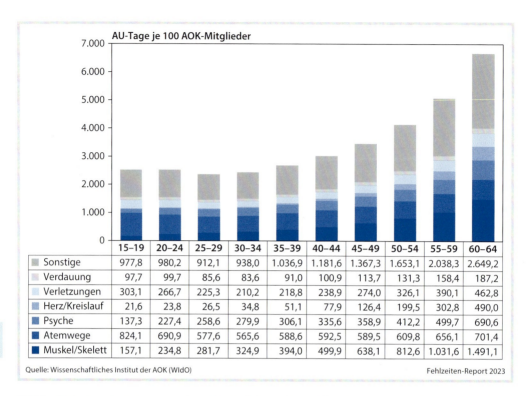

Abb. 29.31 Tage der Arbeitsunfähigkeit je 100 AOK-Mitglieder nach Krankheitsarten und Alter im Jahr 2022

gen. Muskel- und Skelett-Erkrankungen und Herz- und Kreislauf-Erkrankungen zusammen sind bei dieser Altersgruppe für 29,7 % des Krankenstandes verantwortlich.

29.14 Die häufigsten Einzeldiagnosen

In ◘ Tab. 29.8 sind die 40 häufigsten Einzeldiagnosen nach Anzahl der Arbeitsunfähigkeitsfälle aufgelistet. Im Jahr 2022 waren auf diese Diagnosen 65,7 % aller AU-Fälle und 53,5 % aller AU-Tage zurückzuführen.

Die häufigste Einzeldiagnose, die im Jahr 2022 zu Arbeitsunfähigkeit führte, war die akute Infektion der oberen Atemwege mit 16,7 % der AU-Fälle und 10,1 % der AU-Tage. Die zweithäufigste Diagnose, die zu Krankmeldungen führte, sind Krankheiten mit unklarer Ätiologie mit 6,4 % der AU-Fälle und 4,8 % der AU-Tage. Hierunter fällt die Covid-19-Diagnose. Unter den häufigsten Diagnosen sind Krankheitsbilder aus dem Bereich der Muskel- und Skelett-Erkrankungen besonders zahlreich vertreten. Die Covid-bedingte Diagnose ICD U99 Spezielle Verfahren zur Untersuchung auf SARS-CoV-2 ist im Jahr 2022 auf dem vierten Rang, was die Fallhäufigkeit betrifft.

Tab. 29.8 Anteile der 40 häufigsten Einzeldiagnosen an den AU-Fällen und AU-Tagen im Jahr 2022

ICD-10	Bezeichnung	AU-Fälle in %	AU-Tage in %
J06	Akute Infektionen an mehreren oder nicht näher bezeichneten Lokalisationen der oberen Atemwege	16,7	10,1
U07	Krankheiten mit unklarer Ätiologie, belegte und nicht belegte Schlüsselnummern U07.-	6,4	4,8
M54	Rückenschmerzen	4,8	5,0
U99	Belegte und nicht belegte Schlüsselnummern U99.-!	3,6	2,2
A09	Sonstige und nicht näher bezeichnete Gastroenteritis und Kolitis infektiösen und nicht näher bezeichneten Ursprungs	2,9	1,1
Z11	Spezielle Verfahren zur Untersuchung auf infektiöse und parasitäre Krankheiten	2,6	1,7
B34	Viruskrankheit nicht näher bezeichneter Lokalisation	2,3	1,4
R51	Kopfschmerz	1,7	0,8
J00	Akute Rhinopharyngitis [Erkältungsschnupfen]	1,6	0,9
R10	Bauch- und Beckenschmerzen	1,4	0,7
F43	Reaktionen auf schwere Belastungen und Anpassungsstörungen	1,2	2,5
M25	Sonstige Gelenkkrankheiten, anderenorts nicht klassifiziert	1,0	1,3
I10	Essentielle (primäre) Hypertonie	1,0	1,0
M79	Sonstige Krankheiten des Weichteilgewebes, anderenorts nicht klassifiziert	1,0	0,9
J98	Sonstige Krankheiten der Atemwege	1,0	0,6
R53	Unwohlsein und Ermüdung	0,9	1,0
J20	Akute Bronchitis	0,9	0,6
B99	Sonstige und nicht näher bezeichnete Infektionskrankheiten	0,9	0,5
F32	Depressive Episode	0,8	2,9
R05	Husten	0,8	0,5
K29	Gastritis und Duodenitis	0,8	0,4
K52	Sonstige nichtinfektiöse Gastroenteritis und Kolitis	0,8	0,3
R11	Übelkeit und Erbrechen	0,8	0,3
K08	Sonstige Krankheiten der Zähne und des Zahnhalteapparates	0,8	0,2
T14	Verletzung an einer nicht näher bezeichneten Körperregion	0,7	0,8
R07	Hals- und Brustschmerzen	0,7	0,4
G43	Migräne	0,7	0,3
Z98	Sonstige Zustände nach chirurgischem Eingriff	0,6	1,6
F48	Andere neurotische Störungen	0,6	1,1
M99	Biomechanische Funktionsstörungen, anderenorts nicht klassifiziert	0,6	0,6

◘ **Tab. 29.8** (Fortsetzung)

ICD-10	Bezeichnung	AU-Fälle in %	AU-Tage in %
J40	Bronchitis, nicht als akut oder chronisch bezeichnet	0,6	0,4
J02	Akute Pharyngitis	0,6	0,3
J03	Akute Tonsillitis	0,6	0,3
M51	Sonstige Bandscheibenschäden	0,5	1,5
M75	Schulterläsionen	0,5	1,3
R42	Schwindel und Taumel	0,5	0,5
R52	Schmerz, anderenorts nicht klassifiziert	0,5	0,5
R50	Fieber sonstiger und unbekannter Ursache	0,5	0,3
F45	Somatoforme Störungen	0,4	1,0
M23	Binnenschädigung des Kniegelenkes [internal derangement]	0,4	0,9
Summe hier		65,7	53,5
Restliche		34,3	46,5
Gesamtsumme		100,0	100,0

Fehlzeiten-Report 2023

29.15 Krankheitsarten nach Branchen und Berufen

Bei der Verteilung der Krankheitsarten bestehen erhebliche Unterschiede zwischen den Branchen, die im Folgenden für die wichtigsten Krankheitsgruppen aufgezeigt werden.

▪▪ Muskel- und Skelett-Erkrankungen

Die Muskel- und Skelett-Erkrankungen verursachen in fast allen Branchen die zweitmeisten Fehltage (◘ Abb. 29.32). Ihr Anteil an den Arbeitsunfähigkeitstagen bewegte sich im Jahr 2022 in den einzelnen Branchen zwischen 9 % bei Banken und Versicherungen und 22 % im Baugewerbe. In Wirtschaftszweigen mit überdurchschnittlich hohen Krankenständen sind häufig die muskuloskelettalen Erkrankungen besonders ausgeprägt und tragen wesentlich zu den erhöhten Fehlzeiten bei.

◘ Abb. 29.33 zeigt die Anzahl und durchschnittliche Dauer der Krankmeldungen aufgrund von Muskel- und Skelett-Erkrankungen in den einzelnen Branchen. Die meisten Arbeitsunfähigkeitsfälle waren im Bereich Verkehr und Transport zu verzeichnen – fast dreimal so viele wie bei den Banken und Versicherungen.

Die muskuloskelettalen Erkrankungen sind häufig mit langen Ausfallzeiten verbunden. Die mittlere Dauer der Krankmeldungen schwankte im Jahr 2022 in den einzelnen Branchen zwischen 14,5 Tagen bei Banken und Versicherungen sowie im Dienstleistungssektor und 20,8 Tagen in der Land- und Forstwirtschaft. Im Branchendurchschnitt lag sie bei 16,4 Tagen.

◘ Abb. 29.34 zeigt die zehn Berufsgruppen mit hohen und niedrigen Fehlzeiten aufgrund von Muskel- und Skelett-Erkrankungen. Die meisten Arbeitsunfähigkeitsfälle sind bei den Berufen in der industriellen Gießerei zu verzeichnen, während Berufe in der Hochschullehre und -forschung vergleichsweise geringe Fallzahlen aufgrund von Muskel- und Skelett-Erkrankungen aufweisen.

Kapitel 29 · Krankheitsbedingte Fehlzeiten in der deutschen Wirtschaft im Jahr 2022

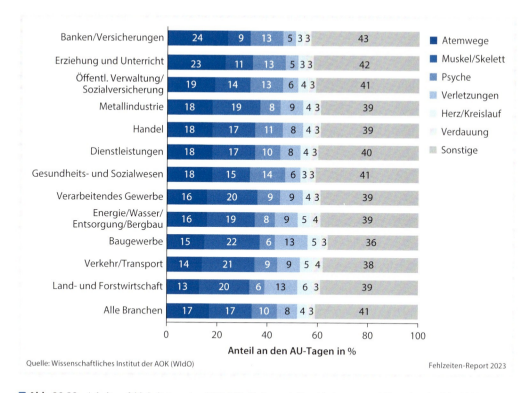

◘ Abb. 29.32 Arbeitsunfähigkeitstage der AOK-Mitglieder nach Krankheitsarten und Branchen im Jahr 2022

▪▪ Atemwegserkrankungen

Die meisten Erkrankungsfälle aufgrund von Atemwegserkrankungen waren im Jahr 2022 im Bereich Erziehung und Unterricht zu verzeichnen (◘ Abb. 29.35). Überdurchschnittlich viele Fälle fielen unter anderem auch im Bereich Öffentliche Verwaltung/Sozialversicherung, im Gesundheits- und Sozialwesen sowie in der Metallindustrie und bei Banken und Versicherungen an.

Die durchschnittliche Erkrankungsdauer bei dieser Krankheitsart ist in der Regel relativ gering. Im Branchendurchschnitt liegt sie bei 7,1 Tagen. In den einzelnen Branchen bewegte sie sich im Jahr 2022 zwischen 6,7 Tagen bei Banken und Versicherungen und im Baugewerbe und 7,8 Tagen in der Land- und Forstwirtschaft.

Der Anteil der Atemwegserkrankungen an den Arbeitsunfähigkeitstagen (◘ Abb. 29.32) ist bei den Banken und Versicherungen und in Berufen der Erziehung und im Unterricht (24 bzw. 23 %) am höchsten, in der Land- und Forstwirtschaft und im Verkehr und Transport (13 % und 14 %) am geringsten.

In ◘ Abb. 29.36 sind die hohen und niedrigen Fehlzeiten aufgrund von Atemwegserkrankungen von zehn Berufsgruppen dargestellt. Deutlicher Spitzenreiter sind die Berufe in der Kinderbetreuung und -erziehung mit 153,9 Arbeitsunfähigkeitsfällen je 100 AOK-Mitglieder und einer vergleichsweise geringen Falldauer von 6,9 Tagen je Fall, während beispielsweise Berufskraftfahrer/innen (Güterverkehr/LKW) im Vergleich zwar deutlich seltener an Atemwegserkrankungen leiden (49,8 Fälle je 100 AOK-Mitglieder), jedoch eine überdurchschnittliche Falldauer von 8,8 Tagen aufweisen.

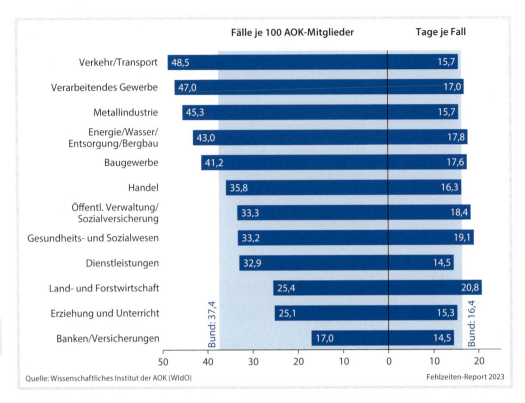

Abb. 29.33 Krankheiten des Muskel- und Skelettsystems und des Bindegewebes nach Branchen im Jahr 2022, AOK-Mitglieder

Verletzungen

Der Anteil der Verletzungen an den Arbeitsunfähigkeitstagen variiert sehr stark zwischen den einzelnen Branchen (Abb. 29.32). Am höchsten ist er in Branchen mit vielen Arbeitsunfällen. Im Jahr 2022 bewegte er sich zwischen 5 % bei den Banken und Versicherungen sowie bei Erziehung und Unterricht und 13 % im Baugewerbe und in der Land- und Forstwirtschaft. Hier war die Zahl der Fälle damit deutlich höher als bei Banken und Versicherungen (Abb. 29.37). Die Dauer der verletzungsbedingten Krankmeldungen schwankte in den einzelnen Branchen zwischen 15,0 Tagen bei Banken und Versicherungen und 22,9 Tagen im Bereich der Land- und Forstwirtschaft.

Die Unterschiede zeigen sich auch bei den Berufsgruppen (Abb. 29.38): An der Spitze der Arbeitsunfähigkeitsfälle aufgrund von Verletzungen stehen Berufe in der Dachdeckerei, gefolgt von der Zimmerei mit 35,4 bzw. 34,6 Fällen je 100 AOK-Mitgliedern und einer relativ langen Falldauer (20,3 und 21,2 Tagen pro Fall). Berufe in der Hochschullehre und -forschung liegen dagegen mit 3,9 Fällen je 100 AOK-Mitglieder und 12,4 Tagen je Fall weit unter dem Bundesdurchschnitt. Die längste gemittelte Falldauer geht auf Berufe im Mauerhandwerk zurück (24,0 Tage je Fall).

Ein erheblicher Teil der Verletzungen ist auf Arbeitsunfälle zurückzuführen. In der Land- und Forstwirtschaft gehen 48 % der Arbeitsunfähigkeitstage auf Arbeitsunfälle durch Verletzungen zurück. Im Baugewerbe, im Bereich Verkehr und Transport und in Energie, Wasser, Entsorgung und Bergbau gehen immerhin mehr als ein Drittel der Fehltage aufgrund von Verletzungen auf Arbeitsunfälle zurück (Abb. 29.39). Am niedrigsten ist der

Kapitel 29 · Krankheitsbedingte Fehlzeiten in der deutschen Wirtschaft im Jahr 2022

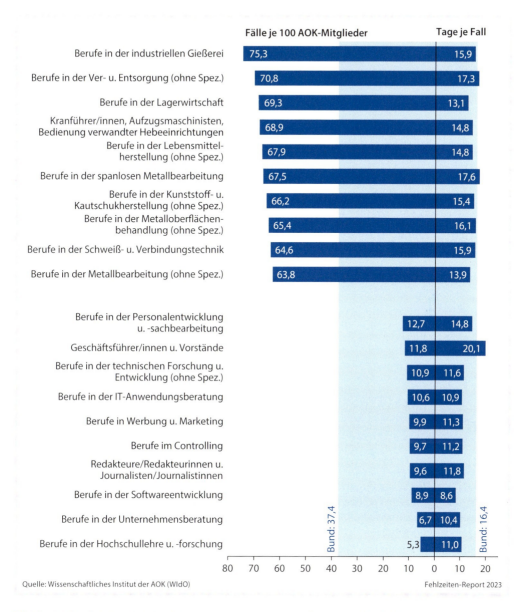

◘ **Abb. 29.34** Muskel- und Skelett-Erkrankungen nach Berufen im Jahr 2022, AOK-Mitglieder

Anteil der Arbeitsunfälle bei den Banken und Versicherungen. Dort beträgt er lediglich 13 %.

■ ■ **Erkrankungen der Verdauungsorgane**

Auf Erkrankungen der Verdauungsorgane gingen im Jahr 2022 insgesamt 3 % der Arbeitsunfähigkeitstage zurück (◘ Abb. 29.32). Die Unterschiede zwischen den Wirtschaftszweigen hinsichtlich der Zahl der Arbeitsunfähigkeitsfälle sind relativ gering. Die Branchen Energie, Wasser, Entsorgung und Bergbau (18,7 Fälle je 100 AOK-Mitglieder) sowie die Metallindustrie (18,5 Fälle), das Verarbeitende Gewerbe (18,3 Fälle) und die Öffentliche Verwaltung und Sozialversicherung (18,0 Fälle) verzeichneten eine vergleichsweise hohe Anzahl an

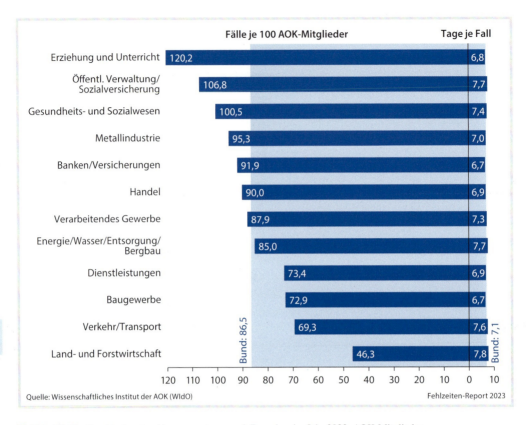

◘ **Abb. 29.35** Krankheiten des Atmungssystems nach Branchen im Jahr 2022, AOK-Mitglieder

Arbeitsunfähigkeitsfällen. Am niedrigsten war die Zahl der Arbeitsunfähigkeitsfälle im Bereich Land- und Forstwirtschaft mit 11,5 Fällen je 100 AOK-Mitglieder. Die Dauer der Fälle betrug im Branchendurchschnitt 7,0 Tage. In den einzelnen Branchen bewegte sie sich zwischen 5,8 bei den Banken und Versicherungen und 8,1 Tagen in der Land- und Forstwirtschaft (◘ Abb. 29.40).

Die Berufe mit den meisten Arbeitsunfähigkeitsfällen aufgrund von Erkrankungen des Verdauungssystems waren im Jahr 2022 Berufe im Dialogmarketing (29,1 Fälle je 100 AOK-Mitglieder), die Gruppe mit den wenigsten Fällen waren Berufe im Bereich der Hochschullehre und -forschung (5,3 Fälle je 100 AOK-Mitglieder) (◘ Abb. 29.41).

■■ **Herz- und Kreislauf-Erkrankungen**

Der Anteil der Herz- und Kreislauf-Erkrankungen an den Arbeitsunfähigkeitstagen lag im Jahr 2022 in den einzelnen Branchen zwischen 3 und 6 % (◘ Abb. 29.32). Die meisten Erkrankungsfälle waren im Bereich Energie, Wasser, Entsorgung und Bergbau sowie im Verarbeitenden Gewerbe zu verzeichnen (9,6 bzw. 8,8 Fälle je 100 AOK-Mitglieder). Die niedrigsten Werte waren bei den Beschäftigten im Bereich Banken und Versicherungen zu finden (4,8 Fälle je 100 AOK-Mitglieder). Herz- und Kreislauf-Erkrankungen bringen oft lange Ausfallzeiten mit sich. Die Dauer eines Erkrankungsfalls bewegte sich in den einzelnen Wirtschaftsbereichen zwischen 14,5 Tagen bei den Banken und Versicherungen und

Kapitel 29 · Krankheitsbedingte Fehlzeiten in der deutschen Wirtschaft im Jahr 2022

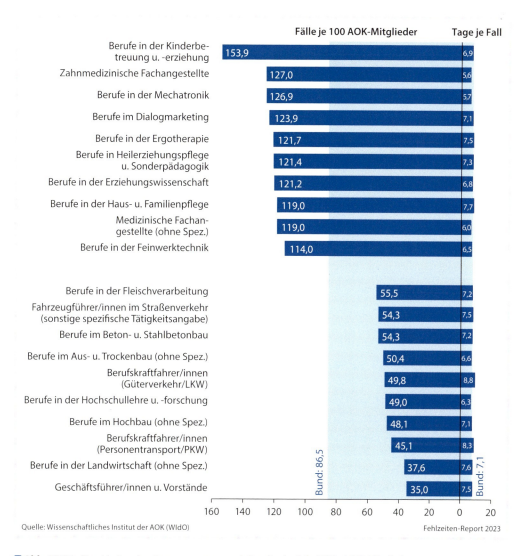

Abb. 29.36 Krankheiten des Atmungssystems nach Berufen im Jahr 2022, AOK-Mitglieder

24,3 Tagen in der Branche Land- und Forstwirtschaft (◘ Abb. 29.42).

◘ Abb. 29.43 stellt die hohen und niedrigen Fehlzeiten aufgrund von Erkrankungen des Herz-Kreislauf-Systems nach Berufen im Jahr 2022 dar. Die Berufsgruppe mit den meisten Arbeitsunfähigkeitsfällen sind Bus- und Straßenbahnfahrer/innen (12,7 Fälle je 100 AOK-Mitglieder). Die wenigsten AU-Fälle sind in der Berufsgruppe der Hochschullehre und -forschung zu verzeichnen (1,8 Fälle je 100 AOK-Mitglieder). Mit 24,6 Tagen je Fall fallen die Bus- und Straßenbahnfahrer/innen sowie die Berufskraftfahrer/innen und Führer/innen von Erdbewegungs- und verwandten Maschinen überdurchschnittlich lange aufgrund von Herz-Kreislauf-Erkrankungen aus.

■ ■ **Psychische und Verhaltensstörungen**

Der Anteil der psychischen und Verhaltensstörungen an den krankheitsbedingten Fehlzeiten schwankte in den einzelnen Branchen erheb-

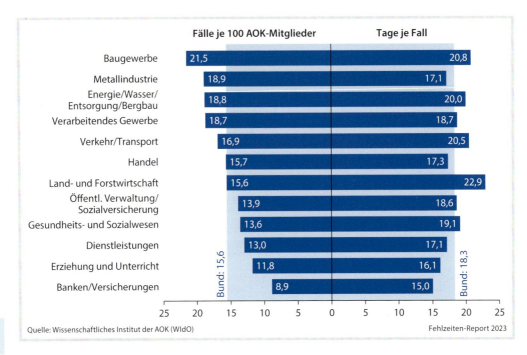

Abb. 29.37 Verletzungen, Vergiftungen und bestimmte andere Folgen äußerer Ursachen nach Branchen im Jahr 2022, AOK-Mitglieder

lich. Die meisten Erkrankungsfälle sind im tertiären Sektor zu verzeichnen. Während im Baugewerbe und in der Land- und Forstwirtschaft nur 6 % der Arbeitsunfähigkeitsfälle auf psychische und Verhaltensstörungen zurückgingen, ist im Gesundheits- und Sozialwesen mit 14 % der höchste Anteil an den AU-Fällen zu verzeichnen (Abb. 29.32). Die durchschnittliche Dauer der Arbeitsunfähigkeitsfälle bewegte sich in den einzelnen Branchen zwischen 26,7 und 33,9 Tagen (Abb. 29.44).

Gerade im Dienstleistungsbereich tätige Personen wie Beschäftigte im Dialogmarketing (30,9 AU-Fälle je 100 Mitglieder) und in der Haus-, Familien- und Altenpflege (22,9 bzw. 22,4 AU-Fälle je 100 AOK-Mitglieder) sind verstärkt von psychischen Erkrankungen betroffen. Psychische Erkrankungen sind dabei in der Regel mit langen Ausfallzeiten verbunden: Im Schnitt fehlen Arbeitnehmende 29,7 Tage (Abb. 29.45).

Kapitel 29 · Krankheitsbedingte Fehlzeiten in der deutschen Wirtschaft im Jahr 2022

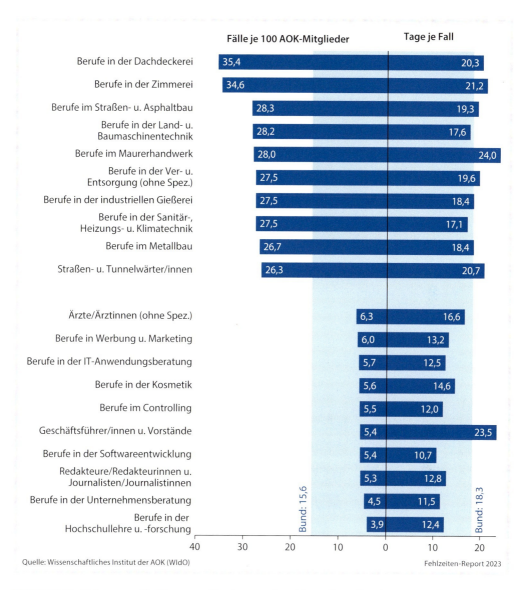

Abb. 29.38 Verletzungen, Vergiftungen und bestimmte andere Folgen äußerer Ursachen nach Berufen im Jahr 2022, AOK-Mitglieder

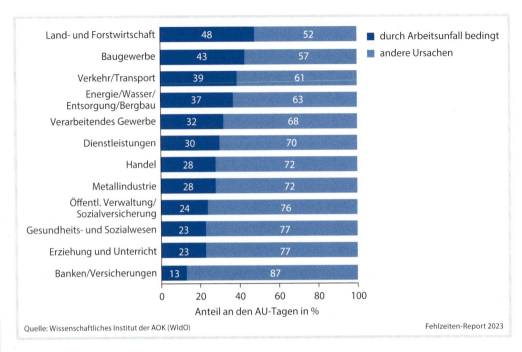

Abb. 29.39 Anteil der Arbeitsunfälle an den Verletzungen nach Branchen im Jahr 2022, AOK-Mitglieder

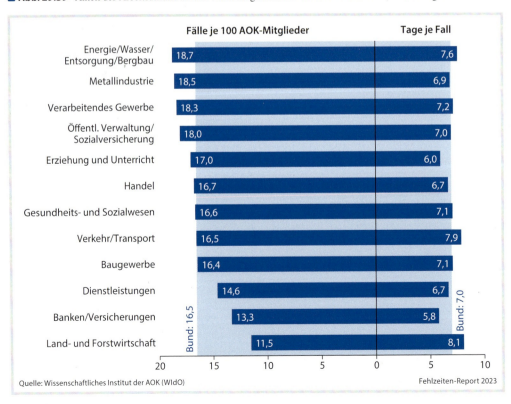

Abb. 29.40 Krankheiten des Verdauungssystems nach Branchen im Jahr 2022, AOK-Mitglieder

Kapitel 29 · Krankheitsbedingte Fehlzeiten in der deutschen Wirtschaft im Jahr 2022

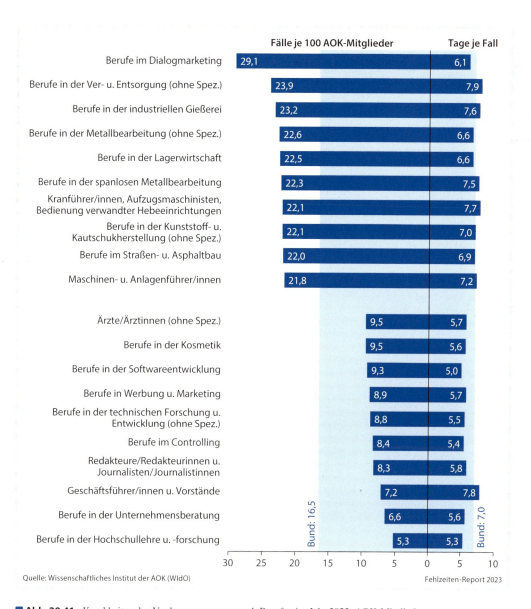

◻ Abb. 29.41 Krankheiten des Verdauungssystems nach Berufen im Jahr 2022, AOK-Mitglieder

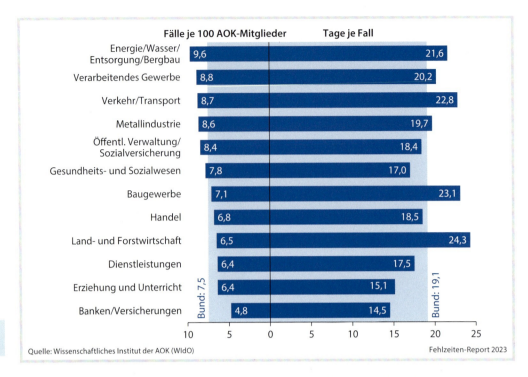

Abb. 29.42 Krankheiten des Kreislaufsystems nach Branchen im Jahr 2022, AOK-Mitglieder

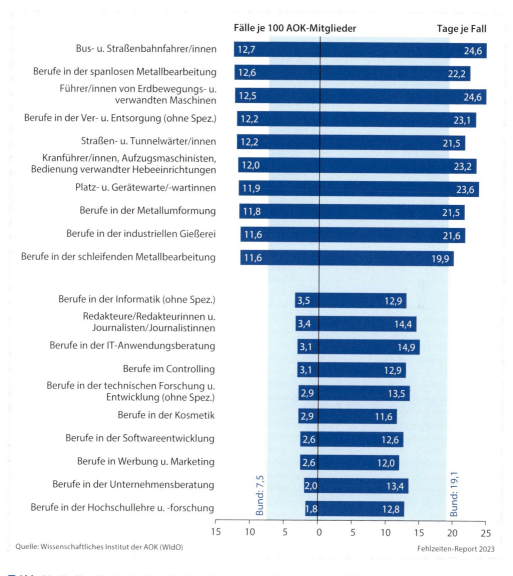

Abb. 29.43 Krankheiten des Herz-Kreislauf-Systems nach Berufen im Jahr 2022, AOK-Mitglieder

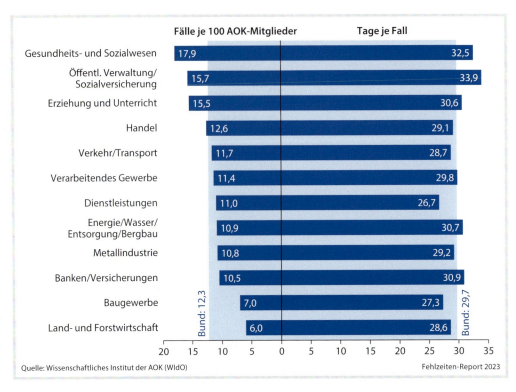

Abb. 29.44 Psychische und Verhaltensstörungen nach Branchen im Jahr 2022, AOK-Mitglieder

Kapitel 29 · Krankheitsbedingte Fehlzeiten in der deutschen Wirtschaft im Jahr 2022

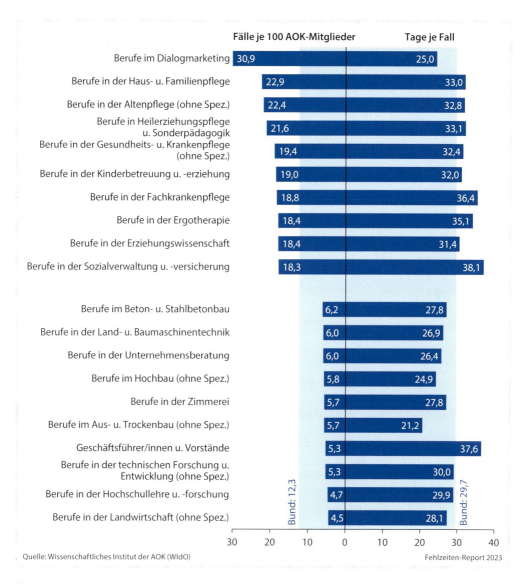

◘ **Abb. 29.45** Psychische und Verhaltensstörungen nach Berufen im Jahr 2022, AOK-Mitglieder

29.16 Langzeitfälle nach Krankheitsarten

Langzeit-Arbeitsunfähigkeit mit einer Dauer von mehr als sechs Wochen stellt sowohl für die Betroffenen als auch für die Unternehmen und Krankenkassen eine besondere Belastung dar. Daher kommt der Prävention derjenigen Erkrankungen, die zu langen Ausfallzeiten führen, eine spezielle Bedeutung zu (◯ Abb. 29.46).

Ebenso wie im Arbeitsunfähigkeitsgeschehen insgesamt spielen auch bei den Langzeitfällen die Muskel- und Skelett-Erkrankungen und die psychischen und Verhaltensstörungen eine entscheidende Rolle. Auf diese beiden Krankheitsarten gingen 2022 bereits 41 % der durch Langzeitfälle verursachten Fehlzeiten zurück. An dritter Stelle stehen Verletzungen mit einem Anteil von 12 % an den durch Langzeitfälle bedingten Fehlzeiten.

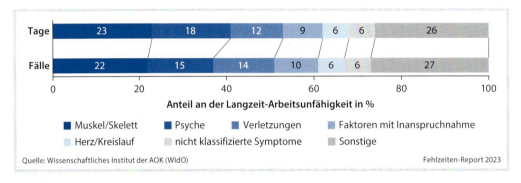

◯ **Abb. 29.46** Langzeit-Arbeitsunfähigkeit (> 6 Wochen) der AOK-Mitglieder nach Krankheitsarten im Jahr 2022

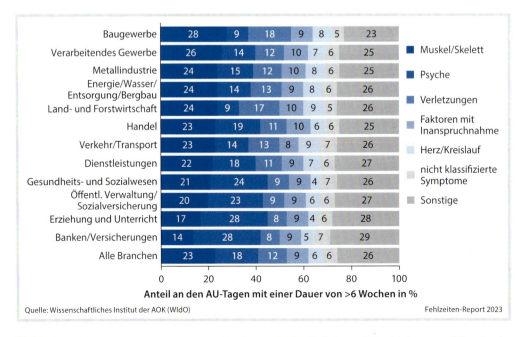

◯ **Abb. 29.47** Langzeit-Arbeitsunfähigkeit (> 6 Wochen) der AOK-Mitglieder nach Krankheitsarten und Branchen im Jahr 2022

Kapitel 29 · Krankheitsbedingte Fehlzeiten in der deutschen Wirtschaft im Jahr 2022

Auch in den einzelnen Wirtschaftsabteilungen geht die Mehrzahl der durch Langzeitfälle bedingten Arbeitsunfähigkeitstage auf die o. g. Krankheitsarten zurück (◘ Abb. 29.47). Der Anteil der muskuloskelettalen Erkrankungen ist im Baugewerbe (28 %) am höchsten. Bei den Verletzungen werden die höchsten Werte ebenfalls im Baugewerbe (18 %) sowie in der Land- und Forstwirtschaft erreicht (17 %). Die psychischen und Verhaltensstörungen verursachen – bezogen auf die Langzeiterkrankungen – die meisten Ausfalltage bei Banken und Versicherungen sowie Erziehung und Unterricht (28 %). Der Anteil der Herz- und Kreislauf-Erkrankungen ist im Bereich Verkehr und Transport sowie der Land- und Forstwirtschaft (9 %) am ausgeprägtesten.

29.17 Krankheitsarten nach Diagnoseuntergruppen

In ▶ Abschn. 29.15 wurde die Bedeutung der branchenspezifischen Tätigkeitsschwerpunkte und -belastungen für die Krankheitsarten aufgezeigt. Doch auch innerhalb der Krankheitsarten zeigen sich Differenzen aufgrund der unterschiedlichen arbeitsbedingten Belastungen. In ◘ Abb. 29.48, 29.49, 29.50, 29.51, 29.52 und 29.53 wird die Verteilung der wichtigsten Krankheitsarten nach Diagnoseuntergruppen (nach ICD-10) und Branchen dargestellt.

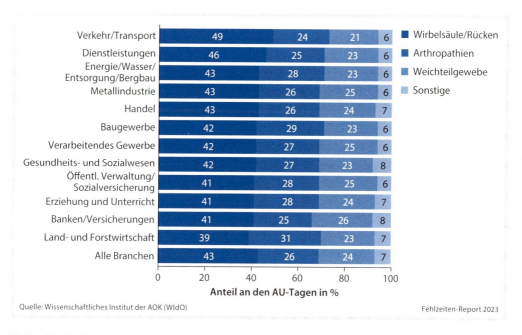

◘ **Abb. 29.48** Krankheiten des Muskel- und Skelettsystems und Bindegewebserkrankungen nach Diagnoseuntergruppen und Branchen im Jahr 2022, AOK-Mitglieder

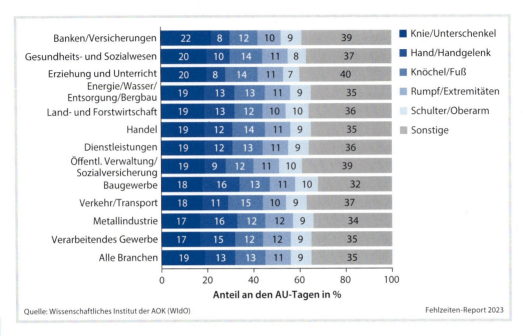

Abb. 29.49 Verletzungen, Vergiftungen und bestimmte andere Folgen äußerer Ursachen nach Diagnoseuntergruppen und Branchen im Jahr 2022, AOK-Mitglieder

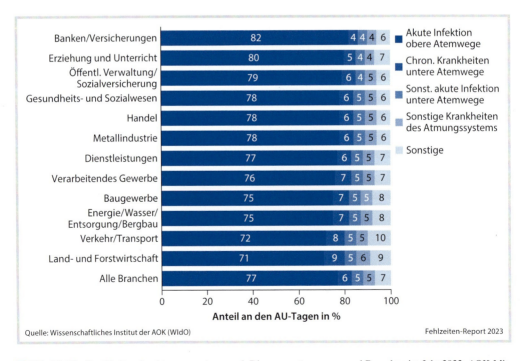

Abb. 29.50 Krankheiten des Atmungssystems nach Diagnoseuntergruppen und Branchen im Jahr 2022, AOK-Mitglieder

Kapitel 29 · Krankheitsbedingte Fehlzeiten in der deutschen Wirtschaft im Jahr 2022

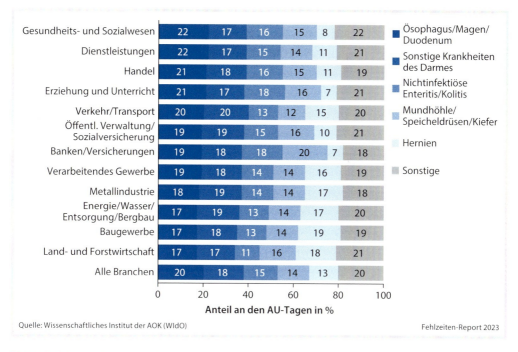

Abb. 29.51 Krankheiten des Verdauungssystems nach Diagnoseuntergruppen und Branchen im Jahr 2022, AOK-Mitglieder

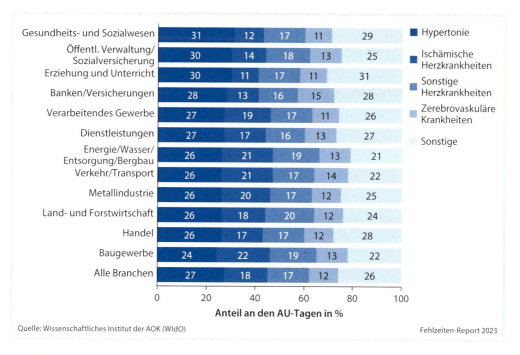

Abb. 29.52 Krankheiten des Kreislaufsystems nach Diagnoseuntergruppen und Branchen im Jahr 2022, AOK-Mitglieder

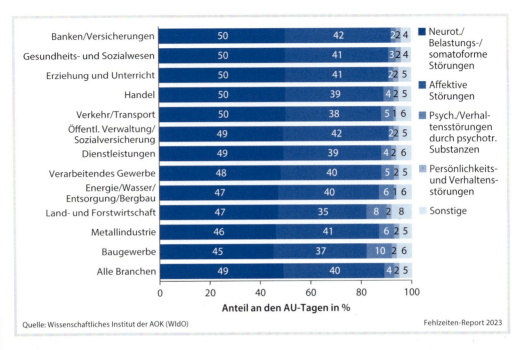

Abb. 29.53 Psychische und Verhaltensstörungen nach Diagnoseuntergruppen und Branchen im Jahr 2022, AOK-Mitglieder

29.18 Burnout-bedingte Fehlzeiten

Im Zusammenhang mit psychischen Erkrankungen ist in der öffentlichen Wahrnehmung und Diskussion in den letzten Jahren zunehmend die Diagnose Burnout in den Vordergrund getreten und auch weiterhin von Bedeutung.

Unter Burnout wird ein Zustand physischer und psychischer Erschöpfung verstanden, der in der ICD-10-Klassifikation unter der Diagnosegruppe Z73 „Probleme mit Bezug auf Schwierigkeiten bei der Lebensbewältigung" in der Hauptdiagnosegruppe Z00–Z99 „Faktoren, die den Gesundheitszustand beeinflussen und zur Inanspruchnahme des Gesundheitswesens führen" eingeordnet ist. Burnout ist daher von den Ärzten nicht als eigenständige Arbeitsunfähigkeit auslösende psychische Erkrankung in der ICD-Gruppe der psychischen und Verhaltensstörungen zu kodieren. Es ist jedoch möglich, diese Diagnose als Zusatzinformation anzugeben. Seit dem 1. Januar 2022 können die Mitgliedsstaaten der WHO ihre Mortalitätsdaten anhand der neuen ICD-11-Klassifikation an die WHO berichten. In dieser neuen Klassifikation wird Burnout eindeutig definiert als Syndrom aufgrund von „Stress am Arbeitsplatz, der nicht erfolgreich verarbeitet werden kann". Gekennzeichnet ist Burnout hier durch drei Dimensionen: ein Gefühl von Erschöpfung, eine zunehmende geistige Distanz oder negative Haltung zum eigenen Job und ein verringertes Leistungsvermögen im Beruf. Die ICD-11-Klassifikation gibt es auf Deutsch bisher nur als Entwurfsfassung. Der konkrete Zeitpunkt der Einführung der ICD-11 in Deutschland zur Mortalitätskodierung steht jedoch noch nicht fest.

Zwischen 2013 und 2022 haben sich die Arbeitsunfähigkeitstage aufgrund der Diagnosegruppe Z73 je 1.000 AOK-Mitglieder von 87,6 auf 159,8 Tage um fast das Doppelte erhöht (Abb. 29.54). Im Jahr 2022 stiegen die Arbeitsunfähigkeitstage je 1.000

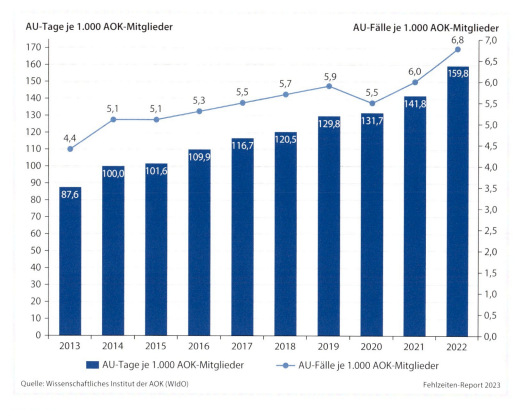

Abb. 29.54 AU-Tage und -Fälle der Diagnosegruppe Z73 in den Jahren 2013–2022 je 1.000 AOK-Mitglieder

AOK-Mitglieder im Vergleich zum Vorjahr um durchschnittlich 18,0 Tage an. Nach einem leichten Rückgang der Fallzahlen im Jahr 2020 lagen die Fallzahlen im Jahr 2022 mit 6,8 AU-Fälle je 1.000 AOK-Mitglieder dann auf dem höchsten Stand im Zehn-Jahres-Verlauf. Alters- und geschlechtsbereinigt hochgerechnet auf die 40 Mio. gesetzlich krankenversicherten Beschäftigten bedeutet dies, dass ca. 216.000 Menschen mit insgesamt 5,3 Mio. Fehltagen im Jahr 2022 wegen eines Burnouts krankgeschrieben wurden.

Zwischen den Geschlechtern zeigen sich deutliche Unterschiede: Frauen sind aufgrund eines Burnouts fast doppelt so lange krankgeschrieben. Im Jahr 2022 entfielen auf Frauen 208,4 Ausfalltage je 1.000 AOK-Mitglieder, auf Männer hingegen nur 120,3 Tage. Sowohl Frauen als auch Männer sind am häufigsten zwischen dem 60. und 64. Lebensjahr von einem Burnout betroffen. Weiterhin zeigt sich, dass mit zunehmendem Alter das Risiko einer Krankmeldung infolge eines Burnouts zunimmt (Abb. 29.55).

Bei den Auswertungen nach Tätigkeiten zeigt sich in der Mehrheit, dass vor allem Angehörige kundenorientierter und erzieherischer Berufe, bei denen ständig eine helfende oder beratende Haltung gegenüber anderen Menschen gefordert ist, von einem Burnout betroffen sind. Abb. 29.56 zeigt diejenigen Berufe, bei denen am häufigsten die Diagnose Z73 gestellt wurde. Die Berufsgruppe der Aufsichts- und Führungskräfte in der Gesundheits- und Krankenpflege führt mit 516,7 Arbeitsunfähigkeitstagen je 1.000 AOK-Mitglieder die Liste an. Diese Berufsgruppe weist mit durchschnittlich 37,6 Tagen auch die längsten Fehlzeiten pro Arbeitsunfähigkeitsfall auf. An zweiter Stelle stehen Berufe

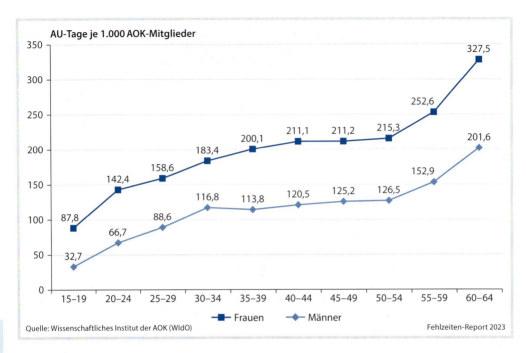

Abb. 29.55 Tage der Arbeitsunfähigkeit der Diagnosegruppe Z73 je 1.000 AOK-Mitglieder nach Alter und Geschlecht im Jahr 2022

im Dialogmarketing mit 402,2 AU-Tagen. An dritter Stelle folgen die Berufe in der Heilerziehungspflege und Sonderpädagogik mit 367,0 Arbeitsunfähigkeitstagen je 1.000 AOK-Mitglieder.

Kapitel 29 · Krankheitsbedingte Fehlzeiten in der deutschen Wirtschaft im Jahr 2022

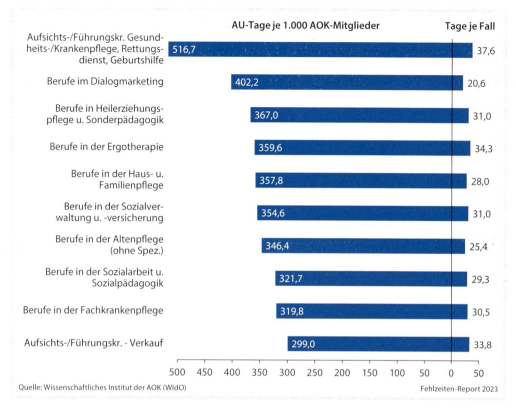

Abb. 29.56 AU-Tage und AU-Tage je Fall der Diagnosegruppe Z73 nach Berufen im Jahr 2022, AOK-Mitglieder

29.19 Arbeitsunfähigkeiten nach Städten 2022

Analysiert man die 50 einwohnerstärksten Städte in Deutschland nach Dauer der Arbeitsunfähigkeitstage, ergeben sich deutliche Unterschiede. Danach sind die Beschäftigten aus Hagen durchschnittlich 28,9 Tage im Jahr krankgeschrieben und liegen damit an der Spitze aller deutschen Großstädte. Im Vergleich ist damit die Zahl der Fehltage von erwerbstätigen AOK-Mitgliedern, die in Hagen wohnen, im Durchschnitt 4,4 Tage höher als im Bund (24,5 Tage). Die wenigsten Fehltage weisen Beschäftigte in München aus: Diese sind 2022 durchschnittlich 11,5 Tage weniger krankheitsbedingt am Arbeitsplatz ausgefallen (17,4 Fehltage) als Erwerbstätige aus Hagen (◘ Abb. 29.57).

Die Anzahl der Fehltage ist abhängig von einer Vielzahl von Faktoren. Nicht nur die Art der Krankheit, sondern auch das Alter, das Geschlecht, die Branchenzugehörigkeit und vor allem die ausgeübte Tätigkeit der Beschäftigten haben einen Einfluss auf die Krankheitshäufigkeit und -dauer. So weisen beispielsweise Berufe mit hohen körperlichen Arbeitsbelastungen wie Berufe in der Ver- und Entsorgung, in der industriellen Gießerei, aber auch Bus- und Straßenbahnfahrer/innen oder Altenpflegekräfte deutlich höhere Ausfallzeiten auf. Setzt sich die Belegschaft aus mehr Akademikerinnen und Akademikern zusammen, die dann auch noch insbesondere in den Branchen Banken und Versicherungen, Handel oder Dienstleistungen tätig sind, werden im Schnitt deutlich geringere Ausfallzeiten erreicht. In diesem Zusammenhang ist zu konstatieren, dass klassische Industriestädte mit geringerem Akademikeranteil wie bspw. Hagen deutlich mehr Fehlzeiten aufweisen als Städte mit einem höheren Akademikeranteil. So liegen beispielsweise Bewohnerinnen und Bewohner der Stadt Freiburg mit durchschnittlich 20,4 Fehltagen im Jahr 2022 8,5 Tage unter der durchschnittlichen Zahl der Fehltage der in Hagen Beschäftigten. Freiburg als Wissenschaftsstandort weist eine günstigere Tätigkeitsstruktur auf, insbesondere was die körperlichen Belastungen betrifft. Von den 50 einwohnerstärksten Städten in Deutschland arbeiten hier die meisten Hochschullehrenden und Dozenten – dies ist die Berufsgruppe mit den geringsten Arbeitsunfähigkeitstagen überhaupt (◘ Abb. 29.18). Auch arbeiten in Freiburg deutlich weniger Beschäftigte in der Metallindustrie als beispielsweise in Hagen. Dies ist eine Branche, in der Beschäftigte körperlich stärker beansprucht werden und damit auch eher krankheitsbedingt ausfallen. Ähnlich sieht es in München, der Stadt mit den geringsten Fehlzeiten, aus: Dort arbeiten beispielsweise fast dreimal so viele Beschäftigte in der Branche Banken und Versicherungen und deutlich mehr in der Dienstleistungsbranche, während in Hagen vor allem der Metallindustrie eine große Bedeutung zukommt. Auch ist der Akademikeranteil der Beschäftigten in München besonders hoch: Von den einwohnerstärksten deutschen Städten hat München mit 33,5 % den höchsten Akademikeranteil unter den Beschäftigten, gefolgt von Stuttgart (30,5 %). In Gelsenkirchen liegt der Anteil bei nur 10,5 % (vgl. HWWI/Berenberg-Städteranking 2019).

Unterschiede zwischen den Städten zeigen sich auch bei den Gründen einer Arbeitsunfähigkeit. In Hagen, dem Spitzenreiter nach Fehlzeiten, entfallen nur 9,6 % der Arbeitsunfähigkeitstage auf psychische Erkrankungen. Ein häufiger Grund für Fehltage sind dort vor allem Muskel- und Skelett-Erkrankungen; auf diese Erkrankungsart entfallen in Hagen mehr als ein Fünftel aller Fehltage (21,7 %) und damit mehr als doppelt so viele wie auf psychische Erkrankungen. Insbesondere die Städte im Ruhrgebiet weisen einen überdurchschnittlichen Anteil an Fehltagen aufgrund von Muskel- und Skelett-Erkrankungen auf, was als ein Hinweis betrachtet werden kann, dass hier mehr Berufe mit schwerer körperlicher Arbeit ausgeübt werden. Obwohl die Städte München, Mainz, Hamburg und Bonn die geringsten Fehlzeiten im Ranking aufweisen, wird hier jedoch mit 12,5, 11,3, 13,9 und 12,2 % ein überdurchschnittlich hoher Anteil bei den psychischen Erkrankungen beobachtet

Kapitel 29 · Krankheitsbedingte Fehlzeiten in der deutschen Wirtschaft im Jahr 2022

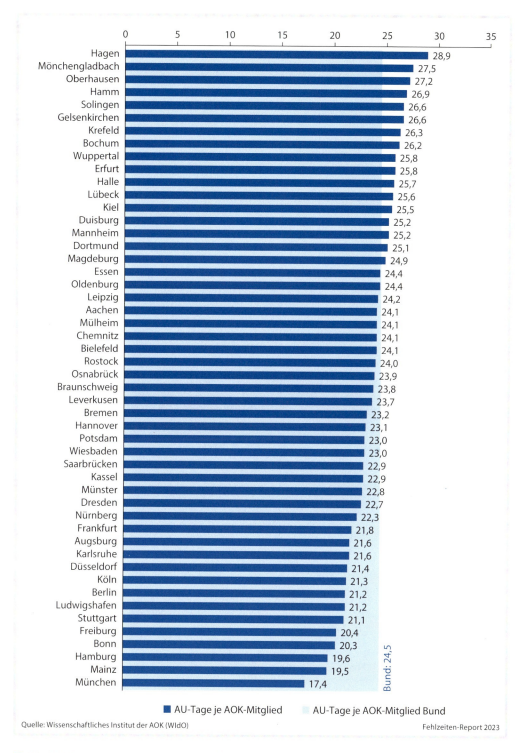

◻ **Abb. 29.57** Arbeitsunfähigkeitstage je AOK-Mitglied im Jahr 2022 in den 50 einwohnerstärksten deutschen Städten

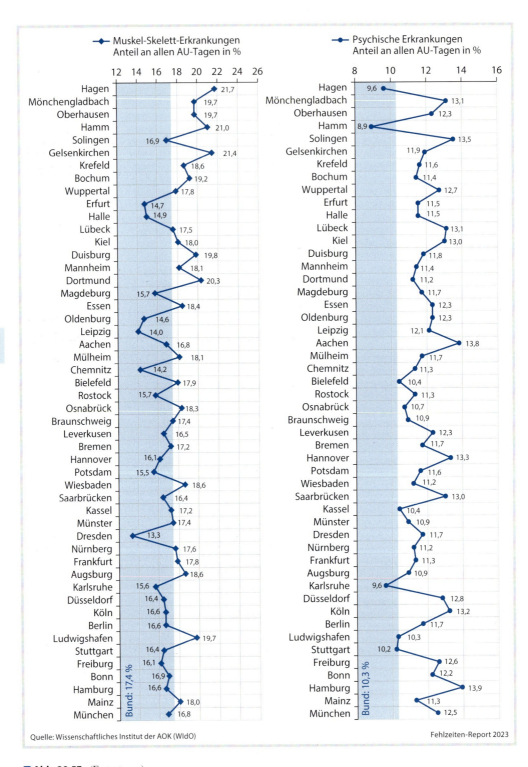

Abb. 29.57 (Fortsetzung)

(Durchschnitt AOK-Bund: 10,3 %). Insgesamt lag der höchste Anteil an psychischen Erkrankungen mit 13,9 % in der Stadt Hamburg.

29.20 Inanspruchnahme von Krankengeld bei Erkrankung des Kindes

Die Erkrankung eines Kindes stellt für viele berufstätige Eltern und insbesondere für Alleinerziehende häufig einen belastenden Versorgungsengpass dar. Kann die Betreuung des kranken Kindes nicht durch Angehörige oder Betreuungspersonal sichergestellt werden, bleibt oft nur die Inanspruchnahme der gesetzlichen Freistellung von der Arbeit. In Deutschland bietet der gesetzliche Anspruch auf Freistellung den erwerbstätigen Eltern die Möglichkeit, ihr erkranktes Kind zu Hause zu versorgen, ohne finanzielle Verluste zu erleiden. Die Basis für die Freistellungsmöglichkeit eines Elternteils bei der Erkrankung eines Kindes bildet § 45 des SGB V (Krankengeld bei Erkrankung des Kindes). Soweit das Kind das 12. Lebensjahr noch nicht vollendet hat, keine andere pflegende Person im Haushalt bereitsteht und sowohl das Kind als auch der Elternteil gesetzlich krankenversichert sind, besteht seitens des Versicherten der Anspruch auf Zahlung von Kinderpflegekrankengeld (KKG). Wenn das Kind behindert oder auf Hilfe angewiesen ist, fällt die Altersgrenze von zwölf Jahren weg. Als weitere Voraussetzung muss ein ärztliches Attest zur notwendigen Pflege des Kindes vorliegen. Für die Auszahlung durch die Krankenkasse muss zudem ein Formular ausgefüllt werden.

Der gesetzliche Anspruch auf die Befreiung von zehn Arbeitstagen kann für jedes Kind geltend gemacht werden – normalerweise beträgt er maximal bis zu 25 Arbeitstage je Elternteil und Kalenderjahr. Alleinerziehende Eltern haben üblicherweise einen Anspruch von 20 Arbeitstagen pro Kind, wobei 50 Arbeitstage nicht überschritten werden dürfen. Für schwerstkranke Kinder, die nach ärztlichem Zeugnis nur noch eine Lebenserwartung von Wochen oder wenigen Monaten haben, ist das KKG zeitlich unbegrenzt. Das KKG wird laut § 45 SGB V nach dem während der Freistellung ausgefallenen Nettoarbeitsentgelt berechnet (ähnlich wie die Entgeltfortzahlung im Krankheitsfall). Das Brutto-Krankengeld beträgt 90 % des Nettoarbeitsentgelts; es darf 70 % der Beitragsbemessungsgrenze nach § 223 Absatz 3 nicht überschreiten.

Auch die im ersten Corona-Pandemiejahr 2020 eingeführten Regelungen zur Inanspruchnahme von Kinderkrankengeld, die aufgrund der hohen Belastung von Beschäftigten mit Kindern angepasst wurden, finden Eingang in die Arbeitsunfähigkeitsdaten. Im Jahr 2020 wurde der gesetzliche Anspruch je Kind und Elternteil von 10 auf 15 Tage erhöht, der Maximalanspruch je Elternteil stieg von 25 auf 35 Tage. Im Jahr 2021 wurde erneut nachjustiert: Der Anspruch auf Kinderkrankengeld pro Elternteil und Kind verlängerte sich auf 30 Tage und damit für Elternpaare pro Kind auf 60 Tage. Auch für Alleinerziehende verdoppelte er sich pro Kind von 30 auf nun 60 Tage. Bei mehreren Kindern wurden maximal 65 Tage (Alleinerziehende: maximal 130 Tage) festgelegt. Eltern konnten im Jahr 2021 zudem Kinderkrankengeld auch dann nutzen, wenn ihr Kind ohne direkte Erkrankung pandemiebedingt zu Hause betreut werden musste. Diese Regelung wurde bis zum Ablauf des 7. April 2023 verlängert und galt damit auch im Jahr 2022.

Im Jahr 2022 nahmen 5,1 % aller AOK-Mitglieder KKG in Anspruch. Somit haben von den 15,1 Mio. erwerbstätigen AOK-Mitgliedern knapp 770.000 mindestens einmal KKG in Anspruch genommen. Der Anteil der KKG-Fälle an allen Arbeitsunfähigkeitsfällen betrug 6,2 %. Durchschnittlich fehlte jedes erwerbstätige AOK-Mitglied, das KKG in Anspruch genommen hat, wegen der Betreuung seines erkrankten Kindes pro Fall 2,8 Kalendertage. Insofern werden die gesetzlich zustehenden Freistellungstage von den erwerbstätigen Eltern bei Weitem nicht ausgeschöpft (◘ Tab. 29.9).

Tab. 29.9 Krankenstandskennzahlen der AOK-Mitglieder zum Kinderpflegekrankengeld im Jahr 2022

Geschlecht	AOK-Mitglieder mit mind. 1 KKG-Fall	Anteil an allen AOK-Mitgliedern	Anteil der KKG-Fälle an allen AU-Fällen	Anteil der KKG-Tage an allen AU-Tagen	KKG-Fälle: Tage je Fall	AU-Fälle je 100 Mitglieder	AU-Tage je 100 Mitglieder
Männer	243.894	2,9	3,2	0,8	2,7	6,9	18,7
Frauen	526.058	7,9	9,4	2,5	2,8	23,4	65,9
Gesamt	769.952	5,1	6,2	1,6	2,8	14,3	39,9

Fehlzeiten-Report 2023

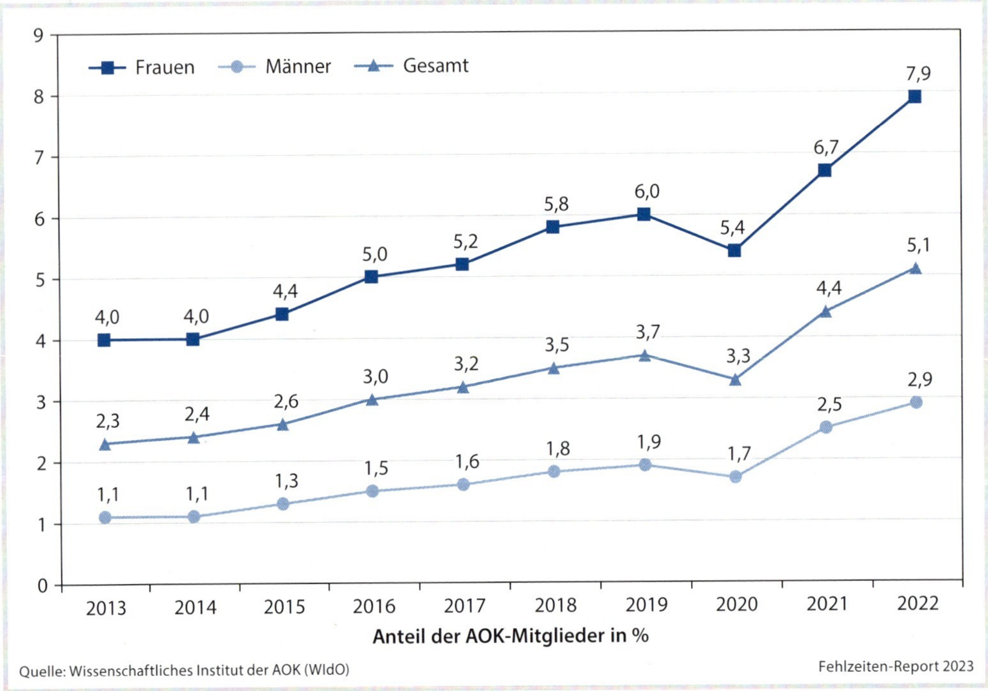

Abb. 29.58 Anteile der AOK-Mitglieder mit mindestens einem Kinderpflegekrankengeldfall an allen AOK-Mitgliedern in den Jahren 2013 bis 2022 nach Geschlecht

Nach wie vor sind es vor allem die Mütter, die ihr krankes Kind pflegen: Ihr Anteil an allen AOK-Mitgliedern lag 2022 bei 7,9 % und damit mehr als doppelt so hoch wie bei den Männern. Jedoch steigt der Anteil der Männer, die Kinderkrankengeld beanspruchen, kontinuierlich: Während 2013 nur 1,1 % aller männlichen AOK-Mitglieder Kinderkrankengeld nutzten, waren es 2022 bereits 2,9 % (Abb. 29.58).

Betrachtet man die Inanspruchnahme des KKG nach Alter, zeigt sich, dass die meisten KKG-Fälle in die Altersgruppe der 30- bis 39-Jährigen fallen, wobei Frauen deutlich mehr KKG in Anspruch nehmen als Männer. In der Altersgruppe der 35- bis 39-Jährigen weisen

Kapitel 29 · Krankheitsbedingte Fehlzeiten in der deutschen Wirtschaft im Jahr 2022

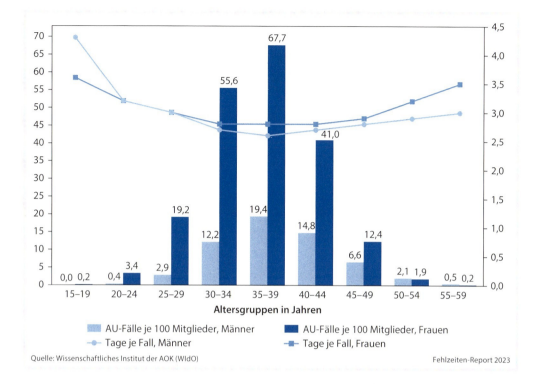

Abb. 29.59 Kinderpflegekrankengeldfälle nach Anzahl und Dauer der Arbeitsunfähigkeit, AOK-Mitglieder im Jahr 2022 nach Altersgruppen

sowohl Frauen mit 67,7 Fällen je 100 Versichertenjahre als auch Männer mit 19,4 Fällen je 100 Versichertenjahre die meisten KKG-Fälle auf. Die Länge der Fehlzeiten unterscheidet sich kaum zwischen den Geschlechtern (◘ Abb. 29.59).

Eine Differenzierung der KKG-Fälle nach Falldauerklassen zeigt, dass die Mehrheit der Fälle nur ein (30,7 %) oder zwei (24,6 %) Tage andauerten. Lediglich 5,6 % aller KKG-Fälle erstreckten sich über mehr als fünf Tage (◘ Abb. 29.60).

Unter Berücksichtigung des Bildungsstandes haben im Jahr 2022 am häufigsten AOK-Mitglieder mit einem Hochschulabschluss (Diplom/Magister/Master/Staatsexamen) mindestens einmal KKG in Anspruch genommen (8,4 % aller AOK-Mitglieder innerhalb dieses Bildungsstandes). Am wenigsten haben Beschäftigte ohne berufliche Ausbildung das KKG in Anspruch genommen (2,4 %). Es zeigt sich, dass tendenziell mit der Höhe des Ausbildungsabschlusses die Inanspruchnahme des KKG steigt (◘ Abb. 29.61).

Wird der Anteil der Mitglieder mit Inanspruchnahme von KKG in Bezug zur gesamten AOK-Mitgliedschaft des jeweiligen Landes gesetzt, zeigt sich, dass besonders Versicherte aus Ostdeutschland die Möglichkeit zur Betreuung des kranken Kindes in Anspruch nehmen. Die Werte für die KKG-Inanspruchnahme lagen mit 13,8 % in Sachsen und mit 13,1 % in Thüringen besonders hoch und deutlich über dem Bundesdurchschnitt (5,1 %) und den Anteilswerten der Bundesländer in Westdeutschland (◘ Abb. 29.62). Dies könnte unter anderem damit zusammenhängen, dass Mütter in den neuen Bundesländern früher in den Beruf zurückkehren als in den alten Bundesländern und auch insgesamt häufiger erwerbstätig sind als Mütter in Westdeutschland, bei denen der Berufseinstieg in mehreren längeren

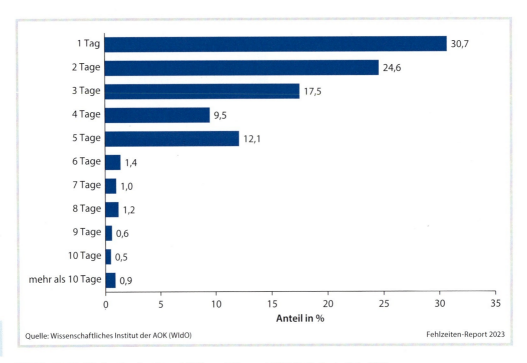

◘ **Abb. 29.60** Kinderpflegekrankengeldfälle nach Dauer, AOK-Mitglieder im Jahr 2022

◘ **Abb. 29.61** Anteile der AOK-Mitglieder mit mind. einem Kinderpflegekrankengeldfall an allen AOK-Mitgliedern in der jeweiligen Personengruppe nach Bildungsstand im Jahr 2022

Phasen erfolgt. Damit steigt auch die Wahrscheinlichkeit für Mütter in Ostdeutschland, Kinderpflegekrankengeld in Anspruch nehmen zu müssen. So lag die Vollzeitquote von erwerbstätigen Müttern im Westen im Jahr 2016 bei insgesamt nur 25,8 %, im Osten ist sie dagegen mit 51,6 % doppelt so hoch (Keller und Kahle 2018). Eltern, die Vollzeit arbeiten, müssen vermutlich eher zu Hause bleiben, um ihr krankes Kind zu versorgen, als Eltern,

Kapitel 29 · Krankheitsbedingte Fehlzeiten in der deutschen Wirtschaft im Jahr 2022

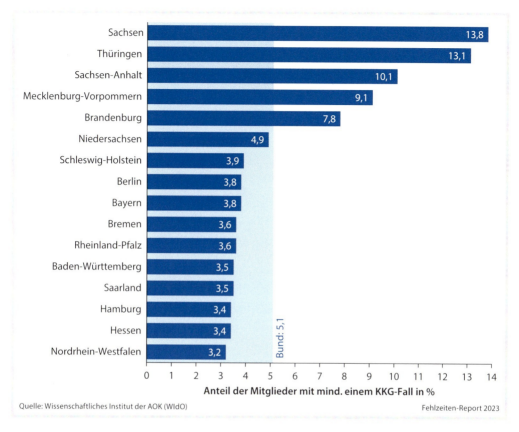

Abb. 29.62 Anteil der Mitglieder mit mind. einem Kinderpflegekrankengeldfall an allen AOK-Mitgliedern nach Bundesländern im Jahr 2022

die Teilzeit arbeiten und so eine nur kurzzeitige alternative Betreuung organisieren müssen.

29.21 Fehlzeiten im Jahr 2022 im Zusammenhang mit Covid-19

Im folgenden Abschnitt wird auf die Gruppe der erwerbstätigen AOK-Mitglieder fokussiert und aufgezeigt, wie sich die Betroffenheit der Beschäftigten im Zusammenhang mit Covid-19-Infektionen im Jahr 2022 gestaltete. Basis der Auswertungen stellen die Arbeitsunfähigkeitsdaten von 15,1 Mio. AOK-versicherten Beschäftigten dar.

Um das neuartige SARS-CoV-2-Virus in den Arztpraxen und Krankenhäusern kodieren und abrechnen zu können, wurde in der Internationalen Statistischen Klassifikation der Krankheiten und verwandter Gesundheitsprobleme (ICD-10-GM) zum 13. Februar 2020 der Code U07.1! eingeführt, der mit Aktualisierung vom 23. März 2020 um den Code U07.2! ergänzt wurde. Damit konnten im Labor bestätigte Fälle (ICD U07.1) sowie Fälle, in denen SARS-CoV-2 anhand eines klinischen Kriteriums bestimmt wurde (z. B. mit Covid-19 zu vereinbarendes Symptom), und eines epidemiologischen Kriteriums (z. B. Kontakt zu einem laborbestätigten Covid-19-Fall) kodiert werden (ICD U07.2).

Im Folgenden wird aber nicht nur auf die laborbestätigte Diagnose fokussiert, sondern es werden alle relevanten Covid-19-Diagnosen gemeinsam ausgewertet, da diese Fehlzeiten für die betroffenen Unternehmen im Zusammenhang mit Covid-19 stehen. Darunter fallen folgende Diagnosen, die hier als „Akut-Covid" bezeichnet werden: U07.1! (Covid-19, Virus nachgewiesen), U07.2! (Covid-19, Virus nicht nachgewiesen), U07.3 (Covid-19 in der Eigenanamnese, nicht näher bezeichnet; gültig vom 11.11.2020 bis 31.12.2020), U07.5 (Multisystemisches Entzündungssyndrom in Verbindung mit Covid-19, nicht näher bezeichnet; gültig vom 11.11.2020 bis 31.12.2020), U08 (Covid-19 in der Eigenanamnese), U08.9 (Covid-19 in der Eigenanamnese, nicht näher bezeichnet), U10 (Multisystemisches Entzündungssyndrom in Verbindung mit Covid-19) und U10.9 (Multisystemisches Entzündungssyndrom in Verbindung mit Covid-19 nicht näher bezeichnet).

Bei einer Quarantäne kann der Arzt eine AU-Bescheinigung nur dann ausstellen, wenn Symptome einer Covid-19-Erkrankung vorliegen. Liegen keine Symptome vor, wird keine Krankschreibung vorgenommen. Das gilt auch bei einem positiven Covid-19-Testergebnis (Bundesinstitut für Arzneimittel und Medizinprodukte 2021).

Etwa 2,3 Mio. der insgesamt 7,7 Mio. durchgehend erwerbstätigen AOK-Versicherten wurden zwischen März 2020 und Dezember 2022 im Zusammenhang mit einer Covid-19-Erkrankung mindestens einmal arbeitsunfähig geschrieben. Damit sind im gesamten Pandemiezeitraum bis Dezember 2022 29,5 % der durchgängig versicherten AOK-Mitglieder im Zusammenhang mit Covid-19 krankheitsbedingt an ihrem Arbeitsplatz ausgefallen.

Bei Betrachtung des Jahres 2022 und der 15,1 Mio. AOK-Mitglieder, die in diesem Jahr mindestens einen Tag versichert waren, waren es knapp 2,7 Mio. AOK-Mitglieder, die im Zusammenhang mit einer Covid-19-Diagnose krankgeschrieben wurden, was einer AU-Quote von 17,6 % entspricht. Im Jahr 2022 zeigte die Prävalenz von Covid-19-Infektionen einen wellenartigen Verlauf: Im Monat März 2022 erreichte die Covid-19-Pandemie insgesamt ihren vorläufigen Höhepunkt (4.930 Erkrankte je 100.000 Beschäftigte). Die Monate Februar und April zeigen ebenfalls eine relativ hohe Betroffenheit (3.537 bzw. 3.500 Erkrankte je 100.000 Beschäftigte). Der wellenartige Verlauf hatte weitere Höhepunkte im Juli (3.347 Erkrankte je 100.000 Beschäftigte) und im Oktober (2.966 Erkrankte je 100.000 Beschäftigte). Ende des Jahres ebbten die Covid-19-Infektionen ab, der Tiefstand lag im November (1.567 Erkrankte je 100.000 Beschäftigte) (◘ Abb. 29.63).

■■ Betroffenheit von Covid-19-Infektionen nach Altersgruppen und Geschlecht

Eine Betrachtung der AOK-Erwerbstätigenpopulation, die im Zusammenhang mit Covid-19 erkrankt war, nach Alter und Geschlecht zeigt für 2022 eine stärkere Betroffenheit der weiblichen Beschäftigten. So lag die Arbeitsunfähigkeitsquote bei den Frauen bei 20,6 % und damit 5,3 Prozentpunkte höher als bei den Männern (15,3 %). Die Altersgruppe der 50- bis 59-jährigen Frauen war mit einer AU-Quote von 24,7 % am meisten betroffen. Bei den Männern liegt die größte Betroffenheit ebenfalls in dieser Altersgruppe mit einer AU-Quote von 18,6 %. Am unauffälligsten bezüglich des Infektionsgeschehens von Covid-19 zeigt sich bei beiden Geschlechtern die Altersgruppe der bis 19-jährigen Frauen und Männer (Arbeitsunfähigkeitsquote 13,4 bzw. 12,2 %). Die längste Ausfallzeit aufgrund einer Covid-19-Diagnose findet sich mit durchschnittlich 10,4 Tagen in der Altersgruppe der über 60-jährigen Frauen, die geringste durchschnittliche Zahl der Fehltage weist die Gruppe der unter 20-jährigen Männer aus (6,3 Tage je Fall) (◘ Tab. 29.10).

■■ Das Infektionsgeschehen im Jahr 2022 im Zusammenhang mit Covid-19 nach Bundesländern

Die Anzahl der erkrankten Beschäftigten im Zusammenhang mit Covid-19 verteilte sich regional unterschiedlich. Eine überdurchschnittlich hohe Betroffenheit von Covid-19-Erkrankten zeigte sich vor allem in Niedersach-

Kapitel 29 · Krankheitsbedingte Fehlzeiten in der deutschen Wirtschaft im Jahr 2022

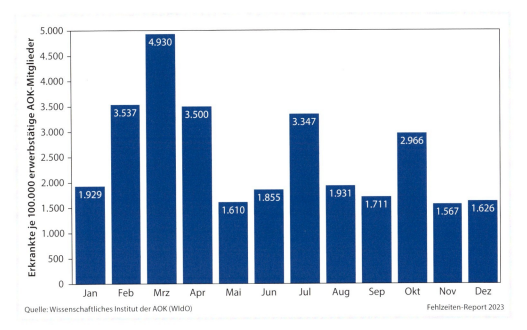

■ **Abb. 29.63** Erkrankte je 100.000 erwerbstätige AOK-Mitglieder im Zusammenhang mit Covid-19 im Jahr 2022 im Monatsverlauf.
(Erkrankte AOK-Mitglieder mit dokumentierter Diagnose mit Nachweis des SARS-CoV-2-Virus (ICD-10 GM: U07.1!), mit klinischem Covid-19-Verdacht ohne Virusnachweis (ICD-GM: U07.2!), Covid-19 in der Eigenanamnese (ICD-10 GM: U08, U08.9) sowie Multisystemisches Entzündungssyndrom in Verbindung mit Covid-19 (ICD-10 GM: U10, U10.9))

■ **Tab. 29.10** Erkrankte Beschäftigte im Zusammenhang mit Covid-19 nach Alter und Geschlecht, AOK-Mitglieder 2022

Alters-gruppe	Männlich			Weiblich		
	Arbeits-unfähigkeits-quote in %	Tage je Fall	Anzahl Erkrankte	Arbeits-unfähigkeits-quote in %	Tage je Fall	Anzahl Erkrankte
Bis 19	12,2	6,3	32.274	13,4	6,4	24.594
20–29	12,4	6,8	238.170	17,4	7,1	242.911
30–39	14,7	7,4	325.845	18,7	7,9	303.404
40–49	15,7	8,1	262.197	22,3	8,6	303.894
50–59	18,6	9,1	311.036	24,7	9,4	356.134
60 ff	17,0	10,2	127.090	21,8	10,4	134.496
Gesamt	15,3	8,1	1.296.612	20,6	8,5	1.365.433

Erkrankte AOK-Mitglieder mit dokumentierter Diagnose mit Nachweis des SARS-CoV-2-Virus (ICD-10 GM: U07.1!), mit klinischem Covid-19-Verdacht ohne Virusnachweis (ICD-GM: U07.2!), COVID-19 in der Eigenanamnese (ICD-10 GM: U08, U08.9) sowie Multisystemisches Entzündungssyndrom in Verbindung mit COVID-19 (ICD-10 GM: U10, U10.9)
Fehlzeiten-Report 2023

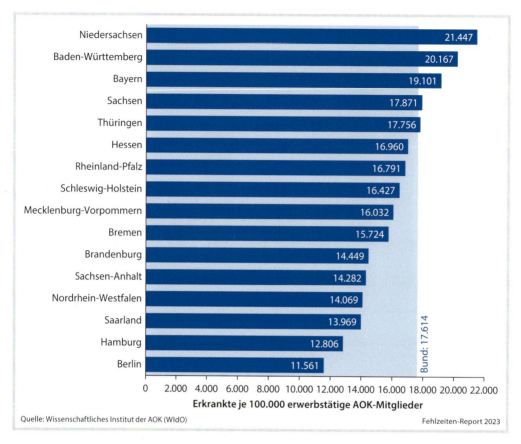

Abb. 29.64 Erkrankte je 100.000 AOK-Beschäftigten im Zusammenhang mit Covid-19 in den Bundesländern, AOK-Mitglieder 2022.
(Erkrankte AOK-Mitglieder mit dokumentierter Diagnose mit Nachweis des SARS-CoV-2-Virus (ICD-10 GM: U07.1!), mit klinischem Covid-19-Verdacht ohne Virusnachweis (ICD-GM: U07.2!), Covid-19 in der Eigenanamnese (ICD-10 GM: U08, U08.9) sowie Multisystemisches Entzündungssyndrom in Verbindung mit Covid-19 (ICD-10 GM: U10, U10.9))

sen und Baden-Württemberg, gefolgt von Bayern, Sachsen und Thüringen. Mit 21.447 Erkrankte je 100.000 AOK-Mitglieder gab es in Niedersachsen fast doppelt so viele Erkrankte wie in Berlin (11.561 Erkrankte je 100.000 AOK-Mitglieder), welches das Schlusslicht im Bundeslandvergleich ist (Abb. 29.64).

Fehlzeiten im Zusammenhang mit Covid-19 nach Branchen

Die einzelnen Branchen waren im Jahr 2022 je nach Tätigkeitsfeld sehr unterschiedlich von der Pandemie betroffen. Beschäftigte in der Gastronomie, Hotellerie oder Kulturbranche konnten beispielsweise über längere Zeit ihrer Tätigkeit nicht oder nur eingeschränkt nachgehen; deren Beschäftigte waren somit berufsbedingt einem geringeren Infektionsrisiko ausgesetzt. Branchen hingegen, bei denen sich Tätigkeiten durch intensive zwischenmenschliche Kontakte charakterisieren lassen, wie das Gesundheits- oder Erziehungswesen, waren einem deutlich höheren Infektionsrisiko ausgesetzt. Abb. 29.65 zeigt die zehn am stärksten und am wenigsten im Zusammenhang mit dem Covid-19-Infektionsgeschehen betroffenen Branchen.

Mit 29.852 Erkrankten je 100.000 AOK-Mitglieder war die Branche „Kindergärten und Vorschulen" die am stärksten betroffene

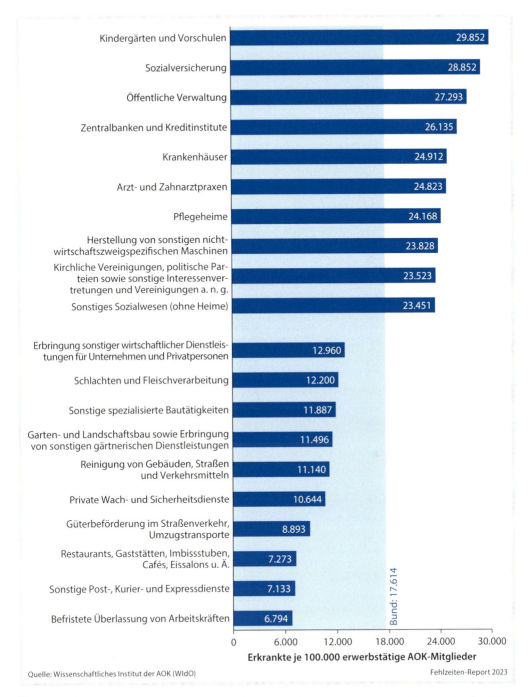

Abb. 29.65 Erkrankte je 100.000 erwerbstätige AOK-Mitglieder in den Branchen mit den höchsten und niedrigsten Fehlzeiten im Zusammenhang mit Covid-19, AOK-Mitglieder 2022.
(Erkrankte AOK-Mitglieder mit dokumentierter Diagnose mit Nachweis des SARS-CoV-2-Virus (ICD-10 GM: U07.1!), mit klinischem Covid-19-Verdacht ohne Virusnachweis (ICD-GM: U07.2!), Covid-19 in der Eigenanamnese (ICD-10 GM: U08, U08.9) sowie Multisystemisches Entzündungssyndrom in Verbindung mit Covid-19 (ICD-10 GM: U10, U10.9))

Branche. Es folgen die Branchen „Sozialversicherung" (28.852 je 100.000 AOK-Mitglieder) und „Öffentliche Verwaltung" (27.239 je 100.000 AOK-Mitglieder). Am wenigsten betroffen waren die Beschäftigten der Branchen „Befristete Überlassung von Arbeitskräften", „Sonstige Post-, Kurier- und Expressdienste" sowie „Restaurants, Gaststätten, Imbissstuben, Cafés, Eissalons u. ä." (6.794, 7.133 bzw. 7.273 Erkrankte je 100.000 AOK-Mitglieder).

▪▪ Betroffenheit von Covid-19-Infektionen nach Tätigkeit

In einer weiteren Auswertung wurde die Betroffenheit der Erwerbstätigen nach der ausgeübten Tätigkeit untersucht. ◻ Abb. 29.66 zeigt die zehn am stärksten und am wenigsten stark betroffenen Berufe im Zusammenhang mit Covid-19 im Jahr 2022. In diesem Zeitraum waren Berufe in der in der Sozialverwaltung und -versicherung am stärksten von Krankschreibungen im Zusammenhang mit Covid-19 betroffen (29.636 je 100.000 AOK-Mitglieder). Damit liegt der Wert dieser Berufsgruppe deutlich höher als der Durchschnittswert aller Berufsgruppen (17.614 Betroffene je 100.000 AOK-Mitglieder). Es folgen Berufe in der Kinderbetreuung und -erziehung (28.879 je 100.000 AOK-Mitglieder) sowie die medizinische Fachangestellte (ohne Spez.) (27.491 je 100.000 AOK-Mitglieder). Die niedrigsten krankheitsbedingten Fehlzeiten im Zusammenhang mit Covid-19 zeigten sich bei den Berufen in der Landwirtschaft (5.353 Betroffene je 100.000 Beschäftigte) sowie bei Berufen im Aus- u. Trockenbau (ohne Spez.) (7.178 Betroffene je 100.000 Beschäftigte).

▪▪ Betroffenheit durch den Post-Covid-19-Zustand

Seit dem 01.01.2021 gibt es die Möglichkeit, die Diagnose U09! „Post-Covid-19-Zustand" auf der Arbeitsunfähigkeitsbescheinigung zu dokumentieren.[16] Als „Post-Covid-19-Zustand" oder „Post-Covid-Syndrom" werden Beschwerden bezeichnet, die noch mehr als zwölf Wochen nach Beginn der SARS-CoV-2-Infektion vorhanden sind und nicht anderweitig erklärt werden können (WHO 2021). Dabei sollen Symptome und gesundheitliche Einschränkungen berücksichtigt werden, die über mindestens zwei Monate anhalten oder auch wiederkehrend und in wechselnder Stärke auftreten. Das Krankheitsbild kann dabei vielfältig und unspezifisch sein. Die unter diesen Begriff bezeichneten Symptome können Beschwerden der Lunge, des Kreislaufsystems, der Muskulatur, Erschöpfungszustände wie das Fatigue-Syndrom, Konzentrationsschwäche und Kopfschmerzen bis hin zu Angstzuständen und Depression sein. Diese Schlüsselnummer sollte nicht zur Anwendung kommen, wenn Covid-19 noch vorliegt. Ein einheitliches Krankheitsbild gibt es bislang nicht. Daher ist die Güte der Dokumentationsqualität bei der Diagnose „Post-Covid-19-Zustand" unklar, da die Kriterien bisher offenbar nicht einheitlich interpretiert werden können. Die WHO weist auch ausdrücklich darauf hin, dass es sich weiterhin um eine vorläufige Falldefinition handelt, die in Anpassung an neue wissenschaftliche Erkenntnisse fortlaufend aktualisiert werden muss (WHO 2021). Post-Covid ist dabei abzugrenzen von Long-Covid, wofür es bisher keine eigenständige Abrechnungsdiagnose gibt. Unter Long-Covid werden bestehende gesundheitliche Beschwerden bezeichnet, die im Anschluss an eine akute Covid-19-Erkrankung vier bis zwölf Wochen nach Symptombeginn noch als bestehende Symptome zu beobachten sind (siehe ▶ https://www.rki.de/SharedDocs/FAQ/NCOV2019/FAQ_Liste_Gesundheitliche_Langzeitfolgen.html). In den vom WIdO analysierten Daten betrifft Long-Covid 1,9 % aller von akuten Covid-Erkrankungen Betroffenen (Datenbasis: alle berufstätigen AOK-Versicherten, die im Zeitraum 03/2020 bis 12/2022 mindestens einen Tag versichert waren).

---

16 Unter dem ICD-Code U07.4!* konnte ab dem 11.11.2020 bereits der „Post-Covid-19-Zustand, nicht näher bezeichnet" kodiert werden. Dieser lief am 31.12.2020 aus und wurde ab dem 01.01.2021 durch den ICD-Code U09 ersetzt.

Kapitel 29 · Krankheitsbedingte Fehlzeiten in der deutschen Wirtschaft im Jahr 2022

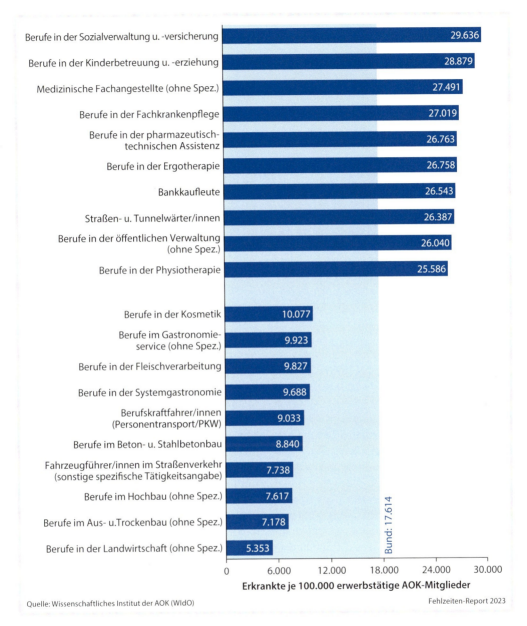

◘ **Abb. 29.66** Erkrankte je 100.000 erwerbstätige AOK-Mitglieder in den Berufsgruppen mit den höchsten und niedrigsten Fehlzeiten im Zusammenhang mit Covid-19, AOK-Mitglieder 2022.
(Erkrankte AOK-Mitglieder mit dokumentierter Diagnose mit Nachweis des SARS-CoV-2-Virus (ICD-10 GM: U07.1!), mit klinischem Covid-19-Verdacht ohne Virusnachweis (ICD-GM: U07.2!), Covid-19 in der Eigenanamnese (ICD-10 GM: U08, U08.9) sowie Multisystemisches Entzündungssyndrom in Verbindung mit Covid-19 (ICD-10 GM: U10, U10.9))

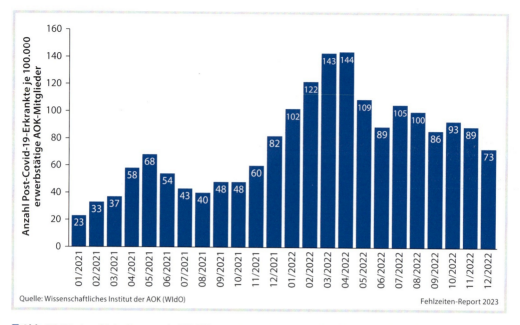

Abb. 29.67 Anzahl der Personen je 100.000 erwerbstätige AOK-Versicherte, die zwischen Januar 2021 und Dezember 2022 auf Basis einer Post-Covid-19-Erkrankung arbeitsunfähig waren, im Monatsverlauf. (Datenbasis: alle berufstätigen AOK-Versicherten, die im Zeitraum 03/2020 bis 12/2022 mindestens einen Tag versichert waren; berücksichtigte Diagnosen: U09.-! Post-Covid-19-Zustand und U09.9! Post-Covid-19-Zustand, nicht näher bezeichnet)

Betrachtet man den Pandemiezeitraum ab dem Jahr 2021 und dabei nur die durchgängig versicherten AOK-Mitglieder, so war bis einschließlich Dezember 2022 knapp 1 % der Beschäftigten von einer Post-Covid-Erkrankung betroffen (n = 71.651). Nach mehreren Auf- und Abwärtsbewegungen erreichten sowohl akute als auch Post-Covid-Erkrankungen im Frühjahr 2022 ihren vorläufigen Höhepunkt. Bezogen auf 100.000 AOK-Mitglieder gab es im April 2022 mit 144 erwerbstätigen AOK-Mitgliedern den Höchststand von Post-Covid-Erkrankten im bisherigen Pandemieverlauf, gefolgt vom März 2022 (143 Betroffene je 100.000 AOK-Mitglieder). Im Laufe des Sommers und Winters 2022 nahm die Anzahl der Post-Covid-Erkrankten wieder ab. Diese Anzahl hatte sich im Dezember im Vergleich zum April 2022 fast halbiert (73 Betroffene je 100.000 AOK-Mitglieder) (◘ Abb. 29.67).

Zur Analyse der Auswirkungen der verschiedenen Virus-Varianten wurden die Arbeitsunfähigkeitsdaten von durchgängig versicherten Beschäftigten mit einer AU-Meldung aufgrund einer akuten Covid-19-Erkrankung sieben Monate lang nachbeobachtet. Dabei zeigte sich, dass zwischen September und Dezember 2021, als die sogenannte Delta-Variante dominierte, bei 2,5 % (n = 5.477) der akut Erkrankten eine Post-Covid-Erkrankung folgte. Damit ist deren Anteil doppelt so hoch wie in der Zeit, in der die Omikron-Variante vorherrschte. Hier folgte bei nur 1,1 % (n = 9.171) aller von Akut-Covid-Betroffenen eine Post-Covid-Erkrankung.

Auch die durchschnittliche Länge der Arbeitsunfähigkeit aufgrund einer Post-Covid-Erkrankung ist in der Zeit, in der die Delta-Variante vorherrschte, mit durchschnittlich 43,2 Tagen deutlich höher als in dem Zeitraum, in dem die Omikron-Variante vorherrschend war (30,9 Tage).

Bei Post-Covid zeigt sich ein starker Zusammenhang mit dem Alter, wobei die Be-

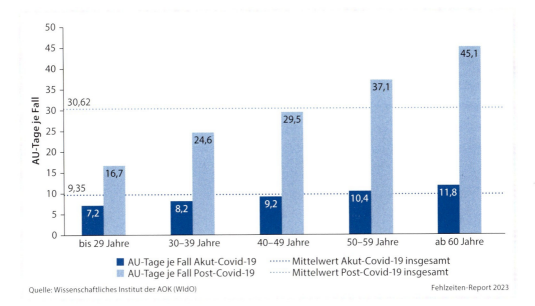

Abb. 29.68 Durchschnittliche Dauer krankheitsbedingter Fehlzeiten auf Basis einer dokumentierten akuten und einer Post-Covid-19-Erkrankung unter allen erwerbstätigen AOK-Versicherten von März 2020 bis Dezember 2022 in Abhängigkeit vom Alter. (Datenbasis: alle berufstätigen AOK-Versicherten, die im Zeitraum 03/2020 bis 12/2022 mindestens einen Tag versichert waren; berücksichtigte Diagnosen Post Covid: U09.-! Post-Covid-19-Zustand und U09.9! Post-Covid-19-Zustand, nicht näher bezeichnet. Berücksichtigte Diagnosen „Akut-Covid-19": Covid-19, Virus nachgewiesen (ICD-10 GM: U07.1!), mit klinischem Covid-19-Verdacht ohne Virusnachweis (ICD-GM: U07.2!), Covid-19 in der Eigenanamnese (ICD-10 GM: U08, U08.9) sowie Multisystemisches Entzündungssyndrom in Verbindung mit Covid-19 (ICD-10 GM: U10, U10.9))

troffenheit mit dem Alter deutlich zunimmt: So sind über 60-jährige mit durchschnittlich 45,1 Fehltagen fast dreimal länger krankgeschrieben als die unter 29-Jährigen (16,7 Fehltage). Der gleiche Alterseffekt liegt auch bei Akut-Covid-Erkrankten im Pandemiezeitraum vor, wenn auch auf deutlich geringerem Niveau: Während die unter 29-jährigen durchschnittlich 7,2 Fehltage aufgrund einer Covid-Infektion aufweisen, fehlen über 60-jährige durchschnittlich 11,8 Tage in den Unternehmen. Über alle Beschäftigten hinweg waren bei akuten Covid-Erkrankungen durchschnittlich neun Ausfalltage zu verzeichnen, bei Post-Covid-Erkrankungen 31 Tage (Betrachtungszeitraum März 2020 bis Dezember 2022) (Abb. 29.68).

Die Post-Covid-Diagnose geht oft mit zahlreichen Begleiterkrankungen einher. Die häufigste Begleiterkrankung ist ein akuter Infekt der oberen Atemwege (ICD J06.9). Bei über 8 % aller Post-Covid-Erkrankungen wurde auf der AU-Bescheinigung diese Diagnose zusätzlich dokumentiert. Weitere dokumentierte Komorbiditäten sind vor allem Unwohlsein und Ermüdung (4,7 %), Dyspnoe bzw. Kurzatmigkeit (3,4 %), Husten (2 %), Neurasthenie (1,5 %) und Kopfschmerzen (1,4 %) (Abb. 29.69).

Am meisten betroffen von einer dokumentierten Post-Covid-Erkrankung zeigen sich die Berufe in der Ergotherapie (1.578 Erkrankte je 100.000 AOK-Mitglieder), gefolgt von den Berufen in der Kinderbetreuung und -erziehung (1.377 Erkrankte je 100.000 AOK-Mitglieder). Auch Berufe in der Fachkrankenpflege und in der Gesundheits- u. Krankenpflege sind überdurchschnittlich häufig von Post-Covid betroffen (1.288 bzw. 1.245 Erkrankte je 100.000 AOK-Mitglieder) (Abb. 29.70).

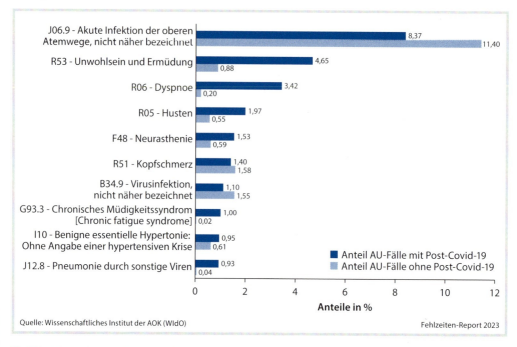

◘ **Abb. 29.69** Die häufigsten Begleitdiagnosen einer dokumentierten Post-Covid-19-Erkrankung unter allen erwerbstätigen AOK-Versicherten von November 2020 bis Dezember 2022.
(Datenbasis: alle berufstätigen AOK-Versicherten, die im Zeitraum 03/2020 bis 12/2022 mindestens einen Tag versichert waren; berücksichtigte Diagnosen Post Covid: U07.4!* Post-Covid-19-Zustand, nicht näher bezeichnet; U09.-! Post-Covid-19-Zustand und U09.9! Post-Covid-19-Zustand, nicht näher bezeichnet)

Es zeigt sich, dass die Berufsgruppen, die am stärksten von akuten Covid-Erkrankungen betroffen waren, nicht unbedingt in der Folge die meisten Post-Covid-Ausfälle zu verzeichnen hatten (vgl. ◘ Abb. 29.66). Ein Erklärungsansatz für diese Beobachtung könnte hier in den Unterschieden zwischen den Berufsgruppen hinsichtlich der Altersverteilung, Geschlechtsverteilung und auch der Vorerkrankungen zu suchen sein.

Bei der Interpretation der Daten muss berücksichtigt werden, dass nur bei etwas mehr als der Hälfte aller durchgängig versicherten Personen mit Post-Covid-Diagnose im Pandemiezeitraum bis Dezember 2022 vorab eine akute Covid-Diagnose dokumentiert wurde (n = 38.723). Daraus kann jedoch nicht geschlossen werden, dass bei der anderen Hälfte keine akute Covid-Erkrankung vorlag. Vielmehr ist zu vermuten, dass falsch-negative Testergebnisse, symptomfreie bzw. nicht detektierte akute Covid-Erkrankungen, Akut-Covid-Erkrankungszeiten von bis zu drei Tagen Arbeitsunfähigkeit und unterschiedliche Dokumentationsgewohnheiten bei den Leistungserbringern zu den vorliegenden Zahlen geführt haben. Ebenfalls auffällig ist, dass die Arbeitsunfähigkeitszeiten der Personen, bei denen vor der Post-Covid-Erkrankung eine akute Covid-Erkrankung dokumentiert worden war, im Pandemiezeitraum von März 2020 bis Dezember 2022 mit durchschnittlich 37,2 Tagen erheblich länger waren als bei denen ohne vorab dokumentierte akute Covid-Erkrankung (21,4 Tage).

Prinzipiell ist zu beachten, dass es in den Abrechnungsdaten, die hier ausgewertet wurden, zu einer Untererfassung sowohl von akuten Infektionen als auch von Post-Covid-Erkrankungen kommen kann, da akute Covid-

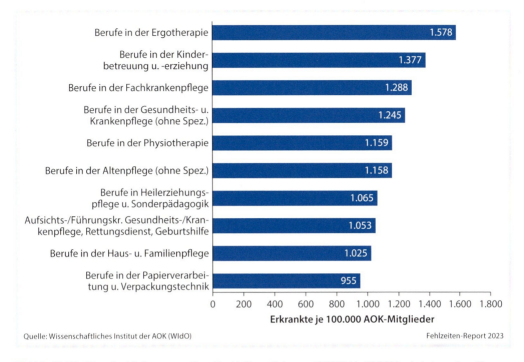

☐ **Abb. 29.70** Die zehn häufigsten von Post-Covid-19-Erkrankungen betroffenen Berufsgruppen unter allen erwerbstätigen AOK-Mitgliedern zwischen November 2020 und Dezember 2022.
(Datenbasis: alle berufstätigen AOK-Versicherten, die im Zeitraum 03/2020 bis 12/2022 mindestens einen Tag versichert waren; berücksichtigte Diagnosen Post Covid: U07.4!* Post-Covid-19-Zustand, nicht näher bezeichnet; U09.-! Post-Covid-19-Zustand und U09.9! Post-Covid-19-Zustand, nicht näher bezeichnet)

Infektionen auch unspezifisch als Atemwegsinfekte dokumentiert sein können. Auch Post-Covid-Erkrankungen lassen sich über eine Vielzahl von Symptomen kodieren – zum Beispiel Fatigue (ICDs: G93, F43, F48), Dyspnoe (ICDs: R06, J96, F45) oder kognitive Störungen (ICDs: F06, F07).

Literatur

Benz A (2010) Einflussgrößen auf krankheitsbedingte Fehlzeiten – dargestellt am Beispiel des Regierungspräsidiums Stuttgart. Diplomarbeit Hochschule für öffentliche Verwaltung und Finanzen Ludwigsburg. https://opus-hslb.bsz-bw.de/files/139/Benz_Annika.pdf. Zugegriffen: 15. März 2017

BMAS/BAuA – Bundesministerium für Arbeit und Soziales/Bundesanstalt für Arbeitsschutz und Arbeitsmedizin (2021) Volkswirtschaftliche Kosten durch Arbeitsunfähigkeit 2019. BMAS/BAuA, Berlin

Bundesagentur für Arbeit (1988) Klassifizierung der Berufe (KldB) 1988 – Systematisches und alphabetisches Verzeichnis der Berufsbenennungen. Bundesagentur für Arbeit, Nürnberg

Bundesagentur für Arbeit (2011) Systematischer und alphabetischer Teil mit Erläuterungen. Klassifizierung der Berufe (KldB) 2010, Bd 1. Bundesagentur für Arbeit, Nürnberg

Bundesagentur für Arbeit (2020) Berichte: Analyse Arbeitsmarkt. Arbeitsmarkt für Menschen mit Behinderung. Stand: Mai 2020. Bundesagentur für Arbeit, Nürnberg

Bundesagentur für Arbeit (2023) Beschäftigtenstatistik nach Wirtschaftszweigen. Stand: 30. Juni 2022. BA, Nürnberg

Bundesinstitut für Arzneimittel und Medizinprodukte (2021) Kodierempfehlung zu Fallkonstellationen im Zusammenhang mit dem Infektionsgeschehen (Stand: 16. Juli 2020, Aktualisierung vom 22. April 2021)

Bundesministerium für Gesundheit (2022) Gesetzliche Krankenversicherung. Vorläufige Rechnungsergebnisse 1.–4. Quartal 2021. Stand 88. März 2022. Bundesministerium für Gesundheit, Berlin

Busch K (2021) Die Arbeitsunfähigkeit in der Statistik der GKV. In: Badura B, Ducki A, Schröder H, Meyer M (Hrsg) Fehlzeiten-Report 2021. Betriebliche Prävention stärken – Lehren aus der Pandemie. Springer, Berlin, Heidelberg

Damm K, Lange A, Zeidler J, Braun S, Graf von der Schulenburg JM (2012) Einführung des neuen Tätigkeitsschlüssels und seine Anwendung in GKV-Routinedatenauswertungen. Bundesgesundheitsblatt 55:238–244

Bundeszentrale für politische Bildung. Statistisches Bundesamt (Destatis),) (2021) Ein Sozialbericht für die Bundesrepublik Deutschland. Datenreport 2021. Wissenschaftszentrum Berlin für Sozialforschung (WZB), Bonn

Deutsche Rentenversicherung Bund (2022) Rentenversicherung in Zahlen 2022. Deutsche Rentenversicherung Bund, Berlin

HWWI, Berenberg-Städteranking (2019) Die 30 größten Städte Deutschlands im Vergleich. Stand August 2019

ILO (2012) International standard classification of occupations 2008. ILO, Genf

Karasek R, Theorell T (1990) Healthy work: stress, productivity, and the reconstruction of working life. Basic Books, New York

Keller M, Kahle I (2018) Realisierte Erwerbstätigkeit von Müttern und Vätern zur Vereinbarkeit von Familie und Beruf. DeStatis, Wiesbaden

Marmot M (2005) Status syndrome: how your social standing directly affects your health. Bloomsbury, London

Marstedt G, Müller R, Jansen R (2002) Rationalisierung, Arbeitsbelastungen und Arbeitsunfähigkeiten im Öffentlichen Dienst. In: Badura B, Litsch M, Vetter C (Hrsg) Fehlzeiten-Report 2001. Springer, Berlin, Heidelberg

Meschede M, Roick C, Ehresmann C, Badura B, Mexer M, Ducki A, Schröder H (2020) Psychische Erkrankungen bei den Erwerbstätigen in Deutschland und Konsequenzen für das Betriebliche Gesundheitsmanagement. In: Badura B, Ducki A, Schröder H, Klose J, Meyer M (Hrsg) Fehlzeiten-Report 2020. Gerechtigkeit und Gesundheit. Springer, Berlin Heidelberg

Meyer M (2015) Arbeitsunfähigkeit. In: Swart E, Ihle P, Gothe H, Matusiewicz D (Hrsg) Routinedaten im Gesundheitswesen Handbuch Sekundärdatenanalyse: Grundlagen, Methoden und Perspektiven, 2. Aufl. Huber, Bern

Mielck A (2000) Soziale Ungleichheit und Gesundheit. Huber, Bern

Mielck A, Lüngen M, Siegel M, Korber K (2012) Folgen unzureichender Bildung für die Gesundheit. Bertelsmann, Gütersloh

Oppolzer A (2000) Ausgewählte Bestimmungsfaktoren des Krankenstandes in der öffentlichen Verwaltung – Zum Einfluss von Arbeitszufriedenheit und Arbeitsbedingungen auf krankheitsbedingte Fehlzeiten. In: Badura B, Litsch M, Vetter C (Hrsg) Fehlzeiten-Report 1999. Springer, Berlin, Heidelberg

Siegrist J (1999) Psychosoziale Arbeitsbelastungen und Herz-Kreislauf-Risiken: internationale Erkenntnisse zu neuen Stressmodellen. In: Badura B, Litsch M, Vetter C (Hrsg) Fehlzeiten-Report 1999. Psychische Belastung am Arbeitsplatz. Springer, Berlin, Heidelberg

Vahtera J, Kivimäki M, Pentti J (2001) The role of extended weekends in sickness absenteeism. Occup Environ Med 58:818–822

WHO (2011) Global burden of mental disorders and the need for a comprehensive, coordinated response for health and social sectors at the country level. Executive Board 130/9WHO

WHO (2021) Klinische Falldefinition einer Post-COVID-19-Erkrankung gemäß Delphi-Konsens. 6. Oktober 2021. WHO-2019-nCoV-Post-COVID-19-condition-Clinical-case-definition-2021.1-gerger.pdf. Zugegriffen: 10. April 2023

Krankheitsbedingte Fehlzeiten nach Branchen im Jahr 2022

Markus Meyer, Antje Schenkel und Moritz Meinicke

Inhaltsverzeichnis

30.1 Banken und Versicherungen – 522

30.2 Baugewerbe – 538

30.3 Dienstleistungen – 556

30.4 Energie, Wasser, Entsorgung und Bergbau – 575

30.5 Erziehung und Unterricht – 593

30.6 Gesundheits- und Sozialwesen – 610

30.7 Handel – 629

30.8 Land- und Forstwirtschaft – 647

30.9 Metallindustrie – 663

30.10 Öffentliche Verwaltung – 682

30.11 Verarbeitendes Gewerbe – 699

30.12 Verkehr und Transport – 721

© Der/die Autor(en), exklusiv lizenziert an Springer-Verlag GmbH, DE, ein Teil von Springer Nature 2023
B. Badura et al. (Hrsg.), *Fehlzeiten-Report 2023*, Fehlzeiten-Report,
https://doi.org/10.1007/978-3-662-67514-4_30

30.1 Banken und Versicherungen

Entwicklung des Krankenstands der AOK-Mitglieder in der Branche Banken und Versicherungen in den Jahren 1998 bis 2022	Tab. 30.1
Arbeitsunfähigkeit der AOK-Mitglieder in der Branche Banken und Versicherungen nach Bundesländern im Jahr 2022 im Vergleich zum Vorjahr	Tab. 30.2
Arbeitsunfähigkeit der AOK-Mitglieder nach Wirtschaftsabteilungen in der Branche Banken und Versicherungen im Jahr 2022	Tab. 30.3
Kennzahlen der Arbeitsunfähigkeit nach ausgewählten Berufsgruppen in der Branche Banken und Versicherungen im Jahr 2022	Tab. 30.4
Dauer der Arbeitsunfähigkeit der AOK-Mitglieder in der Branche Banken und Versicherungen im Jahr 2022	Tab. 30.5
Tage der Arbeitsunfähigkeit je AOK-Mitglied nach Wirtschaftsabteilung und Betriebsgröße in der Branche Banken und Versicherungen im Jahr 2022	Tab. 30.6
Krankenstand in Prozent nach Ausbildungsabschluss in der Branche Banken und Versicherungen im Jahr 2022, AOK-Mitglieder	Tab. 30.7
Tage der Arbeitsunfähigkeit je AOK-Mitglied nach Ausbildungsabschluss in der Branche Banken und Versicherungen im Jahr 2022	Tab. 30.8
Anteil der Arbeitsunfälle an den AU-Fällen und -Tagen in Prozent nach Wirtschaftsabteilungen in der Branche Banken und Versicherungen im Jahr 2022, AOK-Mitglieder	Tab. 30.9
Tage und Fälle der Arbeitsunfähigkeit durch Arbeitsunfälle nach Berufsgruppen in der Branche Banken und Versicherungen im Jahr 2022, AOK-Mitglieder	Tab. 30.10
Tage und Fälle der Arbeitsunfähigkeit je 100 AOK-Mitglieder nach Krankheitsarten in der Branche Banken und Versicherungen in den Jahren 1998 bis 2022	Tab. 30.11
Verteilung der Arbeitsunfähigkeitstage nach Krankheitsarten in Prozent in der Branche Banken und Versicherungen im Jahr 2022, AOK-Mitglieder	Tab. 30.12
Verteilung der Arbeitsunfähigkeitsfälle nach Krankheitsarten in Prozent in der Branche Banken und Versicherungen im Jahr 2022, AOK-Mitglieder	Tab. 30.13
Verteilung der Arbeitsunfähigkeitstage nach Krankheitsarten und ausgewählten Berufsgruppen in der Branche Banken und Versicherungen im Jahr 2022, AOK-Mitglieder	Tab. 30.14
Verteilung der Arbeitsunfähigkeitsfälle nach Krankheitsarten und ausgewählten Berufsgruppen in der Branche Banken und Versicherungen im Jahr 2022, AOK-Mitglieder	Tab. 30.15
Anteile der 40 häufigsten Einzeldiagnosen an den AU-Fällen und AU-Tagen in der Branche Banken und Versicherungen im Jahr 2022, AOK-Mitglieder	Tab. 30.16
Anteile der 40 häufigsten Diagnoseuntergruppen an den AU-Fällen und AU-Tagen in der Branche Banken und Versicherungen im Jahr 2022, AOK-Mitglieder	Tab. 30.17

Kapitel 30 · Krankheitsbedingte Fehlzeiten nach Branchen im Jahr 2022

◻ Tab. 30.1 Entwicklung des Krankenstands der AOK-Mitglieder in der Branche Banken und Versicherungen in den Jahren 1998 bis 2022

Jahr	Krankenstand in %			AU-Fälle je 100 AOK-Mitglieder			Tage je Fall		
	West	Ost	Bund	West	Ost	Bund	West	Ost	Bund
1998	3,5	3,6	3,5	110,6	112,2	110,7	11,4	11,7	11,4
1999	3,6	4,0	3,7	119,6	113,3	119,1	10,8	11,6	10,9
2000	3,6	4,1	3,6	125,6	148,8	127,1	10,5	10,2	10,5
2001	3,5	4,1	3,6	122,2	137,5	123,1	10,6	10,8	10,6
2002	3,5	4,1	3,5	125,0	141,3	126,1	10,1	10,6	10,2
2003	3,3	3,5	3,3	126,0	137,1	127,0	9,5	9,4	9,5
2004	3,1	3,2	3,1	117,6	127,7	118,8	9,7	9,3	9,6
2005	3,1	3,3	3,1	122,6	132,0	123,8	9,2	9,0	9,1
2006	2,7	3,2	2,8	108,1	126,7	110,7	9,2	9,1	9,2
2007	3,1	3,4	3,1	121,0	133,6	122,8	9,2	9,3	9,2
2008 (WZ03)	3,1	3,6	3,2	127,0	136,6	128,4	9,0	9,6	9,1
2008 (WZ08)[a]	3,1	3,6	3,2	126,9	135,9	128,3	9,0	9,6	9,1
2009	3,2	3,9	3,3	136,8	150,9	138,8	8,6	9,5	8,8
2010	3,2	4,0	3,3	134,3	177,7	140,2	8,8	8,3	8,7
2011	3,3	3,9	3,3	139,7	181,2	145,3	8,5	7,9	8,4
2012	3,2	4,1	3,4	134,5	153,7	137,0	8,8	9,8	9,0
2013	3,2	4,1	3,4	143,8	158,6	145,7	8,2	9,4	8,4
2014	3,4	4,2	3,5	142,6	157,2	144,5	8,7	9,8	8,9
2015	3,6	4,4	3,7	152,9	170,1	155,3	8,7	9,4	8,8
2016	3,7	4,5	3,8	150,6	175,0	154,3	8,9	9,5	9,0
2017	3,6	4,8	3,8	145,2	172,6	149,7	9,1	10,2	9,3
2018	3,7	4,9	3,9	146,1	177,1	151,7	9,3	10,1	9,5
2019	3,6	4,8	3,8	139,9	167,2	144,1	9,4	10,6	9,6
2020	3,5	4,9	3,7	116,7	149,2	121,6	11,0	12,1	11,2
2021	3,3	5,0	3,6	110,7	146,7	116,0	10,9	12,4	11,2
2022	4,6	6,3	4,9	182,1	214,0	186,8	9,3	10,7	9,6

[a] aufgrund der Revision der Wirtschaftszweigklassifikation in 2008 ist eine Vergleichbarkeit mit den Vorjahren nur bedingt möglich

Fehlzeiten-Report 2023

Tab. 30.2 Arbeitsunfähigkeit der AOK-Mitglieder in der Branche Banken und Versicherungen nach Bundesländern im Jahr 2022 im Vergleich zum Vorjahr

Bundesland	Kranken-stand in %	Arbeitsunfähigkeit je 100 AOK-Mitglieder				Tage je Fall	Veränd. z. Vorj. in %	AU-Quote in %
		AU-Fälle	Veränd. z. Vorj. in %	AU-Tage	Veränd. z. Vorj. in %			
Baden-Württemberg	4,7	186,7	59,7	1.727,2	44,6	9,2	−9,4	68,9
Bayern	4,5	170,1	75,3	1.648,9	41,4	9,7	−19,4	61,9
Berlin	4,4	160,2	51,5	1.598,5	32,2	10,0	−12,7	49,4
Brandenburg	6,5	225,5	54,3	2.374,8	47,9	10,5	−4,1	68,7
Bremen	4,5	185,8	68,7	1.632,5	32,9	8,8	−21,3	65,3
Hamburg	4,0	152,5	95,1	1.461,2	58,7	9,6	−18,7	54,7
Hessen	4,1	167,4	57,8	1.501,4	43,7	9,0	−9,0	58,8
Mecklenburg-Vorpommern	6,4	233,5	67,4	2.350,1	52,1	10,1	−9,1	68,5
Niedersachsen	4,9	202,2	63,7	1.791,5	38,7	8,9	−15,3	71,3
Nordrhein-Westfalen	4,9	192,8	60,5	1.799,8	35,5	9,3	−15,6	64,0
Rheinland-Pfalz	4,5	178,6	82,4	1.652,6	29,7	9,3	−28,9	64,9
Saarland	5,8	188,5	40,0	2.109,5	27,5	11,2	−9,0	68,6
Sachsen	6,1	205,2	42,2	2.212,9	21,6	10,8	−14,5	72,7
Sachsen-Anhalt	6,9	227,1	52,9	2.516,9	30,2	11,1	−14,9	73,1
Schleswig-Holstein	4,7	192,8	70,6	1.725,5	55,6	8,9	−8,8	66,1
Thüringen	6,4	225,3	46,6	2.349,8	29,9	10,4	−11,4	76,7
West	**4,6**	**182,1**	**64,5**	**1.694,9**	**40,7**	**9,3**	**−14,4**	**64,5**
Ost	**6,3**	**214,0**	**45,8**	**2.294,0**	**26,3**	**10,7**	**−13,4**	**73,3**
Bund	**4,9**	**186,8**	**61,0**	**1.785,4**	**37,7**	**9,6**	**−14,5**	**65,8**

Fehlzeiten-Report 2023

◨ Tab. 30.3 Arbeitsunfähigkeit der AOK-Mitglieder nach Wirtschaftsabteilungen in der Branche Banken und Versicherungen im Jahr 2022

Wirtschaftsabteilungen	Krankenstand in %		Arbeitsunfähigkeit je 100 AOK-Mitglieder		Tage je Fall	AU-Quote in %
	2022	2022 stand.[a]	Fälle	Tage		
Erbringung von Finanzdienstleistungen	5,0	5,0	193,0	1.832,6	9,5	68,5
Mit Finanz- und Versicherungsdienstleistungen verbundene Tätigkeiten	4,5	4,6	173,8	1.651,0	9,5	58,8
Versicherungen, Rückversicherungen und Pensionskassen (ohne Sozialversicherung)	4,7	4,9	173,1	1.733,6	10,0	63,3
Branche gesamt	**4,9**	**4,9**	**186,8**	**1.785,4**	**9,6**	**65,8**
Alle Branchen	**6,7**	**6,8**	**216,6**	**2.450,0**	**11,3**	**64,6**

[a] Krankenstand alters- und geschlechtsstandardisiert

Fehlzeiten-Report 2023

Tab. 30.4 Kennzahlen der Arbeitsunfähigkeit nach ausgewählten Berufsgruppen in der Branche Banken und Versicherungen im Jahr 2022

Tätigkeit	Kranken-stand in %	Arbeitsunfähigkeit je 100 AOK-Mitglieder		Tage je Fall	AU-Quote in %	Anteil der Berufsgruppe an der Branche in %[a]
		AU-Fälle	AU-Tage			
Anlageberater/innen- u. sonstige Finanzdienstleistungsberufe	4,0	157,4	1.451,7	9,2	59,6	1,8
Bankkaufleute	5,1	201,9	1.860,1	9,2	71,6	46,6
Berufe im Vertrieb (außer Informations- u. Kommunikationstechnologien)	4,7	174,7	1.711,2	9,8	63,1	3,0
Berufe in der Buchhaltung	3,9	152,3	1.432,4	9,4	58,8	1,3
Berufe in Versicherungs- u. Finanzdienstleistungen	4,6	185,0	1.691,2	9,1	65,1	1,0
Büro- u. Sekretariatskräfte (ohne Spez.)	4,7	165,8	1.711,4	10,3	57,1	8,4
Kaufmännische u. technische Betriebswirtschaft (ohne Spez.)	4,5	162,1	1.631,0	10,1	61,2	3,6
Versicherungskaufleute	4,8	194,5	1.767,5	9,1	65,3	15,4
Branche gesamt	**4,9**	**186,8**	**1.785,4**	**9,6**	**65,8**	**1,3[b]**

[a] Anteil der AOK-Mitglieder in der Berufsgruppe an den in der Branche beschäftigten AOK-Mitgliedern insgesamt
[b] Anteil der AOK-Mitglieder in der Branche an allen AOK-Mitgliedern
Fehlzeiten-Report 2023

Tab. 30.5 Dauer der Arbeitsunfähigkeit der AOK-Mitglieder in der Branche Banken und Versicherungen im Jahr 2022

Fallklasse	Branche hier		Alle Branchen	
	Anteil Fälle in %	Anteil Tage in %	Anteil Fälle in %	Anteil Tage in %
1–3 Tage	31,8	6,8	30,5	5,4
4–7 Tage	33,3	17,4	32,4	14,6
8–14 Tage	24,0	25,3	23,4	21,2
15–21 Tage	4,9	8,7	5,7	8,7
22–28 Tage	2,0	4,9	2,3	5,0
29–42 Tage	1,8	6,4	2,3	7,1
>42 Tage	2,3	30,4	3,5	38,0

Fehlzeiten-Report 2023

Tab. 30.6 Tage der Arbeitsunfähigkeit je AOK-Mitglied nach Wirtschaftsabteilung und Betriebsgröße in der Branche Banken und Versicherungen im Jahr 2022

Wirtschaftsabteilungen	Betriebsgröße (Anzahl der AOK-Mitglieder)					
	10–49	50–99	100–199	200–499	500–999	≥ 1.000
Erbringung von Finanzdienstleistungen	18,0	18,5	18,7	21,2	19,5	15,8
Mit Finanz- und Versicherungsdienstleistungen verbundene Tätigkeiten	17,1	18,5	16,6	30,2	–	–
Versicherungen, Rückversicherungen und Pensionskassen (ohne Sozialversicherung)	18,3	17,0	17,9	16,6	12,9	–
Branche gesamt	17,9	18,3	18,4	20,3	18,8	15,8
Alle Branchen	25,0	27,3	27,7	27,5	27,6	27,3

Fehlzeiten-Report 2023

Tab. 30.7 Krankenstand in Prozent nach Ausbildungsabschluss in der Branche Banken und Versicherungen im Jahr 2022, AOK-Mitglieder

Wirtschaftsabteilungen	Ausbildung						
	ohne Ausbildungsabschluss	mit Ausbildungsabschluss	Meister/Techniker	Bachelor	Diplom/Magister/Master/Staatsexamen	Promotion	unbekannt
Erbringung von Finanzdienstleistungen	5,2	5,5	4,9	2,9	3,4	2,0	5,4
Mit Finanz- und Versicherungsdienstleistungen verbundene Tätigkeiten	4,6	4,9	4,5	2,8	3,0	1,1	4,6
Versicherungen, Rückversicherungen und Pensionskassen (ohne Sozialversicherung)	5,0	5,4	5,5	3,2	2,9	2,5	4,1
Branche gesamt	5,0	5,4	4,9	2,9	3,2	2,0	4,9
Alle Branchen	7,4	7,4	5,9	3,5	4,0	3,0	6,0

Fehlzeiten-Report 2023

◘ **Tab. 30.8** Tage der Arbeitsunfähigkeit je AOK-Mitglied nach Ausbildungsabschluss in der Branche Banken und Versicherungen im Jahr 2022

Wirtschafts-abteilungen	Ausbildung						
	ohne Ausbildungsabschluss	mit Ausbildungsabschluss	Meister/ Techniker	Bachelor	Diplom/ Magister/ Master/ Staatsexamen	Promotion	unbekannt
Erbringung von Finanzdienstleistungen	18,9	20,0	17,9	10,5	12,3	7,4	19,8
Mit Finanz- und Versicherungsdienstleistungen verbundene Tätigkeiten	16,8	18,0	16,4	10,3	10,8	4,2	16,9
Versicherungen, Rückversicherungen und Pensionskassen (ohne Sozialversicherung)	18,4	19,7	20,1	11,5	10,7	9,0	14,9
Branche gesamt	**18,4**	**19,6**	**17,9**	**10,6**	**11,7**	**7,2**	**18,1**
Alle Branchen	**26,9**	**27,1**	**21,5**	**12,9**	**14,5**	**10,9**	**21,9**

Fehlzeiten-Report 2023

◘ **Tab. 30.9** Anteil der Arbeitsunfälle an den AU-Fällen und -Tagen in Prozent nach Wirtschaftsabteilungen in der Branche Banken und Versicherungen im Jahr 2022, AOK-Mitglieder

Wirtschaftsabteilungen	AU-Fälle in %	AU-Tage in %
Erbringung von Finanzdienstleistungen	0,6	1,5
Mit Finanz- und Versicherungsdienstleistungen verbundene Tätigkeiten	0,5	1,3
Versicherungen, Rückversicherungen und Pensionskassen (ohne Sozialversicherung)	0,4	1,0
Branche gesamt	**0,6**	**1,4**
Alle Branchen	**2,0**	**4,5**

Fehlzeiten-Report 2023

Tab. 30.10 Tage und Fälle der Arbeitsunfähigkeit durch Arbeitsunfälle nach Berufsgruppen in der Branche Banken und Versicherungen im Jahr 2022, AOK-Mitglieder

Tätigkeit	Arbeitsunfähigkeit je 1.000 AOK-Mitglieder	
	AU-Tage	AU-Fälle
Bankkaufleute	237,0	10,7
Büro- u. Sekretariatskräfte (ohne Spez.)	231,7	7,8
Berufe im Vertrieb (außer Informations- u. Kommunikationstechnologien)	220,5	9,4
Versicherungskaufleute	173,8	7,0
Kaufmännische u. technische Betriebswirtschaft (ohne Spez.)	145,1	7,6
Anlageberater/innen- u. sonstige Finanzdienstleistungsberufe	130,0	6,5
Berufe in Versicherungs- u. Finanzdienstleistungen	103,9	5,0
Berufe in der Buchhaltung	103,1	6,3
Branche gesamt	**250,0**	**10,6**
Alle Branchen	**1.094,5**	**43,8**

Fehlzeiten-Report 2023

Tab. 30.11 Tage und Fälle der Arbeitsunfähigkeit je 100 AOK-Mitglieder nach Krankheitsarten in der Branche Banken und Versicherungen in den Jahren 1998 bis 2022

Jahr	Arbeitsunfähigkeit je 100 AOK-Mitglieder											
	Psyche		Herz/Kreislauf		Atemwege		Verdauung		Muskel/Skelett		Verletzungen	
	Tage	Fälle	Tage	Fälle	Tage	Fälle	Tage	Fälle	Tage	Fälle	Tage	Fälle
1998	109,3	4,5	112,8	6,9	252,3	40,4	109,3	18,1	313,9	18,0	152,2	9,7
1999	113,7	4,8	107,6	6,9	291,2	46,4	108,7	19,0	308,3	18,6	151,0	10,3
2000	138,4	5,8	92,5	6,3	281,4	45,3	99,1	16,6	331,4	19,9	145,3	10,0
2001	144,6	6,6	99,8	7,1	264,1	44,4	98,8	17,3	334,9	20,5	147,6	10,3
2002	144,6	6,8	96,7	7,1	254,7	44,0	105,1	19,0	322,6	20,6	147,3	10,5
2003	133,9	6,9	88,6	7,1	261,1	46,5	99,0	18,7	288,0	19,5	138,2	10,3
2004	150,2	7,1	92,8	6,5	228,5	40,6	103,7	19,0	273,1	18,4	136,5	9,8
2005	147,5	7,0	85,1	6,5	270,1	47,7	100,1	17,9	248,8	18,1	132,1	9,7
2006	147,2	7,0	79,8	6,2	224,6	40,8	98,8	18,3	243,0	17,4	134,0	9,6
2007	167,2	7,5	87,7	6,3	243,9	44,4	103,0	19,6	256,9	18,1	125,2	9,1
2008 (WZ03)	172,7	7,7	86,7	6,5	258,1	46,8	106,2	20,0	254,0	18,0	134,6	9,5
2008 (WZ08)[a]	182,3	7,8	85,3	6,5	256,9	46,7	107,1	20,0	254,0	18,0	134,6	9,5
2009	182,3	8,2	80,6	6,2	303,2	54,6	105,4	20,2	242,2	17,7	134,2	9,6
2010	205,3	8,8	80,0	6,1	260,2	49,2	97,4	18,7	248,6	18,6	142,6	10,4
2011	209,2	8,9	73,8	5,7	268,8	49,4	90,7	17,9	228,7	17,6	132,3	9,8
2012	232,9	9,1	80,1	5,7	266,4	49,1	97,5	18,1	243,8	18,1	135,9	9,7
2013	230,1	9,0	70,7	5,4	321,0	58,3	94,4	17,9	219,7	17,3	128,9	9,8
2014	258,4	10,0	81,6	5,7	272,3	51,3	98,8	18,7	248,7	18,8	139,0	10,0
2015	256,7	10,1	81,6	5,9	340,5	60,5	99,9	18,6	249,0	18,4	144,9	10,0
2016	274,0	10,6	74,5	6,1	317,9	57,5	99,5	18,5	269,5	19,3	145,1	10,1
2017	276,6	10,5	76,7	5,8	325,8	57,0	91,6	17,0	270,1	18,8	148,2	9,7
2018	283,2	10,3	75,5	5,7	343,6	58,1	90,7	16,9	264,8	18,6	147,1	9,8
2019	296,2	10,4	75,5	5,6	298,3	53,2	86,9	15,9	252,5	17,9	144,0	9,2
2020	302,7	9,7	70,0	4,7	297,5	42,5	83,1	13,4	260,6	16,2	132,3	7,7
2021	308,8	10,3	71,0	4,7	233,7	34,5	75,6	12,5	253,4	16,4	132,1	10,0
2022	325,5	10,5	69,1	4,8	614,3	91,9	76,7	13,3	246,1	17,0	134,1	8,9

[a] aufgrund der Revision der Wirtschaftszweigklassifikation in 2008 ist eine Vergleichbarkeit mit den Vorjahren nur bedingt möglich

Fehlzeiten-Report 2023

Tab. 30.12 Verteilung der Arbeitsunfähigkeitstage nach Krankheitsarten in Prozent in der Branche Banken und Versicherungen im Jahr 2022, AOK-Mitglieder

Wirtschaftsabteilungen	AU-Tage in %						
	Psyche	Herz/ Kreislauf	Atemwege	Verdauung	Muskel/ Skelett	Verletzungen	Sonstige
Erbringung von Finanzdienstleistungen	12,1	2,6	24,1	2,9	9,6	5,2	43,5
Mit Finanz- und Versicherungsdienstleistungen verbundene Tätigkeiten	13,1	2,8	22,5	3,0	9,5	5,3	43,8
Versicherungen, Rückversicherungen und Pensionskassen (ohne Sozialversicherung)	14,4	2,7	23,1	2,9	8,6	5,0	43,3
Branche gesamt	**12,5**	**2,7**	**23,7**	**3,0**	**9,5**	**5,2**	**43,5**
Alle Branchen	**10,3**	**4,0**	**17,5**	**3,3**	**17,4**	**8,1**	**39,4**

Fehlzeiten-Report 2023

Tab. 30.13 Verteilung der Arbeitsunfähigkeitsfälle nach Krankheitsarten in Prozent in der Branche Banken und Versicherungen im Jahr 2022, AOK-Mitglieder

Wirtschaftsabteilungen	AU-Fälle in %						
	Psyche	Herz/ Kreislauf	Atemwege	Verdauung	Muskel/ Skelett	Verletzungen	Sonstige
Erbringung von Finanzdienstleistungen	3,7	1,7	33,5	4,7	6,2	3,2	46,9
Mit Finanz- und Versicherungsdienstleistungen verbundene Tätigkeiten	4,0	1,8	31,8	5,1	6,1	3,2	48,1
Versicherungen, Rückversicherungen und Pensionskassen (ohne Sozialversicherung)	4,2	1,7	33,1	4,7	5,8	3,1	47,4
Branche gesamt	**3,8**	**1,7**	**33,1**	**4,8**	**6,1**	**3,2**	**47,2**
Alle Branchen	**3,9**	**2,4**	**27,3**	**5,2**	**11,8**	**4,9**	**44,4**

Fehlzeiten-Report 2023

Tab. 30.14 Verteilung der Arbeitsunfähigkeitstage nach Krankheitsarten und ausgewählten Berufsgruppen in der Branche Banken und Versicherungen im Jahr 2022, AOK-Mitglieder

Tätigkeit	AU-Tage in %						
	Psyche	Herz/Kreislauf	Atemwege	Verdauung	Muskel/Skelett	Verletzungen	Sonstige
Anlageberater/innen- u. sonstige Finanzdienstleistungsberufe	12,5	2,7	23,1	3,2	7,4	5,3	45,8
Bankkaufleute	12,2	2,5	25,2	2,9	8,4	4,8	43,9
Berufe im Vertrieb (außer Informations- u. Kommunikationstechnologien)	12,6	2,4	24,7	2,7	9,8	5,8	41,8
Berufe in der Buchhaltung	14,5	2,1	22,6	3,2	7,9	4,5	45,2
Berufe in Versicherungs- u. Finanzdienstleistungen	12,5	1,5	26,4	3,1	10,5	4,3	41,7
Büro- u. Sekretariatskräfte (ohne Spez.)	13,3	2,8	21,1	2,7	10,6	5,3	44,1
Kaufmännische u. technische Betriebswirtschaft (ohne Spez.)	15,2	2,2	23,0	3,0	9,0	4,7	42,9
Versicherungskaufleute	13,6	2,4	24,1	3,1	8,2	4,8	43,8
Branche gesamt	**12,5**	**2,7**	**23,7**	**3,0**	**9,5**	**5,2**	**43,5**
Alle Branchen	**10,3**	**4,0**	**17,5**	**3,3**	**17,4**	**8,1**	**39,4**

Fehlzeiten-Report 2023

Tab. 30.15 Verteilung der Arbeitsunfähigkeitsfälle nach Krankheitsarten und ausgewählten Berufsgruppen in der Branche Banken und Versicherungen im Jahr 2022, AOK-Mitglieder

Tätigkeit	AU-Fälle in %						
	Psyche	Herz/ Kreislauf	Atemwege	Verdauung	Muskel/ Skelett	Verletzungen	Sonstige
Anlageberater/innen- u. sonstige Finanzdienstleistungsberufe	3,3	1,6	33,6	4,3	5,4	2,8	49,0
Bankkaufleute	3,5	1,6	34,5	4,7	5,4	3,2	47,1
Berufe im Vertrieb (außer Informations- u. Kommunikationstechnologien)	4,1	1,7	32,9	4,6	6,0	3,1	47,7
Berufe in der Buchhaltung	4,1	1,8	30,3	5,2	6,0	2,8	49,9
Berufe in Versicherungs- u. Finanzdienstleistungen	4,7	1,5	33,8	4,5	6,6	2,9	45,9
Büro- u. Sekretariatskräfte (ohne Spez.)	4,5	1,9	30,6	5,1	6,4	3,0	48,5
Kaufmännische u. technische Betriebswirtschaft (ohne Spez.)	4,7	1,7	32,6	5,0	6,1	3,0	46,9
Versicherungskaufleute	3,8	1,6	33,6	4,9	5,3	3,2	47,6
Branche gesamt	**3,8**	**1,7**	**33,1**	**4,8**	**6,1**	**3,2**	**47,2**
Alle Branchen	**3,9**	**2,4**	**27,3**	**5,2**	**11,8**	**4,9**	**44,4**

Fehlzeiten-Report 2023

◼ **Tab. 30.16** Anteile der 40 häufigsten Einzeldiagnosen an den AU-Fällen und AU-Tagen in der Branche Banken und Versicherungen im Jahr 2022, AOK-Mitglieder

ICD-10	Bezeichnung	AU-Fälle in %	AU-Tage in %
J06	Akute Infektionen an mehreren oder nicht näher bezeichneten Lokalisationen der oberen Atemwege	21,5	14,9
U07	Krankheiten mit unklarer Ätiologie, belegte und nicht belegte Schlüsselnummern U07.-	8,9	7,3
U99	Belegte und nicht belegte Schlüsselnummern U99.-!	3,9	2,7
B34	Viruskrankheit nicht näher bezeichneter Lokalisation	2,8	2,0
A09	Sonstige und nicht näher bezeichnete Gastroenteritis und Kolitis infektiösen und nicht näher bezeichneten Ursprungs	2,7	1,1
Z11	Spezielle Verfahren zur Untersuchung auf infektiöse und parasitäre Krankheiten	2,5	1,8
M54	Rückenschmerzen	2,2	2,5
J00	Akute Rhinopharyngitis [Erkältungsschnupfen]	2,0	1,2
R51	Kopfschmerz	1,8	1,0
R10	Bauch- und Beckenschmerzen	1,4	0,8
F43	Reaktionen auf schwere Belastungen und Anpassungsstörungen	1,3	3,3
J98	Sonstige Krankheiten der Atemwege	1,2	0,8
B99	Sonstige und nicht näher bezeichnete Infektionskrankheiten	1,2	0,8
R05	Husten	1,0	0,7
R53	Unwohlsein und Ermüdung	0,9	1,1
J20	Akute Bronchitis	0,9	0,6
G43	Migräne	0,9	0,4
F32	Depressive Episode	0,8	3,7
J02	Akute Pharyngitis	0,8	0,5
R07	Hals- und Brustschmerzen	0,8	0,5
J03	Akute Tonsillitis	0,8	0,4
R11	Übelkeit und Erbrechen	0,8	0,4
M79	Sonstige Krankheiten des Weichteilgewebes, anderenorts nicht klassifiziert	0,7	0,8
I10	Essentielle (primäre) Hypertonie	0,7	0,7
K29	Gastritis und Duodenitis	0,7	0,4
K52	Sonstige nichtinfektiöse Gastroenteritis und Kolitis	0,7	0,3
K08	Sonstige Krankheiten der Zähne und des Zahnhalteapparates	0,7	0,2
F48	Andere neurotische Störungen	0,6	1,6

Tab. 30.16 (Fortsetzung)

ICD-10	Bezeichnung	AU-Fälle in %	AU-Tage in %
J32	Chronische Sinusitis	0,6	0,4
J40	Bronchitis, nicht als akut oder chronisch bezeichnet	0,6	0,4
R50	Fieber sonstiger und unbekannter Ursache	0,6	0,4
Z98	Sonstige Zustände nach chirurgischem Eingriff	0,5	1,3
Z20	Kontakt mit und Exposition gegenüber übertragbaren Krankheiten	0,5	0,4
U08	COVID-19 in der Eigenanamnese	0,5	0,4
J01	Akute Sinusitis	0,5	0,3
F45	Somatoforme Störungen	0,4	1,2
M25	Sonstige Gelenkkrankheiten, anderenorts nicht klassifiziert	0,4	0,5
R42	Schwindel und Taumel	0,4	0,4
T14	Verletzung an einer nicht näher bezeichneten Körperregion	0,4	0,4
N39	Sonstige Krankheiten des Harnsystems	0,4	0,2
	Summe hier	**71,0**	**58,8**
	Restliche	29,0	41,2
	Gesamtsumme	**100,0**	**100,0**

Fehlzeiten-Report 2023

◘ **Tab. 30.17** Anteile der 40 häufigsten Diagnoseuntergruppen an den AU-Fällen und AU-Tagen in der Branche Banken und Versicherungen im Jahr 2022, AOK-Mitglieder

ICD-10	Bezeichnung	AU-Fälle in %	AU-Tage in %
J00–J06	Akute Infektionen der oberen Atemwege	26,5	18,2
U00–U49	Vorläufige Zuordnungen für Krankheiten mit unklarer Ätiologie, belegte und nicht belegte Schlüsselnummern	10,1	8,8
R50–R69	Allgemeinsymptome	4,1	3,5
U98–U99	Belegte und nicht belegte Schlüsselnummern	4,1	2,8
B25–B34	Sonstige Viruskrankheiten	3,1	2,2
A00–A09	Infektiöse Darmkrankheiten	3,1	1,3
Z00–Z13	Personen, die das Gesundheitswesen zur Untersuchung und Abklärung in Anspruch nehmen	2,9	2,1
F40–F48	Neurotische, Belastungs- und somatoforme Störungen	2,6	7,0
M50–M54	Sonstige Krankheiten der Wirbelsäule und des Rückens	2,6	3,3
R10–R19	Symptome, die das Verdauungssystem und das Abdomen betreffen	2,3	1,3
R00–R09	Symptome, die das Kreislaufsystem und das Atmungssystem betreffen	2,1	1,6
G40–G47	Episodische und paroxysmale Krankheiten des Nervensystems	1,6	1,4
K00–K14	Krankheiten der Mundhöhle, der Speicheldrüsen und der Kiefer	1,4	0,6
M70–M79	Sonstige Krankheiten des Weichteilgewebes	1,3	1,9
J95–J99	Sonstige Krankheiten des Atmungssystems	1,3	1,0
B99–B99	Sonstige Infektionskrankheiten	1,2	0,8
J20–J22	Sonstige akute Infektionen der unteren Atemwege	1,2	0,8
F30–F39	Affektive Störungen	1,1	5,9
Z80–Z99	Personen mit potentiellen Gesundheitsrisiken aufgrund der Familien- oder Eigenanamnese und bestimmte Zustände, die den Gesundheitszustand beeinflussen	1,1	2,2
J40–J47	Chronische Krankheiten der unteren Atemwege	1,1	0,9
J30–J39	Sonstige Krankheiten der oberen Atemwege	1,0	0,7
K20–K31	Krankheiten des Ösophagus, des Magens und des Duodenums	1,0	0,5
Z20–Z29	Personen mit potentiellen Gesundheitsrisiken hinsichtlich übertragbarer Krankheiten	0,9	0,8
K50–K52	Nichtinfektiöse Enteritis und Kolitis	0,9	0,5
M20–M25	Sonstige Gelenkkrankheiten	0,7	1,3
I10–I15	Hypertonie [Hochdruckkrankheit]	0,7	0,8
K55–K64	Sonstige Krankheiten des Darmes	0,7	0,5
N30–N39	Sonstige Krankheiten des Harnsystems	0,7	0,3

Tab. 30.17 (Fortsetzung)

ICD-10	Bezeichnung	AU-Fälle in %	AU-Tage in %
R40–R46	Symptome, die das Erkennungs- und Wahrnehmungsvermögen, die Stimmung und das Verhalten betreffen	0,6	0,8
Z40–Z54	Personen, die das Gesundheitswesen zum Zwecke spezifischer Maßnahmen und zur medizinischen Betreuung in Anspruch nehmen	0,6	0,8
N80–N98	Nichtentzündliche Krankheiten des weiblichen Genitaltraktes	0,6	0,5
J09–J18	Grippe und Pneumonie	0,5	0,5
T08–T14	Verletzungen nicht näher bezeichneter Teile des Rumpfes, der Extremitäten oder anderer Körperregionen	0,5	0,5
C00–C75	Bösartige Neubildungen an genau bezeichneten Lokalisationen, als primär festgestellt oder vermutet, ausgenommen lymphatisches, blutbildendes und verwandtes Gewebe	0,4	2,0
S80–S89	Verletzungen des Knies und des Unterschenkels	0,4	1,2
S90–S99	Verletzungen der Knöchelregion und des Fußes	0,4	0,6
E70–E90	Stoffwechselstörungen	0,4	0,4
D10–D36	Gutartige Neubildungen	0,4	0,4
M95–M99	Sonstige Krankheiten des Muskel-Skelett-Systems und des Bindegewebes	0,4	0,4
T80–T88	Komplikationen bei chirurgischen Eingriffen und medizinischer Behandlung, anderenorts nicht klassifiziert	0,4	0,4
	Summe hier	**87,0**	**81,5**
	Restliche	13,0	18,5
	Gesamtsumme	**100,0**	**100,0**

Fehlzeiten-Report 2023

30.2 Baugewerbe

Entwicklung des Krankenstands der AOK-Mitglieder in der Branche Baugewerbe in den Jahren 1998 bis 2022	◘ Tab. 30.18
Arbeitsunfähigkeit der AOK-Mitglieder in der Branche Baugewerbe nach Bundesländern im Jahr 2022 im Vergleich zum Vorjahr	◘ Tab. 30.19
Arbeitsunfähigkeit der AOK-Mitglieder nach Wirtschaftsabteilungen in der Branche Baugewerbe im Jahr 2022	◘ Tab. 30.20
Kennzahlen der Arbeitsunfähigkeit nach ausgewählten Berufsgruppen in der Branche Baugewerbe im Jahr 2022	◘ Tab. 30.21
Dauer der Arbeitsunfähigkeit der AOK-Mitglieder in der Branche Baugewerbe im Jahr 2022	◘ Tab. 30.22
Tage der Arbeitsunfähigkeit je AOK-Mitglied nach Wirtschaftsabteilung und Betriebsgröße in der Branche Baugewerbe im Jahr 2022	◘ Tab. 30.23
Krankenstand in Prozent nach Ausbildungsabschluss in der Branche Baugewerbe im Jahr 2022, AOK-Mitglieder	◘ Tab. 30.24
Tage der Arbeitsunfähigkeit je AOK-Mitglied nach Ausbildungsabschluss in der Branche Baugewerbe im Jahr 2022	◘ Tab. 30.25
Anteil der Arbeitsunfälle an den AU-Fällen und -Tagen in Prozent nach Wirtschaftsabteilungen in der Branche Baugewerbe im Jahr 2022, AOK-Mitglieder	◘ Tab. 30.26
Tage und Fälle der Arbeitsunfähigkeit durch Arbeitsunfälle nach Berufsgruppen in der Branche Baugewerbe im Jahr 2022, AOK-Mitglieder	◘ Tab. 30.27
Tage und Fälle der Arbeitsunfähigkeit je 100 AOK-Mitglieder nach Krankheitsarten in der Branche Baugewerbe in den Jahren 1998 bis 2022	◘ Tab. 30.28
Verteilung der Arbeitsunfähigkeitstage nach Krankheitsarten in Prozent in der Branche Baugewerbe im Jahr 2022, AOK-Mitglieder	◘ Tab. 30.29
Verteilung der Arbeitsunfähigkeitsfälle nach Krankheitsarten in Prozent in der Branche Baugewerbe im Jahr 2022, AOK-Mitglieder	◘ Tab. 30.30
Verteilung der Arbeitsunfähigkeitstage nach Krankheitsarten und ausgewählten Berufsgruppen in der Branche Baugewerbe im Jahr 2022, AOK-Mitglieder	◘ Tab. 30.31
Verteilung der Arbeitsunfähigkeitsfälle nach Krankheitsarten und ausgewählten Berufsgruppen in der Branche Baugewerbe im Jahr 2022, AOK-Mitglieder	◘ Tab. 30.32
Anteile der 40 häufigsten Einzeldiagnosen an den AU-Fällen und AU-Tagen in der Branche Baugewerbe im Jahr 2022, AOK-Mitglieder	◘ Tab. 30.33
Anteile der 40 häufigsten Diagnoseuntergruppen an den AU-Fällen und AU-Tagen in der Branche Baugewerbe im Jahr 2022, AOK-Mitglieder	◘ Tab. 30.34

Kapitel 30 · Krankheitsbedingte Fehlzeiten nach Branchen im Jahr 2022

Tab. 30.18 Entwicklung des Krankenstands der AOK-Mitglieder in der Branche Baugewerbe in den Jahren 1998 bis 2022

Jahr	Krankenstand in %			AU-Fälle je 100 AOK-Mitglieder			Tage je Fall		
	West	Ost	Bund	West	Ost	Bund	West	Ost	Bund
1998	6,0	5,2	5,8	143,8	133,8	141,4	14,7	14,0	14,5
1999	6,0	5,5	5,9	153,0	146,3	151,5	14,2	13,9	14,1
2000	6,1	5,4	5,9	157,3	143,2	154,5	14,1	13,8	14,1
2001	6,0	5,5	5,9	156,3	141,5	153,6	14,0	14,1	14,0
2002	5,8	5,2	5,7	154,3	136,0	151,2	13,8	14,0	13,8
2003	5,4	4,6	5,3	148,8	123,0	144,3	13,3	13,7	13,3
2004	5,0	4,1	4,8	136,6	110,8	131,9	13,4	13,7	13,4
2005	4,8	4,0	4,7	136,0	107,1	130,8	13,0	13,7	13,1
2006	4,6	3,8	4,4	131,6	101,9	126,2	12,7	13,7	12,8
2007	4,9	4,2	4,8	141,4	110,3	135,7	12,7	14,0	12,9
2008 (WZ03)	5,1	4,5	4,9	147,8	114,9	141,8	12,5	14,2	12,8
2008 (WZ08)[a]	5,0	4,4	4,9	147,3	114,3	141,2	12,5	14,2	12,8
2009	5,1	4,7	5,1	151,8	120,8	146,2	12,4	14,2	12,6
2010	5,1	4,7	5,1	147,8	123,2	143,4	12,7	14,0	12,9
2011	5,2	4,4	5,1	154,0	128,0	149,3	12,4	12,7	12,5
2012	5,3	5,1	5,3	152,3	124,6	147,3	12,8	14,9	13,1
2013	5,4	5,2	5,3	158,9	130,1	153,8	12,3	14,5	12,6
2014	5,5	5,4	5,5	156,3	130,9	151,8	12,8	14,9	13,1
2015	5,5	5,6	5,5	162,4	139,6	158,4	12,4	14,5	12,7
2016	5,5	5,5	5,5	160,2	141,5	157,1	12,5	14,1	12,7
2017	5,3	5,5	5,4	154,6	140,5	152,2	12,6	14,4	12,9
2018	5,4	5,7	5,5	159,7	146,7	157,5	12,4	14,1	12,7
2019	5,4	5,7	5,4	154,6	144,4	152,9	12,7	14,4	13,0
2020	5,5	5,8	5,5	141,5	134,4	140,2	14,1	15,8	14,4
2021	5,3	6,0	5,4	147,1	142,3	146,3	13,3	15,3	13,6
2022	6,4	7,0	6,5	203,4	193,2	201,6	11,4	13,3	11,7

[a] aufgrund der Revision der Wirtschaftszweigklassifikation in 2008 ist eine Vergleichbarkeit mit den Vorjahren nur bedingt möglich

Fehlzeiten-Report 2023

Tab. 30.19 Arbeitsunfähigkeit der AOK-Mitglieder in der Branche Baugewerbe nach Bundesländern im Jahr 2022 im Vergleich zum Vorjahr

Bundesland	Kranken-stand in %	Arbeitsunfähigkeit je 100 AOK-Mitglieder				Tage je Fall	Veränd. z. Vorj. in %	AU-Quote in %
		AU-Fälle	Veränd. z. Vorj. in %	AU-Tage	Veränd. z. Vorj. in %			
Baden-Württemberg	6,2	209,7	32,6	2.263,2	18,8	10,8	−10,4	62,1
Bayern	6,0	182,3	42,3	2.195,6	18,5	12,0	−16,7	60,7
Berlin	5,3	152,8	27,4	1.920,5	15,5	12,6	−9,4	40,4
Brandenburg	7,5	189,5	33,0	2.730,0	18,9	14,4	−10,7	61,8
Bremen	6,5	210,2	52,2	2.378,7	27,8	11,3	−16,0	56,7
Hamburg	5,8	178,5	54,0	2.124,4	22,3	11,9	−20,6	51,4
Hessen	6,3	192,3	33,4	2.290,2	16,5	11,9	−12,7	52,4
Mecklenburg-Vorpommern	7,6	203,8	47,5	2.768,6	24,2	13,6	−15,9	66,1
Niedersachsen	7,1	232,7	37,1	2.580,9	20,8	11,1	−11,9	68,0
Nordrhein-Westfalen	6,7	217,1	37,4	2.436,7	18,4	11,2	−13,8	59,7
Rheinland-Pfalz	6,4	196,6	53,0	2.322,4	24,2	11,8	−18,8	58,6
Saarland	7,1	207,1	31,2	2.596,9	14,3	12,5	−12,9	62,8
Sachsen	6,7	189,2	32,5	2.435,3	15,3	12,9	−13,0	65,7
Sachsen-Anhalt	7,3	199,9	41,9	2.658,6	21,3	13,3	−14,5	64,4
Schleswig-Holstein	6,7	226,1	47,9	2.460,9	22,1	10,9	−17,4	65,0
Thüringen	7,2	195,8	36,3	2.614,8	17,6	13,4	−13,7	66,9
West	**6,4**	**203,4**	**38,3**	**2.326,2**	**19,2**	**11,4**	**−13,8**	**60,2**
Ost	**7,0**	**193,2**	**35,7**	**2.561,7**	**17,7**	**13,3**	**−13,3**	**65,3**
Bund	**6,5**	**201,6**	**37,8**	**2.364,3**	**18,9**	**11,7**	**−13,7**	**61,0**

Fehlzeiten-Report 2023

Tab. 30.20 Arbeitsunfähigkeit der AOK-Mitglieder nach Wirtschaftsabteilungen in der Branche Baugewerbe im Jahr 2022

Wirtschaftsabteilungen	Krankenstand in %		Arbeitsunfähigkeit je 100 AOK-Mitglieder		Tage je Fall	AU-Quote in %
	2022	2022 stand.[a]	Fälle	Tage		
Hochbau	7,0	5,8	185,9	2.562,9	13,8	60,9
Tiefbau	7,1	5,9	197,1	2.607,0	13,2	62,1
Vorbereitende Baustellenarbeiten, Bauinstallation und sonstiges Ausbaugewerbe	6,2	5,8	206,3	2.277,8	11,0	60,9
Branche gesamt	**6,5**	**5,8**	**201,6**	**2.364,3**	**11,7**	**61,0**
Alle Branchen	**6,7**	**6,8**	**216,6**	**2.450,0**	**11,3**	**64,6**

[a] Krankenstand alters- und geschlechtsstandardisiert
Fehlzeiten-Report 2023

Tab. 30.21 Kennzahlen der Arbeitsunfähigkeit nach ausgewählten Berufsgruppen in der Branche Baugewerbe im Jahr 2022

Tätigkeit	Krankenstand in %	Arbeitsunfähigkeit je 100 AOK-Mitglieder		Tage je Fall	AU-Quote in %	Anteil der Berufsgruppe an der Branche in %[a]
		AU-Fälle	AU-Tage			
Berufe für Maler- u. Lackiererarbeiten	7,0	241,3	2.542,8	10,5	69,8	5,7
Berufe im Aus- u. Trockenbau (ohne Spez.)	5,2	156,0	1.892,2	12,1	43,5	4,3
Berufe im Beton- u. Stahlbetonbau	6,4	165,2	2.352,3	14,2	45,5	1,9
Berufe im Hochbau (ohne Spez.)	6,0	161,6	2.202,0	13,6	46,1	16,4
Berufe im Holz-, Möbel- u. Innenausbau	6,5	222,4	2.384,0	10,7	71,3	1,7
Berufe im Maurerhandwerk	8,4	218,8	3.075,1	14,1	70,3	4,3
Berufe im Straßen- u. Asphaltbau	8,0	251,4	2.908,5	11,6	75,0	1,6
Berufe im Tiefbau (ohne Spez.)	7,5	202,6	2.729,2	13,5	59,1	4,0
Berufe in der Bauelektrik	6,3	264,5	2.284,1	8,6	72,7	5,4
Berufe in der Dachdeckerei	8,3	254,5	3.033,2	11,9	75,1	2,0

◘ **Tab. 30.21** (Fortsetzung)

Tätigkeit	Kranken-stand in %	Arbeitsunfähigkeit je 100 AOK-Mitglieder		Tage je Fall	AU-Quote in %	Anteil der Berufsgruppe an der Branche in %[a]
		AU-Fälle	AU-Tage			
Berufe in der Elektrotechnik (ohne Spez.)	6,4	233,3	2.319,7	9,9	62,4	2,1
Berufe in der Fliesen-, Platten- u. Mosaikverlegung	6,7	217,9	2.461,3	11,3	67,6	1,3
Berufe in der Maschinenbau- u. Betriebstechnik (ohne Spez.)	6,5	192,2	2.369,8	12,3	56,5	1,2
Berufe in der Sanitär-, Heizungs- u. Klimatechnik	7,1	274,9	2.599,3	9,5	76,1	6,6
Berufe in der Zimmerei	7,2	218,5	2.634,7	12,1	73,5	2,0
Berufskraftfahrer/innen (Güterverkehr/LKW)	7,7	173,6	2.798,6	16,1	63,2	1,2
Büro- u. Sekretariatskräfte (ohne Spez.)	4,2	150,5	1.523,8	10,1	55,7	6,0
Führer/innen von Erdbewegungs- u. verwandten Maschinen	8,1	187,8	2.948,4	15,7	67,5	1,9
Kaufmännische u. technische Betriebswirtschaft (ohne Spez.)	4,4	168,0	1.590,5	9,5	65,1	1,3
Maschinen- u. Gerätezusammensetzer/innen	6,8	182,1	2.484,6	13,6	56,5	1,7
Branche gesamt	**6,5**	**201,6**	**2.364,3**	**11,7**	**61,0**	**7,4**[b]

[a] Anteil der AOK-Mitglieder in der Berufsgruppe an den in der Branche beschäftigten AOK-Mitgliedern insgesamt
[b] Anteil der AOK-Mitglieder in der Branche an allen AOK-Mitgliedern
Fehlzeiten-Report 2023

Kapitel 30 · Krankheitsbedingte Fehlzeiten nach Branchen im Jahr 2022

Tab. 30.22 Dauer der Arbeitsunfähigkeit der AOK-Mitglieder in der Branche Baugewerbe im Jahr 2022

Fallklasse	Branche hier		Alle Branchen	
	Anteil Fälle in %	Anteil Tage in %	Anteil Fälle in %	Anteil Tage in %
1–3 Tage	34,3	5,7	30,5	5,4
4–7 Tage	31,0	13,2	32,4	14,6
8–14 Tage	21,2	18,4	23,4	21,2
15–21 Tage	5,0	7,4	5,7	8,7
22–28 Tage	2,1	4,3	2,3	5,0
29–42 Tage	2,2	6,6	2,3	7,1
> 42 Tage	4,2	44,4	3,5	38,0

Fehlzeiten-Report 2023

Tab. 30.23 Tage der Arbeitsunfähigkeit je AOK-Mitglied nach Wirtschaftsabteilung und Betriebsgröße in der Branche Baugewerbe im Jahr 2022

Wirtschaftsabteilungen	Betriebsgröße (Anzahl der AOK-Mitglieder)					
	10–49	50–99	100–199	200–499	500–999	≥ 1.000
Hochbau	26,3	25,8	25,2	24,6	23,4	27,3
Tiefbau	26,8	28,0	25,5	23,9	11,2	25,5
Vorbereitende Baustellenarbeiten, Bauinstallation und sonstiges Ausbaugewerbe	23,3	22,8	22,5	20,7	25,0	26,2
Branche gesamt	**24,4**	**24,7**	**24,2**	**23,1**	**20,8**	**26,3**
Alle Branchen	**25,0**	**27,3**	**27,7**	**27,5**	**27,6**	**27,3**

Fehlzeiten-Report 2023

Tab. 30.24 Krankenstand in Prozent nach Ausbildungsabschluss in der Branche Baugewerbe im Jahr 2022, AOK-Mitglieder

Wirtschafts-abteilungen	Ausbildung						
	ohne Ausbildungsabschluss	mit Ausbildungsabschluss	Meister/ Techniker	Bachelor	Diplom/ Magister/ Master/ Staatsexamen	Promotion	unbekannt
Hochbau	7,4	8,0	5,6	2,7	3,4	4,9	5,9
Tiefbau	7,6	8,0	6,4	3,2	3,4	6,3	6,1
Vorbereitende Baustellenarbeiten, Bauinstallation und sonstiges Ausbaugewerbe	6,5	6,9	5,6	3,4	3,8	4,2	5,4
Branche gesamt	6,7	7,3	5,7	3,2	3,6	4,5	5,6
Alle Branchen	7,4	7,4	5,9	3,5	4,0	3,0	6,0

Fehlzeiten-Report 2023

Tab. 30.25 Tage der Arbeitsunfähigkeit je AOK-Mitglied nach Ausbildungsabschluss in der Branche Baugewerbe im Jahr 2022

Wirtschafts-abteilungen	Ausbildung						
	ohne Ausbildungsabschluss	mit Ausbildungsabschluss	Meister/ Techniker	Bachelor	Diplom/ Magister/ Master/ Staatsexamen	Promotion	unbekannt
Hochbau	27,0	29,3	20,6	10,0	12,3	17,9	21,7
Tiefbau	27,7	29,1	23,4	11,6	12,4	23,1	22,1
Vorbereitende Baustellenarbeiten, Bauinstallation und sonstiges Ausbaugewerbe	23,6	25,3	20,5	12,5	13,9	15,5	19,9
Branche gesamt	24,6	26,5	20,8	11,6	13,1	16,6	20,4
Alle Branchen	26,9	27,1	21,5	12,9	14,5	10,9	21,9

Fehlzeiten-Report 2023

Tab. 30.26 Anteil der Arbeitsunfälle an den AU-Fällen und -Tagen in Prozent nach Wirtschaftsabteilungen in der Branche Baugewerbe im Jahr 2022, AOK-Mitglieder

Wirtschaftsabteilungen	AU-Fälle in %	AU-Tage in %
Hochbau	4,9	11,8
Tiefbau	4,1	9,3
Vorbereitende Baustellenarbeiten, Bauinstallation und sonstiges Ausbaugewerbe	3,9	9,3
Branche gesamt	**4,1**	**9,8**
Alle Branchen	**2,0**	**4,5**

Fehlzeiten-Report 2023

Tab. 30.27 Tage und Fälle der Arbeitsunfähigkeit durch Arbeitsunfälle nach Berufsgruppen in der Branche Baugewerbe im Jahr 2022, AOK-Mitglieder

Tätigkeit	Arbeitsunfähigkeit je 1.000 AOK-Mitglieder	
	AU-Tage	AU-Fälle
Berufe in der Zimmerei	4.614,9	171,2
Berufe in der Dachdeckerei	3.990,2	157,0
Berufe im Maurerhandwerk	3.947,3	117,9
Berufskraftfahrer/innen (Güterverkehr/LKW)	3.659,6	89,2
Berufe im Beton- u. Stahlbetonbau	3.504,4	101,9
Berufe im Hochbau (ohne Spez.)	3.104,2	92,5
Berufe im Tiefbau (ohne Spez.)	3.064,4	101,6
Berufe im Straßen- u. Asphaltbau	2.812,6	111,0
Führer/innen von Erdbewegungs- u. verwandten Maschinen	2.469,5	72,5
Maschinen- u. Gerätezusammensetzer/innen	2.443,4	83,0
Berufe im Holz-, Möbel- u. Innenausbau	2.343,3	102,5
Berufe im Aus- u. Trockenbau (ohne Spez.)	2.298,0	78,0
Berufe in der Maschinenbau- u. Betriebstechnik (ohne Spez.)	2.181,5	83,6
Berufe in der Sanitär-, Heizungs- u. Klimatechnik	2.128,3	108,1
Berufe für Maler- u. Lackiererarbeiten	2.088,7	80,6
Berufe in der Elektrotechnik (ohne Spez.)	1.975,8	80,1
Berufe in der Bauelektrik	1.803,5	84,8
Berufe in der Fliesen-, Platten- u. Mosaikverlegung	1.452,5	63,8
Kaufmännische u. technische Betriebswirtschaft (ohne Spez.)	430,5	13,7
Büro- u. Sekretariatskräfte (ohne Spez.)	258,2	9,3
Branche gesamt	**2.320,2**	**82,4**
Alle Branchen	**1.094,5**	**43,8**

Fehlzeiten-Report 2023

Kapitel 30 · Krankheitsbedingte Fehlzeiten nach Branchen im Jahr 2022

Tab. 30.28 Tage und Fälle der Arbeitsunfähigkeit je 100 AOK-Mitglieder nach Krankheitsarten in der Branche Baugewerbe in den Jahren 1998 bis 2022

Jahr	Arbeitsunfähigkeit je 100 AOK-Mitglieder											
	Psyche		Herz/Kreislauf		Atemwege		Verdauung		Muskel/Skelett		Verletzungen	
	Tage	Fälle	Tage	Fälle	Tage	Fälle	Tage	Fälle	Tage	Fälle	Tage	Fälle
1998	69,2	2,9	179,1	7,3	273,9	37,1	160,7	20,9	715,7	37,0	548,9	31,7
1999	72,2	3,1	180,3	7,5	302,6	41,7	160,6	22,4	756,0	39,5	547,9	32,2
2000	80,8	3,6	159,7	6,9	275,1	39,2	144,2	19,3	780,1	41,2	528,8	31,2
2001	89,0	4,2	163,6	7,3	262,0	39,0	145,0	19,7	799,9	42,3	508,4	30,3
2002	90,7	4,4	159,7	7,3	240,8	36,7	141,0	20,2	787,2	41,8	502,0	29,7
2003	84,7	4,3	150,0	7,1	233,3	36,7	130,8	19,1	699,3	38,2	469,0	28,6
2004	102,0	4,4	158,3	6,6	200,2	30,6	132,1	18,6	647,6	36,0	446,6	26,8
2005	101,1	4,2	155,2	6,5	227,0	34,7	122,8	17,0	610,4	34,2	435,3	25,7
2006	91,9	4,1	146,4	6,4	184,3	29,1	119,4	17,8	570,6	33,8	442,6	26,4
2007	105,1	4,4	148,5	6,6	211,9	33,5	128,7	19,3	619,3	35,6	453,9	26,0
2008 (WZ03)	108,2	4,6	157,3	6,9	218,5	34,9	132,8	20,4	646,1	37,0	459,8	26,5
2008 (WZ08)[a]	107,3	4,6	156,4	6,9	217,0	34,7	131,4	20,2	642,3	36,9	459,2	26,5
2009	112,3	4,9	163,5	7,1	254,8	40,1	132,5	19,8	629,8	35,7	458,7	26,0
2010	121,0	5,0	160,5	6,9	216,2	34,1	127,0	18,4	654,5	36,6	473,1	26,5
2011	124,5	5,5	154,9	7,1	224,1	35,9	124,9	18,8	631,6	37,4	464,5	26,4
2012	143,7	5,7	178,5	7,4	223,4	35,0	133,8	18,7	679,9	37,5	475,7	25,0
2013	146,2	5,8	177,4	6,9	271,3	42,0	136,2	18,9	666,4	36,9	462,7	24,5
2014	157,4	6,4	183,4	7,3	227,2	35,6	139,0	19,3	716,4	38,9	475,9	24,6
2015	161,3	6,5	179,6	7,3	272,6	42,5	138,2	19,2	694,8	38,0	463,5	23,8
2016	159,3	6,5	162,8	7,4	254,0	40,8	130,8	19,0	708,1	38,3	459,7	23,3
2017	157,7	6,5	158,6	7,2	249,5	39,6	125,8	17,9	690,3	37,2	447,8	22,1
2018	161,2	6,6	155,9	7,3	273,2	42,6	124,1	17,9	679,6	37,0	455,8	22,2
2019	170,3	6,7	160,0	7,4	238,9	39,0	121,3	17,5	689,2	37,0	447,2	21,2
2020	177,6	6,3	161,0	6,6	254,9	33,9	117,4	15,5	714,9	36,5	435,0	19,1
2021	179,3	6,5	156,3	6,8	237,7	32,6	111,5	14,9	711,1	38,1	428,1	22,7
2022	192,0	7,0	164,6	7,1	485,3	72,9	116,8	16,4	723,8	41,2	447,5	21,5

[a] aufgrund der Revision der Wirtschaftszweigklassifikation in 2008 ist eine Vergleichbarkeit mit den Vorjahren nur bedingt möglich
Fehlzeiten-Report 2023

◻ **Tab. 30.29** Verteilung der Arbeitsunfähigkeitstage nach Krankheitsarten in Prozent in der Branche Baugewerbe im Jahr 2022, AOK-Mitglieder

Wirtschaftsabteilungen	AU-Tage in %						
	Psyche	Herz/ Kreislauf	Atemwege	Verdauung	Muskel/ Skelett	Verletzungen	Sonstige
Hochbau	5,3	5,5	12,2	3,4	23,5	14,2	35,9
Tiefbau	5,9	6,1	13,1	3,6	23,0	11,9	36,5
Vorbereitende Baustellenarbeiten, Bauinstallation und sonstiges Ausbaugewerbe	5,9	4,6	15,5	3,5	20,9	13,4	36,2
Branche gesamt	**5,7**	**4,9**	**14,5**	**3,5**	**21,7**	**13,4**	**36,2**
Alle Branchen	**10,3**	**4,0**	**17,5**	**3,3**	**17,4**	**8,1**	**39,4**

Fehlzeiten-Report 2023

◻ **Tab. 30.30** Verteilung der Arbeitsunfähigkeitsfälle nach Krankheitsarten in Prozent in der Branche Baugewerbe im Jahr 2022, AOK-Mitglieder

Wirtschaftsabteilungen	AU-Fälle in %						
	Psyche	Herz/ Kreislauf	Atemwege	Verdauung	Muskel/ Skelett	Verletzungen	Sonstige
Hochbau	2,3	3,0	23,4	5,7	15,1	8,0	42,5
Tiefbau	2,7	3,1	23,1	6,0	15,3	7,1	42,7
Vorbereitende Baustellenarbeiten, Bauinstallation und sonstiges Ausbaugewerbe	2,4	2,3	26,2	5,7	14,0	7,4	42,0
Branche gesamt	**2,4**	**2,5**	**25,4**	**5,7**	**14,3**	**7,5**	**42,2**
Alle Branchen	**3,9**	**2,4**	**27,3**	**5,2**	**11,8**	**4,9**	**44,4**

Fehlzeiten-Report 2023

Tab. 30.31 Verteilung der Arbeitsunfähigkeitstage nach Krankheitsarten und ausgewählten Berufsgruppen in der Branche Baugewerbe im Jahr 2022, AOK-Mitglieder

Tätigkeit	AU-Tage in %						
	Psyche	Herz/ Kreislauf	Atem- wege	Ver- dauung	Muskel/ Skelett	Verlet- zungen	Sonstige
Berufe für Maler- u. Lackiererarbeiten	5,5	4,0	15,6	3,6	22,3	13,1	35,8
Berufe im Aus- u. Trockenbau (ohne Spez.)	4,3	4,8	12,2	3,8	25,3	16,5	33,1
Berufe im Beton- u. Stahlbetonbau	4,5	5,7	10,4	3,8	25,3	16,5	33,8
Berufe im Hochbau (ohne Spez.)	4,5	5,4	10,9	3,8	25,4	16,5	33,6
Berufe im Holz-, Möbel- u. Innenausbau	6,2	3,9	16,7	3,4	19,8	14,3	35,7
Berufe im Maurerhandwerk	4,4	5,5	11,3	3,3	25,8	15,6	34,1
Berufe im Straßen- u. Asphaltbau	5,5	4,7	13,4	3,6	23,1	14,0	35,6
Berufe im Tiefbau (ohne Spez.)	4,8	6,0	11,9	3,9	25,1	13,8	34,4
Berufe in der Bauelektrik	5,5	3,7	20,0	3,5	16,2	13,2	37,9
Berufe in der Dachdeckerei	4,4	4,6	13,4	3,1	23,7	17,6	33,2
Berufe in der Elektrotechnik (ohne Spez.)	5,4	4,4	16,5	4,0	21,0	12,7	36,1
Berufe in der Fliesen-, Platten- u. Mosaikverlegung	5,6	4,5	14,4	3,2	26,1	11,3	34,8
Berufe in der Maschinenbau- u. Betriebstechnik (ohne Spez.)	6,4	5,1	13,8	3,4	23,3	13,6	34,4
Berufe in der Sanitär-, Heizungs- u. Klimatechnik	4,9	4,2	18,0	3,4	19,5	13,5	36,6
Berufe in der Zimmerei	4,0	3,7	14,5	2,9	20,6	20,7	33,7
Berufskraftfahrer/innen (Güterverkehr/LKW)	5,9	7,1	11,0	3,5	20,9	13,1	38,5
Büro- u. Sekretariatskräfte (ohne Spez.)	10,7	3,5	19,7	3,1	11,9	6,6	44,5
Führer/innen von Erdbewegungs- u. verwandten Maschinen	5,8	6,9	11,4	3,6	23,2	10,7	38,3

Tab. 30.31 (Fortsetzung)

Tätigkeit	AU-Tage in %						
	Psyche	Herz/Kreislauf	Atemwege	Verdauung	Muskel/Skelett	Verletzungen	Sonstige
Kaufmännische u. technische Betriebswirtschaft (ohne Spez.)	11,3	3,0	22,1	3,1	10,4	6,7	43,5
Maschinen- u. Gerätezusammensetzer/innen	5,5	5,2	13,3	3,7	22,9	12,8	36,5
Branche gesamt	**5,7**	**4,9**	**14,5**	**3,5**	**21,7**	**13,4**	**36,2**
Alle Branchen	**10,3**	**4,0**	**17,5**	**3,3**	**17,4**	**8,1**	**39,4**

Fehlzeiten-Report 2023

Tab. 30.32 Verteilung der Arbeitsunfähigkeitsfälle nach Krankheitsarten und ausgewählten Berufsgruppen in der Branche Baugewerbe im Jahr 2022, AOK-Mitglieder

Tätigkeit	AU-Fälle in %						
	Psyche	Herz/Kreislauf	Atemwege	Verdauung	Muskel/Skelett	Verletzungen	Sonstige
Berufe für Maler- u. Lackiererarbeiten	2,4	2,0	26,3	6,0	14,3	7,3	41,6
Berufe im Aus- u. Trockenbau (ohne Spez.)	2,4	2,6	22,0	6,1	18,7	8,7	39,6
Berufe im Beton- u. Stahlbetonbau	2,2	3,2	20,4	5,7	19,3	8,9	40,3
Berufe im Hochbau (ohne Spez.)	2,4	2,9	20,4	6,1	19,4	9,0	39,9
Berufe im Holz-, Möbel- u. Innenausbau	2,2	1,9	27,9	5,3	12,7	8,2	41,9
Berufe im Maurerhandwerk	2,0	2,8	23,3	5,7	15,6	9,0	41,5
Berufe im Straßen- u. Asphaltbau	2,3	2,5	24,5	6,3	14,3	8,3	41,7
Berufe im Tiefbau (ohne Spez.)	2,5	3,0	21,6	6,5	17,8	8,1	40,6
Berufe in der Bauelektrik	2,0	1,7	30,2	5,5	11,1	7,2	42,3
Berufe in der Dachdeckerei	2,1	2,1	24,9	5,8	13,8	10,2	41,2
Berufe in der Elektrotechnik (ohne Spez.)	2,4	2,1	26,2	5,9	15,2	7,1	41,1

Kapitel 30 · Krankheitsbedingte Fehlzeiten nach Branchen im Jahr 2022

Tab. 30.32 (Fortsetzung)

Tätigkeit	AU-Fälle in %						
	Psyche	Herz/ Kreislauf	Atem- wege	Ver- dauung	Muskel/ Skelett	Verlet- zungen	Sonstige
Berufe in der Fliesen-, Platten- u. Mosaikverlegung	2,1	2,2	25,5	5,7	17,4	6,9	40,1
Berufe in der Maschinenbau- u. Betriebstechnik (ohne Spez.)	2,6	2,7	23,8	5,9	16,7	7,9	40,3
Berufe in der Sanitär-, Heizungs- u. Klimatechnik	2,0	1,8	28,8	5,4	12,3	7,7	42,0
Berufe in der Zimmerei	1,7	1,8	27,8	4,6	12,4	11,5	40,2
Berufskraftfahrer/innen (Güterverkehr/LKW)	2,8	4,1	20,5	6,0	15,0	7,0	44,6
Büro- u. Sekretariatskräfte (ohne Spez.)	3,6	2,2	29,0	5,2	7,1	3,6	49,4
Führer/innen von Erdbewegungs- u. verwandten Maschinen	2,6	4,3	20,9	6,2	14,9	6,6	44,5
Kaufmännische u. technische Betriebswirtschaft (ohne Spez.)	3,3	1,9	30,8	5,2	6,6	3,7	48,5
Maschinen- u. Gerätezusammensetzer/innen	2,6	2,7	23,6	5,7	17,2	7,8	40,4
Branche gesamt	**2,4**	**2,5**	**25,4**	**5,7**	**14,3**	**7,5**	**42,2**
Alle Branchen	**3,9**	**2,4**	**27,3**	**5,2**	**11,8**	**4,9**	**44,4**

Fehlzeiten-Report 2023

Tab. 30.33 Anteile der 40 häufigsten Einzeldiagnosen an den AU-Fällen und AU-Tagen in der Branche Baugewerbe im Jahr 2022, AOK-Mitglieder

ICD-10	Bezeichnung	AU-Fälle in %	AU-Tage in %
J06	Akute Infektionen an mehreren oder nicht näher bezeichneten Lokalisationen der oberen Atemwege	15,3	8,1
M54	Rückenschmerzen	5,7	5,9
U07	Krankheiten mit unklarer Ätiologie, belegte und nicht belegte Schlüsselnummern U07.-	5,6	3,7
U99	Belegte und nicht belegte Schlüsselnummern U99.-!	3,5	2,1
A09	Sonstige und nicht näher bezeichnete Gastroenteritis und Kolitis infektiösen und nicht näher bezeichneten Ursprungs	3,1	1,0
Z11	Spezielle Verfahren zur Untersuchung auf infektiöse und parasitäre Krankheiten	2,6	1,7
B34	Viruskrankheit nicht näher bezeichneter Lokalisation	2,2	1,1
R51	Kopfschmerz	1,7	0,7
J00	Akute Rhinopharyngitis [Erkältungsschnupfen]	1,5	0,7
M25	Sonstige Gelenkkrankheiten, anderenorts nicht klassifiziert	1,3	1,8
R10	Bauch- und Beckenschmerzen	1,2	0,6
T14	Verletzung an einer nicht näher bezeichneten Körperregion	1,1	1,3
I10	Essentielle (primäre) Hypertonie	1,1	1,1
M79	Sonstige Krankheiten des Weichteilgewebes, anderenorts nicht klassifiziert	1,1	0,9
J20	Akute Bronchitis	0,9	0,5
B99	Sonstige und nicht näher bezeichnete Infektionskrankheiten	0,9	0,5
J98	Sonstige Krankheiten der Atemwege	0,9	0,5
K08	Sonstige Krankheiten der Zähne und des Zahnhalteapparates	0,9	0,2
K52	Sonstige nichtinfektiöse Gastroenteritis und Kolitis	0,8	0,3
K29	Gastritis und Duodenitis	0,8	0,3
M51	Sonstige Bandscheibenschäden	0,7	2,0
F43	Reaktionen auf schwere Belastungen und Anpassungsstörungen	0,7	1,3
R53	Unwohlsein und Ermüdung	0,7	0,6
M99	Biomechanische Funktionsstörungen, anderenorts nicht klassifiziert	0,7	0,6
R07	Hals- und Brustschmerzen	0,7	0,4
R05	Husten	0,7	0,4
R11	Übelkeit und Erbrechen	0,7	0,3
Z98	Sonstige Zustände nach chirurgischem Eingriff	0,6	2,0

Tab. 30.33 (Fortsetzung)

ICD-10	Bezeichnung	AU-Fälle in %	AU-Tage in %
M75	Schulterläsionen	0,6	1,8
M23	Binnenschädigung des Kniegelenkes [internal derangement]	0,6	1,5
S93	Luxation, Verstauchung und Zerrung der Gelenke und Bänder in Höhe des oberen Sprunggelenkes und des Fußes	0,6	0,9
J02	Akute Pharyngitis	0,6	0,3
J40	Bronchitis, nicht als akut oder chronisch bezeichnet	0,6	0,3
F32	Depressive Episode	0,5	1,6
M77	Sonstige Enthesopathien	0,5	0,7
R52	Schmerz, anderenorts nicht klassifiziert	0,5	0,5
R42	Schwindel und Taumel	0,5	0,4
R50	Fieber sonstiger und unbekannter Ursache	0,5	0,3
J03	Akute Tonsillitis	0,5	0,2
G43	Migräne	0,4	0,1
	Summe hier	**64,1**	**49,2**
	Restliche	35,9	50,8
	Gesamtsumme	**100,0**	**100,0**

Fehlzeiten-Report 2023

Tab. 30.34 Anteile der 40 häufigsten Diagnoseuntergruppen an den AU-Fällen und AU-Tagen in der Branche Baugewerbe im Jahr 2022, AOK-Mitglieder

ICD-10	Bezeichnung	AU-Fälle in %	AU-Tage in %
J00–J06	Akute Infektionen der oberen Atemwege	19,2	10,1
M50–M54	Sonstige Krankheiten der Wirbelsäule und des Rückens	6,6	7,8
U00–U49	Vorläufige Zuordnungen für Krankheiten mit unklarer Ätiologie, belegte und nicht belegte Schlüsselnummern	6,6	4,6
R50–R69	Allgemeinsymptome	4,2	2,8
U98–U99	Belegte und nicht belegte Schlüsselnummern	3,8	2,3
A00–A09	Infektiöse Darmkrankheiten	3,6	1,2
Z00–Z13	Personen, die das Gesundheitswesen zur Untersuchung und Abklärung in Anspruch nehmen	3,0	2,0
M70–M79	Sonstige Krankheiten des Weichteilgewebes	2,6	4,1
B25–B34	Sonstige Viruskrankheiten	2,4	1,3
R10–R19	Symptome, die das Verdauungssystem und das Abdomen betreffen	2,1	1,0
R00–R09	Symptome, die das Kreislaufsystem und das Atmungssystem betreffen	1,9	1,3
M20–M25	Sonstige Gelenkkrankheiten	1,8	3,3
K00–K14	Krankheiten der Mundhöhle, der Speicheldrüsen und der Kiefer	1,8	0,5
F40–F48	Neurotische, Belastungs- und somatoforme Störungen	1,4	2,8
Z80–Z99	Personen mit potentiellen Gesundheitsrisiken aufgrund der Familien- oder Eigenanamnese und bestimmte Zustände, die den Gesundheitszustand beeinflussen	1,3	3,5
T08–T14	Verletzungen nicht näher bezeichneter Teile des Rumpfes, der Extremitäten oder anderer Körperregionen	1,3	1,6
S60–S69	Verletzungen des Handgelenkes und der Hand	1,2	2,2
I10–I15	Hypertonie [Hochdruckkrankheit]	1,2	1,3
J20–J22	Sonstige akute Infektionen der unteren Atemwege	1,2	0,7
J40–J47	Chronische Krankheiten der unteren Atemwege	1,1	1,0
G40–G47	Episodische und paroxysmale Krankheiten des Nervensystems	1,1	0,9
K20–K31	Krankheiten des Ösophagus, des Magens und des Duodenums	1,1	0,6
S90–S99	Verletzungen der Knöchelregion und des Fußes	1,0	1,7
J95–J99	Sonstige Krankheiten des Atmungssystems	1,0	0,7
K50–K52	Nichtinfektiöse Enteritis und Kolitis	1,0	0,4
S80–S89	Verletzungen des Knies und des Unterschenkels	0,9	2,6
B99–B99	Sonstige Infektionskrankheiten	0,9	0,5
M15–M19	Arthrose	0,7	2,4

Tab. 30.34 (Fortsetzung)

ICD-10	Bezeichnung	AU-Fälle in %	AU-Tage in %
Z40–Z54	Personen, die das Gesundheitswesen zum Zwecke spezifischer Maßnahmen und zur medizinischen Betreuung in Anspruch nehmen	0,7	0,8
M95–M99	Sonstige Krankheiten des Muskel-Skelett-Systems und des Bindegewebes	0,7	0,7
K55–K64	Sonstige Krankheiten des Darmes	0,7	0,6
Z20–Z29	Personen mit potentiellen Gesundheitsrisiken hinsichtlich übertragbarer Krankheiten	0,7	0,5
J30–J39	Sonstige Krankheiten der oberen Atemwege	0,7	0,4
F30–F39	Affektive Störungen	0,6	2,3
G50–G59	Krankheiten von Nerven, Nervenwurzeln und Nervenplexus	0,6	1,3
R40–R46	Symptome, die das Erkennungs- und Wahrnehmungsvermögen, die Stimmung und das Verhalten betreffen	0,6	0,6
E70–E90	Stoffwechselstörungen	0,6	0,5
S00–S09	Verletzungen des Kopfes	0,5	0,6
J09–J18	Grippe und Pneumonie	0,5	0,5
T80–T88	Komplikationen bei chirurgischen Eingriffen und medizinischer Behandlung, anderenorts nicht klassifiziert	0,5	0,4
	Summe hier	**83,4**	**74,4**
	Restliche	16,6	25,6
	Gesamtsumme	**100,0**	**100,0**

Fehlzeiten-Report 2023

30.3 Dienstleistungen

Entwicklung des Krankenstands der AOK-Mitglieder in der Branche Dienstleistungen in den Jahren 2000 bis 2022	Tab. 30.35
Arbeitsunfähigkeit der AOK-Mitglieder in der Branche Dienstleistungen nach Bundesländern im Jahr 2022 im Vergleich zum Vorjahr	Tab. 30.36
Arbeitsunfähigkeit der AOK-Mitglieder nach Wirtschaftsabteilungen in der Branche Dienstleistungen im Jahr 2022	Tab. 30.37
Kennzahlen der Arbeitsunfähigkeit nach ausgewählten Berufsgruppen in der Branche Dienstleistungen im Jahr 2022	Tab. 30.38
Dauer der Arbeitsunfähigkeit der AOK-Mitglieder in der Branche Dienstleistungen im Jahr 2022	Tab. 30.39
Tage der Arbeitsunfähigkeit je AOK-Mitglied nach Wirtschaftsabteilung und Betriebsgröße in der Branche Dienstleistungen im Jahr 2022	Tab. 30.40
Krankenstand in Prozent nach Ausbildungsabschluss in der Branche Dienstleistungen im Jahr 2022, AOK-Mitglieder	Tab. 30.41
Tage der Arbeitsunfähigkeit je AOK-Mitglied nach Ausbildungsabschluss in der Branche Dienstleistungen im Jahr 2022	Tab. 30.42
Anteil der Arbeitsunfälle an den AU-Fällen und -Tagen in Prozent nach Wirtschaftsabteilungen in der Branche Dienstleistungen im Jahr 2022, AOK-Mitglieder	Tab. 30.43
Tage und Fälle der Arbeitsunfähigkeit durch Arbeitsunfälle nach Berufsgruppen in der Branche Dienstleistungen im Jahr 2022, AOK-Mitglieder	Tab. 30.44
Tage und Fälle der Arbeitsunfähigkeit je 100 AOK-Mitglieder nach Krankheitsarten in der Branche Dienstleistungen in den Jahren 2000 bis 2022	Tab. 30.45
Verteilung der Arbeitsunfähigkeitstage nach Krankheitsarten in Prozent in der Branche Dienstleistungen im Jahr 2022, AOK-Mitglieder	Tab. 30.46
Verteilung der Arbeitsunfähigkeitsfälle nach Krankheitsarten in Prozent in der Branche Dienstleistungen im Jahr 2022, AOK-Mitglieder	Tab. 30.47
Verteilung der Arbeitsunfähigkeitstage nach Krankheitsarten und ausgewählten Berufsgruppen in der Branche Dienstleistungen im Jahr 2022, AOK-Mitglieder	Tab. 30.48
Verteilung der Arbeitsunfähigkeitsfälle nach Krankheitsarten und ausgewählten Berufsgruppen in der Branche Dienstleistungen im Jahr 2022, AOK-Mitglieder	Tab. 30.49
Anteile der 40 häufigsten Einzeldiagnosen an den AU-Fällen und AU-Tagen in der Branche Dienstleistungen im Jahr 2022, AOK-Mitglieder	Tab. 30.50
Anteile der 40 häufigsten Diagnoseuntergruppen an den AU-Fällen und AU-Tagen in der Branche Dienstleistungen im Jahr 2022, AOK-Mitglieder	Tab. 30.51

Tab. 30.35 Entwicklung des Krankenstands der AOK-Mitglieder in der Branche Dienstleistungen in den Jahren 2000 bis 2022

Jahr	Krankenstand in %			AU-Fälle je 100 AOK-Mitglieder			Tage je Fall		
	West	Ost	Bund	West	Ost	Bund	West	Ost	Bund
2000	4,6	5,6	4,8	148,6	164,9	150,9	11,4	12,3	11,5
2001	4,6	5,4	4,7	146,9	156,2	148,2	11,4	12,7	11,6
2002	4,5	5,2	4,6	145,2	151,7	146,1	11,3	12,4	11,5
2003	4,3	4,7	4,3	141,5	142,9	141,7	11,0	11,9	11,2
2004	3,9	4,1	4,0	126,9	126,1	126,8	11,3	12,0	11,4
2005	3,8	3,9	3,8	126,6	120,6	125,6	11,0	11,8	11,2
2006	3,7	3,8	3,8	127,3	118,9	125,9	10,7	11,6	10,9
2007	4,0	4,1	4,1	140,5	129,9	138,7	10,5	11,5	10,7
2008 (WZ03)	4,2	4,3	4,2	149,0	134,6	146,5	10,4	11,6	10,6
2008 (WZ08)[a]	4,1	4,2	4,1	147,0	135,3	145,0	10,3	11,4	10,4
2009	4,2	4,5	4,2	146,3	140,1	145,2	10,4	11,6	10,6
2010	4,2	4,6	4,2	146,7	146,7	146,7	10,4	11,3	10,5
2011	4,3	4,4	4,3	152,5	148,8	151,9	10,2	10,7	10,3
2012	4,3	4,7	4,4	148,4	136,4	146,4	10,6	12,5	10,9
2013	4,3	4,7	4,4	151,5	141,0	149,7	10,3	12,3	10,6
2014	4,3	4,8	4,4	148,4	138,9	146,8	10,6	12,6	10,9
2015	4,4	4,9	4,5	153,9	146,5	152,7	10,4	12,1	10,7
2016	4,3	5,0	4,4	151,3	148,5	150,8	10,4	12,3	10,7
2017	4,3	5,1	4,4	148,6	149,0	148,7	10,5	12,5	10,8
2018	4,4	5,3	4,5	152,5	153,5	152,7	10,5	12,5	10,8
2019	4,3	5,2	4,5	146,4	147,9	146,6	10,8	12,8	11,1
2020	4,2	5,1	4,4	121,4	128,4	122,5	12,7	14,6	13,1
2021	4,1	5,1	4,2	124,2	131,0	125,3	12,0	14,3	12,4
2022	5,3	6,4	5,4	186,8	193,3	187,8	10,3	12,0	10,6

[a] aufgrund der Revision der Wirtschaftszweigklassifikation in 2008 ist eine Vergleichbarkeit mit den Vorjahren nur bedingt möglich

Fehlzeiten-Report 2023

Tab. 30.36 Arbeitsunfähigkeit der AOK-Mitglieder in der Branche Dienstleistungen nach Bundesländern im Jahr 2022 im Vergleich zum Vorjahr

Bundesland	Kranken-stand in %	Arbeitsunfähigkeit je 100 AOK-Mitglieder				Tage je Fall	Veränd. z. Vorj. in %	AU-Quote in %
		AU-Fälle	Veränd. z. Vorj. in %	AU-Tage	Veränd. z. Vorj. in %			
Baden-Württemberg	5,0	185,0	46,2	1.822,4	31,2	9,9	−10,2	55,5
Bayern	4,7	168,9	60,0	1.733,4	31,2	10,3	−18,0	50,8
Berlin	5,1	171,0	44,4	1.864,5	25,1	10,9	−13,3	48,1
Brandenburg	6,4	175,4	43,6	2.324,3	24,6	13,3	−13,3	52,3
Bremen	5,8	203,4	61,9	2.115,2	29,9	10,4	−19,7	54,9
Hamburg	4,7	164,4	68,6	1.728,6	31,8	10,5	−21,8	47,9
Hessen	5,5	195,2	46,3	1.994,0	28,6	10,2	−12,1	53,6
Mecklenburg-Vorpommern	6,5	179,6	62,6	2.382,0	33,1	13,3	−18,1	55,4
Niedersachsen	5,9	211,5	47,3	2.158,7	29,1	10,2	−12,4	59,8
Nordrhein-Westfalen	5,6	198,8	46,1	2.057,1	27,3	10,3	−12,8	53,8
Rheinland-Pfalz	5,1	172,7	65,3	1.867,1	33,9	10,8	−19,0	49,3
Saarland	5,5	175,8	43,3	2.019,9	22,5	11,5	−14,5	50,9
Sachsen	6,1	194,2	46,4	2.229,8	23,1	11,5	−15,9	62,0
Sachsen-Anhalt	6,8	198,5	53,2	2.474,2	27,1	12,5	−17,0	58,9
Schleswig-Holstein	5,7	189,8	54,8	2.092,4	27,3	11,0	−17,7	53,8
Thüringen	6,7	203,4	43,3	2.457,7	23,2	12,1	−14,0	59,7
West	**5,3**	**186,8**	**50,4**	**1.922,9**	**29,4**	**10,3**	**−14,0**	**53,4**
Ost	**6,4**	**193,3**	**47,6**	**2.327,9**	**24,7**	**12,0**	**−15,5**	**59,4**
Bund	**5,4**	**187,8**	**49,9**	**1.988,2**	**28,4**	**10,6**	**−14,3**	**54,3**

Fehlzeiten-Report 2023

Tab. 30.37 Arbeitsunfähigkeit der AOK-Mitglieder nach Wirtschaftsabteilungen in der Branche Dienstleistungen im Jahr 2022

Wirtschaftsabteilungen	Krankenstand in %		Arbeitsunfähigkeit je 100 AOK-Mitglieder		Tage je Fall	AU-Quote in %
	2022	2022 stand.[a]	Fälle	Tage		
Erbringung von freiberuflichen, wissenschaftlichen und technischen Dienstleistungen	4,6	5,0	181,4	1.683,5	9,3	61,4
Erbringung von sonstigen Dienstleistungen	6,2	6,0	200,9	2.253,7	11,2	63,6
Erbringung von sonstigen wirtschaftlichen Dienstleistungen	6,4	6,5	224,0	2.330,7	10,4	53,9
Gastgewerbe	4,7	4,8	141,9	1.711,5	12,1	44,7
Grundstücks- und Wohnungswesen	5,6	5,5	176,0	2.037,1	11,6	59,9
Information und Kommunikation	4,1	4,7	156,9	1.481,2	9,4	55,2
Kunst, Unterhaltung und Erholung	5,8	5,9	172,5	2.124,4	12,3	54,3
Private Haushalte mit Hauspersonal, Herstellung von Waren und Erbringung von Dienstleistungen durch private Haushalte für den Eigenbedarf	4,2	4,0	117,8	1.521,3	12,9	42,3
Branche gesamt	**5,4**	**5,6**	**187,8**	**1.988,2**	**10,6**	**54,3**
Alle Branchen	**6,7**	**6,8**	**216,6**	**2.450,0**	**11,3**	**64,6**

[a] Krankenstand alters- und geschlechtsstandardisiert

Fehlzeiten-Report 2023

Tab. 30.38 Kennzahlen der Arbeitsunfähigkeit nach ausgewählten Berufsgruppen in der Branche Dienstleistungen im Jahr 2022

Tätigkeit	Krankenstand in %	Arbeitsunfähigkeit je 100 AOK-Mitglieder		Tage je Fall	AU-Quote in %	Anteil der Berufsgruppe an der Branche in %[a]
		AU-Fälle	AU-Tage			
Berufe im Dialogmarketing	8,6	346,2	3.155,7	9,1	67,5	1,3
Berufe im Friseurgewerbe	4,6	193,4	1.669,5	8,6	61,1	1,7
Berufe im Gartenbau (ohne Spez.)	6,6	206,3	2.419,1	11,7	58,9	1,2
Berufe im Gastronomieservice (ohne Spez.)	4,5	140,6	1.635,6	11,6	42,9	7,2
Berufe im Hotelservice	5,3	185,4	1.920,8	10,4	54,1	2,2
Berufe im Objekt-, Werte- u. Personenschutz	7,0	194,2	2.556,9	13,2	55,4	3,3
Berufe in der Gebäudereinigung	6,9	193,2	2.534,0	13,1	57,1	1,8
Berufe in der Gebäudetechnik (ohne Spez.)	6,4	168,1	2.343,6	13,9	58,4	1,8
Berufe in der Hauswirtschaft	6,6	181,8	2.408,2	13,2	55,6	1,1
Berufe in der Lagerwirtschaft	6,4	279,2	2.334,1	8,4	48,4	8,7
Berufe in der Metallbearbeitung (ohne Spez.)	6,2	293,4	2.245,8	7,7	55,8	2,3
Berufe in der Reinigung (ohne Spez.)	6,7	191,3	2.445,3	12,8	56,4	10,4
Berufe in der Softwareentwicklung	2,7	130,8	976,2	7,5	51,7	1,0
Berufe in der Steuerberatung	4,2	202,2	1.534,5	7,6	69,6	1,4
Büro- u. Sekretariatskräfte (ohne Spez.)	4,6	177,5	1.691,2	9,5	58,2	4,9
Kaufmännische u. technische Betriebswirtschaft (ohne Spez.)	4,6	175,0	1.688,7	9,6	61,4	1,6
Köche/Köchinnen (ohne Spez.)	4,9	140,3	1.782,4	12,7	44,4	7,0
Branche gesamt	**5,4**	**187,8**	**1.988,2**	**10,6**	**54,3**	**27,8**[b]

[a] Anteil der AOK-Mitglieder in der Berufsgruppe an den in der Branche beschäftigten AOK-Mitgliedern insgesamt
[b] Anteil der AOK-Mitglieder in der Branche an allen AOK-Mitgliedern
Fehlzeiten-Report 2023

Tab. 30.39 Dauer der Arbeitsunfähigkeit der AOK-Mitglieder in der Branche Dienstleistungen im Jahr 2022

Fallklasse	Branche hier		Alle Branchen	
	Anteil Fälle in %	Anteil Tage in %	Anteil Fälle in %	Anteil Tage in %
1–3 Tage	30,8	5,9	30,5	5,4
4–7 Tage	33,3	16,1	32,4	14,6
8–14 Tage	23,1	22,2	23,4	21,2
15–21 Tage	5,6	9,0	5,7	8,7
22–28 Tage	2,1	4,9	2,3	5,0
29–42 Tage	2,1	6,9	2,3	7,1
> 42 Tage	3,0	35,0	3,5	38,0

Fehlzeiten-Report 2023

Tab. 30.40 Tage der Arbeitsunfähigkeit je AOK-Mitglied nach Wirtschaftsabteilung und Betriebsgröße in der Branche Dienstleistungen im Jahr 2022

Wirtschaftsabteilungen	Betriebsgröße (Anzahl der AOK-Mitglieder)					
	10–49	50–99	100–199	200–499	500–999	≥ 1.000
Erbringung von freiberuflichen, wissenschaftlichen und technischen Dienstleistungen	17,2	19,4	20,3	20,2	22,5	21,6
Erbringung von sonstigen Dienstleistungen	25,3	28,8	30,6	29,8	25,8	27,0
Erbringung von sonstigen wirtschaftlichen Dienstleistungen	23,7	24,5	24,6	24,5	23,8	22,0
Gastgewerbe	18,7	22,4	25,8	28,7	32,3	–
Grundstücks- und Wohnungswesen	22,6	26,9	28,8	25,0	15,5	–
Information und Kommunikation	15,1	17,8	19,3	18,0	25,0	12,1
Kunst, Unterhaltung und Erholung	23,4	26,5	25,3	28,1	25,3	23,4
Private Haushalte mit Hauspersonal, Herstellung von Waren und Erbringung von Dienstleistungen durch private Haushalte für den Eigenbedarf	25,0	–	–	–	–	–
Branche gesamt	**20,6**	**23,5**	**24,5**	**24,2**	**24,1**	**21,3**
Alle Branchen	**25,0**	**27,3**	**27,7**	**27,5**	**27,6**	**27,3**

Fehlzeiten-Report 2023

Tab. 30.41 Krankenstand in Prozent nach Ausbildungsabschluss in der Branche Dienstleistungen im Jahr 2022, AOK-Mitglieder

Wirtschafts-abteilungen	Ausbildung						
	ohne Ausbildungsabschluss	mit Ausbildungsabschluss	Meister/ Techniker	Bachelor	Diplom/ Magister/ Master/ Staatsexamen	Promotion	unbekannt
Erbringung von freiberuflichen, wissenschaftlichen und technischen Dienstleistungen	5,6	5,4	4,7	2,9	3,0	2,3	4,7
Erbringung von sonstigen Dienstleistungen	6,9	6,9	6,0	4,2	4,4	3,0	5,5
Erbringung von sonstigen wirtschaftlichen Dienstleistungen	6,5	7,3	5,8	3,4	3,8	4,4	6,0
Gastgewerbe	5,3	5,9	5,3	3,4	4,0	3,8	4,0
Grundstücks- und Wohnungswesen	6,0	6,2	5,4	3,1	3,7	4,8	5,1
Information und Kommunikation	5,1	5,0	4,2	2,4	2,6	2,1	4,2
Kunst, Unterhaltung und Erholung	6,1	6,9	6,6	3,5	4,3	3,1	5,2
Private Haushalte mit Hauspersonal, Herstellung von Waren und Erbringung von Dienstleistungen durch private Haushalte für den Eigenbedarf	3,8	4,7	4,3	2,7	3,1	1,4	4,0
Branche gesamt	**6,1**	**6,3**	**5,2**	**3,0**	**3,2**	**2,7**	**5,1**
Alle Branchen	**7,4**	**7,4**	**5,9**	**3,5**	**4,0**	**3,0**	**6,0**

Fehlzeiten-Report 2023

Tab. 30.42 Tage der Arbeitsunfähigkeit je AOK-Mitglied nach Ausbildungsabschluss in der Branche Dienstleistungen im Jahr 2022

Wirtschafts-abteilungen	Ausbildung						
	ohne Ausbildungsabschluss	mit Ausbildungsabschluss	Meister/ Techniker	Bachelor	Diplom/ Magister/ Master/ Staatsexamen	Promotion	unbekannt
Erbringung von freiberuflichen, wissenschaftlichen und technischen Dienstleistungen	20,5	19,8	17,1	10,5	10,9	8,4	17,1
Erbringung von sonstigen Dienstleistungen	25,2	25,0	22,0	15,2	15,9	10,9	19,9
Erbringung von sonstigen wirtschaftlichen Dienstleistungen	23,8	26,6	21,3	12,2	13,7	16,0	21,9
Gastgewerbe	19,2	21,4	19,4	12,4	14,7	13,8	14,6
Grundstücks- und Wohnungswesen	21,9	22,7	19,6	11,1	13,4	17,6	18,8
Information und Kommunikation	18,5	18,4	15,2	8,9	9,5	7,7	15,2
Kunst, Unterhaltung und Erholung	22,4	25,3	24,1	12,8	15,6	11,3	18,9
Private Haushalte mit Hauspersonal, Herstellung von Waren und Erbringung von Dienstleistungen durch private Haushalte für den Eigenbedarf	13,8	17,3	15,8	10,0	11,1	5,2	14,6
Branche gesamt	**22,2**	**23,0**	**19,2**	**10,9**	**11,8**	**9,7**	**18,7**
Alle Branchen	**26,9**	**27,1**	**21,5**	**12,9**	**14,5**	**10,9**	**21,9**

Fehlzeiten-Report 2023

Tab. 30.43 Anteil der Arbeitsunfälle an den AU-Fällen und -Tagen in Prozent nach Wirtschaftsabteilungen in der Branche Dienstleistungen im Jahr 2022, AOK-Mitglieder

Wirtschaftsabteilungen	AU-Fälle in %	AU-Tage in %
Erbringung von freiberuflichen, wissenschaftlichen und technischen Dienstleistungen	1,1	2,6
Erbringung von sonstigen Dienstleistungen	1,3	2,9
Erbringung von sonstigen wirtschaftlichen Dienstleistungen	2,4	5,2
Gastgewerbe	2,3	4,2
Grundstücks- und Wohnungswesen	1,7	3,8
Information und Kommunikation	0,8	2,0
Kunst, Unterhaltung und Erholung	2,7	6,2
Private Haushalte mit Hauspersonal, Herstellung von Waren und Erbringung von Dienstleistungen durch private Haushalte für den Eigenbedarf	1,4	3,2
Branche gesamt	**1,9**	**4,1**
Alle Branchen	**2,0**	**4,5**

Fehlzeiten-Report 2023

Tab. 30.44 Tage und Fälle der Arbeitsunfähigkeit durch Arbeitsunfälle nach Berufsgruppen in der Branche Dienstleistungen im Jahr 2022, AOK-Mitglieder

Tätigkeit	Arbeitsunfähigkeit je 1.000 AOK-Mitglieder	
	AU-Tage	AU-Fälle
Berufe im Gartenbau (ohne Spez.)	1.945,6	82,2
Berufe in der Metallbearbeitung (ohne Spez.)	1.507,6	89,3
Berufe in der Lagerwirtschaft	1.439,6	80,3
Berufe in der Gebäudetechnik (ohne Spez.)	1.408,3	50,3
Berufe in der Gebäudereinigung	1.250,8	41,7
Berufe im Objekt-, Werte- u. Personenschutz	1.053,0	38,6
Berufe in der Reinigung (ohne Spez.)	921,6	34,1
Köche/Köchinnen (ohne Spez.)	800,2	39,7
Berufe in der Hauswirtschaft	792,6	27,8
Berufe im Hotelservice	641,7	28,2
Berufe im Gastronomieservice (ohne Spez.)	632,5	28,3
Berufe im Friseurgewerbe	256,3	12,1
Büro- u. Sekretariatskräfte (ohne Spez.)	250,1	11,2
Berufe im Dialogmarketing	241,2	11,5
Kaufmännische u. technische Betriebswirtschaft (ohne Spez.)	237,0	9,9
Berufe in der Steuerberatung	153,3	8,0
Berufe in der Softwareentwicklung	71,6	4,5
Branche gesamt	**823,6**	**35,9**
Alle Branchen	**1.094,5**	**43,8**

Fehlzeiten-Report 2023

Tab. 30.45 Tage und Fälle der Arbeitsunfähigkeit je 100 AOK-Mitglieder nach Krankheitsarten in der Branche Dienstleistungen in den Jahren 2000 bis 2022

Jahr	Arbeitsunfähigkeit je 100 AOK-Mitglieder											
	Psyche		Herz/Kreislauf		Atemwege		Verdauung		Muskel/Skelett		Verletzungen	
	Tage	Fälle	Tage	Fälle	Tage	Fälle	Tage	Fälle	Tage	Fälle	Tage	Fälle
2000	136,7	7,0	127,0	8,2	307,0	44,0	141,7	20,3	508,6	33,5	260,6	18,2
2001	146,4	7,8	131,4	8,8	292,2	43,4	142,1	20,8	521,6	34,6	256,4	18,1
2002	151,6	8,1	128,1	8,8	277,1	41,7	141,6	21,3	511,8	34,2	247,1	17,4
2003	146,8	8,0	122,1	8,6	275,7	42,5	132,9	20,5	464,0	31,5	235,5	16,5
2004	158,8	7,9	125,2	7,6	233,4	35,2	129,7	19,4	435,6	28,8	223,9	15,3
2005	150,9	7,4	118,9	7,2	259,5	39,2	119,8	17,8	404,7	27,1	216,7	14,7
2006	152,0	7,6	117,2	7,4	223,5	35,0	123,8	19,3	409,4	28,3	226,9	15,8
2007	167,4	8,3	120,3	7,5	254,8	40,1	133,9	21,5	433,8	30,2	232,0	16,1
2008 (WZ03)	177,0	8,7	124,0	7,8	267,3	42,3	140,4	22,7	455,9	31,9	237,7	16,5
2008 (WZ08)[a]	174,8	8,7	119,2	7,6	263,3	42,1	137,3	22,5	441,1	31,2	232,7	16,3
2009	185,8	9,0	119,6	7,4	298,3	46,6	132,1	21,0	427,9	29,0	224,2	14,9
2010	196,5	9,4	116,5	7,4	259,2	41,6	121,2	19,6	448,4	30,8	241,3	16,3
2011	202,9	9,9	112,1	7,3	265,7	42,5	121,5	19,7	437,6	31,5	237,7	16,1
2012	228,4	10,2	125,1	7,4	262,6	41,2	124,2	19,1	460,1	30,9	236,0	14,8
2013	220,0	9,8	121,0	6,9	306,3	47,5	120,6	18,5	445,0	30,1	230,5	14,4
2014	238,5	10,6	125,3	7,2	255,5	40,6	123,9	18,9	471,5	31,4	233,6	14,4
2015	239,8	10,5	122,7	7,2	303,2	47,5	119,9	18,4	456,9	30,6	228,3	14,0
2016	242,5	10,5	114,0	7,2	283,9	45,5	115,7	18,2	464,1	30,9	226,2	13,7
2017	245,4	10,5	111,0	7,0	285,2	45,2	111,5	17,3	460,8	30,5	226,5	13,3
2018	250,9	10,7	110,3	7,0	304,1	47,3	109,6	17,0	459,9	30,6	225,1	13,3
2019	260,9	10,7	109,5	6,8	266,6	43,4	105,3	16,2	464,1	30,2	222,4	12,5
2020	269,3	9,5	109,5	6,0	270,2	35,1	96,8	13,2	466,8	27,0	208,6	10,4
2021	268,0	9,8	108,1	6,1	222,9	30,4	90,5	12,7	453,9	28,7	215,8	13,8
2022	294,3	11,0	112,7	6,4	506,1	73,4	98,0	14,6	477,9	32,9	221,9	13,0

[a] aufgrund der Revision der Wirtschaftszweigklassifikation in 2008 ist eine Vergleichbarkeit mit den Vorjahren nur bedingt möglich
Fehlzeiten-Report 2023

Kapitel 30 · Krankheitsbedingte Fehlzeiten nach Branchen im Jahr 2022

Tab. 30.46 Verteilung der Arbeitsunfähigkeitstage nach Krankheitsarten in Prozent in der Branche Dienstleistungen im Jahr 2022, AOK-Mitglieder

Wirtschaftsabteilungen	AU-Tage in %						
	Psyche	Herz/ Kreislauf	Atemwege	Verdauung	Muskel/ Skelett	Verletzungen	Sonstige
Erbringung von freiberuflichen, wissenschaftlichen und technischen Dienstleistungen	11,4	3,0	22,4	3,2	11,5	6,2	42,3
Erbringung von sonstigen Dienstleistungen	11,7	3,7	18,7	3,0	15,1	6,6	41,2
Erbringung von sonstigen wirtschaftlichen Dienstleistungen	9,2	4,3	16,0	3,7	19,9	8,7	38,2
Gastgewerbe	9,9	4,2	15,7	3,5	17,9	8,5	40,3
Grundstücks- und Wohnungswesen	10,4	4,5	17,6	3,5	15,8	7,4	41,0
Information und Kommunikation	12,8	3,2	22,5	3,2	11,0	5,7	41,4
Kunst, Unterhaltung und Erholung	12,0	4,1	17,3	3,3	14,7	9,1	39,6
Private Haushalte mit Hauspersonal, Herstellung von Waren und Erbringung von Dienstleistungen durch private Haushalte für den Eigenbedarf	9,7	3,9	15,6	2,9	16,2	7,7	44,0
Branche gesamt	**10,3**	**4,0**	**17,8**	**3,4**	**16,8**	**7,8**	**39,9**
Alle Branchen	**10,3**	**4,0**	**17,5**	**3,3**	**17,4**	**8,1**	**39,4**

Fehlzeiten-Report 2023

Tab. 30.47 Verteilung der Arbeitsunfähigkeitsfälle nach Krankheitsarten in Prozent in der Branche Dienstleistungen im Jahr 2022, AOK-Mitglieder

Wirtschaftsabteilungen	AU-Fälle in %						
	Psyche	Herz/Kreislauf	Atemwege	Verdauung	Muskel/Skelett	Verletzungen	Sonstige
Erbringung von freiberuflichen, wissenschaftlichen und technischen Dienstleistungen	3,7	1,8	31,6	5,0	7,6	3,7	46,6
Erbringung von sonstigen Dienstleistungen	4,2	2,3	28,7	4,9	9,8	4,0	46,1
Erbringung von sonstigen wirtschaftlichen Dienstleistungen	4,0	2,5	23,8	5,7	15,4	5,4	43,0
Gastgewerbe	4,1	2,6	25,0	5,1	12,2	5,1	45,8
Grundstücks- und Wohnungswesen	4,0	2,7	27,3	5,5	10,3	4,5	45,7
Information und Kommunikation	4,1	1,9	32,1	5,0	7,5	3,5	45,8
Kunst, Unterhaltung und Erholung	4,6	2,4	27,7	4,9	9,6	5,2	45,5
Private Haushalte mit Hauspersonal, Herstellung von Waren und Erbringung von Dienstleistungen durch private Haushalte für den Eigenbedarf	4,2	3,1	24,5	4,7	10,3	4,4	48,9
Branche gesamt	4,0	2,3	26,8	5,3	12,0	4,7	44,8
Alle Branchen	3,9	2,4	27,3	5,2	11,8	4,9	44,4

Fehlzeiten-Report 2023

Tab. 30.48 Verteilung der Arbeitsunfähigkeitstage nach Krankheitsarten und ausgewählten Berufsgruppen in der Branche Dienstleistungen im Jahr 2022, AOK-Mitglieder

Tätigkeit	AU-Tage in %						
	Psyche	Herz/Kreislauf	Atemwege	Verdauung	Muskel/Skelett	Verletzungen	Sonstige
Berufe im Dialogmarketing	18,2	2,8	20,3	4,3	10,5	3,7	40,2
Berufe im Friseurgewerbe	10,6	2,3	21,8	3,1	12,8	6,7	42,8
Berufe im Gartenbau (ohne Spez.)	6,5	5,4	13,0	3,7	23,1	12,0	36,3
Berufe im Gastronomieservice (ohne Spez.)	10,4	3,6	16,4	3,6	17,0	8,5	40,6
Berufe im Hotelservice	10,6	3,0	18,9	3,2	16,6	7,3	40,4
Berufe im Objekt-, Werte- u. Personenschutz	12,4	5,8	14,4	3,7	16,7	7,3	39,6
Berufe in der Gebäudereinigung	8,6	4,6	14,1	3,4	22,4	8,8	38,1
Berufe in der Gebäudetechnik (ohne Spez.)	8,0	6,5	13,8	3,6	19,7	9,2	39,1
Berufe in der Hauswirtschaft	10,2	4,0	15,7	3,0	19,0	7,2	40,9
Berufe in der Lagerwirtschaft	7,1	3,6	16,9	4,1	22,1	9,8	36,3
Berufe in der Metallbearbeitung (ohne Spez.)	6,1	3,5	18,8	4,4	19,5	10,7	37,0
Berufe in der Reinigung (ohne Spez.)	8,8	4,6	13,9	3,2	22,8	7,4	39,3
Berufe in der Softwareentwicklung	13,8	2,2	29,2	3,3	5,7	4,2	41,6
Berufe in der Steuerberatung	11,0	2,4	26,8	2,9	6,5	4,5	45,9
Büro- u. Sekretariatskräfte (ohne Spez.)	13,8	2,8	21,8	3,3	9,9	5,1	43,4
Kaufmännische u. technische Betriebswirtschaft (ohne Spez.)	14,2	2,7	22,4	3,2	9,4	4,9	43,2
Köche/Köchinnen (ohne Spez.)	9,2	4,6	14,8	3,6	18,8	8,6	40,4
Branche gesamt	**10,3**	**4,0**	**17,8**	**3,4**	**16,8**	**7,8**	**39,9**
Alle Branchen	**10,3**	**4,0**	**17,5**	**3,3**	**17,4**	**8,1**	**39,4**

Fehlzeiten-Report 2023

Tab. 30.49 Verteilung der Arbeitsunfähigkeitsfälle nach Krankheitsarten und ausgewählten Berufsgruppen in der Branche Dienstleistungen im Jahr 2022, AOK-Mitglieder

Tätigkeit	AU-Fälle in %						
	Psyche	Herz/Kreislauf	Atemwege	Verdauung	Muskel/Skelett	Verletzungen	Sonstige
Berufe im Dialogmarketing	7,0	1,9	26,6	6,6	8,0	2,9	47,0
Berufe im Friseurgewerbe	3,7	1,6	30,5	4,8	7,9	3,8	47,7
Berufe im Gartenbau (ohne Spez.)	3,1	2,8	21,8	6,0	17,4	7,5	41,3
Berufe im Gastronomieservice (ohne Spez.)	4,3	2,3	25,8	5,1	11,4	5,1	46,0
Berufe im Hotelservice	4,3	1,9	27,8	4,8	11,0	4,4	45,8
Berufe im Objekt-, Werte- u. Personenschutz	5,4	3,3	23,2	5,4	12,7	4,6	45,4
Berufe in der Gebäudereinigung	4,0	3,1	22,4	5,4	17,2	5,3	42,6
Berufe in der Gebäudetechnik (ohne Spez.)	3,6	3,7	22,8	5,7	14,2	5,9	44,1
Berufe in der Hauswirtschaft	4,3	3,0	24,9	4,8	12,2	4,4	46,4
Berufe in der Lagerwirtschaft	3,3	2,1	23,0	6,2	18,6	6,1	40,5
Berufe in der Metallbearbeitung (ohne Spez.)	3,2	2,0	24,3	6,3	16,5	6,4	41,4
Berufe in der Reinigung (ohne Spez.)	4,0	3,2	21,9	5,2	17,0	4,8	43,9
Berufe in der Softwareentwicklung	3,7	1,4	37,0	4,9	4,7	2,8	45,6
Berufe in der Steuerberatung	3,2	1,4	34,0	4,9	4,9	3,0	48,5
Büro- u. Sekretariatskräfte (ohne Spez.)	4,5	1,9	30,5	5,2	6,6	3,2	48,1
Kaufmännische u. technische Betriebswirtschaft (ohne Spez.)	4,5	1,8	31,4	5,1	6,6	3,1	47,5
Köche/Köchinnen (ohne Spez.)	4,0	2,9	23,7	5,3	13,2	5,5	45,5
Branche gesamt	**4,0**	**2,3**	**26,8**	**5,3**	**12,0**	**4,7**	**44,8**
Alle Branchen	**3,9**	**2,4**	**27,3**	**5,2**	**11,8**	**4,9**	**44,4**

Fehlzeiten-Report 2023

Tab. 30.50 Anteile der 40 häufigsten Einzeldiagnosen an den AU-Fällen und AU-Tagen in der Branche Dienstleistungen im Jahr 2022, AOK-Mitglieder

ICD-10	Bezeichnung	AU-Fälle in %	AU-Tage in %
J06	Akute Infektionen an mehreren oder nicht näher bezeichneten Lokalisationen der oberen Atemwege	16,1	10,2
U07	Krankheiten mit unklarer Ätiologie, belegte und nicht belegte Schlüsselnummern U07.-	6,1	4,7
M54	Rückenschmerzen	5,1	5,3
U99	Belegte und nicht belegte Schlüsselnummern U99.-!	3,6	2,2
A09	Sonstige und nicht näher bezeichnete Gastroenteritis und Kolitis infektiösen und nicht näher bezeichneten Ursprungs	3,0	1,2
Z11	Spezielle Verfahren zur Untersuchung auf infektiöse und parasitäre Krankheiten	2,7	1,7
B34	Viruskrankheit nicht näher bezeichneter Lokalisation	2,3	1,4
R51	Kopfschmerz	1,9	0,9
J00	Akute Rhinopharyngitis [Erkältungsschnupfen]	1,7	0,9
R10	Bauch- und Beckenschmerzen	1,6	0,9
F43	Reaktionen auf schwere Belastungen und Anpassungsstörungen	1,2	2,5
M79	Sonstige Krankheiten des Weichteilgewebes, anderenorts nicht klassifiziert	1,1	1,0
M25	Sonstige Gelenkkrankheiten, anderenorts nicht klassifiziert	1,0	1,3
R53	Unwohlsein und Ermüdung	1,0	1,1
I10	Essentielle (primäre) Hypertonie	1,0	1,0
J98	Sonstige Krankheiten der Atemwege	1,0	0,6
B99	Sonstige und nicht näher bezeichnete Infektionskrankheiten	0,9	0,6
J20	Akute Bronchitis	0,9	0,6
K29	Gastritis und Duodenitis	0,9	0,5
F32	Depressive Episode	0,8	2,9
R05	Husten	0,8	0,5
R07	Hals- und Brustschmerzen	0,8	0,5
R11	Übelkeit und Erbrechen	0,8	0,4
K52	Sonstige nichtinfektiöse Gastroenteritis und Kolitis	0,8	0,3
J02	Akute Pharyngitis	0,7	0,4
J40	Bronchitis, nicht als akut oder chronisch bezeichnet	0,7	0,4
G43	Migräne	0,7	0,3
K08	Sonstige Krankheiten der Zähne und des Zahnhalteapparates	0,7	0,2

Tab. 30.50 (Fortsetzung)

ICD-10	Bezeichnung	AU-Fälle in %	AU-Tage in %
F48	Andere neurotische Störungen	0,6	1,1
T14	Verletzung an einer nicht näher bezeichneten Körperregion	0,6	0,7
M99	Biomechanische Funktionsstörungen, anderenorts nicht klassifiziert	0,6	0,6
R42	Schwindel und Taumel	0,6	0,5
J03	Akute Tonsillitis	0,6	0,3
Z98	Sonstige Zustände nach chirurgischem Eingriff	0,5	1,4
M51	Sonstige Bandscheibenschäden	0,5	1,3
R52	Schmerz, anderenorts nicht klassifiziert	0,5	0,5
R50	Fieber sonstiger und unbekannter Ursache	0,5	0,3
F45	Somatoforme Störungen	0,4	1,0
M53	Sonstige Krankheiten der Wirbelsäule und des Rückens, anderenorts nicht klassifiziert	0,4	0,5
J32	Chronische Sinusitis	0,4	0,3
	Summe hier	**66,1**	**53,0**
	Restliche	33,9	47,0
	Gesamtsumme	**100,0**	**100,0**

Fehlzeiten-Report 2023

Tab. 30.51 Anteile der 40 häufigsten Diagnoseuntergruppen an den AU-Fällen und AU-Tagen in der Branche Dienstleistungen im Jahr 2022, AOK-Mitglieder

ICD-10	Bezeichnung	AU-Fälle in %	AU-Tage in %
J00–J06	Akute Infektionen der oberen Atemwege	20,4	12,8
U00–U49	Vorläufige Zuordnungen für Krankheiten mit unklarer Ätiologie, belegte und nicht belegte Schlüsselnummern	7,1	5,7
M50–M54	Sonstige Krankheiten der Wirbelsäule und des Rückens	5,9	6,7
R50–R69	Allgemeinsymptome	4,6	3,6
U98–U99	Belegte und nicht belegte Schlüsselnummern	3,9	2,3
A00–A09	Infektiöse Darmkrankheiten	3,5	1,4
Z00–Z13	Personen, die das Gesundheitswesen zur Untersuchung und Abklärung in Anspruch nehmen	3,1	2,0
R10–R19	Symptome, die das Verdauungssystem und das Abdomen betreffen	2,6	1,5
F40–F48	Neurotische, Belastungs- und somatoforme Störungen	2,5	5,5
B25–B34	Sonstige Viruskrankheiten	2,4	1,6
M70–M79	Sonstige Krankheiten des Weichteilgewebes	2,1	3,0
R00–R09	Symptome, die das Kreislaufsystem und das Atmungssystem betreffen	1,9	1,5
M20–M25	Sonstige Gelenkkrankheiten	1,4	2,3
G40–G47	Episodische und paroxysmale Krankheiten des Nervensystems	1,4	1,2
K00–K14	Krankheiten der Mundhöhle, der Speicheldrüsen und der Kiefer	1,4	0,5
Z80–Z99	Personen mit potentiellen Gesundheitsrisiken aufgrund der Familien- oder Eigenanamnese und bestimmte Zustände, die den Gesundheitszustand beeinflussen	1,2	2,6
J40–J47	Chronische Krankheiten der unteren Atemwege	1,2	1,1
J20–J22	Sonstige akute Infektionen der unteren Atemwege	1,2	0,8
K20–K31	Krankheiten des Ösophagus, des Magens und des Duodenums	1,2	0,7
F30–F39	Affektive Störungen	1,1	4,4
I10–I15	Hypertonie [Hochdruckkrankheit]	1,1	1,2
J95–J99	Sonstige Krankheiten des Atmungssystems	1,1	0,8
B99–B99	Sonstige Infektionskrankheiten	1,0	0,6
K50–K52	Nichtinfektiöse Enteritis und Kolitis	1,0	0,5
T08–T14	Verletzungen nicht näher bezeichneter Teile des Rumpfes, der Extremitäten oder anderer Körperregionen	0,8	0,9
R40–R46	Symptome, die das Erkennungs- und Wahrnehmungsvermögen, die Stimmung und das Verhalten betreffen	0,8	0,8
Z20–Z29	Personen mit potentiellen Gesundheitsrisiken hinsichtlich übertragbarer Krankheiten	0,8	0,6

Tab. 30.51 (Fortsetzung)

ICD-10	Bezeichnung	AU-Fälle in %	AU-Tage in %
J30–J39	Sonstige Krankheiten der oberen Atemwege	0,8	0,5
K55–K64	Sonstige Krankheiten des Darmes	0,7	0,6
S80–S89	Verletzungen des Knies und des Unterschenkels	0,6	1,5
S90–S99	Verletzungen der Knöchelregion und des Fußes	0,6	1,0
S60–S69	Verletzungen des Handgelenkes und der Hand	0,6	1,0
Z40–Z54	Personen, die das Gesundheitswesen zum Zwecke spezifischer Maßnahmen und zur medizinischen Betreuung in Anspruch nehmen	0,6	0,7
M95–M99	Sonstige Krankheiten des Muskel-Skelett-Systems und des Bindegewebes	0,6	0,6
N30–N39	Sonstige Krankheiten des Harnsystems	0,6	0,3
G50–G59	Krankheiten von Nerven, Nervenwurzeln und Nervenplexus	0,5	1,0
E70–E90	Stoffwechselstörungen	0,5	0,5
J09–J18	Grippe und Pneumonie	0,5	0,5
T80–T88	Komplikationen bei chirurgischen Eingriffen und medizinischer Behandlung, anderenorts nicht klassifiziert	0,5	0,4
N80–N98	Nichtentzündliche Krankheiten des weiblichen Genitaltraktes	0,5	0,4
	Summe hier	**84,3**	**75,6**
	Restliche	15,7	24,4
	Gesamtsumme	**100,0**	**100,0**

Fehlzeiten-Report 2023

30.4 Energie, Wasser, Entsorgung und Bergbau

Entwicklung des Krankenstands der AOK-Mitglieder in der Branche Energie, Wasser, Entsorgung und Bergbau in den Jahren 1998 bis 2022	Tab. 30.52
Arbeitsunfähigkeit der AOK-Mitglieder in der Branche Energie, Wasser, Entsorgung und Bergbau nach Bundesländern im Jahr 2022 im Vergleich zum Vorjahr	Tab. 30.53
Arbeitsunfähigkeit der AOK-Mitglieder nach Wirtschaftsabteilungen in der Branche Energie, Wasser, Entsorgung und Bergbau im Jahr 2022	Tab. 30.54
Kennzahlen der Arbeitsunfähigkeit nach ausgewählten Berufsgruppen in der Branche Energie, Wasser, Entsorgung und Bergbau im Jahr 2022	Tab. 30.55
Dauer der Arbeitsunfähigkeit der AOK-Mitglieder in der Branche Energie, Wasser, Entsorgung und Bergbau im Jahr 2022	Tab. 30.56
Tage der Arbeitsunfähigkeit je AOK-Mitglied nach Wirtschaftsabteilung und Betriebsgröße in der Branche Energie, Wasser, Entsorgung und Bergbau im Jahr 2022	Tab. 30.57
Krankenstand in Prozent nach Ausbildungsabschluss in der Branche Energie, Wasser, Entsorgung und Bergbau im Jahr 2022, AOK-Mitglieder	Tab. 30.58
Tage der Arbeitsunfähigkeit je AOK-Mitglied nach Ausbildungsabschluss in der Branche Energie, Wasser, Entsorgung und Bergbau im Jahr 2022	Tab. 30.59
Anteil der Arbeitsunfälle an den AU-Fällen und -Tagen in Prozent nach Wirtschaftsabteilungen in der Branche Energie, Wasser, Entsorgung und Bergbau im Jahr 2022, AOK-Mitglieder	Tab. 30.60
Tage und Fälle der Arbeitsunfähigkeit durch Arbeitsunfälle nach Berufsgruppen in der Branche Energie, Wasser, Entsorgung und Bergbau im Jahr 2022, AOK-Mitglieder	Tab. 30.61
Tage und Fälle der Arbeitsunfähigkeit je 100 AOK-Mitglieder nach Krankheitsarten in der Branche Energie, Wasser, Entsorgung und Bergbau in den Jahren 1998 bis 2022	Tab. 30.62
Verteilung der Arbeitsunfähigkeitstage nach Krankheitsarten in Prozent in der Branche Energie, Wasser, Entsorgung und Bergbau im Jahr 2022, AOK-Mitglieder	Tab. 30.63
Verteilung der Arbeitsunfähigkeitsfälle nach Krankheitsarten in Prozent in der Branche Energie, Wasser, Entsorgung und Bergbau im Jahr 2022, AOK-Mitglieder	Tab. 30.64
Verteilung der Arbeitsunfähigkeitstage nach Krankheitsarten und ausgewählten Berufsgruppen in der Branche Energie, Wasser, Entsorgung und Bergbau im Jahr 2022, AOK-Mitglieder	Tab. 30.65
Verteilung der Arbeitsunfähigkeitsfälle nach Krankheitsarten und ausgewählten Berufsgruppen in der Branche Energie, Wasser, Entsorgung und Bergbau im Jahr 2022, AOK-Mitglieder	Tab. 30.66
Anteile der 40 häufigsten Einzeldiagnosen an den AU-Fällen und AU-Tagen in der Branche Energie, Wasser, Entsorgung und Bergbau im Jahr 2022, AOK-Mitglieder	Tab. 30.67
Anteile der 40 häufigsten Diagnoseuntergruppen an den AU-Fällen und AU-Tagen in der Branche Energie, Wasser, Entsorgung und Bergbau im Jahr 2022, AOK-Mitglieder	Tab. 30.68

Tab. 30.52 Entwicklung des Krankenstands der AOK-Mitglieder in der Branche Energie, Wasser, Entsorgung und Bergbau in den Jahren 1998 bis 2022

Jahr	Krankenstand in %			AU-Fälle je 100 AOK-Mitglieder			Tage je Fall		
	West	Ost	Bund	West	Ost	Bund	West	Ost	Bund
1998	5,7	4,0	5,3	140,4	108,1	133,4	14,8	13,6	14,6
1999	5,9	4,4	5,6	149,7	118,8	143,4	14,4	13,5	14,2
2000	5,8	4,4	5,5	148,8	122,3	143,7	14,3	13,1	14,1
2001	5,7	4,4	5,4	145,0	120,3	140,4	14,3	13,5	14,2
2002	5,5	4,5	5,3	144,9	122,0	140,7	13,9	13,4	13,8
2003	5,2	4,1	5,0	144,2	121,6	139,9	13,2	12,4	13,0
2004	4,9	3,7	4,6	135,2	114,8	131,1	13,1	11,9	12,9
2005	4,8	3,7	4,6	139,1	115,5	134,3	12,7	11,7	12,5
2006	4,4	3,6	4,3	127,1	112,8	124,2	12,7	11,7	12,5
2007	4,8	3,7	4,6	138,7	117,0	134,3	12,7	11,6	12,5
2008 (WZ03)	4,9	3,9	4,7	142,6	121,6	138,2	12,6	11,8	12,4
2008 (WZ08)[a]	5,6	4,9	5,4	157,8	132,3	152,1	13,0	13,5	13,1
2009	5,8	5,3	5,7	162,4	142,8	158,1	13,0	13,5	13,1
2010	6,0	5,5	5,9	165,7	148,9	162,0	13,3	13,4	13,3
2011	6,0	4,9	5,8	166,2	148,3	162,3	13,3	12,2	13,0
2012	6,0	5,4	5,9	163,5	145,8	159,6	13,4	13,7	13,4
2013	6,4	5,7	6,2	175,2	154,5	170,8	13,2	13,4	13,3
2014	6,5	5,7	6,3	171,9	150,3	167,3	13,7	13,8	13,7
2015	6,7	5,9	6,5	183,1	163,8	178,9	13,3	13,0	13,3
2016	6,7	5,9	6,5	184,0	168,3	180,5	13,4	12,9	13,3
2017	6,7	6,2	6,6	182,0	173,8	180,1	13,5	13,0	13,4
2018	6,8	6,3	6,7	187,1	176,6	184,7	13,3	13,1	13,3
2019	6,7	6,3	6,6	181,2	172,8	179,2	13,6	13,2	13,5
2020	6,6	6,1	6,5	157,8	154,5	157,0	15,4	14,5	15,2
2021	6,4	6,3	6,4	160,0	159,7	159,9	14,6	14,5	14,6
2022	7,7	7,4	7,6	223,8	218,2	222,4	12,5	12,3	12,5

[a] aufgrund der Revision der Wirtschaftszweigklassifikation in 2008 ist eine Vergleichbarkeit mit den Vorjahren nur bedingt möglich

Fehlzeiten-Report 2023

Tab. 30.53 Arbeitsunfähigkeit der AOK-Mitglieder in der Branche Energie, Wasser, Entsorgung und Bergbau nach Bundesländern im Jahr 2022 im Vergleich zum Vorjahr

Bundesland	Kranken-stand in %	Arbeitsunfähigkeit je 100 AOK-Mitglieder				Tage je Fall	Veränd. z. Vorj. in %	AU-Quote in %
		AU-Fälle	Veränd. z. Vorj. in %	AU-Tage	Veränd. z. Vorj. in %			
Baden-Württemberg	7,0	217,9	39,3	2.548,2	23,4	11,7	−11,4	71,8
Bayern	7,1	201,5	43,7	2.580,3	20,9	12,8	−15,9	69,5
Berlin	8,3	258,0	42,6	3.012,7	20,8	11,7	−15,3	68,0
Brandenburg	7,2	210,7	38,2	2.637,1	12,5	12,5	−18,5	68,6
Bremen	7,7	229,1	50,5	2.812,6	27,6	12,3	−15,2	72,3
Hamburg	6,8	197,4	55,5	2.468,5	32,1	12,5	−15,1	63,7
Hessen	8,2	254,0	31,5	3.000,8	14,3	11,8	−13,1	74,7
Mecklenburg-Vorpommern	8,4	231,2	51,2	3.074,4	28,1	13,3	−15,3	73,1
Niedersachsen	7,7	236,0	38,1	2.822,6	23,2	12,0	−10,8	74,9
Nordrhein-Westfalen	8,6	233,1	36,9	3.138,9	17,4	13,5	−14,3	73,1
Rheinland-Pfalz	8,1	218,0	45,2	2.942,0	19,6	13,5	−17,6	67,7
Saarland	9,1	218,8	32,3	3.329,3	11,0	15,2	−16,0	69,6
Sachsen	7,1	212,3	33,7	2.586,2	14,3	12,2	−14,5	74,0
Sachsen-Anhalt	7,6	221,6	40,9	2.783,2	18,4	12,6	−15,9	73,3
Schleswig-Holstein	7,7	224,7	52,4	2.798,9	23,4	12,5	−19,1	72,3
Thüringen	7,5	228,7	34,2	2.735,8	16,7	12,0	−13,0	77,0
West	**7,7**	**223,8**	**39,9**	**2.808,2**	**20,5**	**12,5**	**−13,9**	**71,8**
Ost	**7,4**	**218,2**	**36,7**	**2.687,7**	**16,2**	**12,3**	**−14,9**	**73,7**
Bund	**7,6**	**222,4**	**39,1**	**2.779,1**	**19,4**	**12,5**	**−14,2**	**72,2**

Fehlzeiten-Report 2023

Tab. 30.54 Arbeitsunfähigkeit der AOK-Mitglieder nach Wirtschaftsabteilungen in der Branche Energie, Wasser, Entsorgung und Bergbau im Jahr 2022

Wirtschaftsabteilungen	Krankenstand in %		Arbeitsunfähigkeit je 100 AOK-Mitglieder		Tage je Fall	AU-Quote in %
	2022	2022 stand.[a]	Fälle	Tage		
Abwasserentsorgung	7,6	6,8	228,8	2.789,3	12,2	75,2
Bergbau und Gewinnung von Steinen und Erden	7,2	6,1	210,4	2.645,0	12,6	70,9
Beseitigung von Umweltverschmutzungen und sonstige Entsorgung	7,3	6,3	208,3	2.650,4	12,7	69,6
Energieversorgung	5,8	5,7	189,0	2.101,7	11,1	69,0
Sammlung, Behandlung und Beseitigung von Abfällen, Rückgewinnung	9,1	7,8	248,6	3.305,0	13,3	73,7
Wasserversorgung	7,7	7,1	227,7	2.802,2	12,3	78,4
Branche gesamt	**7,6**	**6,8**	**222,4**	**2.779,1**	**12,5**	**72,2**
Alle Branchen	**6,7**	**6,8**	**216,6**	**2.450,0**	**11,3**	**64,6**

[a] Krankenstand alters- und geschlechtsstandardisiert
Fehlzeiten-Report 2023

Tab. 30.55 Kennzahlen der Arbeitsunfähigkeit nach ausgewählten Berufsgruppen in der Branche Energie, Wasser, Entsorgung und Bergbau im Jahr 2022

Tätigkeit	Krankenstand in %	Arbeitsunfähigkeit je 100 AOK-Mitglieder		Tage je Fall	AU-Quote in %	Anteil der Berufsgruppe an der Branche in %[a]
		AU-Fälle	AU-Tage			
Aufsichts-/Führungskr. – Unternehmensorganisation u. -strategie	4,0	136,2	1.468,9	10,8	61,5	1,4
Berufe im Berg- u. Tagebau	7,4	238,1	2.706,8	11,4	71,0	1,2
Berufe im Vertrieb (außer Informations- u. Kommunikationstechnologien)	5,1	180,7	1.871,5	10,4	65,8	1,3
Berufe in der Abfallwirtschaft	8,5	251,3	3.116,7	12,4	75,3	1,5
Berufe in der Bauelektrik	7,1	220,1	2.606,6	11,8	77,1	2,4
Berufe in der Buchhaltung	4,6	178,4	1.696,5	9,5	68,6	1,1
Berufe in der elektrischen Betriebstechnik	5,6	240,2	2.038,1	8,5	75,9	2,3
Berufe in der Elektrotechnik (ohne Spez.)	5,5	194,2	2.006,0	10,3	68,9	1,2

Tab. 30.55 (Fortsetzung)

Tätigkeit	Kranken-stand in %	Arbeitsunfähigkeit je 100 AOK-Mitglieder		Tage je Fall	AU-Quote in %	Anteil der Berufsgruppe an der Branche in %[a]
		AU-Fälle	AU-Tage			
Berufe in der Energie- u. Kraftwerkstechnik	6,2	173,2	2.268,2	13,1	67,4	2,1
Berufe in der Lagerwirtschaft	8,3	243,3	3.039,3	12,5	69,5	4,4
Berufe in der Maschinenbau- u. Betriebstechnik (ohne Spez.)	8,0	249,3	2.917,9	11,7	75,7	2,3
Berufe in der Naturstein- u. Mineralaufbereitung	7,7	217,3	2.799,0	12,9	73,1	1,2
Berufe in der Reinigung (ohne Spez.)	8,5	216,2	3.098,2	14,3	68,2	1,2
Berufe in der Ver- u. Entsorgung (ohne Spez.)	10,8	298,2	3.954,8	13,3	79,3	10,2
Berufe in der Wasserversorgungs- u. Abwassertechnik	8,1	241,3	2.939,4	12,2	78,9	3,7
Berufskraftfahrer/innen (Güterverkehr/LKW)	9,8	242,1	3.581,2	14,8	74,6	13,2
Büro- u. Sekretariatskräfte (ohne Spez.)	4,9	188,3	1.790,5	9,5	66,7	5,3
Führer/innen von Erdbewegungs- u. verwandten Maschinen	8,8	215,7	3.218,3	14,9	72,7	2,2
Kaufmännische u. technische Betriebswirtschaft (ohne Spez.)	4,8	182,5	1.753,4	9,6	69,3	6,5
Maschinen- u. Anlagenführer/innen	8,1	224,2	2.964,8	13,2	73,4	2,2
Branche gesamt	**7,6**	**222,4**	**2.779,1**	**12,5**	**72,2**	**1,4[b]**

[a] Anteil der AOK-Mitglieder in der Berufsgruppe an den in der Branche beschäftigten AOK-Mitgliedern insgesamt
[b] Anteil der AOK-Mitglieder in der Branche an allen AOK-Mitgliedern
Fehlzeiten-Report 2023

◻ **Tab. 30.56** Dauer der Arbeitsunfähigkeit der AOK-Mitglieder in der Branche Energie, Wasser, Entsorgung und Bergbau im Jahr 2022

Fallklasse	Branche hier		Alle Branchen	
	Anteil Fälle in %	Anteil Tage in %	Anteil Fälle in %	Anteil Tage in %
1–3 Tage	28,4	4,5	30,5	5,4
4–7 Tage	30,8	12,5	32,4	14,6
8–14 Tage	24,6	20,3	23,4	21,2
15–21 Tage	6,5	8,9	5,7	8,7
22–28 Tage	2,8	5,4	2,3	5,0
29–42 Tage	2,9	8,0	2,3	7,1
> 42 Tage	4,2	40,4	3,5	38,0

Fehlzeiten-Report 2023

◻ **Tab. 30.57** Tage der Arbeitsunfähigkeit je AOK-Mitglied nach Wirtschaftsabteilung und Betriebsgröße in der Branche Energie, Wasser, Entsorgung und Bergbau im Jahr 2022

Wirtschaftsabteilungen	Betriebsgröße (Anzahl der AOK-Mitglieder)					
	10–49	50–99	100–199	200–499	500–999	≥ 1.000
Abwasserentsorgung	29,8	30,4	32,2	26,2	–	–
Bergbau und Gewinnung von Steinen und Erden	27,4	26,6	24,0	25,6	–	–
Beseitigung von Umweltverschmutzungen und sonstige Entsorgung	29,2	26,4	–	–	–	–
Energieversorgung	21,1	21,9	23,0	21,8	23,4	23,7
Sammlung, Behandlung und Beseitigung von Abfällen, Rückgewinnung	30,6	33,4	37,2	40,7	44,9	45,7
Wasserversorgung	28,2	28,4	28,5	31,3	–	–
Branche gesamt	**27,3**	**28,6**	**30,0**	**29,5**	**37,9**	**39,3**
Alle Branchen	**25,0**	**27,3**	**27,7**	**27,5**	**27,6**	**27,3**

Fehlzeiten-Report 2023

Tab. 30.58 Krankenstand in Prozent nach Ausbildungsabschluss in der Branche Energie, Wasser, Entsorgung und Bergbau im Jahr 2022, AOK-Mitglieder

Wirtschafts-abteilungen	Ausbildung						
	ohne Ausbildungsabschluss	mit Ausbildungsabschluss	Meister/ Techniker	Bachelor	Diplom/ Magister/ Master/ Staatsexamen	Promotion	unbekannt
Abwasserentsorgung	8,7	8,0	6,2	5,6	4,1	–	7,3
Bergbau und Gewinnung von Steinen und Erden	8,5	7,5	5,8	3,3	3,4	3,2	6,8
Beseitigung von Umweltverschmutzungen und sonstige Entsorgung	6,6	8,3	5,5	4,2	3,8	–	6,6
Energieversorgung	6,1	6,5	5,1	3,0	3,3	2,3	5,7
Sammlung, Behandlung und Beseitigung von Abfällen, Rückgewinnung	10,9	9,2	6,4	3,3	4,6	4,4	8,1
Wasserversorgung	8,5	8,3	6,0	3,4	4,5	1,8	6,9
Branche gesamt	**9,4**	**8,0**	**5,5**	**3,2**	**3,6**	**2,9**	**7,5**
Alle Branchen	**7,4**	**7,4**	**5,9**	**3,5**	**4,0**	**3,0**	**6,0**

Fehlzeiten-Report 2023

Tab. 30.59 Tage der Arbeitsunfähigkeit je AOK-Mitglied nach Ausbildungsabschluss in der Branche Energie, Wasser, Entsorgung und Bergbau im Jahr 2022

Wirtschafts-abteilungen	Ausbildung						
	ohne Ausbildungs-abschluss	mit Ausbildungs-abschluss	Meister/ Techniker	Bachelor	Diplom/ Magister/ Master/ Staats-examen	Promotion	unbekannt
Abwasserentsorgung	31,7	29,2	22,8	20,5	14,8	–	26,6
Bergbau und Gewinnung von Steinen und Erden	31,0	27,4	21,2	12,0	12,6	11,6	25,0
Beseitigung von Umweltverschmutzungen und sonstige Entsorgung	24,0	30,4	20,1	15,4	13,9	–	24,1
Energieversorgung	22,2	23,8	18,6	11,1	11,9	8,4	20,6
Sammlung, Behandlung und Beseitigung von Abfällen, Rückgewinnung	39,7	33,5	23,3	12,1	16,9	15,9	29,6
Wasserversorgung	30,9	30,3	21,8	12,4	16,4	6,5	25,3
Branche gesamt	**34,4**	**29,1**	**20,3**	**11,8**	**13,2**	**10,6**	**27,4**
Alle Branchen	**26,9**	**27,1**	**21,5**	**12,9**	**14,5**	**10,9**	**21,9**

Fehlzeiten-Report 2023

Tab. 30.60 Anteil der Arbeitsunfälle an den AU-Fällen und -Tagen in Prozent nach Wirtschaftsabteilungen in der Branche Energie, Wasser, Entsorgung und Bergbau im Jahr 2022, AOK-Mitglieder

Wirtschaftsabteilungen	AU-Fälle in %	AU-Tage in %
Abwasserentsorgung	2,4	4,7
Bergbau und Gewinnung von Steinen und Erden	2,8	6,6
Beseitigung von Umweltverschmutzungen und sonstige Entsorgung	2,8	7,4
Energieversorgung	1,6	3,7
Sammlung, Behandlung und Beseitigung von Abfällen, Rückgewinnung	3,6	7,5
Wasserversorgung	1,8	4,1
Branche gesamt	**2,8**	**6,1**
Alle Branchen	**2,0**	**4,5**

Fehlzeiten-Report 2023

Tab. 30.61 Tage und Fälle der Arbeitsunfähigkeit durch Arbeitsunfälle nach Berufsgruppen in der Branche Energie, Wasser, Entsorgung und Bergbau im Jahr 2022, AOK-Mitglieder

Tätigkeit	Arbeitsunfähigkeit je 1.000 AOK-Mitglieder	
	AU-Tage	AU-Fälle
Berufskraftfahrer/innen (Güterverkehr/LKW)	3.102,9	98,2
Berufe in der Ver- u. Entsorgung (ohne Spez.)	3.000,7	115,3
Berufe in der Lagerwirtschaft	2.657,5	93,6
Berufe in der Naturstein- u. Mineralaufbereitung	2.458,0	95,1
Maschinen- u. Anlagenführer/innen	2.388,8	87,0
Berufe in der Abfallwirtschaft	2.224,3	91,2
Berufe in der Maschinenbau- u. Betriebstechnik (ohne Spez.)	1.926,8	67,6
Führer/innen von Erdbewegungs- u. verwandten Maschinen	1.904,2	65,3
Berufe in der Wasserversorgungs- u. Abwassertechnik	1.848,4	68,6
Berufe im Berg- u. Tagebau	1.577,2	54,9
Berufe in der Bauelektrik	1.101,3	50,9
Berufe in der Reinigung (ohne Spez.)	1.061,0	35,3
Berufe in der elektrischen Betriebstechnik	1.058,5	48,7
Berufe in der Energie- u. Kraftwerkstechnik	923,4	19,3
Berufe in der Elektrotechnik (ohne Spez.)	754,8	32,7
Aufsichts-/Führungskr. – Unternehmensorganisation u. -strategie	395,4	14,1
Berufe in der Buchhaltung	333,5	11,8
Büro- u. Sekretariatskräfte (ohne Spez.)	259,9	10,5
Berufe im Vertrieb (außer Informations- u. Kommunikationstechnologien)	231,5	12,8
Kaufmännische u. technische Betriebswirtschaft (ohne Spez.)	184,1	10,9
Branche gesamt	**1.700,0**	**62,0**
Alle Branchen	**1.094,5**	**43,8**

Fehlzeiten-Report 2023

Tab. 30.62 Tage und Fälle der Arbeitsunfähigkeit je 100 AOK-Mitglieder nach Krankheitsarten in der Branche Energie, Wasser, Entsorgung und Bergbau in den Jahren 1998 bis 2022

Jahr	Arbeitsunfähigkeit je 100 AOK-Mitglieder											
	Psyche		Herz/Kreislauf		Atemwege		Verdauung		Muskel/Skelett		Verletzungen	
	Tage	Fälle	Tage	Fälle	Tage	Fälle	Tage	Fälle	Tage	Fälle	Tage	Fälle
1998	100,6	3,9	199,5	8,9	314,8	40,6	156,4	20,8	637,4	34,3	315,3	19,4
1999	109,0	4,2	191,8	9,1	358,0	46,6	159,4	22,2	639,7	35,5	333,0	19,9
2000	117,1	4,7	185,3	8,4	305,5	40,2	140,8	18,6	681,8	37,5	354,0	20,5
2001	128,8	5,1	179,0	9,1	275,2	37,6	145,3	19,2	693,3	38,0	354,0	20,4
2002	123,5	5,5	176,2	9,2	262,8	36,7	144,0	20,2	678,0	38,3	343,6	19,6
2003	125,3	5,8	167,0	9,5	276,9	39,4	134,4	20,1	606,6	35,5	320,6	19,0
2004	136,6	5,7	179,8	8,9	241,9	33,9	143,2	20,2	583,5	34,5	301,5	17,7
2005	134,4	5,5	177,8	8,9	289,5	40,4	134,6	18,7	547,0	33,2	299,8	17,5
2006	131,5	5,6	180,1	8,9	232,2	33,7	131,8	19,3	540,1	32,9	294,5	17,7
2007	142,8	6,1	187,1	9,2	255,4	36,4	141,0	20,7	556,8	33,5	293,1	16,9
2008 (WZ03)	152,0	6,1	186,1	9,4	264,6	38,1	140,7	21,1	563,9	34,0	295,0	16,9
2008 (WZ08)[a]	161,5	6,7	212,6	10,5	293,0	39,4	167,2	23,3	674,7	40,3	361,8	20,4
2009	179,1	7,2	223,8	10,3	340,2	45,1	166,5	23,0	677,2	39,4	362,9	19,9
2010	186,4	7,7	216,5	10,5	303,4	40,9	156,5	21,5	735,2	42,5	406,8	21,8
2011	195,3	8,2	210,1	10,5	306,0	41,1	153,3	21,2	701,6	41,4	369,4	20,4
2012	218,5	8,4	230,4	10,6	300,0	40,6	162,6	21,4	723,8	40,9	378,1	19,6
2013	235,4	8,6	245,2	10,4	390,8	50,5	167,8	21,7	741,5	41,6	389,0	20,1
2014	244,4	9,5	251,2	10,9	312,8	41,9	170,7	22,5	792,9	43,3	394,5	19,8
2015	260,4	9,8	254,4	11,0	396,2	52,3	171,0	22,6	777,1	42,8	380,4	19,4
2016	262,3	10,1	232,4	11,3	368,5	50,4	161,0	22,7	801,2	44,0	393,4	19,8
2017	280,5	10,3	224,9	11,0	383,9	51,5	162,3	22,1	794,7	43,0	397,3	19,2
2018	277,3	10,4	222,9	11,2	413,9	54,5	157,4	21,6	782,1	42,7	394,3	19,3
2019	286,7	10,8	221,8	10,9	359,5	49,5	154,3	21,5	786,3	42,1	391,7	18,8
2020	306,3	10,2	209,7	9,6	347,3	40,0	145,8	18,3	798,5	40,2	373,2	16,6
2021	315,2	10,5	202,2	9,4	302,8	35,7	135,6	17,6	786,5	41,9	374,4	20,0
2022	335,7	10,9	208,0	9,6	653,5	85,0	141,3	18,7	767,8	43,0	375,8	18,8

[a] aufgrund der Revision der Wirtschaftszweigklassifikation in 2008 ist eine Vergleichbarkeit mit den Vorjahren nur bedingt möglich

Fehlzeiten-Report 2023

Kapitel 30 · Krankheitsbedingte Fehlzeiten nach Branchen im Jahr 2022

Tab. 30.63 Verteilung der Arbeitsunfähigkeitstage nach Krankheitsarten in Prozent in der Branche Energie, Wasser, Entsorgung und Bergbau im Jahr 2022, AOK-Mitglieder

Wirtschaftsabteilungen	AU-Tage in %						
	Psyche	Herz/Kreislauf	Atemwege	Verdauung	Muskel/Skelett	Verletzungen	Sonstige
Abwasserentsorgung	8,6	4,9	16,6	3,7	18,0	8,9	39,4
Bergbau und Gewinnung von Steinen und Erden	6,3	5,9	16,1	3,4	19,9	9,8	38,7
Beseitigung von Umweltverschmutzungen und sonstige Entsorgung	6,6	8,2	16,3	3,8	19,9	8,2	37,0
Energieversorgung	9,8	4,2	20,2	3,1	14,2	8,1	40,3
Sammlung, Behandlung und Beseitigung von Abfällen, Rückgewinnung	8,0	5,5	14,3	3,7	21,7	10,1	36,7
Wasserversorgung	9,2	5,2	17,9	3,2	16,6	8,2	39,6
Branche gesamt	**8,4**	**5,2**	**16,3**	**3,5**	**19,1**	**9,4**	**38,2**
Alle Branchen	**10,3**	**4,0**	**17,5**	**3,3**	**17,4**	**8,1**	**39,4**

Fehlzeiten-Report 2023

Tab. 30.64 Verteilung der Arbeitsunfähigkeitsfälle nach Krankheitsarten in Prozent in der Branche Energie, Wasser, Entsorgung und Bergbau im Jahr 2022, AOK-Mitglieder

Wirtschaftsabteilungen	AU-Fälle in %						
	Psyche	Herz/Kreislauf	Atemwege	Verdauung	Muskel/Skelett	Verletzungen	Sonstige
Abwasserentsorgung	3,2	2,8	26,0	6,1	12,7	5,5	43,7
Bergbau und Gewinnung von Steinen und Erden	2,7	3,2	25,5	5,8	12,9	5,9	43,9
Beseitigung von Umweltverschmutzungen und sonstige Entsorgung	3,4	3,7	23,5	5,8	14,0	5,3	44,3
Energieversorgung	3,2	2,3	30,9	5,1	8,9	4,7	44,8
Sammlung, Behandlung und Beseitigung von Abfällen, Rückgewinnung	3,6	3,2	22,9	5,9	15,9	6,4	42,2
Wasserversorgung	3,2	2,8	28,2	5,8	10,8	5,1	44,1
Branche gesamt	**3,3**	**2,9**	**25,9**	**5,7**	**13,1**	**5,7**	**43,3**
Alle Branchen	**3,9**	**2,4**	**27,3**	**5,2**	**11,8**	**4,9**	**44,4**

Fehlzeiten-Report 2023

Tab. 30.65 Verteilung der Arbeitsunfähigkeitstage nach Krankheitsarten und ausgewählten Berufsgruppen in der Branche Energie, Wasser, Entsorgung und Bergbau im Jahr 2022, AOK-Mitglieder

Tätigkeit	AU-Tage in %						
	Psyche	Herz/ Kreislauf	Atemwege	Verdauung	Muskel/ Skelett	Verletzungen	Sonstige
Aufsichts-/Führungskr. – Unternehmensorganisation u. -strategie	10,9	6,2	21,6	3,3	9,5	5,3	43,2
Berufe im Berg- u. Tagebau	5,7	3,3	19,2	4,3	21,0	11,0	35,5
Berufe im Vertrieb (außer Informations- u. Kommunikationstechnologien)	15,8	2,8	21,5	3,9	9,4	5,1	41,6
Berufe in der Abfallwirtschaft	6,2	4,6	14,8	4,2	20,6	8,9	40,8
Berufe in der Bauelektrik	8,3	4,7	17,6	3,3	17,0	9,5	39,6
Berufe in der Buchhaltung	10,5	2,4	23,7	3,7	10,2	5,6	44,0
Berufe in der elektrischen Betriebstechnik	6,7	3,9	25,0	2,9	10,7	11,2	39,6
Berufe in der Elektrotechnik (ohne Spez.)	7,5	3,7	20,7	3,4	15,5	9,1	40,0
Berufe in der Energie- u. Kraftwerkstechnik	9,1	5,7	18,5	3,3	15,7	6,9	40,8
Berufe in der Lagerwirtschaft	6,2	5,5	13,5	4,3	21,6	11,7	37,2
Berufe in der Maschinenbau- u. Betriebstechnik (ohne Spez.)	6,9	4,9	17,3	3,1	18,9	11,6	37,5
Berufe in der Naturstein- u. Mineralaufbereitung	5,3	7,5	15,1	3,6	19,3	11,5	37,6
Berufe in der Reinigung (ohne Spez.)	10,4	3,3	14,1	2,7	22,5	7,8	39,1
Berufe in der Ver- u. Entsorgung (ohne Spez.)	8,5	5,0	13,8	3,7	24,1	10,5	34,5
Berufe in der Wasserversorgungs- u. Abwassertechnik	8,3	5,0	16,9	3,4	18,7	9,9	37,8
Berufskraftfahrer/innen (Güterverkehr/LKW)	7,6	6,3	13,1	3,7	22,4	10,3	36,6
Büro- u. Sekretariatskräfte (ohne Spez.)	11,6	2,6	22,8	3,3	9,9	5,3	44,5
Führer/innen von Erdbewegungs- u. verwandten Maschinen	6,4	6,3	13,6	3,3	22,7	9,0	38,7

Tab. 30.65 (Fortsetzung)

Tätigkeit	AU-Tage in %						
	Psyche	Herz/Kreislauf	Atemwege	Verdauung	Muskel/Skelett	Verletzungen	Sonstige
Kaufmännische u. technische Betriebswirtschaft (ohne Spez.)	12,8	2,8	24,1	3,1	9,2	5,2	42,8
Maschinen- u. Anlagenführer/innen	7,6	5,7	14,6	2,9	20,2	10,2	38,8
Branche gesamt	**8,4**	**5,2**	**16,3**	**3,5**	**19,1**	**9,4**	**38,2**
Alle Branchen	**10,3**	**4,0**	**17,5**	**3,3**	**17,4**	**8,1**	**39,4**

Fehlzeiten-Report 2023

Tab. 30.66 Verteilung der Arbeitsunfähigkeitsfälle nach Krankheitsarten und ausgewählten Berufsgruppen in der Branche Energie, Wasser, Entsorgung und Bergbau im Jahr 2022, AOK-Mitglieder

Tätigkeit	AU-Fälle in %						
	Psyche	Herz/Kreislauf	Atemwege	Verdauung	Muskel/Skelett	Verletzungen	Sonstige
Aufsichts-/Führungskr. – Unternehmensorganisation u. -strategie	3,0	2,7	31,2	5,6	6,7	3,5	47,4
Berufe im Berg- u. Tagebau	2,8	2,0	28,1	6,3	13,9	6,2	40,7
Berufe im Vertrieb (außer Informations- u. Kommunikationstechnologien)	4,7	2,1	31,9	5,1	6,7	3,2	46,4
Berufe in der Abfallwirtschaft	3,1	2,9	23,3	6,2	15,8	6,3	42,6
Berufe in der Bauelektrik	2,7	2,6	29,4	5,2	10,8	6,1	43,2
Berufe in der Buchhaltung	4,3	1,6	30,5	6,1	6,8	3,4	47,4
Berufe in der elektrischen Betriebstechnik	1,9	1,9	34,5	4,9	7,0	6,3	43,5
Berufe in der Elektrotechnik (ohne Spez.)	2,5	2,1	30,1	5,1	10,4	4,9	44,9
Berufe in der Energie- u. Kraftwerkstechnik	3,3	3,3	28,7	5,6	10,7	4,2	44,1
Berufe in der Lagerwirtschaft	3,1	3,2	21,5	6,3	17,0	6,9	41,9

Tab. 30.66 (Fortsetzung)

Tätigkeit	AU-Fälle in %						
	Psyche	Herz/ Kreislauf	Atem- wege	Ver- dauung	Muskel/ Skelett	Verlet- zungen	Sonstige
Berufe in der Maschinenbau- u. Betriebstechnik (ohne Spez.)	2,5	2,6	27,5	5,6	12,1	6,5	43,3
Berufe in der Naturstein- u. Mineralaufbereitung	2,3	3,4	24,0	5,8	14,7	6,9	42,9
Berufe in der Reinigung (ohne Spez.)	4,3	3,2	22,3	5,0	15,2	4,7	45,3
Berufe in der Ver- u. Entsorgung (ohne Spez.)	3,9	2,9	22,3	5,9	18,2	6,9	40,0
Berufe in der Wasserversorgungs- u. Abwassertechnik	2,8	2,9	26,7	6,2	12,1	6,4	42,9
Berufskraftfahrer/innen (Güterverkehr/LKW)	3,4	3,8	21,3	6,0	16,5	6,4	42,6
Büro- u. Sekretariatskräfte (ohne Spez.)	4,1	2,0	31,6	5,3	6,3	3,3	47,4
Führer/innen von Erdbewegungs- u. verwandten Maschinen	3,1	4,0	21,4	6,3	15,3	6,0	43,9
Kaufmännische u. technische Betriebswirtschaft (ohne Spez.)	3,8	1,9	33,9	5,0	6,0	3,4	46,1
Maschinen- u. Anlagenführer/innen	3,2	3,2	24,1	5,7	14,6	6,4	42,8
Branche gesamt	**3,3**	**2,9**	**25,9**	**5,7**	**13,1**	**5,7**	**43,3**
Alle Branchen	**3,9**	**2,4**	**27,3**	**5,2**	**11,8**	**4,9**	**44,4**

Fehlzeiten-Report 2023

Tab. 30.67 Anteile der 40 häufigsten Einzeldiagnosen an den AU-Fällen und AU-Tagen in der Branche Energie, Wasser, Entsorgung und Bergbau im Jahr 2022, AOK-Mitglieder

ICD-10	Bezeichnung	AU-Fälle in %	AU-Tage in %
J06	Akute Infektionen an mehreren oder nicht näher bezeichneten Lokalisationen der oberen Atemwege	15,7	9,2
U07	Krankheiten mit unklarer Ätiologie, belegte und nicht belegte Schlüsselnummern U07.-	6,3	4,3
M54	Rückenschmerzen	5,0	5,3
U99	Belegte und nicht belegte Schlüsselnummern U99.-!	3,5	2,1
A09	Sonstige und nicht näher bezeichnete Gastroenteritis und Kolitis infektiösen und nicht näher bezeichneten Ursprungs	2,7	1,0
Z11	Spezielle Verfahren zur Untersuchung auf infektiöse und parasitäre Krankheiten	2,6	1,7
B34	Viruskrankheit nicht näher bezeichneter Lokalisation	2,2	1,3
J00	Akute Rhinopharyngitis [Erkältungsschnupfen]	1,5	0,8
I10	Essentielle (primäre) Hypertonie	1,4	1,3
R51	Kopfschmerz	1,3	0,6
M25	Sonstige Gelenkkrankheiten, anderenorts nicht klassifiziert	1,1	1,4
R10	Bauch- und Beckenschmerzen	1,1	0,6
F43	Reaktionen auf schwere Belastungen und Anpassungsstörungen	1,0	2,0
M79	Sonstige Krankheiten des Weichteilgewebes, anderenorts nicht klassifiziert	1,0	0,8
J20	Akute Bronchitis	0,9	0,6
J98	Sonstige Krankheiten der Atemwege	0,9	0,5
B99	Sonstige und nicht näher bezeichnete Infektionskrankheiten	0,9	0,5
K08	Sonstige Krankheiten der Zähne und des Zahnhalteapparates	0,9	0,2
T14	Verletzung an einer nicht näher bezeichneten Körperregion	0,8	0,9
R53	Unwohlsein und Ermüdung	0,8	0,8
K52	Sonstige nichtinfektiöse Gastroenteritis und Kolitis	0,8	0,3
F32	Depressive Episode	0,7	2,3
R05	Husten	0,7	0,4
K29	Gastritis und Duodenitis	0,7	0,3
Z98	Sonstige Zustände nach chirurgischem Eingriff	0,6	1,7
M75	Schulterläsionen	0,6	1,6
M51	Sonstige Bandscheibenschäden	0,6	1,6
M99	Biomechanische Funktionsstörungen, anderenorts nicht klassifiziert	0,6	0,6

Tab. 30.67 (Fortsetzung)

ICD-10	Bezeichnung	AU-Fälle in %	AU-Tage in %
R07	Hals- und Brustschmerzen	0,6	0,4
J40	Bronchitis, nicht als akut oder chronisch bezeichnet	0,6	0,4
R11	Übelkeit und Erbrechen	0,6	0,2
M77	Sonstige Enthesopathien	0,5	0,7
S93	Luxation, Verstauchung und Zerrung der Gelenke und Bänder in Höhe des oberen Sprunggelenkes und des Fußes	0,5	0,6
R52	Schmerz, anderenorts nicht klassifiziert	0,5	0,5
J02	Akute Pharyngitis	0,5	0,3
J03	Akute Tonsillitis	0,5	0,2
M23	Binnenschädigung des Kniegelenkes [internal derangement]	0,4	1,0
F48	Andere neurotische Störungen	0,4	0,8
R42	Schwindel und Taumel	0,4	0,4
R50	Fieber sonstiger und unbekannter Ursache	0,4	0,3
	Summe hier	**62,8**	**50,5**
	Restliche	37,2	49,5
	Gesamtsumme	**100,0**	**100,0**

Fehlzeiten-Report 2023

Tab. 30.68 Anteile der 40 häufigsten Diagnoseuntergruppen an den AU-Fällen und AU-Tagen in der Branche Energie, Wasser, Entsorgung und Bergbau im Jahr 2022, AOK-Mitglieder

ICD-10	Bezeichnung	AU-Fälle in %	AU-Tage in %
J00–J06	Akute Infektionen der oberen Atemwege	19,5	11,4
U00–U49	Vorläufige Zuordnungen für Krankheiten mit unklarer Ätiologie, belegte und nicht belegte Schlüsselnummern	7,4	5,4
M50–M54	Sonstige Krankheiten der Wirbelsäule und des Rückens	5,9	7,0
R50–R69	Allgemeinsymptome	3,8	2,8
U98–U99	Belegte und nicht belegte Schlüsselnummern	3,8	2,3
A00–A09	Infektiöse Darmkrankheiten	3,2	1,2
Z00–Z13	Personen, die das Gesundheitswesen zur Untersuchung und Abklärung in Anspruch nehmen	3,0	2,0
M70–M79	Sonstige Krankheiten des Weichteilgewebes	2,4	3,6
B25–B34	Sonstige Viruskrankheiten	2,4	1,5
F40–F48	Neurotische, Belastungs- und somatoforme Störungen	2,0	4,3
R10–R19	Symptome, die das Verdauungssystem und das Abdomen betreffen	1,9	1,1
R00–R09	Symptome, die das Kreislaufsystem und das Atmungssystem betreffen	1,8	1,4
K00–K14	Krankheiten der Mundhöhle, der Speicheldrüsen und der Kiefer	1,8	0,5
Z80–Z99	Personen mit potentiellen Gesundheitsrisiken aufgrund der Familien- oder Eigenanamnese und bestimmte Zustände, die den Gesundheitszustand beeinflussen	1,5	3,1
M20–M25	Sonstige Gelenkkrankheiten	1,5	2,5
I10–I15	Hypertonie [Hochdruckkrankheit]	1,5	1,5
J40–J47	Chronische Krankheiten der unteren Atemwege	1,2	1,1
G40–G47	Episodische und paroxysmale Krankheiten des Nervensystems	1,1	1,1
J95–J99	Sonstige Krankheiten des Atmungssystems	1,1	0,7
J20–J22	Sonstige akute Infektionen der unteren Atemwege	1,1	0,7
T08–T14	Verletzungen nicht näher bezeichneter Teile des Rumpfes, der Extremitäten oder anderer Körperregionen	1,0	1,1
K20–K31	Krankheiten des Ösophagus, des Magens und des Duodenums	1,0	0,6
K50–K52	Nichtinfektiöse Enteritis und Kolitis	1,0	0,4
F30–F39	Affektive Störungen	0,9	3,6
B99–B99	Sonstige Infektionskrankheiten	0,9	0,5
M15–M19	Arthrose	0,8	2,2
S90–S99	Verletzungen der Knöchelregion und des Fußes	0,8	1,2
K55–K64	Sonstige Krankheiten des Darmes	0,8	0,7

Tab. 30.68 (Fortsetzung)

ICD-10	Bezeichnung	AU-Fälle in %	AU-Tage in %
Z20–Z29	Personen mit potentiellen Gesundheitsrisiken hinsichtlich übertragbarer Krankheiten	0,8	0,5
S80–S89	Verletzungen des Knies und des Unterschenkels	0,7	1,8
S60–S69	Verletzungen des Handgelenkes und der Hand	0,7	1,2
Z40–Z54	Personen, die das Gesundheitswesen zum Zwecke spezifischer Maßnahmen und zur medizinischen Betreuung in Anspruch nehmen	0,7	0,8
M95–M99	Sonstige Krankheiten des Muskel-Skelett-Systems und des Bindegewebes	0,7	0,7
E70–E90	Stoffwechselstörungen	0,7	0,5
J30–J39	Sonstige Krankheiten der oberen Atemwege	0,7	0,5
R40–R46	Symptome, die das Erkennungs- und Wahrnehmungsvermögen, die Stimmung und das Verhalten betreffen	0,6	0,7
J09–J18	Grippe und Pneumonie	0,6	0,5
G50–G59	Krankheiten von Nerven, Nervenwurzeln und Nervenplexus	0,5	1,1
I30–I52	Sonstige Formen der Herzkrankheit	0,5	1,1
T80–T88	Komplikationen bei chirurgischen Eingriffen und medizinischer Behandlung, anderenorts nicht klassifiziert	0,5	0,4
	Summe hier	82,8	75,3
	Restliche	17,2	24,7
	Gesamtsumme	100,0	100,0

Fehlzeiten-Report 2023

30.5 Erziehung und Unterricht

Entwicklung des Krankenstands der AOK-Mitglieder in der Branche Erziehung und Unterricht in den Jahren 1998 bis 2022	◘ Tab. 30.69
Arbeitsunfähigkeit der AOK-Mitglieder in der Branche Erziehung und Unterricht nach Bundesländern im Jahr 2022 im Vergleich zum Vorjahr	◘ Tab. 30.70
Arbeitsunfähigkeit der AOK-Mitglieder nach Wirtschaftsabteilungen in der Branche Erziehung und Unterricht im Jahr 2022	◘ Tab. 30.71
Kennzahlen der Arbeitsunfähigkeit nach ausgewählten Berufsgruppen in der Branche Erziehung und Unterricht im Jahr 2022	◘ Tab. 30.72
Dauer der Arbeitsunfähigkeit der AOK-Mitglieder in der Branche Erziehung und Unterricht im Jahr 2022	◘ Tab. 30.73
Tage der Arbeitsunfähigkeit je AOK-Mitglied nach Wirtschaftsabteilung und Betriebsgröße in der Branche Erziehung und Unterricht im Jahr 2022	◘ Tab. 30.74
Krankenstand in Prozent nach Ausbildungsabschluss in der Branche Erziehung und Unterricht im Jahr 2022, AOK-Mitglieder	◘ Tab. 30.75
Tage der Arbeitsunfähigkeit je AOK-Mitglied nach Ausbildungsabschluss in der Branche Erziehung und Unterricht im Jahr 2022	◘ Tab. 30.76
Anteil der Arbeitsunfälle an den AU-Fällen und -Tagen in Prozent nach Wirtschaftsabteilungen in der Branche Erziehung und Unterricht im Jahr 2022, AOK-Mitglieder	◘ Tab. 30.77
Tage und Fälle der Arbeitsunfähigkeit durch Arbeitsunfälle nach Berufsgruppen in der Branche Erziehung und Unterricht im Jahr 2022, AOK-Mitglieder	◘ Tab. 30.78
Tage und Fälle der Arbeitsunfähigkeit je 100 AOK-Mitglieder nach Krankheitsarten in der Branche Erziehung und Unterricht in den Jahren 2000 bis 2022	◘ Tab. 30.79
Verteilung der Arbeitsunfähigkeitstage nach Krankheitsarten in Prozent in der Branche Erziehung und Unterricht im Jahr 2022, AOK-Mitglieder	◘ Tab. 30.80
Verteilung der Arbeitsunfähigkeitsfälle nach Krankheitsarten in Prozent in der Branche Erziehung und Unterricht im Jahr 2022, AOK-Mitglieder	◘ Tab. 30.81
Verteilung der Arbeitsunfähigkeitstage nach Krankheitsarten und ausgewählten Berufsgruppen in der Branche Erziehung und Unterricht im Jahr 2022, AOK-Mitglieder	◘ Tab. 30.82
Verteilung der Arbeitsunfähigkeitsfälle nach Krankheitsarten und ausgewählten Berufsgruppen in der Branche Erziehung und Unterricht im Jahr 2022, AOK-Mitglieder	◘ Tab. 30.83
Anteile der 40 häufigsten Einzeldiagnosen an den AU-Fällen und AU-Tagen in der Branche Erziehung und Unterricht im Jahr 2022, AOK-Mitglieder	◘ Tab. 30.84
Anteile der 40 häufigsten Diagnoseuntergruppen an den AU-Fällen und AU-Tagen in der Branche Erziehung und Unterricht im Jahr 2022, AOK-Mitglieder	◘ Tab. 30.85

Tab. 30.69 Entwicklung des Krankenstands der AOK-Mitglieder in der Branche Erziehung und Unterricht in den Jahren 1998 bis 2022

Jahr	Krankenstand in %			AU-Fälle je 100 AOK-Mitglieder			Tage je Fall		
	West	Ost	Bund	West	Ost	Bund	West	Ost	Bund
1998	5,9	8,4	6,9	237,2	376,1	289,1	9,1	8,2	8,7
1999	6,1	9,3	7,3	265,2	434,8	326,8	8,4	7,8	8,1
2000	6,3	9,2	7,3	288,2	497,8	358,3	8,0	6,8	7,5
2001	6,1	8,9	7,1	281,6	495,1	352,8	7,9	6,6	7,3
2002	5,6	8,6	6,6	267,2	507,0	345,5	7,7	6,2	7,0
2003	5,3	7,7	6,1	259,4	477,4	332,4	7,4	5,9	6,7
2004	5,1	7,0	5,9	247,5	393,6	304,7	7,6	6,5	7,0
2005	4,6	6,6	5,4	227,8	387,2	292,1	7,4	6,2	6,8
2006	4,4	6,1	5,1	223,0	357,5	277,6	7,2	6,2	6,7
2007	4,7	6,1	5,3	251,4	357,2	291,0	6,9	6,2	6,6
2008 (WZ03)	5,0	6,2	5,4	278,0	349,8	303,4	6,6	6,4	6,6
2008 (WZ08)[a]	5,0	6,2	5,4	272,1	348,5	297,4	6,7	6,5	6,6
2009	5,2	6,5	5,6	278,2	345,3	297,9	6,8	6,9	6,9
2010	5,1	5,7	5,3	262,4	278,0	267,6	7,1	7,5	7,3
2011	4,6	5,1	4,7	212,9	247,4	220,9	7,8	7,5	7,8
2012	4,8	5,8	5,0	238,6	256,0	242,4	7,4	8,3	7,6
2013	4,4	4,9	4,5	192,8	184,5	191,2	8,3	9,7	8,5
2014	4,6	4,9	4,6	188,1	179,2	186,4	8,9	9,9	9,1
2015	4,8	5,0	4,8	195,2	184,6	193,1	8,9	9,8	9,1
2016	4,8	5,0	4,8	193,1	182,3	190,2	9,1	10,0	9,3
2017	4,8	5,2	4,8	184,0	182,1	183,0	9,4	10,4	9,7
2018	4,9	5,4	5,0	187,4	185,7	186,5	9,5	10,5	9,8
2019	4,8	5,3	4,9	179,6	183,1	179,9	9,7	10,6	9,9
2020	4,9	5,5	5,0	156,7	161,9	157,7	11,4	12,5	11,6
2021	4,8	5,7	5,0	161,7	165,3	162,2	10,9	12,6	11,3
2022	6,6	7,4	6,7	250,0	251,5	250,0	9,6	10,8	9,8

[a] aufgrund der Revision der Wirtschaftszweigklassifikation in 2008 ist eine Vergleichbarkeit mit den Vorjahren nur bedingt möglich

Fehlzeiten-Report 2023

Tab. 30.70 Arbeitsunfähigkeit der AOK-Mitglieder in der Branche Erziehung und Unterricht nach Bundesländern im Jahr 2022 im Vergleich zum Vorjahr

Bundesland	Kranken-stand in %	Arbeitsunfähigkeit je 100 AOK-Mitglieder				Tage je Fall	Veränd. z. Vorj. in %	AU-Quote in %
		AU-Fälle	Veränd. z. Vorj. in %	AU-Tage	Veränd. z. Vorj. in %			
Baden-Württemberg	6,2	235,3	50,5	2.246,6	33,1	9,5	−11,6	70,1
Bayern	5,9	223,2	64,0	2.148,4	37,6	9,6	−16,1	67,9
Berlin	6,9	284,6	41,0	2.516,3	28,0	8,8	−9,2	68,3
Brandenburg	7,0	231,0	50,0	2.569,9	38,1	11,1	−8,0	67,6
Bremen	7,5	279,9	89,6	2.748,0	42,4	9,8	−24,9	68,8
Hamburg	6,5	258,3	87,5	2.381,8	47,2	9,2	−21,5	66,0
Hessen	7,0	272,5	47,2	2.546,2	30,8	9,3	−11,1	69,6
Mecklenburg-Vorpommern	7,7	263,3	65,7	2.821,2	44,1	10,7	−13,0	71,9
Niedersachsen	7,5	275,1	49,5	2.726,1	37,5	9,9	−8,0	75,2
Nordrhein-Westfalen	6,6	258,0	52,4	2.394,0	34,9	9,3	−11,5	68,2
Rheinland-Pfalz	6,8	232,1	65,1	2.463,9	35,7	10,6	−17,8	68,7
Saarland	7,1	264,3	34,0	2.605,7	20,7	9,9	−9,9	68,6
Sachsen	7,2	247,9	51,5	2.615,4	27,6	10,6	−15,8	74,9
Sachsen-Anhalt	7,6	248,9	58,0	2.790,3	34,0	11,2	−15,2	72,7
Schleswig-Holstein	7,3	261,7	60,7	2.680,8	40,2	10,2	−12,8	69,3
Thüringen	8,2	268,7	48,2	2.980,5	28,6	11,1	−13,2	76,0
West	**6,6**	**250,0**	**54,6**	**2.393,0**	**35,4**	**9,6**	**−12,4**	**69,6**
Ost	**7,4**	**251,5**	**52,1**	**2.711,1**	**29,8**	**10,8**	**−14,6**	**74,2**
Bund	**6,7**	**250,0**	**54,1**	**2.459,7**	**34,1**	**9,8**	**−13,0**	**70,5**

Fehlzeiten-Report 2023

Tab. 30.71 Arbeitsunfähigkeit der AOK-Mitglieder nach Wirtschaftsabteilungen in der Branche Erziehung und Unterricht im Jahr 2022

Wirtschaftsabteilungen	Krankenstand in %		Arbeitsunfähigkeit je 100 AOK-Mitglieder		Tage je Fall	AU-Quote in %
	2022	2022 stand.[a]	Fälle	Tage		
Erbringung von Dienstleistungen für den Unterricht	4,8	5,0	177,6	1.754,8	9,9	56,8
Grundschulen	7,0	6,3	228,7	2.537,8	11,1	70,4
Kindergärten und Vorschulen	8,1	8,1	311,7	2.959,1	9,5	80,8
Sonstiger Unterricht	6,3	6,2	250,2	2.312,5	9,2	67,0
Tertiärer und post-sekundärer, nicht tertiärer Unterricht	4,3	5,0	152,7	1.576,7	10,3	54,5
Weiterführende Schulen	6,5	5,9	218,7	2.364,5	10,8	67,9
Branche gesamt	**6,7**	**6,3**	**250,0**	**2.459,6**	**9,8**	**70,5**
Alle Branchen	**6,7**	**6,8**	**216,6**	**2.450,0**	**11,3**	**64,6**

[a] Krankenstand alters- und geschlechtsstandardisiert

Fehlzeiten-Report 2023

Tab. 30.72 Kennzahlen der Arbeitsunfähigkeit nach ausgewählten Berufsgruppen in der Branche Erziehung und Unterricht im Jahr 2022

Tätigkeit	Krankenstand in %	Arbeitsunfähigkeit je 100 AOK-Mitglieder		Tage je Fall	AU-Quote in %	Anteil der Berufsgruppe an der Branche in %[a]
		AU-Fälle	AU-Tage			
Berufe in der Erwachsenenbildung (ohne Spez.)	5,5	195,0	2.012,3	10,3	64,5	1,5
Berufe in der Erziehungswissenschaft	6,7	251,3	2.463,6	9,8	73,3	1,8
Berufe in der Gebäudetechnik (ohne Spez.)	7,9	192,8	2.895,9	15,0	71,6	1,4
Berufe in der Gesundheits- u. Krankenpflege (ohne Spez.)	6,2	289,5	2.262,0	7,8	72,5	1,0
Berufe in der Haus- u. Familienpflege	8,6	389,3	3.155,9	8,1	81,5	1,0
Berufe in der Hauswirtschaft	9,3	296,4	3.392,6	11,4	80,6	1,9
Berufe in der Hochschullehre u. -forschung	2,0	81,3	718,4	8,8	37,4	7,8
Berufe in der Kinderbetreuung u. -erziehung	8,0	319,3	2.938,0	9,2	81,3	33,0
Berufe in der öffentlichen Verwaltung (ohne Spez.)	5,7	190,1	2.063,4	10,9	69,3	2,3
Berufe in der Reinigung (ohne Spez.)	9,4	241,0	3.438,2	14,3	77,4	4,2
Berufe in der Sozialarbeit u. Sozialpädagogik	6,6	237,7	2.425,5	10,2	74,0	2,3
Berufe in Heilerziehungspflege u. Sonderpädagogik	8,0	299,2	2.933,6	9,8	78,8	1,8
Büro- u. Sekretariatskräfte (ohne Spez.)	5,7	213,5	2.062,9	9,7	66,3	5,1
Fahrlehrer/innen	5,5	162,7	1.996,9	12,3	60,6	1,4
Köche/Köchinnen (ohne Spez.)	8,9	263,9	3.263,8	12,4	77,6	1,9
Lehrkräfte für berufsbildende Fächer	5,5	179,5	2.020,5	11,3	65,9	2,1
Lehrkräfte in der Primarstufe	5,0	194,3	1.834,4	9,4	59,7	2,5
Lehrkräfte in der Sekundarstufe	5,6	188,4	2.045,2	10,9	62,3	7,1
Branche gesamt	**6,7**	**250,0**	**2.459,7**	**9,8**	**70,5**	**3**[b]

[a] Anteil der AOK-Mitglieder in der Berufsgruppe an den in der Branche beschäftigten AOK-Mitgliedern insgesamt
[b] Anteil der AOK-Mitglieder in der Branche an allen AOK-Mitgliedern

Fehlzeiten-Report 2023

Tab. 30.73 Dauer der Arbeitsunfähigkeit der AOK-Mitglieder in der Branche Erziehung und Unterricht im Jahr 2022

Fallklasse	Branche hier		Alle Branchen	
	Anteil Fälle in %	Anteil Tage in %	Anteil Fälle in %	Anteil Tage in %
1–3 Tage	32,8	6,8	30,5	5,4
4–7 Tage	32,6	16,6	32,4	14,6
8–14 Tage	23,2	23,9	23,4	21,2
15–21 Tage	5,1	8,8	5,7	8,7
22–28 Tage	2,0	4,9	2,3	5,0
29–42 Tage	1,8	6,3	2,3	7,1
> 42 Tage	2,6	32,7	3,5	38,0

Fehlzeiten-Report 2023

Tab. 30.74 Tage der Arbeitsunfähigkeit je AOK-Mitglied nach Wirtschaftsabteilung und Betriebsgröße in der Branche Erziehung und Unterricht im Jahr 2022

Wirtschaftsabteilungen	Betriebsgröße (Anzahl der AOK-Mitglieder)					
	10–49	50–99	100–199	200–499	500–999	≥ 1.000
Erbringung von Dienstleistungen für den Unterricht	24,5	–	–	–	–	–
Grundschulen	26,0	26,3	22,7	33,7	–	27,5
Kindergärten und Vorschulen	28,3	31,2	31,8	35,8	38,0	39,0
Sonstiger Unterricht	25,3	27,3	26,7	30,0	–	–
Tertiärer und post-sekundärer, nicht tertiärer Unterricht	15,4	17,1	15,7	15,2	16,3	16,9
Weiterführende Schulen	23,8	25,0	26,5	25,5	34,0	27,1
Branche gesamt	**25,5**	**26,4**	**26,6**	**22,7**	**24,8**	**20,9**
Alle Branchen	**25,0**	**27,3**	**27,7**	**27,5**	**27,6**	**27,3**

Fehlzeiten-Report 2023

Tab. 30.75 Krankenstand in Prozent nach Ausbildungsabschluss in der Branche Erziehung und Unterricht im Jahr 2022, AOK-Mitglieder

Wirtschafts-abteilungen	Ausbildung						
	ohne Aus-bildungs-abschluss	mit Aus-bildungs-abschluss	Meister/ Techniker	Bachelor	Diplom/ Magister/ Master/ Staats-examen	Promotion	unbekannt
Erbringung von Dienstleistungen für den Unterricht	1,5	6,0	8,1	4,1	5,0	–	3,7
Grundschulen	7,1	8,1	9,4	4,8	5,9	4,0	6,3
Kindergärten und Vorschulen	7,9	8,2	9,1	6,4	7,5	5,9	7,7
Sonstiger Unterricht	7,6	6,8	7,3	4,7	4,9	2,9	5,9
Tertiärer und post-sekundärer, nicht ter-tiärer Unterricht	6,3	7,4	6,3	2,8	2,5	1,9	5,0
Weiterführende Schulen	7,5	7,7	7,4	4,4	5,7	4,4	6,2
Branche gesamt	**7,5**	**7,9**	**8,2**	**4,5**	**4,5**	**2,3**	**6,6**
Alle Branchen	**7,4**	**7,4**	**5,9**	**3,5**	**4,0**	**3,0**	**6,0**

Fehlzeiten-Report 2023

Tab. 30.76 Tage der Arbeitsunfähigkeit je AOK-Mitglied nach Ausbildungsabschluss in der Branche Erziehung und Unterricht im Jahr 2022

Wirtschafts-abteilungen	Ausbildung						
	ohne Ausbildungsabschluss	mit Ausbildungsabschluss	Meister/ Techniker	Bachelor	Diplom/ Magister/ Master/ Staatsexamen	Promotion	unbekannt
Erbringung von Dienstleistungen für den Unterricht	5,7	21,9	29,4	14,8	18,2	–	13,6
Grundschulen	25,8	29,5	34,2	17,3	21,4	14,5	22,9
Kindergärten und Vorschulen	29,0	29,9	33,2	23,5	27,2	21,5	28,3
Sonstiger Unterricht	27,6	24,7	26,8	17,3	18,0	10,5	21,6
Tertiärer und postsekundärer, nicht tertiärer Unterricht	22,9	26,9	22,8	10,1	9,2	7,1	18,2
Weiterführende Schulen	27,4	28,0	27,1	15,9	20,6	16,1	22,8
Branche gesamt	**27,2**	**28,7**	**30,0**	**16,3**	**16,5**	**8,3**	**24,0**
Alle Branchen	**26,9**	**27,1**	**21,5**	**12,9**	**14,5**	**10,9**	**21,9**

Fehlzeiten-Report 2023

Tab. 30.77 Anteil der Arbeitsunfälle an den AU-Fällen und -Tagen in Prozent nach Wirtschaftsabteilungen in der Branche Erziehung und Unterricht im Jahr 2022, AOK-Mitglieder

Wirtschaftsabteilungen	AU-Fälle in %	AU-Tage in %
Erbringung von Dienstleistungen für den Unterricht	0,6	0,1
Grundschulen	1,1	2,5
Kindergärten und Vorschulen	0,9	2,0
Sonstiger Unterricht	1,2	2,7
Tertiärer und post-sekundärer, nicht tertiärer Unterricht	0,9	2,0
Weiterführende Schulen	1,1	2,4
Branche gesamt	**1,0**	**2,2**
Alle Branchen	**2,0**	**4,5**

Fehlzeiten-Report 2023

Tab. 30.78 Tage und Fälle der Arbeitsunfähigkeit durch Arbeitsunfälle nach Berufsgruppen in der Branche Erziehung und Unterricht im Jahr 2022, AOK-Mitglieder

Tätigkeit	Arbeitsunfähigkeit je 1.000 AOK-Mitglieder	
	AU-Tage	AU-Fälle
Berufe in der Gebäudetechnik (ohne Spez.)	1.307,7	43,7
Berufe in der Reinigung (ohne Spez.)	1.014,0	29,3
Fahrlehrer/innen	888,0	32,8
Köche/Köchinnen (ohne Spez.)	793,6	37,9
Berufe in Heilerziehungspflege u. Sonderpädagogik	716,6	36,3
Berufe in der Hauswirtschaft	703,6	36,3
Berufe in der Gesundheits- u. Krankenpflege (ohne Spez.)	691,4	29,9
Berufe in der Kinderbetreuung u. -erziehung	597,6	28,9
Lehrkräfte für berufsbildende Fächer	449,8	14,5
Lehrkräfte in der Sekundarstufe	440,8	17,1
Berufe in der Haus- u. Familienpflege	428,5	30,6
Berufe in der Erziehungswissenschaft	365,0	20,8
Berufe in der Sozialarbeit u. Sozialpädagogik	336,2	18,3
Lehrkräfte in der Primarstufe	333,0	15,1
Büro- u. Sekretariatskräfte (ohne Spez.)	293,6	14,2
Berufe in der öffentlichen Verwaltung (ohne Spez.)	275,3	11,8
Berufe in der Erwachsenenbildung (ohne Spez.)	207,6	16,6
Berufe in der Hochschullehre u. -forschung	104,0	6,2
Branche gesamt	**548,4**	**24,9**
Alle Branchen	**1.094,5**	**43,8**

Fehlzeiten-Report 2023

Tab. 30.79 Tage und Fälle der Arbeitsunfähigkeit je 100 AOK-Mitglieder nach Krankheitsarten in der Branche Erziehung und Unterricht in den Jahren 2000 bis 2022

Jahr	Arbeitsunfähigkeit je 100 AOK-Mitglieder											
	Psyche		Herz/Kreislauf		Atemwege		Verdauung		Muskel/Skelett		Verletzungen	
	Tage	Fälle	Tage	Fälle	Tage	Fälle	Tage	Fälle	Tage	Fälle	Tage	Fälle
2000	200,3	13,3	145,3	16,1	691,6	122,5	268,8	55,4	596,0	56,0	357,1	33,8
2001	199,2	13,9	140,8	16,1	681,8	125,5	265,8	55,8	591,4	56,8	342,0	32,9
2002	199,6	14,2	128,7	15,3	623,5	118,9	257,3	57,3	538,7	54,4	327,0	32,0
2003	185,4	13,5	120,7	14,8	596,5	116,7	239,2	55,5	470,6	48,9	296,4	30,0
2004	192,8	14,0	121,5	12,7	544,1	101,0	245,2	53,0	463,3	46,9	302,8	29,1
2005	179,7	12,5	102,4	11,0	557,4	104,0	216,9	49,3	388,1	40,2	281,7	27,7
2006	174,6	12,0	99,8	11,2	481,8	92,8	215,6	50,0	365,9	38,0	282,7	27,7
2007	191,0	12,9	97,1	10,5	503,6	97,6	229,8	52,9	366,9	38,5	278,0	27,1
2008 (WZ03)	201,0	13,5	96,2	10,5	506,8	99,1	237,3	55,8	387,0	40,8	282,0	27,9
2008 (WZ08)[a]	199,5	13,3	97,6	10,4	498,4	97,3	232,6	54,5	387,1	40,3	279,3	27,2
2009	226,5	14,7	102,7	9,9	557,5	103,5	223,7	50,2	382,8	39,2	265,2	24,7
2010	261,4	14,9	98,1	9,3	460,6	86,6	176,9	39,0	387,7	36,3	253,5	21,9
2011	263,0	13,7	99,1	8,0	394,8	72,3	146,3	30,0	351,0	30,0	205,5	16,1
2012	297,7	15,6	104,0	8,6	408,8	76,8	161,2	33,7	374,0	33,3	233,9	18,4
2013	278,6	12,4	102,4	7,0	403,4	70,5	123,3	23,6	346,7	26,2	178,9	12,8
2014	316,3	13,6	111,8	7,5	349,4	62,8	127,5	23,5	374,8	26,9	186,8	12,8
2015	326,3	13,6	112,8	7,4	410,7	70,7	125,3	22,8	370,6	26,0	180,5	12,2
2016	342,1	13,9	102,8	7,4	395,1	68,8	119,3	22,2	376,9	26,0	183,1	12,0
2017	355,2	14,0	102,1	7,2	398,2	67,3	113,6	20,1	374,6	24,7	186,5	11,7
2018	365,4	14,0	101,5	7,2	424,5	69,8	111,3	19,8	372,5	24,4	186,8	11,6
2019	380,2	14,1	95,0	6,9	378,6	65,2	107,5	18,9	367,6	23,8	184,2	11,1
2020	408,8	13,7	92,9	6,0	416,5	57,7	100,1	15,3	384,2	22,4	175,4	9,6
2021	438,5	14,6	95,1	6,1	359,2	52,4	96,7	15,1	384,4	23,7	192,2	14,4
2022	473,6	15,5	96,9	6,4	817,7	120,2	101,5	17,0	383,6	25,1	190,7	11,8

[a] aufgrund der Revision der Wirtschaftszweigklassifikation in 2008 ist eine Vergleichbarkeit mit den Vorjahren nur bedingt möglich

Fehlzeiten-Report 2023

Tab. 30.80 Verteilung der Arbeitsunfähigkeitstage nach Krankheitsarten in Prozent in der Branche Erziehung und Unterricht im Jahr 2022, AOK-Mitglieder

Wirtschaftsabteilungen	AU-Tage in %						
	Psyche	Herz/Kreislauf	Atemwege	Verdauung	Muskel/Skelett	Verletzungen	Sonstige
Erbringung von Dienstleistungen für den Unterricht	15,2	1,7	21,5	3,1	13,1	3,5	42,0
Grundschulen	14,3	3,0	22,3	2,8	10,8	5,3	41,5
Kindergärten und Vorschulen	12,9	2,2	25,2	2,7	10,5	4,8	41,7
Sonstiger Unterricht	13,5	3,5	20,5	3,5	11,4	6,4	41,2
Tertiärer und post-sekundärer, nicht tertiärer Unterricht	14,2	3,1	22,0	2,9	10,5	5,9	41,4
Weiterführende Schulen	14,1	3,3	21,2	2,8	11,6	5,8	41,4
Branche gesamt	**13,4**	**2,7**	**23,2**	**2,9**	**10,9**	**5,4**	**41,5**
Alle Branchen	**10,3**	**4,0**	**17,5**	**3,3**	**17,4**	**8,1**	**39,4**

Fehlzeiten-Report 2023

Tab. 30.81 Verteilung der Arbeitsunfähigkeitsfälle nach Krankheitsarten in Prozent in der Branche Erziehung und Unterricht im Jahr 2022, AOK-Mitglieder

Wirtschaftsabteilungen	AU-Fälle in %						
	Psyche	Herz/Kreislauf	Atemwege	Verdauung	Muskel/Skelett	Verletzungen	Sonstige
Erbringung von Dienstleistungen für den Unterricht	5,1	1,6	31,1	5,1	9,1	2,9	45,1
Grundschulen	4,8	2,1	34,0	4,4	7,1	3,2	44,4
Kindergärten und Vorschulen	4,0	1,5	35,3	4,5	6,4	2,9	45,4
Sonstiger Unterricht	4,5	2,1	29,4	5,4	8,0	4,0	46,6
Tertiärer und post-sekundärer, nicht tertiärer Unterricht	4,4	1,9	31,9	4,8	6,9	3,5	46,6
Weiterführende Schulen	4,8	2,3	32,2	4,8	7,5	3,5	45,0
Branche gesamt	**4,3**	**1,8**	**33,3**	**4,7**	**6,9**	**3,3**	**45,6**
Alle Branchen	**3,9**	**2,4**	**27,3**	**5,2**	**11,8**	**4,9**	**44,4**

Fehlzeiten-Report 2023

Tab. 30.82 Verteilung der Arbeitsunfähigkeitstage nach Krankheitsarten und ausgewählten Berufsgruppen in der Branche Erziehung und Unterricht im Jahr 2022, AOK-Mitglieder

Tätigkeit	AU-Tage in %						
	Psyche	Herz/ Kreislauf	Atemwege	Verdauung	Muskel/ Skelett	Verletzungen	Sonstige
Berufe in der Erwachsenenbildung (ohne Spez.)	16,0	2,7	21,7	3,1	8,4	3,6	44,5
Berufe in der Erziehungswissenschaft	16,0	2,5	23,4	2,6	8,5	4,8	42,2
Berufe in der Gebäudetechnik (ohne Spez.)	9,8	6,4	14,2	3,4	18,4	7,2	40,5
Berufe in der Gesundheits- u. Krankenpflege (ohne Spez.)	15,7	2,2	21,8	3,5	11,5	6,7	38,5
Berufe in der Haus- u. Familienpflege	12,6	2,6	26,0	3,2	9,2	4,8	41,7
Berufe in der Hauswirtschaft	10,6	3,4	19,6	2,8	17,7	6,6	39,3
Berufe in der Hochschullehre u. -forschung	12,7	2,2	27,8	2,5	4,9	4,5	45,4
Berufe in der Kinderbetreuung u. -erziehung	13,5	1,9	26,5	2,7	9,0	4,7	41,7
Berufe in der öffentlichen Verwaltung (ohne Spez.)	15,1	2,9	21,5	3,2	7,7	5,1	44,5
Berufe in der Reinigung (ohne Spez.)	9,8	4,0	15,4	2,9	21,9	6,4	39,7
Berufe in der Sozialarbeit u. Sozialpädagogik	15,9	2,1	24,1	2,9	8,9	4,8	41,2
Berufe in Heilerziehungspflege u. Sonderpädagogik	15,0	2,7	24,8	2,3	9,6	5,4	40,3
Büro- u. Sekretariatskräfte (ohne Spez.)	15,4	2,8	21,2	2,9	9,6	5,0	43,0
Fahrlehrer/innen	12,4	6,1	16,9	3,4	12,7	7,8	40,7
Köche/Köchinnen (ohne Spez.)	11,5	3,4	17,8	2,9	17,1	5,7	41,5
Lehrkräfte für berufsbildende Fächer	13,8	4,3	21,3	2,6	9,3	4,8	43,9
Lehrkräfte in der Primarstufe	14,0	2,5	26,0	2,6	7,4	4,4	43,3
Lehrkräfte in der Sekundarstufe	15,7	3,3	21,9	2,8	9,0	5,4	41,9
Branche gesamt	**13,4**	**2,7**	**23,2**	**2,9**	**10,9**	**5,4**	**41,5**
Alle Branchen	**10,3**	**4,0**	**17,5**	**3,3**	**17,4**	**8,1**	**39,4**

Fehlzeiten-Report 2023

Tab. 30.83 Verteilung der Arbeitsunfähigkeitsfälle nach Krankheitsarten und ausgewählten Berufsgruppen in der Branche Erziehung und Unterricht im Jahr 2022, AOK-Mitglieder

Tätigkeit	AU-Fälle in %						
	Psyche	Herz/Kreislauf	Atemwege	Verdauung	Muskel/Skelett	Verletzungen	Sonstige
Berufe in der Erwachsenenbildung (ohne Spez.)	5,5	2,2	30,8	4,6	6,1	2,8	47,9
Berufe in der Erziehungswissenschaft	5,3	1,8	33,8	4,3	6,3	2,7	45,8
Berufe in der Gebäudetechnik (ohne Spez.)	3,4	3,9	25,1	5,3	12,8	4,9	44,6
Berufe in der Gesundheits- u. Krankenpflege (ohne Spez.)	5,4	1,6	28,8	5,9	7,6	4,0	46,7
Berufe in der Haus- u. Familienpflege	4,2	1,6	33,3	4,7	6,7	2,7	46,8
Berufe in der Hauswirtschaft	4,0	2,5	28,9	5,2	11,1	3,9	44,4
Berufe in der Hochschullehre u. -forschung	3,7	1,4	36,3	3,9	3,9	2,9	48,0
Berufe in der Kinderbetreuung u. -erziehung	4,0	1,3	36,4	4,4	5,7	2,8	45,3
Berufe in der öffentlichen Verwaltung (ohne Spez.)	4,6	2,0	32,1	4,6	6,1	3,1	47,6
Berufe in der Reinigung (ohne Spez.)	4,0	3,1	25,0	5,0	13,9	4,3	44,9
Berufe in der Sozialarbeit u. Sozialpädagogik	5,4	1,6	34,4	4,4	6,0	2,8	45,3
Berufe in Heilerziehungspflege u. Sonderpädagogik	4,9	1,7	34,9	4,2	6,7	3,3	44,4
Büro- u. Sekretariatskräfte (ohne Spez.)	4,8	1,9	30,5	5,1	6,3	3,2	48,1
Fahrlehrer/innen	3,7	3,2	27,9	5,5	8,0	4,5	47,2
Köche/Köchinnen (ohne Spez.)	3,9	2,4	28,1	5,4	10,8	4,0	45,5
Lehrkräfte für berufsbildende Fächer	5,0	2,6	31,9	4,6	6,7	3,0	46,2
Lehrkräfte in der Primarstufe	4,3	1,8	38,0	4,1	5,2	2,5	44,1
Lehrkräfte in der Sekundarstufe	5,3	2,5	34,1	4,6	6,3	3,1	44,2
Branche gesamt	**4,3**	**1,8**	**33,3**	**4,7**	**6,9**	**3,3**	**45,6**
Alle Branchen	**3,9**	**2,4**	**27,3**	**5,2**	**11,8**	**4,9**	**44,4**

Fehlzeiten-Report 2023

Tab. 30.84 Anteile der 40 häufigsten Einzeldiagnosen an den AU-Fällen und AU-Tagen in der Branche Erziehung und Unterricht im Jahr 2022, AOK-Mitglieder

ICD-10	Bezeichnung	AU-Fälle in %	AU-Tage in %
J06	Akute Infektionen an mehreren oder nicht näher bezeichneten Lokalisationen der oberen Atemwege	20,8	14,0
U07	Krankheiten mit unklarer Ätiologie, belegte und nicht belegte Schlüsselnummern U07.-	7,5	6,3
U99	Belegte und nicht belegte Schlüsselnummern U99.-!	3,5	2,3
A09	Sonstige und nicht näher bezeichnete Gastroenteritis und Kolitis infektiösen und nicht näher bezeichneten Ursprungs	3,3	1,2
B34	Viruskrankheit nicht näher bezeichneter Lokalisation	2,8	1,9
M54	Rückenschmerzen	2,6	2,8
Z11	Spezielle Verfahren zur Untersuchung auf infektiöse und parasitäre Krankheiten	2,3	1,6
J00	Akute Rhinopharyngitis [Erkältungsschnupfen]	2,0	1,2
R51	Kopfschmerz	1,8	1,0
F43	Reaktionen auf schwere Belastungen und Anpassungsstörungen	1,5	3,5
R10	Bauch- und Beckenschmerzen	1,4	0,8
J98	Sonstige Krankheiten der Atemwege	1,2	0,8
R53	Unwohlsein und Ermüdung	1,1	1,3
B99	Sonstige und nicht näher bezeichnete Infektionskrankheiten	1,1	0,7
J20	Akute Bronchitis	1,0	0,7
R05	Husten	1,0	0,7
F32	Depressive Episode	0,9	3,8
J02	Akute Pharyngitis	0,9	0,5
G43	Migräne	0,9	0,4
K52	Sonstige nichtinfektiöse Gastroenteritis und Kolitis	0,9	0,4
M79	Sonstige Krankheiten des Weichteilgewebes, anderenorts nicht klassifiziert	0,8	0,8
J03	Akute Tonsillitis	0,8	0,5
R07	Hals- und Brustschmerzen	0,8	0,5
J40	Bronchitis, nicht als akut oder chronisch bezeichnet	0,8	0,5
R11	Übelkeit und Erbrechen	0,8	0,4
K29	Gastritis und Duodenitis	0,8	0,4
F48	Andere neurotische Störungen	0,7	1,6
I10	Essentielle (primäre) Hypertonie	0,7	0,8

Tab. 30.84 (Fortsetzung)

ICD-10	Bezeichnung	AU-Fälle in %	AU-Tage in %
J01	Akute Sinusitis	0,7	0,4
J32	Chronische Sinusitis	0,7	0,4
K08	Sonstige Krankheiten der Zähne und des Zahnhalteapparates	0,6	0,2
F45	Somatoforme Störungen	0,5	1,3
Z98	Sonstige Zustände nach chirurgischem Eingriff	0,5	1,2
M25	Sonstige Gelenkkrankheiten, anderenorts nicht klassifiziert	0,5	0,8
R42	Schwindel und Taumel	0,5	0,5
R50	Fieber sonstiger und unbekannter Ursache	0,5	0,4
J04	Akute Laryngitis und Tracheitis	0,5	0,3
N39	Sonstige Krankheiten des Harnsystems	0,5	0,2
U08	COVID-19 in der Eigenanamnese	0,4	0,4
Z20	Kontakt mit und Exposition gegenüber übertragbaren Krankheiten	0,4	0,4
	Summe hier	**71,0**	**57,9**
	Restliche	29,0	42,1
	Gesamtsumme	**100,0**	**100,0**

Fehlzeiten-Report 2023

Tab. 30.85 Anteile der 40 häufigsten Diagnoseuntergruppen an den AU-Fällen und AU-Tagen in der Branche Erziehung und Unterricht im Jahr 2022, AOK-Mitglieder

ICD-10	Bezeichnung	AU-Fälle in %	AU-Tage in %
J00–J06	Akute Infektionen der oberen Atemwege	26,2	17,4
U00–U49	Vorläufige Zuordnungen für Krankheiten mit unklarer Ätiologie, belegte und nicht belegte Schlüsselnummern	8,6	7,8
R50–R69	Allgemeinsymptome	4,3	3,5
A00–A09	Infektiöse Darmkrankheiten	3,8	1,5
U98–U99	Belegte und nicht belegte Schlüsselnummern	3,7	2,5
M50–M54	Sonstige Krankheiten der Wirbelsäule und des Rückens	3,1	3,8
B25–B34	Sonstige Viruskrankheiten	3,0	2,1
F40–F48	Neurotische, Belastungs- und somatoforme Störungen	2,9	7,6
Z00–Z13	Personen, die das Gesundheitswesen zur Untersuchung und Abklärung in Anspruch nehmen	2,6	1,8
R10–R19	Symptome, die das Verdauungssystem und das Abdomen betreffen	2,4	1,3
R00–R09	Symptome, die das Kreislaufsystem und das Atmungssystem betreffen	2,1	1,6
G40–G47	Episodische und paroxysmale Krankheiten des Nervensystems	1,6	1,3
M70–M79	Sonstige Krankheiten des Weichteilgewebes	1,4	2,0
F30–F39	Affektive Störungen	1,3	6,2
J40–J47	Chronische Krankheiten der unteren Atemwege	1,3	1,1
J95–J99	Sonstige Krankheiten des Atmungssystems	1,3	1,0
J20–J22	Sonstige akute Infektionen der unteren Atemwege	1,3	0,9
K00–K14	Krankheiten der Mundhöhle, der Speicheldrüsen und der Kiefer	1,3	0,4
B99–B99	Sonstige Infektionskrankheiten	1,2	0,8
J30–J39	Sonstige Krankheiten der oberen Atemwege	1,1	0,7
Z80–Z99	Personen mit potentiellen Gesundheitsrisiken aufgrund der Familien- oder Eigenanamnese und bestimmte Zustände, die den Gesundheitszustand beeinflussen	1,0	2,2
K20–K31	Krankheiten des Ösophagus, des Magens und des Duodenums	1,0	0,6
K50–K52	Nichtinfektiöse Enteritis und Kolitis	1,0	0,5
M20–M25	Sonstige Gelenkkrankheiten	0,8	1,6
I10–I15	Hypertonie [Hochdruckkrankheit]	0,8	0,9
Z20–Z29	Personen mit potentiellen Gesundheitsrisiken hinsichtlich übertragbarer Krankheiten	0,8	0,7
R40–R46	Symptome, die das Erkennungs- und Wahrnehmungsvermögen, die Stimmung und das Verhalten betreffen	0,7	0,7

Tab. 30.85 (Fortsetzung)

ICD-10	Bezeichnung	AU-Fälle in %	AU-Tage in %
N30–N39	Sonstige Krankheiten des Harnsystems	0,7	0,4
N80–N98	Nichtentzündliche Krankheiten des weiblichen Genitaltraktes	0,6	0,5
K55–K64	Sonstige Krankheiten des Darmes	0,6	0,5
J09–J18	Grippe und Pneumonie	0,6	0,5
S90–S99	Verletzungen der Knöchelregion und des Fußes	0,5	0,8
Z40–Z54	Personen, die das Gesundheitswesen zum Zwecke spezifischer Maßnahmen und zur medizinischen Betreuung in Anspruch nehmen	0,5	0,6
T08–T14	Verletzungen nicht näher bezeichneter Teile des Rumpfes, der Extremitäten oder anderer Körperregionen	0,5	0,6
S80–S89	Verletzungen des Knies und des Unterschenkels	0,4	1,1
M95–M99	Sonstige Krankheiten des Muskel-Skelett-Systems und des Bindegewebes	0,4	0,4
T80–T88	Komplikationen bei chirurgischen Eingriffen und medizinischer Behandlung, anderenorts nicht klassifiziert	0,4	0,3
E70–E90	Stoffwechselstörungen	0,4	0,3
H65–H75	Krankheiten des Mittelohres und des Warzenfortsatzes	0,4	0,2
I95–I99	Sonstige und nicht näher bezeichnete Krankheiten des Kreislaufsystems	0,4	0,2
	Summe hier	**87,0**	**78,9**
	Restliche	13,0	21,1
	Gesamtsumme	**100,0**	**100,0**

Fehlzeiten-Report 2023

30.6 Gesundheits- und Sozialwesen

Entwicklung des Krankenstands der AOK-Mitglieder in der Branche Gesundheits- und Sozialwesen in den Jahren 2000 bis 2022	Tab. 30.86
Arbeitsunfähigkeit der AOK-Mitglieder in der Branche Gesundheits- und Sozialwesen nach Bundesländern im Jahr 2022 im Vergleich zum Vorjahr	Tab. 30.87
Arbeitsunfähigkeit der AOK-Mitglieder nach Wirtschaftsabteilungen in der Branche Gesundheits- und Sozialwesen im Jahr 2022	Tab. 30.88
Kennzahlen der Arbeitsunfähigkeit nach ausgewählten Berufsgruppen in der Branche Gesundheits- und Sozialwesen im Jahr 2022	Tab. 30.89
Dauer der Arbeitsunfähigkeit der AOK-Mitglieder in der Branche Gesundheits- und Sozialwesen im Jahr 2022	Tab. 30.90
Tage der Arbeitsunfähigkeit je AOK-Mitglied nach Wirtschaftsabteilung und Betriebsgröße in der Branche Gesundheits- und Sozialwesen im Jahr 2022	Tab. 30.91
Krankenstand in Prozent nach Ausbildungsabschluss in der Branche Gesundheits- und Sozialwesen im Jahr 2022, AOK-Mitglieder	Tab. 30.92
Tage der Arbeitsunfähigkeit je AOK-Mitglied nach Ausbildungsabschluss in der Branche Gesundheits- und Sozialwesen im Jahr 2022	Tab. 30.93
Anteil der Arbeitsunfälle an den AU-Fällen und -Tagen in Prozent nach Wirtschaftsabteilungen in der Branche Gesundheits- und Sozialwesen im Jahr 2022, AOK-Mitglieder	Tab. 30.94
Tage und Fälle der Arbeitsunfähigkeit durch Arbeitsunfälle nach Berufsgruppen in der Branche Gesundheits- und Sozialwesen im Jahr 2022, AOK-Mitglieder	Tab. 30.95
Tage und Fälle der Arbeitsunfähigkeit je 100 AOK-Mitglieder nach Krankheitsarten in der Branche Gesundheits- und Sozialwesen in den Jahren 2000 bis 2022	Tab. 30.96
Verteilung der Arbeitsunfähigkeitstage nach Krankheitsarten in Prozent in der Branche Gesundheits- und Sozialwesen im Jahr 2022, AOK-Mitglieder	Tab. 30.97
Verteilung der Arbeitsunfähigkeitsfälle nach Krankheitsarten in Prozent in der Branche Gesundheits- und Sozialwesen im Jahr 2022, AOK-Mitglieder	Tab. 30.98
Verteilung der Arbeitsunfähigkeitstage nach Krankheitsarten und ausgewählten Berufsgruppen in der Branche Gesundheits- und Sozialwesen im Jahr 2022, AOK-Mitglieder	Tab. 30.99
Verteilung der Arbeitsunfähigkeitsfälle nach Krankheitsarten und ausgewählten Berufsgruppen in der Branche Gesundheits- und Sozialwesen im Jahr 2022, AOK-Mitglieder	Tab. 30.100
Anteile der 40 häufigsten Einzeldiagnosen an den AU-Fällen und AU-Tagen in der Branche Gesundheits- und Sozialwesen im Jahr 2022, AOK-Mitglieder	Tab. 30.101
Anteile der 40 häufigsten Diagnoseuntergruppen an den AU-Fällen und AU-Tagen in der Branche Gesundheits- und Sozialwesen im Jahr 2022, AOK-Mitglieder	Tab. 30.102

Tab. 30.86 Entwicklung des Krankenstands der AOK-Mitglieder in der Branche Gesundheits- und Sozialwesen in den Jahren 2000 bis 2022

Jahr	Krankenstand in %			AU-Fälle je 100 AOK-Mitglieder			Tage je Fall		
	West	Ost	Bund	West	Ost	Bund	West	Ost	Bund
2000	5,7	5,4	5,7	162,4	165,2	162,8	12,8	12,0	12,7
2001	5,5	5,3	5,5	157,5	152,4	156,9	12,8	12,8	12,8
2002	5,4	5,2	5,4	159,5	154,7	159,0	12,4	12,4	12,4
2003	5,1	4,7	5,1	156,8	142,9	154,9	12,0	12,0	12,0
2004	4,8	4,2	4,7	144,9	129,8	142,7	12,2	11,9	12,1
2005	4,6	4,1	4,6	142,5	123,9	139,6	11,9	12,0	11,9
2006	4,5	3,9	4,4	136,6	116,9	133,4	12,1	12,3	12,1
2007	4,8	4,2	4,7	145,2	125,8	141,9	12,2	12,2	12,2
2008 (WZ03)	4,9	4,5	4,8	151,3	129,9	147,7	11,9	12,6	12,0
2008 (WZ08)[a]	4,9	4,5	4,8	151,5	130,8	147,9	11,9	12,6	12,0
2009	5,1	4,9	5,0	159,6	143,2	156,8	11,6	12,5	11,7
2010	5,2	5,1	5,2	158,8	155,3	158,2	11,9	11,9	11,9
2011	5,3	4,8	5,2	162,2	157,7	161,4	12,0	11,2	11,8
2012	5,3	5,2	5,3	158,2	140,5	155,2	12,3	13,5	12,5
2013	5,5	5,4	5,5	166,9	147,2	163,5	12,0	13,3	12,2
2014	5,7	5,5	5,6	165,4	145,9	162,0	12,5	13,7	12,7
2015	5,9	5,7	5,8	176,6	158,2	173,2	12,1	13,3	12,3
2016	5,8	5,9	5,8	175,8	162,0	173,1	12,1	13,3	12,3
2017	5,8	6,1	5,9	172,7	163,8	170,9	12,3	13,6	12,5
2018	6,0	6,4	6,0	177,4	170,1	175,9	12,3	13,6	12,5
2019	5,9	6,4	6,0	172,2	166,9	171,0	12,5	13,9	12,8
2020	6,1	6,7	6,2	158,8	161,0	159,1	14,1	15,2	14,3
2021	6,0	7,0	6,2	159,1	165,0	160,2	13,8	15,5	14,2
2022	7,6	8,5	7,8	238,5	239,5	238,6	11,7	13,0	11,9

[a] aufgrund der Revision der Wirtschaftszweigklassifikation in 2008 ist eine Vergleichbarkeit mit den Vorjahren nur bedingt möglich

Fehlzeiten-Report 2023

Tab. 30.87 Arbeitsunfähigkeit der AOK-Mitglieder in der Branche Gesundheits- und Sozialwesen nach Bundesländern im Jahr 2022 im Vergleich zum Vorjahr

Bundesland	Kranken-stand in %	Arbeitsunfähigkeit je 100 AOK-Mitglieder				Tage je Fall	Veränd. z. Vorj. in %	AU-Quote in %
		AU-Fälle	Veränd. z. Vorj. in %	AU-Tage	Veränd. z. Vorj. in %			
Baden-Württemberg	7,3	236,3	44,8	2.657,0	27,6	11,2	−11,9	73,4
Bayern	7,2	220,6	59,2	2.614,3	26,2	11,8	−20,7	70,9
Berlin	7,7	248,9	38,3	2.817,1	21,4	11,3	−12,2	68,8
Brandenburg	9,0	242,5	47,2	3.295,7	21,7	13,6	−17,3	75,3
Bremen	8,0	241,2	62,5	2.906,5	27,4	12,1	−21,6	71,3
Hamburg	6,8	218,1	70,5	2.489,2	30,0	11,4	−23,8	63,9
Hessen	7,8	256,6	44,7	2.840,7	25,7	11,1	−13,1	72,4
Mecklenburg-Vorpommern	9,0	243,7	58,8	3.298,1	31,3	13,5	−17,4	75,0
Niedersachsen	8,2	258,0	47,1	3.004,2	25,8	11,6	−14,5	76,6
Nordrhein-Westfalen	7,9	243,1	47,3	2.885,0	25,4	11,9	−14,9	71,9
Rheinland-Pfalz	7,3	215,2	64,8	2.678,6	28,9	12,4	−21,8	69,4
Saarland	8,3	234,0	42,0	3.013,7	21,8	12,9	−14,2	70,8
Sachsen	8,1	236,5	41,5	2.969,1	19,6	12,6	−15,5	75,8
Sachsen-Anhalt	8,7	235,7	54,4	3.191,3	25,0	13,5	−19,0	75,4
Schleswig-Holstein	8,1	244,4	55,3	2.950,1	27,3	12,1	−18,0	72,8
Thüringen	8,9	246,3	43,0	3.259,0	21,4	13,2	−15,1	77,1
West	**7,6**	**238,5**	**49,9**	**2.780,9**	**26,3**	**11,7**	**−15,7**	**72,4**
Ost	**8,5**	**239,5**	**45,2**	**3.115,3**	**21,8**	**13,0**	**−16,1**	**75,9**
Bund	**7,8**	**238,6**	**48,9**	**2.847,0**	**25,3**	**11,9**	**−15,8**	**73,0**

Fehlzeiten-Report 2023

Tab. 30.88 Arbeitsunfähigkeit der AOK-Mitglieder nach Wirtschaftsabteilungen in der Branche Gesundheits- und Sozialwesen im Jahr 2022

Wirtschaftsabteilungen	Krankenstand in %		Arbeitsunfähigkeit je 100 AOK-Mitglieder		Tage je Fall	AU-Quote in %
	2022	2022 stand.[a]	Fälle	Tage		
Altenheime, Alten- und Behindertenwohnheime	9,3	8,6	246,1	3.409,4	13,9	76,0
Arzt- und Zahnarztpraxen	5,1	4,6	257,0	1.849,2	7,2	72,1
Gesundheitswesen a. n. g.	6,8	6,9	222,1	2.478,0	11,2	69,2
Krankenhäuser	7,6	7,6	225,2	2.776,2	12,3	72,4
Pflegeheime	9,5	8,6	248,5	3.463,9	13,9	76,4
Sonstige Heime (ohne Erholungs- und Ferienheime)	7,5	7,3	227,0	2.734,7	12,0	73,0
Sonstiges Sozialwesen (ohne Heime)	7,9	7,6	257,2	2.875,1	11,2	74,7
Soziale Betreuung älterer Menschen und Behinderter	8,5	7,6	222,7	3.088,8	13,9	69,6
Stationäre Einrichtungen zur psychosozialen Betreuung, Suchtbekämpfung u. Ä.	8,3	8,3	223,6	3.014,7	13,5	73,2
Branche gesamt	**7,8**	**7,6**	**238,6**	**2.847,0**	**11,9**	**73,0**
Alle Branchen	**6,7**	**6,8**	**216,6**	**2.450,0**	**11,3**	**64,6**

[a] Krankenstand alters- und geschlechtsstandardisiert

Fehlzeiten-Report 2023

Tab. 30.89 Kennzahlen der Arbeitsunfähigkeit nach ausgewählten Berufsgruppen in der Branche Gesundheits- und Sozialwesen im Jahr 2022

Tätigkeit	Krankenstand in %	Arbeitsunfähigkeit je 100 AOK-Mitglieder		Tage je Fall	AU-Quote in %	Anteil der Berufsgruppe an der Branche in %[a]
		AU-Fälle	AU-Tage			
Ärzte/Ärztinnen (ohne Spez.)	3,5	147,3	1.286,8	8,7	54,5	1,8
Berufe im Rettungsdienst	7,2	218,0	2.644,3	12,1	70,7	1,1
Berufe in der Altenpflege (ohne Spez.)	9,6	250,0	3.494,4	14,0	74,7	17,6
Berufe in der Fachkrankenpflege	8,6	213,2	3.146,5	14,8	75,6	1,0
Berufe in der Gesundheits- u. Krankenpflege (ohne Spez.)	8,2	235,9	2.996,8	12,7	73,3	18,7
Berufe in der Haus- u. Familienpflege	9,9	268,1	3.606,7	13,5	75,4	2,1
Berufe in der Hauswirtschaft	9,6	236,3	3.512,4	14,9	75,5	4,6
Berufe in der Kinderbetreuung u. -erziehung	8,6	282,3	3.150,8	11,2	78,6	5,8
Berufe in der Physiotherapie	6,4	234,9	2.348,8	10,0	74,4	2,1
Berufe in der Reinigung (ohne Spez.)	9,6	238,2	3.495,7	14,7	75,3	2,5
Berufe in der Sozialarbeit u. Sozialpädagogik	6,9	211,6	2.527,7	11,9	73,0	2,8
Berufe in Heilerziehungspflege u. Sonderpädagogik	8,5	260,5	3.107,4	11,9	77,1	3,8
Büro- u. Sekretariatskräfte (ohne Spez.)	6,2	202,5	2.245,0	11,1	68,3	2,2
Köche/Köchinnen (ohne Spez.)	9,6	219,4	3.499,1	16,0	74,2	2,1
Medizinische Fachangestellte (ohne Spez.)	5,6	266,6	2.041,1	7,7	74,5	8,3
Verwaltende Berufe im Sozial- u. Gesundheitswesen	6,3	218,7	2.315,5	10,6	71,1	1,3
Zahnmedizinische Fachangestellte	5,0	285,5	1.822,8	6,4	74,6	4,9
Branche gesamt	**7,8**	**238,6**	**2.847,0**	**11,9**	**73,0**	**13,1**[b]

[a] Anteil der AOK-Mitglieder in der Berufsgruppe an den in der Branche beschäftigten AOK-Mitgliedern insgesamt
[b] Anteil der AOK-Mitglieder in der Branche an allen AOK-Mitgliedern
Fehlzeiten-Report 2023

Tab. 30.90 Dauer der Arbeitsunfähigkeit der AOK-Mitglieder in der Branche Gesundheits- und Sozialwesen im Jahr 2022

Fallklasse	Branche hier		Alle Branchen	
	Anteil Fälle in %	Anteil Tage in %	Anteil Fälle in %	Anteil Tage in %
1–3 Tage	29,4	4,9	30,5	5,4
4–7 Tage	31,9	14,0	32,4	14,6
8–14 Tage	24,0	20,7	23,4	21,2
15–21 Tage	6,2	8,9	5,7	8,7
22–28 Tage	2,5	5,2	2,3	5,0
29–42 Tage	2,5	7,2	2,3	7,1
> 42 Tage	3,6	39,1	3,5	38,0

Fehlzeiten-Report 2023

Tab. 30.91 Tage der Arbeitsunfähigkeit je AOK-Mitglied nach Wirtschaftsabteilung und Betriebsgröße in der Branche Gesundheits- und Sozialwesen im Jahr 2022

Wirtschaftsabteilungen	Betriebsgröße (Anzahl der AOK-Mitglieder)					
	10–49	50–99	100–199	200–499	500–999	≥ 1.000
Altenheime, Alten- und Behindertenwohnheime	34,9	34,3	33,2	33,6	33,3	–
Arzt- und Zahnarztpraxen	20,8	22,6	21,7	26,3	–	–
Gesundheitswesen a. n. g.	27,2	29,8	29,3	31,9	–	–
Krankenhäuser	27,6	29,1	28,7	27,7	27,9	27,9
Pflegeheime	35,1	35,1	34,4	33,7	35,2	28,3
Sonstige Heime (ohne Erholungs- und Ferienheime)	28,4	28,1	26,2	26,1	26,1	–
Sonstiges Sozialwesen (ohne Heime)	29,0	30,1	30,1	32,0	32,9	32,1
Soziale Betreuung älterer Menschen und Behinderter	31,5	31,2	31,6	32,6	31,1	–
Stationäre Einrichtungen zur psychosozialen Betreuung, Suchtbekämpfung u. Ä.	30,6	25,3	31,7	36,4	–	–
Branche gesamt	**30,8**	**32,2**	**30,8**	**29,5**	**28,8**	**28,1**
Alle Branchen	**25,0**	**27,3**	**27,7**	**27,5**	**27,6**	**27,3**

Fehlzeiten-Report 2023

Tab. 30.92 Krankenstand in Prozent nach Ausbildungsabschluss in der Branche Gesundheits- und Sozialwesen im Jahr 2022, AOK-Mitglieder

Wirtschafts-abteilungen	Ausbildung						
	ohne Ausbildungsabschluss	mit Ausbildungsabschluss	Meister/ Techniker	Bachelor	Diplom/ Magister/ Master/ Staatsexamen	Promotion	unbekannt
Altenheime, Alten- und Behindertenwohnheime	9,1	9,7	9,2	5,6	7,1	6,8	9,0
Arzt- und Zahnarztpraxen	5,5	5,1	5,8	3,8	3,5	3,2	5,0
Gesundheitswesen a. n. g.	6,9	7,2	7,4	4,7	4,9	4,2	6,4
Krankenhäuser	7,5	8,3	9,1	4,3	4,1	3,4	7,9
Pflegeheime	9,3	9,8	8,7	5,6	7,6	6,6	9,0
Sonstige Heime (ohne Erholungs- und Ferienheime)	7,6	8,0	8,9	5,2	6,5	3,9	7,5
Sonstiges Sozialwesen (ohne Heime)	8,2	8,6	8,7	5,2	6,0	4,9	7,4
Soziale Betreuung älterer Menschen und Behinderter	8,5	8,9	8,6	5,1	6,7	6,6	7,7
Stationäre Einrichtungen zur psychosozialen Betreuung, Suchtbekämpfung u. Ä.	9,0	9,0	7,4	4,4	5,3	4,6	9,4
Branche gesamt	7,9	8,2	8,4	4,9	5,0	3,5	7,5
Alle Branchen	7,4	7,4	5,9	3,5	4,0	3,0	6,0

Fehlzeiten-Report 2023

Tab. 30.93 Tage der Arbeitsunfähigkeit je AOK-Mitglied nach Ausbildungsabschluss in der Branche Gesundheits- und Sozialwesen im Jahr 2022

Wirtschaftsabteilungen	Ausbildung						
	ohne Ausbildungsabschluss	mit Ausbildungsabschluss	Meister/ Techniker	Bachelor	Diplom/ Magister/ Master/ Staatsexamen	Promotion	unbekannt
Altenheime, Alten- und Behindertenwohnheime	33,2	35,3	33,6	20,4	26,1	24,7	32,8
Arzt- und Zahnarztpraxen	20,1	18,7	21,1	14,0	12,7	11,7	18,2
Gesundheitswesen a. n. g.	25,3	26,1	27,0	17,0	17,9	15,2	23,5
Krankenhäuser	27,4	30,2	33,2	15,8	15,1	12,4	28,8
Pflegeheime	33,8	35,9	31,9	20,3	27,7	24,0	33,0
Sonstige Heime (ohne Erholungs- und Ferienheime)	27,7	29,1	32,6	18,8	23,9	14,1	27,2
Sonstiges Sozialwesen (ohne Heime)	29,9	31,5	31,6	18,9	21,8	17,8	26,9
Soziale Betreuung älterer Menschen und Behinderter	30,9	32,6	31,4	18,7	24,4	24,0	28,3
Stationäre Einrichtungen zur psychosozialen Betreuung, Suchtbekämpfung u. Ä.	32,8	32,9	27,2	16,1	19,4	16,6	34,4
Branche gesamt	**28,9**	**30,1**	**30,7**	**18,1**	**18,2**	**12,9**	**27,3**
Alle Branchen	**26,9**	**27,1**	**21,5**	**12,9**	**14,5**	**10,9**	**21,9**

Fehlzeiten-Report 2023

Tab. 30.94 Anteil der Arbeitsunfälle an den AU-Fällen und -Tagen in Prozent nach Wirtschaftsabteilungen in der Branche Gesundheits- und Sozialwesen im Jahr 2022, AOK-Mitglieder

Wirtschaftsabteilungen	AU-Fälle in %	AU-Tage in %
Altenheime, Alten- und Behindertenwohnheime	1,5	2,9
Arzt- und Zahnarztpraxen	0,6	1,3
Gesundheitswesen a. n. g.	1,3	2,9
Krankenhäuser	1,3	2,6
Pflegeheime	1,4	2,7
Sonstige Heime (ohne Erholungs- und Ferienheime)	1,5	2,9
Sonstiges Sozialwesen (ohne Heime)	1,2	2,6
Soziale Betreuung älterer Menschen und Behinderter	1,6	3,3
Stationäre Einrichtungen zur psychosozialen Betreuung, Suchtbekämpfung u. Ä.	1,7	3,7
Branche gesamt	**1,3**	**2,6**
Alle Branchen	**2,0**	**4,5**

Fehlzeiten-Report 2023

Tab. 30.95 Tage und Fälle der Arbeitsunfähigkeit durch Arbeitsunfälle nach Berufsgruppen in der Branche Gesundheits- und Sozialwesen im Jahr 2022, AOK-Mitglieder

Tätigkeit	Arbeitsunfähigkeit je 1.000 AOK-Mitglieder	
	AU-Tage	AU-Fälle
Berufe im Rettungsdienst	1.495,2	62,7
Köche/Köchinnen (ohne Spez.)	1.099,5	43,4
Berufe in der Hauswirtschaft	1.079,8	36,8
Berufe in der Reinigung (ohne Spez.)	1.019,2	35,4
Berufe in der Altenpflege (ohne Spez.)	1.008,7	37,6
Berufe in der Haus- u. Familienpflege	928,1	36,3
Berufe in der Fachkrankenpflege	895,4	29,1
Berufe in Heilerziehungspflege u. Sonderpädagogik	886,5	37,6
Berufe in der Gesundheits- u. Krankenpflege (ohne Spez.)	849,9	33,3
Berufe in der Kinderbetreuung u. -erziehung	778,3	32,5
Berufe in der Sozialarbeit u. Sozialpädagogik	597,7	22,6
Berufe in der Physiotherapie	506,1	20,5
Verwaltende Berufe im Sozial- u. Gesundheitswesen	377,9	15,0
Büro- u. Sekretariatskräfte (ohne Spez.)	341,4	13,9
Ärzte/Ärztinnen (ohne Spez.)	279,3	14,7
Medizinische Fachangestellte (ohne Spez.)	278,1	15,3
Zahnmedizinische Fachangestellte	201,2	16,3
Branche gesamt	**753,8**	**30,0**
Alle Branchen	**1.094,5**	**43,8**

Fehlzeiten-Report 2023

Tab. 30.96 Tage und Fälle der Arbeitsunfähigkeit je 100 AOK-Mitglieder nach Krankheitsarten in der Branche Gesundheits- und Sozialwesen in den Jahren 2000 bis 2022

Jahr	Arbeitsunfähigkeit je 100 AOK-Mitglieder											
	Psyche		Herz/Kreislauf		Atemwege		Verdauung		Muskel/Skelett		Verletzungen	
	Tage	Fälle	Tage	Fälle	Tage	Fälle	Tage	Fälle	Tage	Fälle	Tage	Fälle
2000	229,0	9,5	142,7	8,8	357,9	50,2	145,4	20,8	627,8	33,3	221,5	14,7
2001	244,0	10,4	145,7	9,5	329,2	48,4	146,1	21,3	634,1	34,3	220,4	15,0
2002	246,6	10,8	139,1	9,5	316,8	47,7	149,1	23,1	613,5	33,9	220,7	15,0
2003	235,3	10,6	131,7	9,4	318,3	49,2	138,3	21,9	550,9	31,6	205,8	14,2
2004	245,7	10,7	141,1	8,5	275,2	41,9	140,7	21,4	522,5	29,9	201,9	13,3
2005	238,7	9,9	132,5	7,9	307,6	46,7	126,0	19,0	482,6	27,6	192,8	12,4
2006	244,3	10,1	134,4	8,0	257,8	39,6	130,2	20,2	489,9	27,4	198,7	12,5
2007	273,4	10,7	138,9	7,9	284,9	43,8	140,0	21,7	519,7	28,2	194,8	12,2
2008 (WZ03)	284,7	11,2	141,7	8,2	294,7	45,8	143,6	22,5	522,7	29,0	199,5	12,6
2008 (WZ08)[a]	285,0	11,2	141,9	8,2	295,3	45,8	144,1	22,5	524,2	29,1	199,2	12,6
2009	294,1	11,8	139,3	8,1	347,1	53,1	141,5	22,1	507,2	28,2	207,0	12,8
2010	331,8	12,8	138,9	8,0	301,4	47,1	133,5	20,6	545,8	29,6	224,3	13,7
2011	354,7	13,5	140,4	8,1	313,0	48,4	131,5	20,0	531,2	29,4	218,9	13,0
2012	383,9	13,7	150,3	8,2	307,8	46,7	133,8	19,5	556,3	29,3	223,4	12,6
2013	384,9	13,6	147,9	7,9	377,3	55,6	133,6	19,2	552,8	28,9	226,9	12,5
2014	422,9	15,0	157,7	8,5	312,9	47,7	140,4	19,9	599,4	30,5	233,7	12,7
2015	428,7	15,0	153,0	8,4	389,4	57,9	137,3	19,7	585,8	30,0	235,5	12,7
2016	437,8	15,3	135,0	8,4	361,8	55,5	132,2	19,9	604,7	30,7	238,4	12,8
2017	448,0	15,5	131,6	8,2	370,2	55,6	126,5	18,6	600,6	30,2	242,9	12,6
2018	460,3	15,8	130,3	8,3	400,1	58,5	126,1	18,3	597,6	30,0	245,1	12,7
2019	480,7	16,1	130,5	8,2	348,5	53,5	123,7	17,9	605,5	30,0	246,9	12,3
2020	507,2	15,7	130,4	7,5	397,7	49,0	117,9	15,5	628,9	29,8	242,9	11,4
2021	535,8	16,8	133,5	7,6	328,7	41,4	115,7	15,1	638,5	31,4	259,5	15,8
2022	583,3	17,9	132,6	7,8	745,3	100,5	118,4	16,6	634,7	33,2	258,9	13,6

[a] aufgrund der Revision der Wirtschaftszweigklassifikation in 2008 ist eine Vergleichbarkeit mit den Vorjahren nur bedingt möglich

Fehlzeiten-Report 2023

Tab. 30.97 Verteilung der Arbeitsunfähigkeitstage nach Krankheitsarten in Prozent in der Branche Gesundheits- und Sozialwesen im Jahr 2022, AOK-Mitglieder

Wirtschaftsabteilungen	AU-Tage in %						
	Psyche	Herz/ Kreislauf	Atem- wege	Ver- dauung	Muskel/ Skelett	Verlet- zungen	Sonstige
Altenheime, Alten- und Behindertenwohnheime	14,7	3,4	15,4	2,9	17,6	6,4	39,7
Arzt- und Zahnarztpraxen	11,0	2,1	24,9	3,2	8,4	4,7	45,7
Gesundheitswesen a. n. g.	12,3	3,2	19,8	3,0	13,7	6,8	41,2
Krankenhäuser	14,2	3,1	17,6	2,7	15,0	6,3	41,1
Pflegeheime	14,5	3,5	15,4	2,7	17,7	6,3	39,8
Sonstige Heime (ohne Erholungs- und Ferienheime)	15,4	3,0	19,2	2,8	11,9	6,2	41,5
Sonstiges Sozialwesen (ohne Heime)	14,7	3,1	20,5	2,8	13,0	5,8	40,1
Soziale Betreuung älterer Menschen und Behinderter	13,9	3,3	16,0	2,8	17,3	6,6	40,1
Stationäre Einrichtungen zur psychosozialen Betreuung, Suchtbekämpfung u. Ä.	17,1	4,0	16,1	2,8	14,5	6,2	39,2
Branche gesamt	**13,9**	**3,2**	**17,8**	**2,8**	**15,2**	**6,2**	**40,9**
Alle Branchen	**10,3**	**4,0**	**17,5**	**3,3**	**17,4**	**8,1**	**39,4**

Fehlzeiten-Report 2023

Tab. 30.98 Verteilung der Arbeitsunfähigkeitsfälle nach Krankheitsarten in Prozent in der Branche Gesundheits- und Sozialwesen im Jahr 2022, AOK-Mitglieder

Wirtschaftsabteilungen	AU-Fälle in %						
	Psyche	Herz/Kreislauf	Atemwege	Verdauung	Muskel/Skelett	Verletzungen	Sonstige
Altenheime, Alten- und Behindertenwohnheime	5,7	2,5	25,6	4,6	11,6	4,1	45,9
Arzt- und Zahnarztpraxen	3,7	1,5	31,5	4,9	5,3	2,8	50,4
Gesundheitswesen a. n. g.	4,4	2,1	30,2	4,6	8,2	4,0	46,6
Krankenhäuser	5,1	2,2	27,9	4,6	9,6	3,9	46,7
Pflegeheime	5,6	2,5	25,6	4,6	11,5	4,1	46,0
Sonstige Heime (ohne Erholungs- und Ferienheime)	5,2	2,1	30,3	4,6	7,7	3,9	46,2
Sonstiges Sozialwesen (ohne Heime)	5,0	2,0	31,2	4,7	8,3	3,6	45,3
Soziale Betreuung älterer Menschen und Behinderter	5,4	2,4	26,4	4,6	10,5	4,2	46,4
Stationäre Einrichtungen zur psychosozialen Betreuung, Suchtbekämpfung u. Ä.	6,1	2,5	27,5	4,6	9,1	3,9	46,3
Branche gesamt	**5,0**	**2,2**	**28,2**	**4,7**	**9,3**	**3,8**	**46,8**
Alle Branchen	**3,9**	**2,4**	**27,3**	**5,2**	**11,8**	**4,9**	**44,4**

Fehlzeiten-Report 2023

◻ Tab. 30.99 Verteilung der Arbeitsunfähigkeitstage nach Krankheitsarten und ausgewählten Berufsgruppen in der Branche Gesundheits- und Sozialwesen im Jahr 2022, AOK-Mitglieder

Tätigkeit	AU-Tage in %						
	Psyche	Herz/Kreislauf	Atemwege	Verdauung	Muskel/Skelett	Verletzungen	Sonstige
Ärzte/Ärztinnen (ohne Spez.)	9,3	2,5	25,7	2,9	8,5	5,6	45,5
Berufe im Rettungsdienst	10,5	3,7	17,6	3,3	16,0	10,2	38,8
Berufe in der Altenpflege (ohne Spez.)	14,4	3,3	15,1	2,8	18,6	6,4	39,3
Berufe in der Fachkrankenpflege	14,6	3,5	16,1	2,6	15,3	6,8	41,1
Berufe in der Gesundheits- u. Krankenpflege (ohne Spez.)	14,4	3,1	16,7	2,7	16,0	6,5	40,5
Berufe in der Haus- u. Familienpflege	15,1	3,3	16,8	2,8	15,9	6,0	40,1
Berufe in der Hauswirtschaft	12,6	3,7	14,8	2,9	19,5	6,7	39,8
Berufe in der Kinderbetreuung u. -erziehung	15,6	2,4	21,5	2,8	11,6	5,5	40,6
Berufe in der Physiotherapie	10,8	2,5	22,6	2,6	12,2	7,0	42,3
Berufe in der Reinigung (ohne Spez.)	10,8	3,9	14,2	2,7	21,4	7,0	40,0
Berufe in der Sozialarbeit u. Sozialpädagogik	17,1	2,8	20,4	2,3	11,0	5,4	40,9
Berufe in Heilerziehungspflege u. Sonderpädagogik	16,4	2,8	19,5	2,7	12,2	6,2	40,4
Büro- u. Sekretariatskräfte (ohne Spez.)	16,2	3,2	19,5	2,8	10,0	5,4	42,9
Köche/Köchinnen (ohne Spez.)	12,2	4,4	13,1	2,6	20,7	7,1	39,8
Medizinische Fachangestellte (ohne Spez.)	12,4	2,1	23,8	3,1	8,2	4,5	45,8
Verwaltende Berufe im Sozial- u. Gesundheitswesen	15,3	2,5	20,2	3,0	10,7	4,7	43,6
Zahnmedizinische Fachangestellte	9,9	1,6	27,4	3,5	8,0	4,8	44,9
Branche gesamt	**13,9**	**3,2**	**17,8**	**2,8**	**15,2**	**6,2**	**40,9**
Alle Branchen	**10,3**	**4,0**	**17,5**	**3,3**	**17,4**	**8,1**	**39,4**

Fehlzeiten-Report 2023

Tab. 30.100 Verteilung der Arbeitsunfähigkeitsfälle nach Krankheitsarten und ausgewählten Berufsgruppen in der Branche Gesundheits- und Sozialwesen im Jahr 2022, AOK-Mitglieder

Tätigkeit	AU-Fälle in %						
	Psyche	Herz/Kreislauf	Atemwege	Verdauung	Muskel/Skelett	Verletzungen	Sonstige
Ärzte/Ärztinnen (ohne Spez.)	3,2	1,6	33,8	4,3	5,9	2,9	48,3
Berufe im Rettungsdienst	4,1	2,2	28,2	4,5	10,1	5,8	45,2
Berufe in der Altenpflege (ohne Spez.)	5,9	2,4	24,9	4,5	12,3	4,2	45,8
Berufe in der Fachkrankenpflege	5,7	2,6	27,6	4,5	10,2	4,1	45,5
Berufe in der Gesundheits- u. Krankenpflege (ohne Spez.)	5,5	2,2	26,8	4,5	10,4	4,1	46,5
Berufe in der Haus- u. Familienpflege	5,8	2,5	27,2	4,7	10,0	3,9	46,0
Berufe in der Hauswirtschaft	4,9	2,9	25,1	4,8	12,0	4,3	46,0
Berufe in der Kinderbetreuung u. -erziehung	5,0	1,7	32,7	4,6	7,0	3,4	45,5
Berufe in der Physiotherapie	3,6	1,7	32,9	4,5	6,9	3,9	46,4
Berufe in der Reinigung (ohne Spez.)	4,5	3,2	23,4	4,8	14,3	4,3	45,5
Berufe in der Sozialarbeit u. Sozialpädagogik	5,5	1,8	32,6	4,1	6,6	3,3	46,1
Berufe in Heilerziehungspflege u. Sonderpädagogik	5,6	1,9	30,6	4,4	8,2	3,9	45,4
Büro- u. Sekretariatskräfte (ohne Spez.)	5,0	2,2	29,4	5,0	6,7	3,2	48,4
Köche/Köchinnen (ohne Spez.)	5,0	3,3	23,2	4,8	13,2	4,8	45,8
Medizinische Fachangestellte (ohne Spez.)	4,0	1,5	31,1	4,9	5,1	2,7	50,7
Verwaltende Berufe im Sozial- u. Gesundheitswesen	5,1	2,0	29,6	4,8	6,5	3,0	49,0
Zahnmedizinische Fachangestellte	3,4	1,3	32,1	5,1	5,4	3,0	49,8
Branche gesamt	5,0	2,2	28,2	4,7	9,3	3,8	46,8
Alle Branchen	3,9	2,4	27,3	5,2	11,8	4,9	44,4

Fehlzeiten-Report 2023

Tab. 30.101 Anteile der 40 häufigsten Einzeldiagnosen an den AU-Fällen und AU-Tagen in der Branche Gesundheits- und Sozialwesen im Jahr 2022, AOK-Mitglieder

ICD-10	Bezeichnung	AU-Fälle in %	AU-Tage in %
J06	Akute Infektionen an mehreren oder nicht näher bezeichneten Lokalisationen der oberen Atemwege	17,4	10,5
U07	Krankheiten mit unklarer Ätiologie, belegte und nicht belegte Schlüsselnummern U07.-	7,4	5,5
U99	Belegte und nicht belegte Schlüsselnummern U99.-!	3,7	2,1
M54	Rückenschmerzen	3,6	4,1
A09	Sonstige und nicht näher bezeichnete Gastroenteritis und Kolitis infektiösen und nicht näher bezeichneten Ursprungs	3,0	1,0
Z11	Spezielle Verfahren zur Untersuchung auf infektiöse und parasitäre Krankheiten	2,7	1,6
B34	Viruskrankheit nicht näher bezeichneter Lokalisation	2,4	1,5
F43	Reaktionen auf schwere Belastungen und Anpassungsstörungen	1,7	3,6
J00	Akute Rhinopharyngitis [Erkältungsschnupfen]	1,6	0,9
R51	Kopfschmerz	1,6	0,8
R10	Bauch- und Beckenschmerzen	1,6	0,8
F32	Depressive Episode	1,1	4,0
R53	Unwohlsein und Ermüdung	1,1	1,3
J98	Sonstige Krankheiten der Atemwege	1,0	0,6
B99	Sonstige und nicht näher bezeichnete Infektionskrankheiten	1,0	0,6
M79	Sonstige Krankheiten des Weichteilgewebes, anderenorts nicht klassifiziert	0,9	0,9
I10	Essentielle (primäre) Hypertonie	0,9	0,9
J20	Akute Bronchitis	0,9	0,6
G43	Migräne	0,9	0,4
R11	Übelkeit und Erbrechen	0,9	0,4
F48	Andere neurotische Störungen	0,8	1,7
R05	Husten	0,8	0,5
K29	Gastritis und Duodenitis	0,8	0,4
K52	Sonstige nichtinfektiöse Gastroenteritis und Kolitis	0,8	0,3
M25	Sonstige Gelenkkrankheiten, anderenorts nicht klassifiziert	0,7	1,1
R07	Hals- und Brustschmerzen	0,7	0,4
J40	Bronchitis, nicht als akut oder chronisch bezeichnet	0,7	0,4
Z98	Sonstige Zustände nach chirurgischem Eingriff	0,6	1,6

◨ **Tab. 30.101** (Fortsetzung)

ICD-10	Bezeichnung	AU-Fälle in %	AU-Tage in %
J03	Akute Tonsillitis	0,6	0,3
J02	Akute Pharyngitis	0,6	0,3
K08	Sonstige Krankheiten der Zähne und des Zahnhalteapparates	0,6	0,2
M51	Sonstige Bandscheibenschäden	0,5	1,4
F45	Somatoforme Störungen	0,5	1,3
T14	Verletzung an einer nicht näher bezeichneten Körperregion	0,5	0,6
R42	Schwindel und Taumel	0,5	0,5
M99	Biomechanische Funktionsstörungen, anderenorts nicht klassifiziert	0,5	0,5
J32	Chronische Sinusitis	0,5	0,3
R50	Fieber sonstiger und unbekannter Ursache	0,5	0,3
J01	Akute Sinusitis	0,5	0,3
N39	Sonstige Krankheiten des Harnsystems	0,5	0,2
	Summe hier	**67,6**	**54,7**
	Restliche	32,4	45,3
	Gesamtsumme	**100,0**	**100,0**

Fehlzeiten-Report 2023

Tab. 30.102 Anteile der 40 häufigsten Diagnoseuntergruppen an den AU-Fällen und AU-Tagen in der Branche Gesundheits- und Sozialwesen im Jahr 2022, AOK-Mitglieder

ICD-10	Bezeichnung	AU-Fälle in %	AU-Tage in %
J00–J06	Akute Infektionen der oberen Atemwege	21,7	13,0
U00–U49	Vorläufige Zuordnungen für Krankheiten mit unklarer Ätiologie, belegte und nicht belegte Schlüsselnummern	8,7	7,1
M50–M54	Sonstige Krankheiten der Wirbelsäule und des Rückens	4,3	5,5
R50–R69	Allgemeinsymptome	4,3	3,5
U98–U99	Belegte und nicht belegte Schlüsselnummern	3,9	2,2
A00–A09	Infektiöse Darmkrankheiten	3,5	1,2
F40–F48	Neurotische, Belastungs- und somatoforme Störungen	3,4	7,8
Z00–Z13	Personen, die das Gesundheitswesen zur Untersuchung und Abklärung in Anspruch nehmen	3,0	1,8
B25–B34	Sonstige Viruskrankheiten	2,6	1,6
R10–R19	Symptome, die das Verdauungssystem und das Abdomen betreffen	2,6	1,4
R00–R09	Symptome, die das Kreislaufsystem und das Atmungssystem betreffen	2,0	1,5
M70–M79	Sonstige Krankheiten des Weichteilgewebes	1,7	2,8
G40–G47	Episodische und paroxysmale Krankheiten des Nervensystems	1,7	1,3
F30–F39	Affektive Störungen	1,5	6,4
Z80–Z99	Personen mit potentiellen Gesundheitsrisiken aufgrund der Familien- oder Eigenanamnese und bestimmte Zustände, die den Gesundheitszustand beeinflussen	1,3	2,7
J40–J47	Chronische Krankheiten der unteren Atemwege	1,2	1,0
J20–J22	Sonstige akute Infektionen der unteren Atemwege	1,2	0,8
K00–K14	Krankheiten der Mundhöhle, der Speicheldrüsen und der Kiefer	1,2	0,4
M20–M25	Sonstige Gelenkkrankheiten	1,1	2,1
J95–J99	Sonstige Krankheiten des Atmungssystems	1,1	0,8
B99–B99	Sonstige Infektionskrankheiten	1,1	0,6
K20–K31	Krankheiten des Ösophagus, des Magens und des Duodenums	1,1	0,6
I10–I15	Hypertonie [Hochdruckkrankheit]	1,0	1,0
K50–K52	Nichtinfektiöse Enteritis und Kolitis	1,0	0,4
Z20–Z29	Personen mit potentiellen Gesundheitsrisiken hinsichtlich übertragbarer Krankheiten	0,9	0,6
R40–R46	Symptome, die das Erkennungs- und Wahrnehmungsvermögen, die Stimmung und das Verhalten betreffen	0,8	0,7
J30–J39	Sonstige Krankheiten der oberen Atemwege	0,8	0,5
N80–N98	Nichtentzündliche Krankheiten des weiblichen Genitaltraktes	0,7	0,5

◘ Tab. 30.102 (Fortsetzung)

ICD-10	Bezeichnung	AU-Fälle in %	AU-Tage in %
N30–N39	Sonstige Krankheiten des Harnsystems	0,7	0,4
S90–S99	Verletzungen der Knöchelregion und des Fußes	0,6	0,9
T08–T14	Verletzungen nicht näher bezeichneter Teile des Rumpfes, der Extremitäten oder anderer Körperregionen	0,6	0,7
K55–K64	Sonstige Krankheiten des Darmes	0,6	0,5
M15–M19	Arthrose	0,5	1,7
S80–S89	Verletzungen des Knies und des Unterschenkels	0,5	1,3
G50–G59	Krankheiten von Nerven, Nervenwurzeln und Nervenplexus	0,5	1,0
Z40–Z54	Personen, die das Gesundheitswesen zum Zwecke spezifischer Maßnahmen und zur medizinischen Betreuung in Anspruch nehmen	0,5	0,7
M95–M99	Sonstige Krankheiten des Muskel-Skelett-Systems und des Bindegewebes	0,5	0,6
J09–J18	Grippe und Pneumonie	0,5	0,4
E70–E90	Stoffwechselstörungen	0,5	0,4
T80–T88	Komplikationen bei chirurgischen Eingriffen und medizinischer Behandlung, anderenorts nicht klassifiziert	0,5	0,3
	Summe hier	**85,9**	**78,7**
	Restliche	14,1	21,3
	Gesamtsumme	**100,0**	**100,0**

Fehlzeiten-Report 2023

Kapitel 30 · Krankheitsbedingte Fehlzeiten nach Branchen im Jahr 2022

30.7 Handel

Entwicklung des Krankenstands der AOK-Mitglieder in der Branche Handel in den Jahren 1998 bis 2022	Tab. 30.103
Arbeitsunfähigkeit der AOK-Mitglieder in der Branche Handel nach Bundesländern im Jahr 2022 im Vergleich zum Vorjahr	Tab. 30.104
Arbeitsunfähigkeit der AOK-Mitglieder nach Wirtschaftsabteilungen in der Branche Handel im Jahr 2022	Tab. 30.105
Kennzahlen der Arbeitsunfähigkeit nach ausgewählten Berufsgruppen in der Branche Handel im Jahr 2022	Tab. 30.106
Dauer der Arbeitsunfähigkeit der AOK-Mitglieder in der Branche Handel im Jahr 2022	Tab. 30.107
Tage der Arbeitsunfähigkeit je AOK-Mitglied nach Wirtschaftsabteilung und Betriebsgröße in der Branche Handel im Jahr 2022	Tab. 30.108
Krankenstand in Prozent nach Ausbildungsabschluss in der Branche Handel im Jahr 2022, AOK-Mitglieder	Tab. 30.109
Tage der Arbeitsunfähigkeit je AOK-Mitglied nach Ausbildungsabschluss in der Branche Handel im Jahr 2022	Tab. 30.110
Anteil der Arbeitsunfälle an den AU-Fällen und -Tagen in Prozent nach Wirtschaftsabteilungen in der Branche Handel im Jahr 2022, AOK-Mitglieder	Tab. 30.111
Tage und Fälle der Arbeitsunfähigkeit durch Arbeitsunfälle nach Berufsgruppen in der Branche Handel im Jahr 2022, AOK-Mitglieder	Tab. 30.112
Tage und Fälle der Arbeitsunfähigkeit je 100 AOK-Mitglieder nach Krankheitsarten in der Branche Handel in den Jahren 1998 bis 2022	Tab. 30.113
Verteilung der Arbeitsunfähigkeitstage nach Krankheitsarten in Prozent in der Branche Handel im Jahr 2022, AOK-Mitglieder	Tab. 30.114
Verteilung der Arbeitsunfähigkeitsfälle nach Krankheitsarten in Prozent in der Branche Handel im Jahr 2022, AOK-Mitglieder	Tab. 30.115
Verteilung der Arbeitsunfähigkeitstage nach Krankheitsarten und ausgewählten Berufsgruppen in der Branche Handel im Jahr 2022, AOK-Mitglieder	Tab. 30.116
Verteilung der Arbeitsunfähigkeitsfälle nach Krankheitsarten und ausgewählten Berufsgruppen in der Branche Handel im Jahr 2022, AOK-Mitglieder	Tab. 30.117
Anteile der 40 häufigsten Einzeldiagnosen an den AU-Fällen und AU-Tagen in der Branche Handel im Jahr 2022, AOK-Mitglieder	Tab. 30.118
Anteile der 40 häufigsten Diagnoseuntergruppen an den AU-Fällen und AU-Tagen in der Branche Handel im Jahr 2022, AOK-Mitglieder	Tab. 30.119

Tab. 30.103 Entwicklung des Krankenstands der AOK-Mitglieder in der Branche Handel in den Jahren 1998 bis 2022

Jahr	Krankenstand in %			AU-Fälle je 100 AOK-Mitglieder			Tage je Fall		
	West	Ost	Bund	West	Ost	Bund	West	Ost	Bund
1998	4,6	3,9	4,5	134,1	102,0	129,6	12,3	13,8	12,5
1999	4,6	4,2	4,5	142,7	113,4	138,9	11,9	13,6	12,1
2000	4,6	4,2	4,6	146,5	117,9	143,1	11,6	13,0	11,7
2001	4,6	4,2	4,5	145,4	113,2	141,8	11,5	13,5	11,7
2002	4,5	4,1	4,5	145,5	114,4	142,0	11,4	13,0	11,5
2003	4,2	3,7	4,2	140,5	110,7	136,8	11,0	12,4	11,2
2004	3,9	3,4	3,8	127,0	100,9	123,4	11,2	12,2	11,3
2005	3,8	3,3	3,7	127,9	100,7	123,9	10,9	12,1	11,0
2006	3,7	3,3	3,6	122,7	97,0	118,9	11,0	12,3	11,2
2007	3,9	3,6	3,9	132,4	106,6	128,6	10,9	12,2	11,0
2008 (WZ03)	4,1	3,8	4,0	140,4	112,0	136,2	10,6	12,3	10,8
2008 (WZ08)[a]	4,1	3,7	4,0	139,9	111,7	135,7	10,6	12,2	10,8
2009	4,2	4,1	4,2	146,4	122,1	142,8	10,5	12,2	10,7
2010	4,3	4,1	4,3	143,7	126,8	141,2	10,9	11,9	11,0
2011	4,4	3,9	4,3	149,1	131,0	146,5	10,8	11,0	10,8
2012	4,4	4,4	4,4	149,7	125,8	146,2	10,8	12,9	11,1
2013	4,7	4,6	4,7	161,2	136,3	157,7	10,6	12,4	10,8
2014	4,8	4,7	4,8	159,1	133,4	155,4	11,0	13,0	11,3
2015	5,0	4,9	5,0	168,2	143,7	164,6	10,8	12,6	11,0
2016	5,0	5,1	5,0	166,6	146,9	163,9	10,9	12,6	11,1
2017	4,9	5,3	5,0	162,3	148,3	160,3	11,1	13,0	11,4
2018	5,1	5,5	5,2	168,5	154,5	166,5	11,1	13,0	11,4
2019	5,1	5,5	5,2	164,3	152,8	162,7	11,3	13,2	11,6
2020	5,1	5,6	5,2	143,4	138,7	142,7	13,0	14,9	13,3
2021	5,0	5,8	5,1	146,5	145,1	146,3	12,5	14,7	12,8
2022	6,5	7,2	6,6	223,4	215,2	222,1	10,6	12,3	10,8

[a] aufgrund der Revision der Wirtschaftszweigklassifikation in 2008 ist eine Vergleichbarkeit mit den Vorjahren nur bedingt möglich

Fehlzeiten-Report 2023

Kapitel 30 · Krankheitsbedingte Fehlzeiten nach Branchen im Jahr 2022

Tab. 30.104 Arbeitsunfähigkeit der AOK-Mitglieder in der Branche Handel nach Bundesländern im Jahr 2022 im Vergleich zum Vorjahr

Bundesland	Kranken-stand in %	Arbeitsunfähigkeit je 100 AOK-Mitglieder				Tage je Fall	Veränd. z. Vorj. in %	AU-Quote in %
		AU-Fälle	Veränd. z. Vorj. in %	AU-Tage	Veränd. z. Vorj. in %			
Baden-Württemberg	6,4	230,3	44,7	2.345,3	26,8	10,2	−12,4	69,0
Bayern	6,2	211,3	61,9	2.244,9	30,2	10,6	−19,6	66,0
Berlin	5,5	201,8	44,6	2.017,6	30,0	10,0	−10,1	54,5
Brandenburg	7,3	211,5	50,8	2.676,6	25,1	12,7	−17,0	67,0
Bremen	6,4	219,5	69,8	2.354,1	38,2	10,7	−18,6	65,7
Hamburg	5,7	200,7	71,0	2.097,3	39,2	10,4	−18,6	58,5
Hessen	6,6	238,3	48,7	2.424,2	28,4	10,2	−13,6	66,8
Mecklenburg-Vorpommern	7,5	205,1	67,9	2.736,5	32,6	13,3	−21,0	67,3
Niedersachsen	6,9	239,2	50,2	2.530,1	29,3	10,6	−13,9	71,6
Nordrhein-Westfalen	6,6	223,0	49,4	2.415,1	26,3	10,8	−15,5	65,1
Rheinland-Pfalz	6,3	206,9	67,5	2.308,4	30,2	11,2	−22,3	64,1
Saarland	7,1	211,0	42,9	2.595,9	22,9	12,3	−14,0	64,1
Sachsen	6,9	208,9	43,8	2.505,9	20,9	12,0	−15,9	70,7
Sachsen-Anhalt	7,7	223,5	51,6	2.818,0	27,0	12,6	−16,2	70,1
Schleswig-Holstein	6,6	226,1	61,0	2.414,4	30,8	10,7	−18,7	66,9
Thüringen	7,6	228,2	49,7	2.789,1	26,5	12,2	−15,5	71,8
West	**6,5**	**223,4**	**52,4**	**2.358,3**	**28,6**	**10,6**	**−15,6**	**66,6**
Ost	**7,2**	**215,2**	**48,3**	**2.643,5**	**24,3**	**12,3**	**−16,2**	**70,2**
Bund	**6,6**	**222,1**	**51,8**	**2.401,4**	**27,9**	**10,8**	**−15,8**	**67,2**

Fehlzeiten-Report 2023

Tab. 30.105 Arbeitsunfähigkeit der AOK-Mitglieder nach Wirtschaftsabteilungen in der Branche Handel im Jahr 2022

Wirtschaftsabteilungen	Krankenstand in %		Arbeitsunfähigkeit je 100 AOK-Mitglieder		Tage je Fall	AU-Quote in %
	2022	2022 stand.[a]	Fälle	Tage		
Einzelhandel (ohne Handel mit Kraftfahrzeugen)	6,8	6,9	222,3	2.490,4	11,2	66,5
Großhandel (ohne Handel mit Kraftfahrzeugen)	6,4	6,4	215,8	2.333,7	10,8	67,6
Handel mit Kraftfahrzeugen, Instandhaltung und Reparatur von Kraftfahrzeugen	6,0	5,9	233,8	2.182,9	9,3	69,1
Branche gesamt	**6,6**	**6,8**	**222,1**	**2.401,4**	**10,8**	**67,2**
Alle Branchen	**6,7**	**6,8**	**216,6**	**2.450,0**	**11,3**	**64,6**

[a] Krankenstand alters- und geschlechtsstandardisiert
Fehlzeiten-Report 2023

Tab. 30.106 Kennzahlen der Arbeitsunfähigkeit nach ausgewählten Berufsgruppen in der Branche Handel im Jahr 2022

Tätigkeit	Krankenstand in %	Arbeitsunfähigkeit je 100 AOK-Mitglieder		Tage je Fall	AU-Quote in %	Anteil der Berufsgruppe an der Branche in %[a]
		AU-Fälle	AU-Tage			
Aufsichts-/Führungskr. – Verkauf	5,6	155,2	2.031,1	13,1	62,6	1,3
Berufe im Verkauf (Ohne Spez.)	7,2	221,2	2.636,7	11,9	66,6	24,0
Berufe im Verkauf von Back- u. Konditoreiwaren	7,5	211,5	2.741,8	13,0	65,1	1,8
Berufe im Verkauf von Bekleidung, Sportartikeln, Lederwaren u. Schuhen	6,8	249,3	2.474,7	9,9	67,4	2,7
Berufe im Verkauf von drogerie- u. apothekenüblichen Waren	6,6	239,1	2.404,8	10,1	72,6	1,9
Berufe im Verkauf von Garten-, Heimwerker-, Haustier- u. Zoobedarf	7,6	247,2	2.785,0	11,3	75,8	1,2
Berufe im Verkauf von Kraftfahrzeugen, Zweirädern u. Zubehör	5,1	222,9	1.863,7	8,4	68,6	1,5

Tab. 30.106 (Fortsetzung)

Tätigkeit	Kranken-stand in %	Arbeitsunfähigkeit je 100 AOK-Mitglieder		Tage je Fall	AU-Quote in %	Anteil der Berufsgruppe an der Branche in %[a]
		AU-Fälle	AU-Tage			
Berufe im Verkauf von Lebensmitteln (ohne Spez.)	6,9	225,7	2.533,8	11,2	68,2	1,9
Berufe im Vertrieb (außer Informations- u. Kommunikationstechnologien)	4,7	170,7	1.711,5	10,0	63,3	2,5
Berufe in der Kraftfahrzeugtechnik	6,5	278,8	2.373,1	8,5	75,5	4,9
Berufe in der Lagerwirtschaft	8,1	285,1	2.963,0	10,4	71,9	12,7
Berufe in der pharmazeutisch-technischen Assistenz	4,9	210,4	1.786,3	8,5	71,7	1,2
Berufe in der Reinigung (ohne Spez.)	6,4	194,4	2.345,6	12,1	62,6	1,0
Berufskraftfahrer/innen (Güterverkehr/LKW)	8,6	199,6	3.132,9	15,7	67,9	2,2
Büro- u. Sekretariatskräfte (ohne Spez.)	4,6	179,5	1.687,8	9,4	61,7	4,5
Fahrzeugführer/innen im Straßenverkehr (sonstige spezifische Tätigkeitsangabe)	7,5	212,9	2.744,0	12,9	57,2	1,2
Kassierer/innen u. Kartenverkäufer/innen	7,9	225,1	2.894,5	12,9	68,0	2,2
Kaufleute im Groß- u. Außenhandel	4,7	251,2	1.711,2	6,8	72,9	1,7
Kaufmännische u. technische Betriebswirtschaft (ohne Spez.)	4,8	182,3	1.737,9	9,5	65,8	2,3
Branche gesamt	**6,6**	**222,1**	**2.401,4**	**10,8**	**67,2**	**14,4**[b]

[a] Anteil der AOK-Mitglieder in der Berufsgruppe an den in der Branche beschäftigten AOK-Mitgliedern insgesamt
[b] Anteil der AOK-Mitglieder in der Branche an allen AOK-Mitgliedern
Fehlzeiten-Report 2023

Tab. 30.107 Dauer der Arbeitsunfähigkeit der AOK-Mitglieder in der Branche Handel im Jahr 2022

Fallklasse	Branche hier		Alle Branchen	
	Anteil Fälle in %	Anteil Tage in %	Anteil Fälle in %	Anteil Tage in %
1–3 Tage	31,4	5,8	30,5	5,4
4–7 Tage	33,0	15,7	32,4	14,6
8–14 Tage	22,8	21,7	23,4	21,2
15–21 Tage	5,3	8,5	5,7	8,7
22–28 Tage	2,1	4,8	2,3	5,0
29–42 Tage	2,1	6,9	2,3	7,1
> 42 Tage	3,2	36,6	3,5	38,0

Fehlzeiten-Report 2023

Tab. 30.108 Tage der Arbeitsunfähigkeit je AOK-Mitglied nach Wirtschaftsabteilung und Betriebsgröße in der Branche Handel im Jahr 2022

Wirtschaftsabteilungen	Betriebsgröße (Anzahl der AOK-Mitglieder)					
	10–49	50–99	100–199	200–499	500–999	≥ 1.000
Einzelhandel (ohne Handel mit Kraftfahrzeugen)	26,1	28,2	28,5	28,7	28,4	34,1
Großhandel (ohne Handel mit Kraftfahrzeugen)	24,3	26,2	27,1	26,4	24,9	20,8
Handel mit Kraftfahrzeugen, Instandhaltung und Reparatur von Kraftfahrzeugen	23,1	23,0	25,4	26,8	24,1	20,9
Branche gesamt	25,2	26,9	27,6	27,7	26,8	32,6
Alle Branchen	25,0	27,3	27,7	27,5	27,6	27,3

Fehlzeiten-Report 2023

Tab. 30.109 Krankenstand in Prozent nach Ausbildungsabschluss in der Branche Handel im Jahr 2022, AOK-Mitglieder

Wirtschafts-abteilungen	Ausbildung						
	ohne Ausbildungsabschluss	mit Ausbildungsabschluss	Meister/ Techniker	Bachelor	Diplom/ Magister/ Master/ Staatsexamen	Promotion	unbekannt
Einzelhandel (ohne Handel mit Kraftfahrzeugen)	7,2	7,2	6,0	3,8	4,0	4,0	6,3
Großhandel (ohne Handel mit Kraftfahrzeugen)	7,6	6,7	5,2	2,9	3,3	2,9	6,1
Handel mit Kraftfahrzeugen, Instandhaltung und Reparatur von Kraftfahrzeugen	6,4	6,2	5,8	3,0	3,4	4,5	5,5
Branche gesamt	7,2	6,9	5,6	3,3	3,6	3,4	6,2
Alle Branchen	7,4	7,4	5,9	3,5	4,0	3,0	6,0

Fehlzeiten-Report 2023

Tab. 30.110 Tage der Arbeitsunfähigkeit je AOK-Mitglied nach Ausbildungsabschluss in der Branche Handel im Jahr 2022

Wirtschafts-abteilungen	Ausbildung						
	ohne Ausbildungsabschluss	mit Ausbildungsabschluss	Meister/ Techniker	Bachelor	Diplom/ Magister/ Master/ Staatsexamen	Promotion	unbekannt
Einzelhandel (ohne Handel mit Kraftfahrzeugen)	26,4	26,2	21,8	13,8	14,8	14,6	23,0
Großhandel (ohne Handel mit Kraftfahrzeugen)	27,8	24,5	18,9	10,6	11,9	10,4	22,4
Handel mit Kraftfahrzeugen, Instandhaltung und Reparatur von Kraftfahrzeugen	23,4	22,5	21,1	11,1	12,4	16,4	20,1
Branche gesamt	26,2	25,2	20,6	12,1	13,3	12,5	22,5
Alle Branchen	26,9	27,1	21,5	12,9	14,5	10,9	21,9

Fehlzeiten-Report 2023

Tab. 30.111 Anteil der Arbeitsunfälle an den AU-Fällen und -Tagen in Prozent nach Wirtschaftsabteilungen in der Branche Handel im Jahr 2022, AOK-Mitglieder

Wirtschaftsabteilungen	AU-Fälle in %	AU-Tage in %
Einzelhandel (ohne Handel mit Kraftfahrzeugen)	1,7	3,3
Großhandel (ohne Handel mit Kraftfahrzeugen)	2,1	5,0
Handel mit Kraftfahrzeugen, Instandhaltung und Reparatur von Kraftfahrzeugen	2,2	4,6
Branche gesamt	**1,9**	**4,0**
Alle Branchen	**2,0**	**4,5**

Fehlzeiten-Report 2023

Tab. 30.112 Tage und Fälle der Arbeitsunfähigkeit durch Arbeitsunfälle nach Berufsgruppen in der Branche Handel im Jahr 2022, AOK-Mitglieder

Tätigkeit	Arbeitsunfähigkeit je 1.000 AOK-Mitglieder	
	AU-Tage	AU-Fälle
Berufskraftfahrer/innen (Güterverkehr/LKW)	3.053,6	86,9
Fahrzeugführer/innen im Straßenverkehr (sonstige spezifische Tätigkeitsangabe)	2.479,0	90,7
Berufe in der Lagerwirtschaft	1.430,6	64,9
Berufe in der Kraftfahrzeugtechnik	1.417,8	83,7
Berufe im Verkauf von Garten-, Heimwerker-, Haustier- u. Zoobedarf	1.192,5	55,0
Berufe im Verkauf von Back- u. Konditoreiwaren	1.011,2	40,2
Berufe in der Reinigung (ohne Spez.)	977,1	33,4
Berufe im Verkauf von Lebensmitteln (ohne Spez.)	914,1	46,7
Kassierer/innen u. Kartenverkäufer/innen	803,0	28,7
Berufe im Verkauf (Ohne Spez.)	784,5	36,5
Aufsichts-/Führungskr. – Verkauf	573,4	26,8
Berufe im Verkauf von Bekleidung, Sportartikeln, Lederwaren u. Schuhen	510,6	21,8
Berufe im Verkauf von drogerie- u. apothekenüblichen Waren	416,2	20,0
Berufe im Verkauf von Kraftfahrzeugen, Zweirädern u. Zubehör	376,2	19,0
Berufe im Vertrieb (außer Informations- u. Kommunikationstechnologien)	343,2	13,3
Kaufleute im Groß- u. Außenhandel	325,3	20,0
Büro- u. Sekretariatskräfte (ohne Spez.)	276,6	12,0
Kaufmännische u. technische Betriebswirtschaft (ohne Spez.)	240,3	11,1
Berufe in der pharmazeutisch-technischen Assistenz	200,9	12,3
Branche gesamt	**948,6**	**41,9**
Alle Branchen	**1.094,5**	**43,8**

Fehlzeiten-Report 2023

Tab. 30.113 Tage und Fälle der Arbeitsunfähigkeit je 100 AOK-Mitglieder nach Krankheitsarten in der Branche Handel in den Jahren 1998 bis 2022

Jahr	Arbeitsunfähigkeit je 100 AOK-Mitglieder											
	Psyche		Herz/Kreislauf		Atemwege		Verdauung		Muskel/Skelett		Verletzungen	
	Tage	Fälle	Tage	Fälle	Tage	Fälle	Tage	Fälle	Tage	Fälle	Tage	Fälle
1998	95,7	4,3	142,2	7,6	266,0	38,5	140,9	20,4	480,4	28,3	284,6	18,3
1999	100,4	4,7	139,6	7,8	301,5	44,0	142,3	21,7	499,5	30,0	280,8	18,5
2000	113,7	5,5	119,8	7,0	281,4	42,5	128,1	19,1	510,3	31,3	278,0	18,8
2001	126,1	6,3	124,0	7,6	266,0	41,9	128,9	19,8	523,9	32,5	270,3	18,7
2002	131,0	6,7	122,5	7,7	254,9	41,0	129,6	20,8	512,6	32,0	265,8	18,4
2003	127,0	6,6	114,6	7,6	252,1	41,5	121,3	19,8	459,2	29,4	250,8	17,4
2004	136,9	6,4	120,4	6,8	215,6	34,6	120,4	19,0	424,2	27,1	237,7	16,0
2005	135,8	6,2	118,1	6,6	245,8	39,4	113,5	17,6	399,1	25,9	230,5	15,5
2006	137,2	6,3	117,7	6,7	202,9	33,5	115,7	18,4	400,5	26,0	234,8	15,7
2007	151,2	6,8	120,3	6,8	231,0	37,9	122,6	20,0	426,0	27,1	234,3	15,4
2008 (WZ03)	159,5	7,1	124,1	7,0	244,6	40,6	127,6	21,3	439,2	28,2	238,9	15,8
2008 (WZ08)[a]	158,2	7,1	123,2	7,0	243,2	40,4	127,3	21,2	435,9	28,0	238,8	15,8
2009	168,3	7,6	122,3	6,9	284,1	46,6	126,0	20,8	428,8	27,4	241,8	15,7
2010	190,3	8,1	124,2	6,9	240,7	40,4	118,2	19,2	463,3	28,5	256,3	16,4
2011	209,1	9,0	119,3	6,9	253,8	42,0	119,2	19,3	451,2	28,8	248,1	16,0
2012	231,8	9,3	130,4	7,1	254,5	41,9	124,0	19,5	478,2	29,5	252,0	15,5
2013	243,8	9,7	129,6	6,9	317,6	50,9	127,4	19,7	482,5	29,9	254,6	15,6
2014	273,9	10,7	137,2	7,2	265,7	43,7	133,5	20,3	523,9	31,5	257,2	15,7
2015	282,1	10,9	135,5	7,2	323,7	51,9	131,8	20,1	518,5	31,2	256,3	15,5
2016	290,7	11,1	124,1	7,3	305,6	50,1	125,9	19,9	533,1	31,7	258,6	15,3
2017	299,9	11,2	122,1	7,1	308,7	49,5	122,4	18,7	526,8	30,8	259,7	14,8
2018	311,9	11,6	122,5	7,2	336,2	52,5	121,2	18,5	529,7	31,2	263,4	14,9
2019	327,5	11,8	121,4	7,1	296,5	48,4	118,7	18,1	544,5	31,6	261,0	14,4
2020	335,2	10,9	119,0	6,2	308,5	40,6	111,6	15,3	559,4	30,1	252,7	12,7
2021	337,2	11,2	120,6	6,4	262,1	36,0	106,1	14,6	569,7	32,0	264,2	17,3
2022	366,2	12,6	126,0	6,8	625,3	90,0	113,0	16,7	583,3	35,8	271,2	15,7

[a] aufgrund der Revision der Wirtschaftszweigklassifikation in 2008 ist eine Vergleichbarkeit mit den Vorjahren nur bedingt möglich

Fehlzeiten-Report 2023

Tab. 30.114 Verteilung der Arbeitsunfähigkeitstage nach Krankheitsarten in Prozent in der Branche Handel im Jahr 2022, AOK-Mitglieder

Wirtschaftsabteilungen	AU-Tage in %						
	Psyche	Herz/ Kreislauf	Atemwege	Verdauung	Muskel/ Skelett	Verletzungen	Sonstige
Einzelhandel (ohne Handel mit Kraftfahrzeugen)	12,0	3,3	18,1	3,2	16,5	7,2	39,8
Großhandel (ohne Handel mit Kraftfahrzeugen)	8,9	4,4	17,4	3,4	18,1	8,5	39,3
Handel mit Kraftfahrzeugen, Instandhaltung und Reparatur von Kraftfahrzeugen	8,2	3,8	19,8	3,5	16,3	9,7	38,7
Branche gesamt	**10,6**	**3,7**	**18,1**	**3,3**	**16,9**	**7,9**	**39,5**
Alle Branchen	**10,3**	**4,0**	**17,5**	**3,3**	**17,4**	**8,1**	**39,4**

Fehlzeiten-Report 2023

Tab. 30.115 Verteilung der Arbeitsunfähigkeitsfälle nach Krankheitsarten in Prozent in der Branche Handel im Jahr 2022, AOK-Mitglieder

Wirtschaftsabteilungen	AU-Fälle in %						
	Psyche	Herz/ Kreislauf	Atemwege	Verdauung	Muskel/ Skelett	Verletzungen	Sonstige
Einzelhandel (ohne Handel mit Kraftfahrzeugen)	4,4	2,0	28,1	5,1	10,5	4,5	45,3
Großhandel (ohne Handel mit Kraftfahrzeugen)	3,4	2,4	27,2	5,4	12,4	5,1	44,1
Handel mit Kraftfahrzeugen, Instandhaltung und Reparatur von Kraftfahrzeugen	2,9	1,9	29,5	5,4	11,1	5,8	43,4
Branche gesamt	**3,9**	**2,1**	**28,1**	**5,2**	**11,2**	**4,9**	**44,7**
Alle Branchen	**3,9**	**2,4**	**27,3**	**5,2**	**11,8**	**4,9**	**44,4**

Fehlzeiten-Report 2023

Tab. 30.116 Verteilung der Arbeitsunfähigkeitstage nach Krankheitsarten und ausgewählten Berufsgruppen in der Branche Handel im Jahr 2022, AOK-Mitglieder

Tätigkeit	AU-Tage in %						
	Psyche	Herz/ Kreislauf	Atemwege	Verdauung	Muskel/ Skelett	Verletzungen	Sonstige
Aufsichts-/Führungskr. – Verkauf	14,6	3,2	17,2	2,9	14,7	6,6	40,8
Berufe im Verkauf (Ohne Spez.)	12,8	3,1	17,6	3,1	16,8	6,9	39,7
Berufe im Verkauf von Back- u. Konditoreiwaren	13,0	3,5	16,3	2,8	17,1	7,4	40,0
Berufe im Verkauf von Bekleidung, Sportartikeln, Lederwaren u. Schuhen	13,5	2,2	20,8	3,1	13,7	6,0	40,7
Berufe im Verkauf von drogerie- u. apothekenüblichen Waren	13,6	2,1	21,8	2,9	12,7	5,4	41,5
Berufe im Verkauf von Garten-, Heimwerker-, Haustier- u. Zoobedarf	11,5	3,4	18,4	3,4	16,7	7,7	38,8
Berufe im Verkauf von Kraftfahrzeugen, Zweirädern u. Zubehör	11,1	3,3	23,5	3,4	10,9	7,3	40,5
Berufe im Verkauf von Lebensmitteln (ohne Spez.)	11,6	3,6	17,2	3,0	15,6	7,2	41,8
Berufe im Vertrieb (außer Informations- u. Kommunikationstechnologien)	12,2	3,6	21,4	3,5	10,7	5,8	42,7
Berufe in der Kraftfahrzeugtechnik	6,1	3,3	21,1	3,5	17,2	11,9	36,9
Berufe in der Lagerwirtschaft	8,5	4,1	16,2	3,6	22,2	8,8	36,6
Berufe in der pharmazeutisch-technischen Assistenz	10,2	2,0	26,7	2,8	7,6	4,5	46,3
Berufe in der Reinigung (ohne Spez.)	7,7	4,5	15,1	3,2	20,6	8,5	40,5
Berufskraftfahrer/innen (Güterverkehr/LKW)	6,1	6,9	11,7	3,3	22,7	11,3	38,1
Büro- u. Sekretariatskräfte (ohne Spez.)	12,0	3,1	21,6	3,2	10,5	5,9	43,7
Fahrzeugführer/innen im Straßenverkehr (sonstige spezifische Tätigkeitsangabe)	7,3	6,3	12,9	3,4	22,6	11,2	36,3

Kapitel 30 · Krankheitsbedingte Fehlzeiten nach Branchen im Jahr 2022

Tab. 30.116 (Fortsetzung)

Tätigkeit	AU-Tage in %						
	Psyche	Herz/ Kreislauf	Atem- wege	Ver- dauung	Muskel/ Skelett	Verlet- zungen	Sonstige
Kassierer/innen u. Kartenverkäufer/innen	13,6	3,2	17,0	3,2	15,9	6,4	40,6
Kaufleute im Groß- u. Außenhandel	9,5	2,0	27,6	3,5	8,5	6,4	42,5
Kaufmännische u. technische Betriebswirtschaft (ohne Spez.)	12,6	3,1	21,7	3,1	10,3	5,4	43,8
Branche gesamt	**10,6**	**3,7**	**18,1**	**3,3**	**16,9**	**7,9**	**39,5**
Alle Branchen	**10,3**	**4,0**	**17,5**	**3,3**	**17,4**	**8,1**	**39,4**

Fehlzeiten-Report 2023

Tab. 30.117 Verteilung der Arbeitsunfähigkeitsfälle nach Krankheitsarten und ausgewählten Berufsgruppen in der Branche Handel im Jahr 2022, AOK-Mitglieder

Tätigkeit	AU-Fälle in %						
	Psyche	Herz/ Kreislauf	Atem- wege	Ver- dauung	Muskel/ Skelett	Verlet- zungen	Sonstige
Aufsichts-/Führungskr. – Verkauf	4,8	2,1	28,9	4,8	8,7	4,1	46,5
Berufe im Verkauf (Ohne Spez.)	4,8	2,0	28,1	4,9	10,0	4,5	45,6
Berufe im Verkauf von Back- u. Konditoreiwaren	5,3	2,3	26,3	4,8	10,0	4,7	46,7
Berufe im Verkauf von Bekleidung, Sportartikeln, Lederwaren u. Schuhen	5,0	1,7	29,8	4,9	8,9	3,7	46,0
Berufe im Verkauf von drogerie- u. apothekenüblichen Waren	4,4	1,6	31,5	4,6	7,6	3,4	46,9
Berufe im Verkauf von Garten-, Heimwerker-, Haustier- u. Zoobedarf	4,3	2,1	28,2	5,3	10,2	5,3	44,6
Berufe im Verkauf von Kraftfahrzeugen, Zweirädern u. Zubehör	3,3	1,7	32,8	5,3	6,5	4,2	46,2

Tab. 30.117 (Fortsetzung)

Tätigkeit	AU-Fälle in %						
	Psyche	Herz/ Kreislauf	Atem- wege	Ver- dauung	Muskel/ Skelett	Verlet- zungen	Sonstige
Berufe im Verkauf von Lebensmitteln (ohne Spez.)	4,3	2,0	27,7	5,0	9,1	4,9	46,9
Berufe im Vertrieb (außer Informations- u. Kommunikationstechnologien)	3,9	2,0	31,3	5,1	7,0	3,6	47,0
Berufe in der Kraftfahrzeugtechnik	2,3	1,5	30,5	5,3	11,6	7,1	41,8
Berufe in der Lagerwirtschaft	3,5	2,3	24,7	5,7	17,4	5,6	40,8
Berufe in der pharmazeutisch-technischen Assistenz	3,4	1,6	33,9	4,4	5,1	2,7	48,8
Berufe in der Reinigung (ohne Spez.)	3,6	3,0	23,7	5,2	14,7	4,9	44,8
Berufskraftfahrer/innen (Güterverkehr/LKW)	3,0	3,9	21,0	5,9	16,2	6,6	43,3
Büro- u. Sekretariatskräfte (ohne Spez.)	4,0	1,9	30,7	5,2	6,4	3,4	48,4
Fahrzeugführer/innen im Straßenverkehr (sonstige spezifische Tätigkeitsangabe)	3,3	3,0	22,6	5,6	16,7	6,9	41,9
Kassierer/innen u. Kartenverkäufer/innen	5,2	2,4	27,4	5,1	9,8	4,1	46,1
Kaufleute im Groß- u. Außenhandel	2,8	1,3	34,2	5,3	5,5	4,1	46,8
Kaufmännische u. technische Betriebswirtschaft (ohne Spez.)	4,0	1,8	31,4	5,2	6,7	3,4	47,5
Branche gesamt	**3,9**	**2,1**	**28,1**	**5,2**	**11,2**	**4,9**	**44,7**
Alle Branchen	**3,9**	**2,4**	**27,3**	**5,2**	**11,8**	**4,9**	**44,4**

Fehlzeiten-Report 2023

Tab. 30.118 Anteile der 40 häufigsten Einzeldiagnosen an den AU-Fällen und AU-Tagen in der Branche Handel im Jahr 2022, AOK-Mitglieder

ICD-10	Bezeichnung	AU-Fälle in %	AU-Tage in %
J06	Akute Infektionen an mehreren oder nicht näher bezeichneten Lokalisationen der oberen Atemwege	17,4	10,7
U07	Krankheiten mit unklarer Ätiologie, belegte und nicht belegte Schlüsselnummern U07.-	6,6	4,9
M54	Rückenschmerzen	4,5	4,8
U99	Belegte und nicht belegte Schlüsselnummern U99.-!	3,5	2,2
A09	Sonstige und nicht näher bezeichnete Gastroenteritis und Kolitis infektiösen und nicht näher bezeichneten Ursprungs	3,3	1,2
Z11	Spezielle Verfahren zur Untersuchung auf infektiöse und parasitäre Krankheiten	2,5	1,6
B34	Viruskrankheit nicht näher bezeichneter Lokalisation	2,4	1,5
R51	Kopfschmerz	1,9	0,9
J00	Akute Rhinopharyngitis [Erkältungsschnupfen]	1,7	0,9
R10	Bauch- und Beckenschmerzen	1,5	0,8
F43	Reaktionen auf schwere Belastungen und Anpassungsstörungen	1,3	2,7
M79	Sonstige Krankheiten des Weichteilgewebes, anderenorts nicht klassifiziert	1,1	1,0
B99	Sonstige und nicht näher bezeichnete Infektionskrankheiten	1,0	0,6
J98	Sonstige Krankheiten der Atemwege	1,0	0,6
M25	Sonstige Gelenkkrankheiten, anderenorts nicht klassifiziert	0,9	1,3
R53	Unwohlsein und Ermüdung	0,9	1,0
I10	Essentielle (primäre) Hypertonie	0,9	0,9
J20	Akute Bronchitis	0,9	0,6
R11	Übelkeit und Erbrechen	0,9	0,4
K52	Sonstige nichtinfektiöse Gastroenteritis und Kolitis	0,9	0,3
F32	Depressive Episode	0,8	3,1
R07	Hals- und Brustschmerzen	0,8	0,5
R05	Husten	0,8	0,5
K29	Gastritis und Duodenitis	0,8	0,4
K08	Sonstige Krankheiten der Zähne und des Zahnhalteapparates	0,8	0,2
T14	Verletzung an einer nicht näher bezeichneten Körperregion	0,7	0,7
J02	Akute Pharyngitis	0,7	0,4
J40	Bronchitis, nicht als akut oder chronisch bezeichnet	0,7	0,4

Tab. 30.118 (Fortsetzung)

ICD-10	Bezeichnung	AU-Fälle in %	AU-Tage in %
G43	Migräne	0,7	0,3
Z98	Sonstige Zustände nach chirurgischem Eingriff	0,6	1,7
M99	Biomechanische Funktionsstörungen, anderenorts nicht klassifiziert	0,6	0,6
J03	Akute Tonsillitis	0,6	0,3
R50	Fieber sonstiger und unbekannter Ursache	0,6	0,3
M51	Sonstige Bandscheibenschäden	0,5	1,5
F48	Andere neurotische Störungen	0,5	1,2
R42	Schwindel und Taumel	0,5	0,5
M75	Schulterläsionen	0,4	1,3
R52	Schmerz, anderenorts nicht klassifiziert	0,4	0,5
J32	Chronische Sinusitis	0,4	0,3
J01	Akute Sinusitis	0,4	0,2
	Summe hier	**67,4**	**53,8**
	Restliche	32,6	46,2
	Gesamtsumme	**100,0**	**100,0**

Fehlzeiten-Report 2023

Kapitel 30 · Krankheitsbedingte Fehlzeiten nach Branchen im Jahr 2022

Tab. 30.119 Anteile der 40 häufigsten Diagnoseuntergruppen an den AU-Fällen und AU-Tagen in der Branche Handel im Jahr 2022, AOK-Mitglieder

ICD-10	Bezeichnung	AU-Fälle in %	AU-Tage in %
J00–J06	Akute Infektionen der oberen Atemwege	21,7	13,3
U00–U49	Vorläufige Zuordnungen für Krankheiten mit unklarer Ätiologie, belegte und nicht belegte Schlüsselnummern	7,7	6,0
M50–M54	Sonstige Krankheiten der Wirbelsäule und des Rückens	5,2	6,3
R50–R69	Allgemeinsymptome	4,4	3,3
A00–A09	Infektiöse Darmkrankheiten	3,8	1,4
U98–U99	Belegte und nicht belegte Schlüsselnummern	3,7	2,3
Z00–Z13	Personen, die das Gesundheitswesen zur Untersuchung und Abklärung in Anspruch nehmen	2,8	1,9
B25–B34	Sonstige Viruskrankheiten	2,6	1,7
R10–R19	Symptome, die das Verdauungssystem und das Abdomen betreffen	2,6	1,4
F40–F48	Neurotische, Belastungs- und somatoforme Störungen	2,5	5,9
M70–M79	Sonstige Krankheiten des Weichteilgewebes	2,1	3,3
R00–R09	Symptome, die das Kreislaufsystem und das Atmungssystem betreffen	1,9	1,5
K00–K14	Krankheiten der Mundhöhle, der Speicheldrüsen und der Kiefer	1,5	0,5
G40–G47	Episodische und paroxysmale Krankheiten des Nervensystems	1,4	1,2
M20–M25	Sonstige Gelenkkrankheiten	1,3	2,4
Z80–Z99	Personen mit potentiellen Gesundheitsrisiken aufgrund der Familien- oder Eigenanamnese und bestimmte Zustände, die den Gesundheitszustand beeinflussen	1,2	2,8
J40–J47	Chronische Krankheiten der unteren Atemwege	1,2	1,0
J20–J22	Sonstige akute Infektionen der unteren Atemwege	1,2	0,8
F30–F39	Affektive Störungen	1,1	4,6
J95–J99	Sonstige Krankheiten des Atmungssystems	1,1	0,8
K20–K31	Krankheiten des Ösophagus, des Magens und des Duodenums	1,1	0,7
B99–B99	Sonstige Infektionskrankheiten	1,1	0,6
K50–K52	Nichtinfektiöse Enteritis und Kolitis	1,1	0,5
I10–I15	Hypertonie [Hochdruckkrankheit]	0,9	1,0
T08–T14	Verletzungen nicht näher bezeichneter Teile des Rumpfes, der Extremitäten oder anderer Körperregionen	0,8	0,9
Z20–Z29	Personen mit potentiellen Gesundheitsrisiken hinsichtlich übertragbarer Krankheiten	0,8	0,6
J30–J39	Sonstige Krankheiten der oberen Atemwege	0,8	0,5
S90–S99	Verletzungen der Knöchelregion und des Fußes	0,7	1,1

◼ **Tab. 30.119** (Fortsetzung)

ICD-10	Bezeichnung	AU-Fälle in %	AU-Tage in %
R40–R46	Symptome, die das Erkennungs- und Wahrnehmungsvermögen, die Stimmung und das Verhalten betreffen	0,7	0,7
S80–S89	Verletzungen des Knies und des Unterschenkels	0,6	1,5
S60–S69	Verletzungen des Handgelenkes und der Hand	0,6	1,0
M95–M99	Sonstige Krankheiten des Muskel-Skelett-Systems und des Bindegewebes	0,6	0,7
K55–K64	Sonstige Krankheiten des Darmes	0,6	0,6
T80–T88	Komplikationen bei chirurgischen Eingriffen und medizinischer Behandlung, anderenorts nicht klassifiziert	0,6	0,4
M15–M19	Arthrose	0,5	1,6
G50–G59	Krankheiten von Nerven, Nervenwurzeln und Nervenplexus	0,5	1,1
Z40–Z54	Personen, die das Gesundheitswesen zum Zwecke spezifischer Maßnahmen und zur medizinischen Betreuung in Anspruch nehmen	0,5	0,7
J09–J18	Grippe und Pneumonie	0,5	0,5
N80–N98	Nichtentzündliche Krankheiten des weiblichen Genitaltraktes	0,5	0,4
N30–N39	Sonstige Krankheiten des Harnsystems	0,5	0,3
	Summe hier	**85,0**	**77,8**
	Restliche	15,0	22,2
	Gesamtsumme	**100,0**	**100,0**

Fehlzeiten-Report 2023

30.8 Land- und Forstwirtschaft

Entwicklung des Krankenstands der AOK-Mitglieder in der Branche Land- und Forstwirtschaft in den Jahren 1998 bis 2022	Tab. 30.120
Arbeitsunfähigkeit der AOK-Mitglieder in der Branche Land- und Forstwirtschaft nach Bundesländern im Jahr 2022 im Vergleich zum Vorjahr	Tab. 30.121
Arbeitsunfähigkeit der AOK-Mitglieder nach Wirtschaftsabteilungen in der Branche Land- und Forstwirtschaft im Jahr 2022	Tab. 30.122
Kennzahlen der Arbeitsunfähigkeit nach ausgewählten Berufsgruppen in der Branche Land- und Forstwirtschaft im Jahr 2022	Tab. 30.123
Dauer der Arbeitsunfähigkeit der AOK-Mitglieder in der Branche Land- und Forstwirtschaft im Jahr 2022	Tab. 30.124
Tage der Arbeitsunfähigkeit je AOK-Mitglied nach Wirtschaftsabteilung und Betriebsgröße in der Branche Land- und Forstwirtschaft im Jahr 2022	Tab. 30.125
Krankenstand in Prozent nach Ausbildungsabschluss in der Branche Land- und Forstwirtschaft im Jahr 2022, AOK-Mitglieder	Tab. 30.126
Tage der Arbeitsunfähigkeit je AOK-Mitglied nach Ausbildungsabschluss in der Branche Land- und Forstwirtschaft im Jahr 2022	Tab. 30.127
Anteil der Arbeitsunfälle an den AU-Fällen und -Tagen in Prozent nach Wirtschaftsabteilungen in der Branche Land- und Forstwirtschaft im Jahr 2022, AOK-Mitglieder	Tab. 30.128
Tage und Fälle der Arbeitsunfähigkeit durch Arbeitsunfälle nach Berufsgruppen in der Branche Land- und Forstwirtschaft im Jahr 2022, AOK-Mitglieder	Tab. 30.129
Tage und Fälle der Arbeitsunfähigkeit je 100 AOK-Mitglieder nach Krankheitsarten in der Branche Land- und Forstwirtschaft in den Jahren 1998 bis 2022	Tab. 30.130
Verteilung der Arbeitsunfähigkeitstage nach Krankheitsarten in Prozent in der Branche Land- und Forstwirtschaft im Jahr 2022, AOK-Mitglieder	Tab. 30.131
Verteilung der Arbeitsunfähigkeitsfälle nach Krankheitsarten in Prozent in der Branche Land- und Forstwirtschaft im Jahr 2022, AOK-Mitglieder	Tab. 30.132
Verteilung der Arbeitsunfähigkeitstage nach Krankheitsarten und ausgewählten Berufsgruppen in der Branche Land- und Forstwirtschaft im Jahr 2022, AOK-Mitglieder	Tab. 30.133
Verteilung der Arbeitsunfähigkeitsfälle nach Krankheitsarten und ausgewählten Berufsgruppen in der Branche Land- und Forstwirtschaft im Jahr 2022, AOK-Mitglieder	Tab. 30.134
Anteile der 40 häufigsten Einzeldiagnosen an den AU-Fällen und AU-Tagen in der Branche Land- und Forstwirtschaft im Jahr 2022, AOK-Mitglieder	Tab. 30.135
Anteile der 40 häufigsten Diagnoseuntergruppen an den AU-Fällen und AU-Tagen in der Branche Land- und Forstwirtschaft im Jahr 2022, AOK-Mitglieder	Tab. 30.136

Tab. 30.120 Entwicklung des Krankenstands der AOK-Mitglieder in der Branche Land- und Forstwirtschaft in den Jahren 1998 bis 2022

Jahr	Krankenstand in %			AU-Fälle je 100 AOK-Mitglieder			Tage je Fall		
	West	Ost	Bund	West	Ost	Bund	West	Ost	Bund
1998	4,8	4,9	4,8	143,1	121,4	135,1	12,1	14,9	13,0
1999	4,6	6,0	5,3	149,6	142,6	147,6	11,6	14,2	12,3
2000	4,6	5,5	5,0	145,7	139,7	142,7	11,6	14,3	12,9
2001	4,6	5,4	5,0	144,3	130,2	137,6	11,7	15,1	13,2
2002	4,5	5,2	4,8	142,4	126,5	135,0	11,4	15,1	13,0
2003	4,2	4,9	4,5	135,5	120,5	128,5	11,2	14,8	12,8
2004	3,8	4,3	4,0	121,5	109,1	115,6	11,4	14,6	12,8
2005	3,5	4,3	3,9	113,7	102,1	108,4	11,3	15,3	13,0
2006	3,3	4,1	3,7	110,2	96,5	104,3	11,0	15,4	12,8
2007	3,6	4,4	3,9	117,1	102,2	110,8	11,1	15,7	12,9
2008 (WZ03)	3,7	4,6	4,1	121,1	107,6	115,4	11,1	15,7	12,9
2008 (WZ08)[a]	3,1	4,6	3,9	101,5	101,6	101,6	11,3	16,5	13,9
2009	3,0	5,0	4,0	101,0	108,9	104,8	11,0	16,8	13,9
2010	3,3	5,1	4,2	99,6	112,5	105,6	12,2	16,7	14,4
2011	3,4	4,9	4,0	99,7	114,0	105,8	12,4	15,7	13,9
2012	3,2	5,4	4,1	91,0	110,2	99,2	12,9	17,8	15,2
2013	3,3	5,5	4,2	98,3	116,4	105,7	12,4	17,3	14,6
2014	3,4	5,5	4,2	92,5	112,2	100,3	13,2	17,9	15,3
2015	3,4	5,7	4,3	97,2	121,4	106,6	12,9	17,2	14,8
2016	3,5	5,9	4,4	97,8	123,2	107,8	13,1	17,5	15,0
2017	3,5	6,0	4,4	96,1	122,7	106,2	13,3	17,7	15,2
2018	3,6	6,2	4,5	97,5	129,3	109,2	13,4	17,6	15,2
2019	3,5	6,3	4,5	93,3	124,1	104,3	13,8	18,5	15,8
2020	3,6	6,2	4,5	85,6	114,4	95,8	15,6	19,9	17,4
2021	3,6	6,3	4,5	86,7	119,5	98,0	15,1	19,4	16,9
2022	4,2	6,9	5,1	119,9	153,6	131,4	12,7	16,4	14,1

[a] aufgrund der Revision der Wirtschaftszweigklassifikation in 2008 ist eine Vergleichbarkeit mit den Vorjahren nur bedingt möglich
Fehlzeiten-Report 2023

Kapitel 30 · Krankheitsbedingte Fehlzeiten nach Branchen im Jahr 2022

Tab. 30.121 Arbeitsunfähigkeit der AOK-Mitglieder in der Branche Land- und Forstwirtschaft nach Bundesländern im Jahr 2022 im Vergleich zum Vorjahr

Bundesland	Kranken-stand in %	Arbeitsunfähigkeit je 100 AOK-Mitglieder				Tage je Fall	Veränd. z. Vorj. in %	AU-Quote in %
		AU-Fälle	Veränd. z. Vorj. in %	AU-Tage	Veränd. z. Vorj. in %			
Baden-Württemberg	3,8	115,7	36,7	1.385,2	10,1	12,0	−19,5	31,7
Bayern	3,9	114,7	46,0	1.414,0	17,7	12,3	−19,4	33,2
Berlin	5,1	191,0	46,7	1.871,2	54,9	9,8	5,6	55,8
Brandenburg	7,0	143,2	28,0	2.538,4	10,3	17,7	−13,9	48,1
Bremen	4,6	192,8	77,0	1.664,5	93,5	8,6	9,3	50,3
Hamburg	4,1	94,1	45,2	1.507,9	23,0	16,0	−15,3	26,5
Hessen	5,1	140,3	38,0	1.849,6	27,7	13,2	−7,4	39,9
Mecklenburg-Vorpommern	6,9	139,1	38,2	2.510,4	15,5	18,0	−16,4	51,2
Niedersachsen	4,6	136,1	35,3	1.694,8	15,5	12,5	−14,6	40,0
Nordrhein-Westfalen	4,2	113,0	33,7	1.518,2	15,3	13,4	−13,7	30,5
Rheinland-Pfalz	3,0	82,3	41,0	1.111,2	9,6	13,5	−22,3	18,8
Saarland	4,1	128,2	32,4	1.501,1	16,5	11,7	−12,0	43,5
Sachsen	6,7	161,4	27,7	2.462,3	4,8	15,3	−17,9	61,0
Sachsen-Anhalt	7,1	152,4	28,1	2.579,7	11,5	16,9	−12,9	52,1
Schleswig-Holstein	4,4	121,5	42,9	1.607,2	17,8	13,2	−17,5	35,7
Thüringen	7,0	161,8	25,3	2.538,1	7,1	15,7	−14,5	58,0
West	**4,2**	**119,9**	**38,3**	**1.518,8**	**15,8**	**12,7**	**−16,2**	**33,4**
Ost	**6,9**	**153,6**	**28,5**	**2.516,5**	**8,8**	**16,4**	**−15,4**	**55,0**
Bund	**5,1**	**131,4**	**34,2**	**1.857,7**	**12,4**	**14,1**	**−16,2**	**39,6**

Fehlzeiten-Report 2023

Tab. 30.122 Arbeitsunfähigkeit der AOK-Mitglieder nach Wirtschaftsabteilungen in der Branche Land- und Forstwirtschaft im Jahr 2022

Wirtschaftsabteilungen	Krankenstand in %		Arbeitsunfähigkeit je 100 AOK-Mitglieder		Tage je Fall	AU-Quote in %
	2022	2022 stand.[a]	Fälle	Tage		
Fischerei und Aquakultur	6,4	6,1	154,5	2.331,7	15,1	53,1
Forstwirtschaft und Holzeinschlag	6,1	5,4	160,5	2.244,7	14,0	50,5
Landwirtschaft, Jagd und damit verbundene Tätigkeiten	5,0	5,0	128,3	1.814,3	14,1	38,5
Branche gesamt	**5,1**	**5,1**	**131,4**	**1.857,7**	**14,1**	**39,6**
Alle Branchen	**6,7**	**6,8**	**216,6**	**2.450,0**	**11,3**	**64,6**

[a] Krankenstand alters- und geschlechtsstandardisiert

Fehlzeiten-Report 2023

Tab. 30.123 Kennzahlen der Arbeitsunfähigkeit nach ausgewählten Berufsgruppen in der Branche Land- und Forstwirtschaft im Jahr 2022

Tätigkeit	Kranken-stand in %	Arbeitsunfähigkeit je 100 AOK-Mitglieder		Tage je Fall	AU-Quote in %	Anteil der Berufsgruppe an der Branche in %[a]
		AU-Fälle	AU-Tage			
Berufe im Gartenbau (ohne Spez.)	4,4	140,2	1.623,0	11,6	37,6	9,7
Berufe in Baumschule, Staudengärtnerei u. Zierpflanzenbau	6,1	218,0	2.214,1	10,2	65,9	1,5
Berufe in der Floristik	5,4	167,2	1.969,7	11,8	65,9	1,0
Berufe in der Forstwirtschaft	6,7	169,6	2.456,7	14,5	49,3	5,0
Berufe in der Lagerwirtschaft	7,7	206,2	2.816,5	13,7	61,5	1,2
Berufe in der Landwirtschaft (ohne Spez.)	3,8	100,1	1.397,2	14,0	27,2	50,1
Berufe in der Nutztierhaltung (außer Geflügelhaltung)	8,0	145,9	2.914,4	20,0	55,0	6,1
Berufe in der Pferdewirtschaft (ohne Spez.)	4,3	114,8	1.583,1	13,8	39,5	1,7
Berufe in der Tierpflege (ohne Spez.)	7,6	136,3	2.783,1	20,4	54,5	1,3
Berufskraftfahrer/innen (Güterverkehr/LKW)	7,1	148,0	2.581,4	17,4	56,8	1,2
Büro- u. Sekretariatskräfte (ohne Spez.)	4,3	141,2	1.559,9	11,0	56,3	2,1
Führer/innen von land- u. forstwirtschaftlichen Maschinen	6,1	137,5	2.242,7	16,3	56,1	2,5
Branche gesamt	**5,1**	**131,4**	**1.857,7**	**14,1**	**39,6**	**1,3[b]**

[a] Anteil der AOK-Mitglieder in der Berufsgruppe an den in der Branche beschäftigten AOK-Mitgliedern insgesamt
[b] Anteil der AOK-Mitglieder in der Branche an allen AOK-Mitgliedern
Fehlzeiten-Report 2023

Tab. 30.124 Dauer der Arbeitsunfähigkeit der AOK-Mitglieder in der Branche Land- und Forstwirtschaft im Jahr 2022

Fallklasse	Branche hier		Alle Branchen	
	Anteil Fälle in %	Anteil Tage in %	Anteil Fälle in %	Anteil Tage in %
1–3 Tage	28,2	3,9	30,5	5,4
4–7 Tage	29,9	11,0	32,4	14,6
8–14 Tage	24,2	17,6	23,4	21,2
15–21 Tage	6,5	7,9	5,7	8,7
22–28 Tage	2,8	4,8	2,3	5,0
29–42 Tage	3,0	7,3	2,3	7,1
> 42 Tage	5,6	47,5	3,5	38,0

Fehlzeiten-Report 2023

Tab. 30.125 Tage der Arbeitsunfähigkeit je AOK-Mitglied nach Wirtschaftsabteilung und Betriebsgröße in der Branche Land- und Forstwirtschaft im Jahr 2022

Wirtschaftsabteilungen	Betriebsgröße (Anzahl der AOK-Mitglieder)					
	10–49	50–99	100–199	200–499	500–999	≥ 1.000
Fischerei und Aquakultur	36,3	12,9	–	–	–	–
Forstwirtschaft und Holzeinschlag	24,3	20,9	4,6	–	32,7	–
Landwirtschaft, Jagd und damit verbundene Tätigkeiten	20,8	20,1	14,9	12,8	3,7	2,0
Branche gesamt	21,2	20,1	14,4	12,8	19,4	2,0
Alle Branchen	25,0	27,3	27,7	27,5	27,6	27,3

Fehlzeiten-Report 2023

Tab. 30.126 Krankenstand in Prozent nach Ausbildungsabschluss in der Branche Land- und Forstwirtschaft im Jahr 2022, AOK-Mitglieder

Wirtschafts-abteilungen	Ausbildung						
	ohne Ausbildungsabschluss	mit Ausbildungsabschluss	Meister/ Techniker	Bachelor	Diplom/ Magister/ Master/ Staatsexamen	Promotion	unbekannt
Fischerei und Aquakultur	6,9	6,4	5,0	–	3,1	–	6,7
Forstwirtschaft und Holzeinschlag	5,8	7,6	6,0	3,5	3,9	16,2	4,3
Landwirtschaft, Jagd und damit verbundene Tätigkeiten	5,2	6,4	5,3	3,1	4,0	2,9	3,6
Branche gesamt	5,3	6,5	5,4	3,1	4,0	3,9	3,7
Alle Branchen	7,4	7,4	5,9	3,5	4,0	3,0	6,0

Fehlzeiten-Report 2023

Tab. 30.127 Tage der Arbeitsunfähigkeit je AOK-Mitglied nach Ausbildungsabschluss in der Branche Land- und Forstwirtschaft im Jahr 2022

Wirtschafts-abteilungen	Ausbildung						
	ohne Ausbildungsabschluss	mit Ausbildungsabschluss	Meister/ Techniker	Bachelor	Diplom/ Magister/ Master/ Staatsexamen	Promotion	unbekannt
Fischerei und Aquakultur	25,3	23,2	18,3	–	11,3	–	24,5
Forstwirtschaft und Holzeinschlag	21,1	27,8	22,0	12,7	14,3	59,0	15,6
Landwirtschaft, Jagd und damit verbundene Tätigkeiten	19,1	23,3	19,3	11,3	14,6	10,7	13,1
Branche gesamt	19,3	23,8	19,6	11,5	14,5	14,4	13,3
Alle Branchen	26,9	27,1	21,5	12,9	14,5	10,9	21,9

Fehlzeiten-Report 2023

Tab. 30.128 Anteil der Arbeitsunfälle an den AU-Fällen und -Tagen in Prozent nach Wirtschaftsabteilungen in der Branche Land- und Forstwirtschaft im Jahr 2022, AOK-Mitglieder

Wirtschaftsabteilungen	AU-Fälle in %	AU-Tage in %
Fischerei und Aquakultur	3,3	9,7
Forstwirtschaft und Holzeinschlag	5,8	14,3
Landwirtschaft, Jagd und damit verbundene Tätigkeiten	5,3	10,9
Branche gesamt	**5,3**	**11,3**
Alle Branchen	**2,0**	**4,5**

Fehlzeiten-Report 2023

Tab. 30.129 Tage und Fälle der Arbeitsunfähigkeit durch Arbeitsunfälle nach Berufsgruppen in der Branche Land- und Forstwirtschaft im Jahr 2022, AOK-Mitglieder

Tätigkeit	Arbeitsunfähigkeit je 1.000 AOK-Mitglieder	
	AU-Tage	AU-Fälle
Berufe in der Pferdewirtschaft (ohne Spez.)	4.560,1	133,2
Berufe in der Forstwirtschaft	4.011,9	114,8
Berufe in der Nutztierhaltung (außer Geflügelhaltung)	3.422,6	110,8
Berufe in der Tierpflege (ohne Spez.)	3.147,6	89,9
Führer/innen von land- u. forstwirtschaftlichen Maschinen	2.843,9	74,6
Berufskraftfahrer/innen (Güterverkehr/LKW)	2.593,7	69,9
Berufe in der Lagerwirtschaft	2.102,8	54,3
Berufe in Baumschule, Staudengärtnerei u. Zierpflanzenbau	1.767,0	55,2
Berufe in der Landwirtschaft (ohne Spez.)	1.758,7	66,3
Berufe im Gartenbau (ohne Spez.)	1.405,2	51,8
Berufe in der Floristik	631,0	22,9
Büro- u. Sekretariatskräfte (ohne Spez.)	549,4	14,3
Branche gesamt	**2.090,2**	**70,3**
Alle Branchen	**1.094,5**	**43,8**

Fehlzeiten-Report 2023

Kapitel 30 · Krankheitsbedingte Fehlzeiten nach Branchen im Jahr 2022

Tab. 30.130 Tage und Fälle der Arbeitsunfähigkeit je 100 AOK-Mitglieder nach Krankheitsarten in der Branche Land- und Forstwirtschaft in den Jahren 1998 bis 2022

Jahr	Arbeitsunfähigkeit je 100 AOK-Mitglieder											
	Psyche		Herz/Kreislauf		Atemwege		Verdauung		Muskel/Skelett		Verletzungen	
	Tage	Fälle	Tage	Fälle	Tage	Fälle	Tage	Fälle	Tage	Fälle	Tage	Fälle
1998	79,5	3,9	155,0	7,8	279,3	36,9	147,4	19,8	510,9	31,5	376,8	23,7
1999	89,4	4,5	150,6	8,2	309,1	42,0	152,1	21,7	537,3	34,0	366,8	23,7
2000	80,9	4,2	140,7	7,6	278,6	35,9	136,3	18,4	574,4	35,5	397,9	24,0
2001	85,2	4,7	149,4	8,2	262,5	35,1	136,2	18,7	587,8	36,4	390,1	23,6
2002	85,0	4,6	155,5	8,3	237,6	33,0	134,4	19,0	575,3	35,7	376,6	23,5
2003	82,8	4,6	143,9	8,0	233,8	33,1	123,7	17,8	512,0	32,5	368,5	22,5
2004	92,8	4,5	145,0	7,2	195,8	27,0	123,5	17,3	469,8	29,9	344,0	20,9
2005	90,1	4,1	142,3	6,7	208,7	28,6	111,3	14,7	429,7	26,8	336,2	19,7
2006	84,3	4,0	130,5	6,5	164,4	23,4	105,6	15,0	415,1	26,9	341,5	20,3
2007	90,2	4,1	143,8	6,6	187,2	26,9	112,5	16,2	451,4	28,1	347,5	20,0
2008 (WZ03)	94,9	4,5	153,2	7,0	195,6	27,8	119,6	17,3	472,0	29,2	350,9	19,9
2008 (WZ08)[a]	88,2	4,0	160,5	6,8	176,9	23,8	112,4	15,5	436,4	24,8	336,1	18,3
2009	95,9	4,2	155,5	6,9	207,5	27,5	107,1	15,0	427,5	24,1	337,9	18,2
2010	105,3	4,4	153,8	6,7	181,5	23,5	106,4	14,0	481,0	25,7	368,9	19,1
2011	112,7	4,7	154,0	6,7	174,8	23,5	106,5	13,9	461,2	25,5	353,2	18,9
2012	123,7	4,8	168,7	6,9	169,5	21,8	108,8	13,2	482,1	24,7	357,5	17,1
2013	127,7	4,9	170,9	6,5	216,6	27,5	111,1	13,5	481,5	24,9	361,8	17,4
2014	133,3	5,2	165,5	7,1	169,2	21,6	110,1	13,2	493,6	25,1	364,2	17,3
2015	139,2	5,3	171,2	7,1	207,6	26,8	108,1	13,4	499,1	25,0	358,6	17,1
2016	147,3	5,6	157,6	7,3	201,7	26,0	105,4	13,7	528,7	25,8	359,5	17,1
2017	149,9	5,6	149,5	7,1	205,1	26,2	106,7	13,3	522,4	25,2	359,4	16,5
2018	148,5	5,7	147,6	7,1	227,3	28,3	107,8	13,0	515,5	25,1	367,0	16,6
2019	159,4	5,8	149,2	6,9	188,0	24,8	104,3	12,7	530,2	24,6	371,7	15,9
2020	170,9	5,6	160,3	6,4	182,5	20,5	99,0	11,6	554,6	24,4	357,5	14,8
2021	174,7	5,8	156,1	6,4	185,7	20,1	96,9	11,0	547,1	24,6	356,2	16,3
2022	172,6	6,0	157,8	6,5	363,3	46,3	93,3	11,5	528,2	25,4	356,4	15,8

[a] aufgrund der Revision der Wirtschaftszweigklassifikation in 2008 ist eine Vergleichbarkeit mit den Vorjahren nur bedingt möglich

Fehlzeiten-Report 2023

Tab. 30.131 Verteilung der Arbeitsunfähigkeitstage nach Krankheitsarten in Prozent in der Branche Land- und Forstwirtschaft im Jahr 2022, AOK-Mitglieder

Wirtschaftsabteilungen	AU-Tage in %						
	Psyche	Herz/ Kreislauf	Atemwege	Verdauung	Muskel/ Skelett	Verletzungen	Sonstige
Fischerei und Aquakultur	7,9	6,5	14,3	1,8	18,3	13,3	37,9
Forstwirtschaft und Holzeinschlag	5,7	5,6	13,5	3,0	20,1	15,6	36,5
Landwirtschaft, Jagd und damit verbundene Tätigkeiten	6,5	5,9	13,4	3,5	19,5	12,9	38,4
Branche gesamt	**6,4**	**5,8**	**13,4**	**3,5**	**19,5**	**13,2**	**38,2**
Alle Branchen	**10,3**	**4,0**	**17,5**	**3,3**	**17,4**	**8,1**	**39,4**

Fehlzeiten-Report 2023

Tab. 30.132 Verteilung der Arbeitsunfähigkeitsfälle nach Krankheitsarten in Prozent in der Branche Land- und Forstwirtschaft im Jahr 2022, AOK-Mitglieder

Wirtschaftsabteilungen	AU-Fälle in %						
	Psyche	Herz/ Kreislauf	Atemwege	Verdauung	Muskel/ Skelett	Verletzungen	Sonstige
Fischerei und Aquakultur	3,4	2,9	24,9	4,5	12,0	7,2	45,1
Forstwirtschaft und Holzeinschlag	2,8	3,4	23,6	5,7	14,4	8,5	41,7
Landwirtschaft, Jagd und damit verbundene Tätigkeiten	3,1	3,2	23,1	5,8	12,5	7,7	44,6
Branche gesamt	**3,0**	**3,3**	**23,2**	**5,8**	**12,7**	**7,8**	**44,2**
Alle Branchen	**3,9**	**2,4**	**27,3**	**5,2**	**11,8**	**4,9**	**44,4**

Fehlzeiten-Report 2023

Tab. 30.133 Verteilung der Arbeitsunfähigkeitstage nach Krankheitsarten und ausgewählten Berufsgruppen in der Branche Land- und Forstwirtschaft im Jahr 2022, AOK-Mitglieder

Tätigkeit	AU-Tage in %						
	Psyche	Herz/Kreislauf	Atemwege	Verdauung	Muskel/Skelett	Verletzungen	Sonstige
Berufe im Gartenbau (ohne Spez.)	6,1	4,2	13,5	3,7	22,2	12,6	37,8
Berufe in Baumschule, Staudengärtnerei u. Zierpflanzenbau	9,5	4,9	18,4	3,0	16,4	10,6	37,2
Berufe in der Floristik	9,9	2,3	18,3	2,7	14,8	7,4	44,7
Berufe in der Forstwirtschaft	5,0	5,6	12,3	3,3	22,0	17,2	34,5
Berufe in der Lagerwirtschaft	6,1	6,4	12,9	4,3	23,4	11,4	35,5
Berufe in der Landwirtschaft (ohne Spez.)	5,3	6,4	13,1	3,8	17,9	14,5	38,9
Berufe in der Nutztierhaltung (außer Geflügelhaltung)	6,3	6,2	11,4	3,0	24,5	12,6	35,9
Berufe in der Pferdewirtschaft (ohne Spez.)	5,2	3,2	11,6	2,4	15,9	26,7	35,1
Berufe in der Tierpflege (ohne Spez.)	7,5	5,0	10,7	4,1	24,3	12,7	35,7
Berufskraftfahrer/innen (Güterverkehr/LKW)	6,6	8,1	10,8	3,1	19,8	11,4	40,2
Büro- u. Sekretariatskräfte (ohne Spez.)	9,1	4,1	19,7	2,9	10,3	7,7	46,2
Führer/innen von land- u. forstwirtschaftlichen Maschinen	5,9	8,9	11,1	3,8	19,9	11,8	38,6
Branche gesamt	6,4	5,8	13,4	3,5	19,5	13,2	38,2
Alle Branchen	10,3	4,0	17,5	3,3	17,4	8,1	39,4

Fehlzeiten-Report 2023

Tab. 30.134 Verteilung der Arbeitsunfähigkeitsfälle nach Krankheitsarten und ausgewählten Berufsgruppen in der Branche Land- und Forstwirtschaft im Jahr 2022, AOK-Mitglieder

Tätigkeit	AU-Fälle in %						
	Psyche	Herz/ Kreislauf	Atemwege	Verdauung	Muskel/ Skelett	Verletzungen	Sonstige
Berufe im Gartenbau (ohne Spez.)	2,9	2,8	22,1	6,0	15,4	6,7	44,2
Berufe in Baumschule, Staudengärtnerei u. Zierpflanzenbau	3,6	2,2	27,7	5,0	12,3	6,0	43,1
Berufe in der Floristik	3,5	2,1	29,5	4,8	7,8	4,5	47,7
Berufe in der Forstwirtschaft	2,6	3,5	22,7	5,4	15,9	9,7	40,1
Berufe in der Lagerwirtschaft	3,2	3,1	22,7	6,5	15,8	6,5	42,2
Berufe in der Landwirtschaft (ohne Spez.)	2,6	3,3	22,5	5,9	11,9	8,9	44,9
Berufe in der Nutztierhaltung (außer Geflügelhaltung)	3,6	4,0	20,7	5,6	14,4	8,9	42,8
Berufe in der Pferdewirtschaft (ohne Spez.)	3,6	2,0	21,2	4,7	11,5	12,3	44,7
Berufe in der Tierpflege (ohne Spez.)	4,3	4,1	18,9	6,1	15,3	8,2	43,1
Berufskraftfahrer/innen (Güterverkehr/LKW)	3,2	5,0	18,7	6,1	13,5	6,4	47,1
Büro- u. Sekretariatskräfte (ohne Spez.)	3,6	2,6	28,4	5,4	6,4	4,0	49,6
Führer/innen von land- u. forstwirtschaftlichen Maschinen	2,8	4,5	20,7	6,6	13,4	7,1	44,9
Branche gesamt	**3,0**	**3,3**	**23,2**	**5,8**	**12,7**	**7,8**	**44,2**
Alle Branchen	**3,9**	**2,4**	**27,3**	**5,2**	**11,8**	**4,9**	**44,4**

Fehlzeiten-Report 2023

Tab. 30.135 Anteile der 40 häufigsten Einzeldiagnosen an den AU-Fällen und AU-Tagen in der Branche Land- und Forstwirtschaft im Jahr 2022, AOK-Mitglieder

ICD-10	Bezeichnung	AU-Fälle in %	AU-Tage in %
J06	Akute Infektionen an mehreren oder nicht näher bezeichneten Lokalisationen der oberen Atemwege	13,6	7,2
U07	Krankheiten mit unklarer Ätiologie, belegte und nicht belegte Schlüsselnummern U07.-	5,5	3,4
M54	Rückenschmerzen	4,5	4,8
U99	Belegte und nicht belegte Schlüsselnummern U99.-!	4,2	2,2
Z11	Spezielle Verfahren zur Untersuchung auf infektiöse und parasitäre Krankheiten	3,3	1,9
A09	Sonstige und nicht näher bezeichnete Gastroenteritis und Kolitis infektiösen und nicht näher bezeichneten Ursprungs	2,1	0,7
B34	Viruskrankheit nicht näher bezeichneter Lokalisation	2,0	1,1
I10	Essentielle (primäre) Hypertonie	1,5	1,4
R10	Bauch- und Beckenschmerzen	1,2	0,6
M25	Sonstige Gelenkkrankheiten, anderenorts nicht klassifiziert	1,1	1,5
T14	Verletzung an einer nicht näher bezeichneten Körperregion	1,1	1,1
R51	Kopfschmerz	1,1	0,5
J00	Akute Rhinopharyngitis [Erkältungsschnupfen]	1,1	0,5
K08	Sonstige Krankheiten der Zähne und des Zahnhalteapparates	1,1	0,2
F43	Reaktionen auf schwere Belastungen und Anpassungsstörungen	0,9	1,5
M79	Sonstige Krankheiten des Weichteilgewebes, anderenorts nicht klassifiziert	0,9	0,8
J20	Akute Bronchitis	0,8	0,5
J98	Sonstige Krankheiten der Atemwege	0,8	0,4
B99	Sonstige und nicht näher bezeichnete Infektionskrankheiten	0,8	0,4
Z98	Sonstige Zustände nach chirurgischem Eingriff	0,7	2,0
M51	Sonstige Bandscheibenschäden	0,6	1,7
M75	Schulterläsionen	0,6	1,6
S93	Luxation, Verstauchung und Zerrung der Gelenke und Bänder in Höhe des oberen Sprunggelenkes und des Fußes	0,6	0,8
M99	Biomechanische Funktionsstörungen, anderenorts nicht klassifiziert	0,6	0,6
R53	Unwohlsein und Ermüdung	0,6	0,6
R05	Husten	0,6	0,3
R07	Hals- und Brustschmerzen	0,6	0,3
K29	Gastritis und Duodenitis	0,6	0,3

◻ **Tab. 30.135** (Fortsetzung)

ICD-10	Bezeichnung	AU-Fälle in %	AU-Tage in %
R11	Übelkeit und Erbrechen	0,6	0,2
K52	Sonstige nichtinfektiöse Gastroenteritis und Kolitis	0,6	0,2
F32	Depressive Episode	0,5	1,6
M23	Binnenschädigung des Kniegelenkes [internal derangement]	0,5	1,2
M77	Sonstige Enthesopathien	0,5	0,6
R52	Schmerz, anderenorts nicht klassifiziert	0,5	0,5
J40	Bronchitis, nicht als akut oder chronisch bezeichnet	0,5	0,3
J03	Akute Tonsillitis	0,5	0,2
J02	Akute Pharyngitis	0,5	0,2
Z92	Medizinische Behandlung in der Eigenanamnese	0,4	0,3
R42	Schwindel und Taumel	0,4	0,3
U50	Motorische Funktionseinschränkung	0,4	0,2
	Summe hier	**59,0**	**44,7**
	Restliche	41,0	55,3
	Gesamtsumme	**100,0**	**100,0**

Fehlzeiten-Report 2023

Tab. 30.136 Anteile der 40 häufigsten Diagnoseuntergruppen an den AU-Fällen und AU-Tagen in der Branche Land- und Forstwirtschaft im Jahr 2022, AOK-Mitglieder

ICD-10	Bezeichnung	AU-Fälle in %	AU-Tage in %
J00–J06	Akute Infektionen der oberen Atemwege	17,0	8,9
U00–U49	Vorläufige Zuordnungen für Krankheiten mit unklarer Ätiologie, belegte und nicht belegte Schlüsselnummern	6,5	4,3
M50–M54	Sonstige Krankheiten der Wirbelsäule und des Rückens	5,3	6,5
U98–U99	Belegte und nicht belegte Schlüsselnummern	4,5	2,4
Z00–Z13	Personen, die das Gesundheitswesen zur Untersuchung und Abklärung in Anspruch nehmen	3,7	2,2
R50–R69	Allgemeinsymptome	3,5	2,7
A00–A09	Infektiöse Darmkrankheiten	2,5	0,8
M70–M79	Sonstige Krankheiten des Weichteilgewebes	2,4	3,6
B25–B34	Sonstige Viruskrankheiten	2,2	1,2
K00–K14	Krankheiten der Mundhöhle, der Speicheldrüsen und der Kiefer	2,1	0,5
R10–R19	Symptome, die das Verdauungssystem und das Abdomen betreffen	2,0	1,1
Z80–Z99	Personen mit potentiellen Gesundheitsrisiken aufgrund der Familien- oder Eigenanamnese und bestimmte Zustände, die den Gesundheitszustand beeinflussen	1,8	3,8
F40–F48	Neurotische, Belastungs- und somatoforme Störungen	1,7	3,2
I10–I15	Hypertonie [Hochdruckkrankheit]	1,7	1,6
R00–R09	Symptome, die das Kreislaufsystem und das Atmungssystem betreffen	1,7	1,2
M20–M25	Sonstige Gelenkkrankheiten	1,5	2,7
T08–T14	Verletzungen nicht näher bezeichneter Teile des Rumpfes, der Extremitäten oder anderer Körperregionen	1,3	1,4
S60–S69	Verletzungen des Handgelenkes und der Hand	1,2	1,8
J40–J47	Chronische Krankheiten der unteren Atemwege	1,1	1,1
J20–J22	Sonstige akute Infektionen der unteren Atemwege	1,1	0,6
S80–S89	Verletzungen des Knies und des Unterschenkels	1,0	2,5
S90–S99	Verletzungen der Knöchelregion und des Fußes	1,0	1,6
G40–G47	Episodische und paroxysmale Krankheiten des Nervensystems	1,0	0,9
J95–J99	Sonstige Krankheiten des Atmungssystems	1,0	0,7
Z40–Z54	Personen, die das Gesundheitswesen zum Zwecke spezifischer Maßnahmen und zur medizinischen Betreuung in Anspruch nehmen	0,9	1,0
K20–K31	Krankheiten des Ösophagus, des Magens und des Duodenums	0,9	0,5
B99–B99	Sonstige Infektionskrankheiten	0,9	0,5
M15–M19	Arthrose	0,8	2,7

◘ **Tab. 30.136** (Fortsetzung)

ICD-10	Bezeichnung	AU-Fälle in %	AU-Tage in %
E70–E90	Stoffwechselstörungen	0,8	0,6
Z20–Z29	Personen mit potentiellen Gesundheitsrisiken hinsichtlich übertragbarer Krankheiten	0,8	0,5
K50–K52	Nichtinfektiöse Enteritis und Kolitis	0,8	0,3
F30–F39	Affektive Störungen	0,7	2,4
G50–G59	Krankheiten von Nerven, Nervenwurzeln und Nervenplexus	0,7	1,2
M95–M99	Sonstige Krankheiten des Muskel-Skelett-Systems und des Bindegewebes	0,7	0,7
K55–K64	Sonstige Krankheiten des Darmes	0,7	0,5
I30–I52	Sonstige Formen der Herzkrankheit	0,6	1,3
S00–S09	Verletzungen des Kopfes	0,6	0,7
J09–J18	Grippe und Pneumonie	0,6	0,5
R40–R46	Symptome, die das Erkennungs- und Wahrnehmungsvermögen, die Stimmung und das Verhalten betreffen	0,6	0,5
J30–J39	Sonstige Krankheiten der oberen Atemwege	0,6	0,4
	Summe hier	**80,5**	**71,6**
	Restliche	19,5	28,4
	Gesamtsumme	**100,0**	**100,0**

Fehlzeiten-Report 2023

30.9 Metallindustrie

Entwicklung des Krankenstands der AOK-Mitglieder in der Branche Metallindustrie in den Jahren 1998 bis 2022	Tab. 30.137
Arbeitsunfähigkeit der AOK-Mitglieder in der Branche Metallindustrie nach Bundesländern im Jahr 2022 im Vergleich zum Vorjahr	Tab. 30.138
Arbeitsunfähigkeit der AOK-Mitglieder nach Wirtschaftsabteilungen in der Branche Metallindustrie im Jahr 2022	Tab. 30.139
Kennzahlen der Arbeitsunfähigkeit nach ausgewählten Berufsgruppen in der Branche Metallindustrie im Jahr 2022	Tab. 30.140
Dauer der Arbeitsunfähigkeit der AOK-Mitglieder in der Branche Metallindustrie im Jahr 2022	Tab. 30.141
Tage der Arbeitsunfähigkeit je AOK-Mitglied nach Wirtschaftsabteilung und Betriebsgröße in der Branche Metallindustrie im Jahr 2022	Tab. 30.142
Krankenstand in Prozent nach Ausbildungsabschluss in der Branche Metallindustrie im Jahr 2022, AOK-Mitglieder	Tab. 30.143
Tage der Arbeitsunfähigkeit je AOK-Mitglied nach Ausbildungsabschluss in der Branche Metallindustrie im Jahr 2022	Tab. 30.144
Anteil der Arbeitsunfälle an den AU-Fällen und -Tagen in Prozent nach Wirtschaftsabteilungen in der Branche Metallindustrie im Jahr 2022, AOK-Mitglieder	Tab. 30.145
Tage und Fälle der Arbeitsunfähigkeit durch Arbeitsunfälle nach Berufsgruppen in der Branche Metallindustrie im Jahr 2022, AOK-Mitglieder	Tab. 30.146
Tage und Fälle der Arbeitsunfähigkeit je 100 AOK-Mitglieder nach Krankheitsarten in der Branche Metallindustrie in den Jahren 2000 bis 2022	Tab. 30.147
Verteilung der Arbeitsunfähigkeitstage nach Krankheitsarten in Prozent in der Branche Metallindustrie im Jahr 2022, AOK-Mitglieder	Tab. 30.148
Verteilung der Arbeitsunfähigkeitsfälle nach Krankheitsarten in Prozent in der Branche Metallindustrie im Jahr 2022, AOK-Mitglieder	Tab. 30.149
Verteilung der Arbeitsunfähigkeitstage nach Krankheitsarten und ausgewählten Berufsgruppen in der Branche Metallindustrie im Jahr 2022, AOK-Mitglieder	Tab. 30.150
Verteilung der Arbeitsunfähigkeitsfälle nach Krankheitsarten und ausgewählten Berufsgruppen in der Branche Metallindustrie im Jahr 2022, AOK-Mitglieder	Tab. 30.151
Anteile der 40 häufigsten Einzeldiagnosen an den AU-Fällen und AU-Tagen in der Branche Metallindustrie im Jahr 2022, AOK-Mitglieder	Tab. 30.152
Anteile der 40 häufigsten Diagnoseuntergruppen an den AU-Fällen und AU-Tagen in der Branche Metallindustrie im Jahr 2022, AOK-Mitglieder	Tab. 30.153

◻ **Tab. 30.137** Entwicklung des Krankenstands der AOK-Mitglieder in der Branche Metallindustrie in den Jahren 1998 bis 2022

Jahr	Krankenstand in %			AU-Fälle je 100 AOK-Mitglieder			Tage je Fall		
	West	Ost	Bund	West	Ost	Bund	West	Ost	Bund
1998	5,3	4,6	5,2	150,0	124,6	147,4	13,0	13,4	13,0
1999	5,6	5,0	5,6	160,5	137,8	158,3	12,8	13,4	12,8
2000	5,6	5,0	5,5	163,1	141,2	161,1	12,6	12,9	12,6
2001	5,5	5,1	5,5	162,6	140,1	160,6	12,4	13,2	12,5
2002	5,5	5,0	5,5	162,2	143,1	160,5	12,5	12,7	12,5
2003	5,2	4,6	5,1	157,1	138,6	155,2	12,0	12,2	12,0
2004	4,8	4,2	4,8	144,6	127,1	142,7	12,2	12,1	12,2
2005	4,8	4,1	4,7	148,0	127,8	145,6	11,9	11,8	11,9
2006	4,5	4,0	4,5	138,8	123,3	136,9	11,9	11,9	11,9
2007	4,8	4,3	4,8	151,2	134,0	149,0	11,7	11,7	11,7
2008 (WZ03)	5,0	4,5	4,9	159,9	142,2	157,5	11,4	11,5	11,4
2008 (WZ08)[a]	5,0	4,5	5,0	160,8	143,0	158,5	11,5	11,5	11,5
2009	4,9	4,7	4,9	151,1	142,1	149,9	11,9	12,2	11,9
2010	5,1	4,9	5,1	158,9	154,9	158,4	11,7	11,6	11,7
2011	5,2	4,8	5,2	167,8	164,9	167,4	11,4	10,6	11,3
2012	5,3	5,3	5,3	169,7	160,5	168,5	11,4	12,2	11,5
2013	5,5	5,6	5,5	179,7	170,5	178,5	11,2	12,0	11,3
2014	5,6	5,6	5,6	176,7	168,0	175,5	11,6	12,2	11,7
2015	5,9	5,8	5,9	190,8	182,2	189,6	11,2	11,7	11,3
2016	5,8	6,0	5,8	189,3	184,6	188,2	11,2	11,8	11,3
2017	5,7	6,0	5,8	184,9	184,3	184,4	11,3	11,9	11,4
2018	5,9	6,2	5,9	191,6	191,2	191,2	11,2	11,9	11,3
2019	5,9	6,2	5,9	188,6	187,9	188,2	11,4	12,1	11,5
2020	5,8	6,0	5,8	159,1	159,5	159,0	13,3	13,9	13,4
2021	5,8	6,5	5,9	171,5	174,1	171,6	12,4	13,6	12,6
2022	7,1	7,6	7,2	240,6	237,8	239,7	10,8	11,7	11,0

[a] aufgrund der Revision der Wirtschaftszweigklassifikation in 2008 ist eine Vergleichbarkeit mit den Vorjahren nur bedingt möglich

Fehlzeiten-Report 2023

Tab. 30.138 Arbeitsunfähigkeit der AOK-Mitglieder in der Branche Metallindustrie nach Bundesländern im Jahr 2022 im Vergleich zum Vorjahr

Bundesland	Kranken-stand in %	Arbeitsunfähigkeit je 100 AOK-Mitglieder				Tage je Fall	Veränd. z. Vorj. in %	AU-Quote in %
		AU-Fälle	Veränd. z. Vorj. in %	AU-Tage	Veränd. z. Vorj. in %			
Baden-Württemberg	6,8	244,1	37,4	2.479,6	23,6	10,2	−10,0	75,3
Bayern	6,5	220,5	48,8	2.389,1	24,2	10,8	−16,6	71,4
Berlin	7,1	227,0	33,3	2.590,5	22,1	11,4	−8,4	68,5
Brandenburg	7,6	243,4	42,2	2.780,1	12,2	11,4	−21,1	68,5
Bremen	7,1	245,5	62,5	2.597,9	34,4	10,6	−17,3	71,8
Hamburg	6,5	223,8	65,8	2.361,6	39,2	10,6	−16,1	67,6
Hessen	8,1	270,1	36,3	2.947,9	19,4	10,9	−12,4	76,3
Mecklenburg-Vorpommern	8,3	244,7	47,7	3.031,7	29,5	12,4	−12,3	69,2
Niedersachsen	7,4	256,0	40,2	2.684,2	25,0	10,5	−10,8	76,6
Nordrhein-Westfalen	8,0	251,2	35,8	2.915,8	18,5	11,6	−12,7	75,7
Rheinland-Pfalz	7,1	218,0	51,4	2.583,1	21,9	11,9	−19,5	71,2
Saarland	8,3	205,5	32,1	3.033,9	15,6	14,8	−12,4	68,7
Sachsen	7,2	229,1	34,2	2.624,8	15,6	11,5	−13,8	75,6
Sachsen-Anhalt	8,0	243,6	44,3	2.935,9	20,2	12,1	−16,7	74,1
Schleswig-Holstein	6,9	232,4	51,3	2.519,3	19,9	10,8	−20,7	72,2
Thüringen	8,2	252,1	36,6	3.005,4	20,1	11,9	−12,1	78,1
West	**7,1**	**240,6**	**40,3**	**2.602,2**	**22,4**	**10,8**	**−12,7**	**74,2**
Ost	**7,6**	**237,8**	**36,6**	**2.774,0**	**17,5**	**11,7**	**−13,9**	**75,5**
Bund	**7,2**	**239,7**	**39,7**	**2.629,5**	**21,6**	**11,0**	**−13,0**	**74,3**

Fehlzeiten-Report 2023

Tab. 30.139 Arbeitsunfähigkeit der AOK-Mitglieder nach Wirtschaftsabteilungen in der Branche Metallindustrie im Jahr 2022

Wirtschaftsabteilungen	Krankenstand in %		Arbeitsunfähigkeit je 100 AOK-Mitglieder		Tage je Fall	AU-Quote in %
	2022	2022 stand.[a]	Fälle	Tage		
Herstellung von Datenverarbeitungsgeräten, elektronischen und optischen Erzeugnissen	6,2	6,4	225,5	2.267,3	10,1	72,2
Herstellung von elektrischen Ausrüstungen	7,2	7,1	241,0	2.615,8	10,9	74,7
Herstellung von Kraftwagen und Kraftwagenteilen	7,5	7,5	237,1	2.747,0	11,6	72,8
Herstellung von Metallerzeugnissen	7,5	7,2	245,6	2.744,0	11,2	74,5
Maschinenbau	6,8	6,6	237,5	2.468,7	10,4	75,3
Metallerzeugung und -bearbeitung	8,5	7,7	251,4	3.105,4	12,4	77,1
Sonstiger Fahrzeugbau	6,7	6,6	232,8	2.447,4	10,5	71,2
Branche gesamt	**7,2**	**7,1**	**239,7**	**2.629,5**	**11,0**	**74,3**
Alle Branchen	**6,7**	**6,8**	**216,6**	**2.450,0**	**11,3**	**64,6**

[a] Krankenstand alters- und geschlechtsstandardisiert
Fehlzeiten-Report 2023

Tab. 30.140 Kennzahlen der Arbeitsunfähigkeit nach ausgewählten Berufsgruppen in der Branche Metallindustrie im Jahr 2022

Tätigkeit	Krankenstand in %	Arbeitsunfähigkeit je 100 AOK-Mitglieder		Tage je Fall	AU-Quote in %	Anteil der Berufsgruppe an der Branche in %[a]
		AU-Fälle	AU-Tage			
Berufe im Metallbau	8,1	261,7	2.942,0	11,2	76,8	5,5
Berufe im Vertrieb (außer Informations- u. Kommunikationstechnologien)	4,0	154,1	1.448,6	9,4	64,1	1,5
Berufe in der Elektrotechnik (ohne Spez.)	8,0	265,0	2.917,8	11,0	76,4	3,9
Berufe in der Kraftfahrzeugtechnik	6,8	242,6	2.490,1	10,3	70,2	1,4
Berufe in der Kunststoff- u. Kautschukherstellung (ohne Spez.)	8,7	280,4	3.183,9	11,4	77,1	1,5

Tab. 30.140 (Fortsetzung)

Tätigkeit	Kranken-stand in %	Arbeitsunfähigkeit je 100 AOK-Mitglieder		Tage je Fall	AU-Quote in %	Anteil der Berufsgruppe an der Branche in %[a]
		AU-Fälle	AU-Tage			
Berufe in der Lagerwirtschaft	8,6	267,4	3.155,2	11,8	78,3	5,8
Berufe in der Maschinenbau- u. Betriebstechnik (ohne Spez.)	7,7	262,0	2.796,3	10,7	78,2	9,1
Berufe in der Metallbearbeitung (ohne Spez.)	8,7	273,4	3.186,3	11,7	77,7	9,7
Berufe in der Metalloberflächenbehandlung (ohne Spez.)	9,0	262,2	3.282,5	12,5	77,3	1,4
Berufe in der Schweiß- u. Verbindungstechnik	8,9	264,6	3.260,3	12,3	75,8	2,1
Berufe in der spanenden Metallbearbeitung	7,4	269,5	2.715,0	10,1	80,0	5,2
Berufe in der technischen Forschung u. Entwicklung (ohne Spez.)	3,0	131,9	1.105,4	8,4	59,1	1,5
Berufe in der technischen Produktionsplanung u. -steuerung	5,3	182,7	1.920,9	10,5	68,8	2,2
Berufe in der technischen Qualitätssicherung	7,4	226,8	2.700,5	11,9	75,7	2,3
Berufe in der Werkzeugtechnik	6,8	256,8	2.488,6	9,7	79,6	1,6
Büro- u. Sekretariatskräfte (ohne Spez.)	4,6	173,2	1.665,1	9,6	63,5	2,7
Kaufmännische u. technische Betriebswirtschaft (ohne Spez.)	4,1	187,9	1.503,9	8,0	66,5	3,1
Maschinen- u. Anlagenführer/innen	8,7	276,6	3.159,7	11,4	79,8	4,0
Maschinen- u. Gerätezusammensetzer/innen	8,9	270,6	3.250,3	12,0	77,7	3,8
Technische Servicekräfte in Wartung u. Instandhaltung	6,8	216,4	2.483,5	11,5	75,3	1,7
Branche gesamt	**7,2**	**239,7**	**2.629,5**	**11,0**	**74,3**	**9,8**[b]

[a] Anteil der AOK-Mitglieder in der Berufsgruppe an den in der Branche beschäftigten AOK-Mitgliedern insgesamt
[b] Anteil der AOK-Mitglieder in der Branche an allen AOK-Mitgliedern
Fehlzeiten-Report 2023

Tab. 30.141 Dauer der Arbeitsunfähigkeit der AOK-Mitglieder in der Branche Metallindustrie im Jahr 2022

Fallklasse	Branche hier		Alle Branchen	
	Anteil Fälle in %	Anteil Tage in %	Anteil Fälle in %	Anteil Tage in %
1–3 Tage	31,0	5,7	30,5	5,4
4–7 Tage	32,3	14,8	32,4	14,6
8–14 Tage	23,5	22,0	23,4	21,2
15–21 Tage	5,5	8,6	5,7	8,7
22–28 Tage	2,2	4,9	2,3	5,0
29–42 Tage	2,3	7,1	2,3	7,1
> 42 Tage	3,3	36,9	3,5	38,0

Fehlzeiten-Report 2023

Tab. 30.142 Tage der Arbeitsunfähigkeit je AOK-Mitglied nach Wirtschaftsabteilung und Betriebsgröße in der Branche Metallindustrie im Jahr 2022

Wirtschaftsabteilungen	Betriebsgröße (Anzahl der AOK-Mitglieder)					
	10–49	50–99	100–199	200–499	500–999	≥ 1.000
Herstellung von Datenverarbeitungsgeräten, elektronischen und optischen Erzeugnissen	22,3	24,6	25,1	23,9	22,0	21,3
Herstellung von elektrischen Ausrüstungen	25,3	28,2	27,4	27,2	25,8	27,4
Herstellung von Kraftwagen und Kraftwagenteilen	25,8	27,7	29,9	28,9	28,8	26,1
Herstellung von Metallerzeugnissen	27,7	28,4	29,2	28,7	26,6	24,5
Maschinenbau	24,8	25,2	26,3	24,9	24,4	22,4
Metallerzeugung und -bearbeitung	31,2	30,9	31,8	30,2	33,0	35,1
Sonstiger Fahrzeugbau	25,5	25,0	24,8	27,0	24,3	20,3
Branche gesamt	**26,2**	**27,2**	**28,0**	**27,1**	**26,6**	**25,2**
Alle Branchen	**25,0**	**27,3**	**27,7**	**27,5**	**27,6**	**27,3**

Fehlzeiten-Report 2023

Tab. 30.143 Krankenstand in Prozent nach Ausbildungsabschluss in der Branche Metallindustrie im Jahr 2022, AOK-Mitglieder

Wirtschafts-abteilungen	Ausbildung						
	ohne Ausbildungsabschluss	mit Ausbildungsabschluss	Meister/ Techniker	Bachelor	Diplom/ Magister/ Master/ Staatsexamen	Promotion	unbekannt
Herstellung von Datenverarbeitungsgeräten, elektronischen und optischen Erzeugnissen	7,7	6,9	4,7	2,7	3,2	2,4	6,5
Herstellung von elektrischen Ausrüstungen	8,7	7,6	4,8	2,8	3,1	2,3	7,3
Herstellung von Kraftwagen und Kraftwagenteilen	8,6	8,1	5,2	2,5	2,8	2,0	7,7
Herstellung von Metallerzeugnissen	8,5	7,7	5,3	3,4	4,0	4,5	7,2
Maschinenbau	7,7	7,3	4,8	2,7	3,2	4,0	7,0
Metallerzeugung und -bearbeitung	9,6	8,5	6,1	3,4	3,9	4,5	8,6
Sonstiger Fahrzeugbau	7,2	7,7	5,2	2,8	2,9	1,5	5,7
Branche gesamt	**8,4**	**7,6**	**5,0**	**2,8**	**3,2**	**2,8**	**7,3**
Alle Branchen	**7,4**	**7,4**	**5,9**	**3,5**	**4,0**	**3,0**	**6,0**

Fehlzeiten-Report 2023

Tab. 30.144 Tage der Arbeitsunfähigkeit je AOK-Mitglied nach Ausbildungsabschluss in der Branche Metallindustrie im Jahr 2022

Wirtschaftsabteilungen	Ausbildung						
	ohne Ausbildungsabschluss	mit Ausbildungsabschluss	Meister/ Techniker	Bachelor	Diplom/ Magister/ Master/ Staatsexamen	Promotion	unbekannt
Herstellung von Datenverarbeitungsgeräten, elektronischen und optischen Erzeugnissen	28,1	25,1	17,1	10,0	11,5	8,8	23,8
Herstellung von elektrischen Ausrüstungen	31,8	27,6	17,6	10,1	11,3	8,2	26,7
Herstellung von Kraftwagen und Kraftwagenteilen	31,4	29,7	19,0	9,1	10,2	7,5	28,2
Herstellung von Metallerzeugnissen	31,0	28,1	19,4	12,4	14,5	16,6	26,4
Maschinenbau	28,2	26,5	17,5	10,0	11,8	14,6	25,5
Metallerzeugung und -bearbeitung	35,1	31,0	22,1	12,3	14,2	16,5	31,4
Sonstiger Fahrzeugbau	26,2	28,1	18,9	10,3	10,5	5,6	21,0
Branche gesamt	**30,6**	**27,8**	**18,4**	**10,2**	**11,7**	**10,2**	**26,5**
Alle Branchen	**26,9**	**27,1**	**21,5**	**12,9**	**14,5**	**10,9**	**21,9**

Fehlzeiten-Report 2023

Kapitel 30 · Krankheitsbedingte Fehlzeiten nach Branchen im Jahr 2022

Tab. 30.145 Anteil der Arbeitsunfälle an den AU-Fällen und -Tagen in Prozent nach Wirtschaftsabteilungen in der Branche Metallindustrie im Jahr 2022, AOK-Mitglieder

Wirtschaftsabteilungen	AU-Fälle in %	AU-Tage in %
Herstellung von Datenverarbeitungsgeräten, elektronischen und optischen Erzeugnissen	1,1	2,4
Herstellung von elektrischen Ausrüstungen	1,4	2,9
Herstellung von Kraftwagen und Kraftwagenteilen	1,6	3,2
Herstellung von Metallerzeugnissen	2,6	5,3
Maschinenbau	2,0	4,1
Metallerzeugung und -bearbeitung	2,7	5,7
Sonstiger Fahrzeugbau	1,7	4,3
Branche gesamt	**2,0**	**4,2**
Alle Branchen	**2,0**	**4,5**

Fehlzeiten-Report 2023

Tab. 30.146 Tage und Fälle der Arbeitsunfähigkeit durch Arbeitsunfälle nach Berufsgruppen in der Branche Metallindustrie im Jahr 2022, AOK-Mitglieder

Tätigkeit	Arbeitsunfähigkeit je 1.000 AOK-Mitglieder	
	AU-Tage	AU-Fälle
Berufe im Metallbau	2.297,8	103,0
Berufe in der Metalloberflächenbehandlung (ohne Spez.)	1.939,4	75,7
Berufe in der Schweiß- u. Verbindungstechnik	1.807,1	86,0
Technische Servicekräfte in Wartung u. Instandhaltung	1.476,1	50,6
Berufe in der Metallbearbeitung (ohne Spez.)	1.455,3	64,2
Maschinen- u. Anlagenführer/innen	1.344,8	57,8
Berufe in der Lagerwirtschaft	1.229,7	49,1
Berufe in der Kraftfahrzeugtechnik	1.208,1	57,3
Berufe in der Maschinenbau- u. Betriebstechnik (ohne Spez.)	1.158,2	52,6
Berufe in der spanenden Metallbearbeitung	1.129,5	59,2
Berufe in der Kunststoff- u. Kautschukherstellung (ohne Spez.)	1.103,0	49,8
Maschinen- u. Gerätezusammensetzer/innen	1.057,6	44,6
Berufe in der Werkzeugtechnik	1.053,2	52,9
Berufe in der Elektrotechnik (ohne Spez.)	744,3	31,0
Berufe in der technischen Qualitätssicherung	726,6	26,0
Berufe in der technischen Produktionsplanung u. -steuerung	466,9	18,1
Büro- u. Sekretariatskräfte (ohne Spez.)	275,0	9,5
Berufe im Vertrieb (außer Informations- u. Kommunikationstechnologien)	257,8	8,8
Kaufmännische u. technische Betriebswirtschaft (ohne Spez.)	201,7	8,6
Berufe in der technischen Forschung u. Entwicklung (ohne Spez.)	156,9	8,2
Branche gesamt	**1.106,1**	**48,1**
Alle Branchen	**1.094,5**	**43,8**

Fehlzeiten-Report 2023

Tab. 30.147 Tage und Fälle der Arbeitsunfähigkeit je 100 AOK-Mitglieder nach Krankheitsarten in der Branche Metallindustrie in den Jahren 2000 bis 2022

Jahr	Arbeitsunfähigkeit je 100 AOK-Mitglieder											
	Psyche		Herz/Kreislauf		Atemwege		Verdauung		Muskel/Skelett		Verletzungen	
	Tage	Fälle	Tage	Fälle	Tage	Fälle	Tage	Fälle	Tage	Fälle	Tage	Fälle
2000	125,2	5,6	163,1	8,5	332,7	46,5	148,6	20,8	655,7	39,1	343,6	23,5
2001	134,9	6,4	165,4	9,1	310,6	45,6	149,9	21,6	672,0	40,8	338,9	23,4
2002	141,7	6,8	164,9	9,4	297,9	44,1	151,1	22,5	671,3	41,1	338,9	23,1
2003	134,5	6,7	156,5	9,3	296,8	45,1	142,2	21,5	601,3	37,9	314,5	21,7
2004	151,3	6,8	168,4	8,7	258,0	38,0	143,5	21,0	574,9	36,1	305,3	20,4
2005	150,7	6,6	166,7	8,7	300,6	44,4	136,0	19,6	553,4	35,3	301,1	19,9
2006	147,1	6,5	163,0	8,8	243,0	36,7	135,7	20,3	541,1	35,1	304,5	20,2
2007	154,4	6,9	164,0	8,8	275,3	42,1	142,2	21,8	560,3	36,0	303,9	20,2
2008 (WZ03)	162,9	7,1	168,5	9,2	287,2	44,6	148,4	23,3	580,4	37,9	308,6	20,7
2008 (WZ08)[a]	165,0	7,2	171,3	9,3	289,2	44,7	149,3	23,3	590,7	38,5	311,8	20,9
2009	170,6	7,2	173,4	8,7	303,3	46,3	137,9	19,0	558,2	34,1	307,9	19,0
2010	181,8	7,8	174,6	9,2	277,7	43,2	136,0	20,7	606,6	38,2	322,3	20,4
2011	187,5	8,2	168,1	9,2	291,4	45,4	136,8	21,1	595,5	38,9	317,8	20,5
2012	210,7	8,7	185,5	9,4	300,8	46,7	146,1	21,8	633,9	40,0	329,5	20,0
2013	217,5	8,7	184,2	9,0	374,9	56,7	149,7	21,8	630,9	39,8	329,6	19,9
2014	237,0	9,5	193,9	9,3	308,6	48,0	153,6	22,4	673,0	42,1	333,5	19,9
2015	243,7	9,8	193,5	9,5	391,0	59,5	154,3	22,7	669,1	41,9	331,7	19,6
2016	253,2	10,0	174,9	9,6	355,5	56,4	146,9	22,5	686,6	42,7	326,3	19,2
2017	255,6	10,1	168,3	9,3	360,0	56,3	140,9	21,3	668,7	41,4	324,7	18,6
2018	259,5	10,2	164,5	9,3	392,2	59,9	138,5	21,1	662,4	41,4	327,4	18,7
2019	277,8	10,7	165,2	9,3	348,3	55,9	137,0	20,8	676,8	42,0	327,1	18,1
2020	287,6	9,6	162,7	8,0	340,4	44,6	126,6	17,2	688,2	38,5	309,3	15,3
2021	304,2	10,5	164,9	8,4	311,7	41,4	123,9	17,2	713,3	43,3	322,3	21,3
2022	316,6	10,8	169,4	8,6	669,3	95,3	127,0	18,5	710,9	45,3	324,5	18,9

[a] aufgrund der Revision der Wirtschaftszweigklassifikation in 2008 ist eine Vergleichbarkeit mit den Vorjahren nur bedingt möglich

Fehlzeiten-Report 2023

Tab. 30.148 Verteilung der Arbeitsunfähigkeitstage nach Krankheitsarten in Prozent in der Branche Metallindustrie im Jahr 2022, AOK-Mitglieder

Wirtschaftsabteilungen	AU-Tage in %						
	Psyche	Herz/Kreislauf	Atemwege	Verdauung	Muskel/Skelett	Verletzungen	Sonstige
Herstellung von Datenverarbeitungsgeräten, elektronischen und optischen Erzeugnissen	9,8	3,6	20,9	3,1	15,2	6,9	40,4
Herstellung von elektrischen Ausrüstungen	9,2	4,4	18,6	3,3	18,2	7,4	39,0
Herstellung von Kraftwagen und Kraftwagenteilen	9,1	4,3	17,3	3,4	20,2	7,8	37,9
Herstellung von Metallerzeugnissen	7,8	4,8	16,4	3,5	19,9	9,4	38,3
Maschinenbau	8,0	4,5	18,9	3,3	17,5	8,8	39,0
Metallerzeugung und -bearbeitung	8,2	5,1	15,4	3,4	21,4	9,8	36,8
Sonstiger Fahrzeugbau	8,2	4,2	19,2	3,3	17,9	8,9	38,3
Branche gesamt	**8,4**	**4,5**	**17,7**	**3,4**	**18,9**	**8,6**	**38,5**
Alle Branchen	**10,3**	**4,0**	**17,5**	**3,3**	**17,4**	**8,1**	**39,4**

Fehlzeiten-Report 2023

Kapitel 30 · Krankheitsbedingte Fehlzeiten nach Branchen im Jahr 2022

Tab. 30.149 Verteilung der Arbeitsunfähigkeitsfälle nach Krankheitsarten in Prozent in der Branche Metallindustrie im Jahr 2022, AOK-Mitglieder

Wirtschaftsabteilungen	AU-Fälle in %						
	Psyche	Herz/ Kreislauf	Atemwege	Verdauung	Muskel/ Skelett	Verletzungen	Sonstige
Herstellung von Datenverarbeitungsgeräten, elektronischen und optischen Erzeugnissen	3,4	2,2	30,4	5,2	10,3	4,3	44,2
Herstellung von elektrischen Ausrüstungen	3,3	2,5	28,3	5,4	12,4	4,8	43,3
Herstellung von Kraftwagen und Kraftwagenteilen	3,5	2,5	26,9	5,2	14,7	5,1	42,2
Herstellung von Metallerzeugnissen	3,0	2,6	26,1	5,6	14,0	6,0	42,7
Maschinenbau	2,9	2,4	28,8	5,2	12,0	5,6	43,2
Metallerzeugung und -bearbeitung	3,2	2,9	25,4	5,6	15,3	6,2	41,4
Sonstiger Fahrzeugbau	3,2	2,3	28,8	5,3	12,2	5,4	42,7
Branche gesamt	**3,1**	**2,5**	**27,6**	**5,4**	**13,1**	**5,5**	**42,8**
Alle Branchen	**3,9**	**2,4**	**27,3**	**5,2**	**11,8**	**4,9**	**44,4**

Fehlzeiten-Report 2023

Tab. 30.150 Verteilung der Arbeitsunfähigkeitstage nach Krankheitsarten und ausgewählten Berufsgruppen in der Branche Metallindustrie im Jahr 2022, AOK-Mitglieder

Tätigkeit	AU-Tage in %						
	Psyche	Herz/ Kreislauf	Atemwege	Verdauung	Muskel/ Skelett	Verletzungen	Sonstige
Berufe im Metallbau	6,2	4,7	15,9	3,5	21,2	12,0	36,6
Berufe im Vertrieb (außer Informations- u. Kommunikationstechnologien)	11,0	3,3	23,6	3,6	9,3	5,5	43,7
Berufe in der Elektrotechnik (ohne Spez.)	10,2	3,9	18,3	3,1	18,9	6,8	38,9
Berufe in der Kraftfahrzeugtechnik	7,7	3,6	19,6	3,7	19,5	10,3	35,7
Berufe in der Kunststoff- u. Kautschukherstellung (ohne Spez.)	8,7	4,6	15,9	3,4	22,7	7,8	36,8
Berufe in der Lagerwirtschaft	9,1	4,9	15,9	3,4	20,3	8,1	38,2

Tab. 30.150 (Fortsetzung)

Tätigkeit	AU-Tage in %						
	Psyche	Herz/ Kreislauf	Atem- wege	Ver- dauung	Muskel/ Skelett	Verlet- zungen	Sonstige
Berufe in der Maschinenbau- u. Betriebstechnik (ohne Spez.)	7,8	4,4	18,0	3,3	19,3	9,0	38,2
Berufe in der Metallbearbeitung (ohne Spez.)	8,2	4,8	15,4	3,4	21,9	8,6	37,7
Berufe in der Metalloberflächenbehandlung (ohne Spez.)	7,7	5,5	14,2	3,6	23,1	9,3	36,5
Berufe in der Schweiß- u. Verbindungstechnik	6,5	5,6	15,0	3,6	23,6	9,5	36,1
Berufe in der spanenden Metallbearbeitung	7,4	4,6	19,1	3,5	17,6	9,5	38,4
Berufe in der technischen Forschung u. Entwicklung (ohne Spez.)	8,9	3,0	28,1	3,1	8,2	5,8	43,0
Berufe in der technischen Produktionsplanung u. -steuerung	9,7	4,2	20,7	3,2	13,7	7,7	40,7
Berufe in der technischen Qualitätssicherung	10,6	4,5	17,7	3,1	17,4	6,6	40,1
Berufe in der Werkzeugtechnik	7,2	4,2	20,3	3,4	15,4	10,1	39,4
Büro- u. Sekretariatskräfte (ohne Spez.)	12,0	3,3	21,9	3,1	9,8	5,5	44,5
Kaufmännische u. technische Betriebswirtschaft (ohne Spez.)	10,3	2,6	26,0	3,0	8,7	5,6	43,9
Maschinen- u. Anlagenführer/innen	8,3	4,6	16,5	3,6	20,8	8,8	37,5
Maschinen- u. Gerätezusammensetzer/innen	8,8	4,2	16,5	3,2	21,3	7,9	38,1
Technische Servicekräfte in Wartung u. Instandhaltung	7,4	4,6	18,9	3,2	17,0	10,2	38,7
Branche gesamt	**8,4**	**4,5**	**17,7**	**3,4**	**18,9**	**8,6**	**38,5**
Alle Branchen	**10,3**	**4,0**	**17,5**	**3,3**	**17,4**	**8,1**	**39,4**

Fehlzeiten-Report 2023

◨ **Tab. 30.151** Verteilung der Arbeitsunfähigkeitsfälle nach Krankheitsarten und ausgewählten Berufsgruppen in der Branche Metallindustrie im Jahr 2022, AOK-Mitglieder

Tätigkeit	AU-Fälle in %						
	Psyche	Herz/ Kreislauf	Atem- wege	Ver- dauung	Muskel/ Skelett	Verlet- zungen	Sonstige
Berufe im Metallbau	2,5	2,5	25,9	5,6	14,6	7,5	41,4
Berufe im Vertrieb (außer Informations- u. Kommunikationstechnologien)	3,4	2,0	32,8	5,1	6,1	3,3	47,3
Berufe in der Elektrotechnik (ohne Spez.)	3,7	2,5	27,4	5,4	13,1	4,4	43,5
Berufe in der Kraftfahrzeugtechnik	2,9	2,1	29,3	5,4	13,3	5,8	41,2
Berufe in der Kunststoff- u. Kautschukherstellung (ohne Spez.)	3,6	2,8	25,0	5,4	16,4	5,3	41,5
Berufe in der Lagerwirtschaft	3,6	2,7	25,3	5,5	14,8	5,3	42,7
Berufe in der Maschinenbau- u. Betriebstechnik (ohne Spez.)	3,0	2,4	28,0	5,3	13,0	5,9	42,5
Berufe in der Metallbearbeitung (ohne Spez.)	3,3	2,7	24,6	5,6	16,3	5,8	41,7
Berufe in der Metalloberflächenbehandlung (ohne Spez.)	3,4	2,9	23,4	5,7	17,8	6,2	40,6
Berufe in der Schweiß- u. Verbindungstechnik	2,8	3,1	24,0	5,7	17,8	6,6	40,0
Berufe in der spanenden Metallbearbeitung	2,8	2,3	28,7	5,4	12,3	6,2	42,4
Berufe in der technischen Forschung u. Entwicklung (ohne Spez.)	2,3	1,4	37,5	4,4	5,6	3,4	45,4
Berufe in der technischen Produktionsplanung u. -steuerung	3,2	2,3	30,9	5,2	9,9	4,4	44,2
Berufe in der technischen Qualitätssicherung	3,8	2,8	27,7	5,3	11,8	4,4	44,2
Berufe in der Werkzeugtechnik	2,4	2,1	30,4	5,3	10,6	6,4	42,7
Büro- u. Sekretariatskräfte (ohne Spez.)	3,7	1,9	31,5	5,0	6,3	3,3	48,3
Kaufmännische u. technische Betriebswirtschaft (ohne Spez.)	2,9	1,6	34,1	4,9	5,6	3,5	47,4

◻ **Tab. 30.151** (Fortsetzung)

Tätigkeit	AU-Fälle in %						
	Psyche	Herz/ Kreislauf	Atem- wege	Ver- dauung	Muskel/ Skelett	Verlet- zungen	Sonstige
Maschinen- u. Anlagenführer/ innen	3,4	2,6	25,6	5,4	15,9	5,7	41,4
Maschinen- u. Gerätezusam- mensetzer/innen	3,6	2,6	25,9	5,3	15,3	5,2	42,0
Technische Servicekräfte in Wartung u. Instandhaltung	2,9	2,3	29,4	5,1	11,7	5,8	42,8
Branche gesamt	**3,1**	**2,5**	**27,6**	**5,4**	**13,1**	**5,5**	**42,8**
Alle Branchen	**3,9**	**2,4**	**27,3**	**5,2**	**11,8**	**4,9**	**44,4**

Fehlzeiten-Report 2023

◻ **Tab. 30.152** Anteile der 40 häufigsten Einzeldiagnosen an den AU-Fällen und AU-Tagen in der Branche Metallindustrie im Jahr 2022, AOK-Mitglieder

ICD-10	Bezeichnung	AU-Fälle in %	AU-Tage in %
J06	Akute Infektionen an mehreren oder nicht näher bezeichneten Lokalisationen der oberen Atemwege	17,3	10,5
U07	Krankheiten mit unklarer Ätiologie, belegte und nicht belegte Schlüsselnummern U07.-	6,4	4,7
M54	Rückenschmerzen	5,2	5,3
U99	Belegte und nicht belegte Schlüsselnummern U99.-!	3,6	2,3
A09	Sonstige und nicht näher bezeichnete Gastroenteritis und Kolitis infektiösen und nicht näher bezeichneten Ursprungs	3,0	1,1
Z11	Spezielle Verfahren zur Untersuchung auf infektiöse und parasitäre Krankheiten	2,4	1,7
B34	Viruskrankheit nicht näher bezeichneter Lokalisation	2,4	1,4
R51	Kopfschmerz	1,7	0,8
J00	Akute Rhinopharyngitis [Erkältungsschnupfen]	1,6	0,8
R10	Bauch- und Beckenschmerzen	1,2	0,6
M25	Sonstige Gelenkkrankheiten, anderenorts nicht klassifiziert	1,1	1,4
I10	Essentielle (primäre) Hypertonie	1,1	1,1
M79	Sonstige Krankheiten des Weichteilgewebes, anderenorts nicht klassifiziert	1,1	0,9
F43	Reaktionen auf schwere Belastungen und Anpassungsstörungen	0,9	1,8

◨ Tab. 30.152 (Fortsetzung)

ICD-10	Bezeichnung	AU-Fälle in %	AU-Tage in %
J98	Sonstige Krankheiten der Atemwege	0,9	0,6
J20	Akute Bronchitis	0,9	0,6
B99	Sonstige und nicht näher bezeichnete Infektionskrankheiten	0,9	0,5
K08	Sonstige Krankheiten der Zähne und des Zahnhalteapparates	0,9	0,2
T14	Verletzung an einer nicht näher bezeichneten Körperregion	0,8	0,9
R53	Unwohlsein und Ermüdung	0,8	0,8
R05	Husten	0,8	0,5
K52	Sonstige nichtinfektiöse Gastroenteritis und Kolitis	0,8	0,3
F32	Depressive Episode	0,7	2,5
R07	Hals- und Brustschmerzen	0,7	0,5
K29	Gastritis und Duodenitis	0,7	0,4
R11	Übelkeit und Erbrechen	0,7	0,3
Z98	Sonstige Zustände nach chirurgischem Eingriff	0,6	1,8
M75	Schulterläsionen	0,6	1,6
M51	Sonstige Bandscheibenschäden	0,6	1,5
M99	Biomechanische Funktionsstörungen, anderenorts nicht klassifiziert	0,6	0,6
J40	Bronchitis, nicht als akut oder chronisch bezeichnet	0,6	0,4
J02	Akute Pharyngitis	0,6	0,3
M77	Sonstige Enthesopathien	0,5	0,8
R52	Schmerz, anderenorts nicht klassifiziert	0,5	0,5
R42	Schwindel und Taumel	0,5	0,5
J03	Akute Tonsillitis	0,5	0,3
R50	Fieber sonstiger und unbekannter Ursache	0,5	0,3
G43	Migräne	0,5	0,2
T88	Sonstige Komplikationen bei chirurgischen Eingriffen und medizinischer Behandlung, anderenorts nicht klassifiziert	0,5	0,1
M53	Sonstige Krankheiten der Wirbelsäule und des Rückens, anderenorts nicht klassifiziert	0,4	0,6
	Summe hier	**66,1**	**52,0**
	Restliche	33,9	48,0
	Gesamtsumme	**100,0**	**100,0**

Fehlzeiten-Report 2023

Tab. 30.153 Anteile der 40 häufigsten Diagnoseuntergruppen an den AU-Fällen und AU-Tagen in der Branche Metallindustrie im Jahr 2022, AOK-Mitglieder

ICD-10	Bezeichnung	AU-Fälle in %	AU-Tage in %
J00–J06	Akute Infektionen der oberen Atemwege	21,3	12,9
U00–U49	Vorläufige Zuordnungen für Krankheiten mit unklarer Ätiologie, belegte und nicht belegte Schlüsselnummern	7,6	5,8
M50–M54	Sonstige Krankheiten der Wirbelsäule und des Rückens	6,0	6,9
R50–R69	Allgemeinsymptome	4,1	3,1
U98–U99	Belegte und nicht belegte Schlüsselnummern	3,8	2,5
A00–A09	Infektiöse Darmkrankheiten	3,5	1,3
Z00–Z13	Personen, die das Gesundheitswesen zur Untersuchung und Abklärung in Anspruch nehmen	2,8	2,0
M70–M79	Sonstige Krankheiten des Weichteilgewebes	2,6	3,8
B25–B34	Sonstige Viruskrankheiten	2,6	1,6
R10–R19	Symptome, die das Verdauungssystem und das Abdomen betreffen	2,0	1,1
F40–F48	Neurotische, Belastungs- und somatoforme Störungen	1,9	4,3
R00–R09	Symptome, die das Kreislaufsystem und das Atmungssystem betreffen	1,9	1,4
K00–K14	Krankheiten der Mundhöhle, der Speicheldrüsen und der Kiefer	1,7	0,5
M20–M25	Sonstige Gelenkkrankheiten	1,5	2,6
Z80–Z99	Personen mit potentiellen Gesundheitsrisiken aufgrund der Familien- oder Eigenanamnese und bestimmte Zustände, die den Gesundheitszustand beeinflussen	1,3	3,1
I10–I15	Hypertonie [Hochdruckkrankheit]	1,2	1,3
G40–G47	Episodische und paroxysmale Krankheiten des Nervensystems	1,2	1,1
J40–J47	Chronische Krankheiten der unteren Atemwege	1,2	1,0
J20–J22	Sonstige akute Infektionen der unteren Atemwege	1,2	0,8
J95–J99	Sonstige Krankheiten des Atmungssystems	1,1	0,8
K20–K31	Krankheiten des Ösophagus, des Magens und des Duodenums	1,0	0,6
F30–F39	Affektive Störungen	0,9	3,8
T08–T14	Verletzungen nicht näher bezeichneter Teile des Rumpfes, der Extremitäten oder anderer Körperregionen	0,9	1,1
B99–B99	Sonstige Infektionskrankheiten	0,9	0,6
K50–K52	Nichtinfektiöse Enteritis und Kolitis	0,9	0,4
S60–S69	Verletzungen des Handgelenkes und der Hand	0,8	1,4
Z20–Z29	Personen mit potentiellen Gesundheitsrisiken hinsichtlich übertragbarer Krankheiten	0,8	0,6
J30–J39	Sonstige Krankheiten der oberen Atemwege	0,8	0,5

◘ Tab. 30.153 (Fortsetzung)

ICD-10	Bezeichnung	AU-Fälle in %	AU-Tage in %
S90–S99	Verletzungen der Knöchelregion und des Fußes	0,7	1,0
M95–M99	Sonstige Krankheiten des Muskel-Skelett-Systems und des Bindegewebes	0,7	0,7
R40–R46	Symptome, die das Erkennungs- und Wahrnehmungsvermögen, die Stimmung und das Verhalten betreffen	0,7	0,7
K55–K64	Sonstige Krankheiten des Darmes	0,7	0,6
T80–T88	Komplikationen bei chirurgischen Eingriffen und medizinischer Behandlung, anderenorts nicht klassifiziert	0,7	0,4
M15–M19	Arthrose	0,6	1,9
S80–S89	Verletzungen des Knies und des Unterschenkels	0,6	1,5
Z40–Z54	Personen, die das Gesundheitswesen zum Zwecke spezifischer Maßnahmen und zur medizinischen Betreuung in Anspruch nehmen	0,6	0,8
E70–E90	Stoffwechselstörungen	0,6	0,5
G50–G59	Krankheiten von Nerven, Nervenwurzeln und Nervenplexus	0,5	1,1
J09–J18	Grippe und Pneumonie	0,5	0,5
M05–M14	Entzündliche Polyarthropathien	0,4	0,5
	Summe hier	**84,8**	**77,1**
	Restliche	15,2	22,9
	Gesamtsumme	**100,0**	**100,0**

Fehlzeiten-Report 2023

30.10 Öffentliche Verwaltung

Entwicklung des Krankenstands der AOK-Mitglieder in der Branche Öffentliche Verwaltung in den Jahren 1998 bis 2022	Tab. 30.154
Arbeitsunfähigkeit der AOK-Mitglieder in der Branche Öffentliche Verwaltung nach Bundesländern im Jahr 2022 im Vergleich zum Vorjahr	Tab. 30.155
Arbeitsunfähigkeit der AOK-Mitglieder nach Wirtschaftsabteilungen in der Branche Öffentliche Verwaltung im Jahr 2022	Tab. 30.156
Kennzahlen der Arbeitsunfähigkeit nach ausgewählten Berufsgruppen in der Branche Öffentliche Verwaltung im Jahr 2022	Tab. 30.157
Dauer der Arbeitsunfähigkeit der AOK-Mitglieder in der Branche Öffentliche Verwaltung im Jahr 2022	Tab. 30.158
Tage der Arbeitsunfähigkeit je AOK-Mitglied nach Wirtschaftsabteilung und Betriebsgröße in der Branche Öffentliche Verwaltung im Jahr 2022	Tab. 30.159
Krankenstand in Prozent nach Ausbildungsabschluss in der Branche Öffentliche Verwaltung im Jahr 2022, AOK-Mitglieder	Tab. 30.160
Tage der Arbeitsunfähigkeit je AOK-Mitglied nach Ausbildungsabschluss in der Branche Öffentliche Verwaltung im Jahr 2022	Tab. 30.161
Anteil der Arbeitsunfälle an den AU-Fällen und -Tagen in Prozent nach Wirtschaftsabteilungen in der Branche Öffentliche Verwaltung im Jahr 2022, AOK-Mitglieder	Tab. 30.162
Tage und Fälle der Arbeitsunfähigkeit durch Arbeitsunfälle nach Berufsgruppen in der Branche Öffentliche Verwaltung im Jahr 2022, AOK-Mitglieder	Tab. 30.163
Tage und Fälle der Arbeitsunfähigkeit je 100 AOK-Mitglieder nach Krankheitsarten in der Branche Öffentliche Verwaltung in den Jahren 1998 bis 2022	Tab. 30.164
Verteilung der Arbeitsunfähigkeitstage nach Krankheitsarten in Prozent in der Branche Öffentliche Verwaltung im Jahr 2022, AOK-Mitglieder	Tab. 30.165
Verteilung der Arbeitsunfähigkeitsfälle nach Krankheitsarten in Prozent in der Branche Öffentliche Verwaltung im Jahr 2022, AOK-Mitglieder	Tab. 30.166
Verteilung der Arbeitsunfähigkeitstage nach Krankheitsarten und ausgewählten Berufsgruppen in der Branche Öffentliche Verwaltung im Jahr 2022, AOK-Mitglieder	Tab. 30.167
Verteilung der Arbeitsunfähigkeitsfälle nach Krankheitsarten und ausgewählten Berufsgruppen in der Branche Öffentliche Verwaltung im Jahr 2022, AOK-Mitglieder	Tab. 30.168
Anteile der 40 häufigsten Einzeldiagnosen an den AU-Fällen und AU-Tagen in der Branche Öffentliche Verwaltung im Jahr 2022, AOK-Mitglieder	Tab. 30.169
Anteile der 40 häufigsten Diagnoseuntergruppen an den AU-Fällen und AU-Tagen in der Branche Öffentliche Verwaltung im Jahr 2022, AOK-Mitglieder	Tab. 30.170

Tab. 30.154 Entwicklung des Krankenstands der AOK-Mitglieder in der Branche Öffentliche Verwaltung in den Jahren 1998 bis 2022

Jahr	Krankenstand in %			AU-Fälle je 100 AOK-Mitglieder			Tage je Fall		
	West	Ost	Bund	West	Ost	Bund	West	Ost	Bund
1998	6,3	5,7	6,2	162,6	150,3	160,0	14,2	13,8	14,1
1999	6,6	6,2	6,5	170,7	163,7	169,3	13,8	13,6	13,8
2000	6,4	5,9	6,3	172,0	174,1	172,5	13,6	12,3	13,3
2001	6,1	5,9	6,1	165,8	161,1	164,9	13,5	13,3	13,5
2002	6,0	5,7	5,9	167,0	161,9	166,0	13,0	12,9	13,0
2003	5,7	5,3	5,6	167,3	158,8	165,7	12,4	12,2	12,3
2004	5,3	5,0	5,2	154,8	152,2	154,3	12,5	12,0	12,4
2005[b]	5,3	4,5	5,1	154,1	134,3	150,0	12,6	12,2	12,5
2006	5,1	4,7	5,0	148,7	144,7	147,9	12,5	11,8	12,3
2007	5,3	4,8	5,2	155,5	151,1	154,6	12,4	11,7	12,3
2008 (WZ03)	5,3	4,9	5,2	159,8	152,1	158,3	12,2	11,8	12,1
2008 (WZ08)[a]	5,3	4,9	5,2	159,9	152,2	158,4	12,1	11,8	12,1
2009	5,5	5,3	5,4	167,9	164,9	167,3	11,9	11,7	11,8
2010	5,5	5,7	5,5	164,8	184,6	168,2	12,2	11,3	12,0
2011	5,6	5,5	5,6	172,5	189,1	175,6	11,9	10,6	11,7
2012	5,5	5,5	5,5	163,9	164,4	164,0	12,2	12,2	12,2
2013	5,6	5,9	5,7	174,8	176,3	175,1	11,7	12,2	11,8
2014	5,9	6,1	5,9	174,9	179,9	175,9	12,3	12,3	12,3
2015	6,2	6,5	6,3	187,8	195,6	189,3	12,1	12,1	12,1
2016	6,2	6,6	6,3	189,3	203,8	192,0	12,1	11,9	12,0
2017	6,3	6,9	6,4	187,6	210,7	192,2	12,2	11,9	12,2
2018	6,5	7,2	6,6	192,5	216,4	197,4	12,3	12,2	12,3
2019	6,4	7,0	6,5	187,3	210,9	192,2	12,5	12,2	12,4
2020	6,4	7,4	6,6	164,2	192,7	170,2	14,3	14,0	14,2
2021	6,1	7,4	6,4	159,0	190,3	165,6	14,1	14,2	14,1
2022	7,7	8,6	7,9	235,4	259,5	240,5	12,0	12,2	12,0

[a] aufgrund der Revision der Wirtschaftszweigklassifikation in 2008 ist eine Vergleichbarkeit mit den Vorjahren nur bedingt möglich
[b] ohne Sozialversicherung/Arbeitsförderung
Fehlzeiten-Report 2023

Tab. 30.155 Arbeitsunfähigkeit der AOK-Mitglieder in der Branche Öffentliche Verwaltung nach Bundesländern im Jahr 2022 im Vergleich zum Vorjahr

Bundesland	Krankenstand in %	Arbeitsunfähigkeit je 100 AOK-Mitglieder				Tage je Fall	Veränd. z. Vorj. in %	AU-Quote in %
		AU-Fälle	Veränd. z. Vorj. in %	AU-Tage	Veränd. z. Vorj. in %			
Baden-Württemberg	7,2	235,0	43,1	2.644,5	24,9	11,3	−12,7	76,8
Bayern	6,9	210,7	54,0	2.528,1	26,6	12,0	−17,8	73,5
Berlin	7,1	222,9	56,3	2.574,9	32,7	11,6	−15,1	68,7
Brandenburg	9,6	259,1	39,9	3.496,8	23,9	13,5	−11,4	79,4
Bremen	7,1	228,1	66,2	2.573,4	32,0	11,3	−20,6	74,3
Hamburg	7,1	203,0	74,7	2.598,4	41,2	12,8	−19,2	64,2
Hessen	8,5	276,7	47,2	3.109,5	30,4	11,2	−11,4	78,8
Mecklenburg-Vorpommern	9,2	254,8	43,8	3.350,9	21,6	13,2	−15,5	78,4
Niedersachsen	8,3	253,6	48,3	3.045,9	28,4	12,0	−13,4	80,4
Nordrhein-Westfalen	8,5	242,1	45,5	3.116,5	24,7	12,9	−14,3	75,5
Rheinland-Pfalz	8,2	225,7	48,8	3.006,7	22,4	13,3	−17,8	74,9
Saarland	9,5	244,2	39,3	3.472,8	23,9	14,2	−11,1	76,3
Sachsen	8,1	253,6	33,7	2.973,6	13,5	11,7	−15,1	80,7
Sachsen-Anhalt	9,1	267,1	42,4	3.320,5	20,3	12,4	−15,6	80,4
Schleswig-Holstein	8,1	232,7	52,0	2.940,6	26,7	12,6	−16,7	75,5
Thüringen	8,8	268,6	34,8	3.230,2	17,5	12,0	−12,8	81,7
West	**7,7**	**235,4**	**48,1**	**2.828,4**	**26,5**	**12,0**	**−14,6**	**76,0**
Ost	**8,6**	**259,5**	**36,4**	**3.154,7**	**17,0**	**12,2**	**−14,2**	**80,6**
Bund	**7,9**	**240,5**	**45,2**	**2.894,1**	**24,1**	**12,0**	**−14,5**	**77,0**

Fehlzeiten-Report 2023

Tab. 30.156 Arbeitsunfähigkeit der AOK-Mitglieder nach Wirtschaftsabteilungen in der Branche Öffentliche Verwaltung im Jahr 2022

Wirtschaftsabteilungen	Krankenstand in %		Arbeitsunfähigkeit je 100 AOK-Mitglieder		Tage je Fall	AU-Quote in %
	2022	2022 stand.[a]	Fälle	Tage		
Auswärtige Angelegenheiten, Verteidigung, Rechtspflege, öffentliche Sicherheit und Ordnung	8,8	8,2	253,4	3.218,0	12,7	73,7
Exterritoriale Organisationen und Körperschaften	9,8	7,8	237,3	3.560,5	15,0	73,5
Öffentliche Verwaltung	7,9	7,4	242,3	2.873,1	11,9	77,1
Sozialversicherung	7,6	7,1	226,2	2.784,8	12,3	78,3
Branche gesamt	**7,9**	**7,5**	**240,5**	**2.894,1**	**12,0**	**77,0**
Alle Branchen	**6,7**	**6,8**	**216,6**	**2.450,0**	**11,3**	**64,6**

[a] Krankenstand alters- und geschlechtsstandardisiert

Fehlzeiten-Report 2023

Tab. 30.157 Kennzahlen der Arbeitsunfähigkeit nach ausgewählten Berufsgruppen in der Branche Öffentliche Verwaltung im Jahr 2022

Tätigkeit	Krankenstand in %	Arbeitsunfähigkeit je 100 AOK-Mitglieder		Tage je Fall	AU-Quote in %	Anteil der Berufsgruppe an der Branche in %[a]
		AU-Fälle	AU-Tage			
Berufe im Gartenbau (ohne Spez.)	11,3	297,3	4.132,7	13,9	82,4	1,7
Berufe im Objekt-, Werte- u. Personenschutz	11,4	354,5	4.152,2	11,7	77,6	1,2
Berufe in der Gebäudetechnik (ohne Spez.)	8,6	198,3	3.149,5	15,9	75,2	2,4
Berufe in der Kinderbetreuung u. -erziehung	8,2	311,9	2.993,5	9,6	82,1	12,0
Berufe in der öffentlichen Verwaltung (ohne Spez.)	6,4	220,0	2.345,9	10,7	74,9	17,8
Berufe in der Personaldienstleistung	6,7	208,0	2.446,7	11,8	76,3	1,5
Berufe in der Reinigung (ohne Spez.)	10,4	241,3	3.811,1	15,8	79,1	5,1
Berufe in der Sozialarbeit u. Sozialpädagogik	6,0	203,8	2.196,9	10,8	73,4	2,6
Berufe in der Sozialverwaltung u. -versicherung	7,7	231,9	2.818,9	12,2	79,5	9,5
Büro- u. Sekretariatskräfte (ohne Spez.)	7,7	227,6	2.797,7	12,3	75,9	8,4
Kaufmännische u. technische Betriebswirtschaft (ohne Spez.)	7,0	231,9	2.562,6	11,1	76,9	2,3
Köche/Köchinnen (ohne Spez.)	10,8	280,9	3.935,3	14,0	82,1	1,2
Platz- u. Gerätewarte/-wartinnen	9,1	226,2	3.310,9	14,6	77,6	2,6
Straßen- u. Tunnelwärter/innen	9,8	266,0	3.579,3	13,5	82,9	2,7
Branche gesamt	**7,9**	**240,5**	**2.894,1**	**12,0**	**77,0**	**4,5**[b]

[a] Anteil der AOK-Mitglieder in der Berufsgruppe an den in der Branche beschäftigten AOK-Mitgliedern insgesamt
[b] Anteil der AOK-Mitglieder in der Branche an allen AOK-Mitgliedern
Fehlzeiten-Report 2023

Kapitel 30 · Krankheitsbedingte Fehlzeiten nach Branchen im Jahr 2022

Tab. 30.158 Dauer der Arbeitsunfähigkeit der AOK-Mitglieder in der Branche Öffentliche Verwaltung im Jahr 2022

Fallklasse	Branche hier		Alle Branchen	
	Anteil Fälle in %	Anteil Tage in %	Anteil Fälle in %	Anteil Tage in %
1–3 Tage	28,0	4,7	30,5	5,4
4–7 Tage	30,8	12,8	32,4	14,6
8–14 Tage	25,7	21,9	23,4	21,2
15–21 Tage	6,5	9,3	5,7	8,7
22–28 Tage	2,8	5,6	2,3	5,0
29–42 Tage	2,7	7,6	2,3	7,1
> 42 Tage	3,6	38,0	3,5	38,0

Fehlzeiten-Report 2023

Tab. 30.159 Tage der Arbeitsunfähigkeit je AOK-Mitglied nach Wirtschaftsabteilung und Betriebsgröße in der Branche Öffentliche Verwaltung im Jahr 2022

Wirtschaftsabteilungen	Betriebsgröße (Anzahl der AOK-Mitglieder)					
	10–49	50–99	100–199	200–499	500–999	≥ 1.000
Auswärtige Angelegenheiten, Verteidigung, Rechtspflege, öffentliche Sicherheit und Ordnung	31,1	33,4	33,7	34,6	40,0	–
Exterritoriale Organisationen und Körperschaften	33,8	29,4	40,7	43,5	43,3	–
Öffentliche Verwaltung	28,0	28,6	28,8	29,3	31,1	32,0
Sozialversicherung	28,1	27,9	28,1	28,2	28,1	26,6
Branche gesamt	**28,4**	**28,9**	**29,2**	**29,6**	**31,1**	**30,9**
Alle Branchen	**25,0**	**27,3**	**27,7**	**27,5**	**27,6**	**27,3**

Fehlzeiten-Report 2023

Tab. 30.160 Krankenstand in Prozent nach Ausbildungsabschluss in der Branche Öffentliche Verwaltung im Jahr 2022, AOK-Mitglieder

Wirtschafts-abteilungen	Ausbildung						
	ohne Aus-bildungs-abschluss	mit Aus-bildungs-abschluss	Meister/ Techniker	Bachelor	Diplom/ Magister/ Master/ Staats-examen	Promotion	unbekannt
Auswärtige Angelegenheiten, Verteidigung, Rechtspflege, öffentliche Sicherheit und Ordnung	9,7	9,4	7,9	4,8	3,2	3,5	10,4
Exterritoriale Organisationen und Körperschaften	7,7	7,9	6,3	3,1	3,7	3,9	11,1
Öffentliche Verwaltung	9,2	8,2	7,8	4,8	5,6	3,6	8,4
Sozialversicherung	6,8	8,0	8,3	4,7	6,0	4,7	9,9
Branche gesamt	**8,9**	**8,3**	**7,8**	**4,8**	**5,4**	**3,8**	**8,9**
Alle Branchen	**7,4**	**7,4**	**5,9**	**3,5**	**4,0**	**3,0**	**6,0**

Fehlzeiten-Report 2023

Kapitel 30 · Krankheitsbedingte Fehlzeiten nach Branchen im Jahr 2022

Tab. 30.161 Tage der Arbeitsunfähigkeit je AOK-Mitglied nach Ausbildungsabschluss in der Branche Öffentliche Verwaltung im Jahr 2022

Wirtschafts-abteilungen	Ausbildung						
	ohne Ausbildungsabschluss	mit Ausbildungsabschluss	Meister/ Techniker	Bachelor	Diplom/ Magister/ Master/ Staatsexamen	Promotion	unbekannt
Auswärtige Angelegenheiten, Verteidigung, Rechtspflege, öffentliche Sicherheit und Ordnung	35,6	34,3	28,7	17,5	11,5	12,7	37,8
Exterritoriale Organisationen und Körperschaften	27,9	28,9	23,1	11,2	13,4	14,4	40,3
Öffentliche Verwaltung	33,6	30,0	28,3	17,5	20,3	13,3	30,6
Sozialversicherung	24,7	29,3	30,3	17,3	21,9	17,3	36,3
Branche gesamt	**32,6**	**30,2**	**28,5**	**17,4**	**19,9**	**13,8**	**32,4**
Alle Branchen	**26,9**	**27,1**	**21,5**	**12,9**	**14,5**	**10,9**	**21,9**

Fehlzeiten-Report 2023

Tab. 30.162 Anteil der Arbeitsunfälle an den AU-Fällen und -Tagen in Prozent nach Wirtschaftsabteilungen in der Branche Öffentliche Verwaltung im Jahr 2022, AOK-Mitglieder

Wirtschaftsabteilungen	AU-Fälle in %	AU-Tage in %
Auswärtige Angelegenheiten, Verteidigung, Rechtspflege, öffentliche Sicherheit und Ordnung	1,2	2,6
Exterritoriale Organisationen und Körperschaften	1,5	3,0
Öffentliche Verwaltung	1,4	3,0
Sozialversicherung	0,5	1,0
Branche gesamt	**1,2**	**2,7**
Alle Branchen	**2,0**	**4,5**

Fehlzeiten-Report 2023

Tab. 30.163 Tage und Fälle der Arbeitsunfähigkeit durch Arbeitsunfälle nach Berufsgruppen in der Branche Öffentliche Verwaltung im Jahr 2022, AOK-Mitglieder

Tätigkeit	Arbeitsunfähigkeit je 1.000 AOK-Mitglieder	
	AU-Tage	AU-Fälle
Straßen- u. Tunnelwärter/innen	2.734,8	87,4
Platz- u. Gerätewarte/-wartinnen	2.301,2	83,5
Berufe im Gartenbau (ohne Spez.)	1.964,3	85,8
Berufe im Objekt-, Werte- u. Personenschutz	1.580,2	48,1
Berufe in der Gebäudetechnik (ohne Spez.)	1.431,5	46,1
Berufe in der Reinigung (ohne Spez.)	1.132,5	31,6
Köche/Köchinnen (ohne Spez.)	925,1	39,8
Berufe in der Kinderbetreuung u. -erziehung	559,5	26,4
Büro- u. Sekretariatskräfte (ohne Spez.)	390,8	14,9
Berufe in der Sozialarbeit u. Sozialpädagogik	380,4	16,1
Berufe in der öffentlichen Verwaltung (ohne Spez.)	318,2	14,0
Berufe in der Personaldienstleistung	289,0	11,0
Kaufmännische u. technische Betriebswirtschaft (ohne Spez.)	255,4	14,0
Berufe in der Sozialverwaltung u. -versicherung	230,8	9,8
Branche gesamt	**772,9**	**28,8**
Alle Branchen	**1.094,5**	**43,8**

Fehlzeiten-Report 2023

Tab. 30.164 Tage und Fälle der Arbeitsunfähigkeit je 100 AOK-Mitglieder nach Krankheitsarten in der Branche Öffentliche Verwaltung in den Jahren 1998 bis 2022

Jahr	Arbeitsunfähigkeit je 100 AOK-Mitglieder											
	Psyche		Herz/Kreislauf		Atemwege		Verdauung		Muskel/Skelett		Verletzungen	
	Tage	Fälle	Tage	Fälle	Tage	Fälle	Tage	Fälle	Tage	Fälle	Tage	Fälle
1998	165,0	3,9	214,1	7,8	390,7	36,9	178,4	19,8	720,0	31,5	288,1	23,7
1999	176,0	4,5	207,0	8,2	427,8	42,0	179,1	21,7	733,3	34,0	290,5	23,7
2000	198,5	8,1	187,3	10,1	392,0	50,5	160,6	21,3	749,6	41,4	278,9	17,4
2001	208,7	8,9	188,4	10,8	362,4	48,7	157,4	21,7	745,4	41,8	272,9	17,1
2002	210,1	9,4	182,7	10,9	344,1	47,7	157,9	23,0	712,8	41,6	267,9	17,1
2003	203,2	9,4	170,5	11,1	355,1	50,5	151,5	22,8	644,3	39,3	257,9	16,5
2004	213,8	9,6	179,9	10,2	313,1	43,6	153,1	22,5	619,0	37,9	251,5	15,5
2005[b]	211,4	9,4	179,4	10,1	346,2	47,2	142,3	19,7	594,5	36,4	252,5	15,1
2006	217,8	9,4	175,5	10,2	297,4	42,0	142,8	21,3	585,5	35,9	248,5	15,0
2007	234,4	9,9	178,3	10,1	326,0	46,2	148,6	22,3	600,6	36,1	239,2	14,1
2008 (WZ03)	245,1	10,2	176,0	10,2	331,8	47,6	150,3	22,9	591,9	36,1	238,2	14,2
2008 (WZ08)[a]	245,2	10,3	175,9	10,2	332,0	47,7	150,4	22,9	591,5	36,2	238,0	14,2
2009	255,2	10,8	177,1	10,2	387,0	54,8	148,5	22,8	577,6	35,8	245,5	14,5
2010	278,4	11,3	177,0	10,1	337,6	49,3	142,8	21,4	618,1	37,5	261,2	15,3
2011	295,9	12,1	176,3	10,3	353,4	50,9	142,9	21,9	606,2	37,7	254,2	15,0
2012	315,8	11,9	177,3	9,6	337,9	48,5	139,1	20,5	587,4	35,0	243,6	13,6
2013	315,4	11,9	183,2	9,5	425,4	59,0	144,3	21,3	588,5	35,3	254,6	14,1
2014	354,3	13,2	194,5	10,1	356,8	51,6	151,9	22,5	643,6	37,5	263,9	14,5
2015	377,9	13,6	194,7	10,2	448,1	63,0	152,4	22,5	643,4	37,0	266,3	14,4
2016	389,5	14,1	174,7	10,3	423,3	61,8	149,9	23,0	660,9	37,5	268,5	14,6
2017	402,6	14,4	171,4	10,1	446,6	63,5	146,7	22,0	652,5	36,9	271,4	14,4
2018	428,5	14,9	171,2	10,3	480,7	66,4	144,3	21,9	645,6	36,0	274,4	14,6
2019	452,4	15,1	165,3	9,9	422,1	61,8	138,6	21,4	646,5	35,6	271,8	14,1
2020	486,1	14,9	161,3	8,7	440,0	52,9	134,5	18,4	658,5	33,5	263,2	12,5
2021	508,4	15,4	155,2	8,3	355,9	44,5	127,5	17,4	641,4	33,4	266,3	16,0
2022	533,4	15,7	154,8	8,4	822,9	106,8	125,4	18,0	611,0	33,3	258,6	13,9

[a] aufgrund der Revision der Wirtschaftszweigklassifikation in 2008 ist eine Vergleichbarkeit mit den Vorjahren nur bedingt möglich
[b] ohne Sozialversicherung/Arbeitsförderung
Fehlzeiten-Report 2023

Tab. 30.165 Verteilung der Arbeitsunfähigkeitstage nach Krankheitsarten in Prozent in der Branche Öffentliche Verwaltung im Jahr 2022, AOK-Mitglieder

Wirtschaftsabteilungen	AU-Tage in %						
	Psyche	Herz/Kreislauf	Atemwege	Verdauung	Muskel/Skelett	Verletzungen	Sonstige
Auswärtige Angelegenheiten, Verteidigung, Rechtspflege, öffentliche Sicherheit und Ordnung	12,8	4,3	16,8	3,1	16,2	6,3	40,3
Exterritoriale Organisationen und Körperschaften	12,5	4,8	13,1	3,2	20,0	6,9	39,5
Öffentliche Verwaltung	11,6	3,7	19,7	2,9	14,9	6,4	40,7
Sozialversicherung	16,8	3,0	20,0	3,0	10,7	4,6	41,9
Branche gesamt	**12,6**	**3,7**	**19,4**	**3,0**	**14,4**	**6,1**	**40,8**
Alle Branchen	**10,3**	**4,0**	**17,5**	**3,3**	**17,4**	**8,1**	**39,4**

Fehlzeiten-Report 2023

Tab. 30.166 Verteilung der Arbeitsunfähigkeitsfälle nach Krankheitsarten in Prozent in der Branche Öffentliche Verwaltung im Jahr 2022, AOK-Mitglieder

Wirtschaftsabteilungen	AU-Fälle in %						
	Psyche	Herz/Kreislauf	Atemwege	Verdauung	Muskel/Skelett	Verletzungen	Sonstige
Auswärtige Angelegenheiten, Verteidigung, Rechtspflege, öffentliche Sicherheit und Ordnung	4,7	2,7	26,5	5,4	11,0	4,1	45,6
Exterritoriale Organisationen und Körperschaften	5,0	3,5	21,8	5,2	15,2	4,4	44,9
Öffentliche Verwaltung	4,1	2,3	30,0	4,9	9,4	4,0	45,2
Sozialversicherung	5,3	2,1	30,4	5,1	7,2	3,2	46,7
Branche gesamt	**4,4**	**2,3**	**29,7**	**5,0**	**9,3**	**3,9**	**45,5**
Alle Branchen	**3,9**	**2,4**	**27,3**	**5,2**	**11,8**	**4,9**	**44,4**

Fehlzeiten-Report 2023

Tab. 30.167 Verteilung der Arbeitsunfähigkeitstage nach Krankheitsarten und ausgewählten Berufsgruppen in der Branche Öffentliche Verwaltung im Jahr 2022, AOK-Mitglieder

Tätigkeit	AU-Tage in %						
	Psyche	Herz/ Kreislauf	Atem- wege	Ver- dauung	Muskel/ Skelett	Verlet- zungen	Sonstige
Berufe im Gartenbau (ohne Spez.)	8,7	5,1	13,9	2,9	24,6	8,3	36,5
Berufe im Objekt-, Werte- u. Personenschutz	14,1	4,3	15,3	3,2	18,6	6,5	38,0
Berufe in der Gebäudetechnik (ohne Spez.)	8,8	7,2	14,3	3,1	18,7	7,6	40,4
Berufe in der Kinderbetreuung u. -erziehung	13,0	1,9	26,5	2,6	9,5	4,9	41,6
Berufe in der öffentlichen Verwaltung (ohne Spez.)	14,1	2,9	22,4	3,1	9,9	5,1	42,6
Berufe in der Personaldienstleistung	17,1	3,2	21,5	3,2	9,2	4,2	41,7
Berufe in der Reinigung (ohne Spez.)	9,9	4,3	14,3	2,6	22,7	7,1	39,1
Berufe in der Sozialarbeit u. Sozialpädagogik	16,0	2,4	23,5	2,5	8,0	4,1	43,4
Berufe in der Sozialverwaltung u. -versicherung	17,0	2,9	20,1	2,9	10,4	4,6	42,1
Büro- u. Sekretariatskräfte (ohne Spez.)	15,2	3,4	19,2	2,9	11,6	4,9	42,8
Kaufmännische u. technische Betriebswirtschaft (ohne Spez.)	15,2	3,0	23,0	3,2	10,0	4,7	40,9
Köche/Köchinnen (ohne Spez.)	12,2	3,7	16,5	2,5	19,9	6,7	38,6
Platz- u. Gerätewarte/-wartinnen	6,2	5,9	14,3	3,6	22,3	9,4	38,3
Straßen- u. Tunnelwärter/innen	6,5	5,2	14,9	3,2	21,9	10,4	37,9
Branche gesamt	12,6	3,7	19,4	3,0	14,4	6,1	40,8
Alle Branchen	10,3	4,0	17,5	3,3	17,4	8,1	39,4

Fehlzeiten-Report 2023

Tab. 30.168 Verteilung der Arbeitsunfähigkeitsfälle nach Krankheitsarten und ausgewählten Berufsgruppen in der Branche Öffentliche Verwaltung im Jahr 2022, AOK-Mitglieder

Tätigkeit	AU-Fälle in %						
	Psyche	Herz/Kreislauf	Atemwege	Verdauung	Muskel/Skelett	Verletzungen	Sonstige
Berufe im Gartenbau (ohne Spez.)	3,8	3,0	22,6	5,6	17,7	6,2	41,1
Berufe im Objekt-, Werte- u. Personenschutz	5,8	2,7	23,5	5,6	14,9	3,9	43,6
Berufe in der Gebäudetechnik (ohne Spez.)	3,4	3,9	24,4	5,4	12,4	4,8	45,6
Berufe in der Kinderbetreuung u. -erziehung	4,0	1,4	36,2	4,3	5,9	2,9	45,2
Berufe in der öffentlichen Verwaltung (ohne Spez.)	4,5	2,0	31,7	5,0	6,6	3,2	46,9
Berufe in der Personaldienstleistung	5,5	2,1	31,9	4,9	6,4	2,9	46,3
Berufe in der Reinigung (ohne Spez.)	4,3	3,2	24,0	5,0	14,6	4,5	44,5
Berufe in der Sozialarbeit u. Sozialpädagogik	4,8	1,6	34,2	4,1	5,4	2,9	47,0
Berufe in der Sozialverwaltung u. -versicherung	5,3	1,9	31,0	5,0	6,9	3,1	46,8
Büro- u. Sekretariatskräfte (ohne Spez.)	5,2	2,5	29,0	5,2	8,0	3,3	46,8
Kaufmännische u. technische Betriebswirtschaft (ohne Spez.)	4,8	2,1	31,9	5,2	7,1	3,3	45,5
Köche/Köchinnen (ohne Spez.)	4,8	3,1	25,8	5,0	12,8	4,3	44,2
Platz- u. Gerätewarte/-wartinnen	2,7	3,5	23,6	5,4	15,3	6,4	43,1
Straßen- u. Tunnelwärter/innen	2,8	3,2	24,6	5,5	15,5	6,7	41,9
Branche gesamt	**4,4**	**2,3**	**29,7**	**5,0**	**9,3**	**3,9**	**45,5**
Alle Branchen	**3,9**	**2,4**	**27,3**	**5,2**	**11,8**	**4,9**	**44,4**

Fehlzeiten-Report 2023

Tab. 30.169 Anteile der 40 häufigsten Einzeldiagnosen an den AU-Fällen und AU-Tagen in der Branche Öffentliche Verwaltung im Jahr 2022, AOK-Mitglieder

ICD-10	Bezeichnung	AU-Fälle in %	AU-Tage in %
J06	Akute Infektionen an mehreren oder nicht näher bezeichneten Lokalisationen der oberen Atemwege	18,6	11,6
U07	Krankheiten mit unklarer Ätiologie, belegte und nicht belegte Schlüsselnummern U07.-	7,6	5,6
U99	Belegte und nicht belegte Schlüsselnummern U99.-!	3,7	2,3
M54	Rückenschmerzen	3,3	3,7
B34	Viruskrankheit nicht näher bezeichneter Lokalisation	2,5	1,6
Z11	Spezielle Verfahren zur Untersuchung auf infektiöse und parasitäre Krankheiten	2,5	1,6
A09	Sonstige und nicht näher bezeichnete Gastroenteritis und Kolitis infektiösen und nicht näher bezeichneten Ursprungs	2,4	0,9
J00	Akute Rhinopharyngitis [Erkältungsschnupfen]	1,7	0,9
F43	Reaktionen auf schwere Belastungen und Anpassungsstörungen	1,5	3,1
R51	Kopfschmerz	1,4	0,8
R10	Bauch- und Beckenschmerzen	1,2	0,7
J98	Sonstige Krankheiten der Atemwege	1,1	0,7
I10	Essentielle (primäre) Hypertonie	1,0	1,0
B99	Sonstige und nicht näher bezeichnete Infektionskrankheiten	1,0	0,6
F32	Depressive Episode	0,9	3,6
R53	Unwohlsein und Ermüdung	0,9	1,1
M79	Sonstige Krankheiten des Weichteilgewebes, anderenorts nicht klassifiziert	0,9	0,9
R05	Husten	0,9	0,6
J20	Akute Bronchitis	0,9	0,6
K08	Sonstige Krankheiten der Zähne und des Zahnhalteapparates	0,8	0,2
F48	Andere neurotische Störungen	0,7	1,5
M25	Sonstige Gelenkkrankheiten, anderenorts nicht klassifiziert	0,7	1,0
R07	Hals- und Brustschmerzen	0,7	0,4
K29	Gastritis und Duodenitis	0,7	0,4
J02	Akute Pharyngitis	0,7	0,3
G43	Migräne	0,7	0,3
Z98	Sonstige Zustände nach chirurgischem Eingriff	0,6	1,6
J40	Bronchitis, nicht als akut oder chronisch bezeichnet	0,6	0,4

◼ **Tab. 30.169** (Fortsetzung)

ICD-10	Bezeichnung	AU-Fälle in %	AU-Tage in %
K52	Sonstige nichtinfektiöse Gastroenteritis und Kolitis	0,6	0,3
R11	Übelkeit und Erbrechen	0,6	0,3
J01	Akute Sinusitis	0,6	0,3
J03	Akute Tonsillitis	0,6	0,3
F45	Somatoforme Störungen	0,5	1,2
T14	Verletzung an einer nicht näher bezeichneten Körperregion	0,5	0,6
M99	Biomechanische Funktionsstörungen, anderenorts nicht klassifiziert	0,5	0,5
R42	Schwindel und Taumel	0,5	0,4
J32	Chronische Sinusitis	0,5	0,3
R50	Fieber sonstiger und unbekannter Ursache	0,5	0,3
U08	COVID-19 in der Eigenanamnese	0,4	0,4
N39	Sonstige Krankheiten des Harnsystems	0,4	0,2
	Summe hier	**66,4**	**53,1**
	Restliche	33,6	46,9
	Gesamtsumme	**100,0**	**100,0**

Fehlzeiten-Report 2023

Tab. 30.170 Anteile der 40 häufigsten Diagnoseuntergruppen an den AU-Fällen und AU-Tagen in der Branche Öffentliche Verwaltung im Jahr 2022, AOK-Mitglieder

ICD-10	Bezeichnung	AU-Fälle in %	AU-Tage in %
J00–J06	Akute Infektionen der oberen Atemwege	23,0	14,3
U00–U49	Vorläufige Zuordnungen für Krankheiten mit unklarer Ätiologie, belegte und nicht belegte Schlüsselnummern	8,8	6,9
M50–M54	Sonstige Krankheiten der Wirbelsäule und des Rückens	3,9	4,9
U98–U99	Belegte und nicht belegte Schlüsselnummern	3,9	2,4
R50–R69	Allgemeinsymptome	3,8	3,3
F40–F48	Neurotische, Belastungs- und somatoforme Störungen	2,9	6,9
Z00–Z13	Personen, die das Gesundheitswesen zur Untersuchung und Abklärung in Anspruch nehmen	2,8	1,9
B25–B34	Sonstige Viruskrankheiten	2,8	1,8
A00–A09	Infektiöse Darmkrankheiten	2,8	1,1
R10–R19	Symptome, die das Verdauungssystem und das Abdomen betreffen	2,0	1,1
R00–R09	Symptome, die das Kreislaufsystem und das Atmungssystem betreffen	1,9	1,5
M70–M79	Sonstige Krankheiten des Weichteilgewebes	1,8	2,9
K00–K14	Krankheiten der Mundhöhle, der Speicheldrüsen und der Kiefer	1,6	0,4
Z80–Z99	Personen mit potentiellen Gesundheitsrisiken aufgrund der Familien- oder Eigenanamnese und bestimmte Zustände, die den Gesundheitszustand beeinflussen	1,4	2,9
G40–G47	Episodische und paroxysmale Krankheiten des Nervensystems	1,4	1,3
F30–F39	Affektive Störungen	1,3	5,9
J40–J47	Chronische Krankheiten der unteren Atemwege	1,2	1,1
J20–J22	Sonstige akute Infektionen der unteren Atemwege	1,2	0,8
J95–J99	Sonstige Krankheiten des Atmungssystems	1,2	0,8
I10–I15	Hypertonie [Hochdruckkrankheit]	1,1	1,2
M20–M25	Sonstige Gelenkkrankheiten	1,0	1,9
B99–B99	Sonstige Infektionskrankheiten	1,0	0,6
K20–K31	Krankheiten des Ösophagus, des Magens und des Duodenums	1,0	0,6
J30–J39	Sonstige Krankheiten der oberen Atemwege	0,9	0,6
Z20–Z29	Personen mit potentiellen Gesundheitsrisiken hinsichtlich übertragbarer Krankheiten	0,8	0,6
K50–K52	Nichtinfektiöse Enteritis und Kolitis	0,8	0,4
R40–R46	Symptome, die das Erkennungs- und Wahrnehmungsvermögen, die Stimmung und das Verhalten betreffen	0,7	0,7

Tab. 30.170 (Fortsetzung)

ICD-10	Bezeichnung	AU-Fälle in %	AU-Tage in %
Z40–Z54	Personen, die das Gesundheitswesen zum Zwecke spezifischer Maßnahmen und zur medizinischen Betreuung in Anspruch nehmen	0,7	0,7
K55–K64	Sonstige Krankheiten des Darmes	0,7	0,5
N30–N39	Sonstige Krankheiten des Harnsystems	0,7	0,4
M15–M19	Arthrose	0,6	1,8
T08–T14	Verletzungen nicht näher bezeichneter Teile des Rumpfes, der Extremitäten oder anderer Körperregionen	0,6	0,7
S80–S89	Verletzungen des Knies und des Unterschenkels	0,5	1,2
G50–G59	Krankheiten von Nerven, Nervenwurzeln und Nervenplexus	0,5	1,0
S90–S99	Verletzungen der Knöchelregion und des Fußes	0,5	0,8
M95–M99	Sonstige Krankheiten des Muskel-Skelett-Systems und des Bindegewebes	0,5	0,5
J09–J18	Grippe und Pneumonie	0,5	0,4
E70–E90	Stoffwechselstörungen	0,5	0,4
N80–N98	Nichtentzündliche Krankheiten des weiblichen Genitaltraktes	0,5	0,4
T80–T88	Komplikationen bei chirurgischen Eingriffen und medizinischer Behandlung, anderenorts nicht klassifiziert	0,4	0,4
	Summe hier	**84,2**	**78,0**
	Restliche	15,8	22,0
	Gesamtsumme	**100,0**	**100,0**

Fehlzeiten-Report 2023

30.11 Verarbeitendes Gewerbe

Entwicklung des Krankenstands der AOK-Mitglieder in der Branche Verarbeitendes Gewerbe in den Jahren 1998 bis 2022	Tab. 30.171
Arbeitsunfähigkeit der AOK-Mitglieder in der Branche Verarbeitendes Gewerbe nach Bundesländern im Jahr 2022 im Vergleich zum Vorjahr	Tab. 30.172
Arbeitsunfähigkeit der AOK-Mitglieder nach Wirtschaftsabteilungen in der Branche Verarbeitendes Gewerbe im Jahr 2022	Tab. 30.173
Kennzahlen der Arbeitsunfähigkeit nach ausgewählten Berufsgruppen in der Branche Verarbeitendes Gewerbe im Jahr 2022	Tab. 30.174
Dauer der Arbeitsunfähigkeit der AOK-Mitglieder in der Branche Verarbeitendes Gewerbe im Jahr 2022	Tab. 30.175
Tage der Arbeitsunfähigkeit je AOK-Mitglied nach Wirtschaftsabteilung und Betriebsgröße in der Branche Verarbeitendes Gewerbe im Jahr 2022	Tab. 30.176
Krankenstand in Prozent nach Ausbildungsabschluss in der Branche Verarbeitendes Gewerbe im Jahr 2022, AOK-Mitglieder	Tab. 30.177
Tage der Arbeitsunfähigkeit je AOK-Mitglied nach Ausbildungsabschluss in der Branche Verarbeitendes Gewerbe im Jahr 2022	Tab. 30.178
Anteil der Arbeitsunfälle an den AU-Fällen und -Tagen in Prozent nach Wirtschaftsabteilungen in der Branche Verarbeitendes Gewerbe im Jahr 2022, AOK-Mitglieder	Tab. 30.179
Tage und Fälle der Arbeitsunfähigkeit durch Arbeitsunfälle nach Berufsgruppen in der Branche Verarbeitendes Gewerbe im Jahr 2022, AOK-Mitglieder	Tab. 30.180
Tage und Fälle der Arbeitsunfähigkeit je 100 AOK-Mitglieder nach Krankheitsarten in der Branche Verarbeitendes Gewerbe in den Jahren 1998 bis 2022	Tab. 30.181
Verteilung der Arbeitsunfähigkeitstage nach Krankheitsarten in Prozent in der Branche Verarbeitendes Gewerbe im Jahr 2022, AOK-Mitglieder	Tab. 30.182
Verteilung der Arbeitsunfähigkeitsfälle nach Krankheitsarten in Prozent in der Branche Verarbeitendes Gewerbe im Jahr 2022, AOK-Mitglieder	Tab. 30.183
Verteilung der Arbeitsunfähigkeitstage nach Krankheitsarten und ausgewählten Berufsgruppen in der Branche Verarbeitendes Gewerbe im Jahr 2022, AOK-Mitglieder	Tab. 30.184
Verteilung der Arbeitsunfähigkeitsfälle nach Krankheitsarten und ausgewählten Berufsgruppen in der Branche Verarbeitendes Gewerbe im Jahr 2022, AOK-Mitglieder	Tab. 30.185
Anteile der 40 häufigsten Einzeldiagnosen an den AU-Fällen und AU-Tagen in der Branche Verarbeitendes Gewerbe im Jahr 2022, AOK-Mitglieder	Tab. 30.186
Anteile der 40 häufigsten Diagnoseuntergruppen an den AU-Fällen und AU-Tagen in der Branche Verarbeitendes Gewerbe im Jahr 2022, AOK-Mitglieder	Tab. 30.187

Tab. 30.171 Entwicklung des Krankenstands der AOK-Mitglieder in der Branche Verarbeitendes Gewerbe in den Jahren 1998 bis 2022

Jahr	Krankenstand in %			AU-Fälle je 100 AOK-Mitglieder			Tage je Fall		
	West	Ost	Bund	West	Ost	Bund	West	Ost	Bund
1998	5,3	4,6	5,2	142,9	118,8	140,1	13,7	14,5	13,8
1999	5,6	5,2	5,6	152,7	133,3	150,5	13,5	14,4	13,6
2000	5,7	5,2	5,6	157,6	140,6	155,7	13,2	13,6	13,3
2001	5,6	5,3	5,6	155,6	135,9	153,5	13,2	14,2	13,3
2002	5,5	5,2	5,5	154,7	136,9	152,7	13,0	13,8	13,1
2003	5,1	4,8	5,1	149,4	132,8	147,4	12,5	13,2	12,6
2004	4,8	4,4	4,7	136,5	120,2	134,4	12,8	13,3	12,8
2005	4,8	4,3	4,7	138,6	119,4	136,0	12,5	13,2	12,6
2006	4,6	4,2	4,5	132,9	115,4	130,5	12,6	13,1	12,7
2007	4,9	4,5	4,8	143,1	124,7	140,5	12,5	13,1	12,6
2008 (WZ03)	5,1	4,8	5,0	150,9	132,8	148,3	12,3	13,3	12,4
2008 (WZ08)[a]	5,0	4,8	5,0	151,7	132,9	148,9	12,2	13,1	12,3
2009	5,1	5,0	5,0	153,0	138,6	150,8	12,2	13,2	12,4
2010	5,3	5,2	5,2	153,7	149,0	153,0	12,5	12,7	12,6
2011	5,4	5,0	5,3	159,6	154,4	158,8	12,4	11,8	12,3
2012	5,5	5,6	5,5	159,4	149,6	157,9	12,5	13,8	12,7
2013	5,7	5,8	5,7	168,7	159,4	167,3	12,2	13,4	12,4
2014	5,8	6,0	5,8	166,5	157,4	165,1	12,6	13,8	12,8
2015	6,0	6,2	6,0	178,6	169,7	177,2	12,3	13,3	12,4
2016	6,0	6,2	6,0	177,0	171,5	176,2	12,3	13,3	12,5
2017	6,0	6,4	6,0	174,7	172,2	174,4	12,5	13,6	12,6
2018	6,1	6,7	6,2	182,0	179,6	181,6	12,3	13,5	12,5
2019	6,1	6,7	6,2	178,2	176,6	177,9	12,5	13,9	12,7
2020	6,1	6,6	6,1	155,3	156,9	155,5	14,3	15,5	14,5
2021	6,1	7,0	6,3	166,9	168,2	167,1	13,4	15,2	13,7
2022	7,4	8,1	7,5	233,5	224,9	232,0	11,6	13,1	11,8

[a] aufgrund der Revision der Wirtschaftszweigklassifikation in 2008 ist eine Vergleichbarkeit mit den Vorjahren nur bedingt möglich

Fehlzeiten-Report 2023

Kapitel 30 · Krankheitsbedingte Fehlzeiten nach Branchen im Jahr 2022

Tab. 30.172 Arbeitsunfähigkeit der AOK-Mitglieder in der Branche Verarbeitendes Gewerbe nach Bundesländern im Jahr 2022 im Vergleich zum Vorjahr

Bundesland	Kranken-stand in %	Arbeitsunfähigkeit je 100 AOK-Mitglieder				Tage je Fall	Veränd. z. Vorj. in %	AU-Quote in %
		AU-Fälle	Veränd. z. Vorj. in %	AU-Tage	Veränd. z. Vorj. in %			
Baden-Württemberg	7,1	238,6	36,7	2.582,2	21,6	10,8	−11,0	73,0
Bayern	6,9	213,8	46,3	2.530,6	23,1	11,8	−15,8	69,5
Berlin	6,5	211,8	40,0	2.366,3	19,9	11,2	−14,3	61,4
Brandenburg	8,1	214,6	32,1	2.947,5	14,1	13,7	−13,6	68,6
Bremen	8,4	229,5	48,0	3.057,1	23,7	13,3	−16,4	70,6
Hamburg	6,4	208,5	58,3	2.336,5	24,7	11,2	−21,2	65,1
Hessen	8,0	252,6	38,2	2.925,0	20,6	11,6	−12,8	74,1
Mecklenburg-Vorpommern	8,4	226,7	43,0	3.063,7	23,7	13,5	−13,5	70,4
Niedersachsen	7,8	251,3	35,7	2.861,5	19,1	11,4	−12,2	75,0
Nordrhein-Westfalen	8,0	243,5	36,1	2.927,5	18,3	12,0	−13,1	71,7
Rheinland-Pfalz	7,2	214,6	52,8	2.628,9	25,8	12,2	−17,7	69,3
Saarland	7,9	209,8	30,0	2.891,2	16,1	13,8	−10,7	63,8
Sachsen	7,6	217,0	30,9	2.788,7	13,1	12,9	−13,6	73,0
Sachsen-Anhalt	8,3	233,2	41,8	3.045,5	20,4	13,1	−15,1	73,8
Schleswig-Holstein	7,5	239,4	44,7	2.734,0	20,7	11,4	−16,6	69,5
Thüringen	8,7	237,0	32,4	3.166,3	16,0	13,4	−12,4	74,4
West	**7,4**	**233,5**	**39,9**	**2.704,5**	**21,1**	**11,6**	**−13,4**	**71,6**
Ost	**8,1**	**224,9**	**33,7**	**2.953,7**	**15,7**	**13,1**	**−13,5**	**72,9**
Bund	**7,5**	**232,0**	**38,8**	**2.743,1**	**20,1**	**11,8**	**−13,5**	**71,8**

Fehlzeiten-Report 2023

Tab. 30.173 Arbeitsunfähigkeit der AOK-Mitglieder nach Wirtschaftsabteilungen in der Branche Verarbeitendes Gewerbe im Jahr 2022

Wirtschaftsabteilungen	Krankenstand in %		Arbeitsunfähigkeit je 100 AOK-Mitglieder		Tage je Fall	AU-Quote in %
	2022	2022 stand.[a]	Fälle	Tage		
Getränkeherstellung	7,8	6,9	220,8	2.837,1	12,8	72,1
Herstellung von Bekleidung	6,1	5,7	197,6	2.227,2	11,3	65,5
Herstellung von chemischen Erzeugnissen	7,2	7,1	236,9	2.625,1	11,1	74,4
Herstellung von Druckerzeugnissen, Vervielfältigung von bespielten Ton-, Bild- und Datenträgern	7,2	6,8	222,1	2.615,4	11,8	71,7
Herstellung von Glas und Glaswaren, Keramik, Verarbeitung von Steinen und Erden	8,0	7,2	231,2	2.904,0	12,6	74,1
Herstellung von Gummi- und Kunststoffwaren	8,0	7,8	252,2	2.932,3	11,6	76,3
Herstellung von Holz-, Flecht-, Korb- und Korkwaren (ohne Möbel)	7,5	6,9	225,5	2.745,4	12,2	72,1
Herstellung von Leder, Lederwaren und Schuhen	8,0	7,5	227,1	2.919,2	12,9	72,2
Herstellung von Möbeln	7,6	7,2	237,0	2.771,2	11,7	75,1
Herstellung von Nahrungs- und Futtermitteln	7,5	7,4	218,2	2.736,9	12,5	66,5
Herstellung von Papier, Pappe und Waren daraus	8,2	7,8	247,1	3.002,4	12,2	76,8
Herstellung von pharmazeutischen Erzeugnissen	6,9	7,2	248,8	2.512,6	10,1	73,5
Herstellung von sonstigen Waren	6,9	6,8	241,6	2.505,1	10,4	74,9
Herstellung von Textilien	8,1	7,6	238,4	2.964,3	12,4	74,4
Kokerei und Mineralölverarbeitung	6,3	6,3	205,6	2.299,4	11,2	72,8
Reparatur und Installation von Maschinen und Ausrüstungen	6,4	6,3	217,3	2.354,2	10,8	67,6
Tabakverarbeitung	7,0	7,0	210,6	2.568,2	12,2	67,5
Branche gesamt	**7,5**	**7,3**	**232,0**	**2.743,1**	**11,8**	**71,8**
Alle Branchen	**6,7**	**6,8**	**216,6**	**2.450,0**	**11,3**	**64,6**

[a] Krankenstand alters- und geschlechtsstandardisiert
Fehlzeiten-Report 2023

Tab. 30.174 Kennzahlen der Arbeitsunfähigkeit nach ausgewählten Berufsgruppen in der Branche Verarbeitendes Gewerbe im Jahr 2022

Tätigkeit	Krankenstand in %	Arbeitsunfähigkeit je 100 AOK-Mitglieder		Tage je Fall	AU-Quote in %	Anteil der Berufsgruppe an der Branche in %[a]
		AU-Fälle	AU-Tage			
Berufe im Holz-, Möbel- u. Innenausbau	7,4	242,8	2.704,6	11,1	78,1	2,0
Berufe im Verkauf (Ohne Spez.)	6,8	197,5	2.472,5	12,5	66,2	1,1
Berufe im Verkauf von Back- u. Konditoreiwaren	7,2	197,6	2.617,0	13,2	67,4	3,9
Berufe im Verkauf von Fleischwaren	7,2	172,6	2.621,2	15,2	68,8	1,3
Berufe im Vertrieb (außer Informations- u. Kommunikationstechnologien)	4,5	160,3	1.638,9	10,2	64,5	1,4
Berufe in der Back- u. Konditoreiwarenherstellung	6,4	189,4	2.328,5	12,3	65,8	1,9
Berufe in der Chemie- u. Pharmatechnik	8,5	280,9	3.109,3	11,1	78,9	4,3
Berufe in der Drucktechnik	8,5	251,5	3.084,4	12,3	76,4	1,8
Berufe in der Fleischverarbeitung	7,0	191,6	2.561,1	13,4	55,5	2,5
Berufe in der Holzbe- u. -verarbeitung (ohne Spez.)	8,2	249,5	2.985,4	12,0	74,6	1,9
Berufe in der Kunststoff- u. Kautschukherstellung (ohne Spez.)	9,0	275,3	3.293,2	12,0	78,1	7,4
Berufe in der Lagerwirtschaft	8,6	261,0	3.145,9	12,1	73,6	8,9
Berufe in der Lebensmittelherstellung (ohne Spez.)	8,4	254,2	3.049,8	12,0	66,3	6,6
Berufe in der Maschinenbau- u. Betriebstechnik (ohne Spez.)	7,9	257,6	2.885,8	11,2	77,6	2,8
Berufe in der Metallbearbeitung (ohne Spez.)	8,5	280,0	3.109,0	11,1	78,4	1,4
Berufe in der Papierverarbeitung u. Verpackungstechnik	9,5	275,9	3.468,6	12,6	81,7	1,1
Berufskraftfahrer/innen (Güterverkehr/LKW)	8,5	191,4	3.104,5	16,2	68,1	1,3
Büro- u. Sekretariatskräfte (ohne Spez.)	4,6	171,3	1.661,0	9,7	63,4	2,7

Tab. 30.174 (Fortsetzung)

Tätigkeit	Krankenstand in %	Arbeitsunfähigkeit je 100 AOK-Mitglieder		Tage je Fall	AU-Quote in %	Anteil der Berufsgruppe an der Branche in %[a]
		AU-Fälle	AU-Tage			
Kaufmännische u. technische Betriebswirtschaft (ohne Spez.)	4,2	184,2	1.537,5	8,3	66,7	3,0
Maschinen- u. Anlagenführer/innen	9,5	282,3	3.470,8	12,3	80,4	2,9
Branche gesamt	**7,5**	**232,0**	**2.743,1**	**11,8**	**71,8**	**8,8**[b]

[a] Anteil der AOK-Mitglieder in der Berufsgruppe an den in der Branche beschäftigten AOK-Mitgliedern insgesamt
[b] Anteil der AOK-Mitglieder in der Branche an allen AOK-Mitgliedern
Fehlzeiten-Report 2023

Tab. 30.175 Dauer der Arbeitsunfähigkeit der AOK-Mitglieder in der Branche Verarbeitendes Gewerbe im Jahr 2022

Fallklasse	Branche hier		Alle Branchen	
	Anteil Fälle in %	Anteil Tage in %	Anteil Fälle in %	Anteil Tage in %
1–3 Tage	29,8	5,1	30,5	5,4
4–7 Tage	32,1	13,8	32,4	14,6
8–14 Tage	23,6	20,5	23,4	21,2
15–21 Tage	5,9	8,6	5,7	8,7
22–28 Tage	2,4	4,9	2,3	5,0
29–42 Tage	2,5	7,2	2,3	7,1
>42 Tage	3,8	39,8	3,5	38,0

Fehlzeiten-Report 2023

◼ **Tab. 30.176** Tage der Arbeitsunfähigkeit je AOK-Mitglied nach Wirtschaftsabteilung und Betriebsgröße in der Branche Verarbeitendes Gewerbe im Jahr 2022

Wirtschaftsabteilungen	Betriebsgröße (Anzahl der AOK-Mitglieder)					
	10–49	50–99	100–199	200–499	500–999	≥ 1.000
Getränkeherstellung	27,4	31,0	33,6	28,2	–	–
Herstellung von Bekleidung	23,6	24,6	27,0	27,4	32,3	6,8
Herstellung von chemischen Erzeugnissen	27,4	28,8	28,8	26,3	21,4	20,7
Herstellung von Druckerzeugnissen, Vervielfältigung von bespielten Ton-, Bild- und Datenträgern	25,9	30,5	28,8	29,9	–	–
Herstellung von Glas und Glaswaren, Keramik, Verarbeitung von Steinen und Erden	29,7	29,9	29,5	29,5	31,2	–
Herstellung von Gummi- und Kunststoffwaren	29,8	29,9	29,4	30,3	26,2	32,6
Herstellung von Holz-, Flecht-, Korb- und Korkwaren (ohne Möbel)	27,3	29,0	30,5	28,9	27,8	–
Herstellung von Leder, Lederwaren und Schuhen	26,5	29,0	32,3	36,1	36,5	25,8
Herstellung von Möbeln	27,7	29,1	32,1	32,1	28,4	25,9
Herstellung von Nahrungs- und Futtermitteln	25,2	28,4	30,3	30,6	28,3	29,7
Herstellung von Papier, Pappe und Waren daraus	30,0	31,6	30,3	29,8	26,7	–
Herstellung von pharmazeutischen Erzeugnissen	24,0	26,7	27,2	26,6	26,3	22,5
Herstellung von sonstigen Waren	25,8	27,3	27,2	27,4	29,4	25,1
Herstellung von Textilien	29,1	32,2	31,6	33,2	25,2	–
Kokerei und Mineralölverarbeitung	24,2	25,4	24,4	19,7	–	–
Reparatur und Installation von Maschinen und Ausrüstungen	23,6	24,4	27,0	28,4	21,2	–
Tabakverarbeitung	27,7	24,7	35,0	20,2	–	–
Branche gesamt	**27,1**	**29,2**	**29,7**	**29,5**	**27,2**	**25,8**
Alle Branchen	**25,0**	**27,3**	**27,7**	**27,5**	**27,6**	**27,3**

Fehlzeiten-Report 2023

Tab. 30.177 Krankenstand in Prozent nach Ausbildungsabschluss in der Branche Verarbeitendes Gewerbe im Jahr 2022, AOK-Mitglieder

Wirtschaftsabteilungen	Ausbildung						
	ohne Ausbildungsabschluss	mit Ausbildungsabschluss	Meister/ Techniker	Bachelor	Diplom/ Magister/ Master/ Staatsexamen	Promotion	unbekannt
Getränkeherstellung	8,6	8,1	6,3	3,2	3,2	1,9	7,6
Herstellung von Bekleidung	8,2	6,5	4,7	2,3	3,2	3,6	5,2
Herstellung von chemischen Erzeugnissen	8,3	7,5	5,1	3,2	3,2	2,2	7,9
Herstellung von Druckerzeugnissen, Vervielfältigung von bespielten Ton-, Bild- und Datenträgern	8,3	7,2	5,7	3,3	4,0	4,8	7,1
Herstellung von Glas und Glaswaren, Keramik, Verarbeitung von Steinen und Erden	8,9	8,2	5,8	2,9	3,9	4,0	7,5
Herstellung von Gummi- und Kunststoffwaren	9,1	8,2	5,6	3,1	4,2	3,7	7,8
Herstellung von Holz-, Flecht-, Korb- und Korkwaren (ohne Möbel)	8,3	7,9	5,4	3,2	4,2	2,0	6,9
Herstellung von Leder, Lederwaren und Schuhen	9,5	7,8	5,3	3,9	4,9	–	8,1
Herstellung von Möbeln	8,5	7,8	5,8	3,2	4,1	1,8	7,2
Herstellung von Nahrungs- und Futtermitteln	8,2	8,0	6,1	3,7	4,1	4,3	6,8
Herstellung von Papier, Pappe und Waren daraus	9,1	8,3	5,9	3,6	4,0	3,1	8,4
Herstellung von pharmazeutischen Erzeugnissen	8,6	7,7	5,3	3,3	3,2	2,2	7,1
Herstellung von sonstigen Waren	8,1	7,2	5,1	3,0	3,5	2,7	6,7
Herstellung von Textilien	9,3	8,2	6,5	3,2	4,4	3,9	7,8
Kokerei und Mineralölverarbeitung	7,1	6,8	4,4	3,0	2,2	2,5	7,9

Kapitel 30 · Krankheitsbedingte Fehlzeiten nach Branchen im Jahr 2022

◻ Tab. 30.177 (Fortsetzung)

Wirtschafts-abteilungen	Ausbildung						
	ohne Aus-bildungs-abschluss	mit Aus-bildungs-abschluss	Meister/ Techniker	Bachelor	Diplom/ Magister/ Master/ Staats-examen	Promotion	unbekannt
Reparatur und Installation von Maschinen und Ausrüstungen	7,0	6,9	5,0	3,1	3,2	2,9	6,1
Tabakverarbeitung	10,7	7,4	7,6	2,4	2,2	–	7,5
Branche gesamt	**8,5**	**7,8**	**5,6**	**3,2**	**3,7**	**2,6**	**7,1**
Alle Branchen	**7,4**	**7,4**	**5,9**	**3,5**	**4,0**	**3,0**	**6,0**

Fehlzeiten-Report 2023

◻ Tab. 30.178 Tage der Arbeitsunfähigkeit je AOK-Mitglied nach Ausbildungsabschluss in der Branche Verarbeitendes Gewerbe im Jahr 2022

Wirtschafts-abteilungen	Ausbildung						
	ohne Aus-bildungs-abschluss	mit Aus-bildungs-abschluss	Meister/ Techniker	Bachelor	Diplom/ Magister/ Master/ Staats-examen	Promotion	unbekannt
Getränkeherstellung	31,3	29,4	23,0	11,6	11,5	6,8	27,9
Herstellung von Bekleidung	29,9	23,8	17,2	8,5	11,6	13,1	19,0
Herstellung von chemischen Erzeugnissen	30,3	27,2	18,8	11,7	11,6	7,9	28,7
Herstellung von Druckerzeugnissen, Vervielfältigung von bespielten Ton-, Bild- und Datenträgern	30,3	26,4	20,9	12,1	14,5	17,5	26,0
Herstellung von Glas und Glaswaren, Keramik, Verarbeitung von Steinen und Erden	32,6	29,9	21,1	10,6	14,3	14,7	27,2
Herstellung von Gummi- und Kunststoffwaren	33,1	29,8	20,5	11,2	15,2	13,5	28,6
Herstellung von Holz-, Flecht-, Korb- und Korkwaren (ohne Möbel)	30,1	28,7	19,9	11,7	15,4	7,4	25,1

Tab. 30.178 (Fortsetzung)

Wirtschafts-abteilungen	Ausbildung						
	ohne Ausbildungsabschluss	mit Ausbildungsabschluss	Meister/ Techniker	Bachelor	Diplom/ Magister/ Master/ Staatsexamen	Promotion	unbekannt
Herstellung von Leder, Lederwaren und Schuhen	34,6	28,5	19,3	14,4	17,9	–	29,5
Herstellung von Möbeln	30,9	28,5	21,2	11,8	14,9	6,5	26,4
Herstellung von Nahrungs- und Futtermitteln	30,0	29,1	22,1	13,5	15,1	15,8	24,8
Herstellung von Papier, Pappe und Waren daraus	33,1	30,1	21,4	13,3	14,7	11,3	30,6
Herstellung von pharmazeutischen Erzeugnissen	31,3	28,1	19,2	12,0	11,6	8,0	26,0
Herstellung von sonstigen Waren	29,7	26,1	18,4	10,8	12,9	9,9	24,5
Herstellung von Textilien	34,1	30,0	23,7	11,7	16,0	14,3	28,5
Kokerei und Mineralölverarbeitung	25,9	24,9	16,2	10,8	8,0	9,2	28,7
Reparatur und Installation von Maschinen und Ausrüstungen	25,5	25,4	18,2	11,4	11,6	10,7	22,4
Tabakverarbeitung	39,2	27,1	27,8	8,9	8,2	–	27,4
Branche gesamt	31,1	28,5	20,4	11,8	13,4	9,6	26,0
Alle Branchen	26,9	27,1	21,5	12,9	14,5	10,9	21,9

Fehlzeiten-Report 2023

Tab. 30.179 Anteil der Arbeitsunfälle an den AU-Fällen und -Tagen in Prozent nach Wirtschaftsabteilungen in der Branche Verarbeitendes Gewerbe im Jahr 2022, AOK-Mitglieder

Wirtschaftsabteilungen	AU-Fälle in %	AU-Tage in %
Getränkeherstellung	2,7	6,0
Herstellung von Bekleidung	1,1	2,8
Herstellung von chemischen Erzeugnissen	1,5	3,2
Herstellung von Druckerzeugnissen, Vervielfältigung von bespielten Ton-, Bild- und Datenträgern	1,8	4,1
Herstellung von Glas und Glaswaren, Keramik, Verarbeitung von Steinen und Erden	3,0	6,7
Herstellung von Gummi- und Kunststoffwaren	2,1	4,4
Herstellung von Holz-, Flecht-, Korb- und Korkwaren (ohne Möbel)	3,8	8,7
Herstellung von Leder, Lederwaren und Schuhen	1,6	2,9
Herstellung von Möbeln	2,7	5,5
Herstellung von Nahrungs- und Futtermitteln	2,7	5,3
Herstellung von Papier, Pappe und Waren daraus	2,1	4,9
Herstellung von pharmazeutischen Erzeugnissen	1,0	2,2
Herstellung von sonstigen Waren	1,3	2,7
Herstellung von Textilien	1,9	4,1
Kokerei und Mineralölverarbeitung	1,4	3,8
Reparatur und Installation von Maschinen und Ausrüstungen	2,9	6,6
Tabakverarbeitung	1,2	2,0
Branche gesamt	**2,3**	**4,9**
Alle Branchen	**2,0**	**4,5**

Fehlzeiten-Report 2023

Tab. 30.180 Tage und Fälle der Arbeitsunfähigkeit durch Arbeitsunfälle nach Berufsgruppen in der Branche Verarbeitendes Gewerbe im Jahr 2022, AOK-Mitglieder

Tätigkeit	Arbeitsunfähigkeit je 1.000 AOK-Mitglieder	
	AU-Tage	AU-Fälle
Berufskraftfahrer/innen (Güterverkehr/LKW)	3.067,4	80,4
Berufe in der Holzbe- u. -verarbeitung (ohne Spez.)	2.494,4	94,5
Berufe in der Fleischverarbeitung	2.290,0	93,3
Berufe im Holz-, Möbel- u. Innenausbau	2.056,5	89,8
Maschinen- u. Anlagenführer/innen	1.851,4	71,0
Berufe in der Lebensmittelherstellung (ohne Spez.)	1.801,2	76,1
Berufe in der Papierverarbeitung u. Verpackungstechnik	1.631,2	60,4
Berufe in der Metallbearbeitung (ohne Spez.)	1.547,6	62,9
Berufe in der Maschinenbau- u. Betriebstechnik (ohne Spez.)	1.515,9	64,9
Berufe in der Drucktechnik	1.507,7	50,4
Berufe in der Lagerwirtschaft	1.494,6	59,5
Berufe in der Kunststoff- u. Kautschukherstellung (ohne Spez.)	1.462,6	59,9
Berufe im Verkauf von Fleischwaren	1.132,8	46,6
Berufe in der Back- u. Konditoreiwarenherstellung	1.110,5	52,1
Berufe in der Chemie- u. Pharmatechnik	968,9	41,4
Berufe im Verkauf von Back- u. Konditoreiwaren	820,8	36,2
Berufe im Verkauf (Ohne Spez.)	649,5	33,0
Berufe im Vertrieb (außer Informations- u. Kommunikationstechnologien)	291,1	11,7
Büro- u. Sekretariatskräfte (ohne Spez.)	236,9	9,7
Kaufmännische u. technische Betriebswirtschaft (ohne Spez.)	230,7	10,1
Branche gesamt	**1.347,2**	**53,1**
Alle Branchen	**1.094,5**	**43,8**

Fehlzeiten-Report 2023

Tab. 30.181 Tage und Fälle der Arbeitsunfähigkeit je 100 AOK-Mitglieder nach Krankheitsarten in der Branche Verarbeitendes Gewerbe in den Jahren 1998 bis 2022

Jahr	Arbeitsunfähigkeit je 100 AOK-Mitglieder											
	Psyche		Herz/Kreislauf		Atemwege		Verdauung		Muskel/Skelett		Verletzungen	
	Tage	Fälle	Tage	Fälle	Tage	Fälle	Tage	Fälle	Tage	Fälle	Tage	Fälle
1998	101,2	4,3	171,4	8,5	300,9	42,0	158,4	22,2	593,0	34,3	353,8	23,2
1999	108,4	4,7	175,3	8,8	345,4	48,2	160,7	23,5	633,3	36,9	355,8	23,5
2000	130,6	5,8	161,8	8,4	314,5	43,1	148,5	20,0	695,1	39,6	340,4	21,3
2001	141,4	6,6	165,9	9,1	293,7	41,7	147,8	20,6	710,6	41,2	334,6	21,2
2002	144,0	7,0	162,7	9,2	278,0	40,2	147,5	21,4	696,1	40,8	329,1	20,8
2003	137,8	6,9	152,8	9,1	275,8	41,1	138,0	20,4	621,1	37,6	307,2	19,6
2004	154,2	6,9	164,5	8,4	236,7	34,1	138,9	19,8	587,9	35,5	297,7	18,3
2005	153,7	6,7	164,1	8,3	274,8	39,6	132,3	18,4	562,2	34,5	291,1	17,8
2006	153,0	6,7	162,3	8,5	226,0	33,1	133,6	19,3	561,3	34,7	298,5	18,2
2007	165,8	7,0	170,5	8,6	257,2	37,7	143,5	20,9	598,6	36,1	298,2	17,9
2008 (WZ03)	172,3	7,4	175,7	9,0	270,3	40,0	147,1	22,0	623,6	37,8	301,7	18,3
2008 (WZ08)[a]	170,6	7,3	173,9	9,0	270,0	40,3	146,9	22,2	619,5	37,7	300,4	18,4
2009	178,8	7,7	176,5	8,9	304,0	45,0	141,7	21,1	601,5	35,7	302,9	17,9
2010	198,5	8,1	179,8	9,0	265,0	39,7	139,0	20,4	655,5	38,3	324,5	19,0
2011	209,8	8,7	174,3	9,1	278,3	41,3	139,1	20,4	644,7	38,8	318,2	18,7
2012	235,1	9,1	194,6	9,4	281,1	41,3	145,4	20,6	687,0	39,3	327,4	18,2
2013	241,0	9,2	190,4	8,9	350,4	50,5	147,2	20,7	683,4	39,2	330,7	18,1
2014	260,4	10,0	201,6	9,4	285,8	42,3	153,3	21,4	732,5	41,4	337,7	18,3
2015	269,1	10,3	202,1	9,5	363,5	52,7	154,4	21,4	729,9	41,3	335,2	18,2
2016	274,3	10,5	181,0	9,6	330,6	49,8	145,6	21,4	746,4	42,0	333,2	17,9
2017	281,5	10,6	177,4	9,3	339,1	50,2	142,4	20,4	736,8	41,4	339,7	17,6
2018	288,4	10,8	175,2	9,4	372,7	53,8	140,7	20,4	739,8	41,8	342,4	17,8
2019	303,9	11,1	175,9	9,3	328,7	49,6	139,5	20,0	758,6	42,2	340,2	17,2
2020	313,4	10,3	174,4	8,3	327,4	40,6	129,6	17,0	775,7	40,1	323,7	15,1
2021	322,1	10,9	175,9	8,5	297,1	37,7	126,3	16,8	799,7	44,4	342,1	21,0
2022	341,0	11,4	177,6	8,8	639,3	87,9	131,6	18,3	799,4	47,0	348,4	18,7

[a] aufgrund der Revision der Wirtschaftszweigklassifikation in 2008 ist eine Vergleichbarkeit mit den Vorjahren nur bedingt möglich

Fehlzeiten-Report 2023

Tab. 30.182 Verteilung der Arbeitsunfähigkeitstage nach Krankheitsarten in Prozent in der Branche Verarbeitendes Gewerbe im Jahr 2022, AOK-Mitglieder

Wirtschaftsabteilungen	AU-Tage in %						
	Psyche	Herz/Kreislauf	Atemwege	Verdauung	Muskel/Skelett	Verletzungen	Sonstige
Getränkeherstellung	7,6	5,3	15,5	3,3	19,9	9,6	38,8
Herstellung von Bekleidung	10,3	3,5	18,2	2,9	17,5	7,1	40,4
Herstellung von chemischen Erzeugnissen	9,0	4,5	17,7	3,4	18,6	8,0	38,8
Herstellung von Druckerzeugnissen, Vervielfältigung von bespielten Ton-, Bild- und Datenträgern	9,7	4,6	16,4	3,4	18,7	8,0	39,3
Herstellung von Glas und Glaswaren, Keramik, Verarbeitung von Steinen und Erden	6,9	5,4	15,0	3,4	21,4	10,0	38,0
Herstellung von Gummi- und Kunststoffwaren	8,7	4,5	16,0	3,4	21,0	8,3	38,1
Herstellung von Holz-, Flecht-, Korb- und Korkwaren (ohne Möbel)	6,7	4,8	15,3	3,5	20,4	11,9	37,4
Herstellung von Leder, Lederwaren und Schuhen	10,0	4,4	15,3	2,8	21,8	6,8	38,7
Herstellung von Möbeln	7,4	4,3	15,8	3,2	21,1	9,7	38,4
Herstellung von Nahrungs- und Futtermitteln	8,7	4,4	14,8	3,3	21,3	8,9	38,6
Herstellung von Papier, Pappe und Waren daraus	8,3	4,8	15,4	3,3	21,1	8,8	38,2
Herstellung von pharmazeutischen Erzeugnissen	11,7	2,7	20,7	3,2	16,0	6,3	39,4
Herstellung von sonstigen Waren	9,9	3,8	19,6	3,2	16,1	7,0	40,4
Herstellung von Textilien	8,7	4,2	15,6	3,2	21,0	8,3	38,9
Kokerei und Mineralölverarbeitung	9,3	3,7	19,3	3,5	16,4	8,3	39,4
Reparatur und Installation von Maschinen und Ausrüstungen	8,0	4,5	17,9	3,3	17,7	10,6	37,9
Tabakverarbeitung	13,1	3,6	17,0	3,6	18,5	7,2	37,1
Branche gesamt	**8,6**	**4,5**	**16,1**	**3,3**	**20,2**	**8,8**	**38,6**
Alle Branchen	**10,3**	**4,0**	**17,5**	**3,3**	**17,4**	**8,1**	**39,4**

Fehlzeiten-Report 2023

Kapitel 30 · Krankheitsbedingte Fehlzeiten nach Branchen im Jahr 2022

Tab. 30.183 Verteilung der Arbeitsunfähigkeitsfälle nach Krankheitsarten in Prozent in der Branche Verarbeitendes Gewerbe im Jahr 2022, AOK-Mitglieder

Wirtschaftsabteilungen	AU-Fälle in %						
	Psyche	Herz/Kreislauf	Atemwege	Verdauung	Muskel/Skelett	Verletzungen	Sonstige
Getränkeherstellung	3,2	2,9	25,9	5,2	13,6	5,9	43,3
Herstellung von Bekleidung	3,7	2,2	28,4	5,0	11,2	4,1	45,4
Herstellung von chemischen Erzeugnissen	3,4	2,5	27,5	5,4	13,2	5,0	43,1
Herstellung von Druckerzeugnissen, Vervielfältigung von bespielten Ton-, Bild- und Datenträgern	3,7	2,6	26,7	5,6	12,7	5,0	43,8
Herstellung von Glas und Glaswaren, Keramik, Verarbeitung von Steinen und Erden	3,0	2,9	24,7	5,6	15,0	6,2	42,7
Herstellung von Gummi- und Kunststoffwaren	3,4	2,6	25,7	5,4	14,8	5,4	42,7
Herstellung von Holz-, Flecht-, Korb- und Korkwaren (ohne Möbel)	2,7	2,7	25,5	5,5	14,5	7,0	42,1
Herstellung von Leder, Lederwaren und Schuhen	3,9	2,7	25,5	5,5	14,7	4,7	43,0
Herstellung von Möbeln	2,9	2,5	26,0	5,4	14,3	6,2	42,8
Herstellung von Nahrungs- und Futtermitteln	3,6	2,7	24,4	5,4	14,8	5,7	43,3
Herstellung von Papier, Pappe und Waren daraus	3,3	2,7	25,5	5,4	14,5	5,5	43,1
Herstellung von pharmazeutischen Erzeugnissen	4,0	2,0	29,9	5,0	10,8	4,2	44,1
Herstellung von sonstigen Waren	3,6	2,3	28,9	5,2	10,7	4,5	44,8
Herstellung von Textilien	3,5	2,7	25,3	5,5	14,1	5,1	43,7
Kokerei und Mineralölverarbeitung	3,2	2,3	29,7	5,1	11,0	4,7	44,1
Reparatur und Installation von Maschinen und Ausrüstungen	2,9	2,4	27,9	5,4	12,2	6,3	42,9
Tabakverarbeitung	4,8	2,7	26,9	5,8	12,3	5,1	42,3
Branche gesamt	**3,4**	**2,6**	**26,0**	**5,4**	**13,9**	**5,5**	**43,2**
Alle Branchen	**3,9**	**2,4**	**27,3**	**5,2**	**11,8**	**4,9**	**44,4**

Fehlzeiten-Report 2023

Tab. 30.184 Verteilung der Arbeitsunfähigkeitstage nach Krankheitsarten und ausgewählten Berufsgruppen in der Branche Verarbeitendes Gewerbe im Jahr 2022, AOK-Mitglieder

Tätigkeit	AU-Tage in %						
	Psyche	Herz/Kreislauf	Atemwege	Verdauung	Muskel/Skelett	Verletzungen	Sonstige
Berufe im Holz-, Möbel- u. Innenausbau	6,9	4,2	16,3	3,0	20,9	11,9	36,7
Berufe im Verkauf (Ohne Spez.)	10,3	3,8	16,6	3,0	18,5	7,5	40,3
Berufe im Verkauf von Back- u. Konditoreiwaren	11,7	3,4	16,2	3,0	17,1	7,3	41,3
Berufe im Verkauf von Fleischwaren	10,4	3,8	14,6	2,8	18,5	8,4	41,6
Berufe im Vertrieb (außer Informations- u. Kommunikationstechnologien)	11,2	3,7	21,7	3,1	10,7	5,6	44,1
Berufe in der Back- u. Konditoreiwarenherstellung	8,4	4,1	15,9	3,4	20,1	9,0	39,0
Berufe in der Chemie- u. Pharmatechnik	9,4	4,1	17,2	3,3	20,3	7,8	37,8
Berufe in der Drucktechnik	9,1	5,1	15,2	3,2	21,2	8,5	37,6
Berufe in der Fleischverarbeitung	5,8	5,3	10,7	3,5	25,8	12,2	36,7
Berufe in der Holzbe- u. -verarbeitung (ohne Spez.)	6,2	4,8	14,9	3,6	22,0	11,5	36,8
Berufe in der Kunststoff- u. Kautschukherstellung (ohne Spez.)	8,5	4,7	14,8	3,4	22,9	8,3	37,5
Berufe in der Lagerwirtschaft	8,5	4,7	15,1	3,4	22,0	8,5	37,9
Berufe in der Lebensmittelherstellung (ohne Spez.)	7,8	4,4	14,0	3,5	24,6	9,3	36,5
Berufe in der Maschinenbau- u. Betriebstechnik (ohne Spez.)	7,1	4,6	16,8	3,3	20,0	9,8	38,5
Berufe in der Metallbearbeitung (ohne Spez.)	9,0	4,5	16,4	3,4	20,3	8,4	37,9
Berufe in der Papierverarbeitung u. Verpackungstechnik	8,9	4,7	15,0	3,3	22,5	8,5	37,2
Berufskraftfahrer/innen (Güterverkehr/LKW)	6,0	6,9	11,5	3,3	22,4	11,2	38,7
Büro- u. Sekretariatskräfte (ohne Spez.)	11,7	2,9	21,6	2,9	10,1	5,7	45,1

Kapitel 30 · Krankheitsbedingte Fehlzeiten nach Branchen im Jahr 2022

Tab. 30.184 (Fortsetzung)

Tätigkeit	AU-Tage in %						
	Psyche	Herz/ Kreislauf	Atem- wege	Ver- dauung	Muskel/ Skelett	Verlet- zungen	Sonstige
Kaufmännische u. technische Betriebswirtschaft (ohne Spez.)	11,3	2,9	24,4	3,1	8,4	5,5	44,4
Maschinen- u. Anlagenführer/innen	8,6	4,4	15,2	3,2	22,4	9,4	36,7
Branche gesamt	**8,6**	**4,5**	**16,1**	**3,3**	**20,2**	**8,8**	**38,6**
Alle Branchen	**10,3**	**4,0**	**17,5**	**3,3**	**17,4**	**8,1**	**39,4**

Fehlzeiten-Report 2023

Tab. 30.185 Verteilung der Arbeitsunfähigkeitsfälle nach Krankheitsarten und ausgewählten Berufsgruppen in der Branche Verarbeitendes Gewerbe im Jahr 2022, AOK-Mitglieder

Tätigkeit	AU-Fälle in %						
	Psyche	Herz/ Kreislauf	Atem- wege	Ver- dauung	Muskel/ Skelett	Verlet- zungen	Sonstige
Berufe im Holz-, Möbel- u. Innenausbau	2,4	2,2	27,5	5,1	13,0	7,3	42,5
Berufe im Verkauf (Ohne Spez.)	4,2	2,6	26,9	5,0	12,0	4,8	44,6
Berufe im Verkauf von Back- u. Konditoreiwaren	4,9	2,4	26,8	5,0	9,4	4,7	46,8
Berufe im Verkauf von Fleischwaren	4,1	2,8	26,1	4,7	9,4	5,0	47,9
Berufe im Vertrieb (außer Informations- u. Kommunikationstechnologien)	3,7	2,1	31,3	4,7	7,0	3,4	47,8
Berufe in der Back- u. Konditoreiwarenherstellung	3,5	2,6	25,7	5,4	12,3	6,0	44,5
Berufe in der Chemie- u. Pharmatechnik	3,6	2,5	26,6	5,4	14,5	5,1	42,3
Berufe in der Drucktechnik	3,7	2,7	25,3	5,7	15,0	5,5	42,1
Berufe in der Fleischverarbeitung	2,8	3,3	19,7	5,8	19,4	7,7	41,4
Berufe in der Holzbe- u. -verarbeitung (ohne Spez.)	2,7	2,8	23,9	5,6	16,8	7,1	41,1
Berufe in der Kunststoff- u. Kautschukherstellung (ohne Spez.)	3,4	2,7	24,1	5,5	16,7	5,6	41,9

Tab. 30.185 (Fortsetzung)

Tätigkeit	AU-Fälle in %						
	Psyche	Herz/Kreislauf	Atemwege	Verdauung	Muskel/Skelett	Verletzungen	Sonstige
Berufe in der Lagerwirtschaft	3,5	2,7	24,1	5,6	16,1	5,5	42,4
Berufe in der Lebensmittelherstellung (ohne Spez.)	3,3	2,7	22,4	5,8	19,0	6,1	40,7
Berufe in der Maschinenbau- u. Betriebstechnik (ohne Spez.)	2,9	2,5	26,8	5,3	13,7	6,1	42,6
Berufe in der Metallbearbeitung (ohne Spez.)	3,4	2,6	25,6	5,4	15,2	5,7	42,1
Berufe in der Papierverarbeitung u. Verpackungstechnik	3,5	2,6	25,2	5,5	15,8	5,6	41,8
Berufskraftfahrer/innen (Güterverkehr/LKW)	2,7	4,1	20,7	5,8	16,3	6,5	43,8
Büro- u. Sekretariatskräfte (ohne Spez.)	3,6	2,1	31,1	5,0	6,5	3,5	48,3
Kaufmännische u. technische Betriebswirtschaft (ohne Spez.)	3,2	1,7	33,2	4,8	5,5	3,5	48,0
Maschinen- u. Anlagenführer/innen	3,5	2,7	24,8	5,5	16,3	6,0	41,2
Branche gesamt	**3,4**	**2,6**	**26,0**	**5,4**	**13,9**	**5,5**	**43,2**
Alle Branchen	**3,9**	**2,4**	**27,3**	**5,2**	**11,8**	**4,9**	**44,4**

Fehlzeiten-Report 2023

Tab. 30.186 Anteile der 40 häufigsten Einzeldiagnosen an den AU-Fällen und AU-Tagen in der Branche Verarbeitendes Gewerbe im Jahr 2022, AOK-Mitglieder

ICD-10	Bezeichnung	AU-Fälle in %	AU-Tage in %
J06	Akute Infektionen an mehreren oder nicht näher bezeichneten Lokalisationen der oberen Atemwege	16,0	9,3
U07	Krankheiten mit unklarer Ätiologie, belegte und nicht belegte Schlüsselnummern U07.-	6,2	4,4
M54	Rückenschmerzen	5,5	5,6
U99	Belegte und nicht belegte Schlüsselnummern U99.-!	3,5	2,1
A09	Sonstige und nicht näher bezeichnete Gastroenteritis und Kolitis infektiösen und nicht näher bezeichneten Ursprungs	2,9	1,0
Z11	Spezielle Verfahren zur Untersuchung auf infektiöse und parasitäre Krankheiten	2,5	1,7
B34	Viruskrankheit nicht näher bezeichneter Lokalisation	2,2	1,3
R51	Kopfschmerz	1,6	0,8
J00	Akute Rhinopharyngitis [Erkältungsschnupfen]	1,5	0,8
R10	Bauch- und Beckenschmerzen	1,3	0,7
M25	Sonstige Gelenkkrankheiten, anderenorts nicht klassifiziert	1,2	1,6
I10	Essentielle (primäre) Hypertonie	1,1	1,1
M79	Sonstige Krankheiten des Weichteilgewebes, anderenorts nicht klassifiziert	1,1	1,0
F43	Reaktionen auf schwere Belastungen und Anpassungsstörungen	1,0	2,0
J20	Akute Bronchitis	0,9	0,6
J98	Sonstige Krankheiten der Atemwege	0,9	0,5
K08	Sonstige Krankheiten der Zähne und des Zahnhalteapparates	0,9	0,2
T14	Verletzung an einer nicht näher bezeichneten Körperregion	0,8	0,9
R53	Unwohlsein und Ermüdung	0,8	0,8
B99	Sonstige und nicht näher bezeichnete Infektionskrankheiten	0,8	0,5
K52	Sonstige nichtinfektiöse Gastroenteritis und Kolitis	0,8	0,3
F32	Depressive Episode	0,7	2,5
Z98	Sonstige Zustände nach chirurgischem Eingriff	0,7	2,0
M99	Biomechanische Funktionsstörungen, anderenorts nicht klassifiziert	0,7	0,6
R07	Hals- und Brustschmerzen	0,7	0,4
R05	Husten	0,7	0,4
K29	Gastritis und Duodenitis	0,7	0,4
R11	Übelkeit und Erbrechen	0,7	0,3

Tab. 30.186 (Fortsetzung)

ICD-10	Bezeichnung	AU-Fälle in %	AU-Tage in %
M75	Schulterläsionen	0,6	1,7
M51	Sonstige Bandscheibenschäden	0,6	1,6
M77	Sonstige Enthesopathien	0,6	0,8
J40	Bronchitis, nicht als akut oder chronisch bezeichnet	0,6	0,4
J02	Akute Pharyngitis	0,6	0,3
F48	Andere neurotische Störungen	0,5	0,9
R52	Schmerz, anderenorts nicht klassifiziert	0,5	0,6
M53	Sonstige Krankheiten der Wirbelsäule und des Rückens, anderenorts nicht klassifiziert	0,5	0,6
R42	Schwindel und Taumel	0,5	0,5
R50	Fieber sonstiger und unbekannter Ursache	0,5	0,3
G43	Migräne	0,5	0,2
J03	Akute Tonsillitis	0,5	0,2
	Summe hier	**64,9**	**51,9**
	Restliche	35,1	48,1
	Gesamtsumme	**100,0**	**100,0**

Fehlzeiten-Report 2023

Tab. 30.187 Anteile der 40 häufigsten Diagnoseuntergruppen an den AU-Fällen und AU-Tagen in der Branche Verarbeitendes Gewerbe im Jahr 2022, AOK-Mitglieder

ICD-10	Bezeichnung	AU-Fälle in %	AU-Tage in %
J00–J06	Akute Infektionen der oberen Atemwege	19,8	11,5
U00–U49	Vorläufige Zuordnungen für Krankheiten mit unklarer Ätiologie, belegte und nicht belegte Schlüsselnummern	7,4	5,4
M50–M54	Sonstige Krankheiten der Wirbelsäule und des Rückens	6,4	7,3
R50–R69	Allgemeinsymptome	4,1	3,2
U98–U99	Belegte und nicht belegte Schlüsselnummern	3,7	2,3
A00–A09	Infektiöse Darmkrankheiten	3,4	1,2
Z00–Z13	Personen, die das Gesundheitswesen zur Untersuchung und Abklärung in Anspruch nehmen	2,9	2,0
M70–M79	Sonstige Krankheiten des Weichteilgewebes	2,6	4,0
B25–B34	Sonstige Viruskrankheiten	2,4	1,4
F40–F48	Neurotische, Belastungs- und somatoforme Störungen	2,1	4,5
R10–R19	Symptome, die das Verdauungssystem und das Abdomen betreffen	2,1	1,2
R00–R09	Symptome, die das Kreislaufsystem und das Atmungssystem betreffen	1,8	1,4
K00–K14	Krankheiten der Mundhöhle, der Speicheldrüsen und der Kiefer	1,7	0,4
M20–M25	Sonstige Gelenkkrankheiten	1,6	2,8
Z80–Z99	Personen mit potentiellen Gesundheitsrisiken aufgrund der Familien- oder Eigenanamnese und bestimmte Zustände, die den Gesundheitszustand beeinflussen	1,4	3,4
I10–I15	Hypertonie [Hochdruckkrankheit]	1,3	1,3
G40–G47	Episodische und paroxysmale Krankheiten des Nervensystems	1,2	1,1
J40–J47	Chronische Krankheiten der unteren Atemwege	1,2	1,0
J20–J22	Sonstige akute Infektionen der unteren Atemwege	1,2	0,8
K20–K31	Krankheiten des Ösophagus, des Magens und des Duodenums	1,1	0,6
J95–J99	Sonstige Krankheiten des Atmungssystems	1,0	0,7
K50–K52	Nichtinfektiöse Enteritis und Kolitis	1,0	0,4
F30–F39	Affektive Störungen	0,9	3,8
T08–T14	Verletzungen nicht näher bezeichneter Teile des Rumpfes, der Extremitäten oder anderer Körperregionen	0,9	1,1
B99–B99	Sonstige Infektionskrankheiten	0,9	0,5
S60–S69	Verletzungen des Handgelenkes und der Hand	0,8	1,3
Z20–Z29	Personen mit potentiellen Gesundheitsrisiken hinsichtlich übertragbarer Krankheiten	0,8	0,5
M15–M19	Arthrose	0,7	2,3

Tab. 30.187 (Fortsetzung)

ICD-10	Bezeichnung	AU-Fälle in %	AU-Tage in %
S90–S99	Verletzungen der Knöchelregion und des Fußes	0,7	1,1
M95–M99	Sonstige Krankheiten des Muskel-Skelett-Systems und des Bindegewebes	0,7	0,7
R40–R46	Symptome, die das Erkennungs- und Wahrnehmungsvermögen, die Stimmung und das Verhalten betreffen	0,7	0,7
K55–K64	Sonstige Krankheiten des Darmes	0,7	0,6
J30–J39	Sonstige Krankheiten der oberen Atemwege	0,7	0,5
T80–T88	Komplikationen bei chirurgischen Eingriffen und medizinischer Behandlung, anderenorts nicht klassifiziert	0,7	0,4
S80–S89	Verletzungen des Knies und des Unterschenkels	0,6	1,6
G50–G59	Krankheiten von Nerven, Nervenwurzeln und Nervenplexus	0,6	1,2
Z40–Z54	Personen, die das Gesundheitswesen zum Zwecke spezifischer Maßnahmen und zur medizinischen Betreuung in Anspruch nehmen	0,6	0,8
E70–E90	Stoffwechselstörungen	0,6	0,4
J09–J18	Grippe und Pneumonie	0,5	0,5
N30–N39	Sonstige Krankheiten des Harnsystems	0,4	0,3
	Summe hier	83,9	76,2
	Restliche	16,1	23,8
	Gesamtsumme	100,0	100,0

Fehlzeiten-Report 2023

Kapitel 30 · Krankheitsbedingte Fehlzeiten nach Branchen im Jahr 2022

30.12 Verkehr und Transport

Entwicklung des Krankenstands der AOK-Mitglieder in der Branche Verkehr und Transport in den Jahren 1998 bis 2022	Tab. 30.188
Arbeitsunfähigkeit der AOK-Mitglieder in der Branche Verkehr und Transport nach Bundesländern im Jahr 2022 im Vergleich zum Vorjahr	Tab. 30.189
Arbeitsunfähigkeit der AOK-Mitglieder nach Wirtschaftsabteilungen in der Branche Verkehr und Transport im Jahr 2022	Tab. 30.190
Kennzahlen der Arbeitsunfähigkeit nach ausgewählten Berufsgruppen in der Branche Verkehr und Transport im Jahr 2022	Tab. 30.191
Dauer der Arbeitsunfähigkeit der AOK-Mitglieder in der Branche Verkehr und Transport im Jahr 2022	Tab. 30.192
Tage der Arbeitsunfähigkeit je AOK-Mitglied nach Wirtschaftsabteilung und Betriebsgröße in der Branche Verkehr und Transport im Jahr 2022	Tab. 30.193
Krankenstand in Prozent nach Ausbildungsabschluss in der Branche Verkehr und Transport im Jahr 2022, AOK-Mitglieder	Tab. 30.194
Tage der Arbeitsunfähigkeit je AOK-Mitglied nach Ausbildungsabschluss in der Branche Verkehr und Transport im Jahr 2022	Tab. 30.195
Anteil der Arbeitsunfälle an den AU-Fällen und -Tagen in Prozent nach Wirtschaftsabteilungen in der Branche Verkehr und Transport im Jahr 2022, AOK-Mitglieder	Tab. 30.196
Tage und Fälle der Arbeitsunfähigkeit durch Arbeitsunfälle nach Berufsgruppen in der Branche Verkehr und Transport im Jahr 2022, AOK-Mitglieder	Tab. 30.197
Tage und Fälle der Arbeitsunfähigkeit je 100 AOK-Mitglieder nach Krankheitsarten in der Branche Verkehr und Transport in den Jahren 1998 bis 2022	Tab. 30.198
Verteilung der Arbeitsunfähigkeitstage nach Krankheitsarten in Prozent in der Branche Verkehr und Transport im Jahr 2022, AOK-Mitglieder	Tab. 30.199
Verteilung der Arbeitsunfähigkeitsfälle nach Krankheitsarten in Prozent in der Branche Verkehr und Transport im Jahr 2022, AOK-Mitglieder	Tab. 30.200
Verteilung der Arbeitsunfähigkeitstage nach Krankheitsarten und ausgewählten Berufsgruppen in der Branche Verkehr und Transport im Jahr 2022, AOK-Mitglieder	Tab. 30.201
Verteilung der Arbeitsunfähigkeitsfälle nach Krankheitsarten und ausgewählten Berufsgruppen in der Branche Verkehr und Transport im Jahr 2022, AOK-Mitglieder	Tab. 30.202
Anteile der 40 häufigsten Einzeldiagnosen an den AU-Fällen und AU-Tagen in der Branche Verkehr und Transport im Jahr 2022, AOK-Mitglieder	Tab. 30.203
Anteile der 40 häufigsten Diagnoseuntergruppen an den AU-Fällen und AU-Tagen in der Branche Verkehr und Transport im Jahr 2022, AOK-Mitglieder	Tab. 30.204

Tab. 30.188 Entwicklung des Krankenstands der AOK-Mitglieder in der Branche Verkehr und Transport in den Jahren 1998 bis 2022

Jahr	Krankenstand in %			AU-Fälle je 100 AOK-Mitglieder			Tage je Fall		
	West	Ost	Bund	West	Ost	Bund	West	Ost	Bund
1998	5,4	4,5	5,3	131,5	98,6	125,7	15,0	16,6	15,3
1999	5,6	4,8	5,5	139,4	107,4	134,1	14,6	16,4	14,8
2000	5,6	4,8	5,5	143,2	109,8	138,3	14,3	16,0	14,5
2001	5,6	4,9	5,5	144,1	108,7	139,3	14,2	16,5	14,4
2002	5,6	4,9	5,5	143,3	110,6	138,8	14,2	16,2	14,4
2003	5,3	4,5	5,2	138,7	105,8	133,8	14,0	15,4	14,1
2004	4,9	4,2	4,8	125,0	97,6	120,6	14,3	15,6	14,4
2005	4,8	4,2	4,7	126,3	99,0	121,8	14,0	15,4	14,2
2006	4,7	4,1	4,6	121,8	94,7	117,2	14,2	15,8	14,4
2007	4,9	4,3	4,8	128,8	101,5	124,1	14,0	15,5	14,2
2008 (WZ03)	5,1	4,5	4,9	135,4	106,7	130,5	13,6	15,3	13,9
2008 (WZ08)[a]	5,1	4,5	5,0	135,7	105,1	130,5	13,8	15,7	14,1
2009	5,3	5,0	5,3	139,7	114,2	135,4	13,9	16,0	14,2
2010	5,5	5,2	5,5	141,8	120,5	138,1	14,2	15,7	14,4
2011	5,5	4,8	5,4	145,0	121,9	141,1	13,9	14,4	13,9
2012	5,6	5,4	5,5	143,8	121,7	140,1	14,1	16,4	14,5
2013	5,7	5,8	5,7	154,1	130,1	150,1	13,5	16,2	13,9
2014	5,8	5,9	5,8	152,2	131,2	148,8	13,9	16,4	14,3
2015	6,0	6,0	6,0	161,1	140,5	157,7	13,5	15,6	13,8
2016	5,9	6,1	6,0	159,4	145,3	157,4	13,6	15,4	13,9
2017	5,9	6,3	6,0	158,1	148,5	156,7	13,6	15,5	13,9
2018	5,9	6,5	6,0	162,6	155,6	161,6	13,3	15,2	13,6
2019	5,9	6,5	6,0	159,4	153,6	158,6	13,5	15,5	13,8
2020	5,8	6,4	5,9	140,2	139,2	140,4	15,2	16,9	15,5
2021	5,8	6,6	5,9	147,1	148,9	147,7	14,3	16,3	14,6
2022	7,0	7,7	7,1	205,1	197,4	204,1	12,4	14,2	12,7

[a] aufgrund der Revision der Wirtschaftszweigklassifikation in 2008 ist eine Vergleichbarkeit mit den Vorjahren nur bedingt möglich

Fehlzeiten-Report 2023

Kapitel 30 · Krankheitsbedingte Fehlzeiten nach Branchen im Jahr 2022

Tab. 30.189 Arbeitsunfähigkeit der AOK-Mitglieder in der Branche Verkehr und Transport nach Bundesländern im Jahr 2022 im Vergleich zum Vorjahr

Bundesland	Kranken-stand in %	Arbeitsunfähigkeit je 100 AOK-Mitglieder				Tage je Fall	Veränd. z. Vorj. in %	AU-Quote in %
		AU-Fälle	Veränd. z. Vorj. in %	AU-Tage	Veränd. z. Vorj. in %			
Baden-Württemberg	6,9	214,5	35,6	2.505,9	22,9	11,7	−9,4	60,8
Bayern	6,2	183,0	47,7	2.265,5	22,9	12,4	−16,7	54,4
Berlin	6,1	177,7	33,0	2.241,1	17,6	12,6	−11,5	39,9
Brandenburg	7,5	194,8	22,8	2.734,5	16,1	14,0	−5,5	54,9
Bremen	8,5	250,9	46,9	3.090,4	22,9	12,3	−16,3	66,2
Hamburg	6,5	200,7	52,5	2.361,4	18,0	11,8	−22,6	55,0
Hessen	7,3	224,0	38,2	2.646,3	22,5	11,8	−11,3	59,1
Mecklenburg-Vorpommern	7,4	167,9	42,8	2.693,0	16,5	16,0	−18,4	57,2
Niedersachsen	7,5	216,6	36,0	2.727,3	19,5	12,6	−12,2	62,1
Nordrhein-Westfalen	7,5	212,8	36,2	2.719,9	17,3	12,8	−13,9	58,0
Rheinland-Pfalz	6,5	180,4	48,0	2.362,9	22,6	13,1	−17,2	54,1
Saarland	7,3	185,1	34,5	2.651,2	26,0	14,3	−6,3	55,8
Sachsen	7,5	200,2	32,8	2.747,0	14,9	13,7	−13,5	63,9
Sachsen-Anhalt	7,8	192,8	36,2	2.836,8	17,3	14,7	−13,9	60,7
Schleswig-Holstein	6,5	175,3	41,0	2.380,3	16,7	13,6	−17,2	53,2
Thüringen	8,4	207,8	34,3	3.057,2	16,3	14,7	−13,4	63,7
West	**7,0**	**205,1**	**39,5**	**2.537,9**	**20,5**	**12,4**	**−13,6**	**57,4**
Ost	**7,7**	**197,4**	**32,6**	**2.805,0**	**15,8**	**14,2**	**−12,7**	**61,5**
Bund	**7,1**	**204,1**	**38,2**	**2.582,1**	**19,6**	**12,7**	**−13,4**	**58,0**

Fehlzeiten-Report 2023

Tab. 30.190 Arbeitsunfähigkeit der AOK-Mitglieder nach Wirtschaftsabteilungen in der Branche Verkehr und Transport im Jahr 2022

Wirtschaftsabteilungen	Krankenstand in %		Arbeitsunfähigkeit je 100 AOK-Mitglieder		Tage je Fall	AU-Quote in %
	2022	2022 stand.[a]	Fälle	Tage		
Lagerei sowie Erbringung von sonstigen Dienstleistungen für den Verkehr	7,5	7,6	234,4	2.739,4	11,7	65,0
Landverkehr und Transport in Rohrfernleitungen	6,6	6,7	169,0	2.422,3	14,3	53,6
Luftfahrt	7,4	7,7	228,0	2.683,8	11,8	65,0
Post-, Kurier- und Expressdienste	7,1	7,7	211,1	2.578,7	12,2	53,3
Schifffahrt	5,8	5,6	152,7	2.113,2	13,8	51,4
Branche gesamt	**7,1**	**7,3**	**204,1**	**2.582,1**	**12,7**	**58,0**
Alle Branchen	**6,7**	**6,8**	**216,6**	**2.450,0**	**11,3**	**64,6**

[a] Krankenstand alters- und geschlechtsstandardisiert

Fehlzeiten-Report 2023

Tab. 30.191 Kennzahlen der Arbeitsunfähigkeit nach ausgewählten Berufsgruppen in der Branche Verkehr und Transport im Jahr 2022

Tätigkeit	Kranken-stand in %	Arbeitsunfähigkeit je 100 AOK-Mitglieder		Tage je Fall	AU-Quote in %	Anteil der Berufsgruppe an der Branche in %[a]
		AU-Fälle	AU-Tage			
Berufe für Post- u. Zustelldienste	7,9	217,5	2.888,5	13,3	58,4	11,8
Berufe im Güter- u. Warenumschlag	9,6	318,3	3.516,7	11,0	78,5	1,0
Berufe in der Lagerwirtschaft	8,5	296,9	3.114,6	10,5	69,3	20,2
Berufskraftfahrer/innen (Güterverkehr/LKW)	6,3	133,7	2.287,5	17,1	48,6	23,7
Berufskraftfahrer/innen (Personentransport/PKW)	4,7	114,4	1.724,6	15,1	38,3	4,4
Büro- u. Sekretariatskräfte (ohne Spez.)	4,7	165,4	1.717,8	10,4	56,8	2,7
Bus- u. Straßenbahnfahrer/innen	9,8	220,3	3.570,6	16,2	68,7	6,5
Fahrzeugführer/innen im Straßenverkehr (sonstige spezifische Tätigkeitsangabe)	4,7	145,9	1.713,3	11,7	38,4	8,1
Kaufmännische u. technische Betriebswirtschaft (ohne Spez.)	5,3	184,9	1.943,0	10,5	65,5	1,4
Kranführer/innen, Aufzugsmaschinisten, Bedienung verwandter Hebeeinrichtungen	9,2	283,7	3.364,4	11,9	75,0	1,0
Speditions- u. Logistikkaufleute	5,1	224,0	1.854,7	8,3	66,1	3,4
Branche gesamt	**7,1**	**204,1**	**2.582,1**	**12,7**	**58,0**	**7,2**[b]

[a] Anteil der AOK-Mitglieder in der Berufsgruppe an den in der Branche beschäftigten AOK-Mitgliedern insgesamt
[b] Anteil der AOK-Mitglieder in der Branche an allen AOK-Mitgliedern
Fehlzeiten-Report 2023

Tab. 30.192 Dauer der Arbeitsunfähigkeit der AOK-Mitglieder in der Branche Verkehr und Transport im Jahr 2022

Fallklasse	Branche hier		Alle Branchen	
	Anteil Fälle in %	Anteil Tage in %	Anteil Fälle in %	Anteil Tage in %
1–3 Tage	27,4	4,4	30,5	5,4
4–7 Tage	32,5	13,2	32,4	14,6
8–14 Tage	23,7	19,4	23,4	21,2
15–21 Tage	6,6	9,0	5,7	8,7
22–28 Tage	2,7	5,3	2,3	5,0
29–42 Tage	2,8	7,7	2,3	7,1
> 42 Tage	4,2	41,1	3,5	38,0

Fehlzeiten-Report 2023

Tab. 30.193 Tage der Arbeitsunfähigkeit je AOK-Mitglied nach Wirtschaftsabteilung und Betriebsgröße in der Branche Verkehr und Transport im Jahr 2022

Wirtschaftsabteilungen	Betriebsgröße (Anzahl der AOK-Mitglieder)					
	10–49	50–99	100–199	200–499	500–999	≥ 1.000
Lagerei sowie Erbringung von sonstigen Dienstleistungen für den Verkehr	25,9	27,2	28,7	30,4	35,0	35,6
Landverkehr und Transport in Rohrfernleitungen	22,7	27,5	28,9	28,4	35,1	40,9
Luftfahrt	24,7	24,1	26,6	29,4	35,4	30,9
Post-, Kurier- und Expressdienste	25,2	25,8	26,9	28,5	30,1	34,4
Schifffahrt	23,4	26,4	34,3	–	–	–
Branche gesamt	**24,4**	**27,0**	**28,5**	**29,4**	**33,7**	**36,6**
Alle Branchen	**25,0**	**27,3**	**27,7**	**27,5**	**27,6**	**27,3**

Fehlzeiten-Report 2023

Tab. 30.194 Krankenstand in Prozent nach Ausbildungsabschluss in der Branche Verkehr und Transport im Jahr 2022, AOK-Mitglieder

Wirtschafts-abteilungen	Ausbildung						
	ohne Ausbildungsabschluss	mit Ausbildungsabschluss	Meister/ Techniker	Bachelor	Diplom/ Magister/ Master/ Staatsexamen	Promotion	unbekannt
Lagerei sowie Erbringung von sonstigen Dienstleistungen für den Verkehr	8,3	7,9	6,6	4,0	4,2	6,5	7,0
Landverkehr und Transport in Rohrfernleitungen	7,6	8,0	6,2	3,4	4,4	4,2	5,4
Luftfahrt	8,6	8,4	3,7	3,0	4,0	–	7,0
Post-, Kurier- und Expressdienste	6,8	8,2	6,8	5,4	5,6	3,2	6,9
Schifffahrt	7,7	6,5	7,0	2,6	3,6	–	4,5
Branche gesamt	7,8	7,9	6,4	3,9	4,4	4,7	6,4
Alle Branchen	7,4	7,4	5,9	3,5	4,0	3,0	6,0

Fehlzeiten-Report 2023

Tab. 30.195 Tage der Arbeitsunfähigkeit je AOK-Mitglied nach Ausbildungsabschluss in der Branche Verkehr und Transport im Jahr 2022

Wirtschafts-abteilungen	Ausbildung						
	ohne Ausbildungs-abschluss	mit Ausbildungs-abschluss	Meister/ Techniker	Bachelor	Diplom/ Magister/ Master/ Staatsexamen	Promotion	unbekannt
Lagerei sowie Erbringung von sonstigen Dienstleistungen für den Verkehr	30,2	28,9	24,1	14,7	15,5	23,9	25,6
Landverkehr und Transport in Rohrfernleitungen	27,7	29,1	22,8	12,3	15,9	15,4	19,9
Luftfahrt	31,4	30,5	13,4	10,8	14,7	–	25,7
Post-, Kurier- und Expressdienste	24,7	29,8	24,9	19,7	20,5	11,6	25,1
Schifffahrt	28,1	23,6	25,5	9,5	13,2	–	16,3
Branche gesamt	**28,5**	**29,0**	**23,5**	**14,4**	**16,0**	**17,3**	**23,2**
Alle Branchen	**26,9**	**27,1**	**21,5**	**12,9**	**14,5**	**10,9**	**21,9**

Fehlzeiten-Report 2023

Tab. 30.196 Anteil der Arbeitsunfälle an den AU-Fällen und -Tagen in Prozent nach Wirtschaftsabteilungen in der Branche Verkehr und Transport im Jahr 2022, AOK-Mitglieder

Wirtschaftsabteilungen	AU-Fälle in %	AU-Tage in %
Lagerei sowie Erbringung von sonstigen Dienstleistungen für den Verkehr	2,5	6,1
Landverkehr und Transport in Rohrfernleitungen	3,0	7,0
Luftfahrt	1,1	2,6
Post-, Kurier- und Expressdienste	3,8	7,3
Schifffahrt	3,6	8,7
Branche gesamt	**2,9**	**6,7**
Alle Branchen	**2,0**	**4,5**

Fehlzeiten-Report 2023

Tab. 30.197 Tage und Fälle der Arbeitsunfähigkeit durch Arbeitsunfälle nach Berufsgruppen in der Branche Verkehr und Transport im Jahr 2022, AOK-Mitglieder

Tätigkeit	Arbeitsunfähigkeit je 1.000 AOK-Mitglieder	
	AU-Tage	AU-Fälle
Berufe für Post- u. Zustelldienste	2.311,7	94,5
Berufskraftfahrer/innen (Güterverkehr/LKW)	2.306,5	59,3
Berufe im Güter- u. Warenumschlag	1.926,9	83,4
Kranführer/innen, Aufzugsmaschinisten, Bedienung verwandter Hebeeinrichtungen	1.901,8	66,6
Bus- u. Straßenbahnfahrer/innen	1.761,2	44,6
Berufe in der Lagerwirtschaft	1.678,4	72,8
Fahrzeugführer/innen im Straßenverkehr (sonstige spezifische Tätigkeitsangabe)	1.523,1	63,6
Berufskraftfahrer/innen (Personentransport/PKW)	793,5	26,2
Speditions- u. Logistikkaufleute	529,8	23,3
Kaufmännische u. technische Betriebswirtschaft (ohne Spez.)	424,4	14,1
Büro- u. Sekretariatskräfte (ohne Spez.)	354,0	13,0
Branche gesamt	**1.720,3**	**59,7**
Alle Branchen	**1.094,5**	**43,8**

Fehlzeiten-Report 2023

Tab. 30.198 Tage und Fälle der Arbeitsunfähigkeit je 100 AOK-Mitglieder nach Krankheitsarten in der Branche Verkehr und Transport in den Jahren 1998 bis 2022

Jahr	Arbeitsunfähigkeit je 100 AOK-Mitglieder											
	Psyche		Herz/Kreislauf		Atemwege		Verdauung		Muskel/Skelett		Verletzungen	
	Tage	Fälle	Tage	Fälle	Tage	Fälle	Tage	Fälle	Tage	Fälle	Tage	Fälle
1998	89,1	3,6	195,2	7,9	283,4	33,1	161,9	19,0	591,5	30,7	397,9	21,9
1999	95,3	3,8	192,9	8,1	311,9	34,5	160,8	19,2	621,2	32,5	396,8	21,7
2000	114,7	5,2	181,9	8,0	295,1	37,1	149,4	18,0	654,9	36,6	383,3	21,3
2001	124,3	6,1	183,1	8,6	282,2	36,8	152,3	18,9	680,6	38,6	372,8	21,0
2002	135,9	6,6	184,2	8,9	273,1	36,1	152,1	19,5	675,7	38,3	362,4	20,4
2003	136,0	6,7	182,0	9,1	271,5	36,4	144,2	18,7	615,9	35,6	345,2	19,3
2004	154,3	6,8	195,6	8,4	234,4	30,1	143,5	17,7	572,5	32,8	329,6	17,6
2005	159,5	6,7	193,5	8,4	268,8	34,7	136,2	16,6	546,3	31,8	327,1	17,3
2006	156,8	6,7	192,9	8,5	225,9	29,0	135,7	17,1	551,7	31,9	334,7	17,6
2007	166,1	7,0	204,2	8,7	249,9	32,6	143,6	18,4	575,2	32,8	331,1	17,0
2008 (WZ03)	172,5	7,3	205,5	9,1	260,0	34,6	149,0	19,2	584,3	34,3	332,0	17,1
2008 (WZ08)[a]	171,8	7,2	210,2	9,2	259,5	34,0	150,6	18,7	597,5	34,3	339,8	17,2
2009	190,8	7,8	223,2	9,3	297,4	38,1	149,0	18,7	607,7	34,3	341,0	17,2
2010	205,3	8,4	218,6	9,5	268,0	34,3	143,7	17,8	659,8	36,9	373,2	19,0
2011	215,5	8,9	209,0	9,4	272,0	35,7	141,8	17,9	625,3	36,6	350,1	18,1
2012	243,3	9,3	233,9	9,6	275,1	35,2	149,8	18,0	654,4	36,7	354,5	17,3
2013	246,7	9,4	228,9	9,1	334,0	43,1	150,4	18,5	656,9	37,4	356,3	17,4
2014	269,3	10,4	236,8	9,5	278,3	36,8	155,9	19,1	698,3	39,3	355,6	17,3
2015	277,4	10,5	232,5	9,4	338,6	44,5	154,5	19,1	686,4	39,2	355,5	17,2
2016	285,1	10,8	213,7	9,6	315,2	42,6	148,6	19,1	706,0	40,0	354,0	16,8
2017	289,0	10,9	207,1	9,3	318,1	42,7	142,9	18,1	700,1	39,9	349,5	16,5
2018	287,5	10,9	195,8	9,4	339,5	45,3	139,6	17,9	691,5	40,1	348,0	16,4
2019	295,6	11,1	197,6	9,2	303,2	41,9	137,8	17,6	703,1	40,8	347,3	15,9
2020	303,8	10,1	194,8	8,2	306,7	34,7	129,6	15,1	716,8	39,0	330,2	14,0
2021	308,4	10,6	189,1	8,2	260,9	31,1	124,7	14,7	728,8	42,9	341,6	18,1
2022	336,2	11,7	198,5	8,7	525,9	69,3	130,5	16,5	764,0	48,5	346,1	16,9

[a] aufgrund der Revision der Wirtschaftszweigklassifikation in 2008 ist eine Vergleichbarkeit mit den Vorjahren nur bedingt möglich

Fehlzeiten-Report 2023

Tab. 30.199 Verteilung der Arbeitsunfähigkeitstage nach Krankheitsarten in Prozent in der Branche Verkehr und Transport im Jahr 2022, AOK-Mitglieder

Wirtschaftsabteilungen	AU-Tage in %						
	Psyche	Herz/Kreislauf	Atemwege	Verdauung	Muskel/Skelett	Verletzungen	Sonstige
Lagerei sowie Erbringung von sonstigen Dienstleistungen für den Verkehr	8,7	5,1	15,0	3,6	21,0	9,2	37,4
Landverkehr und Transport in Rohrfernleitungen	9,5	6,5	13,3	3,6	19,0	9,1	39,0
Luftfahrt	13,5	2,7	19,8	3,0	13,8	7,3	39,8
Post-, Kurier- und Expressdienste	9,1	3,9	14,3	3,5	24,2	10,7	34,4
Schifffahrt	9,8	5,7	14,0	2,9	17,5	11,5	38,7
Branche gesamt	**9,1**	**5,4**	**14,3**	**3,5**	**20,7**	**9,4**	**37,5**
Alle Branchen	**10,3**	**4,0**	**17,5**	**3,3**	**17,4**	**8,1**	**39,4**

Fehlzeiten-Report 2023

Tab. 30.200 Verteilung der Arbeitsunfähigkeitsfälle nach Krankheitsarten in Prozent in der Branche Verkehr und Transport im Jahr 2022, AOK-Mitglieder

Wirtschaftsabteilungen	AU-Fälle in %						
	Psyche	Herz/Kreislauf	Atemwege	Verdauung	Muskel/Skelett	Verletzungen	Sonstige
Lagerei sowie Erbringung von sonstigen Dienstleistungen für den Verkehr	3,7	2,7	24,0	5,6	16,7	5,4	41,9
Landverkehr und Transport in Rohrfernleitungen	4,2	3,6	22,4	5,7	14,4	5,5	44,2
Luftfahrt	5,2	1,7	29,3	4,3	11,0	4,2	44,2
Post-, Kurier- und Expressdienste	3,9	2,3	23,0	5,3	19,4	6,8	39,3
Schifffahrt	4,2	2,9	24,5	5,4	11,1	6,3	45,6
Branche gesamt	**3,9**	**2,9**	**23,3**	**5,6**	**16,3**	**5,7**	**42,2**
Alle Branchen	**3,9**	**2,4**	**27,3**	**5,2**	**11,8**	**4,9**	**44,4**

Fehlzeiten-Report 2023

Tab. 30.201 Verteilung der Arbeitsunfähigkeitstage nach Krankheitsarten und ausgewählten Berufsgruppen in der Branche Verkehr und Transport im Jahr 2022, AOK-Mitglieder

Tätigkeit	AU-Tage in %						
	Psyche	Herz/Kreislauf	Atemwege	Verdauung	Muskel/Skelett	Verletzungen	Sonstige
Berufe für Post- u. Zustelldienste	9,4	3,8	14,0	3,2	24,2	11,3	34,2
Berufe im Güter- u. Warenumschlag	9,9	4,0	15,6	3,7	23,0	8,7	35,1
Berufe in der Lagerwirtschaft	8,5	3,9	15,4	3,7	24,3	9,0	35,0
Berufskraftfahrer/innen (Güterverkehr/LKW)	6,1	8,4	10,5	3,6	20,6	11,2	39,6
Berufskraftfahrer/innen (Personentransport/PKW)	8,6	8,2	12,6	3,8	16,0	7,4	43,4
Büro- u. Sekretariatskräfte (ohne Spez.)	12,9	3,7	19,1	3,3	11,6	6,1	43,2
Bus- u. Straßenbahnfahrer/innen	12,7	5,9	12,9	3,5	19,7	6,6	38,6
Fahrzeugführer/innen im Straßenverkehr (sonstige spezifische Tätigkeitsangabe)	6,8	5,8	12,8	4,1	22,1	12,1	36,4
Kaufmännische u. technische Betriebswirtschaft (ohne Spez.)	14,7	3,9	20,0	3,3	10,8	5,2	42,1
Kranführer/innen, Aufzugsmaschinisten, Bedienung verwandter Hebeeinrichtungen	7,9	5,2	14,5	3,2	24,1	8,7	36,5
Speditions- u. Logistikkaufleute	11,0	3,6	22,2	3,6	12,5	6,3	40,8
Branche gesamt	**9,1**	**5,4**	**14,3**	**3,5**	**20,7**	**9,4**	**37,5**
Alle Branchen	**10,3**	**4,0**	**17,5**	**3,3**	**17,4**	**8,1**	**39,4**

Fehlzeiten-Report 2023

Kapitel 30 · Krankheitsbedingte Fehlzeiten nach Branchen im Jahr 2022

Tab. 30.202 Verteilung der Arbeitsunfähigkeitsfälle nach Krankheitsarten und ausgewählten Berufsgruppen in der Branche Verkehr und Transport im Jahr 2022, AOK-Mitglieder

Tätigkeit	AU-Fälle in %						
	Psyche	Herz/ Kreislauf	Atem- wege	Ver- dauung	Muskel/ Skelett	Verlet- zungen	Sonstige
Berufe für Post- u. Zustelldienste	4,2	2,3	23,2	5,0	18,4	7,4	39,5
Berufe im Güter- u. Warenumschlag	4,1	2,2	23,9	5,3	19,4	5,7	39,3
Berufe in der Lagerwirtschaft	3,6	2,3	23,4	5,7	20,3	5,7	39,2
Berufskraftfahrer/innen (Güterverkehr/LKW)	3,3	4,6	18,8	5,9	16,0	6,5	44,8
Berufskraftfahrer/innen (Personentransport/PKW)	3,9	4,6	21,2	5,5	11,7	4,5	48,4
Büro- u. Sekretariatskräfte (ohne Spez.)	4,4	2,2	28,8	5,4	7,4	3,5	48,3
Bus- u. Straßenbahnfahrer/innen	5,4	3,7	21,4	5,7	15,3	4,4	44,0
Fahrzeugführer/innen im Straßenverkehr (sonstige spezifische Tätigkeitsangabe)	3,5	2,9	20,5	5,8	19,4	7,2	40,6
Kaufmännische u. technische Betriebswirtschaft (ohne Spez.)	4,6	2,2	29,9	5,3	7,8	3,5	46,7
Kranführer/innen, Aufzugsmaschinisten, Bedienung verwandter Hebeeinrichtungen	3,9	2,8	22,1	5,5	19,3	5,4	40,9
Speditions- u. Logistikkaufleute	3,7	1,8	30,8	5,6	8,8	3,9	45,4
Branche gesamt	**3,9**	**2,9**	**23,3**	**5,6**	**16,3**	**5,7**	**42,2**
Alle Branchen	**3,9**	**2,4**	**27,3**	**5,2**	**11,8**	**4,9**	**44,4**

Fehlzeiten-Report 2023

Tab. 30.203 Anteile der 40 häufigsten Einzeldiagnosen an den AU-Fällen und AU-Tagen in der Branche Verkehr und Transport im Jahr 2022, AOK-Mitglieder

ICD-10	Bezeichnung	AU-Fälle in %	AU-Tage in %
J06	Akute Infektionen an mehreren oder nicht näher bezeichneten Lokalisationen der oberen Atemwege	13,4	7,6
M54	Rückenschmerzen	7,3	6,9
U07	Krankheiten mit unklarer Ätiologie, belegte und nicht belegte Schlüsselnummern U07.-	4,9	3,4
U99	Belegte und nicht belegte Schlüsselnummern U99.-!	3,4	1,9
A09	Sonstige und nicht näher bezeichnete Gastroenteritis und Kolitis infektiösen und nicht näher bezeichneten Ursprungs	2,7	1,0
Z11	Spezielle Verfahren zur Untersuchung auf infektiöse und parasitäre Krankheiten	2,6	1,6
B34	Viruskrankheit nicht näher bezeichneter Lokalisation	1,9	1,1
R51	Kopfschmerz	1,7	0,8
J00	Akute Rhinopharyngitis [Erkältungsschnupfen]	1,5	0,8
M25	Sonstige Gelenkkrankheiten, anderenorts nicht klassifiziert	1,4	1,6
I10	Essentielle (primäre) Hypertonie	1,3	1,3
R10	Bauch- und Beckenschmerzen	1,3	0,7
F43	Reaktionen auf schwere Belastungen und Anpassungsstörungen	1,2	2,3
M79	Sonstige Krankheiten des Weichteilgewebes, anderenorts nicht klassifiziert	1,2	0,9
R53	Unwohlsein und Ermüdung	1,0	1,0
J20	Akute Bronchitis	0,9	0,5
F32	Depressive Episode	0,8	2,5
J98	Sonstige Krankheiten der Atemwege	0,8	0,5
B99	Sonstige und nicht näher bezeichnete Infektionskrankheiten	0,8	0,5
K29	Gastritis und Duodenitis	0,8	0,4
K52	Sonstige nichtinfektiöse Gastroenteritis und Kolitis	0,8	0,3
K08	Sonstige Krankheiten der Zähne und des Zahnhalteapparates	0,8	0,2
M51	Sonstige Bandscheibenschäden	0,7	1,7
T14	Verletzung an einer nicht näher bezeichneten Körperregion	0,7	0,8
M99	Biomechanische Funktionsstörungen, anderenorts nicht klassifiziert	0,7	0,7
R05	Husten	0,7	0,4
R07	Hals- und Brustschmerzen	0,7	0,4
M75	Schulterläsionen	0,6	1,5

Tab. 30.203 (Fortsetzung)

ICD-10	Bezeichnung	AU-Fälle in %	AU-Tage in %
F48	Andere neurotische Störungen	0,6	1,0
R42	Schwindel und Taumel	0,6	0,5
J40	Bronchitis, nicht als akut oder chronisch bezeichnet	0,6	0,4
R11	Übelkeit und Erbrechen	0,6	0,3
Z98	Sonstige Zustände nach chirurgischem Eingriff	0,5	1,5
S93	Luxation, Verstauchung und Zerrung der Gelenke und Bänder in Höhe des oberen Sprunggelenkes und des Fußes	0,5	0,7
G47	Schlafstörungen	0,5	0,7
R52	Schmerz, anderenorts nicht klassifiziert	0,5	0,6
M77	Sonstige Enthesopathien	0,5	0,6
M53	Sonstige Krankheiten der Wirbelsäule und des Rückens, anderenorts nicht klassifiziert	0,5	0,6
J02	Akute Pharyngitis	0,5	0,3
R50	Fieber sonstiger und unbekannter Ursache	0,5	0,3
	Summe hier	**63,0**	**50,8**
	Restliche	37,0	49,2
	Gesamtsumme	**100,0**	**100,0**

Fehlzeiten-Report 2023

Tab. 30.204 Anteile der 40 häufigsten Diagnoseuntergruppen an den AU-Fällen und AU-Tagen in der Branche Verkehr und Transport im Jahr 2022, AOK-Mitglieder

ICD-10	Bezeichnung	AU-Fälle in %	AU-Tage in %
J00–J06	Akute Infektionen der oberen Atemwege	17,1	9,7
M50–M54	Sonstige Krankheiten der Wirbelsäule und des Rückens	8,4	8,8
U00–U49	Vorläufige Zuordnungen für Krankheiten mit unklarer Ätiologie, belegte und nicht belegte Schlüsselnummern	5,9	4,3
R50–R69	Allgemeinsymptome	4,5	3,5
U98–U99	Belegte und nicht belegte Schlüsselnummern	3,6	2,1
A00–A09	Infektiöse Darmkrankheiten	3,2	1,2
Z00–Z13	Personen, die das Gesundheitswesen zur Untersuchung und Abklärung in Anspruch nehmen	3,0	1,9
M70–M79	Sonstige Krankheiten des Weichteilgewebes	2,6	3,5
F40–F48	Neurotische, Belastungs- und somatoforme Störungen	2,4	4,9
R10–R19	Symptome, die das Verdauungssystem und das Abdomen betreffen	2,2	1,2
B25–B34	Sonstige Viruskrankheiten	2,1	1,2
R00–R09	Symptome, die das Kreislaufsystem und das Atmungssystem betreffen	1,9	1,4
M20–M25	Sonstige Gelenkkrankheiten	1,8	2,7
I10–I15	Hypertonie [Hochdruckkrankheit]	1,5	1,5
K00–K14	Krankheiten der Mundhöhle, der Speicheldrüsen und der Kiefer	1,5	0,4
Z80–Z99	Personen mit potentiellen Gesundheitsrisiken aufgrund der Familien- oder Eigenanamnese und bestimmte Zustände, die den Gesundheitszustand beeinflussen	1,4	2,9
G40–G47	Episodische und paroxysmale Krankheiten des Nervensystems	1,3	1,3
J40–J47	Chronische Krankheiten der unteren Atemwege	1,3	1,1
K20–K31	Krankheiten des Ösophagus, des Magens und des Duodenums	1,2	0,7
J20–J22	Sonstige akute Infektionen der unteren Atemwege	1,1	0,7
F30–F39	Affektive Störungen	1,0	3,7
J95–J99	Sonstige Krankheiten des Atmungssystems	1,0	0,7
K50–K52	Nichtinfektiöse Enteritis und Kolitis	1,0	0,5
S90–S99	Verletzungen der Knöchelregion und des Fußes	0,9	1,5
T08–T14	Verletzungen nicht näher bezeichneter Teile des Rumpfes, der Extremitäten oder anderer Körperregionen	0,9	1,0
B99–B99	Sonstige Infektionskrankheiten	0,9	0,5
R40–R46	Symptome, die das Erkennungs- und Wahrnehmungsvermögen, die Stimmung und das Verhalten betreffen	0,8	0,8

Tab. 30.204 (Fortsetzung)

ICD-10	Bezeichnung	AU-Fälle in %	AU-Tage in %
M95–M99	Sonstige Krankheiten des Muskel-Skelett-Systems und des Bindegewebes	0,8	0,8
K55–K64	Sonstige Krankheiten des Darmes	0,8	0,7
S80–S89	Verletzungen des Knies und des Unterschenkels	0,7	1,8
Z20–Z29	Personen mit potentiellen Gesundheitsrisiken hinsichtlich übertragbarer Krankheiten	0,7	0,5
E70–E90	Stoffwechselstörungen	0,7	0,5
J30–J39	Sonstige Krankheiten der oberen Atemwege	0,7	0,4
M15–M19	Arthrose	0,6	1,7
G50–G59	Krankheiten von Nerven, Nervenwurzeln und Nervenplexus	0,6	1,2
S60–S69	Verletzungen des Handgelenkes und der Hand	0,6	1,0
Z40–Z54	Personen, die das Gesundheitswesen zum Zwecke spezifischer Maßnahmen und zur medizinischen Betreuung in Anspruch nehmen	0,6	0,7
J09–J18	Grippe und Pneumonie	0,6	0,5
T80–T88	Komplikationen bei chirurgischen Eingriffen und medizinischer Behandlung, anderenorts nicht klassifiziert	0,6	0,4
E10–E14	Diabetes mellitus	0,5	0,7
	Summe hier	83,0	74,6
	Restliche	17,0	25,4
	Gesamtsumme	100,0	100,0

Fehlzeiten-Report 2023

Entwicklung der Krankengeldfälle und -ausgaben bei AOK-Mitgliedern im Jahr 2022

David Herr und Reinhard Schwanke

Inhaltsverzeichnis

31.1	Einführung – 740	
31.2	Einordnung der Datenquellen – 741	
31.3	Entwicklung des Krankengeldes – 741	
31.3.1	Krankengeldfallzahlen – 743	
31.3.2	Krankengeldfalldauern – 744	
31.3.3	Krankengeldausgaben nach Diagnosen – 746	
31.3.4	Einfluss des Alters – 747	
31.4	Zusammenfassung – 749	
	Literatur – 750	

© Der/die Autor(en), exklusiv lizenziert an Springer-Verlag GmbH, DE, ein Teil von Springer Nature 2023
B. Badura et al. (Hrsg.), *Fehlzeiten-Report 2023*, Fehlzeiten-Report,
https://doi.org/10.1007/978-3-662-67514-4_31

Zusammenfassung

Krankengeld ist eine wichtige Entgeltersatzleistung bei einer längeren Erkrankung von krankengeldberechtigten Mitgliedern. Die Ausgaben für Krankengeld nehmen seit einigen Jahren absolut und seit 2006 auch anteilig an den Gesamtleistungsausgaben der Gesetzlichen Krankenversicherung zu. Daneben haben sich Verschiebungen zwischen den Diagnosegruppen und zwischen den Altersgruppen der Krankengeldbeziehenden sowie Veränderungen der Falldauern ergeben. Solche Befunde sind unter anderem für die Planung und Steuerung der Gesundheitsversorgung von großer Bedeutung, beispielsweise dafür, wie Langzeiterkrankte am besten unterstützt werden können. Der vorliegende Beitrag untersucht auf Basis der Krankenkassendaten aller AOK-Mitglieder von 2018 bis 2022, wie sich die genannten Entwicklungen in diesem Zeitraum im Detail darstellen. Dabei werden insbesondere die Fallzahlen, Falldauern und die Ausgabenentwicklung sowie der Einfluss des Alters auf diese Parameter betrachtet. Es zeigt sich, dass sich einige Trends des Vorjahres umkehren, etwa hinsichtlich der durchschnittlichen Krankengeldfalldauern. Die Gesamtkrankengeldausgaben sind hingegen weiter angestiegen.

31.1 Einführung

Das Krankengeld nach §§ 44 ff. SGB V ist eine Entgeltersatzleistung und ein wichtiges Element der sozialen Absicherung in Deutschland. Einen Leistungsanspruch darauf haben Mitglieder der gesetzlichen Krankenkassen, die mit Anspruch auf Krankengeld versichert sind (z. B. normalerweise Arbeitnehmer), bei krankheitsbedingter Langzeitarbeitsunfähigkeit. Es wird in der Regel ab der siebten Woche der Arbeitsunfähigkeit (AU) wegen derselben Krankheit gezahlt und löst bei Arbeitnehmern typischerweise die 100 %-Entgeltfortzahlung durch den Arbeitgeber ab. Die Höhe des Krankengeldes bemisst sich nach dem regelmäßigen Einkommen vor Beginn der AU und beträgt 70 % des Brutto-, maximal aber höchstens 90 % des Nettogehalts. Eventuelle Einmalzahlungen (zum Beispiel Urlaubs- oder Weihnachtsgeld) während der letzten zwölf Monate werden anteilig berücksichtigt. Das Krankengeld ist auf einen gesetzlichen Höchstbetrag begrenzt (Höchstkrankengeld im Jahr 2022: 112,88 € kalendertäglich).

Die Ausgaben für die Leistung Krankengeld nehmen seit einigen Jahren absolut, aber seit 2006 auch anteilig an den Gesamtleistungsausgaben der GKV, also überproportional, zu. Im Jahr 2015 legte anlässlich dessen der Sachverständigenrat zur Begutachtung der Entwicklung im Gesundheitswesen (SVR) im Auftrag des Bundesgesundheitsministers ein Sondergutachten zum Krankengeld vor und kam zu dem Schluss, dass ein erheblicher Teil dieser Entwicklung auf exogene und wirtschafts- sowie gesellschaftspolitisch durchaus wünschenswerte Faktoren zurückgeht. Dies sind vor allem eine höhere Erwerbsquote (Anstieg der sozialversicherungspflichtig Beschäftigten, infolgedessen der Anspruchsberechtigten) und gestiegene Erwerbseinkommen (infolgedessen höherer Zahlbetrag pro Tag) (SVR 2015). Allerdings wies der SVR auch auf eine gestiegene Fallzahl je krankengeldberechtigtes Mitglied (KGbM) und insbesondere eine gestiegene Falldauer hin. Bei diesen beiden Parametern sind wiederum u. a. demografische Effekte zu berücksichtigen, da ältere Menschen häufiger und länger krank werden.

Aus dem Anstieg der Falldauer und Verschiebungen zwischen den Diagnosegruppen ergeben sich auch Fragen mit weitergehender Relevanz für die Versorgungsforschung: Handelt es sich primär um Morbiditäts- bzw. Prävalenzveränderungen oder eher um einen Effekt eines veränderten Verhaltens auf Seiten der Versicherten und Leistungserbringer? Wie könnten Langzeiterkrankte noch besser unterstützt werden und welche Rolle soll dabei das Krankengeldfallmanagement der Krankenkassen einnehmen? Solche Fragen lassen sich in der Regel nicht allein an Hand der Krankengelddaten abschließend beantworten, doch erlauben die Krankengelddaten der Krankenkassen hilfreiche Erkenntnisse über das zu Grunde liegende Geschehen.

Der vorliegende Beitrag baut auf einem ähnlichen Beitrag im Fehlzeiten-Report 2022 (Herr und Schwanke 2022) und entsprechenden Beiträgen in den Vorjahren auf und übernimmt dafür beispielsweise die Übersichtsdarstellungen zur Einleitung und zur orientierenden Einordnung der Datenquellen. Die Beiträge aus den Jahren 2022 und 2021 untersuchten die Krankengeldentwicklung im ersten und zweiten Jahr der COVID-19-Pandemie. Bei der Analyse des bisherigen Pandemieverlaufs stellte sich heraus, dass es in dem Jahr 2020 zu erheblichen Steigerungen bei den Krankengeldausgaben gekommen war, die insbesondere auf gestiegene Falldauern zurückzuführen sind. In dem Jahr 2021 waren die Krankengeldausgaben nicht mehr so stark gestiegen wie im Vorjahr, die wesentlichen Trends setzten sich aber fort. Im vorliegenden Artikel werden die Daten für das Jahr 2022 präsentiert und es wird anhand derer untersucht, inwieweit sich die im Vorjahr beobachteten Entwicklungen fortsetzen. Dabei werden erneut die Fallzahlen, die Falldauern sowie die Ausgabenentwicklung betrachtet. Das Krankengeld bei Erkrankung eines Kindes (Kinderkrankengeld, § 45 SGB V) sowie die Krankengeldleistungen bei Organspende (§ 44a SGB V) und Krankengeld für eine bei stationärer Behandlung mitaufgenommene Begleitperson aus dem engsten persönlichen Umfeld (§ 44b SGB V), das neben dem „AU-Krankengeld" existiert, wird dabei – mit Ausnahme der GKV-Gesamtausgabensumme – nicht einbezogen.

31.2 Einordnung der Datenquellen

Es existieren unterschiedliche Datenquellen, aus denen sich Schlüsse für die Krankengeldentwicklung ziehen lassen (RKI 2015). Die Datenquellen, die von verschiedenen Institutionen vorgehalten werden, besitzen unterschiedliche Stärken für die Analyse bestimmter Fragestellungen (Herr 2018). Zu ihnen gehören die öffentlich verfügbaren amtlichen Statistiken für die Ausgaben (KJ 1, KV 45), für die Krankengeldfälle (KG 2) und für die Mitglieder (KM 1) sowie die Daten einzelner Krankenkassen, die im Fall der AOKs auf Ebene der Krankenkassenart zusammengeführt werden können.

Die Daten basieren zum einen auf Routinedaten, die originär der Abrechnung dienen (bei ambulanten Arztbesuchen gemäß § 295 SGB V, bei Krankenhausfällen gemäß § 301 SGB V; Nimptsch et al. 2015) und Auskunft über Behandlungsdaten und Diagnosen geben, und zum anderen auf den AU-Bescheinigungen oder eAU-Meldungen, die von den Versicherten bzw. vom Behandler an die Krankenkasse übermittelt werden. Der Beginn des Krankengeldanspruchs und die einkommensabhängigen Krankengeldzahlbeträge werden von den Krankenkassen ermittelt und berechnet. Entsprechend liegen auch bei den einzelnen Krankenkassen umfangreiche Daten zum Krankengeld vor, die ggf. für wissenschaftliche Betrachtungen genutzt werden können.

Für eine differenzierte Darstellung der Vor- und Nachteile bei der Nutzung der verschiedenen Datenquellen für die Analyse der Krankengeldentwicklung sei auf den Beitrag im Fehlzeiten-Report 2020 verwiesen (Herr und Schwanke 2020). Die folgenden Analysen basieren, sofern nichts anderes angegeben ist, auf grundsätzlich aggregierten Daten auf Basis der Business Warehouse Datenbanken aller AOKs sowie standardisierten Analyse- und Reporting-Tools. Dies ermöglicht eine krankengeldspezifische Auswertung u. a. nach Alters- und Diagnosegruppen.

31.3 Entwicklung des Krankengeldes

Endgültige Rechnungsergebnisse für die GKV-Leistungsausgaben liegen für das Jahr 2021 vor (KJ 1-Statistik). Dort betrugen die Krankengeldausgaben 16,61 Mrd. €, die der GKV-Leistungsausgaben insgesamt

◘ **Tab. 31.1** Absolute Krankengeldausgaben je krankengeldberechtigtem Mitglied und Veränderungsraten in den Jahren 2018-2022, jeweils bei GKV und den AOKs. Quelle: Eigene Darstellung auf Basis von Daten der KV 45- und KM 1-Statistiken

	Krankengeldausgaben je KGbM (absolut)		Veränderungsrate ggü. Vorjahr	
	GKV	AOK	GKV	AOK
2018	410 €	395 €		
2019	442 €	430 €	7,9 %	9,0 %
2020	484 €	473 €	9,6 %	9,8 %
2021	502 €	491 €	3,7 %	3,9 %
2022	537 €	529 €	7,0 %	7,8 %

Fehlzeiten-Report 2023

◘ **Abb. 31.1** Krankengeldausgaben je krankengeldberechtigtes Mitglied nach Krankenkassenart in den Jahren 2018–2022. (Quelle: Eigene Darstellung auf Basis von Daten der KV 45- und KM 1-Statistiken)

263,41 Mrd. €. Die Krankengeldausgaben entsprachen somit 6,3 %. Für 2022 liegen vorläufige Krankengeldausgaben von 17,96 Mrd. € und GKV-Leistungsausgaben von 274,12 Mrd. € vor (KV 45-Quartalsstatistik), entsprechend 6,6 %. Vor zehn Jahren betrugen die Krankengeldausgaben noch 5,3 % der Gesamtausgaben (2012: 9,17 Mrd. € Krankengeld und 173,15 Mrd. € GKV-Gesamtleistungsausgaben), im Jahr 2010 lag der Krankengeldanteil sogar noch leicht unter 5 %. Die absoluten Krankengeldausgaben haben sich demnach in zehn Jahren fast verdoppelt und der Anteil ist um mehr als einen Prozentpunkt gestiegen.

Betrachtet man die Entwicklung von 2018 bis 2022 genauer, sind auch die Krankengeldausgaben je KGbM gestiegen, und zwar für die gesamte GKV von 2018 auf 2019 um 7,9 %, von 2019 auf 2020 um 9,6 %, von 2020 auf 2021 um 3,7 % und von 2021 auf 2022 um 7,0 % (◘ Tab. 31.1). Im Jahr 2022 ergibt sich ein Wert von 537 € je KGbM (◘ Abb. 31.1). Für die AOKs zeigt sich eine Steigerung um

9,0 %, 9,8 %, 3,9 % bzw. 7,8 % auf 529 € je KGbM.

Die Ausgabensteigerung beim Krankengeld lässt sich in drei Komponenten zerlegen: Fallzahl (absolut oder je KGbM), Falldauer je Fall (Krankengeldtage) und Zahlbetrag pro Tag.

Der Zahlbetrag ist ausschließlich vom Einkommen abhängig und daher praktisch nicht aus dem Gesundheitssystem heraus beeinflussbar. Der mittlere Bruttomonatsverdienst aller Arbeitnehmerinnen und Arbeitnehmer ist in der Nachkriegszeit fast immer – mit der Ausnahme von 2019 auf 2020 – gestiegen, auf einen Zehnjahreszeitraum betrachtet von 2.560 € im Jahr 2012 auf 3.332 € im Jahr 2022 (+30,2 %; Statistisches Bundesamt 2023). Auf Basis der Entwicklung der Bruttoarbeitsentgelte werden im Rahmen eines so genannten Dynamisierungsfaktors Entgeltersatzleistungen angepasst. Darunter fallen auch bereits bemessene Krankengeldzahlbeträge, sofern das Krankengeld nicht aufgrund eines vorhergehenden Arbeitslosengeldbezuges gezahlt wird. Von 2021 auf 2022 hat sich die Beitragsbemessungsgrenze und dem entsprechend der Krankengeld-Höchstbetrag nicht verändert. Folglich betrug der Dynamisierungsfaktor 2021/2022 1,0, also keine Steigerung der Entgeltersatzleistungen. Im Jahr 2022/2023 beträgt er 1,0348.

Im Folgenden werden insbesondere die Komponenten „Fallzahlen" und „Falldauern" für die AOK-Versicherten dargestellt.

31.3.1 Krankengeldfallzahlen

Die abgeschlossenen Krankengeldfälle je 100 KGbM haben sich von 2018 bis 2022 uneinheitlich entwickelt. Während sie bei den Muskel-Skelett- und Herz-Kreislauf-Erkrankungen (ICD-Buchstaben M und I) gesunken sind, sind sie bei den Krebserkrankungen (ICD-Buchstabe C) praktisch konstant geblieben und bei den psychischen Störungen (ICD-

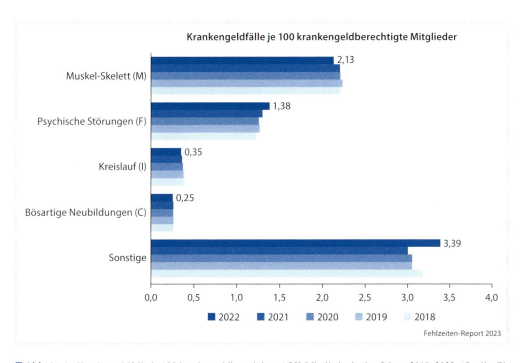

◼ **Abb. 31.2** Krankengeldfälle je 100 krankengeldberechtigte AOK-Mitglieder in den Jahren 2018–2022. (Quelle: Eigene Darstellung auf Basis von AOK-Daten)

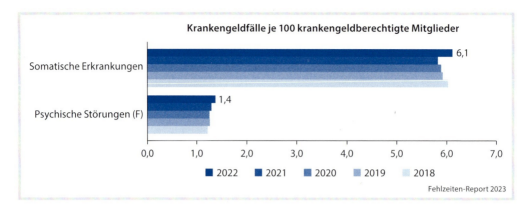

Abb. 31.3 Krankengeldfälle je 100 krankengeldberechtigte AOK-Mitglieder in den Jahren 2018–2022, aggregiert in psychische und somatische Erkrankungen. (Quelle: Eigene Darstellung auf Basis von AOK-Daten)

Buchstabe F) nach zwischenzeitigem geringfügigen Rückgang insgesamt angestiegen. Bei den „Sonstigen" Diagnosen waren sie zuletzt mehrere Jahre rückläufig, diese sind nun von 2021 auf 2022 jedoch auffällig stark angestiegen (Abb. 31.2). Betrachtet man nur die Entwicklung seit 2021, so ist eine Zunahme bei den „Sonstigen" und den psychischen Erkrankungen und eine Abnahme bei allen anderen Erkrankungsgruppen zu sehen. Unter den hier betrachteten Krankheitsgruppen (die aggregierten „Sonstigen" außen vorgelassen) fallen die Muskel-Skelett-Erkrankungen dennoch weiterhin als besonders häufige Diagnosegruppe beim Krankengeld auf (vgl. auch SVR 2015).

Wenn man die Diagnosegruppen dichotom in psychische Erkrankungen und alle weiteren Erkrankungen (hier zur Anschaulichkeit etwas vereinfacht „somatische Erkrankungen") aufteilt, wird der leichte Gesamtrückgang der Krankengeldfälle bei den letzteren bis 2021 mit allerdings dann folgendem deutlichen Anstieg (auf zuletzt 6,1 Fälle je 100 KGbM) sichtbar (Abb. 31.3).

31.3.2 Krankengeldfalldauern

Die Krankengeldfalldauern sind im Jahr 2022 erstmals seit einigen Jahren gesunken, und zwar von 107 Tagen auf 101 Tage (Abb. 31.4). Entgegen dem Trend der Vorjahre ist dabei der Anteil der besonders langen Fälle, d. h. über 180 Tagen, zuletzt von 20 % auf 19 % gesunken, während der Anteil der kurzen Krankengeldfälle unter 20 Tagen deutlich zugenommen hat, und zwar von 35 % auf 38 % (Abb. 31.5). Die Fälle zwischen 20 und 180 Tagen sind anteilig etwas zurückgegangen. Krankengeldfälle mit unter 20 Tagen Krankengeldbezug sind weiterhin die häufigsten.

Die Krankengeldfalldauern unterscheiden sich stark nach der zugrunde liegenden Krankheit. Die längsten Falldauern bestehen bei

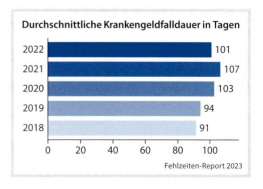

Abb. 31.4 Krankengeldfalldauer in Tagen bei den AOK-Mitgliedern in den Jahren 2018–2022. (Quelle: Eigene Darstellung auf Basis von Daten der AOK)

Abb. 31.5 Verteilung der Krankengeldfalldauern bei den AOK-Mitgliedern in den Jahren 2018–2022. (Quelle: Eigene Darstellung auf Basis von AOK-Daten)

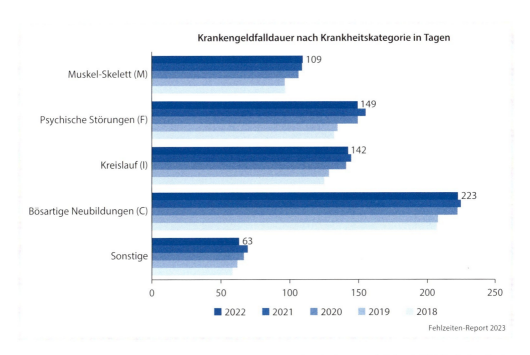

Abb. 31.6 Krankengeldfalldauern nach Krankheitskategorie (ICD-10) in Tagen bei den AOK-Mitgliedern in den Jahren 2018–2022. (Quelle: Eigene Darstellung auf Basis von AOK-Daten)

Krebserkrankungen (C) mit durchschnittlich 223 Tagen; bei psychischen Störungen (F) und Kreislauferkrankungen (I) liegen sie im Jahr 2022 bei 149 bzw. 142 Tagen (Abb. 31.6). Die Muskel-Skelett-Erkrankungen führen zu mittleren Falldauern von 109 Tagen. Die mittlere Falldauer ist damit bei allen diesen Diagnosegruppen außer den Muskel-Skelett-Erkrankungen gesunken, sie ist außerdem bei Krebserkrankungen weiterhin mehr als doppelt so lang als bei den (häufigeren) Muskel-Skelett-Erkrankungen.

31.3.3 Krankengeldausgaben nach Diagnosen

Entsprechend den Falldauern sind auch die Krankengeldausgaben je Fall zwischen den Krankheitskategorien sehr unterschiedlich, steigen insgesamt aber – wenn auch langsamer als im Vorjahr – in den meisten Krankheitskategorien weiter an (◘ Abb. 31.7). Die höchsten Ausgaben je Fall im Jahr 2022 ergeben sich für die Krebserkrankungen mit 14.037 €, mit deutlichem Abstand gefolgt von den psychischen Störungen mit 9.359 € und den Herz-Kreislauf-Erkrankungen mit 9.278 €. Die Krankengeldausgaben je Fall sind bei psychischen Erkrankungen (erst) seit dem Jahr 2021 höher als bei Herz-Kreislauf-Erkrankungen.

Betrachtet man die Krankengeldausgaben je KGbM (statt je Fall), so ist der Wert bei den Muskel-Skelett-Erkrankungen mit 146 € am höchsten, gefolgt von den „Sonstigen" mit 134 € und den psychischen Erkrankungen mit 129 € (◘ Abb. 31.8). Dies geht auf die Häufigkeiten der Fälle in Kombination mit den Falldauern zurück. Die Veränderung vom Jahr 2021 zum Jahr 2022 liegt dabei zwischen −1,9 % (Herz-Kreislauf) und +6,2 % (Sonstige).

Fasst man wiederum alle Diagnosegruppen außer den psychischen Erkrankungen als „somatische Erkrankungen" zusammen, so zeigt sich, dass der Anstieg der Ausgaben je KGbM von 2021 bis 2022 sowohl in absoluten Zahlen als auch erst recht bei Betrachtung der Steigerungsrate bei den psychischen Erkrankungen größer ausfällt (+7 €, +5,7 %) als bei den somatischen Erkrankungen (+6 €, +1,8 %; ◘ Abb. 31.9).

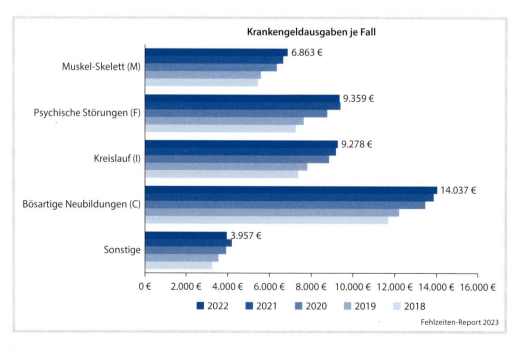

◘ **Abb. 31.7** Krankengeldausgaben in Euro je Fall nach Krankheitskategorie (ICD-10) bei den AOK-Mitgliedern für die Jahre 2018–2022. (Quelle: Eigene Darstellung auf Basis von AOK-Daten)

Kapitel 31 · Entwicklung der Krankengeldfälle und -ausgaben bei AOK-Mitgliedern

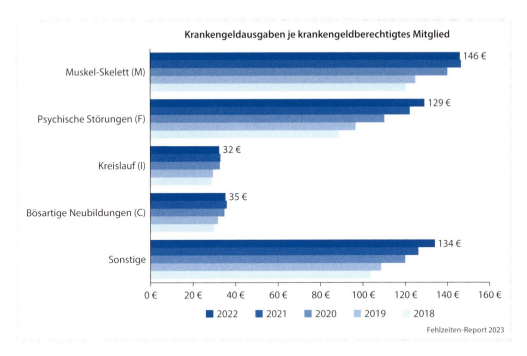

◻ Abb. 31.8 Krankengeldausgaben je krankengeldberechtigtes Mitglied nach Krankheitsgruppen in den Jahren 2018–2022. (Quelle: Eigene Darstellung auf Basis von AOK-Daten)

◻ Abb. 31.9 Krankengeldausgaben je krankengeldberechtigtes Mitglied bei psychischen und somatischen Erkrankungen in den Jahren 2018–2022. (Quelle: Eigene Darstellung auf Basis von AOK-Daten)

31.3.4 Einfluss des Alters

Das Alter der krankengeldberechtigten Mitglieder hat seit jeher einen erheblichen Einfluss auf die Fallhäufigkeit, die Falldauer und entsprechend auch die Ausgaben beim Krankengeld (◻ Abb. 31.10, 31.11, 31.12). So geht knapp mehr als die Hälfte der Krankengeldfälle auf Mitglieder der Altersgruppe 50–64 Jahre zurück (◻ Abb. 31.10), obwohl diese nur 38,3 % der Bevölkerung zwischen 15 und 64 Jahren ausmachen (diese Zahl allerdings nicht unterschieden nach Berufstätigkeit; Genesis-Destatis 2023, Stichtag 31.12.2022). Der Anteil dieser Altersgruppe an den Krankengeldfallzahlen ist nun von 2021 bis 2022 erst-

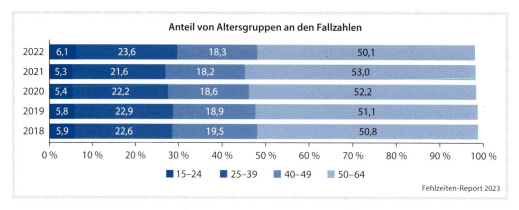

Abb. 31.10 Anteil von Altersgruppen an den Krankengeldfallzahlen bei AOK-Mitgliedern in den Jahren 2018–2022. (Quelle: Eigene Darstellung auf Basis von AOK-Strukturdatenanalysen; Jahreszeitraum jeweils vom 01.09. des Vorjahres bis zum 31.08. des Auswertungsjahres)

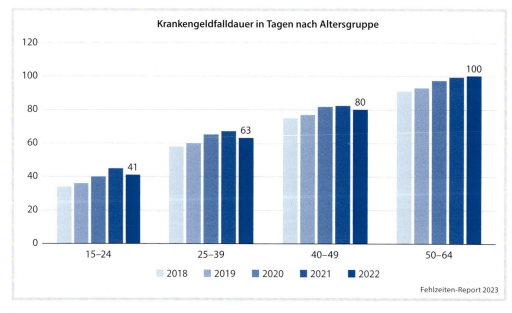

Abb. 31.11 Krankengeldfalldauer nach Altersgruppen bei AOK-Mitgliedern in den Jahren 2018–2022. (Quelle: Eigene Darstellung auf Basis von AOK-Strukturdatenanalysen; Jahreszeitraum jeweils vom 01.09. des Vorjahres bis zum 31.08. des Auswertungsjahres)

mals seit Jahren von 53,0 % auf 50,1 % gesunken. Gestiegen ist hingegen besonders der Anteil der Fälle bei den unter 40-Jährigen (◘ Abb. 31.10).

Die Krankengeldfalldauer ist in höherem Alter erheblich länger. Während 15- bis 24-Jährige im Jahr 2022 eine Falldauer von 41 Tagen aufweisen, betrug diese in der Altersgruppe der 25- bis 39-Jährigen bereits 63 Tage, bei den 40- bis 49-Jährigen 80 Tage und bei den 50- bis 64-Jährigen zum zweiten Mal in Folge 100 Tage (◘ Abb. 31.11).

Entsprechend ist auch der Anteil der Älteren an den Krankengeldausgaben überproportional hoch: 61,0 % der Ausgaben gehen im Jahr 2022 auf die Altersgruppe der 50- bis

Kapitel 31 · Entwicklung der Krankengeldfälle und -ausgaben bei AOK-Mitgliedern

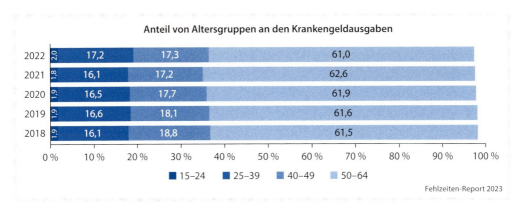

Abb. 31.12 Anteil von Altersgruppen an den Krankengeldausgaben bei AOK-Mitgliedern in den Jahren 2018–2022. (Quelle: Eigene Darstellung auf Basis von AOK-Strukturdatenanalysen; Jahreszeitraum jeweils vom 01.09. des Vorjahres bis zum 31.08. des Auswertungsjahres)

64-Jährigen zurück. Aus der Altersgruppe der 15- bis 24-Jährigen resultieren hingegen konstant maximal 2 % der Krankengeldausgaben (◘ Abb. 31.12). Dies hat neben den höheren Fallzahlen und Falldauern der Älteren auch mit den unterschiedlich hohen Einkommen der Versichertengruppen zu tun.

31.4 Zusammenfassung

Vom Jahr 2021 zum Jahr 2022 sind die Krankengeldausgaben bei den AOK-Mitgliedern wie auch GKV-weit erneut gestiegen, sogar stärker als im Vorjahr. Die Gesamtkrankengeldausgaben in der GKV liegen gemäß der Quartalsstatistik im Jahr 2022 bei 17,96 Mrd. €. Dies entspricht 6,6 % der gesamten GKV-Leistungsausgaben, womit der Anteil anders als im Vorjahr wieder etwas gestiegen ist. Weiterhin gilt, dass die Krankengeldausgaben sich mit Blick auf einen Zehnjahreszeitraum in absoluten Zahlen etwa verdoppelt und anteilmäßig an allen Leistungsausgaben um über einen Prozentpunkt erhöht haben.

Die Krankengeldausgaben je KGbM sind GKV-weit um 7,0 % gestiegen, bei den AOK-Mitgliedern beträgt dieser Wert 7,8 %. Im Vorjahr hatte der Anstieg der Krankengeldausgaben unter den AOK-Versicherten wie auch GKV-weit „nur" knapp 4 % betragen.

Es fällt auf, dass sich bei der näheren Betrachtung viele Trends des Vorjahres (Herr und Schwanke 2022) umkehren: So sind die Krankengeldfalldauern unter den AOK-Mitgliedern erstmals seit Jahren – sogar recht deutlich – gesunken, und zwar bei allen Krankheitskategorien außer den Muskel-Skelett-Erkrankungen (dort annähernd konstant). Die längsten Krankengeldfälle (über 180 Tage, unabhängig von der Krankheitsgruppe) sind knapp unter 20 % aller Fälle gefallen, d. h. kürzere Fälle spielen wieder eine größere Rolle. In den beiden Pandemiejahren 2020 und 2021 hatten hauptsächlich längere Falldauern zu einer fortgesetzten Ausgabendynamik geführt.

Die insgesamt dennoch langen Falldauern tragen zu den durchweg höheren Krankengeldausgaben je Fall bei. Auf die wichtige Rolle hoher bzw. steigender Falldauern beim Krankengeld wies bereits der Sachverständigenrat Gesundheit im Sondergutachten zum Krankengeld hin (SVR 2015). Zu den Krankengeldausgaben tragen allerdings auch die wieder gestiegenen Bruttomonatseinkommen bei, weil die kalendertäglichen Krankengeldzahlungen von ihnen abhängen.

Die Krankengeldausgaben je KGbM stiegen zuletzt also trotz gesunkener Falldauern.

Die Fallzahlen je KGbM sind bei einer Zusammenfassung aller „somatischen" Erkrankungen bemerkenswerterweise erstmals seit Jahren deutlich gestiegen. Auch bei den psychischen Erkrankungen zeigt sich bei den Fallzahlen je KGbM eine Zunahme, hier setzt sich ein längerer Trend fort.

Die Bedeutung der älteren Altersgruppen beim Krankengeld ist weiterhin hoch, aber erstmalig rückläufig: Knapp mehr als jeder zweite Krankengeldfall (50,1 %) und 61 % der Krankengeldausgaben unter AOK-Mitgliedern gehen aktuell auf die Altersgruppe 50–64 Jahren zurück; beide Anteilswerte waren in den Vorjahren bis auf 53 % (Fälle) bzw. knapp 63 % (Ausgaben) angestiegen. Die mittlere Falldauer in dieser Altersgruppe beträgt zum zweiten Mal in Folge 100 Tage.

Zusammengefasst ist die Relevanz von Krankengeldfällen bei jüngeren Versicherten mit vergleichsweise kürzeren Falldauern entgegen der Vorjahrestrends deutlich gestiegen. Dabei spielen die Fälle in der Krankheitskategorie „Sonstige" aufgrund einer starken Fallzunahme eine große Rolle. Die Krankengeldfalldauern sind insgesamt erstmals seit Jahren gesunken, die Ausgabendynamik je KGbM hält gleichwohl insgesamt an. Dies beruht auf den Ausgabensteigerungen je KGbM bei den psychischen Erkrankungen und den „Sonstigen".

Zugleich gilt weiterhin, dass die Muskel-Skelett-Erkrankungen durch die insgesamt höchsten Fallzahlen je KGbM eine große Rolle für die Krankengeldausgaben spielen. Die Krebserkrankungen haben die mit Abstand längsten Falldauern (im Mittel 223 Tage), treten aber erheblich seltener auf als die Muskel-Skelett-Erkrankungen und die psychischen Erkrankungen.

Es wird aufmerksam zu beobachten sein, ob die Umkehrung der Vorjahrestrends in Bezug auf die Falldauern, die beteiligten Altersgruppen und die Krankheitskategorien anhält oder sich im Folgejahr wieder relativiert.

Literatur

Genesis-Destatis (2023) Bevölkerung nach Altersgruppen. Genesis Online, Datenbank des Statistischen Bundesamts. https://www-genesis.destatis.de. Zugegriffen: 22. Juni 2023

Herr D (2018) Datenquellen zum Krankengeld im deutschen Gesundheitswesen – eine Übersicht sowie Empfehlungen für die Versorgungsforschung. Z Evid Fortbild Qual Gesundhwes 135–136:56–64

Herr D, Schwanke R (2020) Entwicklung der Krankengeldausgaben bei AOK-Mitgliedern unter Einordnung in die verfügbaren Datenquellen. In: Badura B, Ducki A, Schröder H, Klose J, Meyer M (Hrsg) Fehlzeiten-Report 2020 – Gerechtigkeit und Gesundheit. Springer, Berlin, S 685–696

Herr D, Schwanke R (2022) Entwicklung der Krankengeldfälle und -ausgaben bei AOK-Mitgliedern im Jahr 2021. In: Badura B, Ducki A, Meyer M, Schröder H (Hrsg) Fehlzeiten-Report 2022 – Verantwortung und Gesundheit. Springer, Berlin, S 587–600

Nimptsch U, Bestmann A, Erhart M, Dudey S, Marx Y, Saam J, Schopen M, Schröder H, Swart E (2015) Zugang zu Routinedaten. In: Swart E, Ihle P, Gothe H, Matusiewicz D (Hrsg) Routinedaten im Gesundheitswesen. Huber, Bern, S 270–290

Robert Koch-Institut (2015) Wichtige Datenquellen. In: Gesundheit in Deutschland 2015. Gesundheitsberichterstattung des Bundes. Gemeinsam getragen von RKI und Destatis. RKI, Berlin, S 501–510

Statistisches Bundesamt (2023) Durchschnittliche Bruttomonatsverdienste, Zeitreihe. https://de.statista.com/statistik/daten/studie/161355/umfrage/monatliche-bruttoloehne-und-bruttogehaelter-pro-kopf-in-deutschland/. Zugegriffen: 22. Juni 2023

SVR – Sachverständigenrat zur Begutachtung der Entwicklung im Gesundheitswesen (2015) Krankengeld – Entwicklung, Ursachen und Steuerungsmöglichkeiten. Hogrefe, Berlin

Krankheitsbedingte Fehlzeiten in der Bundesverwaltung und Nachhaltigkeit des Faktors Gesundheit

Annette Schlipphak

Inhaltsverzeichnis

32.1 Gesundheitsmanagement in der Bundesverwaltung – 753

32.2 Maßnahmenprogramm Nachhaltigkeit der Bundesverwaltung – Stärkung des Betrieblichen Gesundheitsmanagements – 753
32.2.1 Gesundheit im Maßnahmenprogramm Nachhaltigkeit – 754
32.2.2 Entwicklung des BGM in der Bundesverwaltung – Evaluation des aktuellen Sachstandes – 754
32.2.3 Gefährdungsbeurteilung psychische Belastung – 755
32.2.4 Weitere Aspekte zur Förderung der Gesundheit in Behörden – 755
32.2.5 Ausblick – 756

32.3 Überblick über die krankheitsbedingten Abwesenheitszeiten im Jahr 2021 – 757
32.3.1 Methodik der Datenerfassung – 757
32.3.2 Allgemeine Entwicklung der Abwesenheitszeiten – 757
32.3.3 Dauer der Erkrankung – 757
32.3.4 Abwesenheitstage nach Laufbahngruppen – 759

© Der/die Autor(en), exklusiv lizenziert an Springer-Verlag GmbH, DE, ein Teil von Springer Nature 2023
B. Badura et al. (Hrsg.), *Fehlzeiten-Report 2023*, Fehlzeiten-Report,
https://doi.org/10.1007/978-3-662-67514-4_32

32.3.5	Abwesenheitstage nach Statusgruppen	– 759
32.3.6	Abwesenheitstage nach Behördengruppen	– 760
32.3.7	Abwesenheitstage nach Geschlecht	– 760
32.3.8	Abwesenheitstage nach Alter	– 760
32.3.9	Gegenüberstellung mit den Abwesenheitszeiten der AOK-Statistik	– 763

Literatur – 764

Zusammenfassung

Die krankheitsbedingten Fehlzeiten der unmittelbaren Bundesverwaltung werden auf der Grundlage eines Kabinettsbeschlusses seit 1997 erhoben und veröffentlicht. Der nachfolgende Beitrag umfasst den Erhebungszeitraum 2021 und basiert auf dem im Februar 2023 veröffentlichten Gesundheitsförderungsbericht 2021. Das Schwerpunktthema fokussiert den Aspekt der Gesundheit im Maßnahmenprogramm der Bundesverwaltung zur Umsetzung der Nachhaltigkeitsstrategie der Bundesregierung. Darüber hinaus werden die krankheitsbedingten Abwesenheitszeiten in der Bundesverwaltung dargestellt und analysiert.

32.1 Gesundheitsmanagement in der Bundesverwaltung

Das Durchschnittsalter der Beschäftigten der unmittelbaren Bundesverwaltung bleibt – trotz einer rückläufigen Tendenz – weiterhin hoch. Dies hat Einfluss auf die krankheitsbedingten Fehlzeiten. Gerade ältere Beschäftigte weisen durchschnittlich längere Ausfallzeiten als jüngere Beschäftigte auf. Daneben wirkt sich der Faktor Laufbahn auf die Entwicklung der krankheitsbedingten Fehlzeiten aus. Mit zunehmender Qualifikationshöhe der Beschäftigten und dem damit verbundenen Tätigkeitsprofil sinken die krankheitsbedingten Fehlzeiten. Im Jahr 2021 fehlten die Beschäftigten des einfachen Dienstes durchschnittlich an 29,54 Arbeitstagen, die des mittleren Dienstes an 21,96 Arbeitstagen, die des gehobenen Dienstes an 14,42 Arbeitstagen und die des höheren Dienstes an 8,33 Arbeitstagen.

Die Nachhaltigkeitsstrategie der Bundesregierung bezieht ökologische, wirtschaftliche und soziale Zielsetzungen gleichberechtigt nebeneinander ein. Aufgegriffen werden diese in dem daraus abgeleiteten Maßnahmenprogramm der Bundesverwaltung. Die Weiterentwicklung des Maßnahmenprogramms im Jahr 2019 führte dazu, dass Gesundheit als neuer Aspekt aufgenommen wurde (Bundesregierung 2019). Formuliert werden Maßnahmen zur Stärkung und Förderung gesunder Arbeit. Diese beziehen sich operativ auf das Betriebliche Gesundheitsmanagement, die betriebliche Sozialberatung, die Aufgaben der betriebsärztlichen und sicherheitstechnischen Versorgung der Behörden sowie das Betriebliche Eingliederungsmanagement.

In der ersten Erhebung nach der Aufnahme des Aspekts Gesundheit in das Maßnahmenprogramm kann festgestellt werden, dass diese Instrumente im überwiegenden Teil der unmittelbaren Bundesverwaltung ganz oder teilweise etabliert sind. Die Ergebnisse zeigen aber auch, dass der Umfang und die Ausprägung sowie die finanzielle und personelle Ressourcenhinterlegung zwischen den Behörden sehr unterschiedlich sind. Inwieweit eine Verankerung in der Nachhaltigkeitsstrategie der Bundesregierung die Sicherheit und Gesundheit im Betrieb bereits unterstützt, ist Schwerpunktthema dieses Berichts.

32.2 Maßnahmenprogramm Nachhaltigkeit der Bundesverwaltung – Stärkung des Betrieblichen Gesundheitsmanagements

Auf dem Nachhaltigkeitsgipfel der Vereinten Nationen in New York wurde am 25. September 2015 die Agenda 2030 verabschiedet. Sie umfasst 17 Ziele und dient als Wegweiser für nachhaltige Entwicklung. Sie umfasst ökonomische, ökologische und soziale Aspekte. Mit der Agenda 2030 hat die Bundesregierung diese in die Nationale Nachhaltigkeitsstrategie übersetzt. Hierfür hat sich die Bundesregierung 2018 auf sechs Prinzipien verständigt und in die damalige Fassung der Deutschen Nachhaltigkeitsstrategie integriert. Diese sechs Prinzipien sind (1) Nachhaltige Entwicklung als Leitprinzip konsequent in allen Bereichen und bei allen Entscheidungen anwenden, (2) Global Verantwortung übernehmen, (3) Natürliche Lebensgrundlagen erhalten, (4) Nachhaltiges Wirtschaften stärken, (5) Sozialen Zusammenhalt in einer offenen Gesellschaft wahren und verbessern und (6) Bildung, Wissenschaft und Innovation als Treiber einer nachhaltigen Entwicklung nutzen.

Beschlossen wurde ein Maßnahmenprogramm, in dem neben Handlungsfeldern wie nachhaltiges Bauen, Reisen oder dem Betrieb von Kantinen für den sozialen Aspekt der Bereich der Vereinbarkeit von Beruf und Familie integriert war. Bei der Weiterentwicklung im Jahr 2019 wurde das Programm um das Kapitel Gesundheit ergänzt.

32.2.1 Gesundheit im Maßnahmenprogramm Nachhaltigkeit

Nachhaltigkeit in der Gesundheit bedeutet, alles zu unternehmen, damit die Beschäftigten bestmögliche Arbeitsbedingungen haben bzw. behalten, um sicher und gesund länger arbeiten zu können. So wird mit Ressourcen sorgsam umgegangen und die Ziele der Organisation können besser erreicht werden. In einem nicht unwichtigen Nebeneffekt strahlt dieser Ansatz zudem über den betrieblichen Kontext auch weit in die anderen Lebenswelten aus. Für diese Ziele ist es erforderlich, neben den allgemeinen gesetzlichen Vorgaben zur Sicherheit und Gesundheit bei der Arbeit ein Betriebliches Gesundheitsmanagement (BGM) als geeignetes Instrument in den Strukturen und Prozessen nachhaltig in den Behörden zu gestalten. Die wichtigste Ressource in den Behörden sind fachlich kompetente, motivierte und produktive Mitarbeitende. Durch gelebte Nachhaltigkeit werden die Behörden zu attraktiven Arbeitgebern und bleiben damit auch in der Personalgewinnung interessant.

Die vorgegebenen Ziele beziehen sich auf das BGM, das Betriebliche Eingliederungsmanagement, die Gefährdungsbeurteilung (Teil psychische Belastung), die Integration und Vernetzung der betrieblichen Sozialberatung sowie die arbeits- und betriebsmedizinische Betreuung wie auch die sicherheitstechnische Betreuung.

Ziel sollte es sein, die sozialen und kulturellen Indikatoren der Nachhaltigkeit und der Gesundheit mit Blick auf die jeweilige Behörde zu erfassen. Hieraus lässt sich in der Summe ableiten, wie diese Indikatoren sich auf der Ebene der Bundesverwaltung entwickeln. Der durch die Unfallversicherung Bund und Bahn wissenschaftlich entwickelte MOLA-Fragebogen (Mensch. Organisationskultur. Leistung. Arbeitsgestaltung.) wie auch die Online-Version der Prüfliste als Kompaktinstrument zur Gefährdungsbeurteilung, Teil psychische Belastung, ermöglichen es den Behörden, gesundheitliche und kulturelle Indikatoren zu erfassen und basierend auf den Ergebnissen der Befragung passende Maßnahmen abzuleiten. Es ist vorgesehen, die messbaren Aktivitäten für die Bundesverwaltung in regelmäßigen Abständen zu erfassen und den Stand der gesundheitsbezogenen Aspekte im Rahmen der sozialen Nachhaltigkeit zu dokumentieren (UVB o. J.).

32.2.2 Entwicklung des BGM in der Bundesverwaltung – Evaluation des aktuellen Sachstandes

Die jährliche Evaluation des Maßnahmenprogramms Nachhaltigkeit umfasst seit dem Jahr 2021 auch das Kapitel Gesundheit. Die Fragen basieren in Teilen auf einer Befragung zur Umsetzung des BGM in der Bundesverwaltung aus dem Jahr 2017. Diese wurde im Gesundheitsförderungsbericht 2018 veröffentlicht (BMI 2019). Die Rückmeldungen berücksichtigten alle Behörden der unmittelbaren Bundesverwaltung ohne die Streitkräfte.

Das Rahmenkonzept „Eckpunkte für ein Rahmenkonzept zur Weiterentwicklung des Betrieblichen Gesundheitsmanagements (BGM) in der Bundesverwaltung" bildet die Grundlage des Betrieblichen Gesundheitsmanagements in der Bundesverwaltung. Erarbeitet und verabschiedet wurde es im Jahr 2014 durch den Ressortarbeitskreis Gesundheitsmanagement in enger Zusammenarbeit mit der Unfallversicherung Bund und Bahn. Das Rahmenkonzept beschreibt den Managementzyklus des BGM und bietet zu jedem Prozessschritt Leitfragen und Checklisten, die die Einführung, Etablierung und kontinuierliche Weiterentwicklung des jeweiligen behördlichen BGM begleiten. Das Rahmenkonzept ist auf der Internetseite des BMI abrufbar (BMI o. J.). Es dient in der Evaluation im Rahmen des Maßnahmenprogramms Nachhaltigkeit als fachlicher Ausgangspunkt.

Zentrales Ergebnis der Befragung ist, dass im Wesentlichen die erforderlichen Grundlagen, Strukturen und Prozesse des BGM etabliert sind. In über der Hälfte der Behörden werden Maßnahmen des BGM systematisch und zielorientiert geplant, umgesetzt, kontrolliert und verbessert. Der Anteil der Behörden, in dem es kein BGM gibt, ist auf 3 % zurückgegangen – dies ist eine deutliche Verbesserung gegenüber der Erhebung aus dem Jahr 2017, wo dieser Wert noch bei 23 % lag.

Eine Dienstvereinbarung oder ein vergleichbares gebilligtes schriftliches Konzept, das das BGM in der Behörde strukturiert und den Prozess für alle Beteiligten beschreibt, liegt in 50 % der Behörden vor, in weiteren 15 % ist ein solches in Vorbereitung. Hier hat es in den letzten Jahren nur eine leichte Veränderung geben.

Die Umsetzung von Angeboten und Maßnahmen des BGM in den Behörden hängt auch davon ab, ob neben personellen auch finanzielle Ressourcen zur Verfügung stehen. Hier gibt es deutliche Unterschiede zwischen den Behörden: Rund die Hälfte der Behörden kann auf Mittel aus unterschiedlichen Haushaltstiteln zurückgreifen. Etwa 40 % der Behörden verfügen über ein eigenes Budget, in 20 % der Behörden stehen nur für einen Teil der Aufgaben Haushaltsmittel zur Verfügung.

Hinsichtlich der personellen Ausstattung hat sich seit 2017 eine positive Entwicklung vollzogen, wobei zwischen den Behörden Unterschiede zu beobachten sind. Zwar haben über 90 % der Behörden feste personelle Zuständigkeiten, diese sind bei einem Drittel jedoch nicht ausschließlich für das BGM eingerichtet, sondern die betreffenden Mitarbeitenden übernehmen auch weitere Aufgaben. In 8 % der Behörden gibt es keine personellen Ressourcen.

Die Maßnahmen des BGM basieren in 40 % der Behörden auf einer Bedarfsermittlung, bei 32 % der Behörden ist dies zumindest teilweise der Fall. Die durchgeführten Maßnahmen setzen entweder an der Person (verhaltensorientiert) oder an den Strukturen (verhältnisorientiert) an. In der Bundesverwaltung finden sich grundsätzlich beide Formen der Maßnahmen.

32.2.3 Gefährdungsbeurteilung psychische Belastung

Eine Gefährdungsbeurteilung, Teil psychische Belastung, wurde in 83 % der Behörden zum Stichtag mindestens einmal durchgeführt. Hier finden sich leichte Unterschiede zwischen den obersten Bundesbehörden und den nachgeordneten Behörden.

In rund der Hälfte der Behörden wurde die Gefährdungsbeurteilung, Teil psychische Belastung, bisher einmal durchgeführt, in 37 % der Behörden geschieht dies in einem regelmäßigen Rhythmus von im Durchschnitt vier Jahren. Darüber hinaus wird die Gefährdungsbeurteilung in vielen Behörden anlassbezogen eingesetzt.

32.2.4 Weitere Aspekte zur Förderung der Gesundheit in Behörden

In 98 % der Behörden wurde ein Betriebliches Eingliederungsmanagement (BEM) eingeführt. Arbeitgeber sind gesetzlich verpflichtet (§ 167 Abs. 2 SGB IX), Beschäftigten, die „... innerhalb eines Jahres länger als sechs Wochen ununterbrochen oder wiederholt arbeitsunfähig ..." waren, „mit Zustimmung und Beteiligung der betroffenen Person die Möglichkeiten, wie die Arbeitsunfähigkeit möglichst überwunden werden und mit welchen Leistungen oder Hilfen erneuter Arbeitsunfähigkeit vorgebeugt und der Arbeitsplatz erhalten werden kann (betriebliches Eingliederungsmanagement)" anzubieten.

In den obersten Bundesbehörden wurde in aller Regel eine Dienstvereinbarung (bzw. ein vergleichbares Konzept) als Grundlage des Handelns geschlossen, in rund 6 % der obersten Bundesbehörden ist dies jeweils derzeit in Vorbereitung bzw. noch offen. In den nachgeordneten Behörden ist dies bei 74 % der Fall.

Grundsätzlich ist in allen Behörden ein Angebot der betrieblichen Sozialberatung in den Behörden etabliert. Die Aufgaben der Sozialberatung sind im Wesentlichen Einzelfallberatung, Krisenintervention, Teamentwicklung und Beratung von Führungskräften. Darüber hinaus wird die Sozialberatung in den Behörden in unterschiedlichem Ausmaß auch in die Strukturen und Prozesse des BGM einbezogen. Hierbei ist das Haupteinsatzfeld der Sozialberatung die Mitwirkung bei BEM-Verfahren und im BGM.

In fast allen Behörden werden regelmäßige betriebsärztliche Termine angeboten. Eine grundsätzliche betriebsärztliche und sicherheitstechnische Betreuung ist in allen Behörden gegeben.

32.2.5 Ausblick

In dem überwiegenden Teil der unmittelbaren Bundesverwaltung sind Instrumente zur Stärkung und Förderung gesunder Arbeit etabliert. Der Umfang und die Ausprägung sowie die finanziellen und personellen Ressourcen sind sehr ungleich verteilt. Dort wo es eine gesetzliche Grundlage gibt, wird diese grundsätzlich auch umgesetzt. Dies bezieht sich im Wesentlichen auf die betriebsärztliche und sicherheitstechnische Betreuung, das Angebot eines Betrieblichen Eingliederungsmanagements sowie die Gefährdungsbeurteilung psychische Belastung. Auch der Zugang der Beschäftigten zur betrieblichen Sozialberatung ist in aller Regel gewährleistet. Im überwiegenden Teil der Behörden wurde ein BGM etabliert.

Erfreulich ist, dass in den Behörden nicht nur verhaltensorientierte Maßnahmen (Sport, Ernährung, Rauchentwöhnung etc.), sondern auch vielfach verhältnisorientierte Ansätze verfolgt werden. Hierzu ist es erforderlich, dass eine regelmäßige Bedarfsermittlung erfolgt. Diese wird in den Behörden noch nicht flächendeckend durchgeführt. Empfohlen wird daher, die Gefährdungsbeurteilung, Teil psychische Belastung, in diesen Prozess einzubeziehen und diese regelmäßig durchzuführen und als Instrument für die Bedarfsermittlung zu nutzen. Diesen Impuls gilt es aufzugreifen und mithilfe der zur Verfügung stehenden Instrumente wie z. B. der Online-Prüfliste sowie des MOLA-Fragebogens der UVB weiterzuentwickeln.

Die betriebliche Sozialberatung ist in den Behörden gut verankert. Neben den Beratungsaufgaben ist die Sozialberatung insbesondere in das BEM wie auch teilweise in das BGM der Behörden eingebunden.

Die Auswertung zeigt auch, dass dort, wo gesetzliche Grundlagen gegeben sind, diese eingehalten werden. Dagegen basiert die Wahrnehmung zum BGM weitgehend auf Freiwilligkeit. So wird diese Aufgabe immer in Konkurrenz zu anderen, höher priorisierten Aufgaben stehen. Das Kapitel Gesundheit in das Maßnahmenprogramm Nachhaltigkeit aufzunehmen und durch einen Kabinettbeschluss zu verankern war und ist daher richtungsweisend.

Mit der Integration des Aspekts Gesundheit werden neben dem Aspekt der Vereinbarkeit von Beruf und Familie wichtige Bestandteile der sozialen Nachhaltigkeit aufgegriffen. Die Grundlagen für ein systematisches Betriebliches Gesundheitsmanagement (BGM) in der Bundesverwaltung sind gelegt. BGM könnte stärker als Steuerungsinstrument für gesundheitsförderliche Arbeitsgestaltung genutzt werden und mit den unterschiedlichen in den Behörden vorliegenden Prozessen verzahnt werden. Dies würde zu Synergieeffekten führen, die Attraktivität des Bundes als Arbeitgeber stärken und auch in Zeiten knapper finanzieller und personeller Ressourcen diese bestmöglich einzusetzen ermöglichen.

32.3 Überblick über die krankheitsbedingten Abwesenheitszeiten im Jahr 2021

32.3.1 Methodik der Datenerfassung

Die krankheitsbedingten Abwesenheitszeiten der Beschäftigten in der unmittelbaren Bundesverwaltung werden seit 1997 auf der Grundlage eines Kabinettbeschlusses vom Bundesministerium des Innern und für Heimat erhoben und veröffentlicht. Die Abwesenheitszeitenstatistik der unmittelbaren Bundesverwaltung erfasst sämtliche Tage, an denen die Beschäftigten des Bundes (Beamtinnen und Beamte einschließlich Richterinnen/Richter, Anwärter sowie Tarifbeschäftigte einschließlich Auszubildende mit Dienstsitz in Deutschland) im Laufe eines Jahres aufgrund einer Erkrankung, eines Unfalls oder einer Rehabilitationsmaßnahme arbeitsunfähig waren. Nicht berücksichtigt werden Fehltage, die auf Wochenenden oder Feiertage fallen, sowie Abwesenheiten durch Elternzeit, Fortbildungen oder Urlaub. Die Anzahl der Krankheitsfälle wird nicht erhoben. Aussagen über die Krankheitsursachen können nicht getroffen werden, da die Diagnosen auf den Arbeitsunfähigkeitsbescheinigungen nur den Krankenkassen, nicht aber dem Arbeitgeber bzw. Dienstherrn zugänglich sind. Systematisch aufbereitet wurden die Datensätze nach den Merkmalen Dauer der Erkrankung (Kurzzeiterkrankungen bis zu drei Arbeitstagen, längere Erkrankungen von vier bis zu 30 Tagen, Langzeiterkrankungen über 30 Tage und Rehabilitationsmaßnahmen), Laufbahn-, Status- und Behördengruppen sowie Geschlecht und Alter.

32.3.2 Allgemeine Entwicklung der Abwesenheitszeiten

Zum Stichtag 30.06.2021 waren insgesamt 298.895 Personen (ohne Soldatinnen und Soldaten) in der unmittelbaren Bundesverwaltung beschäftigt. Für den Gesundheitsförderungsbericht 2021 (Stichtag: 31.12.2021) wurden die krankheitsbedingten Abwesenheitszeiten von insgesamt 298.599 Beschäftigten der unmittelbaren Bundesverwaltung in die Auswertung einbezogen (BMI 2021). Davon arbeiteten 9,6 % in den 23 obersten Bundesbehörden und 90,4 % in den Geschäftsbereichsbehörden. Der Krankenstand ist gegenüber 2020 in allen Bereichen zurückgegangen. Durchschnittlich fehlten die Beschäftigten an 17,20 Arbeitstagen. Gegenüber 2020 (18,02) sind die krankheitsbedingten Abwesenheitstage um 0,82 Arbeitstage zurückgegangen. ◘ Abb. 32.1 stellt die Entwicklung der Abwesenheitstage je Beschäftigten in der unmittelbaren Bundesverwaltung von 2006 bis 2021 dar. In diesem Zeitraum bewegt sich die Zahl der krankheitsbedingten Abwesenheitstage zwischen 15,37 und 21,35 Tagen. Bis zum Jahr 2014 stieg das Durchschnittsalter der Beschäftigten der unmittelbaren Bundesverwaltung um 1,5 Jahre an. Seit dem Jahr 2015 ist ein kontinuierlicher Rückgang des Durchschnittsalters zu beobachten. Im Jahr waren 2021 die Beschäftigten der Bundesverwaltung im Durchschnitt 44,2 Jahre alt und damit erneut geringfügig jünger als im Vorjahr.

32.3.3 Dauer der Erkrankung

Absolut sind die Langzeiterkrankungen bei den Abwesenheiten im Jahr 2021 auf dem gleichen Wert geblieben. Aufgrund des Rückgangs bei den krankheitsbedingten Abwesen-

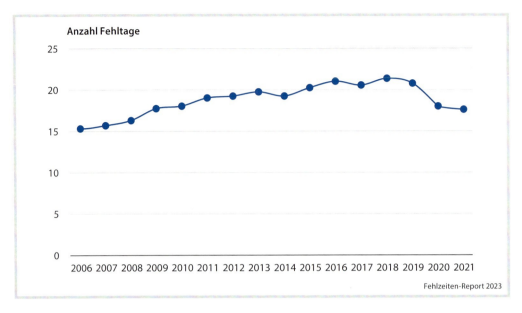

Abb. 32.1 Entwicklung der krankheitsbedingten Abwesenheitstage je Beschäftigten in der unmittelbaren Bundesverwaltung 2006 bis 2021

Abb. 32.2 Entwicklung der Krankheitsdauer 2017 bis 2021 in %

heiten insbesondere mit mittlerer Dauer und bei den Kurzzeiterkrankungen ist der prozentuale Anteil der Langzeiterkrankungen jedoch vergleichsweise gestiegen. Diese Entwicklung ist auch im Bereich der Privatwirtschaft zu beobachten (vgl. Fehlzeiten-Report, Badura et al. 2021 und 2022). Sie haben einen Anteil von 41,4 % an den gesamten krankheitsbedingten Abwesenheitszeiten. Die absolute Zahl ist dabei jedoch annähernd gleichgeblieben (2021: 7,1; 2020: 7,3 Tage). Längere Erkrankungen haben einen Anteil von 40 % und sind im Vergleich zum Vorjahr auch in absoluten Zahlen geringfügig zurückgegangen. Den

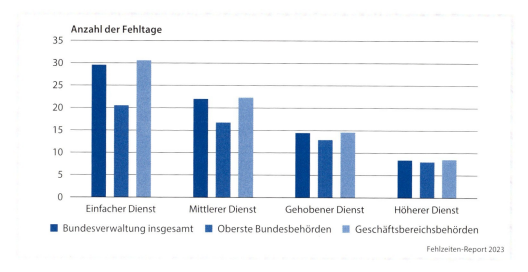

Abb. 32.3 Abwesenheitstage je Beschäftigten nach Laufbahngruppen im Jahr 2021

geringsten Anteil an den Abwesenheitszeiten haben Kurzzeiterkrankungen mit 16,7 %; dieser Wert ist gegenüber 2020 angestiegen. Der Anteil der Rehabilitationsmaßnahmen (Kuren) ist mit 1,8 % aller Abwesenheitstage im Jahr 2021 im Vergleich zum Vorjahr gleich geblieben. Wie Abb. 32.2 zeigt, hat sich das grundsätzliche Verhältnis zwischen Kurzzeiterkrankungen, längeren Erkrankungen, Langzeiterkrankungen und Rehabilitationsmaßnahmen im Zeitverlauf nicht wesentlich verändert.

32.3.4 Abwesenheitstage nach Laufbahngruppen

Bezogen auf die verschiedenen Laufbahngruppen (Abb. 32.3) waren im Jahr 2021 anteilig 5,7 % aller Beschäftigten im einfachen Dienst, 44,2 % im mittleren Dienst, 28,1 % im gehobenen Dienst und 13,5 % im höheren Dienst tätig, 8,5 % waren Auszubildende, Anwärterinnen und Anwärter. Die Tarifbeschäftigten wurden hierzu den ihren Entgeltgruppen vergleichbaren Besoldungsgruppen und den entsprechenden Laufbahngruppen zugeordnet. Wie schon in den vergangenen Jahren sinkt die Anzahl der krankheitsbedingten Abwesenheitstage mit zunehmender beruflicher Qualifikation der Beschäftigten. Je höher die Laufbahngruppe, desto niedriger sind die Abwesenheitszeiten. Zwischen den einzelnen Laufbahngruppen bestehen dabei erhebliche Unterschiede. Durchschnittlich fehlten die Beschäftigten der Bundesverwaltung im einfachen Dienst an 29,54, im mittleren Dienst an 21,96, im gehobenen Dienst an 14,42 und im höheren Dienst an 8,33 Arbeitstagen. Diese Entwicklung ist sowohl in den obersten Bundesbehörden als auch in den Geschäftsbereichsbehörden zu beobachten.

32.3.5 Abwesenheitstage nach Statusgruppen

In der Statistik wurden 298.599 (2020: 285.558) Beschäftigte erfasst. Das Personal der Bundesverwaltung unterteilt sich statusrechtlich in 153.543 Beamtinnen und Beamte sowie Richterinnen und Richter (im Folgenden zusammengefasst als Beamtinnen und Beamte), 119.768 Tarifbeschäftigte sowie 25.288 Auszubildende und Anwärter. Bei den Beamten und Beamtinnen der Bundesverwaltung ist der mittlere Dienst mit 42,3 % am stärks-

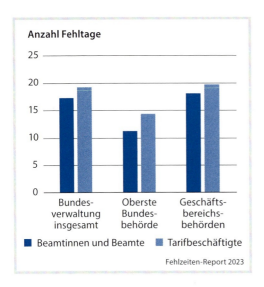

Abb. 32.4 Abwesenheitstage nach Statusgruppen in der Bundesverwaltung 2021 (ohne Auszubildende, Anwärter und Anwärterinnen)

ten vertreten. Im einfachen Dienst sind 0,9 %, im gehobenen Dienst 39,5 % und im höheren Dienst 17,3 % der Beamten und Beamtinnen tätig. Die größte Gruppe der Tarifbeschäftigten der Bundesverwaltung ist mit 56,0 % im mittleren Dienst tätig. Im einfachen Dienst waren 13,1 %, im gehobenen Dienst 19,5 % und im höheren Dienst 11,4 % der Tarifbeschäftigten beschäftigt. Mit Blick auf die Statusgruppen sind die Abwesenheitstage der Beamten und Beamtinnen mit 17,25 Tagen gegenüber dem Jahr 2020 gesunken und liegen unter den ebenfalls leicht zurückgegangenen Werten der Tarifbeschäftigten mit 19,20 Tagen.

In den obersten Bundesbehörden weisen Beamtinnen und Beamte sowie Tarifbeschäftigte durchschnittlich weniger Abwesenheitstage auf als in den Geschäftsbereichsbehörden. Tarifbeschäftigte sind in den Geschäftsbereichsbehörden 1,62 Tage und in den obersten Bundesbehörden im Durchschnitt 3,13 Tage länger krank als Beamtinnen und Beamte (siehe ◘ Abb. 32.4).

32.3.6 Abwesenheitstage nach Behördengruppen

Seit Beginn der Erhebung der Abwesenheitszeitenstatistik in der unmittelbaren Bundesverwaltung ist die Zahl der durchschnittlichen Abwesenheitstage der Beschäftigten in den Geschäftsbereichsbehörden höher als in den obersten Bundesbehörden. Im Jahr 2021 setzt sich dies fort. Die durchschnittliche Anzahl der krankheitsbedingten Abwesenheitstage je Beschäftigten in den obersten Bundesbehörden liegt bei 12,18 (2020: 13,29) und in den Geschäftsbereichsbehörden bei 17,74 (2020: 18,55) Abwesenheitstagen (siehe ◘ Abb. 32.5). Damit waren im Jahr 2021 die Beschäftigten in den Geschäftsbereichsbehörden 5,56 Tage länger krankheitsbedingt abwesend als die Beschäftigten der obersten Bundesbehörden.

32.3.7 Abwesenheitstage nach Geschlecht

60,7 % aller Beschäftigten der Bundesverwaltung waren Männer, 39,3 % Frauen. Die krankheitsbedingten Abwesenheitszeiten der Beschäftigten waren im Jahr 2021 bei den Frauen mit durchschnittlich 18,37 Abwesenheitstagen um 1,91 Tage höher als bei den Männern mit 16,45 Abwesenheitstagen. Während Kurzzeiterkrankungen ähnlich häufig auftreten (Frauen 16,63 %/Männer 16,78 %), finden sich längere Erkrankungen zwischen 4 und 30 Tagen etwas häufiger bei Frauen. Erkrankungen über 30 Tage treten etwas häufiger bei Männern auf (vgl. ◘ Abb. 32.6).

32.3.8 Abwesenheitstage nach Alter

Die Beschäftigten der Bundesverwaltung waren im Jahr 2021 im Durchschnitt 44,2 (2020: 44,6) Jahre alt. Das durchschnittliche Alter lag bei den Beamtinnen und Beamten

Kapitel 32 · Krankheitsbedingte Fehlzeiten in der Bundesverwaltung

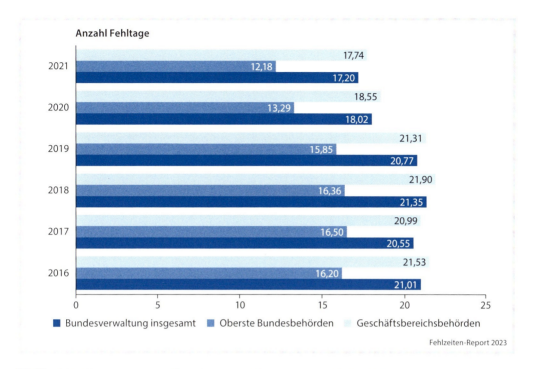

◘ **Abb. 32.5** Abwesenheitstage je Beschäftigten nach Behördengruppen 2016 bis 2021

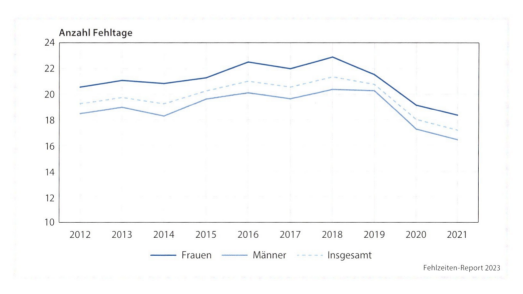

◘ **Abb. 32.6** Entwicklung der Abwesenheitszeiten nach Geschlecht von 2012 bis 2021

bei 43,3 (2020: 43,8) Jahren und bei den Tarifbeschäftigten bei 45,2 (2020: 45,7) Jahren. Nachdem bis 2014 das Durchschnittsalter der Beschäftigten im Bundesdienst kontinuierlich angestiegen war, zeigt ◘ Abb. 32.7, dass dieser Trend seither rückläufig ist.

Die Zahl der krankheitsbedingten Abwesenheitstage der Beschäftigten der unmittelba-

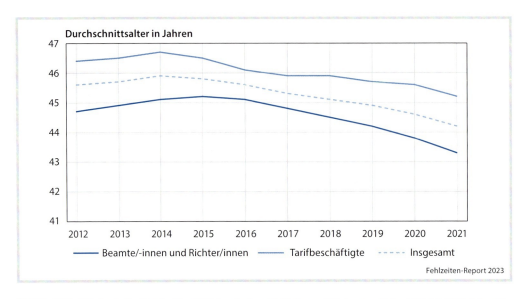

Abb. 32.7 Durchschnittsalter der Beschäftigten in der unmittelbaren Bundesverwaltung 2012 bis 2021 (ohne Geschäftsbereich BMVg)

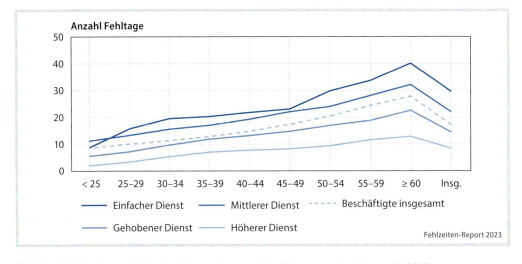

Abb. 32.8 Krankenstand in der Bundesverwaltung nach Laufbahngruppen im Altersverlauf 2021

ren Bundesverwaltung steigt mit zunehmendem Alter an (vgl. Abb. 32.8). Der Anstieg fällt bei Frauen und Männern in etwa gleich hoch aus. Die Statistik zeigt, dass ältere Beschäftigte bei einer Erkrankung im Schnitt länger ausfallen als ihre jüngeren Kolleginnen und Kollegen. Der Anstieg der Krankheitsdauer hat zur Folge, dass der Krankenstand trotz der Abnahme der Krankmeldungen mit zunehmendem Alter deutlich ansteigt. Dieser Effekt wird dadurch verstärkt, dass ältere Beschäftigte häufiger von mehreren Erkrankungen gleichzeitig betroffen sind. Für die Bundesverwaltung sind dabei zusätzlich die besonderen Altersgrenzen beim Eintritt in den Ruhestand, z. B. bei der Bundespolizei, zu berücksichtigen. Im Jahr 2021 fehlten über 60-jährige Beschäftigte der unmittelbaren Bundesverwaltung durchschnittlich an 27,76 Tagen. Damit liegt der Wert gegenüber den unter 25-jährigen Beschäftigten (8,40 Tage) um das 3,3-Fache höher. Die krankheitsbedingten Abwesenheiten steigen in fast allen Laufbahngruppen mit zunehmendem Alter kontinuierlich an (siehe ◘ Abb. 32.8). Der größte Unterschied zwischen den einzelnen Laufbahngruppen besteht bei den über 60-Jährigen: In dieser Altersgruppe haben die Beschäftigten im höheren Dienst durchschnittlich 12,84 Abwesenheitstage und die Beschäftigten des einfachen Dienstes 40,01 Abwesenheitstage. Dies ergibt eine Differenz von 27,21 Tagen.

32.3.9 Gegenüberstellung mit den Abwesenheitszeiten der AOK-Statistik

Für eine Gegenüberstellung der krankheitsbedingten Abwesenheiten der unmittelbaren Bundesverwaltung mit dem Fehlzeiten-Report der AOK werden die Fehlzeiten der AOK gesamt und des AOK-Bereichs „Öffentliche Verwaltung" herangezogen. Vergleichswerte sind die Abwesenheitszeiten von 14,6 Mio. erwerbstätigen AOK-Versicherten (Badura et al. 2022). Die krankheitsbedingten Abwesenheitszeiten der unmittelbaren Bundesverwaltung wurden bereinigt und standardisiert. ◘ Abb. 32.9 zeigt die Entwicklung der bereinigten und standardisierten Abwesenheitszeitenquote der unmittelbaren Bundesverwaltung und des Krankenstands der erwerbstätigen AOK-Versicherten.

Bei einem Vergleich der Abwesenheitszeiten der Bundesverwaltung mit denen der Privatwirtschaft ist immer zu berücksichtigen, dass sich die Standards der Abwesenheitszeitenerhebungen systembedingt ganz erheblich voneinander unterscheiden. Die Krankenstanderhebungen unterliegen keinen einheitlichen Standards für die Ermittlung von Abwesenheitszeiten, deren Erfassungsmethodik sowie deren Auswertung. Ein weiterer erheblicher Unterschied liegt in den Strukturen der Beschäftigtengruppen, wodurch sich bekannte Einflussgrößen wie Alter, Geschlecht und Tätigkeit unterschiedlich auswirken und zu Verzerrungen führen. So ist der Anteil älterer

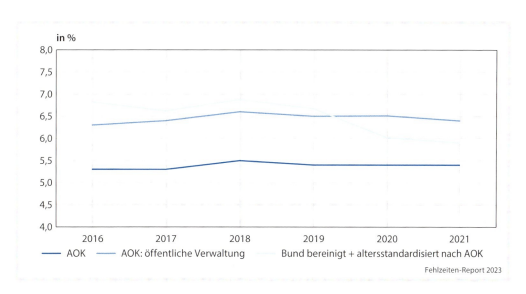

◘ **Abb. 32.9** Entwicklung der Abwesenheitszeitenquote der Beschäftigten der Bundesverwaltung und der erwerbstätigen AOK-Versicherten (inkl. Bereich der öffentlichen Verwaltung/Sozialversicherung) 2016 bis 2021 in %

Beschäftigter in der unmittelbaren Bundesverwaltung deutlich höher als in der gesamten Erwerbsbevölkerung. Im Jahr 2021 waren 50,9 % der Beschäftigten der unmittelbaren Bundesverwaltung 45 Jahre und älter. In der übrigen Erwerbsbevölkerung in Deutschland liegt demgegenüber der Anteil der über 45-Jährigen bei 47,9 %. Die 25- bis 44-Jährigen, die in der gesamten Erwerbsbevölkerung mit 41,9 % die stärkste Altersgruppe bilden, machen im Bundesdienst nur 38,4 % aus (Statistisches Bundesamt 2021a, 2021b).

Literatur

Badura B, Ducki A, Schröder H, Meyer M (Hrsg) (2021) Fehlzeiten-Report 2021. Schwerpunkt: Betriebliche Prävention stärken. Springer, Berlin Heidelberg

Badura B, Ducki A, Schröder H, Meyer M (Hrsg) (2022) Fehlzeiten-Report 2022. Schwerpunkt: Verantwortung und Gesundheit. Springer, Berlin Heidelberg

BMI – Bundesministerium des Innern und für Heimat (2019) Gesundheitsförderungsbericht 2018. BMI – Bundesministerium des Innern und für Heimat, Berlin. https://www.bmi.bund.de/SharedDocs/downloads/DE/veroeffentlichungen/themen/oeffentlicher-dienst/gesundheitsmanagement/gesundheitsfoerderungsbericht-2018.pdf. Zugegriffen: 5. Jan. 2023

BMI – Bundesministerium des Innern und für Heimat (2021) Gesundheitsförderungsbericht 2021 der unmittelbaren Bundesverwaltung. BMI – Bundesministerium des Innern und für Heimat, Berlin. https://www.bmi.bund.de/SharedDocs/downloads/DE/veroeffentlichungen/themen/oeffentlicher-dienst/gesundheitsmanagement/gesundheitsfoerderungsbericht-2021.html. Zugegriffen: 18. Sept. 2023

BMI – Bundesministerium des Innern und für Heimat https://www.bmi.bund.de/DE/themen/oeffentlicher-dienst/arbeiten-in-der-bundesverwaltung/foerderung-betriebliches-gesundheitsmanagement/foerderung-betriebliches-gesundheitsmanagement-node.html. Zugegriffen: 5. Jan. 2023

Bundesregierung (2019) Steuerung der Deutschen Nachhaltigkeitsstrategie. Berlin. https://www.bundesregierung.de/breg-de/themen/nachhaltigkeitspolitik/eine-strategie-begleitet-uns/steuerung-nachhaltigkeitsstrategie-419776. Zugegriffen: 5. Jan. 2023

Statistisches Bundesamt (2021a) Fachserie 14 Reihe 6, Finanzen und Steuern, Personal des öffentlichen Dienstes. Statistisches Bundesamt, Wiesbaden

Statistisches Bundesamt (2021b) Personalstandstatistik des Bundes am 30.06.2021

UVB – Unfallversicherung Bund und Bahn (UVB) https://www.uv-bund-bahn.de/arbeitsschutz-und-praevention/fachthemen/psychologie-gesundheitsmanagement/. Zugegriffen: 5. Jan. 2023

Serviceteil

Anhang 1: Internationale statistische Klassifikation der Krankheiten und verwandter Gesundheitsprobleme (10. Revision, Version 2022, German Modification) – 766

Anhang 2: Branchen in der deutschen Wirtschaft basierend auf der Klassifikation der Wirtschaftszweige (Ausgabe 2008/NACE) – 776

Die Autorinnen und Autoren – 781

Stichwortverzeichnis – 811

© Der/die Autor(en), exklusiv lizenziert an Springer-Verlag GmbH, DE, ein Teil von Springer Nature 2023
B. Badura et al. (Hrsg.), *Fehlzeiten-Report 2023*, Fehlzeiten-Report,
https://doi.org/10.1007/978-3-662-67514-4

Anhang 1: Internationale statistische Klassifikation der Krankheiten und verwandter Gesundheitsprobleme (10. Revision, Version 2022, German Modification)

I. Bestimmte infektiöse und parasitäre Krankheiten (A00–B99)	
A00–A09	Infektiöse Darmkrankheiten
A15–A19	Tuberkulose
A20–A28	Bestimmte bakterielle Zoonosen
A30–A49	Sonstige bakterielle Krankheiten
A50–A64	Infektionen, die vorwiegend durch Geschlechtsverkehr übertragen werden
A65–A69	Sonstige Spirochätenkrankheiten
A70–A74	Sonstige Krankheiten durch Chlamydien
A75–A79	Rickettsiosen
A80–A89	Virusinfektionen des Zentralnervensystems
A92–A99	Durch Arthropoden übertragene Viruskrankheiten und virale hämorrhagische Fieber
B00–B09	Virusinfektionen, die durch Haut- und Schleimhautläsionen gekennzeichnet sind
B15–B19	Virushepatitis
B20–B24	HIV-Krankheit [Humane Immundefizienz-Viruskrankheit]
B25–B34	Sonstige Viruskrankheiten
B35–B49	Mykosen
B50–B64	Protozoenkrankheiten
B65–B83	Helminthosen
B85–B89	Pedikulose [Läusebefall], Akarinose [Milbenbefall] und sonstiger Parasitenbefall der Haut
B90–B94	Folgezustände von infektiösen und parasitären Krankheiten
B95–B98	Bakterien, Viren und sonstige Infektionserreger als Ursache von Krankheiten, die in anderen Kapiteln klassifiziert sind
B99–B99	Sonstige Infektionskrankheiten

Anhang 1

II. Neubildungen (C00–D48)	
C00–C97	Bösartige Neubildungen
D00–D09	In-situ-Neubildungen
D10–D36	Gutartige Neubildungen
D37–D48	Neubildungen unsicheren oder unbekannten Verhaltens

III. Krankheiten des Blutes und der blutbildenden Organe sowie bestimmte Störungen mit Beteiligung des Immunsystems (D50–D90)	
D50–D53	Alimentäre Anämien
D55–D59	Hämolytische Anämien
D60–D64	Aplastische und sonstige Anämien
D65–D69	Koagulopathien, Purpura und sonstige hämorrhagische Diathesen
D70–D77	Sonstige Krankheiten des Blutes und der blutbildenden Organe
D80–D90	Bestimmte Störungen mit Beteiligung des Immunsystems

IV. Endokrine, Ernährungs- und Stoffwechselkrankheiten (E00–E90)	
E00–E07	Krankheiten der Schilddrüse
E10–E14	Diabetes mellitus
E15–E16	Sonstige Störungen der Blutglukose-Regulation und der inneren Sekretion des Pankreas
E20–E35	Krankheiten sonstiger endokriner Drüsen
E40–E46	Mangelernährung
E50–E64	Sonstige alimentäre Mangelzustände
E65–E68	Adipositas und sonstige Überernährung
E70–E90	Stoffwechselstörungen

V. Psychische und Verhaltensstörungen (F00–F99)

F00–F09	Organische, einschließlich symptomatischer psychischer Störungen
F10–F19	Psychische und Verhaltensstörungen durch psychotrope Substanzen
F20–F29	Schizophrenie, schizotype und wahnhafte Störungen
F30–F39	Affektive Störungen
F40–F48	Neurotische, Belastungs- und somatoforme Störungen
F50–F59	Verhaltensauffälligkeiten mit körperlichen Störungen und Faktoren
F60–F69	Persönlichkeits- und Verhaltensstörungen
F70–F79	Intelligenzstörung
F80–F89	Entwicklungsstörungen
F90–F98	Verhaltens- und emotionale Störungen mit Beginn in der Kindheit und Jugend
F99–F99	Nicht näher bezeichnete psychische Störungen

VI. Krankheiten des Nervensystems (G00–G99)

G00–G09	Entzündliche Krankheiten des Zentralnervensystems
G10–G14	Systematrophien, die vorwiegend das Zentralnervensystem betreffen
G20–G26	Extrapyramidale Krankheiten und Bewegungsstörungen
G30–G32	Sonstige degenerative Krankheiten des Nervensystems
G35–G37	Demyelinisierende Krankheiten des Zentralnervensystems
G40–G47	Episodische und paroxysmale Krankheiten des Nervensystems
G50–G59	Krankheiten von Nerven, Nervenwurzeln und Nervenplexus
G60–G64	Polyneuroapathien und sonstige Krankheiten des peripheren Nervensystems
G70–G73	Krankheiten im Bereich der neuromuskulären Synapse und des Muskels
G80–G83	Zerebrale Lähmung und sonstige Lähmungssyndrome
G90–G99	Sonstige Krankheiten des Nervensystems

Anhang 1

VII. Krankheiten des Auges und der Augenanhangsgebilde (H00–H59)	
H00–H06	Affektionen des Augenlides, des Tränenapparates und der Orbita
H10–H13	Affektionen der Konjunktiva
H15–H22	Affektionen der Sklera, der Hornhaut, der Iris und des Ziliarkörpers
H25–H28	Affektionen der Linse
H30–H36	Affektionen der Aderhaut und der Netzhaut
H40–H42	Glaukom
H43–H45	Affektionen des Glaskörpers und des Augapfels
H46–H48	Affektionen des N. opticus und der Sehbahn
H49–H52	Affektionen der Augenmuskeln, Störungen der Blickbewegungen sowie Akkommodationsstörungen und Refraktionsfehler
H53–H54	Sehstörungen und Blindheit
H55–H59	Sonstige Affektionen des Auges und der Augenanhangsgebilde

VIII. Krankheiten des Ohres und des Warzenfortsatzes (H60–H95)	
H60–H62	Krankheiten des äußeren Ohres
H65–H75	Krankheiten des Mittelohres und des Warzenfortsatzes
H80–H83	Krankheiten des Innenohres
H90–H95	Sonstige Krankheiten des Ohres

IX. Krankheiten des Kreislaufsystems (I00–I99)	
I00–I02	Akutes rheumatisches Fieber
I05–I09	Chronische rheumatische Herzkrankheiten
I10–I15	Hypertonie [Hochdruckkrankheit]
I20–I25	Ischämische Herzkrankheiten
I26–I28	Pulmonale Herzkrankheit und Krankheiten des Lungenkreislaufs
I30–I52	Sonstige Formen der Herzkrankheit
I60–I69	Zerebrovaskuläre Krankheiten
I70–I79	Krankheiten der Arterien, Arteriolen und Kapillaren
I80–I89	Krankheiten der Venen, der Lymphgefäße und der Lymphknoten, anderenorts nicht klassifiziert
I95–I99	Sonstige und nicht näher bezeichnete Krankheiten des Kreislaufsystems

X. Krankheiten des Atmungssystems (J00–J99)

J00–J06	Akute Infektionen der oberen Atemwege
J09–J18	Grippe und Pneumonie
J20–J22	Sonstige akute Infektionen der unteren Atemwege
J30–J39	Sonstige Krankheiten der oberen Atemwege
J40–J47	Chronische Krankheiten der unteren Atemwege
J60–J70	Lungenkrankheiten durch exogene Substanzen
J80–J84	Sonstige Krankheiten der Atmungsorgane, die hauptsächlich das Interstitium betreffen
J85–J86	Purulente und nekrotisierende Krankheitszustände der unteren Atemwege
J90–J94	Sonstige Krankheiten der Pleura
J95–J99	Sonstige Krankheiten des Atmungssystems

XI. Krankheiten des Verdauungssystems (K00–K93)

K00–K14	Krankheiten der Mundhöhle, der Speicheldrüsen und der Kiefer
K20–K31	Krankheiten des Ösophagus, des Magens und des Duodenums
K35–K38	Krankheiten der Appendix
K40–K46	Hernien
K50–K52	Nichtinfektiöse Enteritis und Kolitis
K55–K64	Sonstige Krankheiten des Darms
K65–K67	Krankheiten des Peritoneums
K70–K77	Krankheiten der Leber
K80–K87	Krankheiten der Gallenblase, der Gallenwege und des Pankreas
K90–K93	Sonstige Krankheiten des Verdauungssystems

XII. Krankheiten der Haut und der Unterhaut (L00–L99)

L00–L08	Infektionen der Haut und der Unterhaut
L10–L14	Bullöse Dermatosen
L20–L30	Dermatitis und Ekzem
L40–L45	Papulosquamöse Hautkrankheiten
L50–L54	Urtikaria und Erythem
L55–L59	Krankheiten der Haut und der Unterhaut durch Strahleneinwirkung
L60–L75	Krankheiten der Hautanhangsgebilde
L80–L99	Sonstige Krankheiten der Haut und der Unterhaut

Anhang 1

XIII. Krankheiten des Muskel-Skelett-Systems und des Bindegewebes (M00–M99)

M00–M25	Arthropathien
M30–M36	Systemkrankheiten des Bindegewebes
M40–M54	Krankheiten der Wirbelsäule und des Rückens
M60–M79	Krankheiten der Weichteilgewebe
M80–M94	Osteopathien und Chondropathien
M95–M99	Sonstige Krankheiten des Muskel-Skelett-Systems und des Bindegewebes

XIV. Krankheiten des Urogenitalsystems (N00–N99)

N00–N08	Glomeruläre Krankheiten
N10–N16	Tubulointerstitielle Nierenkrankheiten
N17–N19	Niereninsuffizienz
N20–N23	Urolithiasis
N25–N29	Sonstige Krankheiten der Niere und des Ureters
N30–N39	Sonstige Krankheiten des Harnsystems
N40–N51	Krankheiten der männlichen Genitalorgane
N60–N64	Krankheiten der Mamma [Brustdrüse]
N70–N77	Entzündliche Krankheiten der weiblichen Beckenorgane
N80–N98	Nichtentzündliche Krankheiten des weiblichen Genitaltraktes
N99–N99	Sonstige Krankheiten des Urogenitalsystems

XV. Schwangerschaft, Geburt und Wochenbett (O00–O99)

O00–O08	Schwangerschaft mit abortivem Ausgang
O09–O09	Schwangerschaftsdauer
O10–O16	Ödeme, Proteinurie und Hypertonie während der Schwangerschaft, der Geburt und des Wochenbettes
O20–O29	Sonstige Krankheiten der Mutter, die vorwiegend mit der Schwangerschaft verbunden sind
O30–O48	Betreuung der Mutter im Hinblick auf den Fetus und die Amnionhöhle sowie mögliche Entbindungskomplikationen
O60–O75	Komplikation bei Wehentätigkeit und Entbindung
O80–O82	Entbindung
O85–O92	Komplikationen, die vorwiegend im Wochenbett auftreten
O94–O99	Sonstige Krankheitszustände während der Gestationsperiode, die anderenorts nicht klassifiziert sind

XVI. Bestimmte Zustände, die ihren Ursprung in der Perinatalperiode haben (P00–P96)	
P00–P04	Schädigung des Fetus und Neugeborenen durch mütterliche Faktoren und durch Komplikationen bei Schwangerschaft, Wehentätigkeit und Entbindung
P05–P08	Störungen im Zusammenhang mit der Schwangerschaftsdauer und dem fetalen Wachstum
P10–P15	Geburtstrauma
P20–P29	Krankheiten des Atmungs- und Herz-Kreislaufsystems, die für die Perinatalperiode spezifisch sind
P35–P39	Infektionen, die für die Perinatalperiode spezifisch sind
P50–P61	Hämorrhagische und hämatologische Krankheiten beim Fetus und Neugeborenen
P70–P74	Transitorische endokrine und Stoffwechselstörungen, die für den Fetus und das Neugeborene spezifisch sind
P75–P78	Krankheiten des Verdauungssystems beim Fetus und Neugeborenen
P80–P83	Krankheitszustände mit Beteiligung der Haut und der Temperaturregulation beim Fetus und Neugeborenen
P90–P96	Sonstige Störungen, die ihren Ursprung in der Perinatalperiode haben

XVII. Angeborene Fehlbildungen, Deformitäten und Chromosomenanomalien (Q00–Q99)	
Q00–Q07	Angeborene Fehlbildungen des Nervensystems
Q10–Q18	Angeborene Fehlbildungen des Auges, des Ohres, des Gesichtes und des Halses
Q20–Q28	Angeborene Fehlbildungen des Kreislaufsystems
Q30–Q34	Angeborene Fehlbildungen des Atmungssystems
Q35–Q37	Lippen-, Kiefer- und Gaumenspalte
Q38–Q45	Sonstige angeborene Fehlbildungen des Verdauungssystems
Q50–Q56	Angeborene Fehlbildungen der Genitalorgane
Q60–Q64	Angeborene Fehlbildungen des Harnsystems
Q65–Q79	Angeborene Fehlbildungen und Deformitäten des Muskel-Skelett-Systems
Q80–Q89	Sonstige angeborene Fehlbildungen
Q90–Q99	Chromosomenanomalien, anderenorts nicht klassifiziert

Anhang 1

XVIII. Symptome und abnorme klinische und Laborbefunde, die anderenorts nicht klassifiziert sind (R00–R99)	
R00–R09	Symptome, die das Kreislaufsystem und das Atmungssystem betreffen
R10–R19	Symptome, die das Verdauungssystem und das Abdomen betreffen
R20–R23	Symptome, die die Haut und das Unterhautgewebe betreffen
R25–R29	Symptome, die das Nervensystem und das Muskel-Skelett-System betreffen
R30–R39	Symptome, die das Harnsystem betreffen
R40–R46	Symptome, die das Erkennungs- und Wahrnehmungsvermögen, die Stimmung und das Verhalten betreffen
R47–R49	Symptome, die die Sprache und die Stimme betreffen
R50–R69	Allgemeinsymptome
R70–R79	Abnorme Blutuntersuchungsbefunde ohne Vorliegen einer Diagnose
R80–R82	Abnorme Urinuntersuchungsbefunde ohne Vorliegen einer Diagnose
R83–R89	Abnorme Befunde ohne Vorliegen einer Diagnose bei der Untersuchung anderer Körperflüssigkeiten, Substanzen und Gewebe
R90–R94	Abnorme Befunde ohne Vorliegen einer Diagnose bei bildgebender Diagnostik und Funktionsprüfungen
R95–R99	Ungenau bezeichnete und unbekannte Todesursachen

XIX. Verletzungen, Vergiftungen und bestimmte andere Folgen äußerer Ursachen (S00–T98)	
S00–S09	Verletzungen des Kopfes
S10–S19	Verletzungen des Halses
S20–S29	Verletzungen des Thorax
S30–S39	Verletzungen des Abdomens, der Lumbosakralgegend, der Lendenwirbelsäule und des Beckens
S40–S49	Verletzungen der Schulter und des Oberarms
S50–S59	Verletzungen des Ellenbogens und des Unterarms
S60–S69	Verletzungen des Handgelenks und der Hand
S70–S79	Verletzungen der Hüfte und des Oberschenkels
S80–S89	Verletzungen des Knies und des Unterschenkels
S90–S99	Verletzungen der Knöchelregion und des Fußes
T00–T07	Verletzung mit Beteiligung mehrerer Körperregionen
T08–T14	Verletzungen nicht näher bezeichneter Teile des Rumpfes, der Extremitäten oder anderer Körperregionen
T15–T19	Folgen des Eindringens eines Fremdkörpers durch eine natürliche Körperöffnung
T20–T32	Verbrennungen oder Verätzungen
T33–T35	Erfrierungen
T36–T50	Vergiftungen durch Arzneimittel, Drogen und biologisch aktive Substanzen
T51–T65	Toxische Wirkungen von vorwiegend nicht medizinisch verwendeten Substanzen
T66–T78	Sonstige nicht näher bezeichnete Schäden durch äußere Ursachen
T79–T79	Bestimmte Frühkomplikationen eines Traumas
T80–T88	Komplikationen bei chirurgischen Eingriffen und medizinischer Behandlung, anderenorts nicht klassifiziert
T89–T89	Sonstige Komplikationen eines Traumas, anderenorts nicht klassifiziert
T90–T98	Folgen von Verletzungen, Vergiftungen und sonstigen Auswirkungen äußerer Ursachen

XX. Äußere Ursachen von Morbidität und Mortalität (V01–Y84)	
V01–X59	Unfälle
X60–X84	Vorsätzliche Selbstbeschädigung
X85–Y09	Tätlicher Angriff
Y10–Y34	Ereignis, dessen nähere Umstände unbestimmt sind
Y35–Y36	Gesetzliche Maßnahmen und Kriegshandlungen
Y40–Y84	Komplikationen bei der medizinischen und chirurgischen Behandlung

Anhang 1

XXI. Faktoren, die den Gesundheitszustand beeinflussen und zur Inanspruchnahme des Gesundheitswesen führen (Z00–Z99)	
Z00–Z13	Personen, die das Gesundheitswesen zur Untersuchung und Abklärung in Anspruch nehmen
Z20–Z29	Personen mit potentiellen Gesundheitsrisiken hinsichtlich übertragbarer Krankheiten
Z30–Z39	Personen, die das Gesundheitswesen im Zusammenhang mit Problemen der Reproduktion in Anspruch nehmen
Z40–Z54	Personen, die das Gesundheitswesen zum Zwecke spezifischer Maßnahmen und zur medizinischen Betreuung in Anspruch nehmen
Z55–Z65	Personen mit potenziellen Gesundheitsrisiken aufgrund sozioökonomischer oder psychosozialer Umstände
Z70–Z76	Personen, die das Gesundheitswesen aus sonstigen Gründen in Anspruch nehmen
Z80–Z99	Personen mit potentiellen Gesundheitsrisiken aufgrund der Familien- oder Eigenanamnese und bestimmte Zustände, die den Gesundheitszustand beeinflussen

XXII. Schlüsselnummern für besondere Zwecke (U00–U99)	
U00–U49	Vorläufige Zuordnungen für Krankheiten mit unklarer Ätiologie und nicht belegte Schlüsselnummern
U50–U52	Funktionseinschränkung
U55–U55	Erfolgte Registrierung zur Organtransplantation
U60–U61	Stadieneinteilung der HIV-Infektion
U69–U69	Sonstige sekundäre Schlüsselnummern für besondere Zwecke
U80–U85	Infektionserreger mit Resistenzen gegen bestimmte Antibiotika oder Chemotherapeutika
U99–U99	Nicht belegte Schlüsselnummern

Anhang 2: Branchen in der deutschen Wirtschaft basierend auf der Klassifikation der Wirtschaftszweige (Ausgabe 2008/NACE)

Banken und Versicherungen		
K	**Erbringung von Finanz- und Versicherungsdienstleistungen**	
	64	Erbringung von Finanzdienstleistungen
	65	Versicherungen, Rückversicherungen und Pensionskassen (ohne Sozialversicherung)
	66	Mit Finanz- und Versicherungsdienstleistungen verbundene Tätigkeiten
Baugewerbe		
F	**Baugewerbe**	
	41	Hochbau
	42	Tiefbau
	43	Vorbereitende Baustellenarbeiten, Bauinstallation und sonstiges Ausbaugewerbe
Dienstleistungen		
I	**Gastgewerbe**	
	55	Beherbergung
	56	Gastronomie
J	**Information und Kommunikation**	
	58	Verlagswesen
	59	Herstellung, Verleih und Vertrieb von Filmen und Fernsehprogrammen; Kinos; Tonstudios und Verlegen von Musik
	60	Rundfunkveranstalter
	61	Telekommunikation
	62	Erbringung von Dienstleistungen der Informationstechnologie
	63	Informationsdienstleistungen
L	**Grundstücks- und Wohnungswesen**	
	68	Grundstücks- und Wohnungswesen

Anhang 2

M		**Erbringung von freiberuflichen, wissenschaftlichen und technischen Dienstleistungen**
	69	Rechts- und Steuerberatung, Wirtschaftsprüfung
	70	Verwaltung und Führung von Unternehmen und Betrieben; Unternehmensberatung
	71	Architektur- und Ingenieurbüros; technische, physikalische und chemische Untersuchung
	72	Forschung und Entwicklung
	73	Werbung und Marktforschung
	74	Sonstige freiberufliche, wissenschaftliche und technische Tätigkeiten
	75	Veterinärwesen
N		**Erbringung von sonstigen wirtschaftlichen Dienstleistungen**
	77	Vermietung von beweglichen Sachen
	78	Vermittlung und Überlassung von Arbeitskräften
	79	Reisebüros, Reiseveranstalter und Erbringung sonstiger Reservierungsdienstleistungen
	80	Wach- und Sicherheitsdienste sowie Detekteien
	81	Gebäudebetreuung; Garten- und Landschaftsbau
	82	Erbringung von wirtschaftlichen Dienstleistungen für Unternehmen und Privatpersonen a. n. g.
Q		**Gesundheits- und Sozialwesen**
	86	Gesundheitswesen
	87	Heime (ohne Erholungs- und Ferienheime)
	88	Sozialwesen (ohne Heime)
R		**Kunst, Unterhaltung und Erholung**
	90	Kreative, künstlerische und unterhaltende Tätigkeiten
	91	Bibliotheken, Archive, Museen, botanische und zoologische Gärten
	92	Spiel-, Wett- und Lotteriewesen
	93	Erbringung von Dienstleistungen des Sports, der Unterhaltung und der Erholung
S		**Erbringung von sonstigen Dienstleistungen**
	94	Interessenvertretungen sowie kirchliche und sonstige religiöse Vereinigungen (ohne Sozialwesen und Sport)
	95	Reparatur von Datenverarbeitungsgeräten und Gebrauchsgütern
	96	Erbringung von sonstigen überwiegend persönlichen Dienstleistungen
T		**Private Haushalte mit Hauspersonal; Herstellung von Waren und Erbringung von Dienstleistungen durch private Haushalte für den Eigenbedarf**
	97	Private Haushalte mit Hauspersonal
	98	Herstellung von Waren und Erbringung von Dienstleistungen durch private Haushalte für den Eigenbedarf ohne ausgeprägten Schwerpunkt

Energie, Wasser, Entsorgung und Bergbau

B	Bergbau und Gewinnung von Steinen und Erden
5	Kohlenbergbau
6	Gewinnung von Erdöl und Erdgas
7	Erzbergbau
8	Gewinnung von Steinen und Erden, sonstiger Bergbau
9	Erbringung von Dienstleistungen für den Bergbau und für die Gewinnung von Steinen und Erden

D	Energieversorgung
35	Energieversorgung

E	Wasserversorgung; Abwasser- und Abfallentsorgung und Beseitigung von Umweltverschmutzungen
36	Wasserversorgung
37	Abwasserentsorgung
38	Sammlung, Behandlung und Beseitigung von Abfällen; Rückgewinnung
39	Beseitigung von Umweltverschmutzungen und sonstige Entsorgung

Erziehung und Unterricht

P	Erziehung und Unterricht
85	Erziehung und Unterricht

Handel

G	Handel; Instandhaltung und Reparatur von Kraftfahrzeugen
45	Handel mit Kraftfahrzeugen; Instandhaltung und Reparatur von Kraftfahrzeugen
46	Großhandel (ohne Handel mit Kraftfahrzeugen)
47	Einzelhandel (ohne Handel mit Kraftfahrzeugen)

Land- und Forstwirtschaft

A	Land- und Forstwirtschaft, Fischerei
1	Landwirtschaft, Jagd und damit verbundene Tätigkeiten
2	Forstwirtschaft und Holzeinschlag
3	Fischerei und Aquakultur

Anhang 2

Metallindustrie

C   **Verarbeitendes Gewerbe**

    24   Metallerzeugung und -bearbeitung

    25   Herstellung von Metallerzeugnissen

    26   Herstellung von Datenverarbeitungsgeräten, elektronischen und optischen Erzeugnissen

    27   Herstellung von elektrischen Ausrüstungen

    28   Maschinenbau

    29   Herstellung von Kraftwagen und Kraftwagenteilen

    30   Sonstiger Fahrzeugbau

Öffentliche Verwaltung

O   **Öffentliche Verwaltung, Verteidigung; Sozialversicherung**

    84   Öffentliche Verwaltung, Verteidigung; Sozialversicherung

U   **Exterritoriale Organisationen und Körperschaften**

    99   Exterritoriale Organisationen und Körperschaften

Verarbeitendes Gewerbe

C   **Verarbeitendes Gewerbe**

    10   Herstellung von Nahrungs- und Futtermitteln

    11   Getränkeherstellung

    12   Tabakverarbeitung

    13   Herstellung von Textilien

    14   Herstellung von Bekleidung

    15   Herstellung von Leder, Lederwaren und Schuhen

    16   Herstellung von Holz-, Flecht-, Korb- und Korkwaren (ohne Möbel)

    17   Herstellung von Papier, Pappe und Waren daraus

    18   Herstellung von Druckerzeugnissen; Vervielfältigung von bespielten Ton-, Bild- und Datenträgern

    19   Kokerei und Mineralölverarbeitung

    20   Herstellung von chemischen Erzeugnissen

    21   Herstellung von pharmazeutischen Erzeugnissen

    22   Herstellung von Gummi- und Kunststoffwaren

    23   Herstellung von Glas und Glaswaren, Keramik, Verarbeitung von Steinen und Erden

    31   Herstellung von Möbeln

    32   Herstellung von sonstigen Waren

    33   Reparatur und Installation von Maschinen und Ausrüstungen

Verkehr und Transport		
H	**Verkehr und Lagerei**	
	49	Landverkehr und Transport in Rohrfernleitungen
	50	Schifffahrt
	51	Luftfahrt
	52	Lagerei sowie Erbringung von sonstigen Dienstleistungen für den Verkehr
	53	Post-, Kurier- und Expressdienste

Die Autorinnen und Autoren

Dr. Nils Backhaus

Bundesanstalt für Arbeitsschutz und
Arbeitsmedizin
Arbeitswelt im Wandel
Dortmund

Nils Backhaus ist Leiter der Gruppe „Arbeitszeit und Flexibilisierung" im Fachbereich „Arbeitswelt im Wandel" der Bundesanstalt für Arbeitsschutz und Arbeitsmedizin (BAuA). In Forschung und Politikberatung bearbeitet er die Themenfelder Arbeitszeitgestaltung bzw. Telearbeit, Homeoffice und das Mobile Arbeiten. Dabei fokussiert er die Aspekte von Sicherheit und Gesundheit bei der Arbeit und die menschengerechte Arbeitsgestaltung

Prof. Dr. Bernhard Badura

Universität Bielefeld
Fakultät für Gesundheitswissenschaften
Bielefeld

Dr. rer. soc., Studium der Soziologie, Philosophie und Politikwissenschaften in Tübingen, Freiburg, Konstanz und Harvard/Mass. Seit März 2008 Emeritus der Fakultät für Gesundheitswissenschaften der Universität Bielefeld.

Dr. Sophie Baeriswyl

Fachhochschule Nordwestschweiz FHNW
Olten

Sophie Baeriswyl ist seit 2017 Wissenschaftliche Mitarbeiterin an der Hochschule für Angewandte Psychologie der Fachhochschule

Nordwestschweiz. Sie hat an der Universität Bern Psychologie studiert und dort an der Philosophisch-Humanwissenschaftlichen Fakultät promoviert. Sie ist in der Weiterbildung und in der Lehre tätig und beschäftigt sich in angewandten Forschungs- und Entwicklungsprojekten mit modernen Formen der Leistungssteuerung, mit psychosozialen Risiken in Unternehmen und an Schulen sowie mit ihren Auswirkungen auf das Erleben, das Verhalten und die Gesundheit der Beschäftigten.

Dr. Johanna Baumgardt

Wissenschaftliches Institut der AOK (WIdO)
Berlin

Sozialwissenschaftlerin, Dr. phil., M. A.
Nach Abschluss des Studiums wissenschaftliche Mitarbeiterin an der Leuphana Universität Lüneburg (2009–2015), der Hochschule für Angewandte Wissenschaften Hamburg (2015–2018) und am Universitätsklinikum Hamburg-Eppendorf (2018–2022). Von Mai 2018 bis Juli 2022 Entwicklung, Leitung und Koordination sozialpsychiatrischer Forschungsprojekte und Nachwuchsförderung an der Klinik für Psychiatrie, Psychotherapie und Psychosomatik des Vivantes Klinikum Am Urban. Seit August 2022 im Wissenschaftlichen Institut der AOK (WIdO) des AOK-Bundesverbandes als Leiterin des Forschungsbereichs Betriebliche Gesundheitsförderung und Heilmittel tätig.

Marcel Baumgartner

Fachhochschule Nordwestschweiz FHNW
Olten

Marcel Baumgartner arbeitet als Wissenschaftlicher Mitarbeiter und Dozent in der Aus- und Weiterbildung an der Hochschule für Angewandte Psychologie der Fachhochschule Nordwestschweiz. Dank Weiterbildungen zum Scrum Master und in systemischer Organisationsentwicklung (Mitglied im Berufsverband für Supervision, Coaching und Organisationsberatung bso) blickt er aus unterschiedlichen Perspektiven auf neue Arbeitsformen und deren gesundheits- und motivationsförderliche Ausgestaltung. In seinen Forschungsprojekten untersucht er Gelingensbedingungen von Transformationen hin zu mehr Selbstorganisation auf Team- und Organisationsebene.

Die Autorinnen und Autoren

Carina Becher (M.Sc.)

Bundesvereinigung der Deutschen Arbeitgeberverbände
Abteilungsleitung soziale Sicherung
Berlin

Carina Becher ist Psychologin mit Spezialisierung auf den Bereich der Arbeits-, Ingenieur- und Organisationspsychologie. Nach fast sieben Jahren beruflicher Praxis als examinierte Hebamme in einer großen Berliner Klinik studierte sie ab 2017 an der Humboldt-Universität zu Berlin und war in dieser Zeit u. a. als Mitarbeiterin am Lehrstuhl für Occupational Health Psychology tätig. Seit ihrem Studienabschluss im Frühjahr 2023 befasst sie sich als Referentin für Arbeitswissenschaft in der Abteilung Soziale Sicherung bei der Bundesvereinigung der Deutschen Arbeitgeberverbände (BDA) mit dem Themenkomplex Arbeit und mentale Gesundheit. Arbeitsschutz und -gestaltung, psychische Belastung und Gesundheit im Arbeitskontext sowie flexible und mobile Arbeit sind dabei ihre Kernthemen.

Thorsten Breutmann

Siemens AG
Personalleiter Karlsruhe
Leiter Operational Excellence P&O Germany
Karlsruhe

Thorsten Breutmann ist seit vielen Jahren in verschiedenen Fach- und Führungsaufgaben im Personalwesen im Konzern tätig. Als Personalleiter ist er für die Umsetzung und Orchestrierung des gesamten Personalportfolios an den betreuten Standorten verantwortlich. Als Leiter der Fachfunktion Operational Excellence ist er insbesondere verantwortlich für Personalprozesse und darüber hinaus unter anderem für Führungs- und Nachwuchsthemen.

Dr. Elisa Clauß

Bundesvereinigung der Deutschen Arbeitgeberverbände
Leitung der Abteilung Soziale Sicherung
Berlin

Elisa Clauß ist Diplom-Psychologin und Referatsleiterin für Arbeitswissenschaft in der Abteilung Soziale Sicherung bei der Bundesvereinigung der Deutschen Arbeitgeberverbände (BDA). Als Mitglied in verschiedenen Gremien wie der Gemeinsamen Deutschen Arbeitsschutzstrategie sowie in der nationalen und internationalen Normung vertritt sie den Themenbereich Arbeit und Gesundheit. Ihre Schwerpunkte liegen hierbei auf Arbeitsschutz und -gestaltung, psychischer Belastung und Gesundheit sowie flexibler/mobiler Arbeit Frau Dr. Clauß arbeitete zuvor als Wissenschaftlerin u. a. an der Humboldt-Universität zu Berlin und als freiberufliche Beraterin in verschiedenen Projekten zu psychischer Gesundheit, Erholung sowie Ressourcenaufbau im Bereich der Arbeits-, Ingenieurs- und Organisationspsychologie.

Cosima Dorsemagen

Fachhochschule Nordwestschweiz FHNW
Hochschule für Angewandte Psychologie
Olten

Cosima Dorsemagen hat an den Universitäten Freiburg im Breisgau, Bonn und Hagen studiert und arbeitet als Wissenschaftliche Mitarbeiterin, Programmleiterin und Dozentin in der Weiterbildung an der Hochschule für Angewandte Psychologie der Fachhochschule Nordwestschweiz. In angewandten Forschungs- und Entwicklungsprojekten rund um das Thema Arbeit und Gesundheit beschäftigt sie sich u. a. mit der Frage, wie sich aktuelle Formen der Leistungssteuerung auf die Gesundheit und Leistungsfähigkeit von Beschäftigten auswirken. Sie unterstützt und begleitet Organisationen bei der Analyse und gesundheitsförderlichen Gestaltung psychosozialer Arbeitsbedingungen.

Prof. Dr. Antje Ducki

Berliner Hochschule für Technik (BHT)
Fachbereich I: Wirtschafts- und
Gesellschaftswissenschaften
Berlin

Nach Abschluss des Studiums der Psychologie an der Freien Universität Berlin als wissenschaftliche Mitarbeiterin an der TU Berlin tätig. Betriebliche Gesundheitsförderung für die AOK Berlin über die Gesellschaft für Betriebliche Gesundheitsförderung, Mitarbeiterin am Bremer Institut für Präventionsforschung und Sozialmedizin, Hochschulassistentin an der Universität Hamburg. 1998 Promotion in Leipzig. Seit 2002 Professorin für Arbeits- und Organisationspsychologie an der Berliner Hochschule für Technik (BHT). Arbeitsschwerpunkte: Arbeit und Gesundheit, Gender und Gesundheit, Mobilität und Gesundheit, Stressmanagement, Betriebliche Gesundheitsförderung.

Prof. Dr. Dominik H. Enste

Institut der deutschen Wirtschaft Köln e. V.
Leiter des Clusters Verhaltensökonomik und Wirtschaftsethik
Köln

Dominik Enste geb. 1967, ist Professor für Wirtschaftsethik und Verhaltensökonomik an der TH Köln, Geschäftsführer der IW Akademie GmbH und Clusterleiter im Institut der deutschen Wirtschaft (IW). Seine Forschungsschwerpunkte sind u. a. Führung, Vertrauen, Integrität, Verhaltensökonomik, Lebenszufriedenheit und Ordnungspolitik. Nach seiner Ausbildung zum Bankkaufmann studierte er an der Universität zu Köln und am Trinity College in Dublin. Anschließend promovierte er an der Universität zu Köln und war Visiting Scholar an der George Mason University in Fairfax. Nach Tätigkeiten bei Sparkassen, Unternehmensberatungen und Versicherungen arbeitet er seit 2003 als Wissenschaftler und Manager am IW. Er lehrt seit 1996 an verschiedenen Hochschulen und ist Dozent an der Universität zu Köln und der Universität Bonn. Seit 2012 ist er Geschäftsführer der von ihm gegründeten IW Akademie für Integres Wirtschaften und hat dort in über 150 Seminaren u. a. Führungskräfte aus DAX-Unternehmen geschult. Im berufsbegleitenden Kooperationsstudiengang von TH Köln und IW Akademie „Behavioral Economics, Ethics and Psychology" bildet er seit zehn Jahren Führungsnachwuchskräfte aus.

Prof. Dr. Jörg Felfe

Professur für Arbeits-, Organisations- und Wirtschaftspsychologie
Helmut-Schmidt-Universität Hamburg/ Universität der Bundeswehr
Hamburg

Univ.-Prof. Dr. habil. Jörg Felfe ist Professor für Arbeits-, Organisations- & Wirtschaftspsychologie an der Helmut-Schmidt-Universität/Universität der Bundeswehr in Hamburg. Seine Forschungsschwerpunkte liegen in den Bereichen Mitarbeiterführung, Commitment, Gesundheit und Diagnostik. Er ist Mitherausgeber der Zeitschrift für Arbeits- & Organisationspsychologie, der Reihen Praxis der Personalpsychologie und Managementpsychologie; Autor von Testverfahren, u. a. zur Mitarbeiterbindung (COMMIT), Führungsmotivation (FÜMO, LEAMO) sowie gesundheitsförderlicher Führung (HoL) sowie zahlreicher Monographien, u. a. zu Mitarbeiterführung, Führungskräftetrainings, Grundriss der Arbeits- & Organisationspsychologie, sowie zahlreicher Publikationen in hochrangigen internationalen Fachzeitschriften (z. B. Academy of Management Journal, Journal of Vocational Behavior, Journal of Occupational Health Psychology, British Journal of Management) und in Editorial Boards tätig. Zudem ist er als Berater und Coach tätig.

Prof. Dr. Sebastian Fischer

Hochschule Hamm-Lippstadt
Hamm

Sebastian Fischer ist Professor für wirtschaftspsychologische Methoden an der Hochschule Hamm-Lippstadt. Er studierte Psychologie an der Justus-Liebig-Universität in Gießen und promovierte an der Leuphana Universität Lüneburg zum Thema Arbeitsumgebungen in Kleinunternehmen. In Forschung und Lehre widmet er sich der Untersuchung des Umgangs mit Fehlern bei der Arbeit und in Lernumgebungen wie der Schule oder Hochschule.

Oliver Hasselmann

Institut für Betriebliche Gesundheitsförderung
BGF GmbH
Köln

Oliver Hasselmann studierte Diplom-Geographie in Köln und absolvierte 2015 berufsbegleitend den Master of Health Administration (MHA) an der Fakultät für Gesundheitswissenschaften der Universität Bielefeld. Seit 2008 ist er im Team Forschung und Entwicklung im Institut für Betriebliche Gesundheitsförderung tätig. Er beschäftigt sich neben dem BGM und der BGF mit Fragestellungen zum demographischen Wandel, Gesundheit in der Arbeitswelt 4.0, Nachhaltigkeit und BGM sowie Organisationale Resilienz.

Dr. David Herr

Bundesministerium für Gesundheit
Ressortforschung, Forschungskoordinierung, wissenschaftspolitische Analysen
Berlin

Studium der Medizin an der Universität Münster und postgradual Public Health am Imperial College London. Von Januar bis Juni 2010 Trainee beim Standing Committee of European Doctors (CPME) in Brüssel. Von 2012 bis 2014 Arzt in der Klinik für Psychiatrie und Psychotherapie des Universitätsklinikums Köln. Seitdem tätig im Bundesministerium für Gesundheit, seit Mai 2023 als Leiter des Forschungsreferats L6.

Prof. Dr. Lisa Herzog

Faculty of Philosophy
University of Groningen
Groningen

© Sylvia Germes

Lisa Herzog (*1983) arbeitet an der Schnittstelle von politischer Philosophie und Ökonomie. Schwerpunkte ihrer Arbeit sind die Ideengeschichte des politischen und wirtschaftlichen Denkens, die normative Bewertung von Märkten, Ethik in Organisationen und die Zukunft der Arbeit. Nach Stationen in Oxford, München, Frankfurt, Stanford u. a. lehrt sie seit 2019 an der Fakultät für Philosophie der Universität Groningen und ist Direktorin des dortigen Center for Philosophy, Politics and Economics. 2019 erhielt sie den Tractatus-Preis und den Deutschen Preis für Sozialphilosophie und Ethik, u. a. für ihr Buch „Die Rettung der Arbeit" (Hanser Berlin, 2019).

Prof. Dr. Dr. Andreas Hillert

Schön Klinik Roseneck
Bayern

Andreas Hillert ist Facharzt für Psychotherapeutische Medizin, Psychiatrie und Psychotherapie. Er ist Chefarzt an der Schön Klinik Roseneck, Prien am Chiemsee, und Dozent an der Katholischen Universität Eichstätt. Interessen und Forschungsschwerpunkt sind die Interaktion von beruflichen Belastungen und psychosomatischer Gesundheit („Burnout"-Phänomen) einschließlich der Konzeption und Evaluation sich daraus ergebender kognitiv-verhaltensmedizinischer Behandlungs- und Präventionsastrategien.

Sophia Hillert

Deutsche Hochschule für Gesundheit und Sport (DHGS)
Berlin

Sophia Hillert studiert im Master-Studiengang Psychologie an der Deutschen Hochschule für Gesundheit und Sport (DHGS) in Berlin und Operngesang (Mezzosopran) am Tiroler Landeskonservatorium in Innsbruck. Interessenschwerpunkte sind Werte, Ziele und Belastungserleben bzw. deren Interaktion mit psychischen Erkrankungen bei Jugendlichen, wozu sie Erhebungen u. a. in China durchführte und derzeit an einem Projekt an der Schön Klinik Roseneck beteiligt ist. An der katholischen Universität Eichstätt war sie Projektmitarbeiterin in einem Online-Projekt zu diesem Thema (Lehrstuhl Prof. Janus Surzykiewicz).

Leon K. Hoffmann

Salubris UG (haftungsbeschränkt) & Co. KG
Bielefeld

Leon Hoffmann (Jahrgang 1993) absolvierte – nach seiner Ausbildung zum Industriekaufmann – seinen Bachelor in Gesundheit und Diversity (B.A.) am Department of Community Health der Hochschule für Gesundheit in Bochum. Nach dem Bachelor wechselte er an die Universität Bielefeld und studiert dort den Master Public Health, den er 2023 abschließen wird. Seit 2022 ist er wissenschaftliche Hilfskraft bei Prof. em. Dr. Bernhard Badura bzw. bei der Salubris UG (haftungsbeschränkt) & Co. KG tätig. Seine Interessenschwerpunkte sind Arbeit und Gesundheit sowie die anwendungsorientierte Forschung im Kontext des Betrieblichen Gesundheitsmanagements.

Prof. Dr. Annekatrin Hoppe

Humboldt-Universität zu Berlin
Institut für Psychologie
Berlin

Professorin für Occupational Health Psychology am Institut für Psychologie der Humboldt-Universität zu Berlin. Ihre Forschungsinteressen liegen im Bereich Arbeit und Gesundheit mit den Schwerpunkten gesundheitsbezogene (Online-)Interventionen, neue Formen der Arbeit sowie Arbeitsmigration und Gesundheit.

Miriam-Maleika Höltgen (M. A.)

Wissenschaftliches Institut der AOK (WIdO)
Berlin

Studium der Germanistik, Geschichte und Politikwissenschaften an der Friedrich-Schiller-Universität Jena (M. A.); wissenschaftliche Mitarbeiterin am Institut für Literaturwissenschaft. Im Anschluss berufliche Stationen in Verlagen in den Bereichen Redaktion, Lektorat, Layout und Herstellung. Seit 2006 im Wissenschaftlichen Institut der AOK (WIdO) im Forschungsbereich Betriebliche Gesundheitsförderung und Heilmittel, hier insbesondere verantwortlich für die Redaktion des Fehlzeiten-Reports.

Jens Hünten

RWE Power AG
Köln

Jens Hünten (Master of Workplace Healthmanagement, Dipl. Sozialarbeiter) Leiter Gesundheitsmanagement und Sozialberatung der RWE Power AG. Neben den Themen BGM und Sozialberatung verantwortet er zudem die Themen Ergonomie und Health & Safety Kulturentwicklung. In seiner Arbeit ist es ihm besonders wichtig, ganzheitliche BGM-Lösungen zu entwickeln, von denen die Mitarbeitenden und die Organisation gleichermaßen profitieren. Dabei liegt der Fokus darauf, sowohl die gesundheitliche Wirkung von Verhältnissen als auch das Gesundheitsverhalten zu betrachten.

Univ.-Prof. Dr. Simone Kauffeld

Arbeits-, Organisations- und Sozialpsychologie
Institut für Psychologie TU Braunschweig
Braunschweig

Prof. Dr. Simone Kauffeld ist Inhaberin des Lehrstuhls für Arbeits-, Organisations- und Sozialpsychologie der Technischen Universität Braunschweig. In ihrer Forschungstätigkeit setzt sie sich u. a. mit den Themen Kompetenz, (virtuelle) Teams und Führung, Karriere und Coaching sowie gesunde Arbeitsgestaltung und Organisationsentwicklung in der Transformation auseinander. Um ihre Konzepte der Praxis zugänglich zu machen, hat sie u. a. 2008 unter Beteiligung der TU Braunschweig Prof. Dr. KAUFFELD & LORENZO (ehem. 4A-SIDE GmbH) gegründet, die psychologische Expertise mit IT-Kompetenz an den Standorten Braunschweig und Jerez (Spanien) gewinnbringend für Unternehmen verbindet. Als Beirätin ist sie in verschiedenen Organisationen aktiv. Sie wurde wiederholt ausgezeichnet als eine der 40 HR-Köpfe.

Michaela Kaufmann

Fachhochschule Nordwestschweiz FHNW
Hochschule für Angewandte Psychologie
Olten

Michaela Kaufmann arbeitet als Wissenschaftliche Assistentin an der Hochschule für Angewandte Psychologie der Fachhochschule Nordwestschweiz. Sie hat Gesundheitswissenschaften an der Universität Luzern studiert, wobei sie sich auf Gesundheitsverhalten und Gesundheitsmanagement spezialisiert hat. In angewandten Forschungsprojekten geht sie der Frage nach, wie Erwerbstätige mit herausfordernden Arbeitsbedingungen umgehen und gleichzeitig langfristig gesund bleiben können.

Dr. Alexander Klamar

Hochschule des Bundes für öffentliche Verwaltung
Fachbereich Allgemeine Innere Verwaltung
Köln

© Leuphana Universität Lüneburg

Alexander Klamar ist hauptamtlich Lehrender für Organisations- und Sozialpsychologie an der Hochschule des Bundes für öffentliche Verwaltung. Nach seinem Studium der Psychologie sowie Wirtschafts- und Sozialwissenschaften in Wien promovierte Herr Klamar an der Leuphana Universität Lüneburg zum Thema Umgang mit Fehlern in Teams.

Hannes Klawisch

Hannes Klawisch absolvierte im März 2021 sein Bachelorstudium in Soziologie und Geschichte an der Universität Rostock. Seit Oktober 2022 studiert er im Master Public Health an der Berlin School of Public Health. Er unterstützt im WIdO den Forschungsbereich Betriebliche Gesundheitsförderung und Heilmittel als studentischer Mitarbeiter.

Dr. Laura Klebe

Professur für Arbeits-, Organisations- und Wirtschaftspsychologie
Helmut-Schmidt-Universität Hamburg/
Universität der Bundeswehr
Hamburg

Dr. Laura Klebe ist Wissenschaftliche Mitarbeiterin an der Professur für Arbeits-, Organisations- und Wirtschaftspsychologie an der Helmut-Schmidt-Universität in Hamburg. Dort ist sie in Forschungsprojekten zu inkonsistentem Führungsverhalten sowie digitaler Führung tätig. Ihre Forschungsschwerpunkte liegen im Bereich Führung und Gesundheit, Führung unter Stress, Führung in Krisensituationen und Führung im digitalen Kontext.

Prof. Dr. Andreas Krause

Fachhochschule Nordwestschweiz FHNW
Hochschule für Angewandte Psychologie
Olten

Andreas Krause ist seit 2006 Experte für Arbeit und Gesundheit an der Hochschule für Angewandte Psychologie FHNW und leitet den Weiterbildungsstudiengang CAS Betriebliches Gesundheitsmanagement. In Kooperationsprojekten mit Unternehmen werden Wege erprobt, neue Arbeitsformen auf gesundheitsförderliche Weise umzusetzen. Seine Forschungsprojekte wurden u. a. gefördert über das Elite-Postdoktoranden-Programm der Landesstiftung Baden-Württemberg, von Innosuisse (ehemals KTI), SNF, DFG, dem Bundesamt für Gesundheit sowie Gesundheitsförderung Schweiz.

Dr. Annika Krick

Professur für Arbeits-, Organisations- und Wirtschaftspsychologie
Helmut-Schmidt-Universität Hamburg/
Universität der Bundeswehr
Hamburg

Studium der Psychologie (Bachelor of Science 2012 und Master of Science 2014). Seit 2014 wissenschaftliche Mitarbeiterin an der Professur für Arbeits-, Organisations- und Wirtschaftspsychologie an der Helmut-Schmidt-Universität in Hamburg. 2020 Promotion. Seit 2015 Trainerin des Stärken- und Ressourcentrainings und Trainings zur gesundheitsorientierten Führung. Schwerpunkte: Gesundheitsorientierte Führung und Gesundheit, Betriebliches Gesundheitsmanagement, Herzratenvariabilität, Ressourcenförderung, Achtsamkeit und Stressprävention im Arbeitskontext, speziell in Bundeswehr und Polizei, Digitale Führung und Gesundheit und digitales Arbeiten.

Martin Krowicki

AOK Sachsen-Anhalt
Team Gesundheitsmanagement
Magdeburg

Martin Krowicki promoviert im Bereich Arbeitsmedizin an der Medizinischen Fakultät der Otto-von-Guericke Universität Magdeburg. Von Juni 2016 bis März 2023 war er bei der AOK Sachsen-Anhalt als Fachberater Betriebliches Gesundheitsmanagement tätig. Seit April 2023 arbeitet er selbstständig als Autor, Referent und Berater im Bereich Gesundheitsförderung.

Lea Katharina Kunz

Berliner Hochschule für Technik
Humboldt-Universität zu Berlin
Berlin

Lea Katharina Kunz studierte Psychologie an der Technischen Universität Chemnitz (B.Sc.) und der Humboldt-Universität zu Berlin (M.Sc.). Nach ihrem Master arbeitete sie eineinhalb Jahre in einer Berliner Personalberatung mit Fokus auf die Digitalwirtschaft. Seit Oktober 2019 ist sie Wissenschaftliche Mitarbeiterin an der Berliner Hochschule für Technik und promoviert an der Humboldt-Universität zu Berlin. Ihr Forschungsschwerpunkt liegt dabei auf der technikgestützten Arbeit im Feierabend, deren Bewertung sowie deren Folgen für die Erholung und Gesundheit von Beschäftigten.

Dipl.-Pol. Knut Lambertin

Deutscher Gewerkschaftsbund (DGB)
Bundesvorstandsverwaltung
Abteilung Sozialpolitik
Berlin

Knut Lambertin ist Referatsleiter Gesundheitspolitik/Grundsatz beim Bundesvorstand des DGB. Er hat Politikwissenschaft, Erziehungswissenschaft, Öffentliches Recht und Vergleichende Religionswissenschaft in Bonn und Berlin studiert. 21 Jahre hat er in verschiedenen Branchen gearbeitet und sich sowohl politisch als auch gewerkschaftlich engagiert, bevor er 2005 zum DGB gewechselt ist. Seit 2011 ist er in verschiedenen Gremien der sozialen Selbstverwaltung der gesetzlichen Krankenkassen und ihrer Verbände tätig, aktuell u. a. als Alternierender Vorsitzender des Aufsichtsrates des AOK-Bundesverbandes, Alternierender Vorsitzender des Verwaltungsrates der AOK Nordost und als Alternierender Vorsitzender des Fachausschusses Verträge und Versorgung des GKV-Spitzenverbandes.

Dr. Thomas Lennefer

AOK-Bundesverband
Berlin

Dr. Thomas Lennefer promovierte an der Humboldt-Universität zu Berlin im Fach Psychologie am Lehrstuhl für Occupational Health Psychology. In seiner Doktorarbeit widmete er sich unter anderem der Fragestellung, inwiefern digitale Gesundheitsinterventionen die Gesundheit der Beschäftigten im betrieblichen Kontext stärken können. Neben seiner Arbeit im AOK-Bundesverband, in welcher er für die Strategie- und Konzeptentwicklung verschiedener BGM-Themen zuständig ist, arbeitet er selbstständig als Coach und Trainer und unterstützt Unternehmen sowie Sportler und Sportlerinnen in der Förderung der psychischen Gesundheit.

Patricia Lück

AOK-Bundesverband
Berlin

Studium der Diplom-Psychologie an der TU Berlin. Schwerpunkte Arbeits- und Organisationspsychologie, Lösungsfokussierte Beratung und Positive Psychologie. Leitung von BGM-Projekten bei der AOK Westfalen-Lippe, seit 2009 Referentin für Betriebliche Gesundheitsförderung im AOK-Bundesverband. Strategie- und Konzeptentwicklung für u. a. BGF/BGM, gesundheitsgerechte Führung, gesundes Arbeiten im Kleinbetrieb, im Homeoffice und Ressourcenstärkung. Engagiert in Kooperations- und Netzwerkarbeit.

Oskar Masztalerz

Potsdam Institute for Climate Impact Research
Potsdam

Oskar Masztalerz hat Medizin und Geographie in Berlin und Córdoba (Spanien) studiert. Er ist derzeit Gastwissenschaftler in der Arbeitsgruppe Klimawandel und Gesundheit am Potsdam-Institut für Klimafolgenforschung (PIK) und Wissenschaftlicher Referent Gesundheit in der Geschäftsstelle des Wissenschaftlichen Beirats der Bundesregierung Globale Umweltveränderungen (WBGU). Seit 2017 gibt er Lehrveranstaltungen, Vorträge und Workshops zu Planetary Health, u. a. an der Charité – Universitätsmedizin Berlin, Humboldt-Universität zu Berlin, Brandenburgischen Technischen Universität Cottbus-Senftenberg und der Akkon Hochschule für Humanwissenschaften in Berlin.

Moritz Maria Meinicke

Wissenschaftliches Institut der AOK (WIdO) Berlin

Moritz Meinicke studiert Sozialwissenschaften an der Humboldt-Universität zu Berlin und wird dort seinen Abschluss 2023 absolvieren. Seit 2022 unterstützt er im Wissenschaftlichen Institut der AOK (WIdO) den Forschungsbereich Betriebliche Gesundheitsförderung und Heilmittel als studentischer Mitarbeiter.

Miriam Meschede

Wissenschaftliches Institut der AOK (WIdO) Berlin

Masterstudium der Prävention und Gesundheitsförderung. Seit 2018 Wissenschaftliche Mitarbeiterin im WIdO, Forschungsbereich Betriebliche Gesundheitsförderung und Heilmittel. Als Projektleiterin verantwortlich für kassenartenübergreifende GKV-Gesundheitsberichte und Autorin des Beitrags zur Beschäftigtenbefragung für den Fehlzeiten-Report.

Markus Meyer

Wissenschaftliches Institut der AOK (WIdO) Berlin

Diplom-Sozialwissenschaftler. Berufliche Stationen nach dem Studium: Team Gesundheit der Gesellschaft für Gesundheitsmanagement mbH, BKK Bundesverband und spectrum|K GmbH. Tätigkeiten in den Bereichen

Betriebliche Gesundheitsförderung, Datenmanagement und IT-Projekte. Seit 2010 wissenschaftlicher Mitarbeiter im Wissenschaftlichen Institut der AOK (WIdO) im AOK-Bundesverband, Forschungsbereich Betriebliche Gesundheitsförderung und Heilmittel; Projektleiter Forschungsbereich Betriebliche Gesundheitsförderung. Arbeitsschwerpunkte: Fehlzeitenanalysen, betriebliche und branchenbezogene Gesundheitsberichterstattung.

Prof. Dr. Georg Müller-Christ

Präsident
RWI – Leibniz-Institut für
Wirtschaftsforschung
Bremen

Georg Müller-Christ ist Professor für Nachhaltiges Management im Fachbereich Wirtschaftswissenschaft der Universität Bremen. Sein Forschungs- und Lehrinteresse bezieht sich auf die Frage, wie Nachhaltigkeit zu einer effektiven Entscheidungsprämisse von Organisationen aller Art werden kann. Zum besseren Verständnis dieses komplexen Entwicklungsprozesses entwickelte er die Methode der Erkundungsaufstellung, die er seit 2011 in Forschung, Lehre und Beratung einsetzt. Georg Müller-Christ ist zertifizierter Organisationsaufsteller und bietet eine eigene Fortbildungsreihe zur Aufstellungsleitung in Forschungs-, Führungs- und Weiterbildungskontexten an.

Prof. Dr. Beate Muschalla

Technische Universität Braunschweig
Institut für Psychologie
Abteilung Klinische Psychologie,
Psychotherapie und Diagnostik
Braunschweig

Beate Muschalla ist approbierte Verhaltenstherapeutin, Supervisorin mit Zusatzbezeichnung Sozialmedizin. Sie ist seit 2018 Professorin für Psychotherapie und Diagnostik an der Technischen Universität Braunschweig. Zuvor arbeitete sie als Leitende Psychologin bei der Deutschen Rentenversicherung Bund, Abteilung Rehabilitation, sowie praktisch und wissenschaftlich in psychosomatischen, kardiologischen, orthopädischen und neurologischen Rehabilitationskliniken und an der Charité Berlin. Sie leitete Projekte in Rehakliniken und im Bundeswehrkrankenhaus. Seit 2006 beschäftigt sie sich mit Arbeitsangst, Arbeitsfähigkeit (Mini-ICF-APP) und Begutachtung, Verbitterung und Weisheit.

Dr. Maida Mustafić

Hochschule Luzern
Kompetenzzentrum Prävention und Gesundheit
Luzern

Maida Mustafić ist Dozentin und Projektleiterin am Kompetenzzentrum Prävention und Gesundheit der Hochschule Luzern. Zuvor war sie verantwortlich für Forschungs- und Praxisprojekte im Gestaltungs- und Innovationsfeld „Arbeit und Gesundheit" der Hochschule für Angewandte Psychologie FHNW. Außerdem forschte sie an der Universität Luxemburg im Bereich Kompetenzentwicklung und -diagnostik in Projekten mit der OECD, Paris, Frankreich, und dem Educational Testing Service (ETS), Princeton, USA. Sie promovierte zur Entwicklungspsychologie des Erwachsenenalters an der Universität Zürich und ist Alumna der Max Planck Research School „The Life School: Evolutionary and Ontogenetic Dynamics (LIFE)".

Vincent Mustapha

Martin-Luther-Universität Halle-Wittenberg
Institut für Psychologie
Halle

Vincent Mustapha hat im Rahmen seiner Promotion 2020 Cut-off-Werte für die Bewertung von Arbeitsintensität und Tätigkeitsspielraum entwickelt und sich mit der „vollständigen Tätigkeit" beschäftigt. Er ist Geschäftsführer des Instituts für Arbeitsgestaltung und Organisationsentwicklung – INAGO. Eine besondere Expertise hat Vincent Mustapha in der Durchführung von Arbeitsanalysen, -bewertungen und -gestaltung in mittelständischen und großen Unternehmen, die eine Kombination objektiv-bedingungsbezogener und subjektiv-bedingungsbezogener Verfahren nutzt. Aktuell forscht er zur Digitalisierung und Automatisierung von Arbeitstätigkeiten und -prozessen.

Klaus Pelster

Head of Health Management Deutschland bei der Siemens AG
Frankfurt am Main

Seit 2019 leitet Klaus Pelster das Health Management der Siemens AG. Von 2012 bis 2019 war er in diversen Positionen im Gesundheitsmanagement der Siemens AG tätig. Zuvor verantwortete er das Beratungsfeld Health Management bei der Mercer Deutschland GmbH in Düsseldorf und war stellvertretender Leiter des Instituts für Betriebliche Gesundheitsförderung BGF GmbH in Köln. Neben einem Studienabschluss in Sportwissenschaften an der Deutschen Sporthochschule in Köln schloss er den berufsbegleitenden MBA-Studiengang „Sustainability Management" an der Leuphana Universität Lüneburg ab.

Jörg Pohl

Head of P&O Transformation & Development in Deutschland bei der Siemens AG
Erlangen

Seit März 2020 verantwortet Jörg Pohl eine Vielzahl von Tätigkeitsfeldern im Bereich von „Transformation & Development" bei People & Organization in Deutschland. Dazu gehören u. a. (Teil-)Projektleitungen im Bereich von Leadership-Entwicklungsprogrammen, Employer Branding Deutschland und diverse P&O-Kommunikationsprojekte (z. B. New Normal, Wochen des Lernens). Diversity- und CSR-Programme wie z. B. Corporate Volunteering und Programme für geflüchtete Menschen gehören genauso zu seinem Verantwortungsbereich. In den 17 Jahren der Unternehmenszugehörigkeit bei der Siemens AG war er in unterschiedlichen Positionen im P&O-Umfeld tätig. Davor absolvierte er ein Hochschulstudium der Betriebswirtschaftslehre mit den Schwerpunkten Personal, Marketing & Unternehmensführung.

Johanna S. Radtke

Salubris UG (haftungsbeschränkt) & Co. KG
Bielefeld

Johanna Radtke absolvierte ihr Bachelor-Studium in Health Communication (B.Sc.) und Master-Studium in Public Health (M.Sc.) an der Universität Bielefeld. Aktuell promoviert sie an der Fakultät für Gesundheitswissenschaften der Universität Bielefeld. Seit 2019 ist sie als Wissenschaftliche Mitarbeiterin und BGM-Beraterin bei Herrn Prof. Dr. Bernhard Badura in der Salubris UG (haftungsbeschränkt) & Co. KG tätig. Ihr Arbeitsschwerpunkt liegt in der Organisationsdiagnostik sowie Durchführung und Auswertung von Mitarbeiterbefragungen (schwerpunktmäßig an Hochschulen unter Verwendung des „Bielefelder Fragebogens").

Prof. Dr. Renate Rau

Martin-Luther-Universität Halle Wittenberg
Lehrstuhl Arbeits-, Organisations- & Sozialpsychologie
Halle

Renate Rau ist Professorin für Wirtschafts- und Sozialpsychologie an der Martin-Luther-Universität Halle-Wittenberg. Sie beschäftigt sich sowohl mit den theoretischen Grundlagen als auch der Umsetzung von humaner und effizienter Gestaltung von Arbeit. Forschungsfragen waren u. a.: Einbeziehung von Erholungsindikatoren für die Arbeitsbewertung, Voraussetzungen für positive Emotionen bei der Arbeit, Beziehungen zwischen Arbeitsmerkmalen und Auftreten von Major Depression, Anwendungsfragen der Zielsetzungstheorie und die Entwicklung von Verfahren für die Analyse und Gestaltung von Arbeit mit mentalen Anforderungen.

Sebastian Riebe (M. A.)

Bundesvereinigung der Deutschen Arbeitgeberverbände
Arbeitswissenschaft, soziale Sicherung
Berlin

Sebastian Riebe ist Referent für Arbeitswissenschaft in der Abteilung Soziale Sicherung bei der Bundesvereinigung der Deutschen Arbeitgeberverbände (BDA). Herr Riebe vertritt die Arbeitgeberbank als beratendes Mitglied der Nationalen Präventionskonferenz (NPK) und ist in vielen weiteren Gremien und Ausschüssen tätig, beispielsweise im Ausschuss für Arbeitsmedizin (AfAMed) des Bundesarbeitsministeriums, bei der Gemeinsamen Deutschen Arbeitsschutzstrategie (GDA) und bei der Deutschen Gesetzlichen Unfallversicherung (DGUV). Bei der BDA ist er für unterschiedliche Themen im Bereich Prävention, Gesundheit und Arbeitsschutz zuständig und kümmert sich schwerpunktmäßig um die Themen Arbeitsmedizin, Prävention & Betriebliche Gesundheitsförderung (BGF), Arbeitsgestaltung bei Muskel-Skelett-Belastungen sowie um die Normung im Bereich der Ergonomie der Arbeits- und Produktgestaltung für die vernetzte und intelligente Digitalisierung. Herr Riebe hat Arbeitswissenschaften an der Universität Bremen studiert und ist vor seiner Tätigkeit bei der BDA zehn Jahre in der Forschung, Beratung und Qualifizierung im Arbeits- und Gesundheitsschutz tätig gewesen. 2018 hat er die Ausbildung zur Fachkraft für Arbeitssicherheit erfolgreich absolviert.

Johannes Roth

Deutscher Gewerkschaftsbund
Bundesvorstandsverwaltung
Berlin

Johannes Roth ist Referatsleiter für Gesundheitspolitik/Krankenversicherung beim Bundesvorstand des DGB.
Er hat Geographie und Internationale Beziehungen in Berlin studiert und war vor seiner Tätigkeit beim DGB unter anderem im Bundesministerium für Gesundheit beschäftigt. Für den DGB ist er unter anderem beratendes Mitglied der Nationalen Präventionskonferenz (NPK) und zudem Mitglied des Verwaltungsrates des Medizinischen Dienstes Bund.

Prof. Dr. Ralph Rotte

RWTH Aachen University
Institut für Politische Wissenschaft
Aachen

Geboren 1968, hat Politikwissenschaft mit dem Schwerpunkt Internationale Politik und Neueste Geschichte sowie Volkswirtschaftslehre, Empirische Ökonomie und Geographie studiert und wurde an der Universität der Bundeswehr München promoviert und habilitiert. Seit 2001 ist er Universitätsprofessor für Politikwissenschaft/Internationale Beziehungen an der RWTH Aachen University. Seine Forschungsschwerpunkte liegen in den Bereichen Strategische Studien, empirisch-historische Konfliktforschung und Internationale Politische Ökonomie.

Dr. Birgit Schauerte

Institut für Betriebliche Gesundheitsförderung
BGF GmbH
Köln

Dr. Birgit Schauerte studierte Sportwissenschaften mit dem Schwerpunkt Rehabilitation und Prävention an der Deutschen Sporthochschule (DSHS) und schloss 2014 ihre berufsbegleitende Promotion „Entwicklung und Evaluation eines Interventionskonzeptes zur Prävention kardiovaskulärer Erkrankungen bei Beschäftigten von KMU" ab. Seit 2011 leitet sie das Team Forschung und Entwicklung im Institut für Betriebliche Gesundheitsförderung der AOK Rheinland/Hamburg in Köln und setzt mit ihrem Team anwendungsorientierte Forschungsprojekte im Bereich der betrieblichen Prävention um.

Antje Schenkel

Wissenschaftliches Institut der AOK (WIdO)
Berlin

Diplom-Mathematikerin. Nach Abschluss des Studiums 2007 durchgehend unterwegs in Datenbankentwicklung und Datenanalyse. Seit 2017 Mitarbeiterin des Wissenschaftlichen Instituts der AOK (WIdO) im Forschungsbereich Betriebliche Gesundheitsförderung und Heilmittel.

Dr. Ute Scheub

Freie Journalistin und Autorin
Berlin

Ute Scheub ist promovierte Politikwissenschaftlerin. Sie war Mitbegründerin der taz, lebt als freie Journalistin und Autorin in Berlin und bezeichnet sich als „Geburtshelferin für ökosoziale Projekte und Geschichten des Gelingens". Sie hat rund 25 Bücher und zahllose Artikel geschrieben, schwerpunktmäßig zu den Themen Klima, Natur, Böden und Demokratie. Ihr Buch „Die unvollendete Demokratie" erschien 2018, es folgten unter anderem „Abschied vom Größenwahn" (2020), „Der große Streik der Pflanzen – ein Klimakrimi" (2022) sowie „Klimaheldinnen & Ökopioniere" (2022).

Annette Schlipphak

Bundesministerium des Innern, für Bau und Heimat
Berlin

Studium der Psychologie in Frankfurt am Main. Erfahrungen im Bereich Unterricht, Training und Beratung, Personalentwicklung und -auswahl. Seit 2001 Referentin im Bundesministerium des Innern, heute tätig im Ärztlichen und Sozialen Dienst der obersten Bundesbehörden, Gesundheitsmanagement. Zuständig u. a. für die Koordination der Umsetzung des Betrieblichen Gesundheitsmanagements in der unmittelbaren Bundesverwaltung sowie die Erstellung des Gesundheitsförderungsberichts.

Prof. Dr. Dr. h.c. Christoph M. Schmidt

Präsident des RWI
Essen

Christoph M. Schmidt ist seit 2002 Präsident des RWI und Professor für Wirtschaftspolitik und Angewandte Ökonometrie an der Ruhr-Universität Bochum. Er studierte Volkswirtschaftslehre an der Universität Mannheim, wurde an der Princeton University promoviert und habilitierte sich an der Universität München. Von 2009 bis 2020 war er Mitglied, von 2013 bis 2020 Vorsitzender des Sachverständigenrates zur Begutachtung der gesamtwirtschaftlichen Entwicklung. Von 2011 bis 2013 war er Mitglied der Enquete-Kommission „Wachstum, Wohlstand, Lebensqualität" des Deutschen Bundestages. Seit 2020 ist er Vizepräsident von acatech – Deutsche Akademie der Technikwissenschaften. Seit 2014 ist er Mitglied und seit 2020 stellv. Vorsitzender des Kuratoriums der Alfried Krupp von Bohlen und Halbach-Stiftung, seit 2020 Mitglied des Expertengremiums der „Exzellenzstrategie" und seit 2021 Mitglied im Aufsichtsrat der BMW AG. 2016 erhielt er den Gustav-Stolper-Preis des Vereins für Socialpolitik, 2019 die Ehrendoktorwürde der Leibniz Universität Hannover. 2022 verlieh das Land Nordrhein-Westfalen den Innovationspreis in der Kategorie „Ehrenpreis" an Christoph M. Schmidt.

Franziska Schmitt

Freie Universität Berlin
Berlin

Franziska Schmitt ist Doktorandin an der Freien Universität Berlin im Bereich Wirtschaftsinformatik. In ihrer Forschung arbeitet sie an den Synergien von digitalem Unternehmertum, Diversität und Innovation. Insbesondere befasst sie sich mit Hürden, denen Frauen als digitale Unternehmerinnen bei der Erforschung und Nutzung digitaler Innovationen gegenüberstehen. 2020 bis 2023 hat sie neben der Promotion an der Europa-Universität Flensburg Strukturen für eine unternehmerische Hochschule gefördert, Entrepreneurship-Kurse entwickelt, unternehmerisches Denken und Handeln von Studierenden vorangetrieben und Gründungsberatung und -unterstützung angeboten. Seit April 2023 arbeitet Franziska Schmitt bei einem digitalen Start-up als Senior Product Manager, um so eine Brücke zwischen ihrer Forschung und innovativer Produktentwicklung zu schlagen. Sie hat einen Bachelor in BWL an der DHBW Stuttgart erworben und absolvierte ein Masterprogramm in Unternehmenskommunikation an der Rider Universität in NJ, USA.

Helmut Schröder

Wissenschaftliches Institut der AOK (WIdO)
Berlin

Nach dem Abschluss als Diplom-Soziologe an der Universität Mannheim als wissenschaftlicher Mitarbeiter im Wissenschaftszentrum Berlin für Sozialforschung (WZB), dem Zentrum für Umfragen, Methoden und Analysen e. V. (ZUMA) in Mannheim sowie dem Institut für Sozialforschung der Universität Stuttgart tätig. Seit 1996 wissenschaftlicher Mitarbeiter im Wissenschaftlichen Institut der AOK (WIdO) im AOK-Bundesverband und dort insbesondere in den Bereichen Arzneimittel, Heilmittel, Betriebliche Gesundheitsförderung sowie Evaluation tätig; ab September 2023 Geschäftsführer des WIdO.

Dr. Eva-Maria Schulte

Technische Universität Braunschweig
Institut für Psychologie
Lehrstuhl für Arbeits-, Organisations- und Sozialpsychologie
Braunschweig

Dr. Eva-Maria Schulte ist seit 2009 wissenschaftliche Mitarbeiterin am Lehrstuhl für Arbeits-, Organisations- und Sozialpsychologie an der Technischen Universität Braunschweig. Ihre Forschungsschwerpunkte umfassen Gesunde Arbeit (u. a. Resilienz, Anforderungen & Ressourcen, Verhaltensprävention), Gesunde Führung (u. a. Förderung gesunder Führung, LMX, Teamresilienz, Verhältnisprävention, Gestaltung von Meetings), Coaching (u. a. Tools im Coaching, Selbstwirksamkeit, Karriereentwicklung, Emotionen) sowie Training & Transfer (u. a. Evaluation, entwicklungsorientierte Begleitung). Seit 2016 ist sie zudem Senior Consultant bei Prof. Dr. KAUFFELD & LORENZO (Schwerpunkte Training & Coaching).

Reinhard Schwanke

AOK-Bundesverband
Geschäftsführungseinheit „Markt/Produkte"
Berlin

Diplom-Informatiker. Seit 1991 im AOK-Bundesverband tätig, u. a. im WIdO und in Bundes-Projekten mit Bezug auf die Leistung „Krankengeld". Derzeit im Geschäftsbereich „Markt/Produkte", Abteilung „Leistungen & Produkte" als Referatsleiter „Leistungsprozesse". Der Aufgabenschwerpunkt des Referats besteht im Wesentlichen in einer kontinuierlichen Weiterentwicklung des AOK-Krankengeldmanagements. Dabei bilden die bundesweit abgestimmten Krankengeld-Fachcontrollingberichte eine wertvolle Grundlage.

Dr. Florian Schweden

Institut für Arbeitsgestaltung und Organisationsentwicklung (INAGO)
Hamburg

Florian Schweden hat 2018 zur Frage der Beeinflussbarkeit der eigenen Arbeit in Abhängigkeit von der Arbeitsintensität promoviert. Er ist Geschäftsführer des Instituts für Arbeitsgestaltung und Organisationsentwicklung – INAGO. Darüber hinaus ist Florian Schweden Autor des objektiv-bedingungsbezogenen Beobachtungsinterviews TAG-MA (Verfahren zur Tätigkeitsanalyse und -gestaltung bei mentalen Arbeitsanforderungen). U. a. ist er Referent für die Expertengruppe „Beurteilung Psychischer Gefährdungen im Rahmen der GBU" des Fachverbands PASiG. Aktuell forscht er zur Gestaltungskompetenz von Führungskräften.

Susanne Sollmann

Wissenschaftliches Institut der AOK (WIdO)
Berlin

Susanne Sollmann studierte Anglistik und Kunsterziehung an der Rheinischen Friedrich-Wilhelms-Universität Bonn und am Goldsmiths College, University of London. Von 1986 bis 1988 war sie wissenschaftliche Hilfskraft am Institut für Informatik der Universität Bonn. Seit 1989 ist sie Mitarbeiterin im Wissenschaftlichen Institut der AOK (WIdO) im AOK-Bundesverband. Sie ist verantwortlich für das Lektorat des Fehlzeiten-Reports.

Prof. Dr. Roman Soucek

Department Psychologie
MSH Medical School Hamburg
Hamburg

Roman Soucek ist Professor für Arbeits- und Organisationspsychologie an der MSH Medical School Hamburg. Der Schwerpunkt seiner wissenschaftlichen Arbeit liegt auf der Erforschung der psychischen Gesundheit am Arbeitsplatz, beispielsweise im Kontext von neuen Formen der Arbeit, die zu digitalem Stress und Arbeitsverdichtung beitragen können. Mit der Resilienz im Arbeitsleben untersucht er Ansatzpunkte zur Sicherstellung und Förderung der psychischen Gesundheit. Diese Forschungsfelder sind eng mit der Entwicklung und Evaluation von Interventionen der Personal- und Organisationsentwicklung verknüpft.

Conny Steenblock

Freie Universität Berlin
Berlin

Conny Steenblock ist Doktorandin und Dozentin an der Freien Universität Berlin und beschäftigt mit Themen rund um Unternehmertum, Führung und Diversität. In ihrer aktuellen Forschung untersucht sie beispielsweise Initiativen zur Förderung von Frauen innerhalb von (Tech-)Start-up-Ökosystemen. Sie ist Teil der Promotionsförderung der Stiftung der Deutschen Wirtschaft. Ihr Management-Studium absolvierte sie in Berlin, St. Gallen (Schweiz) und Singapur. Vor ihrer akademischen Laufbahn war sie als Themenexpertin in der Führungskräfteentwicklung der Deutsche Bahn AG tätig. Nebenberuflich ist Conny Steenblock im Bereich des Pferdegestützten Coachings für Führungskräfte- und Teamentwicklung aktiv und setzt sich für die wissenschaftliche Fundierung innovativer Bildungsmethoden ein.

Maie Stein

Universität Hamburg
Fakultät Psychologie und Bewegungswissenschaften
Arbeits- und Organisationspsychologie,
Center for Better Work
Hamburg

Maie Stein ist Psychologin und seit 2017 wissenschaftliche Mitarbeiterin am Arbeitsbereich Arbeits- und Organisationspsychologie der Universität Hamburg. Nachdem sie von 2021 bis 2022 an der Berliner Hochschule für Technik in zwei wissenschaftlichen Projekten zu digitalen Angeboten der Betrieblichen Gesundheitsförderung gearbeitet hat, ist sie seit 2023 für das Center for Better Work der Universität Hamburg als Projektmanagerin tätig und beschäftigt sich schwerpunktmäßig mit der Gestaltung von New Work. Ihre Forschungsschwerpunkte sind Führung und Gesundheit sowie gesundheitsbezogene Interventionen in Organisationen.

Prof. Dr. Janina Sundermeier

Freie Universität Berlin
Berlin

Janina Sundermeier ist Juniorprofessorin für Digital Entrepreneurship und Diversität am Department Wirtschaftsinformatik der Freien Universität Berlin. Ihre Forschung konzentriert sich auf verschiedene Facetten unternehmerischer Diversität und deren Auswirkungen auf den Gründungsprozess von Start-ups im digitalen Zeitalter. Ihre Arbeit wurde in führenden internationalen Fachzeitschriften veröffentlicht, darunter Journal of Management Studies, European Management Journal, Electronic Markets und Communications of the Association of Information Systems. Um ihre Erkenntnisse in Lehre und Praxis zu übertragen, initiierte sie verschiedene Seminare und Konferenzen, wie WoMenventures und die Hello Diversity!-Konferenz, zu der auch ein gleichnamiger Podcast gehört. Janina Sundermeier ist außerdem Gründerin des Digital Entrepreneurship Hub sowie des Hello Diversity!-Studio und assoziiertes Mitglied des Einstein Center Digital Future.

Dr. Grit Tanner

Berliner Hochschule für Technik
Fachbereich I
Arbeits- und Organisationspsychologie
Berlin

Grit Tanner ist Psychologin und war von 2011 bis 2019 als wissenschaftliche Mitarbeiterin am Arbeitsbereich Arbeits- und Organisationspsychologie der Universität Hamburg in verschiedenen Projekten zu stressbezogenen Arbeitsanalysen und betrieblicher Gesundheitsförderung tätig. 2016 promovierte sie an der Universität Hamburg. Seit 2019 ist sie an der Berliner Hochschule für Technik tätig und beschäftigt sich im Rahmen von zwei wissenschaftlichen Projekten mit der digitalen Umsetzung von Betrieblicher Gesundheitsförderung. Ihre Forschungsschwerpunkte sind Arbeit, Erholung und Gesundheit, neue Formen Betrieblicher Gesundheitsförderung sowie soziale Verantwortung von Unternehmen.

Dorothee Tautz

Professur für Arbeits-, Organisations- und Wirtschaftspsychologie
Helmut-Schmidt-Universität Hamburg/
Universität der Bundeswehr
Hamburg

Dorothee Tautz studierte Wirtschaftspsychologie (B.A. 2013) und angewandte Psychologie (M.Sc. 2020). Von 2013 bis 2017 sammelte sie praktische Erfahrungen zu eignungsdiagnostischen und lernpsychologischen Themen. Seit 2021 arbeitet sie als wissenschaftliche Mitarbeiterin und Doktorandin an der Professur für Arbeits-, Organisations- und Wirtschaftspsychologie an der Helmut-Schmidt-Universität in Hamburg. Ihre Forschungsinteressen sind Führung, Kommunikation, Gesundheit am Arbeitsplatz und digitales Arbeiten.

Alina J. Wacker

Universität Bielefeld
Fakultät für Gesundheitswissenschaften
Bielefeld

Alina Wacker absolvierte ihren Bachelor in Health Communication (B.Sc.) an der Universität Bielefeld. Derzeit studiert sie den Masterstudiengang Public Health (M.Sc.) an der Universität Bielefeld, den sie 2023 abschließen wird. Seit 2020 arbeitet sie als wissenschaftliche Mitarbeiterin bei Herrn Prof. Dr. Bernhard Badura an der Fakultät für Gesundheitswissenschaften der Universität Bielefeld. Ihre Arbeitsschwerpunkte sind Arbeit und Gesundheit sowie das Betriebliche Gesundheitsmanagement.

Dr. Susanne Wagenmann

BDA – DIE ARBEITGEBER
Bundesvereinigung der Deutschen Arbeitgeberverbände
Arbeitswissenschaft – Soziale Sicherung
Berlin

Susanne Wagenmann ist promovierte Volkswirtin und leitet seit November 2020 die Abteilung Soziale Sicherung der Bundesvereinigung der Deutschen Arbeitgeberverbände (BDA). Zuvor war sie u. a. in leitender Position in der ärztlichen Selbstverwaltung beschäftigt. Ehrenamtlich ist sie u. a. als Mitglied im Kuratorium des Instituts für Qualitätssicherung und Transparenz im Gesundheitswesen, als alternierende Vorsitzende des Vorstands der Bundesarbeitsgemeinschaft Rehabilitation e. V. sowie als Mitglied im Beirat des Verbands für Sicherheit, Gesundheit und Umweltschutz bei der Arbeit e. V. aktiv. Darüber hinaus ist sie Mitglied im Verwaltungsrat der AOK Nordost sowie alternierende Vorsitzende des Aufsichtsrats des AOK-Bundesverbandes und alternierende Vorsitzende des Verwaltungsrats des GKV-Spitzenverbands.

Andrea Waltersbacher

Wissenschaftliches Institut der AOK (WIdO)
Berlin

Andrea Waltersbacher, Diplom-Soziologin, ist seit 2001 wissenschaftliche Mitarbeiterin im WIdO. Seit 2002 ist sie Projektleiterin des AOK-Heilmittel-Informations-Systems (AOK-HIS) im Forschungsbereich Betriebliche Gesundheitsförderung und Heilmittel.

Dr. habil. Anne Wöhrmann

Bundesanstalt für Arbeitsschutz und Arbeitsmedizin
Dortmund

Anne Wöhrmann arbeitet als Wissenschaftlerin bei der Bundesanstalt für Arbeitsschutz und Arbeitsmedizin (BAuA) und ist Privatdozentin mit der Venia Legendi für Psychologie, insbesondere Arbeits-, Organisations-

und Wirtschaftspsychologie an der Fakultät Management & Technologie der Leuphana Universität Lüneburg. Sie leitet verschiedene Forschungsprojekte, wobei ihre Forschungsschwerpunkte in den Bereichen Arbeitszeitgestaltung, ortsflexibles Arbeiten, Work-Life-Balance und Gesundheit sowie Arbeit, Alter und Übergang in den Ruhestand liegen.

Stichwortverzeichnis

A

Achtsamkeit   199, 309, 311
Agilität   202
Alters- und Geschlechtsstruktur   453
Ängste
– gesundheits- und körperbezogene   337
– situative   337
– soziale   337, 338
Angsterkrankungen   335
Anpassungsfähigkeit   118
Anpassungssyndrom, allgemeinen   361
Apologetik, politische   14
Arbeiten
– agiles   187
– hybrides   264
– mobiles   94, 95, 239, 256, 265, 417
Arbeitgeber   740
Arbeitnehmer   740
Arbeits- und Gesundheitsschutz   267
Arbeitsängste   335, 337, 338, 341, 342, 344
Arbeitsbedingung   106
Arbeitsbelastung   89, 296
Arbeitsengagement   310, 354
Arbeitsfähigkeit   341
Arbeitsformen   322, 323
– agile   290, 295, 297, 301, 320, 328
Arbeitsgestaltung   102, 108
– flexible   95
Arbeitsmodelle, flexible   390
Arbeitsnomaden   266
Arbeitsorganisation   90
Arbeitsplatzphobie   338
Arbeitspsychologie   360
Arbeitsschutz   109
Arbeitsschutzgesetz   92
Arbeitssucht   92
Arbeitstätigkeit
– Bewertung   354
– fremdinitiierte   350
– selbstinitiierte   350
Arbeitsumgebung, gesundheitsförderliche   38
Arbeitsunfähigkeitsquote   446
Arbeitsunfähigkeitstage   136, 139, 158, 446, 467
Arbeitsunfähigkeitszeiten   440
Arbeitsunfälle   482
Arbeitsvarianten, hybride   266
Arbeitsverhalten, selbstgefährdendes   102
Arbeitszeiterfassung   94
Arbeitszeitverkürzung   94
Arbeitszufriedenheit   175, 179, 241, 276, 278, 281–283, 354
Atemwegserkrankungen   472, 481

Aufgabenfortsetzung im Feierabend   349, 350, 353
Autonomie   101, 103, 292, 293
– Bedürfnis   292, 293
– Erleben   292

B

Babyboomer   370
BANI   194
BAuA-Arbeitszeitbefragung   257
Beanspruchung   104, 106, 362
Belastung, psychische   104, 106
Belastungserleben   336
Beratung, systemische   408
Beschäftigtenbefragungen   153
Beschäftigungsfähigkeit   430
Beschwerden, gesundheitliche   134, 136, 160, 161
Beteiligung   80
Betriebliche Gesundheitsförderung (BGF)   165, 168, 378
Betriebliches Gesundheitsmanagement (BGM)   93, 194, 313, 378, 391, 428
Betriebsverfassungsgesetz (BetrVG)   95
BGF in KMU   380, 382, 386, 387
BGF-Angebote   166
– digitale   379–381, 383, 386
BGF-Maßnahmen   166, 168, 378
BGM   417
– -Partner   418
Bindung   238, 244, 249
Biodiversität   25, 30
Biodiversitätsverlust   28, 34
Boreout   363
BurnOn   363
Burnout   248, 363, 397, 498

C

Coaching   406, 410
Commitment   175
Corporate Social Responsibility   245
Corporate Sustainability Reporting Directive (CSRD)   245
Covid-19-Pandemie   87, 90, 166
Coworking Spaces   264, 267

D

Datenbasis   440
Deindustrialisierung   61
demographischer Wandel   63, 431
Demokratie   74–76, 81, 82, 184
– direkte   81

– Krise 75
– partizipative 79, 81, 186
– repräsentative 185
Diagnoseuntergruppen 495
Dienstreisen 257, 260, 261, 263, 264
Dienstvereinbarung 391
Digitalisierung 64, 90, 91, 265, 266, 272, 390
Dimensionen von Entgrenzung
– gedanklich 349
– räumlich 349
– Verhaltensebene 349
– zeitlich 349

E

Earth Stewardship 34
Effektivität 278, 279, 283
Eigenverantwortung 102, 103, 110, 320, 324, 328, 429
Einzeldiagnosen 478
Emissionsvermeidung 68
Empowerment 37, 247
Energiekrise 62
Entgrenzung 242, 308
– Dauer 352
– der Arbeitszeiten 94
– Handlungsempfehlungen 356
– Häufigkeit 352
– räumliche 348
– zeitliche 348
Entscheidungsfindungen, partizipative 141
Entscheidungsprozesse 128, 143
Entscheidungsspielraum 293
Ergebnisverantwortung 320, 327
Erholung 294, 349, 352, 353
Erholungsfähigkeit 309
Erkrankungen
– affektive 335
– der Verdauungsorgane 483
– psychische 335, 430
Erkundungsaufstellung 405, 409
Erreichbarkeit 273, 282, 283, 353
– im Feierabend 349, 350
Erreichbarkeitserwartung 351, 353
Erreichbarkeitskultur 351
Erschöpfung 263, 352, 353, 360, 396
– emotionale 310
Erwartungshorizont 7, 11, 16
European Green Deal 68
Evaluationsstudie 311
Expertenperspektive 364

F

Fachkräftemangel 413
Fehlbeanspruchungsfolgen 294, 296, 300
Fehler
– latente 224
– Umgang 225, 226
– Ursachen 224
Fehlerbewältigung 223
Fehlerkommunikation 223
Fehlermanagementkultur 220, 222, 223, 226, 228, 231
Fehlervermeidungskultur 220–222, 229
Fehlzeiten 142
Feierabend 353
Fernpendeln 260, 261
Flexibilisierung 308
– der Arbeit 89
Flexibilität 101, 202
Flow 363
Frauen
– Anteil in Leitungsebenen 155
– Führungsverantwortung 155
Freiheitsgrade 293, 294
Frühwarnsysteme, betriebliche 324, 328
Führung 108, 118, 200, 425
– auf Distanz 249, 272
– bindungsorientierte 237, 245, 250
– diverse 44
– Empowerment-orientierte 119
– gesundheitsorientierte 273, 277, 281, 283
– hybride 273, 283
– transformationale 273, 277, 279, 281, 282
– virtuelle 272
Führungskräfte 107, 108, 141
Führungskräfteprogramm 425
Führungskultur 360
– gesundheitsgerechte 399
Führungslehre, traditionelle 236
Führungsverhaltensweisen 273
Fürsorgepflicht 325

G

Gefährdungsbeurteilung 92, 103, 107, 326
Generation Z 370
Generationen-Aspekte 370
Genossenschaften 191
Gerechtigkeit 37
Geschlechtergleichstellung 44
Gesellschaftsmodell 366
Gesundheit 104, 106, 273, 278–282
– körperliche 419
– mentale 242, 419
– psychische 308
– soziale 419
Gesundheits- und Sicherheitskultur 429
Gesundheits-Assessment, präventives 324
Gesundheitsbefragung 325
Gesundheitsbeschwerden 263
Gesundheitsinterventionen, digitale 391
Gesundheitskompetenz 108, 429
Gesundheitsmanagement 407
– Betriebliches 417

Gesundheitsressourcen 31, 38
Gesundheitsrisiken, umweltbedingte 36
Gesundheitszirkel 313
Gesundheitszustand 263
– objektiver 139
– subjektiver 139
Gleichberechtigung 44
globale Erwärmung 29
Gratifikation 360
Great Acceleration 26
Grenzen
– Durchlässigkeit 349
– Flexibilität 349
– Merkmale 349
– zwischen den Lebensbereichen 349

H

Handlungsregulation 319, 325
– adaptive 322
– maladaptive 320
Handlungsspielraum 263, 293–296, 298, 299
Health Management 431
Health-oriented Leadership (HoL) 273
Herz- und Kreislauf-Erkrankungen 484
Holocracy 320
Holokratie 187
Homeoffice 90, 95, 103, 156, 158, 161, 167, 236, 238–240, 250, 257–259, 261, 264–266, 272–274, 277–279, 281–283, 348, 390–396, 398
– emotionale Bindung 393
– Ergonomie 393, 394
– Führungsbedingungen 243
– Führungsverhalten 393, 394
– Ressourcen 241
– Risiken 242
– Selbstorganisation 393, 394
– soziale Isolation 393, 394
– Vereinbarung 262
Homeschooling 394
Hybridarbeit 249

I

Identifikation 244
IMPLEMENT 380, 382, 384, 385, 387
Indikatoren 201
Individualismus 363
industrial citizenship 188
Informationsasymmetrien 174
Inklusivität 186, 187
Innovation 61, 427
Innovationsmanagement 127
Integrationspräferenz 352
Integrität 175
interessierte Selbstgefährdung 298, 319–322, 328
Interspezies-Gerechtigkeit 34

Intuition 413
Irritation 405
– emotionale 143
– kognitive 165, 167
Isolation 243

K

Kinderpflegekrankengeld 505
Kippelemente 28
kleine und mittlere Unternehmen (KMU) 378
Klimaangst 117
Klimakrise 256
Klimaneutralität 60, 68, 69
Klimaveränderungen 140
Klimawandel 28, 31, 32, 67, 87, 91
Kommunikation
– digitale 274, 281
– Hindernisse 279
– informelle 244, 282, 283
– Qualität 279
– Routinen 281
Kommunikationseinbußen 273
Kompetenz 175
Kompetenzentwicklung 102, 110
Konflikte 274
Kontrolle 173
– wertschätzende 177
Kooperationsklima 125, 126, 143
Kopfarbeit 237
Krankenstand 437, 447, 466
– standardisiert 453
Krankheitsarten 472, 480
Krankheitsgeschehen 472
Kreativität 175
Krisen 77, 265
Krisenmanagement 126, 127, 131, 132, 141
Krisenresilienz 66
Krisenzeiten 15
Kurzzeiterkrankungen 440, 447, 448

L

Langzeiterkrankungen 448
Langzeitfälle 440, 447, 494
Lebenserwartung, durchschnittliche 33
Leistungsfähigkeit 397
Lernen im Tun 294
Lernprozess 406

M

Mensch-Natur-Verhältnis 37
Mentalitätswandel 17
Milieu
– prekäres 367
– soziales 366, 367

Mindshift 412
Misstrauenskultur 236, 246
Mitarbeitendenbindung 246, 247
Mitarbeitendenzufriedenheit 239
Mitarbeiterführung 168
Mitarbeitergesundheit, psychische 360
Mitbestimmung 128, 129, 141–143, 184
Mobilität, aktive 35
Motivation, intrinsische 294
Müdigkeit 263
Muskel- und Skelett-Erkrankungen 472, 480
Muskel-Skelett-Belastung 109

N

Nachhaltigkeit 265, 424
– soziale 97
Nachhaltigkeits- und Gesundheitsmanagement (BNGM) 37, 39
Netzwerke 119
– informelle 144
Neurasthenie 363
New Normal 238, 250
– gesundheitliche Folgen 241
New Work 229, 243
Nudging 109, 177

O

Ökosysteme 25
Online-Tools 282
Optimismus 310, 311
Organisationskultur 224, 225

P

Paradigmenwechsel 412
Paradox der Autonomie 297
Pendeln 257, 259, 263, 264
Person-Job-Fit 341, 345
Perspektivwechsel 408
Planetary Boundaries 26
Planetary Health 30, 37, 38
Potenzialwachstum 64
Präsentismus 135, 139, 158, 160, 167
Präsenzarbeit 249, 251
Prävention 96
Präventionsgesetz 96
Präventionsmaßnahmen 93
Problem-Lösungs-Denken 408
Produktivität 241
Produktivitätswachstum, sinkendes 63
Prokrastination 299
psychische und Verhaltensstörungen 485

Q

Quiet Quitting 329, 371

R

Resilienz 32, 173, 208, 265, 267, 308, 428, 430
– als Eigenschaft 309
– als Ergebnis 309
– als Verhalten 310, 312, 313
– Förderung 311
– individuelle 197, 308
– organisationale 118
– webbasiertes Training 311
Resilienzkapazität 212
Ressourcen 198, 213
– personale 309, 310
Ressourceneinsatz 68

S

Sabbaticals 267
Schlafstörungen 263
SCRUM 299–301
Selbstbefähigung 108
Selbstbestätigungsdrang 405
Selbstführung 273, 278, 281
Selbstmanagement 394
Selbstregulation 319–321
Selbstsorge 323, 324
– arbeitsbezogene 167, 322
Selbstwirksamkeit 309, 311
SelfCare 277, 281, 283
Serendipität 410
Sicherheitsrichtlinien 229
Sinnerleben 360
Sinnstiftung 248, 412
Sinus-Milieus 367
Sorgenangst 337, 341
soziale Medien 78
Sozialkapital 237, 244, 245
Soziokratie 81
Spillover-Hypothese 188
StaffCare 277–279, 282, 283
Standortattraktivität 65
Statusprivilegien 78
Steuerung, indirekte 108, 290, 296, 301
STOP-Prinzip 92
Strategiedefizit 16
Stress 248, 336
Systemaufstellungen 406

T

Teamkrisen 210
Teamresilienz 197, 209, 327, 329

Stichwortverzeichnis

Teams 200, 323
- interdisziplinäre 328
- selbstorganisierte 327
Telearbeit 239, 258
Transaktionskosten 174
Transformation 36, 38, 173
- digitale 86, 91, 424
- doppelte 265
- Ernährungssysteme 35
- gesellschaftliche 34
- globale 68
- nachhaltige 37
- soziale Ausgewogenheit 68
- sozialökologische 60, 87, 97
Transformationspotenzial 119
Transformationsprozesse 173
Treibhausgasemissionen 29
Trial-and-Error-Verfahren 409

U

Ukraine-Krieg 87
Umweltveränderungen 33, 34
Unfallzahlen 109
Unsicherheit 298
Unternehmensbefragung 201
Unternehmenskultur 243, 424
Unternehmensleitbilder 227
Unterstützung, soziale 274, 282

V

VDR-Geschäftsreiseanalyse 258
Veränderungen, organisationale 148, 156
Veränderungsbereitschaft 179
Verantwortung 298
- unternehmerische 430
Vereinbarkeit von Familie und Beruf 392
Verhalten, resilientes 312, 313
Verhaltensprävention 93
Verlernen 426
Verletzungen 482
Vermeidungsverhalten 337
Versagensangst 337, 341
Verschlüsselung der Diagnosen 443
Versichertenstruktur 440
Vertrauen 79, 172, 243, 274, 280
- reziprokes 174

Vertrauensarbeitszeit 175
Vertrauenskultur 173, 177, 250
Vertrauenswürdigkeit 174, 179
Videokonferenzen 264, 272, 276, 278
Vier-Tage-Woche 239
VUCA 172, 194
Vulnerabilität 32

W

Wachstumspotenzial 64
Wahrnehmung
- intuitive 412
- repräsentierende 406
Weiterbildung 95, 417, 426
Wertemanagement 176
- strukturiertes 176
Werthaltungen 184
Wettbewerbsfähigkeit 68
Wettbewerbsfaktor 195
Widerstandsfähigkeit, psychische 308
Wirklichkeits-Möglichkeits-Denken 409
Wohlbefinden 264
Wohlwollen 175
Workaholics 92
Work-Life-Balance 90, 101, 241, 242, 261–264, 353, 392
Worry-Burnout 88

Z

Zeitdruck 296
Zeitenwende 12, 25, 60, 116, 133, 140, 194, 411
- demokratische Resilienz 18
- geschichtliche 6
- Krise 15
- politische 5
- sicherheitspolitische 14
- technisch-wirtschaftliche 6
Zielvereinbarungsgespräche 301
Zoom Fatigue 276
Zukunftsangst 117, 122, 123, 133, 140
- organisationsbezogene 135
Zukunftsfähigkeit 118, 124, 130, 131, 133, 136, 139, 143
- Defizite 129
- Vertrauen 131
Zusammenhalt 273, 274